公司法实务精要

谢秋荣 / 著

上册

中国法制出版社
CHINA LEGAL PUBLISHING HOUSE

三是涉及公司的资本运作，包括除第十七章以外的第十三章至第二十一章，分别涉及股权转让、股权的强制执行、股权回购、股权与婚姻继承、公司的对外投资与对外担保、增资与减资、合并与分立、利润分配与资本公积金等制度。

四是法律解读和案例评析，包括第二十四章至第二十八章，分别涉及《公司法司法解释（五）》的理解和适用、香港不同投票权上市规则解读、上市公司收购与反收购条款的效力、上市公司董事会决议的效力、对赌协议的效力和履行。

三、对比

本书是在《公司法实务全书》的基础上，对其内容进行体系化地编排、修订、增补和更新而成。因此，本书的内容有相当部分源于《公司法实务全书》，大体延续了我之前对《公司法》的理解、观点和解读方法。

与《公司法实务全书》相比，本书主要有两个不同：

首先是体例更为清晰。在体例上，《公司法实务全书》以《公司法》的法条为主线和顺序，侧重于对《公司法》每个条款的解读；而本书则以《公司法》规定的主要公司制度为基础和专题，侧重于对《公司法》相关实务问题的讨论，以提高针对具体实务问题的指引性。

其次是内容有不少增补和修改。在内容上，本书结合《公司法实务全书》出版之后新出台的主要法律法规和新出现的典型案例，进行了增补和修改，包括《外商投资法》《证券法》《民法典（草案）》《全国法院民商事审判工作会议纪要》等法律和司法文件以及“科创板表决权差异安排”“委托持股”“冒名登记”“法定代表人制度”等涉及的热点问题、前沿问题或疑难问题。

需要注意的是，以下内容是全新的：

一是针对《公司法司法解释（五）》的逐条解读。《公司法司法解释（五）》出台后，我曾对其进行逐条解读。本书将这些解读收入，希望有助于对《公司法司法解释（五）》的理解和适用。

二是针对3个典型案例的深度评析。这3个案例是A股上市公司成都路桥公司章程反收购条款效力确认纠纷案[①]、A 股上市公司万科董事会决议撤销纠纷案、江苏华工与扬锻公司等请求公司收购股份纠纷案，涉及“上市公司收购与反收购”“上市公司章程的效力”“上市公司董事会决议的效力”“股份回购型对赌协议的效力和履行”等问题，都是公司法、证券法乃至民商法领域的新型、疑难、复杂案件。本书将这 3 篇案例评析[②]收入，希望我对这几个案例的解读、评析和方法能够为案例评论的写作和研究带来积极价值。

三是针对香港联交所不同投票权架构上市规则的逐条注释。香港联交所制定的不同投票权架构上市规则公布后，我曾对其进行逐条注释，本书将这些注释收入，希望有助于理解 A 股科创板上市制度有关表决权差异安排的规则，为科创板上市公司和拟上市公司设置、调整表决权差异安排以及境内表决权差异制度的完善提供借鉴。

四、其他

因我个人学识、经验、视野、能力有限，本书难免存在不足、遗漏、不准确甚至错误，也请读者朋友继续给予批评、指正和建议，以便日后有机会时予以更正、修改和完善。

谢秋荣

2020 年 3 月 5 日

---

① 诉讼中使用的案由为“公司决议效力确认、公司决议撤销纠纷”。

② 其中，针对江苏华工与扬锻公司等请求公司收购股份纠纷案所作的评析，曾获得微信公众号“高杉 LEGAL”与“威科先行法律信息库”（Wolters Kluwer）联合发起的第六届“中国法律实务年度文章（2019）”“最佳金融与投融资法律实务文章奖”。

目　录

上　册

下　册

第一章 公司的法人独立地位和股东的有限责任

公司的法人独立地位和股东的有限责任，是公司制度的两大基石，均不可或缺。其中，公司的法人独立地位主要是由《公司法》第 3 条第 1 款规定的：“公司是企业法人，有独立的法人财产，享有法人财产权。公司以其全部财产对公司的债务承担责任”，而股东的有限责任则主要是由《公司法》第 3 条第 2 款规定的：“有限责任公司的股东以其认缴的出资额为限对公司承担责任；股份有限公司的股东以其认购的股份为限对公司承担责任。”

《公司法》第 3 条包含了两层含义：一是，公司属于法人中的企业法人，具有独立的法人主体资格，依法独立享有权利、独立行使权利、独立承担责任；二是，股东对公司的责任是有限的，而不是无限的。但是，不论是《公司法》第 3 条所规定的公司的法人独立地位，还是其规定的股东的有限责任，都是原则，都存在例外，即在特定的情形下，公司的法人独立地位可以被否定，而股东的有限责任也可以被突破。

当然，如同最高人民法院 2019 年 11 月印发的《全国法院民商事审判工作会议纪要》（法〔2019〕254 号）所说，“公司人格独立和股东有限责任是公司法的基本原则”，只有在极少数法律明确规定的例外情形，才可以否定公司的法人独立地位和股东的有限责任。这些极少数特定的例外情形，主要是由《公司法》第 20 条、第 63 条、第 151 条，以及其他法律法规和最高人民法院的司法解释加以规定的。

本章主要围绕公司的法人独立地位、股东的有限责任及其各自的例外情形，以及刺破公司面纱等制度展开讨论。

第一节 企业法人和法人财产权的界定

《公司法》第3条第1款将公司界定为“企业法人”，明确了公司的民事主体地位。从更上位的概念看，根据《民法总则》第76条的规定，作为企业法人的公司，属于“法人”中的“营利法人”，即“以取得利润并分配给股东等出资人为目的成立的法人”。

根据《企业法人登记管理条例》（2019年修正）第2条的规定，“企业法人”是指具备法人条件并依法办理登记的企业。由于《公司法》第3条第1款使用了“公司是企业法人”的表述，因此，公司是企业法人的一种形式，也称为“公司制企业法人”；除公司以外的其他企业法人，则称为“非公司制企业法人”，亦即《民法总则》第76条第2款所说的“其他企业法人”。现阶段，“非公司制企业法人”主要是全民所有制企业和集体所有制企业。

由于有限公司和股份公司均属于公司制企业法人，其设立和登记应同时适用《公司法》《公司登记管理条例》和《企业法人登记管理条例》；但在具体的法律适用上，根据《立法法》第92条关于同一机关制定的行政法规，特别规定与一般规定不一致的，适用特别规定；新的规定与旧的规定不一致的，适用新的规定的规定，同为行政法规的《公司登记管理条例》和《企业法人登记管理条例》，因《公司登记管理条例》为特别规定、新的规定，应优先于《企业法人登记管理条例》得到适用；《公司登记管理条例》未规定的，则适用《企业法人登记管理条例》。

结合《物权法》第68条第1款的规定，公司所享有的法人财产权是指公司依照法律、行政法规及其章程对其财产享有的占有、使用、收益和处分的权利。①

① 《民法典物权编》草案尽管没有直接使用“法人财产权”的表述，但是，其所说的“营利法人对其不动产和动产依照法律、行政法规以及章程享有占有、使用、收益和处分的权利”，对应的就是《公司法》第3条第1款所说的“法人财产权”。

第二节　公司的法人独立地位

一、公司的法人独立地位及其取得

《公司法》第 3 条第 1 款关于“公司是企业法人，有独立的法人财产，享有法人财产权。公司以其全部财产对公司的债务承担责任”的规定，表明公司具有独立的法人地位，是独立于其各个股东的民事主体、商事主体。

根据《民法总则》第 57 条和第 60 条的规定，公司作为法人，具有民事权利能力和民事行为能力，依法独立享有民事权利、独立承担民事义务并独立承担民事责任。当然，根据《公司登记管理条例》第 3 条的规定，公司只有在经公司登记机关依法登记并领取营业执照之后，才取得法人资格；并且，根据《企业法人登记管理条例》第 3 条第 2 款，未经公司登记机关核准登记注册，公司不得从事经营活动。

二、公司的法人独立地位的表现

综合《公司法》和《民法总则》的规定，公司的法人独立地位，主要表现在人格独立、财产独立、债务独立、组织机构独立、人员独立、业务独立、权利独立、责任独立。具体来说，包括以下几个方面：

第一，在人格方面，公司属于“法人”中的“营利法人”中的“企业法人”中的“公司制企业法人”，是独立于公司股东、在民事法律地位上与公司股东平等的民事主体、商事主体。

根据《民法总则》第 57 条、第 59 条、第 60 条和第 76 条的规定，公司是营利法人，具有民事权利能力和民事行为能力，依法独立享有民事权利、独立承担民事义务，并以其全部财产独立承担民事责任；其民事权利能力和民事行为能力，从公司成立时产生，到公司终止时消灭。

第二，在财产方面，公司有属于自己的、独立的财产，享有法人财产权，公司的财产独立于股东和其他主体的财产。

结合《合伙企业法》第 20 条关于“合伙人的出资、以合伙企业名义取得的收益和依法取得的其他财产，均为合伙企业的财产”的规定，公司股东缴纳的出资或股款、以公司名义取得的一切收益和依法取得的其他财产，均为“公司的财产”。公司的财产与公司的股东的财产相互独立，原由公司的股东所有的货币或非货币财产，作为出资投入到公司之后，就全部（包括计入公司资本公积金的溢价部分）成了公司的财产。

结合《民法总则》第五章关于民事权利的规定，以及《物权法》第 180 条关于抵押财产的规定，公司的财产，不仅包括货币、不动产（土地、建筑物和其他土地附着物）、动产（生产设备、原材料、半成品、产品、交通运输工具、船舶、航空器、印章、证照、财务会计资料等），还包括知识产权、证券（股票、债券、证券投资基金份额等）、股权等投资性权利、债权、数据、网络虚拟财产等。

比如，在 2014 年 2 月 28 日就黄某华与项某同、王某华公司证照返还纠纷二审案作出的（2014）天民二终字第 1 号民事裁定书中，甘肃省天水市中级人民法院就认为：“根据公司法的规定，有限责任公司作为独立法人，有独立的法人财产，享有法人财产权。法人财产不仅包括公司享有的货币、固定资产、债权、对外投资的股权、知识产权等，还包括公司的证照及在经营中依法建立的财务资料，公司对这些财产拥有所有权。”

公司享有独立的法人财产权在《公司法》的诸多条款中也得到了体现，主要包括：

一是，《公司法》第 27 条第 1 款和第 82 条规定了：“股东可以用货币出资，也可以用实物、知识产权、土地使用权等可以用货币估价并可以依法转让的非货币财产作价出资；但是，法律、行政法规规定不得作为出资的财产除外”。

二是，《公司法》第 28 条第 1 款规定了：“股东应当按期足额缴纳公司章程中规定的各自所认缴的出资额。股东以货币出资的，应当将货币出资足额存入有限责任公司在银行开设的账户；以非货币财产出资的，应当依法办理其财产权的转移手续”，第 83 条第 1 款规定了“以发起设立方式设立股份有限公司的，发起人应当书面认足公司章程规定其认购的股份，并按照公司章程规定缴纳出资。以非货币财产出资的，应当依法办理其财产权的转移手续”，第 199 条规定了“公司的发起人、股东虚假出资，未交付或者未按期交付作为出资的货币或者非货币财产的，由公司登记机关责令改正，处以虚假出资金额百分之五以上百分之十五以下的罚款”。

三是，《公司法》第 35 条和第 178 条第 1 款规定了“公司成立后，股东不得抽逃出资”，第 91 条和第 178 条第 2 款规定了“发起人、认股人缴纳股款或者交付抵作股款的出资后，除未按期募足股份、发起人未按期召开创立大会或者创立大会决议不设立公司的情形外，不得抽回其股本”，第 200 条规定了“公司的发起人、股东在公司成立后，抽逃其出资的，由公司登记机关责令改正，处以所抽逃出资金额百分之五以上百分之十五以下的罚款”。

四是，《公司法》第 63 条规定了“一人有限责任公司的股东不能证明公司财产独立于股东自己的财产的，应当对公司债务承担连带责任”。

五是，《公司法》第 147 条第 2 款规定了“董事、监事、高级管理人员……不得侵占公司的财产”，第 148 条第 1 款前 3 项规定了“董事、高级管理人员不得有下列行为：（一）挪用公司资金；（二）将公司资金以其个人名义或者以其他个人名义开立账户存储；（三）违反公司章程的规定，未经股东会、股东大会或者董事会同意，将公司资金借贷给他人或者以公司财产为他人提供担保”，第 171 条第 2 款规定了“对公司资产，不得以任何个人名义开立账户存储”，第 189 条第 2 款规定了“清算组成员……不得侵占公司财产”，第 206 条第 2 款规定了“清算组成员利用职权徇私舞弊、谋取非法收入或者侵占公司财产的，由公司登记机关责令退还公司财产，没收违法所得，并可以处以违法所得一倍以上五倍以下的罚款”。

六是，《公司法》第 166 条第 5 款规定了“股东会、股东大会或者董事会违反前款规定，在公司弥补亏损和提取法定公积金之前向股东分配利润的，股东必须将违反规定分配的利润退还公司”，第 186 条第 2 款规定了“公司财产在分别支付清算费用、职工的工资、社会保险费用和法定补偿金，缴纳所欠税款，清偿公司债务后的剩余财产，有限责任公司按照股东的出资比例分配，股份有限公司按照股东持有的股份比例分配”、第 3 款规定了“公司财产在未依照前款规定清偿前，不得分配给股东”，第 204 条第 2 款规定了“公司在进行清算时，……在未清偿债务前分配公司财产的，由公司登记机关责令改正，对公司处以隐匿财产或者未清偿债务前分配公司财产金额百分之五以上百分之十以下的罚款；对直接负责的主管人员和其他直接责任人员处以一万元以上十万元以下的罚款”。

第三，在债务方面，公司的债务独立于股东的债务。

根据《民法总则》第 118 条第 2 款关于“债权是因合同、侵权行为、无因管理、不当得利以及法律的其他规定，权利人请求特定义务人为或者不为一定行为的权利”的规定，以及《民法通则》[①] 第 84 条第 1 款关于“债是按照合同的约定或者依照法律的规定，在当事人之间产生的特定的权利和义务关系。享有权利的人是债权人，负有义务的人是债务人”和第 2 款关于“债权人有权要求债务人按照合同的约定或者依照法律的规定履行义务”的规定，《公司法》第 3 条第 1 款所说的“公司的债务”，指的是以公司的名义承担的、应由公司负责清偿的所有债务，包括因合同、侵权行为、无因管理、不当得利以及法律的其他规定所产生的各种债务（包括税款、罚款、罚金等）。

根据《公司法》第 3 条和《民法总则》第 60 条，公司的债务应由公司以其全部财产进行清偿，原则上，公司的股东只对公司负有责任，不对公司的债务承担责任，公司的债权人不能越过公司直接要求公司的股东来清偿公司的债务。

这与普通合伙企业和有限合伙企业的普通合伙人需要根据《合伙企业法》第 2 条第 2 款、第 38 条、第 39 条、第 44 条第 2 款、第 53 条、第 57 条第 1

---

① 《民法总则》在 2017 年 10 月 1 日生效后，《民法通则》并没有同时废止或失效。由于《民法总则》和《民法通则》都是全国人民代表大会制定的调整平等主体的自然人、法人和非法人组织之间的人身关系和财产关系的民事基本法律，根据《立法法》第 92 条关于“同一机关制定的法律……新的规定与旧的规定不一致的，适用新的规定”的规定，由于《民法总则》属于新的规定，《民法通则》属于旧的规定，因此，在二者对同一事项作出了不一致的规定时，应适用《民法总则》的相应规定。

针对《民法总则》与《民法通则》的关系问题，全国人民代表大会常务委员会时任副委员长李建国 2017 年 3 月 8 日在第十二届全国人民代表大会第五次会议上作的《关于〈中华人民共和国民法总则（草案）〉的说明》指出：“1986 年制定的民法通则在我国民事立法史上具有里程碑意义，发挥了重要作用。民法通则既规定了民法的一些基本制度和一般性规则，也规定了合同、所有权及其他财产权、知识产权、民事责任、涉外民事关系法律适用等具体内容，被称为一部‘小民法典’。草案基本吸收了民法通则规定的民事基本制度和一般性规则，同时作了补充、完善和发展。民法通则规定的合同、所有权及其他财产权、民事责任等具体内容还需要在编纂民法典各分编时作进一步统筹，系统整合。据此，民法总则草案通过后暂不废止民法通则。民法总则与民法通则的规定不一致的，根据新法优于旧法的原则，适用民法总则的规定。”

款、第91条、第92条第2款的规定对合伙企业的债务承担无限连带责任不同，与有限合伙企业的有限合伙人需要根据《合伙企业法》第2条第3款、第77条、第81条的规定在其认缴的出资额的限度内对有限合伙企业的债务承担责任也不同。

此外，参考《合伙企业法》第41条的规定，公司股东发生的债务，股东的债权人不得以其对该股东的债权抵销其对公司的债务，也不得代位行使该股东在公司中的股东权利。

第四，在组织机构方面，公司有独立的组织机构。

根据《民法总则》第80条至第82条以及《公司法》第36条、第61条、第66条与第98条、第44条、第50条与第108条、第51条与第117条、第49条与第113条的规定，公司设有独立的权力机构、执行机构、监督机构和内部管理机构，并由相关组织机构根据公司章程的规定行使相应的职权，决定公司的相关事务。

第五，在人员方面，公司有独立的董事、监事、高级管理人员和职工。

根据《公司法》第147条的规定，公司的董事、监事、高级管理人员对公司负有忠实义务和勤勉义务。公司的职工则根据其与公司之间签订的劳动合同接受公司的管理并对公司负有相应的义务。

第六，在业务方面，公司有独立的业务。

对此，《公司法》第12条第1款规定了“公司的经营范围由公司章程规定，并依法登记。公司可以修改公司章程，改变经营范围，但是应当办理变更登记”。此外，《公司法》第148条第1款第5项还禁止公司的董事、高级管理人员在未经公司权力机构同意的情况下自营或者为他人经营与所任职公司同类的业务。

第七，在权利的享有和行使方面，公司独立享有权利并独立行使权利，不受干涉。

对此，《公司法》第3条第1款规定了“公司是企业法人，有独立的法人财产，享有法人财产权”；《民法总则》第57条规定了“法人是具有民事权利能力和民事行为能力，依法独立享有民事权利和承担民事义务的组织”，第5条规定了“民事主体从事民事活动，应当遵循自愿原则，按照自己的意思设立、变更、终止民事法律关系”，第130条规定了“民事主体按照自己的意愿依法行使民事权利，不受干涉”。

因此，原则上，公司作为企业法人，依法独立享有民事权利，并有权按照自己的意愿依法独立行使其各项民事权利。

第八，在责任承担方面，公司独立承担责任。

对此，《公司法》第3条第1款规定了“公司是企业法人，有独立的法人财产，享有法人财产权。公司以其全部财产对公司的债务承担责任”，第14条第2款规定了“公司可以设立子公司，子公司具有法人资格，依法独立承担民事责任”；《民法总则》第57条规定了“法人是具有民事权利能力和民事行为能力，依法独立享有民事权利和承担民事义务的组织”，第60条规定了“法人以其全部财产独立承担民事责任”。

因此，原则上，公司作为企业法人，依法独立承担民事责任，并以其全部财产承担民事责任。值得注意的是，公司对其自身的债务承担的是无限责任，即只要公司存续且其债务未获清偿，公司就应以其现有的和将来取得的全部财产进行清偿。这就是《公司法》第3条第1款所说的“公司以其全部财产对公司的债务承担责任”。

就公司的财产而言，既然属于公司的财产，公司的股东、董事、监事、高级管理人员或他人就不能对公司的财产进行非法的占有、使用、收益或处分；根据《物权法》第34条的规定，在公司的股东、董事、监事、高级管理人员或他人非法占有公司财产的情况下，公司有权要求返还。对此，《公司法》第147条第2款规定了“董事、监事、高级管理人员不得……侵占公司的财产”，第189条第2款规定了“清算组成员不得……侵占公司财产”，第206条第2款规定了“清算组成员……侵占公司财产的，由公司登记机关责令退还公司财产……”

值得一提的是，针对合伙企业的财产，《合伙企业法》第21条第1款规定了“合伙人在合伙企业清算前，不得请求分割合伙企业的财产；但是，本法另有规定的除外”。与此类似，我认为，对公司来说，除以下情形外，公司的股东在公司清算前，同样不得请求分割公司的财产：

一是，在公司的股东依照公司的权力机构依法作出的分配利润的决议或决定请求公司向其分配利润时。

二是，在公司的股东依照《公司法》第74条第1款或第142条第1款第4

项的规定要求公司收购其股权或股份时。

三是，在公司的权力机构依法作出了减少注册资本并向股东支付相应的减资对价时。

第三节　股东的有限责任

一、股东的有限责任

与《合伙企业法》第 2 条第 2 款和第 44 条第 2 款、第 2 条第 3 款和第 77 条分别规定了普通合伙企业和有限合伙企业的普通合伙人对合伙企业的债务承担无限连带责任、有限合伙企业的有限合伙人对合伙企业的债务以其认缴的出资额为限承担责任不同，根据《公司法》第 3 条第 2 款的规定，原则上，公司的股东对公司承担的责任是有限的责任；并且，公司的股东对公司的债务是不承担清偿责任的。

具体来说：

一是，就有限公司而言，原则上，有限公司的股东仅对公司承担责任，不对公司的债务或公司的债权人承担责任，其对公司的责任主要是按照公司章程的规定按期地、足额地向公司缴付其认缴的出资额，该等责任受到数额和期限方面的限制：在数额上，以其认缴的出资额为上限；在期限上，以公司章程规定的各期出资期限为限制。在股东已经缴纳了部分出资的情况下，有限公司的股东对该有限公司的责任的上限，更准确地说，应当为该股东已经认缴的出资额当中尚未实际缴纳的那部分出资额。

其中，《公司法》第 3 条第 2 款所说的“有限责任公司的股东”，指的是有限公司现有的股东，不包括其原股东或潜在股东；《公司法》第 3 条第 2 款所说的“认缴的出资额”，指的是有限公司章程规定的现有的各个股东各自所认缴的出资额（包括通过受让有限公司原股东转让的股权而取得的部分）。由于根据《公司法》第 32 条第 3 款的规定，“股东认缴的出资额”不属于公司登记事项，因此，在公司成立之后，“股东认缴的出资额”不以经过公司登记或备案为要件。

针对有限公司股东对公司的责任，《公司法》第 28 条第 2 款规定了，股东不按照公司章程规定按期足额缴纳出资的，应当向公司足额缴纳；《公司法》第 30 条规定了，有限公司成立后，发现作为设立公司出资的非货币财产的实际价额显著低于公司章程所定价额的，应当由交付该出资的股东补足其差额，公司设立时的其他股东还需要与该股东就此向公司承担连带责任。并且，根据《公司法》第 178 条第 1 款的规定，《公司法》第 28 条、第 30 条的上述规定同样适用于有限公司增加注册资本时新增资本的缴纳。

二是，就股份公司而言，股份公司的股东仅对公司承担责任，不对公司的债务或公司的债权人承担责任，其对公司的责任主要是按照公司章程或相关协议的约定向公司缴纳出资或股款，该等责任同样受到数额方面的限制：在数额上，以其认购的股份为上限；甚至在适用注册资本认缴登记制的股份公司，该等责任还受到期限方面的限制（以公司章程规定的各期出资期限为限制）。并且，在股东已经缴纳部分出资的情况下，股份公司的股东对该股份公司的责任的上限，更准确地说，应当为该股东已经认购的股份当中尚未实际缴纳的那部分出资。

其中，《公司法》第 3 条第 2 款所说的“股份有限公司的股东”，指的是股份公司现有的股东，不包括其原股东或潜在股东；《公司法》第 3 条第 2 款所说的“认购的股份”，指的是股份公司现有的各个股东各自所认购的股份（包括通过受让股份公司原股东转让的股份而取得的部分）。由于根据《公司法》第 81 条的规定，只有股份公司的各个发起人认购的股份数量才属于股份公司章程的记载事项，根据《公司登记管理条例》（2016 年修订）第 9 条第 8 项的规定，只有“股份有限公司发起人的姓名或者名称”才属于公司登记事项，股份公司的其他股东及其各自认购的股份数量既不属于公司章程的记载事项，也不属于公司登记事项，因此，确定股份公司每一个股东认购的股份数量通常比较困难，需要结合股份公司与相关股东之间历次签订的股份认购协议或类似法律文件的约定、相关股东历次转让股份的情况、相关股东所持有的股票记载的股份数量以及股份公司的股东名册的记载事项，综合加以判断。

针对股份公司股东对公司的责任，《公司法》第 93 条第 1 款规定了，股份公司成立后，发起人未按照公司章程的规定缴足出资的，应当补缴，其他发起人还需要与该发起人就此向公司承担连带责任；《公司法》第 93 条第 2 款规定了，股份公司成立后，发现作为设立公司出资的非货币财产的实际价额显著低于公司章程所定价额的，应当由交付该出资的发起人补足其差额，其他发起人还需要与该发起人就此向公司承担连带责任。并且，根据《公司法》第 178 条第 2 款的规定，《公司法》第 93 条的上述规定同样适用于股份公司增加注册资本时新增资本的缴纳。

二、无限责任与有限责任

值得一提的是，所谓的无限责任、有限责任，指的是责任主体需要用于承担责任的财产是有限的还是无限的：如果仅限于该责任主体的部分财产，而非全部财产（比如以认缴的出资额或认购的股份为限），则属于有限责任；如果需要以该责任主体现有的以及将来能够取得的全部财产承担责任，则属于无限责任。

对于无限责任的情形，如果责任主体现有的财产少于其需要承担无限责任的债务，该责任主体的无限责任就表现得比较明显：只要该责任主体还存续着（即自然人未死亡或被宣告死亡，法人或非法人组织未终止），就需要以其现在已有的财产以及将来能够取得的财产对相应的债务进行清偿，直到相应的债务已经获得全额清偿或被免除为止；如果在相应的债务获得全额清偿或被免除之前，该责任主体不再存续，则应以其遗产（在自然人的情形）或以其终止前既有的财产（在非自然人的情形）予以清偿。当然，需要依照《继承法》或《公司法》等法律的规定，处理作为自然人的该民事主体的遗产或作为组织的该民事主体终止前的财产。

不过，究其实质，所谓的无限责任，也是受到各种因素制约的，包括责任主体所实际拥有或控制的能用于承担责任的财产的范围、责任主体获得新的财产的能力、责任主体的存续期限（自然人的寿命、组织的存续期间），等等。

尤其是，在责任主体不再存续的情形下，相应的无限责任将因其不再存续这一事实而被确定为有限责任：

其一，如果该责任主体为自然人，根据《继承法》第 33 条，其继承人可以放弃继承，从而无须对该责任主体生前负有无限责任的债务承担清偿责任；

即使在其继承人未放弃继承的情况下，相关继承人也仅以其继承的遗产的实际价值为限对该责任主体生前所负的债务承担清偿责任，超过遗产实际价值的债务，继承人可以不予清偿（自愿偿还的不在此限），因此，该责任主体实际上仅在不超过其遗产的财产范围内对相应的债务承担清偿责任。

其二，如果该责任主体为组织，即便是在该责任主体为普通合伙企业这一最特别的主体的情况下，作为责任主体的该普通合伙企业的普通合伙人在该普通合伙企业终止后仍需根据《合伙企业法》第 91 条的规定对该普通合伙企业存续期间的债务承担无限连带责任，但是，由于该普通合伙企业的合伙人最终不可避免地会向上层层追溯到自然人，这一无限责任最终仍然会因前述“其一”的原因而变为有限责任。这同样适用于该责任主体是法人或其他非法人组织的情形，因为在向上追溯组织的股东或合伙人或出资人或开办人时，最终将不可避免地追溯到自然人（当然，追溯至主权国家的除外）。

因此，从这个意义上说，不存在绝对的无限责任。

第四节　公司法人独立地位与股东有限责任的例外

尽管《公司法》第 3 条规定了公司的法人独立地位和股东的有限责任，但是，《公司法》以及其他相关法律、法规、司法解释也规定了相应的例外情形。在发生这些例外情形时，可以否定公司的法人独立地位，或者否定股东的有限责任，从而越过公司直接要求公司的股东对公司的债务承担相应的责任。

这些例外的情形，主要包括：

一是，根据《公司法》第 20 条第 3 款的规定，作为公司的股东，如果滥用公司的法人独立地位和股东的有限责任，逃避债务，严重损害公司的债权人利益的，是需要对公司的债务承担连带责任的。

二是，根据《公司法》第 63 条，作为一人公司的股东，如果不能证明该一人公司的财产独立于股东自己的财产，是需要对该一人公司的债务承担连带责任的。

三是，根据《最高人民法院关于适用〈中华人民共和国公司法〉若干问题的规定（三）》（以下简称《公司法司法解释（三）》）第 13 条第 2 款，如果公司的股东未履行或者未全面履行出资义务，公司的债权人可以请求该股东在其未出资本息范围内对公司债务不能清偿的部分承担补充赔偿责任。

四是，根据《公司法司法解释（三）》第 14 条第 2 款，如果公司股东在公司成立后抽逃出资，公司的债权人可以请求该股东在其抽逃出资本息范围内对公司债务不能清偿的部分承担补充赔偿责任，并可以请求协助该股东抽逃出资的公司的其他股东与该股东对公司不能清偿的债务承担连带责任。

五是，根据《最高人民法院关于适用〈中华人民共和国公司法〉若干问题的规定（二）》（以下简称《公司法司法解释（二）》）第 18 条第 1 款，如果有限公司的股东、股份公司的控股股东未在法定期限内成立清算组开始清算，导致公司财产贬值、流失、毁损或者灭失，公司的债权人可以主张有限公司的该股东、股份公司的该控股股东在造成损失范围内对公司债务承担赔偿责任。

六是，根据《公司法司法解释（二）》第 18 条第 2 款，如果有限公司的股东、股份公司的控股股东因怠于履行义务，导致公司主要财产、账册、重要文件等灭失，无法进行清算，公司的债权人可以主张有限公司的该股东、股份公司的该控股股东对公司债务承担连带清偿责任。

七是，根据《公司法司法解释（二）》第 19 条第 1 款，如果有限公司的股东、股份公司的控股股东在公司解散后，恶意处置公司财产给债权人造成了损失，公司的债权人可以主张有限公司的该股东、股份公司的该控股股东对公司债务承担相应赔偿责任。

八是，根据《公司法司法解释（二）》第 19 条第 1 款，如果有限公司的股东、股份公司的控股股东在公司解散后，未经依法清算，以虚假的清算报告骗取公司登记机关办理法人注销登记，公司的债权人可以主张有限公司的该股东、股份公司的该控股股东对公司债务承担相应赔偿责任。

九是，根据《公司法司法解释（二）》第 20 条第 1 款，如果公司未经清算即办理注销登记，导致公司无法进行清算，公司的债权人可以主张有限公司的股东、股份公司的控股股东对公司债务承担清偿责任；在此基础上，《最高人民法院关于民事执行中变更、追加当事人若干问题的规定》（法释〔2016〕21 号）第 21 条进一步明确："作为被执行人的公司，未经清算即办理注销登记，导致公司无法进行清算，申请执行人申请变更、追加有限责任公司的股东、股份有限公司的董事和控股股东为被执行人，对公司债务承担连带清偿责任的，人民法院应予支持”，从而，公司未经清算即办理注销登记，导致公司无法进行清算的，有限公司的股东、股份公司的控股股东对公司的债务应当承担连带清偿责任。值得注意的是，考虑到公司的主体资格因已注销登记而消灭，已经无法否定公司的法人独立地位了，因此，这主要是股东的有限责任的例外。

十是，根据《公司法司法解释（二）》第20条第2款，如果公司未经依法清算即办理注销登记，而公司的股东在公司登记机关办理注销登记时承诺对公司债务承担责任的，公司的债权人可以主张该股东对公司债务承担相应的民事责任。同样值得注意的是，考虑到公司的主体资格因已注销登记而消灭，已经无法否定公司的法人独立地位了，因此，这主要是股东的有限责任的例外。

十一是，银行、保险公司、证券公司等金融机构的股东，在相关金融机构发生特殊情况时，监管机构有权要求其在原有投资的基础上对金融机构追加投资。比如，根据《保险法》第138条第1项，保险公司的股东，在保险公司偿付能力不足时，监管机构可以责令保险公司增加资本金，从而使得保险公司的股东可能需要在其原来对该保险公司认缴的出资额或认购的股份之外额外增加对保险公司的投资；又如，根据原中国银监会2013年印发的《商业银行公司治理指引》（银监发〔2013〕34号）第12条，商业银行的主要股东，在其对商业银行认缴的出资额或认购的股份之外，还应当以书面形式向商业银行作出资本补充的长期承诺。当然，需要注意的是，上述情形主要是股东的有限责任（而不是公司的法人独立地位）的例外。

十二是，作为公司的股东，根据《担保法》（主要为第2条、第7条至第10条等条款）与《物权法》（主要为第171条、第179条、第180条、第208条、第223条等条款）为公司提供连带责任担保，从而使该股东需要对公司的相应债务承担连带责任。不过，严格来讲，这种情形是基于公司股东与公司之间的交易（即股东为公司提供连带责任担保）、基于其担保人身份而非基于股东身份而对公司的债务承担连带责任的。

十三是，符合《公司法》第151条第1款规定的条件的股东，根据《公司法》第151条的规定，针对公司的董事、高级管理人员、监事或他人，以自己的名义，为了公司的利益提起股东代表诉讼的情形，也可以视为对公司的法人独立地位的否定，属于公司的法人独立地位的例外情形（但并非股东的有限责任的例外）。

在 2017 年 9 月 26 日就周某文诉浠水县人民政府、浠水县工商行政管理局行政登记再审案作出的（2017）最高法行申 3597 号行政裁定书中，最高人民法院认为：“法律允许股东个人提起诉讼，但要符合公司法一百五十一条规定的前置程序。之所以设置这些前置程序，是因为一方面，从公司自身角度讲，公司具有独立的法律人格，股东虽然是公司的创设者，但在法律上与公司属于不同的主体，公司的独立人格应该受到尊重。股东意志应当尽可能地通过公司自身的一系列制度形成公司意志并以公司的名义对外表达。”从最高人民法院上述意见也可以看出，公司的股东以自己的名义提起股东代表诉讼，事实上是以否定公司的法人独立地位为前提的。

第五节　公司法人独立地位和股东有限责任的滥用

在梳理了公司的法人独立地位和股东的有限责任及其例外的基础上，接下来分析的是股东滥用公司的法人独立地位和股东的有限责任的民事责任的问题。

一、滥用公司法人独立地位和股东有限责任的法律后果

由于《公司法》第 20 条第 3 款规定了“公司股东滥用公司法人独立地位和股东有限责任，逃避债务，严重损害公司债权人利益的，应当对公司债务承担连带责任”，这就意味着，在公司的股东存在通过滥用公司的法人独立地位和股东的有限责任来逃避债务的行为并且达到了“严重损害公司债权人利益”的程度时，公司的债权人可以越过公司直接要求公司的股东与公司一起对公司的债务承担连带清偿责任。其中，根据最高人民法院 2019 年 11 月印发的《全国法院民商事审判工作会议纪要》（法〔2019〕254 号），《公司法》第 20 条第 3 款所说的“损害公司债权人利益”主要是指股东滥用权利使公司财产不足以清偿公司债权人的债权。对此，《民事案件案由规定》规定了“股东损害公司债权人利益责任纠纷”案由。当然，公司的债权人对公司股东“存在滥用公司法人独立地位和股东有限责任，逃避债务的行为”，并且“其利益因此受到严重损害”，负有举证证明责任。

实践中，通常把《公司法》第 20 条第 3 款规定的制度称为“刺破公司面纱制度”或“公司人格否定制度”。不过，实际上，《公司法》第 20 条第 3 款不仅否定了《公司法》第 3 条第 1 款所规定的公司的法人独立地位，还同时否定了《公司法》第 3 条第 2 款所规定的股东的有限责任。在这个意义上，《公司法》第 20 条第 3 款属于《公司法》第 3 条的例外规定。因此，公司股东如果滥用公司的法人独立地位和股东的有限责任，不仅可能导致公司的法人独立地位被否定，还可能导致股东丧失《公司法》第 3 条第 2 款所规定的有限责任的保护。

值得注意的是，否认公司的法人独立地位并非原则，只是例外。对此，最高人民法院 2019 年 11 月印发的《全国法院民商事审判工作会议纪要》（法〔2019〕254 号）提出：“否认公司独立人格，由滥用公司法人独立地位和股东有限责任的股东对公司债务承担连带责任，是股东有限责任的例外情形，旨在矫正有限责任制度在特定法律事实发生时对债权人保护的失衡现象”，并要求人民法院“在审判实践中，要准确把握《公司法》第 20 条第 3 款规定的精神”，具体而言：

“一是只有在股东实施了滥用公司法人独立地位及股东有限责任的行为，且该行为严重损害了公司债权人利益的情况下，才能适用。损害债权人利益，主要是指股东滥用权利使公司财产不足以清偿公司债权人的债权。

“二是只有实施了滥用法人独立地位和股东有限责任行为的股东才对公司债务承担连带清偿责任，而其他股东不应承担此责任。

“三是公司人格否认不是全面、彻底、永久地否定公司的法人资格，而只是在具体案件中依据特定的法律事实、法律关系，突破股东对公司债务不承担责任的一般规则，例外地判令其承担连带责任。人民法院在个案中否认公司人格的判决的既判力仅仅约束该诉讼的各方当事人，不当然适用于涉及该公司的其他诉讼，不影响公司独立法人资格的存续。如果其他债权人提起公司人格否认诉讼，已生效判决认定的事实可以作为证据使用。

“四是《公司法》第 20 条第 3 款规定的滥用行为，实践中常见的情形有人格混同、过度支配与控制、资本显著不足等。在审理案件时，需要根据查明的案件事实进行综合判断，既审慎适用，又当用则用。实践中存在标准把握不严而滥用这一例外制度的现象，同时也存在因法律规定较为原则、抽象，适用难度大，而不善于适用、不敢于适用的现象，均应当引起高度重视。”

接下来主要针对常见的滥用公司法人独立地位和股东有限责任的行为加以分析。

二、滥用公司法人独立地位和股东有限责任的行为的认定：公司与股东之间构成混同

如前所述，公司的法人独立地位和股东的有限责任是公司制度的基石，要否定公司的独立人格并要求股东对公司的债务承担清偿责任，需要满足比较高的标准，至少需要由公司的债权人举证证明同时满足以下条件：一是，在目的上，股东滥用公司的法人独立地位和股东的有限责任，是为了逃避债务；二是，在程度上，股东对公司的法人独立地位和股东的有限责任的利用，达到了滥用的程度，使得公司与股东在人格、财产等方面产生了混同；三是，在后果上，股东滥用公司的法人独立地位和股东的有限责任的行为，严重损害了公司的债权人的利益。

对此，在2015年10月29日就赵某与太原市嘉登房地产有限公司、山西谦娜房地产开发有限公司（以下简称谦娜公司）合同纠纷再审案作出的（2015）民申字第2083号民事裁定书中，最高人民法院认为：“《公司法》确定之公司法人财产制和股东有限责任制，是公司法人制度的精髓和公司法的基本原则，《公司法》鼓励投资者通过有限财产、承担有限责任的方式去参与市场行为。作为对于法人独立财产制和股东有限责任制之公司法基本原则的例外规定，刺破公司面纱，判令公司股东承担连带责任应当掌握较为严格的认定标准。依据《公司法》的规定与基本精神，其标准应当包括：1. 公司股东存在滥用公司法人独立地位的行为，具体表现为人员、业务、财务的混同导致已经无法区分法人的独立人格；2. 上述行为已经严重损害公司债权人利益。就本案而言，在诉争房地产开发的项目合作过程中，谦娜公司是以自己的名义销售房屋，而非以赵某的名义销售房屋，不存在谦娜公司与赵某的业务混同；虽然赵某以个人名义收取房款，违反了公司的财务制度，但并不会导致账目混同。如仅因为自然人股东代收法人账款即刺破公司面纱，判令公司股东承担连带责任，在整个公司法的视角下，有违其基本精神和规则。”

此外，在2017年10月23日就武汉大通窑炉机械设备有限公司（以下简称武汉大通公司）、吴某谦与甘肃福明高新建筑材料有限公司（以下简称甘肃福明公司）、林某明承揽合同纠纷再审案作出的（2016）最高法民再306号民事判决书中，最高人民法院认为："《中华人民共和国公司法》第二十条第二款[①]规定：'公司股东滥用公司法人独立地位和股东有限责任，逃避债务，严重损害公司债权人利益的，应当对公司债务承担连带责任。'甘肃福明公司主张吴某谦与武汉大通公司人格混同，则应举出盖然性的证据证明股东存在滥用公司法人独立地位和股东有限责任的行为以及由此产生了损害的结果。本案中，甘肃福明公司所提交的证据仅能证明武汉大通公司在转入和转出案涉合同价款时都曾经使用了时任其法定代表人、控股股东吴某谦的账号，但是并无证据证明吴某谦与武汉大通公司之间存在资产不分、账簿合一、账目不清，或者人事交叉、业务相同导致与其交易的第三人无法分清是与股东还是与公司进行交易等情形。吴某谦曾是武汉大通公司的控股股东，但武汉大通公司账户内资金的增减与吴某谦是否滥用公司法人独立地位并无直接的关系。因此，甘肃福明公司提交的证据并未达到对法人人格混同可能性的合理怀疑程度。"

还有，在2016年7月28日就七台河宝泰隆圣迈煤化工有限责任公司与营口市大洋石化有限公司、营口华威石化有限公司、杜某敏买卖合同纠纷再审案作出的（2016）最高法民申2011号民事裁定书中，最高人民法院也认为："根据《中华人民共和国公司法》第三条规定，公司是企业法人，有独立的法人财产，享有法人财产权。公司以其全部财产对公司的债务承担责任。公司独立财产是独立承担责任的基础，审查公司之间人格混同的重要标准是审查是否存在人员混同、经营混同及财产混同，其中核心是财产混同。如两公司之间财产混同，无法区分，失去独立人格，则构成人格混同，对外债务应当承担连带责任。反之，如两公司之间财产相互独立，不存在混同，则对外不应承担连带责任。"

另有，在2011年5月24日就河北冀星高速公路有限公司（以下简称冀星公司）与京域高速公路有限公司（以下简称京域公司）、康永基础有限公司（以下简称康永公司）、永荣国际集团有限公司、高威有限公司、辉达投资有限

① 此处应为判决书的笔误，应为"《公司法》第二十条第三款"。

公司、光远财务有限公司、新耀服务有限公司、澄天投资集团有限公司、敏辉控股集团有限公司、伟福海外有限公司借款合同纠纷再审案作出的（2011）民申字第289号民事裁定书中，最高人民法院认为："关于法人人格混同的认定目前没有法定标准，一般应当从公司与股东或者关联公司财产、业务范围、组织机构等方面综合认定。根据《中华人民共和国公司法》第三条之规定，公司具有独立人格的前提是公司具有独立财产。所以，认定公司是否有独立的财产是判断公司与股东或者关联公司是否构成人格混同的首要标准。其次，要从公司注册地址、人员组织、利益分配等方面综合判断。本案中存在一些证据证明京域公司与康永公司等九公司均由何玉华实际控制，但仅此不能直接得出诸公司之间构成人格混同的结论。京域公司也存在为康永公司等九公司支付资金等情况，但在日常的贸易投资活动中，公司之间垫付资金的情况很常见。对此，也不能直接推断出公司人格混同的结论。本案中，冀星公司并未提出康永公司等九公司关于公司资产、财务不独立或与京域公司财产混同的相关证据。至于康永公司等九公司和京域公司注册地址相同的问题。康永公司等九公司系在英属维尔京登记设立，其与京域公司注册地址相同，是注册地法律所允许的。康永公司等九公司和京域公司拥有相同的注册办公地址，并不影响各家公司各自的独立法人地位。因此，本案中京域公司和康永公司等九公司并不构成法人人格混同。"

又有，在2015年4月17日就河北中电开利贸易有限公司（以下简称河北中电）与上海博恩世通光电股份有限公司（以下简称上海博恩）、江苏博恩世通高科有限公司（以下简称江苏博恩）买卖合同纠纷申请再审案作出的（2014）民申字第2149号民事裁定书中，最高人民法院也认为："法人人格否认最根本要件在于公司法人独立意志的丧失从而导致公司对外不能完全独立地承担民事责任，该制度的目的在于防止大股东将其投资的企业作为工具，使其丧失独立性，并且利用之获得利益。本案现有证据不能证明上海博恩利用大股东地位使江苏博恩失去独立意志从而获得不正当利益。上海博恩对江苏博恩虽然具有控股关系，但并没有证据表明江苏博恩丧失独立意志表示能力。上海博恩与江苏博恩的董事、监事交叉任职及财务人员双重任职，并非为法律所禁止，其亦不足以构成认定二者法人人格混同的根据。江苏博恩与上海博恩分别有独立的账户和财务，不存在财务交叉、随意调走资金的情形。根据原审查明的事实，河北中电提及的上海博恩与江苏博恩之间签订699万元技术服务合同，其实并未实际履行；其提出的江苏博恩曾与上海博恩的大股东购买设备2870万元价格不合理、上海博恩通过其股东为江苏博恩向中电四公司以《工业气体供气合同》名义支付100万元设备款等行为，并不能证明关联公司之间是通过不合理价格转移财产，逃避债务或者不具有各自独立账目和债权债务关系。因此亦不能以此证明上海博恩与江苏博恩之间财产、财务及业务混同。江苏博恩自合法成立后，虽未进入生产经营阶段，但不能因此否定其法人人格。”

再有，在2016年3月31日就河北煤业工贸有限责任公司（以下简称煤业公司）与唐山重型装备集团有限责任公司（以下简称重型集团）、唐山冶金矿山机械厂（以下简称冶金厂）买卖合同纠纷再审案作出的（2016）最高法民申430号民事裁定书中，针对再审审查争议焦点“重型集团与冶金厂是否存在滥用公司法人独立地位和股东有限责任，逃避债务，严重损害煤业公司利益的情形，冶金厂应否对重型集团的债务承担连带责任”，最高人民法院认为：

“首先，煤业公司未能证明冶金厂与重型集团之间存在资产混同。本案中，重型集团系国有独资公司，其股东为唐山市国资委，仅是重型集团增加的注册资本系唐山市国资委委托冶金厂支付，不能以此认定二企业具有投资关系，亦不能认定二者资产混同。

“其次，煤业公司未能证明冶金厂与重型集团之间存在人员混同。二企业的法定代表人虽然均是同一人，但不能以此认定二者人格混同，煤业公司也没有提供其他证据证明二企业存在人员、机构混同的情形。

“再次，煤业公司未能证明冶金厂和重型集团存在业务混同以及滥用公司法人独立地位和股东有限责任，逃避债务，严重损害债权人利益的情形。煤业公司虽然提供了《曹妃甸数字化煤炭储配基地项目带式输送机采购合同》以及相关函件，但冶金厂与重型集团对《通知函》《关于曹妃甸数字化煤炭基地项目皮带机交货的函》和《回复函》的真实性未予确认，即使是真实的，冶金厂也提供了《工业品买卖合同》，证明冶金厂与重型集团之间为分包关系，煤业公司提交的该组证据无法达到其证明目的。煤业公司提交的《关于阳煤二矿西斜井皮带机项日委托付款协议书》，仅能证明冶金厂与煤业公司之间存在债权债务关系，不能证明重型集团存在向冶金厂转移资产逃避债务，损害债权人利益的情形。

“最后，煤业公司提供的招标文件和重型集团在网上发布的广告以及冶金厂发布的放假通知，均不能证明冶金厂与重型集团之间存在人格混同的情形。由于招标文件上没有冶金厂的印章，冶金厂不予认可，报价单仅能证明煤业公司的报价行为，不能以此为由认定冶金厂与重型集团存在人格混同；广告系重型集团的单方行为，冶金厂对此不予认可；《关于唐冶、唐重集中放假的通知》亦未否认冶金厂、重型集团为相互独立的两个企业。故上述证据均不能达到否定冶金厂和重型集团独立法人人格的程度。

“综上，煤业公司既不能证明重型集团和冶金厂存在人格混同的情形，也不能证明二者存在滥用公司法人独立地位和股东有限责任，逃避债务，严重损害煤业公司利益的行为，煤业公司应当承担举证不能的不利后果。”

在认定公司人格与股东人格是否存在混同方面，最高人民法院 2019 年 11 月印发的《全国法院民商事审判工作会议纪要》（法〔2019〕254 号）第 10 条更是提出：“认定公司人格与股东人格是否存在混同，最根本的判断标准是公司是否具有独立意思和独立财产，最主要的表现是公司的财产与股东的财产是否混同且无法区分……”，具体而言：一是，“在认定是否构成人格混同时，应当综合考虑以下因素：（1）股东无偿使用公司资金或者财产，不作财务记载的；（2）股东用公司的资金偿还股东的债务，或者将公司的资金供关联公司无偿使用，不作财务记载的；（3）公司账簿与股东账簿不分，致使公司财产与股东财产无法区分的；（4）股东自身收益与公司盈利不加区分，致使双方利益不清的；（5）公司的财产记载于股东名下，由股东占有、使用的；（6）人格混同的其他情形”；二是，“在出现人格混同的情况下，往往同时出现以下混同：公司业务和股东业务混同；公司员工与股东员工混同，特别是财务人员混同；公司住所与股东住所混同。人民法院在审理案件时，关键要审查是否构成人格混同，而不要求同时具备其他方面的混同，其他方面的混同往往只是人格混同的补强”。

值得一提的是，由最高人民法院在 2013 年 1 月 31 日发布的经最高人民法院审判委员会讨论通过，并作为第 15 号指导案例的“徐工集团工程机械股份有限公司诉成都川交工贸有限责任公司等买卖合同纠纷案”，对理解《公司法》第 20 条第 3 款具有重要的参考价值。

在这个案件当中，法院的生效判决认为，虽然成都川交工贸有限责任公司

（以下简称川交工贸公司）与成都川交工程机械有限责任公司（以下简称川交机械公司）、四川瑞路建设工程有限公司（以下简称瑞路公司）这三个公司在工商登记部门登记为彼此独立的企业法人，但实际上，这三个公司相互之间界限模糊、人格混同，具体表现在：

一是，三个公司人员混同。三个公司的经理、财务负责人、出纳会计、工商手续经办人均相同，其他管理人员亦存在交叉任职的情形，川交工贸公司的人事任免存在由川交机械公司决定的情形。

二是，三个公司业务混同。三个公司实际经营中均涉及工程机械相关业务，经销过程中存在共用销售手册、经销协议的情形；对外进行宣传时信息混同。

三是，三个公司财务混同。三个公司使用共同账户，以王某礼的签字作为具体用款依据，对其中的资金及支配无法证明已作区分；三个公司与徐工机械公司之间的债权债务、业绩、账务及返利均计算在川交工贸公司名下。

因此，三个公司之间表征人格的因素（人员、业务、财务等）高度混同，导致各自财产无法区分，已丧失独立人格，构成人格混同。其中的川交工贸公司承担所有关联公司的债务却无力清偿，又使其他关联公司逃避巨额债务，严重损害了债权人的利益。上述行为违背了法人制度设立的宗旨，违背了诚实信用原则，其行为本质和危害结果与《公司法》第 20 条第 3 款规定的情形相当，故法院参照《公司法》第 20 条第 3 款的规定，判令川交机械公司、瑞路公司对川交工贸公司的债务承担连带清偿责任。

此外，刊载于《最高人民法院公报》2017 年第 3 期的、由最高人民法院在 2015 年 12 月 16 日就邵某与云南通海昆通工贸有限公司（以下简称昆通公司）、通海兴通达工贸有限公司（以下简称兴通达公司）民间借贷纠纷再审案作出的（2015）民一终字第 260 号民事判决书[①]中的意见，也可作参考。

在该民事判决书中，最高人民法院的认定意见如下：

“第一，2009 年 6 月 10 日在玉溪市中级人民法院的主持下所形成的《涉及通海昆通工贸公司债权人会议纪要》的内容显示，由于昆通公司被法院查封难

① 载《最高人民法院公报》2017 年第 3 期，http：//gongbao. court. gov. cn/Details/dd50d3d7d1522906721893219a1465. html，最后访问时间：2019 年 9 月 30 日。

以继续经营，为使债权人债权得到清偿，由华盛源公司与昆通公司合作，昆通公司资产交由华盛源公司代为管理，对外债务由华盛源公司汇入法院账户协助执行。虽然华盛源公司与昆通公司之后未按照上述会议纪要的内容合作，但是，该会议纪要能够证明昆通公司由于被法院强制执行而陷入不能经营的状态这一事实。

“第二，从工商登记资料及身份证明上看，昆通公司的法定代表人自2007年11月18日变更为岳某甲，岳某甲系该公司两股东岳某宽与张某芬之子。岳某乙系昆通公司监事，杨某华系昆通公司工作人员，孔某菠系昆通公司财务人员。而兴通达公司的工商登记资料显示，兴通达公司于2009年8月27日申请设立登记。岳某乙同时为兴通达公司的股东，杨某华担任兴通达公司的监事，孔某菠也担任兴通达公司的财务人员。上述证据说明，兴通达公司在财务人员，在主要工作人员以及股东的构成上，存在相互交叉或者相互重合的情形。

“第三，邵某在二审中提供的岳某乙与昆通公司于2009年8月30日签订的《约定协议》，虽然在形式上系复印件，但是结合岳某乙与邵某的微信记录、两人于2015年12月1日的通话录音以及陈某明的当庭陈述，可以认定岳某乙系代理昆通公司持有兴通达公司的股权。这说明，昆通公司实际上是通过岳某乙持有兴通达公司股权的。

“第四，2009年7月18日和2009年9月20日昆通公司与兴通达公司签订的两份租赁协议可以证明，虽然双方系通过租赁合同的形式由兴通达公司承租昆通公司的办公用房及货场和料场，但从其租金约定的数额畸低这一事实来看，双方实际上存在着办公地点、经营设备、生产场地混同的情形。

“第五，由昆通公司和兴通达公司于2009年9月16日及2011年10月25日联合向通海县国税局、秀山分局呈报的《关于昆通公司和兴通达公司生产经营情况的报告》和《关于昆通公司和兴通达公司税负情况形成原因的报告》的内容显示，昆通公司在2009年已因拖欠税款被国税部门扣留税控机，自2009年9月兴通达公司对外采购原材料销售给昆通公司，昆通公司所产产品销售给兴通达公司，由兴通达公司再对外销售。兴通达公司作为‘昆通公司原、辅料的采购及产品（副产品）销售商，不以营利为目的，因此对昆通公司的采购和销售采取①原材料平进平出；②产品销售提留微量进销差价（以维持兴通达公司日常基本费用）的方式’。上述证据结合前述2009年6月10日在玉溪市中级人民法院的主持下所形成的《涉及通海昆通工贸公司债权人会议纪要》可知，昆通公司由于被人民法院查封和被国税部门扣留税控机无法继续经营，在与华盛源公司未实际履行上述会议纪要的前提下，又通过岳某乙和罗某东代持股权的方式与陈某明设立兴通达公司，兴通达公司设立的目的是恢复昆通公司的生产经营。

“第六，邵某与兴通达公司于2011年3月29日签订的两份《借款协议》，数额分别为2920万元和1716万元，两份《借款协议》上除陈某明作为借款方兴通达公司法定代表人签字之外，还有昆通公司法定代表人岳某甲和岳某丙（系岳某甲之弟）的签名。2011年4月18日兴通达公司向邵某出具的数额为490.5万元的收据上，除了陈某明签名之外，岳某甲也在该收据上签名。2011年10月10日，兴通达公司向邵某出具的数额为1889.5万元的《收款收据》上，除了陈某明签名之外，岳某甲也在该收据上签名。上述签名的法律含义可以解释为一审法院所认定的岳某甲系作为见证人签名。另外一种则是结合前述昆通公司与兴通达公司在股东持股、财务人员、办公场所等方面存在高度混同的事实，将该签名的法律含义解释为，兴通达公司与邵某签订借款协议时，均明知兴通达公司的设立目的是通过兴通达公司实现昆通公司的经营，所出借的款项实际用途也都是用于昆通公司的恢复生产及经营。因此，岳某甲在上述借款凭证签名的行为实际上是代表昆通公司确认借款关系的行为。本院认为，将岳某甲签名的法律意义认定为是见证行为，无其他证据辅佐，也与前述一系列证据所证明的事实形成冲突。岳某甲在前述借款凭证上签名的行为也从另外一个侧面说明，昆通公司与兴通达公司存在着高度混同的现象。

“综合上述多个证据，可以认定，兴通达公司的设立目的是通过兴通达公司恢复昆通公司的生产经营，昆通公司通过岳某乙、罗某东等持股的方式成为兴通达公司的股东，两公司在财务人员、工作人员、经营场所、生产经营等方面存在高度混同的现象。昆通公司通过此种方式设立兴通达公司并利用了兴通达公司的法人独立地位和股东有限责任，损害了邵某作为债权人的利益。根据《中华人民共和国公司法》第二十条第三款的规定，昆通公司应当对以兴通达公司的名义向邵某的借款债务承担连带责任。邵某的上诉主张部分成立，本院予以支持。

“综上，由于一审判决未能就多个证据作出综合判断，未能对证据作出准确评价，认定事实错误，仅以兴通达公司非为昆通公司的代理人为由驳回邵某要求昆通公司承担连带责任的请求，适用法律错误。”

我理解，可以借鉴上述指导案例和公报案例的做法，分别从人格、财产、财务、组织机构、人员、业务等方面，对公司与股东之间是否构成混同加以分析，从而认定股东是否构成《公司法》第20条第3款规定的“滥用公司法人独立地位和股东有限责任，逃避债务，严重损害公司债权人利益”的行为。

三、滥用公司法人独立地位和股东有限责任的行为的认定：其他情形

当然，《公司法》第20条第3款关于“公司股东滥用公司法人独立地位和股东有限责任，逃避债务，严重损害公司债权人利益的，应当对公司债务承担连带责任”的规定，并非只能适用于公司与股东存在混同的情形，只要存在“滥用公司法人独立地位和股东有限责任，逃避债务，严重损害公司债权人利益”的行为，都可以适用《公司法》第20条第3款关于“应当对公司债务承担连带责任”的规定。

在这方面，上海致达科技集团有限公司（以下简称致达科技公司）与中国第十三冶金建设有限公司（以下简称十三冶公司）股东损害公司债权人利益责任纠纷案，可作参考。

该案的主要案情如下：

2008年4月28日，针对十三冶公司诉江苏新大纸业有限公司（以下简称新大纸业公司）建设工程施工合同纠纷一审案，江苏省徐州市中级人民法院（以下简称徐州中院）作出了（2007）徐民一初字第42号民事判决书，判令新大纸业公司向十三冶公司支付工程款18942543.29元及相应利息，赔偿损失12.5万元，给付管理费30万元。该判决由二审法院江苏省高级人民法院在2008年9月16日作出（2008）苏民终字第224号民事判决书予以维持。

之后，因新大纸业公司未按生效判决履行，十三冶公司向徐州中院申请强制执行。在执行过程中，江苏五洲纸业有限公司（以下简称五洲纸业公司）愿意提供担保，三方于2009年底签订和解协议，确认新大纸业公司已支付8709505元，十三冶公司同意减让部分利息，截至2008年11月3日扣除减让

利息后的欠款为14274625.29元，由新大纸业公司分期还款，五洲纸业公司对和解协议项下的全部债务承担连带保证责任。

和解协议签订后，新大纸业公司、五洲纸业公司均未按和解协议履行。因十三冶公司向徐州中院申请恢复对前述生效判决的执行，徐州中院在2012年7月2日作出了（2012）徐复执字第1号民事裁定，恢复对该案的执行，并追加五洲纸业公司为被执行人。

2012年2月，五洲纸业公司股东变更为致达科技公司、东方控股有限公司（以下简称东方控股公司）。2013年7月1日，五洲纸业公司股东变更为致达科技公司，致达科技公司系其唯一股东，企业性质相应变更为国内法人独资企业。

2013年7月12日，新大纸业公司股东变更为五洲纸业公司，五洲纸业公司系其唯一股东，企业性质变更为国内法人独资企业。

2013年7月25日，五洲纸业公司当时的唯一股东致达科技公司出具《股东决定》，内容为：将五洲纸业公司无偿并入新大纸业公司，合并后五洲纸业公司解散，原五洲纸业公司的债权、债务全部由新大纸业公司承继。

同日，五洲纸业公司、新大纸业公司签订《合并协议》，约定：为了扩大公司规模，提高竞争力，双方合并；由新大纸业公司吸收五洲纸业公司，五洲纸业公司解散；原五洲纸业公司的股东成为新大纸业公司股东，新大纸业公司注册资本不变；原双方债权债务由新大纸业公司承继。

2013年7月26日、8月8日、8月21日，五洲纸业公司、新大纸业公司联合在《江苏经济报》发布《合并公告》。

2013年9月13日，新大纸业公司股东由五洲纸业公司变更为致达科技公司。

2013年9月16日，徐州市新沂工商行政管理局受理五洲纸业公司的注销申请，并准予注销登记，五洲纸业公司并入新大纸业公司。注销登记申请书上注明债权债务已清理完毕。

前述合并过程中，五洲纸业公司未通知已知债权人十三冶公司，亦未编制资产负债表和财产清单。

2013年10月11日，合并后的新大纸业公司向江苏省新沂市人民法院（以下简称新沂法院）申请破产。

2013年10月12日，新沂法院作出（2013）新商破字第1号民事裁定，受理新大纸业公司的破产申请。

2014年1月30日，新沂法院作出（2013）新商破字第1－2号民事裁定，宣告新大纸业公司破产。在案件审理过程中，新大纸业公司破产程序尚未终结。

十三冶公司认为，致达科技公司对新大纸业公司、五洲纸业公司进行股东变更、公司性质变更，实施公司合并、对新大纸业公司申请破产，其目的在于利用公司法人独立地位和股东的有限责任逃避债务；致达科技公司作为五洲纸业公司、新大纸业公司的股东，在两公司合并之前，违反了我国公司法有关公司合并的法定程序，未依法编制资产负债表和财产清单且未书面通知已知债权人即十三冶公司，导致十三冶公司无法要求五洲纸业公司提前清偿债务或提供担保，造成十三冶公司无法就其对五洲纸业公司所享有的债权获得清偿，致达科技公司侵权行为符合侵权要件规定，且与十三冶公司损失之间存在因果关系，致达科技公司应当承担赔偿责任，因此，起诉请求法院依法判令致达科技公司赔偿十三冶公司损失14274625.29元。

在2017年6月12日就致达科技公司与十三冶公司股东损害公司债权人利益责任纠纷上诉案作出的（2016）苏民终187号民事判决书中，江苏省高级人民法院认为："致达科技公司作为五洲纸业公司、新大纸业公司的股东，在明确要终止五洲纸业公司、新大纸业公司的情况下，不按照公司法的规定对各公司分别解散、清算或者申请破产，在无证据证明相关公司均符合破产条件且破产清偿率相同的情况下，特意安排先合并，然后直接申请合并后公司破产的终止途径，实质打破了参与合并的公司之间的独立财产界限，构成对五洲纸业公司债权人十三冶公司的侵权，属于《中华人民共和国公司法》第二十条规制的公司股东滥用公司法人独立地位和股东有限责任，逃避债务，严重损害公司债权人利益的行为，应当对公司债务承担连带责任。"

江苏省高级人民法院得出上述结论的主要理由是，"公司合并涉及公司组织结构的变更，影响债权人等相关利害关系人的利益，应当严格遵守公司法的规定。合并过程中相关行为构成侵权的，侵权人应当承担相应的赔偿责任。本案中，致达科技公司将五洲纸业公司无偿并入新大纸业公司的行为，违反了公司合并制度的立法目的，侵害了五洲纸业公司债权人十三冶公司的合法权利，造成了十三冶公司的损失，构成侵权，应当承担相应的损失赔偿责任”，其具体分析如下。

一是，五洲纸业公司与新大纸业公司之间的合并构成对五洲纸业公司债权人十三冶公司的侵权。

“（一）五洲纸业公司和新大纸业公司之间的所谓‘合并’，系以终止所有参与合并的公司为目的，违背公司合并制度的立法目的。公司合并是指两个以上的公司签订合并协议并依照法定程序归并为一个公司的法律行为。……对于所有参与合并的公司整体而言，公司合并制度的立法目的在于促进这个整体得到更好的发展，终止所有参与合并的公司不是建立合并制度的立法目的。对于依法合并后的公司，无论是吸收合并中存续的公司，还是新设合并中新设的公司，合并各方主观上均希望其继续存在、正常经营、发展壮大。也正是因为此，合并前公司债权人的权益虽在实现时间或者方式上可能受到一定影响，但同时也会相应增强对合并后公司发展的预期，例如预期合并后的公司可能更有活力，具备更强的偿债能力等。而本案中，合并后的新大纸业公司并无实际经营的意愿，这个通过合并而产生的新公司，其产生的直接目的是通过破产程序终止其法人资格。换言之，五洲纸业公司和新大纸业公司之间的所谓‘合并’，虽然具备了公司法上合并的形式，但其目的是通过先合并，然后直接破产的途径，终止所有参与合并的公司，属于特意安排的终止公司系列行为中的一个步骤，与合并制度的立法目的相违背。具体体现如下：1. 虽然五洲纸业公司、新大纸业公司在签订的《合并协议》中共同声明，合并目的是扩大公司规模，提高竞争力。但是，致达科技公司在本案一审答辩时明确表示，合并的原因是该公司拟申请五洲纸业公司、新大纸业公司、欣欣用纸公司三家公司破产，为节约资源，采取先合并，然后直接破产的方式，即将五洲纸业公司、欣欣用纸公司并入新大纸业公司，然后以新大纸业公司为平台进行破产。2. 案涉《合并协议》签订于 2013 年 7 月 25 日，五洲纸业公司注销、并入新大纸业公司的时间为 2013 年 9 月 16 日。2013 年 10 月 11 日，即合并后的第 24 天，合并后的新大纸业公司就向新沂法院申请破产。新沂法院受理破产申请的民事裁定亦查明，新大纸业公司从 2007 年即开始经营困难，于 2011 年已全面停产。综上，无论是合并前的五洲纸业公司、新大纸业公司，还是合并后的新大纸业公司，合并的目的是一致的，即终止所有参与合并的公司。

“（二）五洲纸业公司和新大纸业公司之间的所谓‘合并’直接导致五洲纸业公司违法越过清算环节而终止。公司终止制度对债权人的保护意义重大，公司法、破产法均对此进行了规制，核心内容就是资产清点、债权债务清理、剩余财产分配等。缺乏这一程序，公司原则上不能终止。但是，公司法对合并情形下的公司终止进行了特殊规定，即基于合并而消灭的公司无须经过清算程序。该规定的法理依据在于，合并后存续或者新设的公司对原公司的人格进行了承继。如果合并的目的是终止所有参与合并的公司，则违背上述法理，此种情形属于违法越过清算环节，不应当适用基于合并而消灭的公司无须经过清算程序的规定。本案中，五洲纸业公司、新大纸业公司共同的唯一股东致达科技公司在合并目的明确为终止所有参与合并的公司的情形下，不按照公司法的规定对各公司分别解散、清算或者申请破产，而是将五洲纸业公司在不编制资产负债表、财产清单的情况下，无偿并入新大纸业公司，然后直接申请合并后的新大纸业公司破产，该行为的直接后果是五洲纸业公司的终止违法越过清算环节。

“（三）五洲纸业公司和新大纸业公司先合并，然后直接破产的公司终止方式侵害了五洲纸业公司债权人十三冶公司的利益。在以终止所有参与合并的公司为直接目的，合并后的公司不再经营而是直接破产的情况下，合并前公司的债权人对合并后的公司不存在任何积极预期。这种先合并，然后直接破产的公司终止方式，打破了原本各自独立的公司法人财产的界限，将本应分别清算的公司法人财产融合，一并作为合并后公司的破产财产，将所有参与合并的公司各自的债权人一律作为合并后公司的债权人参与分配。这种方式是否会损害合并前公司债权人的利益，取决于合并前公司各自的资产状况，比如是否均已符合破产条件，如果均已符合破产条件，各自的破产清偿率是否一致等。若将不符合破产条件的公司并入已资不抵债、符合破产条件的公司，然后直接进行破产，必将损害前者债权人的利益。本案中，致达科技公司认为先合并，然后直接破产的方式不损害十三冶公司的利益，应承担证明参与合并的公司均已符合破产条件且破产清偿率相同的举证责任。目前，尚无证据证明五洲纸业公司在合并时符合破产条件。相反，工商资料中五洲纸业公司合并前一年度即2012年度的年检报告所附的资产负债表显示，该公司2012年12月31日的所有者权益数额为93880876.30元。合并后的新大纸业公司在进入破产程序后，破产管理人根据现有资料进行资产梳理后所形成的所属时期为2013年11月的五洲纸业公司资产负债表载明的所有者权益数额为 76388918.36 元。据此，致达科技公司未完成前述举证责任，应承担举证不能的不利后果。在无证据证明参与合并的公司均已符合破产条件且破产清偿率相同的情况下，本案应认定五洲纸业公司和新大纸业公司先合并，然后直接破产的公司终止方式损害五洲纸业公司债权人十三冶公司的利益。”

二是，侵权人应认定为致达科技公司而非五洲纸业公司。

“公司合并的程序包括内部程序与外部程序。就内部程序而言，根据《中华人民共和国公司法》第三十七条、第四十六条的规定，制订公司合并方案是董事会的法定职权，对公司合并作出决议是股东会的法定职权。就外部程序而言，公司需以自己的名义签订合并协议、进行公告等。两者之间的逻辑关系在于，内部程序是启动外部程序的前置条件，而在内部程序中合并与否的决定权属于股东会，至于外部程序中公司以自己名义签订协议等行为，只是对股东会决议的执行。本案中，虽然签订《合并协议》等外部程序的系列行为由五洲纸业公司以自己名义作出，但是就内部程序而言，该合并的决定系由五洲纸业公司当时的唯一股东致达科技公司作出，且根据已查明事实，致达科技公司在作出该决定时清楚案涉合并的模式、最终目的，且主动追求该结果。因此，侵权行为的核心行为是该合并决定的作出，相应的侵权人应当认定为作出合并决定的公司唯一股东致达科技公司。致达科技公司关于即使合并行为存在侵权，侵权人是五洲纸业公司的主张，割裂了合并的内外两种程序，回避了合并决定由股东作出的核心事实，本院不予支持。而且，五洲纸业公司和新大纸业公司之间的所谓‘合并’直接导致五洲纸业公司违法越过清算环节而终止，对由此造成的五洲纸业公司的债权人的损失，亦应当由侵权人即五洲纸业公司的清算义务人致达科技公司承担。”

三是，对于十三冶公司要求致达科技公司赔偿损失 14274625.29 元的主张，应予支持。

“十三冶公司在本案中主张致达科技公司承担侵权赔偿责任，对主张的损失金额应承担相应的举证责任。十三冶公司因致达科技公司侵权行为所产生的损失赔偿额，应当为合并前可以受偿的金额与合并后破产程序中可以受偿金额的差额部分，故十三冶公司应针对前述两项金额分别进行举证。关于合并前可以受偿的金额，十三冶公司提交了工商登记备案的五洲纸业公司 2012 年年检报告，用以证明该公司 2012 年 12 月 31 日的资产负债表载明的所有者权益为

93880876.30元，进而证明案涉债权在2013年7月合并前本应得到全部清偿。致达科技公司则认为五洲纸业公司在合并时实际已无资产，工商登记资料不能证明五洲纸业公司有实际偿债能力，且案涉债权通过强制执行程序尚未执行到位可以佐证该事实。本院认为，关于合并前可以受偿的金额，应当参考五洲纸业公司2013年7月合并时的资产状况来判断。十三冶公司作为外部债权人，对于五洲纸业公司的资产状况通常只能通过公示信息进行了解，十三冶公司将公示的工商登记资料作为主要证据，具备合理性。而且，虽然五洲纸业公司2012年年检报告所附的资产负债表对应的基准日为2012年12月31日，但相应的审计报告出具时间为2013年4月22日，五洲纸业公司向工商部门提交该年检报告的时间为2013年7月8日，早于签订《合并协议》前17天。五洲纸业公司已于2013年9月16日办理注销，且在合并、注销过程中，没有其他的可以反映该公司资产状况的资料在工商部门备案。在公示信息中，五洲纸业公司2012年年检报告系与合并时间最接近的资料。此外，合并后的新大纸业公司破产管理人向法院提交的注明所属时期为2013年11月的五洲纸业公司资产负债表以及破产管理人在接受调查时的陈述表明，破产管理人根据现有资料进行的资产梳理结果是，五洲纸业公司在合并时的账面所有者权益为76388918.36元，该金额虽与2012年12月31日资产负债表所载金额93880876.30元不一致，但对比两方当事人不同的观点，十三冶公司的主张更具合理性。因此，关于五洲纸业公司合并时的资产状况、偿债能力问题，应认定十三冶公司已完成了初步举证责任。致达科技公司反驳五洲纸业公司在合并时实际已无资产，应提交相应的证据，且其作为五洲纸业公司当时的唯一股东，理应了解五洲纸业公司的资产状况，具备更强的举证能力。但是，致达科技公司未提供反驳证据，不能推翻前述工商登记资料等所载事实，应承担举证不能的后果。且本案中目前已无法对合并之时五洲纸业公司的资产再行清点或者核对的原因，在于案涉合并未按照公司法的规定编制资产负债表和财产清单，故相应的不利后果应由侵权责任人致达科技公司承担。此外，在致达科技公司无证据推翻前述事实的情况下，仅凭强制执行过程中案涉债权尚未全部执行到位，即认为五洲纸业公司无清偿能力的主张，缺乏依据。因此，本案根据各方当事人的举证责任及举证情况，应当推定如五洲纸业公司不进行合并，十三冶公司的债权可以得到全部清偿。关于合并后破产程序中实际受偿金额，破产管理人已明确表示根据合并后的新大纸业公司的资产负债情况，普通债权人的清偿率为零，故十三冶公司能够从合并后破产程序中实际受偿的金额应认定为零。据此，十三冶公司因致达科技公司侵权行为所产生的损失赔偿额应当为案涉债权总额。由于十三冶公司在本案中明确表示只主张 14274625.29 元，对其他损失不再主张，故本案中应由致达科技公司赔偿十三冶公司的损失金额为 14274625.29 元。”

此外，最高人民法院 2019 年 11 月印发的《全国法院民商事审判工作会议纪要》（法〔2019〕254 号）还指出：“《公司法》第 20 条第 3 款规定的滥用行为，实践中常见的情形有人格混同、过度支配与控制、资本显著不足等。”

其中，就过度支配与控制而言，《全国法院民商事审判工作会议纪要》（法〔2019〕254 号）规定，“公司控制股东对公司过度支配与控制，操纵公司的决策过程，使公司完全丧失独立性，沦为控制股东的工具或躯壳，严重损害公司债权人利益，应当否认公司人格，由滥用控制权的股东对公司债务承担连带责任”，并指出，实践中常见的过度支配与控制情形包括，“（1）母子公司之间或者子公司之间进行利益输送的；（2）母子公司或者子公司之间进行交易，收益归一方，损失却由另一方承担的；（3）先从原公司抽走资金，然后再成立经营目的相同或者类似的公司，逃避原公司债务的；（4）先解散公司，再以原公司场所、设备、人员及相同或者相似的经营目的另设公司，逃避原公司债务的；（5）过度支配与控制的其他情形”。

就资本显著不足而言，《全国法院民商事审判工作会议纪要》（法〔2019〕254 号）规定：“资本显著不足指的是，公司设立后在经营过程中，股东实际投入公司的资本数额与公司经营所隐含的风险相比明显不匹配。股东利用较少资本从事力所不及的经营，表明其没有从事公司经营的诚意，实质是恶意利用公司独立人格和股东有限责任把投资风险转嫁给债权人。”不过，《全国法院民商事审判工作会议纪要》（法〔2019〕254 号）也提出：“由于资本显著不足的判断标准有很大的模糊性，特别是要与公司采取‘以小博大’的正常经营方式相区分，因此在适用时要十分谨慎，应当与其他因素结合起来综合判断。”

四、需要对公司债务承担连带责任的主体的范围

还需注意的是，由于《公司法》第 20 条第 3 款使用的是“公司股东……

应当对公司债务承担连带责任”的表述，因此，一般而言，即使公司股东存在“滥用公司法人独立地位和股东有限责任，逃避债务，严重损害公司债权人利益”的行为，公司的债权人也只能要求存在相关行为的公司股东对公司的债务承担连带责任，而不能要求虽然是公司实际控制人但并非公司股东的主体或不存在上述行为的公司的其他股东对公司的债务承担连带责任。对此，最高人民法院2019年11月印发的《全国法院民商事审判工作会议纪要》（法〔2019〕254号）明确指出：“只有实施了滥用法人独立地位和股东有限责任行为的股东才对公司债务承担连带清偿责任，而其他股东不应承担此责任。”

当然，公司的实际控制人，虽然可能不是公司的股东，但是，如果存在《公司法司法解释（二）》第18条①、第19条②、第20条第1款③和《公司法司法解释（三）》第14条④规定的情形，公司的债权人可能也能够要求其对公司的债务承担相应的责任。

对此，在2016年1月13日就广东穗南律师事务所（以下简称穗南律所）与陈某贵、吴某、广州市贵盛经济发展有限公司（以下简称贵盛公司）股东侵

---

① 《公司法司法解释（二）》第18条规定：“有限责任公司的股东、股份有限公司的董事和控股股东未在法定期限内成立清算组开始清算，导致公司财产贬值、流失、毁损或者灭失，债权人主张其在造成损失范围内对公司债务承担赔偿责任的，人民法院应依法予以支持。

“有限责任公司的股东、股份有限公司的董事和控股股东因怠于履行义务，导致公司主要财产、账册、重要文件等灭失，无法进行清算，债权人主张其对公司债务承担连带清偿责任的，人民法院应依法予以支持。

“上述情形系实际控制人原因造成，债权人主张实际控制人对公司债务承担相应民事责任的，人民法院应依法予以支持。”

② 《公司法司法解释（二）》第19条规定：“有限责任公司的股东、股份有限公司的董事和控股股东，以及公司的实际控制人在公司解散后，恶意处置公司财产给债权人造成损失，或者未经依法清算，以虚假的清算报告骗取公司登记机关办理法人注销登记，债权人主张其对公司债务承担相应赔偿责任的，人民法院应依法予以支持。”

③ 《公司法司法解释（二）》第20条第1款规定：“公司解散应当在依法清算完毕后，申请办理注销登记。公司未经清算即办理注销登记，导致公司无法进行清算，债权人主张有限责任公司的股东、股份有限公司的董事和控股股东，以及公司的实际控制人对公司债务承担清偿责任的，人民法院应依法予以支持。”

④ 《公司法司法解释（三）》第14条规定：“股东抽逃出资，公司或者其他股东请求其向公司返还出资本息、协助抽逃出资的其他股东、董事、高级管理人员或者实际控制人对此承担连带责任的，人民法院应予支持。

“公司债权人请求抽逃出资的股东在抽逃出资本息范围内对公司债务不能清偿的部分承担补充赔偿责任、协助抽逃出资的其他股东、董事、高级管理人员或者实际控制人对此承担连带责任的，人民法院应予支持；抽逃出资的股东已经承担上述责任，其他债权人提出相同请求的，人民法院不予支持。”

害公司债权人利益责任纠纷上诉案作出的（2014）穗中法民二终字第1581号民事判决书中，针对穗南律所以陈某贵、吴某为贵盛公司的实际控制人为由主张其二人对贵盛公司的债务承担连带责任的问题，广州市中级人民法院认为："《中华人民共和国公司法》第二十条规定：'公司股东应当遵守法律、行政法规和公司章程，依法行使股东权利，不得滥用股东权利损害公司或者其他股东的利益；不得滥用公司法人独立地位和股东有限责任损害公司债权人的利益。公司股东滥用股东权利给公司或者其他股东造成损失的，应当依法承担赔偿责任。公司股东滥用公司法人独立地位和股东有限责任，逃避债务，严重损害公司债权人利益的，应当对公司债务承担连带责任。'第二十一条规定：'公司的控股股东、实际控制人、董事、监事、高级管理人员不得利用其关联关系损害公司利益。违反前款规定，给公司造成损失的，应当承担赔偿责任。'对比该两条文可见，公司法并未赋予债权人直接要求公司股东以外的实际控制人对公司债务承担连带责任的权利。因此，即便陈某贵、吴某确为贵盛公司的实际控制人，穗南律所也无权据此主张其二人对贵盛公司的债务承担连带责任。至于穗南律所认为陈某贵、吴某虽不持有贵盛公司股权，但实际上行使贵盛公司股东权利，故应对其适用《中华人民共和国公司法》第二十条第三款的问题，缺乏法律依据，本院不予采纳。"

五、债权人不能基于《公司法》第20条第3款在同一案件中同时起诉公司及其股东

值得一提的是，尽管《公司法》第20条第3款规定了"公司股东滥用公司法人独立地位和股东有限责任，逃避债务，严重损害公司债权人利益的，应当对公司债务承担连带责任"，但是，公司的债权人不能在同一个案件当中，既起诉公司，要求公司按合同约定清偿债务，又起诉公司的股东，要求公司的股东按照《公司法》第20条第3款的规定对公司的债务承担连带责任。

对此，在2015年12月21日就陕西有色建设公司（以下简称陕西有色公司）与中启胶建集团有限公司（以下简称中启公司）建设工程施工合同纠纷管辖权异议上诉案作出的（2015）民一终字第185号民事裁定书中，针对中启公司起诉威海有色科技园开发建设有限公司（以下简称科技园公司）要求其支付

工程款，并要求作为科技园公司的法人股东却未履行出资义务、未向涉案工程投入开发资金的陕西有色公司、青岛同舟泛华投资有限公司（以下简称青岛同舟公司）对科技园公司的债务承担连带清偿责任的主张，最高人民法院认为："2014 年 6 月 6 日，中启公司与科技园公司签订的《建设工程施工合同》，明确约定了'向工程所在地有管辖权的人民法院起诉'。该约定符合民事诉讼法第三十四条的规定，应认定为合法有效。故中启公司诉科技园公司建设工程施工合同纠纷案的地域管辖法院，应为工程所在地荣成市的人民法院。但是，中启公司在起诉科技园公司履行《建设工程施工合同》约定合同义务的同时，又一并起诉陕西有色公司、青岛同舟公司承担《中华人民共和国公司法》第二十条第三款规定的股东侵权责任，这是两个不同种类的诉请，不属于民事诉讼法第五十三条规定的共同诉讼的情形。一审法院一并受理中启公司诉科技园公司、陕西有色公司、青岛同舟公司后，在提交答辩状期间，陕西有色公司、青岛同舟公司已经明确提出了异议，根据民事诉讼法第一百二十七条第二款的规定，一审法院再行合并受理中启公司诉陕西有色公司、青岛同舟公司起诉没有法律依据。"

六、股东对公司债务的连带责任与普通合伙人对合伙企业债务的责任的比较

此外，还需注意的是，《公司法》第 20 条第 3 款规定的股东对公司的债务所承担的责任，与《合伙企业法》第 2 条规定的普通合伙人对普通合伙企业或有限合伙企业的债务所承担的责任是有区别的。

一方面，就公司的单个股东而言，由于《公司法》第 20 条第 3 款使用的是"公司股东……应当对公司债务承担连带责任"的表述，因此，在股东滥用公司的法人独立地位和股东的有限责任损害公司债权人利益的情况下，股东需要与公司一起对公司的债务承担连带清偿责任，即公司的债权人既可以要求公司清偿公司自己的债务，也可以要求股东清偿公司的债务，还可以要求公司与股东共同清偿公司的债务。

另一方面，就合伙企业的单个普通合伙人而言，由于《合伙企业法》第 38 条规定了"合伙企业对其债务，应先以其全部财产进行清偿"，第 39 条规定

了“合伙企业不能清偿到期债务的，合伙人承担无限连带责任”，第92条第1款规定了“合伙企业不能清偿到期债务的，债权人可以依法向人民法院提出破产清算申请，也可以要求普通合伙人清偿”，因此，单个普通合伙人对合伙企业的债务承担的是补充清偿责任，而非与合伙企业一起对合伙企业的债务承担连带清偿责任，只有在合伙企业自身的财产不足以清偿其到期债务的情况下，普通合伙人才需要对合伙企业不能清偿的部分承担清偿责任。

第六节　刺破公司面纱制度的扩大适用趋势

值得一提的是，实务中存在着将《公司法》第20条第3款规定的刺破公司面纱制度予以扩大适用的趋势。比如，在相关主体之间并无直接投资关系、并非公司与股东的关系的情况下，裁判机构也可能参照适用《公司法》第20条第3款的规定。

在这方面，上文提及的由最高人民法院在2013年1月31日发布的指导案例15号“徐工集团工程机械股份有限公司诉成都川交工贸有限责任公司等买卖合同纠纷案”，就是典型的例子。

在这个案件当中，法院的生效判决认为，虽然川交工贸公司与川交机械公司、瑞路公司这三个公司在工商登记部门登记为彼此独立的企业法人，但实际上，这三个公司之间表征人格的因素（人员、业务、财务等）高度混同，导致各自财产无法区分，已丧失独立人格，构成人格混同；其中的川交工贸公司承担所有关联公司的债务却无力清偿，又使其他关联公司逃避巨额债务，严重损害了债权人的利益。上述行为违背了法人制度设立的宗旨，违背了诚实信用原则，其行为本质和危害结果与《公司法》第20条第3款规定的情形相当，故参照《公司法》第20条第3款的规定，判令川交机械公司、瑞路公司对川交工贸公司的债务承担连带清偿责任。

此外，上文提及的刊载于《最高人民法院公报》2017年第3期的邵某与云南通海昆通工贸有限公司、通海兴通达工贸有限公司民间借贷纠纷再审案，也是比较典型的例子。

甚至，最高人民法院2019年11月印发的《全国法院民商事审判工作会议纪要》（法〔2019〕254 号）还作了进一步的提升，提出了统一适用的意见。该文件第 11 条规定，“……控制股东或实际控制人控制多个子公司或者关联公司，滥用控制权使多个子公司或者关联公司财产边界不清、财务混同，利益相互输送，丧失人格独立性，沦为控制股东逃避债务、非法经营，甚至违法犯罪工具的，可以综合案件事实，否认子公司或者关联公司法人人格，判令承担连带责任”。

第七节　反向刺破公司面纱

还需一提的是，与“刺破公司面纱”相对应，还存在着“反向刺破公司面纱”的问题。

尽管《公司法》没有直接规定反向刺破公司面纱制度，但是，事实上，在 2005 年全面修订《公司法》，在其第 20 条明确规定刺破公司面纱或法人人格否认制度之前，最高人民法院就已经规定了反向刺破公司面纱制度，即在特定的情况下，公司的股东的债权人可以要求公司对公司的股东的债务承担清偿责任。

这就是《最高人民法院关于审理与企业改制相关民事纠纷案件若干问题的规定》（法释〔2003〕1 号）第 7 条的规定：“企业以其优质财产与他人组建新公司，而将债务留在原企业，债权人以新设公司和原企业作为共同被告提起诉讼主张债权的，新设公司应当在所接收的财产范围内与原企业共同承担连带责任。”

当然，结合《最高人民法院对〈商务部关于请确认《关于审理与企业改制相关的民事纠纷案件若干问题的规定》是否适用于外商投资的函〉的复函》（〔2003〕民二外复第 13 号）关于“中国企业与外国企业合资、合作的行为，以及外资企业在中国的投资行为，虽然涉及企业主体、企业资产及股东的变化，但他们不属于国有企业改制范畴，且有专门的法律、法规调整，因此，外商投资行为不受上述司法解释的调整”的规定，《最高人民法院关于审理与企业改制相关民事纠纷案件若干问题的规定》（法释〔2003〕1 号）第 7 条仅适用于全民所有制企业采取公司制改造的方式进行的改制行为，该条所说的作为新设公司的股东的“企业”和“原企业”，指的是全民所有制企业，不包括有限责任公司、股份有限公司及其他企业。

值得注意的是，《最高人民法院关于审理与企业改制相关民事纠纷案件若干问题的规定》第 7 条所规定的反向刺破公司面纱制度，有着严格的适用条件。

对此，在就中国工商银行股份有限公司抚顺分行与抚顺铝业有限公司、抚顺铝厂、抚顺新抚钢有限责任公司借款合同纠纷上诉案作出的民事判决书中，最高人民法院指出：“这一条规定的新设公司与原企业承担连带责任的法律基础是当事人恶意逃债。只有存在充分证据证明当事人是借企业公司制改造逃废债务时，才适用该项条款”，该条规定“并不限制企业正常投资。……企业投资入股后，原企业的资产价值并不减少，资本金也不发生变化，只是企业部分财产改变了原有的形态，以企业在新设公司中的股权形式表现出来。企业在新设公司中的股权，作为企业的责任财产，与企业的其他财产一样，均可以用于对外偿债。因此，企业投资入股后，如出资人发生偿债问题时，诉讼中不能依据《企业改制规定》第 7 条，将新设公司与出资企业列为共同被告承担连带责任”。①

具体来说，“其适用条件是：第一，不是正常的出资行为，而是一种掏空企业的行为，将使原企业丧失进行正常生产经营活动的能力。第二，不是真正的企业公司制改造，在转移企业财产的同时，基本不带走债务。财产与负债不成比例，属于一种将债务与资产剥离的行为。第三，债务人企业存在着逃废债务的主观故意”。②

此外，在就国家开发银行与洛阳 LYC 轴承有限公司（以下简称洛阳 LYC 公司）、洛阳轴承集团有限公司（以下简称洛阳轴承集团）、洛阳铜加工集团有

---

① 转引自潘勇锋：《〈最高人民法院关于审理与企业改制相关民事纠纷案件若干问题的规定〉第七条的适用与反向揭开公司面纱制度——中国工商银行股份有限公司抚顺分行与抚顺铝业有限公司、抚顺铝厂、抚顺新抚钢有限责任公司借款合同纠纷上诉案》，载《民商事审判指导》2008 年第 2 辑，人民法院出版社 2008 年出版。

② 潘勇锋：《〈最高人民法院关于审理与企业改制相关民事纠纷案件若干问题的规定〉第七条的适用与反向揭开公司面纱制度——中国工商银行股份有限公司抚顺分行与抚顺铝业有限公司、抚顺铝厂、抚顺新抚钢有限责任公司借款合同纠纷上诉案》，载《民商事审判指导》2008 年第 2 辑，人民法院出版社 2008 年出版。

限责任公司（以下简称洛铜集团公司）借款合同纠纷一审案作出的（2006）高民初字第 8 号民事判决书中，针对国家开发银行以《最高人民法院关于审理与企业改制相关民事纠纷案件若干问题的规定》第 7 条的规定作为主要法律依据，提出洛阳 LYC 公司应在接收洛阳轴承集团出资范围内承担连带责任的主张，北京市高级人民法院认为，该案不应适用上述规定，其理由如下①：

“首先，上述规定是针对在国有企业公司制改造过程中发生的民事纠纷而做出的规定，而国有企业公司制改造，是指根据有关公司法律的规定，对国有企业采取由法人、其他组织或者自然人投资入股，将企业改造成有限责任公司或者股份有限公司的行为。洛阳轴承集团是于 1997 年成立的有限责任公司，不是国有企业公司制改造的主体。

“其次，上述规定指向的行为是企业在公司制改造过程中，以其优质财产与他人组建新公司，而将债务留在原企业的行为，该行为的后果直接导致企业资产总额以及所有者权益的减少，是企业恶意转移、抽逃企业财产，与企业法人财产原则相悖。但在本案中，洛阳轴承集团系按照法律规定向洛阳 LYC 公司进行投资，虽然作为实物出资的价值人民币 1.5 亿元的财产在所有权上发生变更，但对洛阳轴承集团而言，仅是将其资产从原有的实物形态变更为股权形态，并不会导致洛阳轴承集团资产总额的减少，洛阳轴承集团作为洛阳 LYC 公司股东，有权按照法律、公司章程的规定行使股东权利，且洛阳轴承集团亦可以其持有的洛阳 LYC 公司股权对外承担责任。故本案不应适用最高人民法院《关于审理与企业改制相关的民事纠纷案件若干问题的规定》中第七条的规定。”

在二审中，北京市高级人民法院的上述意见得到了最高人民法院的支持。在 2007 年 4 月 28 日作出的（2006）民二终字第 247 号民事判决书中，最高人民法院认为，“原审判决认定事实清楚，适用法律正确，应予维持”。

我理解，上述裁判意见对《最高人民法院关于审理与企业改制相关民事纠纷案件若干问题的规定》第 7 条所规定的反向刺破公司面纱制度的适用条件，

---

① 见最高人民法院 2007 年 4 月 28 日就洛阳 LYC 轴承有限公司与国家开发银行、洛阳轴承集团有限公司、洛阳铜加工集团有限责任公司借款合同纠纷上诉案作出的（2006）民二终字第 247 号民事判决书。

作出了比较清晰的阐释。

此外，最高人民法院于2019年7月在黑龙江省哈尔滨市召开全国法院民商事审判工作会议期间，法院系统曾有意见特别提到了反向刺破公司面纱问题。针对“公司的股东滥用公司法人独立地位，为逃避自身债务将其资产转移至公司，严重损害该股东的债权人利益，该股东的债权人请求公司为该股东的债务承担连带责任”的情形，该意见提出的处理思路是，“人民法院可以根据《公司法》第二十条第三款的规定，支持债权人的诉讼请求”①。上述意见尽管未被纳入2019年8月7日公布的《全国法院民商事审判工作会议纪要（最高人民法院民二庭向社会公开征求意见稿）》，也未纳入后来正式出台的《全国法院民商事审判工作会议纪要》，但至少也表明法院系统对反向刺破公司面纱的适用问题存在上述倾向性意见，实务中有必要予以关注。②

---

① 见微信公众号“中国法律评论”2019年8月6日刊发的《全国法院民商事审判工作会议会议纪要》（征求意见稿）第14条（https：//mp. weixin. qq. com/s/JTf－Z6qlsQgtk9fudMKUhg）、微信公众号“中国民商法律网”2019年8月2日刊发的《全国法院民商事审判工作会议会议纪要》（征求意见稿）第14条（https：//mp. weixin. qq. com/s/Tcgs0MNfobd3vgQVMFv30w），最后访问时间：2019年9月30日。

② 实务中也存在着参照《公司法》第20条第3款的规定作出反向刺破公司面纱的判决的案例。见辽宁省鞍山市中级人民法院2019年1月30日就辽阳市宗骏商贸有限公司与辽宁东建工程集团有限公司及辽宁宗骏地产开发有限公司案外人执行异议之诉上诉案作出的（2018）辽03民终3920号民事判决书。

第二章
股东资格和股东权利

站在股东的角度，不论是公司的法人独立地位，还是股东的有限责任，究其实质，都属于股东的权利。因为股东可以据以对抗公司的债权人，将自己的责任限定在所认缴的出资额或认购的股份数的范围之内。而股东的权利的享有和行使，则取决于其作为公司股东的身份，以取得股东资格为前提。有鉴于此，本章主要围绕公司股东资格的取得、股东的权利以及股东权利的滥用展开讨论。

第一节　股东资格的取得

在具体分析公司的股东所享有的各项权利之前，需要回答这几个问题：如何成为公司的股东？或者说，如何取得公司的股东资格？股东与出资人有什么区别？股东资格与股东权利是什么关系？

一、取得股东资格的主要方式

我理解，不论是在有限公司还是在股份公司，“成为公司的股东”与“取得股东资格”的实质含义是相同的。

总体而言，《公司法》规定的取得公司股东资格的途径，主要分为原始取得与继受取得两大类；其中，原始取得是指因参与设立公司或认缴或认购增资而成为公司的股东，继受取得则指因转让、继承等取得股权或股份而成为股东。①

---

① 见最高人民法院在2017年11月14日就林某与蔡某鸿、贵州奥鑫制药有限责任公司股东资格确认纠纷再审案作出的（2017）最高法民申4040号民事裁定书。

（一）取得有限公司股东资格的主要方式

就有限公司而言，《公司法》规定了四种取得股东资格的主要方式：

一是，在有限公司设立时，通过签署有限公司的章程、认缴有限公司的出资额而取得股东资格。这属于股东资格的原始取得。

对此，《公司法司法解释（三）》第1条规定："为设立公司而签署公司章程、向公司认购出资或者股份并履行公司设立职责的人，应当认定为公司的发起人，包括有限责任公司设立时的股东。"

在这种方式下，在取得股东资格的时间上，结合《公司法》第23条第2项、第25条第2款、第26条第1款和《公司法司法解释（三）》第1条关于"为设立公司而签署公司章程、向公司认购出资或者股份并履行公司设立职责的人，应当认定为公司的发起人，包括有限责任公司设立时的股东"的规定，第17条第1款关于"有限责任公司的股东未履行出资义务或者抽逃全部出资，经公司催告缴纳或者返还，其在合理期间内仍未缴纳或者返还出资，公司以股东会决议解除该股东的股东资格，该股东请求确认该解除行为无效的，人民法院不予支持"的规定，第22条关于"当事人之间对股权归属发生争议，一方请求人民法院确认其享有股权的，应当证明以下事实之一：（一）已经依法向公司出资或者认缴出资，且不违反法律法规强制性规定；（二）已经受让或者以其他形式继受公司股权，且不违反法律法规强制性规定"的规定，以及最高人民法院2019年11月印发的《全国法院民商事审判工作会议纪要》（法〔2019〕254号）第8条关于"当事人之间转让有限责任公司股权，受让人以其姓名或者名称已记载于股东名册为由主张其已经取得股权的，人民法院依法予以支持，但法律、行政法规规定应当办理批准手续生效的股权转让除外。未向公司登记机关办理股权变更登记的，不得对抗善意相对人"的规定，我理解，投资人作出认缴有限公司的出资额的意思表示并且所签署的有限公司章程成立之时，即取得了股东资格。当然，在法律、行政法规或国务院的决定规定设立公司必须报经批准的情况下，取得股东资格的时间应为设立公司的申请获得批准之时。至于投资人是否实际缴纳出资或者按期足额缴纳出资，不会影响股东资格的取得。

对此，在2007年9月19日就安达新世纪·巨鹰投资发展有限公司与北京首都国际投资管理有限责任公司、协和健康医药产业发展有限公司股东权确权赔偿纠纷案作出的（2007）民二终字第93号民事判决书中，最高人民法院就认为：“股东出资不到位并不影响其股东资格的取得，但其享有股东权利的前提是承担股东义务，违反出资义务，也就不应享有股东的相应权利，这亦是民法中权利与义务统一、利益与风险一致原则的具体体现。”

此外，在2009年6月3日就北京双鹤药业股份有限公司与贵州益佰制药股份有限公司、湖北恒康双鹤医药股份有限公司、湖北省医药有限公司买卖合同货款纠纷再审案作出的（2008）民抗字第59号民事判决书中，最高人民法院也认为：“股权的本质是股东和公司之间的法律关系，既包括股东对公司享有的权利，也包括股东对公司的出资义务……民事主体获得股权的前提是其取得相应的股东资格，而取得股东资格主要依据在于公司章程、股东名册和工商登记的确认，并不以履行出资义务为必要条件。”

还有，在2017年5月27日就银川高新区日昌自动包装机制造有限公司（以下简称日昌公司）与温某虹、吕某昌及何某公司解散纠纷再审案作出的（2017）最高法民申1010号民事裁定书中，最高人民法院也认为：“从《公司法》第二十六条、第八十一条、第八十三条、第二百条、《最高人民法院关于适用〈中华人民共和国公司法〉若干问题的规定（三）》第十九条第一款规定看，法律只要求股东应当按公司法的规定出资，出资瑕疵应当进行补救，且股东出资不适用诉讼时效；未按约定或法律规定出资仅应承担相应的民事责任，但未明确规定股东不出资即不具有股东资格；也未将股东参与公司管理或参加公司会议作为认定股东资格的必要条件。故日昌公司将温某虹、吕某昌记载于公司章程并在工商部门进行登记公示的行为应当视为其对温某虹、吕某昌股东身份的认可，二人是否足额缴纳出资、是否参与公司经营管理和参加公司会议，不影响其取得股东资格。日昌公司以温某虹、吕某昌未履行出资义务为由否认温某虹、吕某昌的股东资格无法律依据，该再审申请不能成立。”

不过，值得注意的是，根据《公司法司法解释（三）》第17条第1款，未按期足额履行出资义务或者抽逃全部出资，可能会产生丧失已经获得的股东资格的法律后果。

二是，在有限公司成立后增加注册资本时，通过认缴有限公司新增注册资本的方式而取得股东资格。这也属于股东资格的原始取得。

在这种方式下，在取得股东资格的时间上，结合《公司法》第 34 条、第 37 条第 1 款第 7 项、第 43 条第 2 款、第 178 条第 1 款和《公司法司法解释（三）》第 22 条关于“当事人之间对股权归属发生争议，一方请求人民法院确认其享有股权的，应当证明以下事实之一：（一）已经依法向公司出资或者认缴出资，且不违反法律法规强制性规定；（二）已经受让或者以其他形式继受公司股权，且不违反法律法规强制性规定”的规定，我理解，有限公司的股东会通过公司增加注册资本并由原股东以外的新的投资人认缴相应的新增资本的决议，并且原股东以外的投资人作出认缴有限公司相应的新增注册资本的意思表示（有的情况下表现为有限公司与新的投资人签订增资协议或类似文件，但不是必须签署此类文件）之时，即取得了股东资格。同样地，在法律、行政法规或国务院的决定规定新增注册资本、引入新的投资人必须报经批准的情况下，新的投资人取得股东资格的时间应为相关申请获得批准之时。至于新的投资人是否实际缴纳出资或者按期足额缴纳出资，不会影响有限公司的股东资格的取得。

通过此种方式取得股东资格，其实质与第一种方式相同，只是新股东可以不签署公司章程或章程修正案。

三是，在有限公司成立后，通过依法受让（包括在《公司法》第 72 条规定的强制执行程序中受让）原股东持有的有限公司的股权而取得股东资格。这属于股东资格的继受取得。

对此，《公司法》第 73 条规定了“依照本法第七十一条、第七十二条转让股权后，公司应当注销原股东的出资证明书，向新股东签发出资证明书，并相应修改公司章程和股东名册中有关股东及其出资额的记载”。

在这种方式下，在取得股东资格的时间上，结合《公司法司法解释（三）》第 22 条关于“当事人之间对股权归属发生争议，一方请求人民法院确认其享有股权的，应当证明以下事实之一：（一）已经依法向公司出资或者认缴出资，且不违反法律法规强制性规定；（二）已经受让或者以其他形式继受公司股权，且不违反法律法规强制性规定”的规定，我理解，股权转让协议项下的股权变动生效时，即为股东资格的取得时间；至于股权变动何时生效，则需要结合股权转让协议的具体约定和协议的履行情况加以确定。我倾向于认为，如果股权转让协议没有特别约定，应以股权转让协议生效之日为股权变动之日，而公司变更登记则只是使其具有对抗效力，记载于股东名册则属于公司在《公司法》第73条项下的义务，未办理公司变更登记、未记载于股东名册均不影响股东资格的取得。

对此，在2013年1月11日就上海联华合纤股份有限公司与龙元建设集团股份有限公司（以下简称龙元建设公司）、上海联海房产有限公司（以下简称联海房产公司）损害公司利益责任纠纷上诉案作出的（2012）沪二中民四（商）终字第1121号民事判决书中，上海市第二中级人民法院认为："龙元建设公司是基于本院出具的执行民事裁定书取得了联海房产公司11.5%的股权，该股权的取得是源于龙元建设公司对联海房产公司原股东海泉公司所享有的合法债权。因海泉公司无可供执行的其他财产，并且在海泉公司原持有的联海房产公司股权评估拍卖未果的情况下，按照评估价格折抵成相应股权后由龙元建设公司取得了系争的股权。故本院认为龙元建设公司对联海房产公司的股东资格应当予以确认。虽然龙元建设公司至今未在工商部门被登记为联海房产公司的股东，但并不影响其依照法律规定主张自己作为联海房产公司股东的权利。龙元建设公司提起本案股东代表诉讼符合主体资格的要求。"

此外，仅仅股权转让对价是否支付完毕这一事实本身也不影响股东资格的取得①。对此，在2017年5月26日就斯某西、宁某、斯某成与李某宝、贵溪市土地储备中心损害股东利益责任纠纷再审案作出的（2017）最高法民申1513号民事裁定书中，就斯某西、宁某、斯某成、李某宝作为转让方与朱某作为受让方于2008年5月签订了关于将贵溪市龙虎山啤酒有限公司（以下简称龙虎山公司）100%的股权转让给朱某的《股权转让协议》之后，斯某西、宁某、斯某成和李某宝是否仍为龙虎山公司股东的问题，针对斯某西、宁某、斯某成提出的关于"股权转让价款未全部支付，股权转让合同未履行完毕，继而主张朱某未取得公司股东的资格"的主张，最高人民法院认为："股权转让合同当事人之间的股权变动，应以股权的交付作为股权变动的认定标准，而非以股权转让款是否全部支付来认定。股东名册作为公司置备的记载股东个人信息和股权信息的法定簿册，具有权利推定效力。股权转让合同中，在证明权利归属的

---

① 当然，股权变动是否能够实际发生，还取决于公司和公司的其他股东的权利是否得到了保护。请见本书第十三章第五节的内容。

股东名册上进行记载的行为应视为股权交付行为。本案并不存在相反证据推翻该股东名册记载事项，故在双方达成股权转让合意的前提下，股东名册对朱某持股100%的股权事项的记载足以证明龙虎山公司的股东不再是斯某西、宁某、斯某成、李某宝四人。”

四是，有限公司成立后，在有限公司的自然人股东死亡时，通过继承取得股东资格。这也属于股东资格的继受取得。

对此，《公司法》第75条规定：“自然人股东死亡后，其合法继承人可以继承股东资格；但是，公司章程另有规定的除外。”

在有限公司的章程没有另作规定的情况下，结合《合伙企业法》第50条第1款关于“从继承开始之日起，取得该合伙企业的合伙人资格”的规定，我倾向于认为，有限公司自然人股东死亡时，其合法继承人可自继承开始时取得股东资格。但在有多名继承人的情况下，情况就复杂了，需要结合《继承法》的相关规定加以分析。①

（二）取得股份公司股东资格的主要方式

就股份公司而言，成为股份公司的股东的方式，主要也是以上四种。

值得注意的是，对于通过继承取得股份公司的股东资格，《公司法》本身没有作出规定；并且，对于除上市公司、非上市公众公司之外的股份公司来讲，其自然人股东死亡之后，相应的合法继承人能否继承其股东资格，在股份公司的章程没有规定的情况下，可能会产生争议。

不过，对于上市公司来讲，根据中国证监会制定的《证券登记结算管理办法》、中国证券登记结算有限责任公司制定的《证券非交易过户业务实施细则（适用于继承、赠与、依法进行的财产分割、法人资格丧失等情形）》的规定，上市公司自然人股东死亡后，相应的合法继承人能够通过非交易过户的方式取得死亡自然人所持有的上市公司的股票，从而取得上市公司的股东资格。

此外，在取得股份公司的股东资格的时点方面，也跟取得有限公司的股东资格的时点有所不同，需要区分上市公司、非上市公众公司和一般的股份公司，情况更加复杂，需要加以具体分析。

---

① 有关股权继承，请见本书第十六章第二节的内容。

比如，在股份公司首次公开发行股份以及上市公司公开发行股份的过程中，因目前涉及中国证监会的核准，现阶段应以“相关股份登记至投资者名下”作为相关投资者取得上市公司的股东资格的标准；不过，在上市公司非公开发行股份的过程中，可以以“上市公司与相关投资者之间的股份认购协议生效之后、投资者缴付相应的股份认购款之日”作为相关投资者取得上市公司的股东资格的时点。

又如，在一般的股份公司的股东转让记名股票的过程中，受让人取得该股份公司的股东资格的时点，有的法院认为应以受让人的姓名或名称记载于股份公司股东名册时发生转让的效力、受让人才取得该股份公司的股东资格。重庆市高级人民法院在 2016 年 7 月 11 日就洪某与刘某茜、重庆轩豪控股有限公司案外人执行异议之诉上诉案作出的（2016）渝民终 205 号民事判决书，以及温州市中级人民法院在 2014 年 7 月 22 日就华夏银行股份有限公司温州分行与浙江朝日气动管业有限公司、浙江国泰电子有限公司申请执行人执行异议之诉上诉案作出的（2014）浙温执异终字第 17 号民事判决书中，都持这样的观点。

不过，结合《公司法》第 139 条第 1 款关于“记名股票，由股东以背书方式或者法律、行政法规规定的其他方式转让；转让后由公司将受让人的姓名或者名称及住所记载于股东名册”的规定，以及上文关于通过依法受让原股东持有的有限公司的股权而取得有限公司股东资格的分析，我倾向于认为，在依法受让一般的股份公司的记名股票的情形，应当以记名股票股份转让协议项下的股份变动生效的时间作为股份公司股东资格的取得时间；至于股份公司将受让人的姓名或名称记载于股东名册，是股份公司在“股份转让之后”应当履行的义务，与有限公司依照《公司法》第 73 条的规定“向新股东签发出资证明书，并相应修改公司章程和股东名册中有关股东及其出资额的记载”具有类似的效力，并非判断受让人取得股份公司股东资格的时间的前提条件。

二、股东与出资人的关系

注意到《民法总则》第 76 条第 1 款针对营利法人的界定使用了“以取得

利润并分配给股东等出资人”的表述，据此，“股东”属于“出资人”的一种形式。不过，我理解，“股东”与“出资人”的细微区别在于：“出资人”一般指已经实际出资的股东，如果未缴付任何出资，不宜称为“出资人”；而未缴付任何出资这一事实，不影响投资人成为公司的股东。除此之外，股东与出资人本质上是同一的。

三、股东资格与股东权利的关系

“股东权利”是基于“股东资格”产生的各种权利的总称，包括了多种具体的权利。

对此，在2018年8月28日就浙江九龙山国际旅游开发有限公司诉中国证券监督管理委员会行政处罚决定再审案作出的（2015）行提字第24号行政判决书中，最高人民法院认为：“股权作为股东所享有的一种特殊形态的权利，具有复合性，是一束权利的集合，其既具有普通物权的特征，也具有社员权的特征，既含有财产性权利，也含有非财产性权利。”

就“股东权利”和“股东资格”的关系，最高人民法院在2009年6月3日就北京双鹤药业股份有限公司与贵州益佰制药股份有限公司、湖北恒康双鹤医药股份有限公司、湖北省医药有限公司买卖合同货款纠纷再审案作出的（2008）民抗字第59号民事判决书中的如下意见可供参考：“股权的本质是股东和公司之间的法律关系，既包括股东对公司享有的权利，也包括股东对公司的出资义务，……民事主体获得股权的前提是其取得相应的股东资格……”

值得注意的是，投资人取得股东资格，意味着投资人有权享有并行使某些股东权利，比如记载于股东名册、获得股东会会议通知、出席股东会会议；但投资人取得股东资格不等于必然能享有或行使股东权利的各种权项。股东是否能够享有并实际行使某些股东权利，取决于其履行相应的义务的情况以及法律法规和公司章程的具体规定。在特定情况下，虽然取得了股东资格但可能不享有某些股东权利、不能实际行使某些权利，甚至可能会被解除股东资格。相关分析，请见下一节的内容。

第二节　股东的权利和义务

一、股东的权利

（一）股东的主要权利

《公司法》本身没有设置专门的条款对股东的权利进行集中规定，《公司法》第4条关于“公司股东依法享有资产收益、参与重大决策和选择管理者等权利”的规定，只是对股东享有的权利作了原则性的规定，有关股东的权利的规定散见于《公司法》的不同条款。

纵观《公司法》全文，并结合原国务院证券委员会、原国家经济体制改革委员会的《到境外上市公司章程必备条款》（证委发〔1994〕21号文件附件）和中国证监会制定的《上市公司章程指引》，具体来说，《公司法》规定的有限公司的股东享有的股东权利，主要包括33项，详见附表一；《公司法》规定的股份公司的股东享有的股东权利，也主要包括33项，详见附表二。

当然，附表一和附表二并没有穷尽所有的股东权利，相关方可以根据《公司法》和其他法律法规的规定，在公司章程中规定股东可以享有的其他权利。

（二）股东享有并行使股东权利的条件

总体而言，我倾向于认为，投资人基于其对有限公司出资额的认缴或对股份公司股份的认购而取得有限公司或股份公司的股东资格，并基于其对有限公司出资额的认缴或对股份公司股份的认购或基于其按照公司章程的约定缴付的出资或股款（视情况而定），而享有公司章程约定的相应股东权利，比如资产收益、参与重大决策、选择管理者等权利。

我认为，在法律、行政法规或国务院的决定未对公司注册资本实缴作出规定的前提下，无论是有限公司还是股份公司，除了《公司法》明确规定只有代表特定比例的表决权的股东或持有特定比例的股份的股东才能行使的股东权利外（比如《公司法》第39条第2款、第40条第3款、第100条第3项、第101条第2款、第102条第2款、第110条第2款、第151条第1款），只要取得了股东资格，不论其是否实际缴纳出资，即可享有并可行使大多数的股东权利；一般情况下，公司或其他股东不宜以股东未履行出资义务或未全面履行出资义务而限制或剥夺这些股东权利。不过，值得注意的是，对于有限公司的股东获得出资证明书的权利与优先认缴新增资本的权利，有限公司或股份公司的股东的利润分配请求权、表决权、剩余财产分配请求权，相关股东是否能够享有并实际行使这些股东权利，则需要满足一定的条件，取决于其缴纳出资和履行其他义务的情况以及法律法规和公司章程的具体规定。

对此，最高人民法院在2007年9月19日就安达新世纪·巨鹰投资发展有限公司与北京首都国际投资管理有限责任公司、协和健康医药产业发展有限公司股东权确权赔偿纠纷案作出的（2007）民二终字第93号民事判决书中认为："股东出资不到位并不影响其股东资格的取得，但其享有股东权利的前提是承担股东义务，违反出资义务，也就不应享有股东的相应权利，这亦是民法中权利与义务统一、利益与风险一致原则的具体体现。"

因此，根据《公司法司法解释（三）》第16条，在有限公司的股东根本未履行出资义务或者未全面履行出资义务或者抽逃出资的情况下，公司可以根据公司章程或者股东会决议对该股东的利润分配请求权、新股优先认购权、剩余财产分配请求权等股东权利作出相应的合理限制，比如，暂时不向其分配利润、暂时不享有新股优先认购权等。

更进一步地，根据《公司法司法解释（三）》第17条，在有限公司的股东根本未履行出资义务或者抽逃全部出资的情况下，经有限公司催告其缴纳出资或者返还出资，如果该股东在合理期间内仍未缴纳出资或者返还出资，有限公司甚至可以通过股东会决议解除该股东的股东资格，从而，该股东因丧失股东资格而不能再享有或行使任何股东权利了。

附表一　有限公司的股东享有的主要股东权利

结合《到境外上市公司章程必备条款》和《上市公司章程指引》，具体来说，《公司法》规定的有限公司的股东享有的股东权利主要包括：

序号	股东权利	法律依据	适用对象	行使条件
1	以认缴的出资额为限对公司承担责任	《公司法》第3条第2款	有限公司的股东	无
2	制定或参与制定公司章程	《公司法》第23条第3项、第60条	有限公司的股东	无
3	获得出资证明书	《公司法》第31条、第73条	有限公司的股东	无
4	记载于股东名册	《公司法》第32条、第73条	有限公司的股东	无
5	按照实缴的出资比例或全体股东的约定获得红利或其他形式的利益分配	《公司法》第34条、第166条第4款、第168条	有限公司的股东	无
6	公司增资时，按照实缴的出资比例或全体股东的约定优先认缴新增资本	《公司法》第34条	有限公司的股东	已经履行部分或全部出资义务
7	处分（包括转让、出资、赠与或互换等）、质押其所持有的公司股权	《公司法》第71条、第74条，《物权法》第223条第4项、第226条第1款	有限公司的股东	无
8	在对股东会作出的特定决议投反对票时，请求公司按照合理的价格收购其股权	《公司法》第74条第1款	有限公司的股东	对相关股东会决议投反对票的股东
9	自股东会会议就特定事项作出的决议通过之日起60日内，股东与公司不能达成股权收购协议时，自该决议通过之日起90日内向人民法院提起诉讼	《公司法》第74条第2款	有限公司的股东	对相关股东会决议投反对票的股东
10	召集和主持首次股东会会议	《公司法》第38条	有限公司出资最多的股东	无
11	提议召开临时股东会会议	《公司法》第39条第2款	有限公司的代表10%以上表决权的股东	享有相应的表决权
12	召集和主持临时股东会会议	《公司法》第40条第3款	有限公司的代表10%以上表决权的股东	在有限公司的董事会或不设董事会的公司的执行董事不能履行或者不履行召集股东会会议职责，并且监事会或不设监事会的监事不召集和主持股东会会议时

续表

序号	股东权利	法律依据	适用对象	行使条件
13	获得关于召开股东会会议的通知	《公司法》第41条第1款	有限公司的股东	无
14	向股东会会议提出提案	《公司法》未作规定，取决于公司章程的规定；参考《公司法》第102条第2款关于股份公司股东的提案权	有限公司的股东	取决于公司章程的规定
15	亲自出席或者委托代理人出席股东会会议	《公司法》第41条第2款，参考《公司法》第106条	有限公司的股东	无
16	按照出资比例或公司章程的规定对股东会审议的事项行使表决权	《公司法》第16条、第37条、第42条、第43条	有限公司的股东	无
17	请求法院宣告内容违反法律、行政法规的股东会决议、董事会决议（或执行董事决定）无效	《公司法》第22条第1款、第4款	有限公司的股东	无
18	请求法院撤销会议召集程序、表决方式违反法律、行政法规或者公司章程的股东会决议、董事会决议，或者内容违反公司章程的股东会决议、董事会决议（或执行董事决定）	《公司法》第22条第2款、第4款	有限公司的股东	无
19	对公司的经营进行监督，提出建议或者质询	《公司法》第150条第1款，参考《公司法》第97条	有限公司的股东	无
20	查阅、复制公司章程、股东会会议记录、董事会会议决议、监事会会议决议和财务会计报告	《公司法》第33条第1款	有限公司的股东	无
21	获得公司的财务会计报告	《公司法》第165条第1款	有限公司的股东	无
22	要求查阅公司会计账簿	《公司法》第33条第2款	有限公司的股东	无
23	在公司拒绝向股东提供查阅会计账簿时，请求人民法院要求公司提供查阅	《公司法》第33条第2款	有限公司的股东	无

续表

序号	股东权利	法律依据	适用对象	行使条件
24	董事、高级管理人员执行公司职务时违反法律、行政法规或者公司章程的规定，给公司造成损失时，请求监事会或不设监事会的有限公司的监事提起诉讼	《公司法》第151条	有限公司的股东	无
25	董事、高级管理人员执行公司职务时违反法律、行政法规或者公司章程的规定，给公司造成损失时，请求监事会或不设监事会的有限公司的监事提起诉讼后，在监事会、不设监事会的有限责任公司的监事收到股东书面请求后拒绝提起诉讼，或者自收到请求之日起30日内未提起诉讼时，或者情况紧急、不立即提起诉讼将会使公司利益受到难以弥补的损害时，为了公司的利益以自己的名义直接向人民法院提起诉讼	《公司法》第151条	有限公司的股东	无
26	监事执行公司职务时违反法律、行政法规或者公司章程的规定，给公司造成损失时，请求董事会或不设董事会的有限公司的执行董事提起诉讼	《公司法》第151条	有限公司的股东	无
27	监事执行公司职务时违反法律、行政法规或者公司章程的规定，给公司造成损失时，请求董事会或不设董事会的有限公司的执行董事提起诉讼后，在董事会或不设董事会的有限公司的执行董事收到股东书面请求后拒绝提起诉讼，或者自收到请求之日起30日内未提起诉讼时，或者情况紧急、不立即提起诉讼将会使公司利益受到难以弥补的损害时，为了公司的利益以自己的名义直接向人民法院提起诉讼	《公司法》第151条	有限公司的股东	无

续表

序号	股东权利	法律依据	适用对象	行使条件
28	他人侵犯公司合法权益，给公司造成损失时，请求董事会或不设董事会的有限公司的执行董事和监事会或不设监事会的有限公司的监事提起诉讼后，在董事会或不设董事会的有限公司的执行董事和监事会或不设监事会的有限公司的监事收到股东书面请求后拒绝提起诉讼，或者自收到请求之日起 30 日内未提起诉讼时，或者情况紧急、不立即提起诉讼将会使公司利益受到难以弥补的损害时，为了公司的利益以自己的名义直接向人民法院提起诉讼	《公司法》第 151 条	有限公司的股东	无
29	董事、高级管理人员违反法律、行政法规或者公司章程的规定，损害股东利益时，对相关董事、高级管理人员提起诉讼	《公司法》第 152 条	有限公司的股东	无
30	公司经营管理发生严重困难，继续存续会使股东利益受到重大损失，通过其他途径不能解决时，请求法院解散公司	《公司法》第 182 条	持有有限公司全部股东表决权 10% 以上的股东	享有相应的表决权
31	在公司解散进入清算程序时，担任清算组成员	《公司法》第 183 条	有限公司的股东	无
32	公司清算时，按照股东的出资比例分配公司剩余财产	《公司法》第 186 条第 2 款	有限公司的股东	已足额缴纳出资
33	法律法规、行政法规或公司章程规定的其他权利	—	有限公司的股东	无

附表二　股份公司的股东享有的主要股东权利

结合《到境外上市公司章程必备条款》和《上市公司章程指引》，《公司法》规定的股份公司的股东享有的股东权利主要包括：

序号	股东权利	法律依据	适用对象	行使条件
1	以认购的股份为限对公司承担责任	《公司法》第3条第2款	股份公司的股东	无
2	参与制订公司章程	《公司法》第76条第4项	股份公司的发起人	无
3	获得股票	《公司法》第132条	股份公司的股东	股份公司成立后
4	记载于股东名册	《公司法》第130条、第139条	发行记名股票的股份公司的股东	无
5	记名股票被盗、遗失或者灭失时，请求人民法院宣告该股票失效	《公司法》第143条	股份公司的股东	无
6	人民法院宣告被盗、遗失或者灭失的股票失效后，申请公司补发股票	《公司法》第143条	股份公司的股东	无
7	按照持股比例或公司章程的约定获得股利或其他形式的利益分配	《公司法》第166条第4款、第168条	股份公司的股东	无
8	处分（包括转让、质押等）其所持有的公司股份	《公司法》第137条，《物权法》第223条第4项、第226条第1款	股份公司的股东	无
9	对股东大会作出的公司合并、分立决议持异议时，要求公司收购其股份	《公司法》第142条	股份公司的股东	无
10	获得召开创立大会会议的通知	《公司法》第90条第1款	采取募集设立方式设立的股份公司的发起人、认购人	无
11	出席创立大会会议	《公司法》第90条第1款	采取募集设立方式设立的股份公司的发起人、认购人	无
12	对创立大会职权范围内的事项行使表决权	《公司法》第90条第3款	采取募集设立方式设立的股份公司的发起人、认购人	出席创立大会会议的发起人、认股人
13	请求召开临时股东大会	《公司法》第100条第3项	股份公司的单独或合计持有10%以上股份的股东	无

续表

序号	股东权利	法律依据	适用对象	行使条件
14	召集和主持股东大会会议	《公司法》第101条第2款	股份公司的连续90日以上单独或者合计持有公司10%以上股份的股东	在股份公司的董事会不能履行或者不履行召集股东大会会议职责，并且监事会也不召集和主持股东大会会议时
15	获得关于股东大会会议召开的时间、地点和审议的事项的通知	《公司法》第102条第1款	股份公司的股东	无
16	向股东大会提出临时提案	《公司法》第102条第2款	股份公司单独或合计持有公司3%以上的股份的股东	无
17	亲自出席或者委托代理人出席股东大会会议	《公司法》第106条	股份公司的股东	无
18	按照所持每一股份有一表决权对股东大会审议的事项行使表决权	《公司法》第99条、第103条、第104条、第124条	股份公司的股东	无
19	提议召开董事会临时会议	《公司法》第110条	股份公司单独或者合计代表10%以上表决权的股东	享有相应的表决权
20	请求法院宣告内容违反法律、行政法规的股东大会决议、董事会决议无效	《公司法》第22条第1款、第4款	股份公司的股东	无
21	请求法院撤销会议召集程序、表决方式违反法律、行政法规或者公司章程或者决议内容违反公司章程的股东大会决议、董事会决议	《公司法》第22条第2款、第4款	股份公司的股东	无
22	对公司的经营进行监督，提出建议或者质询	《公司法》第97条、第150条第1款	股份公司的股东	无
23	查阅公司章程、股东名册、公司债券存根、股东大会会议记录、董事会会议决议、监事会会议决议、财务会计报告	《公司法》第97条	股份公司的股东	无

续表

序号	股东权利	法律依据	适用对象	行使条件
24	要求公司定期向股东披露董事、监事、高级管理人员从公司获得报酬的情况	《公司法》第116条	股份公司的股东	无
25	董事、高级管理人员违反法律、行政法规或者公司章程的规定，损害股东利益时，对相关董事、高级管理人员提起诉讼	《公司法》第152条	股份公司的股东	无
26	董事、高级管理人员执行公司职务时违反法律、行政法规或者公司章程的规定，给公司造成损失时，请求监事会提起诉讼	《公司法》第151条	股份公司连续180日以上单独或者合计持有该股份公司1%以上股份的股东	无
27	董事、高级管理人员执行公司职务时违反法律、行政法规或者公司章程的规定，给公司造成损失时，请求监事会提起诉讼后，在监事会收到股东书面请求后拒绝提起诉讼，或者自收到请求之日起30日内未提起诉讼时，或者情况紧急、不立即提起诉讼将会使公司利益受到难以弥补的损害时，为了公司的利益以自己的名义直接向人民法院提起诉讼	《公司法》第151条	股份公司连续180日以上单独或者合计持有该股份公司1%以上股份的股东	无
28	监事执行公司职务时违反法律、行政法规或者公司章程的规定，给公司造成损失时，请求董事会提起诉讼	《公司法》第151条	股份公司连续180日以上单独或者合计持有该股份公司1%以上股份的股东	无
29	监事执行公司职务时违反法律、行政法规或者公司章程的规定，给公司造成损失时，请求董事会提起诉讼后，在董事会收到股东书面请求后拒绝提起诉讼，或者自收到请求之日起30日内未提起诉讼时，或者情况紧急、不立即提起诉讼将会使公司利益受到难以弥补的损害时，为了公司的利益以自己的名义直接向人民法院提起诉讼	《公司法》第151条	股份公司连续180日以上单独或者合计持有该股份公司1%以上股份的股东	无

续表

序号	股东权利	法律依据	适用对象	行使条件
30	他人侵犯公司合法权益，给公司造成损失时，请求董事会提起诉讼后，在董事会和监事会收到股东书面请求后拒绝提起诉讼，或者自收到请求之日起 30 日内未提起诉讼时，或者情况紧急、不立即提起诉讼将会使公司利益受到难以弥补的损害时，为了公司的利益以自己的名义直接向人民法院提起诉讼	《公司法》第 151 条	股份公司连续 180 日以上单独或者合计持有该股份公司 1% 以上股份的股东	无
31	公司经营管理发生严重困难，继续存续会使股东利益受到重大损失，通过其他途径不能解决时，请求法院解散公司	《公司法》第 182 条	持有股份公司全部股东表决权 10% 以上的股东	享有相应的表决权
32	公司清算时，按照股东持有的股份比例分配公司剩余财产	《公司法》第 186 条第 2 款	股份公司的股东	已缴足出资
33	法律法规、行政法规或公司章程规定的其他权利	—	股份公司的股东	无

二、股东的主要义务

同样地，《公司法》也没有设置专门的条款对股东的义务集中进行规定，关于股东的义务的规定散见于《公司法》的不同条款。

纵观《公司法》全文，具体来说，股东的义务主要包括：

一是，以认缴的出资额为限对公司承担责任（适用于有限公司的股东，《公司法》第 3 条第 2 款）；或以认购的股份为限对公司承担责任（适用于股份公司的股东，《公司法》第 3 条第 2 款）。

二是，按期足额缴纳公司章程中规定的各自所认缴的出资额（《公司法》第 28 条、第 30 条、第 83 条、第 84 条、第 85 条、第 93 条）。

三是，不得抽逃或抽回出资（《公司法》第 35 条、第 91 条）。

四是，遵守法律、行政法规和公司章程，依法行使股东权利（《公司法》第 20 条）。

五是，不得滥用股东权利损害公司或者其他股东的利益（《公司法》第

20 条）。

六是，不得滥用公司法人独立地位和股东有限责任损害公司债权人的利益（《公司法》第 20 条）。

七是，不得利用其关联关系损害公司利益（适用于控股股东，《公司法》第 21 条第 1 款）。

八是，在法定期限内不得转让其所持股份（适用于股份公司的股东，《公司法》第 141 条第 1 款）。

九是，在特定情形下对公司债务承担连带责任（《公司法》第 20 条第 3 款、第 63 条）。

十是，法律、行政法规及公司章程规定的其他义务。

第三节 股东的查阅权

知情权是公司股东的重要权利，是股东了解公司经营情况和财务状况并据以行使包括参与重大决策、选择管理者在内的其他股东权利的基础。本节接下来对有限公司和股份公司的股东各自的查阅权及其查阅权受到侵害时应当如何寻求救济展开讨论。

一、有限公司股东的查阅权和复制权

有限公司股东的查阅权和复制权主要是由《公司法》第 33 条规定的。《公司法》第 33 条共两款，第 1 款规定了有限公司的股东的查阅权和复制权，第 2 款则规定了有限公司的股东对公司的会计账簿的特别查阅权。有限公司股东的查阅权和复制权，连同《公司法》第 165 条第 1 款规定的有限公司股东获得公司财务会计报告的权利，都属于有限公司股东知情权的范畴。

（一）股东查阅权和复制权的权利主体

在查阅权和复制权的主体方面，由于《公司法》第 33 条第 1 款使用了“股东有权查阅、复制……”的表述，因此，只要具有有限公司的股东资格，

不论其持股比例、表决权比例是多少，都享有《公司法》第33条第1款规定的查阅权和复制权。

当然，只有具有有限公司的股东资格的主体，才享有《公司法》第33条第1款规定的查阅权和复制权，其他主体（包括隐名股东、潜在投资者、潜在股东及其各自聘请的律师、会计师）都不享有此项权利。从而，在委托持股的情形，实际出资人因不是有限公司的股东，不享有《公司法》第33条第1款规定的查阅权和复制权。对此，《北京市高级人民法院关于审理公司纠纷案件若干问题的指导意见》（京高法发〔2008〕127号）第16条规定了“公司的实际出资人在其股东身份未显名化之前，不具备股东知情权诉讼的原告主体资格，其已诉至法院的，应裁定驳回起诉”。

此外，如果相关主体已经转让了其对有限公司的股权、不再是有限公司的股东，就不享有《公司法》第33条第1款规定的查阅权和复制权了。对此，《北京市高级人民法院关于审理公司纠纷案件若干问题的指导意见》（京高法发〔2008〕127号）第15条规定了“已退出公司的股东对其任股东期间的公司经营、财务情况提起知情权诉讼的，因其已不具备股东身份，人民法院应裁定不予受理”。

因此，《最高人民法院关于适用〈中华人民共和国公司法〉若干问题的规定（四）》（以下简称《公司法司法解释（四）》）第7条在其第1款规定“股东依据公司法第三十三条、第九十七条或者公司章程的规定，起诉请求查阅或者复制公司特定文件材料的，人民法院应当依法予以受理”的同时，在其第2款也明确规定“公司有证据证明前款规定的原告在起诉时不具有公司股东资格的，人民法院应当驳回起诉”。

不过，在例外情形下，《公司法司法解释（四）》第7条第2款还规定了“原告有初步证据证明在持股期间其合法权益受到损害，请求依法查阅或者复制其持股期间的公司特定文件材料的除外”。因此，对于曾经是有限公司的股东的主体，在有初步证据证明其在该有限公司的合法权益在其持股期间受到损害的情况下，在其不再是该有限公司的股东时，是可以请求查阅或复制其持股期间公司的公司章程、股东会会议记录、董事会会议决议、监事会会议决议和财务会计报告的。

问题是，有限公司的股东是否可以委托他人行使查阅权或复制权？《公司法》本身未对此作出禁止性规定。结合《民法总则》第161条关于“民事主体可以通过代理人实施民事法律行为”“依照法律规定、当事人约定或者民事法律行为的性质，应当由本人亲自实施的民事法律行为，不得代理”的规定，在有限公司的章程未作相反规定的情况下，股东是可以委托他人行使《公司法》第33条规定的查阅权、复制权的。对此，《北京市高级人民法院关于审理公司纠纷案件若干问题的指导意见》（京高法发〔2008〕127号）第17条也规定了“有限责任公司股东可以委托律师、注册会计师代为行使公司会计账簿查阅权”。

不过，《公司法司法解释（四）》第10条第2款则作出了限制性规定，只有在同时满足以下条件的情况下，才“可以由会计师、律师等依法或者依据执业行为规范负有保密义务的中介机构执业人员辅助”股东行使查阅权（但不包括复制权）：一是，股东依据人民法院生效判决查阅公司文件材料；二是，该股东应当在场。

（二）股东查阅和复制的对象

在查阅和复制的对象方面，根据《公司法》第33条的规定，有限公司的股东有权查阅并复制的对象包括以下5项：（1）公司章程；（2）股东会会议记录；（3）董事会会议决议；（4）监事会会议决议；（5）有限公司的财务会计报告。

其中，根据《会计法》第20条第2款，《企业财务会计报告条例》第2条、第7条和第8条，《公司法》第33条第1款以及其他条款所说的“财务会计报告”，是指公司对外提供的反映公司某一特定日期财务状况和某一会计期间经营成果、现金流量的文件；财务会计报告由会计报表、会计报表附注和财务情况说明书组成；财务会计报告分为年度、半年度、季度和月度财务会计报告。

由于《公司法》第33条第1款没有对股东查阅和复制的“公司章程、股东会会议记录、董事会会议决议、监事会会议决议和财务会计报告”的范围作出任何限定，既无期限方面的限定，又无内容或事项方面的限定，因此，只要属于公司的“章程、股东会会议记录、董事会会议决议、监事会会议决议和财务会计报告”，不论是不是在相关主体成为公司的股东之后才形成的，股东都有权查阅、复制，其范围包括公司成立以来的、有限公司阶段的所有的“章程、股东会会议记录、董事会会议决议、监事会会议决议和财务会计报告”。

对此，在2015年1月12日就吴某华与金龙控股集团有限公司（以下简称金龙集团）股东知情权纠纷上诉案作出的（2014）浙温商终字第664号民事判决书中，针对吴某华是否有权查阅其成为金龙集团股东之前的公司会计账簿的问题，浙江省温州市中级人民法院认为：“公司股东有权了解公司经营状况、财务状况以及其他与股东利益存在密切关系的公司相关情况。由于公司的经营、发展是一个动态的、连续的过程，公司现在的情况不可能与之前的经营、财务状况完全脱节或毫无关联。如果不允许股东查阅其成为股东之前的公司会计账簿，则明显不利于对股东权益的保护。同时，公司法第三十三条第二款亦没有禁止股东查阅其成为股东之前的公司会计账簿。股东知情权中的会计账簿查阅权的对象不仅应包括上诉人成为公司股东之后的会计账簿，还应包括上诉人成为公司股东之前的会计账簿。”

此外，在2017年4月25日就李某与北京蓝色光标品牌管理顾问股份有限公司（以下简称蓝色光标公司）股东知情权纠纷上诉案作出的（2017）京03民终2000号民事判决书中，针对蓝色光标公司提出的“李某于2013年9月6日正式成为公司股东，其无权查阅其成为正式股东之前的公司档案材料”的主张，北京市第三中级人民法院也认为：“首先，《公司法》并没有禁止继受股东查阅其成为股东之前的公司档案材料。其次，法律设立股东知情权的立法本意是让股东充分掌握公司信息、管理活动及风险状况，从而监督公司管理层，保护股东的合法权益。只有股东对公司全部的运营状况充分掌握，对公司的历史全面了解，才能有效行使股东的其他权利并履行股东义务。另外，公司运营是一个整体的、动态的、延续性的过程，如果拒绝公司的继受股东行使对其加入公司前的公司信息的知情权，将导致股东获得的相关信息不完整，减损股东知情权的制度价值。因此，蓝色光标公司以李某成为公司正式股东的时间作为阻却其行使股东知情权的抗辩事由，并无法律依据，本院不予采信。”尽管这一民事判决书是针对股份公司股东的查阅权作出的，但同样有助于理解有限公司股东的查阅权。

值得注意的是，在查阅和复制的对象方面，《公司法》第33条第1款没有规定有限公司的股东有权查阅或复制公司董事会会议记录。其背后的原因可能在于，董事会会议记录除了记载了与会董事的表决结果，还可能记载了董事关于董事会审议事项的意见，这些意见属于董事的商业判断，涉及公司的商业机密，不宜由股东了解。

此外，《公司法》第 33 条第 1 款也没有规定有限公司的股东有权查阅或复制公司的股东名册。不过，考虑到《公司法》第 32 条第 2 款关于“记载于股东名册的股东，可以依股东名册主张行使股东权利”的规定，结合《公司法》第 97 条关于股份有限公司的“股东有权查阅公司章程、股东名册、公司债券存根、股东大会会议记录、董事会会议决议、监事会会议决议、财务会计报告”的规定，我倾向于认为，有限公司股东查阅权、复制权的范围，也应当包括有限公司的股东名册。

还有，《公司法》第 33 条第 1 款也没有规定有限公司的股东有权查阅或复制公司的债券存根簿。不过，结合《公司法》第 157 条第一款关于“公司发行公司债券应当置备公司债券存根簿”的规定以及《公司法》第 97 条关于股份有限公司的“股东有权查阅公司章程、股东名册、公司债券存根、股东大会会议记录、董事会会议决议、监事会会议决议、财务会计报告”的规定，在有限公司发行公司债券的情形，我倾向于认为，有限公司股东查阅权、复制权的范围，也应当包括公司的债券存根簿。

再有，《公司法》本身只规定了股东可以要求查阅并复制公司的财务会计报告、查阅公司的会计账簿，没有规定股东可以要求查阅公司的会计凭证。

不过，最高人民法院的倾向性观点是，查阅原始会计凭证是股东行使知情权的主要途径，在符合《公司法》第 33 条规定的其他条件下，应当允许股东查阅和复制、摘抄需要的内容；若需要支付必要费用的，股东应当支付；不过，对于股东提出的由他人代为查阅或者对公司进行审计等要求，则应当征得公司的同意，因为这些要求可能与公司商业秘密保护相冲突①。

并且，在 2012 年 9 月 20 日就天津北方食品有限公司、香港捷成有限公司股东知情权纠纷再审案作出的（2012）民申字第 635 号民事裁定书中，最高人民法院认为，“虽然《中华人民共和国公司法》没有明确规定股东可以查阅会

① 《加强调查研究 探索解决之道——就民商事审判工作中的若干疑难问题访最高人民法院民二庭庭长宋晓明》，载《人民司法·应用》2007 年第 13 期。

计凭证，然而基于利益平衡以及确保信息真实的考虑，知情权范围不宜限定在一个不可伸缩的区域，尤其对于人合性较高的有限责任公司，严格限定知情权范围并不利于实现知情权制度设置的目的。因此，二审判决支持捷成公司查阅北方食品公司会计凭证的诉讼请求，并无不妥”。

此外，在2016年3月28日就北京房建投资集团有限公司与李某双股东知情权纠纷二审案作出的（2015）二中民（商）终字第13560号民事判决书中，北京市第二中级人民法院也认为，“虽然我国《公司法》没有明确赋予有限责任公司的股东查阅公司会计凭证的权利，但亦没有设定禁止有限责任公司的股东查阅公司会计凭证等公司的其他会计资料的规定。因此，除法律规定或者当事人自愿约定的限制性情形以外，股东对公司的经营情况和财务状况皆有知情权。有限责任公司的股东查阅公司会计凭证等公司的会计资料和财务文件既不属于违法行为，也不与法相悖”。

2016年4月12日公布的《最高人民法院关于适用〈中华人民共和国公司法〉若干问题的规定（四）（征求意见稿）》（以下简称《公司法司法解释（四）征求意见稿》）第16条（查阅原始凭证）第1款曾规定，“有限责任公司的股东起诉请求查阅公司会计账簿及与会计账簿记载内容有关的记账凭证或者原始凭证等材料的，应当依法受理”。尽管上述内容没有纳入正式出台的《公司法司法解释（四）》，但是，从《公司法司法解释（四）》第7条第1款关于“股东依据公司法第三十三条、第九十七条或者公司章程的规定，起诉请求查阅或者复制公司特定文件材料的，人民法院应当依法予以受理”的规定看，最高人民法院可能还是倾向于认为，有限公司的股东是享有查阅并复制公司的会计账簿乃至会计凭证的权利的，因为可以将《公司法司法解释（四）》第7条第1款所说的“公司特定文件材料”解释为包括“公司的会计账簿和会计凭证”。

这样看来，《公司法司法解释（四）》实际上是对《公司法》第33条作了扩大解释。不过，这样的扩大解释是值得商榷的。我倾向于认为，既然财务会计报告、会计账簿、会计凭证属于不同的概念，《公司法》本身（尤其是其第33条、第170条）也明确对“财务会计报告”“会计账簿”“会计凭证”予以区分使用，那么，在《公司法》第33条没有将“会计凭证”列为有限公司的股东有权查阅、复制的范围的情况下，有限公司的股东是不享有查阅、复制公司的会计凭证的权利的。

实务中，如果需要采纳法院的上述裁判意见，《公司法》第 33 条第 2 款所使用的“查阅公司会计账簿”的表述，就应当像《合伙企业法》第 28 条第 2 款关于普通合伙人“有权查阅合伙企业会计账簿等财务资料”、第 68 条第 2 款第 5 项关于有限合伙人“查阅有限合伙企业财务会计账簿等财务资料”的表述那样，修改为“查阅、复制公司的会计账簿等财务资料”或“查阅、复制公司的会计账簿等会计资料”。

如前所述，《公司法》没有赋予有限公司的股东查阅公司章程、股东会会议记录、董事会会议决议、监事会会议决议、财务会计报告和会计账簿以外的其他公司文件的权利，没有赋予有限公司的股东复制公司会计账簿的权利。不过，尽管如此，我理解，在《公司法》第 33 条规定的查阅范围、复制范围的基础上，有限公司通过依法制定的公司章程规定股东有权查阅或复制公司的其他文件，也是可以的；只不过，这些权利的依据不是来源于《公司法》，而只是来源于公司章程的规定，有限公司的权力机构也可以依照《公司法》、公司章程的规定作出取消这些权利的决议。

对此，在 2017 年 8 月 24 日就北京盛世德科贸有限公司（以下简称盛世德公司）与北京红都集团公司（以下简称红都公司）股东知情权纠纷上诉案作出的（2017）京 02 民终 5124 号民事判决书中，北京市第二中级人民法院就认为：“《公司法（2013）》以成文法的形式明确赋予了有限责任公司股东作为独立的主体有权查阅公司的会计账簿，该规定属于管理性的规范，而非强制性的规范，《公司法（2013）》未禁止公司在法律框架内对公司内部的具体自治形式作出规定。公司章程是股东经过协商一致确立的，作为公司设立、运行的基本规则，是公司及股东均必须予以遵循的准则。根据查明的事实，盛世德公司章程第五章‘股东的权利和义务’第七条赋予公司股东有‘了解公司经营状况和财务状况’的权利，该规定是盛世德公司在法律框架内确立的运行规则，并不违反现行法律的禁止性规定，对盛世德公司及其股东具有约束力。《公司法（2013）》第一百六十四条第一款规定：‘公司应当在每一会计年度终了时编制财务会计报告，并依法经会计师事务所审计。’第一百六十五条第一款规定：‘有限责任公司应当依照公司章程规定的期限将财务会计报告送交各股东。’《会计法（1999）》第二十条第二款规定：‘财务会计报告由会计报表、会计报表附注和财务情况说明书组成。向不同的会计资料使用者提供的财务会计报告，其编制依据应当一致。有关法律、行政法规规定会计报表、会计报表附注和财务情况说明书须经注册会计师审计的，注册会计师及其所在的会计师事务所出具的审计报告应当随同财务会计报告一并提供。’根据上述规定，盛世德公司应当在每一会计年度终了时编制财务会计报告，经会计师事务所审计后，将经过审计的财务会计报告与审计报告一并向红都公司提供，既应确保红都公司能够了解盛世德公司经营状况和财务状况，又应确保红都公司了解的盛世德公司的经营状况和财务状况是真实、完整的。但至本案诉讼期间，没有证据证明盛世德公司依照法律、公司章程的规定向作为股东的红都公司提供公司经过审计的财务会计报告、审计报告，导致红都公司不能如实、完整地了解盛世德公司的经营状况和财务状况。因此，红都公司请求查阅盛世德公司原始凭证、记账凭证系行使章程赋予的股东权利，一审法院判决盛世德公司向红都公司提供公司原始凭证、记账凭证供红都公司查阅，并未违反法律及公司章程的禁止性规定。盛世德公司关于一审法院判决认定红都公司有权查阅盛世德公司原始凭证、记账凭证缺乏法律依据的上诉主张，不能成立，本院不予支持。”

（三）股东查阅权和复制权的行使条件

在查阅权、复制权的行使条件方面，就“查阅、复制公司章程、股东会会议记录、董事会会议决议、监事会会议决议和财务会计报告”而言，《公司法》第33条第1款只是要求相关主体具有有限公司的股东资格，除此之外，并没有对有限公司的股东查阅、复制这些文件提出任何要求或施加任何条件；甚至，都没有像《公司法》第33条第2款那样要求股东“应当向公司提出书面请求，说明目的”。

因此，查阅并复制有限公司的公司章程、股东会会议记录、董事会会议决议、监事会会议决议和财务会计报告，是《公司法》第33条第1款赋予有限公司股东的法定权利，甚至是“股东享有的绝对知情权，并无任何前置程序的设置”①；只要具有股东资格，就享有并可以行使这些权利，公司不应以任何形

① 见绍兴市中级人民法院在2016年7月25日就绍兴王朝大酒店有限公司与王某广股东知情权纠纷上诉案作出的（2016）浙06民终2111号民事判决书。

式（包括通过公司章程的规定）或理由予以限制、拒绝或剥夺；是否查阅或复制取决于股东的意志，股东的查阅或复制目的是否适当、是否会损害公司的利益、股东持股多少、股东是否享有表决权，等等，都不应构成拒绝股东查阅、复制有限公司的章程、股东会会议记录、董事会会议决议、监事会会议决议和财务会计报告的理由。

对此，在2012年9月20日就天津北方食品有限公司、香港捷成有限公司股东知情权纠纷再审案作出的（2012）民申字第635号民事裁定书中，最高人民法院认为："对于股东要求查阅、复制公司章程、股东会会议记录、董事会会议决议、监事会会议决议和财务会计报告的，《中华人民共和国公司法》第三十四条[①]没有规定股东在符合特定条件的情况下才可以主张该权利，即没有特别限制……"

在此基础上，《公司法司法解释（四）》第9条更是明确规定了"公司章程、股东之间的协议等实质性剥夺股东依据公司法第三十三条、第九十七条规定查阅或者复制公司文件材料的权利，公司以此为由拒绝股东查阅或者复制的，人民法院不予支持"。

此外，2016年4月12日公布的《公司法司法解释（四）征求意见稿》第14条曾规定："公司以存在下列情形之一为由进行抗辩，拒绝股东依据公司法第三十三条、第九十七条或者司法解释规定查阅、复制公司文件材料的，不予支持：（一）股东出资存在瑕疵；（二）公司章程限制股东查阅、复制公司文件材料；（三）股东间协议约定限制股东查阅、复制公司文件材料。"尽管上述内容未被纳入正式出台的《公司法司法解释（四）》，但是，我理解，上述内容中涉及"查阅并复制有限公司的公司章程、股东会会议记录、董事会会议决议、监事会会议决议和财务会计报告"的部分，是符合《公司法》第33条第1款的规定的。

还有，在2018年12月29日就医疗诊断（香港）有限公司（以下简称医疗诊断香港公司）与北京金菩嘉医疗科技有限公司（以下简称金菩嘉公司）股东知情权纠纷二审案作出的（2015）高民（商）终字第2408号民事判决书中，北京市高级人民法院认为："《中华人民共和国公司法》第三十三条规定：'股

① 现为《公司法》第33条。

东有权查阅、复制公司章程、股东会会议记录、董事会会议决议、监事会会议决议和财务会计报告。股东可以要求查阅公司会计账簿。股东要求查阅公司会计账簿的，应当向公司提出书面请求，说明目的。公司有合理根据认为股东查阅会计账簿有不正当目的，可能损害公司合法利益的，可以拒绝提供查阅，并应当自股东提出书面请求之日起十五日内书面答复股东并说明理由。公司拒绝提供查阅的，股东可以请求人民法院要求公司提供查阅'。根据该规定，第一，知情权是股东的法定权利、固有权利，是行使其他权利的前提。第二，公司章程、股东会会议记录、董事会会议决议、监事会会议决议和财务会计报告等是公司应当置备的文件，在公司内部也属于需要公开的资料，应当允许股东不受限制地查阅、复制。本案中，医疗诊断香港公司是持有金菩嘉公司40%股权的股东，其要求行使知情权，查阅、复制自公司设立以来的公司章程、股东会会议记录、董事会会议决议、监事会会议决议和财务会计报告，符合公司法规定，且行使该权利时不必书面说明目的，亦不受持股比例、是否是公司实际控制人等因素影响。"①

就出资存在瑕疵的股东的知情权而言，《北京市高级人民法院关于审理公司纠纷案件若干问题的指导意见》（京高法发〔2008〕127号）第14条也规定了"股东知情权案件中，被告公司以原告股东出资瑕疵为由抗辩的，人民法院不予支持"。上海市高级人民法院《关于审理股东请求对公司行使知情权纠纷若干问题的问答》（沪高法民二〔2005〕11号）也提出"知情权是股东权的一项重要权利。……股东虽然存在出资瑕疵，但在未丧失公司股东身份之前，其仍可按照公司法或章程的规定，行使相应的股东权。在股东出资存在瑕疵的情况下，除非章程或股东与公司之间另有约定，一般不能以股东存在出资瑕疵为由否定其享有知情权"。

还有，在2012年5月28日就张某某与北京禄颖兰釉艺工艺品有限公司（以下简称工艺品公司）股东知情权纠纷上诉案作出的（2012）一中民终字第2247号民事判决书中，北京市第一中级人民法院认为："工艺品公司系有限公

① 北京金菩嘉医疗科技有限公司后来提出的再审申请，被最高人民法院2019年6月25日就北京金菩嘉医疗科技有限公司与医疗诊断（香港）有限公司股东知情权纠纷再审案作出的（2019）最高法民申1755号民事裁定书驳回了。

司，张某某作为其股东，有权要求查阅公司的财务会计报告。需要明确的是，该项查阅权系股东的法定权利，公司不得剥夺和限制。并且，是否查阅取决于股东的意志，查阅目的适当与否、是否可能损害公司利益等理由均不能构成拒绝股东查阅公司财务会计报告的有效抗辩。一审法院在排除了张某某具有严重损害工艺品公司利益的可能性的前提下，方才支持了张某某要求查阅公司财务会计报告的诉讼请求，属于对股东法定权利的限缩，与《公司法》的规定不符，本院对此予以纠正。”

当然，尽管有限公司不得限制或剥夺股东查阅并复制有限公司的公司章程、股东会会议记录、董事会会议决议、监事会会议决议和财务会计报告的权利，但是，结合《到境外上市公司章程必备条款》第 45 条、第 77 条的规定①，在有限公司的股东根据《公司法》第 33 条第 1 款行使复制权时，公司是可以要求其支付合理的费用的。

二、有限公司股东的特别查阅权

考虑到《公司法》第 74 条第 1 款第 1 项赋予了有限公司的异议股东在公司连续五年不向股东分配利润，而公司该五年连续盈利，并且符合《公司法》规定的分配利润条件的情况下要求公司收购其股权的权利，而如果没有查阅会计账簿，股东将无从知道公司确切的盈利情况，也就无法行使要求公司收购其股权的权利，因此，在《公司法》第 33 条第 1 款赋予有限公司的股东查阅、复制“公司章程、股东会会议记录、董事会会议决议、监事会会议决议和财务会计报告”的权利的同时，《公司法》第 33 条第 2 款赋予了有限公司股东一项特别查阅权，即“要求查阅公司会计账簿”的权利。

---

① 《到境外上市公司章程必备条款》第 45 条规定：“公司普通股股东享有下列权利：……（五）依照公司章程的规定获得有关信息，包括：1. 在缴付成本费用后得到公司章程；2. 在缴付了合理费用后有权查阅和复印：（1）所有各部分股东的名册；（2）公司董事、监事、经理和其他高级管理人员的个人资料，包括：（a）现在及以前的姓名、别名；（b）主要地址（住所）；（c）国籍；（d）专职及其他全部兼职的职业、职务；（e）身份证明文件及其号码。（3）公司股本状况；（4）自上一会计年度以来公司购回自己每一类别股份的票面总值、数量、最高价和最低价，以及公司为此支付的全部费用的报告；（5）股东会议的会议记录……”第 77 条规定：“股东可以在公司办公时间免费查阅会议记录复印件。任何股东向公司索取有关会议记录的复印件，公司应当在收到合理费用后七日内把复印件送出。”

（一）会计账簿的界定

《公司法》第 33 条第 2 款以及其他条款所说的“会计账簿”，与《会计法》所说的“会计帐簿”是指同一概念。《会计法》也没有直接规定会计账簿的含义。根据财政部办公厅《关于印发会计从业资格考试大纲（修订）的通知》（财办会〔2016〕34 号，已失效）附件之《会计基础考试大纲》，“会计账簿”是指由一定格式的账页组成的，以经过审核的会计凭证为依据，全面、系统、连续地记录各项经济业务事项的簿籍；根据《会计法》第 15 条第 1 款，会计帐簿包括总帐、明细帐、日记帐和其他辅助性帐簿。

由于《公司法》第 170 条第 1 款使用了“会计凭证、会计账簿、财务会计报告及其他会计资料”的表述，根据《会计法》关于会计凭证、会计帐簿、财务会计报告的规定，《公司法》所说的“会计凭证”“会计账簿”“财务会计报告”，虽然都属于会计资料（财务资料），但是，各自是不同的概念、具有不同的含义；其中，“财务资料”的外延最大，包括了“会计凭证”“会计账簿”“财务会计报告”和“其他会计资料”。

（二）《公司法》没有赋予有限公司股东复制会计账簿或查阅、复制会计凭证的权利

值得注意的是，与《公司法》第 33 条第 1 款明确规定股东有权查阅并复制公司章程、股东会会议记录、董事会会议决议、监事会会议决议和财务会计报告不同，《公司法》第 33 条第 2 款并未规定“股东可以要求复制公司会计账簿”。由于《公司法》第 33 条第 2 款使用的是“股东可以要求查阅公司会计账簿”的表述，并没有使用“股东可以查阅、复制公司会计账簿”的表述，因此，我倾向于认为，在《公司法》层面，有限公司的股东是不享有复制公司会计账簿的权利的；此外，考虑到“财务会计报告”“会计账簿”“会计凭证”属于不同的概念，《公司法》本身也对“财务会计报告”“会计账簿”“会计凭证”区分使用，在《公司法》第 33 条没有将“会计凭证”列为有限公司的股东有权查阅、复制的范围的情况下，有限公司的股东是不享有查阅、复制公司的会计凭证的权利的。

比如，在 2016 年 2 月 4 日就夏某与贵州安顺今旦房地产开发有限公司股东

知情权纠纷二审案作出的（2015）黔高民商终字第123号民事判决书中，贵州省高级人民法院就认为："夏某在取得股东资格后依法享有股东知情权。夏某的一审诉讼请求是'请求判决被告提供2008年2月29日至本案执行之日的公司财务会计报告（包括资产负债表、损益表、财务变动表、财务情况说明书、利润分配表等）和会计账簿供原告查阅、复制'……根据《中华人民共和国公司法》第三十三条之规定，股东对于公司的财务会计报告可以查阅、复制，但对于公司的会计账簿仅限于查阅，故夏某请求复制公司会计账簿的诉讼请求没有法律依据，不予支持。"

又如，在2014年11月12日就广州市今页广告有限公司（以下简称今页公司）与何某武、梁某成、张某红股东知情权纠纷上诉案作出的（2014）穗中法民二终字第1775号民事判决书中，针对何某武提出的"判令今页公司和梁某成与张某红将公司自2008年6月21日起的有关会计账簿等公司经营资料提供给何某武查阅和复制"的主张，广州市中级人民法院也认为："《中华人民共和国公司法》第三十三条明确规定了关于股东知情权的问题，其内容为：'股东有权查阅、复制公司章程、股东会会议记录、董事会会议决议、监事会会议决议和财务会计报告。股东可以要求查阅公司会计账簿。……'该条款在确立了股东知情权的同时也限制了知情权行使的范围。股东在行使知情权之时应当以之为准。根据上述公司法第三十三条的规定，公司章程、股东会会议记录、董事会会议决议、监事会会议决议和财务会计报告，何某武有权查阅并且复制。至于公司的会计账簿，何某武依法享有查阅的权利，其要求复制则缺乏法律依据，本院不予支持。除了公司法第三十三条明确规定范围之外的公司经营材料，何某武并不能明确包含哪些内容，且亦超出公司法规定的范围，何某武要求一并进行查阅和复制于法无据，本院不予支持。"

再如，在李某君、吴某、孙某、王某兴诉江苏佳德置业发展有限公司（以下简称佳德公司）股东知情权纠纷二审案当中，江苏省宿迁市中级人民法院也认为："公司法赋予了股东获知公司运营状况、经营信息的权利，但同时也规定了股东行使知情权的范围。公司法第三十四条[①]第一款将股东有权复制的文件限定于公司章程、股东会会议记录、董事会会议决议、监事会会议决议和财

① 现为《公司法》第33条。

务会计报告。第二款仅规定股东可以要求查阅公司财务会计账簿，但并未规定可以复制，而佳德公司章程亦无相关规定，因此四上诉人要求复制佳德公司会计账簿及其他公司资料的诉讼请求既无法律上的规定，又超出了公司章程的约定，不予支持。”①

还如，在2015年9月17日就吴某华与金龙控股集团有限公司（以下简称金龙公司）股东知情权纠纷再审案作出的（2015）浙民申字第2089号民事裁定书中，针对吴某华是否可以查阅金龙集团的会计凭证的问题，浙江省高级人民法院认为：“《中华人民共和国公司法》第三十三条第二款规定，股东可以要求查阅会计账簿。《中华人民共和国会计法》第十五条第一款和第十四条第一款分别规定‘会计帐簿登记，必须以经过审核的会计凭证为依据，并符合有关法律、行政法规和国家统一的会计制度规定。会计帐簿包括总帐、明细帐、日记帐和其他辅助性帐簿’、‘会计凭证包括原始凭证和记账凭证’。据此可以看出，会计账簿和会计凭证系两个概念，会计账簿本身并不包括会计凭证。虽然会计账簿是以会计凭证为基础进行登记的，但在法律、行政法规未予明确规定股东可以查阅会计凭证的情况下，法院可以根据个案实际情况，在股东知情权和公司利益之间进行平衡，从而决定股东是否可以查阅会计凭证。本案中，一审判决吴某华可以查阅会计凭证，虽然吴某华和金龙集团均未对查阅会计凭证问题提出上诉，但二审法院根据本案实际情况，对吴某华查阅的时间跨度和查阅的范围进行综合考量，判决增加查阅的时间跨度，缩小查阅的范围即不准许查阅会计凭证，并无明显不当……”因此，裁定驳回了吴某华提出的查阅金龙集团会计凭证的再审申请。

不过，实务中，也有的法院认为，查阅原始会计凭证是股东行使知情权的主要途径，应当允许股东查阅和复制、摘抄需要的内容。比如上文提及的最高人民法院2012年9月20日就天津北方食品有限公司、香港捷成有限公司股东知情权纠纷再审案作出的（2012）民申字第635号民事裁定书、北京市第二中级人民法院2016年3月28日就北京房建投资集团有限公司与李某双股东知情

---

① 《最高人民法院公报》2011年第8期刊载的“李某君、吴某、孙某、王某兴诉江苏佳德置业发展有限公司股东知情权纠纷案”，http://gongbao.court.gov.cn/Details/d84c3cc3a5f5ba924697b5a9ac39d3.html?sw=，最后访问时间：2019年9月30日。

权纠纷二审案作出的（2015）二中民（商）终字第13560号民事判决书都持这样的观点。

（三）有限公司股东查阅公司会计账簿的主体和条件

就有限公司股东查阅会计账簿的权利而言，在查阅会计账簿的主体方面，由于《公司法》第33条第2款使用的是“股东可以要求查阅公司会计账簿”的表述，因此，只要具有有限公司的股东资格，不论其持股比例、表决权比例是多少，都可以要求查阅公司的会计账簿。

在查阅会计账簿的条件方面，《公司法》第33条第2款对股东要求查阅会计账簿的权利设置了三个行使条件：一是，股东需要向公司提出查阅会计账簿的书面请求；二是，股东需要向公司说明查阅会计账簿的目的；三是，股东查阅公司的会计账簿不能具有不正当目的、不能损害公司的合法利益，也不能存在损害公司的合法利益的可能。

如果未能满足上述条件，公司可以拒绝股东提出的查阅公司会计账簿的要求。由此，《公司法》第33条第2款在规定股东基于正当目的可以要求查阅会计账簿的同时，也对股东的查阅权作出了必要的限制，从而在保护股东权利的同时防止股东滥用权利损害公司利益，以平衡股东和公司之间的利益关系[①]。

值得注意的是，针对公司拒绝股东提出的查阅公司会计账簿的请求的行为，《公司法》第33条第2款提出了三项要求：一是，公司需要有合理的根据认为“股东查阅会计账簿有不正当目的，可能损害公司合法利益的”；二是，公司应当在自股东提出书面请求之日起15日内以书面形式向股东作出答复；三是，公司应当以书面形式向股东说明其拒绝提供查阅的理由。

其中，公司作出“拒绝向股东提供查阅”的决定，以及“书面答复股东并说明理由”的决定，需要由公司的相关机构根据公司章程的规定履行相应的决策程序。考虑到此项决定涉及公司与其股东之间的权利义务关系，结合董事会和经理的职权分工，参考《公司法》第151条关于股东请求有限公司的董事会对相关监事提起诉讼的规定，我倾向于认为，公司拒绝股东提出的查阅公司会计账簿的

---

① 见北京市第一中级人民法院2012年5月28日就张某某与北京禄颖兰釉艺工艺品有限公司股东知情权纠纷上诉案作出的（2012）一中民终字第2247号民事判决书。

请求，应由公司的董事会作出决议或由不设董事会的有限公司的执行董事作出决定为宜，不能仅仅由公司的经理或法定代表人或其他人员作出决定。

此外，公司作出“拒绝向股东提供查阅”的决定，需要承担关于“股东查阅会计账簿有不正当目的，可能损害公司合法利益的”的证明责任。对此，在2019年6月25日就北京金菩嘉医疗科技有限公司与医疗诊断（香港）有限公司股东知情权纠纷再审案作出的（2019）最高法民申1755号民事裁定书中，最高人民法院认为：“公司拒绝查阅所保护的是公司的合法利益，而不是一切利益，目的正当与否的判断也受此限制。”

（四）股东查阅会计账簿有不正当的目的的认定

与股东查阅会计账簿相关的一个问题是，如何认定“股东查阅会计账簿有不正当目的”？《公司法》本身没有规定。

对此，《公司法司法解释（四）》第8条作出了规定：“有限责任公司有证据证明股东存在下列情形之一的，人民法院应当认定股东有公司法第三十三条第二款规定的‘不正当目的’：（一）股东自营或者为他人经营与公司主营业务有实质性竞争关系业务的，但公司章程另有规定或者全体股东另有约定的除外；（二）股东为了向他人通报有关信息查阅公司会计账簿，可能损害公司合法利益的；（三）股东在向公司提出查阅请求之日前的三年内，曾通过查阅公司会计账簿，向他人通报有关信息损害公司合法利益的；（四）股东有不正当目的的其他情形。”

因此，在上述情形下，有限公司可以拒绝其股东提出的查阅公司会计账簿的要求。

不过，在不存在上述情形的前提下，“股东查阅公司会计账簿、行使对公司知情权，只要是为了维护自身或为了公司及公司其他股东的合法权益，并怀有善意正当的意图，且不违法违规，违反道德标准、公序良俗，其查阅目的均属正当”[①]；其中，“了解公司的经营情况和财务状况”原则上属于有限公司股东查阅公司会计账簿的正当目的，不属于不正当目的。对此，在《最高人民法

① 见北京市第二中级人民法院在2017年8月24日就北京盛世德科贸有限公司与北京红都集团公司股东知情权纠纷上诉案作出的（2017）京02民终5124号民事判决书。

院公报》2011 年第 8 期刊载的“李某君、吴某、孙某、王某兴诉江苏佳德置业发展有限公司股东知情权纠纷案”当中，二审法院江苏省宿迁市中级人民法院就认为：“本案中，四上诉人向被上诉人佳德公司提出书面请求说明其行使知情权的目的是了解公司实际经营现状，显属其作为有限责任公司股东应享有的知情权。”①

举例来说，有限公司不能仅仅以股东曾经存在损害公司的行为为由，拒绝股东查阅公司会计账簿的要求。在 2014 年 6 月 10 日就姜某勋与青岛多元食品有限公司（以下简称多元公司）股东知情权纠纷二审案作出的（2014）鲁民四终字第 63 号民事判决书中，山东省高级人民法院就认为：“根据《中华人民共和国公司法》第三十四条②第二款的规定，公司有合理根据认为股东查阅会计账簿有不正当目的，可能损害公司合法利益的，可以拒绝提供查阅。多元公司拒绝提供会计账簿供姜某勋查阅的理由是，在姜某勋申请查阅多元公司会计账簿之前，存在损害多元公司利益的行为，并提交了相关证据予以证明。多元公司提交的证据反映了多元公司生产经营过程中发生的矛盾和纠纷，并不能证明姜某勋查阅公司会计账簿存在不正当目的，可能损害公司合法利益。一审中，姜某勋对查阅公司会计账簿的目的作出了合理解释，一方面为了了解公司的经营状况，另一方面为了处理与吴某美离婚后的财产分割事务。故原审法院判定多元公司提供会计账簿供姜某勋查阅并无不当。”

又如，有限公司不能仅仅以公司与股东都准备参与同一项业务或资产的竞买为由，拒绝股东查阅公司会计账簿的要求。在 2017 年 8 月 24 日就北京盛世德科贸有限公司（以下简称盛世德公司）与北京红都集团公司（以下简称红都公司）股东知情权纠纷上诉案作出的（2017）京 02 民终 5124 号民事判决书中，北京市第二中级人民法院认为：“就本案而言，盛世德公司仅以其与红都公司均有意参与竞买美洁华延公司清算资产，且其与红都公司的业务范围均包括销售服装和房屋出租，双方存在同业竞争关系为由，拒绝提供会计账簿供红都公司查阅没有法律依据，盛世德公司提供的证据既不足以证明红都公司查阅

---

① 《最高人民法院公报》2011 年第 8 期刊载的“李某君、吴某、孙某、王某兴诉江苏佳德置业发展有限公司股东知情权纠纷案”，http：//gongbao. court. gov. cn/Details/d84c3cc3a5f5ba924697b5a9ac39d3. html?sw =，最后访问时间：2019 年 9 月 30 日。

② 现为《公司法》第 33 条。

其会计账簿与损害其参与竞买美洁华延公司清算资产时的合法利益之间的必然联系，也不足以证明其因销售服装所面向的市场、出租房屋所处的地理位置及房屋自身的面积、结构等因素与红都公司存在相同之处，而与红都公司在销售服装、出租房屋业务中存在竞争的情况。因此，鉴于现有证据不能表明红都公司查阅盛世德公司会计账簿具有不正当目的，并可能造成盛世德公司合法利益受到损害，盛世德公司关于红都公司查阅其会计账簿可能损害其合法利益的主张不能成立，本院不予支持。”

（五）股东查阅会计账簿可能损害公司合法利益的认定

与股东查阅会计账簿相关的另一个问题是，如何认定“可能损害公司的合法利益”？《公司法》本身没有规定，需要结合具体情况进行分析。

比如，在上文提到的（2012）一中民终字第2247号民事判决书中，北京市第一中级人民法院认为：作为北京禄颖兰釉艺工艺品有限公司（以下简称工艺品公司）的股东的张某禄，其妻子、女儿、儿子以及儿媳共同出资设立并经营的北京禄展铭盛文化发展有限责任公司（以下简称禄展公司）的“经营项目与工艺品公司相近似，两公司在客观上存在着竞争的可能。张某禄虽然不是禄展公司的股东，但该公司系由其妻子、女儿、儿子以及儿媳共同出资设立并经营。基于张某禄与禄展公司股东之间的特殊身份关系，若允许其查阅工艺品公司的会计账簿，将有可能导致工艺品公司具有商业秘密性质的信息被禄展公司所知悉。虽然张某禄主张其在景泰蓝行业具有很高的声望和影响力，不需要通过查阅会计账簿了解工艺品公司的商业信息，但根据其现有证据，并不能证明其对工艺品公司会计账簿中所包含的价格信息等商业秘密均已掌握，仅凭张某禄的个人声望和影响力并不能合理排除其查阅会计账簿会对公司利益造成损害的可能性。因此，一审法院认定允许张某禄查阅会计账簿将有可能损害工艺品公司的利益，并据此驳回张某禄要求查阅工艺品公司相关会计账簿的诉讼请求，并无不当，本院予以支持。”

三、有限公司股东查阅权、复制权的救济

《公司法》第33条第2款规定了有限公司的股东查阅公司会计账簿的要求

被公司拒绝时，股东可以请求人民法院要求公司提供查阅。

此外，在有限公司拒绝股东查阅或复制公司章程、股东会会议记录、董事会会议决议、监事会会议决议和财务会计报告时，股东也可以基于《公司法》第33条第1款规定的查阅权、复制权向人民法院提起诉讼。对此，《公司法司法解释（四）》第7条第1款规定了“股东依据公司法第三十三条、第九十七条或者公司章程的规定，起诉请求查阅或者复制公司特定文件材料的，人民法院应当依法予以受理”。在案由方面，《民事案件案由规定》也就此规定了“股东知情权纠纷”案由。

值得注意的是，尽管《仲裁法》第2条规定“平等主体的公民、法人和其他组织之间发生的合同纠纷和其他财产权益纠纷，可以仲裁”，但是，由于《公司法》第33条第2款使用的是“股东可以请求人民法院要求公司提供查阅”的表述，因此，因股东要求查阅公司会计账簿产生的纠纷，只能向人民法院提起诉讼，仲裁机构无权仲裁。

四、股份公司股东的查阅权及其救济

股份公司股东的查阅权主要是由《公司法》第97条规定的。

（一）股份公司股东查阅权的权利主体

在查阅权的主体方面，由于《公司法》第97条使用了“股东有权查阅……”的表述，因此，只要具有股份公司的股东身份的主体，不论其持股比例、表决权比例是多少，持股时间是多长，都享有《公司法》第97条规定的查阅权。

当然，只有具有股份公司的股东身份的主体，才享有查询《公司法》第97条规定的股份公司的特定法律文件的权利，其他主体（包括隐名股东、潜在投资者、潜在股东及其各自聘请的律师、会计师）都不享有此项权利。从而，在委托持股的情形，实际出资人因不是股份公司的股东，不享有《公司法》第97条规定的查阅权。对此，《北京市高级人民法院关于审理公司纠纷案件若干问题的指导意见》（京高法发〔2008〕127号）第16条规定了“公司的实际出资人在其股东身份未显名化之前，不具备股东知情权诉讼的原告主体资格，其已诉至法院的，应裁定驳回起诉”。

此外，如果相关主体已经转让了其对股份公司的股份，不再是股份公司的股东，就不享有《公司法》第97条规定的查阅权了。对此，《北京市高级人民法院关于审理公司纠纷案件若干问题的指导意见》（京高法发〔2008〕127号）第15条规定了："已退出公司的股东对其任股东期间的公司经营、财务情况提起知情权诉讼的，因其已不具备股东身份，人民法院应裁定不予受理。"

因此，《公司法司法解释（四）》第7条在其第1款规定股东依据公司法第九十七条或者公司章程的规定，起诉请求查阅或者复制公司特定文件材料的，人民法院应当依法予以受理的同时，也明确规定公司有证据证明前款规定的原告在起诉时不具有公司股东资格的，人民法院应当驳回起诉。

不过，在例外情形下，《公司法司法解释（四）》第7条第2款还规定了"原告有初步证据证明在持股期间其合法权益受到损害，请求依法查阅或者复制其持股期间的公司特定文件材料的除外"。因此，对于曾经是股份公司的股东的主体，在有初步证据证明其在该股份公司的合法权益在其持股期间受到损害的情况下，在其不再是该股份公司的股东时，是可以请求查阅或复制其持股期间的股份公司的公司章程、股东名册、公司债券存根、股东大会会议记录、董事会会议决议、监事会会议决议、财务会计报告的。

问题是，股份公司的股东是否可以委托他人行使查阅权？《公司法》本身未对此作出禁止性规定。结合《民法总则》第161条关于"民事主体可以通过代理人实施民事法律行为""依照法律规定、当事人约定或者民事法律行为的性质，应当由本人亲自实施的民事法律行为，不得代理"的规定，在股份公司的章程未作相反规定的情况下，股东可以委托他人行使《公司法》第97条规定的查阅权。

不过，《公司法司法解释（四）》第10条第2款则作出了限制性规定，只有在同时满足以下条件的情况下，才"可以由会计师、律师等依法或者依据执业行为规范负有保密义务的中介机构执业人员辅助"股东行使查阅权（但不包括复制权）：一是，股东依据人民法院生效判决查阅公司文件材料；二是，该股东应当在场。

（二）股份公司股东查阅权的对象

在查阅权的对象方面，由于《公司法》第97条对股份公司股东有权查阅的法律文件的范围进行了穷尽式的列举，因此，股份公司的股东有权查阅的对象包括，并且只包括以下7项：（1）公司章程；（2）股东名册；（3）公司债券存根；（4）股东大会会议记录；（5）董事会会议决议；（6）监事会会议决议；（7）财务会计报告。

由于《公司法》第97条没有对股份公司股东查阅的“公司章程、股东名册、公司债券存根、股东大会会议记录、董事会会议决议、监事会会议决议、财务会计报告”的范围作出任何限定，不论是期限还是事项方面的限定，因此，只要属于股份公司的“公司章程、股东名册、公司债券存根、股东大会会议记录、董事会会议决议、监事会会议决议、财务会计报告”，不论是不是在相关主体成为公司的股东之后才形成的，股东都有权查阅，其范围包括公司成立以来所有的“公司章程、股东名册、公司债券存根、股东大会会议记录、董事会会议决议、监事会会议决议、财务会计报告”。

此外，由于《公司法》第97条没有将股份公司的会计账簿、会计凭证或其他法律文件列入股份公司股东有权查阅的范围，因此，在《公司法》项下，股份公司的股东对这些法律文件不享有查阅权。其中，尽管《公司法》第96条要求股份公司将其“董事会会议记录”和“监事会会议记录”置备于公司，但是，《公司法》第97条并没有赋予股份公司的股东查阅“董事会会议记录”和“监事会会议记录”的权利。其背后原因可能在于，股份公司董事会会议记录、监事会会议记录除了记载了与会董事、监事的表决结果，还可能记载了董事关于董事会审议事项的意见、监事关于监事会审议事项的意见，这些意见属于董事、监事的商业判断，涉及公司的商业机密，不宜由股东了解。在股份公司章程未另作规定的情况下，针对股份公司的股东（包括控股股东）提出的查阅“董事会会议记录”和“监事会会议记录”的要求，股份公司可以拒绝。

值得注意的是，由于《公司法》第97条只是使用了“股东有权查阅……”的表述，没有像《公司法》第33条第1款那样使用“股东有权查阅、复制……”的表述，因此，《公司法》第97条只是赋予了股份公司的股东对该条列明的法律文件的查阅权，并没有赋予股份公司的股东对这些法律文件的复制权。

因此，我倾向于认为，股份公司的股东不享有《公司法》规定的复制股份公司的公司章程、股东名册、公司债券存根、股东大会会议记录、董事会会议决议、监事会会议决议、财务会计报告的权利，也不享有《公司法》规定的查阅股份公司的董事会会议记录、监事会会议记录、会计账簿、会计凭证以及股份公司的其他法律文件的权利。

对此，在2017年3月20日就吉林省温馨鸟服饰股份有限公司与魏某股东知情权纠纷上诉案作出的（2017）吉01民终164号民事判决书中，长春市中级人民法院认为：“被上诉人系上诉人股东，其对于上诉人经营情况等，享有作为股东的知情权利。至于股东具体享有的权利范围，可在公司章程中由公司发起人或公司股东自行约定，但本案中上诉人的章程就股东知情权并未做特别约定，故应直接依据《中华人民共和国公司法》（以下简称《公司法》）的规定判断其权利范围。被上诉人作为股份有限公司股东，其权利依据应为《公司法》关于股份有限公司部分的规定。《公司法》第九十六条规定：‘股份有限公司应当将公司章程、股东名册、公司债券存根、股东大会会议记录、董事会会议记录、监事会会议记录、财务会计报告置备于本公司’，第九十七条规定：‘股东有权查阅公司章程、股东名册、公司债券存根、股东大会会议记录、董事会会议决议、监事会会议决议、财务会计报告，对公司的经营提出建议或者质询。’根据上述法律规定，被上诉人可以查阅公司章程、股东名册、公司债券存根、股东大会会议记录、董事会会议决议、监事会会议决议、财务会计报告，且无需提前通知公司的前置程序，但被上诉人无权要求复制上述文件，或查阅、委托他人查阅公司相关会计账簿及会计凭证。同时，现行《公司法》对于股份有限公司的规定中，无可直接或在股份有限公司部分无规定时适用《公司法》关于有限责任公司规定的准用性条款，故被上诉人要求查阅或委托查阅财务账簿及财务凭证的诉讼请求，无法律依据。”

此外，在就立信基金管理有限公司（以下简称立信公司）与深圳邦凯新能源股份有限公司（以下简称邦凯公司）股东知情权纠纷一审案作出的（2014）深宝法民二初字第1086号民事判决书中，针对股东立信公司提出的“判令邦凯公司提供2009年9月9日至2014年10月9日期间的财务账簿（会计账目）、财务会计报告供立信公司和立信公司委托的注册会计师查阅”和“判令邦凯公司完整提供2009年9月9日至2014年10月9日期间的股东会会议记录、股东会决议、董事会决议、监事会决议、财务会计报告供立信公司查阅、复制”的主张，深圳市宝安区人民法院认为：“根据《中华人民共和国公司法》第九十七条的规定，股东享有查阅权。立信公司作为邦凯公司的股东有权对公司行使查阅权，有权依法查阅公司章程、股东名册、公司债券存根、股东大会会议记录、董事会会议决议、监事会会议决议、财务会计报告，对公司的经营提出建议或者质询。股份有限公司股东查阅权的范围不包括股东会决议和财务账簿。故对于立信公司要求查阅邦凯公司2009年9月9日至2014年10月9日期间的股东大会会议记录、董事会会议决议、监事会会议决议、财务会计报告的诉讼请求，法院予以支持，对于立信公司的其他诉讼请求，法院不予支持。”

在上诉审中，该一审判决得到了二审法院深圳市中级人民法院的支持。深圳市中级人民法院认为：“根据《中华人民共和国公司法》第九十六条、第九十七条规定，股份有限公司应当将公司章程、股东名册、公司债券存根、股东大会会议记录、董事会会议记录、监事会会议记录、财务会计报告置备于本公司，股东有权查阅公司章程、股东名册、公司债券存根、股东大会会议记录、董事会会议决议、监事会会议决议、财务会计报告。立信公司作为邦凯公司的股东，依法享有股东知情权。邦凯公司以其已将公司部分决议提供给立信公司查阅、已向立信公司提供《清产核资专项审计报告》为由主张立信公司不应再行使股东知情权，不符合法律规定。综上，邦凯公司的上诉理由不成立，本院不予采纳。原审判决认定事实清楚，适用法律正确，应予维持。”①

还有，在2017年5月23日就湖北余家头集团股份有限公司（以下简称余家头集团）与曾某股东知情权纠纷上诉案作出的（2017）鄂01民终1198号民事判决书中，针对作为余家头集团的股东曾某按照法律规定应该享有股东知情权的方式，武汉市中级人民法院也认为：“《中华人民共和国公司法》第三十三条第一款规定：‘股东有权查阅、复制公司章程、股东会会议记录、董事会会议决议、监事会会议决议和财务会计报告。’该条款是《中华人民共和国公司法》第二章有限责任公司的设立和组织机构中股东的查阅权的规定，是有限责任公司的股东享有的权利。《中华人民共和国公司法》第九十七条规定：‘股东有权查阅公司章程、股东名册、公司债券存根、股东大会会议记录、董事会会

---

① 见深圳市中级人民法院在2015年5月13日就深圳邦凯新能源股份有限公司与立信基金管理有限公司股东知情权纠纷上诉案作出的（2015）深中法商终字第734号民事判决书。

议决议、监事会会议决议、财务会计报告，对公司的经营提出建议或者质询。'该条款是《中华人民共和国公司法》第四章股份有限公司的设立和组织机构中股东的查阅权与建议质询权的规定，是股份有限公司的股东享有的权利。由于余家头集团是股份有限公司，曾某应当按照《中华人民共和国公司法》第九十七条的规定，享有股东权利。一审法院判决曾某享有复制权适用法律有误。"

不过，值得注意的是，在有限公司变更为股份公司之后，股份公司的股东如果此前也是变更前的有限公司的股东，那么，该股东可以根据《公司法》第33条的规定要求查阅、复制变更前的有限公司的相关文件，并可要求查阅变更前的有限公司的会计账簿。

在这方面，韩某焕诉许昌万里运输集团股份有限公司股东知情权纠纷案，可作参考。在这个案件当中，许昌万里运输（集团）有限公司成立于1996年12月11日，于2013年4月5日变更为股份有限公司"许昌万里运输集团股份有限公司"，韩某焕在该公司变更为股份公司之前和之后都是该公司的股东。针对韩某焕提出的"判令被告提供1996年11月12日至今历次的股东会会议记录、监事会决议、董事会决议及财务会计报告供原告查阅、复制"的主张，一方面，许昌市魏都区人民法院认为："我国法律规定，有限责任公司股东有权查阅、复制公司章程、股东会会议记录、董事会、监事会会议决议和财务会计报告；股份有限公司的股东有权查阅公司章程、股东名册、公司债券存根、股东大会会议记录、董事会会议决议、监事会会议决议、财务会计报告。许昌万里运输（集团）有限公司自1996年12月11日成立至2013年4月5日公司变更为许昌万里运输集团股份有限公司前，其公司类型为有限责任公司，故原告要求被告提供1996年12月11日至2013年4月4日期间的历次股东会会议记录，董事会、监事会会议决议和供原告查阅、复制的诉讼请求于法有据，本院予以支持；原告要求被告提供1996年11月12日至1996年12月10日即公司成立前的上述材料没有依据，本院不予支持"；另一方面，许昌市魏都区人民法院也认为："自2013年4月5日起，许昌万里运输（集团）有限公司已变更为股份有限公司，故依照相关法律规定，原告可以查阅被告的股东会会议记录，董事会、监事会会议决议和财务会计报告，但无权要求复制。故对原告要求查阅被告2013年4月5日至本判决确定之日的股东会会议记录，董事会、监事会会议决议和财务会计报告的诉讼请求，本院予以支持；对原告要求复制

2013 年 4 月 5 日至本判决确定之日被告股东会会议记录，董事会、监事会会议决议和财务会计报告的诉讼请求，本院不予支持。”在上诉程序中，该一审判决得到了二审法院的支持。[①]

甚至，我倾向于认为，在有限公司变更为股份公司之后，股份公司的股东即使此前并非变更前的有限公司的股东，该股东仍然可以根据《公司法》第 97 条的规定要求查阅、复制变更前的有限公司的“公司章程、股东名册、公司债券存根、股东大会会议记录、董事会会议决议、监事会会议决议、财务会计报告”对应文件，因为根据《公司法》第 9 条第 2 款关于有限责任公司变更为股份有限公司的，公司变更前的债权、债务由变更后的公司承继的规定，变更后的股份公司与变更前的有限公司属于同一主体，《公司法》第 97 条所说的“公司章程、股东名册、公司债券存根、股东大会会议记录、董事会会议决议、监事会会议决议、财务会计报告”，既包括股份公司阶段的“公司章程、股东名册、公司债券存根、股东大会会议记录、董事会会议决议、监事会会议决议、财务会计报告”，又包括有限公司阶段的“公司章程、股东名册、公司债券存根、股东会会议记录、董事会会议决议、监事会会议决议、财务会计报告”，有限公司阶段的“公司章程、股东名册、公司债券存根、股东会会议记录、董事会会议决议、监事会会议决议、财务会计报告”也属于股份公司的“公司章程、股东名册、公司债券存根、股东大会会议记录、董事会会议决议、监事会会议决议、财务会计报告”。但是，如前所述，由于《公司法》第 97 条没有将股份公司的会计账簿、会计凭证或其他法律文件列入股份公司股东有权查阅的范围，因此，在《公司法》项下，股份公司阶段的股东不享有查阅股份公司的会计账簿的权利，既不能查阅变更后的股份公司的会计账簿，也不能查阅变更前的有限公司的会计账簿。

（三）股份公司股东查阅权的行使条件

在查阅权的行使条件方面，就“查阅股份公司的公司章程、股东名册、公司债券存根、股东大会会议记录、董事会会议决议、监事会会议决议、财务会

---

① 见许昌市中级人民法院在 2014 年 11 月 12 日就许昌万里运输集团股份有限公司与韩某焕股东知情权纠纷一审案作出的（2014）许民终字第 1252 号民事判决书。

计报告”而言，《公司法》第 97 条只是要求相关主体具有股份公司的股东资格，除此之外，并没有对股份公司的股东查阅这些法律文件提出任何要求或施加任何条件；甚至，都没有像《公司法》第 33 条第 2 款那样要求股东“应当向公司提出书面请求，说明目的”。

因此，查阅股份公司的公司章程、股东名册、公司债券存根、股东大会会议记录、董事会会议决议、监事会会议决议、财务会计报告，是《公司法》第 97 条赋予股份公司的股东的法定权利；只要具有股东资格，就享有并可以行使这些权利，股份公司不应以任何形式（包括通过公司章程的规定）或理由予以限制、拒绝或剥夺；是否查阅这些法律文件取决于股东的意志，股东的查阅目的是否适当、是否会损害公司的利益、股东持股多少、股东是否享有表决权，等等，都不应构成拒绝股东查阅股份公司的公司章程、股东名册、公司债券存根、股东大会会议记录、董事会会议决议、监事会会议决议、财务会计报告的理由。

对此，《公司法司法解释（四）》第 9 条明确规定了“公司章程、股东之间的协议等实质性剥夺股东依据公司法第三十三条、第九十七条规定查阅或者复制公司文件材料的权利，公司以此为由拒绝股东查阅或者复制的，人民法院不予支持”；此外，《北京市高级人民法院关于审理公司纠纷案件若干问题的指导意见》（京高法发〔2008〕127 号）第 14 条也规定了“股东知情权案件中，被告公司以原告股东出资瑕疵为由抗辩的，人民法院不予支持”。

不过，在股份公司的股东在因查阅公司相关法律文件获得公司的商业秘密之后泄露相关商业秘密并导致公司合法利益受到损害的情况下，《公司法司法解释（四）》第 11 条第 1 款规定了“股东行使知情权后泄露公司商业秘密导致公司合法利益受到损害，公司请求该股东赔偿相关损失的，人民法院应当予以支持”，第 2 款规定了“根据本规定第十条辅助股东查阅公司文件材料的会计师、律师等泄露公司商业秘密导致公司合法利益受到损害，公司请求其赔偿相关损失的，人民法院应当予以支持”。值得注意的是，《公司法司法解释（四）》第 11 条的规定属于对公司利益受到损害的救济，股份公司不能以公司利益可能会受到损害作为拒绝股东行使《公司法》第 97 条规定的查阅权的理由。

（四）股份公司股东查阅权的救济

在查阅权的救济方面，在股份公司拒绝股东查阅公司章程、股东名册、公司债券存根、股东大会会议记录、董事会会议决议、监事会会议决议或财务会计报告时，股东也可以基于《公司法》第 97 条规定的股份公司的股东的查阅权，向人民法院提起诉讼。对此，《民事案件案由规定》规定了“股东知情权纠纷”案由。

此外，《公司法司法解释（四）》第 7 条第 1 款还规定了“股东依据公司法……第九十七条或者公司章程的规定，起诉请求查阅……公司特定文件材料的，人民法院应当依法予以受理”。

（五）股份公司依法制定的章程可以规定股东享有更多的查阅权、复制权

值得一提的是，如前所述，尽管股份公司的股东不享有《公司法》规定的复制股份公司的公司章程、股东名册、公司债券存根、股东大会会议记录、董事会会议决议、监事会会议决议、财务会计报告的权利，也不享有《公司法》规定的查阅股份公司的董事会会议记录、监事会会议记录、会计账簿、会计凭证以及股份公司的其他法律文件的权利；但是，我理解，在《公司法》第 97 条规定的查阅权的基础上，股份公司依法制定的公司章程规定其股东享有复制这些法律文件的权利，享有查阅股份公司的董事会会议记录、监事会会议记录、会计账簿、会计凭证的权利，以及享有查阅并复制其他法律文件的权利，也是可以的。

只不过，股份公司的股东享有这些权利的依据不是来源于《公司法》，而只是来源于公司章程的规定；根据《公司法》第 126 条第 1 款关于“股份的发行，实行公平、公正的原则，同种类的每一股份应当具有同等权利”的规定，股份公司的公司章程作出的此类规定应当平等适用于股份公司的所有股东，而不应以持股多少、表决权比例或持股时间长短作出区别对待；并且，股份公司股东大会也可以依照《公司法》、公司章程的规定作出修改公司章程、取消这些权利的决议。

此外，在股份公司依法制定的公司章程没有对股东的查阅权另外作出规定，也没有规定股东享有对特定文件的复制权的情况下，由于股份公司的股东都只享有《公司法》第 97 条所规定的查阅公司章程、股东名册、公司债券存

根、股东大会会议记录、董事会会议决议、监事会会议决议、财务会计报告的权利，既不享有《公司法》规定的复制股份公司的公司章程、股东名册、公司债券存根、股东大会会议记录、董事会会议决议、监事会会议决议、财务会计报告的权利，也不享有《公司法》规定的查阅股份公司的董事会会议记录、监事会会议记录、会计账簿、会计凭证以及股份公司的其他法律文件的权利，因此，根据《公司法》第126条第1款关于“同种类的每一股份应当具有同等权利”的规定，在股份公司为增加注册资本向股东以外的人发行新股的过程中，作为新股认购对象的股东以外的人不享有比股份公司的股东更加优越的权利，股份公司既不应允许作为新股认购对象的股东以外的人查阅股份公司的股东所不能查阅的股份公司的董事会会议记录、监事会会议记录、会计账簿、会计凭证以及股份公司的其他法律文件，也不应向作为新股认购对象的股东以外的人提供股份公司的股东所不能复制的股份公司的公司章程、股东名册、公司债券存根、股东大会会议记录、董事会会议决议、监事会会议决议、财务会计报告或其他法律文件，否则，将属于违反《公司法》第126条第1款关于“同种类的每一股份应当具有同等权利”的规定的行为。

（六）《公司法司法解释（四）》关于股东知情权的规定对股份公司股东的适用分析

基于上述，我倾向于认为，就股份公司的股东的知情权而言，在股份公司的章程未作出与《公司法》第97条不同的规定的情况下，《公司法司法解释（四）》第7条、第9条和第10条关于股东知情权的规定，应作如下理解：

一是，《公司法司法解释（四）》第7条第1款所说的“股东依据公司法第三十三条、第九十七条或者公司章程的规定，起诉请求查阅或者复制公司特定文件材料的，人民法院应当依法予以受理”，其中的“起诉请求查阅公司特定文件材料”，只包括查阅《公司法》第97条列明的股份公司的7项法律文件，不包括股份公司的其他法律文件；其中的“起诉请求复制公司特定文件材料”，不适用于股份公司的股东，仅适用于有限公司的股东。

二是，《公司法司法解释（四）》第7条第2款所说的“公司有证据证明前款规定的原告在起诉时不具有公司股东资格的，人民法院应当驳回起诉，但原告有初步证据证明在持股期间其合法权益受到损害，请求依法查阅或者复制其持股期间的公司特定文件材料的除外”，其中的“请求依法查阅其持股期间的公司特定文件材料”，只包括查阅《公司法》第97条列明的股份公司的7项法律文件，不包括股份公司的其他法律文件；其中的“请求依法复制其持股期间的公司特定文件材料”，不适用于股份公司的股东，仅适用于有限公司的股东。

三是，《公司法司法解释（四）》第9条所说的“公司章程、股东之间的协议等实质性剥夺股东依据公司法第三十三条、第九十七条规定查阅或者复制公司文件材料的权利，公司以此为由拒绝股东查阅或者复制的，人民法院不予支持”，其中的“股东依据公司法第九十七条规定查阅公司文件材料的权利”，只包括查阅《公司法》第97条列明的股份公司的7项法律文件的权利，不包括查阅股份公司的其他法律文件的权利；其中的“复制公司文件材料的权利”，不适用于股份公司的股东，仅适用于有限公司的股东。

四是，《公司法司法解释（四）》第10条第1款所说的“人民法院审理股东请求查阅或者复制公司特定文件材料的案件，对原告诉讼请求予以支持的，应当在判决中明确查阅或者复制公司特定文件材料的时间、地点和特定文件材料的名录”，其中的“在判决中明确查阅公司特定文件材料的时间、地点和特定文件材料的名录”，只包括查阅《公司法》第97条列明的股份公司的7项法律文件，不包括股份公司的其他法律文件；其中的“在判决中明确复制公司特定文件材料的时间、地点和特定文件材料的名录”，不适用于股份公司的股东，仅适用于有限公司的股东。

五是，《公司法司法解释（四）》第10条第2款所说的“股东依据人民法院生效判决查阅公司文件材料的，在该股东在场的情况下，可以由会计师、律师等依法或者依据执业行为规范负有保密义务的中介机构执业人员辅助进行”，其中的“依据人民法院生效判决查阅公司文件材料”，只包括查阅《公司法》第97条列明的股份公司的7项法律文件，不包括股份公司的其他法律文件。

第四节　股份公司同股同权及其例外

《公司法》第126条第1款规定的“同种类的每一股份应当具有同等权利”，是关于股份公司同股同权原则的主要规定。在《公司法》第126条之外，

《公司法》的其他条款也体现了股份公司的同股同权原则；此外，《公司法》也在其他条款规定了股份公司同股同权原则的若干例外。

一、《公司法》第 126 条第 1 款关于同股同权的规定

在股份公司股东享有的权利方面，《公司法》第 126 条第 1 款所说的“同种类的每一股份应当具有同等权利”，主要是指同一个股份公司的同种类的每一股份，不论是什么时候发行的，也不论是通过哪种合法方式取得的，原则上都应当具有同等的权利，知情权、出席股东大会会议的权利、提案权、表决权、分红权等各项股东权利都应当是同等的①。

其中，就《公司法》第 126 条第 1 款所说的“同种类的股份”而言，发行境内上市外资股（即 B 股）的股份公司所发行的内资股和境内上市外资股，发行境外上市外资股（即 H 股等）的股份公司所发行的内资股和境外上市外资股，属于“同种类的股份”，均为“普通股”，而不属于《公司法》第 131 条所说的“其他种类的股份”，理由如下：

一是，《国务院关于股份有限公司境外募集股份及上市的特别规定》明确提及其制定依据是当时有效的《公司法》第 85 条、第 155 条关于股份公司向境外募集股份并到境外上市的规定，而不是当时有效的《公司法》第 135 条关于“国务院可以对公司发行本法规定的股票以外的其他种类的股票，另行作出规定”（即现行有效的《公司法》第 131 条）的规定。

二是，《国务院关于股份有限公司境内上市外资股的规定》虽然没有明确指明其制定依据不是当时有效的《公司法》的第 135 条，但是，结合原国务院证券委员会 1996 年制定的《股份有限公司境内上市外资股规定的实施细则》（证委发〔1996〕9 号）第 38 条第 1 款关于“任何境内上市外资股股东直接或者间接持有境内上市外资股股份达到公司普通股总股本的百分之五时，应当自该事实发生之日起三个工作日内向中国证监会、证券交易所和公司作出报告并公告，说明其持股情况和意图；并在其持有该股票的增减变化每达到该公司普

① 当然，部分股东权利需要满足持股达到一定的比例、表决权达到一定的比例的要求才能享有。相关分析，请见本章第二节附表二的内容。

通股总股本的百分之二时，作出类似的报告和公告”的规定，也可以得出“发行境内上市外资股（即B股）的股份公司所发行的内资股和境内上市外资股属于普通股”的结论。

三是，就发行境外上市外资股的股份公司而言，从原国务院证券委员会、原国家经济体制改革委员会的《到境外上市公司章程必备条款》（证委发〔1994〕21号）第16条第2款关于“公司的股本结构为：普通股［股份数额］股，其中发起人［各发起人姓名或者名称］持有［股份数额］股，其他内资股股东持有［股份数额］股，境外上市外资股股东持有［股份数额］股”的规定，也可以得出“发行境外上市外资股的股份公司所发行的内资股和境外上市外资股属于普通股”的结论。

还需注意的是，如果股份公司同时发行了记名股票和无记名股票，通常情况下，其所发行的记名股票和无记名股票也属于“同种类的股份”。

不过，根据《国务院关于开展优先股试点的指导意见》（国发〔2013〕46号）关于“优先股是指依照公司法，在一般规定的普通种类股份之外，另行规定的其他种类股份，其股份持有人优先于普通股股东分配公司利润和剩余财产，但参与公司决策管理等权利受到限制”的规定，特定的股份公司根据《国务院关于开展优先股试点的指导意见》（国发〔2013〕46号）发行的优先股，跟普通股属于不同种类的股份。

值得注意的是，《公司法》第126条只是要求同一股份公司发行的“同种类的股份”之间应当具有同等权利，并没有要求同一股份公司发行的“不同种类的股份”之间也应当具有同等权利。也正是基于《公司法》第126条的规定，国务院才得以根据《公司法》第131条的授权，对特定的股份公司发行具有与《公司法》规定的股份（通常认为是普通股）不同的权利的其他种类的股份作出特别的规定（目前即为《国务院关于开展优先股试点的指导意见》）。

二、《公司法》关于同股同权的其他规定

除了《公司法》第126条第1款，《公司法》在其他条款也规定了股份公司的同股同权制度，主要包括：

一是，在表决权方面，《公司法》第103条第1款关于“股东出席股东大

会会议，所持每一股份有一表决权”的规定，就体现了“同种类的每一股份具有同等权利”。

二是，在获得利润分配的权利方面，《公司法》第 166 条第 4 款关于“公司弥补亏损和提取公积金后所余税后利润，……股份有限公司按照股东持有的股份比例分配”的规定，也能体现“同种类的每一股份具有同等权利”。

三是，在股份公司剩余财产的分配方面，《公司法》第 186 条第 2 款关于“公司财产在分别支付清算费用、职工的工资、社会保险费用和法定补偿金，缴纳所欠税款，清偿公司债务后的剩余财产，……股份有限公司按照股东持有的股份比例分配”的规定，也能体现“同种类的每一股份具有同等权利”。

当然，值得注意的是，《公司法》第 103 条第 1 款关于“每一股份有一表决权”的规定，既包含了《公司法》第 126 条第 1 款所规定的“同种类的每一股份应当具有同等的表决权”的含义，还包含了《公司法》第 126 条第 1 款未规定的“不同种类的每一股份也应当具有同等的表决权”的含义（国务院根据《公司法》第 131 条的授权另有规定的除外）；而《公司法》第 126 条第 1 款关于“同种类的每一股份应当具有同等权利”的规定，既包含了“同种类的每一股份应当具有同等的表决权”的含义，也包含了“同种类的每一股份所享有的表决权以外的其他权利也应当同等”的含义。

三、股份公司同股同权的例外规定

（一）《公司法》规定的例外

尽管《公司法》第 126 条第 1 款要求“同种类的每一股份应当具有同等权利”，但是，《公司法》本身也存在着关于“同种类的每一股份具有不同等权利”的规定。这些规定主要包括：

一是，在表决权方面，针对股份公司持有本公司股份的情况，《公司法》第 103 条第 1 款规定了“公司持有的本公司股份没有表决权”。

二是，在表决权方面，针对股份公司为股东或实际控制人提供担保的情况，《公司法》第 16 条第 3 款要求接受担保的股东或者受接受担保的实际控制人支配的股东“不得参加前款规定事项的表决”。

三是，在利润分配权方面，《公司法》第 166 条第 4 款的但书条款允许股份公司依法制定的章程作出股东不按照持股比例分配其弥补亏损和提取公积金后所余的税后利润的规定。

四是，在利润分配权方面，针对股份公司持有本公司股份的情况，《公司法》第 166 条第 6 款也规定了“公司持有的本公司股份不得分配利润”。

基于上述，我理解，《公司法》第 126 条第 1 款关于“同种类的每一股份应当具有同等权利”的规定，属于一般规定、原则性规定；而《公司法》第 16 条第 3 款、第 103 条第 1 款、第 166 条第 4 款和第 6 款的相关规定，则属于特别规定、例外规定，并应优先于《公司法》第 126 条第 1 款得到适用。

值得一提的是，针对违反 2020 年 3 月 1 日起生效的修订后的《证券法》第 63 条第 1 款、第 2 款规定买入的上市公司有表决权的股份，《证券法》第 63 条第 4 款规定了“违反第一款、第二款规定买入上市公司有表决权的股份的，在买入后的三十六个月内，对该超过规定比例部分的股份不得行使表决权”。该规定对“该超过规定比例部分的股份”的表决权作出了限制，即“在买入后的三十六个月内”不得行使。但是，需要注意的是，修订后的《证券法》使用的是“不得行使表决权”的表述，而没有像《公司法》第 103 条第 1 款那样使用“没有表决权”的表述，这也就表明修订后的《证券法》的该规定本身没有排除“该超过规定比例部分的股份”的表决权，相反是以承认“该超过规定比例部分的股份”享有表决权为前提的，只不过是《证券法》要求其在指定的 36 个月内不得行使表决权，这部分股份卖出后，依法买入这部分股份的投资者是享有相应的表决权的。

（二）国务院规定的例外

《公司法》第 131 条授权国务院可以对股份公司发行《公司法》规定的股份以外的其他种类的股份另行作出规定。

由于《公司法》第 131 条并没有直接规定“股份有限公司可以发行本法规定以外的其他种类的股份”，而是使用了“国务院可以对公司发行本法规定以外的其他种类的股份，另行作出规定”的表述，因此，股份公司是否可以发行普通股以外的其他种类的股份，取决于国务院是否作出了相应的规定以及国务院的规定的具体内容。此外，由于《公司法》第 131 条使用了“国务院可以……另行作出规定”的表述，因此，是否作出相应的规定，取决于国务院，国务院可以根据经济社会发展的需要作出决定。

现阶段，国务院关于“同种类的每一股份具有不同等权利”的规定，主要是《国务院关于开展优先股试点的指导意见》（国发〔2013〕46 号）。根据《国务院关于开展优先股试点的指导意见》（国发〔2013〕46 号）发行的优先股的持有人，通常情况下不享有表决权，而仅在少数情况下享有表决权，但享有优先分配剩余财产的权利，即“公司因解散、破产等原因进行清算时，公司财产在按照公司法和破产法有关规定进行清偿后的剩余财产，应当优先向优先股股东支付未派发的股息和公司章程约定的清算金额，不足以支付的按照优先股股东持股比例分配”。具体情况，请见下文有关“优先股”的内容。

（三）中国证监会规定的例外

由于《公司法》第 131 条规定了“国务院可以对公司发行本法规定以外的其他种类的股份，另行作出规定”，因此，中国证监会认为，“我国《公司法》第一百二十六条确立了‘同股同权’原则，其第一款规定，‘同种类的每一股份应当具有同等权利’。但这一规定确立的‘同股同权’原则是基于‘同种类’的股份而言，对于不同种类的股份可以设置不同的权利。因此，《公司法》第一百三十一条规定，‘国务院可以对公司发行本法规定以外的其他种类的股份，另行作出规定。’实际上已经为公司发行不同种类、享有不同权利的股份留出了空间”。[①]

有鉴于此，中国证监会的文件规定，股份公司形式的科技创新企业可以在首次公开发行股份并上市之前设置表决权差异安排，发行具有特别表决权的类别股份，使得每一特别表决权股份拥有的表决权数量大于每一普通股份拥有的表决权数量。具体情况，请见下文有关“科创板上市公司的表决权差异安排”的内容。

---

① 中国证监会 2018 年 8 月 31 日发布的《对十三届全国人大一次会议第 2490 号建议的答复》，http://www.csrc.gov.cn/pub/zjhpublic/G00306201/201808/t20180831_343354.htm，最后访问时间：2019 年 9 月 30 日。

四、优先股

根据《公司法》第131条的授权，国务院制定并公布了《国务院关于开展优先股试点的指导意见》（国发〔2013〕46号），对特定的股份公司发行优先股的有关事项作出了规定，主要包括：

一是，在优先股的界定方面，优先股是指“依照公司法，在一般规定的普通种类股份之外，另行规定的其他种类股份，其股份持有人优先于普通股股东分配公司利润和剩余财产，但参与公司决策管理等权利受到限制”。除《国务院关于开展优先股试点的指导意见》另有规定以外，优先股股东的权利、义务以及优先股股份的管理应当符合《公司法》的规定。

二是，在可以发行优先股的主体方面，现阶段，只有特定的股份公司才能发行优先股，具体来说，只有符合特定条件的上市公司（含注册地在境内的境外上市公司）和非上市公众公司才能非公开发行优先股、符合中国证监会要求的上市公司才可以公开发行优先股。

三是，在可以发行的优先股方面，根据《国务院关于开展优先股试点的指导意见》和中国证监会制定的《优先股试点管理办法》（中国证券监督管理委员会令第97号），现阶段，不允许发行在股息分配和剩余财产分配上具有不同优先顺序的优先股（其中，同一公司既发行强制分红优先股，又发行不含强制分红条款优先股的，不属于发行在股息分配上具有不同优先顺序的优先股），但允许发行在其他条款上具有不同设置的优先股。

四是，在优先股的表决权的限制方面，除以下情况外，优先股股东不出席股东大会会议，所持股份没有表决权：（1）修改公司章程中与优先股相关的内容；（2）一次或累计减少公司注册资本超过10%；（3）公司合并、分立、解散或变更公司形式；（4）发行优先股；（5）公司章程规定的其他情形。上述事项的决议，除须经出席会议的普通股股东（含表决权恢复的优先股股东）所持表决权的2/3以上通过之外，还须经出席会议的优先股股东（不含表决权恢复的优先股股东）所持表决权的2/3以上通过。

五是，在优先股的表决权的恢复方面，公司累计3个会计年度或连续2个会计年度未按约定支付优先股股息的，优先股股东有权出席股东大会，每股优先股股份享有公司章程规定的表决权。对于股息可累积到下一会计年度的优先股，表决权恢复直至公司全额支付所欠股息。对于股息不可累积的优先股，表决权恢复直至公司全额支付当年股息。公司章程可以规定优先股表决权恢复的其他情形。

六是，在剩余财产的分配方面，公司因解散、破产等原因进行清算时，公司财产在按照《公司法》和《破产法》有关规定进行清偿后的剩余财产，应当优先向优先股股东支付未派发的股息和公司章程约定的清算金额，不足以支付的按照优先股股东持股比例分配。

七是，在股份种类的计算方面，以下事项计算股东的持股比例时，仅计算普通股和表决权恢复的优先股：（1）根据《公司法》第100条，请求召开临时股东大会；（2）根据《公司法》第101条，召集和主持股东大会；（3）根据《公司法》第102条，提交股东大会临时提案；（4）根据《公司法》第216条，认定控股股东。

有关优先股的具体要求，由《国务院关于开展优先股试点的指导意见》、中国证监会制定的《优先股试点管理办法》（中国证券监督管理委员会令第97号）以及《中国银保监会、中国证监会关于商业银行发行优先股补充一级资本的指导意见（修订）》（银保监发〔2019〕31号）等法规作出了规定，实务中应当予以关注。

五、科创板上市公司的表决权差异安排

（一）关于科创板上市公司表决权差异安排的法规体系

现阶段，《公司法》和国务院层面的文件没有关于股份公司表决权差异安排的直接规定。[①] 有关科创板上市公司表决权差异安排的法规体系主要是由中国证监会的文件和证券交易所的上市规则构成的。其中，中国证监会对科创板

① 2018年9月18日的《国务院关于推动创新创业高质量发展打造“双创”升级版的意见》（国发〔2018〕32号）提出“推动完善公司法等法律法规和资本市场相关规则，允许科技企业实行‘同股不同权’治理结构”，这在一定程度上也表明，需要在“完善公司法等法律法规和资本市场相关规则”之后，才能“允许科技企业实行‘同股不同权’治理结构”。

上市公司表决权差异安排作出了原则性规定，证券交易所的上市规则则作出了更为具体、详细的规定。

中国证监会在2019年1月28日公布的经党中央、国务院同意的《关于在上海证券交易所设立科创板并试点注册制的实施意见》（中国证券监督管理委员会公告〔2019〕2号）[①] 明确规定："依照公司法第一百三十一条规定，允许科技创新企业发行具有特别表决权的类别股份，每一特别表决权股份拥有的表决权数量大于每一普通股份拥有的表决权数量，其他股东权利与普通股份相同。特别表决权股份一经转让，应当恢复至与普通股份同等的表决权。公司发行特别表决权股份的，应当在公司章程中规定特别表决权股份的持有人资格、特别表决权股份拥有的表决权数量与普通股份拥有的表决权数量的比例安排、持有人所持特别表决权股份能够参与表决的股东大会事项范围、特别表决权股份锁定安排及转让限制等事项。"

中国证监会2019年3月1日公布的《科创板上市公司持续监管办法（试行）》（中国证券监督管理委员会令第154号）第7条第一款进一步规定，"存在特别表决权股份的科创公司，应当在公司章程中规定特别表决权股份的持有人资格、特别表决权股份拥有的表决权数量与普通股份拥有的表决权数量的比例安排、持有人所持特别表决权股份能够参与表决的股东大会事项范围、特别表决权股份锁定安排及转让限制、特别表决权股份与普通股份的转换情形等事项。公司章程有关上述事项的规定，应当符合交易所的有关规定"。

2019年3月1日，上海证券交易所发布了《上海证券交易所科创板股票上市规则》（上证发〔2019〕53号），该上市规则的第四章第五节以专门一节特

---

① 尽管《关于在上海证券交易所设立科创板并试点注册制的实施意见》（中国证券监督管理委员会公告〔2019〕2号）仅为部门规范性文件，并非国务院根据《公司法》第131条的授权就股份公司发行普通股以外的其他种类的股份另行作出的规定，但是，考虑到2018年9月18日的《国务院关于推动创新创业高质量发展打造"双创"升级版的意见》（国发〔2018〕32号）已经提出了要"推动完善公司法等法律法规和资本市场相关规则，允许科技企业实行'同股不同权'治理结构"，也由于《关于在上海证券交易所设立科创板并试点注册制的实施意见》已经"经党中央、国务院同意"，因此，再对中国证监会以部门规范性文件就股份公司发行《公司法》规定的普通股以外的具有特别表决权的股份的相关事宜作出规定提出诸如"效力等级不够、法律依据不足"的质疑，是不合适的。当然，如果能像国务院专门出台《国务院关于开展优先股试点的指导意见》（国发〔2013〕46号）针对股份公司发行优先股作出专门的规定那样，由国务院出台文件对股份公司发行《公司法》规定的普通股以外的具有特别表决权的股份的相关事宜作出规定，无疑是更合适的。

别规定了“表决权差异安排”的有关要求。根据《上海证券交易所科创板股票上市规则》第2.1.4条的界定，“表决权差异安排”是指发行人依照《公司法》第131条的规定，在一般规定的普通股份之外，发行拥有特别表决权的股份（即特别表决权股份），每一特别表决权股份拥有的表决权数量大于每一普通股份拥有的表决权数量，其他股东权利与普通股份相同。

其后，最高人民法院在2019年6月20日印发了《关于为设立科创板并试点注册制改革提供司法保障的若干意见》（法发〔2019〕17号），其第6条明确规定：“尊重科创板上市公司构建与科技创新特点相适应的公司治理结构。科创板上市公司在上市前进行差异化表决权安排的，人民法院要根据全国人大常委会对进行股票发行注册制改革的授权和公司法第一百三十一条的规定，依法认定有关股东大会决议的效力。……”

至此，最高人民法院“从审判的角度认可科创板上市公司在上市前经股东大会特别决议作出的差异化表决安排，尊重科创板上市公司构建与科技创新特点相适应的公司治理结构，在司法的层面上首次肯定了‘同股不同权’的公司治理安排”①。

此外，上海市高级人民法院也在2019年6月17日发布了《上海市高级人民法院关于服务保障设立科创板并试点注册制的若干意见》，其第11条要求“尊重科创板上市公司的表决权差异安排及上海证券交易所、中国证券登记结算有限责任公司的相关业务规则，支持科创企业建立与其特点相适应的公司治理结构，保障科创企业持续健康发展”。

（二）科创板上市公司表决权差异安排的具体规则

科创板上市公司表决权差异安排的具体规则主要是由《上海证券交易所科创板股票上市规则》（上证发〔2019〕53号）第四章“内部治理”第五节“表决权差异安排”加以规定的。

根据该规则，现阶段作为股份公司的科创板上市公司和拟上市公司实施表

① 见最高人民法院审判委员会专职委员刘贵祥2019年6月21日在《最高人民法院关于为设立科创板并试点注册制改革提供司法保障的若干意见》新闻发布会上的发言，https：//www.chinacourt.org/chat/fulltext/listId/51620/template/courtfbhcommon/subjectid/MzAwNMhONoABAA==.shtml，最后访问时间：2019年9月30日。

决权差异安排，应当遵守下列要求：

一是，在表决权差异安排的设置时机方面，在首次公开发行并上市之前，股份公司可以依法设置表决权差异安排；但是，发行人在首次公开发行并上市前不具有表决权差异安排的，不得在首次公开发行并上市后以任何方式设置此类安排。其中，发行人首次公开发行并上市前设置表决权差异安排的，应当经出席股东大会的股东所持三分之二以上的表决权通过。

值得注意的是，有关科创板的现有规则，不论是中国证监会的文件，还是证券交易所的文件，都没有涉及“在首次公开发行股票并上市之前依照现有规则设置了表决权差异安排的股份公司，最终没有在科创板上市的情况下，其表决权差异安排是否能够继续保留、如何处理”的问题。此外，其他的股份公司，包括不以上市为目的或者不以在科创板上市为目的的股份公司，能否参照科创板的现有规则，设置表决权差异安排？对此，监管机构有必要予以明确为宜。我倾向于认为，根据《公司法》第 131 条关于“国务院可以对公司发行本法规定以外的其他种类的股份，另行作出规定”的规定，在国务院、中国证监会、证券交易所、公司登记机关都没有明确规定其他股份公司可以在一般规定的普通股之外发行拥有特别表决权的股份的情况下，其他股份公司是不能发行拥有特别表决权的股份、设置表决权差异安排的；在首次公开发行股票并在科创板上市之前依照现有规则设置了表决权差异安排的股份公司，最终没有在科创板上市的情况下，其表决权差异安排应当在其不再以在科创板上市为目的或不能在科创板上市之后的特定的期限届满之后予以终止为宜。

二是，在特别表决权股份持有主体的资格方面，持有特别表决权股份的股东应当为对上市公司发展或者业务增长等作出重大贡献，并且在公司上市前及上市后持续担任公司董事的人员或者该等人员实际控制的持股主体。在持有特别表决权股份的股东不再符合证券交易所规定的资格和最低持股要求，或者丧失相应履职能力、离任、死亡的情形，该股东所持有特别表决权股份自相关情形发生时即转换为普通股份。

三是，在特别表决权股份持有主体的持股数量方面，持有特别表决权股份的股东在上市公司中拥有权益的股份，合计应当达到公司全部已发行有表决权股份 10% 以上。相关股东的持股数量应当持续满足这一要求。

四是，在特别表决权的表决权数量方面，每份特别表决权股份的表决权数量应当相同，且不得超过每份普通股份的表决权数量的 10 倍。为此，上市公司章程应当规定每份特别表决权股份的表决权数量。并且，在普通股和特别表决权股份各自所享有的表决权总数方面，上市公司还应当保证普通表决权比例[①]不低于 10%、特别表决权比例[②]不超过 90%。

五是，在特别表决权股份的数量及其具有的表决权的数量的增加方面，上市公司股票上市后，除同比例配股、转增股本情形外，不得在境内外发行特别表决权股份，不得提高特别表决权比例。上市公司因股份回购等原因，可能导致特别表决权比例提高的，应当同时采取将相应数量特别表决权股份转换为普通股份等措施，保证特别表决权比例不高于原有水平。

六是，在特别表决权股份的转让方面，特别表决权股份不得在二级市场进行交易，但可以按照证券交易所的有关规定进行转让。

七是，在特别表决权股份的强制转换方面，出现下列情形之一的，特别表决权股份应当按照 1∶1 的比例转换为普通股份：（1）持有特别表决权股份的股东不再符合证券交易所规定的资格和最低持股要求，或者丧失相应履职能力、离任、死亡；（2）实际持有特别表决权股份的股东失去对相关持股主体的实际控制；（3）持有特别表决权股份的股东向他人转让所持有的特别表决权股份，或者将特别表决权股份的表决权委托他人行使；（4）公司的控制权发生变更。其中，在公司的控制权发生变更的情形，上市公司已发行的全部特别表决权股份均应当转换为普通股份。

八是，在普通股份与特别表决权股份具有的股东权利方面，除公司章程规定的表决权差异外，普通股份与特别表决权股份具有的其他股东权利应当完全相同。

九是，在特别表决权股份的股东权利的行使方面，持有特别表决权股份的股东应当按照所适用的法律法规以及公司章程行使权利，不得滥用特别表决权，不得利用特别表决权损害投资者的合法权益。

十是，在上市公司普通股股东的权利保护方面，上市公司单独或者合计持

① 根据《上海证券交易所科创板股票上市规则》（上证发〔2019〕53 号）第 4.5.7 条第 2 款，“普通表决权比例”是指全部普通股份的表决权数量占上市公司全部已发行股份表决权数量的比例。

② 根据《上海证券交易所科创板股票上市规则》（上证发〔2019〕53 号）第 4.5.6 条第 3 款，“特别表决权比例”是指全部特别表决权股份的表决权数量占上市公司全部已发行股份表决权数量的比例。

有公司10%以上已发行有表决权股份的股东，应当有权提议召开临时股东大会；单独或者合计持有公司3%以上已发行有表决权股份的股东，应当有权提出股东大会议案。

特别地，上市公司股东对下列事项行使表决权时，每一特别表决权股份享有的表决权数量，应当与每一普通股份的表决权数量相同：（1）对公司章程作出修改；（2）改变特别表决权股份享有的表决权数量；（3）聘请或者解聘独立董事；（4）聘请或者解聘为上市公司定期报告出具审计意见的会计师事务所；（5）公司合并、分立、解散或者变更公司形式。其中，上市公司股东大会就“改变特别表决权股份享有的表决权数量”作出决议，应当经过不低于出席会议的股东所持表决权的三分之二以上通过（但根据证券交易所的规定，将相应数量特别表决权股份转换为普通股份的除外）。

十一是，在监事会的特别职权和义务方面，具有表决权差异安排的上市公司的监事会应当在年度报告中，就下列事项出具专项意见：（1）持有特别表决权股份的股东是否持续符合证券交易所的要求；（2）特别表决权股份是否出现证券交易所规定的情形并及时转换为普通股份；（3）上市公司特别表决权比例是否持续符合证券交易所的规定；（4）持有特别表决权股份的股东是否存在滥用特别表决权或者其他损害投资者合法权益的情形；（5）公司及持有特别表决权股份的股东遵守证券交易所其他规定的情况。

十二是，在信息披露和投资者保护方面，具有表决权差异安排的科创板上市公司，应当充分、详细披露相关情况特别是风险、公司治理等信息，以及依法落实保护投资者合法权益规定的各项措施；并应当在定期报告中披露其表决权差异安排在报告期内的实施和变化情况，以及该等安排下保护投资者合法权益有关措施的实施情况。前述事项出现重大变化或者调整的，公司和相关信息披露义务人应当及时予以披露。

应该说，从《上海证券交易所科创板股票上市规则》（上证发〔2019〕53号）有关上市公司表决权差异安排的上述规则中，可以看到香港不同投票权上市制度的影子，这也反映了境内外证券监管机构对上市公司表决权差异安排的监管层面的协调和规则趋同。有关香港上市公司表决权差异安排的具体规则，请见本书第二十五章“香港不同投票权上市制度”的内容。

第五节 股份公司同股同价

《公司法》第126条第2款关于“同次发行的同种类股票，每股的发行条件和价格应当相同；任何单位或者个人所认购的股份，每股应当支付相同价额”的规定，是关于股份公司同股同价原则的规定。

其中，考虑到《公司法》第126条第2款将“发行条件”和“发行价格”并列列出，《公司法》第126条第2款所说的“每股的发行条件”，指的是除发行价格以外的条件，比如股份的转让限制、锁定期。

此外，《公司法》第126条第2款所说的“任何单位或者个人所认购的股份，每股应当支付相同价额”，指的是任何单位或者个人取得同一家股份公司同次发行的同种类股份，应当支付相同的单位价格；不过，这不影响认购同一家股份公司同次发行的同种类股份的单位或个人以超过每股发行价格的价格进行认购，超过部分应按照《公司法》第167条和《企业会计准则》等文件的规定，作为股票溢价，列为公司资本公积金。

关于《公司法》第126条第2款所说的“同次发行的同种类股票，每股的发行条件和价格应当相同”，应当注意以下几点：

一是，《公司法》第126条第2款只是要求“同一家股份公司同次发行的同种类的股票，每股的发行条件和发行价格应当相同”，并没有要求“同一家股份公司每次发行的同种类的股票，每股的发行条件和发行价格也应当相同”；因此，同一家股份公司本次发行与前次发行、下次发行与本次发行同种类股票，每股的发行条件和发行价格可以不同，并且，因股份公司在不同的时期的经营情况和财务状况有所不同，每股的发行价格和条件也应当有所不同；对此，《公司法》第135条规定了“公司发行新股，可以根据公司经营情况和财务状况，确定其作价方案”，包括每股新股的发行条件和发行价格、股款的支付方式，等等。

也正是基于此，中国证监会《上市公司重大资产重组管理办法》（2020年修正）才得以在其第44条第1款规定“上市公司发行股份购买资产的，可以同时募集部分配套资金，其定价方式按照现行相关规定办理”，在其第45条第

1 款规定“上市公司发行股份的价格不得低于市场参考价的 90%。市场参考价为本次发行股份购买资产的董事会决议公告日前 20 个交易日、60 个交易日或者 120 个交易日的公司股票交易均价之一”。在上市公司发行股份购买资产并配套募集资金的情况下，上市公司向特定对象发行股份购买资产部分的股份发行，与上市公司向不超过 35 名发行对象配套募集资金部分的股份发行，被中国证监会视为两次发行，而不是同次发行①，所以应当分别定价、采取不同的定价方法：前者的发行价格按照《上市公司重大资产重组管理办法》确定，而后者的发行价格则按照《上市公司证券发行管理办法》（或《创业板上市公司证券发行管理办法》）和《上市公司非公开发行股票实施细则》确定。

二是，《公司法》第 126 条第 2 款只是要求“同一家股份公司同次发行的同种类的股票，每股的发行条件和发行价格应当相同”，并没有要求“同一家股份公司同次发行的不同种类的股票，每股的发行条件和发行价格也应当相同”；因此，在同一家股份公司同一次发行不同种类的股票的情况下，这一种类的股票每股的发行条件和发行价格，可以跟另一种类的股票的发行条件和发行价格不同。

三是，《公司法》第 126 条第 2 款只是要求“任何单位或者个人认购同一家股份公司同次发行的同种类股票，每股应当支付相同价额”，并没有要求认购同一家股份公司同次发行的同种类股票的单位和个人只能以货币认购股份；尽管《公司法》第 178 条第 2 款规定“股份有限公司为增加注册资本发行新股时，股东认购新股，依照本法设立股份有限公司缴纳股款的有关规定执行”，实践中，股份公司发行新股时，投资者通常是以货币认购新股的，但也存在以非货币财产认购股份公司发行的新股的情况，尤其是在上市公司发行股份购买资产的交易中，上市公司的交易对方以非货币资产认购上市公司发行的新股的情况是比较常见的。

值得一提的是，结合《公司法》第 125 条第 2 款关于“公司的股份采取股票的形式”和《公司法》第 131 条关于“国务院可以对公司发行本法规定以外

① 见中国证监会上市公司监管部 2015 年 9 月 18 日的“上市公司监管法律法规常见问题与解答修订汇编”，http://www.csrc.gov.cn/pub/newsite/ssgsjgb/ssbssgsjgfgzc/ywzx/201509/t20150918_284146.html，最后访问时间：2020 年 3 月 25 日。

的其他种类的股份，另行作出规定”的规定，我倾向于认为，《公司法》第126条第2款所说的“同种类股票”，应当指的是“同种类股份”；从而，在表述上，《公司法》第126条第2款所说的“同次发行的同种类股票，每股的发行条件和价格应当相同”，如果能够调整为“同次发行的同种类股份，每股的发行条件和价格应当相同”，则是更准确的。

第六节　股东滥用股东权利的认定及其民事责任

针对股东权利的行使，《公司法》第20条第1款对公司的股东的行为提出了四项原则性要求，一是，股东应当遵守法律、行政法规和公司章程，依法行使股东权利；二是，股东不得滥用股东权利损害公司的利益；三是，股东不得滥用股东权利损害其他股东的利益；四是，股东不得滥用公司法人独立地位和股东有限责任损害公司债权人的利益。本节主要针对滥用股东权利的行为如何认定及其民事责任展开分析。

一、股东滥用股东权利的认定

值得注意的是，《公司法》本身没有对何为股东滥用股东权利直接作出界定。不过，由于《公司法》第20条第1款使用了“公司股东应当遵守法律、行政法规和公司章程，依法行使股东权利，不得滥用股东权利损害公司或者其他股东的利益”的表述，第2款使用了“公司股东滥用股东权利给公司或者其他股东造成损失的，应当依法承担赔偿责任”的表述，也考虑到《民法总则》第131条规定了“民事主体行使权利时，应当履行法律规定的和当事人约定的义务”，第132条规定了“民事主体不得滥用民事权利损害国家利益、社会公共利益或者他人合法权益”，因此，我理解，股东滥用股东权利的行为，应当同时满足以下条件：

一是，股东的行为属于行使（或“使用”“运用”“利用”）其股东权利的行为（主要是积极的作为）。

二是，股东行使其股东权利的行为，存在违反法律、行政法规或公司章程的情形，不论是程序方面的违反，还是实体或内容方面的违反。

三是，股东行使其股东权利的行为，造成了“公司或其他股东的利益受到损害”的后果。

比如，在2016年7月8日就霍州煤电集团有限责任公司（以下简称霍州煤电）与山西建筑工程（集团）总公司、霍州煤电集团晋北煤业有限公司（以下简称晋北煤业）建设工程施工合同纠纷再审案作出的（2016）最高法民申字918号民事裁定书中，考虑到晋北煤业在履行建设工程施工合同时，无论在案涉工程设计变更、增加施工项目、调整材料价格还是增加工程费用投资等方面均须按照其控股股东霍州煤电要求，向霍州煤电请示，经其批准方可履行，因此，最高人民法院认为：“霍州煤电作为晋北煤业的股东，应当通过董事会、股东会等符合公司法规定的方式履行表决权，行使其权利。而霍州煤电以未经批准晋北煤业不能对外履行合同义务这一行为，损害了晋北煤业的法人独立地位。霍州煤电认为其管理、监督等行为未损害晋北煤业公司的法人独立地位，事实依据不足。二审判决认定霍州煤电滥用股东权利，并无不当。”

当然，如果股东行使其股东权利的行为没有同时满足以上条件，就不属于滥用股东权利的行为。其中，尤其是，如果股东行使其股东权利的行为，并不存在违反法律、行政法规或公司章程的情形，而是按照《公司法》第20条第1款所说的那样，“遵守法律、行政法规和公司章程，依法行使股东权利”，那么，股东依法行使其股东权利的行为，就不属于滥用股东权利的行为。

此外，如果股东行使其股东权利，依法取得了公司、其他股东的同意，或者按照其与公司、其他股东经协商一致达成的约定行使其股东权利，即使因此给公司或其他股东造成了损失，可能也不属于滥用股东权利的行为。

比如，在2013年9月6日就海南海钢集团有限公司（以下简称海钢集团）与中国冶金矿业总公司（以下简称中冶公司）及三亚渡假村有限公司（以下简称渡假村公司）损害股东利益责任纠纷上诉案作出的（2013）民二终字第43号民事判决书中，针对渡假村公司的股东中冶公司是否滥用了股东权利并由此给渡假村公司的另一股东海钢集团造成损失的问题，考虑到“2006年10月22日，渡假村公司召开股东会，讨论了该公司与海韵公司合作开发事宜，并决定于同年11月7日之前全体股东就该事项进行书面表决。此后，公司的股东按照董事会要求进行了书面表决，其结果为：包括中冶公司在内的三家股东赞成，海钢集团等两家股东反对，另有一家股东（单位）弃权。同年 11 月 17 日，渡假村公司董事会作出《三亚渡假村有限公司股东会决议》，公布了表决结果，其称股东会以 61.24% 的赞成票通过了渡假村公司与海韵公司的合作开发方案。该文落款为‘三亚渡假村有限公司董事会，董事长邹某’，并加盖了渡假村公司的公章。其后，渡假村公司与海韵公司相继签订了《三亚渡假村合作开发协议》《补充协议》等协议，并实施了合作开发事项”，最高人民法院认为：“在渡假村公司股东会进行上述表决过程中，中冶公司作为该公司的股东投了赞成票，系正当行使其依法享有表决权的行为，该表决行为并不构成对其他股东权利及利益的侵害。基于全体股东的表决结果，渡假村公司董事会制定了《三亚渡假村有限公司股东会决议》，其载明：‘根据公司法规定：渡假村公司股东会通过渡假村公司与海韵公司合作开发方案。’此后，双方签订了合作开发协议，并将之付诸实施。这些行为及经营活动均是以‘渡假村公司董事会、董事长’名义而实施，其对内为董事会行使职权，对外则代表了‘渡假村公司’的法人行为，没有证据证明是中冶公司作为股东而实施的越权行为。”

在此基础上，针对海钢集团提出的“中冶公司系渡假村公司的控股股东，其法定代表人亦同时为渡假村公司董事长，中冶公司的经营意图完全可以利用其在渡假村公司的控股股东地位通过渡假村公司得以体现，两者之间存在人格混同。且在股东会议事方式和表决程序严重违反公司法和公司章程的情况下，中冶公司利用其控股股东地位予以通过合作开发决议，明显构成滥用股东权利”的主张，最高人民法院认为：“尽管大股东中冶公司的法定代表人邹某同时担任渡假村公司董事会的董事长，但此‘双重职务身份’并不为我国公司法及相关法律法规所禁止，且该董事长系由渡假村公司股东会依公司章程规定选举产生，符合我国公司法第四十五条[①]第三款的规定。在此情形下，渡假村公司及其股东中冶公司均为人格独立的公司法人，不应仅以两公司的董事长为同一自然人，便认定两公司的人格合一，进而将渡假村公司董事会的行为认定为中冶公司的行为，这势必造成公司法人内部决策机制与其法人单位股东在人格关系上的混乱。此外，两公司人格独立还表现为其财产状况的独立和明晰，在没有证据证明公司与其股东之间存在利益输送的情况下，此类‘董事长同一’

---

① 现为《公司法》第 44 条。

并不自然导致‘法人人格否认原理’中的‘人格混同’之情形，不能据此得出中冶公司的表决行为损害了渡假村公司及其股东海钢集团利益的结论。因此，原审判决依‘中冶公司利用其董事长邹某同时为渡假村公司董事长的条件和掌管渡假村公司公章的权力自行制作《三亚渡假村有限公司股东会决议》’，认定中冶公司‘系滥用股东权利，并由此侵犯了海钢集团的合法权益’，没有事实和法律依据。”①

二、股东滥用股东权利的民事责任

针对股东滥用股东权利的行为，《公司法》第 20 条第 2 款规定了两项民事责任：

一是，公司股东滥用股东权利给公司造成损失的，应当依法对公司承担赔偿责任。

因此，股东滥用股东权利损害公司利益，公司可以起诉该股东；另外，根据《公司法》第 151 条第 3 款，股东滥用股东权利侵犯公司合法权益，给公司造成损失的，相关股东也可以依照《公司法》第 151 条第 1 款、第 2 款的规定，以滥用股东权利的股东为被告向人民法院提起股东代表诉讼。对此，《民事案件案由规定》规定了“损害公司利益责任纠纷”案由。

二是，公司股东滥用股东权利给其他股东造成损失的，应当依法向其他股东承担赔偿责任。因此，股东滥用股东权利损害其他股东的利益，其他股东可以起诉该股东。对此，《民事案件案由规定》规定了“损害股东利益责任纠纷”案由。

值得注意的是，在股东滥用股东权利损害公司或其他股东利益的情况下，即使股东与股东、公司之间关于成立公司的协议、章程中约定了仲裁条款，其利益受到损害的公司或其他股东也可以依照《公司法》第 20 条第 2 款的规定向人民法院提起股东侵权诉讼，不受仲裁条款的约束。

在这方面，最高人民法院在 2013 年 12 月 18 日就嘉吉投资（中国）有限

---

① 后来，海南海钢集团有限公司提出了再审申请，不过，其再审申请在 2014 年 9 月 30 日被最高人民法院以（2014）民申字第 1116 号民事裁定书驳回了。

公司（以下简称嘉吉公司）与烟台市三维饲料有限公司（以下简称三维公司）损害公司利益责任纠纷申请再审案作出的（2013）民申字第2302号民事裁定书中的意见可作参考。

这个案件的基本情况如下：

三维公司与嘉吉公司都是中外合资经营企业烟台农标普瑞纳饲料有限公司（以下简称烟台普瑞纳公司）的股东，其中，三维公司占40%股权，嘉吉公司占60%股权。

嘉吉公司与三维公司在2003年6月2日签订的《烟台农标普瑞纳饲料有限公司合营合同之修改协议》的第23.01条约定了仲裁条款，即“合营各方就解释或执行本合同发生争议时，应首先争取通过友好协商解决争议。如果争议在合营一方书面通知合营另一方有关争议之日起六十（60）天内不能通过友好协商方式解决时，则该争议应提交中国国际经济贸易仲裁委员会，按照申请仲裁时该会现行有效的仲裁规则进行仲裁”。

在合营过程中，经三维公司、嘉吉公司协商，嘉吉公司持股90%的山东农标普瑞纳饲料有限公司（以下简称山东普瑞纳公司）在2008年12月8日出具《承诺函》，承诺：山东普瑞纳公司租赁的潍坊饲料厂，在烟台普瑞纳公司所属市场区域的饲料产品销量及收益，归属于烟台普瑞纳公司。

2008年12月，三维公司与嘉吉公司以烟台普瑞纳公司董事会决议形式同意执行上述《承诺函》。在2008年12月至2010年11月两个财务年度，各方均照此执行，无争议，但自2010年12月至2011年11月财务年度，嘉吉公司单方面将按上述约定应归烟台普瑞纳公司的收益519万元，留在了第三人山东普瑞纳公司。

因此，2013年2月5日，三维公司以嘉吉公司滥用股东权利，侵害了小股东三维公司的正当利益为由，向烟台市中级人民法院起诉，请求判令嘉吉公司赔偿三维公司损失207.6万元及利息14万元。

针对嘉吉公司提出的“本案是嘉吉公司与三维公司在履行《合营合同》中发生的争议，应当适用该合营合同及修改协议中的仲裁条款”的主张，最高人民法院认为：“申请人嘉吉公司和被申请人三维公司虽然是《合营合同》和《修改协议》的签订主体，但并不代表双方之间的所有争议都应当通过仲裁解决，还要看双方争议的性质，以及是否属于《合营合同》和《修改协议》约定的应当提交仲裁的争议范围。在本案中，三维公司是以嘉吉公司滥用股东权利为由，依照《中华人民共和国公司法》第二十条规定提起的股东侵权诉讼，不属于双方当事人约定的因解释、执行《合营合同》发生的争议，因此，不受《合营合同》和《修改协议》中仲裁条款的约束。对于本案争议，双方当事人没有协商一致提交仲裁解决，三维公司向人民法院起诉，符合法律规定，本案属于人民法院受理民事诉讼的范围，再审申请人嘉吉公司认为本案应当提交仲裁的理由不能成立，对其要求再审撤销原裁定，驳回三维公司起诉的请求，本院不予支持。”

三、股东滥用公司法人独立地位和股东有限责任的民事责任

股东“滥用公司法人独立地位和股东有限责任损害公司债权人的利益”，究其实质，也属于滥用股东权利的行为，股东滥用的是“其对公司仅承担有限责任”这一权利。

关于滥用公司法人独立地位和股东有限责任的行为的认定及其民事责任，请见本书第一章第五节“公司法人独立地位和股东有限责任的滥用”的内容。

第三章
出资证明、股东名册与股东登记

考虑到出资证明、股东名册和股东登记对于股东资格的认定和股东权利的行使都具有重要意义，本章将主要围绕有限公司的出资证明书、股东名册和股东登记展开讨论。

第一节　有限公司的出资证明书

关于有限公司的出资证明书，主要是由《公司法》第 31 条加以规定的，《公司法》第 32 条和第 73 条亦略有提及。

一、出资证明书的法律地位

《公司法》第 31 条共三款，分别规定了有限公司向股东签发出资证明书的义务、出资证明书的记载事项及其签发要求，但没有规定出资证明书的定义。

不过，结合《公司法》第 125 条第 2 款关于股份公司的股票是公司签发的证明股东所持股份的凭证的规定，我理解，有限公司的“出资证明书”是有限公司签发的证明股东缴纳的出资额的凭证。

因此，在法律地位上，有限公司的出资证明书对应于股份公司的股票，属于有限公司以自身名义签发的、具有证明效力的法律文书，其所证明的内容为《公司法》第 31 条第 2 款规定的各个事项。

二、出资证明书的签发时间

由于《公司法》第31条第1款使用了“有限责任公司成立后，应当向股东签发出资证明书”的表述，因此，出资证明书的签发时间至少要在公司成立之后；同时，这也表明，向各个股东签发出资证明书是有限公司的义务，亦即，有限公司的股东有权要求公司向其签发出资证明书。

不过，注意到《公司法》第31条第2款关于出资证明书的记载事项采用了“缴纳的出资额”的表述，结合《中外合资经营企业法实施条例》第29条[①]、《中外合作经营企业法实施细则》第22条第1款[②]以及《公司法司法解释（三）》第23条[③]的规定，我倾向于认为，有限公司的出资证明书的签发时间，不仅应当在公司成立之后，还应当在股东已经实际缴纳了部分或全部出资之后。

因此，在该股东未缴纳任何出资的情况下，公司不用向其签发出资证明书；并且，在股东未缴足出资的情况下，公司向其签发的出资证明书所记载的“出资额”应为股东已经缴纳的出资额，不应包括应缴但未缴的出资额。

三、出资证明书的记载事项

《公司法》第31条第2款规定了有限公司的出资证明书的8项记载事项：（1）公司名称；（2）公司的成立日期；（3）公司的注册资本；（4）股东的姓

---

① 《中外合资经营企业法实施条例》（2020年1月1日废止）第29条规定：“合营各方缴付出资额后，应当由中国的注册会计师验证，出具验资报告后，由合营企业据以发给出资证明书。出资证明书载明下列事项：合营企业名称；合营企业成立的年、月、日；合营者名称（或者姓名）及其出资额、出资的年、月、日；发给出资证明书的年、月、日。”

② 《中外合作经营企业法实施细则》（2020年1月1日废止）第22条第1款规定：“合作各方缴纳投资或者提供合作条件后，应当由中国注册会计师验证并出具验资报告，由合作企业据以发给合作各方出资证明书。出资证明书应当载明下列事项：（一）合作企业名称；（二）合作企业成立日期；（三）合作各方名称或者姓名；（四）合作各方投资或者提供合作条件的内容；（五）合作各方投资或者提供合作条件的日期；（六）出资证明书的编号和核发日期。”

③ 《公司法司法解释（三）》第23条规定：“当事人依法履行出资义务或者依法继受取得股权后，公司未根据公司法第三十一条、第三十二条的规定签发出资证明书、记载于股东名册并办理公司登记机关登记，当事人请求公司履行上述义务的，人民法院应予支持。”

名或者名称；（5）股东缴纳的出资额；（6）股东的出资日期；（7）出资证明书的编号；（8）出资证明书的核发日期。

第一，关于“公司名称”。出资证明书记载的“公司名称”可能因公司变更名称而发生变化；此时，公司需要向全部股东签发新的出资证明书，同时注销原出资证明书。

第二，关于“公司的成立日期”。出资证明书记载的“公司成立日期”，因属于既定事实，如同自然人的出生日期，一旦公司成立就不会发生变化。即便是在公司合并和公司分立的情形，亦不存在公司的成立日期发生变化的问题，因为在吸收合并中，被吸收合并的公司被注销了，合并后继续存续的公司的成立日期未发生变化；在新设合并中，参与合并的各方均被注销，新设的公司属于新的公司，有了新的成立日期，不属于原公司成立日期的变化；在派生分立中，分立出来的公司属于新设的公司，分立后继续存续的公司的成立日期未发生变化；在新设分立中，原公司被注销了，新设的各家公司都属于新的公司，有了新的成立日期，也不属于原公司成立日期的变化。

第三，关于“公司的注册资本”。出资证明书记载的“公司的注册资本”可能因公司增资或减资而发生变化；此时，公司需要向全部股东签发新的出资证明书，同时注销原出资证明书。

第四，关于“股东的姓名或者名称”。“股东的姓名”适用于股东为自然人的情况，“股东的名称”适用于股东为非自然人的情况。出资证明书记载的“股东的姓名或者名称”可能因股东变更姓名或名称而发生变化；此外，在股东转让股权，尤其是股东向股东以外的人转让股权时，也会造成“股东的姓名或名称”发生变化；此时，公司都需要向相关股东签发新的出资证明书，同时可能也需要注销原出资证明书。

其中，签发新的出资证明书的情况，既包括向新的股东签发出资证明书的情况，也包括向原有股东签发反映其在股权转让、增资或减资等相关事项完成后对公司的出资情况的出资证明书的情况。

第五，关于“股东缴纳的出资额”。由于《公司法》第31条第2款第4项使用的是“缴纳的出资额”的表述，而不是《公司法》第25条第1款规定公司章程必备条款时所使用的“股东的出资额”的表述，这意味着出资证明书应当根据股东实际缴纳出资的情况加以签发。

《公司法》第31条第2款第4项所说的出资证明书记载的“股东缴纳的出资额”，应指股东实际已经缴纳的出资额，这是“已然”的情况，而非股东应缴纳的出资额这一“应然”的情况。出资证明书所证明的是“股东已经缴纳的出资额”，而不是证明“股东应当缴纳的出资额”，因为“股东所认缴的出资额”在公司章程中已经有了规定，没有必要再由出资证明书来证明。

在股东分期缴纳出资的情况，出资证明书记载的“股东缴纳的出资额”也会因股东逐步缴纳出资而发生变化，从而需要向相关股东签发新的出资证明书，同时注销原出资证明书；或者，公司也可以在股东每一次缴纳出资后就该次缴纳出资的情况单独签发一份出资证明书，新签发的出资证明书与原有的出资证明书共同证明该股东向公司出资的总体情况。

第六，关于“股东的出资日期”。与《公司法》第25条第1款规定的公司章程记载的“出资时间”不同，我理解，《公司法》第31条第2款第4项所说的出资证明书记载的“出资日期”，应指股东实际缴纳出资的日期，这是一个已经发生的时间，而非股东应缴纳出资的日期这一将来的时间。

同样地，出资证明书所证明的是“股东缴纳该等出资额的日期”，而不是证明“股东应当缴纳其所认缴的出资额的日期”，因为“股东应当缴纳其所认缴的出资额的日期”在公司章程中已经有了规定，没有必要再由出资证明书来证明。

此外，同样地，在股东分期缴纳出资的情况，出资证明书记载的“出资日期”，也会因股东逐步缴纳出资而发生变化，从而需要向相关股东签发新的出资证明书，同时注销原出资证明书；或者，公司也可以在股东每一次缴纳出资后就该次缴纳出资的情况单独签发一份出资证明书，新签发的出资证明书与原有的出资证明书共同证明该股东向公司出资的总体情况。

结合上述对出资证明书记载的“股东缴纳的出资额”和“股东的出资日期”的分析，我倾向于认为，有限公司应当在公司成立且股东已经实际缴纳了部分出资之后，再向该股东签发出资证明书；在该股东未缴纳任何出资的情况下，公司不用向其签发出资证明书。

退一步讲，在股东未缴纳任何出资的情况下，如果公司需要向其签发出资证明书，那么，所签发的出资证明书所记载的“缴纳的出资额”应为0，或者，应在出资证明书中注明其所记载的“缴纳的出资额”指的是公司章程规定的该股东应当缴纳的其所认缴的出资额，所记载的“出资时间”指的是公司章程规定的该股东应当缴纳其所认缴的出资额的时间。但是，这样一来，出资证明书就只是简单地重复了公司章程的规定，意义不大。

第七，关于“出资证明书的编号”。出资证明书记载的“出资证明书的编号”可由公司自行编制，我理解，只要能够把不同的出资证明书区分开来即可。值得注意的是，在注销原有出资证明书，签发新的出资证明书的情况下，新的出资证明书的编号，应采用与原出资证明书编号不同的编号为宜。

第八，关于“出资证明书的核发日期”。出资证明书记载的“出资证明书的核发日期”由公司根据签发出资证明书的实际情况予以记载。不过，考虑到出资证明书的签发时点应在股东缴纳出资之后，“出资证明书的核发日期”应为股东缴纳出资的当日或之后的日期，不应早于股东实际缴纳出资的日期。

此外，根据《公司法》第73条的规定，在有限公司的股东转让股权以及依照法律规定的强制执行程序转让股东的股权后，公司有义务注销原股东的出资证明书，并向新股东签发出资证明书，因此，某个股东持有的某家公司的出资证明书所反映的情况可能不再符合实际情况，甚至可能因被该公司注销而不再具有证明作用，有鉴于此，在实务当中，有必要作进一步的核实。

当然，尽管《公司法》第31条第2款仅列出了上述8项记载事项，我理解，在不违反《公司法》的情况下，如有必要，有限公司也可以根据实际情况在其向股东签发的出资证明书中记载其他事项。

四、出资证明书的签发要求

就有限公司签发出资证明书而言，除了在签发时间、所记载的内容方面需要符合上述要求外，《公司法》第31条第3款还规定，出资证明书应当由公司盖章。

由于出资证明书本身是由公司出具的证明文书，自然需要由公司盖章；不过，由于《公司法》第31条没有明确要求出资证明书应由公司加盖公章，因此，可以在出资证明书上加盖公司的公章（实践中，通常加盖的是公司的公章），也可以加盖公司的其他印章（比如证明专用章）。我理解，只要是依法刻制的、有权代表公司的意思的印章都可以，不一定必须是公章。

值得注意的是，与《公司法》第 128 条要求股份公司的股票须由股份公司的法定代表人签名并由股份公司盖章不同，《公司法》第 31 条第 3 款要求有限公司的出资证明书由公司盖章即可，可以不用由公司的法定代表人签名——当然，有限公司出资证明书由公司的法定代表人签名，自无不可。

五、出资证明书与股东名册的关系

《公司法》第 32 条第 1 款所规定的股东名册的记载事项，与《公司法》第 31 条第 2 款所规定的出资证明书的记载事项，既有相同的事项，又有各自特有的事项：股东名册的记载事项，除了“股东的住所”外，均包括在出资证明书的记载事项内；而出资证明书记载的“公司名称”“公司成立日期”“公司注册资本”“股东的出资日期”“出资证明书的核发日期”，不属于股东名册的记载事项。

因此，股东名册与出资证明书的关系，与《物权法》第 17 条规定的不动产权属证书与不动产登记簿的关系[①]不同，不存在以出资证明书为准，还是以股东名册为准的问题。

结合《公司法》第 31 条和第 32 条的规定，不论是出资证明书，还是股东名册，都需要以股东实际缴纳出资的情况为依据；同时，结合《公司法》第 25 条第 1 款、第 28 条的规定，考虑到股东缴纳出资是以公司章程为依据的，从而，股东名册的置备、出资证明书的签发，都需要以公司章程的规定和股东实际缴纳出资的情况为依据。

基于上述，我倾向于认为，不论是股东名册，还是出资证明，都不能独立作为认定股东资格和股东权利的依据，彼此需要相互结合，并且需要与公司章程的规定和股东实际缴纳出资的情况结合起来使用。

---

① 即“不动产权属证书记载的事项，应当与不动产登记簿一致；记载不一致的，除有证据证明不动产登记簿确有错误外，以不动产登记簿为准”。

第二节 有限公司的股东名册

关于有限公司的股东名册，主要是由《公司法》第32条加以规定的，《公司法》第73条亦略有提及。

一、股东名册的法律地位

《公司法》第32条[①]共三款，分别规定了有限公司置备股东名册的义务、股东名册的记载事项，股东名册的效力，股东登记要求及其效力，但没有规定股东名册的定义。

结合《公司法》第32条第1款和第2款的规定，我理解，“股东名册”是有限公司置备的、记载其各个股东及其各自的出资额的法律文件，记载于股东名册的股东“可以”依照股东名册向公司、公司的其他股东以及公司的董事、监事、高级管理人员主张行使股东权利。

二、置备股东名册的义务

由于《公司法》第32条第1款使用了“公司应当置备股东名册”的表述，因此，置备股东名册是有限公司的义务，从而，股东有权要求公司置备股东名册。不过，《公司法》第32条没有明确有限公司应当在什么时间置备股东名册。

需要注意的是，《公司法》第32条第1款第2项使用了“股东的出资额”

---

① 《中华人民共和国公司法》第32条规定：有限责任公司应当置备股东名册，记载下列事项：

（一）股东的姓名或者名称及住所；

（二）股东的出资额；

（三）出资证明书编号。

记载于股东名册的股东，可以依股东名册主张行使股东权利。

公司应当将股东的姓名或者名称向公司登记机关登记；登记事项发生变更的，应当办理变更登记。未经登记或者变更登记的，不得对抗第三人。

的表述，这一表述与《公司法》第 31 条第 2 款关于出资证明书的记载事项的规定所使用的“股东缴纳的出资额”的表述不同，而与《公司法》第 25 条第 1 款关于公司章程必备条款的规定所使用的“股东的出资额”的表述相同；同时，《公司法》第 32 条第 2 款规定了“记载于股东名册的股东，可以依股东名册主张行使股东权利”，结合有限公司的股东行使部分股东权利需要以实际缴纳出资为前提，而行使其他股东权利则无须以实际缴纳出资为前提，因此，我倾向于认为，有限公司在公司成立之后就应当置备股东名册，而不是等股东实际缴纳部分出资或全部出资之后才置备股东名册。这是有限公司股东名册与出资证明书在置备或签发时间方面的重要差异。

三、股东名册的记载事项

《公司法》第 32 条第 1 款规定了有限公司的股东名册的 4 项记载事项：（1）股东的姓名或者名称；（2）股东的住所；（3）股东的出资额；（4）出资证明书的编号。

第一，关于“股东的姓名或者名称”。“股东的姓名”适用于股东为自然人的情况，“股东的名称”适用于股东为非自然人的情况。

结合《公司法》第 31 条关于出资证明书的规定和《公司法》第 32 条第 1 款、第 2 款关于股东名册的规定，不论是出资证明书，还是股东名册，都需要以股东实际缴纳出资的情况为依据；同时，结合《公司法》第 25 条第 1 款、第 28 条的规定，考虑到股东缴纳出资是以公司章程为依据的，从而，股东名册的置备、出资证明书的签发，都需要以公司章程关于股东认缴出资的规定和股东实际缴纳出资的情况为依据，因此，我倾向于认为，股东名册记载的“股东的姓名或者名称”，与其公司章程所记载的“股东的姓名或者名称”应当是一致的。

值得注意的是，股东名册记载的“股东的姓名或者名称”可能因股东变更姓名或者名称而发生变化；此外，在股东转让股权，尤其是股东向股东以外的人转让股权时，也会造成“股东的姓名或者名称”发生变化；以上情形，公司都需要相应修改股东名册中有关股东的姓名或者名称乃至其出资额的记载。

第二，关于“股东的住所”。《公司法》第 25 条第 1 款没有将股东的住所列为有限公司章程的必备记载事项，我理解，《公司法》要求有限公司的股东名册记载股东的住所，一个重要原因在于据此确定涉及公司的法律文件的送达，债务的履行地以及诉讼、仲裁、行政等法律程序的管辖事项，同时也是方便公司与股东之间的沟通的需要。

第三，关于“股东的出资额”。《公司法》第32条第1款第2项对股东名册的记载事项使用了“股东的出资额”的表述，这与《公司法》第25条第1款第5项规定的公司章程必备条款中的“股东的出资额”相同，但与《公司法》第31条第2款第4项规定的出资证明书的记载事项中的“股东缴纳的出资额”不同，因此，我理解，股东名册记载的“股东的出资额”应指股东认缴的出资额，不是指股东实际缴纳的出资额；从而，有限公司的股东名册无须等到股东实际缴纳出资之后再行置备。

不过，考虑到有限公司的股东行使部分股东权利需要以实际缴纳出资为前提，而行使其他股东权利则无须以实际缴纳出资为前提，我倾向于认为，有限公司的股东名册如能同时记载“股东认缴的出资额”和“股东实际缴纳的出资额”这两个事项，对公司和全体股东都会具有更加清晰的指引作用。

第四，关于“出资证明书的编号”。由于股东名册在公司成立之后就应当置备，在公司成立后股东当时尚未缴纳任何出资，公司也尚未向其签发出资证明书的情况下，因不存在“出资证明书的编号”，此时，股东名册关于“出资证明书的编号”部分的记载事项，可如实说明为“因股东尚未缴纳出资而未向其签发出资证明书”。在股东实际缴纳出资的情况下，由于股东名册需要记载出资证明书的编号，而出资证明书的签发应以股东实际缴纳出资的情况为基础，因此，股东名册的置备也需要以股东实际缴纳出资的情况为基础。

值得注意是，如果有限公司置备的股东名册没有记载股东的住所或出资证明书的编号，该股东名册不会仅仅因此而不具有法律效力，记载于股东名册的股东仍然可以依据该股东名册主张行使股东权利。

比如，在2014年4月22日就西安高新技术产业风险投资有限责任公司与西安新世纪通信有限公司（以下简称新世纪公司）、西安翔宇航空科技股份有限公司（以下简称翔宇公司）股权转让纠纷上诉案作出的（2014）陕民二终字第00003号民事判决书中，陕西省高级人民法院就认为，“股东名册未记载股东地址、股票编号的瑕疵，并不影响股东名册证明新世纪公司持有翔宇公司股权的功能。因此，翔宇公司出具的股东名册是合法有效的”。[①]

尽管该案针对的是股份公司的股东名册，我理解，陕西省高级人民法院的上述观点是符合《公司法》的，同样适用于有限公司的股东名册。因此，有限公司的股东名册未记载股东的住所、出资证明书的编号，同样不影响股东名册证明股东认缴有限公司的出资或持有有限公司的出资的效力。

四、股东名册的效力

由于《公司法》第 32 条第 2 款使用了“记载于股东名册的股东，可以依股东名册主张行使股东权利”的表述，因此，有限公司的股东名册可以成为“记载于股东名册的股东”主张行使股东权利的一种依据。根据《公司法》第 32 条第 2 款的规定，股东名册的效力体现在以下两个方面：

一是，在权利主体方面，可以依股东名册主张行使股东权利的主体，仅限于记载于股东名册的股东。即使未在公司登记机关登记为股东的人员，只要公司股东名册已有记载，也可以主张行使其股东权利。对此，最高人民法院 2019 年 11 月印发的《全国法院民商事审判工作会议纪要》（法〔2019〕254 号）第 8 条规定，“当事人之间转让有限责任公司股权，受让人以其姓名或者名称已记载于股东名册为由主张其已经取得股权的，人民法院依法予以支持，但法律、行政法规规定应当办理批准手续生效的股权转让除外”。

不过，由于《公司法》第 32 条第 2 款明确规定了“依股东名册主张行使股东权利”这一权利仅仅属于“记载于股东名册的股东”，因此，在存在委托持股的情形，实际出资人因其姓名或名称未被记载于公司的股东名册，而不能向公司或名义持有人以外的其他股东主张行使股东权利，而只能向名义股东主张其与名义股东之间约定的权利。

在这方面，《公司法司法解释（三）》第 24 条第 3 款明确规定了：“实际出资人未经公司其他股东半数以上同意，请求公司变更股东、签发出资证明书、记

---

① 西安新世纪通信有限公司就二审判决提出了再审申请，但其再审申请在 2014 年 12 月 29 日被最高人民法院以（2014）民申字第 1918 号民事裁定书驳回。

载于股东名册、记载于公司章程并办理公司登记机关登记的，人民法院不予支持。”

二是，在股东权利指向的对象方面，记载于股东名册的股东依股东名册主张行使股东权利的对象，既包括公司，又包括公司的其他股东，还包括公司的董事、监事和高级管理人员。

但是，值得注意的是，股东名册不是股东主张行使股东权利的唯一依据，股东名册不具有创设股东资格或股东权利的效力，因此，《公司法》第32条第2款使用的是“可以依股东名册主张行使股东权利”的表述，而不是“应当依股东名册主张行使股东权利”的表述。关于股东资格、股东权利，请见本书第二章的内容。

此外，也由于《公司法》第32条第2款使用的是“可以依股东名册主张行使股东权利”的表述，因此，没有记载于股东名册，不等于就不能向公司或其他股东主张行使股东权利。在股东的姓名或名称没有被公司记载于股东名册的情况下，股东可以基于公司章程的规定、公司股东会相关决议、股东向公司缴纳出资的情况以及公司登记等情况，主张其享有相应的股东权利。

比如，根据《公司法》第73条的规定，在股东依法转让股权之后，公司有义务“注销原股东的出资证明书，向新股东签发出资证明书，并相应修改公司章程和股东名册中有关股东及其出资额的记载”，新股东自然就有权利要求公司向其签发出资证明书，将其姓名或名称及其出资额记载于公司章程和股东名册，这种要求本身就属于向公司主张行使股东权利。

五、股东名册的置备要求

与《公司法》第31条第3款规定“出资证明书由公司盖章”不同，《公司法》没有明确提及有限公司的股东名册需由公司盖章。不过，我理解，由于股东名册本身是由公司置备的法律文书，应由公司盖章为宜；至于在股东名册上盖的是公司的公章，还是公司的其他印章（比如证明专用章），我理解，这与出资证明书的盖章要求类似，只要是依法刻制的、有权代表公司意思的印章都可以，不一定必须是公章。

第三节　有限公司的股东登记

关于有限公司的股东登记，主要是由《公司法》第 32 条第 3 款加以规定的。《公司法》第 32 条第 3 款规定了股东登记的登记事项、变更登记以及股东登记的效力。

一、股东登记的登记事项

由于《公司法》第 32 条第 3 款使用了“公司应当将股东的姓名或者名称向公司登记机关登记；登记事项发生变更的，应当办理变更登记”的表述，因此，有限公司的股东的姓名或名称，属于公司登记事项；并且，仅仅“股东的姓名或名称”，属于公司登记事项。

注意到，《公司法》第 32 条第 3 款第一句对公司登记事项使用的“股东的姓名或者名称”的表述，与《公司法》第 32 条第 1 款第 1 项对股东名册的记载事项使用的“股东的姓名或者名称”的表述和《公司法》第 25 条第 1 款第 4 项规定的公司章程必备条款使用的“股东的姓名或者名称”相同；此外，考虑到《公司法》第 32 条第 3 款关于股东姓名或者名称的登记的规定放在《公司法》第 32 条第 1 款和第 2 款关于股东名册的规定之后，因此，甚至可以认为，有限公司向公司登记机关登记的“股东的姓名或者名称”，是其股东名册所记载的“股东的姓名或者名称”。

比如，北京市高级人民法院在其于 2009 年 6 月 3 日就北京宝利达投资管理有限责任公司与上海浦之威投资有限公司等股权转让纠纷上诉案作出的（2009）高民终字第 1824 号民事判决书中提及“……公司将其确认的股东向工商管理部门办理登记……”；并且，在该民事判决书中，北京市高级人民法院还认为：“股东的工商登记来源于公司的登记，或者说股东的工商登记以公司股东名册为基础和根据。这不仅表现为程序上的时间顺序，更是由两种登记的不同性质决定的。公司股东名册的登记确定股权的归属，工商管理部门将其进行工商登记。公司股东名册的登记发生变动，工商登记的内容亦作相应的更改”，“两者之间的关系决定了在发生差异的时候，即工商登记的内容与公司股东名册登记内容不一致的时候，作为一般原则，公司股东名册的登记内容应作为确认股权归属的根据；在股权转让合同的当事人之间、股东之间、股东与公司之间因为股权归属问题发生纠纷时，当事人不得以工商登记的内容对抗公司股东名册的记录，除非有直接、明确的相反证明”。

不过，由于有限公司的股东名册的置备、出资证明书的签发，都需要以公司章程关于股东认缴的出资的规定和股东实际缴纳出资的情况为依据，股东名册记载的“股东的姓名或名称”是其公司章程所记载的“股东的姓名或名称”，从而，有限公司向公司登记机关登记的“股东的姓名或者名称”，实际上应当是其公司章程所记载的“股东的姓名或者名称”。

根据《公司法》第32条第3款的规定，“股东的出资额”“出资方式”“出资时间”均不属于公司登记事项，有限公司的股东的出资额、出资方式、出资时间发生变更，不适用变更登记程序，不需要办理变更登记。因此，在公司的股东之间发生股权转让导致各股东的出资数额、持股比例发生变化的情形，除非转让方股东向其他股东转让其对公司的全部股权，否则无需办理股东变更登记。

不过，由于“股东的出资额”“出资方式”“出资时间”属于公司章程必须记载的内容，这些事项的变更将导致公司章程的修订。比如，股东之间的股权转让将导致转让方股东和受让方股东的出资额发生变化，从而需要修改公司章程中有关转让方股东和受让方股东各自的出资额的记载，因此，根据《公司登记管理条例》第36条、《公司注册资本登记管理规定》（国家工商行政管理总局令第64号）第14条的规定，有限公司的股东的出资额、出资方式、出资时间发生变化的，应当修改公司章程，并将修改后的公司章程或者公司章程修正案送原公司登记机关备案。

值得注意的是，在2014年3月1日之前，当时有效的2005年修订的《公司法》第33条第3款曾规定“股东的姓名或名称”“股东的出资额”都属于公司登记事项。不过，2013年12月28日通过的《全国人民代表大会常务委员会关于修改〈中华人民共和国海洋环境保护法〉等七部法律的决定》对2005年修订后的《公司法》第33条第3款进行了修改，不再将“股东的出资额”列为公司登记事项。

尽管如此，我们注意到，针对有限合伙企业，在同样承担有限责任的有限合伙人的情形，《合伙企业法》第66条规定了“有限合伙企业登记事项中应当载明有限合伙人的姓名或者名称及认缴的出资数额”，要求有限合伙企业的登记事项中不仅应当载明有限合伙人的姓名或者名称，还应当载明其“认缴的出资数额”；再结合《公司法》第3条第3款关于“有限责任公司的股东以其认缴的出资额为限对公司承担责任”的规定，以及《公司法》第26条第一款关于“有限责任公司的注册资本为在公司登记机关登记的全体股东认缴的出资额”的规定，我倾向于认为，有限公司的股东“认缴的出资额”这一事项，有必要也应当作为公司登记事项，使得有限公司股东的责任限额通过公司登记事项得以公示。从而，第十二届全国人民代表大会常务委员会第六次会议于2013年12月28日通过的对《公司法》原第33条第3款所作的修改，如果不是直接将“其出资额”删除，而是将“其出资额”修改为“其认缴的出资额”，则会更好。

二、股东登记的变更登记

《公司法》第32条第3款要求有限公司的股东的姓名或名称发生变更时，有限公司应当办理变更登记。

有限公司的股东的姓名或名称发生变更，包括以下几种情形：一是，股东改变其姓名或名称；二是，新增股东，包括公司增资引入新股东、原股东转让部分股权给股东以外的人、法人股东分立或自然人股东离婚财产分割导致股东人数增加等情形；三是，减少股东，包括原股东将所持股权全部转让给其他股东、原股东单方减资退出、法人股东合并导致股东人数减少等情形；四是，更换股东，包括原股东将所持股权全部转让给股东以外的人、自然人股东死亡后由其合法继承人继承其股东资格等情形。

尽管《公司法》要求股东姓名或名称发生变更时应当办理变更登记，但其本身没有对股东登记（包括变更登记）的时间作出规定，而主要是由作为行政法规的《公司登记管理条例》加以规定的。

在有限公司设立时的股东登记的时间方面，尽管《公司登记管理条例》未作规定，不过，有限公司的股东的姓名或名称，作为公司登记事项，在公司登记机关准予公司设立登记时，即完成股东登记手续。

在有限公司办理股东登记的变更登记的时间方面，《公司登记管理条例》区分不同的变更原因而有不同的要求：

一是，对于因股东改变其姓名或名称造成的股东姓名或名称变更，《公司登记管理条例》第 34 条第 3 款规定，有限公司应当在股东改变姓名或名称之日起 30 日内申请变更登记。

二是，对于因增加股东、减少股东或更换股东造成的股东姓名或名称变更，《公司登记管理条例》第 34 条第 1 款规定，有限公司应当在由此造成的变更之日起 30 日内申请变更登记。根据《公司登记管理条例》第 34 条第 2 款，在有限公司的自然人股东死亡后，其合法继承人继承股东资格的，有限公司也应依此申请股东变更登记。

针对有限公司在其股东的姓名或名称发生变更时未依法办理变更登记的行为，《公司法》第 211 条第 2 款和《公司登记管理条例》第 68 条第 1 款规定了相应的法律责任，公司登记事项发生变更时，未依照相关法律、法规规定办理有关变更登记的，由公司登记机关责令限期登记；逾期不登记的，处以 1 万元以上 10 万元以下的罚款。

不过，我倾向于认为，在股东更名或者股东增加或减少或股东更换的情况下，如果有限公司对此并不知情，亦没有理由应当对此知情，即对此“不知道并且不应当知道的”，有限公司因此而未在《公司登记管理条例》规定的 30 日期限内办理股东变更登记手续，公司登记机关应给予合理的期限，允许其补办变更登记；或者，在此情况下，《公司登记管理条例》规定的 30 日期限应自有限公司知道或应当知道相关变更发生之日起计算。

三、股东登记的效力

由于《公司法》第 32 条第 3 款使用了“未经登记或者变更登记的，不得对抗第三人”的表述，因此，在涉及第三人时，股东登记和变更登记具有对抗第三人的效力。

值得注意的是，就股东登记的效力而言，同样是由于《公司法》第 32 条第 3 款使用了“未经登记或者变更登记的，不得对抗第三人”的表述，因此，股东的姓名或名称的登记或变更登记，仅仅是对外具有公示性和对抗性，本身并没有创设股东资格或股东权利的效力。这与《物权法》第9条第1款所说的"不动产物权的设立、变更、转让和消灭，经依法登记，发生效力；未经登记，不发生效力，但法律另有规定的除外"，是不同的。

比如，在2009年6月3日就北京宝利达投资管理有限责任公司与上海浦之威投资有限公司等股权转让纠纷上诉案作出的（2009）高民终字第1824号民事判决书中，北京市高级人民法院认为"公司股东的工商登记属于宣示性的登记，而不是设权性登记……股东权利的获得与行使并不以工商登记程序的完成为条件"。

又如，在2014年6月19日就万某裕与丽江宏瑞水电开发有限公司（以下简称宏瑞公司）、永胜县六德乡双河电站、北京博尔晟科技发展有限公司、张某云、唐某云股东资格确认纠纷再审案作出的（2014）民提字第00054号民事判决书中，最高人民法院也认为："宏瑞公司章程的修改，涉及公司股东的变更，宏瑞公司应依法向工商机关办理变更登记，宏瑞公司未办理变更登记，应承担由此产生的民事及行政责任，但根据《公司法》（2005年10月27日修订）第三十三条①的规定，公司股东变更未办理变更登记的，变更事项并非无效，而仅是不具有对抗第三人的法律效力。"

最高人民法院2019年11月印发的《全国法院民商事审判工作会议纪要》（法〔2019〕254号）第8条也规定："当事人之间转让有限责任公司股权，受让人以其姓名或者名称已记载于股东名册为由主张其已经取得股权的，人民法院依法予以支持，但法律、行政法规规定应当办理批准手续生效的股权转让除外。未向公司登记机关办理股权变更登记的，不得对抗善意相对人。"尽管最高人民法院是针对股东的姓名或名称的变更登记作出上述认定意见的，我理解，这一意见同样适用于股东的姓名或名称的登记。

值得注意的是，《公司法》第32条第3款所规定的股东登记或变更登记的对抗效力，仅仅适用于依法完成的股东登记或变更登记。尽管《公司法》第32条第3款规定了"公司应当将股东的姓名或者名称向公司登记机关登记；登记事项发生变更的，应当办理变更登记。未经登记或者变更登记的，不得对抗

① 现为《公司法》第32条。

第三人”，但是，如果相关主体采取提供伪造的材料或虚假材料或采取其他欺诈手段骗取股东登记或变更登记，那么，即使完成了相应的股东登记或股东变更登记，也不应具有对抗第三人的效力。

对此，《公司法》第198条规定了相应的行政责任，“违反本法规定……提交虚假材料或者采取其他欺诈手段隐瞒重要事实取得公司登记的，由公司登记机关责令改正……对提交虚假材料或者采取其他欺诈手段隐瞒重要事实的公司，处以五万元以上五十万元以下的罚款；情节严重的，撤销公司登记或者吊销营业执照”。最高人民法院也倾向于认为，以非法手段骗取股东登记或伪造股东登记的情形，不受《公司法》第32条第3款规定的保护。①

四、关于股东登记涉及的“第三人”的理解和适用

（一）第三人的范围

在第三人的范围方面，《公司法》第32条第3款是在先规定“公司应当将股东的姓名或者名称向公司登记机关登记；登记事项发生变更的，应当办理变更登记”的基础上，再规定“未经登记或者变更登记的，不得对抗第三人”的，考虑到《公司法》第32条第3款是将“第三人”列为与“公司”“股东”并列的地位，因此，我理解，《公司法》第32条第3款所说的“第三人”，指的是除有限公司及其各个股东以外的其他主体。

从而，在不涉及第三人的情况下，未在公司登记机关登记为有限公司的股东的主体，不因此就不具有该公司的股东资格，也不因此就无权行使相应的股东权利；相关主体可以结合该公司的章程的规定、股东会相关决议、股东名册、出资证明书以及其向该公司缴纳出资、实际行使股东权利等情况，主张其享有相应的股东权利。

因此，在有限公司与其股东之间、有限公司的股东相互之间，不论是有限公司，还是有限公司的股东，都不得仅仅基于相关主体未在公司登记机关登记

① 见《研究公司法务 指导审批实践——就新〈公司法〉适用中若干疑难问题访最高人民法院民二庭庭长宋晓明》，载《法律适用》2007年第4期。

为有限公司的股东，而将未在公司登记机关登记为有限公司的股东的主体视为“第三人”，从而援引《公司法》第32条第3款关于“未经登记或者变更登记的，不得对抗第三人”的规定，否定该主体的股东资格或股东权利。

此外，最高人民法院也倾向于认为，在委托持股的情形，如果名义股东与实际出资人就投资权益发生争议，名义股东并不属于《公司法》第32条第3款所说的“第三人”，名义股东也不得以该登记否认实际出资人的合同权利。[①]当然，在实际出资人与公司、公司的其他股东之间，由于实际出资人属于《公司法》第32条第3款所说的“第三人”，因此，公司、公司的其他股东则可以援引《公司法》第32条第3款关于“未经登记或者变更登记的，不得对抗第三人”的规定，否定实际出资人针对公司或公司的其他股东提出的本来应由名义股东行使的权利。

（二）第三人仅限于善意第三人

接下来需要思考的问题是，《公司法》第32条第3款所说的“第三人”，是不是既包括善意第三人，又包括非善意第三人，还是仅指善意第三人？

由于《公司法》第32条第3款使用的是“第三人”而非“善意第三人”的表述，因此，从文义上看，《公司法》第32条第3款所说的“第三人”，既包括“善意第三人”，也包括“非善意第三人”。

不过，《公司法司法解释（三）》第27条第1款则规定了：“股权转让后尚未向公司登记机关办理变更登记，原股东将仍登记于其名下的股权转让、质押或者以其他方式处分，受让股东以其对于股权享有实际权利为由，请求认定处分股权行为无效的，人民法院可以参照物权法第一百零六条的规定处理。”

也就是说，在“一股二卖”的情形下，如果第二受让人是善意的，其以合理的价格受让原股东的股权，并且已经完成了股权转让涉及的变更登记，则应认定由第二受让人取得相应的股权[②]；但是，如果第二受让人不是善意的，则

① 宋晓明、张勇健、杜军：《〈关于适用公司法若干问题的规定（三）〉的理解与适用》，载《人民司法·应用》2011年第5期。

② 当然，第二受让人是否能够善意取得相关股权，需要满足《物权法》第106条、《最高人民法院关于适用〈中华人民共和国物权法〉若干问题的解释（一）》（法释〔2016〕5号）有关善意取得的具体要求。

可能就不能取得相应的股权。因为，最高人民法院认为，“当确有证据证明第三人在受让股权时明知原股东已不是真实的股权人，股权权属已归于受让股东，在原股东向该第三人处分股权后如果仍认定该处分行为有效，同样也会助长第三人及原股东的不诚信行为，这也是应当避免的”。[①]

在第二受让人善意取得相应的股权的情况下，在第一受让人的权利保护方面，作为救济，《公司法司法解释（三）》第27条第2款规定了“原股东处分股权造成受让股东损失，受让股东请求原股东承担赔偿责任、对于未及时办理变更登记有过错的董事、高级管理人员或者实际控制人承担相应责任的，人民法院应予支持；受让股东对于未及时办理变更登记也有过错的，可以适当减轻上述董事、高级管理人员或者实际控制人的责任”。

这样看来，最高人民法院对《公司法》第32条第3款第二句中的“第三人”进行了限制解释，限定为“善意第三人”。并且，最高人民法院2019年11月印发的《全国法院民商事审判工作会议纪要》（法〔2019〕254号）还明确提出“《公司法》第32条第3款规定：‘公司应当将股东的姓名或者名称及其出资额向公司登记机关登记；登记事项发生变更的，应当办理变更登记。未经登记或者变更登记的，不得对抗第三人。’而《民法总则》第65条的规定则把‘不得对抗第三人’修正为‘不得对抗善意相对人’。经查询有关立法理由，可以认为，此种情况应当适用民法总则的规定”。因此，将来修改《公司法》第32条第3款第二句时，有必要明确规定“未经登记或变更登记，不得对抗善意第三人”。

不过，对于最高人民法院《全国法院民商事审判工作会议纪要》（法〔2019〕254号）第3条针对《公司法》第32条第3款规定的“不得对抗第三人”所说的“可以认为，此种情况应当适用民法总则的规定”的结论，我是不赞同的。

我的理解是，该纪要第3条对《民法总则》第11条关于“其他法律对民事关系有特别规定的，依照其规定”的规定作出了不准确的理解和适用。该纪要第3条认为“民法总则与公司法的关系，是一般法与商事特别法的关系”，

---

① 见《规范审理公司设立、出资、股权确认等案件——最高人民法院民二庭负责人答记者问》，载《人民法院报》2011年2月16日第3版。

这是准确的；但是，该纪要第3条所说的“规定不一致的，根据《民法总则》第11条有关‘其他法律对民事关系有特别规定的，依照其规定’的规定，原则上应当适用公司法的规定。但应当注意也有例外情况，主要表现在两个方面：一是就同一事项，民法总则制定时有意修正公司法有关条款的，应当适用民法总则的规定。……二是民法总则在公司法规定基础上增加了新内容的，……此时，也应当适用民法总则的规定”，则是不准确的。

首先，纵观全文，《民法总则》第11条关于“其他法律对民事关系有特别规定的，依照其规定”的规定以及《民法总则》的其他条款，均未对“其他法律对民事关系的特别规定的优先适用”作出任何例外的规定，即不论其他法律对民事关系的特别规定是新的规定还是旧的规定，只要是其他法律的特别规定，就都因《民法总则》第11条所说的“依照其规定”而优先于《民法总则》的规定得到适用，并不存在该纪要第3条所说的“也有例外情况”的问题。

其次，该纪要所说的第二种情况，即“民法总则在公司法规定基础上增加了新内容”，并非《民法总则》规定的例外情形，而是“其他法律对民事关系没有作出规定的情形”；在其他法律未作规定的情况下，也就没有适用《民法总则》第11条的余地，而根据《民法总则》第2条关于“民法调整平等主体的自然人、法人和非法人组织之间的人身关系和财产关系”和第12条关于“中华人民共和国领域内的民事活动，适用中华人民共和国法律。法律另有规定的，依照其规定”的规定，自然应当适用《民法总则》的规定。具体到《公司法》第32条第3款与《民法总则》第65条的关系上，在性质上，《民法总则》第65条关于“法人的实际情况与登记的事项不一致的，不得对抗善意相对人”的规定，属于法律的“一般规定”和“新的规定”，而《公司法》第32条第3款关于“未经登记或者变更登记的，不得对抗第三人”的规定，则属于法律的“特别规定”和“旧的规定”。对于法律的新的一般规定与旧的特别规定的适用问题，《立法法》第94条第1款规定：“法律之间对同一事项的新的一般规定与旧的特别规定不一致，不能确定如何适用时，由全国人民代表大会常务委员会裁决。”据此，在法律的新的一般规定与旧的特别规定针对公司的股东姓名或名称的登记或变更登记的对抗效力作出了不一致的规定的情况下，只有在“不能确定如何适用时”，才“由全国人民代表大会常务委员会裁决”；

如果“能够确定如何适用”，则无需“由全国人民代表大会常务委员会裁决”。如前所述，《民法总则》第 11 条关于“其他法律对民事关系有特别规定的，依照其规定”的规定，已经确定了如何适用的问题，即不论其他法律对民事关系的特别规定是新的规定还是旧的规定，都应当“依照其规定”，都应当优先于《民法总则》的规定得到适用。因此，在股东登记问题上，仍然应当适用《公司法》第 32 条第 3 款关于“未经登记或者变更登记的，不得对抗第三人”的规定，而不是适用《民法总则》第 65 条关于“法人的实际情况与登记的事项不一致的，不得对抗善意相对人”的规定。

（三）第三人不限于与有限公司的股东存在股权交易的第三人

此外，还需思考的问题是，《公司法》第 32 条第 3 款所说的“第三人”，是否仅指与有限公司的股东存在股权交易的第三人？

对此，有的法院持肯定意见。比如，针对“名义股东因借款、买卖等非股权交易纠纷而成为被执行人时，名义股东债权人依据工商登记中记载的股权归属，申请对该股权强制执行。实际出资人以其实际享有股东权利，提出执行异议被驳回后，又提起案外人执行异议之诉，请求停止对该股权强制执行的，能否予以支持”的问题，山东省高级人民法院民二庭《关于审理公司纠纷案件若干问题的解答》[①] 认为：“实际出资人要求停止执行的诉讼请求，应予支持”，其理由在于：“根据《最高人民法院关于适用〈中华人民共和国公司法〉若干问题的规定（三）》第二十五条的规定，股权善意取得制度的适用主体仅限于与名义股东存在股权交易的第三人。商事外观主义原则的适用范围不包括非股权交易第三人。在外观权利与实际权利不一致的情况下，根据权利外观理论，善意第三人基于对权利外观的信赖而与名义权利人进行民事法律行为的，该民事法律行为效力受法律的优先保护。但，如果名义股东债权人申请执行的是其与名义股东因借款关系等而形成的一般债权，债权人并没有与名义股东从事涉及股权交易的民事法律行为，从权利外观原则来看，此时的债权人不是基于信

① 见《山东高院民二庭：关于审理公司纠纷案件若干问题的解答》，来源于山东省高级人民法院官方微信公众号，https：//mp. weixin. qq. com/s/MOZ2nYMSgs5Zlvg5feK7nQ，最后访问时间：2019 年 9 月 30 日。

赖权利外观而需要保护的民事法律行为之善意第三人，故其债权请求不能受到优先于实际权利人的保护。”

不过，我持有不同意见。[①] 我倾向于认为，由于《公司法》第32条第3款使用的是“未经登记或者变更登记的，不得对抗第三人”的表述，这并未将第三人限定为与登记股东存在股权转让交易的主体；同时，结合《民法总则》第125条关于“民事主体依法享有股权和其他投资性权利”的规定，《民事诉讼法》第241条关于“被执行人未按执行通知履行法律文书确定的义务，应当报告当前以及收到执行通知之日前一年的财产情况”的规定和第242条第1款关于“被执行人未按执行通知履行法律文书确定的义务，人民法院有权向有关单位查询被执行人的存款、债券、股票、基金份额等财产情况。人民法院有权根据不同情形扣押、冻结、划拨、变价被执行人的财产”的规定，考虑到登记股东在有限公司的股权属于登记股东的财产权利，因此，不论该善意第三人与登记股东之间存在何种权利义务关系，只要其与登记股东之间的权利义务关系属于合法的民事法律关系，就可以针对登记股东依法采取包括申请执行登记股东在相关公司的股权在内的各项措施。

因此，基于《公司法》第32条第3款的规定，除有限公司及其各个股东以外的主体，包括公司的股东的债权人，作为《公司法》第32条第3款所说的“善意第三人”，可以信赖在公司登记机关登记的股东信息，基于其与登记股东之间的权利义务关系，针对登记股东依法采取包括申请执行登记股东在相关公司的股权在内的各项措施；不论是未依法登记为有限公司的股东的主体（包括委托持股情形下的实际出资人和股权转让情形下的未完成股东登记的股权受让人），还是登记股东本身，都不得仅仅基于未依法登记为有限公司的股东的主体与登记股东之间的约定，来对抗这些善意第三人。

也因此，《公司法》第32条第3款所说的“不得对抗第三人”，其主语可以是有限公司的登记股东，也可以是未依法登记为有限公司的股东的主体，二者均不得仅仅基于未依法登记为有限公司的股东的主体与登记股东之间的约定，来对抗这些善意第三人。

---

① 有关山东省高级人民法院民二庭《关于审理公司纠纷案件若干问题的解答》中关于涉及委托持股安排的股权的执行部分内容的评析，请见本书第六章第二节。

基于上述分析，我倾向于认为，在涉及委托持股安排的有限公司股权执行方面，最高人民法院在2013年11月22日就哈尔滨国家粮食交易中心（以下简称交易中心）与哈尔滨银行股份有限公司科技支行（以下简称科技支行）、黑龙江粮油集团有限公司（以下简称粮油集团）、黑龙江省大连龙粮贸易总公司（以下简称龙粮公司）、中国华粮物流集团北良有限公司执行异议纠纷上诉案作出的（2013）民二终字第111号民事判决书中的意见，更值得参考。

在该民事判决书中，针对交易中心提出的因“粮油集团、龙粮公司，只是三力期货公司股权名义上的持有人，不应以三力期货公司的股权作为粮油集团、龙粮公司的资产加以执行。一是粮油集团、龙粮公司未向三力期货公司出资，未履行股东出资义务；二是从三力期货公司的利润分配上，也表明粮油集团、龙粮公司从未在三力期货公司获得过投资收益。在粮油集团、龙粮公司没有出资、不享有出资权益的情况下，仍强制执行不属于粮油集团、龙粮公司的财产，必然损害实际出资人即交易中心的合法权益；三是粮油集团、龙粮公司未被国有资产管理机关授权经营管理三力期货公司的股权，三力期货公司的股权不是粮油集团、龙粮公司的财产，不能用以清偿自身债务”而“应当停止对三力期货公司股权的执行”的上诉主张，最高人民法院认为：“《中华人民共和国公司法》第三十三条[①]第三款规定：‘公司应当将股东的姓名或者名称及其出资额向公司登记机关登记；登记事项发生变更的，应当办理变更登记。未经登记或者变更登记的，不得对抗第三人。’依据该条规定，依法进行登记的股东具有对外公示效力，隐名股东在公司对外关系上不具有公示股东的法律地位，其不能以其与显名股东之间的约定为由对抗外部债权人对显名股东主张的正当权利。因此，当显名股东因其未能清偿到期债务而成为被执行人时，其债权人依据工商登记中记载的股权归属，有权向人民法院申请对该股权强制执行。”

具体到该案，最高人民法院认为：“根据本案原审查明的事实，三力期货公司工商登记记载的股东为粮油集团和龙粮公司，科技支行依另案生效判决向法院申请冻结并强制执行粮油集团和龙粮公司在三力期货公司的股权，有事实和法律依据。因此，本案中，交易中心是否为三力期货公司的实际出资人，不影响科技支行实现其请求对三力期货公司股权进行强制执行的权利主张。故交

① 现为《公司法》第32条。

易中心关于停止对粮油集团和龙粮公司所持有三力期货公司股权强制执行的请求，没有事实和法律依据，本院不予支持。”

此外，针对《公司法》第 32 条第 3 款关于“公司应当将股东的姓名或者名称向公司登记机关登记；登记事项发生变更的，应当办理变更登记。未经登记或者变更登记的，不得对抗第三人”的规定所说的“第三人”的理解与适用问题，在 2016 年 12 月 28 日就王某岐与刘某苹、长春中安房地产开发有限公司、詹某才、陈某菱案外人执行异议之诉再审案作出的（2016）最高法民申 3132 号民事裁定书中，最高人民法院更是提出：“工商登记是对股权情况的公示，与公司交易的善意第三人及登记股东之债权人有权信赖工商机关登记的股权情况并据此作出判断。本案中，王某岐与詹某才之间的《委托持股协议》已经一、二审法院认定真实有效，但其股权代持协议仅具有内部效力，对于外部第三人而言，股权登记具有公信力，隐名股东对外不具有公示股东的法律地位，不得以内部股权代持协议有效为由对抗外部债权人对显名股东的正当权利。本院认为，《公司法》第三十二条第三款所称的第三人，并不限缩于与显名股东存在股权交易关系的债权人。根据商事外观主义原则，有关公示体现出来的权利外观，导致第三人对该权利外观产生信赖，即使真实状况与第三人的信赖不符，只要第三人的信赖合理，第三人的民事法律行为效力即应受到法律的优先保护。基于上述原则，名义股东的非基于股权处分的债权人亦应属于法律保护的‘第三人’范畴。”

还有，在 2015 年 11 月 27 日就温某才、李某英与深圳市南头城实业股份有限公司（以下简称南头城公司）以及沈阳北泰方向集团有限公司（以下简称北泰公司）借款合同纠纷再审案作出的（2015）民申字第 2509 号民事裁定书中，最高人民法院也认为：“根据商法上的公示公信和外观主义原则，第三人对公司登记信息的信赖利益应当受到保护。代持股关系属于代持股人与被代持股人之间的合同法律关系，不能以此对抗公司债权人。在公司的外部关系方面，经工商登记备案的代持股的名义股东属于法律意义上的公司股东，其是对外承担股东责任的直接主体，无论实际控制人是否承担相应的责任，只要未实际向债权人承担责任，代持股的名义股东就应当对外承担股东的责任。这一原则在《最高人民法院关于适用〈中华人民共和国公司法〉若干问题的规定（三）》第二十六条（2014 年修订前为第 27 条）关于经公司登记机关登记的股东不得以其仅为名义股东而拒绝债权人要求其履行出资义务的规定中，已经明确体现。《公司法司法解释（二）》第二十一条规定中也隐含股东不管过错有无、过错大小，对外必须承担股东责任，不能以自己没有过错为由对抗公司债权人的原则。”

第四节 公司章程、股东名册、出资证明书与股东登记对认定股东资格和股东权利的作用

在认定有限公司的股东资格和股东权利方面，公司章程、股东名册、出资证明书、股东登记都具有一定的作用，但都不能作为唯一的认定依据，需要综合起来并结合相关主体向公司缴纳出资的实际情况加以认定。

一、公司章程对认定股东资格和股东权利的作用

结合《公司法》第11条、第25条、第28条、第42条的规定，“股东的姓名或者名称”“出资方式”“出资额”和“出资时间”是有限公司章程的必备条款，因此，在认定股东资格和股东权利方面，公司章程可以作为依据；尤其是在公司成立后股东尚未缴纳出资的情况下，公司章程对认定股东资格和股东权利的作用更加突出，即使公司没有置备股东名册，未向股东签发出资证明书，亦可根据公司章程的规定对股东资格作出认定。

不过，在依法发生股权转让的情况下，根据《公司法》第73条的规定，新股东的股东资格和股东权利不以公司修改公司章程，将其姓名或名称、出资方式、出资额和出资时间记载于公司章程为条件，也不以公司修改股东名册，将其姓名或名称、出资方式、出资额和出资时间记载于股东名册为条件，也不以公司向其签发出资证明书为条件。

此外，如前所述，有限公司的股东是否能够实际享有或行使某些股东权利，比如，获得出资证明书的权利、优先认缴新增资本的权利、获得利润分配的权利、表决权、获得剩余财产分配的权利，除了要看公司章程的具体规定，还取决于其实际缴纳出资的情况和履行其他义务的情况。

因此，公司章程不能作为认定股东资格和股东权利的唯一的、独立的依

据，需要与股东实际缴纳出资的情况、股东转让出资的情况等其他因素结合起来判断。

二、股东名册、出资证明书对认定股东资格和股东权利的作用

如前所述，“股东名册”是有限公司置备的、记载其各个股东及其各自的出资额的法律文件，记载于股东名册的股东“可以”依照股东名册向公司、公司的其他股东以及公司的董事、监事、高级管理人员主张行使股东权利；“出资证明书”则是有限公司签发的证明股东缴纳的出资额的凭证，属于有限公司以自身名义签发的、具有证明效力的法律文书，其所证明的内容为《公司法》第 31 条第 2 款规定的各个事项。

结合《公司法》第 31 条关于出资证明书的规定和《公司法》第 32 条第 1 款、第 2 款关于股东名册的规定，不论是出资证明书，还是股东名册，都需要以股东实际缴纳出资的情况为依据；同时，结合《公司法》第 25 条第 1 款、第 28 条的规定，考虑到股东缴纳出资是以公司章程为依据的，从而，股东名册的置备、出资证明书的签发，都需要以公司章程关于股东认缴的出资的规定和股东实际缴纳出资的情况为依据。

因此，股东名册、出资证明书也不能独立作为认定股东资格和股东权利的依据，需要与公司章程、股东实际缴纳出资的情况结合起来判断。

三、股东登记对认定股东资格和股东权利的作用

如前所述，公司向公司登记机关登记的是公司章程、股东名册所记载的股东的姓名或名称；而股东名册的置备需要以公司章程关于股东认缴的出资的规定和股东实际缴纳出资的情况为依据，从而，关于股东的姓名或名称的登记最终也需要以公司章程为依据。

并且，北京市高级人民法院在 2009 年 6 月 3 日就北京宝利达投资管理有限责任公司与上海浦之威投资有限公司等股权转让纠纷上诉案作出的（2009）高民终字第 1824 号民事判决书中认为：“股东的工商登记来源于公司的登记，或者说股东的工商登记以公司股东名册为基础和根据。这不仅表现为程序上

的时间顺序，更是由两种登记的不同性质决定的。公司股东名册的登记确定股权的归属，工商管理部门将其进行工商登记。公司股东名册的登记发生变动，工商登记的内容亦作相应的更改”，“两者之间的关系决定了在发生差异的时候，即工商登记的内容与公司股东名册登记内容不一致的时候，作为一般原则，公司股东名册的登记内容应作为确认股权归属的根据；在股权转让合同的当事人之间、股东之间、股东与公司之间因为股权归属问题发生纠纷时，当事人不得以工商登记的内容对抗公司股东名册的记录，除非有直接、明确的相反证明”。

此外，根据《公司法》第32条第3款第二句的规定，股东登记或变更登记只具有对抗效力，不具有设权效力。因此，在认定股东资格和股东权利时，股东登记也不能作为独立的依据。

基于以上论述，我倾向于认为，在认定股东资格和股东权利时，需要结合具体情况，综合考察公司章程、股东名册、出资证明书、公司登记情况、股东会决议、股东实际缴纳出资（在股权转让的情形，则为支付股权转让价款）的情况等进行分析，其中，尤其要重视公司章程的规定和股东实际缴纳出资的情况。

比如，在就上海凌亭物流有限公司、李某某与徐某某股权确认纠纷案作出的（2010）嘉民二（商）初字第1300号民事判决中，上海市嘉定区人民法院认为：“在确认股权份额的相关依据中，常见证据有出资证据、股东名册和工商登记资料。其中，工商登记材料系对抗性证据，对外具有公示性和对抗性。公司内部置备的股东名册是效力性证据，对公司内部关系来说，是确定股东与公司关系的重要证据。而出资依据则是股东据以证明股东身份并可向公司主张相关权利的源泉证据。在各种证据发生冲突的情况下，应当认定出资源泉证据的效力相对高于股东名册和工商登记资料。”①

又如，在就贵州捷安投资有限公司与贵阳黔峰生物制品有限责任公司、重庆大林生物技术有限公司、贵州益康制药有限公司、深圳市亿工盛达科技有限

---

① 见上海市第二中级人民法院在2011年10月12日作出的（2011）沪二中民四（商）终字第135号民事判决书。相关当事人曾就一审判决向上海市第二中级人民法院提起上诉，但被上海市第二中级人民法院以（2011）沪二中民四（商）终字第135号民事判决书驳回，一审法院的上述认定意见亦得到二审法院的支持。

公司股权确权及公司增资扩股出资份额优先认购权纠纷案作出的（2007）黔高民二初字第28号民事判决书中，贵州省高级人民法院认为："就股东资格而言，根据我国公司法第33条[①]第3款关于'公司应当将股东的姓名或者名称及其出资额向公司登记机关登记；登记事项发生变更的，应当办理变更登记。未经登记或者变更登记的，不得对抗第三人'的规定，工商登记并非设权性登记，而是宣示性登记，只具有对抗善意第三人的效力。因此，当公司内部发生股东资格争议时，不应仅以工商登记为准，还应对取得股东资格的实质性条件如是否出资、是否有成为股东的意思、是否参与公司的经营管理、是否享受股东权益和承担股东义务、其他股东是否明知等事实进行审查，并据实作出认定。"[②]

再如，在2014年6月19日就万某裕与丽江宏瑞水电开发有限公司、永胜县六德乡双河电站、北京博尔晟科技发展有限公司、张某云、唐某云股东资格确认纠纷再审案作出的（2014）民提字第00054号民事判决书中，最高人民法院认为："股东身份的确认，应根据当事人的出资情况以及股东身份是否以一定的形式为公众所认知等因素进行综合判断"；在该案中，最高人民法院基于相关股东已经按认缴的出资额向案涉公司实缴了出资、其股东身份已经记载于案涉公司的章程并以股东身份实际参与了案涉公司的经营管理、案涉公司的章程合法有效等为依据，认定相关股东的股东身份及其对案涉公司所持有的股权比例。

我认为，在认定股东资格和股东权利方面，上述司法认定意见具有较好的参考价值。

第五节 冒名登记

根据《公司法》第32条第3款的规定，在公司登记机关登记的"股东的

---

① 现为《公司法》第32条。

② 见最高人民法院在2009年5月13日就贵州捷安投资有限公司与贵阳黔峰生物制品有限责任公司、重庆大林生物技术有限公司、贵州益康制药有限公司、深圳市亿工盛达科技有限公司股权确权及公司增资扩股出资份额优先认购权纠纷二审案作出的（2009）民二终字第3号民事判决书。贵州捷安投资有限公司就一审判决向最高人民法院提起上诉，但被最高人民法院以（2009）民二终字第3号民事判决书驳回，贵州省高级人民法院的上述认定意见亦得到最高人民法院的支持；其后，贵州捷安投资有限公司不服二审判决，向最高人民法院申请再审，但其再审申请被最高人民法院以（2010）民申字第1275号民事裁定书驳回。

姓名或名称”具有对抗效力，问题是，在发生被他人冒用名义并作为股东在公司登记机关登记的情况下，被冒名的人应当如何申请撤销该“冒名登记”？冒名的人又应当承担什么样的民事责任呢？

一、冒名登记的撤销

针对冒名登记的撤销，从公司登记的角度，根据国家市场监督管理总局在2019年6月印发的《关于撤销冒用他人身份信息取得公司登记的指导意见》（国市监信〔2019〕128号），被冒用身份信息取得公司登记的人民群众（以下简称被冒用人）可以依据该指导意见向公司登记机关反映被冒名登记的情况并申请撤销冒名登记。

其中的“冒用他人身份信息取得公司登记”，指的是“未经被冒用人事先同意或事后追认，在公司登记注册申请材料中使用其身份证件或伪造其签字，或以被冒用人名义通过互联网进行申请，在各级公司登记机关取得公司登记、备案的行为”①。

根据《关于撤销冒用他人身份信息取得公司登记的指导意见》，结合市场监管总局关于该指导意见的官方解读②以及市场监管总局2019年4月23日公布的《撤销冒用他人身份信息取得企业登记暂行办法（征求意见稿）》，该指导意见规定的冒名登记撤销制度的主要内容如下：

一是，在冒名登记的范围方面，该指导意见规定的“冒名登记”包括冒用他人（自然人）身份信息取得各种公司登记的情形，在登记种类方面，既包括公司设立登记，又包括公司变更登记，还包括公司注销登记；在登记事项方面，既包括有限责任公司股东（或者股份有限公司发起人）姓名的登记或变更登记，又包括公司法定代表人姓名的登记或变更登记。

二是，在有权申请冒名登记的主体方面，限于“被冒用人”，即“被冒用

---

① 见《关于撤销冒用他人身份信息取得公司登记的指导意见》和市场监管总局2019年4月23日公布的《撤销冒用他人身份信息取得企业登记暂行办法（征求意见稿）》第2条。

② 市场监管总局2019年6月28日以“撤销冒名登记，遏制冒用他人身份信息登记违法行为”为主题召开法例行新闻发布会文字实录，http：//www. saic. gov. cn/xw/xwfbt/201906/t20190628_ 302996. html，最后访问时间：2019年9月30日。

身份信息取得公司登记的人民群众”。

三是，在登记管辖方面，撤销冒名登记工作由作出该次登记决定的公司登记机关负责；但公司登记机关发生过变更的，由现公司登记机关负责撤销冒名登记。

四是，在所需提交的材料方面，被冒用人应当提交被冒用人本人签字的撤销登记申请及其身份证件复印件（本人到场的，核实原件）；此外，被冒用人还可以一并提供——但不强制要求提供——有助于认定冒名登记基本事实的文件材料，比如身份证件丢失报警回执、身份证件遗失公告、银行挂失身份证件记录、由专业机构出具的笔迹鉴定报告等。其中，被冒用人本人不能亲自到场向公司登记机关反映被冒名登记情况的，可以在网上进行远程身份核验。

五是，在冒名登记情况的公示方面，公司登记机关应将公司涉嫌冒名登记的情况（包括被冒名登记时间、具体登记事项、登记机关联系方式等）通过国家企业信用信息公示系统及时向社会公示，公示期原则上为45日。但是，在“利害关系人主张与冒名登记相关的民事权利正在诉讼过程中，人民法院尚未作出判决、裁定或生效判决、裁定尚未执行完毕”的情况下，或者在“有证据证明冒名登记涉及的股权存在争议，各方尚未达成一致”的情况下，公示期应当相应予以延长。

六是，在冒名登记情况的调查方面，公司登记机关要对冒名登记基本事实进行调查，主要通过查阅冒名登记行为涉及的档案材料，对公司住所或经营场所进行现场检查，询问公司相关人员、登记代理人或利害关系人等方式进行；在必要时，将根据需要征询公安、税务、金融、人力资源社会保障等相关部门意见。

七是，在应当撤销冒名登记的情形方面，在以下四种情形下，原则上，公司登记机关应当依法作出撤销登记决定：其一，公司登记机关调查认定冒名登记基本事实清楚的；其二，公司和相关人员无法取得联系且公示期内无利害关系人提出异议，公司登记机关认为冒名登记成立的；其三，公司和相关人员不配合调查且公示期内无利害关系人提出异议，公司登记机关认为冒名登记成立的；其四，人民法院生效判决或裁定已认定冒名登记事实的。

值得注意的是，除因提交虚假材料或者采取其他欺诈手段隐瞒重要事实取得公司登记、被吊销营业执照的情形外，即使公司在调查前已被吊销营业执照，公司登记机关仍然可以作出撤销登记的决定。不过，如果公司登记机关或其上级机关认定撤销登记的决定错误，可以撤销该撤销登记的决定，恢复公司原登记状态，并通过公示系统进行公示。

八是，在冒名登记撤销的公示方面，公司登记机关作出撤销登记决定后，应在登记注册系统标注作出撤销决定的状态，并通过公示系统向社会公示。就公示的内容方面，如果撤销的冒名登记属于公司设立登记，其公示信息包括公司名称、成立日期、被撤销登记日期和原因、作出撤销决定的登记机关等基本信息；如果撤销的冒名登记属于公司变更登记，则恢复公示冒名登记前的信息，同时公示撤销冒名登记相关信息；如果撤销的冒名登记属于公司注销登记，公示的内容为公司注销登记前的信息，并标注“已撤销注销登记，恢复主体资格”。

此外，对冒名取得公司变更或注销登记后被撤销登记的，还应当按照《严重违法失信企业名单管理暂行办法》的规定，将所涉公司列入严重违法失信企业名单。

九是，在不予撤销冒名登记的情形方面，在以下五种情形下，公司登记机关应当依法作出不予撤销登记决定：其一，有证据证明被冒用人对该次登记知情的；其二，有证据证明被冒用人对该次登记事后曾予追认的；其三，公示期内利害关系人提出异议经调查属实，登记机关认为冒名登记不成立的；其四，公安、税务、金融、人力资源社会保障等相关部门出具书面意见不同意撤销登记的；其五，撤销登记可能对公共利益造成重大损害的。

将前两种情形列为不予撤销登记的情形，是因为“冒名登记实质上是被冒用人对该次登记不知情，或事后也没有追认的情形，如果有证据证明被冒用人对该次登记知情或事后曾予追认，那么就不属于冒名登记的范畴，自然不能予以撤销”。[①] 对此，最高人民法院办公厅印发的《关于审理公司登记行政案件若干问题的座谈会纪要》（法办〔2012〕62 号）也规定了“公司法定代表人、股东等以申请材料不是其本人签字或者盖章为由，请求确认登记行为违法或者撤销登记行为的，……能够证明原告此前已明知该情况却未提出异议，并在此基础上从事过相关管理和经营活动的，人民法院对原告的诉讼请求一般不予支持”。

第三种情形主要指的该公司涉及股权纠纷、合同纠纷、债权债务等问题。

---

① 市场监管总局 2019 年 6 月 28 日以“撤销冒名登记，遏制冒用他人身份信息登记违法行为”为主题召开法例行新闻发布会文字实录，http：//www. saic. gov. cn/xw/xwfbt/201906/t20190628_ 302996. html，最后访问时间：2019 年 9 月 30 日。

其原因在于，“如果该公司涉及股权纠纷、合同纠纷、债权债务等问题，有人在公示期内提出异议的，登记机关不能罔顾其他人的合法权益作出撤销登记决定”。[①]

将第四种情形列为不予撤销登记的情形，是因为“涉嫌冒名登记的公司也可能因触犯法律法规，正在被公安、税务、金融、人力资源社会保障等其他政府部门调查、处理。撤销登记后会对相关工作带来不利影响，应当认真加以甄别，因此也不能作出撤销决定”。[②]

将第五种情形列为不予撤销登记的情形，是因为“有的公司涉嫌非法集资、传销等违法行为，撤销后会对公共利益造成重大损害，登记机关应作出不予撤销登记决定”。[③]

除市场监管总局所说的“有的公司涉嫌非法集资、传销等违法行为，撤销后会对公共利益造成重大损害”之外，还需注意的是，考虑到“撤销企业登记直接涉及企业民事权利的变更或灭失，影响范围广、利益冲突多”[④]，而“在处理冒名登记问题上……需要注重维护社会公共利益和公司登记权威性，保持商事制度稳定可预期”[⑤]，公司登记机关可能会基于维护交易秩序和社会公共利益的考虑，作出不予撤销冒名登记的决定。

这跟公司登记机关对公司根据《公司法》第22条第4款关于“公司根据

① 市场监管总局2019年6月28日以“撤销冒名登记，遏制冒用他人身份信息登记违法行为”为主题召开法例行新闻发布会文字实录，http://www.saic.gov.cn/xw/xwfbt/201906/t20190628_302996.html，最后访问时间：2019年9月30日。

② 市场监管总局2019年6月28日以“撤销冒名登记，遏制冒用他人身份信息登记违法行为”为主题召开法例行新闻发布会文字实录，http://www.saic.gov.cn/xw/xwfbt/201906/t20190628_302996.html，最后访问时间：2019年9月30日。

③ 市场监管总局2019年6月28日以“撤销冒名登记，遏制冒用他人身份信息登记违法行为”为主题召开法例行新闻发布会文字实录，http://www.saic.gov.cn/xw/xwfbt/201906/t20190628_302996.html，最后访问时间：2019年9月30日。

④ “撤销企业登记直接涉及企业民事权利的变更或灭失，影响范围广、利益冲突多”，可能也是市场监管总局在对《撤销冒用他人身份信息取得企业登记暂行办法（征求意见稿）》公开征求意见之后，没有以局令形式出台部门规章性质的《撤销冒用他人身份信息取得企业登记暂行办法》，而只是以国市监信〔2019〕128号文出台部门规范性文件性质的《关于撤销冒用他人身份信息取得公司登记的指导意见》的原因之一（如果不是唯一原因的话）。

⑤ 市场监管总局2019年6月28日以“撤销冒名登记，遏制冒用他人身份信息登记违法行为”为主题召开法例行新闻发布会文字实录，http://www.saic.gov.cn/xw/xwfbt/201906/t20190628_302996.html，最后访问时间：2019年9月30日。

股东会或者股东大会、董事会决议已办理变更登记的，人民法院宣告该决议无效或者撤销该决议后，公司应当向公司登记机关申请撤销变更登记”的规定申请公司登记机关撤销变更登记申请的处理是类似的。

十是，在不予撤销冒名登记的救济方面，公司登记机关不予撤销冒名登记并不意味着当事人没有其他权利救济手段。其他的救济手段主要包括，其一，对于冒名登记行为涉及民事权利纠纷的，当事人可以提起民事诉讼，通过法院判决维护自身权益；其二，如果当事人对不予撤销登记决定有异议的，还可以申请行政复议或向人民法院提起行政诉讼。①

值得一提的是，《关于撤销冒用他人身份信息取得公司登记的指导意见》同样适用于撤销“冒名备案”（包括公司董事、监事、高级管理人员、清算组成员等备案）。对此，《关于撤销冒用他人身份信息取得公司登记的指导意见》规定了“撤销冒用他人身份取得公司董事、监事、高级管理人员、清算组成员等备案的，参照本意见执行”。

二、冒名登记的民事责任

针对股东冒名登记涉及的民事责任，《公司法司法解释（三）》第28条规定了：“冒用他人名义出资并将该他人作为股东在公司登记机关登记的，冒名登记行为人应当承担相应责任；公司、其他股东或者公司债权人以未履行出资义务为由，请求被冒名登记为股东的承担补足出资责任或者对公司债务不能清偿部分的赔偿责任的，人民法院不予支持。”

据此，被冒名登记为有限公司的股东的主体，没有向该有限公司缴纳出资的义务；在该有限公司不能清偿债务时，也不因其未向该有限公司缴纳出资而负有对该公司不能清偿的债务予以赔偿的责任。

不过，实践中，被冒名登记为有限公司股东的主体需要承担相应的证明责任，有关法院是否会认可并予以支持，不无疑问，有必要由专业人士协助处理。

---

① 市场监管总局2019年6月28日以“撤销冒名登记，遏制冒用他人身份信息登记违法行为”为主题召开法例行新闻发布会文字实录，http：//www.saic.gov.cn/xw/xwfbt/201906/t20190628_302996.html，最后访问时间：2019年9月30日。

第四章
股东的出资义务和责任

考虑到，在认定公司的股东资格和股东权利方面，公司章程、股东名册、出资证明书、股东登记都不能作为唯一的认定依据，需要综合起来并结合相关主体向公司缴纳出资的实际情况加以认定；也考虑到，股东是否能够享有并实际行使某些股东权利，取决于其履行相应的出资义务的情况以及法律法规和公司章程的具体规定，因此，本章主要围绕股东的出资义务及责任展开讨论。

第一节　有限公司股东的出资义务

有限公司股东的出资义务，主要是由《公司法》第 28 条第 1 款加以规定的，《公司法》第 178 条第 1 款略有涉及。

一、有限公司股东出资义务的原则性规定

《公司法》第 28 条第 1 款的规定是："股东应当按期足额缴纳公司章程中规定的各自所认缴的出资额。股东以货币出资的，应当将货币出资足额存入有限责任公司在银行开设的账户；以非货币财产出资的，应当依法办理其财产权的转移手续。"据此，《公司法》第 28 条第 1 款第一句对有限公司股东的出资义务作了原则性规定，即有限公司股东负有"按期足额缴纳公司章程中规定的各自所认缴的出资额"的义务。

对此，在 2008 年 12 月 2 日就中国长城资产管理公司乌鲁木齐办事处与新疆华电工贸有限责任公司、新疆华电红雁池发电有限责任公司、新疆华电苇

湖梁发电有限责任公司、新疆华电哈密发电有限责任公司、新疆华电喀什发电有限责任公司、新疆华电昌吉热电有限责任公司、乌鲁木齐红能物业管理有限公司、新疆金马物业管理有限责任公司、新疆苇湖梁发电厂华源电力安装公司借款合同纠纷上诉案作出的（2008）民二终字第79号民事判决书中，最高人民法院认为："注册资本是公司最基本的资产，确定和维持公司一定数额的资本，对于奠定公司基本的债务清偿能力，保障债权人利益和交易安全具有重要价值。股东出资是公司资本确定、维持原则的基本要求。出资是公司股东最基本、最重要的义务，同时也是公司法规定的股东必须承担的法定义务。"

其中，"按期"是缴纳出资的时间方面的要求，即股东履行出资义务应当符合公司章程中关于其缴纳各期出资的时间的规定；"足额"是缴纳出资的数额方面的要求，即股东每一次缴纳的出资的数额应当符合公司章程中关于其认缴的每一次出资数额的规定。

在股东履行出资义务这一问题上，不论是在时间方面不符合"按期"的要求，还是在数额方面不符合"足额"的要求，都属于"未全面履行出资义务"；如果股东在公司章程规定的期限内根本没有向公司缴纳任何出资，那就属于"未履行出资义务"。

二、货币出资义务

《公司法》第28条第1款第二句，则分别对货币出资的出资缴纳要求和非货币出资的出资缴纳要求作出了规定。针对以货币出资的股东，《公司法》第28条第1款第二句要求股东"应当将货币出资足额存入有限责任公司在银行开设的账户"。其中，股东用以出资的货币通常指人民币；不过，《公司法》本身不禁止股东以外币出资，在特定情况下，股东可以以外币出资，并存入公司开立的外币账户[①]。

① 参考《中外合资经营企业法实施条例》（2020年1月1日废止）第23条的规定，股东以外币出资的，可能需要按照缴付外币出资当日中国人民银行公布的基准汇率折算成人民币，据以确认股东实际出资的人民币金额。

值得注意的是，由于《公司法》第28条第1款使用了“足额存入”的表述，因此，如果银行需要就其为股东提供的向公司开立的银行账号缴存出资的服务而收取手续费或其他费用，相应的手续费或其他费用就应当由股东承担，而不应由公司承担。在这种情况下，如果银行从股东缴付的出资中扣除了相应的手续费或其他费用，导致公司实际收到的金额少于公司章程所规定的股东认缴的出资额，那么，股东这样的出资就不符合“足额”的要求。这种情况通常适用于股东的开户行。当然，如果银行需要就其为公司提供通过公司在该行开立的银行账户收取款项的服务而收取手续费或其他费用，相应的手续费或其他费用就应当由公司而非股东承担，股东这样的出资就符合“足额”的要求了。

此外，由于《公司法》第28条第1款使用了“有限责任公司在银行开设的账户”的表述，因此，作出收取股东的货币出资的账户仅限于在银行开设的账户，根据《非银行支付机构网络支付业务管理办法》在非银行支付机构开设的支付账户，现阶段不能作为缴存出资款的账户。

对实行注册资本认缴登记制的公司来说，由于公司尚未成立，未取得营业执照，未能在银行开立基本存款账户或其他银行账户，可以在公司章程中规定股东缴纳出资的期限为公司开立银行账户之后；待公司完成设立登记手续，取得营业执照并开立银行账户之后，再由股东将其认缴的出资额缴存至公司开立的银行账户。

对实行注册资本实缴登记制并且在公司设立登记时需要提交验资报告的公司来说，由于公司尚未成立，未取得营业执照，未能在银行开立基本存款账户或其他银行账户，因此，根据《人民币银行结算账户管理办法》第6条（已失效）、第14条、第27条、第31条（已失效）、第37条、第52条，《人民币银行结算账户管理办法实施细则》第18条，《中国人民银行关于加强公司登记注册入资账户管理的通知》（银发〔1996〕176号）[①] 和中国人民银行令〔2019〕第1号（关于取消企业银行账户许可的决定）的规定，股东向公司缴纳货币出资大致是这么操作的：股东或发起人凭公司登记机关核发的企业名称预先核准

① 《中国人民银行关于加强公司登记注册入资账户管理的通知》（银发〔1996〕176号）既未被列入中国人民银行令〔2018〕第1号文件公布的“废止的规章目录”和中国人民银行公告〔2018〕第2号文件公布的“废止的规范性文件目录”，也未被列入中国人民银行令〔2018〕第1号文件公布的“中国人民银行现行有效的规章目录”和中国人民银行公告〔2018〕第2号文件公布的“中国人民银行现行有效的规范性文件目录”，亦未被列入中国人民银行此前在该文件出台之后公布的“金融规章和规范性文件废止、失效目录”。

通知书或有关政府部门的批文（适用于设立公司需要事先取得批准的情况），到银行开立临时存款账户，该临时存款账户的名称为企业名称预先核准通知书或有关政府部门的批文中注明的拟设立的公司的名称，用于办理注册资本验资手续；用于注册验资的临时存款账户在验资期间只收不付，注册验资资金的汇缴人应与出资人的名称一致；在公司成立之后，根据公司提供的基本存款账户开户文件、公司的营业执照，将注册验资的临时存款账户内的资金全额（包括利息）划转至公司的基本存款账户，同时撤销注册验资的临时存款账户。

三、非货币出资义务

针对以非货币财产出资的股东，《公司法》第 28 条第 1 款第二句要求股东“应当依法办理其财产权的转移手续”。就股东以非货币财产出资而言，应当结合股东用作出资的非货币财产的具体情况，来确定采取何种财产权转移手续。以下是几种主要的非货币财产出资的财产权转移手续的要求：

一是，如果股东用于出资的非货币财产是普通动产，根据《物权法》第 23 条的规定，通常只需要将该动产交付给公司即可发生所有权转移的效力，公司可以取得相应动产的所有权。

二是，如果股东用于出资的非货币财产是船舶、航空器和机动车等动产，根据《物权法》第 24 条、《船舶登记条例》（2014 年修订）第 5 条和第 39 条、《民用航空法》（2018 年修正）第 14 条、《道路交通安全法》（2011 年修正）第 12 条和《机动车登记规定》（2012 年修正）第 18 条的规定，虽然只要交付给公司就发生所有权转移的效力，但是，还是需要办理相应的变更登记手续，否则，公司取得船舶、航空器和机动车等动产的所有权不具备对抗第三人的效力。

三是，如果股东用于出资的非货币财产是不动产，根据《物权法》第 14 条、《不动产登记暂行条例实施细则》（2019 年修正）第 27 条的规定，则需要办理不动产转移登记手续，方可发生所有权转移的效力，公司方能取得相应不动产的所有权。

四是，如果股东用于出资的非货币财产是专利申请权或者专利权，根据《专利法》（2008 年修正）第 10 条第 3 款的规定，需要向国务院专利行政部门

（现为国家知识产权局）办理登记手续，专利申请权或者专利权的转让自登记之日起生效，公司方能取得相应的专利申请权或者专利权。

五是，如果股东用于出资的非货币财产是注册商标或商标注册申请，根据《商标法》（2019 年修正）第 42 条、《商标法实施条例》（2014 年修订）第 17 条的规定，需要向国务院工商行政管理部门商标局办理转让手续，经商标局核准并公告后，公司自公告之日起才享有商标专用权。

六是，如果股东用于出资的非货币财产是著作权，包括作品著作权、计算机软件著作权等，尽管著作权转让或著作权转让合同登记不是强制性规定，但是，在能够办理著作权登记的情况下，从保护公司知识产权的角度，应以办理相应的转让登记或软件著作权转让合同登记为宜。

七是，如果股东用于出资的非货币财产是集成电路布图设计专有权，根据《集成电路布图设计保护条例》第 22 条第 2 款的规定，需要向国务院知识产权行政部门（现为国家知识产权局）办理登记，布图设计专有权的转让自登记之日起生效，公司方能取得相应的集成电路布图设计专有权。

八是，如果股东用于出资的非货币财产是植物新品种权、植物新品种申请权，在以农业植物新品种申请权或者品种权出资的情形，根据《植物新品种保护条例》第 9 条、《植物新品种保护条例实施细则（农业部分）》（2014 年修订）第 11 条第 2 款的规定，需要向农业部（现为农业农村部，下同）登记并由农业部予以公告，转让自公告之日起生效，公司方能取得相应的农业植物新品种申请权或者品种权；在以林业植物新品种申请权或者品种权出资的情形，根据《植物新品种保护条例》第 9 条、《植物新品种保护条例实施细则（林业部分）》第 8 条的规定，需要向国家林业局（现为国家林业和草原局）登记，转让自登记之日起生效，公司方能取得相应的林业植物新品种申请权或者品种权。

四、对公司增资的适用

尽管《公司法》第 28 条关于有限公司股东缴纳出资的规定，位于《公司法》第 29 条关于公司设立登记的规定之前，但是，由于《公司法》第 28 条没有像《公司法》第 30 条那样使用“作为设立公司出资的非货币财产”“公司设立时的其他股东”的表述，也由于《公司法》第178条第1款规定了“有限责任公司增加注册资本时，股东认缴新增资本的出资，依照本法设立有限责任公司缴纳出资的有关规定执行”，因此，在有限公司增加注册资本的过程中，股东缴纳新增出资，也应当适用《公司法》第28条的规定。上述分析，同样适用于公司增加注册资本的情形。

第二节 有限公司股东未按期足额出资的责任

针对有限公司股东未按期足额缴纳出资，《公司法》第28条第2款规定了两项民事责任：一是，对公司的责任，即向公司足额缴纳其应当缴纳但尚未缴纳的出资，也可称为“补缴”；二是，对其他股东的责任，即向已按期足额缴纳出资的股东承担违约责任。此外，《公司法司法解释（三）》还进一步规定了其他的民事责任，《公司法》第199条还规定了虚假出资的行政责任。

一、对公司的补足责任

（一）关于股东未按期足额缴纳出资的责任的一般规定

针对有限公司股东未按期足额缴纳出资的行为，《公司法》第28条第2款规定的责任是“应当向公司足额缴纳”。因此，公司和公司的其他股东可以要求其向公司全面履行出资义务。

并且，在股东未履行出资义务或未按期足额履行出资义务的情况下，公司或其他股东要求其向公司全面履行出资义务，不受诉讼时效的限制。对此，《最高人民法院关于审理民事案件适用诉讼时效制度若干问题的规定》（法释〔2008〕11号）第1条第3项明确规定了当事人可以对债权请求权提出诉讼时效抗辩，但对下列债权请求权提出诉讼时效抗辩的，人民法院不予支持：（三）基于投资关系产生的缴付出资请求权；《公司法司法解释（三）》第19条第1款也规定了“公司股东未履行或者未全面履行出资义务……公司或者其他股东请求其向公司全面履行出资义务……被告股东以诉讼时效为由进行抗辩的，人民法院不予支持”。

此外，值得一提的是，即使是在有限公司的股东在公司章程之外就公司的设立签订了股东协议或合资合同或类似协议，并且该协议或合同约定了仲裁条款的情形，根据《最高人民法院关于合营企业起诉股东承担不履行出资义务的违约责任是否得当及合资经营合同仲裁条款是否约束合营企业的请示的复函》（民四他字〔2004〕第41号）的规定，由于公司不是股东协议或合资合同或类似协议的签约主体，未参与订立仲裁条款，因此，股东协议或合资合同或类似协议中的仲裁条款不能约束公司，公司可以直接向人民法院提起诉讼，要求未履行出资义务的股东履行出资义务。

还有，公司不仅有权根据《公司法》第28条第2款的规定要求未全面履行出资义务或未履行出资义务的股东按照公司章程的规定向公司足额缴纳其所认缴的相应的出资，还有权要求迟延履行出资义务的股东支付迟延出资部分的利息。事实上，从税务的角度，税务机关就认为，在公司的股东未履行出资义务或未全面履行出资义务的情况下，公司因从他人借款所发生的借款利息当中就有一部分是应当由该股东承担的。

比如，《国家税务总局关于企业投资者投资未到位而发生的利息支出企业所得税前扣除问题的批复》（国税函〔2009〕312号）就规定了“关于企业由于投资者投资未到位而发生的利息支出扣除问题，根据《中华人民共和国企业所得税法实施条例》第二十七条规定，凡企业投资者在规定期限内未缴足其应缴资本额的，该企业对外借款所发生的利息，相当于投资者实缴资本额与在规定期限内应缴资本额的差额应计付的利息，其不属于企业合理的支出，应由企业投资者负担，不得在计算企业应纳税所得额时扣除”，“具体计算不得扣除的利息，应以企业一个年度内每一账面实收资本与借款余额保持不变的期间作为一个计算期，每一计算期内不得扣除的借款利息按该期间借款利息发生额乘以该期间企业未缴足的注册资本占借款总额的比例计算，公式为：企业每一计算期不得扣除的借款利息＝该期间借款利息额×该期间未缴足注册资本额÷该期间借款额”。

（二）关于股东以非货币财产出资不足时的责任的特别规定

针对在有限公司设立时发生股东的非货币财产出资不足的情况，《公司法》

第30条作出了特别规定，要求交付该非货币财产出资的股东补足其差额。

根据《公司法》第30条，相关股东承担补足责任的前提是，“作为设立公司出资的非货币财产的实际价额显著低于公司章程所定价额”。其中，“公司章程所定价额”，指的是有限公司公司章程中规定的相关非货币财产出资的金额，即该非货币财产对应的相关股东认缴的出资额；“差额”，指的是公司章程规定的作为设立公司出资的非货币财产的金额超过非货币财产的实际价额的部分。因此，其中的关键是“作为设立公司出资的非货币财产的实际价额”。

问题是，如何确定“作为设立公司出资的非货币财产的实际价额”？

对此，应采用相应的评估技术进行评估为宜。其中，在评估的基准日方面，应以公司章程规定的相关股东的出资日期作为确定相关非货币财产的价额的基准日（在公司章程未作规定时，可以考虑以实际交付该非货币财产的时间为基准日），而不应以“作为设立公司出资的非货币财产的实际价额显著低于公司章程所定价额”这一事实被发现的时间作为基准日。在此前作为出资的非货币财产未评估作价的情况下，这意味着确定“作为设立公司出资的非货币财产的实际价额”是一个事后进行复核的过程。

正是因为不应以“作为设立公司出资的非货币财产的实际价额显著低于公司章程所定价额”这一事实被发现的时间作为基准日，所以，作为原则，《公司法司法解释（三）》第15条规定了“出资人以符合法定条件的非货币财产出资后，因市场变化或者其他客观因素导致出资财产贬值，公司、其他股东或者公司债权人请求该出资人承担补足出资责任的，人民法院不予支持”。

比如，在2019年9月9日就青海威德生物技术有限公司（以下简称青海威德公司）与北京威德生物科技有限公司（以下简称北京威德公司）、殷某、张某公司增资纠纷二审案作出的（2019）最高法民终959号民事判决书中，针对北京威德公司2010年以其拥有的“一种以菊芋或菊苣为原料制造菊粉的新方法”发明专利及相关全套工业生产技术、“红菊芋”注册商标、“wede”注册商标3项无形资产对青海威德公司增资并以评估结果1300万元确定增资数额之后，“红菊芋”商标于2014年12月30日被国家工商行政管理总局商标评审委员会宣告无效、“一种以菊芋或菊苣为原料制造菊粉的新方法”发明专利于2016年2月25日被国家知识产权局专利复审委员会宣告无效，而青海威德公司要求北京威德公司补充缴纳出资1300万元的请求，最高人民法认为：“根据公司法第二十七条的规定，股东可以用知识产权等可以用货币估价并可以依法转让的非货币财产作价出资，对作为出资的非货币财产应当评估作价，核实财产，不得高估或者低估作价。公司法司法解释（三）第十五条亦规定，出资人以符合法定条件的非货币财产出资后，因市场变化或者其他客观因素导致出资财产贬值，该出资人不承担补足出资责任，除非当事人另有约定。据此，出资人以知识产权出资的，知识产权的价值由出资时所作评估确定，出资人不对其后因市场变化或其他客观因素导致的贬值承担责任，除非当事人另有约定。本案中，北京威德公司于2010年委托北京大正评估公司对其所有的知识产权价值进行了评估，并据此增资入股至青海威德公司，双方未作其他约定。随后，青海威德公司召开股东会会议，决议同意北京威德公司以知识产权评估作价1300万元入股青海威德公司，并履行了股东变更工商登记手续。上述事实表明，北京威德公司的出资严格遵循了公司法对知识产权出资的要求。青海威德公司未能提交证据证明本案评估存在违法情形或者北京威德公司在评估时存在违法情形，现以案涉两项知识产权被确认无效，要求北京威德公司承担补足出资和赔偿损失的责任，缺乏事实和法律依据。”

针对青海威德公司上诉提出的“168号评估报告有明确的假设条件，北京威德公司明知假设条件不成立，存在主观恶意，一审法院未审理假设条件是否成立，处理错误”的主张，最高人民法院认为：“根据商标法第四十七条和专利法第四十七条的规定，注册商标或者专利被宣告无效，对宣告无效前已经履行的商标或者专利转让不具有追溯力，除非证明权利人存在主观恶意。168号评估报告载明，评估结果形成的基础是委托方及被投资单位提供的资料，资料的真实性、准确性和完整性由委托方和被评估单位负责并承担相应的责任。本案的被投资人青海威德公司向北京大正评估公司提供了资产权属、生产经营管理、财务会计等评估资料。正是在这些资料的基础上，北京大正评估公司将北京威德公司的知识产权估价为1300万元，故青海威德公司对评估具有足够的控制力和识别力。同时，168号评估报告对两项知识产权的价值及其假设条件进行了明确清晰的表述，青海威德公司股东会决议同意北京威德公司以168号评估报告确定的价值增资入股，即表明对168号评估报告的全面认可，亦包含对报告中假设条件的认可。青海威德公司未能提交证据证明北京威德公司在向该公司股东会提交168号评估报告时存在故意隐瞒假设条件等主观恶意行为，未能证明北京威德公司存在明知其知识产权会被宣告无效的恶意情形，故该公司关于北京威德公司存在主观恶意的主张不具有事实依据，关于一审法院应对假设条件是否成立进行审理的上诉理由缺乏法律依据，本院不予支持。一审法院认定北京威德公司增资到位，判令驳回青海威德公司对北京威德公司、殷某、张某的诉讼请求，处理正确，本院予以维持。”

当然，《公司法司法解释（三）》第15条也规定了例外情形，即“当事人另有约定的除外”；对此，我倾向于认为，其中的“当事人另有约定”，应当是包括取得了交付作为设立公司出资的非货币财产的股东的同意的约定。

在“作为设立公司出资的非货币财产的实际价额显著低于公司章程所定价额”的情况下，《公司法》第30条规定的交付该非货币财产的股东的责任是“补足其差额”。据此，公司可以基于《公司法》第30条的规定要求股东补足其差额；并且，我倾向于认为，在补足差额之外，公司还可以要求该股东向公司支付差额部分的利息，如同差额部分属于应缴而未缴的出资那样。

值得一提的是，即使是在有限公司的股东在公司章程之外就公司的设立签订了股东协议或合资合同或类似协议，并且该合同或协议约定了仲裁条款的情形下，结合《最高人民法院关于合营企业起诉股东承担不履行出资义务的违约责任是否得当及合资经营合同仲裁条款是否约束合营企业的请示的复函》（民四他字〔2004〕第41号）的规定，由于公司不是股东协议或合资合同或类似协议的签约主体，未参与订立仲裁条款，因此，股东协议或合资合同或类似协议中的仲裁条款不能约束公司，在股东交付的作为设立公司出资的非货币财产的实际价额显著低于公司章程所定价额的情况下，公司可以直接向人民法院提起诉讼，要求交付该非货币财产的股东承担补足其差额的责任。

此外，针对在股东交付的作为设立公司出资的非货币财产的实际价额显著低于公司章程所定价额时，公司要求其补足差额的情形，即使该情形不属于《公司法司法解释（三）》规定的“未履行出资义务”或“未全面履行出资义务”，但至少属于《最高人民法院关于审理民事案件适用诉讼时效制度若干问题的规定》（法释〔2008〕11号）第1条第3项所规定的“基于投资关系产生的缴付出资请求权”，因此，根据《最高人民法院关于审理民事案件适用诉讼时效制度若干问题的规定》（法释〔2008〕11号）第1条第3项的规定，公司要求交付实际价额显著低于公司章程所定价额的作为设立公司出资的非货币财产的股东补足其差额，不受诉讼时效的约束。

基于上述，考虑到《公司法》第30条的规定，在股东以非货币财产出资时，有必要由独立的资产评估机构对作为出资的非货币财产进行评估并出具评估报告，根据评估报告确定的公允价值确定非货币财产的作价。

但是，值得注意的是，《公司法》第30条的适用，不以未经独立的资产评估机构评估作价为前提；即使是在经独立的资产评估机构对作为出资的非货币财产进行评估作价，并且公司章程也是基于此项评估结果确定非货币财产的价额的情况下，如果资产评估机构出具的是虚假的评估报告或有重大遗漏的评估报告（当然这需要由公司或相关股东加以证明），致使作为设立公司出资的非货币财产的实际价额显著低于公司章程所定价额的话（即非货币财产的价额被显著高估），仍然可以并应当适用《公司法》第30条；并且，在这种情况下，资产评估机构及其相关人员可能需要承担《公司法》第207条以及《资产评估法》第45条①、第47条②或第48条③所规定的责任。

二、对其他股东的违约责任

《公司法》第28条第2款还规定了未全面履行出资义务或未履行出资义务

---

① 《资产评估法》第45条规定："评估专业人员违反本法规定，签署虚假评估报告的，由有关评估行政管理部门责令停止从业两年以上五年以下；有违法所得的，没收违法所得；情节严重的，责令停止从业五年以上十年以下；构成犯罪的，依法追究刑事责任，终身不得从事评估业务。"

② 《资产评估法》第47条规定："评估机构违反本法规定，有下列情形之一的，由有关评估行政管理部门予以警告，可以责令停业一个月以上六个月以下；有违法所得的，没收违法所得，并处违法所得一倍以上五倍以下罚款；情节严重的，由工商行政管理部门吊销营业执照；构成犯罪的，依法追究刑事责任：（一）利用开展业务之便，谋取不正当利益的；（二）允许其他机构以本机构名义开展业务，或者冒用其他机构名义开展业务的；（三）以恶性压价、支付回扣、虚假宣传，或者贬损、诋毁其他评估机构等不正当手段招揽业务的；（四）受理与自身有利害关系的业务的；（五）分别接受利益冲突双方的委托，对同一评估对象进行评估的；（六）出具有重大遗漏的评估报告的；（七）未按本法规定的期限保存评估档案的；（八）聘用或者指定不符合本法规定的人员从事评估业务的；（九）对本机构的评估专业人员疏于管理，造成不良后果的。评估机构未按本法规定备案或者不符合本法第十五条规定的条件的，由有关评估行政管理部门责令改正；拒不改正的，责令停业，可以并处一万元以上五万元以下罚款。"

③ 《资产评估法》第48条规定："评估机构违反本法规定，出具虚假评估报告的，由有关评估行政管理部门责令停业六个月以上一年以下；有违法所得的，没收违法所得，并处违法所得一倍以上五倍以下罚款；情节严重的，由工商行政管理部门吊销营业执照；构成犯罪的，依法追究刑事责任。"

的股东应当向已按期足额缴纳出资的股东承担违约责任。

不过，违约责任的承担需要看公司章程以及股东之间关于成立公司的协议有没有具体的约定；如果没有，则应适用《合同法》关于违约责任的规定。

值得注意的是，由于《公司法》第28条第2款使用的是“还应当向已按期足额缴纳出资的股东承担违约责任”的表述，因此，《公司法》仅要求未全面履行出资义务或未履行出资义务的股东向“已按期足额缴纳出资的股东”承担违约责任，并未规定其负有向“未按期足额缴纳出资的股东”承担违约责任的义务。

其中的“已按期足额缴纳出资的股东”，指的是截至当时的时点已经按照公司章程规定的期限和数额缴纳了当时应当缴纳的出资的股东，包括已经按照公司章程关于分期缴纳出资的规定缴纳了截至当时应当缴纳的出资、尚未缴纳公司章程规定的未到缴纳期限的出资的股东，不包括之前曾经按期足额缴纳出资，但在当时存在抽逃出资行为等出资问题的股东。

对此，在水发安和集团有限公司（前身为四川安和水利水电工程有限公司，以下简称安和公司）与晶某股东出资纠纷再审案中，尽管西藏蕃安能源发展有限公司（以下简称蕃安公司）的股东安和公司于2011年9月20日就已经履行了全部出资义务，而晶某则未按照《西藏蕃安能源发展有限公司章程》的规定足额缴纳出资，但是考虑到“根据已生效的（2018）藏民终17号民事判决所确认的事实，安和公司于2012年9月14日前通过向蕃安公司借款的方式将其在蕃安公司的出资全部转出，抽逃出资共计2600万元，且未在双方约定的晶某第二期出资日之前返还抽逃的出资。安和公司的上述行为违反了《公司法》第三十五条关于股东不得抽逃出资的规定，亦违反《公司章程》第三章第十四条第（三）项及《出资协议》之相关约定”，因此，最高人民法院在2019年3月20日作出的（2019）最高法民申509号民事裁定书中认为，“安和公司不能认定为‘足额缴纳出资股东’，晶某无需向其承担违约责任”。

三、股东的其他民事责任

在《公司法》上述规定之外，《公司法司法解释（三）》还进一步明确了股东未履行出资义务或者未全面履行出资义务涉及的其他民事责任。

这些民事责任主要包括：

一是，《公司法司法解释（三）》第16条规定了，有限公司的股东未履行或者未全面履行出资义务，公司可以根据公司章程或者股东会决议对其利润分配请求权、新股优先认购权、剩余财产分配请求权等股东权利作出相应的合理限制。

二是，《公司法司法解释（三）》第17条第1款规定了，有限公司的股东未履行出资义务或者抽逃全部出资，经公司催告缴纳或者返还，其在合理期间内仍未缴纳或者返还出资，公司可以以股东会决议解除该股东的股东资格。

三是，《公司法司法解释（三）》第18条第1款规定了，有限公司的股东未履行或者未全面履行出资义务即转让股权，受让人对此知道或者应当知道，公司可以要求该股东履行出资义务，并要求受让人对此承担连带责任；公司债权人可以向该股东提起诉讼，要求该股东在未出资本息范围内对公司债务不能清偿的部分承担补充赔偿责任，同时要求前述受让人对此承担连带责任。

四是，《公司法司法解释（三）》第13条第2款规定了，在股东未履行或者未全面履行出资义务的情况下，公司的债权人可以请求未履行或者未全面履行出资义务的股东在未出资本息范围内对公司债务不能清偿的部分承担补充赔偿责任。

五是，《公司法司法解释（三）》第13条第3款规定了，股东在公司设立时未履行或者未全面履行出资义务，公司的债权人可以请求公司设立时的其他股东与被告股东对公司债务不能清偿的部分承担连带的补充赔偿责任。

六是，《公司法司法解释（三）》第13条第4款规定了，股东在公司增资时未履行或者未全面履行出资义务，公司的债权人可以请求未尽《公司法》第147条第1款规定的义务而使出资未缴足的董事、高级管理人员承担相应责任。

值得注意的是，就公司对未履行或者未全面履行出资义务的股东的股东权利进行限制而言，公司对相关股东的股东权利的限制应符合两个条件：一是，这种限制的作出应当有公司章程作为依据，或者在公司章程没有相关规定的情况下，公司的股东会可以依法通过相应的股东会决议，对相关股东的股东权利作出限制；二是，这种限制应当是合理的。

其中，值得思考的问题是：如果公司章程没有对“在股东未履行或者未全面履行出资义务时对相关股东的利润分配请求权、新股优先认购权、剩余财产分配请求权等股东权利作出限制”作出规定，公司股东会在就对未履行或者未全面履行出资义务的股东的利润分配请求权、新股优先认购权、剩余财产分配请求权等股东权利作出限制进行审议时，未履行或者未全面履行出资义务的股东是否享有表决权？

我理解，未履行或者未全面履行出资义务的股东不应享有表决权，相关股东会决议应参照适用《公司法》第16条第3款的规定，该股东不得参加相关股东会的表决，该项表决由出席会议的其他股东所持表决权的过半数通过——当然，应由最高人民法院对此提出明确意见为宜。

比如，在2014年11月19日就上海万禹国际贸易有限公司（以下简称万禹公司）、宋某祥与杭州豪旭贸易有限公司（以下简称豪旭公司）公司决议效力确认纠纷二审案作出的（2014）沪二中民四（商）终字第1261号民事判决书中，上海市第二中级人民法院就认为：“《公司法司法解释（三）》第十七条第一款规定，有限责任公司的股东未履行出资义务或者抽逃全部出资，经公司催告缴纳或者返还，其在合理期间内仍未缴纳或者返还出资，公司以股东会决议解除该股东的股东资格，该股东请求确认该解除行为无效的，人民法院不予支持。根据本院审理查明的事实和对前述第一个争议焦点的认定，万禹公司以股东会决议形式解除豪旭公司股东资格的核心要件均已具备，但在股东会决议就股东除名问题进行讨论和决议时，拟被除名股东是否应当回避，即是否应当将豪旭公司本身排除在外，各方对此意见不一。《公司法司法解释（三）》对此未作规定。本院认为，《公司法司法解释（三）》第十七条中规定的股东除名权是公司为消除不履行义务的股东对公司和其他股东所产生不利影响而享有的一种法定权能，是不以征求被除名股东的意思为前提和基础的。在特定情形下，股东除名决议作出时，会涉及被除名股东可能操纵表决权的情形。故当某一股东与股东会讨论的决议事项有特别利害关系时，该股东不得就其持有的股权行使表决权。本案中，豪旭公司是持有万禹公司99%股权的大股东，万禹公司召开系争股东会会议前通知了豪旭公司参加会议，并由其委托的代理人在会议上进行了申辩和提出反对意见，已尽到了对拟被除名股东权利的保护。但如前所述，豪旭公司在系争决议表决时，其所持股权对应的表决权应被排除在外。本院认为，本案系争除名决议已获除豪旭公司以外的其他股东一致表决同意系争决议内容，即以100%表决权同意并通过，故万禹公司2014年3月25日作出的股东会决议应属有效。”

另外，还需思考的问题是，何为“相应的合理限制”？我理解，需要结合相关股东未履行或者未全面履行出资义务的具体情况进行具体分析。比如，如果相关股东根本未履行出资义务，那么公司通过股东会决议完全剥夺未履行出资义务的股东利润分配请求权、新股优先认购权、剩余财产分配请求权，应属“合理的限制”。又如，如果相关股东仅履行了部分出资义务，那么，公司通过股东会决议剥夺未履行出资义务的股东的未履行出资义务部分的出资对应的利润分配请求权、新股优先认购权、剩余财产分配请求权，亦应属于“合理的限制”；但是，在相关股东履行了部分出资义务的情况下，公司通过股东会决议完全剥夺未履行出资义务的股东的利润分配请求权、新股优先认购权、剩余财产分配请求权，应不属于“合理的限制”。

对此，最高人民法院的倾向性意见是：“此处的合理限制需要结合具体的情形分别认定，比如股东未出资到位的部分只占其认缴出资的10%，那么公司对其新股优先认购权中10%的部分的限制应属合理，超过该比例的，应属不合理。”①

在2007年9月19日就安达新世纪·巨鹰投资发展有限公司（以下简称安达巨鹰公司）与北京首都国际投资管理有限责任公司、协和健康医药产业发展有限公司（以下简称协和健康公司）股东权确权赔偿纠纷案作出的（2007）民二终字第93号民事判决书中，考虑到安达巨鹰公司是通过从协和健康公司的原股东协和医药公司、东盛药业公司、海泰集团公司受让协和健康公司总共16500万元人民币出资额的方式成为协和健康公司的股东的，但协和健康公司的原股东均未履行16500万元的出资义务，最高人民法院也认为：“根据《公司法》的规定，股东出资不到位并不影响其股东资格的取得，但其享有股东权利的前提是承担股东义务，违反出资义务，也就不应享有股东的相应权利，这亦是民法中权利与义务统一、利益与风险一致原则的具体体现。本案中，由于安达巨鹰公司并没有履行出资义务，其股东权利的行使应当受到一定的限制，

① 宋晓明、张勇健、杜军：《〈关于适用公司法若干问题的规定（三）〉的理解与适用》，载《人民司法·应用》2011年第5期。

这种限制应根据具体的股东权利的性质确定，即与出资义务相对应的股东权利只能按出资比例来行使。故原审法院判决安达巨鹰公司如不能补足出资，则其不享有对协和健康公司16500万股的表决权、利润分配请求权及新股认购权并无不当。”

就公司解除未履行出资义务的股东的股东资格而言，有限公司解除相关股东的股东资格应同时符合三个条件：一是，仅适用于相关股东根本未履行出资义务的情形；二是，仅适用于未履行出资义务的股东在经有限公司催告缴纳后，在合理期间内仍未缴纳任何出资的情形；三是，应由有限公司的股东会依照《公司法》和公司章程的规定通过解除该股东的股东资格的决议。

在有限公司的股东既不存在未履行出资义务的行为，又不存在抽逃全部出资的行为时，即使相关股东存在其他违法或违反公司章程的行为，公司既不应以股东会决议解除相关股东的股东资格，也不应在未经相关股东同意的情况下在公司章程中加入关于可以基于任何其他理由解除其股东资格的规定。

比如，在就展某轮与上海慕赫工程技术有限公司（以下简称慕赫公司）公司决议效力纠纷一审案作出的（2014）杨民二（商）初字第886号民事判决书中，针对持有慕赫公司70%表决权的股东董某在2014年3月13日召开的慕赫公司股东会会议上通过的公司章程修正案中的第38条的规定，即“股东有下列情形之一，股东会经代表三分之二以上表决权的股东同意，可以决定解除其股东资格：（1）股东严重破坏公司正常经营活动；（2）非经代表三分之二以上表决权的股东同意，自营或为他人经营与公司同类或相竞争的业务；为自己或者他人谋取属于公司的商业机会；（3）侵害公司商业秘密；（4）诋毁公司商业信誉；（5）其他侵害公司利益的情形（包括但不限于挪用或侵吞公司资金，私藏、转移或隐匿公司重要文件及资料等）。股东会决定解除上述股东资格的，涉及的未缴的出资额由其他股东认缴；已缴的出资额，即该股东的股权，由其他股东按照股权成本价购买，不再评估该股权的溢价或减亏。股权成本价是指股东出资时向公司实际交付的出资金额，或收购该项股权时向该股权的原转让人实际支付的股权转让价金额”，上海市杨浦区人民法院认为，“公司章程是股东、发起人意思自治的体现，当事人可以通过自由协商一致，约定相互之间的权利义务关系，但不能违反国家法律。本案中的《股东会会议纪要》所记载的修改公司章程内容中，增设的第三十八条所列事项虽然是对股东行为的约束，股东如有违反可追究其法律责任，但关于解除股东资格及对该股东股权的处理，违反了民事活动自愿、公平、等价有偿原则，该条款应为无效”，因此，判决“被告上海慕赫工程技术有限公司 2014 年 3 月 13 日形成的股东会决议中关于公司章程修正案增设的第三十八条内容无效”。上海市第二中级人民法院维持了一审法院的这一判决。①

此外，同样值得思考的问题是：如果公司章程没有对“解除股东资格”作出规定，公司股东会在就解除未履行出资义务的股东的股东资格进行审议时，未履行出资义务的股东是否享有表决权？

我认为，未履行出资义务的股东不应享有表决权，相关股东会决议应参照适用《公司法》第 16 条第 3 款的规定，该股东不得参加相关股东会的表决，该项表决由出席会议的其他股东所持表决权的过半数通过；在有限公司只有两名股东并且其中一名股东存在《公司法司法解释（三）》第 17 条第 1 款规定的可以解除其股东资格的情形下，可以由另一名股东作出解除未履行出资义务的股东的股东资格的决定——当然，应由最高人民法院对此提出明确意见为宜。

比如，在上海象云化学纤维有限公司（以下简称象云公司）诉上海家兴房地产开发有限公司（以下简称家兴公司）公司决议撤销纠纷中，家兴公司只有象云公司和上海通威机电物资有限公司（以下简称通威公司）这两名股东，在象云公司未履行出资义务并且经多次催缴给予合理期限后仍未履行出资义务的情况下，家兴公司召开的股东会会议在排除象云公司的表决权的情况下作出了解除象云公司的股东资格的决议。对此，一审法院上海市浦东新区人民法院认为：“结合本案，象云公司为持有家兴公司 70% 股权的控股股东，系争决议事项涉及象云公司股东资格问题，从表决权比例来看，如果由象云公司参与表决，则该次股东会的召开并无必要，从会议议题来看，如果由象云公司对自己是否具备股东资格进行表决，则该种表决形同虚设，亦不符合《公司法解释（三）》作出相关规定的初衷。据此，本院认为，该次股东会要求象云公司就表决事项进行回避不违反法律、行政法规的规定和公司章程，就表决方式而言亦

---

① 见上海市第二中级人民法院 2015 年 4 月 22 日就展某轮与上海慕赫工程技术有限公司公司决议效力确认纠纷二审案作出的（2015）沪二中民四（商）终字第 178 号民事判决书。

无瑕疵”，并支持了家兴公司股东会解除象云公司的股东资格的决议。上海市第一中级人民法院维持了一审法院的这一判决。①

四、虚假出资及其行政责任

实践中，股东未按期足额交付出资，可能会被认定为虚假出资。

在《公司法》第28条第2款的基础上，针对实行注册资本实缴登记制的有限公司的股东虚假出资、未交付或未按期足额交付出资的行为，《公司法》第199条还规定了相应的行政责任：“公司的发起人、股东虚假出资，未交付或者未按期交付作为出资的货币或者非货币财产的，由公司登记机关责令改正，处以虚假出资金额百分之五以上百分之十五以下的罚款。”

关于《公司法》第199条规定的“公司的发起人、股东虚假出资，未交付或者未按期交付作为出资的货币或者非货币财产”，可以通过以下四个问题来进行分析。

第一个问题是，何为“虚假出资”？

单从《公司法》第199条的表述看，“虚假出资”可以理解为：有限公司的股东或股份公司的发起人、股东未按照公司章程的规定交付任何其认缴的作为出资的货币或者非货币财产的行为，或者虽然交付了其认缴的作为出资的货币或者非货币财产，但是未按照公司章程的规定按期足额交付作为出资的货币或者非货币财产的行为。

不过，结合《刑法》第159条关于虚假出资罪的规定，参考《宁夏回族自治区工商局规范企业出资行为查处“两虚一逃”办案工作指导意见》（宁工商企监字〔2011〕216号），《公司法》第199条所说的“虚假出资”，指的是：有限公司的股东或股份公司的发起人、股东违反法律或公司章程规定的出资义务，未交付货币、实物或未转移财产权等，欺骗债权人和社会公众，骗取公司登记的行为；其本质是发起人或股东未支付相应对价而取得公司的股权或股份，多发生于公司设立时股东缴纳注册资本环节或公司申请增资时股东认缴、

① 见上海市第一中级人民法院2014年10月27日就上海象云化学纤维有限公司诉上海家兴房地产开发有限公司公司决议撤销纠纷二审案作出的（2014）沪一中民四（商）终字第1255号民事判决书。

认购资本或股份等环节。

在虚假出资的具体认定方面，结合2002年4月29日的《国家工商行政管理总局关于虚假出资认定问题的答复》（工商企字〔2002〕第97号，已失效）、《江苏省高级人民法院关于审理适用公司法案件若干问题的意见（试行）》（苏高法审委〔2003〕2号）、《山东省高级人民法院关于审理公司纠纷案件若干问题的意见（试行）》（鲁高法发〔2007〕3号），以下情形可以被认定为虚假出资的行为：

一是，公司利用本公司的其他银行账户将资金以借款名义借给股东，然后股东以股东名义作为投资对公司追加注册资本，但实际上，公司未将资金交付给借款的股东，借款的股东也未办理向公司投入资金的转移手续，而是公司将股东所借资金在该公司银行账户之间内部转账，股东本身并未增加任何实际投资。此种行为可以认定为虚假出资行为。

二是，股东未按期足额缴纳出资，在公司成立前非法将其缴纳的出资款全部或部分抽回，或者作为出资的非货币财产的实际价额显著低于公司章程所定价额的，构成虚假出资。

从公司登记机关的角度，根据《宁夏回族自治区工商局规范企业出资行为查处“两虚一逃”办案工作指导意见》（宁工商企监字〔2011〕216号），虚假出资的常见手法包括：“1. 中介机构‘一条龙’服务虚假出资。一些中介机构在代办工商营业执照中，实行了‘一条龙’的服务，一切由中介机构操办。公司创办者只需交纳一定的手续费，甚至可以在‘零’出资的情况下直接由中介公司代办营业执照，虚构投资行为。2. 利用本公司的其他银行账户将资金以借款名义借给股东，然后以股东名义作为投资追加注册资本，但实际上，公司未将资金交付给借款的股东，借款的股东也未办理资金转移手续，而是公司将股东所借资金在该公司银行账户之间内部转账，股东本身并未增加任何实际投资。3. 以房屋、车辆等不动产或者土地使用权、工业产权、非专利技术等无形资产出资的，采取办理虚假财产权转移手续出资，或者已经办理有关财产权转移手续，但实物并未交付。4. 以实物方式交付的，采用少交多报或者在评估作价时，故意高估作价再作为出资。5. 利用资产评估增值虚假出资。有的企业为办理银行信用等级或银行贷款，对其拥有的房屋或土地使用权申请评估，同时将评估结果的增值部分计入了资本公积科目，随后做转增实收资本的会计处理并申请验资。”

第二个问题是，《公司法》第199条关于虚假出资的行政责任的规定，是否适用于所有公司？

值得注意的是，在虚假出资的刑事责任方面，2014年4月24日通过的《全国人民代表大会常务委员会关于〈中华人民共和国刑法〉第一百五十八条、第一百五十九条的解释》和2014年5月20日印发的《最高人民检察院、公安部关于严格依法办理虚报注册资本和虚假出资抽逃出资刑事案件的通知》（公经〔2014〕247号）明确规定，《刑法》第159条关于虚假出资罪的规定，只适用于依法实行注册资本实缴登记制的公司；自2014年3月1日起，除依法实行注册资本实缴登记制的公司以外，对公司股东、发起人不得以虚假出资罪追究刑事责任。

在虚假出资的行政责任方面，注意到，在没有实行注册资本认缴登记制之前，原国家工商总局2005年制定的《公司注册资本登记管理规定》第23条曾规定，“公司的股东或者发起人虚假出资，未交付或者未按期交付作为出资的货币或者非货币财产的，由公司登记机关依照《公司登记管理条例》第七十条予以处罚。公司的股东或者发起人拒不改正的，公司登记机关责令公司限期办理注册资本、出资期限变更登记，逾期不办理的，按照《公司登记管理条例》第七十三条处罚。公司成立两年后，其中，投资公司成立五年后，公司股东或者发起人仍未交付或者未足额交付出资，且公司未办理变更登记的，按照《公司登记管理条例》第六十八条处罚”；不过，在2013年12月修改后的《公司法》实施注册资本认缴登记制之后，原国家工商总局在2014年2月重新制定的《公司注册资本登记管理规定》第16条则规定，“法律、行政法规以及国务院决定规定公司注册资本实缴的，其股东或者发起人虚假出资，未交付作为出资的货币或者非货币财产的，由公司登记机关依照《公司登记管理条例》的相关规定予以处理”。

从修订前后的《公司注册资本登记管理规定》关于虚假出资的规定的变化可以看出，在原国家工商总局看来，《公司法》第199条关于虚假出资的行政责任的规定，也应只适用于依法实行注册资本实缴登记制的公司，不适用于实行注册资本认缴登记制的公司。

对此，《辽宁省工商局关于有限公司虚报注册资本等问题认定及处理的答复意见》（辽工商发〔2016〕70号）曾明确提出，《公司注册资本登记管理规定》（工商总局令第64号）第16条就实行注册资本实缴制的公司虚假出资的处理专门作出了规定。由此可知，实行注册资本认缴制的公司，不适用《公司法》第199条以及《公司登记管理条例》有关虚假出资的相关规定。

第三个问题是，"虚假出资"的行政责任有哪些？

《公司法》第199条规定的"虚假出资"的行政责任，主要对应于《公司法》第26条第2款、第28条、第30条、第80条、第83条、第85条、第93条、第178条的规定。针对"虚假出资"的行为，《公司法》第199条规定了"责令改正"和"处以虚假出资金额百分之五以上百分之十五以下的罚款"这两种追究行政责任的措施，其实施主体都是公司登记机关，而不是其他主管机关。

就这两种措施而言，"罚款"属于公司登记机关采取的行政处罚行为，"责令改正"则属于公司登记机关的其他具体行政行为；"责令改正"是与"罚款"同时适用的。

由于《公司法》第199条使用的是"处以虚假出资金额百分之五以上百分之十五以下的罚款"的表述，因此，针对虚假出资的罚款，其金额的计算基准是公司的股东或发起人出资中的虚假部分。

不过，罚款金额确定为多少，属于公司登记机关的行政处罚裁量权。当然，公司登记机关在作出"罚款"的决定时，应当遵守《行政处罚法》的相关规定。各地公司登记机关可能会出台相应的指导意见，实务中应当予以关注。

比如，根据北京市工商局在2015年12月31日制定的《北京市工商行政管理局行政处罚裁量基准》（《北京市工商行政管理局行政处罚裁量权实施办法（试行）》附件1）的规定，"有限责任公司股东虚假出资金额不满应出资金额的30%，股份有限公司股东、发起人虚假出资金额不满应出资金额的10%的，处以虚假出资金额5%以上8%以下的罚款"；"有限责任公司股东虚假出资金额占应出资金额的30%以上不满50%，股份有限公司股东、发起人虚假出资金额占应出资金额的10%以上不满30%的，处以虚假出资金额8%以上12%以下的罚款"；"有限责任公司股东虚假出资金额占应出资金额的50%以上，股份有限公司股东、发起人虚假出资金额占应出资金额的30%以上的，处以虚假出资金额12%以上15%以下的罚款”。

第四个问题是，“虚假出资”的行政责任的适用对象有哪些?

如前所述，《公司法》第199条关于虚假出资的行政责任的规定，应只适用于依法实行注册资本实缴登记制的公司，不适用于实行注册资本认缴登记制的公司。

在具体的适用对象上，根据存在“虚假出资”行为的主体的不同而有所区别：一是，在公司设立登记存在虚假出资行为时，其适用对象为有限公司设立时的股东或股份公司设立时的发起人或认股人；二是，在公司增加注册资本时，其适用对象为认缴有限公司新增资本的股东或认购股份公司发行的新股的股东。

五、虚假出资的刑事责任

在刑事责任方面，《刑法》第159条对虚假出资罪及其刑罚作出了规定：公司发起人、股东违反公司法的规定未交付货币、实物或者未转移财产权，虚假出资，数额巨大、后果严重或者有其他严重情节的，处五年以下有期徒刑或者拘役，并处或者单处虚假出资金额2%以上10%以下罚金，单位犯虚假出资罪的，对单位判处罚金，并对其直接负责的主管人员和其他直接责任人员，处五年以下有期徒刑或者拘役。

值得注意的是，根据《全国人民代表大会常务委员会关于〈中华人民共和国刑法〉第一百五十八条、第一百五十九条的解释》《最高人民检察院、公安部关于严格依法办理虚报注册资本和虚假出资抽逃出资刑事案件的通知》（公经〔2014〕247号)，《刑法》第159条关于虚假出资罪的规定，只适用于依法实行注册资本实缴登记制的公司；自2014年3月1日起，除依法实行注册资本实缴登记制的公司以外，对公司股东、发起人不得以虚假出资罪追究刑事责任。

六、对公司增资的适用

尽管《公司法》第28条关于有限公司股东缴纳出资的责任的规定，位于《公司法》第29条关于公司设立登记的规定之前，但是，由于《公司法》第

28 条没有像《公司法》第 30 条那样使用“作为设立公司出资的非货币财产”“公司设立时的其他股东”的表述，也由于《公司法》第 178 条第 1 款规定了“有限责任公司增加注册资本时，股东认缴新增资本的出资，依照本法设立有限责任公司缴纳出资的有关规定执行”，因此，在有限公司增加注册资本的过程中，股东缴纳新增出资，也应当适用《公司法》第 28 条的规定。上述分析，同样适用于公司增加注册资本的情形。

不过，值得注意的是，在有限公司增资时，如果增资股东未按期足额进行增资，由于《公司法》第 30 条没有像《公司法》第 93 条第 1 款那样规定了“股份有限公司成立后，发起人未按照公司章程的规定缴足出资的，应当补缴；其他发起人承担连带责任”，并且，《公司法司法解释（三）》第 13 条第 4 款也只是使用了“股东在公司增资时未履行或者未全面履行出资义务，依照本条第一款或者第二款提起诉讼的原告，请求未尽公司法第一百四十七条第一款规定的义务而使出资未缴足的董事、高级管理人员承担相应责任的，人民法院应予支持；董事、高级管理人员承担责任后，可以向被告股东追偿”的表述，没有采取与《公司法司法解释（三）》第 13 条第 3 款关于“股东在公司设立时未履行或者未全面履行出资义务，依照本条第一款或者第二款提起诉讼的原告，请求公司的发起人与被告股东承担连带责任的，人民法院应予支持；公司的发起人承担责任后，可以向被告股东追偿”的规定类似的表述，因此，根据《民法总则》第 178 条第 3 款关于“连带责任，由法律规定或者当事人约定”的规定，其他股东不对该股东的瑕疵增资承担连带责任。

对此，在 2018 年 10 月 30 日就吉林市亚桥食品研究所与吉林省人民政府国有资产监督管理委员会、大连港集团有限公司、吉林粮食集团有限公司、吉林粮食集团收储经销有限公司、四川中恒信实业有限公司民间借贷纠纷再审案作出的（2018）最高法民申 5424 号民事裁定书中，最高人民法院认为：“《公司法解释（三）》第十三条对瑕疵出资的具体情形，责任承担主体及责任承担方式，均有具体、清晰、明确的规定。从法律解释上看，一方面，公司增资时，向股东催收资本属于董事、高级管理人员勤勉义务的范围，其未履行该义务会对公司及其他利益相关者的利益产生影响，故董事、高级管理人员应当向相关权利主体承担责任。另一方面，其他股东与增资股东、发起人的责任范围不同，其他股东未与公司形成增资协议关系，无出资义务；与增资股东之间无合伙关系，不承担彼此担保出资的义务，不能得出其他股东对瑕疵增资承担连带责任的结论。”

此外，还需注意的是，如果股东在公司增资时存在出资瑕疵，公司在增资之前所发生的债务的债权人不能仅就股东在公司增资过程中的出资瑕疵行为对该股东主张权利。

对此，《最高人民法院执行工作办公室关于股东因公司设立后的增资瑕疵应否对公司债权人承担责任问题的复函》（〔2003〕执他字第33号）提出了比较明确的意见：“公司增加注册资金是扩张经营规模、增强责任能力的行为，原股东约定按照原出资比例承担增资责任，与公司设立时的初始出资是没有区别的。公司股东若有增资瑕疵，应承担与公司设立时的出资瑕疵相同的责任。但是，公司设立后增资与公司设立时出资的不同之处在于，股东履行交付资产的时间不同。正因为这种时间上的差异，导致交易人（公司债权人）对于公司责任能力的预期是不同的。股东按照其承诺履行出资或增资的义务是相对于社会的一种法定的资本充实义务，股东出资或增资的责任应与公司债权人基于公司的注册资金对其责任能力产生的判断相对应。本案中，南通开发区富马物资公司（以下简称富马公司）与深圳龙岗电影城实业有限公司（以下简称龙岗电影城）的交易发生在龙岗电影城变更注册资金之前，富马公司对于龙岗电影城责任能力的判断应以其当时的注册资金500万元为依据，而龙岗电影城能否偿还富马公司的债务与此后龙岗电影城股东深圳长城（惠华）实业企业集团（以下简称惠华集团）增加注册资金是否到位并无直接的因果关系。惠华集团的增资瑕疵行为仅对龙岗电影城增资注册之后的交易人（公司债权人）承担相应的责任，富马公司在龙岗电影城增资前与之交易所产生的债权，不能要求此后增资行为瑕疵的惠华集团承担责任。”

第三节　有限公司股东未按期足额出资时其他股东的责任

值得注意的是，《公司法》第28条第2款只是规定了有限公司股东存在未按期足额缴纳出资行为时，该股东的民事责任，没有规定其他股东对此应当承担的责任。那么，有限公司的股东未按期足额缴纳出资时，其他股东应当承担什么责任？

一、关于其他股东的责任的一般规定

在股份公司的情形，如果发起人在股份公司成立后未按期足额缴纳出资，《公司法》第 93 条第 1 款明确规定了其他发起人负有连带补缴的责任，即“股份有限公司成立后，发起人未按照公司章程的规定缴足出资的，应当补缴；其他发起人承担连带责任”。

尽管，《公司法》第 93 条第 1 款的上述规定，仅适用于股份公司的发起人，不适用于有限公司的股东；但是，由于《公司法司法解释（三）》第 13 条第 1 款规定了“股东未履行或者未全面履行出资义务，公司或者其他股东请求其向公司依法全面履行出资义务的，人民法院应予支持”，第 2 款规定了“公司债权人请求未履行或者未全面履行出资义务的股东在未出资本息范围内对公司债务不能清偿的部分承担补充赔偿责任的，人民法院应予支持；未履行或者未全面履行出资义务的股东已经承担上述责任，其他债权人提出相同请求的，人民法院不予支持”，第 3 款规定了“股东在公司设立时未履行或者未全面履行出资义务，依照本条第一款或者第二款提起诉讼的原告，请求公司的发起人与被告股东承担连带责任的，人民法院应予支持；公司的发起人承担责任后，可以向被告股东追偿”，因此，最高人民法院事实上通过《公司法司法解释（三）》第 13 条第 3 款的规定，将本来仅适用于股份公司的《公司法》第 93 条第 1 款的规定，扩大适用到了有限公司的情形。

这样扩大适用的背景在于，“《公司法司法解释（三）》于 2010 年 12 月 6 日经最高人民法院审判委员会第 1504 次会议通过，其第十三条的制定依据是鉴于《中华人民共和国公司法》（2005 年修订）第九十四条规定了‘股份有限公司成立后，发起人未按照公司章程的规定缴足出资的，应当补缴；其他发起人承担连带责任’，但没有完整规定有限责任公司发起人未履行或未全面履行出资义务时，其他发起人的连带责任，因此将该法关于股份有限公司的相关规定扩张适用于有限责任公司”。[①]

---

① 见最高人民法院在 2017 年 12 月 29 日就香港公司联光投资有限公司（United Glory Investment Limited）与中国煤炭开发有限责任公司股东出资纠纷再审案作出的（2017）最高法民申 1841 号民事裁定书。

也因此，在有限公司的情形，同样有“有限公司成立后，股东未按照公司章程的规定缴足出资的，应当补缴；公司设立时的其他股东承担连带责任”的适用余地。

由此，将来修改《公司法》时，可能有必要将现行《公司法》第28条第2款关于“股东不按照前款规定缴纳出资的，除应当向公司足额缴纳外，还应当向已按期足额缴纳出资的股东承担违约责任”的规定，修改为“股东不按照前款规定缴纳出资的，应当补缴；公司设立时的其他股东承担连带责任。不按照前款规定缴纳出资的股东还应当向已按期足额缴纳出资的股东承担违约责任”。

不过，我倾向于认为，在《公司法》本身未作规定的情况下，最高人民法院通过《公司法司法解释（三）》第13条第3款的规定，将本来仅适用于股份公司的《公司法》第93条第1款的规定，扩大适用到有限公司，是不适当的。

在这方面，我更倾向于赞同最高人民法院在2017年12月29日就香港公司联光投资有限公司（United Glory Investment Limited）（以下简称联光投资）与中国煤炭开发有限责任公司（以下简称中煤公司）股东出资纠纷再审案作出的（2017）最高法民申1841号民事裁定书中的下述意见：

“根据《中华人民共和国民法通则》第八十七条关于连带债务应当依法律规定或当事人约定而产生的规定，由于《中华人民共和国公司法》（1999年修正）并没有规定公司设立时的股东对其他未履行或未全面履行货币出资义务的股东之责任负有连带责任，原判决仅判令中煤公司在其自身未出资的600万元本金范围内对朗润公司债务未清偿的部分承担赔偿责任，而未判令中煤公司对其他未出资股东的赔偿责任承担连带责任，适用法律并无不当。

“……中煤公司系朗润公司的少数股东，并无监督其他股东出资的职权，如本案参照适用《中华人民共和国公司法》（2005年修订）以及《公司法司法解释（三）》第十三条的规定，将极大地加重中煤公司的责任，导致权利义务严重失衡，远超出其设立朗润公司时对其所应承担的股东责任的合理预期，故原判决不予参照适用新法及《公司法司法解释（三）》的规定，亦无不当。联光公司主张根据《公司法司法解释（三）》的规定中煤公司应对其他股东欠缴出资的补充清偿责任承担连带责任以及对其自身未履行出资义务而产生的利息损失承担责任的申请再审理由不能成立，本院不予支持。”

二、关于有限公司设立时股东非货币财产出资不足时其他股东的责任的特别规定

针对有限公司股东在公司设立时以非货币财产出资并且非货币财产出资不足的情形，《公司法》第30条对其他股东的连带补足责任作出了特别规定，即“有限责任公司成立后，发现作为设立公司出资的非货币财产的实际价额显著低于公司章程所定价额的，应当由交付该出资的股东补足其差额；公司设立时的其他股东承担连带责任”。

值得注意的是，由于《公司法》第30条使用的是“公司设立时的其他股东”的表述，因此，承担连带补足责任的主体，限于“公司设立时”的其他股东。由于在公司成立后，作为“公司设立时的其他股东”的主体范围是确定不变的，这包括两个层面的含义：一是，在公司成立之后才成为公司的股东的主体，不承担《公司法》第30条规定的连带责任；二是，在“作为设立公司出资的非货币财产的实际价额显著低于公司章程所定价额”这一事实被发现时，即使作为公司设立时的其他股东的主体，因各种原因（比如转让股权、被解除股东资格、单方面减资退出）已经不再是公司的股东，作为公司设立时的其他股东的主体仍然需要承担《公司法》第30条规定的连带补足责任；甚至，在作为公司设立时的其他股东的主体死亡或被宣告死亡（适用于自然人股东）或终止（适用于法人或非法人组织股东），《公司法》第30条规定的连带补足责任也应当作为其遗产或清算过程中应当清理的债务依法进行处置。

此外，由于《公司法》第30条使用了“承担连带责任”的表述，因此，在出现“作为设立公司出资的非货币财产的实际价额显著低于公司章程所定价额”的情形时，公司就既可以要求交付该非货币财产出资的股东补足差额，也可以要求公司设立时的其他股东补足差额，还可以要求交付该非货币财产出资的股东和公司设立时的其他股东一起补足差额。

同样地，在出现“作为设立公司出资的非货币财产的实际价额显著低于公司章程所定价额”的情形时，公司要求公司设立时的其他股东承担补足其差额的连带责任，也不受诉讼时效的约束。

当然，《公司法》第30条规定的连带责任的责任范围是有限额的，其限额

为公司章程规定的作为设立公司出资的非货币财产的价额超过该非货币财产的实际价额的部分。

还需注意的是，由于《公司法》第 30 条使用了“有限责任公司成立后，发现作为设立公司出资的非货币财产的实际价额显著低于公司章程所定价额的，……公司设立时的其他股东承担连带责任”的表述，结合《民法总则》第 178 条第 3 款关于“连带责任，由法律规定或者当事人约定”的规定，因此，在法律未作规定并且公司章程、股东之间的协议未作特别约定的情况下，《公司法》第 30 条关于“公司设立时的其他股东承担连带责任”的规定，仅适用于有限公司的股东在公司设立时以非货币出资并且非货币出资不足的情形，不适用于有限公司的股东在公司设立时货币出资不足的情形。

对此，在 2017 年 12 月 29 日就香港公司联光投资有限公司（United Glory Investment Limited）与中国煤炭开发有限责任公司股东出资纠纷再审案作出的（2017）最高法民申 1841 号民事裁定书中，针对 1999 年修正后的《公司法》第 28 条关于“有限责任公司成立后，发现作为出资的实物、工业产权、非专利技术、土地使用权的实际价额显著低于公司章程所定价额的，应当由交付该出资的股东补交其差额，公司设立时的其他股东对其承担连带责任”的规定，最高人民法院认为：该条“未进一步规定股东货币出资不足时是否由公司设立时的其他股东承担连带责任。可见，该第二十八条的目的仅在于保障非货币资产的正确评估作价，防止非货币资产价值高估时稀释其他股东的股份利益及损害公司债权人的合法权益，故该条不能扩张适用于货币出资的情形”。

由于现行《公司法》第 30 条的规定，与 1999 年修正后的《公司法》第 28 条的规定，在实质内容上是一致的，因此，最高人民法院的上述意见，同样有助于理解《公司法》第 30 条的适用。

三、对公司增资的适用

由于《公司法》第 178 条第 1 款规定了“有限责任公司增加注册资本时，股东认缴新增资本的出资，依照本法设立有限责任公司缴纳出资的有关规定执行”，因此，在有限公司增加注册资本的过程中，股东未依法缴纳新增出资时其他股东的责任，也应当适用《公司法》第 28 条和第 30 条的规定。上述分析，同样适用于公司增加注册资本的情形。

第四节　有限公司股东出资义务的加速到期

一、股东出资义务加速到期的法定情形

在股东出资缴付期限方面，由于《公司法》第 26 条第 1 款使用了“有限责任公司的注册资本为在公司登记机关登记的全体股东认缴的出资额”的表述，因此，普通的有限公司实行的是注册资本认缴登记制，其股东在公司设立登记时无须实际缴纳出资，有限公司的股东可以自主约定其缴纳出资的具体时间。

不过，值得注意的是，尽管有《公司法》第 26 条第 1 款的规定，但是，《公司法》允许普通的公司的股东在公司设立时不用实际缴纳出资，并不意味着股东可以永远不缴纳出资。在特定情形下，股东的出资义务将在公司章程规定的缴纳期限届满之前提前到期或加速到期，这些特定情形主要包括：

一是，公司因解散进入清算程序后，公司股东的出资义务将视为到期。对此，《公司法司法解释（二）》第 22 条第 1 款规定了“公司解散时，股东尚未缴纳的出资均应作为清算财产。股东尚未缴纳的出资，包括到期应缴未缴的出资，以及依照公司法第二十六条和第八十条的规定分期缴纳尚未届满缴纳期限的出资”。据此，对于股东认缴的缴付期限尚未届至的出资，公司清算开始后，应视为缴付期限届至，相关股东应向公司缴纳相应的出资，清算组也可以要求相关股东向公司缴纳相应的出资。

二是，对于股东认缴的但缴付期限尚未届至的出资，在针对公司提出的破产申请被人民法院受理之后，也视为缴付期限届至，相关股东应向公司缴纳相应的出资，破产管理人也有权并应当要求相关股东向公司缴纳相应的出资。对此，《企业破产法》第 35 条规定了：“人民法院受理破产申请后，债务人的出资人尚未完全履行出资义务的，管理人应当要求该出资人缴纳所认缴的出资，而不受出资期限的限制。”

二、其他情形下是否可以要求股东提前履行出资义务

在公司章程规定的股东的出资期限尚未届至，并且公司没有出现需要解散，也未进入破产清算程序的情形时，如果公司当时不具有向公司的债权人清偿债务的能力，公司的债权人是否可以要求公司的股东向公司提前缴付出资或者在未出资范围内对公司的债务承担相应的清偿责任?

实践中，出于保护公司的债权人利益的考虑，有的法院可能也会认为股东应当向公司缴付出资或在未出资范围内对公司债务承担相应的清偿责任。

比如，在2015年5月25日就上海香通国际贸易有限公司与上海昊跃投资管理有限公司、徐某松、毛某露、接某建、林某雪股权转让纠纷案作出的（2014）普民二（商）初字第5182号民事判决书中，上海市普陀区人民法院就认为："认缴制下公司股东的出资义务只是暂缓缴纳，而不是永久免除，在公司经营发生了重大变化时，公司包括债权人可以要求公司股东缴纳出资，以用于清偿公司债务。在注册资本认缴制下，公司股东在登记时承诺会在一定时间内缴纳注册资本（例如，在本案中被告昊跃公司的股东承诺在10年内缴纳），该承诺规定在公司章程中，备案在工商登记资料中，对外具有公示效力，公司股东这样的承诺，可以认为是其对社会公众包括债权人所作的一种承诺。股东作出的承诺，对股东会产生一定的约束作用，同时对于相对人（例如债权人）来说，也会产生一定的预期。但是，任何承诺、预期都是在一定条件下作出的，这样的条件有可能会产生重大变化。在条件发生重大变化、足以改变相对人（债权人）预期的时候，如果再僵化地坚持股东一直到认缴期限届满时才负有出资义务，只会让资本认缴制成为个别股东逃避法律责任的借口。"

又如，在2016年11月3日就曹某扬不服郑州市高新区人民法院（2016）豫0191执异64号执行裁定申请复议案作出的（2016）豫01执复98号执行裁定书中，河南省郑州市中级人民法院认为："本案的争议焦点是，被执行人润泽公司无财产清偿债务时，第三人张某生作为占该公司95%股份的股东，在认缴出资期限尚未届满时，是否应当对申请执行人在认缴出资额内承担责任。《最高人民法院关于人民法院执行工作若干问题的规定（试行）》第80条规定：'被执行人无财产清偿债务，如果其开办单位对其开办时投入的注册资金不实

或抽逃出资，可以裁定变更或追加其开办单位为被执行人，在注册资金不实或抽逃注册资金的范围内，对申请执行人承担责任。’本案中，执行法院认为根据被执行人润泽公司的章程，第三人张某生的出资尚未届期，不存在出资不实的情形，不应由其向申请执行人承担责任。但本院认为，本案中，润泽公司于2014年成立，注册资本3003万元，张某生认缴出资2852.8万元，占该公司股份的95%，出资时间为2034年12月31日前。被执行人润泽公司成立后，其95%的注册资本在长达20年的时间内不能出资到位，严重损害了债权人的合法利益。并且认缴制下公司在章程中约定股东出资的期限，只是出资的最后期限，股东未到位的出资应当视为其对公司所负的未到期债务，当公司资产不足以清偿债务时，股东出资不到位，致使公司注册资本作为公司债务的一般担保的基础受到动摇，有可能损害债权人的利益。在此情形下，可以要求股东提前履行该债务，并由申请执行人作为债权人代位受偿。故此，本院认为，复议申请人曹某扬要求追加第三人张某生为被执行人，在未出资范围内对申请执行人承担责任的申请，应当予以支持。”

不过，我持有不同观点。由于《公司法》第28条第1款使用的是“股东应当按期足额缴纳公司章程中规定的各自所认缴的出资额”的表述，因此，我倾向于认为，在公司未进入解散或破产清算程序的情况下，公司的股东对公司负有的义务是“按期”“足额”缴纳公司章程中规定的各自所认缴的出资额，如无特殊情况，不应要求股东提前缴付出资。具体分析如下。

一是，在公司既未解散也未进入破产清算程序的情形，股东缴纳出资的期限尚未届至，与股东未履行出资义务或者未全面履行出资义务，是两种不同性质的情形。

针对股东未履行出资义务或者未全面履行出资义务的情形，出于保护公司的债权人利益的考虑，在《公司法》第28条第2款关于“股东不按照前款规定缴纳出资的，除应当向公司足额缴纳外，还应当向已按期足额缴纳出资的股东承担违约责任”的规定的基础上，《公司法司法解释（三）》第13条第2款还规定了“公司债权人请求未履行或者未全面履行出资义务的股东在未出资本息范围内对公司债务不能清偿的部分承担补充赔偿责任的，人民法院应予支持”，第3款规定了“股东在公司设立时未履行或者未全面履行出资义务，依照本条第一款或者第二款提起诉讼的原告，请求公司的发起人与被告股东承担连带责任的，人民法院应予支持”；此外，《公司法司法解释（三）》第 18 条第 1 款还规定了“有限责任公司的股东未履行或者未全面履行出资义务即转让股权，受让人对此知道或者应当知道，公司请求该股东履行出资义务、受让人对此承担连带责任的，人民法院应予支持；公司债权人依照本规定第十三条第二款向该股东提起诉讼，同时请求前述受让人对此承担连带责任的，人民法院应予支持”。

但是，在公司章程规定的出资期限尚未届至的情况下，根据《民法总则》第 160 条关于“民事法律行为可以附期限，但是按照其性质不得附期限的除外。附生效期限的民事法律行为，自期限届至时生效”的规定，和《合同法》第 46 条关于“当事人对合同的效力可以约定附期限。附生效期限的合同，自期限届至时生效”的规定，如果不存在特殊情况（比如公司解散），公司要求股东履行出资义务的权利尚未生效，公司的股东对公司的相应出资义务也尚未触发，公司的股东有权拒绝公司提出的要求其提前履行相应的出资义务的要求（当然，公司的股东放弃其权利，自愿提前履行出资义务的除外）。也正是基于此，最高人民法院 2019 年 11 月印发的《全国法院民商事审判工作会议纪要》（法〔2019〕254 号）第 6 条才提出：“在注册资本认缴制下，股东依法享有期限利益。债权人以公司不能清偿到期债务为由，请求未届出资期限的股东在未出资范围内对公司不能清偿的债务承担补充赔偿责任的，人民法院不予支持。……”

此外，在 2019 年 5 月 24 日就福建省鞋帽进出口集团有限公司（以下简称鞋帽进出口公司）与厦门汇洋投资有限公司（以下简称汇洋公司）及中国东方资产管理股份有限公司福建省分公司（以下简称东方资产福州办）股东损害债权人利益责任纠纷再审案作出的（2019）最高法民再 104 号民事判决书中，针对“鞋帽进出口公司在第二年出资期限届满前转让股权是否属于未全面履行出资义务”的问题，最高人民法院也认为：“青石公司 1993 年底增资至 800 万美元，鞋帽进出口公司占股 30%，应增资至 240 万美元。……基于原莆田县对外经济贸易委员会同意增资的批复以及青石公司增资报告，双方的增资额自变更后的营业执照签发之日起二年内全部缴足，其中第一年须增资至 600 万美元，第二年增资至 800 万美元。相应地，鞋帽进出口公司（占股 30%）第一年（1995 年 1 月 27 日前）应出资至 180 万美元，港方股东顺都公司（占股 70%）应增资至 420 万美元；第二年（1996 年 1 月 27 日前）鞋帽进出口公司应出资至240万美元，顺都公司应增资至560万美元。根据青石公司1994年12月31日《资产负债表》，青石公司实收资本总额576万美元，其中鞋帽进出口公司出资108万美元，顺都公司出资468万美元。第一年增资义务届满前，鞋帽进出口公司也未提供合法有效证据证明其增资事宜。据此，可以认定鞋帽进出口公司第一年增资至180万美元的义务未完成，但由于第一年顺都公司多增资部分金额，青石公司总出资增至576万美元，与批复的第一年须增资至600万美元相差24万美元，该金额应属于青石公司股东出资未到位金额。1995年7月20日，鞋帽进出口公司转让其持有的青石公司20%股份给顺都公司获得主管部门批准。因在该部分股份转让时，鞋帽进出口公司第二年出资期限尚未届满，尚不具有出资义务，相应的增资义务应由顺都公司承接；鞋帽进出口公司对该部分增资所负义务不属于《公司法解释（三）》第十三条第二款规定的股东未履行或者未全面履行出资义务情形。”

二是，根据《公司法》第3条关于“公司是企业法人，有独立的法人财产，享有法人财产权。公司以其全部财产对公司的债务承担责任”和“有限责任公司的股东以其认缴的出资额为限对公司承担责任”的规定，基于公司的法人独立地位和股东的有限责任，如果不存在导致可以否定公司的法人独立地位或股东的有限责任的例外情况，公司的债权人不能越过公司，直接要求公司的股东提前向公司履行出资义务；相应地，公司的股东也有权拒绝公司的债权人提出的要求其提前履行相应的出资义务的要求。

在这方面，最高人民法院民事审判第二庭时任庭长杨临萍2015年12月24日在第八次全国法院民事商事审判工作会议上就当前商事审判工作中需要重点注意的若干具体问题谈到的以下意见，更值得参考：

“要特别注意债权人请求股东提前履行出资义务以偿债的问题。对此，有不同的认识：一种意见认为，债务人公司无法清偿到期债务，而股东又有出资款未到期，此时通过出资义务加速到期的方式即可以解决债务清偿问题，所以应当许可此时出资义务加速到期，债权人可以直接向股东主张清偿债务。另一种意见认为，如果公司不能清偿单个债权人到期债权，那么其往往也资不抵债，或者明显缺乏清偿能力，或者有丧失清偿能力可能。此时按照《企业破产法》第二条，公司已经符合破产条件，所以更应当保障全体债权人的利益。单个的债权追及诉讼不尽符合《企业破产法》第三十一、三十二条的精神。债权人应当申请债务人破产，进入破产程序后再按照《企业破产法》第三十五条使股东出资义务加速到期，最终在真正意义上保护全体债权人利益。以上两种意见中，我们倾向于按照后一种意见处理。”“所以，在类似诉讼中，法院应当注意向当事人释明，如债务人公司不能通过融资或其股东自行提前缴纳出资以清偿债务，债权人有权启动破产程序。”[①]

此外，山东省高级人民法院民二庭《关于审理公司纠纷案件若干问题的解答》[②] 也认为：“公司不能清偿到期债务而股东出资期限尚未届满，债权人起诉请求股东提前履行出资义务以清偿债务的，不予支持”，其理由在于：“如果公司不能清偿单个债权人到期债权，那么其往往是资不抵债，或者明显缺乏清偿能力，或者有丧失清偿能力可能。此时按照《中华人民共和国企业破产法》第二条之规定，公司已经符合破产条件，所以更应当保障全体债权人的利益。单个的债权追及诉讼不符合《中华人民共和国企业破产法》第三十一条、第三十二条的精神。债权人应当申请债务人破产，进入破产程序后再按照《中华人民共和国企业破产法》第三十五条规定使股东出资义务加速到期，最终在真正意义上保护全体债权人利益。在类似诉讼中，法院应注意向当事人释明，如果债务人公司不能通过融资或者其股东自行提前缴纳出资以清偿债务，债权人有权申请启动破产程序。”

但是，需要注意的是，在公司章程规定的出资期限即将届至的情况下，公司股东通过修改公司章程延长出资期限，可能损害公司的债权人的信赖利益，公司债权人请求公司章程规定的原出资期限届至的股东在原认缴但未实缴的出资金额范围内对公司债务承担清偿责任，可能会得到法院的支持。

比如，在2019年3月28日就新元公司与中科研究院及中石大公司案外人执行异议之诉再审案作出的（2019）最高法民申1112号民事裁定书中，针对新元公司在修改前的公司章程规定的出资期限届满时不仅未缴纳出资，反而大幅增加认缴出资额并长期延长出资期限的行为，最高人民法院认为：“股东对公司的出资是公司法人财产的重要组成部分，构成公司独立承担责任的基础。

---

① 见杨临萍：《当前商事审判工作中的若干具体问题》，载《人民司法·应用》2016年第4期。

② 见《山东高院民二庭：关于审理公司纠纷案件若干问题的解答》，来源于山东省高级人民法院官方微信公众号，https://mp.weixin.qq.com/s/MOZ2nYMSgs5Zlvg5feK7nQ，最后访问时间：2019年9月30日。

现行《公司法》确定的公司注册资本认缴制度，为股东出资赋予了更多的灵活性和自主性，但这并不意味着股东的出资义务可以当然或变相免除，特别是在可能存在公司股东利用注册资本认缴制逃避出资义务、损害债权人权益等道德风险时，应当对股东在宽泛条件下出资行为合法性、合理性严格审查、从严把握。本案中……新元公司在修改前的公司章程规定的出资期限届满时不仅未缴纳出资，反而大幅增加认缴出资额并长期延长出资期限，在无证据证明中石大公司具有债务清偿能力的情况下，上述行为客观上对中科研究院债权的实现产生不利影响。中石大公司修改前的公司章程中规定的新元公司的相关出资信息经过工商登记确认，具有公示公信效力，原审认定债权人中科研究院基于公示公信效力产生的信赖利益应予保护，并无不当。案涉交易发生后，中石大公司修改公司章程对新元公司的注册资本及出资期限进行了调整，但在后发生的事实不能作为中石大公司在先交易主观认知的判断因素。况且，公司章程关于宽限公司股东自身相关义务及加大债权人潜在风险的修改，不足以对抗债权人中科研究院对债务人原章程产生的合理信赖。原审综合考虑中石大公司的履约能力、新元公司履行出资义务的实际情况、中科研究院的信赖利益应予保护等的情形，认定新元公司关于其不应对中科研究院承担责任的主张不能成立，并无不当。”

甚至，最高人民法院 2019 年 11 月印发的《全国法院民商事审判工作会议纪要》（法〔2019〕254 号）第 6 条更是直接规定，不论公司章程规定的出资期限是否即将届至，只要是在公司债务产生之后，发生公司权力机构通过决议或以其他方式延长股东出资期限的情形，债权人以公司不能清偿到期债务为由，请求未届出资期限的股东在未出资范围内对公司不能清偿的债务承担补充赔偿责任的，人民法院就应当予以支持。

此外，最高人民法院 2019 年 11 月印发的《全国法院民商事审判工作会议纪要》（法〔2019〕254 号）第 6 条还规定了另一种例外情形，即在“公司作为被执行人的案件，人民法院穷尽执行措施无财产可供执行，已具备破产原因，但不申请破产”的情形，公司债权人以公司不能清偿到期债务为由，请求未届出资期限的股东在未出资范围内对公司不能清偿的债务承担补充赔偿责任的，人民法院应予支持。

第五节　股份公司股东的出资义务及责任

股份公司股东的出资义务，主要是由《公司法》第 83 条第 1 款加以规定的，《公司法》第 178 条第 2 款略有涉及。股份公司股东未按期足额出资涉及的责任，主要是由《公司法》第 83 条第 2 款和第 93 条加以规定的，《公司法》第 178 条第 2 款略有涉及。

一、股份公司股东的出资义务

《公司法》第 83 条第 1 款规定了以发起方式设立股份公司的发起人的两项义务：一是，以书面形式认足公司章程规定的其认购的股份数量；二是，按照公司章程的规定按期足额缴纳出资。

就认足股份而言，由于《公司法》第 83 条第 1 款使用了“发起人应当书面认足公司章程规定其认购的股份”的表述，因此，在签订发起人协议、制订公司章程之外，发起人还应当采取书面形式认足公司章程规定其认购的股份。从而，尽管有发起人协议、公司章程，发起人仍然应当另行出具专门的书面文件，就其认足公司章程规定其认购的股份作出确认。在这方面，股份公司与有限公司是不同的：设立有限公司时，股东可以不用另外出具书面文件认足其认缴的出资。

就出资义务而言，《公司法》第 83 条第 1 款所说的“按照公司章程规定缴纳出资”，指的是按照公司章程的规定按期、足额缴纳出资，其中：“按期”是时间的要求，发起人缴纳出资应当符合公司章程中关于其缴纳出资的时间的要求；“足额”是金额的要求，发起人缴纳的出资应当达到公司章程中关于其认购的股份对应的出资金额。

《公司法》第 83 条第 1 款第二句规定了以非货币财产出资的发起人办理财产权转移手续的义务，与《公司法》第 28 条第 1 款第二句后半句保持了一致。不过，《公司法》第 83 条第 1 款没有直接提及以货币出资的发起人缴纳股款的要求。我倾向于认为，如果《公司法》第 83 条第 1 款第二句能够采取与《公司法》第82条所说的“发起人的出资方式，适用本法第二十七条的规定”类似的方式，使用“发起人缴纳出资，适用《公司法》第二十八条第一款的规定”的表述，可能更为完善。

二、股份公司的发起人未按期缴足出资涉及的责任

针对在股份公司成立后发生发起人未按照公司章程的规定缴足出资的情况，《公司法》第93条第1款规定了两项责任：一是，由未缴足出资的发起人补缴出资；二是，就该发起人未缴足的出资，由其他发起人与该发起人承担连带的补缴责任。

值得注意的是，《公司法》第93条第1款所说的“发起人未按公司章程的规定缴足出资”，既包括发起人未按期足额缴纳出资的情况（即未全面履行出资义务），也包括发起人根本未缴纳任何出资的情况（即未履行出资义务）；因此，《公司法》第93条第1款对发起人未履行出资义务和未全面履行出资义务的情形均适用。

（一）未按期缴足出资的发起人对公司的补缴责任

就发起人的补缴责任而言，根据《公司法》第93条第1款，《公司法司法解释（三）》第13条第1款、第3款的规定，股份公司的发起人在公司成立后未履行或者未全面履行出资义务时，该发起人负有补缴出资的义务，公司或者其他发起人或股东都可以请求其向公司依法全面履行出资义务；此外，公司还可以要求迟延履行出资义务的股东支付迟延出资部分的利息。

并且，根据《公司法司法解释（三）》第13条第2款和第3款的规定，在股份公司不能清偿其到期债务时，股份公司的债权人也可以要求该发起人在其未出资本息范围内对股份公司债务不能清偿的部分承担补充赔偿责任。

值得注意的是，在发起人未履行出资义务或未全面履行出资义务的情况下，公司或其他发起人、其他股东、公司的债权人要求其向公司全面履行出资义务，不受诉讼时效的限制。对此，《最高人民法院关于审理民事案件适用诉讼时效制度若干问题的规定》（法释〔2008〕11号）第1条第3项明确规定了“当事人可以对债权请求权提出诉讼时效抗辩，但对下列债权请求权提出诉讼

时效抗辩的，人民法院不予支持：（三）基于投资关系产生的缴付出资请求权”；《公司法司法解释（三）》第19条第1款也规定了公司股东未履行或者未全面履行出资义务，公司或者其他股东请求其向公司全面履行出资义务，被告股东以诉讼时效为由进行抗辩的，人民法院不予支持，第2款规定了公司债权人的债权未过诉讼时效期间，其依照本规定第13条第2款、第14条第2款的规定请求未履行或者未全面履行出资义务的股东承担赔偿责任，被告股东以出资义务或者返还出资义务超过诉讼时效期间为由进行抗辩的，人民法院不予支持。

此外，即使发起人协议约定了仲裁条款，根据《最高人民法院关于合营企业起诉股东承担不履行出资义务的违约责任是否得当及合资经营合同仲裁条款是否约束合营企业的请示的复函》（民四他字〔2004〕第41号）的规定，由于公司不是发起人协议的签约主体，未参与订立仲裁条款，因此，发起人协议中的仲裁条款不能约束公司，公司可以直接向人民法院提起诉讼，要求未履行或未全面履行出资义务的发起人依法全面履行出资义务。

还需注意的是，尽管《公司法司法解释（三）》第16条规定了“股东未履行或者未全面履行出资义务或者抽逃出资，公司根据公司章程或者股东会决议对其利润分配请求权、新股优先认购权、剩余财产分配请求权等股东权利作出相应的合理限制，该股东请求认定该限制无效的，人民法院不予支持”，但是，考虑到《公司法司法解释（三）》第16条使用了“股东会决议”“新股优先认购权”的表述，而股份公司的权力机构为“股东大会”、有限公司的权力机构为“股东会”，并且，只有有限公司的股东才根据《公司法》第34条享有“新股优先认购权”或“新增资本优先认缴权”，因此，我倾向于认为，《公司法司法解释（三）》第16条的规定，只适用于有限公司，而不适用于股份公司。

此外，《公司法司法解释（三）》第17条第1款关于“有限责任公司的股东未履行出资义务或者抽逃全部出资，经公司催告缴纳或者返还，其在合理期间内仍未缴纳或者返还出资，公司以股东会决议解除该股东的股东资格，该股东请求确认该解除行为无效的，人民法院不予支持”的规定，如其自身所说，也仅适用于有限公司，不适用于股份公司。

（二）未按期缴足出资的发起人对其他发起人的违约责任

针对发起人不按期足额缴纳出资的行为，《公司法》第 83 条第 2 款规定了发起人“应当按照发起人协议承担违约责任”，这属于对其他发起人的责任。

由此，发起人不履行出资义务的违约责任的承担，需要看发起人协议有没有具体的约定；如果没有，则应适用《合同法》关于违约责任的规定。我理解，其他发起人可以要求未按期足额缴纳出资的发起人承担股份公司因此受到的损失，比如股份公司向他人借用相应金额的资金所产生的费用。

在这方面，江苏清江生物能源科技有限公司（以下简称清江生物公司）、南京宝泽股权投资基金股份有限公司（以下简称宝泽公司）与南京清江冷链物流股份有限公司（以下简称清江冷链公司）股东出资纠纷上诉案可作参考。

这个案件的基本情况如下：

2012 年 11 月，清江生物公司与宝泽公司共同发起设立清江冷链公司，并于 2012 年 11 月 16 日签订《发起人协议书》（以下简称协议书），约定：清江冷链公司全部资本为 40500 万元；宝泽公司以货币出资，二年内分期到位，清江生物公司以土地使用权作价出资，全部出资到位后，宝泽公司持股 88.89%，清江生物公司持股 11.11%；清江冷链公司成立后，如清江生物公司因自身原因不能将土地使用权作价入股，清江生物公司应赔偿宝泽公司 2000 万元。第六章第 15 条约定：“清江冷链物流公司（清江冷链公司）成立后，宝泽公司如二年内不能按期足额投入资金，清江冷链物流公司应将 2000 万元赔偿给清江生物公司，清江生物公司可以通过工商部门要求宝泽公司投资到位”。

清江冷链公司成立后，清江生物公司依章程规定以土地使用权作为出资方式，认缴出资额 4513.6 万元（持股比例 11.14%）并已出资到位。宝泽公司以货币资金方式出资，认缴出资额 35986.4 万元（持股比例 88.86%），于 2014 年 10 月 31 日之前应缴清全部出资，但至今仍有 7186.4 万元未出资到位。

故清江生物公司起诉请求判令宝泽公司赔偿清江生物公司 2000 万元，清江冷链公司承担连带责任。

在 2016 年 1 月 4 日就清江生物公司、宝泽公司与清江冷链公司股东出资纠纷上诉案作出的（2015）宁商终字第 1615 号民事判决书中，南京市中级人民法院作出了如下认定和处理：

一是，认定宝泽公司未按期足额缴纳出资构成违约。

对此，南京市中级人民法院认为："《中华人民共和国公司法》（2005 修订）第八十四条第一款、第二款规定，以发起设立方式设立股份有限公司的，发起人应当书面认足公司章程规定其认购的股份；一次缴纳的，应即缴纳全部出资；分期缴纳的，应即缴纳首期出资。以非货币财产出资的，应当依法办理其财产权的转移手续。发起人不依照前款规定缴纳出资的，应当按照发起人协议承担违约责任。本案中，协议书约定，宝泽公司以货币出资，二年内分期到位。清江冷链公司成立后，在 2013 年 3 月 7 日、5 月 22 日、8 月 22 日的股东大会通过的公司章程修正案，均将宝泽公司的最后出资时间明确为 2014 年 10 月 31 日前。2014 年 12 月 16 日虽又通过公司章程修正案，但宝泽公司出资时间为空白，故属于对宝泽公司的最后出资时间未作修改，仍应按照 2013 年 8 月 22 日公司章程修正案记载时间确定最后出资时间。截至 2014 年 10 月 31 日，宝泽公司尚有 7186.4 万元未出资到位，其行为构成违约。宝泽公司虽又于 2014 年 12 月 3 日交纳了 5258 万元，于 2014 年 12 月 29 日交纳了 888 万元，于 2015 年 3 月 31 日交纳了 20 万元，但尚有 1020.4 万元未出资到位，仍不改变该公司违约行为的认定。"

二是，在《发起人协议》未作约定的情况下，根据《合同法》第 113 条的规定，按照未缴出资额的同期银行贷款基准利率分段计算，酌情确定宝泽公司应承担违约责任的赔偿数额。

对此，南京市中级人民法院认为："关于宝泽公司应承担违约责任的赔偿数额认定问题，协议书未作约定。该协议书第六章第 15 条虽约定，如宝泽公司未按约足额缴纳出资款，应由清江冷链公司支付清江生物公司 2000 万元，但该约定的承担责任主体系清江冷链公司，并非针对宝泽公司，故不应作为宝泽公司向清江生物公司给付违约金数额的依据。一审判决认定该 2000 万元是宝泽公司向清江生物公司承担违约赔偿责任的计算基础，并据此按照未出资额所占比例计算赔偿数额认定不当，应予纠正。清江生物公司上诉意见也以该数额作为赔偿依据亦应不予支持。我国《合同法》第一百零七条规定：'当事人一方不履行合同义务或者履行合同义务不符合约定的，应当承担继续履行、采取补救措施或者赔偿损失等违约责任。'第一百一十三条规定：'当事人一方不履行合同义务或者履行合同义务不符合约定，给对方造成损失的，损失赔偿额应当相当于因违约所造成的损失，包括合同履行后可以获得的利益，但不得超过违反合同一方订立合同时预见到或者应当预见到的因违反合同可能造成的损失。……’本案中，清江生物公司未提交证据证明该公司因宝泽公司未依约按时足额出资所造成的损失，故应结合宝泽公司违约事实、情节等因素酌情确定赔偿数额。2014 年 10 月 31 日后，宝泽公司又分别于 2014 年 12 月 3 日向清江冷链公司缴纳出资 5258 万元，于 2014 年 12 月 29 日缴纳了 888 万元，于 2015 年 3 月 31 日缴纳了 20 万元。截至清江生物公司起诉之日，宝泽公司应出资 35986.4 万元，实际出资 34966 万元，尚有 1020.4 万元未出资到位，占宝泽公司应出资的 2.83%，故本院酌定违约金的标准按照未缴出资额的同期银行贷款基准利率计算为宜。其中 5258 万元的利息计算自 2014 年 11 月 1 日至 2014 年 12 月 3 日，888 万元的利息计算自 2014 年 11 月 1 日至 2014 年 12 月 29 日，20 万元的利息计算自 2014 年 11 月 1 日至 2015 年 3 月 31 日，1020.4 万元的利息计算自 2014 年 11 月 1 日至该公司实际缴足出资之日。该计算标准一方面弥补宝泽公司未按时足额出资给其他股东造成的损失，另一方面也能促使宝泽公司及时按约履行对所设立公司的出资义务，履行对其他股东的出资承诺。同时，宝泽公司也不应占有因违约所可能享有的利益。”

三是，认定发起人协议仅对发起人有约束力对作为股份公司的清江冷链公司不具有约束力。

针对“协议书第六章第 15 条是否对清江冷链公司适用，清江冷链公司是否应承担相应的违约赔偿责任问题”，南京市中级人民法院认为：“清江冷链公司虽然由清江生物公司和宝泽公司共同发起设立，且清江生物公司和宝泽公司占清江冷链公司 100% 的股权，但清江生物公司、宝泽公司和清江冷链公司均为独立的企业法人，享有完全民事权利能力、行为能力和责任能力，清江生物公司和宝泽公司的意思表示并不能当然代表清江冷链公司。协议书由清江冷链公司两方股东签订，第 15 条系对发起人不履行出资义务应承担的民事责任进行规制，不违反法律法规的强制性规定，也不涉及抽逃资金、损害债权人利益，故宝泽公司、清江冷链公司认为该条款应属无效的上诉意见不能成立。但因该条款仅系宝泽公司、清江生物公司签订，故仅应对该两缔约主体具有拘束力，所设立的清江冷链公司未作认可的意思表示，该协议效力并不自然延伸至该公司。清江生物公司认为该两发起人股东签订协议即应对所设立公司具有约束力，缺乏法律根据，相应地，清江生物公司主张清江冷链公司应赔偿宝泽公司对其违约损失亦应不予支持”。

（三）其他发起人的责任

在发起人未按照公司章程的规定缴足出资的情况下，《公司法》第 93 条第 1 款在要求该发起人补缴的同时，也要求其他发起人对此承担连带责任。

并且，根据《公司法司法解释（三）》第 13 条第 2 款和第 3 款的规定，股份公司的债权人也可以在要求该发起人在其未出资本息范围内对股份公司债务不能清偿的部分承担补充赔偿责任的同时，要求股份公司的其他发起人对此承担连带责任。

值得注意的是，由于《公司法》第 93 条第 1 款使用了“承担连带责任”的表述，因此，根据《民法总则》第 178 条第 1 款关于“二人以上依法承担连带责任的，权利人有权请求部分或者全部连带责任人承担责任”的规定，公司就既可以要求未按照公司章程的规定缴足出资的发起人补缴出资，也可以要求其他发起人补缴差额，还可以要求未按照公司章程的规定缴足出资的发起人和其他发起人一起补缴差额。

此外，由于《公司法》第 93 条第 1 款使用的是“其他发起人承担连带责任”的表述，因此，承担连带补缴责任的主体，限于其他发起人。由于在股份公司成立后，作为“发起人”的主体范围是确定不变的，这包括两个层面的含义：一是，在公司成立后才成为公司的股东的主体，不承担《公司法》第 93 条第 1 款规定的连带责任；二是，即使作为股份公司发起人的主体，因各种原因（比如转让股份、单方面减资退出）已经不再是公司的股东，作为股份公司发起人的主体仍然需要承担《公司法》第 93 条第 1 款规定的连带补缴责任；甚至，在作为股份公司发起人的主体死亡或被宣告死亡（适用于自然人股东）或终止（适用于法人或非法人组织股东）时，《公司法》第 93 条第 1 款规定的连带补缴责任也应当作为其遗产或清算过程中应当清理的债务依法进行处置。

同样地，公司、债权人要求其他发起人承担补缴出资的连带责任，也不受诉讼时效的约束。当然，《公司法》第 93 条第 1 款规定的连带责任的责任范围是有限额的，其限额为未按照公司章程的规定缴足出资的发起人应当缴纳但未缴纳的部分。

（四）股份公司董事、高级管理人员的责任

注意到，《公司法司法解释（三）》第 13 条第 4 款规定了："股东在公司增资时未履行或者未全面履行出资义务，依照本条第一款或者第二款提起诉讼的原告，请求未尽公司法第一百四十七条第一款规定的义务而使出资未缴足的董事、高级管理人员承担相应责任的，人民法院应予支持"，尽管上述规定仅提及"公司增资时"，但是，我理解，上述规定同样可以适用于股份公司设立时的相应情形。

因此，在发起人未履行或者未全面履行出资义务的情况下，股份公司或股份公司的其他发起人或股份公司的债权人，同样可以请求未尽忠实义务和勤勉义务而使相关发起人出资未缴足的董事、高级管理人员承担相应的责任。

（五）未履行或未全面履行出资义务的发起人的行政责任

实践中，发起人或股东未按期足额缴纳出资，可能会被认定为虚假出资。

在《公司法》第 93 条第 1 款的基础上，针对实行注册资本实缴登记制的股份公司的发起人或股东虚假出资、未交付或未按期足额缴付出资的行为，《公司法》第 199 条还规定了相应的行政责任："公司的发起人、股东虚假出资，未交付或者未按期交付作为出资的货币或者非货币财产的，由公司登记机关责令改正，处以虚假出资金额百分之五以上百分之十五以下的罚款。"关于虚假出资的行政责任，请见本章第二节的分析。

（六）对股份公司增资的适用

由于《公司法》第 93 条第 1 款使用了"股份公司成立后""发起人"和"其他发起人"的表述，因此，从文义上看，《公司法》第 93 条第 1 款仅适用于股份公司设立过程中发起人未履行或未全面履行出资义务的情形。

不过，由于《公司法》第 178 条第 2 款规定了"股份有限公司为增加注册资本发行新股时，股东认购新股，依照本法设立股份有限公司缴纳股款的有关规定执行"，因此，在股份公司增加注册资本的过程中，如果有股东未履行出资义务或未全面履行出资义务，该股东应当补缴，公司增资时的其他股东对此承担连带责任。上述分析同样适用于公司增加注册资本的情形。

三、股份公司设立时发起人非货币出资不足涉及的责任

针对股份公司设立时发起人的非货币财产出资不足的情况，《公司法》第93条第2款规定了两项责任：一是，由交付该非货币财产出资的发起人补足其差额；二是，就其差额，由公司的其他发起人与该发起人承担连带的补足责任。

（一）交付非货币财产出资的发起人的补足责任

根据《公司法》第93条第2款，相关发起人股东承担补足责任的前提是，“作为设立公司出资的非货币财产的实际价额显著低于公司章程所定价额”。其中，“公司章程所定价额”，指的是股份公司的章程中规定的相关非货币财产出资的金额；“差额”，指的是股份公司的章程规定的作为设立公司出资的非货币财产的金额超过非货币财产的实际价额的部分。因此，其中的关键是“作为设立公司出资的非货币财产的实际价额”。

问题是，如何确定“作为设立公司出资的非货币财产的实际价额”？对此，应采用相应的评估技术进行评估为宜。其中，在评估的基准日方面，应以公司章程约定的相关发起人的出资日期作为确定相关非货币财产的价额的基准日（在公司章程未作约定时，可以考虑以实际交付该非货币财产的时间为基准日），而不应以“作为设立公司出资的非货币财产的实际价额显著低于公司章程所定价额”这一事实被发现的时间作为基准日。在此前作为出资的非货币财产未评估作价的情况下，这意味着确定“作为设立公司出资的非货币财产的实际价额”是一个事后进行复核的过程。

正是因为不应以“作为设立公司出资的非货币财产的实际价额显著低于公司章程所定价额”这一事实被发现的时间作为基准日，所以，作为原则，《公司法司法解释（三）》第15条规定了“出资人以符合法定条件的非货币财产出资后，因市场变化或者其他客观因素导致出资财产贬值，公司、其他股东或者公司债权人请求该出资人承担补足出资责任的，人民法院不予支持”。当然，《公司法司法解释（三）》第15条也规定了例外情形，即“当事人另有约定的除外”。对此，我倾向于认为，其中的“当事人另有约定”可以是发起人协议的

约定，也可以包括经交付作为设立公司出资的非货币财产的发起人同意或认可的情形。

在“作为设立公司出资的非货币财产的实际价额显著低于公司章程所定价额”的情况下，《公司法》第 93 条第 2 款规定的交付该非货币财产的发起人的责任是“补足其差额”。据此，公司可以根据《公司法》第 93 条第 2 款的规定要求发起人补足其差额；并且，我倾向于认为，在补足差额之外，公司还可以要求该发起人向公司支付差额部分的利息，如同差额部分属于应缴而未缴的出资那样。

值得一提的是，即使是在发起人协议约定了仲裁条款的情形，结合《最高人民法院关于合营企业起诉股东承担不履行出资义务的违约责任是否得当及合资经营合同仲裁条款是否约束合营企业的请示的复函》（民四他字〔2004〕第 41 号）的规定，由于公司不是发起人协议的签约主体，未参与订立仲裁条款，因此，发起人协议中的仲裁条款不能约束公司，在发起人交付的作为设立公司出资的非货币财产的实际价额显著低于公司章程所定价额的情况下，公司可以直接向人民法院提起诉讼，要求交付该非货币财产的发起人承担补足其差额的责任。

此外，针对在发起人交付的作为设立公司出资的非货币财产的实际价额显著低于公司章程所定价额时，公司要求其补足差额的情形，即使该情形不属于《公司法司法解释（三）》规定的“未履行出资义务”或“未全面履行出资义务”，但至少属于《最高人民法院关于审理民事案件适用诉讼时效制度若干问题的规定》（法释〔2008〕11 号）第 1 条第 3 项所规定的“基于投资关系产生的缴付出资请求权”，因此，根据《最高人民法院关于审理民事案件适用诉讼时效制度若干问题的规定》（法释〔2008〕11 号）第 1 条第 3 项的规定，公司要求交付的作为设立公司出资的非货币财产的实际价额显著低于公司章程所定价额的发起人补足其差额，不受诉讼时效的约束。

基于上述，考虑到《公司法》第 93 条第 2 款的规定，在发起人以非货币财产出资时，有必要由独立的资产评估机构对作为出资的非货币财产进行评估并出具评估报告，根据评估报告确定的公允价值确定非货币财产的作价。

但是，值得注意的是，《公司法》第 93 条第 2 款的适用不以未经独立的资产评估机构评估作价为前提；即使是在经独立的资产评估机构对作为出资的非货币财产进行评估作价，并且公司章程也是基于此项评估结果确定非货币财产的价额的情况下，如果资产评估机构出具的是虚假的评估报告或有重大遗漏的评估报告（当然这需要由公司或相关股东加以证明），致使作为设立公司出资的非货币财产的实际价额显著低于公司章程所定价额的话（亦即非货币财产的价额被显著高估），仍然可以并应当适用《公司法》第93条第2款；并且，在这种情况下，资产评估机构及其相关人员可能需要根据《公司法》第207条以及《资产评估法》第45条①、第47条②或第48条③承担相应的责任。

此外，就以募集方式设立的股份公司而言，尽管《公司法》第90条第2款第6项规定了创立大会享有“对发起人用于抵作股款的财产的作价进行审核”的职权，发起人用作出资的非货币财产的价额也经过了创立大会的审核，但是，这也不能排除《公司法》第93条第2款的适用。

（二）股份公司其他发起人的连带责任

在出现“作为设立公司出资的非货币财产的实际价额显著低于公司章程所定价额”的情形时，在要求交付该非货币财产的发起人补足其差额的同时，《公司法》第93条第2款也要求其他发起人与该发起人承担连带补足责任。

值得注意的是，由于《公司法》第93条第2款使用的是“其他发起人承

---

① 《资产评估法》第45条规定：“评估专业人员违反本法规定，签署虚假评估报告的，由有关评估行政管理部门责令停止从业两年以上五年以下；有违法所得的，没收违法所得；情节严重的，责令停止从业五年以上十年以下；构成犯罪的，依法追究刑事责任，终身不得从事评估业务。”

② 《资产评估法》第47条规定：“评估机构违反本法规定，有下列情形之一的，由有关评估行政管理部门予以警告，可以责令停业一个月以上六个月以下；有违法所得的，没收违法所得，并处违法所得一倍以上五倍以下罚款；情节严重的，由工商行政管理部门吊销营业执照；构成犯罪的，依法追究刑事责任：（一）利用开展业务之便，谋取不正当利益的；（二）允许其他机构以本机构名义开展业务，或者冒用其他机构名义开展业务的；（三）以恶性压价、支付回扣、虚假宣传，或者贬损、诋毁其他评估机构等不正当手段招揽业务的；（四）受理与自身有利害关系的业务的；（五）分别接受利益冲突双方的委托，对同一评估对象进行评估的；（六）出具有重大遗漏的评估报告的；（七）未按本法规定的期限保存评估档案的；（八）聘用或者指定不符合本法规定的人员从事评估业务的；（九）对本机构的评估专业人员疏于管理，造成不良后果的。评估机构未按本法规定备案或者不符合本法第十五条规定的条件的，由有关评估行政管理部门责令改正；拒不改正的，责令停业，可以并处一万元以上五万元以下罚款。”

③ 《资产评估法》第48条规定：“评估机构违反本法规定，出具虚假评估报告的，由有关评估行政管理部门责令停业六个月以上一年以下；有违法所得的，没收违法所得，并处违法所得一倍以上五倍以下罚款；情节严重的，由工商行政管理部门吊销营业执照；构成犯罪的，依法追究刑事责任。”

担连带责任”的表述，因此，承担连带补足责任的主体，限于其他发起人。由于在股份公司成立后，作为“发起人”的主体范围是确定不变的，这包括两个层面的含义：一是，在公司成立后才成为公司的股东的主体，不承担《公司法》第93条第2款规定的连带责任；二是，在“作为设立公司出资的非货币财产的实际价额显著低于公司章程所定价额”这一事实被发现时，即使作为股份公司发起人的主体，因各种原因（比如转让股份、单方面减资退出）已经不再是公司的股东，作为股份公司发起人的主体仍然需要承担《公司法》第93条第2款规定的连带补足责任；甚至，在作为股份公司发起人的主体死亡或被宣告死亡（适用于自然人股东）或终止（适用于法人或非法人组织股东），《公司法》第93条第2款规定的连带补足责任也应当作为其遗产或清算过程中应当清理的债务依法进行处置。

此外，由于《公司法》第93条第2款使用了“承担连带责任”的表述，因此，根据《民法总则》第178条第1款关于“二人以上依法承担连带责任的，权利人有权请求部分或者全部连带责任人承担责任”的规定，在出现“作为设立公司出资的非货币财产的实际价额显著低于公司章程所定价额”的情形时，公司既可以要求交付该非货币财产出资的发起人补足差额，也可以要求其他发起人补足差额，还可以要求交付该非货币财产出资的发起人和其他发起人一起补足差额。

同样地，在出现发起人“作为设立公司出资的非货币财产的实际价额显著低于公司章程所定价额”的情形时，公司要求其他发起人承担补足其差额的连带责任，也不受诉讼时效的约束。

当然，《公司法》第93条第2款规定的连带责任的责任范围是有限额的，其限额为公司章程规定的作为设立公司出资的非货币财产的价额超过该非货币财产的实际价额的部分。

（三）行政责任

实践中，发起人交付的作为出资的非货币财产的实际价额显著低于公司章程所定价额，可能会被认定为虚假出资。

比如，《山东省高级人民法院关于审理公司纠纷案件若干问题的意见（试行）》（鲁高法发〔2007〕3号）第11条就规定：“本意见所称瑕疵出资包括虚假出资和抽逃出资。股东……作为出资的非货币财产的实际价额显著低于公司章程所定价额的，构成虚假出资……”

如果被认定为虚假出资，可能就应当适用《公司法》第199条关于虚假出资的行政责任的规定：“公司的发起人、股东虚假出资，未交付或者未按期交付作为出资的货币或者非货币财产的，由公司登记机关责令改正，处以虚假出资金额百分之五以上百分之十五以下的罚款。”

（四）对股份公司增资的适用

由于《公司法》第93条第2款使用了“作为设立公司出资的非货币财产”“交付该出资的发起人”和“其他发起人”的表述，因此，从文义上看，《公司法》第93条第2款仅适用于股份公司设立过程中交付非货币财产的情形。

不过，由于《公司法》第178条第2款规定了“股份有限公司为增加注册资本发行新股时，股东认购新股，依照本法设立股份有限公司缴纳股款的有关规定执行”，因此，在股份公司增加注册资本的过程中，如果有股东以非货币财产出资并且其交付的作为公司增加注册资本的出资的非货币财产的实际价额显著低于公司章程或章程修正案规定的价额时，交付该非货币财产的股东应当补足其差额，公司增资时的其他股东对此承担连带责任。上述分析同样适用于公司增加注册资本的情形。

第五章
股东的表决权

考虑到股东基于其对公司所持的股权或股份所享有的表决权，对股东实质性参与、影响乃至决定公司的重大决策、保持对公司的控制权，具有至关重要的意义，因此，本章将围绕股东的表决权展开讨论。

第一节　有限公司股东的表决权

有限公司股东的表决权的分配和行使，主要是由《公司法》第 42 条加以规定的。《公司法》第 42 条的规定是："股东会会议由股东按照出资比例行使表决权；但是，公司章程另有规定的除外。"

一、原则规定：按出资比例行使表决权

从《公司法》第 42 条的表述看，原则上，在有限公司召开的股东会会议就其职权范围内的事项进行表决时，股东应当按照其各自的出资比例享有并行使表决权。

应该说，《公司法》第 42 条规定的"股东按照出资比例行使表决权"，属于资本决（资本多数决）原则，与《公司法》第 71 条第 2 款所说的"股东向股东以外的人转让股权，应当经其他股东过半数同意"属于人数决（人数多数决）是不同的。

值得注意的是，由于根据《公司法》第 3 条第 2 款、第 23 条第 2 项、第 26 条第 1 款、第 28 条第 1 款和第 34 条的规定，有限公司的股东的出资存在

“认缴的出资”和“实缴的出资”的区分，从而，《公司法》第42条所说的“出资比例”也存在“实缴的出资比例”和“认缴的出资比例”这两种解释。问题是，《公司法》第42条所说的“出资比例”，指的是“实缴的出资比例”，还是“认缴的出资比例”？

单从文义上看，《公司法》第42条所说的“出资比例”，既可以指“实缴的出资比例”，也可以指“认缴的出资比例”。对于实行注册资本认缴登记制的公司来说，在公司成立时各股东均未缴纳出资的情况下，《公司法》第42条所说的“出资比例”自然应指“认缴的出资比例”，对此应当不会发生争议；但是，在公司成立时有部分股东缴纳出资，而其他股东未缴纳出资的情况下，可能会发生争议。甚至，结合《公司法》第34条关于有限公司股东的分红权和优先认缴新增资本的权利的规定，《公司法》第42条所说的据以行使表决权的“出资比例”，似应指“实缴的出资比例”。

因此，为避免发生争议，有限公司的章程应明确规定股东在股东会会议上是按照“实缴的出资比例”还是按照“认缴的出资比例”行使表决权为宜。在公司章程未予明确的情况下，一般会倾向于认为，《公司法》第42条所说的据以行使表决权的“出资比例”，指的是“认缴的出资比例”。比如，最高人民法院2019年11月印发的《全国法院民商事审判工作会议纪要》（法〔2019〕254号）第7条关于“股东认缴的出资未届履行期限，对未缴纳部分的出资是否享有以及如何行使表决权等问题，应当根据公司章程来确定。公司章程没有规定的，应当按照认缴出资的比例确定”的规定，就持这种观点。

还需注意的是，在有限公司的章程规定股东在股东会会议上按照实缴的出资比例行使表决权的情况下，如果有股东未足额缴纳出资，各个股东享有的表决权比例可能会跟其各自的持股比例不一致。考虑到在《公司法》下，有限公司的股东所享有的诸多股东权利，比如，《公司法》第39条第2款规定的提议召开临时股东会会议的权利，《公司法》第40条第3款规定的召集和主持临时股东会会议的权利，《公司法》第182条规定的请求法院解散公司的权利，都是以表决权为基础的，因此，有限公司的股东应尽量按期、足额缴纳其所认缴的出资额，避免发生因其未缴纳出资或未足额缴纳出资而不享有相应的表决权，并因此无法行使相关股东权利的后果。

二、章程自治：公司章程可以作出不同规定

不过，由于《公司法》第 42 条同时还规定了“但是，公司章程另有规定的除外”，因此，有限公司可以通过依法制定的公司章程，对股东在股东会会议上的表决权的分配和行使，作出与《公司法》第 42 条所说的“股东会会议由股东按照出资比例行使表决权”不同的安排。

《公司法》第 42 条但书条款所说的“公司章程”，既包括有限公司的首份公司章程，也包括有限公司成立后依法修改的公司章程；所说的“另有规定”，指的是有限公司依法制定的公司章程作出的与《公司法》第 42 条所说的“由股东按照出资比例行使表决权”不同的规定。

考虑到有限公司在股东会会议上不按出资比例行使表决权涉及相关股东对其表决权的处分（具体为放弃其表决权），我倾向于认为，《公司法》第 42 条所说的“公司章程另有规定”，应指“经全体股东一致同意通过的公司章程另有规定”，至少，含有“不按出资比例行使表决权”的条款的公司章程在首次制定或通过时，应取得全体股东的一致同意。

对此，《北京市高级人民法院关于审理公司纠纷案件若干问题的指导意见》（京高法发〔2008〕127 号）第 12 条规定了：“有限责任公司非经全体股东一致同意，不得变更《公司法》第三十五条、第四十三条规定的或者公司章程规定的利润分配方式、新股认缴方式和表决权行使方式。股东以相关股东会决议或者章程修改未经股东一致同意为由，请求人民法院确认无效的，应予支持。”

注意到，由于《公司法》第 42 条使用的是“公司章程另有规定”的表述，没有像《公司法》第 41 条第 1 款那样使用“公司章程另有规定或者全体股东另有约定”的表述，因此，有限公司关于股东在股东会会议上的表决权的分配的规定，必须由公司章程予以规定；如果全体股东一致同意采取与公司章程有关股东表决权分配的规定不同的规定，则应当先按照公司章程的规定修改公司章程中有关股东表决权分配的规定，方为有效。

因此，根据《公司法》第 42 条的但书条款，有限公司的章程可以规定股东在股东会会议上既不按实缴的出资比例，也不按认缴的出资比例行使表决

权，而是按出席会议的人数行使表决权（即不实行资本多数决，而实行人数多数决）；也可以规定股东在股东会会议上对部分事项按人数行使表决权，对部分事项按实缴的出资比例或认缴的出资比例行使表决权；还可以规定股东会在审议部分事项时必须取得某一个或某几个股东的同意方可通过决议；甚至，还可以规定股东会在审议部分事项时，如果某一个或某几个股东投赞成票的话，其他股东也应当投赞成票。

这就为有限公司的投资人采取灵活的表决机制留出了空间。正是基于《公司法》第 42 条的但书条款，私募股权投资或风险投资领域的有限公司能够引入包括一票否决权、一票赞成权、表决权回避制度在内的灵活多样化的表决权分配机制。比如，在表决权回避制度方面，有限公司可以参考上海证券交易所或深圳证券交易所的股票上市规则关于上市公司关联股东回避表决的规定，在其公司章程中规定，在股东会审议特定事项时，特定股东也应回避表决，从而就相关事项不享有表决权。

此外，也正是基于《公司法》第 42 条的但书条款，特定领域的有限公司也得以实行国家特殊管理股制度（究其实质，国家特殊管理股制度也是一票否决制度，只是，享有一票否决权的股东属于特定的国有单位）。

还有，有限公司依法制定的公司章程也可以参考《农民专业合作社法》第 22 条关于“农民专业合作社成员大会选举和表决，实行一人一票制，成员各享有一票的基本表决权。出资额或者与本社交易量（额）较大的成员按照章程规定，可以享有附加表决权。本社的附加表决权总票数，不得超过本社成员基本表决权总票数的百分之二十”的规定，规定特定股东享有类似的附加表决权。

三、法定例外：公司为股东或实际控制人提供担保的回避表决制度

值得一提的是，《公司法》本身也规定了有限公司的股东不按出资比例行使表决权的情形。

比如，针对有限公司为其股东或实际控制人提供担保的情形，在《公司法》第 16 条第 2 款关于“公司为公司股东或者实际控制人提供担保的，必须经股东会或者股东大会决议”的规定的基础上，《公司法》第 16 条第 3 款进一

步规定了:“前款规定的股东或者受前款规定的实际控制人支配的股东，不得参加前款规定事项的表决。该项表决由出席会议的其他股东所持表决权的过半数通过。”

这就意味着,《公司法》第 16 条第 3 款实际上以法律的形式明确要求接受公司担保的股东和接受公司担保的实际控制人支配的股东不得行使表决权，属于《公司法》第 42 条所说的“股东会会议由股东按照出资比例行使表决权；但是，公司章程另有规定的除外”的例外规定。

因此，有限公司的章程不能依据《公司法》第 42 条的但书条款，作出与《公司法》第 16 条第 3 款关于“前款规定的股东或者受前款规定的实际控制人支配的股东，不得参加前款规定事项的表决。该项表决由出席会议的其他股东所持表决权的过半数通过”的规定相抵触的“另有规定”。

也因此，在表述上,《公司法》第 42 条如果能够像《合伙企业法》第 30 条关于“合伙人对合伙企业有关事项作出决议，按照合伙协议约定的表决办法办理。合伙协议未约定或者约定不明确的，实行合伙人一人一票并经全体合伙人过半数通过的表决办法。本法对合伙企业的表决办法另有规定的，从其规定”的规定那样，调整为“股东会会议由股东按照出资比例行使表决权；但是，公司章程另有规定的除外。本法对股东行使表决权另有规定的，从其规定”，则是更加完善的。

值得注意的是，由于《公司法》第 16 条第 3 款使用的是“前款规定的股东或者受前款规定的实际控制人支配的股东，不得参加前款规定事项的表决”的表述，而没有像《公司法》第 103 条第 1 款关于“公司持有的本公司股份没有表决权”的规定那样使用“没有表决权”的表述，这就意味着：一是,《公司法》第 16 条第 3 款只是要求有限公司的关联股东不得参与为公司股东或实际控制人提供担保这一事项的表决，这是以承认关联股东所享有的表决权为前提的，并未否定关联股东的表决权；二是,《公司法》第 16 条第 3 款并未要求关联股东不能出席相关股东会会议，关联股东是可以出席相关股东会会议的；三是,《公司法》第 16 条第 3 款只是要求关联股东不得参与“为公司股东或实际控制人提供担保”这一事项的表决，并未限制关联股东对股东会审议的其他事项的表决权。因此，有限公司章程不宜限制或剥夺关联股东出席相关股东会会议的权利以及对股东会审议的其他事项所享有的表决权。

第二节　股份公司股东的表决权

股份公司股东的表决权的分配和行使，主要是由《公司法》第 103 条第 1 款加以规定的。《公司法》第 103 条第 1 款的规定是："股东出席股东大会会议，所持每一股份有一表决权。但是，公司持有的本公司股份没有表决权。"

一、原则规定：一股一票

根据《公司法》第 103 条第 1 款的规定，原则上，股份公司的股东出席股东大会会议，就其所持有的每一股份享有一表决权。

针对股份公司股东在股东大会会议上所享有的表决权，由于《公司法》第 103 条第 1 款使用了"所持每一股份有一表决权"的表述，因此，股份公司的股东就其持有的每一股份[①]，都享有一表决权并且只享有一表决权。亦即，股份公司的股东所持的每一股份，在股东大会会议上享有的表决权是同等的。从而，《公司法》第 103 条第 1 款关于"每一股份有一表决权"的规定，是《公司法》第 126 条第 1 款所说的股份公司"同种类的每一股份应当具有同等权利"的体现。

此外，由于《公司法》第 103 条第 1 款针对股份公司股东的表决权使用的是"股东出席股东大会会议，所持每一股份有一表决权"的表述，并没有按照股东持有普通股还是持有优先股或其他种类的股份加以区分，而是统一规定"每一股份享有一表决权"，因此，在发行了不同种类的股份的股份公司，不论

---

① 尽管根据《公司法》第 3 条第 2 款、第 76 条第 2 项、第 80 条、第 95 条和第 100 条第 2 项，股份公司的"股本总额"存在"认购的股本总额"和"实收股本总额"之分，股份公司股东的股份也有"认购的股份"和"实缴的股份"之别，但是，基于对《公司法》第 125 条关于"股票是公司签发的证明股东所持股份的凭证"，第 128 条第 2 款关于"股票应当载明下列主要事项：（一）公司名称；（二）公司成立日期；（三）股票种类、票面金额及代表的股份数；（四）股票的编号"和第 130 条第 1 款关于"公司发行记名股票的，应当置备股东名册，记载下列事项：（一）股东的姓名或者名称及住所；（二）各股东所持股份数；（三）各股东所持股票的编号；（四）各股东取得股份的日期"的规定的分析，我更倾向于认为，《公司法》所说的股份公司股东"持有的股份""持有的本公司股份""持有公司股份""所持股份""所持每一股份"，指的是实缴的股份，而非认缴的股份。

其股东持有的是何种类别的股份，持有股份公司的各种类别的股份的股东就其所持有的每一股份所享有的表决权，原则上是同等的：都享有一表决权并且只享有一表决权。

也因此，在表决权方面，《公司法》第 103 条第 1 款关于“每一股份有一表决权”的规定，既包含了《公司法》第 126 条第 1 款规定的“同种类的每一股份应当具有同等的表决权”的含义，还包含了《公司法》第 126 条第 1 款所不具备的“不同种类的每一股份也应当具有同等的表决权”的含义。

值得注意的是，针对股份公司的股东所享有的表决权，由于《公司法》第 103 条第 1 款没有像《公司法》第 42 条那样规定“公司章程另有规定的除外”，因此，《公司法》不允许股份公司的章程对股东在股东大会会议上享有的表决权作出与《公司法》不同的规定；从而，我倾向于认为，在股份公司的情形，不能在其公司章程中规定特定股东享有一票否决权，此类规定是不符合《公司法》第 103 条第 1 款的规定的。当然，在符合《公司法》第 16 条第 3 款的规定的前提下，实际上产生了与一票否决权相同的效果，则应另当别论。

还需注意的是，由于《公司法》第 103 条第 1 款使用了“出席股东大会会议”的表述，因此，股份公司股东所享有的表决权，应当在，也只能在股东大会会议上行使。

《公司法》第 103 条第 1 款所说的“出席股东大会会议”，包含了以下几层含义：

一是，根据《公司法》第 100 条关于“股东大会应当每年召开一次年会。有下列情形之一的，应当在两个月内召开临时股东大会……”的规定，《公司法》第 103 条第 1 款所说的“股东大会会议”，既包括股东大会年会，也包括临时股东大会。

二是，根据《公司法》第 106 条关于“股东可以委托代理人出席股东大会会议”的规定，股东可以委托代理人出席股东大会会议，因此，《公司法》第 103 条第 1 款所说的“出席股东大会会议”，既包括股东本人亲自出席会议，也包括股东委托代理人出席会议。

三是，由于《公司法》本身没有规定股东或股东的代理人只能出席现场会议，因此，股份公司的公司章程可以规定股东或股东的代理人既可以出席股东大会现场会议，也可以通过电话、视频、网络等可以使所有与会者实时互相通话的通信设备出席股东大会会议；股东或股东的代理人依照公司章程的规定，通过电话、视频、网络等可以使所有与会者实时互相通话的通信设备出席股东大会会议，也属于《公司法》第103条第1款规定的“出席股东大会会议”。

二、例外之一：不享有表决权或回避表决

《公司法》在其第103条第1款规定的“一股一票”原则之外，也规定了若干例外情形。此外，国务院制定的行政规范性文件和证券交易所的上市规则也规定了若干例外情形。

（一）《公司法》规定的不享有表决权的情形

就股份公司股东的表决权而言，《公司法》本身也在特定的情形下排除了股份公司股东的表决权。

一是，《公司法》第103条第1款第二句的但书条款将股份公司持有的本公司的股份所享有的表决权排除在外，即“公司持有的本公司股份没有表决权”。

在股份公司持有本公司的股份的情况下，不论是因何种原因持有本公司股份的，其所持有的本公司股份都不享有表决权；在涉及计算股份公司的股东所享有的表决权比例时，股份公司持有的本公司股份，不应计入股份公司的有表决权的股份的总数。

并且，由于《公司法》第103条第1款使用了“股东出席股东大会会议，所持每一股份有一表决权。但是，公司持有的本公司股份没有表决权”的表述，并未区分股东大会审议的是何种事项，因此，不论股东大会审议的是普通决议事项，还是特别决议事项，公司持有的本公司股份都没有表决权。

值得一提的是，《公司法》第103条第1款第二句所说的“股份公司持有的本公司股份”，指的是股份公司的库存股。根据《公司法》第142条的规定，通常情况下，股份公司因不得收购本公司的股份、不得接受本公司的股份作为质权的标的而不能持有本公司的股份，但是，股份公司可以在存在《公司法》第142条第1款规定的情形时依法收购本公司的股份，从而有可能在一定期限内持有本公司的股份。

应该说，《公司法》第 103 条第 1 款作出“公司持有的本公司股份没有表决权”的规定，在很大程度上也能够节约交易成本：不仅可以避免发生公司在持有本公司股份的情况下就如何行使表决权所需重复履行的决策程序，也可以避免出现股东或董事就公司如何行使其所持有的本公司股份的表决权发生争议、纠纷的情况。

二是，对于采取募集设立方式设立的股份公司，在其召开创立大会时，《公司法》第 90 条第 3 款规定了“创立大会对前款所列事项作出决议，必须经出席会议的认股人所持表决权过半数通过”，从而，发起人股东对创立大会就其职权范围内的事项进行表决时不享有表决权。

上述规定都属于《公司法》第 103 条第 1 款关于“股东出席股东大会会议，所持每一股份有一表决权”的规定的例外规定。

（二）《公司法》规定的股东回避表决制度

此外，《公司法》本身也规定了，在特定情形下，股份公司的股东虽有表决权但应当回避表决的制度。这就是《公司法》第 16 条第 3 款的规定。

针对股份公司为其股东或实际控制人提供担保的情形，在《公司法》第 16 条第 2 款关于“公司为公司股东或者实际控制人提供担保的，必须经股东会或者股东大会决议”的规定的基础上，《公司法》第 16 条第 3 款进一步规定了：“前款规定的股东或者受前款规定的实际控制人支配的股东，不得参加前款规定事项的表决。该项表决由出席会议的其他股东所持表决权的过半数通过。”

这就意味着，《公司法》第 16 条第 3 款实际上以法律的形式明确要求接受股份公司担保的股东和接受公司担保的实际控制人支配的股东不得行使表决权，属于《公司法》第 103 条第 1 款关于“股东出席股东大会会议，所持每一股份有一表决权”的规定的例外规定。

值得注意的是，由于《公司法》第 16 条第 3 款使用的是“前款规定的股东或者受前款规定的实际控制人支配的股东，不得参加前款规定事项的表决”的表述，而没有像《公司法》第 103 条第 1 款关于“公司持有的本公司股份没有表决权”的规定那样使用“没有表决权”的表述，这就意味着：一是，《公司法》第 16 条第 3 款只是要求股份公司的关联股东不得参与为公司股东或实际控制人提供担保这一事项的表决，这是以承认关联股东所享有的表决权为前提的，并未否定关联股东的表决权；二是，《公司法》第 16 条第 3 款并未要求关联股东不能出席相关股东大会会议，关联股东是可以出席相关股东大会会议的；三是，《公司法》第 16 条第 3 款只是要求关联股东不得参与“为公司股东或实际控制人提供担保”这一事项的表决，并未限制关联股东对股东大会审议的其他事项的表决权。因此，股份公司章程不宜限制或剥夺关联股东出席相关股东大会会议的权利以及对股东大会审议的其他事项所享有的表决权。

需要注意的是，除《公司法》第 16 条第 3 款、第 90 条第 3 款和第 103 条第 1 款外，《公司法》的其他条款并没有对股份公司的股东的表决权作出任何限制或排除；即使是在股东未按期足额缴纳出资的情况下，《公司法》本身都没有规定股份公司的未按期足额缴纳出资的股东不享有表决权，而只是要求相关股东承担违约责任或补缴责任（见《公司法》第 83 条第 2 款、第 93 条）。这和有限公司的章程可以根据《公司法》第 42 条第 1 款的但书条款规定股东按照实缴的出资比例行使表决权是不同的。

（三）国务院文件规定的表决权受到限制的优先股

国务院在 2013 年 11 月公布的《国务院关于开展优先股试点的指导意见》（国发〔2013〕46 号），允许特定的股份公司在普通股之外发行表决权受到限制的优先股，即“依照公司法，在一般规定的普通种类股份之外，另行规定的其他种类股份，其股份持有人优先于普通股股东分配公司利润和剩余财产，但参与公司决策管理等权利受到限制”。

根据《国务院关于开展优先股试点的指导意见》，优先股股东是享有表决权的，只不过，其享有的表决权是受到限制的，即“除以下情况外，优先股股东不出席股东大会会议，所持股份没有表决权：（1）修改公司章程中与优先股相关的内容；（2）一次或累计减少公司注册资本超过百分之十；（3）公司合并、分立、解散或变更公司形式；（4）发行优先股；（5）公司章程规定的其他情形”。

但是，在公司累计 3 个会计年度或连续 2 个会计年度未按约定支付优先股股息的情况下，优先股股东的表决权将予以恢复，即“有权出席股东大会，每股优先股股份享有公司章程规定的表决权”。其中，对于股息可累积到下一会计年度的优先股，表决权恢复直至公司全额支付所欠股息；对于股息不可累积的优先股，表决权恢复直至公司全额支付当年股息。

此外，《国务院关于开展优先股试点的指导意见》允许公司章程可以规定优先股表决权恢复的其他情形。①

（四）上市规则规定的股东回避表决制度

值得注意的是，在《公司法》第 16 条第 3 款、第 90 条第 3 款和第 103 条第 1 款的基础上，证券交易所的上市规则还作出了更加广泛、更加严格的有关上市公司股东回避表决的规定。

比如，《上海证券交易所股票上市规则》（2019 年 4 月第十三次修订）第 10. 2. 2 条第 1 款规定："上市公司股东大会审议关联交易事项时，关联股东应当回避表决"；其中，"关联股东"包括上市公司的下列股东或者具有下列情形之一的上市公司股东：（1）为交易对方；（2）为交易对方的直接或者间接控制人；（3）被交易对方直接或者间接控制；（4）与交易对方受同一法人或其他组织或者自然人直接或间接控制；（5）因与交易对方或者其关联人存在尚未履行完毕的股权转让协议或者其他协议而使其表决权受到限制和影响的股东；（6）中国证监会或者证券交易所认定的可能造成上市公司利益对其倾斜的股东。

《深圳证券交易所股票上市规则》（2019 年 4 月修订）第 10. 2. 2 条、《深圳证券交易所创业板股票上市规则》（2019 年 4 月修订）第 10. 2. 2 条和《上海证券交易所科创板股票上市规则》（2019 年 4 月第一次修订）第 7. 2. 10 条也作出了类似的规定。

我理解，基于公司章程自治，股份公司依法制定的公司章程可以考虑参考证券交易所上市规则的上述条款规定更详细的股东回避表决制度。

（五）《证券法》规定的股东表决权限制制度

针对违反 2020 年 3 月 1 日起生效的修订后的《证券法》第 63 条第 1 款、第 2 款规定买入上市公司有表决权的股份，《证券法》第 63 条第 4 款规定了"违反第一款、第二款规定买入上市公司有表决权的股份的，在买入后的三十

---

① 有关优先股，请见本书第二章第四节的内容。

六个月内，对该超过规定比例部分的股份不得行使表决权”。该规定对“该超过规定比例部分的股份”的表决权作出了限制，即“在买入后的三十六个月内”不得行使。

但是，需要注意的是，修订后的《证券法》使用的是“不得行使表决权”的表述，而没有像《公司法》103 条第 1 款那样使用“没有表决权”的表述，这也就表明修订后的《证券法》的该规定本身没有排除“该超过规定比例部分的股份”的表决权，相反是以承认“该超过规定比例部分的股份”享有表决权为前提的，只不过是《证券法》要求其在指定的 36 个月内不得行使表决权，这部分股份卖出后，依法买入这部分股份的投资者是享有相应的表决权的。

三、例外之二：科创板上市公司的表决权差异安排

在普通股之外，中国证监会《关于在上海证券交易所设立科创板并试点注册制的实施意见》（中国证券监督管理委员会公告〔2019〕2 号）也允许符合条件的股份公司中的科技创新企业在上市之前进行差异化表决权安排，在普通股份之外发行具有特别表决权的类别股份。

根据《关于在上海证券交易所设立科创板并试点注册制的实施意见》和《上海证券交易所科创板股票上市规则》，“表决权差异安排”是指发行人依照《公司法》第 131 条的规定，在一般规定的普通股份之外，发行拥有特别表决权的股份（即特别表决权股份），每一特别表决权股份拥有的表决权数量大于每一普通股份拥有的表决权数量，其他股东权利与普通股份相同。

在特别表决权的表决权数量方面，《上海证券交易所科创板股票上市规则》要求，每份特别表决权股份的表决权数量应当相同，且不得超过每份普通股份的表决权数量的 10 倍；为此，上市公司章程应当规定每份特别表决权股份的表决权数量，并且，上市公司应当保证普通表决权比例不低于 10%。[①]

最高人民法院在 2019 年 6 月 20 日印发的《关于为设立科创板并试点注册

① 有关科创板上市公司表决权差异安排，请见本书第二章第五节的内容；有关香港不同投票权上市规则，请见本书第二十五章的内容。

制改革提供司法保障的若干意见》（法发〔2019〕17 号）“在司法的层面上首次肯定了‘同股不同权’的公司治理安排”①。

四、股份公司股东行使表决权的特别规定：累积投票制

在《公司法》第 103 条第 1 款关于“股东出席股东大会会议，所持每一股份有一表决权。但是，公司持有的本公司股份没有表决权”的规定的基础上，《公司法》第 105 条允许股份公司股东大会在选举董事、监事时可以采取累积投票制，即“股东大会选举董事或者监事时，每一股份拥有与应选董事或者监事人数相同的表决权，股东拥有的表决权可以集中使用”。

据此，累积投票制是“一股一票”原则之下关于股东表决权行使的特别规定。

（一）累积投票制的适用范围

由于《公司法》第 105 条第 1 款是在“股份公司股东大会选举董事、监事”的情况下规定累积投票制的，因此，《公司法》第 105 条所说的累积投票制的适用范围，仅限于股份公司股东大会选举董事或选举监事的情形。

根据《公司法》第 99 条和第 37 条第 1 款第 2 项、第 108 条第 2 款、第 117 条第 2 款的规定，由于股份公司董事会中的职工代表董事、监事会中的职工代表监事并非由股东大会选举产生，而是由公司职工民主选举产生，因此，《公司法》第 105 条所说的累积投票制原则上不适用于职工代表董事和职工代表监事的选举。

就股份公司股东大会选举董事、监事实行累积投票制而言，由于《公司法》第 105 条第 1 款使用的是“可以”的表述，因此，《公司法》只是倡导股份公司实行累积投票制，而不是要求股份公司股东大会在选举董事、监事时必

① 见最高人民法院审判委员会专职委员刘贵祥 2019 年 6 月 21 日在《最高人民法院关于为设立科创板并试点注册制改革提供司法保障的若干意见》新闻发布会上的发言，https：//www. chinacourt. org/chat/fulltext/listId/51620/template/courtfbhcommon/subjectid/MzAwNMhONoABAA = = . shtml，最后访问时间：2019 年 9 月 30 日。

须实行累积投票制。

甚至，就上市公司而言，根据《国务院办公厅关于进一步加强资本市场中小投资者合法权益保护工作的意见》（国办发〔2013〕110 号）、《上市公司治理准则》（2018 年修订）、《关于加强社会公众股股东权益保护的若干规定》（证监发〔2004〕118 号）的规定，目前，法规也并没有要求所有上市公司都必须实行累积投票制，而只是鼓励、提倡上市公司积极推行累积投票制选举董事、监事。

不过，值得注意的是，《上市公司治理准则》第 17 条则要求“单一股东及其一致行动人拥有权益的股份比例在 30% 及以上”的上市公司应当采用累积投票制，并要求采用累积投票制度的上市公司在公司章程里规定累积投票制的实施细则。

此外，在金融领域，相关主管机关通常也会要求特定的金融机构选举董事、监事时必须实行累积投票制。

比如，就证券公司而言，中国证监会《证券公司治理准则》（证监会公告〔2012〕41 号）第 17 条第 2 款要求股东单独或者与关联方合并持有公司 50% 以上股权的证券公司选举董事、监事应当采用累积投票制度（但证券公司为一人公司的除外）。

又如，就保险公司而言，原中国保监会（现为中国银保监会）《保险公司章程指引》（保监发〔2017〕36 号）第 32 条第 3 款要求单个股东（关联股东或者一致行动人合计）持股比例超过 50% 的保险集团（控股）公司、保险公司、保险资产管理公司中的股份有限公司，其股东大会就选举董事、监事进行表决时，必须实行累积投票制。

再如，就信托公司而言，原中国银监会（现为中国银保监会）《信托公司治理指引》（银监发〔2007〕4 号）第 13 条要求股东单独或与关联方合并持有公司 50% 以上股权的信托公司的股东大会选举董事、监事应当实行累积投票制。

（二）累积投票制的实施依据

就股份公司股东大会选举董事、监事实行累积投票制而言，由于《公司法》第 105 条第 1 款使用的是“依照公司章程的规定或者股东大会的决议”的表述，因此，股份公司股东大会实行累积投票制的依据，可以有两种：

一是，公司章程。股份公司的章程可以对股东大会选举董事、监事实行累积投票制作出具体的规定。这种情况下，公司章程关于累积投票制的规定通常适用于股份公司股东大会每一次选举董事或监事。

二是，在公司章程未作规定的情况下，依法召开的股东大会会议可以依法作出股东大会选举董事或监事实行累积投票制的决议。这种情况下，股份公司股东大会关于累积投票制的决议，通常采取的是一事一议、个案实施的方式，通常只适用于特定董事或监事的选举，而可能并不适用于以后每一次选举董事、监事。

（三）累积投票制的内容

《公司法》第 105 条第 2 款对“累积投票制”作出的定义是“本法所称累积投票制，是指股东大会选举董事或者监事时，每一股份拥有与应选董事或者监事人数相同的表决权，股东拥有的表决权可以集中使用”。

尽管从一般意义上讲，无论是投赞成票，还是投反对票，或者是投弃权票，都属于股东“使用”其表决权的行为，但是，由于《公司法》第 105 条第 2 款是在累积投票制的语境中使用“股东的表决权可以集中使用”的表述的，我理解，《公司法》第 105 条第 2 款所说的“使用”，指的仅仅是投赞成票，不包括投反对票或投弃权票。

尽管《上市公司治理准则》第 17 条要求“单一股东及其一致行动人拥有权益的股份比例在 30% 及以上”的上市公司应当采用累积投票制，并要求采用累积投票制度的上市公司在公司章程里规定累积投票制的实施细则，不过，现行法规并没有对如何实施累积投票制作出具体的规定。

上海证券交易所上市公司管理部曾在 2005 年 5 月 30 日发布《〈公司章程〉累积投票制实施细则建议稿》，提出了 5 个有关累积投票制的条款，供相关上市公司在修订公司章程时参考。实践中，上市公司通常也是根据上海证券交易所这一建议稿来制定其自身的累积投票制度的。

根据上海证券交易所上市公司管理部的《〈公司章程〉累积投票制实施细则建议稿》以及天津长荣科技集团股份有限公司等上市公司实行累积投票制的内部制度，累积投票制的规则通常是，上市公司股东大会在选举董事（或监事）时，表决票只设“赞成票”，不设“反对票”或“弃权票”，每一有表决权的股份享有与拟选出的董事人数（或监事人数）相同的表决权，股东可以自由地在董事候选人（或监事候选人）之间分配其表决权，既可分散投于多人，也可集中投于一人，按照董事候选人（或监事候选人）得票从多到少的顺序，根据拟选出的董事人数（或监事人数），由得票较多者当选。

（四）累积投票制与直接投票制的比较

累积投票制是与直接投票制相对应的投票制度。现行法律没有使用“直接投票制”的表述，但在实践中，有的公司尤其是上市公司在其内部制度中通常会使用“累积投票制”和“直接投票制”的表述，比如，《中国保险监督管理委员会关于生命人寿保险股份有限公司修改章程的批复》（保监发改〔2012〕1124号）、《黑牡丹（集团）股份有限公司累积投票制实施细则》（2010年5月）、《北京梅泰诺通信技术股份有限公司累积投票制实施细则》（2012年3月）、《天津长荣科技集团股份有限公司累积投票制实施细则》（2017年8月）都有使用“累积投票制”和“直接投票制”的表述。

在直接投票制下，根据《公司法》第103条第1款、第2款的规定，股份公司股东大会选举董事（或监事）时，一方面，在表决权数量方面，针对每一位董事候选人（或监事候选人），在应选董事（或应选监事）全部当选之前，每一名股东所享有的表决权数量与其持有的股份数量相同；另一方面，在表决权的使用方面，在应选董事（或应选监事）全部当选之前，针对每一名董事候选人（或监事候选人），各个股东都只能将其所持有的全部股份的全部表决权一次性用于投赞成票或反对票或弃权票。

与此不同，在累积投票制下，根据《公司法》第105条第2款的规定，股份公司选举董事（或监事）时，一方面，在股东所享有的表决权数量方面，每一名股东所享有的表决权数量，不是按照单个董事候选人（或监事候选人）计算的，而是按照应选举的董事（或应选监事）的总人数计算的，其所享有的表决权数量等于其所持有的股份数量×应选举的董事（或应选举的监事）的总人数；另一方面，在表决权的使用方面，股东既可以将其所持有的所有股份的全部表决权全部投给某一位董事候选人（或监事候选人），也可以分散投给数位董事候选人（或监事候选人），但只能对该候选人投赞成票，而不能投反对票或弃权票。

根据《公司法》第99条、第37条第1款第2项和第103条第2款的规定，股份公司股东大会就选举董事、监事作出决议，经出席股东大会的股东所持表决权的过半数即可通过。因此，在直接投票制下，在股东大会就每一名董事候选人（或监事候选人）的选举进行表决时，持股51%以上的控股股东事实上能够确保其提名的每一名董事候选人（或监事候选人）都获得当选，而中小股东提名的董事候选人（或监事候选人）则难以当选，甚至无法当选。但是，在累积投票制下，中小股东通过集中使用其所享有的表决权，则有可能（虽然并非一定）使得其提名的董事候选人（或监事候选人）当选。

下面举例来说明。假设A股份公司有3个股东甲、乙和丙，分别持有A公司5100万股股份、3400万股股份和1500万股股份，对公司的持股比例分别是51%、34%和15%。A公司的章程规定其董事会设5名董事，其公司章程没有有关董事提名、选举的特别规定。A公司正准备召开股东大会会议选举董事会成员，各个股东均出席股东大会会议。

在这种背景下，由于A公司的章程没有对董事提名、选举作出特别规定，故应直接适用《公司法》的相关规定。

先来看看董事的提名。根据《公司法》第102条第2款，甲、乙、丙都可以提出自己的5名董事候选人。

再来看看董事选举的表决。在A公司实行直接投票制的情况下，由于甲持有的表决权占出席会议的股东（乃至全体股东）所持表决权的过半数，因此，在针对3个股东所提名的15名董事候选人中的每一名候选人进行表决时，甲可以利用其表决权优势，对其提名的5名董事候选人分别投赞成票，而对乙、丙所提名的10名董事候选人分别投反对票，从而能够使得A公司股东大会通过选举甲提名的5名董事候选人为董事的决议，使得其所提名的5名董事候选人都当选为董事，而使得乙和丙所提名董事候选人都不能当选。

但是，在A公司实行累积投票制的情况下，可能就会出现不同的选举结果了。由于应选举的董事人数为5人，从理论上讲，甲在此次董事选举中享有的表决权总数为25500万（=5100万×5），乙在此次董事选举中享有的表决权总数为17000万（=3400万×5），丙在此次董事选举中享有的表决权总数为7500万（=1500万×5），所有股东在此次董事选举中享有的表决权总数为50000万，平均分配到5个董事，得票10000万以上的董事候选人能够当选。

由于累积投票制下，甲不能将其表决权使用于对乙或丙提名的董事投反对票，因此，无论甲如何分配其表决权，都不能使其提名的5名董事候选人都当选；在乙将其所有表决权都投给其提名的一名董事候选人时，该董事候选人的得票为17000万，超过10000万票，从而能够当选；在乙和丙采取一致行动的情况下，乙和丙所享有的表决权总数为24500万，如果乙和丙采取按照一人12000万票、一人12500万票的办法将其所持有的表决权分别投给其提名的两名董事候选人，乙和丙将能够促使其提名的2名董事候选人当选；甚至，如果乙和丙采取按照一人8500万票、一人8000万票、一人8000万票的办法将其所持有的表决权分别投给其提名的三名董事候选人，在甲将其表决权分散投给其提名的5名候选人的情况下，乙和丙甚至有可能促使其提名的3名董事候选人当选。

因此，从理论上讲，累积投票制的实行，在一定程度上有利于中小股东利益的保护。不过，实践当中，中小股东能否促成自己提名的董事候选人当选，还取决于中小股东能否成功提名董事候选人并合理地集中使用表决权以及其他股东使用其表决权的情况等各个方面的因素。

值得注意的是，根据《公司法》第103条第1款关于“公司持有的本公司股份没有表决权”的规定，如果股份公司持有本公司的股份，在股东大会实行累积投票制选举董事或监事时，公司持有的本公司股份是不享有表决权的。

第六章

委托持股（股份代持）

委托持股，亦称股权代持，是实务中常见的安排，既涉及实际出资人与名义出资人之间的法律关系，还涉及实际出资人与公司、公司的其他股东以及第三人之间的法律关系。有鉴于此，本章将主要围绕委托持股的认定和效力，以及涉及委托持股安排的股权执行问题展开讨论，并结合股权代持的新近发展，对中国存托凭证（China Depository Receipt，CDR）与股份代持作一比较。

第一节 委托持股的认定和效力

尽管委托持股在实务中比较常见，但《公司法》本身并没有直接规定委托持股或股权代持的问题。委托持股主要是由《公司法司法解释（三）》第 24 条至第 26 条加以规定的。

一、委托持股安排存在与否的认定

在认定实际出资人与名义出资人之间是否存在委托持股或股权代持安排时，应当根据《民法总则》关于民事法律行为成立的规定和《合同法》关于合同成立的规定，加以认定。

具体来说，根据《民法总则》第 133 条关于“民事法律行为是民事主体通过意思表示设立、变更、终止民事法律关系的行为”和第 134 条第 1 款关于“民事法律行为可以基于双方或者多方的意思表示一致成立，也可以基于单方的意思表示成立”的规定，以及《合同法》第 2 条第 1 款关于“本法所称合同是平等主体的自然人、法人、其他组织之间设立、变更、终止民事权利义务关系的协议”、第13条关于“当事人订立合同，采取要约、承诺方式”、第14条关于“要约是希望和他人订立合同的意思表示，该意思表示应当符合下列规定：（一）内容具体确定；（二）表明经受要约人承诺，要约人即受该意思表示约束”、第21条关于“承诺是受要约人同意要约的意思表示”、第30条关于“承诺的内容应当与要约的内容一致”、第26条第1款关于“承诺通知到达要约人时生效”、第25条关于“承诺生效时合同成立”、第32条关于“当事人采用合同书形式订立合同的，自双方当事人签字或者盖章时合同成立”、第8条第1款关于“依法成立的合同，对当事人具有法律约束力”和第44条第1款关于“依法成立的合同，自成立时生效”的规定，在认定实际出资人与名义出资人之间是否存在委托持股或股权代持安排时，应当考察当事人之间是否就实际出资人委托名义出资人代其持有相关公司的股权或股份达成了一致的意思表示；如果双方之间并无代持股权或股份的合意，则不应认定双方之间存在委托持股或股权代持安排。

在这方面，最高人民法院在2017年12月26日就张某德与南阳鑫源黄金有限公司（以下简称南阳鑫源公司）、贾某股权转让纠纷再审案作出的（2017）最高法民申4264号民事裁定书中的意见，可供参考。

在该民事裁定书中，针对张某德提出的“依据其与贾某签订的两份《协议书》主张其系南阳鑫源公司的隐名股东，请求确认其股东身份”的主张，最高人民法院认为：“该主张能否成立，首先应当从张某德自身是否具有成为股东的意思表示、其与贾某是否具有隐名持股的合意进行审查。原审已查明，2010年2月2日贾某与张某德签订的《协议书》约定：（一）乙方出资购买甲方名下南阳鑫源公司35.25%的股份，但该股份所有权仍归甲方，在公司股东登记名册上仍由甲方具名，并以公司股东身份参与公司相应活动、出席股东会并行使表决权，以及行使公司法与公司章程授予股东的其他权利；（二）对于乙方出资购买的股份，乙方只享有该股份在公司所辖矿区的开发收益，不承担和享受公司其他固定资产及其他资产所产生的损失和收益。（所辖矿区的开发收益指黄金山庄、选厂、公司享有的银海公司40%股权在开发期间的收益及公司在内乡县域范围内矿山经营收益）……（四）南阳鑫源公司所辖矿区开发完毕，本协议自行终止，双方围绕股权不存在任何纠纷。2011年2月

28 日，双方又签订一份《协议书》，内容除股份数额外与前述协议相同。从上述约定内容看，一方面，张某德仅享有一定期限内南阳鑫源公司部分矿区开发经营的收益权，而非《中华人民共和国公司法》第四条规定的所有股东权利；另一方面，张某德并不承担公司亏损的风险，与《中华人民共和国公司法》第三条第二款关于股东责任的规定亦不相符。因此，上述约定并不能表明张某德具有明确的成为南阳鑫源公司股东的意思表示，更不足以得出张某德与贾某之间具有隐名持股之合意的结论。故张某德提出的确认其在南阳鑫源公司显名股东身份的请求，缺乏事实和法律依据，原判决未予支持并无不当。”

此外，在 2017 年 12 月 22 日就陈某明与唐某辉、湖南大康国际农业食品股份有限公司（以下简称大康公司）企业出资人权益确认纠纷再审案作出的（2017）最高法民申 5054 号民事裁定书中，针对唐某辉持有的大康农业公司股权在 2008 年 7 月 16 日被转让后，陈某明与唐某辉于 2011 年 8 月 17 日签订的关于约定陈某明补偿唐某辉 100 万股“大康牧业”股票的安排，最高人民法院认为：

“根据本案已查明的事实，唐某辉原系大康公司发起人，并且持有该公司股权，但其持有的公司股权于 2008 年 7 月 16 日被转让。《协议书》实为因唐某辉所持大康公司股权被转让后，导致唐某辉的利益受损，由陈某明向唐某辉作出的补偿安排。该协议仅约定唐某辉单方享有权利而无需承担相应义务，财产权益的支付义务由陈某明负担，故原判决认定《协议书》为单务合同，并无不妥。从《协议书》本身看，其约定的 100 万股大康公司股权原本就登记在陈某明名下，协议签订后，股权登记并未变更，该部分股权依然由陈某明持有。而且，在限售期内，该部分股权所产生的相关收益亦继续由陈某明享有。唐某辉实际可以取得的，仅为限售期满后，由陈某明通过出售方式将该 100 万股大康公司股权卖出并扣除相关款项后所实现的财产权益。《协议书》并未约定唐某辉如何行使股东权利、履行股东义务，抑或由陈某明代为行使权利、履行义务，也未有唐某辉通过股权转让方式继受成为大康公司股东的意思表示，陈某明主张该协议实际约定其与唐某辉之间股权转让及代持关系，无事实依据。”

二、委托持股协议的效力和内部权利义务关系

严格来讲，委托持股或股权代持主要是《合同法》规范的事项，其实质为委托合同，主要适用《合同法》关于合同效力和委托合同的规定，以及《民法总则》关于民事法律行为和代理的规定。

在实际出资人与名义出资人之间存在委托持股安排的情况下，针对委托持股协议的效力问题，《公司法司法解释（三）》第24条第1款规定了："有限责任公司的实际出资人与名义出资人订立合同，约定由实际出资人出资并享有投资权益，以名义出资人为名义股东，实际出资人与名义股东对该合同效力发生争议的，如无合同法第五十二条规定的情形，人民法院应当认定该合同有效。"

据此，探究委托持股协议的效力，需要根据委托持股协议自身的约定，结合《合同法》第三章关于合同效力的规定，尤其是其第52条关于合同无效的规定，以及《民法总则》关于民事法律行为的效力的规定，来加以判断。

应该说，《公司法司法解释（三）》确立了委托持股协议"原则有效、例外无效"的处理原则。亦即，实际出资人与名义出资人之间的委托持股或股权代持安排，原则上是有效的；只有在委托持股安排存在法律明确规定的合同无效或民事法律行为无效的情形时，才能认定委托持股协议无效。

在上述原则基础上，针对实际出资人与名义出资人之间的权利义务关系，一方面，针对委托持股涉及的投资权益的归属问题，《公司法司法解释（三）》第24条第2款规定了："前款规定的实际出资人与名义股东因投资权益的归属发生争议，实际出资人以其实际履行了出资义务为由向名义股东主张权利的，人民法院应予支持。名义股东以公司股东名册记载、公司登记机关登记为由否认实际出资人权利的，人民法院不予支持。"并且，刊载于《最高人民法院公报》2019年第7期，由最高人民法院在2017年10月10日就许某宏与泉州南明置业有限公司、林某哲与公司有关的纠纷再审案作出的（2017）最高法民终18号民事裁定书更是直接提出："实际投资人获取投资权益的实现方式，是依据其与名义股东之间的合同关系向名义股东进行主张。"

另一方面，针对名义股东将登记于其名下的股权转让、质押或者以其他方式处分，造成实际出资人损失的情形，《公司法司法解释（三）》第25条第2

款规定了："名义股东处分股权造成实际出资人损失，实际出资人请求名义股东承担赔偿责任的，人民法院应予支持。"

这也就是最高人民法院倾向性意见所说的"如果名义股东与实际出资人约定由名义股东出面行使股权，但由实际出资人享受投资权益属于双方间的自由约定，根据缔约自由的精神，如无其它违法情形，该约定应有效，实际出资人可依照合同约定向名义股东主张相关权益"。[①]

三、实际出资人与公司、公司的其他股东之间的法律关系

就委托持股或股权代持安排涉及的实际出资人与公司、公司的其他股东之间的法律关系而言，由于《公司法》第4条规定了"公司股东依法享有资产收益、参与重大决策和选择管理者等权利"，第11条规定了"设立公司必须依法制定公司章程。公司章程对公司、股东、董事、监事、高级管理人员具有约束力"，第20条第1款规定了"公司股东应当遵守法律、行政法规和公司章程，依法行使股东权利"，第25条第1款规定了"有限责任公司章程应当载明下列事项：……（四）股东的姓名或者名称；（五）股东的出资方式、出资额和出资时间……"、第2款规定了"股东应当在公司章程上签名、盖章"，第32条第2款规定了"记载于股东名册的股东，可以依股东名册主张行使股东权利"、第3款规定了"公司应当将股东的姓名或者名称向公司登记机关登记；登记事项发生变更的，应当办理变更登记。未经登记或者变更登记的，不得对抗第三人"，考虑到实际出资人的姓名或名称并未记载于有限公司的章程、股东名册，也未在公司登记机关办理股东登记，因此，实际出资人并非公司的股东，其无权向公司、公司的其他股东、公司的董事、监事、高级管理人员主张公司的股东才享有的权利，公司的其他股东、公司的董事、监事、高级管理人员也有权拒绝实际出资人的相关要求。

也基于此，《公司法司法解释（三）》第24条第3款规定了"实际出资人未经公司其他股东半数以上同意，请求公司变更股东、签发出资证明书、记载

---

① 宋晓明、张勇健、杜军：《〈关于适用公司法若干问题的规定（三）〉的理解与适用》，载《人民司法·应用》2011年第5期。

于股东名册、记载于公司章程并办理公司登记机关登记的，人民法院不予支持”。刊载于《最高人民法院公报》2019年第7期的、由最高人民法院在2017年10月10日就许某宏与泉州南明置业有限公司、林某哲与公司有关的纠纷再审案作出的（2017）最高法民终18号民事裁定书更是直接提出，“公司实际投资人获取投资权益的实现方式，是依据其与名义股东之间的合同关系，向名义股东主张，而无权向公司直接主张利润分配”。

此外，针对名义出资人将登记于其名下的股权转让、质押或者以其他方式处分的行为，《公司法司法解释（三）》第25条第1款规定了：“名义股东将登记于其名下的股权转让、质押或者以其他方式处分，实际出资人以其对于股权享有实际权利为由，请求认定处分股权行为无效的，人民法院可以参照物权法第一百零六条的规定处理。”

根据《合同法》第8条第1款关于“依法成立的合同，对当事人具有法律约束力”的规定，实际出资人与名义出资人之间的委托持股或股权代持安排，只对作为当事人的实际出资人和名义出资人具有约束力，公司、公司的其他股东、公司的董事、监事、高级管理人员，因并非合同当事人而不受实际出资人与名义出资人之间的委托持股或股权代持安排的约束，实际出资人也不得基于其与名义出资人之间的委托持股或股权代持安排，向公司、公司的其他股东、公司的董事、监事、高级管理人员主张行使股东权利。

在这方面，最高人民法院在2017年6月28日就王某、陈某云与赣州汽运房地产开发经营有限公司（以下简称汽运公司）、邓某某、蔡某某、黄某彬、黄某波股权转让纠纷上诉案作出的（2017）最高法民终365号民事判决书中的意见，可作参考。

在该民事判决书中，考虑到陈某云与王某签订的《股权转让协议书》关于陈某云将赣州市贵和投资实业有限公司（以下简称贵和公司）4%的股权转让给王某、王某成为贵和公司隐名股东的约定，以及贵和公司工商登记资料中载明的股东为陈某云、黄某彬、汽运公司三方，王某未在工商登记部门进行过股东变更登记的事实，最高人民法院认为：“本案中，王某与陈某云签订的《股权转让协议书》约定，王某在协议签订后即成为贵和公司股权属下之隐名股东和享有现有股东权益。《最高人民法院关于适用〈中华人民共和国公司法〉若干问题的规定（三）》（法释〔2014〕2号）第二十四条规定：‘有限责任公司的实际出资人与名义出资人订立合同，约定由实际出资人出资并享有投资权益，以名义出资人为名义股东，实际出资人与名义股东对该合同效力发生争议的，如无合同法第五十二条规定的情形，人民法院应当认定该合同有效。前款规定的实际出资人与名义股东因投资权益的归属发生争议，实际出资人以其实际履行了出资义务为由向名义股东主张权利的，人民法院应予支持。名义股东以公司股东名册记载、公司登记机关登记为由否认实际出资人权利的，人民法院不予支持。实际出资人未经公司其他股东半数以上同意，请求公司变更股东、签发出资证明书、记载于股东名册、记载于公司章程并办理公司登记机关登记的，人民法院不予支持’。根据前述规定，案涉股权转让协议仅约束王某和陈某云，尚不能产生对抗贵和公司的效力。王某和陈某云关于其已经参加贵和公司的股东会并有 2011 年 8 月 2 日的股东会会议记录为证、贵和公司已经将王某记载于股东名册的诉讼理由，因和双方协议约定不符，且本案中并无双方就股权转让协议的内容进行过修改的相关证据，本院对其诉讼理由不予采信。因讼争股权仍登记于陈某云名下，故对外仍由陈某云作为贵和公司的股东行使权利、履行义务，王某作为隐名股东，其权利义务来源于与陈某云的股权转让协议，且只能依据该协议行使权利。（2014）吉中民再初字第 1 号民事判决和（2015）赣民再终字第 1 号民事判决的内容，是纠正此前的错误判决，并将陈某云名下 40% 的股权回转到汽运公司名下。王某若认为其作为隐名股东的权利因贵和公司持股结构的变化受到了损害，可依据股权转让协议向陈某云主张权利，其隐名持有的份额权利，不能对抗汽运公司对其股权享有的所有权。”

此外，在 2017 年 6 月 19 日就蔡某平、杨某国与陶某松、周某妹及嘉兴市金奥兰汽车销售服务有限公司（以下简称金奥兰公司）、徐某良、徐某菊第三人撤销之诉纠纷再审案作出的（2016）最高法民申 3767 号民事裁定书中，最高人民法院认为：“蔡某平、杨某国对金奥兰公司有实际出资，并隐名持有该公司股权的事实，已为浙江省嘉兴市中级人民法院（2012）浙嘉商终字第 170 号生效民事判决所确认。但该二人起诉请求金奥兰公司、徐某良、徐某菊配合办理股权变更登记，须符合公司法及其司法解释的规定。《最高人民法院关于适用〈中华人民共和国公司法〉若干问题的规定（三）》第二十四条第三款规定：‘实际出资人未经公司其他股东半数以上同意，请求公司变更股东、签发出资证明书、记载于股东名册、记载于公司章程并办理公司登记机关登记的，人民法院不予支持。’有限责任公司具有人合性，股东之间的信赖是公司运营的基础。因金奥兰公司全体股东徐某良、徐某菊、陶某松、周某妹均反对将蔡某平、杨某国变更登记为股东，浙江省嘉兴市中级人民法院（2015）浙嘉商终字第3号民事判决以及浙江省嘉兴市南湖区人民法院（2014）嘉南商初字第897号民事判决在陶某松、周某妹未参加诉讼的情况下，支持蔡某平、杨某国以实际出资人身份办理显名登记的诉请，没有事实和法律依据，损害了陶某松、周某妹作为金奥兰公司股东的合法权益。”

还有，在2012年1月12日就余某松与广州市金升房地产开发有限公司（以下简称金升房地产公司）、广州市金升房地产开发有限公司工会委员会（以下简称金升公司工会）、广州市荔源国有资产经营管理有限公司（以下简称荔源公司）股权确认纠纷上诉案作出的（2011）穗中法民二终字第2406号民事判决书中，广州市中级人民法院也认为：“《出资证明书》《股东名册》和工商登记是公司股东行使股东权利的外观依据。本案中，金升房地产公司的显名股东之一系金升公司工会。余某松持有的股权证系金升公司工会所颁发，作为金升公司工会搜集入股职工的股权证明，余某松的出资系交给金升公司工会而非金升房地产公司。余某松不能到验资机构办理验资手续，也未到金升房地产公司办理任何股东登记等相关的手续，亦未取得金升房地产公司及全体股东的认可，故不能确认余某松为金升房地产公司的显名股东。而随着金升公司工会将其持有的全部股份转让给他人，不再是金升房地产公司股东。余某松随之失去确认其为隐名股东的相关权利。故原审法院依法驳回余某松关于确认其为金升房地产公司的股东身份的诉讼请求，并无不当。”

不过，值得注意的是，在满足特定条件时，实际出资人要求公司将其登记为股东的主张可能能够得到法院的支持。对此，最高人民法院2019年11月印发的《全国法院民商事审判工作会议纪要》（法〔2019〕254号）第28条规定了：“实际出资人能够提供证据证明有限责任公司过半数的其他股东知道其实际出资的事实，且对其实际行使股东权利未曾提出异议的，对实际出资人提出的登记为公司股东的请求，人民法院依法予以支持。公司以实际出资人的请求不符合公司法司法解释（三）第24条的规定为由抗辩的，人民法院不予支持。”

四、例外情形：委托持股无效

如前所述，《公司法司法解释（三）》确立了委托持股协议“原则有效、例外无效”的处理原则。由于《公司法司法解释（三）》第24条第1款使用了“如无合同法第五十二条规定的情形，人民法院应当认定该合同有效”的表述，因此，如果委托持股或股权代持合同存在《民法总则》所规定的民事法律行为无效的情形①或《合同法》第52条规定的合同无效的情形②，人民法院还是可能并应当认定该合同无效的。

这也就意味着，并非所有的股权代持安排，都能得到法院的认可。

一是，如果委托持股安排的标的股权属于保险公司的股权，相关股权代持协议可能会被法院以损害社会公共利益为由，认定为无效。

在这方面，最高人民法院在2018年3月4日就福建伟杰投资有限公司（以下简称伟杰公司）与福州天策实业有限公司（以下简称天策公司）、君康人寿保险股份有限公司（以下简称君康人寿公司）营业信托纠纷上诉案作出的（2017）最高法民终529号民事裁定书中的意见，可供参考。

在该民事裁定书中，最高人民法院认为：“天策公司、伟杰公司签订的《信托持股协议》内容，明显违反中国保险监督管理委员会制定的《保险公司股权管理办法》③ 第八条关于‘任何单位或者个人不得委托他人或者接受他人委托持有保险公司的股权’的规定，对该《信托持股协议》的效力审查，应从《保险公司股权管理办法》禁止代持保险公司股权规定的规范目的、内容实质，

---

① 这些情形主要包括：(1) 无民事行为能力人实施的民事法律行为无效（《民法总则》第144条、《民法通则》第58条第1款第1项）；(2) 行为人与相对人以虚假的意思表示实施的民事法律行为无效（《民法总则》第146条第1款）；(3) 违反法律、行政法规的强制性规定的民事法律行为无效，但是该强制性规定不导致该民事法律行为无效的除外（《民法总则》第153条第1款、《民法通则》第58条第1款第5项）；(4) 违背公序良俗的民事法律行为无效（《民法总则》第153条第2款、《民法通则》第58条第1款第5项）；(5) 行为人与相对人恶意串通，损害他人合法权益的民事法律行为无效（《民法总则》第154条、《民法通则》第58条第1款第4项）。

② 《合同法》第52条规定，有下列情形之一的，合同无效：（一）一方以欺诈、胁迫的手段订立合同，损害国家利益；（二）恶意串通，损害国家、集体或者第三人利益；（三）以合法形式掩盖非法目的；（四）损害社会公共利益；（五）违反法律、行政法规的强制性规定。

③ 2014年修订版本。

以及实践中允许代持保险公司股权可能出现的危害后果进行综合分析认定。首先，从《保险公司股权管理办法》禁止代持保险公司股权的制定依据和目的来看，尽管《保险公司股权管理办法》在法律规范的效力位阶上属于部门规章，并非法律、行政法规，但中国保险监督管理委员会是依据《中华人民共和国保险法》第一百三十四条关于‘国务院保险监督管理机构依照法律、行政法规制定并发布有关保险业监督管理的规章’的明确授权，为保持保险公司经营稳定，保护投资人和被保险人的合法权益，加强保险公司股权监管而制定。据此可以看出，该管理办法关于禁止代持保险公司股权的规定与《中华人民共和国保险法》的立法目的一致，都是为了加强对保险业的监督管理，维护社会经济秩序和社会公共利益，促进保险事业的健康发展。其次，从《保险公司股权管理办法》禁止代持保险公司股权规定的内容来看，该规定系中国保险监督管理委员会在本部门的职责权限范围内，根据加强保险业监督管理的实际需要具体制定，该内容不与更高层级的相关法律、行政法规的规定相抵触，也未与具有同层级效力的其他规范相冲突，同时其制定和发布亦未违反法定程序，因此《保险公司股权管理办法》关于禁止代持保险公司股权的规定具有实质上的正当性与合法性。再次，从代持保险公司股权的危害后果来看，允许隐名持有保险公司股权，将使得真正的保险公司投资人游离于国家有关职能部门的监管之外，如此势必加大保险公司的经营风险，妨害保险行业的健康有序发展。加之由于保险行业涉及众多不特定被保险人的切身利益，保险公司这种潜在的经营风险在一定情况下还将危及金融秩序和社会稳定，进而直接损害社会公共利益。综上可见，违反中国保险监督管理委员会《保险公司股权管理办法》有关禁止代持保险公司股权规定的行为，在一定程度上具有与直接违反《中华人民共和国保险法》等法律、行政法规一样的法律后果，同时还将出现破坏国家金融管理秩序、损害包括众多保险法律关系主体在内的社会公共利益的危害后果。《中华人民共和国合同法》第五十二条规定，‘有下列情形之一的，合同无效：（一） ·方以欺诈、胁迫的手段订立合同，损害国家利益；（二）恶意串通，损害国家、集体或者第三人利益；（三）以合法形式掩盖非法目的；（四）损害社会公共利益；（五）违反法律、行政法规的强制性规定。’故依照《中华人民共和国合同法》第五十二条第四项等规定，本案天策公司、伟杰公司之间签订的《信托持股协议》应认定为无效。”

二是，根据中国人民银行、中国银行保险监督管理委员会、中国证券监督管理委员会2018年4月联合印发的《关于加强非金融企业投资金融机构监管的指导意见》（银发〔2018〕107号）关于“（非金融）企业投资金融机构应当以自有资金出资，资金来源真实合法，不得以委托资金、负债资金、‘名股实债’等非自有资金投资金融机构，……禁止以代持、违规关联等形式持有金融机构股权”的规定，结合最高人民法院在（2017）最高法民终529号民事判决书中的上述裁判意见，涉及任何金融机构（而不仅仅限于保险公司）股权的委托持股或股权代持安排，都可能会被法院认定为无效。

三是，如果委托持股安排的标的股权属于拟上市公司的股份，相关股权代持协议可能也会被法院以损害社会公共利益为由，认定为无效。

在这方面，最高人民法院在2018年3月21日就杨某国与林某坤、常州亚玛顿股份有限公司（以下简称亚玛顿公司）股权转让纠纷再审案作出的（2017）最高法民申2454号民事裁定书中的意见，可作参考。

在该民事裁定书中，针对杨某国与林某坤2010年10月签订的关于“林某坤受杨某国委托，将杨某国以现金方式出资的人民币1200万元，以林某坤名义投资收购亚玛顿公司的股权，林某坤承诺以杨金国的出资额代为杨某国投资并持有亚玛顿公司总股本1%（即1200万股）的股权”的《委托投资协议书》及《协议书》，最高人民法院认为：“杨某国与林某坤签订的本案《委托投资协议书》及《协议书》，从形式上看为双方之间的股权转让协议，但该协议签订于亚玛顿公司上市之前，且双方签订协议的基础是亚玛顿公司上市之后对于股权转让的事实不予披露，双方交易的股权不予过户，该股权仍以林某坤名义持有，并由杨某国与林某坤按比例共享公司上市后的股权收益；结合亚玛顿公司于本案双方协议之后的上市事实，以及亚玛顿公司上市后林某坤仍持有股权，并代行股东权利等基本特征，本案以上协议实质构成上市公司股权的隐名代持。因此，本案诉争协议的性质并非一般股权转让，而是属于上市公司股权之代持……诉争协议即为上市公司股权代持协议。”

在此基础上，针对这两份协议的法律效力，最高人民法院认为：“对于其效力的认定则应当根据上市公司监管相关法律法规以及《中华人民共和国合同法》等规定综合予以判定。首先，中国证券监督管理委员会于2006年5月17日颁布的《首次公开发行股票并上市管理办法》第十三条规定：‘发行人的股权清晰，控股股东和受控股股东、实际控制人支配的股东持有的发行人股份不存在重大权属纠纷。'《中华人民共和国证券法》[①] 第十二条规定：'设立股份有限公司公开发行股票，应当符合《中华人民共和国公司法》规定的条件和经国务院批准的国务院证券监督管理机构规定的其他条件'。第六十三条规定：'发行人、上市公司依法披露的信息，必须真实、准确、完整，不得有虚假记载、误导性陈述或者重大遗漏。'中国证券监督管理委员会于2007年1月30日颁布的《上市公司信息披露管理办法》第三条规定：'发行人、上市公司的董事、监事、高级管理人员应当忠实、勤勉地履行职责，保证披露信息的真实、准确、完整、及时、公平。'根据上述规定等可以看出，公司上市发行人必须股权清晰，且股份不存在重大权属纠纷，并公司上市需遵守如实披露的义务，披露的信息必须真实、准确、完整，这是证券行业监管的基本要求，也是证券行业的基本共识。由此可见，上市公司发行人必须真实，并不允许发行过程中隐匿真实股东，否则公司股票不得上市发行，通俗而言，即上市公司股权不得隐名代持。本案之中，在亚玛顿公司上市前，林某坤代杨某国持有股份，以林金坤名义参与公司上市发行，实际隐瞒了真实股东或投资人身份，违反了发行人如实披露义务，为上述规定明令禁止。其次，中国证券监督管理委员会根据《中华人民共和国证券法》授权对证券行业进行监督管理，是为保护广大非特定投资者的合法权益。要求拟上市公司股权必须清晰，约束上市公司不得隐名代持股权，系对上市公司监管的基本要求，否则如上市公司真实股东都不清晰的话，其他对于上市公司系列信息披露要求、关联交易审查、高管人员任职回避等等监管举措必然落空，必然损害到广大非特定投资者的合法权益，从而损害到资本市场基本交易秩序与基本交易安全，损害到金融安全与社会稳定，从而损害到社会公共利益。据此，根据《中华人民共和国合同法》第五十二条规定，'有下列情形之一的，合同无效：（一）一方以欺诈、胁迫的手段订立合同，损害国家利益；（二）恶意串通，损害国家、集体或者第三人利益；（三）以合法形式掩盖非法目的；（四）损害社会公共利益；（五）违反法律、行政法规的强制性规定'。本案杨某国与林某坤签订的《委托投资协议书》与《协议书》，违反公司上市系列监管规

① 2014年修正版本。

定，而这些规定有些属于法律明确应予遵循之规定，有些虽属于部门规章性质，但因经法律授权且与法律并不冲突，并属于证券行业监管基本要求与业内共识，并对广大非特定投资人利益构成重要保障，对社会公共利益亦为必要保障所在，故依据《中华人民共和国合同法》第五十二条第四项等规定，本案上述诉争协议应认定为无效。”

当然，并非所有涉及拟上市公司的股份的股权代持安排，都会被法院认定为无效。

比如，在2018年5月29日就陈某明与荆某国、大康公司股权转让纠纷上诉案作出的（2018）最高法民终60号民事判决书中，针对陈某明与荆某国之间关于转让拟上市公司大康公司的股份的协议及其履行过程中所形成的，并且在大康公司上市之后仍然持续存在的事实上的股份代持关系，尽管陈某明在上诉中提出了《湖南大康牧业股份有限公司股东股份转让协议》（以下简称《股份转让协议》）签订于2008年，此时，大康公司已改制为股份有限公司，陈某明向荆某国转让股份并为其代持，该行为并未在指定的证券交易场所或者按国务院规定的其他方式进行，违反了《中华人民共和国公司法》的禁止性规定，干扰国家正常经济金融秩序，损害社会公共利益，应属无效”的主张，大康公司也提出了“陈某明与荆某国之间以私下转让非上市股份有限公司股份为主要内容的《股份转让协议》，违反《中华人民共和国公司法》和《中华人民共和国证券法》等法律、行政法规的强制性规定，该协议中的‘股份转让+股份代持’模式，以规避法律和监管为目的，损害了资本市场的健康运行和社会公共利益，符合《中华人民共和国合同法》第五十二条的规定，当属无效”的主张，但是，最高人民法院认为：“陈某明作为大康公司的股东转让其持有的大康公司股份是对自己权利的正常处分，不违反法律、行政法规的强制性规定。从本案查明的事实看，在《股份转让协议》签订后，陈某明并未将拟转让的股份交付给荆某国，而是由其继续持有，而对于股份交付或者变更的具体期限，双方当事人亦未明确约定。该股份转让关系不会引起陈某明股东身份及大康公司股权关系的变化，亦不导致对股份转让市场秩序的负面影响。陈某明主张《股份转让协议》无效，无事实和法律依据，本院不予支持。”

并且，最高人民法院还认为：“本案中，在《股份转让协议》签订后，陈某明并未将转让的190万股股份交付给荆某国，而是由其继续持有，其与荆某国之间实际形成股份转让与股份代持两种法律关系。在该法律关系中，陈某明仅作为被转让股份的显名股东存在，该部分被转让股份产生的权利义务应由作为实际权利人的荆某国享有，190万股股份产生的派生权益亦应归属于荆某国。并且，《股份转让协议》第3条明确约定，陈某明从其股份转让之日起，不再享有大康公司该转让部分的权利，亦不承担相应的义务，该转让部分的权利义务由荆某国承继。表明陈某明与荆某国就该190万股股份在转让后产生的权利义务作出了明确、具体的安排。该行为系当事人的真实意思表示，是当事人对各自权利义务的正常安排，应予认可。”

此外，值得一提的是，即使是在2018年3月21日就杨某国与林某坤、亚玛顿公司股权转让纠纷再审案作出的（2017）最高法民申2454号民事裁定书中，最高人民法院在认定上市公司股权代持协议无效的同时，却又认可了双方之间的委托投资关系的效力：“本案中双方协议因涉及上市公司隐名持股而无效，但这并不意味着否认杨某国与林某坤之间委托投资关系的效力，更不意味着否认双方之间委托投资的事实；……因本案双方协议虽认定为无效，但属于‘不能返还或者没有必要返还的’情形，故杨某国要求将诉争股权过户至其名下的请求难以支持，但杨某国可依进一步查明事实所对应的股权数量请求公平分割相关委托投资利益。”

注意到，针对当事人之间有关拟上市公司股份的代持安排的效力问题，最高人民法院2018年3月21日作出的（2017）最高法民申2454号民事裁定书，和2018年5月29日作出的（2018）最高法民终60号民事判决书，分别给出了“代持无效”和“代持有效”这样截然相反的处理意见；甚至，即使是在给出“代持无效”的处理意见的（2017）最高法民申2454号民事裁定书中，最高人民法院也仍然认可了其中的“委托投资关系”的法律效力；无疑，这将造成一定的困惑，后续应由最高人民法院统一予以明确为宜。

总体而言，我倾向于认同最高人民法院2018年5月29日作出的（2018）最高法民终60号民事判决书中的处理意见和处理思路，即原则上承认当事人之间有关拟上市公司股份的代持安排的效力，并据以分割当事人就相关股份享有的经济利益。

第二节 涉及委托持股安排的股权执行[①]

——山东高院民二庭《关于审理公司纠纷案件若干问题的解答》评析

2018 年 7 月 17 日，山东省高级人民法院在其微信公众号发布了《山东高院民二庭：关于审理公司纠纷案件若干问题的解答》（以下简称《解答》）[②]，公布了审判实践中涉及公司纠纷案件的 14 个问题，以及经山东高院民二庭全庭法官会议研究和全省商事审判疑难问题研讨会讨论并达成共识后形成的解答，“供全省各级人民法院在审理公司纠纷案件时参考”。

本节主要围绕《解答》中涉及隐名出资（或委托持股）的股权执行问题的内容，展开评析。

一、《解答》关于涉及隐名出资的股权执行问题的内容

《解答》关于涉及隐名出资的股权执行问题及其解答的内容如下：

6. 名义股东因借款、买卖等非股权交易纠纷而成为被执行人时，名义股东债权人依据工商登记中记载的股权归属，申请对该股权强制执行。实际出资人以其实际享有股东权利，提出执行异议被驳回后，又提起案外人执行异议之诉，请求停止对该股权强制执行的，能否予以支持？

答：实际出资人要求停止执行的诉讼请求，应予支持。理由：根据《最高人民法院关于适用〈中华人民共和国公司法〉若干问题的规定（三）》第二十五条的规定，股权善意取得制度的适用主体仅限于与名义股

① 本节原文曾于 2018 年 7 月 19 日首发于微信公众号“秋荣法律评论”，为与本书其他部分的内容保持协调，收入本书时，本着尽量保持原貌的原则，作了必要的删减和修改。

② 来源于山东高院官方微信公众号“山东高法”（微信号：shandonggaofa），https://mp.weixin.qq.com/s/MOZ2nYMSgs5Zlvg5feK7nQ，最后访问时间：2019 年 9 月 29 日。山东高院微信公众号发布的《重磅丨山东高院民二庭：关于审理公司纠纷案件若干问题的解答》一文没有提及该解答的通过时间，暂未得知这份解答是在什么时候形成、实施的。考虑到该文使用了“重磅”的字眼，以及该文于 2018 年 7 月 17 日在微信公众号首发的事实，本书假设该解答是在 2018 年 7 月的近期形成的。

东存在股权交易的第三人。商事外观主义原则的适用范围不包括非股权交易第三人。在外观权利与实际权利不一致的情况下，根据权利外观理论，善意第三人基于对权利外观的信赖而与名义权利人进行民事法律行为的，该民事法律行为效力受法律的优先保护。但，如果名义股东债权人申请执行的是其与名义股东因借款关系等而形成的一般债权，债权人并没有与名义股东从事涉及股权交易的民事法律行为，从权利外观原则来看，此时的债权人不是基于信赖权利外观而需要保护的民事法律行为之善意第三人，故其债权请求不能受到优先于实际权利人的保护。但是，审理此类案件时，应当对实际出资人所提交的证明权利存在的证据进行严格审查，查明权利的真实性，既要防止虚假诉讼以逃避债务，也要防止侵权了实际出资人的实际权利。

二、我的评析

应该说，山东高院民二庭的上述解答，对于厘清涉及隐名出资的股权执行问题，具有积极意义，尤其是对于山东省各级人民法院审理公司纠纷案件具有重要的参考作用。

不过，我也倾向于认为，上述解答，有值得商榷的地方。

一是，这一解答没有充分考虑可以参照适用善意取得制度的其他股权交易情形。

从其表述看，山东高院民二庭的这一解答将股权善意取得的情形，局限于《公司法司法解释（三）》第 25 条第 1 款所说的“名义股东将登记于其名下的股权转让、质押或者以其他方式处分，实际出资人以其对于股权享有实际权利为由，请求认定处分股权行为无效的，人民法院可以参照物权法第一百零六条的规定处理”的情形，没有考虑其他能够参照适用善意取得制度的股权交易的情形。

比如，没有考虑《公司法司法解释（三）》第 27 条第 1 款所说的“股权转让后尚未向公司登记机关办理变更登记，原股东将仍登记于其名下的股权转让、质押或者以其他方式处分，受让股东以其对于股权享有实际权利为由，请求认定处分股权行为无效的，人民法院可以参照物权法第一百零六条的规定处理”的情形。

二是，这一解答关于“股权善意取得制度的适用主体仅限于与名义股东存在股权交易的第三人。商事外观主义原则的适用范围不包括非股权交易第三人”的结论，过于武断。

山东高院民二庭的这一解答，仅仅基于股权善意取得制度在《公司法司法解释（三）》第25条第1款所说的“名义股东将登记于其名下的股权转让、质押或者以其他方式处分，实际出资人以其对于股权享有实际权利为由，请求认定处分股权行为无效的，人民法院可以参照物权法第一百零六条的规定处理”这一特殊情形下的适用，就得出“股权善意取得制度的适用主体仅限于与名义股东存在股权交易的第三人。商事外观主义原则的适用范围不包括非股权交易第三人”的结论，过于武断。

比如，《公司法司法解释（三）》第27条第1款所规定的可以参照适用善意取得制度的股权交易情形，就既包括了隐名出资安排下的股权转让交易，也包括了不涉及隐名出资安排的股权转让交易，并非“仅限于与名义股东存在股权交易的第三人”。

此外，在非股权交易第三人的情形，根据《民事诉讼法》第241条关于“被执行人未按执行通知履行法律文书确定的义务，应当报告当前以及收到执行通知之日前一年的财产情况”的规定，和第242条第1款关于“被执行人未按执行通知履行法律文书确定的义务，人民法院有权向有关单位查询被执行人的存款、债券、股票、基金份额等财产情况。人民法院有权根据不同情形扣押、冻结、划拨、变价被执行人的财产”的规定，考虑到登记股东在有限公司的股权属于登记股东的财产权利，而《民事诉讼法》上述规定并未对“被执行人的财产”作出限制性的规定，因此，不论该善意第三人与登记股东之间存在何种权利义务关系，只要其与登记股东之间的权利义务关系属于合法的民事法律关系，就可以针对登记股东依法采取包括申请执行登记股东在相关公司的股权在内的各项措施。

三是，这一解答事实上将本应由实际出资人承担的投资风险，转嫁给了名义股东的债权人（尤其是与名义股东因借款关系等而形成的一般债权的债权人），这对名义股东的这些债权人是不公平的。

尽管《公司法》本身没有明确禁止委托持股或隐名出资，原则上也允许委托持股的存在；但是，如前所述，由于委托持股本身主要是《合同法》规范的事项，其实质为委托合同，主要适用《合同法》关于委托合同和《民法总则》关于代理的规定，因此，实际出资人基于委托持股安排所享有的，是针对名义股东的、约定的权利，存在着名义股东因名义股东自己的原因而违约，或因不可归责于名义股东的原因而违约的风险，这些风险本来应当由主动或被动采取委托持股安排的实际出资人自行承担；其中，就包括因相关股权被登记在名义股东名下而被名义股东的各种形式的债权人依法申请强制执行的风险。山东省高级人民法院民二庭的这一解答，事实上将本应由实际出资人承担的这种风险，转嫁给了名义股东的债权人（尤其是与名义股东因借款关系等而形成的一般债权的债权人），这对名义股东的这些债权人是不公平的。

四是，这一解答实际上使得名义股东与实际出资人之间的约定产生了对抗人民法院的执行程序的效力，既不符合《合同法》第 2 条和第 8 条规定的合同相对性原则，也不符合《民事诉讼法》第 241 条和第 242 条关于执行财产和第 227 条关于执行异议之诉的规定。

即使是在隐名出资的情形，根据《合同法》第 2 条第 1 款关于“本法所称合同是平等主体的自然人、法人、其他组织之间设立、变更、终止民事权利义务关系的协议”的规定和第 8 条第 1 款关于“依法成立的合同，对当事人具有法律约束力”的规定，名义股东与实际出资人之间的约定，仅对作为协议当事人的名义股东和实际出资人具有约束力，对包括法院、与名义股东存在股权交易的第三人、与名义股东不存在股权交易但存在其他权利义务关系的第三人在内的任何其他主体，均不具有约束力，因此，名义股东与实际出资人之间的约定，不具有，也不应具有阻却人民法院的执行程序的效力。但是，山东高院民二庭的这一解答，实际上使得名义股东与实际出资人之间的约定产生了对抗人民法院的执行程序的效力，这是不符合《合同法》第 2 条和第 8 条规定的合同相对性原则的，也是不符合《民事诉讼法》第 241 条和第 242 条的规定的。

五是，这一解答也不符合《民事诉讼法》和最高人民法院关于执行异议之诉的司法解释的规定。

根据《民事诉讼法》第 227 条关于“执行过程中，案外人对执行标的提出书面异议的，人民法院应当自收到书面异议之日起十五日内审查，理由成立的，裁定中止对该标的的执行；理由不成立的，裁定驳回。案外人、当事人对裁定不服，认为原判决、裁定错误的，依照审判监督程序办理；与原判决、裁定无关的，可以自裁定送达之日起十五日内向人民法院提起诉讼”的规定，以及《最高人民法院关于适用〈中华人民共和国民事诉讼法〉的解释》（法释〔2015〕5号）（以下简称《民事诉讼法司法解释》）第311条关于“案外人或者申请执行人提起执行异议之诉的，案外人应当就其对执行标的享有足以排除强制执行的民事权益承担举证证明责任”和第312条第1款第1项关于“对案外人提起的执行异议之诉，人民法院经审理，按照下列情形分别处理：（一）案外人就执行标的享有足以排除强制执行的民事权益的，判决不得执行该执行标的……”的规定，结合《解答》所使用的“实际出资人以其实际享有股东权利，提出执行异议被驳回后，又提起案外人执行异议之诉，请求停止对该股权强制执行的，能否予以支持?”和“实际出资人要求停止执行的诉讼请求，应予支持”的表述，我倾向于认为，山东高院民二庭的上述解答，实际上是将“实际出资人对标的股权所享有的权利”这种基于约定所产生的权利（具体为债权请求权），直接视为《民事诉讼法司法解释》第311条和第312条所说的“足以排除强制执行的民事权益”了。

但是，注意到，在执行异议程序中，《最高人民法院关于人民法院办理执行异议和复议案件若干问题的规定》（法释〔2015〕10号）第24条规定了“对案外人提出的排除执行异议，人民法院应当审查下列内容：（一）案外人是否系权利人；（二）该权利的合法性与真实性；（三）该权利能否排除执行”，第25条第1款第4项规定了“对案外人的异议，人民法院应当按照下列标准判断其是否系权利人：……（四）股权按照工商行政管理机关的登记和企业信用信息公示系统公示的信息判断……”，因此，就有限公司股权而言，作为案外人的实际出资人是否属于执行标的的股权的权利人，取决于其是否在公司登记机关登记为该股权的权利人（股东）、是否在企业信用信息公示系统公示为该股权的（股东）。

尽管上述判断标准是针对人民法院审查案外人提出的排除执行异议而制定

的，但是，我理解，同样应当适用于案外人提起的执行异议之诉。[①]

实务中，在审查案外人提起的执行异议之诉时，有的法院实际上也是采用《最高人民法院关于人民法院办理执行异议和复议案件若干问题的规定》的相关标准来认定案外人对执行标的是否享有足以排除强制执行的民事权益的。

比如，最高人民法院在2016年12月27日就王某兵与李某辉案外人执行异议之诉再审案作出的（2016）最高法民申3223号民事裁定书中，最高人民法院也认为："本案系案外人执行异议之诉，王某兵在其就案涉股权被查封提出的执行异议申请被人民法院裁定驳回的情形下，在法律规定的期限内，提起执行异议之诉，应当提供证据证明其对执行标的即案涉汉宝公司37.5%的股权享有足以排除强制执行的民事权益。现案涉汉宝公司37.5%的股权登记在张某某名下，基于工商登记的公示效力，在无相反证据的情形下，应当按照登记判断公司股权归属。而王某兵原审提交的证据不足以证明其对案涉股权享有足以排除强制执行的民事权益。……综合本案事实证据，原审认定王某兵提供的证据与汉宝公司工商档案登记内容相悖，不能证明其与张某某之间的股权转让权利义务已经全部履行完毕，张某某名下的股权实际为王某兵所有，并判决驳回王某兵的诉讼请求，有事实依据，并无不当。"

还有，在2017年3月16日就谢某春与卢某生、施某服、邓某珍、刘某兰、郭某生、江西鑫诚建生投资有限公司、廖志伟、赣州中盛房地产开发有限公司（以下简称中盛公司）、徐某忠、颜某才、滕某明案外人执行异议之诉上诉案作出的（2016）最高法民终701号民事判决书中，针对谢某春提出的"停止执行郭某生持有中盛公司4.5%的股权"的诉讼请求，最高人民法院也

---

① 不过，值得注意的是，在2016年1月10日就王某与钟某玉、林某达案外人执行异议纠纷上诉案作出的（2015）民一终字第150号民事判决书（刊载于《最高人民法院公报》2016年第6期）中，针对执行异议和执行异议之诉，最高人民法院认为："在法律适用上，应当看到，最高人民法院《关于人民法院办理执行异议和复议案件若干问题的规定》是针对执行程序中当事人提出执行异议时如何处理的规定。由于执行程序需要贯彻已生效判决的执行力，因此，在对执行异议是否成立的判断标准上，应坚持较高的、外观化的判断标准。这一判断标准，要高于执行异议之诉中原告能否排除执行的判断标准。由此，最高人民法院《关于人民法院办理执行异议和复议案件若干问题的规定》第二十五条至第二十八条的规定就应当在如下意义上理解，即符合这些规定所列条件的，执行异议能够成立；不满足这些规定所列条件的，异议人在执行异议之诉中的请求也未必不成立。（异议人在执行异议之诉中的请求）是否成立，应根据案件的具体情况和异议人所主张的权利、申请执行人债权实现的效力以及被执行人对执行标的的权利作出比较后综合判断，从而确定异议人的权利是否能够排除执行。"

认为：

“谢某春的主张能否成立，取决于其对案涉执行标的是否享有足以排除强制执行的实体权利。首先，对于申请执行人卢某生、施某服、邓某珍而言，郭某生持有的中盛公司股权，由公司章程确定，且经过登记机关的登记，具有公示效力，作为郭某生的债权人，自然有权申请强制执行。虽然谢某春提交了《协议书》《补充协议书》等证据，能够证明郭某生与谢某春约定，郭某生代表谢某春持股，并承诺郭某生按比例向谢某春分红，同时谢某春提交的汇款单、《出资证明书》等证据，能够证明谢某春履行了约定，向郭某生实际出资，但是，前文已述，谢某春未能证明其通过郭某生向中盛公司实际缴纳了出资，谢某春也未能通过股东资格确认之诉取得股东地位，即不能证明谢某春对于郭某生持有的中盛公司 4.5% 的股权享有实体权利。因此，对于郭某生持有的中盛公司 4.5% 的股权这一特定执行标的，郭某生本身即权利人，谢某春并不享有实体权利。

“其次，谢某春主张其系中盛公司 4.5% 的股权的真实权利人，主要依据是其与郭某生、徐某忠签订的《补充协议书》。《补充协议书》约定：该协议作为谢某春取得公司股份比例的合法依据，不管公司或法律规定是否承认谢某春的股东身份，郭某生、徐某忠承诺按谢某春股份比例将公司应分配的红利支付给谢某春；郭某生、徐某忠代表谢某春参加公司董事会；如因该协议的履行产生纠纷，造成谢某春退出股份，郭某生、徐某忠应根据公司盈亏情况，将其投入名下的出资额返还给谢某春。从其内容可知，谢某春签订该协议之时，就没有成为中盛公司股东的意思表示，只希望取得投资分红，如果发生纠纷造成谢某春退股，也是由郭某生、徐某忠根据协议返还投资额，而未约定接受中盛公司章程的约束。因此，无论从形式还是内容看，谢某春与郭某生、徐某忠之间的协议只能约束签订人自身，其效力不能及于中盛公司或协议之外的其他当事人。如因履行协议发生纠纷，谢某春可向协议的相对方提起诉讼。事实上，谢某春向一审法院提起案外人执行异议之诉一案前，已于 2014 年以合伙协议纠纷为由向江西省赣州市中级人民法院提起诉讼，要求解除其与郭某生签订的《协议书》《补充协议书》，并要求郭某生返还 1198 万元投资款及利息。该案尚未审理终结，谢某春对郭某生享有的债权未经判决确认，故谢某春不享有足以排除强制执行的其他民事权益。谢某春主张撤销江西省高级人民法院（2015）

赣执异字第3号执行裁定书，停止对郭某生持有的中盛公司4.5%股权拍卖执行的诉讼请求，一审法院判决予以驳回，并无不当。”

再有，在2018年6月5日就深圳市华海粮食有限公司（以下简称华海公司）与中国民生银行股份有限公司沈阳分行、锦州市金港粮食贸易有限公司案外人执行异议之诉纠纷再审案作出的（2018）最高法民申1742号民事裁定书中，最高人民法院也认为：“依照《最高人民法院关于适用〈中华人民共和国民事诉讼法〉执行程序若干问题的解释》规定，案外人据以提出执行异议主张的实体权利应为物权及特殊情况下的债权，而本案华海公司享有的不当得利请求权属普通债权，不属于足以阻却执行的特殊债权。”

基于上述，我倾向于认为，针对“实际出资人以其实际享有股东权利，提出执行异议被驳回后，又提起案外人执行异议之诉，请求停止对该股权强制执行的，能否予以支持”的问题，在未经考察“实际出资人就被执行的标的股权是否享有足以排除强制执行的民事权益”的情况下，山东高院民二庭直接得出“实际出资人要求停止执行的诉讼请求，应予支持”的结论，是不妥当的；至少，上文提及的最高人民法院作出的（2016）最高法民申3223号民事裁定书、（2016）最高法民终701号民事判决书和（2018）最高法民申1742号民事裁定书中所审理的案件的情形，就是反证。

三、我的观点

我理解，山东高院民二庭的上述解答，是对《公司法》第32条第3款的限制适用，不符合《公司法》第32条第3款的规定，也不符合《合同法》第2条和第8条规定的合同相对性原则，还不符合《民事诉讼法》第241条和第242条关于执行财产和第227条关于执行异议之诉的规定。

我倾向于认为，由于《公司法》第32条第3款使用的是“未经登记或者变更登记的，不得对抗第三人”的表述，并未将第三人限定为与登记股东存在股权转让交易的主体；同时，结合《民法总则》第125条关于“民事主体依法享有股权和其他投资性权利”的规定，《民事诉讼法》第241条关于“被执行人未按执行通知履行法律文书确定的义务，应当报告当前以及收到执行通知之日前一年的财产情况”的规定和第242条第1款关于“被执行人未按执行通知履行法律文书确定的义务，人民法院有权向有关单位查询被执行人的存款、债券、股票、基金份额等财产情况。人民法院有权根据不同情形扣押、冻结、划拨、变价被执行人的财产”的规定，考虑到登记股东在有限公司的股权属于登记股东的财产权利，因此，不论该善意第三人与登记股东之间存在何种权利义务关系，只要其与登记股东之间的权利义务关系属于合法的民事法律关系，就可以针对登记股东依法采取包括申请执行登记股东在相关公司的股权在内的各项措施。

因此，基于《公司法》第 32 条第 3 款的规定，除有限公司和有限公司的股东之外的主体，包括公司的登记股东的各个债权人，作为《公司法》第 32 条第 3 款所说的“第三人”，可以信赖在公司登记机关登记的股东信息，基于其与登记股东之间的权利义务关系，针对登记股东依法采取包括申请执行登记股东在相关公司的股权在内的各项措施；不论是未依法登记为有限公司的股东的主体（包括委托持股情形下的实际出资人和股权转让情形下的未完成股东登记的股权受让人），还是登记股东本身，都不得仅仅基于未依法登记为有限公司的股东的主体与登记股东之间的约定，来对抗这些善意第三人。①

从而，在涉及委托持股安排的有限公司股权执行方面，我更倾向于认同最高人民法院在 2013 年 11 月 22 日就哈尔滨国家粮食交易中心与哈尔滨银行股份有限公司科技支行、黑龙江粮油集团有限公司、黑龙江省大连龙粮贸易总公司、中国华粮物流集团北良有限公司执行异议纠纷上诉案作出的（2013）民二终字第 111 号民事判决书中提出的下述意见：

“依法进行登记的股东具有对外公示效力，隐名股东在公司对外关系上不具有公示股东的法律地位，其不能以其与显名股东之间的约定为由对抗外部债权人对显名股东主张的正当权利。因此，当显名股东因其未能清偿到期债务而成为被执行人时，其债权人依据工商登记中记载的股权归属，有权向人民法院申请对该股权强制执行。”

---

① 有关股东登记涉及的“第三人”的理解和适用，请见本书第三章第三节的内容。

第三节 中国存托凭证与股份代持[①]

针对中国存托凭证，中国证监会2018年6月发布的《存托凭证发行与交易管理办法（试行）》（《CDR试行办法》）及其配套规则，明确了CDR的法律适用和基本监管原则，对CDR的发行、上市、交易、信息披露制度等作出了具体安排。注册于开曼群岛的境外公司Xiaomi Corporation（中文名称为“小米集团”）也成为第一家提交公开发行CDR申请的境外公司[②]。

本文主要从委托持股的角度，来对CDR与股份代持进行比较分析。

一、CDR与股份代持的相同之处

综观《CDR试行办法》及其直接的“上位法”依据，即2018年3月22日的《国务院办公厅转发证监会关于开展创新企业境内发行股票或存托凭证试点若干意见的通知》（国办发〔2018〕21号，以下简称国办21号文件），可以发现，CDR与股份代持具有很多的相同之处。

这些相同之处，主要包括以下几个方面：

一是，与股份代持人一样，CDR持有人也不直接持有标的公司的股权或股份，甚至不直接持有股票这种代表标的公司的股权或股份的凭证，其持有的是代表“标的公司的股权或股份的权益”的凭证；标的公司的股权或股份或股票，是由存托人这个“代持人”直接持有的。

对此，国办21号文件明确规定了“本意见所称存托凭证，是指由存托人签发、以境外证券为基础在中国境内发行、代表境外基础证券权益的证券”，“基础证券发行人在境外发行的基础证券由存托人持有，并由存托人在境内签发存托凭证”，“发行存托凭证的……由存托人代表境内投资者对境外基础股票

① 本节原文曾于2018年6月7日以《存托凭证：CDR与股份代持》为题首发于微信公众号“秋荣法律评论”，收入本书时，本着尽量保持原貌的原则，作了必要的删减和修改。

② 后来，小米集团撤回了公开发行CDR的申请文件，中国证监会也于2019年8月26日终止了审查程序。至此，小米集团也是唯一提交公开发行CDR申请的公司。

发行人行使权利”。

《CDR 试行办法》第 2 条第 1 款和第 59 条也规定了“本办法所称存托凭证是指由存托人签发、以境外证券为基础在中国境内发行、代表境外基础证券权益的证券”，“基础证券，是指存托凭证代表的由境外基础证券发行人在境外发行的证券”。

据此，CDR 持有人持有的 CDR，是存托人在境内签发的、代表境外基础证券的凭证，而不是境外基础证券发行人签发的股票；境外基础证券则是由境外发行人在境外发行的、由存托人持有的，境外基础股票所享有的股东权利，是由存托人直接以存托人的名义行使的。

二是，与股份代持人一样，CDR 持有人对标的公司也不享有股东权利，而只是“实际”享有 CDR 所代表的境外基础证券的权益，也是“实益拥有”或“实际拥有”的概念。

对此，国办 21 号文件规定了“存托凭证持有人依法享有存托凭证代表的境外基础证券权益”“发行存托凭证的，应确保存托凭证持有人实际享有权益与境外基础股票持有人权益相当”。

《CDR 试行办法》第 3 条也规定了“境外基础证券发行人……应当……保障存托凭证持有人实际享有的权益与境外基础证券持有人的权益相当，不得存在跨境歧视”，第 35 条第 1 款规定了“境外基础证券发行人应当确保存托凭证持有人实际享有的资产收益、参与重大决策、剩余财产分配等权益与境外基础证券持有人权益相当”。

三是，与股份代持人一样，CDR 持有人也不能直接参加标的公司的股东大会会议，不能直接行使表决权、分红权、剩余财产分配权等各项股东权利；其虽然“实际”享有 CDR 所代表的基础证券的权益，但是，只能并且必须通过存托人这个“代持人”来“间接”地行使 CDR 所代表的基础证券的权利，只能并且必须通过存托人这个“代持人”来获得产生于 CDR 所代表的基础证券的经济利益（包括分红、派息，股份转让所得和剩余财产等）。

对此，国办 21 号文件规定了“存托凭证持有人……按照存托协议约定，通过存托人行使其权利”，“发行存托凭证的……由存托人代表境内投资者对境外基础股票发行人行使权利”，“存托人应按照存托协议约定，根据存托凭证持有人意愿行使境外基础证券相应权利，办理存托凭证分红、派息等业务”。

《CDR 试行办法》第 27 条也规定了"存托人应当承担以下职责：……（五）按照中国证监会规定和存托协议约定，向存托凭证持有人发送通知等文件；（六）按照存托协议约定，向存托凭证持有人派发红利、股息等权益，根据存托凭证持有人意愿行使表决权等权利；（七）境外基础证券发行人股东大会审议有关存托凭证持有人权利义务的议案时，存托人应当参加股东大会并为存托凭证持有人权益行使表决权……"第 40 条第 3 款规定了"存托凭证终止上市的，存托人应当根据存托协议的约定卖出基础证券，并将卖出所得扣除税费后及时分配给存托凭证持有人"。

基于上述分析，可以认为，CDR 模式属于股份代持安排的形式之一，CDR 持有人对应于"实际股东"（或实际出资人），存托人对应于"代持人"（或名义股东），境外基础股票发行人对应于"标的公司"。

二、CDR 的特殊之处

尽管 CDR 与股份代持有着诸多的相同之处，但是，根据国办 21 号文件和《CDR 试行办法》，CDR 也有其特殊之处。

这些特殊之处，主要包括以下几个方面：

一是，股份代持安排是否合法方面的特殊。

在普通的股份代持模式下，特定领域内的股份代持可能是不合法的，与此相关的代持协议甚至是有可能被法院认定为无效的合同的。比如，针对金融机构投资领域的股份代持，中国人民银行、中国银行保险监督管理委员会、中国证券监督管理委员会在 2018 年 4 月联合印发的《关于加强非金融企业投资金融机构监管的指导意见》（银发〔2018〕107 号）就明确规定了"企业投资金融机构应当以自有资金出资，资金来源真实合法，不得以委托资金、负债资金、'名股实债'等非自有资金投资金融机构……禁止以代持、违规关联等形式持有金融机构股权"。

此外，在 2018 年 3 月 4 日就福建伟杰投资有限公司（伟杰公司）与福州天策实业有限公司（天策公司）、君康人寿保险股份有限公司（君康人寿公司）营业信托纠纷上诉案作出的（2017）最高法民终 529 号民事判决书中，最高人民法院也认为："违反中国保险监督管理委员会《保险公司股权管理办法》

有关禁止代持保险公司股权规定的行为，在一定程度上具有与直接违反《中华人民共和国保险法》等法律、行政法规一样的法律后果，同时还将出现破坏国家金融管理秩序、损害包括众多保险法律关系主体在内的社会公共利益的危害后果。……故依照《中华人民共和国合同法》第五十二条第四项等规定，本案天策公司、伟杰公司之间签订的《信托持股协议》应认定为无效。”①

但是，与此不同，CDR 模式则有明确的法规依据，依照国办 21 号文件、《CDR 试行办法》和中国证监会的其他规定发行的 CDR，是合法的安排。

二是，标的公司是否直接参与股份代持安排方面的特殊。

在普通的股份代持模式下，通常是由“实际股东”与股份代持人签订股份代持协议（或委托持股协议或其他类似法律文件）的，“标的公司”不参与股份代持协议的签署。

但是，与此不同，在 CDR 模式下，作为“标的公司”的境外基础证券发行人是直接作为“代持协议”（存托协议）的当事人签署“代持协议”的；也因此，作为“实际股东”的 CDR 持有人，可以依据存托协议的约定，对作为“标的公司”的境外上市公司提起诉讼。

对此，《CDR 试行办法》第 28 条第 2 款第 17 项规定了“存托协议应当符合法律、行政法规以及中国证监会规定，并包括以下条款：……（十七）诉讼管辖法院为中国境内有管辖权的人民法院”，第 55 条规定了“境外基础证券发行人及其控股股东、实际控制人、存托人、托管人、保荐人、承销机构、证券服务机构等违反本办法规定，导致存托凭证持有人等投资者合法权益受到损害的，应当依法承担赔偿责任”，第 37 条第 3 款规定了“中证中小投资者服务中心有限责任公司可以支持受损害的存托凭证持有人依法向人民法院提起民事诉讼”。

三是，“标的公司”和其他股东是否对股份代持安排知情方面的特殊。

在普通的股份代持模式下，“标的公司”和“标的公司”的其他股东、董事、监事、高级管理人员通常是不知道“实际股东”与股份代持人之间的股份代持安排的。

但是，与此不同，在 CDR 模式下，“标的公司”和“标的公司”的其他各

① 更多的分析，请见本章第一节的内容。

个股东、董事等公司内部人员是知道并且同意股份代持安排的；不仅如此，“标的公司”还参与了存托协议的签署，并需要在招股说明书中进行披露。

对此，《CDR 试行办法》第 17 条第 1 款规定了“境外基础证券发行人应当按照中国证监会、证券交易所的规定编制并披露招股说明书、上市公告书，披露存托协议、托管协议等文件”，第 4 款规定了“境外基础证券发行人的董事、高级管理人员应当对招股说明书签署书面确认意见”。

在此基础上，《公开发行证券的公司信息披露编报规则第 23 号——试点红筹企业公开发行存托凭证招股说明书内容与格式指引》（中国证券监督管理委员会公告〔2018〕14 号）第 6 条进一步规定了“招股说明书‘本次发行概况’一节后新增一节‘存托托管安排’。境外基础证券发行人应在该部分披露存托凭证的存托托管安排和相关主体的主要权利与义务，包括但不限于下列内容：……”第 27 条规定了“境外基础证券发行人应将存托协议、托管协议作为招股说明书的备查文件”。

四是，“实际股东”享有的权利的依据方面的特殊。

在普通的股份代持模式下，“实际股东”享有的权利，只是来源于其与股份代持人之间的股份代持协议的约定，其主要的法律依据是《合同法》，这种权利指向的对象是股份代持人，而不是“标的公司”。

但是，与此不同，在 CDR 模式下，CDR 持有人基于 CDR 所享有的权利，不仅有作为合同的存托协议上的依据，还有作为国务院办公厅出台的行政规范性文件的国办 21 号文件、作为部门规章的《CDR 试行办法》这些法规上的依据。甚至，自 2020 年 3 月 1 日起，修订后的《证券法》也是其直接的、更高效力等级的依据。

五是，“标的公司”是否对“实际股东”负有相应的义务方面的特殊。

在普通的股份代持模式下，由于“标的公司”通常不参与，也不知道股份代持安排，因此，“标的公司”在股份代持安排下对“实际股东”是没有义务的，不论是法律义务还是合同义务。

但是，与此不同，在 CDR 模式下，作为“标的公司”的境外上市公司对作为“实际股东”的境内投资者是负有相应的义务的。

对此，国办 21 号文件规定了“试点企业不得有任何损害境内投资者合法权益的特殊安排和行为。发行股票的，应执行境内现行投资者保护制度；尚未盈利试点企业的控股股东、实际控制人和董事、高级管理人员在企业实现盈利前不得减持上市前持有的股票。发行存托凭证的，应确保存托凭证持有人实际享有权益与境外基础股票持有人权益相当，由存托人代表境内投资者对境外基础股票发行人行使权利。投资者合法权益受到损害时，试点企业应确保境内投资者获得与境外投资者相当的赔偿”。

《CDR 试行办法》第 3 条也规定了“境外基础证券发行人……应当保障对中国境内投资者权益的保护总体上不低于中国法律、行政法规以及中国证监会规定的要求，并保障存托凭证持有人实际享有的权益与境外基础证券持有人的权益相当，不得存在跨境歧视”，第 28 条第 1 款规定了“境外基础证券发行人、存托人和存托凭证持有人通过存托协议明确存托凭证所代表权益和各方权利义务”。

在此基础上，《CDR 试行办法》第 35 条第 1 款进一步规定了“境外基础证券发行人应当确保存托凭证持有人实际享有的资产收益、参与重大决策、剩余财产分配等权益与境外基础证券持有人权益相当。境外基础证券发行人不得作出任何损害存托凭证持有人合法权益的行为”，第 36 条规定了“境外基础证券发行人、存托人应当按照存托协议约定，采用安全、经济、便捷的网络或者其他方式为存托凭证持有人行使权利提供便利”，第 38 条规定了“境外基础证券发行人与其境内实体运营企业之间的关系安排，不得损害存托凭证持有人等投资者的合法权益”，第 39 条规定了“境外基础证券发行人具有股东投票权差异等特殊架构的，其持有特别投票权的股东应当按照所适用的法律以及公司章程行使权利，不得滥用特别投票权，不得损害存托凭证持有人等投资者的合法权益。出现前款情形，损害存托凭证持有人等投资者合法权益的，境外基础证券发行人及特别投票权股东应当改正，并依法承担对投资者的损害赔偿责任”，第 40 条第 3 款、第 4 款规定了“存托凭证终止上市的，存托人应当根据存托协议的约定卖出基础证券……基础证券无法卖出的，境外基础证券发行人应当在存托协议中作出合理安排，保障存托凭证持有人的合法权益”。

六是，“实际股东”是否能够直接对“标的公司”主张相应的权利方面的特殊。

在普通的股份代持模式下，由于“标的公司”通常不参与，也不知道股份代持安排，因此，“实际股东”是不能基于股份代持安排，直接对“标的公司”主张权利的，不论是股东权利，还是其他权利。

但是，与此不同，在CDR模式下，在某些情况下，CDR持有人是可以直接对“标的公司”主张权利的，CDR持有人对“标的公司”是享有相应的直接的权利的，这种权利尽管不是股东权利，却是基于存托协议产生的合同权利，并且，也是国办21号文件和《CDR试行办法》项下的法定权利。

对此，国办21号文件规定了“试点企业等相关市场主体导致投资者合法权益受到损害的，应依法承担赔偿责任，投资者可依法直接要求其承担损害赔偿责任”。

《CDR试行办法》第35条第1款规定了“境外基础证券发行人应当确保存托凭证持有人实际享有的资产收益、参与重大决策、剩余财产分配等权益与境外基础证券持有人权益相当。境外基础证券发行人不得作出任何损害存托凭证持有人合法权益的行为”，第36条规定了“境外基础证券发行人……应当按照存托协议约定，采用安全、经济、便捷的网络或者其他方式为存托凭证持有人行使权利提供便利”。

此外，《CDR试行办法》第39条在其第1款规定了“境外基础证券发行人具有股东投票权差异等特殊架构的，其持有特别投票权的股东应当按照所适用的法律以及公司章程行使权利，不得滥用特别投票权，不得损害存托凭证持有人等投资者的合法权益”的基础上，在其第2款规定了“出现前款情形，损害存托凭证持有人等投资者合法权益的，境外基础证券发行人及特别投票权股东应当改正，并依法承担对投资者的损害赔偿责任”。

还有，《CDR试行办法》第55条也规定了“境外基础证券发行人及其控股股东、实际控制人、存托人、托管人、保荐人、承销机构、证券服务机构等违反本办法规定，导致存托凭证持有人等投资者合法权益受到损害的，应当依法承担赔偿责任”。

七是，“实际股东”权利救济方面的特殊。

在普通的股份代持模式下，“实际股东”在股份代持安排项下的权利受到侵害时，通常是基于股份代持协议的约定、依据《合同法》的规定寻求救济（当然，在违约与侵权竞合时，也可以依据《侵权责任法》寻求救济）。

但是，与此不同，在CDR模式下，CDR持有人不仅可以基于存托协议的约定寻求救济，还可以请求中国证监会追究作为“股份代持人”的存托人的行政责任。

对此，国办 21 号文件规定了“存托人或托管人违反本意见和证监会有关规定的，证监会可依法采取监管措施，并追究其法律责任”。

《CDR 试行办法》第 31 条第 1 款也规定了“存托人……应当忠实、勤勉地履行各项职责和义务，不得损害存托凭证持有人的合法权益”，第 2 款规定了“存托人行使境外基础证券相应权利，应当按照存托协议约定的方式事先征求存托凭证持有人的意愿并按其意愿办理，不得擅自行使相应权利或者处分相应存托凭证基础财产”，第 32 条规定了“存托人应当为存托凭证基础财产单独立户，将存托凭证基础财产与其自有财产有效隔离、分别管理、分别记账，不得将存托凭证基础财产归入其自有财产，不得侵占、挪用存托凭证基础财产”，第 33 条规定了“存托人不得买卖其签发的存托凭证，不得兼任其履行存托职责的存托凭证的保荐人”。

在此基础上，《CDR 试行办法》第 53 条第 1 款规定了“存托人、托管人违反本办法规定的，责令改正，给予警告，没收违法所得，并处三万元罚款。对直接负责的主管人员和其他直接责任人员给予警告，没收违法所得，并处三万元罚款”，第 2 款进一步规定了“经中国证监会责令改正后拒不改正或者违法违规情节严重的，中国证监会可以采取责令境外基础证券发行人更换存托人、责令存托人更换托管人、三十六个月内不受理由其担任存托人的申请文件、取消存托人资质等监管措施”。

八是，因股份代持安排产生的争议的解决办法方面的特殊。

在普通的股份代持模式下，因股份代持安排所产生的纠纷，既可以通过诉讼解决，也可以通过仲裁解决，这取决于股份代持双方的协商结果；并且，很多商事主体通常倾向于选择通过仲裁解决。

但是，与此不同，在 CDR 模式下，因 CDR 所产生的争议，现阶段只能通过诉讼解决，由境内法院管辖，而不能通过仲裁解决。

对此，国办 21 号文件规定了“存托协议应约定因存托凭证发生的纠纷适用中国法律法规规定，由境内法院管辖”；《CDR 试行办法》第 28 条第 2 款第 17 项规定了“存托协议应当符合法律、行政法规以及中国证监会规定，并包括以下条款：……（十七）诉讼管辖法院为中国境内有管辖权的人民法院”，第 55 条规定了“境外基础证券发行人及其控股股东、实际控制人、存托人、托管人、保荐人、承销机构、证券服务机构等违反本办法规定，导致存托凭证持有人等投资者合法权益受到损害的，应当依法承担赔偿责任”，第37条第3款规定了“中证中小投资者服务中心有限责任公司可以支持受损害的存托凭证持有人依法向人民法院提起民事诉讼”。

九是，是否约定股份代持人与“标的公司”之间的权利义务方面的特殊。

在普通的股份代持模式下，通常只涉及“实际股东”与股份代持人之间的权利义务关系，不涉及股份代持人与“标的公司”之间的权利义务关系。

但是，与此不同，在CDR模式下，不仅涉及CDR持有人与存托人之间的权利义务关系，还涉及存托人与境外基础股票发行人之间的权利义务关系。

对此，国办21号文件规定了“基础证券发行人在境外发行的基础证券由存托人持有，并由存托人在境内签发存托凭证”，“本意见所称存托凭证，是指由存托人签发、以境外证券为基础在中国境内发行、代表境外基础证券权益的证券”，“基础证券发行人、存托人及存托凭证持有人通过存托协议明确存托凭证所代表权益及各方权利义务”。

《CDR试行办法》第27条第1项规定了“存托人应当承担以下职责：(一)与境外基础证券发行人签署存托协议，并根据存托协议约定协助完成存托凭证的发行上市……”，第28条第2款规定了“存托协议应当符合法律、行政法规以及中国证监会规定，并包括以下条款：……(二)基础证券的种类；(三)发行存托凭证的数量安排；(四)存托凭证的签发、注销等安排；(五)基础财产的存放和托管安排；(六)境外基础证券发行人的权利和义务；(七)存托人的权利和义务；(八)存托凭证持有人的权利和义务；(九)基础证券涉及的分红权、表决权等相应权利的具体行使方式和程序；……”

三、小结与思考

尽管跟普通的股份代持安排相比，CDR有诸多的特殊之处，但是，这些特殊之处并不影响其实际上属于股份代持安排的一种形式这一实质。因为，CDR模式与股份代持的相同之处，尤其是国办21号文件关于“存托凭证持有人……按照存托协议约定，通过存托人行使其权利”“发行存托凭证的……由存托人代表境内投资者对境外基础股票发行人行使权利”和“存托人应按照存托协议约定，根据存托凭证持有人意愿行使境外基础证券相应权利，办理存托凭证分红、派息等业务”的规定，以及《CDR 试行办法》第 31 条第 2 款关于“存托人行使境外基础证券相应权利，应当按照存托协议约定的方式事先征求存托凭证持有人的意愿并按其意愿办理，不得擅自行使相应权利或者处分相应存托凭证基础财产”的规定，已经足以表明，CDR 模式本质上就是股份代持的一种形式。

事实上，中国证监会也是将 CDR 模式视为间接持股的一种形式，并将 CDR 持有人（而不是存托人）认定为 CDR 所代表的境外基础证券的实益拥有人、实际持有人的。

这主要体现在以下几个方面：

一是，《CDR 试点办法》第 20 条第 2 款规定了“……通过持有境内外存托凭证而间接持有境外基础证券发行人发行的股份合计达到百分之五以上的投资者，属于《证券法》第六十七条第二款第（八）项[①]以及《上市公司信息披露管理办法》第三十条第二款第（八）项规定的持有公司百分之五以上股份的股东”，第 3 款规定了“《上市公司信息披露管理办法》第三十条第二款第（十四）项规定的任一股东所持公司百分之五以上股份，包括……通过持有境内外存托凭证而间接持有境外基础证券发行人发行的股份合计达到百分之五”。

二是，《CDR 试行办法》第 59 条第 5 项规定了“控股股东，是指通过存托凭证或者其他方式持有境外基础证券发行人发行的股份合计达到百分之五十以上的股东……”

三是，《CDR 试行办法》第 59 条第 10 项规定了“……通过持有境内外存托凭证而间接持有境外基础证券发行人发行的股份合计达到百分之五以上的投资者，属于《证券法》第七十四条第（二）项[②]规定的持有公司百分之五以上股份的股东”。

四是，《CDR 试行办法》第 27 条第 6 项规定了“存托人应当承担以下职责：……（六）按照存托协议约定，向存托凭证持有人派发红利、股息等权益，根据存托凭证持有人意愿行使表决权等权利”，第 31 条第 1 款规定了“存

---

① 现为《证券法》第 80 条第 2 款第 8 项。
② 现为《证券法》第 80 条第 2 款第 8 项。

托人……应当忠实、勤勉地履行各项职责和义务，不得损害存托凭证持有人的合法权益”，第31条第2款规定了“存托人行使境外基础证券相应权利，应当按照存托协议约定的方式事先征求存托凭证持有人的意愿并按其意愿办理，不得擅自行使相应权利或者处分相应存托凭证基础财产”。

基于以上分析，我倾向于认为，CDR模式下的存托协议，是兼有“委托发行股份协议”和“委托持有股份协议”的综合体。

第七章
控股股东、实际控制人与关联关系

控股股东、实际控制人和关联关系，都是《公司法》上的基础术语，也是《公司法》对其含义明确作出规定的为数不多的术语①。考虑到准确界定控股股东、实际控制人和关联关系，对于判断公司控制权的归属、认定是否构成滥用股东权利、是否构成利用关联关系损害公司利益，都具有重要的意义；并且，现阶段，股份公司申请首次公开发行 A 股股票并上市必须满足的发行条件当中，就包括“实际控制人在最近两年或三年内没有发生变更”② 和“发行人与控股股东、实际控制人及其控制的其他企业间不存在显失公平的关联交易”③，因此，本章将讨论有关控股股东、实际控制人和关联关系的问题。

---

① 纵观全文，《公司法》直接规定其含义的术语有 13 个，分别是：(1) 公司（第 2 条）；(2) 一人有限责任公司（第 57 条第 2 款）；(3) 国有独资公司（第 64 条第 2 款）；(4) 发起设立（第 77 条第 2 款）；(5) 募集设立（第 77 条第 3 款）；(6) 累积投票制（第 105 条第 2 款）；(7) 上市公司（第 120 条）；(8) 公司债券（第 153 条第 1 款）；(9) 外国公司（第 191 条）；(10) 高级管理人员（第 216 条第 1 项）；(11) 控股股东（第 216 条第 2 项）；(12) 实际控制人（第 216 条第 3 项）；(13) 关联关系（第 216 条第 4 项）。

② 见《首次公开发行股票并上市管理办法》(2018 年修正) 第 12 条、《首次公开发行股票并在创业板上市管理办法》(2018 年修正) 第 14 条、《科创板首次公开发行股票注册管理办法（试行）》第 12 条第 2 项。

③ 见《公开发行证券的公司信息披露内容与格式准则第 1 号——招股说明书》(2015 年修订) 第 51 条第 1 款第 5 项、《公开发行证券的公司信息披露内容与格式准则第 28 号——创业板公司招股说明书》(2015 年修订) 第 49 条第 1 款第 5 项、《科创板首次公开发行股票注册管理办法（试行）》第 12 条第 1 项、《公开发行证券的公司信息披露内容与格式准则第 41 号——科创板公司招股说明书》第 62 条第 5 项。

第一节　控股股东

一、控股股东的界定

《公司法》第216条第2项对公司的控股股东作出了界定，即“其出资额占有限责任公司资本总额百分之五十以上或者其持有的股份占股份有限公司股本总额百分之五十以上的股东”或者“其出资额或者持有股份的比例虽然不足百分之五十，但依其出资额或者持有的股份所享有的表决权已足以对股东会、股东大会的决议产生重大影响的股东”。满足上述任何条件的股东都属于公司的控股股东。

其中，根据《民法总则》第205条关于“民法所称的‘以上’，包括本数”的规定，《公司法》第216条第2项所说的“百分之五十以上”，包括50%；根据《民法总则》第205条关于“民法所称的‘不满’，不包括本数”的规定，《公司法》第216条第2项所说的“不足百分之五十”，不包括50%。

不过，值得注意的是，就同一个公司的同一个股东而言，只能符合上述条件之一，不可能同时满足上述两个条件。

值得注意的是，由于《公司法》第216条第2项使用了“控股股东，是指……的股东；出资额或者持有股份的比例虽然不足……但依……已足以……的股东”的表述，因此，“控股股东”仅适用于有2个以上股东的公司；在一人公司和国有独资公司的情形，因只有一个股东而没有区分控股股东和参股股东的必要；并且，“控股股东”应当是公司的股东，即应当是直接持有公司的股权或股份的人；不直接持有公司的股权或股份的人，不属于《公司法》所说的“控股股东”；从而，从《公司法》本身的角度，“控股股东”不存在“直接控股股东”和“间接控股股东”的区分。

由于《公司法》第216条第2项使用了“出资额占有限责任公司资本总额百分之五十以上”“持有的股份占股份有限公司股本总额百分之五十以上”以及“出资额或者持有股份的比例虽然不足百分之五十，但依其出资额或者持有的股份所享有的表决权已足以对股东会、股东大会的决议产生重大影响”的表述，因此，在认定公司的控股股东时，应首先考察股东对公司的出资比例或持股比例是否达到或超过了50%；在股东对公司的出资比例或持股比例低于50%的情况下，则应再进一步考虑股东所享有的表决权是否足以对公司股东会或股东大会的决议产生重大影响。其中，在股东对公司的出资比例或持股比例低于50%的情况下，由于《公司法》第216条第2项使用了“依其出资额或者持有的股份所享有的表决权已足以对股东会、股东大会的决议产生重大影响”的表述，因此，在认定公司的控股股东时，应考虑股东的表决权因素，不考虑股东的提案权和其他股东权利。

也就是说，根据《公司法》第216条第2项的规定，公司的控股股东的认定，只需考察两个因素：一个是股东的出资比例或持股比例，一个是股东所享有的表决权及其对公司股东会或股东大会决议的影响程度。

如果公司的股东对公司的出资比例或持股比例已经达到或超过了50%，该股东当然属于公司的控股股东，无须再考察其对公司股东会或股东大会的决议的影响；只有在股东对公司的出资比例或持股比例低于50%的情况下，才需要考察股东依其表决权能否对公司股东会或股东大会的决议产生重大影响。因此，《公司法》第216条第2项所说的控股股东是“出资额或者持有股份的比例虽然不足百分之五十，但依其出资额或者持有的股份所享有的表决权已足以对股东会、股东大会的决议产生重大影响的股东”的情形，仅适用于不存在任何股东对公司的出资比例或持股比例达到或超过50%的公司。

实践中，通常把《公司法》第216条第2项所说的“其出资额占有限责任公司资本总额百分之五十以上或者其持有的股份占股份有限公司股本总额百分之五十以上的股东”称为“绝对控股股东”，把《公司法》第216条第2项所说的“出资额或者持有股份的比例虽然不足百分之五十，但依其出资额或者持有的股份所享有的表决权已足以对股东会、股东大会的决议产生重大影响的股东”称为“相对控股股东”。

二、如何计算股东的出资比例或持股比例

对适用注册资本认缴登记制的公司来说，在计算股东对公司的出资比例或

持股比例时，可能会出现不同的看法，其原因在于：在注册资本认缴登记制和注册资本实缴登记制并行的情况下，《公司法》第216条第2项中的“出资额”“资本总额”“持有的股份”和“股本总额”存在不同的含义。

就有限公司而言，根据《公司法》第3条第2款、第26条和第34条，有限公司的“资本”有“注册资本”和“实收资本”之分，有限公司的股东的“出资额”也有“认缴的出资额”和“实缴的出资额”之别；就股份公司而言，根据《公司法》第3条第2款、第76条第2项、第80条、第95条和第100条第2项，股份公司的“股本总额”也有“认购的股本总额”和“实收股本总额”之分，股份公司的股东持有的股份也有“认购的股份”和“实缴的股份”之别。

由此，《公司法》第216条第2项所说的“出资额”，是指“认缴的出资额”还是“实缴的出资额”？所说的“资本总额”，是指“认缴的资本总额”还是“实缴的资本总额”？所说的“股本总额”，是指“认购的股本总额”还是“实收的股本总额”？对此，《公司法》均未作明确规定，应结合《公司法》以及相关公司的章程规定加以确定。

这样一来，在计算据以认定股东和控股股东的出资比例或持股比例时，就至少存在这样两种方法：

一种方法是，不论是股东的出资额或持股数量还是公司的注册资本或股本总额都以认缴或认购的数量为准加以计算，即以股东认缴的出资额或认购的股份数量为分子，以公司的注册资本为分母计算股东的出资比例或持股比例。

另一种方法则是，不论是股东的出资额或持股数量还是公司的注册资本或股本总额都以实缴的数量为准加以计算，即以股东实缴的出资额或股份数量为分子，以公司实收的注册资本为分母计算股东的出资比例或持股比例。

实务中，通常会采取后一种计算办法，即以实缴出资、实收资本为准加以计算。

比如，国家统计局2005年印发的《关于统计上对公有和非公有控股经济的分类办法》（国统字〔2005〕79号）第4条第1款规定，“绝对控股是指在企业的全部实收资本中，某种经济成分的出资人拥有的实收资本（股本）所占企业的全部实收资本（股本）的比例大于50%”，第5条规定，“相对控股是指在企业的全部实收资本中，某经济成分的出资人拥有的实收资本（股本）所占的比例虽未大于50%，但根据协议规定拥有企业的实际控制权（协议控股）；或者相对大于其他任何一种经济成分的出资人所占比例（相对控股）”。中国人民银行2010年发布的《贷款统计分类及编码标准（试行）》（银发〔2010〕167号）也采用了与《关于统计上对公有和非公有控股经济的分类办法》相同的认定标准。

此外，财政部2007年印发的《金融企业财务规则——实施指南》（财金〔2007〕23号）也是按照后一种计算方法来界定国有控股企业的：“国有控股企业是指国有资本占实收资本50%以上的有限责任公司和股份有限公司；国有资本占实收资本的比例虽然不足50%，但国有资本投资者享有的表决权已足以对股东（大）会的决议产生重大影响的有限责任公司和股份有限公司；国有资本占实收资本的比例虽然不足50%，但通过投资关系、协议或者其他安排，国有资本投资者能够实际支配金融企业行为的金融企业。”

我赞同采用这种计算方法，即在计算股东的出资比例或持股比例时，应以公司的“实收资本”为分母，以股东的“实缴出资”为分子。

还有一个问题是，在计算股东的出资比例或持股比例时，是否可以将数个股东的出资比例或持股比例合并计算，以满足《公司法》第216条第2项所说的50%的要求？对此，我倾向于认为，由于《公司法》第216条第2项本身使用的是“其出资额”“其持有的股份”和“其出资额或者持有的股份”的表述，没有使用“单独或合计”的表述，因此，应以某一股东单独的出资比例或持股比例是否达到或超过50%为宜，不宜像《公司法》第100条第3项、第101条第2款、第102条第2款和第151条第1款那样采用合并计算的办法来计算认定控股股东所需的出资比例或持股比例要求。

三、如何认定“对股东会、股东大会的决议产生重大影响”

如前所述，根据《公司法》第216条第2项，对于对公司的出资比例或持股比例低于50%的股东来说，要被认定为公司的控股股东，其关键要求是“依其出资额或者持有的股份所享有的表决权已足以对股东会、股东大会的决议产生重大影响”。至于如何认定“对股东会、股东大会的决议产生重大影响”，《公司法》、截至目前关于《公司法》的各个司法解释以及《证券法》都没有作出规定。

我建议，可以参考相关监管机构的规定来进行理解。

一是，中国证监会的规定。针对“控股期货公司”的认定标准，《中国证券监督管理委员会关于规范控股、参股期货公司有关问题的规定》（证监会公告〔2008〕24 号）规定，“‘对期货公司股东会的决议产生重大影响’，是指在期货公司股东会审议《中华人民共和国公司法》第三十八条[①]规定的事项或者股东提出的其他议案时，能够促成或者阻止股东会决议通过的情形”。

二是，财政部的规定。从《企业会计准则》的角度，针对“重大影响”，《企业会计准则第 2 号——长期股权投资》（财会〔2014〕14 号）第 2 条第 3 款是这样规定的：“重大影响，是指投资方对被投资单位的财务和经营政策有参与决策的权力，但并不能够控制或者与其他方一起共同控制这些政策的制定。在确定能否对被投资单位施加重大影响时，应当考虑投资方和其他方持有的被投资单位当期可转换公司债券、当期可执行认股权证等潜在表决权因素。投资方能够对被投资单位施加重大影响的，被投资单位为其联营企业。”

尽管中国证监会上述规定主要适用于期货公司，财政部的上述规定也只是从财务会计的角度来界定“重大影响”的，但我理解，上述规定有助于理解《公司法》第 216 条第 2 项所说的“依其出资额或者持有的股份所享有的表决权已足以对股东会、股东大会的决议产生重大影响”。

参考《企业会计准则第 33 号——合并财务报表》（财会〔2014〕10 号）关于如何判断投资方是否拥有对被投资方的权力的规定，我倾向于认为，在认定“依其出资额或者持有的股份所享有的表决权已足以对股东会、股东大会的决议产生重大影响”时，应当结合相关公司的具体情况（包括公司的股权结构、各股东的持股情况、公司章程关于股东会或股东大会的职权以及股东会或股东大会决议的表决办法的规定），以及相关股东的具体情况（包括其出资比例或持股比例及其享有的表决权情况），综合加以判断。从而，对不同的公司来讲，同样的出资比例或持股比例，在这个公司可以被认定为控股股东，在其他公司可能就不能被认定为控股股东了。

比如，在 2015 年 4 月 9 日就江苏凯威化工有限公司（以下简称凯威公司）

---

① 现为《公司法》第 37 条。

与许某、上海柏盛物业管理发展有限公司、上海桑逸国际贸易有限公司、蒋某、伍某林、江苏远旗置业有限公司（以下简称远旗公司）民间借贷纠纷上诉案作出的（2014）苏民终字第00398号民事判决书中，针对持股40%的股东是否属于控股股东的问题，江苏省高级人民法院认为："根据《中华人民共和国公司法》第二百一十七条[①]的规定'（二）控股股东，是指其出资额占有限责任公司资本总额百分之五十以上或者其持有的股份占股份有限公司股本总额百分之五十以上的股东；出资额或者持有的股份的比例虽然不足百分之五十，但依其出资额或者持有的股份所享有的表决权已足以对股东会、股东大会的决议产生重大影响的股东'。凯威公司、远旗公司均承认伍某林占远旗公司股份40%，其享有的表决权已足以对股东会决议产生重大影响。原审法院认定伍某林系远旗公司的控股股东，并无不当。"

但是，在2016年2月1日深圳市恒裕实业（集团）有限公司（以下简称恒裕公司）与惠州市东方联合实业有限公司、李某生股东损害公司债权人利益责任纠纷上诉案作出的（2014）深中法商终字第2130号民事判决书中，同样是针对持股40%的股东是否属于控股股东的问题，深圳市中级人民法院则认为："《中华人民共和国公司法》第二百一十六条规定，控股股东是指其出资额占有限责任公司资本总额百分之五十以上或者其持有的股份占股份有限公司股本总额百分之五十以上的股东；出资额或者持有股份的比例虽然不足百分之五十，但依其出资额或者持有的股份所享有的表决权已足以对股东会、股东大会的决议产生重大影响的股东。本案中万通公司的股东及持股比例分别为深圳市金龙实业发展有限公司（恒裕公司原名称）40%、中国工商银行辽宁省股份信托投资公司20%、中国农业银行西安市信托投资公司，系国有银行信托投资公司15%、中国农业银行广东省信托投资公司10%、三亚中亚信托投资公司15%。首先，恒裕公司不属于持股比例百分之五十以上的股东；其次，万通公司的章程规定，股东出席股东大会，所持每一股份有一表决权，恒裕公司持有万通公司40%的股份，其享有的表决权比例亦为40%。万通公司的五名董事会成员中，恒裕公司推荐的董事候选人仅为两名，虽然恒裕公司属于股份较多者，万通公司企业档案资料亦记载万通公司首任董事长李某生系恒裕公司委

---

① 现为《公司法》第216条。

派、恒裕公司的法定代表人龚某龙一直担任万通公司的监事，以及恒裕公司作为万通公司的牵头发起单位承办公司的筹办事务，但仅此情形不足以证明恒裕公司所享有的表决权已足以对万通公司股东会、股东大会的决议产生重大影响，恒裕公司关于其不属于万通公司控股股东的上诉理由成立，本院予以采信。”

基于上述，在认定公司的控股股东时，尤其需要注意以下几点：

一是，认定公司的控股股东，应考虑的是股东在股东会或股东大会层面对公司股东会或股东大会决议的影响；至于对公司董事会（或不设董事会的有限公司的执行董事）、监事会（或不设监事会的有限公司的监事）或公司其他层面的影响，则不在考虑范围之内。

二是，认定公司的股东是否可以对股东会、股东大会的决议产生重大影响，既要考察该股东所享有的表决权，又要考虑其他股东所享有的表决权，通过两相比较来考察该股东对股东会、股东大会决议的相对影响力。

三是，认定公司的股东是否可以对股东会、股东大会的决议产生重大影响，应主要考虑其对股东会、股东大会的决议的主动影响而不是被动的影响，比如，主动提出提案并积极促使股东会或股东大会审议通过相关提案。

四是，认定公司的股东是否可以对股东会、股东大会的决议产生重大影响，应考虑该股东对公司股东会、股东大会就其职权范围内的多数事项作出决议的影响，而不能仅仅考虑其对公司股东会、股东大会就其职权范围内的少数事项或个别事项作出决议的影响。

五是，认定公司的股东是否可以对股东会、股东大会的决议产生重大影响，应主要考虑该股东是否能够仅仅通过行使其表决权就促成股东会、股东大会通过相关决议或阻止股东会、股东大会通过相关决议。至于该股东通过协议或其他安排获得其他股东的表决权等因素，则不应作为认定控股股东的因素——虽然这些因素可以作为认定公司的实际控制人的因素。

六是，不能仅仅依据特定股东对公司股东会、股东大会职权范围内的特定事项享有一票否决权就认定其为公司的控股股东。对私募股权投资或风险投资领域的有限公司来说，特定的股东享有一票否决权的情形比较常见。结合《企业会计准则第 33 号——合并财务报表》（财会〔2014〕10 号）第 12 条关于保护性权利的规定，通常情况下，特定股东享有的一票否决权属于保护性权利，即“仅为了保护权利持有人利益却没有赋予持有人对相关活动决策权的一项权利”，“保护性权利通常只能在被投资方发生根本性改变或某些例外情况发生时才能够行使，它既没有赋予其持有人对被投资方拥有权力，也不能阻止其他方对被投资方拥有权力”。

基于上述，我倾向于认为，在有限公司的股东会或股份公司的股东大会审议《公司法》和公司章程规定的股东会或股东大会职权范围内的普通决议事项时，如果某一股东依其出资额或持有的股份所享有的表决权能够促成股东会或股东大会通过相关决议，应当可以认定此种情形属于《公司法》第 216 条第 2 项所说的“依其出资额或者持有的股份所享有的表决权已足以对股东会、股东大会的决议产生重大影响”，并将该股东认定为公司的控股股东；但是，在某一股东依其出资额或持有的股份所享有的表决权能够阻止股东会或股东大会通过相关决议，则还需要结合其他因素进行综合判断，仅凭这一情形不足以将该股东认定为控股股东。

值得注意的是，虽然根据《公司法》第 216 条第 2 项的规定，对公司的出资比例或持股比例低于 50% 的股东，在满足“依其出资额或者持有的股份所享有的表决权已足以对股东会、股东大会的决议产生重大影响”的前提下，也是该公司的控股股东；但是，该股东对公司的出资比例或持股比例不能太低，原则上应不低于 30% 为宜；如果其出资比例或持股比例低于 30%，可能难以满足“依其出资额或者持有的股份所享有的表决权已足以对股东会、股东大会的决议产生重大影响”的条件。

对此，针对国有相对控股公司的认定，国务院国资委 2004 年《关于印发企业国有资产产权登记表证填报说明的通知》（国资产权〔2004〕1255 号）之第一部分（企业国有资产占有产权登记表）之第 13 项（企业组织形式标识码）之“注 1”明确了“国有控股公司是指国有股权处于控股地位的公司，其中绝对控股的，国有股权比例不低于 50%（含 50%）；相对控股的，国有股权比例一般不低于 30%”；财政部 2012 年制定的《中央文化企业国有资产产权登记管理暂行办法》（财文资〔2012〕16 号）、《事业单位及事业单位所办企业国有资产产权登记管理办法》（2019 年修订）和《财政部关于印发中央文化企业清产核资工作表的通知》（财文资〔2012〕6 号）也作出了“一般不低于 30%”的规定。

不过，对于股权结构分散的上市公司来说，对该上市公司的持股比例低于

30%，甚至低于15%的股东，也有可能满足“依其出资额或者持有的股份所享有的表决权已足以对股东会、股东大会的决议产生重大影响”的条件，从而可以被认定为该上市公司的控股股东。

比如，在自2009年6月30日至2011年5月期间，深圳证券交易所主板上市公司新疆汇通（集团）股份有限公司（以下简称汇通集团，当时的股票简称为ST汇通，股票代码为000415，现已更名为渤海租赁股份有限公司）的股权结构比较分散，尽管其当时的第一大股东舟基（集团）有限公司（以下简称舟基集团）仅持有上市公司33000000股股份（上市公司当时总股本为300335834股）、对上市公司持股比例仅为10.99%，但是，舟基集团仍然被认定为上市公司的控股股东，主要理由如下①：

一是，汇通集团股权分散，舟基集团持股数量相对较多。“汇通集团自2009年6月30日至今股权分散程度较高，平均股东户数为38236户，平均每户持股数仅7855股，前十大股东中仅舟基集团持股比例在5%以上。由于汇通集团股权分散，舟基集团作为第一大股东持股数量相对较多，享有相对多数的表决权，因此能够对汇通集团股东大会决议产生重大影响”。

二是，汇通集团半数以上董事由舟基集团推荐。“汇通集团现任董事会成员共7人，其中4人（宋某刚、王某、马某华、李某明）由舟基集团推荐，超过董事会成员半数”。

三是，舟基集团能够对汇通集团股东大会决议实施重大影响。“汇通集团股权较为分散，股东大会的参与率较低。自舟基集团取得控股股东地位以来，汇通集团共召开六次股东大会……舟基集团自取得控股股东地位以来，均有出席每次股东大会，由于汇通集团股东大会现场参与率较低，在仅有现场表决的情况下，舟基集团行使表决权能够对股东大会决议实施重大影响”。

又如，在2016年6月30日就上海兴盛实业发展（集团）有限公司（以下简称兴盛公司）与王某忠、上海开南投资控股集团有限公司、上海腾京投资管理咨询中心、上海升创建筑装饰设计工程中心、兰州瑞邦物业管理有限公司、兰州鸿祥建筑装饰材料有限公司、甘肃力行建筑装饰材料有限公司、上海嘉池

---

① 见ST汇通在2011年5月18日公告的《新疆汇通（集团）股份有限公司重大资产置换及发行股份购买资产暨关联交易报告书》第1-2-26页至第1-2-33页。

丰投资发展有限公司、胡某、唐某英、谢某、谢某莹、何某良、聂某、程某义、黄某印及上海新梅置业股份有限公司（以下简称新梅公司）证券欺诈责任纠纷一审案作出的（2015）沪一中民六（商）初字第66号民事判决书中，上海市第一中级人民法院也认为："本案中，原告目前虽持有新梅公司股份的比例仅为11.19%，但因新梅公司客观上股权结构较为分散，且该公司在本案诉讼中对原告系其控股股东的事实予以确认，故本院对原告所主张的其系新梅公司控股股东的事实予以确认。"①

四、同一个公司的控股股东的数量

由于《民法总则》第205条规定了"民法所称的'以上'，包括本数"，因此，根据《公司法》第216条第2项关于控股股东的界定，同一个公司可能存在有2个控股股东的情况。

比如，在公司只有2个股东并且股东的持股比例均为50%的情况下，这2个股东都符合《公司法》第216条第2项关于"控股股东，是指其出资额占有限责任公司资本总额百分之五十以上或者其持有的股份占股份有限公司股本总额百分之五十以上的股东"的规定，从而都属于该公司的控股股东。

此外，在公司有3个股东并且有2个股东的持股比例均为49%、第三个股东的持股比例为2%的情况下，因持股比例为49%的2个股东都符合《公司法》第216条第2项关于"控股股东，是指其出资额或者持有股份的比例虽然不足百分之五十，但依其出资额或者持有的股份所享有的表决权已足以对股东会、股东大会的决议产生重大影响的股东"的规定，从而也都属于该公司的控股股东。

五、控股股东和第一大股东

与"控股股东"相对应，实务中也存在"第一大股东"的说法。《公司

---

① 后来，兴盛公司提起了上诉；不过，二审期间，兴盛公司又申请撤回上诉，上海市高级人民法院在2016年11月22日以（2016）沪民终313号民事裁定书准许其撤回上诉，（2015）沪一中民六（商）初字第66号一审判决也由此成为生效判决。

法》本身没有直接规定或提及“第一大股东”，但《国务院关于印发划转部分国有资本充实社保基金实施方案的通知》（国发〔2017〕49号）、《企业国有资产交易监督管理办法》第4条第4项、《上市公司收购管理办法》（2014年修订）第16条、第17条和第19条以及《期货公司监督管理办法》第9条至第13条、第19条、第21条等条款则都使用了“第一大股东”的表述。

通常来说，在公司的所有股东当中，持股比例最高（即持股最多）的股东即为公司的“第一大股东”；在同一个公司，可以存在持股比例并列第一的多个“第一大股东”。一般情况下，“控股股东”即为“第一大股东”；但是，在股权分布比较分散的公司，其“第一大股东”的持股比例可能低于30%，甚至可以低于10%，但因其持股比例过低而往往不是该公司的“控股股东”（甚至，严格来说，该公司可能就不存在“控股股东”）。

第二节　实际控制人

一、实际控制人的界定

《公司法》第216条第3项对公司的实际控制人作出了界定，即“虽不是公司的股东，但通过投资关系、协议或者其他安排，能够实际支配公司行为的人”。据此，只要能够实际支配公司的行为，就属于公司的实际控制人。

根据上海辞书出版社2009年出版的《辞海》关于“支配……今亦谓控制、统驭”的解释，《公司法》第216条第3项所说的“支配公司的行为”，即“控制公司的行为”。

注意到，《企业会计准则第33号——合并财务报表》（财会〔2014〕10号）第12条规定了“仅享有保护性权利的投资方不拥有对被投资方的权力。保护性权利，是指仅为了保护权利持有人利益却没有赋予持有人对相关活动决策权的一项权利。保护性权利通常只能在被投资方发生根本性改变或某些例外情况发生时才能够行使，它既没有赋予其持有人对被投资方拥有权力，也不能阻止其他方对被投资方拥有权力”，因此，《公司法》第216条第3项所说的

"支配公司的行为"，指的应当是主动支配公司的行为，而不是被动地阻止或否决公司采取行动，仅仅享有对公司的特定事项的一票否决权不足以构成"支配公司的行为"。

从《公司法》第216条第3项的表述看，与"控股股东"必须是公司的股东、直接持有公司股权不同，"实际控制人"不以直接持股（即作为公司股东）为条件（尽管实践中存在实际控制人与控股股东为同一人的情形），而以"能够实际支配公司的行为"为要件。因此，认定公司的实际控制人的关键在于相关主体实际上能否实际支配公司的行为，只要"能够实际支配公司的行为"，即为公司的"实际控制人"；至于其如何支配公司的行为，则不是认定实际控制人的关键，甚至"在所不问"。

二、公司是如何行为的

尽管"如何实现对公司行为的支配"不是认定实际控制人的关键，但是，如果能够比较清楚地了解"如何实现对公司行为的支配"，就能够更好地理解"实际控制人"；而为了清楚地了解"如何实现对公司行为的支配"，就有必要先了解"公司是如何行为"的。

根据《公司法》第二章"有限责任公司的设立和组织机构"、第四章"股份有限公司的设立和组织机构"以及《民法总则》第三章第二节的规定，公司是营利法人，设有权力机构（股东会、股东大会或唯一股东）、执行机构（董事会或执行董事）、监督机构（监事会或不设监事会的有限公司的监事）等组织机构以及经理，并由权力机构、执行机构、监督机构和经理根据《公司法》及公司章程的规定，分别行使相应的职权。公司的权力机构、执行机构、监督机构和经理的职权是分层次的：权力机构决定公司的重大事项；执行机构是管理经营公司的机构，其成员由权力机构选举或委派产生，对权力机构负责，执行权力机构的决议或决定，并对自身职权范围的事项作出决议或决定；经理作为执行者，受执行机构的聘任主持公司的生产经营管理工作，对执行机构负责；监督机构的职权，重点在于检查公司财务和对董事、高级管理人员执行公司职务的行为进行监督。

公司在作出行为时，应根据《公司法》及其公司章程所规定的职权和程序，主要由其权力机构、执行机构或经理相应作出决议或决定，并由公司的法定代表人或公司具有相应权限的组织机构或法定代表人授权的其他自然人来代表公司具体实施。因此，只要能够支配公司的权力机构的决议或决定，就能够在公司的权力机构的职权范围内支配公司的行为；只要能够支配公司的执行机构的决议或决定，就能够在公司的执行机构的职权范围内支配公司的相应行为；只要能够支配公司的经理的决定，就能够在公司的经理的职权范围内支配公司的相应行为。

三、控制与控制权

如前所述，根据上海辞书出版社 2009 年出版的《辞海》关于“支配”的解释，“支配”即“控制”。不过，《公司法》、截至目前关于《公司法》的各个司法解释以及《证券法》都没有对“支配”“控制”或“控制权”作出规定。

从《公司法》第 216 条第 3 项关于实际控制人的定义来看，“控制权”是能够实际支配公司行为的权力，至于如何实现支配，则是在所不问的，通过投资关系或协议或者通过其他安排均可。

由于《公司法》本身没有对“支配”“控制”或“控制权”作出具体的规定，从自身监管的角度，国务院和财政部、中国证监会、国务院国资委、中国银保监会等监管机构分别对“控制”“控制权”作出相应的规定。其中，尤其值得参考的规定主要有：

一是，国务院办公厅关于外国投资者对外商投资企业的实际控制权的界定。

针对外商投资企业的控制权，《国务院办公厅关于建立外国投资者并购境内企业安全审查制度的通知》（国办发〔2011〕6 号）规定了：“外国投资者取得实际控制权，是指外国投资者通过并购成为境内企业的控股股东或实际控制人。包括下列情形：1. 外国投资者及其控股母公司、控股子公司在并购后持有的股份总额在 50% 以上。2. 数个外国投资者在并购后持有的股份总额合计在 50% 以上。3. 外国投资者在并购后所持有的股份总额不足 50%，但依其持有的股份所享有的表决权已足以对股东会或股东大会、董事会的决议产生重大影响。4. 其他导致境内企业的经营决策、财务、人事、技术等实际控制权转移给外国投资者的情形。”

国务院办公厅在 2015 年印发的《自由贸易试验区外商投资国家安全审查试行办法》（国办发〔2015〕24 号）还进一步规定：“外国投资者取得所投资企业的实际控制权，包括下列情形：1. 外国投资者及其关联投资者持有企业股份总额在 50% 以上。2. 数个外国投资者持有企业股份总额合计在 50% 以上。3. 外国投资者及其关联投资者、数个外国投资者持有企业股份总额不超过 50%，但所享有的表决权已足以对股东会或股东大会、董事会的决议产生重大影响。4. 其他导致外国投资者对企业的经营决策、人事、财务、技术等产生重大影响的情形。”

应该说，国务院办公厅上述关于取得控制权的规定是比较全面的，尤其是在通常的“财务”“经营决策”之外，明确了“人事”“技术”方面的实际控制权，有利于全面理解控制权的定义。

二是，财政部《企业会计准则》关于“控制”的界定。

根据《企业会计准则第 33 号——合并财务报表》（财会〔2014〕10 号）第 7 条、《企业会计准则第 36 号——关联方披露》（财会〔2006〕3 号）第 3 条，“控制，是指投资方拥有对被投资方的权力，通过参与被投资方的相关活动而享有可变回报，并且有能力运用对被投资方的权力影响其回报金额”，“是指有权决定一个企业的财务和经营政策，并能据以从该企业的经营活动中获取利益”。

根据财政部会计司编写组编的《企业会计准则讲解 2010》（人民出版社 2010 年版），控制通常具有如下特征：一是，控制的主体是唯一的，不是两方或多方，即对被投资单位的财务和经营政策的提议不必要征得其他方同意，就可以形成决议并付诸实施。二是，控制的内容主要是被控制方的财务和经营政策，这些财务和经营政策的控制一般是通过表决权来决定的；在某些情况下，也可以通过法定程序严格限制董事会、受托人或管理层对特殊目的主体经营活动的决策权，如规定除设立者或发起人外，其他人无权决定特殊目的的主体经营活动的政策。三是，控制的性质是一种权力或法定权力，也可以是通过公司章程或协议、投资者之间的协议授予的权力。四是，控制是为了获取经济利益，包括为了增加经济利益、维持经济利益、保护经济利益，或者降低所分担的损失等。

其他监管机构关于控制权的规定，基本上与《企业会计准则》保持了一致。比如，原中国银监会制定的《商业银行与内部人和股东关联交易管理办法》（中国银行业监督管理委员会令 2004 年第 3 号）第 9 条第 1 款规定了：“本办法所称控制是指有权决定商业银行、法人或其他组织的人事、财务和经营决策，并可据以从其经营活动中获取利益。”

从上述规定来看，应该说，财政部等部委关于“控制权”的上述规定，主要是从“财务和经营决策”的角度，来将“能够控制企业的财务和经营决策”的权力界定为控制权的。虽然这是对《公司法》关于实际控制人的定义的缩小解释，但是，这些规定对于理解“控制”“控制权”仍然具有重要的参考价值。

三是，中国证监会关于控制权的认定的规定。

中国证监会2007 年印发的《〈首次公开发行股票并上市管理办法〉第十二条“实际控制人没有发生变更”的理解和适用——证券期货法律适用意见第 1 号》（证监法律字〔2007〕15 号，以下简称《证券期货法律适用意见第 1 号》）认为：“公司控制权是能够对股东大会的决议产生重大影响或者能够实际支配公司行为的权力，其渊源是对公司的直接或者间接的股权投资关系”，“公司控制权往往能够决定和实质影响公司的经营方针、决策和经营管理层的任免”，“认定公司控制权的归属，既需要审查相应的股权投资关系，也需要根据个案的实际情况，综合对发行人股东大会、董事会决议的实质影响、对董事和高级管理人员的提名及任免所起的作用等因素进行分析判断”。

针对上市公司控制权的认定，《上市公司收购管理办法》（2014 年修订）第 84 条进一步规定了：“有下列情形之一的，为拥有上市公司控制权：（一）投资者为上市公司持股 50% 以上的控股股东；（二）投资者可以实际支配上市公司股份表决权超过 30%；（三）投资者通过实际支配上市公司股份表决权能够决定公司董事会半数以上成员选任；（四）投资者依其可实际支配的上市公司股份表决权足以对公司股东大会的决议产生重大影响；（五）中国证监会认定的其他情形。”

此外，针对股权分散的上市公司的控制人，《上市公司重大资产重组管理办法》（2019 年修正）第 13 条第 4 款还规定了，“上市公司股权分散，董事、高级管理人员可以支配公司重大的财务和经营决策的，视为具有上市公司控制权”。

从上述规定来看，应该说，中国证监会主要是从公司的经营方针、决策和经营管理层的任免等方面对控制权作出界定的，这一界定基本上也是比较全面的。

综合国务院办公厅、财政部、中国证监会的上述规定，可以将“控制权”理解为“能够实际支配公司行为的权力”，据此能够决定或实质影响公司的经营方针、决策、财务、人事、业务运营、技术等重大事务，其渊源是对公司的直接或者间接的股权投资关系；“控制”即“有权决定公司的经营方针、决策、财务（资金）、人事、业务运营（购销）、技术等重大事务”。

四、认定控制权应当考虑的因素

在控制权的认定方面，《企业会计准则第33号——合并财务报告》（财会〔2014〕10号）第8条规定：“投资方应当在综合考虑所有相关事实和情况的基础上对是否控制被投资方进行判断。一旦相关事实和情况的变化导致对控制定义所涉及的相关要素发生变化的，投资方应当进行重新评估。相关事实和情况主要包括：（一）被投资方的设立目的。（二）被投资方的相关活动以及如何对相关活动作出决策。（三）投资方享有的权利是否使其目前有能力主导被投资方的相关活动。（四）投资方是否通过参与被投资方的相关活动而享有可变回报。（五）投资方是否有能力运用对被投资方的权力影响其回报金额。（六）投资方与其他方的关系。”

针对上市公司的控制权的认定，中国证监会制定的《证券期货法律适用意见第1号》（证监法律字〔2007〕15号）认为“认定公司控制权的归属，既需要审查相应的股权投资关系，也需要根据个案的实际情况，综合对发行人股东大会、董事会决议的实质影响、对董事和高级管理人员的提名及任免所起的作用等因素进行分析判断”。并且，在证监会公告〔2009〕34号文件（《关于做好上市公司2009年年度报告及相关工作的公告》）中，中国证监会要求“上市公司应正确理解‘控制’的含义，合理确定企业合并的类型和合并财务报表的范围……上市公司应综合考虑持有被投资单位表决权的比例、被投资单位的股权结构、董事会构成、日常经营管理特点及是否存在潜在表决权等因素，综合判断能否控制被投资单位的财务和经营决策，并据此确定合并财务报表的范围”；此外，在2011年12月31日发布的证监会公告〔2011〕41号文（《关于做好上市公司2011年年报编制、审计和披露工作等有关事项的公告》）中，中国证监会进一步要求上市公司“应正确理解控制的含义，以同时拥有被投资方或其他主体财务和日常生产经营决策的主导权以及相应享有与决策权有关的经营损益为判断依据，确定控制能力的存在，并以控制为前提确定合并报表范围”。

此外，针对权利人拥有公司投资性权益的认定，在2016年12月10日就周某、陶某与中住佳展地产（徐州）有限公司、中佳（徐州）房地产开发有限公司、江苏天迈投资有限公司、江苏青石置业有限公司、重庆首创环境治理有限公司股权及权益转让纠纷上诉案作出的（2014）民二终字第259号民事判决书中，最高人民法院认为：“一般而言，根据权益的不同性质，可将权利人对公司的权益分为投资性权益和债权性权益两种基本类型。《中华人民共和国公司法》第四条规定：‘公司股东依法享有资产收益、参与重大决策和选择管理者等权利’；第二百一十六条第三项规定：‘实际控制人，是指虽不是公司的股东，但通过投资关系、协议或者其他安排，能够实际支配公司行为的人’。据此，权利人对公司投资性权益的拥有，除直接登记为股东这一方式之外，还可以通过投资关系、当事人之间的协议约定、以他人名义持有股份等多种其他安排对公司加以实际控制和支配。因此，在审查、认定当事人是否对公司享有投资性权益时，除了工商登记记载的股权关系结构之外，还应当结合当事人之间的相关协议约定、资金投入、资产收益、重大决策、选择管理者等权利的实际行使等多种因素加以判断。”

基于上述，认定公司的控制权应综合考虑以下因素：（1）股权投资关系；（2）对公司股东会或股东大会、董事会决议的影响；（3）对公司董事和高级管理人员的提名及任免所起的作用；（4）对公司财务的影响；（5）对公司技术等重大事务的影响。

由于公司在作出行为时，须由权力机构、执行机构或经理相应作出决议或决定，并由法定代表人或公司的相关机构或法定代表人授权其他自然人来代表公司具体实施；并且，公司的重大事项主要由权力机构决定，而权力机构的决议通常是由各股东基于其持股比例按照资本多数决的方式作出的；并且，作为执行机构的董事会（或执行董事）以及作为监督机构的监事会（或监事），均是由股东（大）会（或股东）选举产生的；并且，作为公司经营的具体执行者的经理也是由由此产生的董事会（或执行董事）聘任的，因此，通过控制公司的股东会或股东大会（或唯一股东）来支配公司的行为，是控制公司最根本、最有效的方式，这种方式的直接渊源是对公司股东会或股东大会审议公司重大事务所享有的表决权，终极渊源则是拥有股权投资关系。因此，在认定公司控制权的过程中，应当首先考虑的因素就是股权投资关系。

也因此，《公司法》第 216 条第 3 项在界定实际控制人时，将“通过投资关系”放在“通过协议”或“通过其他安排”之前。

第一，先来看看因股权投资关系拥有控制权的认定。

《公司法》第 216 条第 3 项所说的“投资关系”，应指股权投资关系，既包括对公司直接进行的投资，也包括通过其他法人或非法人组织对公司间接进行的投资。

在认定控制权方面，财政部制定的《企业会计准则第 33 号——合并财务报表》（财会〔2014〕10 号）、《企业会计准则第 36 号——关联方披露》（财会〔2006〕3 号）等文件提供了原则性的指引：

一是，《企业会计准则第 33 号——合并财务报表》（财会〔2014〕10 号）第 13 条规定，通常情况下，除非有确凿证据表明其不能主导被投资方相关活动，下列情况，表明投资方对被投资方拥有控制权：（1）投资方持有被投资方半数以上的表决权的；（2）投资方持有被投资方半数或以下的表决权，但通过与其他表决权持有人之间的协议能够控制半数以上表决权的。

二是，《企业会计准则第 33 号——合并财务报表》（财会〔2014〕10 号）第 14 条规定，投资方持有被投资方半数或以下的表决权，但综合考虑下列事实和情况后，如果能判断投资方持有的表决权足以使其目前有能力主导被投资方相关活动的，视为投资方对被投资方拥有控制权：（1）投资方持有的表决权相对于其他投资方持有的表决权份额的大小，以及其他投资方持有表决权的分散程度；（2）投资方和其他投资方持有的被投资方的潜在表决权，如可转换公司债券、可执行认股权证等；（3）其他合同安排产生的权利；（4）被投资方以往的表决权行使情况等其他相关事实和情况。

在认定公司的控制权时，应当遵守这些指引。

值得注意的是，除了上述由单一主体拥有控制权的情形，实践中也存在由数人共同控制公司的情形。

《企业会计准则第36号——关联方披露》（财会〔2006〕3号）第3条第3款规定，“共同控制，是指按照合同约定对某项经济活动所共有的控制，仅在与该项经济活动相关的重要财务和经营决策需要分享控制权的投资方一致同意时存在”；《商业银行与内部人和股东关联交易管理办法》（中国银行业监督管理委员2004年第3号）第9条也规定，“本办法所称共同控制是指按合同约定或一致行动时，对某项经济活动所共有的控制”。

因此，共同控制仅在一方不能单独实现控制而需要与其他投资方一起才能实现控制的情况下存在。共同控制是按照合同约定或一致行动建立起来的、投资者各方对公司共有的控制。

根据《证券期货法律适用意见第1号》，对于主张存在共同控制（即多人共同拥有公司控制权）的拟上市公司，中国证监会要求该公司须同时符合以下条件：（1）每人都必须直接持有公司股份和/或者间接支配公司股份的表决权；（2）发行人公司治理结构健全、运行良好，多人共同拥有公司控制权的情况不影响发行人的规范运作；（3）多人共同拥有公司控制权的情况，一般应当通过公司章程、协议或者其他安排予以明确，有关章程、协议及安排必须合法有效、权利义务清晰、责任明确，该情况在最近3年内且在首发后的可预期期限内是稳定、有效存在的，共同拥有公司控制权的多人没有出现重大变更；（4）中国证监会发行审核部门根据发行人的具体情况认为发行人应该符合的其他条件。其中，相关股东采取股份锁定等有利于公司控制权稳定措施的，中国证监会发行审核部门可将该等情形作为判断构成多人共同拥有公司控制权的重要因素。

第二，再来看看不存在股权投资关系但拥有控制权的认定。

根据《公司法》第216条第3项的规定，除了可以“通过投资关系实际支配公司的行为”，还可以“通过协议或其他安排”实际支配公司的行为。实践中，这通常表现为协议控制的情形。

具体来说，协议控制可以表现为这么几种形式：

一是，不存在股权投资关系的双方之间，由一方的股东将其全部股东权利授权给另一方行使，由另一方作为被授权方全权决定该一方的全部重大事务，从而取得该一方的控制权。

这种形式的典型的例子就是在境外上市的中概股公司所采用的模式，即

VIE 模式（Variable Interest Entities，直译为“可变利益实体”）。当然，在 VIE 模式下，在股东权利授权之外，通常还会采取诸如借款、股权质押、独家购股权、独家咨询与服务等安排，以确保 VIE 公司取得的大部分收益都能够转移至境外上市主体；不过，我倾向于认为，尽管这些安排有助于认定控制权的归属，但并非认定 VIE 模式下的控制权归属的关键因素，其关键因素应当是股东权利授权的安排。

二是，不存在股权投资关系的双方之间，由一方通过接受另一方的委托对该另一方进行经营管理而取得对另一方的控制权。

在这方面，财政部会计司 2000 年发布的《〈企业会计准则——关联方关系及其交易的披露〉问题解答》（已于 2008 年废止）曾提到一个不存在直接或间接投资关系但存在控制关系的例子：“企业承包无投资关系的另一企业，按照承包协议规定，承包方在承包期间可以自主决定被承包方的财务和经营政策，无论被承包企业实现利润多少，均需交给出包方一定金额的承包利润，承包方交完承包利润后的剩余利润归承包方所有。在这种情况下，虽然承包方与被承包方无任何投资与被投资关系，但是通过协议，承包方在承包期间可以控制被承包方……”

并且，财政部在 2013 年 1 月印发的《财政部关于进一步做好执行企业会计准则的企业 2012 年年报审计工作的通知》也要求：“企业应当按照企业会计准则中有关‘控制’的规定，确定企业合并的会计处理和合并财务报表的合并范围。企业将所属的有关主体交由其他方经营管理，或者接受其他方委托对有关主体进行经营管理的，应当综合考虑有关合同、协议等约定的相关主体财务和经营决策、经济利益或损失的分享和承担、委托或受托经营管理期限、委托或受托经营管理权的授予和取消等因素，正确判断是否对有关主体具有控制，并据此进行有关会计处理。”

中国证监会 2010 年修订的《公开发行证券的公司信息披露编报规则第 15 号——财务报告的一般规定》（已于 2014 年废止）也曾规定，在不存在直接或间接投资关系的情况下，通过受托经营或承租等方式也能形成控制权。

此外，在 2011 年 12 月 31 日发布的证监会公告〔2011〕41 号（《关于切实做好上市公司 2011 年年报编制、审计和披露工作等有关事项的公告》）中，中国证监会要求，“在存在委托、受托经营的情况下，受托方公司应结合实际情况从委托或受托经营企业的财务和经营决策权，相关经济利益、风险和报酬的归属，以及合同期限的长短、可撤销性等方面综合判断控制权的归属，并对判断的结果和依据作出充分披露”。

因此，在不存在直接或间接的股权投资关系的情况下，通过受托经营或承租等方式也能取得对其他公司的控制权。实践中，这种例子比较常见，尤其是上市公司通常会采取受托经营的模式来解决同业竞争的问题。

比如，根据上海证券交易所上市公司青岛啤酒股份有限公司（股票简称：青岛啤酒，股票代码：600600）2009 年年度报告，青岛啤酒通过与其控股股东青岛啤酒集团有限公司（以下简称青啤集团）于 2009 年 7 月 27 日签订的青啤趵突泉股权托管协议，将青啤集团的全资子公司青岛啤酒（济南）趵突泉啤酒销售有限公司（以下简称青啤趵突泉）作为受托经营形成控制权的经营实体纳入其合并报表范围；通过其与青啤集团于 2003 年 1 月及 2004 年 12 月签订的委托经营管理协议及其补充协议，将青啤集团持股 80%、青岛啤酒持股 20% 的青岛啤酒（扬州）有限公司及其子公司扬州中丹啤酒物资回收有限公司纳入其合并报表范围 。

又如，根据深圳证券交易所上市公司湖南辰州矿业股份有限公司（股票简称：辰州矿业，股票代码：002155）2009 年年度报告，辰州矿业通过与城步苗族自治县威溪铜矿有限责任公司（以下简称威溪铜矿）于 2005 年 9 月 22 日签订的《承包经营合同》，将与其不具有持股关系的威溪铜矿纳入其合并报表范围 。

三是，不存在股权投资关系的双方之间，因采取一致行动取得对公司的共同控制。

四是，不存在股权投资关系的双方之间，因通过协议取得他人对公司的表决权而对公司拥有控制权。

实践中，这两种情形在上市公司中比较常见。比如，深交所中小板上市公司凯瑞德控股股份有限公司（股票简称：凯瑞德，股票代码：002072）、深交所主板上市公司鲁泰纺织股份有限公司（股票简称：鲁泰 A、鲁泰 B，A 股股票代码：000726，B 股股票代码：200726）都曾发生因股东之间签署一致行动协议而成为上市公司实际控制人的情形①；深交所中小板上市公司新疆准东石

① 分别见鲁泰 A2016 年 10 月 12 日的《关于实际控制人变更的提示性公告》、凯瑞德 2017 年 8 月 1 日的《关于股东签订一致行动人协议暨公司实际控制人变更的提示性公告》。

油技术股份有限公司（股票简称：准油股份，股票代码：002207）、广东威华股份有限公司（股票简称：威华股份，股票代码：002240）、江苏通达动力科技股份有限公司（股票简称：通达动力，股票代码：002576）、深交所创业板上市公司青岛市恒顺众昇集团股份有限公司（已更名为青岛中资中程集团股份有限公司，股票简称：青岛中程，股票代码：300208）都曾发生过因股东之间通过签署表决权委托协议而取得或丧失上市公司控制权的情形①。

值得注意的是，VIE 模式与表决权委托模式、一致行动模式的主要区别在于：在 VIE 模式下，相关主体之间通过协议委托或授权的是包括表决权在内的几乎所有的股东权利，受托或受权行使股东权利的主体可以不持有标的公司的股权；在表决权委托模式下，相关主体之间通过协议委托或授权的则主要是股东权利中的表决权而不包括其他股东权利，受托或受权行使表决权的主体可以不持有标的公司的股权；而在一致行动模式下，采取一致行动的主体通常都各自直接持有标的公司的股权，但不将其对相关公司享有的股东权利（不限于表决权）委托给其他方行使，而只是约定在行动上采取与相关方一致的行动。

五是，不存在股权投资关系的双方之间，一方通过其受其委托持股的名义股东对另一方实现控制。

比如，在 2016 年 12 月 10 日就周某、陶某与中住佳展地产（徐州）有限公司、中佳（徐州）房地产开发有限公司、江苏天迈投资有限公司、江苏青石置业有限公司、重庆首创环境治理有限公司股权及权益转让纠纷上诉案作出的（2014）民二终字第 259 号民事判决书中，最高人民法院认为：“一般而言，根据权益的不同性质，可将权利人对公司的权益分为投资性权益和债权性权益两种基本类型。《中华人民共和国公司法》第四条规定：‘公司股东依法享有资产收益、参与重大决策和选择管理者等权利’；第二百一十六条第三项规定：‘实际控制人，是指虽不是公司的股东，但通过投资关系、协议或者其他安排，能够实际支配公司行为的人’。据此，权利人对公司投资性权益的拥有，除直接

① 分别见准油股份 2016 年 12 月 22 日的《关于收到第一大股东签署的〈表决权委托协议〉暨公司实际控制人发生变更的提示性公告》，通达动力 2017 年 2 月 13 日的《关于公司实际控制人签署股权转让协议、表决权委托协议暨实际控制人拟发生变更的提示性公告》，威华股份 2017 年 6 月 19 日的《关于股东签订〈表决权委托协议〉暨控股股东和实际控制人变更的公告》，恒顺众昇 2017 年 10 月 26 日的《关于股东签署〈表决权委托协议〉暨实际控制人变更的提示性公告》。

登记为股东这一方式之外，还可以通过投资关系、当事人之间的协议约定、以他人名义持有股份等多种其他安排对公司加以实际控制和支配。因此，在审查、认定当事人是否对公司享有投资性权益时，除了工商登记记载的股权关系结构之外，还应当结合当事人之间的相关协议约定、资金投入、资产收益、重大决策、选择管理者等权利的实际行使等多种因素加以判断。”

六是，不存在股权投资关系的双方之间，一方在资金、经营、购销等方面受到另一方的控制。

国家税务总局2009年印发的《特别纳税调整实施办法（试行）》（国税发〔2009〕2号）第77条规定“控制，是指在股份、资金、经营、购销等方面构成实质控制”。因此，在资金、经营、购销等方面也可能存在控制关系。

根据《特别纳税调整实施办法（试行）》第77条和第9条的规定，不存在股权投资关系的双方之间，在资金、经营、购销等方面存在控制关系主要表现为：（1）一方借贷资金总额的10%以上是由另一方（独立金融机构除外）担保；（2）一方的生产经营活动必须由另一方提供的工业产权、专有技术等特许权才能正常进行；（3）一方的购买或销售活动主要由另一方控制；（4）一方接受或提供劳务主要由另一方控制；（5）一方对另一方的生产经营、交易具有实质控制。

综合上述，实务中，在认定某一公司控制权的过程中，可以在《国务院办公厅关于建立外国投资者并购境内企业安全审查制度的通知》（国办发〔2011〕6号）的界定的基础上，结合财政部、中国证监会等部委的规定，遵循“实质重于形式”的原则，综合考虑所有相关事实和因素进行判断。

五、实际控制人的终极性

根据《公司法》第216条第3项的规定，“实际控制人”是拥有能够实际支配公司行为的权力的人；不过，反过来，能够实际支配公司行为的人，不一定就是公司的实际控制人。

对此，《企业会计准则第33号——合并财务报表》（财会〔2014〕10号）第18条明确规定，“投资方在判断是否控制被投资方时，应当确定其自身是以主要责任人还是代理人的身份行使决策权，在其他方拥有决策权的情况下，还需要确定其他方是否以其代理人的身份代为行使决策权。代理人仅代表主要责任人行使决策权，不控制被投资方。投资方将被投资方相关活动的决策权委托给代理人的，应当将该决策权视为自身直接持有”。

《企业会计准则第36号——关联方披露》（财会〔2006〕3号）第9条也要求，企业无论是否发生关联方交易，均应当在附注中披露与母公司和子公司的名称；并且，如果母公司不是该企业最终控制方的，还应当披露最终控制方名称。也就是说，作为公司的实际控制人的主体，本身应当不是处于代理人或中间层的地位，其应当能够完全独立地行使或不行使其对公司的控制权。

也因此，中国证监会在其有关IPO的招股说明书、上市公司再融资的募集说明书、上市公司年度报告的信息披露法规中都明确要求IPO公司、上市公司披露其实际控制人的情况，并且，实际控制人应披露到自然人或最终的国有控股主体或集体组织或者股东之间达成某种协议或安排的其他机构或自然人（包括以信托方式形成实际控制的情况）①。

针对金融机构的实际控制人，2018年4月出台的《中国人民银行 中国银行保险监督管理委员会 中国证券监督管理委员会关于加强非金融企业投资金融机构监管的指导意见》（银发〔2018〕107号）也要求“对金融机构股东按重要性不同实施差异化监管，明确准入和资质要求，穿透识别实际控制人和最终受益人，加强对股权结构的持续管理，强化资金来源真实性合规性监管”。其中，就证券公司而言，《证券公司股权管理规定》（中国证券监督管理委员会令第156号）要求“证券公司股东应当真实、准确、完整地说明股权结构直至实际控制人、最终权益持有人，以及与其他股东的关联关系或者一致行动人关系，不得通过隐瞒、欺骗等方式规避证券公司股东资格审批或者监管”。就商业银行而言，《商业银行股权管理暂行办法》（中国银行监督管理委员会令2018年第1号）要求商业银行主要股东逐层说明其股权结构直至实际控制人、

---

① 见《公开发行证券的公司信息披露内容与格式准则第1号——招股说明书》（2015年修订）第35条、《公开发行证券的公司信息披露内容与格式准则第28号——创业板公司招股说明书》（2015年修订）第35条、《公开发行证券的公司信息披露内容与格式准则第41号——科创板公司招股说明书》第41条、《公开发行证券的公司信息披露内容与格式准则第11号——上市公司公开发行证券募集说明书》第18条、《公开发行证券的公司信息披露内容与格式准则第35号——创业板上市公司公开发行证券募集说明书》第22条、《公开发行证券的公司信息披露内容与格式准则第23号——公开发行公司债券募集说明书》（2015年修订）第36条、《公开发行证券的公司信息披露内容与格式准则第34号——发行优先股募集说明书》第26条、《公开发行证券的公司信息披露内容与格式准则第2号——年度报告的内容与格式》（2017年修订）第48条。

最终受益人，银行业监督管理机构也有权采取要求商业银行股东逐层披露其股东、实际控制人、关联方、一致行动人及最终受益人。就保险公司而言，《保险公司股权管理办法》（2018 年修订）也规定，申请发起设立或者投资入股保险公司的，保险公司或者投资人应当按照保险监督管理机构的要求提交“逐级披露股权结构至最终权益持有人的说明”等申报材料。

基于上述，公司的实际控制人应为拥有公司最终控制权的主体，该主体必须是公司的最终控制方，即拥有公司控制权，并且自身不受任何其他主体控制的主体，其上不能再有其他投资主体；从而，实际控制人应为自然人或没有实际控制人的法人或机构。

也因此，有观点建议，应明确实际控制人的类型仅有自然人、国有资产管理部门和其他最终控制人三种，其中的“其他最终控制人”是指各级人民政府（部门）、其他部委、职工持股会（工会）、村民委员会、集体企业等特殊组织，并不包括国有独资企（事）业单位、有限责任公司和股份有限公司、信托公司等中间控制人；并且，实际控制人为外资的，也应参照披露至外资个人、外资基金会、外国政府等最终控制人，而不能简单地披露某外国企业①。

六、实际控制人与控股股东

如前所述，“控股股东”必须是公司的股东，即必须直接持有公司的股权，是公司股权的直接持有人；而“实际控制人”可以不直接持有公司的股权，甚至可以与公司不存在任何投资持股关系（即作为公司股东），但必须是公司的股权的控制人。

中国证监会 2002 年发布的《上市公司股东持股变动信息披露管理办法》（现已废止）曾区分了“股份持有人”和“股份控制人”的概念：“股份持有人是指在上市公司股东名册上登记在册的自然人、法人或者其他组织”，“股份控制人是指股份未登记在其名下，通过在证券交易所股份转让活动以外的股权

① 见上海证券交易所资本市场研究所年报专题小组（执笔：吴星宇）：《沪市上市公司 2011 年年报实际控制人披露情况分析》，见上海证券交易所网站，http：//www. sse. com. cn/aboutus/research/research/c/research20120810h. pdf，最后访问时间：2019 年 9 月 30 日。

控制关系、协议或者其他安排等合法途径，控制由他人持有的上市公司股份的自然人、法人或者其他组织”。

此外，在不存在绝对控股股东的公司，公司的相对控股股东也可能与公司的实际控制人没有任何关联关系。

值得注意的是，公司的控股股东和实际控制人可以是同一人。比如，在由两个自然人出资设立的有限公司，其中一人持有该公司95%的股权，另一人则持有该公司另外5%的股权。对这个公司来说，持有该公司95%的股权的自然人既是该公司的股东，又是该公司的控股股东，还是该公司的实际控制人。

七、实际控制人与最终权益持有人、最终受益人

实践中，与“实际控制人”相对，还存在着“最终权益持有人”“最终受益人”的说法。

（一）最终权益持有人

在《中国证券监督管理委员会关于报送期货经纪公司股东股权背景情况的通知》（证监期货字〔2003〕26号，现已废止）、《中国证券监督管理委员会关于实施〈证券投资基金管理公司管理办法〉若干问题的通知》（证监基金字〔2004〕147号，现已废止）、《中国证券监督管理委员会关于修订证券公司行政许可审核工作指引第10号的通知》（机构部部函〔2010〕505号）、《关于期货公司变更注册资本或股权有关问题的规定》（证监会公告〔2012〕11号，现已废止）以及中国证监会目前执行的关于“期货公司设立、合并、分立、停业、解散或者破产，变更业务范围、注册资本、5%以上股权的审批”的服务指南（发文日期：2019年6月14日）[①]、《保险公司股权管理办法》（中华人民共和国保监会令〔2018〕5号）、《保险公司控股股东管理办法》（中华人民共和国保监会令2012年第1号）等文件中，均有提及“实际控制人”和“最终权益持有人”的概念。

与实际控制人类似，最终权益持有人也须追溯至没有其他控制人的主体。

---

① 见 http：//www.csrc.gov.cn/pub/zjhpublic/G00306224/qhxksx/201711/t20171126_327638.htm，最后访问时间：2019年9月30日。

《中国证券监督管理委员会关于报送期货经纪公司股东股权背景情况的通知》（证监期货字〔2003〕26号，现已废止）曾规定，如果公司的“某投资主体之上仍存在投资方，则需继续披露其投资方，直至披露出最终权益持有人。最终权益持有人一般指自然人、国有独资企业和事业单位等”。

不过，与“实际控制人”可以是多人共同控制不同的是，“最终权益持有人”应为单一主体（但其对公司持有的权益比例不限，可以是1%，也可以是100%）。

针对期货公司股权变更的审批，在关于“期货公司设立、合并、分立、停业、解散或者破产，变更业务范围、注册资本、5%以上股权的审批”的服务指南中，中国证监会要求期货公司在合并和变更股权时按照中国证监会制定的格式提供“期货公司股东股权背景情况图”，并对“期货公司股东股权背景情况图”进行了举例说明，对如何认定期货公司的最终权益持有人进行了阐释。

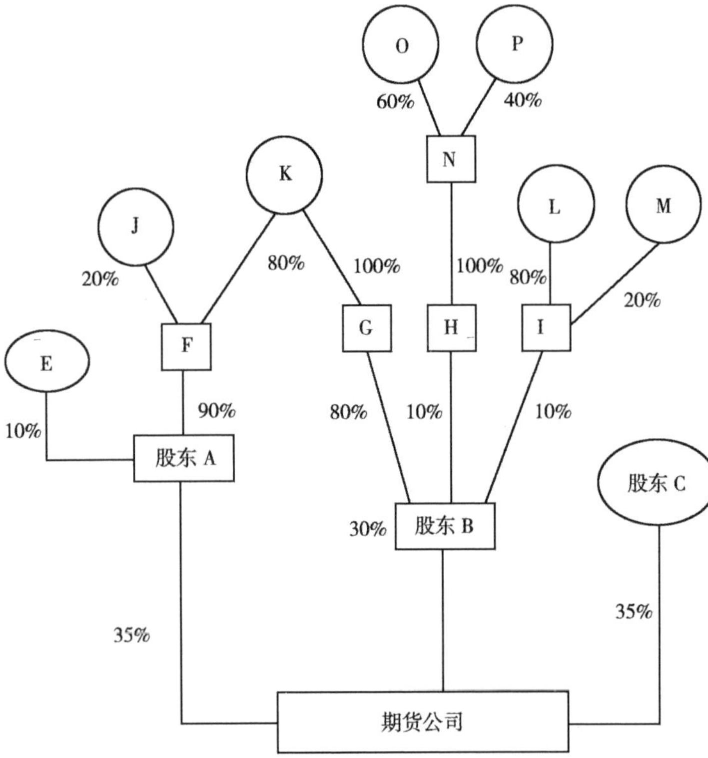

针对上述“期货公司股东股权背景情况图”，中国证监会的说明是：

“期货公司股东A的股东为E和F。E为国有独资企业，其上不存在国家以外的投资主体，因此构成申请人的最终权益持有人之一。F为有限责任公司，仍可向上追溯股东，F的股东J、K为自然人，其上不存在投资主体，因此，也是申请人的最终权益持有人之一。股东C为国有独资企业，本身就是申请人最终权益持有人。同样，对股东B的股权关系可进行类似追溯，直至K、O、P、L和M五位申请人最终权益持有人。同一主体不得在本图中重复出现。”

中国证监会的上述例子，对于理解“实际控制人”和“最终权益持有人”，很有参考意义。

（二）最终受益人

关于“最终受益人”，《国务院办公厅关于全面推进金融业综合统计工作的意见》（国办发〔2018〕18号）要求“全面统计金融控股公司等金融集团的股权关系，穿透至实际控制人、最终受益人”。《商业银行股权管理暂行办法》（中国银行业监督管理委员会令2018年第1号）、《中国人民银行 中国银行保险监督管理委员会 中国证券监督管理委员会关于加强非金融企业投资金融机构监管的指导意见》（银发〔2018〕107号）、《证券公司股权管理规定》也都同时提及“实际控制人”和“最终受益人”。

结合《商业银行股权管理暂行办法》第56条第5项关于“最终受益人，是指实际享有商业银行股权收益的人”的规定，可以将公司的最终受益人理解为“实际享有公司股权收益的人”。

八、《公司法》关于实际控制人的定义的完善建议

由于《公司法》第216条第3项使用了“实际控制人，是指虽不是公司的股东，但……能够实际支配公司行为的人”的表述，这就意味着，从文义上看，根据《公司法》第216条第3项的规定，公司的实际控制人不是公司的股东。

但是，事实上，存在着既是公司的股东，又是公司的实际控制人的人，典型的例子就是单个自然人直接持有公司100%的股权的情形。有鉴于此，我理

解，《公司法》第 216 条第 3 项把作为公司股东的同时也是公司的实际控制人的情形排除在其实际控制人的定义之外，不能不说这是一个立法上的瑕疵。

值得一提的是，深圳证券交易所 2007 年发布的《中小企业板上市公司控股股东、实际控制人行为指引》（深证上〔2007〕76 号文件附件，现已被废止）第 4 条关于实际控制人的定义就比较严谨："本指引所称实际控制人是指虽不直接持有公司股份，或者其直接持有的股份达不到控股股东要求的比例，但通过投资关系、协议或者其他安排，能够实际支配公司行为的自然人或法人。"

因此，我倾向于认为，在表述上，《公司法》第 216 条第 3 项如果能够调整为"实际控制人，是指通过投资关系、协议或者其他安排，能够实际支配公司行为的人"，则是更加准确的。

第三节　关联关系

一、构成关联关系的情形

（一）关联关系的界定

针对关联关系，《公司法》第 216 条第 4 项作出的界定是，"公司控股股东、实际控制人、董事、监事、高级管理人员与其直接或者间接控制的企业之间的关系，以及可能导致公司利益转移的其他关系"；与此同时，《公司法》还对关联关系作出了例外的规定，即"国家控股的企业之间不仅因为同受国家控股而具有关联关系"。

根据《公司法》第 216 条第 4 项的规定，《公司法》主要是从两个角度来界定"关联关系"的：一是，控制的角度，即公司的控股股东、实际控制人、董事、监事、高级管理人员作为控制方，与作为被控制方的企业之间的关系，属于关联关系；二是，导致公司利益发生转移的角度，即相关主体与公司之间存在的可能导致利益流入公司或流出公司的关系，也属于关联关系。

因此，如果公司与其他主体之间存在控制或被控制的关系，或者存在可能导致公司利益发生转移的关系，那么，公司与该主体之间就构成关联关系。

（二）如何认定“可能导致公司利益转移的其他关系”

如何认定“可能导致公司利益转移的其他关系”？对此，《公司法》本身未作规定。我认为可以参考《企业会计准则第36号——关联方披露》（财会〔2006〕3号）的规定，来理解“可能导致公司利益转移的其他关系”。

《企业会计准则第36号——关联方披露》（财会〔2006〕3号）第3条规定，“一方控制、共同控制另一方或对另一方施加重大影响，以及两方或两方以上同受一方控制、共同控制或重大影响的，构成关联方”，因此，除了《公司法》第216条第4项所说的控制与被控制的关系，一方“共同控制”另一方、一方对另一方施加重大影响以及两方或两方以上同受一方共同控制或重大影响，属于《公司法》第216条第4项所说的“可能导致公司利益转移的其他关系”。

其中，“控制”是指有权决定一个企业的财务和经营政策，并能据以从该企业的经营活动中获取利益；“共同控制”是指按照合同约定对某项经济活动所共有的控制，仅在与该项经济活动相关的重要财务和经营决策需要分享控制权的投资方一致同意时存在；“重大影响”是指对一个企业的财务和经营政策有参与决策的权力，但并不能够控制或者与其他方一起共同控制这些政策的制定。

具体来说，根据《企业会计准则第36号——关联方披露》（财会〔2006〕3号）第4条的规定，下列各方构成企业的关联方：（1）该企业的母公司；（2）该企业的子公司；（3）与该企业受同一母公司控制的其他企业；（4）对该企业实施共同控制的投资方；（5）对该企业施加重大影响的投资方；（6）该企业的合营企业；（7）该企业的联营企业；（8）该企业的主要投资者个人及与其关系密切的家庭成员，其中的“主要投资者个人”是指能够控制、共同控制一个企业或者对一个企业施加重大影响的个人投资者；（9）该企业或其母公司的关键管理人员及与其关系密切的家庭成员，其中的“关键管理人员”是指有权力并负责计划、指挥和控制企业活动的人员，“与主要投资者个人或关键管理人员关系密切的家庭成员”是指在处理与企业的交易时可能影响该个人或受该个人影响的家庭成员；（10）该企业主要投资者个人、关键管理人员或与其关系密切的家庭成员控制、共同控制或施加重大影响的其他企业。

此外，还可以参考证券交易所股票上市规则有关关联人的规定来理解“可能导致公司利益转移的其他关系”。

比如，针对上市公司的关联人（或关联方），《上海证券交易所股票上市规则》（2019 年修订）作出了如下规定[①]：

10.1.2 上市公司的关联人包括关联法人和关联自然人。

10.1.3 具有以下情形之一的法人或其他组织，为上市公司的关联法人：（一）直接或者间接控制上市公司的法人或其他组织；（二）由上述第（一）项直接或者间接控制的除上市公司及其控股子公司以外的法人或其他组织；（三）由第 10.1.5 条所列上市公司的关联自然人直接或者间接控制的，或者由关联自然人担任董事、高级管理人员的除上市公司及其控股子公司以外的法人或其他组织；（四）持有上市公司 5% 以上股份的法人或其他组织；（五）中国证监会、本所或者上市公司根据实质重于形式原则认定的其他与上市公司有特殊关系，可能导致上市公司利益对其倾斜的法人或其他组织。

10.1.4 上市公司与前条第（二）项所列法人受同一国有资产管理机构控制的，不因此而形成关联关系，但该法人的法定代表人、总经理或者半数以上的董事兼任上市公司董事、监事或者高级管理人员的除外。

10.1.5 具有以下情形之一的自然人，为上市公司的关联自然人：（一）直接或间接持有上市公司 5% 以上股份的自然人；（二）上市公司董事、监事和高级管理人员；（三）第 10.1.3 条第（一）项所列关联法人的董事、监事和高级管理人员；（四）本条第（一）项和第（二）项所述人士的关系密切的家庭成员，包括配偶、年满 18 周岁的子女及其配偶、父母及配偶的父母、兄弟姐妹及其配偶、配偶的兄弟姐妹、子女配偶的父母；（五）中国证监会、本所或者上市公司根据实质重于形式原则认定的其他与上市公司有特殊关系，可能导致上市公司利益对其倾斜的自然人。

10.1.6 具有以下情形之一的法人或其他组织或者自然人，视同上市公司的关联人：（一）根据与上市公司或者其关联人签署的协议或者作出的安排，在协议或者安排生效后，或在未来 12 个月内，将具有第 10.1.3 条或者第 10.1.5

① 《深圳证券交易所股票上市规则》《深圳证券交易所创业板股票上市规则》（2019 年修订）和《上海证券交易所科创板股票上市规则》（2019 年 4 月修订）也有类似的规定。

条规定的情形之一；（二）过去12个月内，曾经具有第10.1.3条或者第10.1.5条规定的情形之一。

甚至，实务中，还可以考虑参考税收法律法规的相关规定，来理解“可能导致公司利益转移的其他关系”。

比如，在2017年8月30日就克拉玛依市大明房地产开发有限公司（以下简称克拉玛依大明房地产公司）与新疆天筑建工集团有限公司（以下简称天筑建工公司）及新疆大明房地产开发有限公司（以下简称新疆大明房地产公司）建设工程施工合同纠纷上诉案作出的（2017）新民终267号民事判决书中，新疆维吾尔自治区高级人民法院认为：“所谓关联公司，是指相互之间存在关联关系的公司。关联关系，则是指公司控股股东、实际控制人、董事、监事、高级管理人员与其直接或者间接控制的企业之间的关系，以及可能导致公司利益转移的其他关系。对于如何认定关联公司以及认定关联公司的标准，我国法律尚无明确规定。但在《中华人民共和国企业所得税法实施条例》第一百零九条中规定：‘企业所得税法第四十一条所称关联方，是指与企业有下列关联关系之一的企业、其他组织或者个人：（一）在资金、经营、购销等方面存在直接或者间接的控制关系；（二）直接或者间接地同为第三者控制；（三）在利益上具有相关联的其他关系’，在此基础上，国家税务总局印发的《特别纳税调整实施办法（试行）》第九条将其进一步细化为八项标准：‘所得税法实施条例第一百零九条及征管法实施细则第五十一条所称关联关系，主要是指企业与其他企业、组织或个人具有下列之一关系：（一）一方直接或间接持有另一方的股份总和达到25%以上，或者双方直接或间接同为第三方所持有的股份达到25%以上。若一方通过中间方对另一方间接持有股份，只要一方对中间方持股比例达到25%以上，则一方对另一方的持股比例按照中间方对另一方的持股比例计算。（二）一方与另一方（独立金融机构除外）之间借贷资金占一方实收资本50%以上，或者一方借贷资金总额的10%以上是由另一方（独立金融机构除外）担保。（三）一方半数以上的高级管理人员（包括董事会成员和经理）或至少一名可以控制董事会的董事会高级成员是由另一方委派，或者双方半数以上的高级管理人员（包括董事会成员和经理）或至少一名可以控制董事会的董事会高级成员同为第三方委派。（四）一方半数以上的高级管理人员（包括董事会成员和经理）同时担任另一方的高级管理人员（包括董事会成员和经理)，或者一方至少一名可以控制董事会的董事会高级成员同时担任另一方的董事会高级成员。（五）一方的生产经营活动必须由另一方提供的工业产权、专有技术等特许权才能正常进行。（六）一方的购买或销售活动主要由另一方控制。（七）一方接受或提供劳务主要由另一方控制。（八）一方对另一方的生产经营、交易具有实质控制，或者双方在利益上具有相关联的其他关系，包括虽未达到本条第（一）项持股比例，但一方与另一方的主要持股方享受基本相同的经济利益，以及家族、亲属关系等'，凡符合上述标准之一便可认定为税法上所调整的关联公司。本案中，通过已查明事实可知，克拉玛依大明房地产公司系新疆大明房地产公司股东，其投资额为250万元，占新疆大明房地产公司注册资本的25%，即克拉玛依大明房地产公司在新疆大明房地产公司中所占股份比例已达到上述规定中认定关联公司的标准，双方之间存在关联关系。"

新疆维吾尔自治区高级人民法院的上述认定结论得到了最高人民法院的支持。在2017年11月22日就克拉玛依大明房地产公司与天筑建工集团、新疆大明房地产公司建设工程施工合同纠纷再审案作出的（2017）最高法民申4280号民事裁定书中，最高人民法院认为："二审法院根据克拉玛依大明房地产公司与新疆大明房地产公司的持股关系，认定二者具有关联关系，并依据《中华人民共和国公司法》相关规定，判决克拉玛依大明房地产公司对新疆大明房地产公司所负债务承担连带清偿责任，举证责任的分配并无不妥，认定事实及适用法律亦无不当。"

值得注意的是，就公司的董事、监事、高级管理人员而言，虽然其可能没有直接或间接控制公司，但因其担任公司的相关职务可能会导致公司的利益发生转移，从而属于公司的关联方。

（三）其他构成关联关系的情形

实践中，如果相关主体之间存在直系血亲、姻亲、共同投资、其他共同利益关系，也可能会被认定为存在关联关系。

比如，在2015年10月27日就上海欧宝生物科技有限公司（以下简称欧宝公司）与辽宁特莱维置业发展有限公司（以下简称特莱维公司）企业借贷纠纷二审案作出的（2015）民二终字第324号民事判决书中，最高人民法院认为：

“公司法所称的关联公司，既包括公司股东的相互交叉，也包括公司共同由第三人直接或者间接控制，或者股东之间、公司的实际控制人之间存在直系血亲、姻亲、共同投资等可能导致利益转移的其他关系”，“本案中，曲某丽为欧宝公司的控股股东，王某新是特莱维公司的原法定代表人，也是案涉合同签订时特莱维公司的控股股东翰皇公司的控股股东和法定代表人，王某新与曲某丽系夫妻关系，说明欧宝公司与特莱维公司由夫妻二人控制。欧宝公司称两人已经离婚，却未提供民政部门的离婚登记或者人民法院的生效法律文书。虽然辽宁高院受理本案诉讼后，特莱维公司的法定代表人由王某新变更为姜某琪，但姜某琪向本院出具并经当庭质证的书面《申请》表明，王某新依然是特莱维公司的实际控制人。同时，欧宝公司股东兼法定代表人宗某光、王某甲等人，与特莱维公司的实际控制人王某新、法定代表人姜某琪、目前的控股股东王某乙共同投资设立了上海特莱维，说明欧宝公司的股东与特莱维公司的控股股东、实际控制人存在其他的共同利益关系。另外，沈阳特莱维是欧宝公司控股的公司，沙琪公司的股东是王某新的父亲和母亲。可见，欧宝公司与特莱维公司之间、前述两公司与沙琪公司、上海特莱维、沈阳特莱维之间均存在关联关系”。

该案件于 2016 年 9 月 19 日被最高人民法院作为“指导案例 68 号”予以发布，具有重要的指导意义①。

二、不构成关联关系的情形

值得注意的是，并非所有“可能导致公司利益转移”的关系都是“关联关系”。尤其是，公司仅仅在正常的生产经营过程中与相对方进行交易而导致公司利益转移的情形，不属于关联关系。

---

① 当然，值得注意的是，由于最高人民法院在（2015）民二终字第 324 号民事判决书中的关于关联关系的上述意见并没有被“指导案例 68 号”列为“裁判要点”，因此，根据《最高人民法院关于案例指导工作的规定》第 7 条关于“最高人民法院发布的指导性案例，各级人民法院审判类似案例时应当参照”、《〈最高人民法院关于案例指导工作的规定〉实施细则》第 9 条关于“各级人民法院正在审理的案件，在基本案情和法律适用方面，与最高人民法院发布的指导性案例相类似的，应当参照相关指导性案例的裁判要点作出裁判”和第 10 条关于“各级人民法院审理类似案件参照指导性案例的，应当将指导性案例作为裁判理由引述，但不作为裁判依据引用”的规定，最高人民法院在（2015）民二终字第 324 号民事判决书中的关于关联关系的上述意见，不属于可以作为人民法院审理类似案件时据以作出裁判的“参照”。

对此，《企业会计准则第 36 号——关联方披露》（财会〔2006〕3 号）第 5 条规定：“仅与企业存在下列关系的各方，不构成企业的关联方：（一）与该企业发生日常往来的资金提供者、公用事业部门、政府部门和机构。（二）与该企业发生大量交易而存在经济依存关系的单个客户、供应商、特许商、经销商或代理商。（三）与该企业共同控制合营企业的合营者。”

还有，《公司法》第 216 条第 4 项的但书条款也规定了：“国家控股的企业之间不仅因为同受国家控股而具有关联关系”；在此基础上，《企业会计准则第 36 号——关联方披露》（财会〔2006〕3 号）第 6 条更是明确规定了：“仅仅同受国家控制而不存在其他关联方关系的企业，不构成关联方。”具体分析，请见下文“四、同受国家控股的企业之间的关系”部分的内容。

基于上述，我理解，《企业会计准则第 36 条——关联方披露》（财会〔2006〕3 号）和证券交易所股票上市规则关于上市公司的关联人的规定，比较全面地界定了关联关系、关联方；实务中，应当结合这些规定，并遵循“实质重于形式”的原则，来判断相关主体之间是否存在关联关系、是否构成关联方。

三、关联方与关联交易

存在关联关系的相关主体之间互为关联方（或关联人），关联方之间发生的交易，属于关联交易。

《企业会计准则第 36 条——关联方披露》（财会〔2006〕3 号）第 7 条规定了关联交易的定义：“关联方交易，是指关联方之间转移资源、劳务或义务的行为，而不论是否收取价款。”

结合《企业会计准则第 36 条——关联方披露》（财会〔2006〕3 号）第 8 条和《上海证券交易所股票上市规则》（上证发〔2019〕52 号）第 10.1.1 条的规定，关联交易的类型通常包括下列各项：（1）购买或销售商品；（2）购买或销售商品以外的其他资产；（3）提供或接受劳务；（4）对外投资（含委托理财、委托贷款等）；（5）提供财务资助；（6）提供担保；（7）租入或者租出资产；（8）委托或者受托管理资产和业务；（9）委托或者受托销售；（10）代表企业或由企业代表另一方进行债务结算；（11）支付关键管理人员薪酬；

（12）赠与或者受赠资产；（13）债权、债务重组；（14）签订许可使用协议；（15）转让或者受让研究与开发项目；（16）存款、贷款；（17）共同投资；（18）通过约定可能引致资源或者义务转移的其他事项。

四、同受国家控股的企业之间的关系

《公司法》第216条第4项在界定关联关系的同时，也作出了“国家控股的企业之间不仅因为同受国家控股而具有关联关系”的例外规定。

《公司法》第216条第4项所说的“国家控股的企业”，即《企业国有资产交易监督管理办法》所说的“国有控股企业”，包括《企业国有资产法》所说的“国家资本控股的公司”和国家资本控股的非公司制企业；不过，结合《公司法》第216条第4项关于“国家控股的企业之间不仅因为同受国家控股而具有关联关系”的规定，《公司法》第216条第4项所说的“国家控股的企业”，不仅包括国有控股企业，也应当包括国有独资企业、国有独资公司和国有实际控制企业。

根据《企业国有资产交易监督管理办法》第4条的规定，国有独资企业、国有独资公司、国有控股企业、国有实际控制企业包括：（1）政府部门、机构、事业单位出资设立的国有独资企业或国有独资公司，以及上述单位、公司、企业直接或间接合计持股为100%的国有全资企业；（2）前述第1项所列单位、公司、企业单独或共同出资，合计拥有产权或股权比例超过50%，且其中之一为最大股东或出资人的企业；（3）前述第1项、第2项所列企业对外出资，拥有产权或股权比例超过50%的各级子企业；（4）政府部门、机构、事业单位、单一国有独资企业及国有控股企业直接或间接持有产权或股权比例未超过50%，但为第一大股东或出资人，并且通过股东协议、公司章程、董事会决议或者其他协议安排能够对其实际支配的企业。

其中，根据《公司法》第64条第2款，国有独资公司指的是“国家单独出资、由国务院或者地方人民政府授权本级人民政府国有资产监督管理机构履行出资人职责的有限责任公司”。

由于《公司法》第216条第4项的但书条款使用了“不仅因为……”的表述，因此，不能仅仅因为国家控股的企业存在“同受国家控股”这一事实，就认定国家控股的企业之间具有关联关系；从而，根据《公司法》第216条第4项的但书条款，上述公司、企业相互之间不仅仅因其同受国家控制就具有关联关系，亦不仅仅因此就成为关联方。

考虑到《公司法》第216条第4项首先是从“控制”的角度来界定“关联关系”的，我倾向于认为，在表述上，《公司法》第216条第4项中的“国家控股的企业之间不仅因为同受国家控股而具有关联关系”，如果能够调整为“国家控制的企业之间不仅因为同受国家控制而具有关联关系”，可能是更加准确的。在这方面，《企业会计准则第36号——关联方披露》第6条关于“仅仅同受国家控制而不存在其他关联方关系的企业，不构成关联方”的规定，值得参考。

值得注意的是，由于《公司法》第216条第4项的但书条款使用了“不仅因为……”的表述，因此，如果在国家控股的企业之间存在“同受国家控股”这一事实之外，还存在其他情形，可能就应当认定国家控股的这些企业之间具有关联关系了。

比如，《上海证券交易所股票上市规则》（上证发〔2019〕52号）第10.1.4条规定，“上市公司与前条第（二）项所列法人受同一国有资产管理机构控制的，不因此而形成关联关系，但该法人的法定代表人、总经理或者半数以上的董事兼任上市公司董事、监事或者高级管理人员的除外”。[①]

此外，还需注意的是，针对《公司法》第216条第4项所说的“同受国家控股”，深圳证券交易所公司管理部制定的《主板信息披露业务备忘录第2号——交易和关联交易》（2018年修订）进行了限制性适用，认为《公司法》第216条第4项所说的“同受国家控股”指的是“受同一政府部门和机构、国有资产管理机构控制”，不包括“同受国有资产经营机构控制”的情形：“上市公司与《股票上市规则》第10.1.4条所列法人或其他组织仅受同一政府部门和机构、国有资产管理机构控制，不因此构成关联关系。但如受同一国有资产经营机构控制的，构成关联关系。”

值得一提的是，《公司法》第216条第4项在界定关联关系时作出关于

① 《深圳证券交易所股票上市规则》《深圳证券交易所创业板股票上市规则》（2019年修订）和《上海证券交易所科创板股票上市规则》（2019年4月修订）也有类似的规定。

“国家控股的企业之间不仅因为同受国家控股而具有关联关系”的例外规定，其内容至少可以追溯至财政部1997年印发的《企业会计准则——关联方关系及其交易的披露》（财会字〔1997〕21号，已于2008年被财政部宣布废止）。

1997年的《企业会计准则——关联方关系及其交易的披露》第7条曾规定，“国家控制的企业间不应仅仅因为彼此同受国家控制而成为关联方，但企业间存有第5（1）至5（3）的关系，或根据第5（5）受同一关键管理人员或与其关系密切的家庭成员直接控制时，彼此应视为关联方”[①]。这一规定后来在2000年、2001年被财政部纳入《企业会计制度》（财会〔2000〕25号）和《金融企业会计制度》（财会〔2001〕49号，现已失效）。

全国人大常委会2005年10月27日通过的修订后的《公司法》将《企业会计准则——关联方关系及其交易的披露》第7条中的“国家控制的企业间不应仅仅因为彼此同受国家控制而成为关联方”这一内容加以调整后，正式作为当时的《公司法》的第217条第4项予以规定，“关联关系，是指公司控股股东、实际控制人、董事、监事、高级管理人员与其直接或者间接控制的企业之间的关系，以及可能导致公司利益转移的其他关系。但是，国家控股的企业之间不仅因为同受国家控股而具有关联关系”。这一内容一直沿用至今。

修订后的《公司法》在2006年1月1日生效后，财政部在2006年2月15日印发的《企业会计准则第36号——关联方披露》（财会〔2006〕3号）也在其第6条明确了：“仅仅同受国家控制而不存在其他关联方关系的企业，不构成关联方。”

需要注意的是，《公司法》和《企业会计准则第36号——关联方披露》（财会〔2006〕3号）的上述规定，是基于中国的公有制经济为主体、多种所有制经济共同发展的基本经济制度和国有企业、国有控股企业在国民经济中占主导地位的国情作出的，这一规定与当时有效的2003年修订版的《国际会计准则第24号——关联方披露》的规定存在着差异。

---

① 《企业会计准则——关联方关系及其交易的披露》第5条原文为：“5. 本准则涉及的关联方关系主要指：（1）直接或间接地控制其他企业或受其他企业控制，以及同受某一企业控制的两个或多个企业（例如：母公司、子公司、受同一母公司控制的子公司之间）；（2）合营企业；（3）联营企业；（4）主要投资者个人、关键管理人员或与其关系密切的家庭成员；（5）受主要投资者个人、关键管理人员或与其关系密切的家庭成员直接控制的其他企业。”

当时有效的《国际会计准则第 24 号——关联方披露》（财会〔2006〕3 号）将同受国家控制的企业均视为关联方、所发生的交易均作为关联方交易，要求在财务报表中进行充分披露。[①] 对此，中国会计准则委员会同国际会计准则理事会进行了多次讨论和谈判，明确提出《国际会计准则第 24 号》规定是不合适的，应当进行修改。在讨论中，国际会计准则理事会确认了中国特殊情况和环境下的一些会计问题，认为中国会计准则体系建设中的基本原则和一些特别规定具有代表性，值得国际会计准则借鉴和吸收，并希望在关联方交易的披露、公允价值计量问题以及同一控制下企业合并三个方面得到中国的帮助。[②] 此后，中方在多种场合和会议上，不断向国际会计准则理事会提出中国的情况、理由以及中方的观点，也得到了很多国家的支持。

终于，2006 年 7 月 19 日，国际会计准则理事会通过网站正式宣布将《国际会计准则第 24 号——关联方披露》纳入国际会计准则修订的议程，修订原因主要来源于中国。其后，国际会计准则理事会参考中国《企业会计准则第 36 号——关联方披露》（财会〔2006〕3 号）的规定，对《国际会计准则第 24 号——关联方披露》进行了修订，并在 2009 年 11 月 4 日发布了新修订的《国际会计准则第 24 号——关联方披露》。这一过程充分体现了中国在国际社会中的话语权和影响力得到了实质性提升。[③]

① 见财政部会计司时任司长刘玉廷：《关于企业会计准则体系几个具体问题的说明》，http：//kjs. mof. gov. cn/zhengwuxinxi/lingdaojianghua/200807/t20080709_ 56581. html，最后访问时间：2019 年 9 月 30 日。

② http：//www. mof. gov. cn/zhengwuxinxi/caizhengxinwen/200805/t20080519_ 22174. htm，最后访问时间：2019 年 9 月 30 日。

③ 见财政部会计司时任司长刘玉廷：《关于企业会计准则体系几个具体问题的说明》，http：//kjs. mof. gov. cn/zhengwuxinxi/lingdaojianghua/200807/t20080709_ 56581. html，最后访问时间：2019 年 9 月 30 日；刘玉廷：《在首期企业会计准则体系培训班上的讲话》，http：//kjs. mof. gov. cn/zhengwuxinxi/lingdaojianghua/200807/t20080709_ 56577. html，最后访问时间：2019 年 9 月 30 日；《回眸“十一五”：会计改革波澜壮阔的五年》，http：//www. mof. gov. cn/mofhome/kjs/zhengwuxinxi/tashanzhishan/201102/t20110210_ 444633. html，最后访问时间：2019 年 9 月 30 日；财政部 2010 年 4 月 1 日印发的《中国企业会计准则与国际财务报告准则持续趋同路线图》。

第八章
公司章程

考虑到公司章程不仅是设立公司的必备申请文件，在规范公司的组织和行为方面，之于公司又具有类似于宪法之于国家那样的地位，因此，本章主要围绕公司章程涉及的相关事项展开讨论。

第一节　公司章程的法律地位和制定要求

一、公司章程的法律地位

《公司法》本身没有直接界定公司章程的法律地位。不过，结合《公司法》关于公司章程的规定，尤其是第 11 条关于“设立公司必须依法制定公司章程。公司章程对公司、股东、董事、监事、高级管理人员具有约束力”，第 20 条第 1 款关于“公司股东应当遵守法律、行政法规和公司章程，依法行使股东权利”，第 147 条第 1 款关于“董事、监事、高级管理人员应当遵守法律、行政法规和公司章程，对公司负有忠实义务和勤勉义务”，第 25 条第 1 款关于“有限责任公司章程应当载明下列事项：（一）公司名称和住所；（二）公司经营范围；（三）公司注册资本；（四）股东的姓名或者名称；（五）股东的出资方式、出资额和出资时间；（六）公司的机构及其产生办法、职权、议事规则；（七）公司法定代表人；（八）股东会会议认为需要规定的其他事项”，第 16 条第 1 款关于“公司向其他企业投资或者为他人提供担保，依照公司章程的规定，由董事会或者股东会、股东大会决议”，第 22 条第 2 款关于“股东会或者股东大会、董事会的会议召集程序、表决方式违反法律、行政法规或者公司章程，或者决议内容违反公司章程的，股东可以自决议作出之日起六十日内，请求人民法院撤销”等规定，并与宪法所说的“本宪法以法律的形式确认了中国各族人民奋斗的成果，规定了国家的根本制度和根本任务，是国家的根本法，具有最高的法律效力。全国各族人民、一切国家机关和武装力量、各政党和各社会团体、各企业事业组织，都必须以宪法为根本的活动准则，并且负有维护宪法尊严、保证宪法实施的职责”相对照，可以认为，在法律地位上，对公司及其股东、董事、监事、高级管理人员来说，公司章程具有类似于宪法之于国家那样的地位。

对此，在2015年7月29日就董某凤与河南天海电器有限公司股东资格确认纠纷再审案作出的（2015）民申字第710号民事裁定书中，最高人民法院认为：“公司章程是关于公司的组织结构、内部关系和开展公司业务活动的基本规则和依据，亦是股东自治意思规则的载体，具有公司自治特点……”《北京市高级人民法院关于审理公司纠纷案件若干问题的指导意见（试行）》（京高法发〔2004〕50号）也认为：“公司章程是股东之间的协议，是公司的组织准则与行为准则……”

此外，针对上市公司的章程，原国务院证券委、原国家体改委1994年制定的《到境外上市公司章程必备条款》第6条第2款规定了，“自公司章程生效之日起，公司章程即成为规范公司的组织与行为、公司与股东之间、股东与股东之间权利义务的，具有法律约束力的文件”，中国证监会制定的《上市公司章程指引》（2019年修订）第10条也规定了“本公司章程自生效之日起，即成为规范公司的组织与行为、公司与股东、股东与股东之间权利义务关系的具有法律约束力的文件，对公司、股东、董事、监事、高级管理人员具有法律约束力的文件”。

还有，针对保险公司的章程，原中国保监会（现为中国银保监会）制定的《保险公司章程指引》（保监发〔2017〕36号）也要求保险公司章程须载明“本章程自生效之日起，即成为规范公司的组织与行为、公司与股东、股东与股东之间权利义务关系的具有法律约束力的文件，对公司、股东、董事、监事、高级管理人员具有法律约束力的文件”。

再有，针对商业银行的公司章程，原中国银监会（现为中国银保监会）印发的《商业银行公司治理指引》（银监发〔2013〕34 号）第 8 条第 1 款规定了“商业银行章程是商业银行公司治理的基本文件，对股东大会、董事会、监事会、高级管理层的组成、职责和议事规则等作出制度安排，并载明有关法律法规要求在章程中明确规定的其他事项。”

二、制定公司章程是设立公司的条件之一

根据《公司法》第 11 条、第 23 条第 3 项、第 29 条、第 76 条第 4 项、第 83 条第 3 款、第 92 条的规定，制定公司章程是公司的设立条件之一，公司章程也是申请公司设立登记的必备文件。

此外，《公司登记管理条例》第 27 条第 2 款、第 36 条还规定，公司变更登记事项涉及修改公司章程的，应当提交由公司法定代表人签署的修改后的公司章程或者公司章程修正案；公司章程修改未涉及登记事项的，公司应当将修改后的公司章程或者公司章程修正案送原公司登记机关备案。

三、制定公司章程的要求

针对公司章程的制定，《公司法》第 11 条明确规定了“设立公司必须依法制定公司章程”。这至少包含了这么两层含义：一是，在内容方面，公司章程的内容必须符合法律的规定；二是，在程序方面，制定公司章程的程序必须符合法律的规定。这些要求同样适用于公司章程的修改。

第一，在内容方面，所制定的公司章程必须符合《公司法》、其他法律、行政法规关于股东资格、公司名称、组织机构及其产生、职权和议事规则、利润分配、清算等事项的规定。

比如，《公司法》第 25 条第 1 款规定了有限公司的章程应当载明的事项，第 81 条规定了股份公司的章程应当载明的事项。公司章程所载明的这些事项以及其他事项应当符合《公司法》和其他法律、行政法规关于这些事项的规定。

针对公司章程的制定和修改，《公司登记管理条例》第 23 条规定了：“公司章程有违反法律、行政法规的内容的，公司登记机关有权要求公司作相应修

改。”根据这一规定，并结合《公司法》第6条和《国家工商总局外资局〈关于外商投资的公司审批登记管理法律适用若干问题的执行意见〉重点条款解读》，可以看到，审查公司章程是公司登记机关的法定职责，公司登记机关在审查过程中发现公司章程有违反法律、行政法规的内容的，有权要求公司修改，否则，公司登记机关可以不予受理或核准公司的设立登记或变更登记申请。

如果公司章程的内容违反了法律、行政法规，由于《公司法》第37条第1款第10项规定了“股东会行使下列职权：……（十）修改公司章程”，第43条第2款规定了“股东会会议作出修改公司章程……的决议……必须经代表三分之二以上表决权的股东通过”，第99条规定了“本法第三十七条第一款关于有限责任公司股东会职权的规定，适用于股份有限公司股东大会”，第103条第2款规定了“股东大会作出修改公司章程……的决议……必须经出席会议的股东所持表决权的三分之二以上通过”，因此，根据《公司法》第22条第1款关于“公司股东会或者股东大会……的决议内容违反法律、行政法规的无效”的规定，公司股东会或者股东大会作出的关于修改公司章程的决议中的公司章程中的违反法律、行政法规的内容，应属无效。

第二，在程序方面，制定公司章程的程序必须符合《公司法》的规定。

对有限公司来说，在公司设立时，《公司法》第23条第3项规定了“设立有限责任公司，应当由股东共同制定公司章程”，第25条第2款规定了“股东应当在公司章程上签名、盖章”；在修改公司章程时，《公司法》第37条第1款第10项规定了股东会行使修改公司章程的职权，第37条第2款规定了“对前款所列事项股东以书面形式一致表示同意的，可以不召开股东会会议，直接作出决定，并由全体股东在决定文件上签名、盖章”，第41条第1款规定了“召开股东会会议，应当于会议召开十五日前通知全体股东；但是，公司章程另有规定或者全体股东另有约定的除外”，第42条规定了“股东会会议由股东按照出资比例行使表决权；但是，公司章程另有规定的除外”，第43条第2款规定了“股东会会议作出修改公司章程……的决议……必须经代表三分之二以上表决权的股东通过”，并且，针对股东会通过的修改公司章程的决议，《公司法》第22条还规定了“公司股东会……的决议内容违反法律、行政法规的无效”“股东会……的会议召集程序、表决方式违反法律、行政法规或者公司章程，或者决议内容违反公司章程的，股东可以自决议作出之日起六十日内，请求人民法院撤销”。

对股份公司来说，针对股份公司章程的制定和修改，《公司法》第76条第4项、第90条、第99条、第102条、第103条和第22条也作出了类似的规定。

因此，不论是在设立公司时制定公司章程，还是在公司成立后修改公司章程，都必须符合《公司法》规定的程序。

如果制定公司章程或修改公司章程的程序违反了法律、行政法规或公司章程本身，由于《公司法》第37条第1款第10项规定了“股东会行使下列职权：……（十）修改公司章程”，第43条第2款规定了“股东会会议作出修改公司章程……的决议……必须经代表三分之二以上表决权的股东通过”，第99条规定了“本法第三十七条第一款关于有限责任公司股东会职权的规定，适用于股份有限公司股东大会”，第103条第2款规定了“股东大会作出修改公司章程……的决议……必须经出席会议的股东所持表决权的三分之二以上通过”，因此，根据《公司法》第22条第2款关于“股东会或者股东大会……的会议召集程序、表决方式违反法律、行政法规或者公司章程，或者决议内容违反公司章程的，股东可以自决议作出之日起六十日内，请求人民法院撤销”的规定，公司股东可以请求人民法院撤销公司股东会或者股东大会作出的关于修改公司章程的决议，从而撤销如此制定或修改的公司章程。

四、有限公司章程的签署要求

根据《公司法》第25条第2款关于“股东应当在公司章程上签名、盖章”的规定，有限公司设立时的公司章程应当由全体股东签署；结合《合同法》第32条关于“当事人采用合同书形式订立合同的，自双方当事人签字或者盖章时合同成立”的规定，未经全体股东签署，原则上，公司设立时的章程应视为不成立，更谈不上生效。

不过，结合《合同法》第37条关于“采用合同书形式订立合同，在签字或者盖章之前，当事人一方已经履行主要义务，对方接受的，该合同成立”的规定，如果未签署公司设立时的章程的股东事后认可或实际行使了公司章程规定的股东权利、履行了公司章程规定的出资义务，公司设立时的章程应当视为已经成立。

就《公司法》第25条第2款所说的“签名、盖章”而言，其中的“签名”适用于自然人股东，“盖章”既可以适用于法人股东、非法人组织股东，也可以适用于自然人股东。

问题是，《公司法》第25条第2款所说的“签名、盖章”中的顿号（“、”），指的是“并且”还是“或者”的意思？换句话说，其中的顿号是指股东在“签名”的同时还要“盖章”，还是指股东可以在“签名”和“盖章”中选择一种或两种？

《公司法》本身对此未作规定，在解释上可以有不同的理解。

在合同的情形，《合同法》第32条针对合同成立使用了“当事人采用合同书形式订立合同的，自双方当事人签字或者盖章时合同成立”的表述，并没有使用“签名、盖章”的表述，这意味着，在合同成立方面，《合同法》赋予了“盖章”与“签字”（或“签名”）同等的法律效力。也基于此，最高人民法院在2013年1月29日就唐某与程某莉房屋买卖合同纠纷再审案作出的（2012）民抗字第55号民事判决书中明确指出：“作为对外出具的文件，出具人可以签名，也可以盖章或者是签名加盖章。”

不过，值得注意的是，最高人民法院的上述意见指向的是“签字或盖章”的表述，并非指向“签字、盖章”的表述。

实践中，针对“签字、盖章”中的顿号的理解，法院可能会有不同的意见。有的法院会倾向于认为，“签名、盖章”指的是“签名并盖章”。

比如，在就浙江顺风交通集团有限公司与深圳发展银行宁波分行借款合同纠纷上诉案作出的（2005）民一终字第116号民事判决书中，最高人民法院认为：“当事人双方对合同的生效条件作出了特别约定，即合同在‘双方当事人签字、盖章时’生效。合同中所表述‘签字、盖章’中的顿号，是并列词语之间的停顿，其前面的‘签字’与后面的‘盖章’系并列词组，它表示签字与盖章并列关系，只有在签字与盖章均具备的条件下，该协议方可生效。”

又如，在2013年3月19日就北京某管理咨询有限公司与上海某有限公司、陈某委托合同纠纷一审案作出的（2012）黄浦民二（商）初字第659号民事判决书中，上海市黄浦区人民法院也认为：“原告依据《资产管理委托协议补充条款》主张被告陈某承担担保责任。该合同约定生效要件为经法人授权代表签字、盖章生效。由于签字和盖章之间属并列关系，两者须同时具备该补充条款才能生效……”

再如，在2016年10月20日就鸡西金源农场有限公司与深圳市易久商贸有限公司商标使用许可合同纠纷一审案作出的（2015）深宝法知民初字第1801号民事判决书中，深圳市宝安区人民法院认为：“确认《品牌授权合同》是否生效的关键在于对‘本合同生效的条件为双方在商标使用许可合同上签字、盖章’中的‘签字、盖章’中的顿号的理解，即签字与盖章应同时具备还是具备其一即可认定合同生效，‘签字、盖章’中的顿号是并列词语之间的停顿，它表示签字和盖章是并列关系，故只有在签字与盖章均具备的条件下，该合同才生效……”

不过，也有的法院会倾向于认为，“签名、盖章”的表述既可以指“签名并盖章”，也可以指“签名或盖章”，单从“签名、盖章”的表述无法得出确切的结论，而应结合案件的其他情况作出判断。

比如，在2009年12月7日就中泰信托有限责任公司与南宁管道燃气有限责任公司金融借款合同纠纷一审案作出的（2009）沪一中民三（商）初字第40号民事判决书中，上海市第一中级人民法院认为：“本案诉辩双方的争议焦点为委托贷款合同是否生效。委托贷款合同约定：‘本合同自委托人、受托人和借款人法定代表人或法定代表人授权代理人签字、加盖公章之日起生效’，南宁公司认为合同生效要件为签字并加盖公章，中泰公司认为合同生效要件为签字或加盖公章。从文义上理解，顿号用于并列词语之间的停顿，顿号前后两个并列词组既可以是递进关系也可以是选择关系，故从合同文字上无法推断合同的生效要件。”

又如，在2014年3月4日就特灵空调系统（中国）有限公司与际高建业有限公司买卖合同纠纷二审案作出的（2014）宁商终字第71号民事判决书中，南京市中级人民法院也认为：“该合同第十六条第一款约定：本合同经甲、乙双方授权代表签字、加盖公章/合同章后生效，合同签字日期以最后一个签字日期为准。如该条款只约定‘甲、乙双方授权代表签字、加盖公章/合同章后生效’，则合同生效的条件可以有两种理解，第一种为双方授权代表签字并加盖公章/合同章，第二种为双方签字或者加盖公章/合同章，但从该条款的整个内容来看，该条文后半部约定了'合同签字日期以最后一个签字日期为准'，则可以判断出合同除盖章外，还需要双方授权代表的签字才能生效。际高公司并未授权其代表在合同上签字，故该合同依据上述约定尚未生效，特灵公司上诉称上述条款应理解为签字或盖章合同即可生效，系其单方对合同的孤立理解，不符合合同整体解释的原理，缺乏依据，本院不予支持。"

从上述判例看，实践中，法院可能更倾向于认为"签名、盖章"指的是"签名并盖章"，而不是"签名或盖章"。

不过，我倾向于认为，单从"签名、盖章"的表述本身无法得出其指的是"签名并盖章"还是"签名或盖章"的结论。主要理由如下。

根据原国家质量监督检验检疫总局、国家标准化管理委员会 2011 年 12 月 30 日发布、自 2012 年 6 月 1 日起实施的《标点符号用法》（GB/T 15834 — 2011）[①]，顿号是"句内点号的一种，表示语段中并列词语之间或某些序次语之后的停顿"，其基本用法包括用于并列词语之间，用于需要停顿的重复词语之间或用于某些序次语（不带括号的汉字数字或"天干地支"类序次语）之后；虽然各种点号都表示说话时的停顿，但是，"句号、问号、叹号都表示句子完结，停顿最长。分号用于复句的分句之间，停顿长度介于句末点号和逗号之间，而短于冒号。逗号表示一句话中间的停顿，又短于分号。顿号用于并列词语之间，停顿最短"。

因此，从上述国家标准关于顿号的用法的规定，只能得出《公司法》第 25 条第 2 款所说的"签名"和"盖章"是属于并列词语的结论，无法得出其中的顿号是表示"并且"还是表示"或者"的意思的结论；从而，应当结合公司章程的其他内容以及其他具体情况作出判断。

事实上，从法律本身的规定看，有的法律条文使用的顿号（、）表示的就是"或者"的意思，而不是"并且"的意思。

比如，《民法总则》第 22 条所说的"不能完全辨认自己行为的成年人为限制民事行为能力人，实施民事法律行为由其法定代理人代理或者经其法定代理人同意、追认"，第 23 条所说的"无民事行为能力人、限制民事行为能力人的

---

① 主要是其中的这些条款：3.1.2、4.5、附录 A 的 A.4、附录 B 的 B.1.1、B.1.4、B.1.6。需要注意的是，《标点符号用法》（GB/T 15834 — 2011）为推荐性国家标准，并非强制性国家标准。

监护人是其法定代理人”，第 27 条第 2 款所说的“未成年人的父母已经死亡或者没有监护能力的，由下列有监护能力的人按顺序担任监护人：（一）祖父母、外祖父母；（二）兄、姐”中的“顿号”，以及《公司法》第 22 条第 2 款所说的“股东会或者股东大会、董事会的会议召集程序、表决方式”，第 142 条第 1 款第 4 项所说的“股东因对股东大会作出的公司合并、分立决议持异议，要求公司收购其股份”，第 146 条第 1 款第 3 项所说的“担任破产清算的公司、企业的董事或者厂长、经理，对该公司、企业的破产负有个人责任的，自该公司、企业破产清算完结之日起未逾三年”，第 148 条第 1 款所说的“董事、高级管理人员不得有下列行为”，第 148 条第 1 款第 4 项所说的“违反公司章程的规定或者未经股东会、股东大会同意，与本公司订立合同或者进行交易”中的“顿号”，前后连接的虽然也是属于并列关系的词语，但其表示的是“或者”而不是“并且”的意思。

有鉴于此，实务中，公司章程中有关公司章程签署的规定应当尽量避免使用“签名、盖章”或“签字、盖章”的表述，而应尽可能地对不同类别的股东的签署要求作出明确、具体的规定，比如，作为股东的自然人应亲笔签字、作为股东的法人股东和非法人组织应加盖公章并由其各自的法定代表人或负责人签名。

不过，值得注意的是，《公司法》第 25 条第 2 款关于“股东应当在章程上签名、盖章”的规定，仅适用于有限公司设立时的章程，不适用于有限公司成立之后修改章程的情形。其原因在于：一是，根据《公司法》第 37 条第 1 款第 10 项、第 43 条第 2 款的规定，有限公司在成立后修改公司章程时，只需由代表三分之二以上表决权的股东同意而无需全体股东同意即可通过修改公司章程的决议；二是，在有限公司股东会依照《公司法》第 43 条第 2 款的规定由代表三分之二以上表决权的股东通过了修改公司章程的决议，但仍有部分股东不同意修改章程的情况下，如果要求有限公司修改公司章程时也须由全体股东都在修改后的章程或章程修正案上签名或盖章，不同意修改公司章程的股东不在修改后的章程或章程修正案上签名或盖章将导致有限公司实际上无法修改其公司章程，这显然是不符合《公司法》第 37 条第 1 款第 10 项、第 43 条第 2 款的规定的。

也基于此，针对有限公司因变更登记涉及修改公司章程的情形，《公司登记管理条例》第 27 条第 2 款只是要求公司“应当提交由公司法定代表人签署的修改后的公司章程或者公司章程修正案”，而没有要求提交由全体股东签署的修改后的公司章程或章程修正案。

第二节 公司章程的内容

一、有限公司章程的必备条款

《公司法》第 25 条第 1 款第 1 项至第 7 项规定了有限公司章程的 8 项必备条款，即公司的名称、住所、经营范围、注册资本、股东的姓名或者名称、股东的出资、公司的机构、公司的法定代表人，并在其第 8 项允许有限公司的股东会决定在章程中规定其他事项。

（一）公司名称

关于公司名称，《公司法》第 8 条、第 23 条第 4 项略有提及，有限公司章程关于公司名称的规定，需要注意这些条款的要求。

（二）公司的住所

关于公司的住所，《公司法》第 10 条、第 23 条第 5 项也有所提及，有限公司章程关于公司住所的规定，需要注意这些条款的要求。

（三）公司的经营范围

关于公司的经营范围，《公司法》第 12 条略有提及，有限公司章程关于公司经营范围的规定，需要注意本条款的要求。

（四）公司的注册资本

关于有限公司的注册资本，《公司法》第 26 条（关于注册资本的数额）、第 37 条第 1 款第 7 项（关于增加或减少注册资本的决策权限）、第 43 条第 2 款

（关于增加或减少注册资本的表决办法）、第 168 条（关于公积金转增注册资本的比例要求）、第 177 条（关于减少注册资本的程序和债权人保护）、第 179 条第 2 款（关于增加或减少注册资本的变更登记）、第 198 条（关于虚报注册资本的法律责任）、第 204 条（关于减少注册资本时未履行债权人保护程序的法律责任）等条款作出了相应的规定，有限公司章程关于注册资本的规定，需要注意这些条款的要求。

（五）股东的姓名或名称

关于股东的姓名或名称，《公司法》第 25 条第 1 款第 4 项所说的“股东的姓名”适用于股东为自然人的情况，“股东的名称”适用于股东为非自然人的情况。

（六）股东的出资情况

关于股东的出资情况，《公司法》第 25 条第 1 款第 5 项要求有限公司章程对股东的出资的具体情况作出规定，包括出资方式、出资额和出资时间。

关于股东的出资方式，《公司法》第 27 条作出了规定。

关于股东的出资额，考虑到目前多数有限公司的登记实行的是注册资本认缴登记制，结合《公司法》第 81 条第 5 项关于股份公司发起人“认购的股份数”的表述，我倾向于认为，《公司法》第 25 条第 1 款第 5 项中的“出资额”指的是有限公司的各个股东认缴的出资额，而不是实缴的出资额。

关于股东的出资时间，由于全体股东在有限公司成立之前就应当签署公司章程，也考虑到目前多数有限公司的登记实行的是注册资本认缴登记制，我倾向于认为，《公司法》第 25 条第 1 款第 5 项中的“出资时间”，指的是有限公司的各个股东承诺的缴纳其认缴的出资的时间，这是一个未来的时间，而不是实际缴纳出资的时间，在股东签署公司章程时尚未到来。

因此，基于上述，结合《合伙企业法》第 17 条第 1 款、第 18 条第 4 项使用的“缴付期限”的表述，以及《公司法》第 28 条关于“股东应当按期足额缴纳公司章程中规定的各自所认缴的出资额”的规定，我倾向于认为，在表述上，如果《公司法》第 25 条第 1 款第 5 项中的“出资额”能够修改为“认缴的出资额”，而“出资时间”能够修改为“缴付期限”或“出资期限”，并且，

《公司法》第25条第1款第5项的表述如能调整为“股东认缴的出资额、出资方式和缴付期限”，则是更准确的。

（七）公司的组织机构及其产生办法、职权、议事规则

关于有限公司的组织机构及其产生办法、职权、议事规则，《公司法》第36条至第70条集中进行了规定。有限公司章程关于组织机构的规定，需要注意这些条款的要求。

关于有限公司的组织机构，根据《公司法》第二章第二节至第四节，有限公司必须设立权力机构（股东会或唯一股东）、执行机构（董事会或执行董事）、监督机构（监事会或一名或两名监事）这三类组织机构，还可以设经理、分支机构和内部管理机构（比如财务部、销售部等）。

关于股东会的产生办法，《公司法》第36条作出了规定；关于董事的产生办法，《公司法》第37条第1款第2项、第44条作了原则性规定；关于监事的产生办法，《公司法》第37条第1款第2项、第51条作了原则性规定；关于经理的产生办法，《公司法》第46条第9项、第49条作了原则性规定。

关于股东会的职权，《公司法》在其第36条和第37条第1款作了集中规定，并在其他条款规定了股东会的其他职权。

关于董事会的职权，《公司法》在其第46条作了集中规定，并在其他条款规定了董事会的其他职权。

关于监事会（或不设监事会的有限公司的监事）的职权，《公司法》在其第53条和第54条作了集中规定，并在其他条款规定了监事会（或不设监事会的有限公司的监事）的其他职权。

关于公司的组织机构的议事规则，《公司法》本身没有对何为“议事规则”作出界定。结合《全国人民代表大会常务委员会议事规则（2009年修正）》，《物业管理条例》第18条，住房和城乡建设部的《业主大会和业主委员会指导规则》（建房〔2009〕274号），中国证监会的《上市公司章程指引》（2019年修订）第68条、第146条及其注释，中国证监会的《证券投资基金管理公司治理准则（试行）》（证监基金字〔2006〕122号）和《上海证券交易所上市公司董事会议事示范规则》等文件，我理解，“议事规则”是召开会议

的程序规则，涵盖了整个会议过程的方方面面，其包括的内容比“议事方式”“表决程序”要广；“议事规则”主要包括下面这些内容：

一是，会议的形式，包括定期会议、临时会议。比如，《公司法》第 39 条第 1 款就规定了这方面的事项。

二是，召开会议的条件、时间，包括什么情况下需要召开会议、什么时候需要召开会议、哪些人有权要求召开会议。比如，《公司法》第 38 条、第 39 条第 2 款就规定了这方面的事项。

三是，会议的召集，包括召集人的资格和权限、召集程序。比如，《公司法》第 40 条就规定了这方面的事项。

四是，会议的通知，包括通知时间、通知方式、通知对象、通知事项等。比如，《公司法》第 41 条第 1 款就规定了这方面的事项。

五是，会议的提案，包括有权提案的主体、提案的形式要求和内容要求、提案的期限等。《公司法》没有对此作出统一的具体的规定（当然，《公司法》第 53 条第 5 项关于“监事会、不设监事会的公司的监事行使下列职权：……（五）向股东会会议提出提案”的规定除外），根据《公司法》第 43 条第 1 款关于“股东会的议事方式和表决程序，除本法有规定的外，由公司章程规定”的规定，有限公司的章程可以对涉及股东会会议的提案的相关事项自主作出规定。

六是，会议的出席，包括有权出席会议的人员、出席方式（本人出席、委派代表出席、电话出席、视频出席）、出席的法定人数、出席会议需要提供的证明文件等。比如，《公司法》第 36 条、第 41 条第 1 款就规定了这方面的事项。

七是，会议的主持，包括主持人的资格和权限等。比如，《公司法》第 40 条、第 47 条、第 51 条就规定了这方面的事项。

八是，会议的审议，包括审议程序、发言、提问、答复等。《公司法》没有对此作出具体的规定，根据《公司法》第 43 条第 1 款关于“股东会的议事方式和表决程序，除本法有规定的外，由公司章程规定”的规定，可由有限公司的章程自主作出规定。

九是，会议的表决，包括相关事项是否进入表决程序，采取何种方式进行表决，如何进行表决，相关人员是否需要回避表决，享有表决权的人员的确认，相关人员所进行的表决是否有效，监票、唱票、计票，相关决议是否通过，未通过的表决是否进行第二次表决或采取其他安排，表决结果的宣布等。比如，《公司法》第42条、第43条第2款、第48条、第55条第3款就规定了这方面的事项。

十是，会议的记录，包括记录人的资格和确定、记录的事项、记录的签名等。比如，《公司法》第41条第2款、第48条第2款、第55条第4款就规定了这方面的事项。

十一是，会议资料的保管，包括出席人员的证明文件、提案、会议记录、签名簿等的保存和保管等。《公司法》没有对此作出具体的规定，根据《公司法》第43条第1款关于"股东会的议事方式和表决程序，除本法有规定的外，由公司章程规定"的规定，可由有限公司的章程自主作出规定。

总体而言，《公司法》关于有限公司的组织机构（不论是股东会，还是董事会、监事会）的议事规则的规定比较少，基本上是采取尽量不干预公司的内部治理，主要交给公司章程去规定的原则。

（八）公司的法定代表人

关于有限公司的法定代表人，《公司法》第13条略有规定，有限公司章程关于公司法定代表人的规定，需要注意其要求。

注意到《公司法》第25条第1款针对有限公司章程的必备条款采取了穷尽式列举的方式，我理解，如果能在《公司法》第25条第1款的第7项之后、目前的第8项之前加上一项"法律、行政法规规定的其他事项"，则更为周延。

（九）公司的其他事项

事实上，除了《公司法》第25条第1款第1项至第7项所列的上述8项必备条款，《公司法》在其他条款中也规定了公司（包括有限公司和股份公司）的章程应当载明的其他事项，我理解，关于这些事项的规定亦属于有限公司章程的必备条款，比如以下几个事项：

一是，公司向其他企业投资或者为他人提供担保的决定权（《公司法》第16条）。

二是，公司的营业期限（《公司法》第180条第1项）。

三是，有限公司将财务会计报告送交各股东的期限（《公司法》第165条第1款，仅适用于有限公司）。

四是，公司聘用、解聘承办公司审计业务的会计师事务所的决定权（《公司法》第169条第1款）。

二、有限公司章程的非必备条款

在《公司法》规定的有限公司章程必须载明的必备条款之外，《公司法》第25条第1款第8项赋予有限公司的股东会决议在公司章程中载明《公司法》第25条第1款第1项至第7项以外的事项的权利，有限公司的章程也可以载明其他条款，只要不违反法律、行政法规即可。

对此，在2014年3月3日就河南天海电器有限公司与董某凤股东权确认纠纷二审案作出的（2013）豫法民二终字第188号民事判决书中，河南省高级人民法院认为："从《中华人民共和国公司法》规定的公司章程性质上看，公司章程是规定公司组织及行为的基本规则的重要文件，订立公司章程是股东的共同行为，除《中华人民共和国公司法》第二十五条第一款第（一）至（七）项规定的必要记载事项之外，公司股东会议还可以依据《中华人民共和国公司法》第二十五条第一款第（八）项规定，约定并记载股东会会议认为需要规定的其他事项。该条第（八）项规定赋予了公司章程其他事项约定权，它体现了章程是公司自治规则的特点，只要约定的其他事项不违背法律强制性规定，就具有法律约束力。"

不过，由于《公司法》第25条第8项使用了"股东会会议认为需要规定的其他事项"的表述，因此，有限公司章程是否规定其他事项，以及规定哪些其他事项，应由股东会召开会议并依照《公司法》和公司章程作出决议。

值得注意的是，在一人公司和国有独资公司的情形，由于这两类公司不设股东会，因此，在表述上，如果《公司法》第25条第8项中的"股东会会议"能够修改为"权力机构"，《公司法》第25条第8项修改为"权力机构认为需要规定的其他事项"，则是更加周延的。

当然，在设有股东会的有限公司，股东会作出在公司章程中规定其他事项的决议，在程序方面，应当通过召开股东会会议并作出决议的形式作出，并应遵守《公司法》、公司章程关于股东会会议的召集、召开、表决等方面的规定（当然，全体股东按照《公司法》第37条第2款的规定直接作出书面决定，亦可）；并且，在内容方面，有限公司章程关于其他事项的规定，应当具体、明确、清晰。其中，在股东会作出在公司章程中规定其他事项的决议的情况下，在表决方面，因涉及公司章程的修改（即在公司章程中新增加入其他事项），应当适用《公司法》第43条第2款关于"股东会会议作出修改公司章程的决议，必须经代表三分之二以上表决权的股东通过"的规定。

比如，在南京安盛财务顾问有限公司（以下简称安盛公司）诉祝某股东会决议罚款纠纷案（刊载于《最高人民法院公报》2012年第10期）中，针对安盛公司章程中关于公司股东会决议罚款的规定，南京市鼓楼区人民法院虽然认为"原告安盛公司章程第三十六条虽主要是关于取消股东身份的规定，但该条第二款明确记载有'股东会决议罚款'，根据章程本身所使用的文义进行解释，能够得出在出现该条第一款所列八种情形下，安盛公司的股东会可以对当事股东进行罚款。鉴于上述约定是安盛公司的全体股东所预设的对违反公司章程股东的一种制裁措施，符合公司的整体利益，体现了有限公司的人合性特征，不违反公司法的禁止性规定，被告祝某亦在章程上签字予以认可，故包括祝某在内的所有股东都应当遵守。据此，安盛公司的股东会依照公司法第三十八条第（十一）项之规定，享有对违反公司章程的股东处以罚款的职权"，但与此同时，南京市鼓楼区人民法院也认为"安盛公司章程第三十六条第二款所规定'罚款'是一种纯惩罚性的制裁措施，虽与行政法等公法意义上的罚款不能完全等同，但在罚款的预见性及防止权力滥用上具有可比性。而根据我国行政处罚法的规定，对违法行为给予行政处罚的规定必须公布；未经公布的，不得作为行政处罚的依据，否则该行政处罚无效。本案中，安盛公司在修订公司章程时，虽规定了股东在出现第三十六条第一款的八种情形时，股东会有权对股东处以罚款，但却未在公司章程中明确记载罚款的标准及幅度，使得祝某对违反公司章程行为的后果无法做出事先预料，况且，安盛公司实行'股东身份必须首先是员工身份'的原则，而《安盛员工手册》的《奖惩条例》第七条所规定的五种处罚种类中，最高的罚款数额仅为2000元，而安盛公司股东会对祝某处以5万元的罚款已明显超出了祝某的可预见范围"，从而得出了"安盛公司临时股东会所作出对祝某罚款的决议明显属法定依据不足，应认定为无效”的结论①。

尽管上述意见主要是针对有限公司股东会决议无效作出的，但对于理解《公司法》第 25 条第 1 款第 8 项的规定，同样具有参考价值。

值得一提的是，针对发行境外上市外资股并到境外上市的境内股份公司，原国务院证券委员会、原国家经济体制改革委员会制定了《到境外上市公司章程必备条款》（证委发〔1994〕21 号文件附件），要求到境外上市的股份公司在其公司章程中载明《到境外上市公司章程必备条款》所要求的内容，并且不得擅自修改或者删除《到境外上市公司章程必备条款》的内容；但允许到境外上市的股份公司可以根据具体情况，在其公司章程中规定《到境外上市公司章程必备条款》要求载明以外的、适合本公司实际需要的其他内容，也可以在不改变《到境外上市公司章程必备条款》规定含义的前提下，对《到境外上市公司章程必备条款》作文字和条文顺序的变动。

此外，针对股票在境内证券交易所上市的股份公司，中国证监会制定了《上市公司章程指引》，要求发行内资股（A 股）、境内上市外资股（B 股）、既发行内资股又发行境内上市外资股以及发行优先股、特别表决权股份的上市公司按照《上市公司章程指引》注释部分的解释和说明，参考《上市公司章程指引》正文部分的规定和要求，在其公司章程中载明《上市公司章程指引》正文部分所包含的内容；同时也允许这些上市公司在不违反法律、法规的前提下，根据具体情况，在其章程中增加《上市公司章程指引》包含内容以外的、适合本公司实际需要的其他内容，也可以对《上市公司章程指引》规定的内容作文字和顺序的调整或变动②。

尽管上述规定是针对特定的上市公司的，我理解，其他公司（包括有限公司）也可以借鉴《到境外上市公司章程必备条款》《上市公司章程指引》，制定适合本公司的章程。

---

① 见《最高人民法院公报》2012 年第 10 期刊载的《南京安盛财务顾问有限公司诉祝某股东会决议罚款纠纷案》，http：//gongbao. court. gov. cn/Details/98b2b837163f6a1f5052d410760512. html，最后访问时间：2019 年 9 月 30 日。

② 见《中国证券监督管理委员会关于印发〈上市公司章程指引（2006 年修订）〉的通知》（证监公司字〔2006〕38 号）的通知主文。

三、公司章程可以自主规定的事项

《公司法》第25条第1款第8项允许有限公司的股东会通过依法作出的决议，决定在公司章程中规定《公司法》第25条第1款第1项至第7项所述事项之外的其他事项；《公司法》第81条第12项也允许股份公司的股东大会通过依法作出的决议，决定在公司章程中规定《公司法》第81条第1项至第11项所述事项之外的其他事项。这是《公司法》有关公司自治的诸多规定之一。

纵观《公司法》全文，《公司法》允许“公司章程可自行作出规定”的事项，主要包括以下57项：

附表三　公司章程可自行作出规定的事项

序号	事项	法律依据	适用对象	备注
1	公司的经营范围	《公司法》第12条第1款	有限公司、股份公司	无
2	公司的营业期限	《公司法》第180条第1项	有限公司、股份公司	无
3	担任公司法定代表人的人员的职务	《公司法》第13条	有限公司、股份公司	无
4	股东的出资方式、出资额和出资时间	《公司法》第25条第1款第5项	有限公司	无
5	股东认购的股份数量、出资方式和出资时间	《公司法》第81条第5项	股份公司	无
6	股东是否按出资比例行使表决权	《公司法》第42条	有限公司	无
7	股东是否按照实缴的出资比例分取红利及利润分配办法	《公司法》第34条	有限公司	公司章程此项规定须经全体股东一致同意
8	股东是否按持股比例分配利润及利润分配办法	《公司法》第166条第4款	股份公司	无
9	股东是否按照实缴的出资比例优先认缴新增资本及认缴新增资本的办法	《公司法》第34条	有限公司	公司章程此项规定须经全体股东一致同意

续表

序号	事项	法律依据	适用对象	备注
10	公司向其他企业投资的决策权归属	《公司法》第16条第1款	有限公司、股份公司	无
11	公司为他人提供担保的决策权归属	《公司法》第16条第1款	有限公司、股份公司	无
12	公司向其他企业投资的总额或单项投资的数额的限额	《公司法》第16条第1款	有限公司、股份公司	无
13	公司为他人提供担保的总额或单项担保的数额的限额	《公司法》第16条第1款	有限公司、股份公司	无
14	将公司资金借贷给他人的决策权归属	《公司法》第148条第1款第3项	有限公司、股份公司	由股东会、股东大会或者董事会决定
15	以公司财产为他人提供担保的决策权归属	《公司法》第16条、第148条第1款第3项	有限公司、股份公司	由股东会、股东大会或者董事会决定
16	公司聘用、解聘承办公司审计业务的会计师事务所的决策权的归属	《公司法》第169条第1款	有限公司、股份公司	由股东会、股东大会或者董事会决定
17	董事、高级管理人员与本公司订立合同或者进行交易是否需要取得股东会或股东大会同意	《公司法》第148条第1款第4项	有限公司、股份公司	无
18	《公司法》未明确列出的股东会或股东大会的其他职权	《公司法》第37条第1款第11项、《公司法》第99条	有限公司、股份公司	无
19	股东会定期会议的召开次数、时间	《公司法》第39条	有限公司	无
20	《公司法》未明确列出的需要召开临时股东大会的情形	《公司法》第100条第6项	股份公司	无
21	董事会不能履行或者不履行召集股东大会会议职责的，监事会召集和主持股东大会会议的时间	《公司法》第101条第2款	股份公司	无
22	召开股东会会议的通知时限	《公司法》第41条	有限公司	无
23	股东会的议事方式和表决程序	《公司法》第43条第1款	有限公司	有限公司章程关于股东会的议事方式和表决程序的规定不得与《公司法》相抵触

续表

序号	事项	法律依据	适用对象	备注
24	股东大会的议事方式和表决程序	参考《公司法》第43条第1款、《公司法》第119条第2款	股份公司	股份公司章程关于股东大会的议事方式和表决程序的规定不得与《公司法》相抵触
25	授权公司董事会行使股东会的哪些职权	《公司法》第66条第1款	国有独资公司	公司的合并、分立、解散、增加或者减少注册资本和发行公司债券，必须由国有资产监督管理机构决定；其中，重要的国有独资公司合并、分立、解散、申请破产的，应当由国有资产监督管理机构审核后，报本级人民政府批准
26	股东大会选举董事、监事是否实行累积投票制	《公司法》第105条第1款	股份公司	无
27	设执行董事还是设董事会	《公司法》第50条第1款	有限公司	仅适用于股东人数较少或公司规模较小的有限公司
28	执行董事的职权	《公司法》第50条第2款	有限公司	仅适用于设立执行董事的有限公司
29	董事会成员的人数	《公司法》第44条第1款、第108条第1款	有限公司、股份公司	有限公司董事会成员不低于3人、不超过13人，股份公司董事会成员不低于5人、不超过19人
30	职工代表董事的人数	《公司法》第44条第2款，第108条第2款	有限公司、股份公司	无
31	职工代表董事的产生办法	《公司法》第44条第2款、第108条第2款	有限公司、股份公司	无
32	是否设副董事长	《公司法》第44条第3款，第67条第3款，第109条第1款	有限公司、股份公司	无

续表

序号	事项	法律依据	适用对象	备注
33	董事长、副董事长的产生办法	《公司法》第44条第3款	有限公司	无
34	董事的任期	《公司法》第45条第1款，第67条第1款，第108条第3款	有限公司、股份公司	每届任期不得超过三年
35	《公司法》未明确列出的董事会的其他职权	《公司法》第46条第11项，《公司法》第108条第4款	有限公司、股份公司	有限公司章程关于董事会的职权的规定不得与《公司法》相抵触
36	有限公司董事会的议事方式和表决程序	《公司法》第48条第1款	有限公司	有限公司章程关于董事会的议事方式和表决程序的规定不得与《公司法》相抵触
37	股份公司董事会的议事方式和表决程序	参考《公司法》第48条第1款，第119条第2款	股份公司	股份公司章程关于董事会的议事方式和表决程序的规定不得与《公司法》相抵触
38	董事会每年度召开会议的次数	《公司法》第110条第1款	股份公司	无
39	召集董事会临时会议的通知方式和通知时限	《公司法》第110条第3款	股份公司	无
40	公司的高级管理人员的范围	《公司法》第216条第1项	有限公司、股份公司	无
41	是否设经理	《公司法》第49条第1款	有限公司	无
42	经理的职权	《公司法》49条第1款、第2款	有限公司	有限公司章程关于经理的职权的规定不得与《公司法》相抵触
43	设监事会还是设监事	《公司法》第51条第1款	有限公司	仅适用于股东人数较少或公司规模较小的有限公司
44	设1名监事还是2名监事	《公司法》第51条第1款	有限公司	仅适用于股东人数较少或公司规模较小的有限公司

续表

序号	事项	法律依据	适用对象	备注
45	监事会成员的人数	《公司法》第51条第1款，第70条第1款，第117条第1款	有限公司、股份公司	不低于3人；有限公司中的国有独资公司的监事会成员人数不得少于5人
46	职工代表监事的人数	《公司法》第51条第2款，第117条第2款	有限公司、股份公司	职工代表监事的比例不低于三分之一
47	职工代表监事的产生办法	《公司法》第51条第2款，第117条第2款	有限公司、股份公司	无
48	是否设监事会副主席	《公司法》第117条第3款	股份公司	无
49	《公司法》未明确列出的监事会的其他职权	《公司法》第53条第7项，《公司法》第118条第1款	有限公司、股份公司	有限公司章程关于监事会的职权的规定不得与《公司法》相抵触
50	监事会每年召开会议的次数	《公司法》第55条第1款	有限公司	每年度至少召开一次会议
51	监事会召开会议的次数、频率	《公司法》第119条第1款	股份公司	每六个月至少召开一次会议
52	监事会的议事方式和表决程序	《公司法》第55条第2款，第119条第2款	有限公司、股份公司	公司章程关于监事会的议事方式和表决程序的规定不得与《公司法》相抵触
53	关于股东转让股权的规定	《公司法》第71条第4款	有限公司	无
54	自然人股东死亡后，其合法继承人是否可以继承股东资格	《公司法》第75条	有限公司	无
55	公司董事、监事、高级管理人员转让其所持有的本公司股份的其他限制性规定	《公司法》第141条第2款	股份公司	无
56	公司将财务会计报告送交各股东的期限	《公司法》第164条第1款	有限公司	无
57	公司的解散事由	《公司法》第180条第1项	有限公司、股份公司	无

当然，尽管《公司法》允许公司章程对上述事项作出自主规定，但是，根据《公司法》第 11 条的规定，公司应当依法制定公司章程，公司章程自主规定的内容不得违反包括《公司法》在内的法律和行政法规，尤其是不得违反法律、行政法规的强制性规定。

四、公司章程可以规定仲裁条款

值得思考的问题是，公司的章程是否可以规定仲裁条款？对此，《公司法》本身没有直接作出规定，既没有明确禁止，也没有明文允许。

我倾向于认为，一方面，公司的章程可以规定仲裁条款，规定股东与公司之间、股东之间、股东与公司董事、监事或者高级管理人员之间，基于公司章程及有关法律、行政法规所规定的权利义务发生的与公司事务有关的争议，应当提交仲裁机构通过仲裁解决；但是，另一方面，对于法律法规规定只能通过诉讼解决的事项，即使公司章程中存在仲裁条款，仲裁机构也无权仲裁。具体分析如下：

一是，如前所述，根据《公司法》第 25 条第 1 款第 8 项关于“有限责任公司章程应当载明下列事项：……（八）股东会会议认为需要规定的其他事项”和第 81 条第 12 项关于“股份有限公司章程应当载明下列事项：……（十二）股东大会会议认为需要规定的其他事项”的规定，公司的章程可以载明不违反法律、行政法规的其他条款；因此，《公司法》本身并不禁止公司章程规定仲裁条款。

二是，股东与公司之间、股东之间、股东与公司董事、监事或者高级管理人员之间，基于公司章程及有关法律、行政法规所规定的权利义务发生的与公司事务有关的争议，原则上属于《仲裁法》第 2 条①规定的“平等主体的公民、法人和其他组织之间发生的其他财产权益纠纷”，并且不属于《仲裁法》第 3 条②规定的不能仲裁的纠纷。

---

① 《仲裁法》第 2 条规定：“平等主体的公民、法人和其他组织之间发生的合同纠纷和其他财产权益纠纷，可以仲裁。”

② 《仲裁法》第 3 条规定：“下列纠纷不能仲裁：（一）婚姻、收养、监护、扶养、继承纠纷；（二）依法应当由行政机关处理的行政争议。”

三是，事实上，原国务院证券委员会、原国家经济体制改革委员会制定的《到境外上市公司章程必备条款》（证委发〔1994〕21 号文件附件）第 163 条第 1 款就允许到境外上市的境内股份公司的有关当事人协商确定争议解决方式："凡境外上市外资股股东与公司之间，境外上市外资股股东与公司董事、监事、经理或者其他高级管理人员之间，境外上市外资股股东与内资股股东之间，基于公司章程及有关法律、行政法规所规定的权利义务发生的与公司事务有关的争议或者权利主张，国务院证券主管机构未就争议解决方式与境外有关证券监管机构达成谅解、协议的，有关当事人可以依照法律、行政法规规定的方式解决，也可以双方协议确定的方式解决"；甚至，《到境外上市公司章程必备条款》第 163 条第 2 款还明确要求到香港上市的公司必须在其公司章程中写明仲裁条款。该款原文如下：

到香港上市的公司，应当将下列内容载入公司章程：

（一）凡境外上市外资股股东与公司之间，境外上市外资股股东与公司董事、监事、经理或者其他高级管理人员之间，境外上市外资股股东与内资股股东之间，基于公司章程、《公司法》及其他有关法律、行政法规所规定的权利义务发生的与公司事务有关的争议或者权利主张，有关当事人应当将此类争议或者权利主张提交仲裁解决。

前述争议或者权利主张提交仲裁时，应当是全部权利主张或者争议整体；所有由于同一事由有诉因的人或者该争议或权利主张的解决需要其参与的人，如果其身份为公司或公司股东、董事、监事、经理或者其他高级管理人员，应当服从仲裁。

有关股东界定、股东名册的争议，可以不用仲裁方式解决。

（二）申请仲裁者可以选择中国国际经济贸易仲裁委员会按其仲裁规则进行仲裁，也可以选择香港国际仲裁中心按其证券仲裁规则进行仲裁。申请仲裁者将争议或者权利主张提交仲裁后，对方必须在申请者选择的仲裁机构进行仲裁。

如申请仲裁者选择香港国际仲裁中心进行仲裁，则任何一方可以按香港国际仲裁中心的证券仲裁规则的规定请求该仲裁在深圳进行。

（三）以仲裁方式解决因（一）项所述争议或者权利主张，适用中华人民共和国的法律；但法律、行政法规另有规定的除外。

（四）仲裁机构作出的裁决是终局裁决，对各方均具有约束力。

四是，实践中，也有法院倾向于支持公司章程中的仲裁条款。

比如，在2002年7月25日就光正实业有限公司（以下简称光正公司）、日本国中国食品有限会社（以下简称中食会社）、西安东菱制冷设备有限公司清算小组（以下简称东菱清算组）与西安交通大学（以下简称西安交大）、陕西省科技工程发展公司（以下简称科技公司）、西安交大科特压缩机技术开发有限公司（以下简称科特公司）、熊某男、乔某亮、陕西省投资公司、王某林、西安向阳航天工业总公司（以下简称向阳公司）侵权赔偿纠纷上诉案作出的（2002）民四终字第15号民事裁定书中，最高人民法院认为："本案为侵权赔偿纠纷，从三上诉人（原审原告）的起诉书看，其所述各原审共同被告的侵权行为，皆是各方围绕签订、履行《中外合资西安东菱制冷设备有限公司合同书》（以下简称《东菱公司合资合同》）《中外合资西安东菱制冷设备有限公司章程》（以下简称《东菱公司章程》）和《技术转让协议》过程中发生的。而光正公司、中食会社与科特公司、向阳公司签订的《东菱公司合资合同》《东菱公司章程》以及东菱公司作为甲方，最终由东菱公司各股东签字的作为《东菱公司章程》附件的《技术转让协议》中，均约定有明确有效的仲裁条款，依据上述仲裁条款，凡因执行合同（章程、协议）而发生的或与合同（章程）有关的一切争议，各方协商不成，应通过仲裁方式解决。且中食会社、光正公司曾经作为申请人，以向阳公司为被申请人，依据《东菱公司合资合同》中的仲裁条款，就相互之间发生的纠纷向仲裁委申请仲裁。东菱清算组也曾以科特公司为被申请人，依据《技术转让协议》及《东菱公司章程》中的仲裁协议，就双方之间的纠纷向仲裁委申请仲裁。故本案中三原审原告以科特公司、向阳公司为被告提起的侵权纠纷，应依据各方之间的约定，通过仲裁方式解决。对于三原审原告对科特公司、向阳公司的起诉，应予裁定驳回。"

又如，在2017年3月22日就重庆瑞得能医药有限公司诉深圳市瑞得能医药科技有限公司股东出资纠纷二审案作出的（2017）渝05民终2262号民事裁定书中，重庆市第五中级人民法院认为："本案系股东出资纠纷。当事人提交了《重庆瑞得能医药有限公司章程》。公司章程是公司经营范围、经营管理制度等重大事项的基本文件，是公司最重要的治理规则，对于公司、股东、董事、监事及高级管理人员均具有法律效力。关于本案仲裁协议的效力问题：其一是仲裁范围，公司章程上载明，如股东之间在公司经营上产生分歧，由中国上海仲裁委员会仲裁。该条款中的‘公司经营’应广义地理解为公司围绕该企业发展进行的规划和部署等开展的相关活动，其中当然也包括公司的出资筹建等活动。其二是仲裁机构的唯一性，该条款虽约定先后由境内、境外两家仲裁机构仲裁，但首先提交境内仲裁机构即‘中国上海仲裁委员会’仲裁的意思表示是明确且唯一的。其三是仲裁机构的名称，根据《最高人民法院关于适用〈中华人民共和国仲裁法〉若干问题的解释》第三条的规定，仲裁协议约定的仲裁机构名称不准确，但能够确定具体的仲裁机构的，应当认定选定了仲裁机构。本案仲裁协议约定的‘仲裁地为中国上海仲裁委员会’能够确定仲裁机构为上海仲裁委员会。故本案公司章程上仲裁条款约定的因经营发生纠纷由上海仲裁委员会仲裁的内容应属有效，并适用于本案争议。本案应由上海仲裁委员会仲裁，人民法院无管辖权。”

五是，值得注意的是，如果《公司法》明确规定某些事项只能向人民法院提起诉讼，那么，即使公司章程中规定了仲裁条款，这些事项也不能通过仲裁解决，仲裁机构也无权仲裁，而只能通过诉讼解决。

这些事项主要包括：其一，《公司法》第 22 条规定的确认公司决议无效的纠纷或撤销公司决议的纠纷；其二，《公司法》第 33 条第 2 款规定的股东查阅有限公司的会计账簿的纠纷；其三，《公司法》第 74 条第 2 款规定的有限公司异议股东股权收购请求权纠纷；其四，《公司法》第 143 条规定的宣告股份公司股票失效；其五，《公司法》第 151 条规定的股东代表诉讼；其六，《公司法》第 180 条第 5 项和第 182 条规定的解散公司案件；其七，《公司法》第 183 条规定的强制清算案件；其八，《公司法》第 187 条规定的破产清算案件。

比如，就解散公司案件而言，针对解散公司的情形，根据《公司法》第 180 条第 5 项和第 182 条的规定，在特定情况下，持有公司全部股东表决权 10% 以上的股东，可以请求人民法院解散公司。由于《公司法》使用了“请求人民法院解散公司”和“人民法院依照本法第 ·百八十二条的规定予以解散”的表述，因此，因解散公司产生的纠纷，只能向人民法院提起诉讼，仲裁机构无权仲裁。对此，《最高人民法院关于撤销中国国际经济贸易仲裁委员会（2009）CIETACBJ 裁决（0355）号裁决案的请示的复函》（〔2011〕民四他字第 13 号）更是明确提出：“仲裁机构裁决解散公司没有法律依据，属于无权仲裁的情形。”

此外，在2016年5月5日就中海石油化学股份有限公司（以下简称中海石油公司）与山西华鹿阳坡泉煤矿有限公司（以下简称阳坡泉煤矿）、山西华鹿热电有限公司（以下简称华鹿热电公司）公司解散纠纷管辖权异议再审案作出的（2016）最高法民再202号民事裁定书中，尽管阳坡泉煤矿公司章程第108条约定了“本章程各方（包括但不限于公司及股东）因执行本章程所发生的或与本章程相关的任何争议，首先应争取友好协商解决，如果争议发生后［三十（30）］日内协商解决不成，则任何一方可将有关争议提至中国国际经济贸易仲裁委员会，按照申请仲裁时该仲裁委员会现行有效的仲裁规则进行仲裁。仲裁地点在深圳。该仲裁裁决是终局的，对双方均有约束力”，但是，最高人民法院认为：“《中华人民共和国公司法》第一百八十二条规定：‘公司经营管理发生严重困难，继续存续会使股东利益受到重大损失，通过其他途径不能解决的，持有公司全部股东表决权百分之十以上的股东，可以请求人民法院解散公司。’第一百八十条规定：‘公司因下列原因解散：……（五）人民法院依照本法第一百八十二条的规定予以解散。’据此，在公司陷入僵局、公司自治已无法实现的情况下，符合条件的股东可以请求人民法院解散公司。现行法律并未赋予仲裁机构解散公司的裁决权。因仲裁机构裁决解散公司没有法律依据，即便阳坡泉煤矿的公司章程规定了公司解散事宜，且约定因执行本章程所发生的或与本章程有关的任何争议均可提请中国国际经济贸易仲裁委员会进行仲裁，其有关公司解散的仲裁协议亦不能发生相应的法律效力。华鹿热电公司有关本案应提交仲裁解决，人民法院不应受理的主张不能成立。……综上，二审法院裁定驳回中海石油公司提起的司法解散公司之诉，要求其向中国国际经济贸易仲裁委员会申请仲裁，适用法律错误，应予纠正。一审法院裁定驳回阳坡泉煤矿和华鹿热电公司提出的管辖权异议正确，应予维持。”

第三节 公司章程与股东协议的关系

实践中，在投资设立公司时，投资人通常会在公司章程之外，同时签订股东协议或发起人协议或出资协议或其他类似法律文件（以下统称为股东协议），对各方在设立公司的过程中和公司运营过程中的权利、义务以及公司的治理、利润分配、解散、清算、投资人的退出等事项作出全面、具体的约定。

并且，在股份有限公司的情形，《公司法》第79条第2款还明确要求“发起人应当签订发起人协议，明确各自在公司设立过程中的权利和义务”。

在有限公司的情形，虽然《公司法》本身没有明确要求有限公司的股东应当签订股东协议或类似协议，但是，在中外合资经营企业的情形，在《外商投资法》实施前，《中外合资经营企业法》第3条则明确规定合营各方必须同时签订合营合同和公司章程并报送商务主管部门审批或备案。《中外合作经营企业法》针对中外合作经营企业也提出了类似的要求。[①]

问题是，股东协议与公司章程之间是什么关系？当股东协议与公司章程不一致时，应当如何处理？对此，《公司法》未作统一规定。

在这方面，《山东省高级人民法院关于审理公司纠纷案件若干问题的意见（试行）》（鲁高法发〔2007〕3号）第4条的规定可作参考：“发起人之间在设立公司过程中产生的纠纷按照发起人协议或投资协议处理，未订立发起人协议或投资协议的，按照公司章程处理。发起人协议或投资协议被确认无效的，按照有关法律规定处理。公司成立后，发起人协议或投资协议与公司章程规定不一致的，以公司章程规定为准。但发起人之间有特殊约定的除外。”

我的理解是，其一，在法律约束力方面，就公司章程而言，根据《公司法》第11条关于“公司章程对公司、股东、董事、监事、高级管理人员具有约束力”的规定，公司章程对公司、公司的各个股东、公司的各个董事、监事和高级管理人员具有约束力；就股东协议而言，根据《合同法》第2条第1款关于“本法所称合同是平等主体的自然人、法人、其他组织之间设立、变更、终止民事权利义务关系的协议”的规定和第8条第1款关于“依法成立的合同，对当事人具有法律约束力”的规定，股东协议只对作为协议当事人的各个发起人股东具有约束力，对并非协议当事人的公司、公司的新股东、公司的董事、监事、高级管理人员，则不具有约束力——当然，公司或公司的新股东自

---

① 自2020年1月1日起，因《外商投资法》生效实施，《中外合资经营企业法》《中外合作经营企业法》《外资企业法》同时废止，投资者新设中外合资经营企业、中外合作经营企业等外商投资企业将可以不再同时签署合资合同等股东协议，只需按照《公司法》的要求签署公司章程即可。当然，投资者在签署公司章程的同时，仍然另行签订股东协议，自无不可。

愿地、明确地接受其约束的，则需另当别论。

比如，在2017年3月17日就美国华盈有限公司（Catherych，Inc.，以下简称华盈公司）与海城智胜镁制品有限公司（以下简称镁制品公司）、海城市后英经贸集团有限公司（以下简称经贸公司）公司决议纠纷再审案作出的（2017）最高法民再76号民事裁定书中，针对华盈公司以华盈公司与经贸公司投资设立的中外合资经营企业镁制品公司为被告提起的确认公司决议无效之诉，最高人民法院认为："仲裁管辖权的基础是双方当事人的意思自治，争议提交仲裁解决须有当事人一致的仲裁愿意，这主要体现在当事人之间经协商一致签订仲裁协议（仲裁条款），仲裁协议（仲裁条款）的核心是当事人愿意将争议提交仲裁的意思表示。而本案所涉合资合同仲裁条款的当事人为中外合资经营企业的股东，仲裁事项是股东之间因履行合资合同而产生的争议，不包括股东和公司之间的公司决议效力纠纷。本案镁制品公司并非合资合同仲裁条款的当事人，华盈公司以其为被告，不应受该仲裁条款的约束……"

其二，在法律适用方面，因公司章程是《公司法》明确规定的设立公司的必备条件，具有《公司法》上的法律地位，因此，与公司章程有关的事项，包括公司的组织与行为、公司与股东、公司与公司的人员、股东与公司的人员之间的关系，应当适用《公司法》的规定；但是，除与公司章程有关的事项之外的、与股东协议有关的事项，因股东协议在《公司法》上不具有与公司章程那样的法律地位，因此，应适用《合同法》的相关规定。

对此，在2017年9月6日就王某侃与潍坊振兴焦化有限公司合同纠纷上诉案作出的（2017）最高法民终127号民事裁定书中，最高人民法院认为："案涉《3万吨/年对甲酚项目合资协议书》及《3万吨/年对甲酚项目合资协议书补充条款》不仅约定了成立合资公司的相关事项，还约定了合资公司成立后具体经营中双方的权利义务等内容。成立合资公司仅是进行合资建设的方式和载体，合资公司成立后，双方还要通过合资公司的经营，对产品进行生产、销售，最终实现利润分配。故《3万吨/年对甲酚项目合资协议书》及《3万吨/年对甲酚项目合资协议书补充条款》应属于合资、合作协议，而非单纯的公司设立协议，其解除事宜应适用《中华人民共和国合同法》的相关规定。至于合资公司的解散和清算，应适用《中华人民共和国公司法》的相关规定，由双方当事人另行解决，不影响本案的处理。"

也因此，股东协议的终止、被确认无效或被解除、被撤销，并不当然导致公司章程无效或导致公司终止，亦不当然导致相关股东的股东资格的丧失。

比如，在2018年12月19日就北京承乾房地产开发有限责任公司（以下简称承乾公司）与NEXT HILL INVESTMENTS LIMITED（历山投资有限公司，以下简称历山公司）、北京荟宏房地产开发有限责任公司（以下简称荟宏公司）、北京兆泰集团股份有限公司（以下简称兆泰公司）股东资格确认纠纷案作出的（2017）京民初117号民事判决书中，北京市高级人民法院认为："中国贸仲作出的0464号裁决、0176号裁决、1121号裁决终止或解除了历山公司与荟宏公司、兆泰公司签订的《合资合同》及《合资合同修改协议》《股权转让及增资扩股协议》及《股权转让及增资扩股补充协议》《增资协议书》中与历山公司有关的各项条款。前述系列协议系中外股东就投资设立中外合资经营企业承乾公司达成一致所形成的合同关系，对合同相对方具有约束力；前述系列协议终止或解除后，历山公司与荟宏公司、兆泰公司中外股东之间关于向承乾公司投资的合作关系终止，由此产生的法律后果由前述系列协议约定及《中华人民共和国合同法》相关规定调整。历山公司作为承乾公司股东，其享有的股权本质是股东与公司之间的法律关系。历山公司与荟宏公司、兆泰公司中外股东进行的包括制定公司章程、决定公司经营范围、资本总额、出资方式、认缴股款、选举公司领导机关、申请公司设立登记等在内的创设承乾公司的行为，应当由具有组织法性质的《中华人民共和国公司法（2004年）》调整；在承乾公司设立之后，公司章程也成为规范公司与股东之间、股东之间关系的准则。本案中，承乾公司诉请确认历山公司不再享有承乾公司股东资格并退出承乾公司，涉及公司设立、股东出资、确认股东资格等公司与股东之间的关系；如果历山公司退出承乾公司，还将出现公司资本减少、股东持股比例变化等属于公司重大事项变化的情形，根据承乾公司章程、《承乾公司章程修正案》的规定，该等事项亦应通过公司内部治理程序解决。即使因承乾公司陷入公司僵局而无法通过内部治理程序解决前述问题，《中华人民共和国公司法（2004年）》亦规定有相应的解决途径。因此，承乾公司以前述系列协议终止或解除而迳行要求确认历山公司不再享有承乾公司股东资格并退出承乾公司的诉讼请求，不符合《中华人民共和国公司法（2004年）》及承乾公司章程、《承乾公司章程修正案》的相关规定，于法无据，本院对该诉讼请求不予支持。”①

其三，在优先适用方面，公司章程因作为公司设立登记或变更登记的申请文件提交给了公司登记机关而具有公示效力，在涉及第三人利益时，应以公司章程为准；但是，在作为股东的发起人之间，可以以股东协议的约定为准——当然，股东协议的相关约定被公司章程的规定取代的除外。

在理解股东协议与公司章程之间的关系方面，上海市第二中级人民法院在2012年9月26日就上海宏胜物业有限公司（以下简称宏胜公司）与吴某某公司决议纠纷上诉案作出的（2012）沪二中民四（商）终字第68号民事判决书中的意见，可作参考。

在该民事判决书中，针对“在宏胜公司完成转制及相应公司章程正式制定后，由吴某某等23名自然人投资股东在宏胜公司转制时所协商订立的《股东投资协议》，对上述股东是否仍具有法律的约束力，亦即该投资协议的效力是否如原审判决认定的在宏胜公司完成转制及相应公司章程制定后即行自然终止”的问题，上海市第二中级人民法院认为：“股东投资协议通常是指公司设立前，由全体投资人所共同参与订立的协议，其主要作用在于表明发起人设立公司的目的、确定公司的基本性质和结构，以及分配和协调发起人之间的权利义务关系，其协议本质应属于合同，依法受我国《合同法》一般规则的规范和调整。至于在公司设立过程中，由认缴注册资本的股东签署的公司章程，则具有公司自治规范的性质，依法属于我国《公司法》所规制的范围，并对签署股东、公司以及公司董事、监事等人员具有规范和约束的效力。因此，股东投资协议与公司章程系由投资人形成的两种在本质存在不同的协议安排，两者之间

---

① 该判决得到了最高人民法院的支持。在2019年9月27日就北京承乾房地产开发有限责任公司与NEXT HILL INVESTMENTS LIMITED、北京荟宏房地产开发有限责任公司、北京兆泰集团股份有限公司股东资格确认纠纷再审案作出的（2019）最高法民申3945号民事裁定书中，最高人民法院认为：“本案中，历山公司系根据合同所涉的股权转让、公司注册资本增加等约定内容，先后通过行政审批、工商变更以及缴纳出资等履约行为合法取得了股东资格，尚无证据证明该股东资格因法定或约定等事由被剥夺。而承乾公司提出的否定历山公司股东资格、退还出资款等主张将涉及公司设立、股东出资、确认股东资格等公司与股东之间的组织关系，可能引发公司资本减少、股东持股比例变化等重大事项的纠纷。故原判决就股东认缴出资等公司创设行为适用承乾公司作为中外合资企业并购设立当时施行的2004年8月28日第二次修正的《中华人民共和国公司法》来调整，就承乾公司设立之后的股东与公司、股东与股东之间的关系准则适用公司章程规定来处理认定，并无不当，最终认定承乾公司以涉案合同终止解除为由提出历山公司不再享有承乾公司股东资格的主张，不符法律和章程规定，不予支持，亦无不当。”

应为相互平行而非前后承接的法律关系。基于此，股东投资协议的效力存续与否，同公司章程的制定不存在效力上的关联性，依法只受限于该协议本身的约定条款内容以及我国《合同法》的相关调整规范。事实上，在投资人订立的股东投资协议中，既有调整公司设立完成之前的事项，同时又有调整公司成立后股东之间、公司与股东之间的权利义务关系，以及公司治理结构的内容。且基于各种原因，其中的许多内容并未被纳入之后所订立的公司章程之中。况且，有时股东投资协议中确实存在某些不便载入公司章程的约定内容。此外，往往还由于工商行政管理部门要求按照其统一制定的样本格式起草公司章程的原因，造成许多股东间特别约定的协议内容无法被载入公司章程之中。在此情形下，股东投资协议实际承担了公司章程之外的规则性协议的功能。因此，在公司完成工商登记设立后，由全体投资人所共同参与订立的股东投资协议仍具有法律效力，其中涉及以公司成立后的股东之间、股东与公司之间的权利义务关系为调整对象的协议内容，只要未违反法律的强制性规定或与公司章程的规定相冲突，对各缔约投资股东依法具有规范和约束的效力。需要说明的是，在我国公司立法中体现有这种效力的认定精神，我国《公司法》第八十四条[①]第二款规定：‘发起人不依照前款规定缴纳出资的，应当按照发起人协议承担违约责任。’上述规定表明，在公司成立后发起人协议的法律效力仍被确认。上述分析意见表明，公司成立后，股东投资协议在没有被修改、变更、解除以及与公司章程的内容相悖的情况下，其效力并不自然终止或被公司章程的效力所取代，只是在具体个案的司法诉讼中，两者具有不同的证明和适用对象，不存在以两者中哪个为准的问题”，“具体到本案而言，涉案《股东投资协议》由包括吴某某等23名自然人股东在宏胜公司改制时订立，应为该23名自然人股东的真实意思表示，故依法具有法律效力。虽然，其中第十八条的约定内容即有关取消股东出资资格的协议内容，未被载入宏胜公司之后制定的章程中，但该条款内容并未违反法律的强制性规定或与宏胜公司之后制定的章程内容相冲突，故依法对各缔约投资股东仍具有规范和约束的效力。因此，按照涉案《股东投资协议》的约定，宏胜公司超过三分之二以上出资额的出资股东，有权通过召开股东会并以作出股东会决议的方式，取消吴某某宏胜公司投资人资格和

---

① 现为《公司法》第83条。

由股东会处理其股东权益。故对于原审法院作出的涉案《股东投资协议》调整的仅是宏胜公司转制过程中的法律关系和法律行为，因而其效力期间为从转制行为开始至转制过程终止，公司转制完成后即意味着该协议效力终止的判决认定意见，本院难以认同，依法应予以纠正”。

此外，在2016年1月4日就江苏清江生物能源科技有限公司（以下简称清江生物公司）、南京宝泽股权投资基金股份有限公司（以下简称宝泽公司）与南京清江冷链物流股份有限公司（以下简称清江冷链公司）股东出资纠纷上诉案作出的（2015）宁商终字第1615号民事判决书中，针对发起人协议是否对股份公司具有约束力的问题，南京市中级人民法院也认为：“清江冷链公司虽然由清江生物公司和宝泽公司共同发起设立，且清江生物公司和宝泽公司占清江冷链公司100%的股权，但清江生物公司、宝泽公司和清江冷链公司均为独立的企业法人，享有完全民事权利能力、行为能力和责任能力，清江生物公司和宝泽公司的意思表示并不能当然代表清江冷链公司。协议书由清江冷链公司两方股东签订，第15条系对发起人不履行出资义务应承担的民事责任进行规制，不违反法律法规的强制性规定，也不涉及抽逃资金、损害债权人利益，故宝泽公司、清江冷链公司认为该条款应属无效的上诉意见不能成立。但因该条款仅系宝泽公司、清江生物公司签订，故仅应对该两缔约主体具有拘束力，所设立的清江冷链公司未作认可的意思表示，该协议效力并不自然延伸至该公司。清江生物公司认为该两发起人股东签订协议即应对所设立公司具有约束力，缺乏法律根据……”

值得注意的是，针对投资者在公司章程之外另行签订的股东协议与公司章程不一致的问题，有的监管机关可能会直接要求以公司章程的规定为准，实务中应当予以关注。

比如，针对保险公司的章程，原中国保监会（现为中国银保监会）印发的《保险公司章程指引》（保监发〔2017〕36号）要求保险公司的章程必须载明“公司发起人协议、股东出资协议或者其他股东协议中的内容与章程规定不一致时，以本章程为准”这样的规定公司章程效力的条款。

又如，针对公司制私募股权投资基金，中国证券投资基金业协会2016年4月印发的《私募投资基金合同指引2号（公司章程必备条款指引）》要求其公司章程“应明确规定当章程的内容与股东之间的出资协议或其他文件内容相冲突的，以章程为准”。

第四节　公司章程的成立和生效

一、公司章程的成立和生效

关于公司章程的成立及生效，《公司法》和《公司登记管理条例》都没有作出明确规定。

就公司设立时的公司章程而言，由于公司章程作为全体股东设立公司并规定各自的权利和义务以及有关公司的组织和行为的法律文件，满足《民法总则》第133条关于“民事法律行为是民事主体通过意思表示设立、变更、终止民事法律关系的行为”的规定，因此，我理解，通常情况下，公司设立时的公司章程的成立与生效，应当适用《民法总则》关于民事法律行为成立和生效的一般规定，并参照适用《合同法》关于合同成立和生效的一般规定。

针对民事法律行为的成立，《民法总则》第134条规定了“民事法律行为可以基于双方或者多方的意思表示一致成立，也可以基于单方的意思表示成立”；针对民事法律行为的生效，《民法总则》第136条第1款规定了“民事法律行为自成立时生效，但是法律另有规定或者当事人另有约定的除外”。此外，针对合同的成立，《合同法》第32条规定了“当事人采用合同书形式订立合同的，自双方当事人签字或者盖章时合同成立”；针对合同的生效，《合同法》第44条规定了“依法成立的合同，自成立时生效。法律、行政法规规定应当办理批准、登记等手续生效的，依照其规定”。因此，在《公司法》未作规定的情况下，通常来说，在一人公司或国有独资公司的情形，公司设立时的章程经唯一股东或出资人签署即成立并生效；在其他有限公司或以发起设立方式设立的股份公司的情形，公司设立时的章程经全体股东签署即成立并生效；在以募集设立方式设立的股份公司的情形，公司设立时的章程则须经创立大会通过后才成立并生效。

就公司成立后修改的章程而言，根据《民法总则》第134条第2款关于“法人、非法人组织依照法律或者章程规定的议事方式和表决程序作出决议的，该决议行为成立”的规定，以及《公司法》第43条第2款、第61条、第66条和第103条第2款的规定，通常情况下，修改后的公司章程或公司章程的修正案应自公司权力机构通过之后成立并生效。

对此，在2014年6月19日就万某裕与丽江宏瑞水电开发有限公司、永胜县六德乡双河电站、北京博尔晟科技发展有限公司、张某云、唐振云股东资格确认纠纷再审案作出的（2014）民提字第00054号民事判决书中，最高人民法院就认为：“公司章程是股东在协商一致的基础上所签订的法律文件，具有合同的某些属性，在股东对公司章程生效时间约定不明，而公司法又无明确规定的情况下，可以参照适用合同法的相关规定来认定章程的生效问题”，并认为，“经法定程序修改的章程，自股东达成修改章程的合意后即发生法律效力，工商登记并非章程的生效要件”。

但是，在特殊情况下，公司设立时的章程以及公司成立后修改的章程则应在相关审批机关批准之后生效。比如，在《外商投资法》实施前，涉及国家规定实施准入特别管理措施的中外合资经营企业、外资企业以及公司制的中外合作经营企业，其设立时的公司章程和成立后对公司章程所作的修改，都是经商务审批机关批准后生效的[①]；部分证券公司、商业银行、保险公司等金融机构设立时的公司章程和成立后对公司章程中的重要条款的修订（甚至对公司章程的任何条款进行修改），都应当报经监管机构批准[②]。

不过，对于公司设立时的章程的生效时间，最高人民法院在上述（2014）民提字第00054号民事判决书中则认为：“公司设立时制定的初始章程应报经工商部门登记后才能生效……”

对此，我持有不同意见。我倾向于认为，对于一般的公司而言，其设立时制定的章程应自各股东签署后即生效，除了前面已经阐述的理由，还因为：根据《公司登记管理条例》第20条第2款，向公司登记机关申请设立登记时，需要提交“公司章程”“载明公司董事、监事、经理的姓名、住所的文件以及

---

① 见《中外合资经营企业法实施条例》第14条、《中外合作经营企业法实施细则》第11条、《外资企业法实施细则》第16条。

② 见《证券法》第122条、第124条第1项、第129条第1款和《证券公司监督管理条例》第13条，《商业银行法》第11条、第12条第1项、第15条第1项、第24条第1款第6项，《保险法》第67条、第68条第2项、第86条第4项。

有关委派、选举或者聘用的证明”“公司法定代表人任职文件和身份证明”等文件，这就意味着，在公司申请设立登记之前，需要完成董事与监事的选举或委派、经理的聘任、法定代表人的确定、办理设立登记的代表人或代理人的指定，而这些事项都需要在设立登记之前依据公司章程进行，如果当时公司章程尚未生效，公司的这些行为都是没有法律依据和章程依据的，因此，公司设立时的章程应以全体股东签署后生效为宜——当然，法律、行政法规明确规定，公司章程须经审批机关批准后才生效的除外；各股东在公司章程或章程修正案中约定其他生效条件，比如自公司股票上市之日起生效，也无不可。

另外，针对同一份公司章程或章程修正案对其生效时间的规定存在前后不一致的情形，最高人民法院在上述（2014）民提字第00054号民事判决书中认为，由于此时根据公司章程或章程修正案本身已经无法确定其生效时间，从而只能根据相关法律规定和法理，对相关公司章程或章程修正案的生效问题作出认定。

二、同时存在数份公司章程的效力认定

与公司章程生效相关的另一个问题是，在有限公司同时存在一份经公司登记机关备案的章程和一份未提交给公司登记机关备案的章程，并且两份章程对同一事项约定的内容不一致时，应当如何适用？

我理解，对普通的公司来说，由于《公司法》和《公司登记管理条例》并没有规定公司章程以其在公司登记机关备案为生效条件，在不存在导致公司章程内容无效的情形，未经公司登记机关备案的章程，并不仅仅因其未提交给公司登记机关备案就不具有法律效力；如果未经公司登记机关备案的章程约定，在涉及公司章程规定的事项时，未经公司登记机关备案的章程应优先于提交给公司登记机关备案的章程得到适用，那么，这一约定对签署或表决通过该未经公司登记机关备案的章程的股东是具有约束力的，从而，在这些股东之间，不应适用在公司登记机关备案的章程，而应适用未经公司登记机关备案的章程。

在这方面，河南省高级人民法院在2014年3月3日就河南天海电器有限公司与董某凤股东权确认纠纷二审案作出的（2013）豫法民二终字第188号民事判决书中的裁判意见，可作参考。

在这个案件当中，集体所有制企业“河南天海电器（集团）公司”在

2006年改制为有限责任公司“河南天海电器有限公司”，在改制过程中，该公司制定了两份章程，一份是2006年9月9日签署的“河南天海电器集团有限公司章程”（以下简称成立章程），一份是2006年9月27日签署的并在工商局备案的“河南电器有限公司章程”（以下简称备案章程）。成立章程在注册资本及股东姓名、出资额及出资比例部分均为空白，且未在工商行政管理机关备案；成立章程第14条规定“与本公司终止劳动合同、解除劳动关系及因组织调动离开本公司及其他原因离开公司或人民法院依照法律规定强制执行转让股东的股权时，其认缴现金获得的股权必须按第十二条规定转让募集资金，获得的配股权和放弃募集资金获得的送股权由公司无偿收回”，该章程第12条的主要内容是对于股东股权转让的限制，“股东实际认缴现金获得的股权在公司服务满三年后方可转让；募集资金获得的配股权和放弃募集资金获得的送股权不能转让”。备案章程没有成立章程第12条、第14条的内容。

对于河南天海电器有限公司的成立章程和备案章程的效力，河南省高级人民法院认为：“依据《中华人民共和国公司法》的相关规定，公司章程是关于公司的组织结构、内部关系和开展公司业务活动的基本规则和依据，亦是股东自治意思规则的载体，具有公司自治特点，只要股东达成合意，且不违背法律的强制性规范，公司章程即为有效。本案中天海集团公司在改制过程中形成的《河南天海电器集团有限公司章程》（即成立章程）和河南天海电器有限公司章程（即备案章程）均为有效章程，两个章程是并行存在的关系，但各自存在的价值和目的以及适用范围是不同的”，“公司章程在工商登记机关备案不是章程生效的必要条件，工商登记仅具有对外宣示的功能和证权效力。本案天海公司的‘备案章程’是企业改制后期产生的法律性文件，该章程的股东是鹤壁思卡尔投资有限公司、鹤壁塞尔投资有限公司，该章程存在的价值在于确定天海公司与外部成员之间以及二个法人股东之间的权利义务关系。而‘成立章程’的股东是改制时天海集团公司的在岗职工（自然人股东），该章程存在的价值在于规范天海公司与其职工股东以及职工股东之间的权利义务关系。因此，在‘成立章程’与‘备案章程’对于股东股权转让条件约定不一致时，对于规范天海公司内部职工（自然人）股权份额及其股份转让时，应适用‘成立章程’的约定；对于规范天海公司法人股东的股权份额及其股份转让时，应适用‘备案章程’的约定”；“综上，‘成立章程’与‘备案章程’各自存在的价值和适用范围不同，均为有效章程。天海公司关于‘备案章程’仅具有证权功能，且证权功能最主要的是体现在公司与第三人的外部关系中以及关于‘成立章程’的内部约定约束的是其内部人员，在其不超出意思自治的界限内理应尊重公司独立考虑决定自己的事务，尊重公司的意思表示自由和民事行为自由，承认公司章程自治效力的上诉理由成立，本院予以支持。董某凤认为‘备案章程’有效，‘成立章程’因没有备案而无效的理由不能成立，本院不予支持。原审法院处理本案时仅以工商备案来认定章程效力，没有考虑到同时并存的两个公司章程各自存在的价值和适用范围的不同，致实体处理不当，应予以纠正”。

在二审判决作出后，董某凤向最高人民法院申请再审。不过，最高人民法院在2015年7月29日作出（2015）民申字第710号民事裁定书，驳回了其再审申请。在该民事裁定书中，最高人民法院认为：“本案中，在天海集团改制过程中，为规范公司与职工股东之间以及职工股东之间的权利义务关系，制定了成立章程，该章程是在天海集团改制过程中经股东代表会议一致通过的法律文件，是全体股东的真实意思表示，对此，董某凤是明知的。该章程虽没有记载‘注册资本、股东姓名、出资额及出资比例’等事项，但其并未违反法律强制性规定，不能否认其效力，该章程已经过股东代表会议一致通过，其应该作为处理公司与职工股东之间权利义务关系的依据。所以，原审法院依据天海集团改制的相关文件以及特定的历史事实，认定该章程合法有效并作为处理公司与职工之间的权利义务关系的依据，是符合当时天海集团改制的客观事实的，董某凤申请再审所称‘河南天海电器集团有限公司章程没有记载注册资本、股东姓名、出资额及出资比例等事项无效’的理由，不能成立。”

第五节 公司章程的效力范围

一、公司章程的效力范围

在公司章程的效力范围方面，《公司法》第11条规定了“公司章程对公司、股东、董事、监事、高级管理人员具有约束力”，第20条第1款规定了

"公司股东应当遵守法律、行政法规和公司章程，依法行使股东权利"，第 147 条第 1 款规定了"董事、监事、高级管理人员应当遵守法律、行政法规和公司章程，对公司负有忠实义务和勤勉义务"，第 22 条第 2 款规定了"股东会或者股东大会、董事会的会议召集程序、表决方式违反法律、行政法规或者公司章程，或者决议内容违反公司章程的，股东可以自决议作出之日起六十日内，请求人民法院撤销"。

据此，公司的每一个股东、董事、监事和高级管理人员，以及公司的权力机构、执行机构和监督机构，都有义务遵守公司章程，都应当依照公司章程行使相应的权利或职权、履行相应的义务。

其中，《公司法》第 11 条所说的"股东、董事、监事和高级管理人员"，指的是公司的每一个现有股东、每一个现任的董事、监事和高级管理人员，通常不包括不是公司股东的主体和虽然曾经担任，但现在已经不再担任公司的董事、监事或高级管理人员的主体。其中的"现有股东"，既包括在公司设立时就共同制定公司章程并持续持有公司股权的股东，也包括在公司成立之后通过受让公司股权或认缴或认购公司新增出资而成为公司股东的主体。

结合《上市公司章程指引》和《到境外上市公司章程必备条款》的规定，公司章程的效力主要体现为：一是，公司章程自生效之日起，即成为规范公司的组织与行为、公司与股东、股东与股东之间的权利义务关系的具有法律约束力的文件，对公司、股东、董事、监事、高级管理人员具有法律约束力；二是，依据公司章程，股东可以起诉股东，股东可以起诉公司的董事、监事、经理和其他高级管理人员，股东可以起诉公司，公司可以起诉股东、董事、监事、经理和其他高级管理人员（当然，公司章程依法规定了仲裁条款的除外）。

为此，《公司法》在其第 20 条第 2 款规定了，公司股东滥用股东权利给公司或者其他股东造成损失的，应当依法承担赔偿责任；第 22 条第 2 款规定了，公司的股东可以在特定情况下起诉要求撤销公司的股东会或股东大会决议、董事会决议；第 33 条第 2 款规定了，公司的股东在公司拒绝其查阅公司会计账簿时可以请求法院要求公司提供查阅；第 74 条第 2 款规定了，公司的股东在特定情况下可以起诉公司，要求其以合理的价格收购其所持有的公司的股权；第 151 条规定了，公司的股东在特定情况下可以为了公司的利益以自己的名义直接起诉董事、监事或高级管理人员；第 152 条规定了，公司的股东在特定情况下可以为了自己的利益以自己的名义直接起诉公司的董事或高级管理人员；第 182 条规定了，公司的特定股东在公司出现僵局时可以请求法院解散公司。

二、公司章程对其他主体不具有约束力

值得注意的是，由于《公司法》第 11 条使用了“对公司、股东、董事、监事、高级管理人员具有约束力”的表述，因此，公司的章程仅对公司的股东、董事、监事和高级管理人员具有约束力，对其他主体，包括公司的债权人、公司的高级管理人员以外的其他员工、潜在股东、法院以及其他人不具有约束力。这与《合同法》第 8 条第 1 款所规定的合同相对性原则（依法成立的合同，对当事人具有法律约束力）是类似的。

一是，公司章程对法院没有约束力。

对此，在 2014 年 6 月就边某玺与烟台市威利发食品有限公司其他执行申请复议案作出的（2014）执复字第 6 号执行裁定书中，最高人民法院认为，“关于公司章程的性质，《中华人民共和国公司法》第十一条规定：‘设立公司必须依法制定公司章程。公司章程对公司、股东、董事、监事、高级管理人员具有约束力。’依照该规定，中奥公司《公司章程》第十八条关于股东不得向股东以外的人转让股权的规定，是对于股东在民事活动中向公司以外的平等主体转让股权的限制，在生效判决已确认申请执行人对案涉质押股权享有优先受偿权的情况下，人民法院依据生效判决强制执行被执行人质押的股权，不受《公司章程》该条规定的约束”。

二是，公司章程对尚未成为其股东的潜在股东没有约束力。

在这方面，最高人民法院在 2017 年 3 月 24 日就北京庄胜房地产开发有限公司（以下简称庄胜公司）与信达投资有限公司（以下简称信达投资）、北京信达置业有限公司（以下简称信达置业）、中国信达资产管理股份有限公司北京市分公司合同纠纷二审案作出的（2015）民二终字第 61 号民事判决书中的意见，可作参考。在该判决书中，最高人民法院认为，由于庄胜公司在该公司章程签订之后因未办理外商投资涉及的商务审批手续等原因并未成为信达置业的股东，“虽然庄胜公司与信达投资签订了该公司章程，但依照《中华人民共和国公司法》第十一条关于‘设立公司必须依法制定公司章程。公司章程对公

司、股东、董事、监事、高级管理人员具有约束力’的规定，庄胜公司在成为信达置业股东之前尚不受该公司章程约束”。

三是，公司章程对第三人没有约束力。甚至，有的法院认为，第三人没有义务审查公司的章程。

比如，在2009年9月22日就中建材集团进出口公司诉北京大地恒通经贸有限公司、北京天元盛唐投资有限公司、天宝盛世科技发展（北京）有限公司、江苏银大科技有限公司、四川宜宾俄欧工程发展有限公司进出口代理合同纠纷上诉案作出的（2009）高民终字第1730号民事判决书中，北京市高级人民法院就认为：“有限责任公司的公司章程不具有对世效力，有限责任公司的公司章程作为公司内部决议的书面载体，它的公开行为不构成第三人应当知道的证据；强加给第三人对公司章程的审查义务不具有可操作性和合理性，第三人对公司章程不负有审查义务。”

第六节 公司章程无效

尽管“公司章程是关于公司的组织结构、内部关系和开展公司业务活动的基本规则和依据，亦是股东自治意思规则的载体，具有公司自治特点，只要股东达成合意，且不违背法律的强制性规范，公司章程即为有效”①，但是，如果公司章程或章程修正案的内容存在违反法律或行政法规的情形，应当如何处理？是否可以直接向人民法院申请宣告公司章程或章程修正案的内容无效？

对此，《公司法》本身没有直接作出规定。最高人民法院现行有效的《民事案件案由规定》也没有直接列明“公司章程纠纷”“公司章程效力纠纷”或“确认公司章程无效纠纷”案由。甚至，截至目前，最高人民法院也尚未出台关于公司章程条款无效的统一的司法解释。

我理解，在性质上，公司章程或章程修正案中的违反法律、行政法规的效力性强制性规定的内容，应当无效；违反法律、行政法规的其他强制性规定的

① 见最高人民法院2015年7月29日就董某凤与河南天海电器有限公司股东资格确认纠纷再审案作出的（2015）民申字第710号民事裁定书。

内容，应当可以申请法院撤销；当然，公司章程或章程修正案的部分内容违反法律或行政法规，结合《民法总则》第156条关于“民事法律行为部分无效，不影响其他部分效力的，其他部分仍然有效”的规定以及《合同法》第56条关于“合同部分无效，不影响其他部分效力的，其他部分仍然有效”的规定，公司章程或章程修正案中相关内容无效，不影响公司章程或章程修正案其他部分效力的，其他部分仍然有效。

不过，不论是公司章程或章程条款的无效还是撤销，均需由利害相关人向法院申请，由法院审理后以裁判形式宣告无效或撤销。

就公司章程无效而言，在《公司法》未作直接规定的情况下，有以下问题值得思考：一是，当事人是否可以直接要求确认公司章程（或公司章程的部分条款，下同）无效？二是，可以要求确认公司章程无效的主体有哪些？三是，仲裁机构是否有权确认公司章程无效？四是，确认公司章程无效之诉的被告是谁？五是，确认公司章程无效之诉是不是必须由公司住所地法院管辖？六是，申请确认公司章程无效可以使用哪些案由？七是，确认公司章程无效之诉是否受诉讼时效的约束？八是，如何认定公司章程无效？九是，公司章程被确认无效，是否有溯及力？如何处理与此相关的法律关系？

一、当事人是否可以直接要求确认公司章程无效

尽管《公司法》对此未作规定，最高人民法院也尚未出台关于公司章程条款无效的统一的司法解释①，股东仍然可以直接起诉要求确认公司章程无效；并且，实践中，也出现了大量通过诉讼方式来确认公司章程条款无效的判例（见附表四：《关于与确认公司章程无效有关的若干判例》）。

比如，在2007年5月21日就童某芳等13人诉上海康达化工有限公司确认决议无效纠纷上诉案作出的（2007）沪一中民三（商）终字第172号民事判决

---

① 值得一提的是，2016年4月12日公布的《最高人民法院关于适用〈中华人民共和国公司法〉若干问题的规定（四）（征求意见稿）》的第29条（限制股权转让的章程条款的效力）曾规定：“有限责任公司章程条款过度限制股东转让股权，导致股权实质上不能转让，股东请求确认该条款无效的，应予支持。”尽管上述内容未能成为《公司法司法解释（四）》的正式条款，有限责任公司的股东向法院起诉确认公司章程相关条款无效，在现阶段暂时没有明确的司法解释的依据；但是，《公司法司法解释（四）征求意见稿》的上述内容至少也反映出股东在一定的条件下是可以请求确认公司章程条款无效的。

书中，上海市第一中级人民法院就曾以涉诉公司章程的部分条款违反《公司法》的规定而认定其无效，具体如下：

一是，涉诉公司章程第 24 条规定，自然人死亡后，合法继承人只继承部分股东权利和所有义务，合法继承人可以出席股东会，但必须同意由股东会作出的各项有效决议。对此，上海市一中院认为，一方面，基于公司所具有的人合性，法律允许公司章程对已故股东的继承人成为公司股东设置一定的限制条件；然而一旦章程规定继承人可以继承死亡股东的股东资格，则该继受取得资格的股东就应当依法享有法律所赋予的股东权利，而不应当对其股东权利加以随意限制。另一方面，根据《公司法》第 43 条①关于“股东会会议由股东按照出资比例行使表决权；但是，公司章程另有规定的除外”的规定，法律赋予公司章程自治权，即公司章程可以规定另外的行使表决权的方式，但并不能因此剥夺股东行使表决权的权利。因此，涉诉公司章程的相关条款显然剥夺了继承股东的上述权利，违反《公司法》第 76 条②和第 43 条③的规定，应当确认为无效。

二是，涉诉公司章程第 25 条规定，股东“按照出资比例分取红利，公司新增资本时，按照股东会决议可以优先认缴出资”。对此，上海市一中院认为，在有的情况下，考虑到有限责任公司的人合因素，可以不按照出资比例优先认缴出资，但必须经过全体股东的约定，涉诉公司章程的相关条款的内容违反了《公司法》第 35 条④的规定，应确认无效。

三是，涉诉公司章程第 29 条规定，股东会作出的决议，须经出席会议的股东所持表决权过半数通过。但股东会作出有关公司增加或者减少注册资本，分立、合并、解散或者变更公司形式及修改公司章程的决议必须经出席会议的股东所持表决权的三分之二以上通过。对此，上海市一中院认为，涉诉公司章程的上述内容违反了《公司法》第 44 条⑤关于公司上述事项法定表决方式的规定，亦属无效。

---

① 现为《公司法》第 42 条。
② 现为《公司法》第 75 条。
③ 现为《公司法》第 42 条。
④ 现为《公司法》第 34 条。
⑤ 现为《公司法》第 43 条。

四是，涉诉公司章程第41条规定，公司不设监事会，设监事一名，由公司工会主席担任。对此，上海市一中院认为，本案被告注册资金达500多万元，且股东人数较多，被告应当设立监事会，现被告不设监事会，仅设监事一名，显然与《公司法》第52条[①]的规定不符。

又如，在2016年5月20日就北京治政工贸发展有限公司（以下简称治政公司）与北京市八大处农工商总公司（以下简称八大处总公司）与公司有关的纠纷二审案作出的（2016）京01民终2242号民事判决书中，北京市第一中级人民法院维持了北京市石景山区人民法院作出的确认涉诉公司章程相关条款无效的判决。

在该案中，针对治政公司章程第5条关于北京金瑞投资有限公司用位于北京市石景山区永引渠南路8号南院的场地和房屋在内的55.64亩集体土地使用权以及地上建筑7919.5平方米的房屋作价700万元向治政公司出资的约定，一审法院北京市石景山区人民法院认为，《土地管理法》只规定了三种情况可以使用农民集体土地，即兴办乡镇企业和村民建设住宅、乡（镇）村公共设施和公益事业建设经依法批准可以使用农民集体所有的土地，并且《土地管理法》第60条规定，“农村集体经济组织使用乡（镇）土地利用总体规划确定的建设用地兴办企业或者与其他单位、个人以土地使用权入股、联营等形式共同举办企业的，应当持有关批准文件，向县级以上地方人民政府土地行政主管部门提出申请，按照省、自治区、直辖市规定的批准权限，由县级以上地方人民政府批准”。而治政公司是依据《公司法》设立的有限责任公司，并非依照《乡镇企业法》的规定成立的乡镇企业，据此，北京金瑞投资有限公司用农民集体土地使用权出资入股违反了《土地管理法》的相关规定，也未得到相关部门批准；此外，根据我国民法确立的房地一体原则，即土地使用权与房屋所有权权属应为同一主体，以实现土地与建筑物在经济利用上的整体性，在土地使用权没有发生变更的情况下，附着在该土地上的建筑物亦无法发生流转。因此，治政公司章程第5条关于金瑞投资公司用实物700万元出资，即用55.64亩农民集体土地使用权及其地上建筑7919.5平方米的房屋作为向治政公司出资的规定，违反法律法规强制性规定，应属无效。

---

① 现为《公司法》第51条。

在二审中，北京市第一中级人民法院认为，“民事主体的民事法律行为不得违反法律法规的强制性规定。公司章程虽是公司的契约和行为的准则，属公司自治的范畴，但其内容亦不得违反法律法规的强制性规定”，“本案中，治政公司并非乡镇企业，八大处公司以集体所有土地出资的，应依照前述规定经相关部门批准。但从本案查明的事实来看，治政公司章程第五条在未提出办理审批手续的情况下直接规定以实物进行出资，以该土地使用权出资实际上亦未依法取得相关部门的批准。同时，根据房地一体的原则，土地使用权与房屋所有权在权利主体的归属上应保持一致，在土地使用权因违反法律规定而无法变更权利主体的情况下，该土地上所附着的建筑物的权利主体亦无法发生变更。因此，一审法院判决确认治政公司章程第五条中关于八大处公司以集体所有土地、房产出资的规定无效，具有事实及法律依据，治政公司的上诉理由，不能成立，本院不予支持”。

再如，在2015年10月10日就徐某霞与安顺绿洲报业宾馆有限公司、第三人贵州黔中报业发展有限公司公司决议效力确认纠纷上诉案作出的（2015）黔高民商终字第61号民事判决书中，贵州省高级人民法院也认为，“《中华人民共和国公司法》第十一条规定：‘设立公司必须依法制定公司章程’，表明公司章程具有法定性，即它不仅是体现股东的自由意志，也必须遵守国家的法律规定”，“公司章程规定了包括股东在内相应人员的权利和义务，对相应人员具有约束力，从有权利即有救济的角度看，如果股东认为公司章程的内容有违法或侵犯股东权利的情形，股东应有权通过诉讼维护自己的合法权利。因此，上诉人请求确认公司章程部分内容无效的权利是存在的”，并认为“报业宾馆章程第七条第（八）、（十）、（十一）项，第三十二条第（二）项将股东会的法定权利规定由董事会行使，违反了上述强制性法律规定，应属无效”。

股东之所以可以直接要求确认公司章程无效，其原因主要在于：

一方面，尽管“公司章程是关于公司的组织结构、内部关系和开展公司业务活动的基本规则和依据，亦是股东自治意思规则的载体，具有公司自治特点，只要股东达成合意，且不违背法律的强制性规范，公司章程即为有效”①，

① 见最高人民法院2015年7月29日就董某凤与河南天海电器有限公司股东资格确认纠纷申请再审案中作出的（2015）民申字第710号民事裁定书。

但是,《公司法》第11条明确要求“设立公司必须依法制定公司章程”，并规定“公司章程对公司、股东、董事、监事、高级管理人员具有约束力”，这就意味着公司章程的自治性是相对的，公司章程在反映股东的自由意志的同时，也必须遵守法律、行政法规，应以不违反法律、行政法规为前提；“公司章程规定了包括股东在内相应人员的权利和义务，对相应人员具有约束力，从有权利即有救济的角度看，如果股东认为公司章程的内容有违法或侵犯股东权利的情形，股东应有权通过诉讼维护自己的合法权利”，因此，股东有权请求确认公司章程内容无效[①]。

另一方面，由于“公司章程是股东在协商一致的基础上所签订的法律文件，具有合同的某些属性”[②]，结合最高人民法院针对股东对公司章程的生效时间约定不明而《公司法》又没有明确规定的问题，认为可以参照适用《合同法》的相关规定来认定章程的生效的司法观点[③]，既然合同当事人享有请求确认合同无效的权利，公司的股东也应当享有确认公司章程无效的权利。

此外，尽管《公司法司法解释（四）征求意见稿》第29条关于“有限责任公司章程条款过度限制股东转让股权，导致股权实质上不能转让，股东请求确认该条款无效的，应予支持”的内容未能成为《公司法司法解释（四）》的正式条款，但是,《公司法司法解释（四）征求意见稿》的上述内容至少也反映出股东在一定的条件下是可以请求确认公司章程条款无效的；此外，从《公司法司法解释（四）》第9条关于“公司章程、股东之间的协议等实质性剥夺股东依据公司法第三十三条、第九十七条规定查阅或者复制公司文件材料的权利，公司以此为由拒绝股东查阅或者复制的，人民法院不予支持”的规定也可以看出，最高人民法院实际上也认为，公司章程中的具有“实质性剥夺股东依据公司法相关规定所享有的特定权利”的效果的条款，对股东是不具有约束力的，从而公司章程中的此类条款是无效的。

---

① 见贵州省高级人民法院在其于2015年10月10日就徐某霞与安顺绿洲报业宾馆有限公司、第三人贵州黔中报业发展有限公司公司决议效力确认纠纷上诉案作出的（2015）黔高民商终字第61号民事判决书。

② 见最高人民法院2014年6月19日就万某裕与丽江宏瑞水电开发有限公司其他股东权纠纷作出的（2014）民提字第00054号民事判决书。

③ 见最高人民法院（2014）民提字第00054号民事判决书。

附表四 关于与确认公司章程无效有关的若干判例

序号	案例	案由	案号	审理法院	裁判文书类型	裁判日期	一审原告	一审被告
1	董某凤与河南天海电器有限公司股东资格确认纠纷申请再审案	股东资格确认纠纷	（2015）民申字第710号	最高人民法院	民事裁定书	2015年7月29日	股东	公司
2	徐某霞与安顺绿洲报业宾馆有限公司、第三人贵州黔中报业发展有限公司公司决议效力确认纠纷上诉案	公司决议效力确认纠纷	（2015）黔高民商终字第61号	贵州省高级人民法院	民事判决书	2015年10月10日	股东	公司
3	宗某、李某龙与李某军、北京星二十一新媒体技术有限公司章程条款效力纠纷	章程条款效力纠纷	（2008）二中民终字第19385号	北京市第二中级人民法院	民事判决书	2008年12月16日	股东	其他股东（公司为第三人）
4	北京治政工贸发展有限公司与北京市八大处农工商总公司与公司有关的纠纷二审案	与公司有关的纠纷	（2016）京01民终2242号	北京市第一中级人民法院	民事判决书	2016年5月20日	股东（其他股东以集体土地出资）	公司
5	刘某明、丁某、上海茂鸿国际货运有限公司因与被上诉人周鸿宝股权转让纠纷一案	股权转让纠纷	（2008）沪二中民三（商）终字第690号	上海市第二中级人民法院	民事判决书	2009年1月14日	股东	公司及其他股东
6	童某芳等13人诉上海康达化工有限公司确认决议无效纠纷上诉案	公司决议效力确认纠纷	（2007）沪一中民三（商）终字第172号	上海市第一中级人民法院	民事判决书	2007年5月21日	股东	公司
7	刘某与上海信鑫工贸有限公司公司决议效力确认纠纷一审案	公司决议效力确认纠纷	（2015）青民二（商）初字第299号	上海市青浦区人民法院	民事判决书	2015年9月10日	股东	公司

续表

序号	案例	案由	案号	审理法院	裁判文书类型	裁判日期	一审原告	一审被告
8	花某军与江苏美镜电子科技有限公司公司决议撤销纠纷二审案	公司决议纠纷	（2016）苏04民终193号	常州市中级人民法院	民事判决书	2016年3月15日	股东	公司
9	柳某春与江苏美镜电子科技有限公司公司决议纠纷一审案	公司决议纠纷	（2015）钟商初字第0226号	常州市钟楼区人民法院	民事判决书	2015年5月14日	股东	公司
10	钟某祥、游某良、张某权与东莞市新雅乐房地产开发有限公司与公司有关的纠纷二审案	与公司有关的纠纷	（2015）东中法民二终字第1746号	东莞市中级人民法院	民事判决书	2015年12月31日	股东	公司及其他股东
11	余某亮、余某鹏与张某及随州市宏基石材有限公司、彭某基、余某灯确认合同效力纠纷上诉案	确认合同效力纠纷	（2017）鄂13民终40号	湖北省随州市中级人民法院	民事判决书	2017年3月27日	股东	公司及其他股东
12	郑某湘、湖北泰发房地产开发有限公司公司决议效力确认纠纷二审案	公司决议效力确认纠纷	（2015）鄂咸宁中民终字第709号	湖北省咸宁市中级人民法院	民事判决书	2016年5月17日	股东	公司
13	孙某兵与启东市医药药材有限公司请求变更公司登记纠纷二审案	请求变更公司登记纠纷	（2014）通中商终字第00655号	江苏省南通市中级人民法院	民事判决书	2015年1月29日	孙卫兵（股东、监事）	公司
14	黑龙江省科力高科技产业投资有限公司、张某甲与白某政、李某元、张某乙、吴某娟、孙某安及牡丹江市科达节能保温建材有限公司股权纠纷案申请上诉案	股权纠纷	（2017）黑10民终227号	牡丹江市中级人民法院	民事判决书	2017年3月21日	股东	公司及其他股东
15	张某诉野某国、蔡某生公司纠纷一审案	与公司有关的纠纷	（2015）江宁商初字第768号	南京市江宁区人民法院	民事判决书	2016年6月15日	股东	其他股东（未列公司为第三人或被告）

续表

序号	案例	案由	案号	审理法院	裁判文书类型	裁判日期	一审原告	一审被告
16	野某国、蔡某生与张某合同纠纷管辖权异议上诉案	合同纠纷	（2016）苏01民辖终345号	南京市中级人民法院	民事裁定书	2016年3月29日	股东	其他股东（未列公司为第三人或被告）
17	野某国、蔡某生与张某合同纠纷管辖权异议上诉案	合同纠纷	（2017）苏01民辖终225号	南京市中级人民法院	民事裁定书	2017年3月22日	股东	其他股东（未列公司为第三人或被告）
18	郭某俊、青岛正东建材有限公司与公司有关的纠纷二审案	与公司有关的纠纷	（2016）鲁02民终8987号	青岛市中级人民法院	民事判决书	2016年12月8日	股东	公司及其他股东
19	浙江建昊建筑工程有限公司、章某波公司决议纠纷二审案	公司决议纠纷	（2016）浙03民终4223号	温州市中级人民法院	民事判决书	2017年2月17日	股东	公司
20	章某波与浙江建昊建筑工程有限公司公司决议纠纷一审案	公司决议纠纷	（2016）浙0303民初1380号	浙江省温州市龙湾区人民法院	民事判决书	2016年7月18日	股东	公司

二、可以要求确认公司章程无效的主体

在有权要求确认公司章程无效的主体方面，公司的股东自然是享有此项权利的主体。实践中，绝大多数确认公司章程无效案件的原告也都是公司的股东。当然，这里所说的“股东”，指的是在提出确认公司章程无效之诉时具有公司股东身份，并且在诉讼过程中（至少一审法院作出判决之前）持续具有公司股东身份的主体。

此外，基于《公司法》第 11 条关于“公司章程对公司、股东、董事、监事、高级管理人员具有约束力”的规定，我倾向于认为，除了公司的股东，受公司章程约束的所有其他主体，包括公司自身、公司的各个董事、各个监事、各个高级管理人员，因其受公司章程的约束而符合《民事诉讼法》第 119 条第 1 项所规定的“原告是与本案有直接利害关系的公民、法人和其他组织”的起诉条件，从而也都应当有权起诉要求确认公司章程无效。

当然，除公司的股东以外的主体起诉要求确认公司章程无效的案例，比较少见。其中，有以股东、监事双重身份起诉要求确认公司章程无效的案例，比如，在孙某兵与启东市医药药材有限公司请求变更公司登记纠纷案当中，孙某兵就是以启东市医药药材有限公司的股东、监事的身份起诉的[①]。

值得一提的是，在确认公司的股东会或股东大会、董事会决议无效方面，2016 年 4 月 12 日公布的《公司法司法解释（四）征求意见稿》第 1 条曾规定，“……与股东会或者股东大会、董事会决议内容有直接利害关系的公司高级管理人员、职工、债权人等”，也都有权起诉请求确认相应的公司决议无效。按照《公司法司法解释（四）征求意见稿》的这一逻辑，“与公司章程有直接利害关系的公司的职工、债权人等”，似乎应该也有权请求确认公司章程无效。

不过，正式出台的《公司法司法解释（四）》第 1 条没有明确提及“公司高级管理人员、职工、债权人”，而是使用“等”字进行了模糊化处理，留待法院根据案件的具体情况作出认定：“公司股东、董事、监事等请求确认股东

---

① 见江苏省南通市中级人民法院在 2015 年 1 月 29 日就孙某兵与启东市医药药材有限公司请求变更公司登记纠纷二审作出的（2014）通中商终字第 00655 号民事判决书。

会或者股东大会、董事会决议无效或者不成立的，人民法院应当依法予以受理。”

我倾向于认为，有权请求确认公司章程无效的主体范围，不宜随意扩大；除《公司法》第 11 条明确规定的受到公司章程约束的“公司、股东、董事、监事和高级管理人员”外，公司的债权人以及其他人员，因其不受公司章程的约束而“与本案的直接利害关系”不明显，不宜成为有权确认公司章程无效的主体。

三、仲裁机构是否有权确认公司章程无效

在合同的情形，尽管《合同法》只是规定仲裁机构可以根据当事人的申请撤销或变更合同①并有权确认解除合同的效力②、没有规定仲裁机构有权确认合同无效，但是，根据《仲裁法》第 19 条第 2 款关于“仲裁庭有权确认合同的效力”的规定，仲裁机构是有权确认合同无效的。

与此不同，在公司章程的情形，尽管公司章程具有合同的某些属性③，而且《仲裁法》第 2 条规定了“平等主体的公民、法人和其他组织之间发生的合同纠纷和其他财产权益纠纷，可以仲裁”，但是，根据现行有效的《公司法》，我理解，仲裁机构是无权确认公司章程无效的。具体分析如下。

针对解散公司的情形，根据《公司法》第 180 条第 5 项和第 182 条的规定，在特定情况下，持有公司全部股东表决权 10% 以上的股东，可以请求人民法院解散公司。由于《公司法》使用了“请求人民法院解散公司”和“人民法院依照本法第一百八十二条的规定予以解散”的表述，因此，因解散公司产生的纠纷，只能向人民法院提起诉讼，仲裁机构无权仲裁。对此，《最高人民法院关于撤销中国国际经济贸易仲裁委员会（2009）CIETACBJ 裁决（0355）号裁决案的请示的复函》（〔2011〕民四他字第 13 号）更是明确提出：“仲裁机构裁决解散公司没有法律依据，属于无权仲裁的情形。”

---

① 见《合同法》第 54 条。

② 见《合同法》第 96 条第 1 款。

③ 见最高人民法院 2014 年 6 月 19 日就万某裕与丽江宏瑞水电开发有限公司其他股东权纠纷再审案作出的（2014）民提字第 00054 号民事判决书。

针对公司决议无效或公司决议撤销的情形，与《公司法》第182条的规定类似，《公司法》第22条使用的是“请求人民法院撤销”和“人民法院宣告该决议无效或者撤销该决议”的表述，因此，结合最高人民法院〔2011〕民四他字第13号的意见，我理解，撤销公司股东会或者股东大会、董事会的决议的权力，以及确认公司股东会或者股东大会、董事会的决议无效的权力，也只能由法院行使，仲裁机构无权行使，从而，仲裁机构裁决确认公司决议无效或撤销公司决议，没有法律依据，也应当属于无权仲裁的情形。

就公司章程而言，由于修改公司章程属于公司股东会或股东大会的职权，原则上只能由公司的股东会或股东大会通过决议的方式作出[①]，而修改后的公司章程或章程修正案是作为公司股东会或股东大会通过的修改公司章程的决议的一部分存在的，因此，既然撤销公司股东会或者股东大会决议的权力，以及确认公司股东会或者股东大会决议无效的权力，都只能由法院行使，而不能由仲裁机构行使，那么，确认公司章程无效的权力，应当也只能由法院行使，仲裁机构无权行使，仲裁机构裁决确认公司章程无效，没有法律依据，也应当属于无权仲裁的情形。

基于所述，即使公司章程约定了仲裁条款，有关确认公司章程无效的案件，也应当向法院起诉，而不能申请仲裁机构确认章程无效。

四、确认公司章程无效之诉的被告

现阶段，最高人民法院没有规定确认公司章程无效之诉是否应当以公司为被告。有的法院倾向于认为确认公司章程无效之诉应当以公司为被告。从目前查询到的涉及确认公司章程无效的判例看，实践中，确认公司章程无效之诉也多以公司为被告。

比如，在就北京市八大处农工商总公司与北京治政工贸发展有限公司确认公司章程无效纠纷上诉案作出的（2013）一中民终字第2695号民事裁定书中，

① 例外的情形主要是：在有限公司的情形，全体股东可以根据《公司法》第37条第2款的规定，以书面形式一致表示同意，不召开股东会会议直接作出修改公司章程的书面决定。不过，全体股东一致同意的书面决定，也可以视为股东会决议。此外，在有限公司设立时，通常只需由全体股东在公司章程上签字即可，无需由股东会作出决议。

北京市第一中级人民法院认为：公司章程是公司成立的制度基础，其起着规范公司与有关各方权利义务关系的作用，系公司的宪法；作为公司章程无效后果的承受主体，公司理应作为被告参与诉讼[①]。

不过，实践中也存在以公司的其他股东而不是公司为被告的案例。比如，在2013年，江苏润阳置业有限公司的股东张某就是以该公司的其他两个股东野某国、蔡某生擅自篡改公司章程、损害了其利益为由，以该公司的其他两个股东为被告，请求法院判决确认公司章程无效的[②]。

我理解，确认公司章程无效之诉当然可以以公司为被告；但是，也应当结合该案件的原告是谁来确认公司章程无效之诉的被告。如前所述，公司自身、公司的股东、公司的各个董事、监事、高级管理人员都应当有权申请确认公司章程无效，因此，在公司自身作为确认公司章程无效之诉的原告时，自然不能再以公司自身为被告，应当以公司的股东为被告为宜；在公司的股东作为确认公司章程无效之诉的原告时，既可以以公司为被告，也可以以公司的其他股东为被告；在公司的董事、监事或高级管理人员作为确认公司章程无效之诉的原告时，则应当以公司为被告为宜。

值得一提的是，针对与公司决议的成立、效力相关的纠纷，《公司法司法解释（四）》第3条第1款规定，“原告请求确认股东会或者股东大会、董事会决议不成立、无效或者撤销决议的案件，应当列公司为被告”。

与此相对应，最高人民法院可能也会倾向于认为，确认公司章程无效之诉应当以公司为被告。当然，最终还是应当以最高人民法院正式出台的司法解释或文件的权威意见为准。

五、申请确认公司章程无效可以使用哪些案由

在与公司章程纠纷相关的案由方面，最高人民法院2008年2月4日印发、自2008年4月1日起实施的《民事案件案由规定》曾在第二级案由“与公司

① 转引自杨力：《北京市八大处农工商总公司与北京治政工贸发展有限公司确认公司章程无效纠纷上诉案——确认公司章程无效案件适格被告之判定》，载《人民司法·案例》2013年第12期。

② 见南京市江宁区人民法院在2016年6月15日就张某诉野某国、蔡某生公司纠纷案作出的（2015）江宁商初字第768号民事判决书。

有关的纠纷”之下，明确列出了“公司章程或章程条款撤销纠纷”这一第三级案由；不过，最高人民法院 2011 年 2 月 18 日印发、自 2011 年 4 月 1 日起实施的修订后的《民事案件案由规定》的第二级案由“与公司有关的纠纷”下面①，则没有再列出“公司章程或章程条款撤销纠纷”，也没有直接规定“公司章程纠纷”“公司章程效力纠纷”或“确认公司章程无效纠纷”案由。

因此，在 2008 年 4 月 1 日至 2011 年 3 月 31 日这段时间里，在向法院起诉申请确认章程无效时，可以考虑直接选择“公司章程或章程条款撤销纠纷”案由；但是，从 2011 年 4 月 1 日起，可能就需要选择其他案由了。

注意到，《最高人民法院关于印发修改后的〈民事案件案由规定〉的通知》（法〔2011〕42 号）的“适用修改后的《民事案件案由规定》时应注意的几个问题”部分提出了，“第一审法院立案时应当根据当事人诉争法律关系的性质，首先应适用修改后的《民事案件案由规定》列出的第四级案由；第四级案由没有规定的，适用相应的第三级案由；第三级案由中没有规定的，适用相应的第二级案由；第二级案由没有规定的，适用相应的第一级案由”②，因此，虽然现行有效的《民事案件案由规定》的第四级案由和第三级案由里没有列明“公司章程纠纷”“公司章程效力纠纷”或“确认公司章程无效纠纷”案由，但是，股东向人民法院提起的请求确认公司章程无效的案件，在立案时，可以选择第二级案由“与公司有关的纠纷”，更可以选择第一级案由“与公司、证券、保险、票据等有关的民事纠纷”。

实践中，当事人提起确认公司章程无效的诉讼时，在案由的选择上，主要

---

① 《民事案件案由规定》的第二级案由“与公司有关的纠纷”下面列出的案由包括：242. 股东资格确认纠纷；243. 股东名册记载纠纷；244. 请求变更公司登记纠纷；245. 股东出资纠纷；246. 新增资本认购纠纷；247. 股东知情权纠纷；248. 请求公司收购股份纠纷；249. 股权转让纠纷；250. 公司决议纠纷：（1）公司决议效力确认纠纷；（2）公司决议撤销纠纷；251. 公司设立纠纷；252. 公司证照返还纠纷；253. 发起人责任纠纷；254. 公司盈余分配纠纷；255. 损害股东利益责任纠纷；256. 损害公司利益责任纠纷；257. 股东损害公司债权人利益责任纠纷；258. 公司关联交易损害责任纠纷；259. 公司合并纠纷；260. 公司分立纠纷；261. 公司减资纠纷；262. 公司增资纠纷；263. 公司解散纠纷；264. 申请公司清算；265. 清算责任纠纷；266. 上市公司收购纠纷。

② 此前，《最高人民法院关于印发〈民事案件案由规定〉的通知》（法发〔2008〕11 号）的“四、适用《民事案件案由规定》时应注意的几个问题”中也曾要求：“第一审法院立案时应当根据当事人诉争的法律关系性质，首先应适用《民事案件案由规定》列出的第四级案由，第四级案由没有规定的，则适用第三级案由；第三级案由中没有规定的，则可以直接适用相应的第二级案由或者第一级案由。”

有以下四种情况：

一是，以第四级案由“公司决议效力确认纠纷”或第三级案由“公司决议纠纷”为案由申请立案，通过请求法院确认通过相应的公司章程或章程修正案的股东会决议或股东大会决议无效的方式，来达到确认公司章程或章程条款无效的目的。比如，徐某霞与安顺绿洲报业宾馆有限公司、第三人贵州黔中报业发展有限公司公司决议效力确认纠纷案①，孙某仁与上海荧星音乐教具有限公司公司决议纠纷案②，和李某与成都市路桥工程股份有限公司公司决议效力确认纠纷案③。

二是，以第二级案由“与公司有关的纠纷”为案由申请立案，直接请求法院确认公司章程无效，或请求法院确认相关公司决议以及由该决议通过的公司章程无效。比如，郭某俊、青岛正东建材有限公司与公司有关的纠纷案④。

三是，以《民事案件案由规定》未列明的“确认章程无效纠纷”为案由申请立案，直接请求法院确认公司章程无效。当然，目前这种情况比较少见。比如，北京市八大处农工商总公司起诉北京治政工贸发展有限公司，要求确认北京治政工贸发展有限公司的公司章程第5条关于八大处总公司以集体所有土地、房产向其出资的规定无效一案，一开始是以“确认公司章程无效纠纷”为案由立案的⑤。

四是，以《民事案件案由规定》所列明的其他案由立案，在提出其他诉讼请求的同时，请求法院确认公司章程无效。比如，孙某兵与启东市医药药材有限公司请求变更公司登记纠纷案是以“请求变更公司登记纠纷”案由立案的⑥，张某诉野某国、蔡某生公司纠纷一审案则是以“合同纠纷”案由立案的，后来

---

① 见贵州省高级人民法院2015年10月10日作出的（2015）黔高民商终字第61号民事判决书。

② 见上海市青浦区人民法院2014年11月25日作出的（2014）青民二（商）初字第1727号民事判决书。

③ 见四川省成都市人民法院2018年1月24日作出的（2017）川01民终14529号民事判决书。

④ 见青岛市中级人民法院2016年12月8日作出的（2016）鲁02民终8987号民事判决书。

⑤ 杨力：《北京市八大处农工商总公司与北京治政工贸发展有限公司确认公司章程无效纠纷上诉案——确认公司章程无效案件适格被告之判定》，载《人民司法·案例》2013年第12期。

⑥ 见江苏省南通市中级人民法院2015年1月29日作出的（2014）通中商终字第00655号民事判决书。

变更为“公司纠纷”案由①。

未来，最高人民法院修改《民事案件案由规定》时，是否会在第二级案由“与公司有关的纠纷”中增加“确认公司章程效力”或“确认公司章程无效”等类似案由呢？不无可能，值得期待。

六、确认公司章程无效之诉是不是必须由公司住所地法院管辖

实践中，有的法院认为，确认公司章程无效之诉应由公司住所地法院管辖，其依据在于《民事诉讼法》第26条和《民事诉讼法司法解释》第22条；不过，也有法院认为，公司股东之间就公司章程的效力提起的确认之诉，并不属于法律规定的必须由公司住所地人民法院管辖的范围，可由被告住所地法院管辖②。

针对与公司有关的诉讼管辖，《民事诉讼法》第26条规定了：“因公司设立、确认股东资格、分配利润、解散等纠纷提起的诉讼，由公司住所地人民法院管辖。”在此基础上，《民事诉讼法司法解释》第22条进一步规定了：“因股东名册记载、请求变更公司登记、股东知情权、公司决议、公司合并、公司分立、公司减资、公司增资等纠纷提起的诉讼，依照民事诉讼法第二十六条规定确定管辖。”此外，《公司法司法解释（二）》第24条还规定了，“解散公司诉讼案件和公司清算案件由公司住所地人民法院管辖”。

根据上述规定，因公司设立、确认股东资格、分配利润、解散、清算、股东名册记载、请求变更公司登记、股东知情权、公司决议、公司合并、公司分立、公司减资、公司增资这13类纠纷提起的诉讼，应当由公司住所地法院管辖。

鉴于上述13类纠纷属于公司诉讼案件，最高人民法院认为，“公司诉讼主要是关涉公司的组织法性质的诉讼，存在与公司组织相关的多数利害关系人，

---

① 见南京市中级人民法院2016年3月29日就野某国、蔡某生与张某合同纠纷管辖权异议上诉案作出的（2016）苏01民辖终345号民事裁定书、南京市江宁区人民法院2016年6月15日就张某诉野某国、蔡某生公司纠纷一审案作出的（2015）江宁商初字第768号民事判决书。

② 见江苏省南京市中级人民法院2016年3月29日就张某与野某国、蔡某生合同纠纷管辖权异议上诉案作出的（2016）苏01民辖终345号民事裁定书；南京市中级人民法院2017年3月22日就张某与野某国、蔡某生与张某合同纠纷管辖权异议上诉案作出的（2017）苏01民辖终225号裁定书。

涉及多数利害关系人的多项法律关系的变动，且胜诉判决往往产生对世效力”[①]，因此，《民事诉讼法》第26条和《民事诉讼法司法解释》第22条针对公司诉讼案件的管辖作出了特别的规定。

问题是，在性质上，《民事诉讼法》第26条和《民事诉讼法司法解释》第22条规定的管辖，是否属于《民事诉讼法》规定的专属管辖?

注意到，尽管《民事诉讼法》第26条规定了若干应由公司住所地法院管辖的案件，但是，由于《民事诉讼法》在第33条明确规定了专属管辖的情形，并且，《民事诉讼法》第33条所规定的专属管辖的情形没有包括与公司有关的纠纷，因此，《民事诉讼法》第26条以及《民事诉讼法司法解释》第22条关于与公司有关的诉讼的规定，应当理解为特殊地域管辖而不是专属管辖[②]。

从而，根据《民事诉讼法》第34条的规定，在不违反《民事诉讼法》对级别管辖和专属管辖的规定的情况下，与公司有关的纠纷的当事人可以书面协议选择被告住所地、合同履行地、合同签订地、原告住所地、标的物所在地等与争议有实际联系的地点的人民法院管辖。

接下来的问题是，应当怎么理解《民事诉讼法》第26条和《民事诉讼法司法解释》第22条中的“等”字?“等”字是穷尽式列举，还是示例性列举?除了上述13类纠纷，与公司有关的其他纠纷是否也应当由公司住所地法院管辖?

从最高人民法院的判例看，最高人民法院倾向于认为，《民事诉讼法》第26条和《民事诉讼法司法解释》第22条中的“等”字是穷尽式的列举，上述13类纠纷以外的与公司有关的其他纠纷，不适用《民事诉讼法》第26条关于特别地域管辖的规定。

比如，在2014年12月16日就海南盛鼎实业有限公司与徐州市国盛投资控股有限公司、赵某损害公司利益责任纠纷二审案作出的（2014）民二终字第234号民事裁定书中，最高人民法院认为，“本案为损害公司利益责任纠纷，由盛元公司的股东盛鼎公司代表其向国盛公司请求返还其转走的盛元公司在大连

---

① 见最高人民法院2016年11月9日就贵州赤天化股份有限公司诉深圳市阳光佳润投资有限公司等股权转让纠纷管辖权异议上诉案作出的（2016）最高法民辖终216号民事裁定书。

② 见最高人民法院2014年7月25日就兰州万佳置业有限公司与王某辉、刘某等人股权转让纠纷管辖权异议上诉案（2014）民二终字第14号民事裁定书。

证券徐州营业部资金账户内的款项，并要求盛元公司法定代表人赵某承担连带赔偿责任，虽然根据本院《民事案件案由规定》列为‘与公司有关的纠纷’，但不属于《中华人民共和国民事诉讼法》第二十六条规定的应当由公司住所地人民法院管辖民事案件的情形，本案应当按照《中华人民共和国民事诉讼法》第二十八条规定由侵权行为地或者被告住所地人民法院管辖”。

又如，在2016年6月29日就张某泽、周某与张某一及通辽鑫顺房地产开发有限公司、蒋某臣、东北电业物资总公司机电产品经销处股权转让纠纷再审案作出的（2016）最高法民申828号民事裁定书中，最高人民法院也认为，“本案为股权转让纠纷，不属于《民事诉讼法》第二十六条和《民诉法解释》第二十二条中规定的情形，并不属于专属管辖范畴”。

再如，在2016年11月9日就贵州赤天化股份有限公司诉深圳市阳光佳润投资有限公司等股权转让纠纷管辖权异议上诉案作出的（2016）最高法民辖终216号民事裁定书中，最高人民法院认为：“本案纠纷源于赤天化公司将其拥有的高特佳公司的股权转让给京道凯翔企业，阳光佳润公司、佳兴和润公司、鹏瑞公司、速速达公司作为高特佳公司的股东，认为该股权转让行为损害其优先购买权，请求撤销上述《股权转让合同》，并判令其以同等条件行使优先购买权。因而，本案纠纷系高特佳公司的股东与股东以及第三人因股权转让行为而产生。该诉讼虽与公司有关，但不具有公司组织法上纠纷的性质，也不涉及多项法律关系，该案判决仅对股权转让方、受让方及高特佳公司其他股东发生法律效力。因此，本案诉讼应适用一般地域管辖规定确定管辖法院。一审法院认为本案诉讼系与公司有关的诉讼，应适用公司诉讼的特殊地域管辖的规定，并据此裁定其享有本案管辖权不当，本院予以纠正。”

还如，在2016年12月8日就管某旺、那某花与北京银丰投资发展有限公司等股权转让纠纷管辖权异议上诉案作出的（2016）最高法民辖终116号民事裁定书中，最高人民法院认为：“双方系因股权转让发生的争议，属股权转让合同纠纷，不是因公司设立、确认股东资格、分配利润、解散等纠纷提起的诉讼，不适用民事诉讼法第二十六条关于公司纠纷的特别地域管辖规定。”

在地方法院层面，针对这些问题，2015年的《北京市高级人民法院关于民事诉讼管辖若干问题的规定（试行）》也作出了比较明确的规定。《北京市高级人民法院关于民事诉讼管辖若干问题的规定（试行）》第17条明确，上述

13 类与公司有关的纠纷应当由公司住所地人民法院管辖；至于“股权转让、股东出资等当事人基于协议提起的其他与公司有关的纠纷”，则应当适用《民事诉讼法》及相关司法解释关于合同纠纷管辖的一般规定；而“当事人基于公司利益受到损害提起的其他与公司有关的纠纷”，则应当适用《民事诉讼法》及相关司法解释关于侵权责任纠纷管辖的一般规定（其中，公司住所地可以作为侵权行为地）。

同时，《北京市高级人民法院关于民事诉讼管辖若干问题的规定（试行）》第 17 条第 3 款也明确：“因公司股东未履行或者未全面履行出资义务，或者公司股东未履行清算责任给公司债权人造成损失的，债权人起诉股东对公司债务承担相应赔偿责任的，不应依照民事诉讼法第二十六条由公司住所地人民法院管辖，侵权行为地不包括公司住所地。”

江苏省高级人民法院则认为：“对于与公司有关的诉讼是否由公司住所地管辖，要综合进行判断，考虑的因素包括纠纷是否涉及公司利益、对该纠纷的法律适用是否适用公司法等。”①

由此可见，虽然最高人民法院现行有效的《民事案件案由规定》的第二级案由“与公司有关的纠纷”下面列出了 25 个三级案由、2 个四级案由，但是，由于该规定并不具有确定管辖的法律效力，而《民事诉讼法》第 26 条和《民事诉讼法司法解释》第 22 条的“等”字后面并没有“与公司有关的纠纷”的限定②，因此，并非《民事案件案由规定》的第二级案由“与公司有关的纠纷”项下的所有纠纷，都应当适用《民事诉讼法》第 26 条和《民事诉讼法司法解释》第 22 条的规定。

综合上述，除了上述 13 类与公司有关的诉讼，其他与公司有关的纠纷，应当根据《民事诉讼法》和《民事诉讼法司法解释》关于管辖的一般规定确定管辖法院，并不是只能由或当然由公司住所地法院管辖。

从而，就确认公司章程无效之诉而言，如果原告的起诉是通过确认公司股

---

① 见江苏省高级人民法院 2015 年 2 月 5 日就王某文与张某刚、蒋某波等财产损害赔偿纠纷管辖权异议上诉案作出的（2014）苏民辖终字第 00151 号民事裁定书。

② 见最高人民法院 2013 年 11 月 16 日就西宁特殊钢集团有限责任公司、青海省国有资产投资管理有限公司与赣州银行股份有限公司股东损害公司债权人利益责任纠纷再审案作出的（2013）民提字第 161 号民事裁定书中提及的江西省高级人民法院的意见。

东会或股东大会决议无效进而确认该决议通过的公司章程或章程修正案无效，那么，根据《民事诉讼法司法解释》第22条关于“因公司决议纠纷提起的诉讼，依照民事诉讼法第二十六条规定确定管辖”的规定，该确认公司章程无效之诉就应当由公司住所地人民法院管辖。

但是，如果原告直接起诉确认公司章程无效，其案由为“与公司有关的纠纷”，因《民事诉讼法》《民事诉讼法司法解释》以及最高人民法院关于《公司法》的各个司法解释均未规定因公司章程纠纷提起诉讼应由公司住所地法院管辖，我理解，在最高人民法院作出明确要求之前，该确认公司章程无效之诉应当根据《民事诉讼法》和《民事诉讼法司法解释》关于管辖的一般规定确定管辖法院，并非只能由或当然由公司住所地法院管辖，也可以由被告所在地法院管辖。

七、确认公司章程无效之诉是否受诉讼时效的约束

与确认公司章程无效之诉类似的是确认合同无效之诉，二者均属确认之诉。确认公司章程无效之诉以及确认合同无效之诉是否适用诉讼时效制度？对此，《民法总则》《民法通则》《最高人民法院关于审理民事案件适用诉讼时效制度若干问题的规定》（法释〔2008〕11号）本身没有明确规定。

针对确认合同无效之诉是否适用诉讼时效的问题，在就《最高人民法院关于审理民事案件适用诉讼时效制度若干问题的规定》答记者问时，最高人民法院民二庭负责人曾提及，“确认合同无效请求权虽名为请求权，但实质为实体法上的形成权，因此，通说认为，其不适用诉讼时效的规定，而应适用除斥期间的规定”；但是，由于“我国合同法并未对确认合同无效请求权的除斥期间进行规定”，并且，“由于在讨论过程中，关于诉讼时效起算点的问题争议颇大，未形成倾向性意见，故最高人民法院审委会决定对该问题暂不予以规定，待进一步研究”。[①]

实践中，有的法院认为，确认公司章程无效之诉，作为确认之诉，是不适

① 见《最高人民法院民二庭负责人就〈关于审理民事案件适用诉讼时效制度若干问题的规定〉答本报记者问》，载《人民法院报》2008年9月1日第3版。

用诉讼时效制度的。

比如，在2008年4月就广州化学试剂厂与陆某华等确认企业章程效力纠纷上诉案作出的（2008）穗中法民二终字第571号民事判决书中，针对上诉人广州化学试剂厂提出的“本案不是确认之诉，已过诉讼时效保护期间”的问题，广州市中级人民法院认为：“被上诉人请求确认章程的效力，是请求法院确定其与上诉人之间是否存在章程规定的民事法律关系，没有给付的义务，也没有给付的内容，属于确认之诉，不适用诉讼时效制度。”①

又如，在2015年11月26日就陆某兰、上海晶川贸易有限公司与陆某平公司决议效力确认纠纷二审案作出的（2015）沪一中民四（商）终字第1786号民事判决书中，针对陆某平原审起诉时是否超过法定诉讼时效期间的问题，上海市第一中级人民法院也认为：“陆某平于本案的诉讼请求为依照《中华人民共和国公司法》的规定要求确认公司决议无效，该确认之诉属于形成权，而诉讼时效的规定仅适用于请求权，故本案确认公司决议效力纠纷不适用诉讼时效的规定。”

再如，在2016年12月19日就陈某威、广西贺州市医药有限责任公司股东资格确认纠纷再审案作出的（2016）桂民申1995号民事裁定书中，针对该案起诉是否超过诉讼时效期间的问题，广西壮族自治区高级人民法院认为：“本案中，陈某威的诉讼请求是确认其拥有医药公司的持股权及持股金额，属于确认之诉，该诉讼请求所对应的实体法上的权利为形成权，并非请求权，不应适用诉讼时效的规定。”

还如，在2017年5月8日就广州市交通委员会与广州市一汽巴士有限公司、广州市宏佳伟业发展有限公司公司决议效力确认纠纷二审案作出的（2017）粤01民终3093号民事判决书中，广州市中级人民法院认为：“本案是公司决议效力确认纠纷，关于效力之争不属于债权请求权范畴，法律对此类诉讼未规定诉讼时效期限，且公司决议无效系自始无效，不受诉讼时效期间限制，故一审法院认定本案不适用法律关于诉讼时效的规定并无不当，本院予以确认。”

---

① 值得注意的是，该案中的广州化学试剂厂为股份合作制企业，不适用《公司法》。这在该案的二审、再审当中都被法院提示过。

不过，也有的法院认为，确认公司决议无效之诉，应当适用诉讼时效制度；从而，确认公司章程无效之诉也应当适用诉讼时效制度。

比如，在2013年9月29日就韩某海与陕西威肯纳米新材料加工有限公司公司决议效力确认纠纷申请再审案作出的（2013）陕民二申字第01051号民事裁定书中，陕西省高级人民法院认为："本案争议的焦点是申请人的起诉是否超过法律规定的诉讼时效。《中华人民共和国民法通则》第一百三十五条规定：'向人民法院请求保护民事权利的诉讼时效期间为二年，法律另有规定的除外'。我国现行法律对公司决议效力纠纷的诉讼时效无另行规定。因此，本案应适用《中华人民共和国民法通则》第一百三十五条诉讼时效期间为二年规定。"

又如，在2017年5月10日就上海进福房地产开发有限公司与张某云公司决议效力确认纠纷二审案作出的（2016）沪02民终10328号民事判决书中，上海市第二中级人民法院认为："有限责任公司通过股东会对变更公司章程、延长经营期限等事项作出决议，其实质是公司股东通过参加股东会行使股东权利，决定设立或变更其与公司之间的民事法律关系的过程。张某云提起本案诉讼，系基于系争股东会决议侵犯了其作为股东有权参与决定公司设立、变更及终止的权利，对该种股东合法私权利的侵犯，实则为一种民事侵权责任。基于公司制度的特殊性，该民事权利的救济方式主要体现在请求司法否认决议效力程序上。故对该种权利的保护，同样落入诉讼时效的客体范围，现有法律也无特别规定此种情形不适用诉讼时效，故根据民事权利属性和诉讼时效原理，本案情形应当适用普通诉讼时效规定。赋予公司诉讼时效抗辩，在于督促股东积极关注并及时行使权利，否则，如果无限期地允许股东随时请求否认决议效力，将使公司通过决议而形成的事实状态长期处于不稳定之中，损害交易安全和交易秩序，破坏公司外部法律关系稳定，这也与公司法的立法精神和原则相悖。因此，本案张某云起诉应当适用诉讼时效规定。"

从上述案例看，针对确认无效之诉是否适用诉讼时效制度的问题，不同的法院可能持有不同的观点；甚至，同一个省、直辖市、自治区高级人民法院辖区内的不同法院，可能还持有截然相反的意见。

值得注意的是，针对确认合同无效之诉，刊载于《最高人民法院公报》2006年第9期的、由最高人民法院在2006年6月2日就广西北生集团有限责任公司与北海市威豪房地产开发公司、广西壮族自治区畜产进出口北海公司土地使用权转让合同纠纷上诉案作出的（2005）民一终字第104号民事判决书曾提出："合同当事人不享有确认合同无效的法定权利，只有仲裁机构和人民法院有权确认合同是否有效。合同效力的认定，实质是国家公权力对民事行为进行的干预。合同无效系自始无效，单纯的时间经过不能改变无效合同的违法性。当事人请求确认合同无效，不应受诉讼时效期间的限制，而合同经确认无效后，当事人关于返还财产及赔偿损失的请求，应当适用法律关于诉讼时效的规定。"

结合最高人民法院在上述（2005）民一终字第104号民事判决书中的意见，以及最高人民法院民二庭负责人在就《最高人民法院关于审理民事案件适用诉讼时效制度若干问题的规定》答记者问时提出的"通说"观点，我倾向于赞同确认合同无效之诉不适用诉讼时效制度的意见。

进而，由于确认公司章程无效与确认合同无效都属于确认民事法律行为无效之诉，结合《民法总则》第134条第2款关于"法人、非法人组织依照法律或者章程规定的议事方式和表决程序作出决议的，该决议行为成立"和第155条关于"无效的……民事法律行为自始没有法律约束力"的规定，因此，二者在是否适用诉讼时效制度方面应当是一致的；既然当事人请求确认合同无效都不应受到诉讼时效期间的限制，那么，当事人请求确认公司章程无效，同样也不应受到诉讼时效期间的限制。因此，我倾向于认为，确认公司章程无效之诉也不适用诉讼时效制度。

还需注意的是，尽管不同的法院对确认公司章程无效之诉是否适用诉讼时效制度的问题可能持有不同的观点，但是，至少可以肯定的是，确认公司决议无效之诉，是不受《公司法》第22条第2款针对公司决议撤销之诉所规定的60日的限制的。

在这个问题上，上海市高级人民法院印发的《关于审理公司纠纷案件若干问题的解答》（沪高法民二〔2006〕8号）曾提出过明确的处理意见："新修订的公司法第二十二条对股东会或股东大会、董事会决议无效和撤销情形分别作了规定。根据该条第二款的规定，符合决议撤销情形的，股东可以自决议作出之日起60日内请求法院予以撤销。超过该规定期限提起的诉讼，法院不予受理。因此，该60日的规定仅是针对股东提起决议撤销诉讼而设定。对符合决议无效的情形，新修订的公司法未对股东提起诉讼的期限作出限制规定，故对于股东依据新修订的公司法第二十二条第一款规定提起的确认股东大会或股东会、董事会决议无效的诉讼，不应受60日的限制。”

八、如何认定公司章程无效

在如何认定公司章程无效这一问题上，最高人民法院目前尚未出台统一的裁判标准。不过，从法院处理涉及公司章程无效的案件的裁判意见看，总体而言，法院通行的思路可能是：只要股东就公司章程的内容达成了合意，并且不违反法律、行政法规的强制性规定，公司章程即为有效。

比如，在2015年7月29日就董某凤与河南天海电器有限公司股东资格确认纠纷申请再审案作出的（2015）民申字第710号民事裁定书中，最高人民法院认为：“公司章程是关于公司的组织结构、内部关系和开展公司业务活动的基本规则和依据，亦是股东自治意思规则的载体，具有公司自治特点，只要股东达成合意，且不违背法律的强制性规范，公司章程即为有效。”

又如，针对“公司章程与《公司法》条款规定不一致时的法律适用原则”，《北京市高级人民法院关于审理公司纠纷案件若干问题的指导意见（试行）》（京高法发〔2004〕50号）提出：“公司章程是股东之间的协议，是公司的组织准则与行为准则，只要不违反法律、行政法规的强制性规定，公司章程即具有法定约束力。公司章程与《公司法》条款规定不一致时，应当结合具体案件判定所涉法条的性质是否属于强制性规定，凡所涉法条不属于强制性规定的，即不影响公司章程的效力。”

再如，在2016年5月20日就北京治政工贸发展有限公司与北京市八大处农工商总公司与公司有关的纠纷二审案作出的（2016）京01民终2242号民事判决书中，北京市第一中级人民法院还认为：“民事主体的民事法律行为不得违反法律法规的强制性规定。公司章程虽是公司的契约和行为的准则，属公司自治的范畴，但其内容亦不得违反法律法规的强制性规定。”此外，在2007年12月20日就陈某丽、朱某靖、朱某伊、朱某翔与北京市华宇亚电力设备安装有限公司、朱某军、李某确认股东会决议效力纠纷一审案作出的（2007）一中民初字第12574号民事判决书中，北京市第一中级人民法院更是认为：“公司章程是用于调整公司内部各种法律关系的一个规范性合约，但同时公司章程亦并不能违反法律的强制性规定，即任何人都不能通过公司章程打破为法律所保护的一种合理的、公平的秩序，因此，当公司章程的内容与法律的强制性规定相冲突时，应以法律强制性规范的效力否决公司章程的相应内容。"

还如，在2015年10月10日就徐某霞与安顺绿洲报业宾馆有限公司、第三人贵州黔中报业发展有限公司公司决议效力确认纠纷上诉案作出的（2015）黔高民商终字第61号民事判决书中，贵州省高级人民法院认为："公司章程是由公司发起人或全体股东共同制定的公司基本文件，也是公司成立的必备性法律文件，主要体现股东意志。《中华人民共和国公司法》第十一条规定：'设立公司必须依法制定公司章程'，表明公司章程具有法定性，即它不仅是体现股东的自由意志，也必须遵守国家的法律规定。只要公司章程不违反国家强制性的、禁止性的法律规定，司法一般不应介入公司章程这种公司内部事务，即使司法要介入，也应保持适当的限度，即适度干预。"

由此看来，在认定公司章程无效方面，法院实际上适用的是民事法律行为无效的规则①，尤其是其中的"违反法律、行政法规的强制性规定的无效"的规定。亦即，如果公司章程的内容违反了法律、行政法规的强制性规定，通常就可以认定该公司章程或公司章程的相关条款无效了（当然，《民法总则》第153条第1款还有个但书条款："该强制性规定不导致该民事法律行为无效的除外"）。

值得注意的是，其中的"法律、行政法规的强制性规定"，不仅仅指《公司法》本身的强制性规定，也包括其他法律、行政法规的强制性规定。比如，在北京治政工贸发展有限公司与北京市八大处农工商总公司与公司有关的纠纷案中，一审法院和二审法院就以案涉公司章程的条款违反了《土地管理法》的强制性规定为由确认其无效②。

---

① 这些规则主要包括：（1）无民事行为能力人实施的民事法律行为无效（《民法总则》第144条、《民法通则》第58条第1款第1项）；（2）行为人与相对人以虚假的意思表示实施的民事法律行为无效（《民法总则》第146条第1款）；（3）违反法律、行政法规的强制性规定的民事法律行为无效，但是该强制性规定不导致该民事法律行为无效的除外（《民法总则》第153条第1款、《民法通则》第58条第1款第5项）；（4）违背公序良俗的民事法律行为无效（《民法总则》第153条第2款、《民法通则》第58条第1款第5项）；（5）行为人与相对人恶意串通，损害他人合法权益的民事法律行为无效（《民法总则》第154条、《民法通则》第58条第1款第4项）。

② 见北京市第一中级人民法院2016年5月20日就北京治政工贸发展有限公司与北京市八大处农工商总公司与公司有关的纠纷二审案作出的（2016）京01民终2242号民事判决书。

回到《公司法》本身，《公司法》的哪些条款属于强制性规定，哪些条款又属于效力性强制性规定？最高人民法院目前也没有出台具体的认定标准。

不过，针对《合同法》第 52 条第 5 项提及的“法律、行政法规的强制性规定”的认定，最高人民法院则提出过原则性的指导意见。

在《关于当前形势下审理民商事合同纠纷案件若干问题的指导意见》（法发〔2009〕40 号）中，最高人民法院要求“人民法院应当综合法律法规的意旨，权衡相互冲突的权益，诸如权益的种类、交易安全以及其所规制的对象等，综合认定强制性规定的类型”：一方面，“如果强制性规范规制的是合同行为本身即只要该合同行为发生即绝对地损害国家利益或者社会公共利益的，人民法院应当认定合同无效”；另一方面，“如果强制性规定规制的是当事人的‘市场准入’资格而非某种类型的合同行为，或者规制的是某种合同的履行行为而非某类合同行为，人民法院对于此类合同效力的认定，应当慎重把握，必要时应当征求相关立法部门的意见或者请示上级人民法院”。

此外，最高人民法院 2019 年 11 月印发的《全国法院民商事审判工作会议纪要》（法〔2019〕254 号）也提出，“人民法院在审理合同纠纷案件时，要依据《民法总则》第 153 条第 1 款和合同法司法解释（二）第 14 条的规定慎重判断‘强制性规定’的性质，特别是要在考量强制性规定所保护的法益类型、违法行为的法律后果以及交易安全保护等因素的基础上认定其性质，并在裁判文书中充分说明理由。下列强制性规定，应当认定为‘效力性强制性规定’：强制性规定涉及金融安全、市场秩序、国家宏观政策等公序良俗的；交易标的禁止买卖的，如禁止人体器官、毒品、枪支等买卖；违反特许经营规定的，如场外配资合同；交易方式严重违法的，如违反招投标等竞争性缔约方式订立的合同；交易场所违法的，如在批准的交易场所之外进行期货交易。关于经营范围、交易时间、交易数量等行政管理性质的强制性规定，一般应当认定为‘管理性强制性规定’”。

尽管上述要求主要是针对合同涉及的强制性规定提出的，但我理解，上述要求同样可以适用于跟公司章程有关的强制性规定的处理。

具体到《公司法》本身，针对《公司法》中的条款是否属于强制性条款的问题，《北京市高级人民法院关于审理公司纠纷案件若干问题的指导意见（试行）》（京高法发〔2004〕50 号）认为，“强制性条款应当是指不能由当事人自行选择而必须遵守的规定，对该类规定的违反可能损害国家和社会公共利益……公司章程与《公司法》条款规定不一致时，应当结合具体案件判定所涉法条的性质是否属于强制性规定，凡所涉法条不属于强制性规定的，即不影响公司章程的效力”。

不过，从目前查询的案例看，实践中，法院裁判的逻辑通常是这样的：案涉公司的章程的某个条款违反了《公司法》某条或某款的规定，而《公司法》的某条或某款属于强制性规定，侵害了某个股东的某项权利，所以，案涉公司章程的该条款应当无效。

在这一过程中，法院通常是直接作出“《公司法》的某个条款属于强制性规定”的认定结论的，至于“为什么《公司法》的这个条款是强制性规定”，则未作说明，也没有对“为什么《公司法》的这个条款属于效力性强制性规定，而非管理性强制性规定”作出解释。

具体来说，公司章程中的内容，如果违反了《公司法》的下列规定，这些内容可能会被法院认定为无效：

附表五　《公司法》的若干强制性规定

序号	章程内容	违反的《公司法》条款	是否无效	法律/司法解释/判例依据
1	有限责任公司章程没有股东的签名、盖章	第25条第2款：“股东应当在公司章程上签名、盖章。”	无效	东莞市中级人民法院2015年12月31日就钟某祥、游某良、张某权与东莞市新雅乐房地产开发有限公司与公司有关的纠纷二审案作出的（2015）东中法民二终字第1746号民事判决书，湖北省咸宁市中级人民法院2016年5月17日就郑某湘、湖北泰发房地产开发有限公司公司决议效力确认纠纷二审案作出的（2015）鄂咸宁中民终字第709号民事判决书

续表

序号	章程内容	违反的《公司法》条款	是否无效	法律/司法解释/判例依据
2	有限责任公司章程在未经全体股东一致同意的情况下，规定股东不按实缴的出资比例分配红利	第 34 条：“股东按照实缴的出资比例分取红利；公司新增资本时，股东有权优先按照实缴的出资比例认缴出资。但是，全体股东约定不按照出资比例分取红利或者不按照出资比例优先认缴出资的除外。”	无效	《北京市高级人民法院关于审理公司纠纷案件若干问题的指导意见》（京高法发〔2008〕127 号）第 12 条，上海市第一中级人民法院就童某芳等 13 人诉上海康达化工有限公司确认决议无效纠纷上诉案作出的（2007）沪一中民三（商）终字第 172 号民事判决书
3	有限责任公司章程在未经全体股东一致同意的情况下，规定股东不按实缴的出资比例行使优先认缴新增资本的权利	第 34 条：“股东按照实缴的出资比例分取红利；公司新增资本时，股东有权优先按照实缴的出资比例认缴出资。但是，全体股东约定不按照出资比例分取红利或者不按照出资比例优先认缴出资的除外。”	无效	《北京市高级人民法院关于审理公司纠纷案件若干问题的指导意见》（京高法发〔2008〕127 号）第 12 条
4	有限责任公司章程在未经全体股东一致同意的情况下，规定股东在股东会会议上不按出资比例行使表决权	第 42 条：“股东会会议由股东按照出资比例行使表决权；但是，公司章程另有规定的除外。”	无效	《北京市高级人民法院关于审理公司纠纷案件若干问题的指导意见》（京高法发〔2008〕127 号）第 12 条
5	有限责任公司的章程关于股东会议事方式和表决程序的约定违反《公司法》第 43 条第 2 款的规定	第 43 条第 2 款：“股东会会议作出修改公司章程、增加或者减少注册资本的决议，以及公司合并、分立、解散或者变更公司形式的决议，必须经代表三分之二以上表决权的股东通过。”	无效	《上海市高级人民法院关于正确理解和适用〈中华人民共和国公司法〉第 43 条和第 44 条的解答》（2007 年 6 月 11 日），江苏省南通市中级人民法院 2015 年 1 月 29 日就刘某兵、李某与孙某兵、启东市医药药材有限公司请求变更公司登记纠纷上诉案作出的（2014）通中商终字第 00655 号民事判决书
6	有限责任公司章程关于“股东会会议作出修改公司章程、增加或者减少注册资本的决议。以及公司合并、分立、解散或者变更公司形式的决议，股东会会议对公司其它变更事项所做出的协议，必须经代表三分之一以上表决权的通过”的规定	第 43 条第 2 款：“股东会会议作出修改公司章程、增加或者减少注册资本的决议，以及公司合并、分立、解散或者变更公司形式的决议，必须经代表三分之二以上表决权的股东通过。”	无效	北京市第二中级人民法院 2008 年 12 月 16 日就宗某、李某龙与李某军、北京星二十一新媒体技术有限公司章程条款效力纠纷二审案作出的（2008）二中民终字第 19385 号民事判决书

续表

序号	章程内容	违反的《公司法》条款	是否无效	法律/司法解释/判例依据
7	有限责任公司章程关于“股东会作出有关公司增加或者减少注册资本，分立、合并、解散或者变更公司形式及修改公司章程的决议必须经出席会议的股东所持表决权的三分之二以上通过”的规定	第43条第2款：“股东会会议作出修改公司章程、增加或者减少注册资本的决议，以及公司合并、分立、解散或者变更公司形式的决议，必须经代表三分之二以上表决权的股东通过。”	无效	上海市第一中级人民法院就童某芳等13人诉上海康达化工有限公司确认决议无效纠纷上诉案作出的（2007）沪一中民三（商）终字第172号民事判决书
8	有限责任公司章程规定董事会有权行使对修改公司章程、增加或者减少注册资本、公司合并、分立、解散作出决议的职权	第43条第2款：“股东会会议作出修改公司章程、增加或者减少注册资本的决议，以及公司合并、分立、解散或者变更公司形式的决议，必须经代表三分之二以上表决权的股东通过。”	无效	贵州省高级人民法院2015年10月10日就徐某霞与安顺绿洲报业宾馆有限公司、第三人贵州黔中报业发展有限公司公司决议效力确认纠纷上诉案作出的（2015）黔高民商终字第61号民事判决书
9	注册资本500多万、股东人数有49人的有限责任公司，其公司章程关于不设监事会、只设一名监事的规定	第51条第1款：“有限责任公司设监事会，其成员不得少于三人。股东人数较少或者规模较小的有限责任公司，可以设一至二名监事，不设监事会。”	无效	上海市第一中级人民法院就童某芳等13人诉上海康达化工有限公司确认决议无效纠纷上诉案作出的（2007）沪一中民三（商）终字第172号民事判决书
10	有限责任公司章程关于职工代表监事由工会主席担任的规定	第51条第2款、第3款：“监事会应当包括股东代表和适当比例的公司职工代表，其中职工代表的比例不得低于三分之一，具体比例由公司章程规定。监事会中的职工代表由公司职工通过职工代表大会、职工大会或者其他形式民主选举产生。 “监事会设主席一人，由全体监事过半数选举产生。监事会主席召集和主持监事会会议；监事会主席不能履行职务或者不履行职务的，由半数以上监事共同推举一名监事召集和主持监事会会议。”	无效	上海市第一中级人民法院就童某芳等13人诉上海康达化工有限公司确认决议无效纠纷上诉案作出的（2007）沪一中民三（商）终字第172号民事判决书

续表

序号	章程内容	违反的《公司法》条款	是否无效	法律/司法解释/判例依据
11	有限责任公司章程中关于自然人股东死亡后，其合法继承人只继承部分股东权利和所有义务的规定	第75条：“自然人股东死亡后，其合法继承人可以继承股东资格；但是，公司章程另有规定的除外。”	无效	上海市第一中级人民法院就童某芳等13人诉上海康达化工有限公司确认决议无效纠纷上诉案作出的（2007）沪一中民三（商）终字第172号民事判决书
12	有限责任公司章程中关于自然人股东死亡后，其合法继承人可以出席股东会会议，必须同意由股东会作出的各项有效决议	第75条：“自然人股东死亡后，其合法继承人可以继承股东资格；但是，公司章程另有规定的除外。” 第42条：“股东会会议由股东按照出资比例行使表决权；但是，公司章程另有规定的除外。”	无效	上海市第一中级人民法院就童某芳等13人诉上海康达化工有限公司确认决议无效纠纷上诉案作出的（2007）沪一中民三（商）终字第172号民事判决书

九、公司章程被确认无效的效果

接下来的问题是，公司章程被确认无效，是否具有溯及力及如何处理与此相关的法律关系？对此，《公司法》本身没有直接的规定。我理解，公司章程被确认无效，既会涉及公司内部的法律关系，又会涉及与第三人之间的法律关系；其处理可以参考适用《公司法》和《公司法司法解释（四）》关于公司决议无效的规定；此外，可能还需要结合《民法总则》关于无效的民事法律行为的规定加以处理。

先来看看《公司法》的规定。针对公司决议无效的情形，《公司法》第22条第4款规定，“公司根据股东会或者股东大会、董事会决议已办理变更登记的，人民法院宣告该决议无效……后，公司应当向公司登记机关申请撤销变更登记”。

在公司章程的情形，由于制定公司章程是公司设立条件之一，公司章程也是申请公司设立登记的必备文件，并且公司在修改其章程时，应当将修改后的公司章程或者公司章程修正案提交给原公司登记机关①，因此，公司章程被人

① 见《公司法》第11条、第23条第3项、第29条、第76条第4项、第83条第3款、第92条和《公司登记管理条例》第27条第2款、第36条。

民法院确认无效之后，公司也应当向原公司登记机关申请撤销被确认无效的公司章程的登记或备案。

由于针对公司决议被确认无效的处理，《公司法》除了要求公司申请撤销变更登记外，没有作出其他规定，从而，关于公司章程被确认无效后是否具有溯及力的问题，需要在《公司法》之外寻找解决思路。

再来看看《公司法司法解释（四）》。由于《公司法司法解释（四）》第6条规定了“股东会或者股东大会、董事会决议被人民法院判决确认无效或者撤销的，公司依据该决议与善意相对人形成的民事法律关系不受影响”，因此，在通过公司章程的股东会或股东大会决议被确认无效之后，相应的公司章程也被确认为无效，但公司根据该公司章程与善意相对人形成的民事法律关系不因该公司章程被确认为无效而受影响。

不过，值得注意的是，《公司法》第22条第4款是从公司与公司登记机关之间的行政法律关系的角度来处理公司决议无效的法律后果的，而《公司法司法解释（四）》第6条则是从公司与第三人之间的民事法律关系的角度来处理公司决议无效的法律后果的。

接下来看看《民法总则》的规定。由于《民法总则》与《公司法》是一般法和特别法的关系，根据《民法总则》第2条关于“民法调整平等主体的自然人、法人和非法人组织之间的人身关系和财产关系”和第11条关于“其他法律对民事关系有特别规定的，依照其规定”的规定，由于《公司法》并没有对“公司章程被确认无效后如何处理”作出其他特别规定，因此，应考虑适用《民法总则》第155条和第156条关于“无效的民事法律行为”的一般规定①。

结合《民法总则》第155条关于“无效的或者被撤销的民事法律行为自始没有法律约束力”的规定和第156条关于“民事法律行为部分无效，不影响其他部分效力的，其他部分仍然有效”的规定，我认为在公司章程被人民法院确认无效之后②，被确认为无效的章程条款应追溯至其被制定或被通过之时就自始没有法律约束力，如同自始就没有存在过；但是，未被人民法院确认为无效

① 在公司章程无效的情形，行为人通常不是直接因被确认为无效的公司章程而取得财产，因此，《民法总则》第157条的规定不应适用于公司章程被人民法院确认为无效的情形。

② 包括公司章程被单独确认为无效和因通过公司章程的股东会或股东大会决议被确认为无效而无效。

的其他章程条款，则不应受此影响，并应具有法律约束力。

不过，实践中，针对公司章程无效的法律后果，不同的法院可能会采取不同的处理办法。

有的法院认为，无效民事法律行为的后果和基本处理准则在于恢复原状，在公司章程或公司章程的相关条款被确认为无效之后，应以被确认为无效的公司章程之前有效的公司章程或公司章程的相关条款为准。因此，在确认公司章程或公司章程的相关条款无效的同时，有的法院会一并明确，在公司章程被确认为无效之后，应以哪份公司章程为准，或者在公司章程的相关条款被确认为无效之后，应以哪份章程的内容为准；并且，要求公司向公司登记机关办理相应的变更或备案手续。

比如，在周某生与裕昌投资控股集团有限公司、吕某涛、吕某玉、张某、刘某华、刘某、李某华、山东聊城天恒置业有限公司及信诚传统（北京）投资有限公司公司决议效力确认纠纷周某生与裕昌投资控股集团有限公司、吕乃涛等公司决议效力确认纠纷一审案中，山东省高级人民法院在 2015 年 9 月 23 日作出的（2014）鲁商初字第 23 号民事判决书中认为，“公司股东会决议被确认无效后，对公司内部关系具有溯及力，公司内部法律关系应回归到决议作出之前的状态”，“被告裕昌公司应当自本判决生效之日起 30 日内向公司登记机关申请变更登记至 2007 年 5 月 18 日股东会决议作出之前的状态”。

又如，在孙某兵诉启东市医药药材有限公司请求变更公司登记纠纷案中，一审法院江苏省启东市人民法院在判决确认“启东市医药药材有限公司于 2012 年 7 月 16 日登记备案的章程除经营范围增加‘保健食品’外，其余修改部分无效”的同时，还判决要求“启东市医药药材有限公司于本判决生效之日起三十日内办理工商变更登记，将 2012 年 7 月 16 日登记备案的章程，除经营范围增加‘保健食品’外，其余修改恢复至 2011 年 1 月 10 日登记章程的内容”①。

再如，在孙某仁诉被告上海荧星音乐教具有限公司公司决议纠纷案中，一审法院上海市青浦区人民法院在判决确认被告上海荧星音乐教具有限公司于

① 该一审判决得到二审法院的维持，见江苏省南通市中级人民法院 2015 年 1 月 29 日就刘某兵、李某与孙某兵、启东市医药药材有限公司请求变更公司登记纠纷上诉案作出的（2014）通中商终字第 00655 号民事判决书。

2013年2月27日形成的股东会决议和《上海荧星音乐教具有限公司章程》无效的同时，还判决要求上海荧星音乐教具有限公司于本判决生效之日起10日内向公司登记机关申请撤销根据2013年2月27日被告股东会决议和《上海荧星音乐教具有限公司章程》办理的变更登记手续①。

也有的法院只是在其判决书中确认相应的公司章程或公司章程的相关条款无效，但并不对公司章程被确认为无效的法律后果予以明确。

比如，在童某芳等人诉上海康达化工有限公司确认决议无效纠纷案中，一审法院上海市浦东新区人民法院只是判决宣告了“上海康达化工有限公司2006年7月29日通过的《上海康达化工有限公司关于修改（公司章程）的决议》中‘上海康达化工有限公司章程’第二十四条第（二）、（三）项、第二十五条第（四）项、第二十九条、第四十一条的内容无效”②。

又如，在北京市八大处农工商总公司诉北京治政工贸发展有限公司与公司有关纠纷一案中，北京市石景山区人民法院也只是判决确认了《北京治政工贸发展有限公司章程》第5条关于北京金瑞投资有限公司以集体所有土地、房产向北京治政工贸发展有限公司出资的规定无效③。

此外，由于确认公司章程或公司章程的相关条款无效涉及多方当事人（不仅涉及公司、公司的各个股东，甚至可能涉及第三人）的利益，尤其是，对于公司在当事人要求确认无效的公司章程或公司章程条款被通过之后发生了增资、股权转让等诸多变更事项、涉及诸多第三人利益的情形，出于维护、保护在当事人要求确认无效的公司章程或公司章程条款被通过之后形成的新的交易秩序，甚至是公共利益的考量，有的法院可能会倾向于不确认公司章程或公司章程的相关条款无效，或者虽然确认公司章程或公司章程的相关条款无效，但是不支持公司提出的撤销与被确认为无效的公司章程相关的公司登记或备案登记的请求。

---

① 见上海市青浦区人民法院2014年11月25日就孙某仁与上海荧星音乐教具有限公司公司决议纠纷一审案作出的（2014）青民二（商）初字第1727号民事判决书。

② 该一审判决被上海市第一中级人民法院以（2007）沪一中民三（商）终字第172号民事判决书予以维持。

③ 该一审判决获得了二审法院的维持，见北京市第一中级人民法院2016年5月20日就北京治政工贸发展有限公司与北京市八大处农工商总公司与公司有关的纠纷二审案作出的（2016）京01民终2242号民事判决书。

比如，在钱某明诉浙江长兴博阳制衣有限公司等公司决议效力确认纠纷上诉案中，针对钱某明要求确认浙江长兴博阳制衣有限公司股东会决议无效或者予以撤销的请求，二审法院浙江省湖州市中级人民法院就曾以涉诉股东会决议作出之后“博阳公司的股权结构已经数次发生变更，如再予撤销，将导致公司股东间发生连环股权交易纠纷”为由，“从公司治理的效率原则以及股东行使权利应遵循诚信原则出发”，认为“被上诉人钱某明在事隔多年以后要求确认股东会决议无效或者予以撤销，应当不予支持”，因此驳回了钱某明的诉讼请求。

又如，在上海某高新材料有限公司诉上海市工商行政管理局某分局工商变更登记纠纷案中，虽然上海某高新材料有限公司在 2002 年至 2006 年间作出的 9 份股东会决议已经被人民法院的生效判决确认为无效，但是，由于该公司自设立以来，历经了 14 次工商变更登记，在十余年的经营过程中形成了广泛复杂的经济关系，在该公司向公司登记机关申请撤销依据这 9 份股东会决议进行的 9 次工商变更登记时，公司登记机关就以该公司“存续期间内外法律关系的建立均依赖公司登记的社会公信力，撤销变更登记可能对不确定的善意第三人、善意取得股权的其他股东以及债权人的利益造成损害，影响社会经济秩序的稳定，进而对公共利益造成损害”为由，对该公司申请撤销这 9 次工商变更登记的请求不予核准。由于公司登记机关的上述处理决定得到了上海市闵行区人民法院和上海市第一中级人民法院的支持，该公司也就无法撤销依据这 9 份股东会决议进行的 9 次工商变更登记了[①]。

尽管上述案件主要反映的是法院针对公司股东会决议被确认为无效的法律后果的处理意见，我理解，上述处理思路同样可以适用到公司章程无效案件当中。

值得一提的是，在处理公司章程被确认无效之后的法律后果方面，陕西省高级人民法院民二庭关于“公司瑕疵决议被判决无效、撤销或不存在后对股权转让的影响问题”的如下意见[②]可作参考。

---

① 见上海市一中院在 2013 年 4 月 23 日就上海某高新材料有限公司与上海市工商行政管理局某分局工商变更登记纠纷案作出的（2013）沪一中行终字第 46 号行政判决书。

② 陕西省高级人民法院民二庭《股权转让纠纷疑难问题分析及应对》调研报告，转引自 http://weibo.com/p/23041870a21b920102vgye，最后访问时间：2019 年 9 月 30 日。

人民法院判决瑕疵决议无效、被撤销或不存在后，最核心的难点在于如何确定判决的溯及力。

由于公司决议具有团体法上行为的性质，判决的对世效力必须符合公司法律关系的整体性、稳定性的基本要求。就是说，公司决议无效、撤销或不存在的判决之溯及力，不能简单适用民法上法律行为被判决撤销、无效而具有溯及既往的效力。因为以公司决议为基础的公司行为如被溯及无效，将产生公司法律关系的混乱，不利于对善意第三人的保护。因此，公司法在对待以瑕疵决议为基础的行为时，不必当然将瑕疵决议的效力溯及既往，而应视具体情形尊重既成事实，承认其对善意第三人的法律效力，维护交易的安全。

从《公司法司法解释（四）》和上述法院的意见看，在股东的个人权益与由本来无效的公司相关决议或公司章程形成的新的交易秩序发生冲突时，公司登记机关、法院乃至法律往往会选择保护交易秩序而牺牲股东的个人权益。

因此，在包括公司的股东在内的当事人认为公司章程条款存在无效的情形时，应尽快向法院提起诉讼，申请法院确认公司章程条款无效，避免发生因时间过长、发生更多的交易、形成新的交易秩序而导致自身请求得不到法院的支持的不利后果。

第九章
公司法人治理结构

考虑到“有自己的组织机构”是法人成立的条件之一（《民法总则》第58条第2款），“建立符合法定要求的组织机构”也是设立公司应当具备的条件之一（《公司法》第23条第4项、第76条第5项）；而《公司法》和《民法总则》也明确要求所有公司都必须设立权力机构、执行机构和监督机构，并且对公司的权力机构、执行机构和监督机构各自的职权、作出决议的要求作出了相应的规定，因此，本章围绕公司法人治理结构，主要对有限公司股东会、董事会、经理和监事会的职权展开讨论。

第一节　有限公司股东会的职权

一、有限公司股东会的法律地位

根据《公司法》第36条和《民法总则》第80条，《公司法》所说的“股东会”，属于有限公司的组织机构之一，即有限公司的权力机构，对应于《公司法》第44条所说的有限公司的执行机构“董事会”或《公司法》第50条所说的有限公司的执行机构——“执行董事”，《公司法》第51条所说的有限公司的监督机构——“监事会”或不设监事会的有限公司的监事。

根据《公司法》第37条第1款第1项以及其他条款关于有限公司股东会职权的规定，结合《公司法》第66条关于“国有资产监督管理机构可以授权公司董事会行使股东会的部分职权，决定公司的重大事项”的规定，股东会作为有限公司的权力机构，有权决定公司的一切重大事项。

《公司法》第36条所说的“依照本法行使职权”，有这么几层含义：

一是，在行使的职权范围方面，有限公司的股东会的职权包括了《公司法》第37条第1款所列出的各项职权，《公司法》其他条款规定的其他职权以及其他法律、行政法规、其他法规和公司章程规定的其他职权，但不包括《公司法》第46条规定的应由有限公司的执行机构行使的职权以及《公司法》第53条和第54条规定的应由有限公司的监督机构行使的职权。

二是，在行使职权的形式方面，有限公司的股东会原则上应当通过召开股东会会议的形式行使职权；在全体股东一致同意的情况下，也可以由全体股东采取以书面决定代替召开股东会会议的形式行使职权。

三是，在行使职权的方式方面，主要是由股东通过在股东会会议上行使表决权的方式来行使职权的。

四是，在行使职权的程序方面，有限公司股东会行使职权应当符合《公司法》第38条至第43条关于股东会会议的召集、主持、召开、表决、会议记录等事项的规定，以及公司章程的相关规定。

针对《公司法》第36条，2014年4月14日就秭归县某甲煤炭有限责任公司与宜昌市某丁船务有限责任公司、韩某庚船舶买卖纠纷上诉案作出的(2014)鄂民四终字第00010号民事判决书中，湖北省高级人民法院认为：“《中华人民共和国公司法》第三十七条[①]规定：‘有限责任公司股东会由全体股东组成。股东会是公司的权力机构，依照本法行使职权。’由此可见，股东所拥有的股权是公司的内部成员权，不同于所有权人对物的直接支配权，是一种间接支配权。尽管股东会决议体现了股东意志，但股东会行使管理公司的职权必须以遵守法律规定、公司章程为前提，股东意志不等于公司意志。”

值得注意的是，“股东会”与“股东会会议”是不同的概念：“股东会”属于有限公司的组织机构，“股东会会议”则是“股东会”行使职权的一种形式，但不是唯一的形式。

还需注意的是，并非所有的有限公司都以股东会为权力机构。

一是，在《外商投资法》生效之前依据当时有效的《中外合资经营企业

① 现为《公司法》第36条。

法》或《中外合作经营企业法》设立的中外合资经营的有限公司、中外合作经营的有限公司，其权力机构不是股东会，而是董事会。

就中外合资经营的有限公司而言，《中外合资经营企业法》（2016 年修正，已失效）第 6 条规定了，“合营企业设董事会……董事会根据平等互利的原则，决定合营企业的重大问题。董事会的职权是按合营企业章程规定，讨论决定合营企业的一切重大问题：企业发展规划、生产经营活动方案、收支预算、利润分配、劳动工资计划、停业，以及总经理、副总经理、总工程师、总会计师、审计师的任命或聘请及其职权和待遇等……”《中外合资经营企业法实施条例》（2019 年修订，已失效）第 30 条更是明确规定了：“董事会是合营企业的最高权力机构，决定合营企业的一切重大问题。”

就中外合作经营的有限公司而言，《中外合作经营企业法》（2017 年修正，已失效）第 12 条第 1 款规定了，“合作企业应当设立董事会或者联合管理机构，依照合作企业合同或者章程的规定，决定合作企业的重大问题”。《中外合作经营企业法实施细则》（2017 年第二次修订，已失效）第 24 条更是明确规定了：“合作企业设董事会或者联合管理委员会。董事会或者联合管理委员会是合作企业的权力机构，按照合作企业章程的规定，决定合作企业的重大问题。”

上述规定与《公司法》第 36 条关于“有限责任公司股东会由全体股东组成。股东会是公司的权力机构，依照本法行使职权”的规定是不一致的。由于《公司法》第 217 条规定了“外商投资的有限责任公司和股份有限公司适用本法；有关外商投资的法律另有规定的，适用其规定”，《外商投资法》第 42 条第 2 款也规定了“本法施行前依照《中华人民共和国中外合资经营企业法》、《中华人民共和国外资企业法》、《中华人民共和国中外合作经营企业法》设立的外商投资企业，在本法施行后五年内可以继续保留原企业组织形式等。具体实施办法由国务院规定”。因此，在 2024 年 12 月 31 日之前，在公司的权力机构方面，在《外商投资法》生效之前依据当时有效的《中外合资经营企业法》或《中外合作经营企业法》设立的中外合资经营的有限公司、中外合作经营的有限公司，可以继续不设股东会，继续以董事会为其权力机构。

当然，根据《外商投资法》第 31 条关于“外商投资企业的组织形式、组织机构及其活动准则，适用《中华人民共和国公司法》、《中华人民共和国合伙企业法》等法律的规定”和第42条第2款的上述规定，自2020年1月1日起，新设立的有数个投资人的公司制外商投资企业必须依照《公司法》的规定，建立以股东会为权力机构的法人治理结构；自2025年1月1日起，所有的有数个投资人的公司制外商投资企业都必须依照《公司法》的规定，建立以股东会为权力机构的法人治理结构。

二是，公司制的营利性民办学校，其权力机构不是股东会或股东大会，而是董事会。

由于《民办教育促进法》第19条第1款规定了“民办学校的举办者可以自主选择设立非营利性或者营利性民办学校。但是，不得设立实施义务教育的营利性民办学校”，第20条规定了“民办学校应当设立学校理事会、董事会或者其他形式的决策机构并建立相应的监督机制。民办学校的举办者根据学校章程规定的权限和程序参与学校的办学和管理”，第22条第1款规定了“学校理事会或者董事会行使下列职权：（一）聘任和解聘校长；（二）修改学校章程和制定学校的规章制度；（三）制定发展规划，批准年度工作计划；（四）筹集办学经费，审核预算、决算；（五）决定教职工的编制定额和工资标准；（六）决定学校的分立、合并、终止；（七）决定其他重大事项”，因此，公司制的营利性民办学校也是以董事会为其权力机构的。

上述规定与《公司法》第36条关于“有限责任公司股东会由全体股东组成。股东会是公司的权力机构，依照本法行使职权”的规定是不一致的。由于《立法法》（2015年修正）第92条规定了“同一机关制定的法律……特别规定与一般规定不一致的，适用特别规定；新的规定与旧的规定不一致的，适用新的规定”，而《民办教育促进法》和《公司法》均为全国人大常委会制定的法律，考虑到在公司的组织和行为方面，《公司法》的规定是一般规定，《民办教育促进法》关于营利性民办学校的组织机构的规定是特别规定，因此，在营利性民办学校的权力机构方面，应当适用《民办教育促进法》第20条和第22条的规定，即营利性民办学校不设股东会或股东大会，其权力机构是董事会，依照《民办教育促进法》行使职权。

二、有限公司股东会的组成

针对有限公司股东会的组成，《公司法》第36条规定了“有限责任公司股东会由全体股东组成”，这属于《公司法》第25条第1款第6项所说的“公司的机构的产生办法”。

由于《公司法》第36条使用了“有限责任公司股东会由全体股东组成”的表述，因此，组成有限公司的股东会的股东，不以是否缴纳出资或缴足出资为条件，只要具备该公司的股东资格即可。

值得注意的是，由于《公司法》第36条使用了“股东会”“全体股东”的表述，因此，《公司法》第36条的规定仅适用于有2个以上股东的有限公司。

就一人公司而言，根据《公司法》第61条，一人公司不设股东会，其权力机构为其唯一的股东，由其唯一的股东行使《公司法》第37条第1款规定的职权。

就国有独资公司而言，根据《公司法》第66条的规定，国有独资公司不设股东会，由国有资产监督管理机构行使《公司法》第37条第1款规定的职权。

三、有限公司股东会的职权

《公司法》第37条第1款第1项至第10项明确规定了有限公司的股东会享有以下23项职权：（1）决定公司的经营方针；（2）决定公司的投资计划；（3）选举非由职工代表担任的董事；（4）决定非由职工代表担任的董事的报酬事项；（5）更换非由职工代表担任的董事；（6）选举非由职工代表担任的监事；（7）决定非由职工代表担任的监事的报酬事项；（8）更换非由职工代表担任的监事；（9）审议批准董事会的报告；（10）审议批准监事会（或不设监事会的公司的监事）的报告；（11）审议批准公司的年度财务预算方案；（12）审议批准公司的年度财务决算方案；（13）审议批准公司的利润分配方案；（14）审议批准公司的弥补亏损方案；（15）对公司增加注册资本作出决

议；（16）对公司减少注册资本作出决议；（17）对发行公司债券作出决议；（18）对公司合并作出决议；（19）对公司分立作出决议；（20）对公司变更公司形式作出决议；（21）修改公司章程；（22）对公司解散作出决议；（23）对公司清算作出决议。

在此基础上，《公司法》第 37 条第 1 款第 11 项赋予了有限公司的章程在《公司法》规定的职权之外，对有限公司的股东会的其他职权作出规定。

值得注意的是，除了《公司法》第 37 条第 1 款，《公司法》在其他条款也规定了有限公司的股东会的职权，比如，《公司法》第 166 条第 3 款规定了有限公司的股东会享有对公司提取任意公积金作出决议的职权。

以下分别对《公司法》规定的有限公司股东会的各项职权进行分析。

（一）关于“决定公司的经营方针”的职权

根据《公司法》第 37 条第 1 款第 1 项，“决定公司的经营方针”属于有限公司股东会的职权，除非经股东会依法授权，有限公司的其他组织机构或人员不应行使此项职权。

问题是，何为“经营方针”？《公司法》第 46 条第 3 项所说的“经营计划”又是指什么？公司的“经营方针”与公司的“经营计划”相互间是什么关系？《公司法》本身没有对此作出界定。

根据上海辞书出版社 2009 年出版的《辞海》，“方针”是引导事业前进的方向和目标，“计划”是工作或行动以前预先拟定的具体内容和步骤。因此，公司的“经营方针”是方向性和目标性的，而公司的“经营计划”则是为实现公司的目标和规划的更为具体的步骤。

在 2012 年 12 月 17 日就丰某书与江苏省煤矿研究所有限公司侵害股东权益纠纷上诉案作出的（2012）徐商终字第 0431 号民事判决书中，徐州市中级人民法院认为，“公司的经营方针是指以公司的经营思想为基础，根据公司实际情况为公司实现经营目标而提出的指导方针”，“公司的经营计划是指公司在一定时期内确定和组织全部生产活动的综合规划”，“本案中，公司裁减职工是公司基于工作岗位需要和实际经营状况而作出的具体决定，属于公司经营计划范围内的行为”。

徐州中院的这一观点具有一定的参考意义。

（二）关于“决定公司的投资计划”的职权

根据《公司法》第37条第1款第1项，“决定公司的投资计划”属于有限公司股东会的职权，除非经股东会依法授权，有限公司的其他组织机构或人员不应行使此项职权。

问题是，何为“投资计划”？《公司法》第46条第3项所说的“投资方案”又是指什么？公司的“投资计划”与公司的“投资方案”相互间是什么关系？《公司法》本身没有对此作出界定。

根据上海辞书出版社2009年出版的《辞海》，“计划”是工作或行动以前预先拟定的具体内容和步骤，“方案”是进行工作的具体计划或对某一问题制定的规划。因此，公司的“投资方案”是对公司的“投资计划”的具体实施。

（三）关于“选举非由职工代表担任的董事”的职权

根据《公司法》第37条第1款第2项，“选举非由职工代表担任的董事”属于有限公司股东会的职权，有限公司的其他组织机构或人员不应行使此项职权；并且，此项职权也不应授权其他组织机构或人员行使。

在公司与董事之间的关系方面，“公司与董事之间实为委托关系，依股东会的选任决议和董事同意任职而成立合同法上的委托合同”①。

值得注意的是，由于《公司法》第37条第1款第2项使用了“选举非由职工代表担任的董事”的表述，结合《公司法》第44条第2款的规定，在有限公司设董事会的情形，董事会中的职工代表应由公司职工通过职工代表大会、职工大会或者其他形式民主选举产生，不由股东会选举产生，股东会不享有选举由职工代表担任的董事的职权。

（四）关于“决定非由职工代表担任的董事的报酬事项”的职权

根据《公司法》第37条第1款第2项，有限公司股东会在享有“选举非

---

① 见《依法保护股东权益 服务保障营商环境——最高人民法院民二庭相关负责人就〈关于适用《中华人民共和国公司法》若干问题的规定（五）〉答记者问》，http：//www. court. gov. cn/zixun - xiangqing - 155282. html，最后访问时间：2019年9月30日。

由职工代表担任的董事”的职权的同时，还享有“决定非由职工代表担任的董事的报酬事项”的职权。

不过，尽管《公司法》第37条第1款第2项使用的是“决定有关董事的报酬事项”的表述，但是，考虑到有限公司的股东会不享有选举由职工代表担任的董事的职权，因此，有限公司的股东会同样也不宜享有决定由职工代表担任的董事的报酬的职权；从而，《公司法》第37条第1款第2项所说的“有关董事”应指由股东会选举产生的董事，不包括由职工代表担任的董事。

针对国有独资公司董事会中的由职工代表担任的董事的报酬，国务院国有资产监督管理委员会2006年印发的《国有独资公司董事会试点企业职工董事管理办法（试行）》（国资发群工〔2006〕21号）第16条第2款规定了“职工董事不额外领取董事薪酬或津贴，但因履行董事职责而减少正常收入的，公司应当给予相应补偿。具体补偿办法由公司职工代表大会或职工大会提出，经公司董事会批准后执行”。

值得注意的是，董事与公司之间的关系是基于公司权力机构的选举或委派并由《公司法》予以规定的，董事履行职务的依据是《公司法》、其他法律、行政法规和公司章程，因此，董事与公司之间的关系，“实为委托关系，依股东会的选任决议和董事同意任职而成立合同法上的委托合同”[①]，跟公司的职工作为劳动者与公司作为用人单位之间的劳动关系是性质不同的法律关系；也因此，董事基于其担任公司的董事和公司权力机构的决定而获得的报酬或获得报酬的权利，与公司的职工基于其与公司之间的劳动关系而获得的工资或获得工资的权利，是性质不同的法律关系；董事与公司之间发生的有关董事报酬的纠纷，不适用《劳动法》《劳动合同法》，而应适用《公司法》《民法总则》《合同法》。

就董事与公司之间发生的有关董事报酬的纠纷而言，《最高人民法院关于适用〈中华人民共和国公司法〉若干问题的规定（五）》（以下简称《公司法司法解释（五）》）第3条第2款规定了“董事职务被解除后，因补偿与公司发

---

① 见《依法保护股东权益 服务保障营商环境——最高人民法院民二庭相关负责人就〈关于适用《中华人民共和国公司法》若干问题的规定（五）〉答记者问》，http：//www. court. gov. cn/zixun - xiangqing - 155282. html，最后访问时间：2019年9月30日。

生纠纷提起诉讼的，人民法院应当依据法律、行政法规、公司章程的规定或者合同的约定，综合考虑解除的原因、剩余任期、董事薪酬等因素，确定是否补偿以及补偿的合理数额”，对法院审理此类案件时的自由裁量权行使进行了相应指引。[①]

（五）关于“更换非由职工代表担任的董事”的职权

既然有限公司的股东会享有“选举非由职工代表担任的董事”的职权，相应地，有限公司的股东会就自然应当享有“更换由其选举出来的非由职工代表担任的董事”的职权。因此，根据《公司法》第37条第1款第2项，“更换非由职工代表担任的董事”属于有限公司股东会的职权，有限公司的其他组织机构或人员不应行使此项职权；并且，此项职权也不应授权其他组织机构或人员行使。

就“更换非由职工代表担任的董事”的职权而言，由于“公司与董事之间实为委托关系，依股东会的选任决议和董事同意任职而成立合同法上的委托合同。既然为委托合同，则合同双方均有任意解除权，即公司可以随时解除董事职务，无论任期是否届满，董事也可以随时辞职”[②]，因此，《公司法司法解释（五）》第3条第1款明确规定了“董事任期届满前被股东会或者股东大会有效决议解除职务，其主张解除不发生法律效力的，人民法院不予支持”。从而，公司股东会可以在依法作出有效决议的情况下，在董事任期届满之前，随时解除其董事资格，不论是否有正当的理由，甚至无需说明据以作出决议的原因或理由。

此时，由于更换董事并非“辞职”或“任期届满进行改选”，即使相关董事被解除职务后导致公司董事人数低于法定人数或章程规定人数，《公司法》第45条第2款关于“董事任期届满未及时改选，或者董事在任期内辞职导致董事会成员低于法定人数的，在改选出的董事就任前，原董事仍应当依照法律、行政法规和公司章程的规定，履行董事职务”的规定，也没有适用的余地。

---

① 有关《公司法司法解释（五）》的理解和适用，请见本书第二十四章的内容。

② 见《依法保护股东权益 服务保障营商环境——最高人民法院民二庭相关负责人就〈关于适用《中华人民共和国公司法》若干问题的规定（五）〉答记者问》，http://www.court.gov.cn/zixun-xiangqing-155282.html，最后访问时间：2019年9月30日。

值得注意的是，尽管有限公司股东会作出“更换非由职工代表担任的董事”的决议无需列明据以作出决议的原因或理由，但是，在担任公司董事职务的人员因其董事职务被解除而遭受损害的情况下，根据《公司法司法解释（五）》第3条第2款关于“董事职务被解除后，因补偿与公司发生纠纷提起诉讼的，人民法院应当依据法律、行政法规、公司章程的规定或者合同的约定，综合考虑解除的原因、剩余任期、董事薪酬等因素，确定是否补偿以及补偿的合理数额”的规定，担任公司董事职务的人员可以考虑依据《公司法》《合同法》、公司章程的规定或者合同的约定，请求公司给予补偿。

还需注意的是，由于《公司法》第37条第1款第2项使用了“更换非由职工代表担任的董事”的表述，结合《公司法》第44条第2款的规定，在有限公司设董事会的情形，董事会中的职工代表应由公司职工通过职工代表大会、职工大会或者其他形式予以更换，不由股东会更换，股东会不享有更换由职工代表担任的董事的职权。

（六）关于“选举非由职工代表担任的监事”的职权

根据《公司法》第37条第1款第2项，“选举非由职工代表担任的监事”属于有限公司股东会的职权，有限公司的其他组织机构或人员不应行使此项职权；并且，此项职权也不应授权其他组织机构或人员行使。

在公司与监事之间的关系方面，跟公司与董事之间的关系类似，公司与监事之间也应为委托关系，依股东会的选任决议和监事同意任职而成立合同法上的委托合同①。

值得注意的是，由于《公司法》第37条第1款第2项使用了“选举非由职工代表担任的监事”的表述，结合《公司法》第51条第2款的规定，在有限公司设监事会的情形，监事会中的职工代表应由公司职工通过职工代表大会、职工大会或者其他形式民主选举产生，不由股东会选举产生，股东会不享有选举由职工代表担任的监事的职权。

---

① 见《依法保护股东权益 服务保障营商环境——最高人民法院民二庭相关负责人就〈关于适用《中华人民共和国公司法》若干问题的规定（五）〉答记者问》，http：//www. court. gov. cn/zixun－xiangqing－155282. html，最后访问时间：2019年9月30日。

（七）关于“决定非由职工代表担任的监事的报酬事项”的职权

根据《公司法》第37条第1款第2项，有限公司股东会在享有“选举非由职工代表担任的监事”的职权的同时，还享有“决定非由职工代表担任的监事的报酬事项”的职权。

不过，尽管《公司法》第37条第1款第2项使用的是“决定有关监事的报酬事项”的表述，但是，考虑到有限公司的股东会不享有选举由职工代表担任的监事的职权，因此，有限公司的股东会同样也不宜享有决定由职工代表担任的监事的报酬的职权；从而，《公司法》第37条第1款第2项所说的“有关监事”应指由股东会选举产生的监事，不包括由职工代表担任的监事。

同样地，监事与公司之间的关系是基于公司权力机构的选举或委派并由《公司法》予以规定的，监事履行职务的依据是《公司法》、其他法律、行政法规和公司章程，因此，监事与公司之间的关系，实为委托关系，依股东会的选任决议和监事同意任职而成立合同法上的委托合同，跟公司的职工作为劳动者与公司作为用人单位之间的劳动关系是性质不同的法律关系，因此，监事基于其担任公司的监事和公司权力机构的决定而获得的报酬或获得报酬的权利，与公司的职工基于其与公司之间的劳动关系而获得的工资或获得工资的权利，是性质不同的法律关系；监事与公司之间发生的有关监事报酬的纠纷，不适用《劳动法》《劳动合同法》，而应适用《公司法》《民法总则》《合同法》。

就监事与公司之间发生的有关监事报酬的纠纷而言，《公司法司法解释（五）》第3条第2款关于“董事职务被解除后，因补偿与公司发生纠纷提起诉讼的，人民法院应当依据法律、行政法规、公司章程的规定或者合同的约定，综合考虑解除的原因、剩余任期、董事薪酬等因素，确定是否补偿以及补偿的合理数额”的规定，可以并应当予以参照适用。

此外，在2010年4月20日就施某某与上海富呈企业管理咨询有限公司劳动合同纠纷二审案作出的（2010）沪二中民三（民）终字第376号民事判决书中，上海市第二中级人民法院也认为：“监事作为一种公司治理结构，并非我国劳动法意义上的劳动者，其权利义务系由公司法来进行规范的。根据我国公司法第三十八条的相关规定，有限责任公司监事的报酬事项由股东会决定。”

（八）关于“更换非由职工代表担任的监事”的职权

既然有限公司的股东会享有“选举非由职工代表担任的监事”的职权，相应地，有限公司的股东会自然就应当享有“更换由其选举出来的非由职工代表担任的监事”的职权。因此，根据《公司法》第37条第1款第2项，“更换非由职工代表担任的监事”属于有限公司股东会的职权，有限公司的其他组织机构或人员不应行使此项职权；并且，此项职权也不应授权其他组织机构或人员行使。

就“更换非由职工代表担任的监事”的职权而言，由于公司与监事之间的关系跟公司与董事之间的关系都实为委托关系，因此，公司和监事均有任意解除权，即公司可以随时解除监事职务，无论任期是否届满，监事也可以随时辞职[①]；也因此，《公司法司法解释（五）》第3条第1款关于“董事任期届满前被股东会或者股东大会有效决议解除职务，其主张解除不发生法律效力的，人民法院不予支持”的规定，可以并应当予以参照适用。从而，公司股东会可以在依法作出有效决议的情况下，在监事任期届满之前，随时解除其监事资格，不论是否有正当的理由，甚至无须说明据以作出决议的原因或理由。

此时，由于更换监事并非“辞职”或“任期届满进行改选”，即使相关监事被解除职务后导致公司监事人数低于法定人数或章程规定人数，《公司法》第52条第2款关于“监事任期届满未及时改选，或者监事在任期内辞职导致监事会成员低于法定人数的，在改选出的监事就任前，原监事仍应当依照法律、行政法规和公司章程的规定，履行监事职务”的规定，也没有适用的余地。

值得注意的是，尽管有限公司股东会作出“更换非由职工代表担任的监事”的决议无须列明据以作出决议的原因或理由，但是，在担任公司监事职务的人员因其监事职务被解除而遭受损害的情况下，结合《公司法司法解释（五）》第3条第2款关于“董事职务被解除后，因补偿与公司发生纠纷提起诉

---

① 见《依法保护股东权益 服务保障营商环境——最高人民法院民二庭相关负责人就〈关于适用《中华人民共和国公司法》若干问题的规定（五）〉答记者问》，http：//www. court. gov. cn/zixun – xiangqing – 155282. html，最后访问时间：2019年9月30日。

讼的，人民法院应当依据法律、行政法规、公司章程的规定或者合同的约定，综合考虑解除的原因、剩余任期、董事薪酬等因素，确定是否补偿以及补偿的合理数额”的规定，担任公司监事职务的人员可以考虑依据《公司法》《合同法》、公司章程的规定或者合同的约定，请求公司给予补偿。

还需注意的是，由于《公司法》第 37 条第 1 款第 2 项使用了“更换非由职工代表担任的监事”的表述，结合《公司法》第 51 条第 2 款的规定，在有限公司设监事会的情形，监事会中的职工代表应由公司职工通过职工代表大会、职工大会或者其他形式予以更换，不由股东会更换，股东会不享有更换由职工代表担任的监事的职权。

（九）关于“审议批准董事会的报告”的职权

根据《公司法》第 37 条第 1 款第 3 项，“审议批准董事会的报告”属于有限公司股东会的职权，有限公司的其他组织机构或人员不应行使此项职权；并且，此项职权也不应授权其他组织机构或人员行使。

尽管《公司法》第 37 条第 1 款第 3 项没有像《公司法》第 37 条第 1 款第 4 项那样使用“审议批准董事会或者执行董事的报告”的表述，但是，结合《民法总则》第 81 条关于执行董事属于不设董事会的有限公司的执行机构的规定，《公司法》第 50 条第 2 款关于“执行董事的职权由公司章程规定”的规定以及《公司法》第 46 条关于“董事会对股东会负责”“董事会召集股东会会议，并向股东会报告工作”的规定，我倾向于认为，在不设董事会的有限公司，执行董事也应当向公司的权力机构报告工作，从而，公司的权力机构的职权包括“审议批准执行董事的报告”。

因此，在表述上，《公司法》第 37 条第 1 款第 3 项如能调整为“审议批准董事会或不设董事会的有限公司的执行董事的报告”，与《公司法》第 37 条第 1 款第 4 项保持一致，则更为完善。

问题是，如果公司的权力机构不批准执行机构的报告，会有什么法律后果？公司权力机构不批准执行机构的报告这一结果是否表明董事未尽到勤勉义务呢？

《公司法》本身没有对此作出规定，我理解，公司章程可以也应当作出相应的规定。不过，在公司的权力机构不批准执行机构的报告的情况下，如果公司的权力机构没有同时作出罢免或更换董事或执行董事的决议或决定，执行机构仍然可以并应当继续行使公司章程规定的职权，董事或执行董事也不仅仅因此而需要被解除职务。

（十）关于“审议批准监事会或监事的报告”的职权

根据《公司法》第 37 条第 1 款第 4 项，“审议批准监事会或监事的报告”属于有限公司股东会的职权，有限公司的其他组织机构或人员不应行使此项职权。

其中，《公司法》第 37 条第 1 款第 4 项所说的“监事的报告”，指的是不设监事会的有限公司的监事的报告；在不设监事会而设有两名监事的有限公司，《公司法》第 37 条第 1 款第 4 项所说的“监事的报告”，指的是这两名监事共同向公司权力机构作出的报告，除非公司章程另有规定。

问题是，如果公司的权力机构不批准监督机构的报告，会有什么法律后果？公司权力机构不批准监督机构的报告这一结果是否表明监事未尽到勤勉义务呢？

同样地，《公司法》本身没有对此作出规定，我理解，公司章程可以也应当作出相应的规定。不过，在公司的权力机构不批准监督机构的报告的情况下，如果公司的权力机构没有同时作出罢免或更换监事的决议或决定，监督机构仍然可以并应当继续行使公司章程规定的职权，监事也不仅仅因此而需要被解除职务。

（十一）关于“审议批准公司的年度财务预算方案”的职权

根据《公司法》第 37 条第 1 款第 5 项，“审议批准公司的年度财务预算方案”属于有限公司股东会的职权，有限公司的其他组织机构或人员不应行使此项职权；并且，此项职权也不应授权其他组织机构或人员行使。

由于《公司法》第 37 条第 1 款第 5 项使用的是“年度财务预算方案”的表述，因此，公司的其他财务预算方案，比如季度、月度财务预算方案，可以不提交公司的股东会审议批准，除非公司章程另有规定。

问题是，何为“财务预算”？《公司法》《会计法》本身都没有对财务预算作出定义。

针对持有国有资本的各类非金融企业，财政部2002年印发的《关于企业实行财务预算管理的指导意见》规定，“企业财务预算是在预测和决策的基础上，围绕企业战略目标，对一定时期内企业资金取得和投放、各项收入和支出、企业经营成果及其分配等资金运动所作的具体安排。财务预算与业务预算、资本预算、筹资预算共同构成企业的全面预算”；国务院国资委2007年印发的《中央企业财务预算管理暂行办法》（国务院国有资产监督管理委员会令第18号）则规定，“财务预算是指企业在预测和决策的基础上，围绕战略规划，对预算年度内企业各类经济资源和经营行为合理预计、测算并进行财务控制和监督的活动。财务预算报告是指反映企业预算年度内企业资本运营、经营效益、现金流量及重要财务事项等预测情况的文件”。

尽管上述规定仅适用于部分企业，我理解，财政部和国务院国资委关于财务预算的定义对其他企业也具有参考意义。

另一个问题是，何为“财务预算方案”?《公司法》《会计法》并未对预算方案作出定义。

值得注意的是，财政部2002年印发的《关于企业实行财务预算管理的指导意见》、国务院国资委2007年印发的《中央企业财务预算管理暂行办法》、《企业内部控制应用指引第15号——全面预算》（财会〔2010〕11号文附件）等法规都提到了“预算方案”和“预算草案”，并且，根据这些法规，“预算方案”是由企业财务部门编制的，而“预算草案”则是在企业财务预算委员会对“预算方案”进行审议、讨论之后，再由企业的财务部门作出修订、调整后形成的，“预算草案”须提交给企业董事会审议批准——我认为也需要按照公司章程的规定，报经股东会或唯一股东批准。

尽管上述规定仅适用于部分企业或仅适用于政府机构，但上述法规关于财务预算、预算草案的界定对于理解《公司法》第37条第1款第5项所说的“年度财务预算方案”具有参考意义。

参考上述规定，我倾向于认为，“预算草案”是在“预算方案”的基础上经过修改、完善所形成的；同时，结合《公司法》第46条第4项关于董事会“制订公司的年度财务预算方案”的规定，《公司法》第37条第1款第5项所说的“预算方案”，应指已经董事会审议通过（或不设董事会的有限公司的执行董事批准）的“预算方案”，相当于上述法规所说的“预算草案”。

因此，我倾向于认为，《公司法》第 37 条第 1 款第 5 项和《公司法》第 46 条第 4 项所说的“预算方案”，在表述上如果调整为“预算草案”，可能更为准确。

就政府的预算草案而言，《预算法实施条例》第 15 条规定了“预算草案”是指各级政府、各部门、各单位编制的未经法定程序审查和批准的预算收支计划。

参考《预算法实施条例》第 15 条关于“‘预算草案’，是指各级政府、各部门、各单位编制的未经法定程序审查和批准的预算收支计划”的规定，并结合《关于企业实行财务预算管理的指导意见》和《中央企业财务预算管理暂行办法》关于企业财务预算的规定，可以将企业的“预算草案”理解为“在预测和决策的基础上，围绕企业战略目标，对一定时期内企业资金取得和投放、各项收入和支出、企业经营成果及其分配等资金运动所作的未经法定程序批准的预算收支计划”。

（十二）关于“审议批准公司的年度财务决算方案”的职权

根据《公司法》第 37 条第 1 款第 5 项，“审议批准公司的年度财务决算方案”属于有限公司股东会的职权，有限公司的其他组织机构或人员不应行使此项职权；并且，此项职权也不应授权其他组织机构或人员行使。

问题是，何为“财务决算”？何为“财务决算方案”？《公司法》《会计法》未对此作出定义。

注意到，针对行政事业单位的决算，财政部 2013 年印发的《部门决算管理制度》（财库〔2013〕209 号）第 2 条规定了“部门决算，是指行政事业单位在年度终了，根据财政部门决算编审要求，在日常会计核算的基础上编制的、综合反映本单位预算执行结果和财务状况的总结性文件”，第 4 条第 1 款规定了“部门决算编报范围应当与部门预算编报范围保持一致”；国务院国资委 2004 年印发的《中央企业财务决算报告管理办法》（国务院国有资产监督管理委员会令第 5 号）第 3 条规定了“本办法所称年度财务决算报告，是指企业按照国家财务会计制度规定，根据统一的编制口径、报表格式和编报要求，依据有关会计账簿记录和相关财务会计资料，编制上报的反映企业年末结账日资产及财务状况和年度经营成果、现金流量、国有资本保值增值等基本经营情况的文件。企业财务决算报告由年度财务决算报表、年度报表附注和年度财务情况说明书，以及国资委规定上报的其他相关生产经营及管理资料构成”。

此外，针对政府收支决算，《预算法实施条例》第64条规定了“‘决算草案’，是指各级政府、各部门、各单位编制的未经法定程序审查和批准的预算收支的年度执行结果”。

尽管上述规定仅适用于部分企业或仅适用于政府机构，但上述法规关于财务决算、财务决算草案的界定对于理解《公司法》第37条第1款第5项所说的“年度财务决算方案”具有参考意义。

（十三）关于“审议批准公司的利润分配方案”的职权

根据《公司法》第37条第1款第6项，“审议批准公司的利润分配方案”属于有限公司股东会的职权，有限公司的其他组织机构或人员不应行使此项职权；并且，此项职权也不应授权其他组织机构或人员行使。

由于《公司法》第37条第1款第6项没有像《公司法》第37条第1款第5项那样使用“年度财务预算方案”的表述，因此，公司并非只能一年分配一次利润，在符合利润分配条件的情况下，可以一年分配多次利润；但是，凡是涉及分配有限公司的利润的情形，都应当提交公司股东会审议批准。

问题是，何为“公司的利润”?《公司法》本身没有对此作出界定。

根据《企业财务会计报告条例》第10条、《企业会计准则——基本准则》（中华人民共和国财政部令第76号）第37条，利润是指企业在一定会计期间的经营成果，利润包括收入减去费用后的净额、直接计入当期利润的利得和损失等。根据《企业会计制度》（财会〔2000〕25号）第106条，利润包括营业利润、利润总额和净利润，其中的净利润指利润总额减去所得税后的金额。

结合《公司法》第166条的规定，我理解，《公司法》第37条第1款第6项、第46条第5项、第74条第1款第1项、第166条等条款所说的“利润”，应指公司的税后利润，即“净利润”。

针对企业的利润，《企业会计制度》还区分了“可供分配的利润”“可供投资者分配的利润”和“未分配利润”。根据《企业会计制度》第110条和第111条，“可供分配的利润”指企业当期实现的净利润，加上年初未分配利润（或减去年初未弥补亏损）和其他转入后的余额；“可供投资者分配的利润”

指可供分配的利润减去提取的法定盈余公积、法定公益金等后的余额；“未分配利润”指可供投资者分配的利润减去已向投资者分配的利润之后的余额，未分配利润可留待以后年度进行分配。

值得注意的是，“可供投资者分配的利润”是财务会计制度方面的概念，与“向股东分配的红利”是不同的。对此，在2017年8月15日就山西马堡煤业有限公司与山西太阳石煤炭储运有限公司及山西煤炭运销集团长治有限公司公司盈余分配纠纷上诉案作出的（2017）最高法民终392号民事判决书中，最高人民法院认为：“向股东分配的红利不等于可供投资者分配的利润，经有效的股东会决议向投资者分配的利润才是股东的红利。可供投资者分配的利润是否作为红利向股东分配，股东会有权根据企业的经营状况、市场环境、企业的发展方向等因素做出决议。”

另一个问题是，何为“利润分配方案”？

我理解，《公司法》第37条第1款第6项所说的“利润分配方案”应包括是否分配利润、分配多少利润、以何种形式分配利润、所分配的利润如何支付、支付给谁等具体事项。

其中，公司以税后利润向员工发放奖金或实施股票增值权计划，以及股份公司依照《公司法》第142条的规定以税后利润收购本公司的股份奖励给员工，也应属于利润分配，须经公司权力机构审议批准。不过，公司向员工支付的工资、社会保险费用等，因这些支出被纳入了公司的经营成本或费用，应不属于利润分配。

值得注意的是，公司的利润分配方案以及公司分配利润的行为应当符合《公司法》第166条的规定，亦即，（1）在以前年度亏损未弥补的情况下，先用当年税后利润弥补以前年度亏损；（2）在弥补全部亏损之后，再从所余的税后利润中，提取当年税后利润的10%，计入公司的法定公积金；在公司法定公积金累计额为公司注册资本的50%以上的情况，可以不再提取法定公积金；（3）在提取法定公积金之后，公司权力机构可以作出决议或决定，从所余税后利润中，提取任意公积金（也可以不提取任意公积金）；（4）在弥补亏损、提取公积金之后，将所余的税后利润（即《企业会计制度》第111条第1款所说的“可供投资者分配的利润”）的全部或部分，按照股东实缴的出资比例分配给股东；在全体股东对利润分配比例另有约定的情况下，按照全体股东一致同意的分配办法进行分配。

此外，对特定行业的公司来说，在向股东分配利润之前，可能还需要根据其他法律的规定提取准备金。比如，针对原中国银监会监管的金融企业，财政部2012年印发的《金融企业准备金计提管理办法》（财金〔2012〕20号文附件）和财政部2006年印发的《金融企业财务规则》（中华人民共和国财政部令第42号）要求其在提取法定公积金之后、向股东分配利润之前，从净利润中计提一般准备。又如，针对其他金融企业，《金融企业财务规则》要求其在提取法定公积金之后、向股东分配利润之前，从本年实现净利润中提取风险准备金。

还有，公司是否分配利润和如何分配利润，原则上属于商业判断和公司自治的范畴，人民法院一般不应介入①。在公司未向股东分配利润时，股东直接起诉要求公司向其分配利润的请求，通常不能得到法院的支持；法院甚至认为该请求不属于民事诉讼的受案范围。

（十四）关于“审议批准公司的弥补亏损方案”的职权

根据《公司法》第37条第1款第6项，“审议批准公司的弥补亏损方案”属于有限公司股东会的职权，有限公司的其他组织机构或人员不应行使此项职权；并且，此项职权也不应授权其他组织机构或人员行使。

问题是，何为“公司的亏损”?《公司法》本身没有对此作出界定。

根据《企业所得税法实施条例》第10条，《企业所得税法》所说的“亏损”是指企业依法将每一纳税年度的收入总额减除不征税收入、免税收入和各项扣除后小于0的数额。结合《公司法》第166条第2款的规定，公司的亏损包括公司以前年度的未弥补亏损和当年发生的亏损。

另一个问题是，何为“弥补亏损方案”?

结合《公司法》第166条、中国证监会制定的《公开发行证券的公司信息披露规范问答第3号——弥补累计亏损的来源、程序及信息披露》（2006年修

① 见最高人民法院审判委员会时任专职委员杜万华2017年8月28日在最高人民法院关于《公司法司法解释（四）》的新闻发布会上答记者问时的发言，http：//www. chinacourt. org/chat/fulltext/listId/48090/template/courtfbh20170828. shtml，最后访问时间：2019年9月30日。

订）（证监会计字〔2006〕8 号），公司的弥补亏损方案应当包括如何弥补亏损、弥补亏损的来源等具体事项。

值得注意的是，公司弥补亏损应当符合《公司法》第 166 条、第 168 条的规定，亦即，（1）先用法定公积金或当年税后利润弥补以前年度的亏损；（2）资本公积金不得用于弥补公司的亏损；（3）在弥补亏损之前不得分配利润。

此外，在公司弥补亏损方面，其他法律、行政法规还有更为具体的规定。比如，根据《企业所得税法》第 18 条，企业纳税年度发生的亏损，准予向以后年度结转，用以后年度的所得弥补，但结转年限最长不得超过五年。有鉴于此，在处理弥补亏损事务时，有必要征询财务、税务专业人士的意见。

（十五）关于“对公司增加注册资本作出决议”的职权

根据《公司法》第 37 条第 1 款第 7 项，“对公司增加注册资本作出决议”属于有限公司股东会的职权，有限公司的其他组织机构或人员不应行使此项职权；并且，此项职权也不应授权其他组织机构或人员行使。

有关有限公司增加注册资本的相关事项，请见本书第十九章第一节的内容。

（十六）关于“对公司减少注册资本作出决议”的职权

根据《公司法》第 37 条第 1 款第 7 项，“对公司减少注册资本作出决议”属于有限公司股东会的职权，有限公司的其他组织机构或人员不应行使此项职权；并且，此项职权也不应授权其他组织机构或人员行使。

有关有限公司减少注册资本的相关事项，请见本书第十九章第二节的内容。

（十七）关于“对发行公司债券作出决议”的职权

根据《公司法》第 37 条第 1 款第 8 项，“对发行公司债券作出决议”属于有限公司股东会的职权，有限公司的其他组织机构或人员不应行使此项职权；并且，此项职权也不应授权其他组织机构或人员行使。

在决策程序上，根据《公司法》第 43 条第 2 款、第 37 条第 2 款，有限公司发行公司债券，应由股东会作出决议并且经代表公司章程规定的比例（可以是三分之二，也可以是其他比例）的表决权的股东通过，或者由全体股东作出一致同意发行公司债券的书面决定。

根据《公司法》第153条第1款，公司债券是指公司依照法定程序发行、约定在一定期限还本付息的有价证券。《公司法》第七章对有限公司或股份公司发行公司债券作出了原则性规定。

现阶段，公司债券主要包括由国家发改委核准发行的公司债券、由中国证监会核准发行的公司债券、由中国人民银行核准发行的金融债券、由中国人民银行核准发行的商业银行次级债券和政策性银行次级债券以及经中国银行间市场交易商协会注册的非金融企业债务融资工具。实务中，应当关注相关监管机构的具体规定。

（十八）关于“对公司合并作出决议”的职权

根据《公司法》第37条第1款第9项，“对公司合并作出决议”属于有限公司股东会的职权，有限公司的其他组织机构或人员不应行使此项职权；并且，此项职权也不应授权其他组织机构或人员行使。

有关公司合并的相关事项，请见本书第二十章第一节的内容。

（十九）关于“对公司分立作出决议”的职权

根据《公司法》第37条第1款第9项，“对公司分立作出决议”属于有限公司股东会的职权，有限公司的其他组织机构或人员不应行使此项职权；并且，此项职权也不应授权其他组织机构或人员行使。

有关公司分立的相关事项，请见本书第二十章第二节的内容。

（二十）关于“对公司解散作出决议”的职权

根据《公司法》第37条第1款第9项，“对公司解散作出决议”属于有限公司股东会的职权，有限公司的其他组织机构或人员不应行使此项职权；并且，此项职权也不应授权其他组织机构或人员行使。

有关公司解散的相关事项，请见本书第二十三章的内容。

（二十一）关于“对公司清算作出决议”的职权

根据《公司法》第 37 条第 1 款第 9 项，“对公司清算作出决议”属于有限公司股东会的职权，有限公司的其他组织机构或人员不应行使此项职权。

在清算的表决方面，根据《公司法》第 43 条第 2 款的规定，有限公司股东会“对公司清算作出决议”，不属于《公司法》规定的必须经代表三分之二以上表决权的股东通过的事项。根据《公司法》第 43 条第 1 款的规定，有限公司的公司章程可对股东会就公司清算作出决议时所需的表决权数量作出规定，通常为经代表过半数表决权的股东通过即可——当然，有限公司的章程也可以规定，有限公司股东会“对公司清算作出决议”，也必须经代表三分之二以上的表决权的股东通过。

此外，根据《公司法》第 37 条第 2 款，也可以由全体股东以一致同意的书面决定对公司清算作出决定，而无须召开股东会会议。

关于有限公司股东会“对公司清算作出决议”这一职权，结合《公司法》第 183 条至第 190 条关于清算组的组成、职权的规定，我理解，作为有限公司股东会行使职权对象的“清算”事项，仅仅包括《公司法》第 186 条第 1 款所说的“确认清算组在清理公司财产、编制资产负债表和财产清单后制定的清算方案”和《公司法》第 188 条所说的“确认清算组在清算结束之后编制的清算报告”，其理由如下：

一是，根据《公司法》第 183 条，在有限公司自行清算的情况下，清算组成员由全体股东组成，从而，产生清算组成员不属于股东会的职权；从而，《公司法》第 37 条第 1 款第 9 项所说的“对公司清算作出决议”，不包括对“产生清算组成员”作出决议。

二是，根据《公司法》第 184 条至第 186 条的规定，清算期间，公司存续，但不得开展与清算无关的经营活动；涉及公司的一切事务，除了清算方案和清算报告需要报有限公司的股东会确认外，包括办理公司注销登记，均属于清算组的职权，不属于股东会的职权。

（二十二）关于“对公司变更公司形式作出决议”的职权

根据《公司法》第 37 条第 1 款第 9 项，“对公司变更形式作出决议”属于有限公司股东会的职权，有限公司的其他组织机构或人员不应行使此项职权；并且，此项职权也不应授权其他组织机构或人员行使。

结合《公司登记管理条例》第16条第1款关于“公司类型包括有限责任公司和股份有限公司”的规定和第33条关于“公司变更类型的，应当按照拟变更的公司类型的设立条件，在规定的期限内向公司登记机关申请变更登记，并提交有关文件”的规定，我认为，《公司法》第37条第1款第9项、第43条第2款、第46条第7项以及第103条第2款所说的“公司形式”，与《公司登记管理条例》第9条第5项、第16条第1款、第33条所说的“公司类型”，具有相同的含义。

实践中，公司登记机关可能会通过对“有限责任公司”和“股份有限公司”加注的方式，对公司类型作进一步细化[①]，但这不影响《公司法》规范的公司只包括有限公司和股份公司这两种类型。

在有限公司变更公司形式的决策的表决方面，根据《公司法》第43条第2款、第37条第2款，有限公司变更公司形式，即由有限公司变更为股份公司，应由股东会作出决议并经代表三分之二以上表决权的股东通过，或者由全体股东作出一致同意公司变更公司形式的书面决定。

（二十三）关于“修改公司章程”的职权

根据《公司法》第37条第1款第10项，“修改公司章程”属于有限公司股东会的职权，有限公司的其他组织机构或人员不应行使此项职权；并且，此项职权也不应授权其他组织机构或人员行使。

我理解，在现行《公司法》项下，对公司章程内容的任何修改，包括修

---

① 比如，《关于外商投资的公司审批登记管理法律适用若干问题的执行意见》（工商外企字〔2006〕81号文附件）第6条第1款规定：公司登记机关应当根据申请，依法将外商投资的公司类型分别登记为“有限责任公司”或“股份有限公司”，并根据其设立形式在“有限责任公司”后相应加注“（中外合资）”、“（中外合作）”、“（外商合资）”、“（外国法人独资）”、“（外国非法人经济组织独资）”、“（外国自然人独资）”、“（台港澳与外国投资者合资）”、“（台港澳与境内合资）”、“（台港澳与境内合作）”、“（台港澳合资）”、“（台港澳法人独资）”、“（台港澳非法人经济组织独资）”、“（台港澳自然人独资）”等字样，在“股份有限公司”后相应加注“（中外合资，未上市）”、“（中外合资，上市）”、“（外商合资，未上市）”、“（外商合资，上市）”、“（台港澳与外国投资者合资，未上市）”、“（台港澳与外国投资者合资，上市）”、“（台港澳与境内合资，未上市）”、“（台港澳与境内合资，上市）”、“（台港澳合资，未上市）”、“（台港澳合资，上市）”等字样。

订、修改、补充、删除、新增，都属于《公司法》第 37 条第 1 款第 10 项所说的“修改公司章程”，从而需要根据《公司法》第 37 条第 1 款第 10 项、第 43 条第 2 款的规定，经由股东会作出决议并经代表三分之二以上表决权的股东通过，或者根据《公司法》第 37 条第 2 款的规定，由全体股东作出一致同意公司修改公司章程的书面决定。

不过，值得注意的是，根据《公司法》第 73 条的规定，在股东根据《公司法》第 71 条的规定转让股权或者股东的股权被人民法院依照法定强制执行程序转让之后，公司可以也应当修改公司章程中有关股东及其出资额的记载，对公司章程的该项修改不需再由股东会表决，亦无需由全体股东作出一致书面决定。

（二十四）《公司法》、司法解释规定的股东会的其他职权

值得注意的是，除了《公司法》第 37 条第 1 款，《公司法》在其他条款、最高人民法院的司法解释也规定了有限公司股东会的若干职权，主要包括以下 15 项：

一是，《公司法》第 166 条第 3 款规定了有限公司股东会享有对公司是否从税后利润中提取任意公积金作出决议的职权。

二是，《公司法》第 16 条第 1 款规定了有限公司股东会可以享有对公司向其他企业投资作出决议的职权；当然，公司章程也可以规定该项职权由董事会行使。

三是，《公司法》第 16 条第 1 款规定了有限公司股东会可以享有对公司为他人提供担保作出决议的职权；当然，公司章程也可以规定该项职权由董事会行使。

四是，《公司法》第 16 条第 2 款规定了有限公司股东会享有对公司为公司股东或者实际控制人提供担保作出决议的职权。

五是，《公司法》第 74 条第 1 款规定了有限公司股东会享有对公司转让主要财产作出决议的职权。因为根据《公司法》第 74 条第 1 款第 2 项和第 2 款的规定，“有限公司转让主要财产”应属于股东会职权范围内的事项；否则，如果董事会（或不设董事会的公司的执行董事）或经理有权批准公司转让主要财产，公司的股东将无法获得《公司法》第 74 条第 1 款第 2 项和第 2 款规定的权利和救济，这显然是不符合《公司法》的立法意图的。

六是，《公司法》第148条第1款第3项规定了有限公司股东会可以享有审议批准公司董事或高级管理人员将公司资金借贷给他人或者以公司财产为他人提供担保的职权；当然，公司章程也可以规定该项职权由董事会行使。

七是，《公司法》第148条第1款第4项规定了有限公司股东会可以享有审议批准公司董事或高级管理人员与本公司订立合同或者进行交易的职权；当然，公司章程也可以规定董事或高级管理人员与本公司订立合同或者进行交易无需股东会批准。

八是，《公司法》第148条第1款第5项规定了有限公司股东会享有审议批准公司董事或高级管理人员为自己或者他人谋取属于公司的商业机会的职权。

九是，《公司法》第148条第1款第5项规定了有限公司股东会享有审议批准公司董事或高级管理人员自营或者为他人经营与公司同类的业务的职权。

十是，《公司法》第150条第1款规定了有限公司股东会享有要求董事、监事、高级管理人员列席股东会会议的职权。

十一是，《公司法》第169条第1款规定了有限公司股东会可以享有对公司聘用、解聘承办公司审计业务的会计师事务所作出决议的职权；当然，公司章程也可以规定该项职权由董事会行使。

十二是，《公司法》第186条第1款规定了，在公司自行清算的情形，有限公司股东会享有对清算组制定的清算方案进行确认的职权。

十三是，《公司法》第188条第1款规定了，在公司自行清算的情形，有限公司股东会享有对清算组制作的清算报告进行确认的职权。

十四是，《公司法司法解释（三）》第16条规定了，在股东未履行或者未全面履行出资义务或者抽逃出资的情况下，有限公司股东会享有对限制相关股东的利润分配请求权、新股优先认购权、剩余财产分配请求权等股东权利作出决议的职权。

十五是，《公司法司法解释（三）》第17条第1款规定了，股东未履行出资义务或者抽逃全部出资，经公司催告缴纳或者返还，其在合理期间内仍未缴纳或者返还出资时，有限公司股东会享有对解除相关股东的股东资格作出决议的职权。

基于上述，在表述上，《公司法》第37条第1款第11项如果能够调整为“法律、行政法规和公司章程规定的其他职权”，则更加完善。

基于上述，有限公司的股东会享有的职权主要包括以下39项。

附表六 有限公司股东会享有的职权

序号	股东会的职权	法律依据	备注
1	决定公司的经营方针	《公司法》第37条第1款第1项	无
2	决定公司的投资计划	《公司法》第37条第1款第1项	无
3	选举非由职工代表担任的董事	《公司法》第37条第1款第2项	无
4	决定非由职工代表担任的董事的报酬事项	《公司法》第37条第1款第2项	无
5	更换非由职工代表担任的董事	《公司法》第37条第1款第2项	无
6	选举非由职工代表担任的监事	《公司法》第37条第1款第2项	无
7	决定非由职工代表担任的监事的报酬事项	《公司法》第37条第1款第2项	无
8	更换非由职工代表担任的监事	《公司法》第37条第1款第2项	无
9	审议批准董事会（或不设董事会的公司的执行董事）的报告	《公司法》第37条第1款第3项	无
10	审议批准监事会（或不设监事会的公司的监事）的报告	《公司法》第37条第1款第4项	无
11	审议批准公司的年度财务预算方案	《公司法》第37条第1款第5项	无
12	审议批准公司的年度财务决算方案	《公司法》第37条第1款第5项	无
13	审议批准公司的利润分配方案	《公司法》第37条第1款第6项	无
14	对公司从税后利润中提取任意公积金作出决议	《公司法》第166条第3款	无
15	审议批准公司的弥补亏损方案	《公司法》第37条第1款第6项	无
16	对公司增加注册资本作出决议	《公司法》第37条第1款第7项	无

续表

序号	股东会的职权	法律依据	备注
17	对公司减少注册资本作出决议	《公司法》第37条第1款第7项	无
18	对发行公司债券作出决议	《公司法》第37条第1款第8项	无
19	对公司合并作出决议	《公司法》第37条第1款第9项	无
20	对公司分立作出决议	《公司法》第37条第1款第9项	无
21	对公司变更公司形式作出决议	《公司法》第37条第1款第9项	无
22	修改公司章程	《公司法》第37条第1款第10项、第74条第1款	包括因变更经营范围、营业期限等涉及的修改公司章程；但是，依法发生转让股权之后，公司章程中有关股东及其出资额的记载，不需再由股东会表决。
23	对公司向其他企业投资作出决议	《公司法》第16条第1款	公司章程可以规定该项职权由董事会行使
24	对公司为他人提供担保作出决议	《公司法》第16条第1款	公司章程可以规定该项职权由董事会行使
25	对公司为公司股东或者实际控制人提供担保作出决议	《公司法》第16条第2款	无
26	对公司转让主要财产作出决议	《公司法》第74条第1款	无
27	审议批准公司董事或高级管理人员将公司资金借贷给他人或者以公司财产为他人提供担保	《公司法》第148条第1款第3项	公司章程可以规定该项职权由董事会行使
28	审议批准公司董事或高级管理人员与本公司订立合同或者进行交易	《公司法》第148条第1款第4项	公司章程可以规定董事或高级管理人员与本公司订立合同或者进行交易无须股东会批准
29	审议批准公司董事或高级管理人员为自己或者他人谋取属于公司的商业机会	《公司法》第148条第1款第5项	无

续表

序号	股东会的职权	法律依据	备注
30	审议批准公司董事或高级管理人员自营或者为他人经营与公司同类的业务	《公司法》第 148 条第 1 款第 5 项	无
31	要求董事、监事、高级管理人员列席股东会会议	《公司法》第 150 条第 1 款	无
32	对公司聘用、解聘承办公司审计业务的会计师事务所作出决议	《公司法》第 169 条第 1 款	公司章程可以规定该项职权由董事会行使
33	对公司解散作出决议	《公司法》第 37 条第 1 款第 9 项	无
34	对公司清算作出决议	《公司法》第 37 条第 1 款第 9 项	无
35	对清算组制定的清算方案进行确认	《公司法》第 186 条第 1 款	仅适用于公司自行清算的情形
36	对清算组制作的清算报告进行确认	《公司法》第 188 条第 1 款	仅适用于公司自行清算的情形
37	对限制相关股东的利润分配请求权、新股优先认购权、剩余财产分配请求权等股东权利作出决议	《公司法司法解释（三）》第 16 条	仅适用于股东未履行或者未全面履行出资义务或者抽逃出资的情况
38	对解除相关股东的股东资格作出决议	《公司法司法解释（三）》第 17 条第 1 款	仅适用于股东未履行出资义务或者抽逃全部出资，经公司催告缴纳或者返还，其在合理期间内仍未缴纳或者返还出资时
39	法律法规和公司章程规定的其他职权	《公司法》第 37 条第 1 款第 11 项	无

（二十五）关于《公司法》第 37 条第 11 项的理解

在《公司法》第 37 条第 1 款第 1 项至第 10 项列明的有限公司的股东会的 23 项职权的基础上，《公司法》第 37 条第 1 款第 11 项允许有限公司的章程对有限公司的股东会的其他职权作出规定。

如前所述，在 2015 年 7 月 29 日就董某凤与河南天海电器有限公司股东资格确认纠纷申请再审案作出的（2015）民申字第 710 号民事裁定书中，最高人民法院认为："公司章程是关于公司的组织结构、内部关系和开展公司业务活动的基本规则和依据，亦是股东自治意思规则的载体，具有公司自治特点，只要股东达成合意，且不违背法律的强制性规范，公司章程即为有效"，因此，原则上，在《公司法》《公司法司法解释（三）》规定的股东会职权之外，有限公司依法制定的公司章程规定的股东会的其他职权，只要不违反法律、行政法规的强制性规定，这些规定就应当是有效的。

问题是，对于属于法律明确规定的公司的义务的事项，公司股东会是否可以对其进行审议并作出决议？

在这方面，中国证监会在2017年5月12日对广西慧球科技股份有限公司（以下简称慧球科技）、鲜某、董某亮等7名责任人员作出的〔2017〕48号行政处罚决定书的意见可供参考。

在这份行政处罚决定书中，针对慧球科技在2017年1月3日召开的第八届董事会第三十九次会议审议通过《关于公司坚决拥护共产党领导的议案》《关于坚持钓鱼岛主权属于中华人民共和国的议案》等1001项议案的行为，中国证监会认为："慧球科技董事会审议部分议案的行为，违背了《中华人民共和国公司法》（以下简称《公司法》）关于公司守法义务及董事会职权的相关规定。《公司法》第五条明确规定公司从事经营活动必须遵守法律法规、社会公德、商业道德。《公司法》第四十六条、第一百零八条第四款对董事会的职权作出了明确规定。中国共产党的领导地位是《中华人民共和国宪法》（以下简称《宪法》）的明确规定。钓鱼岛自古以来就是我国领土不可分割的一部分，维护祖国统一是《宪法》明确规定的公民义务。遵守包括《宪法》在内的所有法律是《公司法》明确规定的公司义务，不是公司董事会可以超越法定权限自由决策的事项。慧球科技董事会严重超越法定职权，审议《宪法》作出明确规定的事项的行为，违反了《公司法》第五条、第四十六条、第一百零八条第四款的相关规定。"

尽管中国证监会的上述观点是针对上市公司董事会的行为作出的，我理解同样可以适用于有限公司的股东会，有限公司的股东会同样不应对与《关于公司坚决拥护共产党领导的议案》《关于坚持钓鱼岛主权属于中华人民共和国的议案》相类似的，属于宪法、法律、行政法规明确规定的公司的义务的事项进行审议并作出决议。

（二十六）公司章程未明确规定其行使主体的职权的归属

值得思考的问题是，对于需要由公司作出决定但公司章程本身没有明确规定其行使主体的职权，应当由权力机构、执行机构、监督机构还是由经理来行使?

对此，我倾向于认为，这些剩余权力应当由公司的权力机构行使，具体分析如下：

一是，就公司的经理而言，由于《公司法》第 49 条第 1 款针对公司经理的职权采取了穷尽式列举的立法模式，因此，在公司章程未作不同规定、公司执行机构又未作授权的情况下，公司经理的职权仅限于《公司法》第 49 条第 1 款规定的范围，不享有《公司法》和公司章程明确规定的职权之外的职权。

二是，就公司的监督机构而言，尽管《公司法》第 53 条第 7 项规定了公司的监督机构可以行使“公司章程规定的其他职权”，但是，这些其他职权也应当以公司章程有明确规定为前提，在公司章程未作规定的情况下，公司监督机构不享有兜底的其他职权。

三是，就公司的执行机构而言，同样地，尽管《公司法》第 46 条第 11 项也规定了公司的执行机构可以行使“公司章程规定的其他职权”，但是，结合《公司法》第 46 条关于“董事会对股东会负责”以及《公司法》第 66 条关于“国有独资公司不设股东会，由国有资产监督管理机构行使股东会职权。国有资产监督管理机构可以授权公司董事会行使股东会的部分职权，决定公司的重大事项”的规定，这些其他职权也应当以公司章程有明确规定为前提，在公司章程未作规定、公司权力机构又未作授权的情况下，公司执行机构不享有兜底的其他职权。

四是，就公司的权力机构而言，尽管《公司法》第 37 条第 1 款第 11 项也规定了公司的权力机构可以行使“公司章程规定的其他职权”，但是，由于《公司法》第 36 条规定了“股东会是公司的权力机构”，第 46 条规定了“董事会对股东会负责”，第 49 条规定了“经理对董事会负责”，公司权力机构行使着包括修改公司章程、选举或者更换执行机构、监督机构成员等决定公司重大事务的职权，因此，公司章程本身没有明确规定其行使主体的职权应当归属于公司的权力机构为宜。

此外，最高人民法院2019年11月印发的《全国法院民商事审判工作会议纪要》（法〔2019〕254号）第27条关于“公司是股东代表诉讼的最终受益人，为避免因原告股东与被告通过调解损害公司利益，人民法院应当审查调解协议是否为公司的意思。只有在调解协议经公司股东（大）会、董事会决议通过后，人民法院才能出具调解书予以确认。至于具体决议机关，取决于公司章程的规定。公司章程没有规定的，人民法院应当认定公司股东（大）会为决议机关”的意见，实际上也表明，公司的剩余权力是应当由公司的权力机构行使的。

四、有限公司股东会行使职权的方式

根据《公司法》第37条的规定，原则上，有限公司股东会应当通过召开股东会会议的方式来行使职权；但是，在例外的情况下，有限公司全体股东也可以通过直接作出书面决定的方式来行使职权，而无须召开股东会会议。

不过，全体股东以书面决定的方式行使职权需要同时满足以下两个条件：一是，对于不召开股东会会议、直接作出决定这一安排，每一个股东都必须以书面形式一致表示同意（当然，这种同意可以是事先的同意，也可以是事后的追认，甚至，股东在书面决定文件上签字即视为其同意如此安排）；二是，每一个股东都须在书面决定文件上签名、盖章。

值得注意的是，直接作出全体股东一致同意的书面决定，在程序上不涉及股东会会议的召集、通知、召开、表决、记录等方面的事项，相对高效；同时，由于每一个股东都同意，通常不存在侵害股东的程序利益的问题。

当然，全体股东作出的一致同意的书面决定，也应当适用《公司法》第22条的相关规定，其内容不得违反法律、行政法规；在公司章程未经依法修改、生效之前，其内容也不得违反公司章程。

第二节 有限公司董事会的职权

一、有限公司董事会的法律地位

根据《公司法》第44条第1款的规定，除了股东人数较少或规模较小的有限公司，其他所有的有限公司都应当设董事会。《公司法》第44条第1款所说的“董事会”，是有限公司的执行机构，属于有限公司的组织机构之一。

不过，“董事会”作为有限公司的执行机构的法律地位，不是由《公司法》直接规定的，而是由《民法总则》加以明确的。

从《民法总则》第81条关于“营利法人应当设执行机构。……执行机构为董事会或者执行董事的，董事长、执行董事或者经理按照法人章程的规定担任法定代表人……”的规定看，有限公司的董事会属于公司的执行机构，对应于《公司法》第36条所说的权力机构——“股东会”和《公司法》第51条所说的监督机构——“监事会”。

值得注意的是，就有限公司和股份公司而言，“董事会”属于公司的执行机构，这是《民法总则》的界定；针对包括公司在内的营利法人的组织机构，《民法总则》使用的是权力机构、执行机构和监督机构的表述，并没有使用“决策机构”的表述，因此，不宜将有限公司或股份公司的“董事会”或不设董事会的有限公司的“执行董事”称为“决策机构”。

因为单从决策的角度看，不论是股东会或股东大会，还是董事会或不设董事会的有限公司的执行董事，都享有一定的决策权，从而，股东会或股东大会和董事会或不设董事会的有限公司的执行董事，都可以被称为“决策机构”；甚至，公司的经理也有一定的决策权，但经理不宜被称为决策机构。事实上，《民法总则》只是针对非营利法人中的事业单位法人和捐助法人才使用了“决策机构”的表述，这对应于公司的“权力机构”，是跟捐助法人的“执行机构”和“监督机构”相对应的组织机构。

二、有限公司董事会的组成

在有限公司董事会的组成上，由于《公司法》第 44 条第 1 款使用了“有限责任公司设董事会，其成员为三人至十三人”的表述，因此，有限公司董事会由不少于 3 名、不超过 13 名董事组成。

值得注意的是，《公司法》只是对有限公司董事会成员的人数的下限和上限作出了规定，并没有要求有限公司的董事会成员的人数必须是一个确定的数字，从而，有限公司的董事会成员的人数可以是在不低于 3 人、不超过 13 人之间的任何整数①；不过，为避免董事会表决时出现投赞成票与投反对票的董事人数相等而无法通过董事会决议的情况，实践中，有限公司董事会成员的人数通常会取奇数。

与此对应，《公司法》第 108 条第 1 款规定了股份公司的董事会成员的人数下限为 5 人、上限为 19 人。注意到，实践中，有的股份公司在其章程中规定其董事会人数为一个不少于 5 人但不超过 19 人的区间，而不是一个确定的数字，因此，我理解，有限公司的章程也可以规定其董事会人数为一个不少于 3 人但不超过 13 人的区间——不过，在办理公司登记时，公司登记机关也可能会要求有限公司对这类规定作出修改。

三、有限公司董事会的职权

《公司法》第 46 条第 1 项至第 10 项明确规定了有限公司的董事会享有以下 27 项职权：（1）召集股东会会议；（2）向股东会报告工作；（3）执行股东会的决议；（4）决定公司的经营计划；（5）决定公司的投资方案；（6）制订公司的年度财务预算方案；（7）制订公司的年度财务决算方案；（8）制订公司的利润分配方案；（9）制订公司的弥补亏损方案；（10）制订公司增加注册资本的

① 值得注意的是，根据国家企业信用信息公示系统公示的信息和华为投资控股有限公司 2018 年年度报告，截至 2018 年 12 月 31 日，华为投资控股有限公司的董事会成员有 17 人。严格来讲，这一做法是不符合《公司法》第 44 条第 1 款关于“有限责任公司设董事会，其成员为三人至十三人；但是，本法第五十条另有规定的除外”的规定的。

方案；（11）制订公司减少注册资本的方案；（12）制订公司发行公司债券的方案；（13）制订公司合并的方案；（14）制订公司分立的方案；（15）制订公司解散的方案；（16）制订变更公司形式的方案；（17）决定公司内部管理机构的设置；（18）决定聘任公司经理；（19）决定公司经理的报酬事项；（20）决定解聘公司经理；（21）根据经理的提名决定聘任公司副经理；（22）决定公司副经理的报酬事项；（23）决定解聘公司副经理；（24）根据经理的提名决定聘任公司财务负责人；（25）决定公司财务负责人的报酬事项；（26）决定解聘公司财务负责人；（27）制定公司的基本管理制度。

在此基础上，《公司法》第46条第11项允许有限公司的章程在《公司法》规定的职权之外，对有限公司的董事会的其他职权作出规定。

以下分别对《公司法》规定的有限公司董事会的各项职权进行分析。

（一）关于“召集股东会会议”的职权

根据《公司法》第46条第1项，有限公司的董事会享有召集股东会会议（包括定期会议和临时会议）的职权。这一职权对应于《公司法》第40条第1款的规定。值得注意的是，根据《公司法》第40条，召集股东会会议并非专属于有限公司执行机构的职权，在执行机构不能履行或不履行召集股东会会议的职责时，公司的监督机构有权召集股东会会议；并且，在监督机构不能履行或不履行召集股东会会议的职责时，特定股东可以自行召集并主持股东会会议。

（二）关于“向股东会报告工作”的职权

根据《公司法》第46条第1项，有限公司的董事会享有向股东会报告工作的职权。这一职权对应于《公司法》第37条第1款第3项规定的股东会“审议批准董事会的报告”的职权。不过，严格来讲，与其说这是董事会的职权，不如说这是董事会的义务。

（三）关于“执行股东会的决议”的职权

根据《公司法》第46条第2项，有限公司的董事会享有执行股东会的决议的职权。严格来讲，执行股东会的决议，也是董事会的义务。据此，有限公司的股东会的决议，对董事会及各个董事具有约束力。

（四）关于“决定公司的经营计划”的职权

根据《公司法》第46条第3项，有限公司的董事会享有决定公司的经营计划的职权，有限公司的其他组织机构或人员不应行使此项职权。这一职权对应于《公司法》第37条第1款第1项规定的股东会“决定公司的经营方针”的职权。

（五）关于“决定公司的投资方案”的职权

根据《公司法》第46条第3项，有限公司的董事会享有决定公司的投资方案的职权，有限公司的其他组织机构或人员不应行使此项职权。这一职权对应于《公司法》第37条第1款第1项规定的股东会“决定公司的投资计划”的职权。

（六）关于“制订公司的年度财务预算方案”的职权

根据《公司法》第46条第4项，有限公司的董事会享有制订公司的年度财务预算方案的职权，有限公司的其他组织机构或人员不应行使此项职权。这一职权对应于《公司法》第37条第1款第5项规定的股东会“审议批准公司的年度财务预算方案”的职权。公司的年度财务预算方案，应先由公司董事会通过之后，再提交给公司的权力机构批准。

（七）关于“制订公司的年度财务决算方案”的职权

根据《公司法》第46条第4项，有限公司的董事会享有制订公司的年度财务决算方案的职权，有限公司的其他组织机构或人员不应行使此项职权。这一职权对应于《公司法》第37条第1款第5项规定的股东会“审议批准公司的年度财务决算方案”的职权。公司的年度财务决算方案，应先由公司董事会通过之后，再提交给公司的权力机构批准。

（八）关于“制订公司的利润分配方案”的职权

根据《公司法》第46条第5项，有限公司的董事会享有制订公司的利润分配方案的职权，有限公司的其他组织机构或人员不应行使此项职权。这一职权对应于《公司法》第37条第1款第6项规定的股东会“审议批准公司的利润分配方案”的职权。公司的利润分配方案，应先由公司董事会通过之后，再提交给公司的权力机构批准。

（九）关于“制订公司的弥补亏损方案”的职权

根据《公司法》第46条第5项，有限公司的董事会享有制订公司的弥补亏损方案的职权，有限公司的其他组织机构或人员不应行使此项职权。这一职权对应于《公司法》第37条第1款第6项规定的股东会“审议批准公司的弥补亏损方案”的职权。公司的弥补亏损方案，应先由公司董事会通过之后，再提交给公司的权力机构批准。

（十）关于“制订公司增加注册资本的方案”的职权

根据《公司法》第46条第6项，有限公司的董事会享有制订公司增加注册资本的方案的职权，有限公司的其他组织机构或人员不应行使此项职权。这一职权对应于《公司法》第37条第1款第7项规定的股东会“对公司增加注册资本作出决议”的职权。

公司增加注册资本，既可由董事会先以董事会决议的形式制订“增加注册资本的方案”，之后再提交公司权力机构批准；也可以先由公司的权力机构作出增加注册资本的决议或决定之后，再由董事会根据权力机构的决议或决定和授权，制订公司增加注册资本的方案，这也属于《公司法》第46条第2项所说的董事会行使“执行股东会的决议”的职权的体现。

（十一）关于“制订公司减少注册资本的方案”的职权

根据《公司法》第46条第6项，有限公司的董事会享有制订公司减少注册资本的方案的职权，有限公司的其他组织机构或人员不应行使此项职权。这一职权对应于《公司法》第37条第1款第7项规定的股东会“对公司减少注册资本作出决议”的职权。

公司减少注册资本，既可由董事会先以董事会决议的形式制订“减少注册资本的方案”，之后再提交公司权力机构批准；也可以先由公司的权力机构作出减少注册资本的决议或决定之后，再由董事会根据权力机构的决议或决定和授权，制订公司减少注册资本的方案，这也属于《公司法》第46条第2项所说的董事会行使“执行股东会的决议”的职权的体现。

（十二）关于“制订公司发行公司债券的方案”的职权

根据《公司法》第46条第6项，有限公司的董事会享有制订发行公司债券的方案的职权，有限公司的其他组织机构或人员不应行使此项职权。这一职权对应于《公司法》第37条第1款第8项规定的股东会“对发行公司债券作出决议”的职权。

发行公司债券，既可由董事会先以董事会决议的形式制订“发行公司债券的方案”，之后再提交公司权力机构批准；也可以先由公司的权力机构作出发行公司债券的决议或决定之后，再由董事会根据权力机构的决议或决定和授权，制订发行公司债券的方案，这也属于《公司法》第46条第2项所说的董事会行使“执行股东会的决议”的职权的体现。

（十三）关于“制订公司合并的方案”的职权

根据《公司法》第46条第7项，有限公司的董事会享有制订公司合并的方案的职权，有限公司的其他组织机构或人员不应行使此项职权。这一职权对应于《公司法》第37条第1款第9项规定的股东会“对公司合并作出决议”的职权。

公司合并，既可由董事会先以董事会决议的形式制订“公司合并的方案”，之后再提交公司权力机构批准；也可以先由公司的权力机构作出公司合并的决议或决定之后，再由董事会根据权力机构的决议或决定和授权，制订公司合并的方案，这也属于《公司法》第46条第2项所说的董事会行使“执行股东会的决议”的职权的体现。

（十四）关于“制订公司分立的方案”的职权

根据《公司法》第46条第7项，有限公司的董事会享有制订公司分立的方案的职权，有限公司的其他组织机构或人员不应行使此项职权。这一职权对应于《公司法》第37条第1款第9项规定的股东会“对公司分立作出决议”的职权。

公司分立，既可由董事会先以董事会决议的形式制订“公司分立的方案”，之后再提交公司权力机构批准；也可以先由公司的权力机构作出公司分立的决议或决定之后，再由董事会根据权力机构的决议或决定和授权，制订公司分立的方案，这也属于《公司法》第46条第2项所说的董事会行使“执行股东会的决议”的职权的体现。

（十五）关于“制订公司解散的方案”的职权

根据《公司法》第46条第7项，有限公司的董事会享有制订公司解散的方案的职权，有限公司的其他组织机构或人员不应行使此项职权。这一职权对应于《公司法》第37条第1款第9项规定的股东会“对公司解散作出决议”的职权。

公司解散，可由董事会先以董事会决议的形式制订“公司解散的方案”，之后再提交公司权力机构批准；不过，在公司的权力机构作出公司解散的决议或决定之后，则应根据《公司法》第183条的规定成立清算组，由清算组根据《公司法》第184条等规定行使相应的清算职权，公司董事会则应当停止行使职权。

（十六）关于“制订变更公司形式的方案”的职权

根据《公司法》第46条第7项，有限公司的董事会享有制订变更公司形式的方案的职权，有限公司的其他组织机构或人员不应行使此项职权。这一职权对应于《公司法》第37条第1款第9项规定的股东会“对公司变更公司形式作出决议”的职权。

公司变更公司形式，既可由董事会先以董事会决议的形式制订“公司变更公司形式的方案”，之后再提交公司权力机构批准；也可以先由公司的权力机构作出公司变更公司形式的决议或决定之后，再由董事会根据权力机构的决议或决定和授权，制订公司变更公司形式的方案，这也属于《公司法》第46条第2项所说的董事会行使“执行股东会的决议”的职权的体现。

（十七）关于“决定公司内部管理机构的设置”的职权

根据《公司法》第46条第8项，有限公司的董事会享有决定公司内部管理机构的设置的职权，有限公司的其他组织机构或人员不应行使此项职权。

何为“内部管理机构”?《公司法》本身未对此作出界定。

“公司的内部管理机构”对应于公司的权力机构（股东会或唯一股东）、执行机构（董事会或不设董事会的有限公司的执行董事）、监督机构（监事会或不设监事会的有限公司的监事）和分支机构，类似于《担保法》第10条所说的“职能部门”。当然，《公司法》所说的“内部管理机构”与《担保法》所说的“职能部门”不是一一对应的关系，可由公司董事会（或不设董事会的有限公司的执行董事）根据公司的实际情况予以设置，比如财务部、行政部、销售部等。

注意到《公司法》第49条第1款使用了“有限责任公司可以设经理，由董事会决定聘任或者解聘”的表述，结合《公司法》第46条第8项关于“董事会对股东会负责，行使下列职权：……（八）决定公司内部管理机构的设置”的规定，有限公司的董事会可以在其通过的关于公司内部管理机构设置的决议中决定公司不设经理。

（十八）关于“决定聘任公司经理”的职权

根据《公司法》第46条第9项，有限公司的董事会享有决定聘任公司经理的职权，有限公司的其他组织机构或人员不应行使此项职权。

不过，由于《公司法》第46条第9项仅规定有限公司的经理应由董事会决定聘任，并没有对经理的提名作出规定，我理解，有限公司的章程可以规定经理由董事长提名或某一股东提名，并由董事会聘任或解聘。值得注意的是，根据《公司法》第46条关于“董事会对股东会负责，行使下列职权：……（八）决定公司内部管理机构的设置；（九）决定聘任或者解聘公司经理及其报酬事项”的规定，和《公司法》第49条第1款关于“有限责任公司可以设经理，由董事会决定聘任或者解聘”的规定，有限公司可以不设经理。

（十九）关于“决定公司经理的报酬事项”的职权

根据《公司法》第46条第9项，有限公司的董事会享有决定公司经理的报酬事项的职权，有限公司的其他组织机构或人员不应行使此项职权。

经理与公司之间的关系，既属于《公司法》规定的高级管理人员与公司的关系，也属于《劳动法》和《劳动合同法》规定的劳动者与用人单位之间的劳动关系，因此，经理的“报酬”，也属于《劳动法》《劳动合同法》所说的“工资”；经理与公司之间发生的有关报酬的纠纷，既要适用《公司法》《民法总则》《合同法》，也要适用《劳动法》《劳动合同法》。

（二十）关于“决定解聘公司经理”的职权

根据《公司法》第46条第9项，有限公司的董事会享有决定解聘公司经理的职权，有限公司的其他组织机构或人员不应行使此项职权。这一职权对应于《公司法》第49条第1款“有限责任公司可以设经理，由董事会决定聘任或者解聘”的规定。

值得注意的是，有限公司的董事会作出解聘公司经理的决定无须列明据以作出决定的原因或理由。对此，最高人民法院2012年9月18日发布的指导案例10号（李某军诉上海佳动力环保科技有限公司公司决议撤销纠纷案）的“裁判要点”明确提出：“人民法院在审理公司决议撤销纠纷案件中应当审查：会议召集程序、表决方式是否违反法律、行政法规或者公司章程，以及决议内容是否违反公司章程。在未违反上述规定的前提下，解聘总经理职务的决议所依据的事实是否属实，理由是否成立，不属于司法审查范围。”

该案的“裁判理由”部分认为：“董事会决议解聘李某军总经理职务的原因如果不存在，并不导致董事会决议撤销。首先，公司法尊重公司自治，公司内部法律关系原则上由公司自治机制调整，司法机关原则上不介入公司内部事务；其次，佳动力公司的章程中未对董事会解聘公司经理的职权作出限制，并未规定董事会解聘公司经理必须要有一定原因，该章程内容未违反公司法的强制性规定，应认定有效，因此佳动力公司董事会可以行使公司章程赋予的权力作出解聘公司经理的决定。故法院应当尊重公司自治，无需审查佳动力公司董事会解聘公司经理的原因是否存在，即无需审查决议所依据的事实是否属实，理由是否成立。”

此外，在经理的解聘方面，在《公司法》第46条第9项和第49条第1款规定由董事会决定解聘经理的基础上，由于《公司法》第53条第2项规定了“监事会、不设监事会的公司的监事行使下列职权：……（二）对董事、高级管理人员执行公司职务的行为进行监督，对违反法律、行政法规、公司章程或者股东会决议的董事、高级管理人员提出罢免的建议”，因此，在有限公司的经理存在违反法律、行政法规、公司章程或者股东会决议（甚至还包括董事会决议）的行为时，公司的监督机构可以向董事会建议罢免公司经理的职务。

还需注意的是，公司董事会决定解聘公司经理，应视为解除相关人员的经理职务；并且，在公司没有与担任经理的该等人员建立聘用其担任其他职务的劳动关系的情况下，公司董事会解聘经理，也将导致担任公司经理的该等人员与公司之间的劳动关系的解除，从而还应当适用《劳动法》和《劳动合同法》的相关规定。

在 2015 年 9 月 25 日就上海家化联合股份有限公司与王某劳动合同纠纷二审案作出的（2015）沪二中民三（民）终字第 747 号民事判决书中，上海市第二中级人民法院也认为：“对于建立劳动关系后被董事会聘任的高级管理人员而言，其作为公司员工，相关的劳动权利受劳动法保护。但劳动合同的履行并非一成不变，确因生产经营的需要，用人单位可以进行合理的变更以确保劳动合同得以顺利履行。董事会有权聘用或解聘高级管理人员是公司法赋予董事会的权利，该权利的行使亦是企业经营自主权的一种体现。董事会依公司法聘用或解聘高级管理人员应视为系对相关岗位的人事安排。对于已与公司建立劳动关系的高级管理人员而言，董事会通过决议解除其职务应视为是对其岗位进行变更，并不必然导致劳动关系的解除。董事会决议是否有效应根据公司法的规定进行审查，公司基于劳动法享有的解雇权与其基于公司法享有的对高级管理人员的解聘权虽有牵连，但并不冲突。”

还有，尽管有限公司董事会作出解聘公司经理的决定无须列明据以作出决定的原因或理由，但是，在担任公司经理职务的人员因其经理职务被解除而遭受损害的情况下，结合《公司法司法解释（五）》第 3 条第 2 款关于“董事职务被解除后，因补偿与公司发生纠纷提起诉讼的，人民法院应当依据法律、行政法规、公司章程的规定或者合同的约定，综合考虑解除的原因、剩余任期、董事薪酬等因素，确定是否补偿以及补偿的合理数额”的规定，担任公司经理职务的人员可以考虑依据《公司法》、《合同法》、公司章程的规定或者合同的约定，请求公司给予补偿；并且，在公司没有与担任经理的该等人员建立聘用其担任其他职务的劳动关系的情况下，因公司董事会解聘经理也将导致担任公司经理的该等人员与公司之间的劳动关系的解除，从而，担任公司经理职务的人员可以考虑依据《劳动法》和《劳动合同法》的相关规定，请求公司给予相应的经济补偿。

（二十一）关于“决定聘任公司副经理”的职权

根据《公司法》第46条第9项，有限公司的董事会享有根据经理的提名决定聘任公司副经理的职权，有限公司的其他组织机构或人员不应行使此项职权。

根据《公司法》第46条第9项和第49条第1款第6项的规定，通常情况下，有限公司的副经理的提名权归属于经理，但聘任权和解聘权归属于董事会；不过，由于《公司法》第49条第1款规定了“有限责任公司可以设经理”，第2款规定了“公司章程对经理职权另有规定的，从其规定”，因此，在不设经理的有限公司，公司章程可以规定副经理的提名权归属于董事会或相关股东或董事长；在有限公司设经理的情况下，公司章程可以规定有限公司的副经理的提名权也归属于董事会、相关股东或董事长，从而，经理并非当然享有“提请董事会聘任或者解聘公司副经理”的职权。

同样地，公司副经理是公司基于公司执行机构的决定而以公司的名义聘任的，副经理与公司之间的关系，既属于《公司法》规定的高级管理人员与公司的关系，也属于《劳动法》和《劳动合同法》规定的劳动者与用人单位之间的劳动关系。对此，原劳动部1995年印发的《关于贯彻执行〈中华人民共和国劳动法〉若干问题的意见》（劳部发〔1995〕309号）明确要求“实行公司制的经理和有关经营管理人员，应依据《中华人民共和国公司法》的规定与董事会签订劳动合同”。

（二十二）关于“决定公司副经理的报酬事项”的职权

根据《公司法》第46条第9项，有限公司的董事会享有决定公司副经理的报酬事项的职权，有限公司的其他组织机构或人员不应行使此项职权。

如前所述，副经理与公司之间的关系，既属于《公司法》规定的高级管理人员与公司的关系，也属于《劳动法》和《劳动合同法》规定的劳动者与用人单位之间的劳动关系，因此，副经理的“报酬”，也属于《劳动法》《劳动合同法》所说的"工资";副经理与公司之间发生的有关报酬的纠纷,既要适用《公司法》《民法总则》《合同法》,也要适用《劳动法》《劳动合同法》。

(二十三)关于"决定解聘公司副经理"的职权

根据《公司法》第46条第9项,有限公司的董事会享有决定解聘公司副经理的职权,有限公司的其他组织机构或人员不应行使此项职权。

此外,在副经理的解聘方面,由于《公司法》第53条第2项规定了"监事会、不设监事会的公司的监事行使下列职权:……(二)对董事、高级管理人员执行公司职务的行为进行监督,对违反法律、行政法规、公司章程或者股东会决议的董事、高级管理人员提出罢免的建议",因此,在有限公司的副经理存在违反法律、行政法规、公司章程或者股东会决议(甚至还包括董事会决议)的行为时,公司的监督机构可以向董事会建议罢免公司副经理的职务。

同样地,公司董事会决定解聘公司副经理,应视为解除相关人员的副经理职务;并且,在公司没有与担任副经理的该等人员建立聘用其担任其他职务的劳动关系的情况下,公司董事会解聘副经理,也将导致担任公司副经理的该等人员与公司之间的劳动关系的解除,从而应当适用《劳动法》和《劳动合同法》的相关规定。

(二十四)关于"决定聘任公司财务负责人"的职权

根据《公司法》第46条第9项,有限公司的董事会享有根据经理的提名决定聘任公司财务负责人的职权,有限公司的其他组织机构或人员不应行使此项职权。

何为"财务负责人"?《公司法》只是由其第216条第1项将财务负责人列为公司(包括有限公司和股份公司)的高级管理人员,但未对何为"财务负责人"作出界定,亦未规定财务负责人的职责。

《会计法》(2017年修正)第21条第1款规定了"财务会计报告应当由单位负责人和主管会计工作的负责人、会计机构负责人(会计主管人员)签名并盖章;设置总会计师的单位,还须由总会计师签名并盖章"。其中提到了"单位负责人""主管会计工作的负责人""会计机构负责人(会计主管人员)"和

“总会计师”4个概念。不过，《公司法》所说的“财务负责人”与《会计法》所说的“主管会计工作的负责人”“会计机构负责人”不是一一对应的关系。

参考《保险公司财务负责人任职资格管理规定》（2010年修正）第2条关于“本规定所称保险公司财务负责人（以下简称财务负责人），是指保险公司负责会计核算、财务管理等企业价值管理活动的总公司高级管理人员”的规定，公司的财务负责人可以理解为负责公司的财务工作（包括但不限于会计核算、财务管理等事项）的高级管理人员。实践中，财务总监通常为财务负责人。

根据《公司法》第46条第9项和第49条第1款第6项的规定，通常情况下，有限公司的财务负责人的提名权归属于经理，但聘任权和解聘权归属于董事会；不过，由于《公司法》第49条第1款规定了“有限责任公司可以设经理”，第2款规定了“公司章程对经理职权另有规定的，从其规定”，因此，在不设经理的有限公司，公司章程可以规定财务负责人的提名权归属于董事会或相关股东或董事长；在有限公司设经理的情况下，有限公司的章程可以规定有限公司的财务负责人的提名权也归属于董事会或相关股东或董事长，从而，经理并非当然享有“提请董事会聘任或者解聘公司财务负责人”的职权。

同样地，公司财务负责人是公司基于公司执行机构的决定而以公司的名义聘任的，财务负责人与公司之间的关系，既属于《公司法》规定的高级管理人员与公司的关系，也属于《劳动法》和《劳动合同法》规定的劳动者与用人单位之间的劳动关系。对此，原劳动部1995年印发的《关于贯彻执行〈中华人民共和国劳动法〉若干问题的意见》（劳部发〔1995〕309号）明确要求“实行公司制的经理和有关经营管理人员，应依据《中华人民共和国公司法》的规定与董事会签订劳动合同”。

（二十五）关于“决定公司财务负责人的报酬事项”的职权

根据《公司法》第46条第9项，有限公司的董事会享有决定公司财务负责人的报酬事项的职权，有限公司的其他组织机构或人员不应行使此项职权。

同样地，财务负责人与公司之间的关系，既属于《公司法》规定的高级管理人员与公司的关系，也属于《劳动法》和《劳动合同法》规定的劳动者与用人单位之间的劳动关系，因此，财务负责人的“报酬”，也属于《劳动法》《劳动合同法》所说的“工资”；财务负责人与公司之间发生的有关报酬的纠纷，既要适用《公司法》《民法总则》《合同法》，也要适用《劳动法》《劳动合同法》。

（二十六）关于“决定解聘公司财务负责人”的职权

根据《公司法》第46条第9项，有限公司的董事会享有决定解聘公司财务负责人的职权，有限公司的其他组织机构或人员不应行使此项职权。

此外，在财务负责人的解聘方面，由于《公司法》第53条第2项规定了“监事会、不设监事会的公司的监事行使下列职权：……（二）对董事、高级管理人员执行公司职务的行为进行监督，对违反法律、行政法规、公司章程或者股东会决议的董事、高级管理人员提出罢免的建议”，因此，在有限公司的财务负责人存在违反法律、行政法规、公司章程或者股东会决议（甚至还包括董事会决议）的行为时，公司的监督机构可以向董事会建议罢免公司财务负责人的职务。

同样地，公司董事会决定解聘公司财务负责人，应视为解除相关人员的副经理职务；并且，在公司没有与担任财务负责人的该等人员建立聘用其担任其他职务的劳动关系的情况下，公司董事会解聘财务负责人，也将导致担任公司财务负责人的该等人员与公司之间的劳动关系的解除，从而应当适用《劳动法》和《劳动合同法》的相关规定。

（二十七）关于“制定公司的基本管理制度”的职权

根据《公司法》第46条第10项，有限公司的董事会享有制定公司的基本管理制度的职权，有限公司的其他组织机构或人员不应行使此项职权。

从《公司法》的条文看，公司的基本管理制度对应于公司的具体规章。但何为“基本管理制度”？何为“具体规章”？公司的“基本管理制度”与“具体规章”之间是什么关系？对此，《公司法》本身未作规定。

注意到，《中国葛洲坝集团股份有限公司规章制度制定管理办法》对其基本管理制度作出的界定如下：基本管理制度“是指对涉及公司全局性、基本的管理关系作出的全面系统的规定”，而具体规章则是指“基本管理制度的具体化或者对涉及某一方面或某几个方面的管理作出的具体规定”。上述界定对于理解《公司法》所说的“基本管理制度”和“具体规章”具有一定的参考意义。

根据《公司法》第46条第10项和第49条第1款第4项的规定，通常情况下，公司的基本管理制度的拟订权归属于经理、批准权归属于董事会；不过，由于《公司法》第49条第1款规定了“有限责任公司可以设经理”，第2款规定了“公司章程对经理职权另有规定的，从其规定”，因此，在不设经理的有限公司，公司章程可以规定公司的基本管理制度的拟订权归属于董事会；在有限公司设经理的情况下，有限公司的章程可以规定公司的基本管理制度的拟订权也归属于董事会，从而，经理并非当然享有“拟订公司的基本管理制度”的职权。

值得注意的是，在有限公司董事会依据《公司法》和公司章程的规定制定的公司的基本管理制度与股东之间的约定不一致的情况下，可能应当以公司的基本管理制度为准。

比如，在2016年6月30日就郭某晓与兴旺投资有限公司（以下简称兴旺公司）公司证照返还纠纷上诉案作出的（2016）京03民终6878号民事判决书中，北京市第三中级人民法院认为，“根据兴旺公司提交的工商档案备案的《兴旺投资有限公司章程》（2014年8月10日签章）第十四条规定：‘公司设董事会，成员5人。由股东会选举产生。执行董事任期三年，任期届满，可连选连任。董事会设董事长一人，由董事会选举产生。’第十七条规定：‘董事会决议的表决，实行一人一票。三分之一以上的董事可以提议召开董事会会议，并于会议召开前十日通知全体董事。董事会对所议事项应由二分之一以上的董事表决通过方为有效，并应作成会议记录，出席会议的董事应当在会议记录上签名。’2015年7月22日，兴旺公司董事会2015年第二次会议审议并通过了《兴旺投资有限公司印章管理办法》。郭某晓基于2012年5月29日的‘股东协议’获得管理涉案的兴旺公司公章、证照，但是该约定的有限期限是公司成立早期，虽然对于早期双方存在争议。但是在2014年至2015年期间，兴旺公司制定了公司章程，并成立了董事会依法行使管理公司之责。而公司章程明确赋予了董事会‘制定公司的基本管理制度’，该公司章程对全体股东、董事会均具有约束力，兴旺公司董事会随后审议并通过了《兴旺投资有限公司印章管理办法》，因此，在《兴旺投资有限公司印章管理办法》和公司成立前的‘股东协议’内容相冲突的情形下，公司章程和《兴旺投资有限公司印章管理办法》的效力明显优于‘股东协议’的授权”。

（二十八）《公司法》规定的董事会的其他职权

值得注意的是，除了《公司法》第46条第1项至第10项明确列出来的职权，《公司法》在其他条款也规定了有限公司的董事会的职权，主要包括以下15项：

序号	董事会职权	法律依据	备注
1	对公司向其他企业投资作出决议	《公司法》第16条第1款	公司章程可以规定该项职权由股东会行使
2	对公司为他人提供担保作出决议	《公司法》第16条第1款	公司章程可以规定该项职权由股东会行使
3	审议批准公司董事或高级管理人员将公司资金借贷给他人	《公司法》第148条第1款第3项	公司章程可以规定该项职权由股东会行使
4	审议批准公司董事或高级管理人员以公司财产为他人提供担保	《公司法》第148条第1款第3项	公司章程可以规定该项职权由股东会行使
5	对公司聘用承办公司审计业务的会计师事务所作出决议	《公司法》第169条第1款	公司章程可以规定该项职权由股东会行使
6	对公司解聘承办公司审计业务的会计师事务所作出决议	《公司法》第169条第1款	公司章程可以规定该项职权由股东会行使
7	对公司拒绝向股东提供查阅公司会计账簿作出决定	《公司法》第33条第2款	无
8	选举董事长	《公司法》第44条第3款	公司章程可以规定董事长、副董事长不由董事会选举产生
9	更换董事长	《公司法》第44条第3款	公司章程可以规定董事长、副董事长不由董事会选举产生
10	选举副董事长	《公司法》第44条第3款	公司章程可以规定董事长、副董事长不由董事会选举产生

续表

序号	董事会职权	法律依据	备注
11	更换副董事长	《公司法》第44条第3款	公司章程可以规定董事长、副董事长不由董事会选举产生
12	授权经理或其他人员行使董事会的部分职权	《公司法》第49条第1款第8项	无
13	监事执行公司职务时违反法律、行政法规或者公司章程的规定，给公司造成损失时，按照股东的请求，决定对相关监事提起诉讼	《公司法》第151条	无
14	决定对公司的股东、监事、高级管理人员提起诉讼	参考《公司法》第151条	无
15	决定对侵犯公司合法权益、给公司造成损失的人提起诉讼	参考《公司法》第151条	自行决定或依股东请求作出决定

基于上述，在表述上，《公司法》第46条第11项如果能够调整为“法律、行政法规和公司章程规定的其他职权”，则更加完善。

综上所述，有限公司的董事会享有的职权主要包括以下43项：

附表七 有限公司董事会享有的职权

序号	董事会职权	法律依据	备注
1	召集股东会会议	《公司法》第39条第2款、第40条第1款、第46条第1项	无
2	向股东会报告工作	《公司法》第46条第1项	无
3	执行股东会的决议	《公司法》第46条第2项	无
4	决定公司的经营计划	《公司法》第46条第3项	无
5	决定公司的投资方案	《公司法》第46条第3项	无
6	制订公司的年度财务预算方案	《公司法》第46条第4项	无
7	制订公司的年度财务决算方案	《公司法》第46条第4项	无
8	制订公司的利润分配方案	《公司法》第46条第5项	无
9	制订公司的弥补亏损方案	《公司法》第46条第5项	无

续表

序号	董事会职权	法律依据	备注
10	制订公司增加注册资本的方案	《公司法》第46条第6项	无
11	制订公司减少注册资本的方案	《公司法》第46条第6项	无
12	制订公司发行公司债券的方案	《公司法》第46条第6项	无
13	制订公司合并的方案	《公司法》第46条第7项	无
14	制订公司分立的方案	《公司法》第46条第7项	无
15	制订公司解散的方案	《公司法》第46条第7项	无
16	制订变更公司形式的方案	《公司法》第46条第7项	无
17	决定公司内部管理机构的设置	《公司法》第46条第8项	无
18	决定聘任公司经理	《公司法》第46条第9项	有限公司可以不设经理
19	决定公司经理的报酬事项	《公司法》第46条第9项	有限公司可以不设经理
20	决定解聘公司经理	《公司法》第46条第9项	有限公司可以不设经理
21	根据经理的提名决定聘任公司副经理	《公司法》第46条第9项	有限公司可以不设经理；有限公司章程也可以规定副经理不由经理提名
22	决定公司副经理的报酬事项	《公司法》第46条第9项	无
23	决定解聘公司副经理	《公司法》第46条第9项	无
24	根据经理的提名决定聘任公司财务负责人	《公司法》第46条第9项	有限公司可以不设经理；有限公司章程也可以规定财务负责人不由经理提名
25	决定公司财务负责人的报酬事项	《公司法》第46条第9项	无
26	决定解聘公司财务负责人	《公司法》第46条第9项	无
27	制定公司的基本管理制度	《公司法》第46条第10项	无
28	对公司向其他企业投资作出决议	《公司法》第16条第1款	公司章程可以规定该项职权由股东会行使
29	对公司为他人提供担保作出决议	《公司法》第16条第1款	公司章程可以规定该项职权由股东会行使
30	审议批准公司董事或高级管理人员将公司资金借贷给他人	《公司法》第148条第1款第3项	公司章程可以规定该项职权由股东会行使

续表

序号	董事会职权	法律依据	备注
31	审议批准公司董事或高级管理人员以公司财产为他人提供担保	《公司法》第148条第1款第3项	公司章程可以规定该项职权由股东会行使
32	对公司聘用承办公司审计业务的会计师事务所作出决议	《公司法》第169条第1款	公司章程可以规定该项职权由股东会行使
33	对公司解聘承办公司审计业务的会计师事务所作出决议	《公司法》第169条第1款	公司章程可以规定该项职权由股东会行使
34	对公司拒绝向股东提供查阅公司会计账簿作出决定	《公司法》第33条第2款	无
35	选举董事长	《公司法》第44条第3款	公司章程可以规定董事长、副董事长不由董事会选举产生
36	更换董事长	《公司法》第44条第3款	公司章程可以规定董事长、副董事长不由董事会选举产生
37	选举副董事长	《公司法》第44条第3款	公司章程可以规定董事长、副董事长不由董事会选举产生
38	更换副董事长	《公司法》第44条第3款	公司章程可以规定董事长、副董事长不由董事会选举产生
39	授权经理或其他人员行使董事会的部分职权	《公司法》第49条第1款第8项	无
40	监事执行公司职务时违反法律、行政法规或者公司章程的规定，给公司造成损失时，按照股东的请求，决定对相关监事提起诉讼	《公司法》第151条	无
41	决定对公司的股东、监事、高级管理人员提起诉讼	参考《公司法》第151条	无
42	决定对侵犯公司合法权益、给公司造成损失的人提起诉讼	参考《公司法》第151条	自行决定或依股东请求作出决定
43	法律法规和公司章程规定的其他职权	《公司法》第46条第11项	无

值得注意的是，《公司法》没有赋予有限公司的董事会制订公司清算方案

的职权，其原因在于根据《公司法》第 183 条至第 188 条的规定，公司进入清算程序之后，应由依法成立的清算组行使清算职权，公司的董事会应当停止行使职权，制定清算方案属于清算组的职权，公司董事会无权行使。

还有，《公司法》也没有直接赋予有限公司的董事会制订修改公司章程的方案的职权。不过，根据《公司法》第 46 条第 11 项的规定，有限公司的章程可以自主规定公司董事会可以制订修改公司章程的方案。

（二十九）关于《公司法》第 46 条第 11 项的理解

在《公司法》第 46 条第 1 项至第 10 项列明的有限公司的董事会的 27 项职权的基础上，《公司法》第 46 条第 11 项允许有限公司的章程对有限公司的董事会的其他职权作出规定。

如前所述，在 2015 年 7 月 29 日就董某凤与河南天海电器有限公司股东资格确认纠纷申请再审案作出的（2015）民申字第 710 号民事裁定书中，最高人民法院认为："公司章程是关于公司的组织结构、内部关系和开展公司业务活动的基本规则和依据，亦是股东自治意思规则的载体，具有公司自治特点，只要股东达成合意，且不违背法律的强制性规范，公司章程即为有效"，因此，原则上，在《公司法》规定的董事会职权之外，有限公司依法制定的公司章程规定的董事会的其他职权，只要不违反法律、行政法规的强制性规定，这些规定就应当是有效的。

问题是，对于属于法律明确规定的公司的义务的事项，公司董事会是否可以对其进行审议并作出决议？

在这方面，上文提及的中国证监会在 2017 年 5 月 12 日对慧球科技、鲜言、董文亮等 7 名责任人员作出的〔2017〕48 号行政处罚决定书中的意见可供参考。

尽管中国证监会的上述观点是针对上市公司董事会的行为作出的，我认为同样可以适用于有限公司的董事会，有限公司的董事会同样不应对与《关于公司坚决拥护共产党领导的议案》《关于坚持钓鱼岛主权属于中华人民共和国的议案》相类似的，属于宪法、法律、行政法规明确规定的公司义务的事项进行审议并作出决议。

四、有限公司董事会行使职权的方式

如前所述，根据《公司法》第 37 条的规定，原则上，有限公司股东会应当通过召开股东会会议的方式来行使职权；但是，在全体股东一致同意的情况下，有限公司全体股东也可以通过直接作出书面决定的方式来行使职权，而无需召开股东会会议。

与此不同，《公司法》第 46 条并未作出“对前款所列事项董事以书面形式一致表示同意的，可以不召开董事会会议，直接作出决定，并由全体董事在决定文件上签名、盖章”或与此类似的规定，因此，有限公司的董事会应通过召开董事会会议的方式来行使职权，亦即，有限公司的董事会行使其职权应当依法召开董事会会议并作出决议。至于会议的形式，比如现场会议、电话会议、视频会议，《公司法》未作要求，公司章程可以根据《公司法》第 48 条第 1 款关于“董事会的议事方式和表决程序，除本法有规定的外，由公司章程规定”的规定，自主作出规定。

此外，有限公司董事会的职权应当由各个董事通过参加董事会会议的方式集体行使，不应由个别董事单独行使。

在这方面，原中国保监会 2017 年 4 月印发的《保险公司章程指引》（保监发〔2017〕36 号）对保险公司董事会行使职权的要求比较明确：“公司章程须载明‘董事会职权由董事会集体行使。董事会法定职权原则上不得授予董事长、董事或者其他个人及机构行使，确有必要授权的，应通过董事会决议的方式依法进行。授权一事一授，不得将董事会职权笼统或者永久授予公司其他机构或者个人行使’。”

此外，针对深交所各个板块的上市公司，2020 年 2 月 28 日发布的《深圳证券交易所上市公司规范运作指引》（2020 年修订）第 2. 3. 7 条规定了“董事会各项法定职权应当由董事会集体行使，不得授权他人行使，并不得以公司章程、股东大会决议等方式加以变更或者剥夺。公司章程规定的董事会其他职权涉及重大业务和事项的，应当实行集体决策审批，不得授权单个或者几个董事单独决策。董事会授权董事会成员等在董事会闭会期间行使董事会部分职权的，上市公司应当在公司章程中明确规定授权的原则和具体内容”。

我认为，《保险公司章程指引》和深圳证券交易所上述指引的上述要求同样适用于普通的有限公司和股份公司的董事会行使职权。

第三节　有限公司经理的职权

一、有限公司经理的设置和法律地位

由于《公司法》第 49 条第 1 款使用了“有限责任公司可以设经理”的表述，因此，《公司法》并不强制要求普通的有限公司必须设置经理，有限公司可以设经理，也可以不设经理。

在有限公司设置经理的情况下，由于《公司法》第 49 条第 1 款没有像《公司法》第 44 条第 3 款针对有限公司的董事长的设置那样使用了“董事会设董事长一人”的表述，因此，有限公司既可以设一名经理，也可以设数名经理。当然，实践中，有限公司通常只设一名经理。

在法律地位方面，与《公司法》明确将股东会或股东大会界定为公司的权力机构，《民法总则》明确将公司的董事会或执行董事界定为公司的执行机构、将公司的监事会界定为公司的监督机构不同，不论是《公司法》还是《民法总则》，都没有明确规定有限公司或股份公司的“经理”属于公司的什么机构。

结合《公司法》第 46 条第 8 项关于有限公司董事会行使“决定公司内部管理机构的设置”的职权，第 49 条第 1 款关于“有限责任公司可以设经理，由董事会决定聘任或者解聘”，以及《中外合资经营企业法实施条例》（已失效）第 35 条关于“合营企业设经营管理机构，负责企业的日常经营管理工作。经营管理机构设总经理 1 人，副总经理若干人。副总经理协助总经理工作”和第 36 条关于“总经理执行董事会会议的各项决议，组织领导合营企业的日常经营管理工作。在董事会授权范围内，总经理对外代表合营企业，对内任免下属人员，行使董事会授予的其他职权”的规定，我倾向于认为，可以将公司的经理理解为公司的“内部管理机构”或“经营管理机构”的组成部分或负责人。

值得注意的是，公司经理是公司基于公司执行机构的决定而以公司的名义聘任的高级管理人员，经理与公司之间的关系，既属于《公司法》规定的高级管理人员与公司的关系，也属于《劳动法》和《劳动合同法》规定的劳动者与用人单位之间的劳动关系。对此，原劳动部1995年印发的《关于贯彻执行〈中华人民共和国劳动法〉若干问题的意见》（劳部发〔1995〕309号）明确要求“实行公司制的经理和有关经营管理人员，应依据《中华人民共和国公司法》的规定与董事会签订劳动合同”。

此外，在2015年9月25日就上海家化联合股份有限公司与王某劳动合同纠纷二审案作出的（2015）沪二中民三（民）终字第747号民事判决书中，上海市第二中级人民法院也认为，“对于签订劳动合同的高级管理人员而言，其受雇于公司，按公司董事会决议的要求开展生产经营，双方建立劳动关系的意思表示明确。而从目前的劳动立法现状看，我国亦尚未建立独立于劳动关系之外的委任制职业经理人制度，也无明确规定将高级管理人员排除在劳动法适用范围之外。反而，劳动合同法关于竞业限制条款规定中适用人群的界定中还明确，竞业限制的人员限于用人单位的高级管理人员、高级技术人员和其他负有保密义务的人员。显然高级管理人员目前仍属我国劳动合同法调整对象……对于建立劳动关系后被董事会聘任的高级管理人员而言，其作为公司员工，相关的劳动权利受劳动法保护”。

二、有限公司经理的产生办法

在经理的产生办法方面，由于《公司法》第49条第1款使用了“有限责任公司可以设经理，由董事会决定聘任或者解聘”的表述，因此，在设立董事会的有限公司，聘任或解聘经理的职权属于公司董事会，股东会或其他组织机构或个人无权行使聘任或解聘经理的职权。《公司法》第49条第1款所说的“经理由董事会决定聘任或解聘”，对应于《公司法》第46条第9项。

不过，由于《公司法》第46条第9项和第49条第1款仅规定有限公司的经理应由董事会决定聘任，并没有对经理的提名作出规定，我理解，有限公司的章程可以规定经理由董事长提名或某一股东提名，并由董事会聘任或解聘。

此外，在经理的解聘方面，在《公司法》第46条第9项和第49条第1款规定由董事会决定解聘经理的基础上，由于《公司法》第 53 条第 2 项规定了“监事会、不设监事会的公司的监事行使下列职权：……（二）对董事、高级管理人员执行公司职务的行为进行监督，对违反法律、行政法规、公司章程或者股东会决议的董事、高级管理人员提出罢免的建议”，因此，在有限公司的经理存在违反法律、行政法规、公司章程或者股东会决议的行为时，公司的监督机构可以向董事会建议罢免公司经理的职务。

当然，如前所述，有限公司董事会应当通过召开董事会会议并作出决议的方式来行使聘任或解聘经理的职权。

三、有限公司经理的职权

在明确“经理对董事会负责”的同时，《公司法》第 49 条第 1 款第 1 项至第 7 项、第 3 款规定了有限公司的经理可以享有以下 14 项职权：(1) 主持公司的生产经营管理工作；(2) 组织实施董事会决议；(3) 组织实施公司年度经营计划；(4) 组织实施公司投资方案；(5) 拟订公司内部管理机构设置方案；(6) 拟订公司的基本管理制度；(7) 制定公司的具体规章；(8) 提请聘任公司副经理；(9) 提请解聘公司副经理；(10) 提请聘任公司财务负责人；(11) 提请解聘公司财务负责人；(12) 决定聘任除应由董事会决定聘任以外的负责管理人员；(13) 决定解聘除应由董事会决定解聘以外的负责管理人员；(14) 列席董事会会议。

在此基础上，《公司法》第 49 条第 1 款第 8 项允许有限公司董事会将其部分职权授予经理行使；此外，《公司法》第 49 条第 2 款也允许有限公司的章程对其经理的职权作出不同于《公司法》第 49 条第 1 款的规定。

以下分别对《公司法》规定的有限公司经理的各项职权进行分析。

（一）关于“主持公司的生产经营管理工作”的职权

根据《公司法》第 49 条第 1 款第 1 项，在有限公司章程未作其他规定的情况下，有限公司的经理享有主持公司的生产经营管理工作的职权。

问题是，“生产经营管理工作”包括哪些？《公司法》没有对此作出明确的规定。

值得注意的是，就有限公司的经理的此项职权而言，《公司法》使用的是“公司的生产经营管理工作”的表述，没有使用“日常经营”的措辞。因此，《公司法》本身并没有规定公司的所有日常经营事项均可由经理全权决定，亦未规定董事会或股东会无权审议批准公司的日常经营事项，也不能从《公司法》本身的规定得出“公司所有日常经营事项可由经理全权决定，而董事会或股东会无权审议批准公司的日常经营事项”的结论。

事实上，就上市公司而言，在《公司法》规定股份公司的经理享有“主持公司的生产经营管理工作”的职权的同时，《公司法》第121条还明确规定：“上市公司在一年内购买、出售重大资产或者担保金额超过公司资产总额百分之三十的，应当由股东大会作出决议，并经出席会议的股东所持表决权的三分之二以上通过”；《公司法》第104条也明确要求：“本法和公司章程规定公司转让、受让重大资产或者对外提供担保等事项必须经股东大会作出决议的，董事会应当及时召集股东大会会议，由股东大会就上述事项进行表决。”尽管上述规定仅适用于上市公司或股份公司，但是，这同样有助于理解《公司法》第49条第1款第1项所说的有限公司的经理享有的“主持公司的生产经营管理工作”的职权。

（二）关于“组织实施董事会决议”的职权

根据《公司法》第49条第1款第1项，在有限公司章程未作其他规定的情况下，有限公司的经理享有组织实施董事会决议的职权。严格来讲，组织实施公司董事会的决议，也是经理的义务。据此，有限公司的董事会的决议，对经理具有约束力。

（三）关于“组织实施公司年度经营计划”的职权

根据《公司法》第49条第1款第2项，在有限公司章程未作其他规定的情况下，有限公司的经理享有组织实施公司年度经营计划的职权。这一职权对应于《公司法》第37条第1款第1项规定的有限公司股东会享有的“决定公司的经营方针”的职权和第46条第3项规定的有限公司董事会享有的“决定公司的经营计划”的职权。

《公司法》第49条第1款第2项所说的“公司年度经营计划”，指的是已经获得有限公司董事会批准的年度经营计划。严格来讲，组织实施公司年度经营计划，也是经理的义务。

（四）关于“组织实施公司投资方案”的职权

根据《公司法》第 49 条第 1 款第 2 项，在有限公司章程未作其他规定的情况下，有限公司的经理享有组织实施公司投资方案的职权。这一职权对应于《公司法》第 37 条第 1 款第 1 项规定的有限公司股东会享有的“决定公司的投资计划”的职权和第 46 条第 3 项规定的有限公司董事会享有的“决定公司的投资方案”的职权。

《公司法》第 49 条第 1 款第 2 项所说的“公司投资方案”，指的是已经获得有限公司董事会批准的投资方案。严格来讲，组织实施公司投资方案，也是经理的义务。

（五）关于“拟订公司内部管理机构设置方案”的职权

根据《公司法》第 49 条第 1 款第 3 项，在有限公司章程未作其他规定的情况下，有限公司的经理享有拟订公司内部管理机构设置方案的职权。这一职权对应于《公司法》第 46 条第 8 项规定的有限公司董事会享有的“决定公司内部管理机构的设置”的职权。

由于《公司法》第 49 条第 1 款第 3 项使用的是“拟订”而不是“制定”或“决定”的表述，因此，有限公司的经理在拟订了公司内部管理机构设置方案之后，还需提交公司执行机构批准。

（六）关于“拟订公司的基本管理制度”的职权

根据《公司法》第 49 条第 1 款第 4 项，在有限公司章程未作其他规定的情况下，有限公司的经理享有拟订公司的基本管理制度的职权。这一职权对应于《公司法》第 46 条第 10 项规定的有限公司董事会享有的“制定公司的基本管理制度”的职权。

由于《公司法》第 49 条第 1 款第 4 项使用的是“拟订”而不是“制定”或“决定”的表述，因此，有限公司的经理在拟订了公司的基本管理制度之后，还需提交公司执行机构批准。

（七）关于“制定公司的具体规章”的职权

根据《公司法》第49条第1款第5项，在有限公司章程未作其他规定的情况下，有限公司的经理享有制定公司的具体规章的职权。

由于《公司法》第49条第1款第5项使用的是“制定”而不是“拟订”的表述，因此，有限公司的经理在制定了公司的具体规章之后，无须再提交公司执行机构批准；不过，有限公司的经理制定的公司的具体规章不得与法律、行政法规、公司章程以及公司董事会制定的公司的基本管理制度相抵触。

从《公司法》的条文看，公司的具体规章对应于公司的基本管理制度。由于“公司的基本管理制度”的制定权归属于公司的董事会，“公司的具体规章”的制定权归属于公司的经理，因此，“公司的基本管理制度”的效力等级要高于“公司的具体规章”，但“公司的基本管理制度”和“公司的具体规章”的效力等级都要低于公司章程，并且均不得与公司章程相抵触。

但何为“具体规章”?《公司法》本身未作界定。《中国葛洲坝集团股份有限公司规章制度制定管理办法》对其具体规章作出的界定如下：具体规章是指“基本管理制度的具体化或者对涉及某一方面或某几个方面的管理作出的具体规定”。我理解，上述界定具有一定的参考意义。

（八）关于“提请聘任公司副经理”的职权

根据《公司法》第49条第1款第6项，在有限公司章程未作其他规定的情况下，有限公司的经理享有提请聘任公司副经理的职权。

根据《公司法》第46条第9项和第49条第1款第6项的规定，通常情况下，有限公司的副经理的提名权归属于经理，但聘任权和解聘权归属于董事会；不过，由于《公司法》第49条第1款规定了“有限责任公司可以设经理”，第2款规定了“公司章程对经理职权另有规定的，从其规定”，因此，在不设经理的有限公司，公司章程可以规定副经理的提名权归属于董事会或相关股东或董事长；在有限公司设经理的情况下，有限公司的章程可以规定有限公司的副经理的提名权也归属于董事会或相关股东或董事长，从而，经理并非当然享有“提请董事会聘任公司副经理”的职权。

（九）关于“提请解聘公司副经理”的职权

根据《公司法》第49条第1款第6项，在有限公司章程未作其他规定的情况下，有限公司的经理享有提请解聘公司副经理的职权。这一职权对应于《公司法》第49条第1款第6项规定的经理“提请聘任公司副经理”的职权。

根据《公司法》第46条第9项和第49条第1款第6项的规定，通常情况下，解聘有限公司的副经理的建议权归属于经理，但解聘权归属于董事会；不过，由于《公司法》第49条第1款规定了“有限责任公司可以设经理”，第2款规定了“公司章程对经理职权另有规定的，从其规定”，因此，在不设经理的有限公司，公司章程可以规定解聘副经理的建议权归属于董事会或相关股东或董事长；在有限公司设经理的情况下，有限公司的章程可以规定解聘公司副经理的建议权也归属于董事会或相关股东或董事长，从而，经理并非当然享有“提请董事会解聘公司副经理”的职权。

此外，在副经理的解聘方面，由于《公司法》第53条第2项规定了“监事会、不设监事会的公司的监事行使下列职权：……（二）对董事、高级管理人员执行公司职务的行为进行监督，对违反法律、行政法规、公司章程或者股东会决议的董事、高级管理人员提出罢免的建议”，因此，在有限公司的副经理存在违反法律、行政法规、公司章程或者股东会决议（甚至还包括董事会决议）的行为时，公司的监督机构可以向董事会建议罢免公司副经理的职务。

（十）关于“提请聘任公司财务负责人”的职权

根据《公司法》第49条第1款第6项，在有限公司章程未作其他规定的情况下，有限公司的经理享有提请聘任公司财务负责人的职权。

根据《公司法》第46条第9项和第49条第1款第6项的规定，通常情况下，有限公司的财务负责人的提名权归属于经理，但聘任权和解聘权归属于董事会；不过，由于《公司法》第49条第1款规定了“有限责任公司可以设经理”，第2款规定了“公司章程对经理职权另有规定的，从其规定”，因此，在不设经理的有限公司，公司章程可以规定财务负责人的提名权归属于董事会或相关股东或董事长；在有限公司设经理的情况下，有限公司的章程可以规定有限公司的财务负责人的提名权也归属于董事会或相关股东或董事长，从而，经理并非当然享有“提请董事会聘任公司财务负责人”的职权。

（十一）关于“提请解聘公司财务负责人”的职权

根据《公司法》第49条第1款第6项，在有限公司章程未作其他规定的情况下，有限公司的经理享有提请解聘公司财务负责人的职权。这一职权对应于《公司法》第49条第1款第6项规定的经理“提请聘任公司财务负责人”的职权。

根据《公司法》第46条第9项和第49条第1款第6项的规定，通常情况下，解聘有限公司的财务负责人的建议权归属于经理，但解聘权归属于董事会；不过，由于《公司法》第49条第1款规定了“有限责任公司可以设经理”，第2款规定了“公司章程对经理职权另有规定的，从其规定”，因此，在不设经理的有限公司，公司章程可以规定解聘财务负责人的建议权归属于董事会或相关股东或董事长；在有限公司设经理的情况下，有限公司的章程可以规定解聘公司财务负责人的建议权也归属于董事会或相关股东或董事长，从而，经理并非当然享有“提请董事会解聘公司财务负责人”的职权。

此外，在财务负责人的解聘方面，由于《公司法》第53条第2项规定了“监事会、不设监事会的公司的监事行使下列职权：……（二）对董事、高级管理人员执行公司职务的行为进行监督，对违反法律、行政法规、公司章程或者股东会决议的董事、高级管理人员提出罢免的建议”，因此，在有限公司的财务负责人存在违反法律、行政法规、公司章程或者股东会决议（甚至还包括董事会决议）的行为时，公司的监督机构可以向董事会建议罢免公司财务负责人的职务。

（十二）关于“决定聘任除应由董事会决定聘任以外的负责管理人员”的职权

根据《公司法》第49条第1款第7项，在有限公司章程未作其他规定的情况下，有限公司的经理享有决定聘任除应由董事会决定聘任以外的负责管理人员的职权。

根据《公司法》第 46 条第 9 项、第 49 条第 1 款第 6 项的规定，《公司法》规定的应由有限公司董事会聘任或解聘的公司的负责管理人员，包括经理、副经理和财务负责人；根据《公司法》第 216 条第 1 项关于高级管理人员的规定，有限公司的章程也可以规定应由董事会聘任或解聘的人员还包括其他人员。此外，其他法律法规可能会要求其他人员也应由董事会聘任或解聘，需要结合具体情况加以分析。

问题是，《公司法》第 49 条第 1 款第 7 项所说的“负责管理人员”指什么？与《公司法》所说的“高级管理人员”是什么关系？结合《公司法》第 46 条第 9 项和第 49 条第 1 款第 6 项的规定，我倾向于认为，《公司法》第 49 条第 1 款第 7 项所说的“负责管理人员”不仅包括经理、副经理、财务负责人等高级管理人员，还包括其他非高级管理人员，比如不属于公司高级管理人员的内部管理机构的负责人、公司分支机构的负责人。

（十三）关于“决定解聘除应由董事会决定解聘以外的负责管理人员”的职权

根据《公司法》第 49 条第 1 款第 7 项，在有限公司章程未作其他规定的情况下，有限公司的经理享有决定解聘除应由董事会决定解聘以外的负责管理人员的职权。这一职权对应于《公司法》第 49 条第 1 款第 7 项规定的经理“决定聘任除应由董事会决定聘任以外的负责管理人员”的职权。

（十四）关于“列席董事会会议”的职权

由于《公司法》第 49 条第 3 款使用了“经理列席董事会会议”的表述，因此，经理享有列席董事会会议的职权；从而，有限公司董事会召开会议时，也应当通知经理。

严格来讲，经理列席董事会会议，既是其权利，又是其义务。

（十五）董事会授予的职权

根据《公司法》第 49 条第 1 款第 8 项的规定，有限公司的董事会可以授权经理行使董事会的部分职权，从而，经理可以行使董事会授予的相应的职权。

值得注意的是，董事会授予经理行使相应的职权应由董事会作出决议，并对授权的范围、事项作出明确的规定。

（十六）公司章程的特别规定

由于《公司法》第49条第2款使用了“公司章程对经理职权另有规定的，从其规定”的表述，因此，有限公司的章程可以对经理的职权作出不同于《公司法》第49条第1款的规定，比如，经理的职权比《公司法》第49条第1款规定的职权少；再比如，公司副经理、财务负责人等其他高级管理人员的提名权不属于经理，而属于董事会；等等。

也因此，在有限公司依法制定的公司章程关于经理的职权的规定，与《公司法》第49条第1款规定的有限公司经理的职权不一致的情况下，应当适用公司章程的规定，而不适用《公司法》第49条第1款的规定。

不过，由于《公司法》第49条第3款关于“经理列席董事会会议”的规定是放在《公司法》第49条第2款关于“公司章程对经理职权另有规定的，从其规定”的规定之后，并没有列入《公司法》第49条第1款关于“经理对董事会负责，行使下列职权：……”的规定之内，因此，在设置经理的有限公司，公司的经理当然享有列席董事会会议的职权，有限公司的章程不得作出与“经理列席董事会会议”不一致的规定，既不得规定“经理不享有列席董事会会议的权利”，也不得规定“经理没有列席董事会会议的义务”。

此外，我理解，有限公司的章程不应将《公司法》规定的属于公司股东会的职权或属于董事会的职权规定为经理的职权；尤其是，有限公司的章程不宜，也不应将以下事项规定为公司经理的职权：

序号	事项	法律依据	备注
1	决定公司向其他企业投资	《公司法》第16条第1款	无
2	决定公司为他人（包括公司股东或者实际控制人）提供担保（包括保证、质押、抵押等）	《公司法》第16条、第148条第1款第3项	无
3	决定公司转让主要财产	《公司法》第74条第1款	无
4	将公司资金借贷给他人或者以公司财产为他人提供担保	《公司法》第148条第1款第3项	无

续表

序号	事项	法律依据	备注
5	审议批准公司董事或高级管理人员与本公司订立合同或者进行交易	《公司法》第148条第1款第4项	公司章程可以规定董事或高级管理人员与本公司订立合同或者进行交易无须股东会批准
6	审议批准公司董事或高级管理人员为自己或者他人谋取属于公司的商业机会	《公司法》第148条第1款第5项	无
7	审议批准公司董事或高级管理人员自营或者为他人经营与公司同类的业务	《公司法》第148条第1款第5项	无
8	对公司聘用、解聘承办公司审计业务的会计师事务所作出决议	《公司法》第169条第1款	无
9	对其他主体（包括股东）提起诉讼或仲裁	《公司法》第53条第6项、第151条	无

值得注意的是，在相关人员不再是公司的经理的情况下，其也就不能再行使《公司法》第49条和公司章程规定的经理的职权了。对此，在2012年8月10日就冯A、朱B与C公司公司证照返还纠纷上诉案作出的（2012）沪一中民四（商）终字第992号民事判决书中，上海市第一中级人民法院认为："首先，根据我国公司法第五十条①之规定，公司章程对经理职权另有规定的，从其规定。冯A作为C公司总经理，出于履行职务等需要，可持有或使用公司印章及证件，然C公司章程对于经理职权及公司证照的管理和使用并未做任何规定。因公司证照属于公司财产，原审法院亦对此作了详细阐述，本院予以认同，故依常理，在使用完毕公司印章及证件后，应当及时返还公司，交由公司保管。其次，根据公司法第五十条②规定，有限责任公司可以设经理，由董事会决定聘任或者解聘。而C公司章程第十八条规定，执行董事有权提名并选举公司总经理人选，故执行董事有权决定C公司的总经理人选，现冯A的总经理职务已被罢免，故其已不再是C公司的总经理，无权继续持有或使用公司印章及证件。最后，冯A、朱B认为执行董事及控股股东损害公司及小股东利益，

① 现为《公司法》第49条。
② 现为《公司法》第49条。

其保管公司印章及证件是为了维护公司及自身权利，本院认为，若执行董事或控股股东存在损害公司或小股东利益的行为，冯A、朱B可通过另案主张以维护公司或其自身权利。在本案中，C公司要求冯A、朱B返还公司证照的请求于法有据，现并无证据表明执行董事及控股股东存在损害公司及小股东利益的行为，冯A、朱B亦无保管公司证照的合法权源。”

第四节　股东会、董事会和经理的职权的衔接

一、股东会职权与董事会职权的衔接

值得思考的问题是，在某一事项既要根据《公司法》第37条的规定经由股东会作出决议，又要根据《公司法》第46条的规定由董事会作出决议时，在决策程序上，是应当先由董事会审议通过，之后再提交股东会表决，还是可以先由股东会作出决议，再由董事会在股东会决议范围内再做决策？这就涉及股东会的职权与董事会的职权衔接的问题。

根据《公司法》第37条第1款、第46条，这些事项包括以下各项：（1）公司的年度财务预算方案；（2）公司的年度财务决算方案；（3）利润分配方案；（4）弥补亏损方案；（5）增加注册资本；（6）减少注册资本；（7）发行公司债券；（8）公司合并；（9）公司分立；（10）公司解散；（11）变更公司形式。

注意到《公司法》第37条第1款和第46条针对“年度财务预算”“年度财务决算”“利润分配”“弥补亏损”这4个事项都使用了“方案”的表述，但针对其他7个事项，则只有《公司法》第46条使用了“方案”的表述，《公司法》第37条第1款没有使用“方案”的表述，有鉴于此，我倾向于认为，对于《公司法》第37条第1款使用了“方案”的表述的“年度财务预算方案”“年度财务决算方案”“利润分配方案”“弥补亏损方案”这4个事项，应先由董事会以董事会决议的形式制订“公司的年度财务预算方案”“公司的年度财务决算方案”“利润分配方案”“弥补亏损方案”，之后再提交股东会进行表决，经股东会表决通过的“公司的年度财务预算方案”

"公司的年度财务决算方案""利润分配方案""弥补亏损方案"，才是有效的。当然，根据《公司法》第 37 条第 2 款的规定，全体股东也可以在不召开股东会会议的情况下，以一致同意的书面决定的方式，批准董事会提交的"公司的年度财务预算方案""公司的年度财务决算方案""利润分配方案""弥补亏损方案"。

但是，对于《公司法》第 37 条第 1 款未使用"方案"的表述的其他 7 个事项中除公司解散之外的 6 个事项，既可由董事会先以董事会决议的形式制订"增加注册资本的方案""减少注册资本的方案""发行公司债券的方案""公司合并的方案""公司分立的方案""变更公司形式的方案"，之后再提交股东会进行表决；也可以先由股东会作出增加注册资本、减少注册资本、发行公司债券、公司合并、公司分立或变更公司形式的决议。当然，根据《公司法》第 37 条第 2 款的规定，全体股东也可以在不召开股东会会议的情况下，以一致同意的书面决定的方式，作出增加注册资本、减少注册资本、发行公司债券、公司合并、公司分立或变更公司形式的决定；之后，再由董事会根据股东会的决议或全体股东的书面决定和授权，制订具体的实施方案，这也属于《公司法》第 46 条第 2 项所说的董事会行使"执行股东会的决议"的职权的体现。

值得注意的是，关于公司解散，可由董事会先以董事会决议的形式制订"公司解散的方案"，之后再提交公司权力机构批准；不过，在公司的权力机构作出公司解散的决议或决定之后，则应根据《公司法》第 183 条的规定成立清算组，由清算组根据《公司法》第 184 条等规定行使相应的清算职权，公司董事会则应当停止行使职权。

如果有限公司的股东会、董事会就上述事项作出决议时不符合上述先后顺序的要求，那么，股东会或董事会就相关事项作出的决议，在程序上，可能就属于《公司法》第 22 条第 2 款所说的"股东会、董事会的会议召集程序、表决方式违反法律、行政法规或者公司章程"的情形；甚至，董事会在股东会决议之前作出的决议，可能就属于超越职权的行为，属于《公司法》第 22 条第 2 款所说的"董事会决议内容违反公司章程"的情形。从而，可能需要适用《公司法》第 22 条第 2 款关于"股东可以自决议作出之日起六十日内，请求人民法院撤销"的规定。

上述分析，同样适用于股份公司。

二、未经授权，董事会不应行使股东会的职权

值得注意的是，在性质上，《公司法》第36条关于有限公司股东会的法律地位的规定和第37条关于股东会职权的规定，属于强制性规定。

由于《公司法》第36条和第46条同时也分别规定了“股东会依照本法行使职权”“董事会依照本法行使职权”，并由《公司法》第37条第1款和第46条分别规定了股东会的职权和董事会的职权，因此，未经股东会明确授权，有限公司的董事会不应行使《公司法》第37条第1款第1项至第10项明确规定的属于股东会的职权。

对此，在2018年4月16日就张某、张某奎、陈某师与山东山水水泥集团有限公司（以下简称山东山水集团）、China Pioneer Cement（HongKong）Company Limited（以下简称先锋水泥公司）公司证照返还纠纷上诉案作出的（2017）京01民终6839号民事判决书中，北京市第一中级人民法院认为，“我国公司法第三十六条规定：‘有限责任公司股东会由全体股东组成。股东会是公司的权力机构，依照本法行使职权。’公司法第三十七条规定了股东会可行使的职权，其中第二项为‘选举和更换非由职工代表担任的董事、监事，决定有关董事、监事的报酬事项’，即赋予股东会对于董事享有人事任免权。张某、张某奎、陈某师上诉提出上述法律规定并非强制性规定，对此本院认为，股东会的性质为公司的权力机构，也即公司一切重大问题，需要由该机构来作出决议，其他公司机关不能超越自己权限来决定股东会的职权范围内的事项，故我国公司法规定的股东会的职权应当属于强制性规定……先锋水泥公司作为山东山水集团的唯一股东，有权决定山东山水集团的董事任免事宜，董事无权否定、限制股东的上述权力”。

不过，实务中，有的法院认为，《公司法》第37条关于有限公司股东会职权的规定和第46条关于董事会职权的规定，不属于效力性强制性规定。比如，在2017年7月20日就袁某、潘某、彭某、姜某霞与黄某人、黄某、舒某、仲某中、徐某明、雅安珠峰商贸有限责任公司损害公司利益责任纠纷再审案作出的（2017）最高法民申1794号民事裁定书中，最高人民法院认为：“《公司法》第三十七条、第四十六条分别是有关股东会和董事会职权的相关规定，并不属

于效力性强制性规定。”

三、股东会不应行使董事会的职权

还需注意的是，尽管《公司法》第36条规定了“股东会是公司的权力机构”，第46条规定了“董事会对股东会负责”，但是，同样由于《公司法》第36条和第46条同时也分别规定了“股东会依照本法行使职权”，“董事会依照本法行使职权”，并由《公司法》第37条第1款和第46条分别规定了股东会的职权和董事会的职权，因此，有限公司的股东会也不应行使《公司法》第46条第1项至第10项明确规定的属于董事会的职权。

从而，如果有限公司的股东会就《公司法》和公司章程规定的董事会职权范围内的事项作出了决议，该决议可能会被认定为属于《公司法》第22条第1款所说的“公司股东会的决议内容违反法律、行政法规的无效”情形。

比如，在2015年3月18日就沈某松、羊某新、江某兴与贵州熏酒有限公司、胡某云、胡某杰公司决议效力确认纠纷上诉案作出的（2015）黔高民商终字第1号民事判决书中，贵州省高级人民法院认为：“本案中，三上诉人4月20日作出的股东会决议内容是解聘胡某云作为贵州熏酒有限公司的法定代表人兼总经理。根据《中华人民共和国公司法》第十三条的规定，公司法定代表人依照公司章程的规定，由董事长、执行董事或者经理担任并依法登记。《中华人民共和国公司法》第四十九条规定，有限责任公司可以设经理，由董事会决定聘任或者解聘。贵州熏酒有限公司章程第八章第二十九条规定，董事会对股东会负责，行使下列职权：（九）决定聘任或者解聘公司经理及其报酬事项，并根据经理的提名决定聘任或者解聘公司副经理、财务负责人及其报酬事项。虽然股东会是公司的最高权力机构，但也必须遵守公司法的强制性规定和公司章程相关规定。因此，胡某云作为贵州熏酒有限公司的法定代表人和总经理，应由公司董事会决定对其的聘任或者解聘。三上诉人以股东会决议作出解聘胡某云的法定代表人兼总经理职务，不符合上述规定，超越了股东会职权。故2014年4月20日的股东会决议不符合《中华人民共和国公司法》和贵州熏酒有限公司的章程规定，应认定为无效。”

四、股东会可以将部分职权授予董事会行使，但不应将法定应由股东会行使的职权授予董事会

由于《公司法》本身没有明确禁止有限公司股东会将其部分职权授权给董事会行使，并且，《公司法》第66条第1款也针对有限公司中的国有独资公司规定了“国有独资公司不设股东会，由国有资产监督管理机构行使股东会职权。国有资产监督管理机构可以授权公司董事会行使股东会的部分职权，决定公司的重大事项”，而《公司法》第142条第2款关于“公司因前款第（三）项、第（五）项、第（六）项规定的情形收购本公司股份的，可以依照公司章程的规定或者股东大会的授权，经三分之二以上董事出席的董事会会议决议”的规定也包含了股份公司股东大会可以将部分职权授权给董事会行使的含义，因此，包括国有独资公司在内的各个有限公司的股东会，都可以将股东会的部分职权授权给董事会行使。

对此，在2017年7月20日就袁某、潘某、彭某、姜某霞与黄某人、黄某、舒某、仲某中、徐某明、雅安珠峰商贸有限责任公司损害公司利益责任纠纷再审案作出的（2017）最高法民申1794号民事裁定书中，最高人民法院认为：“《公司法》第三十七条、第四十六条分别是有关股东会和董事会职权的相关规定，并不属于效力性强制性规定。而且根据《公司法》第四条规定，公司股东依法享有选择管理者的权利，相应地该管理者的权限也可以由公司股东会自由决定，《公司法》并未禁止有限责任公司股东会自主地将一部分决定公司经营方针和投资计划的权力赋予董事会。”

不过，值得注意的是，结合《公司法》第36条至第43条、第46条至第48条的规定，有限公司不应当将《公司法》明确规定只能由股东会行使的职权，授予公司董事会或其他主体行使。

考虑到《公司法》在通过第37条第1款第10项明确将“修改公司章程”的职权规定为股东会的职权的同时，没有在其第46条关于董事会职权的规定中赋予董事会“制订修改公司章程的方案”的职权，再结合《公司法》第66条第1款关于“国有资产监督管理机构可以授权公司董事会行使股东会的部分职权，决定公司的重大事项，但公司的合并、分立、解散、增加或者减少注册

资本和发行公司债券，必须由国有资产监督管理机构决定；其中，重要的国有独资公司合并、分立、解散、申请破产的，应当由国有资产监督管理机构审核后，报本级人民政府批准”的规定，以及《公司法》第16条第2款关于“公司为公司股东或者实际控制人提供担保的，必须经股东会或者股东大会决议”的规定，第43条第2款关于“股东会会议作出修改公司章程、增加或者减少注册资本的决议，以及公司合并、分立、解散或者变更公司形式的决议，必须经代表三分之二以上表决权的股东通过”的规定，第181条关于“公司有本法第一百八十条第（一）项情形的，可以通过修改公司章程而存续。依照前款规定修改公司章程，有限责任公司须经持有三分之二以上表决权的股东通过，股份有限公司须经出席股东大会会议的股东所持表决权的三分之二以上通过”的规定，我倾向于认为，这些只能由股东会行使的职权至少包括：一是，修改公司章程；二是，对公司的合并作出决议；三是，对公司的分立作出决议；四是，对公司解散作出决议；五是，对公司增加注册资本作出决议；六是，对公司减少注册资本作出决议；七是，对公司发行公司债券作出决议；八是，对公司变更公司形式作出决议；九是，对公司为公司的股东或实际控制人提供担保作出决议。

此外，我也倾向于认为，《公司法》第37条第1款第1项至第6项所规定的“决定公司的经营方针和投资计划”“选举和更换非由职工代表担任的董事、监事，决定有关董事、监事的报酬事项”“审议批准董事会的报告”“审议批准监事会或者监事的报告”“审议批准公司的年度财务预算方案、决算方案”“审议批准公司的利润分配方案和弥补亏损方案”的职权，也都属于只能由股东会行使的职权。

实务中，相关监管机构也在其制定的法规中对此作出了明确的规定。

比如，针对各种公司形式的证券公司，《证券公司治理准则》（证监会公告〔2012〕41号）第12条第2款就规定了：“证券公司股东会授权董事会行使股东会部分职权的，应当在公司章程中规定或者经股东会作出决议，且授权内容应当明确具体，但《公司法》明确规定由股东会行使的职权不得授权董事会行使。”

又如，针对上市公司，《上市公司治理准则》（证监会公告〔2018〕29号）第14条也规定了：“上市公司应当在公司章程中规定股东大会对董事会的授权原则，授权内容应当明确具体。股东大会不得将法定由股东大会行使的职权授予董事会行使。”

还有，针对深交所各个板块的上市公司，2020 年 2 月 28 日发布的《深圳证券交易所上市公司规范运作指引》（2020 年修订）第 2. 2. 5 条规定了“上市公司不得通过授权的形式由董事会或者其他机构和个人代为行使股东大会的法定职权。股东大会授权董事会或者其他机构和个人代为行使其他职权的，应当符合法律、行政法规、部门规章、规范性文件、《股票上市规则》、本指引、本所其他相关规定和公司章程、股东大会议事规则等规定的授权原则，并明确授权的具体内容”。

尽管上述要求是针对特定行业的公司或上市公司提出的，但是，我理解，这些要求也可以适用于普通的有限公司和股份公司。

五、有限公司经理职权与董事会职权的衔接

同样值得思考的问题是，在某一事项既要根据《公司法》第 46 条的规定经由董事会作出决议，又要根据《公司法》第 49 条的规定由经理作出决定时，在决策程序上，是应当先由经理作出决定，之后再提交董事会表决，还是可以先由董事会作出决议，再由经理在董事会决议范围内再做决策？这也涉及董事会职权和经理职权的衔接问题。

根据《公司法》第 46 条、第 49 条第 1 款，这些事项包括以下各项：（1）公司的经营计划和投资方案；（2）公司基本管理制度的制定；（3）公司内部管理机构的设置；（4）公司副经理、财务负责人的聘任或者解聘。

就“公司的经营计划和投资方案”而言，由于《公司法》第 49 条第 1 款第 2 项使用了“组织实施公司年度经营计划和投资方案”的表述，因而，应当先由董事会审议通过“公司的经营计划和投资方案”之后，再由经理组织实施。当然，在董事会审议通过“公司的经营计划和投资方案”之前，可以由经理向董事会提交“公司的经营计划和投资方案”的草案。

就“公司基本管理制度”而言，由于《公司法》第 49 条第 1 款第 4 项使用了“拟订公司的基本管理制度”的表述，在公司章程未作其他规定的情况下，应当先由经理拟订“公司的基本管理制度”的草案，之后再提交董事会审

议为宜。当然，根据《公司法》第 49 条第 2 款关于“公司章程对经理职权另有规定的，从其规定”的规定，公司章程可以直接规定“公司的基本管理制度”由董事会直接制定，无须先由经理拟订其草案。

就“公司内部管理机构的设置”而言，由于《公司法》第 49 条第 1 款第 3 项使用了“拟订公司内部管理机构设置方案”的表述，在公司章程未作其他规定的情况下，应当先由经理拟订“公司内部管理机构设置方案”，之后再提交董事会审议为宜。当然，根据《公司法》第 49 条第 2 款关于“公司章程对经理职权另有规定的，从其规定”的规定，公司章程可以直接规定“公司内部管理机构设置方案”由董事会直接制定，无须先由经理拟订。

就“公司副经理、财务负责人的聘任或者解聘”而言，由于《公司法》第 49 条第 1 款第 6 项使用了“提请聘任或者解聘公司副经理、财务负责人”的表述，并且《公司法》第 46 条第 9 项也使用了“根据经理的提名决定聘任或者解聘公司副经理、财务负责人及其报酬事项”的表述，在公司章程未作其他规定的情况下，应当先由经理作出“提请聘任或者解聘公司副经理、财务负责人”的决定，之后再提交董事会审议为宜。当然，根据《公司法》第 49 条第 2 款关于“公司章程对经理职权另有规定的，从其规定”的规定，公司章程可以直接规定由董事会直接“聘任或者解聘公司副经理、财务负责人”，无须先由经理作出决定。

六、董事会可以将部分职权授予经理行使，但不应将法定应由董事会行使的职权授予经理

由于《公司法》第 49 条第 1 款第 8 项规定了“经理对董事会负责，行使下列职权：……（八）董事会授予的其他职权”，因此，有限公司的董事会可以将其部分职权授权给经理行使。

不过，同样地，有限公司董事会不应当将《公司法》明确规定只能由董事会行使的职权，授予公司经理或其他主体行使。

综合《公司法》第 46 条第 1 项至第 10 项规定的董事会职权，包括：（一）召集股东会会议，并向股东会报告工作；（二）执行股东会的决议；（三）决定公司的经营计划和投资方案；（四）制订公司的年度财务预算方案、决算方案；

（五）制订公司的利润分配方案和弥补亏损方案；（六）制订公司增加或者减少注册资本以及发行公司债券的方案；（七）制订公司合并、分立、解散或者变更公司形式的方案；（八）决定公司内部管理机构的设置；（九）决定聘任或者解聘公司经理及其报酬事项，并根据经理的提名决定聘任或者解聘公司副经理、财务负责人及其报酬事项；（十）制定公司的基本管理制度，都属于只能由董事会行使的职权。

实务中，相关监管机构也在其制定的法规中对此作出了明确的规定。

比如，针对上市公司，《上市公司治理准则》第 33 条规定："董事会授权董事长在董事会闭会期间行使董事会部分职权的，上市公司应当在公司章程中明确规定授权的原则和具体内容。上市公司重大事项应当由董事会集体决策，不得将法定由董事会行使的职权授予董事长、总经理等行使。"

还有，针对深交所各个板块的上市公司，2020 年 2 月 28 日发布的《深圳证券交易所上市公司规范运作指引》（2020 年修订）第 2. 3. 7 条规定了"董事会各项法定职权应当由董事会集体行使，不得授权他人行使，并不得以公司章程、股东大会决议等方式加以变更或者剥夺。公司章程规定的董事会其他职权涉及重大业务和事项的，应当实行集体决策审批，不得授权单个或者几个董事单独决策。董事会授权董事会成员等在董事会闭会期间行使董事会部分职权的，上市公司应当在公司章程中明确规定授权的原则和具体内容"。

尽管上述要求是针对上市公司提出的，但是，我理解，这些要求也可以适用于普通的有限公司和股份公司。

第五节　有限公司监事会的职权

一、有限公司监事会的设置和法律地位

根据《公司法》第 51 条第 1 款，股东人数较多或规模较大的有限公司，都必须设立监事会；而"股东人数较少或者规模较小的有限责任公司"，可以不设监事会，但必须设一名或二名监事；此外，由于《公司法》第 51 条第 1

款使用了“股东人数较少或者规模较小的有限责任公司，可以设一至二名监事，不设监事会”的表述，因此，股东人数较少或者规模较小的有限公司，也可以选择设监事会。

在法律地位上，根据《民法总则》第82条，有限公司的监事会，属于公司的监督机构，属于公司的组织机构之一，对应于《公司法》第36条所说的公司的权力机构“股东会”（或唯一股东、国有资产监督管理机构）、《公司法》第44条所说的执行机构“董事会”或《公司法》第50条所说的执行机构“不设董事会的有限公司的执行董事”。

在监事会的成员人数上，与《公司法》第24条和第36条规定了有限公司的股东会的人数下限为2个股东不同，《公司法》第51条第1款要求有限公司的监事会的成员不得少于3人；不过，与《公司法》第44条第1款对有限公司董事会成员的人数上限规定为13人不同，《公司法》并未对监事会成员的人数上限作出规定。

就有限公司的监事会的组成而言，在《公司法》第51条第1款规定的“其成员不得少于三人”的基础上，《公司法》第51条第2款进一步对监事会的人员构成作出了规定，“监事会应当包括股东代表和适当比例的公司职工代表，其中职工代表的比例不得低于三分之一，具体比例由公司章程规定”。

因此，有限公司的监事会中必须有不低于监事会成员人数的三分之一的职工代表监事，否则，该公司监事会的设置是不符合《公司法》的要求的，从而也就不具备《公司法》第23条第4项所说的“建立符合有限责任公司要求的组织机构”的设立条件。当然，由于《公司法》第51条第2款使用的是“监事会应当包括股东代表和适当比例的公司职工代表”的表述，因此，有限公司的监事会中必须同时有股东代表和公司职工代表，既不能只有公司职工代表而没有股东代表，也不能只有股东代表而没有职工代表。

在职工代表监事的人数方面，《公司法》第51条第2款提出了下限要求，即“职工代表的比例不得低于三分之一”，这一规定是效力性强制性规定[①]。具

① 见上海市第二中级人民法院在2017年3月10日就上海江阳水产品批发交易市场经营管理有限公司、魏某礼与上海保翔冷藏有限公司、上海长翔冷藏物流有限公司及魏某鸿、徐某福、孔某志公司决议效力确认纠纷上诉案作出的（2017）沪02民终891号民事判决书。

体来说，由于《公司法》第 51 条第 1 款要求监事会成员最低为 3 人，因此，监事会中的职工代表监事不能低于 1 人。不过，《公司法》并没有对有限公司监事会中的职工代表监事的人数上限提出要求，公司章程可以自主作出规定。实践中，多数有限公司通常设置由 1 名职工代表监事、2 名股东代表监事组成的监事会。

二、有限公司监事会的职权

《公司法》第 53 条第 1 项至第 6 项明确规定了有限公司的监事会享有以下 12 项职权：（1）检查公司财务；（2）对董事执行公司职务的行为进行监督；（3）对高级管理人员执行公司职务的行为进行监督；（4）对违反法律、行政法规、公司章程或者股东会决议的董事提出罢免的建议；（5）对违反法律、行政法规、公司章程或者股东会决议的高级管理人员提出罢免的建议；（6）当董事的行为损害公司的利益时，要求董事予以纠正；（7）当高级管理人员的行为损害公司的利益时，要求高级管理人员予以纠正；（8）提议召开临时股东会会议；（9）在董事会不履行《公司法》规定的召集和主持股东会会议职责时召集和主持股东会会议；（10）向股东会会议提出提案；（11）依照《公司法》第 151 条的规定，对董事提起诉讼；（12）依照《公司法》第 151 条的规定，对高级管理人员提起诉讼。

在此基础上，《公司法》第 54 条第 2 款也规定了有限公司的监事会在发现公司经营情况异常时享有调查权；此外，《公司法》第 53 条第 7 项允许有限公司的章程在《公司法》规定的职权之外，对有限公司的监事会的其他职权作出规定。

以下分别对《公司法》规定的有限公司监事会的各项职权进行分析。

（一）关于“检查公司财务”的职权

根据《公司法》第 53 条第 1 项，有限公司的监事会享有检查公司财务的职权。

问题是，何为“财务”？上海辞书出版社 2009 年出版的《辞海》关于“财务”的解释为：“企业、事业、机关单位或其他经济组织中，有关资金的筹集、分配和使用等活动，以及在资金活动中同有关方面发生的经济关系。”

结合《会计法》《企业财务会计报告条例》《企业财务通则》《企业会计准则》等规定，财务事项贯穿于公司的设立、存续、清算、终止的全过程，涉及资金筹集、资产营运、成本控制、收益分配、重组清算等各个方面的财务活动以及相关财务事项的会计确认、计量和报告，涵盖了预算、决算、收入、支出、费用、成本、利润、资产、负债、所有者权益、会计核算、财务报告等方面的内容。

考虑到监事会行使检查公司财务的职权，尤其需要了解或接触公司的财务信息，对此，《公司法》第 150 条第 2 款要求“董事、高级管理人员应当如实向监事会或者不设监事会的有限责任公司的监事提供有关情况和资料，不得妨碍监事会或者监事行使职权”。

（二）关于“对董事执行公司职务的行为进行监督”的职权

根据《公司法》第 53 条第 2 项，有限公司的监事会享有对董事执行公司职务的行为进行监督的职权。与此相对应，《公司法》第 150 条第 2 款要求“董事、高级管理人员应当如实向监事会或者不设监事会的有限责任公司的监事提供有关情况和资料，不得妨碍监事会或者监事行使职权”。

（三）关于“对高级管理人员执行公司职务的行为进行监督”的职权

根据《公司法》第 53 条第 2 项，有限公司的监事会享有对高级管理人员执行公司职务的行为进行监督的职权。与此相对应，《公司法》第 150 条第 2 款要求“董事、高级管理人员应当如实向监事会或者不设监事会的有限责任公司的监事提供有关情况和资料，不得妨碍监事会或者监事行使职权”。

（四）关于“对违反法律、行政法规、公司章程或者股东会决议的董事提出罢免的建议”的职权

根据《公司法》第 53 条第 2 项，有限公司的监事会享有对违反法律、行政法规、公司章程或者股东会决议的董事提出罢免的建议的职权。这一职权对应于《公司法》第 37 条第 1 款第 2 项规定的股东会“更换非由职工代表担任的董事”的职权。

值得注意的是，不论是股东代表董事还是职工代表董事，只要其存在违反法律、行政法规、公司章程或者股东会决议的行为，监事会都可以对其提出罢免的建议。不过，针对股东代表董事的罢免建议，应向公司的权力机构提出；针对职工代表董事的罢免建议，应向选举产生该职工代表董事的职工代表大会或职工大会或其他主体提出。此外，是否作出罢免相关董事的决议或决定，取决于公司的权力机构或职工代表大会或职工大会或其他主体依照法定职权和程序作出的决议或决定。

考虑到董事会依法作出的决议对董事、高级管理人员具有约束力，我理解，如果《公司法》第 53 条第 2 项的表述能够调整为“对违反法律、行政法规、公司章程、股东会决议或者董事会决议的董事、高级管理人员提出罢免的建议”，则更为周延；当然，在一人公司的情形，其中的“股东会决议”应调整为“唯一股东决定”；在不设董事会的有限公司的情形，其中的“董事会决议”应调整为“执行董事决定”。

（五）关于“对违反法律、行政法规、公司章程或者股东会决议的高级管理人员提出罢免的建议”的职权

根据《公司法》第 53 条第 2 项，有限公司的监事会享有对违反法律、行政法规、公司章程或者股东会决议的高级管理人员提出罢免的建议的职权。这一职权对应于《公司法》第 46 条第 9 项规定的董事会“决定解聘公司经理，并根据经理的提名决定解聘公司副经理、财务负责人”的职权。

值得注意的是，不论是经理还是其他高级管理人员，只要其存在违反法律、行政法规、公司章程或者股东会决议的行为，监事会都可以对其提出罢免的建议。不过，考虑到根据《公司法》第 46 条第 9 项关于“决定聘任或者解聘公司经理及其报酬事项，并根据经理的提名决定聘任或者解聘公司副经理、财务负责人及其报酬事项”的规定，解聘公司的高级管理人员属于公司的执行机构的职权，因此，监事会针对高级管理人员的罢免建议，应向公司的执行机构提出。此外，是否作出解聘相关高级管理人员的决议或决定，取决于公司的执行机构依照法定职权和程序作出的决议或决定。

同样地，考虑到董事会依法作出的决议对高级管理人员具有约束力，如果《公司法》第 53 条第 2 项的表述能够调整为“对违反法律、行政法规、公司章

程、股东会决议或者董事会决议的董事、高级管理人员提出罢免的建议”，则更为周延；当然，在一人公司的情形，其中的“股东会决议”应调整为“唯一股东决定”；在不设董事会的有限公司的情形，其中的“董事会决议”应调整为“执行董事决定”。

（六）关于“当董事的行为损害公司的利益时，要求董事予以纠正”的职权

根据《公司法》第53条第3项，有限公司的监事会享有要求存在损害公司利益的行为的董事纠正其行为的职权。

值得注意的是，不论是股东代表董事还是职工代表董事，只要其存在损害公司利益的行为，监事会都可以要求其予以纠正。此外，结合《公司法》第53条第2项的规定，当董事的行为损害公司的利益时，监事会既可以要求其予以纠正，也可以提出将其罢免的建议。

（七）关于“当高级管理人员的行为损害公司的利益时，要求高级管理人员予以纠正”的职权

根据《公司法》第53条第3项，有限公司的监事会享有要求存在损害公司利益的行为的高级管理人员纠正其行为的职权。

此外，结合《公司法》第53条第2项的规定，当高级管理人员的行为损害公司的利益时，监事会既可以要求其予以纠正，也可以提出将其罢免的建议。

（八）关于“提议召开临时股东会会议”的职权

根据《公司法》第53条第4项，有限公司的监事会享有提议召开临时股东会会议的职权。这一职权对应于《公司法》第39条第2款的规定。

值得注意的是，《公司法》没有直接规定有限公司的监事会享有提议召开股东会定期会议的职权；尽管如此，考虑到《公司法》第39条规定了“股东会会议分为定期会议和临时会议。定期会议应当依照公司章程的规定按时召开”，第40条规定了“有限责任公司设立董事会的，股东会会议由董事会召集，董事长主持；董事长不能履行职务或者不履行职务的，由副董事长主持；

副董事长不能履行职务或者不履行职务的，由半数以上董事共同推举一名董事主持。有限责任公司不设董事会的，股东会会议由执行董事召集和主持。董事会或者执行董事不能履行或者不履行召集股东会会议职责的，由监事会或者不设监事会的公司的监事召集和主持；监事会或者监事不召集和主持的，代表十分之一以上表决权的股东可以自行召集和主持”，因此，在有限公司的执行机构未召集股东会定期会议的情形，监事会可以并应当提议召开股东会定期会议。

（九）关于“在董事会不履行本法规定的召集和主持股东会会议职责时召集和主持股东会会议”的职权

根据《公司法》第 53 条第 4 项，在有限公司的执行机构不履行《公司法》规定的召集和主持股东会会议的职责时，有限公司的监事会享有召集和主持股东会会议的职权。这一职权对应于《公司法》第 40 条第 3 款的规定。

同样地，《公司法》第 53 条第 4 项后半句所说的“股东会会议”，既包括股东会定期会议，也包括股东会临时会议。

值得注意的是，《公司法》第 53 条第 4 项的规定存在与《公司法》第 40 条相冲突的地方，具体如下：

一是，根据《公司法》第 40 条第 3 款的规定，对于设董事会的有限公司，在董事会不能履行召集股东会会议的职责，以及董事会不履行召集股东会会议职责这两种情况下，都应由监事会或者不设监事会的公司的监事召集和主持股东会会议，而不仅仅限于《公司法》第 53 条第 4 项所说的董事会“不履行”职责时。

二是，根据《公司法》第 40 条第 2 款，对于不设董事会的有限公司，股东会会议的召集权和主持权都归属于执行董事；根据《公司法》第 40 条第 3 款的规定，对于不设董事会的有限公司，在执行董事不能履行召集股东会会议的职责，以及执行董事不履行召集股东会会议职责这两种情况下，都应由监事会或者不设监事会的公司的监事召集和主持股东会会议，《公司法》第 53 条第 4 项所说的“董事会不履行本法规定的召集和主持股东会会议职责”显然没有考虑不设董事会的有限公司的情况。

三是，根据《公司法》第40条第1款的规定，对于设董事会的有限公司，股东会会议的召集权归属于董事会，但董事会不享有主持股东会会议的职权，在董事会召集股东会会议的情况下，主持股东会会议的职权归属于董事长。只要董事会不召集或不能召集股东会会议，不论董事长是否能够或者愿意主持股东会会议，监事会或不设监事会的有限公司的监事都有权，也有义务召集和主持股东会会议。

因此，在表述上，《公司法》第53条第4项后半句如果能够修改为“在董事会或不设董事会的有限公司的执行董事不能履行或不履行本法规定的召集股东会会议职责时召集和主持股东会会议”，则更加准确和完善。

（十）关于“向股东会会议提出提案”的职权

根据《公司法》第53条第5项，有限公司的监事会享有向股东会会议提出提案的职权。这一职权对应于《公司法》第53条规定的有限公司监事会的相关职权，尤其是《公司法》第53条第2项规定的监督机构“对违反法律、行政法规、公司章程或者股东会决议的董事、高级管理人员提出罢免的建议”的职权。

其中，《公司法》第53条第5项所说的“股东会会议”，既包括有限公司股东会定期会议，又包括股东会临时会议；既包括由有限公司的董事会或不设董事会的有限公司的执行董事召集的股东会会议，也包括由有限公司的监事会或不设监事会的有限公司的监事依法召集的股东会会议，还包括由代表有限公司十分之一以上表决权的股东依法自行召集的股东会会议。

值得注意的是，在有权向有限公司股东会会议提出“提案”的主体方面，《公司法》本身只是规定了公司的监督机构享有向股东会会议提出“提案”的权利，没有明确提及公司的执行机构、代表十分之一以上表决权的股东或其他主体享有向股东会会议提出“提案”的权利。

在上市公司的情形，中国证监会的《上市公司章程指引》（2019年修订）第53条规定，在上市公司召开股东大会会议时，上市公司的董事会、监事会以及单独或者合并持有上市公司3%以上股份的股东，都有权向上市公司提出提案。

我理解，有限公司可以参考《上市公司章程指引》规定其董事会、监事会以及持有一定比例的表决权的股东也有权向股东会会议提出“提案”。

此外，在提案的内容方面，《公司法》并未对有限公司的监事会的提案权作出限制；结合《公司法》第 102 条第 2 款关于股份公司特定股东提出临时提案的规定，我理解，只要有限公司监事会的提案的内容属于股东会的职权范围，并有明确议题和具体决议事项，就已足够；当然，监事会提出提案，尤其是在提出提案的时间方面，还应当满足公司章程规定的股东会和监事会各自的议事规则的要求。

（十一）关于“依照《公司法》第 151 条的规定，对董事提起诉讼”的职权

根据《公司法》第 53 条第 6 项，有限公司的监事会享有依照《公司法》第 151 条的规定，对董事提起诉讼的职权。

根据《公司法》第 53 条第 6 项和第 151 条第 1 款的规定，有限公司的监事会所享有的对董事提起诉讼的权利，需要满足以下条件：一是，起诉的对象是公司的董事，不包括公司的监事或股东；二是，起诉的启动需要以公司的股东向公司的监事会提出对相关董事起诉的书面请求为前提；三是，起诉的原因为公司的董事在执行公司职务时违反了法律、行政法规或者公司章程的规定，并且给公司造成了损失。

在此基础上，《公司法司法解释（四）》第 23 条第 1 款进一步规定：“监事会或者不设监事会的有限责任公司的监事依据公司法第一百五十一条第一款规定对董事……提起诉讼的，应当列公司为原告，依法由监事会主席或者不设监事会的有限责任公司的监事代表公司进行诉讼”。

不过，在诉讼代表人方面，结合《公司法》第 51 条第 3 款关于“监事会主席召集和主持监事会会议；监事会主席不能履行职务或者不履行职务的，由半数以上监事共同推举一名监事召集和主持监事会会议”的规定，我倾向于认为，在监事会主席不能履行或不履行代表公司进行诉讼的职责的情况下，应当允许半数以上的监事共同推举一名监事代表公司进行诉讼。

更具体的分析，请见本书第二十二章第二节的内容。

（十二）关于“依照《公司法》第151条的规定，对高级管理人员提起诉讼”的职权

根据《公司法》第53条第6项，有限公司的监事会享有依照《公司法》第151条的规定，对高级管理人员提起诉讼的职权。

根据《公司法》第53条第6项和第151条第1款的规定，有限公司的监事会所享有的对高级管理人员提起诉讼的权利，需要满足以下条件：一是，起诉的对象是公司的高级管理人员，不包括公司的监事或股东；二是，起诉的启动需要以公司的股东向公司的监事会提出对相关高级管理人员起诉的书面请求为前提；三是，起诉的原因为公司的高级管理人员在执行公司职务时违反了法律、行政法规或者公司章程的规定，并且给公司造成了损失。

在此基础上，《公司法司法解释（四）》第23条第1款进一步规定，“监事会或者不设监事会的有限责任公司的监事依据公司法第一百五十一条第一款规定对……高级管理人员提起诉讼的，应当列公司为原告，依法由监事会主席或者不设监事会的有限责任公司的监事代表公司进行诉讼”。

不过，在诉讼代表人方面，结合《公司法》第51条第3款关于“监事会主席召集和主持监事会会议；监事会主席不能履行职务或者不履行职务的，由半数以上监事共同推举一名监事召集和主持监事会会议”的规定，我倾向于认为，在监事会主席不能履行或不履行代表公司进行诉讼的职责的情况下，应当允许半数以上的监事共同推举一名监事代表公司进行诉讼。

值得注意的是，在监事会享有的代表公司提起诉讼的权利方面，《公司法》只是在其第53条第6项规定了“依照本法第一百五十一条的规定，对董事、高级管理人员提起诉讼”，除此之外，从《公司法》的角度，《公司法》没有直接赋予公司的监事会代表公司提起诉讼的权利。

更具体的分析，请见本书第二十二章第二节的内容。

（十三）《公司法》规定的监督机构的其他职权

值得注意的是，除了《公司法》第53条第1项至第6项明确列出来的职权，《公司法》在其他条款也规定了有限公司的监督机构的职权，主要包括以下10项。

序号	有限公司监督机构的职权	法律依据	备注
1	向股东会报告工作	《公司法》第37条第1款第4项，参考《公司法》第46条第1项	无
2	选举监事会主席	《公司法》第51条第3款	仅适用于设监事会的有限公司
3	要求董事、高级管理人员提供其行使职权所需的情况和资料	《公司法》第150条第2款	无
4	获得董事会会议通知	参考《公司法》第54条第1款	各监事可以分别行使
5	列席董事会会议	《公司法》第54条第1款	各监事可以分别行使
6	对董事会决议事项提出质询	《公司法》第54条第1款	各监事可以分别行使
7	对董事会决议事项提出建议	《公司法》第54条第1款	各监事可以分别行使
8	发现公司经营情况异常时，进行调查	《公司法》第54条第2款	无
9	发现公司经营情况异常时，聘请会计师事务所等协助其进行调查	《公司法》第54条第2款	无
10	他人侵犯公司合法权益时，依股东的请求对他人提起诉讼	《公司法》第151条第1款、第3款	无

基于上述，在表述上，《公司法》第53条第7项如果能够调整为“法律、行政法规和公司章程规定的其他职权”，则是更加完善的。

综上所述，有限公司的监事会享有的职权主要包括以下24项。

附表八　有限公司监事会享有的职权

序号	监事会职权	法律依据	备注
1	向股东会报告工作	《公司法》第37条第1款第4项，参考《公司法》第46条第1项	无
2	向股东会会议提出提案	《公司法》第53条第5项	无
3	提议召开临时股东会会议	《公司法》第53条第4项	无
4	在执行机构不履行《公司法》规定的召集股东会会议职责时，召集和主持股东会会议	《公司法》第53条第4项，第101条第2款	无
5	选举监事会主席	《公司法》第51条第3款	无
6	更换监事会主席	《公司法》第51条第3款	无
7	检查公司财务	《公司法》第53条第1项	无
8	对董事执行公司职务的行为进行监督	《公司法》第53条第2项	无
9	当董事的行为损害公司的利益时，要求董事予以纠正	《公司法》第53条第3项	无
10	对违反法律、行政法规、公司章程或者股东会决议的董事提出罢免的建议	《公司法》第53条第2项	无
11	在董事执行公司职务违反法律、行政法规或者公司章程的规定，给公司造成损失时，依股东的请求对董事提起诉讼	《公司法》第53条第6项，《公司法》第151条第1款	无
12	对高级管理人员执行公司职务的行为进行监督	《公司法》第53条第2项	无
13	当高级管理人员的行为损害公司的利益时，要求高级管理人员予以纠正	《公司法》第53条第3项	无
14	对违反法律、行政法规、公司章程或者股东会决议的高级管理人员提出罢免的建议	《公司法》第53条第2项	无
15	在高级管理人员执行公司职务违反法律、行政法规或者公司章程的规定，给公司造成损失时，依股东的请求对高级管理人员提起诉讼	《公司法》第53条第6项，第151条第1款	无

续表

序号	监事会职权	法律依据	备注
16	要求董事、高级管理人员提供其行使职权所需的情况和资料	《公司法》第 150 条第 2 款	无
17	获得董事会会议通知	《公司法》第 54 条第 1 款	各监事可以分别行使
18	列席董事会会议	《公司法》第 54 条第 1 款	各监事可以分别行使
19	对董事会决议事项提出质询	《公司法》第 54 条第 1 款	各监事可以分别行使
20	对董事会决议事项提出建议	《公司法》第 54 条第 1 款	各监事可以分别行使
21	发现公司经营情况异常时，进行调查	《公司法》第 54 条第 2 款	无
22	发现公司经营情况异常时，聘请会计师事务所等协助其进行调查	《公司法》第 54 条第 2 款	无
23	他人侵犯公司合法权益时，依股东的请求对他人提起诉讼	《公司法》第 151 条第 1 款、第 3 款	无
24	法律法规和公司章程规定的其他职权	《公司法》第 53 条第 7 项	无

（十四）关于《公司法》第 53 条第 7 项的理解

在《公司法》第 53 条第 1 项至第 6 项列明的有限公司的监事会的 12 项职权的基础上，《公司法》第 53 条第 7 项允许有限公司的章程对有限公司的监事会的其他职权作出规定。

如前所述，在 2015 年 7 月 29 日就董某凤与河南天海电器有限公司股东资格确认纠纷申请再审案作出的（2015）民申字第 710 号民事裁定书中，最高人民法院认为："公司章程是关于公司的组织结构、内部关系和开展公司业务活动的基本规则和依据，亦是股东自治意思规则的载体，具有公司自治特点，只要股东达成合意，且不违背法律的强制性规范，公司章程即为有效"，因此，原则上，在《公司法》规定的监事会的职权之外，有限公司依法制定的公司章程规定的监事会的其他职权，只要不违反法律、行政法规的强制性规定，这些规定就应当是有效的。

比如，尽管《公司法》第 53 条第 6 项只是提及"依照本法第一百五十一条的规定，对董事、高级管理人员提起诉讼"，没有提及公司的监事会有权依照《公司法》第 151 条的规定对他人提起诉讼，但是，根据《公司法》第 53 条第 7 项关于"公司章程规定的其他职权"的规定，有限公司依法制定的章程可以规定，在发生“他人侵犯公司合法权益，给公司造成损失”的情形，原则上，股东应当先书面请求公司的执行机构向人民法院对该他人提起诉讼，之后再书面请求公司的监事会向人民法院对该他人提起诉讼，在公司的执行机构和监事会都拒绝提起诉讼或在自收到股东的书面请求之日起 30 日内未提起诉讼的情况下，股东才可以直接对该他人提起股东代表诉讼。

三、有限公司监事会行使职权的方式

对于设监事会的有限公司来说，由于《公司法》并没有像《公司法》第 37 条第 2 款那样作出“对前款所列事项监事以书面形式一致表示同意的，可以不召开监事会会议，直接作出决定，并由全体监事在决定文件上签名、盖章”或与此类似的规定，因此，有限公司的监事会应通过召开监事会会议的方式来行使职权，亦即，有限公司的监事会行使其职权应当先依法召开监事会会议并作出决议，之后再按照监事会决议来行使其各项职权。至于会议的形式，比如现场会议、电话会议还是视频会议，《公司法》未作要求，公司章程可以根据《公司法》第 55 条第 2 款的规定自主作出规定。这与《公司法》第 46 条关于董事会行使职权的方式是相同的。

对此，在 2017 年 7 月 17 日就章某与宜昌全家福餐饮有限公司、胡某军股东知情权纠纷再审案作出的（2017）鄂民申 1489 号民事裁定书中，湖北省高级人民法院认为：“作为公司监督机关的监事（会）与作为公司权力机关的股东（大）会，作为公司执行机关和代表机关的董事会（执行董事）共同构成公司治理的基本机构，监事（会）行使监督职权实际是维护公司利益的公司行为，即使赋予监事（会）相关诉权，也应由监事（会）以公司名义行使，而不应以监事（会）个体名义行使。”

另外，在就邱某坤与成都昌林实业发展有限公司与公司有关纠纷一审案作出的（2011）青羊民初字第 3356 号民事判决书中，一审法院成都青羊区人民法院认为：“根据《中华人民共和国公司法》第五十四条[①]第（一）项的规定，即‘监事会、不设监事会的公司的监事行使下列职权：（一）检查公司财

① 现为《公司法》第 53 条。

务；……'，以及第五十五条[①]第二款的规定，即'监事会、不设监事会的公司的监事发现公司经营情况异常，可以进行调查；必要时，可以聘请会计师事务所等协助其工作，费用由公司承担'，行使检查公司财务权和聘请会计师事务所等协助调查权的法定主体为监事会或不设监事会的公司的监事，而根据昌林公司章程的规定，昌林公司设监事会且由监事会行使检查公司财务权，故邱某坤无权以监事或监事会召集人的身份要求行使监事会的上述权利……故邱某坤关于其以监事身份主张检查公司财务权和聘请会计事务所协助检查的诉讼请求应予驳回。"这一做法得到了二审法院成都市中级人民法院的支持。[②]

此外，注意到，原中国保监会2017年4月印发的《保险公司章程指引》（保监发〔2017〕36号）针对保险公司董事会行使职权提出了"公司章程须载明'董事会职权由董事会集体行使。董事会法定职权原则上不得授予董事长、董事或者其他个人及机构行使，确有必要授权的，应通过董事会决议的方式依法进行。授权一事一授，不得将董事会职权笼统或者永久授予公司其他机构或者个人行使'"的要求，而2020年2月28日发布的《深圳证券交易所上市公司规范运作指引》（2020年修订）第2.3.7条针对深交所各个板块的上市公司董事会行使职权也规定了"董事会各项法定职权应当由董事会集体行使，不得授权他人行使，并不得以公司章程、股东大会决议等方式加以变更或者剥夺。公司章程规定的董事会其他职权涉及重大业务和事项的，应当实行集体决策审批，不得授权单个或者几个董事单独决策。董事会授权董事会成员等在董事会闭会期间行使董事会部分职权的，上市公司应当在公司章程中明确规定授权的原则和具体内容"。我理解，《保险公司章程指引》和深圳证券交易所上述指引的上述要求同样适用于普通的有限公司和股份公司的监事会行使职权，有限公司监事会的职权也应当由各个监事通过参加监事会会议的方式集体行使，不应由个别监事单独行使。

---

① 现为《公司法》第54条。

② 见成都市中级人民法院在2012年4月17日就邱某坤与成都昌林实业发展有限公司与公司有关纠纷上诉案作出的（2012）成民终字第1121号民事判决书。

四、有限公司监事会行使职权受阻的救济

考虑到有限公司的监事会行使检查公司财务以及对董事、高级管理人员执行公司职务的行为进行监督等职权，需要了解或接触公司的财务信息等情况，因此，《公司法》第150条第2款规定了："董事、高级管理人员应当如实向监事会或者不设监事会的有限责任公司的监事提供有关情况和资料，不得妨碍监事会或者监事行使职权。"

值得注意的是，尽管《公司法》赋予了有限公司的监事会检查公司财务等职权，但是，在行使职权的过程中，如果公司的监事未能获得其行使职权所需的信息、资料，监事以其知情权受到侵害为由对公司提起知情权诉讼的请求，可能得不到法院的受理或支持。

对此，上海市高级人民法院在2005年印发的《关于审理股东请求对公司行使知情权纠纷若干问题的问答》（沪高法民二〔2005〕11号）中指出："有限责任公司的监事会或不设监事会的公司监事，是依照法律规定和章程规定，代表公司股东和职工对公司董事会、执行董事和经理依法履行职务情况进行监督的机关。监事会或监事依照公司法修正案第五十四条[①]的规定，有权检查公司财务等情况，并在发现公司经营异常时，可依据公司法第五十五条[②]的规定进行调查；必要时可聘请会计师事务所等协助其工作。但监事会或监事履行相关职权属于公司内部治理的范畴，该权利的行使与否并不涉及其民事权益，且公司法并未对监事会或监事行使权利受阻规定相应的司法救济程序。因此，监事会或监事以其知情权受到侵害为由提起的诉讼，不具有可诉性，人民法院不予受理。已经受理的，应当裁定驳回起诉。"

此外，在2009年5月4日就黄某与广州力衡临床营养品有限公司（以下简称力衡公司）、广东省农业科学院农业生物技术研究所知情权纠纷上诉案作出的（2008）穗中法民二终字第2415号民事判决书中，针对力衡公司的监事黄某起诉要求力衡公司提供自2005年1月起至2007年12月止的财务资料进行

---

① 现为《公司法》第53条。

② 现为《公司法》第54条。

审计的主张，广州市中级人民法院也认为："根据我国《公司法》第五十四条[①]的相关规定，监事会或者不设监事会的公司的监事有行使检查公司财务的职权；同时，我国《公司法》第五十五条[②]又规定：'监事可以列席董事会会议，并对董事会决议事项提出质询或者建议。监事会、不设监事会的公司的监事发现公司经营情况异常，可以进行调查；必要时，可以聘请会计师事务所等协助其工作，费用由公司承担。'据此规定表明，公司监事或监事会行使检查公司财务的职权，属于公司内部的经营管理范畴，当公司不配合监事或者监事会行使职权时，监事或者监事会应当通过提议召开股东会等方式进行解决。结合本案实际，黄某不是力衡公司的股东，是单纯的公司监事身份，却以力衡公司妨碍其知情权为由提起诉讼，请求人民法院判令力衡公司提供自2005年1月起至2007年12月止的财务资料进行审计，基于我国《公司法》未赋予公司监事通过司法途径获取知情权的权利；对黄某提起的知情权诉讼依法不应受理。"

不过，值得注意的是，尽管如此，监事会在行使职权受阻时，可以根据《公司法》第53条第2项关于"监事会、不设监事会的公司的监事行使下列职权：……（二）对董事、高级管理人员执行公司职务的行为进行监督，对违反法律、行政法规、公司章程或者股东会决议的董事、高级管理人员提出罢免的建议"和第150条第2款关于"董事、高级管理人员应当如实向监事会或者不设监事会的有限责任公司的监事提供有关情况和资料，不得妨碍监事会或者监事行使职权"的规定，向公司的权力机构提出罢免相关董事的建议，向公司的执行机构提出罢免相关高级管理人员的建议；在公司的利益受到董事、高级管理人员损害时，还可能有《公司法》第151条的适用余地。

第六节 决定对他人提起诉讼的职权的归属

值得思考的问题是，在公司治理方面，就公司组织机构的职权而言，"对

---

① 现为《公司法》第53条。
② 现为《公司法》第54条。

以公司名义提起诉讼作出决定”的职权——公司的起诉权——归属于谁？对此，《公司法》没有直接作出统一的规定。下面针对公司的经理、监督机构、执行机构和权力机构分别加以分析。

一、公司经理是否享有起诉权

先来看看公司的经理是否享有此项职权。

《公司法》第 49 条关于公司的经理职权的规定本身没有提及经理享有“对以公司名义提起诉讼作出决定”的职权；就《公司法》第 49 条第 1 款第 1 项规定的经理所享有的“主持公司的生产经营管理工作”的职权而言，由于没有任何一家公司是以“以自己的名义对他人提起诉讼”作为主要的“生产经营活动”（或主营业务）的[①]，因此，“以公司的名义对他人提起诉讼”，不属于《公司法》第 49 条第 1 款第 1 项所说的属于经理的职权范围的“公司的生产经营管理工作”或日常经营事务。

值得注意的是，由于《公司法》第 151 条第 1 款使用了“可以书面请求监事会或者不设监事会的有限责任公司的监事向人民法院提起诉讼”和“可以书面请求董事会或者不设董事会的有限责任公司的执行董事向人民法院提起诉讼”，第 3 款使用了“本条第一款规定的股东可以依照前两款的规定向人民法院提起诉讼”的表述，因此，股东不论是请求公司对公司的董事、高级管理人员提起诉讼，还是请求公司对公司的监事提起诉讼，抑或是请求公司对他人提起诉讼，都不能向公司的经理提出，这也就意味着：公司的经理不享有决定按照公司的股东的请求提起诉讼的职权。

进而，考虑到《公司法》第 149 条第 1 款和第 113 条第 2 款关于经理的职权的规定本身没有明确经理享有决定提起诉讼的职权，我倾向于认为，不论是有限公司还是股份公司，在公司依法制定的章程没有明确规定的情况下，公司的经理是不享有“对以公司名义提起诉讼作出决定”的权利的。

当然，根据《公司法》第 49 条第 2 款关于“公司章程对经理职权另有规

① 即便是在律师事务所的情形，律师事务所也不是以“以自己的名义提起诉讼”为业务的，而是作为委托人的代理人、代理委托人提起诉讼的。

定的，从其规定”的规定，公司依法制定的章程可以规定，在特定情形下，公司的经理享有“对以公司名义提起诉讼作出决定”的权利。

二、公司监督机构是否享有起诉权

接下来看看公司的监督机构是否享有此项职权。

根据《公司法》第53条第6项关于“监事会、不设监事会的公司的监事行使下列职权：……（六）依照本法第一百五十一条的规定，对董事、高级管理人员提起诉讼”的规定，公司的监督机构享有“依照《公司法》第151条的规定，对公司的董事、高级管理人员提起诉讼”的权利，从而，在同时满足以下特定条件的前提下，公司的监督机构享有“对以公司名义提起诉讼作出决定”的权利：

一是，在起诉的对象方面，是以公司的名义对“执行公司职务时违反法律、行政法规或者公司章程的规定，给公司造成损失的董事或高级管理人员”提起诉讼。

二是，在起诉的条件方面，是应“有限责任公司的股东、股份有限公司连续一百八十日以上单独或者合计持有公司百分之一以上股份的股东”向其提出的关于对相关董事或高级管理人员提起诉讼的书面请求而以公司的名义提起诉讼。

除此之外，注意到，《公司法司法解释（四）》第23条第2款关于“董事会或者不设董事会的有限责任公司的执行董事依据公司法第一百五十一条第一款规定对监事提起诉讼的，或者依据公司法第一百五十一条第三款规定对他人提起诉讼的，应当列公司为原告，依法由董事长或者执行董事代表公司进行诉讼”的规定，既提到了公司执行机构按照符合条件的股东的书面请求代表公司对公司的监事提起诉讼的情形，又提到了公司执行机构按照符合条件的股东的书面请求代表公司对他人提起诉讼的情形；但是，《公司法司法解释（四）》第23条第1款关于“监事会或者不设监事会的有限责任公司的监事依据公司法第一百五十一条第一款规定对董事、高级管理人员提起诉讼的，应当列公司为原告，依法由监事会主席或者不设监事会的有限责任公司的监事代表公司进行诉讼”的规定，则只提到了公司监督机构按照符合条件的股东的书面请求代表公司对公司的董事、高级管理人员提起诉讼的情形，没有提到公司监督机构按照符合条件的股东的书面请求代表公司对他人提起诉讼的情形，据此，我理解，《公司法司法解释（四）》应该是认为，公司的监督机构不享有代表公司对除公司董事和高级管理人员以外的他人提起诉讼的权利。

并且，考虑到针对公司的监督机构的职权，《公司法》第 53 条第 6 项和第 118 条第 1 款使用的是“依照本法第一百五十一条的规定，对董事、高级管理人员提起诉讼”的表述，没有使用“依照本法第一百五十一条的规定，对董事、高级管理人员或他人提起诉讼”的表述，其中没有包含“依照本法第一百五十一条的规定，对他人提起诉讼”的含义，因此，如果公司章程没有对此作出明确规定，公司监督机构享有的代表公司提起诉讼的职权，仅限于《公司法》第 53 条第 6 项所说的“依照本法第一百五十一条的规定，对董事、高级管理人员提起诉讼”；除此之外，在《公司法》的层面，《公司法》没有赋予公司的监督机构代表公司对任何他人提起诉讼的权利。

在这方面，湖北省高级人民法院在 2017 年 7 月 17 日就章某与宜昌全家福餐饮有限公司、胡某军股东知情权纠纷再审案作出的（2017）鄂民申 1489 号民事裁定书中，针对宜昌全家福餐饮有限公司的监事章某能否以监事身份起诉要求检查公司财务的问题，发表的下述意见可作参考：“章某以监事身份提起诉讼的法律依据为公司法第五十三条和第五十四条有关监事职权的规定。该法第五十三条规定，‘监事会、不设监事会的公司的监事行使下列职权：（一）检查公司财务；（二）对董事、高级管理人员执行公司职务的行为进行监督，对违反法律、行政法规、公司章程或者股东会决议的董事、高级管理人员提出罢免的建议；（三）当董事、高级管理人员的行为损害公司的利益时，要求董事、高级管理人员予以纠正；（四）提议召开临时股东会会议，在董事会不履行本法规定的召集和主持股东会会议职责时召集和主持股东会会议；（五）向股东会会议提出提案；（六）依照本法第一百五十一条的规定，对董事、高级管理人员提起诉讼；（七）公司章程规定的其他职权。’第五十四条规定，‘监事可以列席董事会会议，并对董事会决议事项提出质询或者建议。监事会、不设监事会的公司的监事发现公司经营情况异常，可以进行调查；必要时，可以聘请会计师事务所等协助其工作，费用由公司承担。’尽管公司监事可以行使公司法规定的上述职权，但该法仅在第五十三条第六项规定了诉权，即针对公司董事、监事、高级管理人员执行公司职务时违反法律、行政法规或者公司章程的规定，给公司造成损失的情况，法律并未赋予监事以诉讼方式检查公司财务的权利。”

当然，尽管《公司法》第53条第6项只是提及“依照本法第一百五十一条的规定，对董事、高级管理人员提起诉讼”，没有提及公司的监督机构有权依照《公司法》第151条的规定，对他人提起诉讼，但是，根据《公司法》第53条第7项关于公司的监督机构享有“公司章程规定的其他职权”的规定，公司依法制定的章程可以规定，在发生“他人侵犯公司合法权益，给公司造成损失”的情形，原则上，股东应当先书面请求公司的执行机构向人民法院对该他人提起诉讼，之后再书面请求公司的监督机构向人民法院对该他人提起诉讼，在公司的执行机构和监督机构都拒绝提起诉讼或在自收到股东的书面请求之日起30日内未提起诉讼的情况下，股东才可以直接对该他人提起股东代表诉讼。

从而，在公司章程有特别规定的情况下，公司的监督机构也享有应符合条件的股东的请求，对“侵犯公司合法权益，给公司造成损失的他人”提起诉讼的职权。

三、公司执行机构是否享有起诉权

再来看看公司的执行机构是否享有此项职权。

应该说，《公司法》包括其第46条关于董事会职权的规定，本身也没有明确提及公司的执行机构享有“对以公司名义提起诉讼作出决定”的职权。但是，结合《公司法》第151条和《公司法司法解释（四）》第23条的规定，我理解，“对以公司名义提起诉讼作出决定”的职权，原则上应当由公司的执行机构享有。具体分析如下。

一是，如前所述，在公司的章程未作特别规定的情况下，公司的经理不享有“对以公司名义提起诉讼作出决定”的职权。

二是，如前所述，在公司的章程未作特别规定的情况下，公司的监督机构所享有的“对以公司名义提起诉讼作出决定”的职权，需要满足特定的条件并且仅限于依照《公司法》第151条的规定对公司的特定董事或高级管理人员提起诉讼；在其他情形，公司的监督机构不享有“对以公司名义提起诉讼作出决定”的职权。

三是，根据《公司法》第 151 条第 1 款关于“董事、高级管理人员有本法第一百四十九条规定的情形的，有限责任公司的股东、股份有限公司连续一百八十日以上单独或者合计持有公司百分之一以上股份的股东，可以书面请求监事会或者不设监事会的有限责任公司的监事向人民法院提起诉讼；监事有本法第一百四十九条规定的情形的，前述股东可以书面请求董事会或者不设董事会的有限责任公司的执行董事向人民法院提起诉讼”的规定，公司的执行机构享有应符合条件的股东的书面请求，对“执行公司职务时违反法律、行政法规或者公司章程的规定，给公司造成损失的监事”提起诉讼的职权。

四是，根据《公司法》第 151 条第 3 款关于“他人侵犯公司合法权益，给公司造成损失的，本条第一款规定的股东可以依照前两款的规定向人民法院提起诉讼”的规定，公司的执行机构享有应符合条件的股东的书面请求，对“侵犯公司合法权益，给公司造成损失的他人”提起诉讼的职权。

五是，由于《公司法》只是通过其第 53 条第 6 项将“对公司的董事、高级管理人员提起诉讼”的职权授予公司的监督机构，没有将“对以公司的名义提起诉讼作出决定”的职权授予其他组织机构，既然公司的执行机构享有应符合条件的股东的书面请求，对“执行公司职务时违反法律、行政法规或者公司章程的规定，给公司造成损失的监事”和“侵犯公司合法权益，给公司造成损失的他人”提起诉讼的职权，那么，我理解，在发生“董事、监事、高级管理人员执行公司职务时违反法律、行政法规或者公司章程的规定，给公司造成损失”或“他人侵犯公司合法权益，给公司造成损失”的情形，即使公司的股东没有向公司的执行机构提出书面请求，公司的执行机构也有权并应当根据《公司法》第 147 条第 1 款关于“董事……应当遵守法律、行政法规和公司章程，对公司负有忠实义务和勤勉义务”的规定，主动对“执行公司职务时违反法律、行政法规或者公司章程的规定，给公司造成损失的董事、监事、高级管理人员”或“侵犯公司合法权益，给公司造成损失的他人”提起诉讼。

值得一提的是，在公司的董事、高级管理人员执行公司职务时违反法律、行政法规或者公司章程的规定、给公司造成损失的情形，在符合条件的股东向公司的监督机构提出提起诉讼的书面请求之前，公司的执行机构主动对“执行公司职务时违反法律、行政法规或者公司章程的规定，给公司造成损失的董事、高级管理人员”提起诉讼，与《公司法》第53条第6项和第151条规定的公司的监督机构“依照符合条件的股东书面请求对相关董事、高级管理人员提起诉讼”的职权并不冲突，因为当时尚未触发公司的监督机构依照《公司法》第151条对相关董事、高级管理人员提起诉讼的职权，也不会触发符合条件的股东依照《公司法》第151条提起股东代表诉讼的条件。

六是，考虑到《公司法》已经通过其第151条明确赋予了公司的执行机构应符合条件的股东的书面请求对公司的监事和除公司的董事、监事和高级管理人员以外的任何他人提起诉讼的权力，而《公司法》原则上又没有直接赋予公司的监督机构对除公司的董事和高级管理人员以外的任何他人提起诉讼的权利，没有直接赋予公司的经理或其他人员对任何人提起诉讼的权利；此外，由于《公司法》第151条第1款使用了“可以书面请求监事会或者不设监事会的有限责任公司的监事向人民法院提起诉讼”和“可以书面请求董事会或者不设董事会的有限责任公司的执行董事向人民法院提起诉讼”，第3款使用了“本条第一款规定的股东可以依照前两款的规定向人民法院提起诉讼”的表述，而没有使用“可以书面请求股东会或者不设股东会的有限责任公司的唯一股东就向人民法院提起诉讼作出决议或决定”的表述，因此，我倾向于认为，不论是有限公司还是股份公司，在公司依法制定的章程没有明确规定的情况下，公司的执行机构享有“对以公司名义提起诉讼作出决定”的职权，原则上无需交由公司的权力机构就此作出决定。

四、公司权力机构是否享有起诉权

最后来看看公司的权力机构是否享有此项职权。

应该说，《公司法》，包括其第37条第1款关于股东会职权的规定，本身也没有明确提及公司的权力机构享有“对以公司名义提起诉讼作出决定”的职权。但是，根据《公司法》第37条第1款第11项关于公司的权力机构享有“公司章程规定的其他职权”的规定，公司依法制定的章程可以规定，“对以公司名义提起诉讼作出决定”的职权，应由公司的权力机构行使；或者，在某些情况下，“对以公司名义提起诉讼作出决定”的职权，应由公司的权力机构行使，至于其他情形，则可由公司的执行机构行使；或者作出其他不与《公司法》第53条和第151条相抵触的规定。

基于上述分析，在公司章程未作特别规定的情况下，我倾向于认为，“对以公司名义提起诉讼作出决定”的职权，原则上应当由公司的执行机构行使，例外情况下才由公司的监督机构行使（仅限于《公司法》第53条第6项所说的“依照本法第一百五十一条的规定，对董事、高级管理人员提起诉讼”，不包括对任何他人提起诉讼的权利）。

当然，值得注意的是，在公司清算期间，由于《公司法》第184条第7项规定了“清算组在清算期间行使下列职权……（七）代表公司参与民事诉讼活动”，并且，“公司解散后依法成立的清算组取代原公司执行机关，行使清算中公司的代表及执行机关的职能，对内执行清算事务，对外代表公司了结债权债务，在清算目的范围内，与解散事由出现前公司的机关具有同等的法律地位”[①]，“公司清算期间，董事会和监事会的职能基本丧失，由清算组代表公司行使内外职权，应由清算组作为内部救济机关”[②]，因此，在公司清算期间，“对以公司名义提起诉讼作出决定”的职权，应当由公司依法成立的清算组行使；如果他人侵犯公司合法权益时，符合条件的股东原则上应向依法成立的清算组提出对该他人起诉的书面请求，在清算组拒绝或怠于提起诉讼时，方可提起直接对该他人股东代表诉讼。

值得一提的是，本节的分析，同样适用于“对以公司名义申请仲裁作出决定”这一职权。

---

① 见“规范审理公司解散和清算案件——最高人民法院民二庭负责人答本报记者问”，载《人民法院报》2008年5月19日第002版。

② 见最高人民法院2016年4月27日就江苏星源房地产综合开发有限公司与扬州同基房地产开发有限公司与南通东江房地产开发有限公司、南通开发区东江建筑安装工程有限公司、扬州天一投资发展有限公司合资、合作开发房地产合同纠纷再审案作出的（2016）最高法民申字663号民事裁定书。

第十章
公司决议

如前所述，公司在作出行为时，应根据《公司法》及其公司章程所规定的职权和程序，主要由其权力机构、执行机构或经理作出相应的决议或决定，并由公司的法定代表人或公司具有相应权限的组织机构或法定代表人授权的其他自然人来代表公司具体实施。从而，公司决议是公司实施具体的行为的依据。有鉴于此，本章主要围绕公司决议展开讨论。

第一节　公司决议的性质和种类

一、公司决议的性质

根据《公司法》第 37 条、第 43 条、第 46 条、第 49 条、第 53 条、第 99 条、第 103 条、第 108 条第 4 款、第 111 条和第 113 条的规定，结合《民法总则》第 94 条第 2 款关于“捐助法人的决策机构、执行机构或者法定代表人作出决定的程序违反法律、行政法规、法人章程，或者决定内容违反法人章程的，捐助人等利害关系人或者主管机关可以请求人民法院撤销该决定，但是捐助法人依据该决定与善意相对人形成的民事法律关系不受影响”的规定，公司决议是公司的权力机构、执行机构、监督机构或经理依照法律和公司章程规定的权限和程序，就其职权范围内的事项作出的决定。

根据《民法总则》第 134 条第 2 款关于“法人、非法人组织依照法律或者章程规定的议事方式和表决程序作出决议的，该决议行为成立”的规定，公司的权力机构、执行机构、监督机构或经理作出决议或决定的行为，为公司决议行为，也属于民事法律行为；当然，属于特殊的民事法律行为。

因此，在法律适用上，根据《民法总则》第2条关于“民法调整平等主体的自然人、法人和非法人组织之间的人身关系和财产关系”和第11条关于“其他法律对民事关系有特别规定的，依照其规定”的规定，由于公司决议行为属于特殊的民事法律行为，应首先适用《公司法》的规定；在《公司法》未作规定的情况下，则应当适用《民法总则》有关民事法律行为的一般规定。

二、公司决议的种类

从决议作出主体看，《公司法》规定了4种公司决议，即权力机构的决议、执行机构的决议、监督机构的决议和经理的决定。

其中，权力机构的决议包括有限公司股东会决议、有限公司全体股东书面决定、一人公司的股东决定、国有独资公司的国有资产监督管理机构决定、股份公司股东大会决议；执行机构的决议包括有限公司董事会决议、不设董事会的有限公司的执行董事决定、股份公司董事会决议；监督机构的决议则包括有限公司监事会决议、不设监事会的有限公司的监事决定、股份公司监事决议。

本章主要讨论有限公司的股东会决议、董事会决议和监事会决议。

第二节　有限公司股东会决议

一、有限公司股东会特别决议事项及其表决办法

（一）特别决议事项及其表决办法

根据《公司法》第43条第2款和第181条第2款，《公司法》规定的有限公司股东会的特别决议事项，包括以下7项：（1）修改公司章程；（2）增加注册资本；（3）减少注册资本；（4）合并；（5）分立；（6）解散；（7）变更公

司形式。《公司法》规定的普通的股份公司股东大会的特别决议事项也是上述7项。

由于《公司法》第43条第2款使用了“股东会会议作出修改公司章程、增加或者减少注册资本的决议，以及公司合并、分立、解散或者变更公司形式的决议，必须经代表三分之二以上表决权的股东通过”的表述，因此，在有限公司股东会审议特别决议事项时，未经代表三分之二以上表决权的股东同意，则属于未通过相关决议；根据《民法总则》第134条第2款关于“法人、非法人组织依照法律或者章程规定的议事方式和表决程序作出决议的，该决议行为成立”的规定，也就不成立股东会的决议行为，更谈不上股东会决议的生效。

值得注意的是，根据《民法总则》第205条关于“民法所称的‘以上’……包括本数”的规定，《公司法》第43条第2款所说的“三分之二以上表决权”，包括三分之二的表决权；并且，《公司法》第43条第2款所说的“代表三分之二以上表决权的股东”，指的是单独或合计代表公司全部表决权三分之二以上表决权的股东。

在计算《公司法》第43条第2款所说的“三分之二”时，应以股东会进行表决时作为计算基准日，以有限公司在该基准日的全部股东所代表的表决权总数为分母，以出席股东会会议的股东中投赞成票的各个股东所代表的表决权数量之和为分子进行计算，而不能以出席股东会会议的股东所代表的表决权总数为分母，以出席股东会会议的股东中投赞成票的各个股东所代表的表决权数量之和为分子进行计算。此外，如果有限公司当时因各种原因持有本公司的股权，那么，公司持有的本公司的股权不享有表决权，不应计入分母。

由于《公司法》第43条第2款使用了“必须经代表三分之二以上表决权的股东通过”的表述，因此，如果有限公司的章程规定其股东会就《公司法》第43条第2款所说的7个事项作出决议所需的表决权比例低于全体股东所持表决权的三分之二，这一规定应属无效。

对此，在2007年5月21日作出的（2007）沪一中民三（商）终字第172号民事判决书中，上海市第一中级人民法院就曾以涉诉公司章程关于“股东会作出有关公司增加或者减少注册资本，分立、合并、解散或者变更公司形式及修改公司章程的决议必须经出席会议的股东所持表决权的三分之二以上通过”的规定违反了《公司法》第43条的规定为由，确认其无效。

问题是，有限公司的章程是否可以规定股东会对《公司法》第 43 条第 2 款所说这 7 个事项作出决议须经代表比三分之二更高的比例（比如四分之三、五分之四甚至是百分之百）的表决权的股东通过?

对此，我倾向于认为，如果公司章程中的此项规定取得了全体股东的一致同意，在不存在违反法律、行政法规的强制性规定或违反公序良俗的情形时，该条款应属有效，其原因在于：该条款因全体股东一致同意而具有约束力。对代表三分之二以上，但低于公司章程所规定的更高比例的表决权的股东来说，根据《公司法》第 43 条第 2 款的规定，本来仅凭其自身所代表的表决权就足以促使股东会通过涉及《公司法》第 43 条第 2 款所说的 7 个事项的决议；但是，按照经其同意的公司章程的这一条款，仅凭其自身所代表的表决权就无法促成股东会就这 7 个事项通过决议了。尽管如此，由于公司章程的这一条款取得了该股东的同意，该股东接受此项实际对其不利的安排，应视为其自愿对其权利作出的处分，从而对该股东具有约束力；此外，此项安排实际上也有利于保护中小股东的利益。

比如，股东 A 持有公司 67% 的表决权，股东 B 持有公司 33% 的表决权，股东 A 和股东 B 均同意的公司章程规定“股东会会议作出修改公司章程、增加或者减少注册资本的决议，以及公司合并、分立、解散或者变更公司形式的决议，必须经代表 68% 以上表决权的股东通过”；本来，根据《公司法》第 43 条第 2 款，仅凭股东 A 就可以就这 7 个事项作出有效的股东会决议，但按照经其同意的公司章程，如果股东 B 不同意，仅凭股东 A 就无法就这 7 个事项作出有效的股东会决议了。由于公司章程（尤其是公司章程中的该项条款）取得了股东 A 和股东 B 的认可，所以该条款、包括该条款的公司章程是有效的。

由此，我倾向于认为，有限公司成立时的章程（即首份公司章程），以及经全体股东同意的修改后的章程或章程修正案，都可以作出此类约定。

甚至，基于同样的理由，结合《公司法》第 42 条第 1 款关于“股东会会议由股东按照出资比例行使表决权；但是，公司章程另有规定的除外”的规定，有限公司依法制定的章程还可以规定股东会就特别决议事项作出决议不仅必须经代表三分之二甚至更高比例的表决权的股东通过，而且其中还必须包括由某一个或某几个股东投赞成票。

实践中，法院也不一定会对有限公司章程中的此类规定提出异议。

比如，在北京达沃斯投资有限公司与张某芝公司决议效力确认纠纷案中，针对北京达沃斯投资有限公司章程第 17 条关于“股东会会议应对所议事项作出决议，决议应由全体股东表决通过，股东会对公司增加或者减少注册资本、分立、合并、解散或者变更公司形式、修改公司章程所作出的决议，应由全体股东表决通过”的规定，一审法院和二审法院都没有认为该项规定不符合《公司法》第 43 条第 2 款的规定，而且都将该规定作为依据，认定该公司相关股东会决议因违反该规定而应予以撤销。①

又如，在 2014 年 8 月 29 日就徐某瑛等与德雅玮尔（北京）投资有限公司（以下简称德雅玮尔公司）请求变更公司登记纠纷二审案作出的（2014）三中民终字第 11737 号民事判决书中，针对案涉德雅玮尔公司的公司章程中关于“股东会会议应对所议事项作出决议，决议应当全体股东表决通过”的规定，北京市第三中级人民法院认为，“《中华人民共和国公司法》规定：‘股东会的议事方式和表决程序，除本法有规定的外，由公司章程规定。’该规定应当理解为法律赋权性规定。只要公司章程不违反《中华人民共和国公司法》的特别规定，该章程即对公司及公司全体股东发生法律拘束力。本案中，德雅玮尔公司章程规定：‘股东会会议应对所议事项作出决议，决议应当全体股东表决通过’。该规定并没有违反《中华人民共和国公司法》的禁止性规定，合法有效。徐某瑛、金某关于公司章程中关于股东会决议应当全体股东表决通过的规定无效的上诉主张，没有法律依据，本院不予支持。在公司章程不违反法律禁止性规定的情况下，法律对公司章程的约定不应过度干预。徐某瑛、金某关于如果任何股东会决议均需全体股东一致通过，公司将无法运作的理由，不是公司章程无效的法定事由，徐某瑛、金某以此作为公司章程无效的上诉理由，没有法律依据，本院亦不予支持”。

再如，在 2015 年 12 月 31 日就钟某祥、游某良、张某权与东莞市新雅乐房地产开发有限公司与公司有关的纠纷二审案作出的（2015）东中法民二终字第 1746 号民事判决书中，广东省东莞市中级人民法院甚至认为：“《中华人民共和国公司法》第四十三条规定，股东会的议事方式和表决程序，除本法有规定

---

① 见北京市第二中级人民法院 2012 年 2 月 10 日就北京达沃斯投资有限公司与张某芝公司决议效力确认纠纷上诉案作出的（2012）二中民终字第 01571 号民事判决书。

的外，由公司章程规定。股东会会议作出修改公司章程、增加或者减少注册资本的决议，以及公司合并、分立、解散或者变更公司形式的决议，必须经代表三分之二以上表决权的股东通过。此处的三分之二以上表决权，是《中华人民共和国公司法》对于上述情况下最低份额表决权的限定，该条款并未否定公司章程为上述情况设定更高份额的表决权。”

不过，如果公司章程就股东会决议的表决办法作出的规定不明确，则应当从严把握。

比如，在2016年8月17日就珠海博能模具有限公司与彭某云、陈某福、钱某公司决议撤销纠纷上诉案作出的（2016）粤04民终1380号民事判决书中，珠海市中级人民法院认为：“《中华人民共和国公司法》第四十二条、第四十三条第一款规定，‘股东会会议由股东按照出资比例行使表决权，但是公司章程另有规定的除外’；‘股东会的议事方式和表决方式，除本法有规定的外，由公司章程规定’。再根据《珠海博能模具有限公司章程》第十七条之规定：‘股东会会议应对所议事项作出决议，决议应由全体股东表决通过’。本院认为，公司章程中并未对出席股东会会议的股东所持表决权比例及表决事项通过比例作出明确规定，因此对‘决议应由全体股东表决通过’可作不同的理解与解释。在公司章程规定不明的情况下，原审法院认为彭某云未出席股东会且未对股东会决议作出表决，不符合公司章程的规定，故而导致案涉股东会决议的表决方式存在程序瑕疵，并无不妥。因此，依据《中华人民共和国公司法》第二十二条第二款的规定，原审法院判令撤销博能公司于2014年9月20日作出的《20140920股东会决议》，并无不当，本院予以维持。”

基于上述分析，在表述上，《公司法》第43条第2款如果能够参考《农民专业合作社法》第30条第2款关于“成员大会选举或者作出决议，应当由本社成员表决权总数过半数通过；作出修改章程或者合并、分立、解散，以及设立、加入联合社的决议应当由本社成员表决权总数的三分之二以上通过。章程对表决权数有较高规定的，从其规定”的规定那样，调整为“股东会会议作出修改公司章程、增加或者减少注册资本的决议，以及公司合并、分立、解散或者变更公司形式的决议，必须经代表三分之二以上表决权的股东通过。公司章程对表决权数有较高规定的，从其规定”，则更加完善。

（二）通过修改公司章程的方式限制或排除其他股东权利的处理

值得注意的是，尽管《公司法》第43条第2款规定了有限公司股东会经代表三分之二以上表决权的股东通过即可修改公司章程，但是，根据《民法总则》第3条关于“民事主体的人身权利、财产权利以及其他合法权益受法律保护，任何组织或者个人不得侵犯”，第113条关于“民事主体的财产权利受法律平等保护”，第125条关于“民事主体依法享有股权和其他投资性权利”，第5条关于“民事主体从事民事活动，应当遵循自愿原则，按照自己的意思设立、变更、终止民事法律关系”和第130条关于“民事主体按照自己的意愿依法行使民事权利，不受干涉”的规定，我倾向于认为，如果对公司章程的相关事项进行的修改损害了其他股东（尤其是对股东会作出的修改公司章程的决议投反对票的股东）的利益，包括采取与《合同法》第40条所说的“提供格式条款一方免除其责任、加重对方责任、排除对方主要权利”相类似的做法以及为其他股东增设义务、限制或剥夺其他股东的权利的做法，那么，有限公司股东会作出的对公司章程进行该项修改的决议，可能属于“滥用股东权利损害其他股东的利益”并可以被认定为无效，从而，修改后的公司章程中的此项内容亦应认定为无效。①

比如，在2015年9月23日就周某生与裕昌投资控股集团有限公司（以下简称裕昌公司）、吕某涛、吕某玉、张某、刘某华、刘某、李某华、山东聊城天恒置业有限公司及信诚传统（北京）投资有限公司公司决议效力确认纠纷一审案作出的（2014）鲁商初字第23号民事判决书中，山东省高级人民法院认为：“根据《中华人民共和国公司法》第四条之规定，公司股东依法享有资产收益、参与重大决策和选择管理者等权利。因此，股东享有股权，主要体现为资产收益权及参与公司重大决策和选择管理者的权利。根据《中华人民共和国公司法》第四十二条之规定，股东会会议由股东按照出资比例行使表决权。因此，股东参与公司重大决策的权利主要表现为通过参加股东会行使表决权。根据《中华人民共和国公司法》第三十七条第一款第（七）项‘股东会行使下

① 当然，认定公司决议无效应当符合《公司法》第22条第1款的规定，认定公司章程或其条款无效应当适用《公司法》第11条的规定。

列职权：对公司增加或者减少注册资本作出决议’和第四十三条第二款‘股东会会议作出修改公司章程、增加或者减少注册资本的决议，以及公司合并、分立、解散或者变更公司形式的决议，必须经代表三分之二以上表决权的股东通过’之规定，2007 年 5 月 18 日，2008 年 3 月 28 日，2010 年 6 月 29 日，2010 年 8 月 11 日，2011 年 8 月 11 日，2013 年 11 月 27 日裕昌公司关于注册资本增加的六次股东会决议，虽然具有股东会召开的外观存在，满足三分之二股东多数决，形成股东会决议，具备股东会决议成立的构成要件，但资本多数决的适用应符合有利于公司发展的整体利益，具有正当的商业目的。根据《中华人民共和国公司法》第二十条第一款之规定：‘公司股东应当遵守法律、行政法规和公司章程，依法行使股东权利，不得滥用股东权利损害公司或者其他股东的利益’。因此，公司大股东如果为了追求自己的利益，形成的股东会决议影响小股东的个人利益，为小股东增设义务或限制权利，应得到小股东的同意。因本案六次股东会决议是在股东周某生未参加会议，由他人伪造周某生签字做出的，事后周某生亦不予认可，故该六次决议并非周某生真实意思表示，侵犯了周某生的姓名权，干涉了周某生依照自己的真实意思对公司事项进行表决的权利，进而侵害了周某生的增资优先认缴权，属于违反法律规定的侵权行为。根据《中华人民共和国合同法》第五十二条第（四）项之规定，恶意串通，损害国家、集体或者第三人利益的，合同无效。被告吕某涛及裕昌公司其他被告股东在本案六次股东会议分别召开时明知周某生未参加会议，不可能在股东会决议上签字，仍表决通过了相关股东会决议，应视为被告吕某涛及裕昌公司其他被告股东构成恶意串通的行为。根据《中华人民共和国公司法》第二十二条第一款之规定，‘公司股东会或者股东大会、董事会的决议内容违反法律、行政法规的无效’，因本案六次股东会决议违反了法律强制性规定，故应认定为无效。”

此外，北京市第二中级人民法院在 2018 年 3 月 30 日就李某荣、史某智、温某娟、徐某与北京金牧鑫农生物科技有限公司（以下简称金牧公司）公司决议效力确认纠纷上诉案作出的（2018）京 02 民终 1332 号民事判决书中的下述意见，颇具参考价值：

合伙企业是完全的人合性，企业经营的所有决定必须经全体合伙人一致通过才有效。股份有限公司是完全的资合性，只要公司决议达到了公司章程规定的多数通过，决议就有效。而有限责任公司不同于两者之处就是既有资合性也有人合性，人合性为其本质属性，资合性为其外在表现形式。在决定公司经营策略、收购、合并、分立、清算或者变更公司形式等具体经营上更多体现的是有限责任公司的资合性，只要按照公司章程规定，完成了召集、通知、表决等公司法规定的程序，决议内容多数通过就生效。在这种情况下，异议股东可以通过行使股东知情权了解公司运营情况，或者依照公司法第七十一条转让股份，从而来表达自己的意见，维护自己的权益，自由行使自己的股东权利。而在通过类似于限定股东资格身份、现有股东如何退出等内容的决议时，本院认为应该更多地体现有限责任公司的人合性，类似于合伙企业，必须经现有股东一致通过方可有效，不然就会出现有限责任公司控股股东恶意操纵股东会，随意修改公司章程，强制驱逐不同意见的小股东的行为。但如果相关内容条款是在有限责任公司设立之初就已经在公司章程约定的，那么就可以认定此内容得到所有股东的一致同意，对所有的股东都有约束力。

具体到本案，金牧公司按照法定程序召开股东大会，全体参加股东行使了自己的表决权，按照达到三分之二多数通过的公司章程规定，通过了相关的公司决议，修改公司章程，程序上完全符合《公司法》规定。但是，金牧公司的决议内容是修改公司章程，对股东资格进行了限制，要求不符合资格的股东必须退出公司，将股份转让。这种对股东最基本的身份限制的决议内容没有得到现有股东的全部同意，相当于强制剥夺了小股东对自己股东权利的自由处分。……金牧公司 2017 年 3 月 17 日第一次临时股东会审议通过的《北京金牧鑫农生物科技有限公司章程》第七条新增内容、第二十二条、第二十三条内容，损害了李某荣、史某智、温某娟、徐某股东权益，违法剥夺了李某荣、史某智、温某娟、徐某对自己股份权利处分的意思自治，违反了民法总则中的公平原则和自愿原则，决议内容无效。

我也倾向于认为，在有限公司的股东会以三分之二多数决通过的增加注册资本、减少注册资本等特别决议事项，或以简单多数决通过的普通决议事项，存在为其他股东增设义务、限制或剥夺其他股东权利的情形，上述分析是同样可以适用的。

二、有限公司股东会普通决议事项及其表决办法

（一）普通决议事项及其表决办法

根据《公司法》第43条的规定，有限公司股东会职权范围内除《公司法》第43条第2款规定的7项特别决议事项以外的其他事项，属于普通决议事项。

与《公司法》第103条第2款针对股份公司股东大会的普通决议事项的表决办法规定了“股东大会作出决议，必须经出席会议的股东所持表决权过半数通过”不同，《公司法》本身没有对有限公司股东会的普通决议事项的表决办法直接作出规定，而是授权公司章程自主作出规定。

因此，根据《公司法》第43条第1款关于“股东会的议事方式和表决程序，除本法有规定的外，由公司章程规定”的规定，除了《公司法》第43条第2款所列的7种事项之外，对于股东会就普通决议事项[①]作出的决议，有限公司的章程可以基于全体股东的平等协商，自主规定其他表决办法，只要全体股东一致同意规定该等其他表决办法即可，这些其他的表决办法包括按资本多数决（包括简单多数或特别多数）、人数多数决（包括简单多数或特别多数）或两种相结合，或者全体一致决，或者某个股东或部分股东对部分事项或全部事项享有一票否决权或者超级投票权等。

比如，参照《公司法》第43条第2款的规定，有限公司的公司章程可以规定，股东会就普通决议事项作出的决议，只需要代表过半数表决权的股东同意即可通过；又如，参照《公司法》第103条第2款关于“股东大会作出决议，必须经出席会议的股东所持表决权过半数通过”的规定，有限公司的章程可以规定，股东会就普通决议事项作出的决议，只需出席股东会会议的股东所

① 在公司章程无特别规定的情况下，普通决议事项包括《公司法司法解释（三）》第16条所说的“股东未履行或者未全面履行出资义务或者抽逃出资，公司根据……股东会决议对其利润分配请求权、新股优先认购权、剩余财产分配请求权等股东权利作出相应的合理限制”，和第17条第1款所说的“有限责任公司的股东未履行出资义务或者抽逃全部出资，经公司催告缴纳或者返还，其在合理期间内仍未缴纳或者返还出资，……公司以股东会决议解除该股东的股东资格”。

持表决权的过半数通过。

不过，有限公司的公司章程是否可以规定普通决议事项也需要代表三分之二（或者更高比例）以上表决权的股东通过？亦即，有限公司的公司章程是否可以将有限公司股东会职权范围内的除《公司法》第43条第2款规定的7项特别决议事项以外的其他事项也规定为特别决议事项？

我倾向于认为，如果公司章程中的此项规定取得了全体股东的一致同意，可以规定普通决议事项也需要代表三分之二（或者更高比例）以上表决权的股东通过，其原因也在于：此项规定因全体股东一致同意而具有约束力；基于同样的理由，有限公司的章程甚至可以规定股东会就普通决议事项作出决议不仅必须经代表特定比例的表决权的股东通过，而且其中还必须包括由某一个或某几个股东投赞成票。

（二）股东会就普通决议事项作出决议后需要因此修改公司章程的处理

问题是，这些无需代表三分之二以上表决权的股东通过即可作出决议的事项，如果涉及修改公司章程，是否需要单独就修改公司章程作出决议，并取得代表三分之二以上或公司章程规定的更高比例的表决权的股东通过呢？尤其是在不同意通过这些无需代表三分之二以上表决权的股东通过即可作出决议的事项的股东，同样也不同意修改公司章程的时候，应该如何处理？

对此，我倾向于认为，尽管有限公司股东会对其他事项作出决议与对修改公司章程作出决议是相互独立的事项，但是，在现行《公司法》下，由于《公司法》除了在其第73条规定了在其所规定的情形下修改公司章程的相关内容无需再由股东会表决这一例外之外，并没有再对有限公司第43条第2款关于“股东会会议作出修改公司章程的决议，必须经代表三分之二以上表决权的股东通过”的规定设置其他例外，因此，只要涉及修改公司章程，不论修改的是公司章程的什么内容，都应当适用《公司法》第43条第2款关于“股东会会议作出修改公司章程的决议，必须经代表三分之二以上表决权的股东通过”的规定，有限公司股东会需要对修改公司章程作出决议，并经代表三分之二以上表决权的股东通过。

不过，我也倾向于认为，以下几种情形因不会涉及公司和股东的权利义务发生变化而应除外：

一是，因《公司法》第73条所说的情形而需要修改公司章程，即在股东依法转让股权后，公司根据股东转让股权的情况修改公司章程中有关股东及其出资额的记载的情况，对公司章程的该项修改不需再由股东会表决。

二是，因股东的基本信息发生变化而需要修改公司章程。比如，因股东变更其姓名或名称、住所、法定代表人等信息，而需要修改公司章程中有关股东的基本信息的记载。这种情况可以参照《公司法》第73条最后一句的规定，无需提交给公司股东会进行表决。未来修改《公司法》或最高人民法院出台司法解释时，有必要对此作出安排。

此外，在公司章程载明了公司法定代表人姓名的情况下，根据《公司法》第13条关于“公司法定代表人依照公司章程的规定，由董事长、执行董事或者经理担任，并依法登记。公司法定代表人变更，应当办理变更登记”的规定，如果公司依照公司章程的规定决定由新的自然人担任公司的法定代表人，那么，公司据此相应修改公司章程中有关公司法定代表人的姓名的记载事项，尽管也属于《公司法》第43条第2款所说的“修改公司章程”，但因该项修改不会涉及公司和股东的权利义务发生变化，也应作为除外情形。

比如，在2014年8月22日就新疆豪骏贸易有限公司（以下简称豪骏公司）、张某升与乌鲁木齐市祥平实业有限公司（以下简称实业公司）、乌鲁木齐市祥平房地产开发有限公司（以下简称房地产公司）公司决议撤销纠纷再审案作出的（2014）新民再终字第1号民事判决书中，新疆维吾尔自治区高级人民法院认为：“根据再审中诉辩双方意见，双方目前争议的主要是有限责任公司法定代表人变更是否须经代表三分之二以上表决权的股东通过的法律适用问题。房地产公司2009年9月9日章程第十四条第一款规定‘股东会议由股东按照出资比例行使表决权。股东会对修改公司章程、对公司增加或减少注册资本、分立、合并、解散或者变更公司形式须经代表三分之二以上表决权的股东通过。’该内容与公司法规定一致。我国公司法虽然规定股东会会议作出修改公司章程、增加或者减少注册资本的决议，以及公司合并、分立、解散或者变更公司形式的决议，必须经代表三分之二以上表决权的股东通过。但对于法定代表人变更事项的决议，并无明确规定，而房地产公司的章程对此也未作出特别约定。从立法本意来说，只有对公司经营造成特别重大影响的事项才需要经代表三分之二以上表决权的股东通过。公司法定代表人一项虽属公司章程中载明的事项，但对法定代表人名称的变更在章程中体现出的仅是一种记载方面的修改，形式多于实质，且变更法定代表人时是否需修改章程是工商管理机关基于行政管理目的决定的，而公司内部治理中由谁担任法定代表人应由股东会决定，只要不违背法律法规的禁止性规定就应认定有效。此外，从公司治理的效率原则出发，倘若对于公司章程制订时记载的诸多事项的修改、变更均需代表三分之二以上表决权的股东通过，则反而是大股东权利被小股东限制，若无特别约定，是有悖确立的资本多数决原则的。若更换法定代表人必须经代表三分之二以上表决权的股东通过，那么张某升、豪骏公司只要不同意就永远无法更换法定代表人，这既不公平合理，也容易造成公司僵局。因此，公司股东会按照股东出资比例行使表决权所形成的决议，理应得到尊重。公司更换法定代表人，只要股东会的召集程序、表决方式不违反法律法规的禁止性规定和公司章程的规定，即可多数决。张某升及豪骏公司申请再审认为房地产公司法定代表人的变更须经代表三分之二以上表决权的股东签署通过的理由不能成立。”

又如，在 2014 年 10 月 30 日就梁某顺、郝某群与徐某、上海气门厂有限公司（以下简称气门厂）公司决议效力确认纠纷再审案作出的（2014）沪二中民四（商）再终字第 3 号民事判决书中，徐某、气门厂基于气门厂 2003 年 4 月 18 日章程第六条中写明了“公司法定代表人：梁某顺”提出了“气门厂 2003 年的公司章程对法定代表人有特别约定，即在公司章程第六条中，明确记载了法定代表人的姓名。因此，依照公司法第四十四条的规定，气门厂要变更法定代表人，须修改公司章程，经公司三分之二以上股权比例的股东表决同意”的主张，对此，上海市第二中级人民法院认为：“本案的特殊性在于，气门厂的法定代表人姓名已载入章程之内，相关事项的变更是否属于章程变更事项，双方当事人对此存有争议。公司章程虽无明确定义，按照通常理解，其系公司全体股东共同一致的意思表示，是规定公司组织及活动的基本规则的书面文件，目的是规范公司的组织与行为。因此，可以据此对公司章程的记载事项进行分类，足以影响公司运营活动的事项应属实质记载事项，其变更属于章程的修改行为。而公司的名称、住所、法定代表人、股东等事项属于章程中的形式记载事项，相应的变更满足变更要件即可，由此引发公司章程记载事项的变更，无须作为章程修改再次表决。如公司股东的变更，满足变更要件后，应相应修改公司章程和股东名册中有关股东及其出资额的记载，对公司章程的该项修改不需再由股东会表决。从各方当事人在以往的经营活动中相应行为判断，对法定代表人的变更而引发的章程记载事项变更不需再由股东会作为章程修改事项进行表决，本案各方当事人对此是有统一认识的。如2004年12月9日，气门厂通过股东会决议，不但变更了法定代表人，还变更了法定代表人的产生方式。前述变更事项都涉及章程记载事项的变更，但是，气门厂的股东会关于修改章程的决议只涉及章程第五章第二十五条，即法定代表人的产生方式，未对法定代表人具体人员变更事项予以表决，法定代表人的变更程序亦顺利完成。此举可以反映气门厂的股东对法定代表人的变更是否属章程修改事项、是否需要股东会再次表决是有默契的。因此，气门厂于2011年5月27日作出的《决议及纪要》，不属于章程修改行为，满足法定条件即可，无需按照章程修改程序进行表决。徐某为气门厂的股东及法定代表人，梁某顺、郝某群的股份相加过气门厂股权半数，如果坚持法定代表人的变更必须经三分之二以上表决权的股东通过的观点，只要徐某表示异议，气门厂法定代表人将无法完成变更，将出现股权多数受限于股权少数的局面，显然也有悖公司法确立的资本多数决原则。原一、二审对章程修改的理解有所偏颇，存在适用法律错误的问题，应予纠正。气门厂于2011年5月27日召开的临时股东会在召集程序、表决方式及决议内容上均不违反公司章程及公司法的规定，相关当事人应当按照决议内容履行各自义务。梁某顺、郝某群要求确认系争《决议及纪要》有效，并要求徐某及气门厂协助办理法定代表人变更手续，符合法律规定，应予支持。”

当然，我也倾向于认为，在有限公司的股东会依照《公司法》和公司章程的规定就普通决议事项作出了决议，并且根据该决议或为了执行该决议需要相应修改公司章程的情况下，由于这一决议对全体股东都具有约束力（分析见下文“股东会决议的效力范围”部分的内容），对于那些反对股东会就普通决议事项作出决议的股东来说，这些股东是负有遵守这一决议的义务的，从而也就有义务在股东会就因该决议相应地修改公司章程进行表决时投赞成票。未来修改《公司法》或最高人民法院出台司法解释时，有必要对此作出安排。

三、股东会决议的效力范围

与《公司法》第 11 条针对公司章程的效力范围规定了“公司章程对公司、股东、董事、监事、高级管理人员具有约束力”不同，《公司法》没有对有限公司股东会作出的决议的效力范围作出规定。

不过，基于以下理由，得出“有限公司股东会依法作出的决议，对公司、股东、董事、监事、高级管理人员也具有约束力”的结论，应该是不成问题的：

一是，《公司法》第 36 条规定了“股东会是公司的权力机构”，第 37 条第 1 款规定了“股东会行使下列职权：……（二）选举和更换非由职工代表担任的董事、监事，决定有关董事、监事的报酬事项；（三）审议批准董事会的报告；（四）审议批准监事会或者监事的报告；……”

二是，《公司法》第 46 条规定了“董事会对股东会负责，行使下列职权：（一）召集股东会会议，并向股东会报告工作；（二）执行股东会的决议……”

三是，《公司法》第 49 条第 1 款规定了“经理对董事会负责，行使下列职权：（一）主持公司的生产经营管理工作，组织实施董事会决议；……”

四是，《公司法》第 53 条第 1 款第 2 项规定了“监事会、不设监事会的公司的监事行使下列职权：……（二）对董事、高级管理人员执行公司职务的行为进行监督，对违反法律、行政法规、公司章程或者股东会决议的董事、高级管理人员提出罢免的建议；……”

五是，《公司法》第 147 条第 1 款规定了“董事、监事、高级管理人员应当遵守法律、行政法规和公司章程，对公司负有忠实义务和勤勉义务”。

六是，《公司法》第 148 条第 1 款规定了“董事、高级管理人员不得有下列行为：……（三）违反公司章程的规定，未经股东会、股东大会或者董事会同意，将公司资金借贷给他人或者以公司财产为他人提供担保；（四）违反公司章程的规定或者未经股东会、股东大会同意，与本公司订立合同或者进行交易；（五）未经股东会或者股东大会同意，利用职务便利为自己或者他人谋取属于公司的商业机会，自营或者为他人经营与所任职公司同类的业务；……”

七是，《公司法》第 149 条第 1 款规定了“董事、监事、高级管理人员执行公司职务时违反法律、行政法规或者公司章程的规定，给公司造成损失的，应当承担赔偿责任”。

八是，《公司法》第 112 条第 3 款针对股份公司董事会规定了“……董事会的决议违反法律、行政法规或者公司章程、股东大会决议，致使公司遭受严重损失的，参与决议的董事对公司负赔偿责任……”

当然，这里所说的“有限公司股东会依法作出的决议”，包括在程序方面和内容方面均符合法律、行政法规和公司章程的规定。

对此，在 2013 年 12 月 18 日就吕某与北京贝瑞德生物科技有限公司公司证照返还纠纷上诉案作出的（2013）二中民终字第 17025 号民事判决书中，北京市第二中级人民法院认为：“根据《中华人民共和国公司法》第三十七条、三十八条、四十三条、四十四条①的规定，股东会是有限责任公司的权力机构，股东会会议由股东按照出资比例行使表决权，股东依法通过召开股东会会议的形式对公司进行管理，有效的股东会决议对公司全体股东和高级管理人员均具有约束力。”

第三节　有限公司董事会决议

一、有限公司董事会决议事项及其表决办法

（一）董事会决议事项及其表决办法

就有限公司董事会决议的决议事项而言，如前所述，有限公司的董事会应当通过召开董事会会议的方式来行使职权，因此，有限公司董事会职权范围内的事项，均属于有限公司董事会的决议事项。

不过，值得注意的是，对于设董事会的有限公司来说，《公司法》并没有像其第 43 条第 2 款那样，将董事会决议事项区分为特别决议事项和普通决议

---

① 现分别为《公司法》第 36 条、第 37 条、第 42 条和第 43 条。

事项。

就有限公司董事会决议的表决办法而言，由于《公司法》第 48 条第 3 款使用了“董事会决议的表决，实行一人一票”的表述，因此，有限公司董事会决议的表决，实行的是按人数进行表决而不是按资本进行表决的机制；每一个董事在董事会会议上所享有的表决权是固定的，不受董事自身是否持有公司的股份、其持有公司的股份数量的影响。

值得注意的是，与《公司法》第 111 条针对股份公司董事会的议事规则同时规定了“董事会会议应有过半数的董事出席方可举行。董事会作出决议，必须经全体董事的过半数通过。董事会决议的表决，实行一人一票”。以及《合伙企业法》第 30 条第 1 款针对合伙企业的决议规定了“合伙人对合伙企业有关事项作出决议，按照合伙协议约定的表决办法办理。合伙协议未约定或者约定不明确的，实行合伙人一人一票并经全体合伙人过半数通过的表决办法”不同，《公司法》第 48 条第 3 款除要求有限公司董事会的表决必须实行董事一人一票外，没有对有限公司董事会召开会议时出席会议的董事的法定最低人数提出要求，也没有对有限公司董事会作出决议所需的董事的赞成票数量（比如，人数简单多数决还是人数绝对多数决）提出要求。

因此，根据《公司法》第 48 条第 1 款关于“董事会的议事方式和表决程序，除本法有规定的外，由公司章程规定”的规定，有限公司的章程可以在不与《公司法》相抵触并且不违反法律、行政法规的强制性规定的前提下，自主作出规定。

比如，有限公司的公司章程可以参考《公司法》第 43 条第 2 款，规定董事会对其职权范围内的部分事项作出决议，须经全体董事的三分之二以上（甚至更多的董事）同意方可通过，对其职权范围内的其他事项作出决议则只需经全体董事的过半数同意方可通过；也可以参考《公司法》第 111 条，统一规定董事会对其职权范围内的所有事项作出决议，均须经全体董事的过半数同意方可通过或者须经全体董事一致同意方可通过。

又如，有限公司的章程可以参考《公司法》第 111 条第 1 款，规定董事会会议应有过半数的董事出席方可举行；同时规定，董事会会议对其职权范围内的事项作出决议，只需由出席会议的董事的过半数或三分之二以上同意即可通过。

《公司法》第48条为有限公司的投资人采取灵活的董事会决策机制留出了空间。也正是基于《公司法》第48条的规定，特定领域的有限公司尤其是私募股权投资或风险投资领域的有限公司能够在董事会实行特定董事的一票否决权制度或一票赞成权制度。

（二）《公司法》意义上的董事会决议的认定：其内容应当反映董事会的商业判断和独立意志

值得注意的是，《公司法》第16条第1款、第22条、第33条第1款、第48条第3款、第49条第1款第1项、第54条第1款、第97条、第109条第2款、第111条、第112条第3款、第124条所说的“董事会决议”“董事会的决议”“董事会会议决议”和“董事会作出决议”，指的应当是包含了反映公司董事会的商业判断和独立意志的内容的决议，而不仅仅是对已经存在的事实单纯的记录。

对此，刊载于《最高人民法院公报》2019年第7期、由最高人民法院在2017年10月10日就许某宏与泉州南明置业有限公司（以下简称泉州南明公司）林某哲与公司有关的纠纷再审案作出的（2017）最高法民终18号民事裁定书中的意见，可供参考。

在该民事裁定书中，最高人民法院认为：“本案中，许某宏系以2000年8月9日《泉州南明娱乐有限公司董事会决议》违法解除其董事职务为由请求确认该董事会决议无效。根据查明的事实，案涉董事会决议作出时，泉州南明公司为中外合资经营企业。《中华人民共和国中外合资经营企业法》第六条规定，合营企业设董事会，其人数组成由合营各方协商，在合同、章程中确定，并由合营各方委派和撤换；董事会的职权是按合营企业章程规定，讨论决定合营企业的一切重大问题。根据泉州南明公司章程第四章第十九条、第二十一条的规定，董事会由八名董事组成，其中鲤城公司委派二名，北峰公司委派二名，香港南明公司委派四名；三方在委派和更换董事人选时，应书面通知董事会。据此，泉州南明公司的董事系由合营各方委派和撤换。作为合营方，香港南明公司可以委派许某宏为泉州南明公司的董事，也可以单方解除许某宏的董事职务。故自香港南明公司2000年8月9日包含解除许某宏董事职务内容的《委派书》到达泉州南明公司时起，许某宏即不再具有泉州南明公司董事职务。案涉董事会决议中虽然包含了许某宏不再担任董事职务的内容，但其依据是股东香港南明公司关于免除许某宏董事职务的通知，所体现的只是合营企业股东的意志，并非泉州南明公司董事会的意志。因此，该部分内容仅系泉州南明公司董事会对既有法律事实的记载。根据公司法的规定，董事会作为公司经营决策机构，可以根据法律或者公司章程规定的权限和表决程序，就其审议事项经表决后形成董事会决议，但该决议应当反映董事会的商业判断和独立意志。由此，公司法司法解释（四）第一条规定可以由公司股东、董事、监事等请求确认无效的决议，并不包括本案所涉不体现董事会意志的记录性文件。故案涉上述文件中涉及许某宏不再担任泉州南明公司董事职务的部分，虽然有董事会决议之名，但其并不能构成公司法意义上的董事会决议。”

此外，在理解董事会决议方面，中国证监会在 2017 年 5 月 12 日对广西慧球科技股份有限公司、鲜某、董某亮等 7 名责任人员作出的〔2017〕48 号行政处罚决定书的意见，也可作参考。

在这份行政处罚决定书中，针对慧球科技在 2017 年 1 月 3 日召开的第八届董事会第三十九次会议审议通过《关于公司坚决拥护共产党领导的议案》《关于坚持钓鱼岛主权属于中华人民共和国的议案》等 1001 项议案的行为，中国证监会认为：“慧球科技董事会审议部分议案的行为，违背了《中华人民共和国公司法》（以下简称《公司法》）关于公司守法义务及董事会职权的相关规定。《公司法》第五条明确规定公司从事经营活动必须遵守法律法规、社会公德、商业道德。《公司法》第四十六条、第一百零八条第四款对董事会的职权作出了明确规定。中国共产党的领导地位是《中华人民共和国宪法》（以下简称《宪法》）的明确规定。钓鱼岛自古以来就是我国领土不可分割的一部分，维护祖国统一是《宪法》明确规定的公民义务。遵守包括《宪法》在内的所有法律是《公司法》明确规定的公司义务，不是公司董事会可以超越法定权限自由决策的事项。慧球科技董事会严重超越法定职权，审议《宪法》作出明确规定的事项的行为，违反了《公司法》第五条、第四十六条、第一百零八条第四款的相关规定。”

尽管中国证监会的上述观点是针对上市公司董事会决议作出的，但我认为同样可以适用于有限公司和普通的股份公司董事会决议。

二、董事会决议的效力范围

与《公司法》第 11 条针对公司章程的效力范围明确规定了“公司章程对公司、股东、董事、监事、高级管理人员具有约束力”不同，《公司法》没有对有限公司董事会作出的决议效力范围作出规定。

不过，基于以下理由，我理解也可以得出“有限公司董事会依法作出的决议，对公司、股东、董事、监事、高级管理人员也具有约束力”的结论：

一是，《民法总则》第 81 条第 1 款、第 2 款规定了“营利法人应当设执行机构。执行机构行使召集权力机构会议，决定法人的经营计划和投资方案，决定法人内部管理机构的设置，以及法人章程规定的其他职权”。

二是，《公司法》第 11 条规定了“设立公司必须依法制定公司章程。公司章程对公司、股东、董事、监事、高级管理人员具有约束力”。

三是，《公司法》第 46 条规定了“董事会对股东会负责，行使下列职权：（一）召集股东会会议，并向股东会报告工作；（二）执行股东会的决议；（三）决定公司的经营计划和投资方案；（四）制订公司的年度财务预算方案、决算方案；（五）制订公司的利润分配方案和弥补亏损方案；（六）制订公司增加或者减少注册资本以及发行公司债券的方案；（七）制订公司合并、分立、解散或者变更公司形式的方案；（八）决定公司内部管理机构的设置；（九）决定聘任或者解聘公司经理及其报酬事项，并根据经理的提名决定聘任或者解聘公司副经理、财务负责人及其报酬事项；（十）制定公司的基本管理制度；（十一）公司章程规定的其他职权”。

四是，《公司法》第 20 条第 1 款规定了“公司股东应当遵守法律、行政法规和公司章程，依法行使股东权利”。

五是，《公司法》第 40 条第 1 款规定了“有限责任公司设立董事会的，股东会会议由董事会召集，董事长主持”。

六是，《公司法》第 49 条第 1 款规定了“有限责任公司可以设经理，由董事会决定聘任或者解聘。经理对董事会负责，行使下列职权：（一）主持公司的生产经营管理工作，组织实施董事会决议；……”

七是，《公司法》第 147 条第 1 款规定了“董事、监事、高级管理人员应当遵守法律、行政法规和公司章程，对公司负有忠实义务和勤勉义务”。

八是，《公司法》第 148 条第 1 款规定了“董事、高级管理人员不得有下列行为：……（三）违反公司章程的规定，未经股东会、股东大会或者董事会同意，将公司资金借贷给他人或者以公司财产为他人提供担保；……”

九是，《公司法》第 149 条第 1 款规定了“董事、监事、高级管理人员执行公司职务时违反法律、行政法规或者公司章程的规定，给公司造成损失的，应当承担赔偿责任”。

当然，这里所说的“有限公司董事会依法作出的决议”，包括在程序方面和内容方面均符合法律、行政法规和公司章程的规定。

第四节　有限公司监事会决议

一、有限公司监事会决议事项及其表决办法

就有限公司监事会的决议事项而言，如前所述，有限公司的监事会应当通过召开监事会会议的方式来行使职权，因此，有限公司监事会职权范围内的事项，均属于有限公司监事会的决议事项。

不过，值得注意的是，对于设监事会的有限公司来说，《公司法》也没有像其第 43 条第 2 款那样，将监事会决议事项区分为特别决议事项和普通决议事项。

就有限公司监事会决议的表决办法而言，由于《公司法》第 55 条第 3 款使用了“监事会决议应当经半数以上监事通过”的表述，因此，有限公司监事会决议的表决，实行的是按人数进行表决而不是按资本进行表决的机制；此外，尽管《公司法》第 55 条第 3 款没有明确提及“监事会决议的表决，实行一人一票”，但是，结合《公司法》第 48 条第 3 款关于“董事会决议的表决，实行一人一票”的规定以及《公司法》第 111 条关于股份公司“董事会作出决议，必须经全体董事的过半数通过。董事会决议的表决，实行一人一票”的规定，我理解，有限公司的每一个监事在监事会会议上所享有的表决权，应当也

是一人一票的。

值得注意的是，与《公司法》第111条针对股份公司董事会的议事规则同时规定了“董事会会议应有过半数的董事出席方可举行。董事会作出决议，必须经全体董事的过半数通过。董事会决议的表决，实行一人一票”以及《合伙企业法》第30条第1款针对合伙企业的决议规定了“合伙人对合伙企业有关事项作出决议，按照合伙协议约定的表决办法办理。合伙协议未约定或者约定不明确的，实行合伙人一人一票并经全体合伙人过半数通过的表决办法”不同，《公司法》第55条第3款只是要求有限公司“监事会决议应当经半数以上监事通过”，没有对有限公司监事会召开会议时出席会议的监事的法定最低人数提出要求。对此，根据《公司法》第55条第2款关于“监事会的议事方式和表决程序，除本法有规定的外，由公司章程规定”的规定，有限公司的章程可以在不与《公司法》相抵触，并且不违反法律、行政法规的强制性规定的前提下，自主作出规定。不过，考虑到《公司法》第55条第3款关于有限公司“监事会决议应当经半数以上监事通过”的规定，实际上包含了“在监事会会议上投赞成票的监事的人数为半数以上”的含义，因此，有限公司章程规定的监事会召开会议时出席会议的监事的法定最低人数应当不低于监事人数的半数。

根据《民法总则》第205条关于“民法所称的‘以上’……包括本数”的规定，《公司法》第55条第3款所说的“半数以上监事”，包括半数监事，指的是有限公司当时的全体监事的半数。在有限公司监事会成员人数为双数的情况下，监事会就其职权范围内的事项进行表决时，可能会发生投赞成票的监事与投反对票的监事人数相等的情况，此时，仍然符合《公司法》第55条第3款所说的“经半数以上监事通过”的要求，监事会相关决议应视为已经获得通过。不过，为避免产生争议，有限公司的章程有必要对此作出明确的规定。

值得注意的是，《公司法》第55条第3款所说的“监事会决议应当经半数以上监事通过”不属于简单多数决；并且，《公司法》第55条第3款关于“监事会决议应当经半数以上监事通过”的规定属于一般规定，而《公司法》第51条第3款关于“监事会主席由全体监事过半数选举产生”的规定则属于《公司法》第55条第3款的特别规定。在有限公司监事会选举监事会主席时，相关决议应当由过半数的监事通过方为有效；如果监事会选举监事会主席的决议只取得了半数监事的同意，那么，该决议应属于未通过的决议，相关人员未当选为监事会主席。

除此之外，《公司法》第55条第3款关于“监事会决议应当经半数以上监事通过”的规定，应适用于有限公司监事会就其职权范围内的其他事项作出的决议。

《公司法》第55条为有限公司的投资人采取灵活的监事会决策机制留出了空间。也正是基于《公司法》第55条的规定，特定领域的有限公司尤其是私募股权投资或风险投资领域的有限公司能够在监事会实行特定监事的一票否决权制度或一票赞成权制度。

二、监事会决议的效力范围

与《公司法》第11条针对公司章程的效力范围明确规定了“公司章程对公司、股东、董事、监事、高级管理人员具有约束力”不同，《公司法》没有对有限公司监事会作出的决议的效力范围作出规定。

不过，基于以下理由，得出“有限公司监事会依法作出的决议，对公司、股东、董事、监事、高级管理人员也具有约束力”的结论，应该是不成问题的：

一是，《民法总则》第82条规定了“营利法人设监事会或者监事等监督机构的，监督机构依法行使检查法人财务，监督执行机构成员、高级管理人员执行法人职务的行为，以及法人章程规定的其他职权”。

二是，《公司法》第11条规定了“设立公司必须依法制定公司章程。公司章程对公司、股东、董事、监事、高级管理人员具有约束力”。

三是，《公司法》第53条规定了“监事会、不设监事会的公司的监事行使下列职权：（一）检查公司财务；（二）对董事、高级管理人员执行公司职务的行为进行监督，对违反法律、行政法规、公司章程或者股东会决议的董事、高级管理人员提出罢免的建议；（三）当董事、高级管理人员的行为损害公司的利益时，要求董事、高级管理人员予以纠正；（四）提议召开临时股东会会议，在董事会不履行本法规定的召集和主持股东会会议职责时召集和主持股东会会议；（五）向股东会会议提出提案；（六）依照本法第一百五十一条的规定，对董事、高级管理人员提起诉讼；（七）公司章程规定的其他职权”。

四是，《公司法》第 54 条第 2 款规定了“监事会、不设监事会的公司的监事发现公司经营情况异常，可以进行调查；必要时，可以聘请会计师事务所等协助其工作，费用由公司承担”。

五是，《公司法》第 20 条第 1 款规定了“公司股东应当遵守法律、行政法规和公司章程，依法行使股东权利”。

六是，《公司法》第 40 条第 3 款规定了有限公司“董事会或者执行董事不能履行或者不履行召集股东会会议职责的，由监事会或者不设监事会的公司的监事召集和主持；……”

七是，《公司法》第 147 条第 1 款规定了“董事、监事、高级管理人员应当遵守法律、行政法规和公司章程，对公司负有忠实义务和勤勉义务”。

八是，《公司法》第 149 条第 1 款规定了“董事、监事、高级管理人员执行公司职务时违反法律、行政法规或者公司章程的规定，给公司造成损失的，应当承担赔偿责任”。

当然，这里所说的“有限公司监事会依法作出的决议”，包括在程序方面和内容方面均符合法律、行政法规和公司章程的规定。

第五节　公司决议无效

如前所述，公司的权力机构、执行机构作出决议或决定的行为，属于特殊的民事法律行为，因此，在效力方面，公司决议也可能存在无效或可撤销的情形。

针对公司决议的无效，《公司法》第 22 条第 1 款规定了“公司股东会或者股东大会、董事会的决议内容违反法律、行政法规的无效”。本节主要围绕公司决议无效展开。

一、公司决议无效事由和法律适用

由于《公司法》第 22 条第 1 款使用了“公司股东会或者股东大会、董事会的决议内容违反法律、行政法规的无效”的表述，因此，只有在公司的权力机构、执行机构的决议内容违反了法律或行政法规的规定时，公司的相关决议才无效；并且，如果只是相关决议的部分内容违反了法律或行政法规，结合《民法总则》第156条关于“民事法律行为部分无效，不影响其他部分效力的，其他部分仍然有效”的规定以及《合同法》第56条关于“合同部分无效，不影响其他部分效力的，其他部分仍然有效”的规定，公司相关决议中的相关内容无效，不影响公司决议中的其他部分效力的，其他部分仍然有效。

问题是，如何理解《公司法》第22条第1款所说的“违反法律、行政法规”？是不是仅仅指“违反法律、行政法规的效力性强制性规定”？

针对合同无效，1999年通过的《合同法》的第52条第5项规定了“有下列情形之一的，合同无效……（五）违反法律、行政法规的强制性规定的合同无效”，并且，根据《最高人民法院关于适用〈中华人民共和国合同法〉若干问题的解释（二）》，《合同法》第52条第5项中的“强制性规定”是指效力性强制性规定；针对民事法律行为无效，2017年通过的《民法总则》的第153条第1款规定了“违反法律、行政法规的强制性规定的民事法律行为无效，但是该强制性规定不导致该民事法律行为无效的除外”。不论是《合同法》还是《民法总则》，都直接使用了“违反法律、行政法规的强制性规定”的表述。

但是，针对公司决议无效，2005年通过的《公司法》的第22条第1款只是使用了“违反法律、行政法规”的表述，而没有使用“违反法律、行政法规的强制性规定”的表述，其中既包括了“违反法律、行政法规的效力性强制性规定”，也包括了“违反法律、行政法规的管理性强制性规定”，还包括了“违反法律、行政法规的非强制性规定”。这是《公司法》第22条第1款与《合同法》第52条第5项、《民法总则》第153条第1款不一致的地方。

如前所述，公司的权力机构、执行机构作出决议或决定的行为，属于特殊的民事法律行为，应首先适用《公司法》的规定；在《公司法》未作规定的情况下，则应当适用《民法总则》有关民事法律行为的规定。

《民法总则》仅仅在其第85条规定了营利法人的权力机构、执行机构的决议撤销制度，没有规定营利法人的权力机构、执行机构的决议无效制度，因此，在认定公司决议无效时，应首先适用《公司法》第22条第1款的规定，而不是直接适用《民法总则》关于民事法律行为无效的规定。

《民法总则》第 153 条第 1 款使用了“违反法律、行政法规的强制性规定的民事法律行为无效，但是该强制性规定不导致该民事法律行为无效的除外”的表述，据此，在普通的民事法律行为的情形下，只有违反了法律、行政法规的效力性强制性规定的民事法律行为才无效，仅仅违反法律、行政法规的管理性强制性规定以及非强制性规定的民事法律行为并不必然无效。

不过，由于《公司法》第 22 条第 1 款针对公司决议无效使用的是“违反法律、行政法规”的表述，而没有使用更为严格的“违反法律、行政法规的强制性规定”的表述，因此，在公司权力机构、执行机构的决议内容违反法律、行政法规的效力性强制性规定的情况下，公司权力机构、执行机构的决议固然应当无效；在公司权力机构、执行机构的决议的内容违反法律、行政法规的管理性强制性规定的情况下，公司权力机构、执行机构的决议也应当无效。

值得一提的是，2016 年 4 月 12 日公布的《公司法司法解释（四）征求意见稿》第 6 条（决议无效事由）曾规定：“股东会或者股东大会、董事会决议存在下列情形之一的，应当认定无效：（一）股东滥用股东权利通过决议损害公司或者其他股东的利益；（二）决议过度分配利润、进行重大不当关联交易等导致公司债权人的利益受到损害；（三）决议内容违反法律、行政法规强制性规定的其他情形。”

尽管上述内容没有纳入正式出台的《公司法司法解释（四）》，但是，由于上述第 1 项和第 2 项的内容分别涉及《公司法》第 20 条第 1 款和《公司法》第 166 条第 5 款的规定，而《公司法》第 20 条第 1 款关于“股东不得滥用股东权利损害公司或者其他股东的利益”和关于“股东不得滥用公司法人独立地位和股东有限责任损害公司债权人的利益”规定以及《公司法》第 166 条第 5 款关于“股东会、股东大会或者董事会违反前款规定，在公司弥补亏损和提取法定公积金之前向股东分配利润的，股东必须将违反规定分配的利润退还公司”的规定，不属于《公司法》的效力性强制性规定，并且，上述内容第 3 项也只是使用了“违反法律、行政法规强制性规定”的表述，而没有使用“违反法律、行政法规的效力性强制性规定”的表述，因此，至少可以从上述内容看到，有的法院可能也倾向于认为《公司法》第 22 条第 1 款所说的“违反法律、行政法规”不是仅仅指“违反法律、行政法规的效力性强制性规定”。事实上，实务中，法院在认定公司决议无效时所依据的《公司法》的条款也并非都属于效力性强制性规定①。不过，为统一法律适用和裁判尺度，应由最高人民法院对此作出明确的司法解释为宜。

值得注意的是，尽管《公司法》第22条第1款规定了“公司股东会或者股东大会、董事会的决议内容违反法律、行政法规的无效”，但是，公司决议无效，需由利害相关人向法院申请，由法院审理后以裁判形式宣告无效。对此，《民事案件案由规定》规定了“公司决议效力确认纠纷”案由。

就确认公司决议无效之诉而言，有以下问题值得思考：一是，仲裁机构是否有权确认公司决议无效？二是，可以提起确认公司决议无效之诉的原告有哪些？三是，确认公司决议无效之诉的被告是谁？四是，确认公司决议无效之诉是不是必须由公司住所地法院管辖？五是，确认公司决议无效之诉是否受诉讼时效的约束？六是，如何认定公司决议无效？七是，原告提起确认公司决议无效之诉是否需要提供担保？八是，公司决议被确认无效，是否有溯及力？如何处理与此相关的法律关系？

本节先分析前七个问题，由于公司决议无效与公司决议被撤销的法律后果基本相同，所以，有关确认公司决议无效之诉的第八个问题，放到后面再分析。

二、仲裁机构是否有权确认公司决议无效

如前所述，尽管《仲裁法》第2条规定了“平等主体的公民、法人和其他组织之间发生的合同纠纷和其他财产权益纠纷，可以仲裁”，但是，根据现行有效的《公司法》，我理解，仲裁机构是无权确认公司决议无效的。具体分析如下。

解散公司的情形，根据《公司法》第180条第5项和第182条的规定，在特定情况下，持有公司全部股东表决权百分之十以上的股东，可以请求人民法院解散公司。由于《公司法》使用了“请求人民法院解散公司”和“人民法院依照本法第一百八十二条的规定予以解散”的表述，因此，因解散公司产生

---

① 见本书第八章第六节附表四“关于与确认公司章程无效有关的若干判例”。

的纠纷，只能向人民法院提起诉讼，仲裁机构无权仲裁。对此，《最高人民法院关于撤销中国国际经济贸易仲裁委员会（2009）CIETACBJ 裁决（0355）号裁决案的请示的复函》（〔2011〕民四他字第 13 号）更是明确提出："仲裁机构裁决解散公司没有法律依据，属于无权仲裁的情形。"

针对公司决议无效的情形，与《公司法》第 182 条的规定类似，《公司法》第 22 条第 4 款使用的是"人民法院宣告该决议无效"的表述，因此，结合最高人民法院〔2011〕民四他字第 13 号的意见，我理解，确认公司股东会或者股东大会、董事会的决议无效的权力，也只能由法院行使，仲裁机构无权行使，从而仲裁机构裁决确认公司决议无效或撤销公司决议，没有法律依据，也应当属于无权仲裁的情形。

基于以上所述，即使公司章程约定了仲裁条款，有关确认公司决议无效的案件，也应当向法院起诉，而不能申请仲裁机构确认公司决议无效。

三、确认公司决议无效之诉的当事人

《公司法》本身没有直接规定哪些主体可以提起确认公司决议无效之诉。值得一提的是，2016 年 4 月 12 日公布的《公司法司法解释（四）征求意见稿》第 1 条曾规定，"公司股东、董事、监事及与股东会或者股东大会、董事会决议内容有直接利害关系的公司高级管理人员、职工、债权人等"，也都有权起诉请求确认相应的公司决议无效。

不过，正式出台的《公司法司法解释（四）》第 1 条没有明确提及"公司的高级管理人员、职工、债权人"，而是使用"等"字进行了模糊化处理："公司股东、董事、监事等请求确认股东会或者股东大会、董事会决议无效或者不成立的，人民法院应当依法予以受理"，留待法院根据案件的具体情况作出认定。因此，公司的股东、董事、监事可以作为原告提起确认公司决议无效之诉。

（一）股东作为原告提起公司决议无效之诉

就公司的股东而言，根据《公司法》第 22 条第 2 款的规定，在公司权力机构或执行机构的决议内容违反公司章程的情况下，公司的股东有权提起公司决议撤销之诉；既然如此，在公司权力机构或执行机构的决议内容存在比违反公司章程更严重的违反法律、行政法规的情况下，公司的股东就更应当有权提起确认公司决议无效之诉了。实践中，绝大多数确认公司决议无效案件的原告也都是公司的股东。

值得注意的是，公司的股东作为原告提起确认公司决议无效之诉，不仅在起诉时应当具有公司股东资格，甚至可能需要在整个诉讼过程中（包括一审、二审程序）持续具备股东资格。

比如，《山东省高级人民法院关于审理公司纠纷案件若干问题的意见（试行）》（鲁高法发〔2007〕3号）第75条规定："有限责任公司股东可以作为原告提起股东代表诉讼。股份有限公司股东提起诉讼时，已经连续一百八十日以上持股，并单独或合计持股在公司股份百分之一以上的，人民法院应认定其具有原告资格。诉讼中，原告丧失股东资格的，人民法院应裁定驳回起诉。"第89条规定："代表公司百分之十以上表决权的股东，可以请求人民法院解散公司。股东的该项诉权不受出资瑕疵的影响。诉讼中，原告丧失股东资格或实际享有的表决权达不到百分之十的，人民法院应裁定驳回起诉。"尽管上述规定仅适用于股东代表诉讼和公司解散诉讼，但其处理办法同样可能适用于股东提起的确认公司决议无效之诉。

实践中，也存在原告因在提起公司决议无效之诉时不具有公司股东资格而被法院驳回起诉的情况。

比如，在2016年12月14日就尹某珍与桂林市家乐房地产开发有限公司、梁某华确认公司决议无效及确认股东资格纠纷二审案作出的（2016）桂03民终2440号民事判决书中，桂林市中级人民法院就认为："本案系确认公司决议效力之诉，属于民商事案件，根据《中华人民共和国公司法》的第二十二条的相关规定，提起确认公司决议无效之诉讼主体应具有股东资格。据此，上诉人只能以被上诉人股东身份提起本案诉讼，否则不符合诉讼原则。故，上诉人作为挂名股东请求确认涉案《原股东会决议》和《新股东会决议》无效之诉讼因无股东资格而丧失诉讼主体资格，其不具请求确认公司决议无效的诉讼权利。"

又如，在2016年12月30日就杨某泉、丛某日公司决议效力确认纠纷二审案作出的（2016）鲁10民终2501号民事裁定书中，山东省威海市中级人民法院认为:“本案为公司决议效力确认之诉,根据法律规定,提起本案诉讼需以当事人具备股东资格为前提。上诉人起诉被上诉人请求公司收购股份纠纷一案,历经一审、二审、再审,生效法律文书已确认上诉人在退股时领取了退股金,已丧失股东资格。且在上诉人起诉威海市工商行政管理局工商行政登记及行政赔偿一案,生效判决认定威海市工商行政管理局作出的减少被上诉人公司注册资本及变更股东登记的行政行为不违反法律规定,与收购公司股份案件认定的事实相印证,证实上诉人已丧失股东资格的事实,因此上诉人已非被上诉人股东,无权以被上诉人股东名义提起本案诉讼。原审法院据此驳回上诉人的起诉,于法有据,本院予以维持。”

不过,值得注意的是,在有限公司股东会根据《公司法司法解释(三)》第 17 条的规定作出解除相关股东股东资格的决议的情形,即使该股东的股东资格可能已经被解除了,但是其仍然有权提起确认解除其股东资格的股东会决议无效的诉讼。

比如,2015 年 1 月 6 日就上海高金股权投资合伙企业(以下简称上海高金合伙企业)与许某荣、谢某楠损害公司利益责任纠纷二审案作出的(2014)民一终字第 295 号民事裁定书中,最高人民法院认为:“上诉人上海高金合伙企业向一审法院起诉时依据增资协议和有关工商登记,证明其具有华东有色公司股东资格,因此,一审法院受理本案并无不当。在案件审理过程中,华东有色公司股东会根据增资协议约定,在上诉人上海高金合伙企业未按增资协议约定缴纳第三期增资款,经过两次函告仍未缴纳的情况下,于 2014 年 5 月 28 日召开股东会年度会议并作出决议,以减少注册资本的形式解除了上海高金合伙企业的股东资格。根据《中华人民共和国公司法》及相关司法解释规定,有限责任公司的股东会有权以股东会决议形式解除股东资格。华东有色公司股东会年度会议关于解除上诉人股东资格的决议已经生效。《中华人民共和国公司法》第二十二条规定,如果股东认为‘股东会或者股东大会、董事会的会议召集程序、表决方式违反法律、行政法规或者公司章程,或者决议内容违反公司章程的,股东可以自决议作出之日起六十日内,请求人民法院撤销’;或者认为‘公司股东会或者股东大会、董事会的决议内容违反法律、行政法规的’,股东可以提起确认股东会决议无效之诉。……上诉人认为华东有色公司股东会决议解除其股东资格无效,可以另行向有管辖权的人民法院提起申请确认股东会决议无效之诉。”①

我理解，上述要求同样适用于公司的董事、监事提起确认公司决议无效之诉的情形。

（二）受公司决议约束的其他主体作为原告提起公司决议无效之诉

值得一提的是，尽管《公司法司法解释（四）》第1条只是明确提及公司的股东、董事、监事可以作为确认公司决议无效的原告，但是，由于《公司法司法解释（四）》第1条在“公司股东、董事、监事”之后使用了“等”字，因此，基于《公司法》第46条第9项关于公司董事会行使“决定聘任或者解聘公司经理及其报酬事项，并根据经理的提名决定聘任或者解聘公司副经理、财务负责人及其报酬事项”的职权，第49条第1款关于“经理对董事会负责，行使主持公司的生产经营管理工作，组织实施董事会决议”等职权的规定，我倾向于认为，除了公司的股东、董事、监事外，受公司权力机构的决议或公司执行机构的决议约束的所有其他主体，包括公司的各个高级管理人员，因其受公司相关决议的约束而符合《民事诉讼法》第119条第1项所规定的“原告是与本案有直接利害关系的公民、法人和其他组织”的起诉条件，从而也都应当有权起诉要求确认公司决议无效。

对此，在2017年10月10日就许某宏与泉州南明置业有限公司、林某哲与公司有关的纠纷再审案作出的（2017）最高法民终18号民事裁定书（刊载于《最高人民法院公报》2019年第7期）中，最高人民法院认为：“《最高人民法院关于适用〈中华人民共和国公司法〉若干问题的规定(四)》（以下简称‘公司法司法解释（四)’）第一条规定，公司股东、董事、监事等请求确认股东会或者股东大会、董事会决议无效或者不成立的，人民法院应当依法予以受理。该规定将确认公司决议无效之诉的原告明确列举为公司股东、董事、监事等，同时要求‘人民法院应当依法予以受理’。根据民事诉讼法第一百一十九条第一项和民事诉讼法司法解释第二百零八条第三款之规定，提起诉讼的原告必须‘是与本案有直接利害关系的公民、法人和其他组织’，人民法院在立案

---

① 后来，上海高金股权投资合伙企业申请再审，但最高人民法院在2015年10月23日作出了（2015）民申字第2204号民事裁定书，驳回了其再审申请。

后发现原告的起诉不符合起诉条件的，应当裁定驳回起诉。据此，对于公司股东、董事、监事等提起的公司决议无效之诉，人民法院既要适用公司法及其司法解释的规定，亦应依据民事诉讼法及其司法解释审查原告是否‘与本案有直接利害关系’。”

在此基础上，《最高人民法院公报》2019 年第 7 期刊载的“许某宏诉泉州南明置业有限公司、林某哲与公司有关的纠纷案”的“裁判摘要”更是提出：“人民法院应当根据公司法、公司法司法解释（四）以及民事诉讼法的规定审查提起确认公司决议无效之诉的当事人是否为适格原告。对于在起诉时已经不具有公司股东资格和董事、监事职务的当事人提起的确认公司决议无效之诉，人民法院应当依据民事诉讼法第一百一十九条的规定审查其是否符合与案件有直接利害关系等起诉条件。”

不过，我倾向于认为，有权请求确认公司决议无效的主体范围，不宜随意扩大；除了“公司、股东、董事、监事和高级管理人员”外，公司的债权人以及其他人员，因“与本案的直接利害关系”不明显，不宜成为有权确认公司决议无效的主体。

（三）确认公司决议无效之诉的被告

《公司法司法解释（四）》第 3 条第 1 款对确认公司决议无效的被告作出了明确的规定，即“原告请求确认股东会或者股东大会、董事会决议……无效……的案件，应当列公司为被告……”

由于同一个主体不能在同一个民事案件中既当原告又当被告，因此，《公司法司法解释（四）》第 3 条第 1 款的规定意味着，《公司法司法解释（四）》实际上已经否定了公司自身作为请求确认股东会或者股东大会、董事会决议无效案件的原告的资格。

四、确认公司决议无效之诉的管辖

针对公司决议无效之诉的管辖，《民事诉讼法司法解释》第 22 条作出了明确的规定，因公司决议纠纷提起的诉讼“依照民事诉讼法第二十六条规定确定管辖”，即“由公司住所地人民法院管辖”。

针对解散公司诉讼案件和公司清算案件的管辖，《公司法司法解释（二）》第 24 条第 1 款规定：“解散公司诉讼案件和公司清算案件由公司住所地人民法院管辖。公司住所地是指公司主要办事机构所在地。公司办事机构所在地不明确的，由其注册地人民法院管辖”；其中，在级别管辖方面，《公司法司法解释（二）》第 24 条第 2 款进一步规定：“基层人民法院管辖县、县级市或者区的公司登记机关核准登记公司的解散诉讼案件和公司清算案件；中级人民法院管辖地区、地级市以上的公司登记机关核准登记公司的解散诉讼案件和公司清算案件。”

有鉴于此，我理解，确认公司决议无效之诉也应当按照《公司法司法解释（二）》第 24 条的规定确定管辖，即：在地域管辖方面，确认公司决议无效之诉由公司住所地人民法院管辖，其中的“公司住所地”是指公司主要办事机构所在地，公司办事机构所在地不明确的，由其注册地人民法院管辖；在级别管辖方面，基层人民法院管辖确认县、县级市或者区的公司登记机关核准登记的公司的决议无效诉讼案件；中级人民法院管辖确认地区、地级市以上的公司登记机关核准登记的公司的决议无效诉讼案件。

五、确认公司决议无效之诉是否受诉讼时效的约束

与确认公司决议无效之诉类似的是确认合同无效之诉，二者均属确认之诉。确认公司决议无效之诉以及确认合同无效之诉是否适用诉讼时效制度？对此，《民法总则》《民法通则》《最高人民法院关于审理民事案件适用诉讼时效制度若干问题的规定》（法释〔2008〕11 号）本身没有明确规定。

针对确认合同无效之诉是否适用诉讼时效的问题，在就《最高人民法院关于审理民事案件适用诉讼时效制度若干问题的规定》答记者问时，最高人民法院民二庭负责人曾提及，“确认合同无效请求权虽名为请求权，但实质为实体法上的形成权，因此，通说认为，其不适用诉讼时效的规定，而应适用除斥期间的规定”；但是，由于“我国合同法并未对确认合同无效请求权的除斥期间进行规定”，并且，“由于在讨论过程中，关于诉讼时效起算点的问题争议颇大，未形成倾向性意见，故最高人民法院审委会决定对该问题暂不予以规定，待进一步研究”。

实践中，有的法院认为，确认公司决议无效之诉，作为确认之诉，是不适用诉讼时效制度的。

比如，在2016年4月25日就陆某兰与上海晶川贸易有限公司、陆某平公司决议效力确认纠纷申请再审案作出的（2016）沪民申805号民事裁定书中，上海市高级人民法院认为："陆某平在本案中提起的是确认公司决议无效之诉，不适用诉讼时效的规定。"

又如，在2015年11月26日就陆某兰、上海晶川贸易有限公司与陆某平公司决议效力确认纠纷二审案作出的（2015）沪一中民四（商）终字第1786号民事判决书中，针对陆某平原审起诉时是否超过法定诉讼时效期间的问题，上海市第一中级人民法院也认为："陆某平于本案的诉讼请求为依照《中华人民共和国公司法》的规定要求确认公司决议无效，该确认之诉属于形成权，而诉讼时效的规定仅适用于请求权，故本案确认公司决议效力纠纷不适用诉讼时效的规定。"

再如，在2017年5月8日就广州市交通委员会与广州市一汽巴士有限公司、广州市宏佳伟业发展有限公司公司决议效力确认纠纷二审案作出的（2017）粤01民终3093号民事判决书中，广州市中级人民法院认为："本案是公司决议效力确认纠纷，关于效力之争不属于债权请求权范畴，法律对此类诉讼未规定诉讼时效期限，且公司决议无效系自始无效，不受诉讼时效期间限制，故一审法院认定本案不适用法律关于诉讼时效的规定并无不当，本院予以确认。"

不过，也有法院认为，确认公司决议无效之诉，应当适用诉讼时效制度。

比如，在2013年9月29日就韩某海与陕西威肯纳米新材料加工有限公司公司决议效力确认纠纷申请再审案作出的（2013）陕民二申字第01051号民事裁定书中，陕西省高级人民法院认为："本案争议的焦点是申请人的起诉是否超过法律规定的诉讼时效。《中华人民共和国民法通则》第一百三十五条规定：'向人民法院请求保护民事权利的诉讼时效期间为二年，法律另有规定的除外'。我国现行法律对公司决议效力纠纷的诉讼时效无另行规定。因此，本案应适用《中华人民共和国民法通则》第一百三十五条诉讼时效期间为二年规定。"

又如，在2017年5月10日就上海进福房地产开发有限公司与张某云公司决议效力确认纠纷二审案作出的（2016）沪 02 民终 10328 号民事判决书中，上海市第二中级人民法院认为：“有限责任公司通过股东会对变更公司章程、延长经营期限等事项作出决议，其实质是公司股东通过参加股东会行使股东权利，决定设立或变更其与公司之间的民事法律关系的过程。张某云提起本案诉讼，系基于系争股东会决议侵犯了其作为股东有权参与决定公司设立、变更及终止的权利，对该种股东合法私权利的侵犯，实则为一种民事侵权责任。基于公司制度的特殊性，该民事权利的救济方式主要体现在请求司法否认决议效力程序上。故对该种权利的保护，同样落入诉讼时效的客体范围，现有法律也无特别规定此种情形不适用诉讼时效，故根据民事权利属性和诉讼时效原理，本案情形应当适用普通诉讼时效规定。赋予公司诉讼时效抗辩，在于督促股东积极关注并及时行使权利，否则，如果无限期地允许股东随时请求否认决议效力，将使公司通过决议而形成的事实状态长期处于不稳定之中，损害交易安全和交易秩序，破坏公司外部法律关系稳定，这也与公司法的立法精神和原则相悖。因此，本案张某云起诉应当适用诉讼时效规定。”

从上述案例看，针对确认决议无效之诉是否适用诉讼时效制度的问题，不同的法院可能持有不同的观点；甚至，同一省、直辖市、自治区高级人民法院辖区内的不同法院，可能还持有截然不同的意见。

针对确认合同无效之诉，最高人民法院在 2006 年 6 月 2 日就广西北生集团有限责任公司与北海市威豪房地产开发公司、广西壮族自治区畜产进出口北海公司土地使用权转让合同纠纷上诉案作出的（2005）民一终字第 104 号民事判决书（刊载于《最高人民法院公报》2006 年第 9 期）中提出：“合同当事人不享有确认合同无效的法定权利，只有仲裁机构和人民法院有权确认合同是否有效。合同效力的认定，实质是国家公权力对民事行为进行的干预。合同无效系自始无效，单纯的时间经过不能改变无效合同的违法性。当事人请求确认合同无效，不应受诉讼时效期间的限制，而合同经确认无效后，当事人关于返还财产及赔偿损失的请求，应当适用法律关于诉讼时效的规定。”

结合最高人民法院在上述（2005）民一终字第 104 号民事判决书中的意见，以及最高人民法院民二庭负责人在就《最高人民法院关于审理民事案件适用诉讼时效制度若干问题的规定》答记者问时提出的“通说”观点，我倾向于赞同确认合同无效之诉不适用诉讼时效制度的意见。

进而，由于确认公司决议无效与确认合同无效都属于确认民事法律行为无效之诉，根据《民法总则》第 134 条第 2 款关于“法人、非法人组织依照法律或者章程规定的议事方式和表决程序作出决议的，该决议行为成立”和第 155 条关于“无效的……民事法律行为自始没有法律约束力”的规定，在是否适用诉讼时效制度方面应当是一致的，既然当事人请求确认合同无效都不应受到诉讼时效期间的限制，那么，当事人请求确认公司决议无效，同样不应受到诉讼时效期间的限制。因此，我倾向于认为，确认公司决议无效之诉也不适用诉讼时效制度。

值得注意的是，尽管不同的法院对确认公司决议无效之诉是否适用诉讼时效制度的问题可能持有不同的观点，但是，至少可以肯定的是，确认公司决议无效之诉，是不受《公司法》第 22 条第 2 款针对公司决议撤销之诉所规定的 60 日的限制的。

在这个问题上，上海市高级人民法院印发的《关于审理公司纠纷案件若干问题的解答》（沪高法民二〔2006〕8 号）曾提出明确的处理意见：“新修订的公司法第二十二条对股东会或股东大会、董事会决议无效和撤销情形分别作了规定。根据该条第二款的规定，符合决议撤销情形的，股东可以自决议作出之日起 60 日内请求法院予以撤销。超过该规定期限提起的诉讼，法院不予受理。因此，该 60 日的规定仅是针对股东提起决议撤销诉讼而设定。对符合决议无效的情形，新修订的公司法未对股东提起诉讼的期限作出限制规定，故对于股东依据新修订的公司法第二十二条第一款规定提起的确认股东大会或股东会、董事会决议无效的诉讼，不应受 60 日的限制。”

此外，在 2018 年 10 月 31 日就百营物业发展（武汉）有限公司与百营地产（中国）有限公司股东会决议及董事会决议效力纠纷再审案作出的（2018）最高法民申 3057 号民事裁定书中，最高人民法院也认为：“根据《中华人民共和国公司法》第二十二条的规定，股东会或者股东大会、董事会的会议召集程序、表决方式违反法律、行政法规或者公司章程，或者决议内容违反公司章程的，股东可以自决议作出之日起六十日内，请求人民法院撤销。该法定六十日期限所针对的诉讼是股东就股东会或者董事会召集程序不合规而形成的决议提起的撤销之诉。而涉案股东就股东会决议及董事会决议是否有效提起的确认之诉，不受上述法定期限的限制。”

六、如何认定公司决议无效

在如何认定公司决议无效这一问题上，最高人民法院目前尚未出台统一的裁判标准。

值得一提的是，2016 年 4 月 12 日公布的《公司法司法解释（四）征求意见稿》第 6 条曾规定："股东会或者股东大会、董事会决议存在下列情形之一的，应当认定无效：（一）股东滥用股东权利通过决议损害公司或者其他股东的利益；（二）决议过度分配利润、进行重大不当关联交易等导致公司债权人的利益受到损害；（三）决议内容违反法律、行政法规强制性规定的其他情形。"

尽管上述内容没有被纳入正式出台的《公司法司法解释（四）》，但是，从中至少可以看到法院系统对如何认定公司决议无效的思路。

结合上述征求意见稿的内容，总体而言，法院的思路可能是：只要公司的决议内容违反了法律、行政法规的强制性规定，就可以认定公司决议无效。

由此看来，在认定公司决议无效方面，法院实际上适用的是民事法律行为无效的规则①，尤其是其中"违反法律、行政法规的强制性规定的无效"的规定。亦即，如果公司决议的内容违反了法律、行政法规的强制性规定，通常就可以认定相关公司决议无效了。当然，该强制性规定不导致该民事法律行为无效的除外。值得注意的是，其中的"法律、行政法规的强制性规定"，不仅仅指《公司法》本身的强制性规定，也包括其他法律、行政法规的强制性规定。

不过，从目前查询的案例看，实践中，法院裁判的逻辑通常是这样的：案涉公司决议违反了《公司法》或某一法律的某条或某款的规定，而《公司法》或该法律的某条或某款属于强制性规定，侵害了某个股东的某项权利，所以，

---

① 这些规则主要包括：（1）无民事行为能力人实施的民事法律行为无效（《民法总则》第 144 条、《民法通则》第 58 条第 1 款第 1 项）；（2）行为人与相对人以虚假的意思表示实施的民事法律行为无效（《民法总则》第 146 条第 1 款）；（3）违反法律、行政法规的强制性规定的民事法律行为无效，但是该强制性规定不导致该民事法律行为无效的除外（《民法总则》第 153 条第 1 款、《民法通则》第 58 条第 1 款第 5 项）；（4）违背公序良俗的民事法律行为无效（《民法总则》第 153 条第 2 款、《民法通则》第 58 条第 1 款第 5 项）；（5）行为人与相对人恶意串通，损害他人合法权益的民事法律行为无效（《民法总则》第 154 条、《民法通则》第 58 条第 1 款第 4 项）。

案涉公司决议应当无效。在这一过程中，法院通常是直接作出《公司法》或某一法律的某个条款属于强制性规定的认定结论的，至于为什么《公司法》或某一法律的这个条款是强制性规定，则未作说明，也没有对“为什么《公司法》或某一法律的这个条款属于效力性强制性规定，而非管理性强制性规定”作出解释。

比如，在2016年6月27日就夏某中与贵州省黔西交通运输联合有限公司（以下简称黔西交通公司）、何某阳、潘某华公司决议效力确认纠纷再审案作出的（2016）最高法民申334号民事裁定书中，最高人民法院认为：“案涉股东会决议做出于2010年，本案应适用2005年修订版《中华人民共和国公司法》。根据一审、二审查明的案件事实，夏某中向代某贵出具的授权委托书并不包括代其参加股东会并对决议内容发表意见的内容，故2010年3月30日、6月20日、6月24日、6月29日黔西交通公司召开的股东会所做出的关于增加注册资本以及修改公司章程的股东会决议内容，没有经过当时仍持有公司93.33%股权的夏某中的同意，也没有证据证明夏某中就公司的该次增资已知悉并明确放弃了优先认缴权，故上述决议内容违反了《中华人民共和国公司法》（2005年修订版）第三十五条[①]关于‘股东有权优先按照实缴的出资比例认缴出资’的规定，侵犯了夏某中认缴增资的合法权益，依据《中华人民共和国公司法》（2005年修订版）第二十二条第一款规定，应认定无效。”

又如，在2015年6月5日就李某容与周某慎、湖北珞珈山置业有限公司、何某、刘某、杜某翎、朱某彬公司决议效力确认纠纷二审案作出的（2015）鄂武汉中民商终字第00666号民事判决书中，湖北省武汉市中级人民法院认为：“关于湖北珞珈山置业有限公司于2005年11月10日形成的股东会决议是否有效的问题。股东会是公司的权力机构，由全体股东组成，对公司经营管理和各种涉及公司及股东利益的事项拥有最高决策权。股东会决议作为公司的意思，应当依照法律或者公司章程规定的程序形成决议，其内容不得违反法律、行政法规的规定。本案中，湖北珞珈山置业有限公司2005年11月9日召开股东会议时，无证据证明已依法通知周某慎，且在周某慎未出席股东会的情况下，由

① 现为《公司法》第34条。

何某代为签名，最终形成股东会决议，并将周某慎所享有的公司50.5%全部股权进行了分割转让，严重侵犯了周某慎的股东权利。上诉人李某容认为，周某慎与何某是母子关系，何某代为签名的行为构成表见代理。对此，本院认为，表见代理实质为无权代理，但基于被代理人存在过错，且为了维护交易安全和保护善意相对人的利益，法律确认表见代理制度，规定代理人法律行为的后果直接由被代理人承担。尽管周某慎与何某是母子关系，但作为两个具有完全民事行为能力的民事主体，周某慎与何某之间并不具有必然的代理关系。本案中，上诉人李某容未举证证明何某曾经出示周某慎的授权委托书、身份证原件等有权代理的客观表象材料，使其善意无过失地相信何某有代理权，对于其主张何某代为签名的行为构成表见代理，本院不予支持。鉴于何某伪造签名转让周某慎所持股份的行为事前未经周某慎授权，事后也未获周某慎追认，其处分行为属无权代理。根据《中华人民共和国公司法》第二十二条第一款‘公司股东会或者股东大会、董事会的决议内容违反法律、行政法规的无效’的规定，湖北珞珈山置业有限公司于2005年11月10日形成的股东会决议，因何某伪造周某慎签名，且该股东会决议将周某慎所持公司全部股权转让给何某、朱某彬、李某容、杜某翎等人的内容，严重侵犯了周某慎的合法权益，应属无效，不受法律保护。”

七、原告提起确认公司决议无效之诉是否需要提供担保

由于《公司法》第22条第3款使用的是“股东依照前款规定提起诉讼的，人民法院可以应公司的请求，要求股东提供相应担保”的表述，没有像《公司法》第151条第3款那样使用“前两款的规定”的表述，因此，《公司法》第22条第3款所说的“前款规定”指的是《公司法》第22条第2款的规定，在原告依照《公司法》第22条第1款的规定提起确认公司决议无效之诉时，《公司法》不要求原告提供担保。

考虑到《民事诉讼法》也没有规定原告提起确认公司决议无效之诉时需要提供担保，人民法院也不宜要求原告提供担保；在原告未提供担保的情况下，也不应驳回原告的确认公司决议无效的诉讼请求。

值得注意的是，实践中，由于原告在提起确认公司决议无效之诉的同时

通常会请求人民法院对公司采取行为保全措施，要求公司在案件审结前不得实施相关决议，在这种情况下，根据《民事诉讼法》第 101 条的规定，人民法院可以就原告提出的行为保全申请要求原告提供相应的担保，则是另外一回事。

不过，实务中，有的法院可能也会要求提起公司决议无效之诉的股东提供担保。

比如，在陈某和与江阴联通实业有限公司（以下简称联通实业公司）、江阴颖鸿投资企业（有限合伙）、江苏联通纪元印务股份有限公司（以下简称联通纪元公司）公司决议效力确认纠纷一审案中，针对原告陈某和有关“确认联通实业公司 2017 年 3 月 10 日将公司持有的联通纪元公司 4600 万股转让给颖鸿合伙企业的决议无效”和“确认联通实业公司将公司持有的联通纪元公司 4600 万股转让给颖鸿合伙企业的行为无效”的诉讼请求，应被告联通实业公司要求陈某和提供 75936800 元的相应担保的申请，无锡市中级人民法院 2 次书面通知要求陈某和提供案涉股权转让价款 30% 即 22781040 元的现金或相应价值财产的担保，并以陈某和未在该院通知的期限内提供相应担保为由，裁定驳回了陈某和的起诉。

就其理由，在 2018 年 2 月 8 日就该审案作出的（2017）苏 02 民初 522 号民事裁定书中，无锡市中级人民法院认为：“公司股东可以依据《中华人民共和国公司法》第二十二条之规定申请确认公司股东会或者股东大会、董事会的决议无效。该条第三款规定‘股东依照前款规定提起诉讼的，人民法院可以应公司的请求，要求股东提供相应担保’是为了保证公司运行的效率，促使股东正当地行使这一诉权，避免恶意股东滥诉，保护公司的合法利益。本案所涉公司决议为，联通实业公司持有的联通纪元公司 4600 万股股份，交易对价 75936800 元，联通纪元公司为全国股转公司（新三板）挂牌企业的股票，其涉及相关诉讼将会引起公司股价的波动，且案涉交易涉及金额较高，可能会给股权交易双方的利益产生重大的影响。股东要求确认公司决议或董事会决议无效或撤销，都有可能会对公司产生不利影响。联通实业公司有权依据《中华人民共和国公司法》第二十二条第三款之规定要求陈某和提供相应担保。股东要求确认公司决议或董事会决议无效或撤销，都有可能会对公司产生不利影响。故该条第三款规定的前款，不应仅指前一款，故无论是依据该条第一款提起公司决议无效确认之诉，还是依据该条第二款提起公司决议撤销之诉的股东都有在公司提出相应请求的情况下，根据法院的通知负有担保提供义务。陈某和未在本院通知的期限内提供相应担保，陈某和的起诉应予驳回。”

基于上述分析，我倾向于认为，无锡市中级人民法院该裁定将《公司法》第22条第3款所说的“前款规定”认定为“不应仅指前一款”属于适用法律错误，该裁定书针对公司决议无效诉讼要求原告股东提供担保的法律依据是不足的。

八、是否可以提起确认公司决议有效之诉

在上述问题之外，与确认公司决议无效相对应，公司的股东等人是否可以请求人民法院确认公司决议有效？

由于《公司法》本身没有规定股东等人可以请求法院确认公司决议有效，对此，实践中，法院的处理意见不一。

有的法院认为，股东不能仅仅请求法院确认公司决议有效。

比如，《北京市高级人民法院关于审理公司纠纷案件若干问题的指导意见》（京高法发〔2008〕127号）第10条就规定：“股东仅请求确认股东会决议、董事会决议有效的，人民法院裁定不予受理。”

又如，在2015年12月16日就苟某君、李某光、曹某明、李某与相某全、酒泉市柳园物资有限责任公司公司决议效力确认纠纷申请再审案作出的（2015）甘民申字第954号民事裁定书中，甘肃省高级人民法院也认为：“根据《中华人民共和国公司法》第二十二条的规定，股东认为公司股东会或股东大会、董事会决议内容或者会议召集程序、表决方式违反法律、行政法规或者公司章程的，有权提起决议无效或撤销之诉。但公司法以及其他法律法规均没有规定股东有权提起确认股东会决议有效之诉。公司法规定公司决议效力的异议之诉，在于赋予可能受瑕疵决议损害的股东行使法定的股东救济权利，以保护其合法利益。公司股东未违反法律、行政法规的强制性规定，按照公司章程召开股东会并形成决议，是公司自治范畴的内部事务。如果没有股东就股东会决议提出异议之诉，法院则不应通过国

家强制力直接干预公司自治范畴内的事务。本案中，再审申请人要求确认股东大会决议有效的诉讼，法律上无相应的依据，不符合人民法院受理民事案件的范围。”

不过，也有法院认为，应当受理股东提起的确认公司决议有效之诉。

比如，在2014年4月8日就上海佰真生物科技有限公司（以下简称佰真公司）诉上海川崎食品有限公司（以下简称川崎公司）公司决议效力确认纠纷二审案作出的（2014）沪一中民四（商）终字第125号民事判决书中，上海市第一中级人民法院认为：“我国现行公司法或者民事诉讼法并未将确认股东会决议有效排除在法院的受理范围之外，由于佰真公司未能按照股东会决议的内容办理相应的工商变更登记手续，损害了川崎公司利益，川崎公司提起本案诉讼要求确认涉案股东会决议有效具有诉的利益，符合法院立案条件，故原审法院受理川崎公司提起确认股东会决议有效之诉并无不当……”

此外，在2016年6月13日就张某诉李某银公司决议效力确认纠纷二审案作出的（2016）沪01民终5482号民事判决书中，上海市第一中级人民法院还认为：“公司法第二十二条第一款对无效决议及其法律后果作出了规定，符合该条文所列情形的，决议无效；反之，决议有效。因此，公司法第二十二条第一款也是确认公司决议有效的实体法规范……”①

又如，在2014年12月1日就徐某等与李某新公司决议效力确认纠纷二审案作出的（2014）长中民四终字第05640号民事判决书中，湖南省长沙市中级人民法院也认为：“我国现行公司法或者民事诉讼法并未将确认股东会决议有效排除在法院的受理范围之外，由于德高公司及徐某未按股东会决议履行，损害了李某新的利益，李某新提起本案诉讼要求确认涉案股东会决议有效具有诉的利益，符合法院立案条件。原审法院受理李某新提起确认股东会决议有效之诉并无不当……”

再如，在2016年10月26日就南平威达绿色能源开发有限公司与福建泰龙电力股份有限公司与公司有关的纠纷二审案作出的（2016）闽02民终4409号民事裁定书中，厦门市中级人民法院也认为：“《中华人民共和国公司法》中关

---

① 张某不服该二审判决提出的再审申请，被上海市高级人民法院在2017年5月17日以（2017）沪民申816号民事裁定书驳回了。

于公司决议无效或撤销之诉相关规定是关于公司决议确认之诉的特别类型，上述规定并不排除当事人在符合条件时提起民事诉讼法上规定的一般确认之诉，目前亦无相关法律规定将确认公司决议有效排除在法院的受理范围之外。因此，上诉人威达公司原审提起诉讼请求确认讼争公司决议有效，依法应属人民法院受理民事案件范围。原审法院从程序上驳回威达公司的起诉不当，本院予以更正。”

我倾向于认为，在当事人对公司决议的效力存有争议的情况下，应允许股东等人可以提起确认公司决议有效之诉，其理由在于：

一是，《公司法》本身没有禁止提起公司决议有效之诉。

二是，在合同的情形，现行有效的《民事案件案由规定》在“确认合同效力纠纷”这一三级案由下明确规定了“确认合同有效纠纷”和“确认合同无效纠纷”这两个四级案由；而在公司决议的情形，《民事案件案由规定》使用的是“公司决议效力确认纠纷”的表述，而非“确认公司决议无效纠纷”的表述，因此，作为民事案件案由的“公司决议效力确认纠纷”，既可以包括“确认公司决议无效纠纷”，也可以包括“确认公司决议有效纠纷”。

三是，2016 年 4 月 12 日公布的《公司法司法解释（四）征求意见稿》第 1 条曾规定“公司股东、董事、监事及与股东会或者股东大会、董事会决议内容有直接利害关系的公司高级管理人员、职工、债权人等，依据公司法第二十二条第一款起诉请求确认决议无效或者有效的，应当依法受理”，尽管上述内容没有被纳入正式出台的《公司法司法解释（四）》，但是，至少可以从中看到法院系统内部也有赞同可以请求确认公司决议有效的观点。

在这方面，尽管有《北京市高级人民法院关于审理公司纠纷案件若干问题的指导意见》（京高法发〔2008〕127 号）第 10 条关于“股东仅请求确认股东会决议、董事会决议有效的，人民法院裁定不予受理”的规定，北京市第二中级人民法院在 2015 年 8 月 14 日就北京兴地煤炭筛选有限公司（以下简称兴地公司）与孟某海、范某、崔某、张某、李某洲及曹某之间公司决议效力确认纠纷二审案作出的（2015）二中民（商）终字第 06748 号民事判决书中的如下意见是比较中肯的：

本院认为：根据《中华人民共和国公司法》第二十二条规定，股东会或股东大会、董事会决议的内容违反法律、行政法规的，股东会或者股东大会、董事会的决议召开程序、表决方式违反法律、行政法规或者公司章程，或者决议内容违反公司章程的，股东可以向人民法院提起诉讼，要求确认股东会、董事会决议无效或者撤销股东会、董事会决议。依据前述规定，在受理公司决议效力确认之诉时，应先行对原告主体资格进行审查，即原告是否为决议效力存在争议之公司的股东。在本案中，孟某海等五人提交的兴地公司章程、投资者注册资本（注册资金、出资额）缴付情况等材料均显示该五人为兴地公司股东，但公司法在涉及公司决议问题上的规定，目的在于为合法权益可能受到瑕疵决议损害的股东提供救济的途径。我国现有公司法和民事诉讼法虽未将确认公司决议有效明确排除在法院的受理范围外，但鉴于股东会决议为公司自治范畴，一经做出，除被确认无效或撤销，其有效性无需经法院确认。因此，法院在受理此类案件时亦应对原告对于确认公司决议有效的诉讼请求是否具有诉的利益进行审查。

在本案中，孟某海等五人请求的事项为确认股东会决议有效，其五人请求法院对此予以裁判的基础应为其与兴地公司对股东会决议有效性存有争议。在本案审理过程中，兴地公司的委托代理人虽持工商行政管理机关登记的法定代表人的身份证明、加盖兴地公司公章的授权委托书应诉，但本案系股东与公司之间就机关决议效力产生的内部纠纷，应根据股东会等公司机关的意思表示来认定公司的真实意思表示。在五股东均对股东会决议不持异议的情况下，股东会决议在公司内部产生变更法定代表人的法律效果，而变更后的法定代表人即为提起本案诉讼的原告之一，故从兴地公司的真实意思表示考量，兴地公司对公司决议效力并无异议。此外，兴地公司的委托代理人所提出的抗辩涉及股东向案外人支付股权转让款问题，与本案所涉争议缺乏关联性，且在庭审中其明确表示认为孟某海等五人形成的股东会决议合法有效。综上，兴地公司与孟某海等五人就公司决议效力问题并不存在争议，本案缺乏请求人民法院予以裁判的争议基础。

预计，会有越来越多的法院采纳受理确认公司决议有效之诉的做法。

第六节　公司决议撤销

一、公司决议撤销事由

《公司法》第22条第2款和第3款规定了公司决议撤销制度。根据《公司法》第22条第2款的规定，可以申请撤销有限公司的股东会的决议、股份公司的股东大会的决议、有限公司或股份公司的董事会的决议的事由包括三个：一是，作出相关决议的会议的召集程序违反了法律、行政法规或公司章程的规定；二是，作出相关决议的会议的表决方式违反了法律、行政法规或公司章程的规定；三是，相关决议的内容违反了公司章程的规定。

值得一提的是，我倾向于认为，不仅仅是《公司法》第22条第2款所说的"会议召集程序、表决方式违反法律、行政法规或者公司章程"，只要相关会议的召集、召开、表决以及与召开会议相关的其他程序性事项违反了法律、行政法规和公司章程，均应允许股东申请撤销相关会议作出的决议。

由于《公司法》第22条第2款使用的是"股东可以自决议作出之日起六十日内，请求人民法院撤销"的表述，因此，公司决议的撤销，需由股东向法院申请，由法院审理后以裁判形式予以撤销。对此，《民事案件案由规定》（2011年修正）规定了"公司决议撤销纠纷"案由。

就公司决议撤销之诉而言，有以下问题值得思考：一是，仲裁机构是否有权撤销公司决议？二是，可以提起公司决议撤销之诉的原告有哪些？三是，公司决议撤销之诉的被告是谁？四是，公司决议撤销之诉是不是必须由公司住所地法院管辖？五是，公司决议撤销之诉是否受诉讼时效的约束？六是，法院如何作出撤销决议的裁判？七是，公司决议被撤销无效，是否有溯及力？如何处理与此相关的法律关系？

本节先分析前六个问题，由于公司决议被撤销与公司决议无效的法律后果基本相同，所以，有关公司决议撤销之诉的第七个问题，放到后面再分析。

二、仲裁机构是否有权撤销公司决议

如前所述，尽管《仲裁法》第2条规定了“平等主体的公民、法人和其他组织之间发生的合同纠纷和其他财产权益纠纷，可以仲裁”，但是，根据现行有效的《公司法》，我理解，仲裁机构是无权撤销公司决议的。具体分析如下：

在解散公司的情形，根据《公司法》第180条第5项和第182条的规定，在特定情况下，持有公司全部股东表决权百分之十以上的股东，可以请求人民法院解散公司。由于《公司法》使用了“请求人民法院解散公司”和“人民法院依照本法第一百八十二条的规定予以解散”的表述，因此，因解散公司产生的纠纷，只能向人民法院提起诉讼，仲裁机构无权仲裁。对此，《最高人民法院关于撤销中国国际经济贸易仲裁委员会（2009）CIETACBJ裁决（0355）号裁决案的请示的复函》（〔2011〕民四他字第13号）更是明确提出：“仲裁机构裁决解散公司没有法律依据，属于无权仲裁的情形。”

针对撤销公司决议的情形，与《公司法》第182条的规定类似，《公司法》第22条第2款和第4款分别使用了“请求人民法院撤销”和“人民法院……撤销该决议”的表述，因此，结合最高人民法院〔2011〕民四他字第13号的意见，我理解，撤销公司权力机构、执行机构的决议的权力，也只能由法院行使，仲裁机构无权行使，从而仲裁机构裁决撤销公司决议，没有法律依据，也应当属于无权仲裁的情形。

基于以上所述，即使公司章程约定了仲裁条款，有关撤销公司决议的案件，也应当向法院起诉，而不能申请仲裁机构撤销公司决议。

三、公司决议撤销之诉的当事人

（一）公司决议撤销之诉的原告

由于《公司法》第22条第2款使用了“股东可以自决议作出之日起六十日内，请求人民法院撤销”的表述，并且，《公司法司法解释（四）》第2条还规定了：“依据公司法第二十二条第二款请求撤销股东会或者股东大会、董事会决议的原告，应当在起诉时具有公司股东资格”，因此，可以提起公司决议撤销之诉的原告，仅限于在起诉时具有公司股东资格的主体，包括公司当时的所有股东，不论其在公司股东会或者股东大会、董事会决议作出时是否具有股东资格、是否参与相关会议、是否对相关会议的决议事项行使了表决权，也不论其是否同意通过相关决议；但是，可以提起公司决议撤销之诉的主体，不包括公司的董事、监事、高级管理人员或其他人员。

甚至，公司的股东作为原告提起公司决议撤销之诉，可能需要在整个诉讼过程中（包括一审、二审程序）持续具备股东资格。

比如，《山东省高级人民法院关于审理公司纠纷案件若干问题的意见（试行）》（鲁高法发〔2007〕3 号）第 75 条规定：“有限责任公司股东可以作为原告提起股东代表诉讼。股份有限公司股东提起诉讼时，已经连续一百八十日以上持股，并单独或合计持股在公司股份百分之一以上的，人民法院应认定其具有原告资格。诉讼中，原告丧失股东资格的，人民法院应裁定驳回起诉。”第 89 条规定：“代表公司百分之十以上表决权的股东，可以请求人民法院解散公司。股东的该项诉权不受出资瑕疵的影响。诉讼中，原告丧失股东资格或实际享有的表决权达不到百分之十的，人民法院应裁定驳回起诉。”

尽管上述规定仅适用于股东代表诉讼和公司解散诉讼，但其处理办法同样可能适用于股东提起的公司决议撤销之诉。

（二）公司决议撤销之诉的被告

对此，《公司法司法解释（四）》第 3 条第 1 款作出了明确的规定，即“原告请求……撤销决议的案件，应当列公司为被告。对决议涉及的其他利害关系人，可以依法列为第三人”。

四、公司决议撤销之诉的管辖

针对公司决议撤销之诉的管辖，《民事诉讼法司法解释》第 22 条作出了明确的规定，“因……公司决议……纠纷提起的诉讼，依照民事诉讼法第二十六条规定确定管辖”，即“由公司住所地人民法院管辖”。

针对解散公司诉讼案件和公司清算案件的管辖，《公司法司法解释（二）》

第 24 条第 1 款规定：“解散公司诉讼案件和公司清算案件由公司住所地人民法院管辖。公司住所地是指公司主要办事机构所在地。公司办事机构所在地不明确的，由其注册地人民法院管辖。”其中，在级别管辖方面，《公司法司法解释（二）》第 24 条第 2 款进一步规定：“基层人民法院管辖县、县级市或者区的公司登记机关核准登记公司的解散诉讼案件和公司清算案件；中级人民法院管辖地区、地级市以上的公司登记机关核准登记公司的解散诉讼案件和公司清算案件。”

有鉴于此，我理解，公司决议撤销之诉也应当按照《公司法司法解释（二）》第 24 条的规定确定管辖，即在地域管辖方面，公司决议撤销之诉由公司住所地人民法院管辖，其中的“公司住所地”是指公司主要办事机构所在地，公司办事机构所在地不明确的，由其注册地人民法院管辖；在级别管辖方面，基层人民法院管辖县、县级市或者区的公司登记机关核准登记的公司的决议撤销诉讼案件；中级人民法院管辖地区、地级市以上的公司登记机关核准登记的公司的决议撤销诉讼案件。

五、公司决议撤销之诉是否受诉讼时效的约束

针对公司决议撤销之诉是否受诉讼时效约束的问题，《民法总则》第 199 条规定了：“法律规定或者当事人约定的撤销权、解除权等权利的存续期间，除法律另有规定外，自权利人知道或者应当知道权利产生之日起计算，不适用有关诉讼时效中止、中断和延长的规定。存续期间届满，撤销权、解除权等权利消灭。”《最高人民法院关于适用〈中华人民共和国公司法〉若干问题的规定（一）》（以下简称《公司法司法解释（一）》）第 3 条更是明确规定了“原告以公司法第二十二条第二款……规定事由，向人民法院提起诉讼时，超过公司法规定期限的，人民法院不予受理”。

《民法总则》第 199 条和《公司法司法解释（一）》第 3 条的规定表明，公司决议撤销之诉不受诉讼时效的约束；但是，股东应当在“相关决议作出之日起六十日内”提起诉讼，否则，人民法院将不予受理其起诉。

这与《民法总则》第 188 条第 2 款所说的“诉讼时效期间自权利人知道或者应当知道权利受到损害以及义务人之日起计算”有所不同。《公司法》对此

设定60日期限的目的在于保护交易安全，避免因时间过长发生更多的交易导致更多人的利益受到该等决议、与该等决议相关的变更登记以及撤销变更登记的影响。因此，股东应特别关注公司股东会或股东大会或董事会开会的情况，密切关注公司是否作出了相关决议；为此，股东有必要定期行使包括《公司法》第33条第1款规定的查阅权和复制权或《公司法》第97条规定的包括查阅权在内的各项知情权，避免因未及时知悉公司作出相关决议而错过提起公司决议撤销之诉的法定期限。

值得一提的是，《公司法》第22条第2款所说的“请求人民法院撤销”，指的是股东在《公司法》第22条第2款规定的“六十日”的期限内完成提起诉讼的动作，法院审查起诉材料、作出受理的裁定所需的时间不应计入这“六十日”的期限内。

如果股东未在《公司法》第22条第2款规定的“六十日”的期限内起诉，相关决议应属有效的决议。对此，在2013年12月18日就吕某与北京贝瑞德生物科技有限公司（以下简称贝瑞德公司）公司证照返还纠纷上诉案作出的（2013）二中民终字第17025号民事判决书中，针对贝瑞德公司的股东王某博在临时股东会会议召开14日以前通知贝瑞德公司的另一股东吕某关于召开临时股东会议，并在随后于2013年4月21日召开的吕某未出席的临时股东会会议上作出了相应决议的情形，北京市第二中级人民法院认为：“王某博于2013年4月21日作出的股东会已形成决议，虽该股东会在召集程序上存在违反法律规定及公司章程之处，但吕某并未在决议作出之日起60日内申请撤销该临时股东会决议，因此该决议应为有效。”

六、法院如何认定公司决议应予撤销

根据《公司法》第22条第2款的规定，如果公司权力机构、执行机构作出相关决议的会议的召集程序违反了法律、行政法规或公司章程的规定，或者作出相关决议的会议的表决方式违反了法律、行政法规或公司章程的规定，或者公司权力机构、执行机构作出的相关决议的内容违反了公司章程的规定，经股东依法提起诉讼，法院就应当撤销相关决议。

不过，《公司法司法解释（四）》对此作了限制解释。根据《公司法司法解释（四）》第4条的规定，如果公司股东会或者股东大会、董事会作出决议的会议的召集程序或者表决方式仅有轻微瑕疵，并且对决议未产生实质影响，法院可能不会支持公司股东提出的撤销公司决议的请求。

在上述问题之外，还需注意的是，《公司法》第22条第3款规定了“股东依照前款规定提起诉讼的，人民法院可以应公司的请求，要求股东提供相应担保”，因此，股东提起公司决议撤销之诉时，公司有权请求人民法院要求原告提供相应的担保。

不过，由于《公司法》第22条第3款使用的是“人民法院可以应公司的请求，要求股东提供相应担保”的表述，而《公司法》第22条第3款所说的担保又不同于《民事诉讼法》第100条规定的诉讼财产保全担保和第101条规定的诉前财产保全担保，人民法院不宜主动要求股东提供担保；并且，在公司提出要求股东提供担保的情况下，是否要求股东提供担保也属于人民法院的裁量权，人民法院可以要求股东提供担保，也可以不要求股东提供担保。

不过，值得思考的问题是，“相应担保”的标准是什么？比如，针对深圳证券交易所上市公司万科企业股份有限公司（以下简称万科）的董事会在2016年6月17日作出的决议，两名小股东提起了董事会决议撤销诉讼；就此，万科请求法院要求每一名小股东提供6亿元人民币的担保①。显然，这对原告来说几乎是不可能提供的担保。对此，一审法院深圳市盐田区人民法院认为：“原告并未向本院提出禁止实施保全申请，而仅是申请合法诉权，所以原告行使诉权的行为并未对被告造成现实损害，故不予准许。”②

实务中，有的法院可能会参照《最高人民法院关于人民法院办理财产保全案件若干问题的规定》（法释〔2016〕22号）第5条第1款关于“人民法院依照民事诉讼法第一百条规定责令申请保全人提供财产保全担保的，担保数额不超过请求保全数额的百分之三十；申请保全的财产系争议标的的，担保数额不超过争议标的价值的百分之三十”的规定，要求原告股东提供相当于案涉财产

---

① http://www.cs.com.cn/sylm/cstop10/201609/t20160926_5062546.html，最后访问时间：2019年9月30日。

② http://www.jiemian.com/article/1011498.html，http://www.legaldaily.com.cn/Finance_and_Economics/content/2016-12/13/content_6916801.htm?node=75684，最后访问时间：2019年9月30日。

价值30%的担保。比如，上文提到的无锡市中级人民法院在2018年2月8日就陈某和与江阴联通实业有限公司、江阴颖鸿投资企业（有限合伙）、江苏联通纪元印务股份有限公司公司决议效力确认纠纷一审案作出的（2017）苏02民初522号民事裁定书就是如此要求的。

我倾向于认为，法院在考量要求股东提供“相应的担保”的过程中，应同时考虑作为原告的股东提供担保的能力，不应造成股东因为无力提供担保而无法行使其要求撤销公司的相关决议的权利这样的后果。

与此相关的另一个问题是，在法院应公司的请求要求原告提供相应担保的情况下，如果提起公司决议撤销之诉的原告没有提供担保，法院是否可以驳回股东提出的撤销公司决议的请求？实务中，有的法院倾向于作出驳回的裁定。比如上文提到的无锡市中级人民法院在2018年2月8日就陈某和与江阴联通实业有限公司、江阴颖鸿投资企业（有限合伙）、江苏联通纪元印务股份有限公司公司决议效力确认纠纷一审案作出的（2017）苏02民初522号民事裁定书就是如此。

考虑到《公司法》和《民事诉讼法》对此未作明确规定，我倾向于认为，法院不宜仅仅因此就驳回股东的请求，建议由最高人民法院予以明确为宜。

实务中，在审理公司决议撤销案件时，法院通常需要衡量司法介入与公司自治的界限，往往会秉持谦抑性原则。在这方面，上海市第二中级人民法院在2016年8月31日就海航创新（海南）股份有限公司（以下简称海航创新公司）与平湖九龙山海湾度假城休闲服务有限公司（以下简称平湖九龙山度假公司）公司决议撤销纠纷二审案作出的（2016）沪02民终5408号民事判决书中的意见，可供参考。

在该民事判决书中，上海市第二中级人民法院认为：“公司在法律规定及章程规定的范围内，对涉及公司治理等事项享有决策权，如无法定撤销情形，应当予以尊重。……根据诉辩双方的意见，本案争议的焦点为海航创新公司第六届第27次董事会关于修改公司章程的决议是否存在法定的可撤销理由。海航创新公司认为该次董事会决议修改公司章程系紧急情况，董事会有权就此进行决议。平湖九龙山度假公司则认为，修改公司章程并非情况紧急，召集程序违反公司章程，应予撤销。对此，需要明确两个方面的问题，一是应如何把握司法介入与公司自治的尺度，即在海航创新公司章程规定‘情况紧急’时董事会有权召开临时会议的前提下，对于该‘情况紧急’的判断应由法院予以界定，还是交由公司在商业判断的基础上自行认定？二是因紧急情况召开临时董事会应遵循何种召集方式与程序？”

其中，针对如何把握司法介入与公司自治尺度的问题，上海市第二中级人民法院认为：“该问题的关键在于，在海航创新公司章程规定‘情况紧急’时董事会有权召开临时会议的前提下，对于该‘情况紧急’的判断应由法院予以界定，还是交由公司在商业判断的基础上自行认定？首先，就法律适用而言，《公司法》及其司法解释对于涉及公司内部治理时何为‘情况紧急’并未进行相应规定。但是《公司法》在尊重公司意思自治的基础上，赋予作为市场主体的公司，可以通过制定章程等方式进行自治管理，此亦《公司法》尊重公司内部治理的体现。其次，海航创新公司章程规定了董事会可以在情况紧急情形下召开临时会议，但综观海航创新公司章程及董事会议事规则，并未就‘情况紧急’进行任何定义或者列举。根据海航创新公司提供的2005年5月及9月、2006年3月因紧急情况召开临时董事会的情况来看，海航创新公司在以往操作中，分别因修改公司名称、变更公司经营范围、修改公司章程、任命副总经理等事项召开过临时股东会。由此可见，对于海航创新公司而言，‘情况紧急’并非一般生活意义上所理解的诸如生命安全、财产安全等紧急状况，而是海航创新公司基于自身市场经营以及商业管理状况进行的商业判断，属于公司自治的范畴，修改公司章程是否属于‘情况紧急’应由海航创新公司作出判断为宜，对此，法院应当予以尊重。最后，庭审中，双方当事人已确认，第六届第27次董事会临时会议的起因系之前董事会对于公司重组等处置事项，因关联董事回避表决，导致对于该等事项存在争议。基于此，海航创新公司拟通过修改公司章程，增加独立董事席位的方式解决争议问题。本院认为，董事会在公司从事商业运营过程中具有举足轻重的地位，如无法对相关事项形成有效决议，将会导致董事会决议陷入僵局，在章程规定董事会有权提出章程修正案的情况下，董事会通过修改公司章程、增加董事席位等方式解决争议问题，并无不妥。因此，修改公司章程、增加独立董事等事项属于公司内部治理事项，人民法院仅宜在法律规定范围内就有无法定撤销情形进行审理，不宜对涉公司自治事项进行过度干预与介入。”

针对因紧急情况召开临时董事会应遵循何种召集方式与程序的问题，上海市第二中级人民法院认为："海航创新公司的章程及董事会议事规则载明，情况紧急需要尽快召开董事会临时会议的，可以随时通过口头或者电话等方式发出会议通知，但召集人应当在会议上做出说明。书面通知包括但不限于信件、传真、电子邮件等形式。海航创新公司于 2015 年 12 月 5 日以邮件方式向各位董事发出召开第 27 次会议的通知，于 12 月 6 日以通讯方式召开紧急会议。由此可见，该次会议召集程序符合公司章程因紧急情况召开临时董事会的规定。平湖九龙山度假公司主张召集人并未就紧急情况在会议上做出说明，但在其未参加会议，且未提供相应证据予以证明的情况下，对该主张，本院不予采信。需要指出的，第六届第 27 次董事会会议明确，该次决议应当提交股东大会审议通过，而海航创新公司已于 12 月 23 日召开 2015 年第一次临时股东大会，审议通过了《关于修改公司章程的议案》，故修改公司章程的事项已得到了海航创新公司最高权力机构即股东大会的审议通过。原审法院认为海航创新公司第六届第 27 次会议召集程序存在瑕疵的认定，有所不当，本院依法予以纠正。"

七、公司决议撤销的法律适用

值得注意的是，在《公司法》第 22 条第 2 款之外，《民法总则》第 85 条也规定了营利法人的决议撤销制度："营利法人的权力机构、执行机构作出决议的会议召集程序、表决方式违反法律、行政法规、法人章程，或者决议内容违反法人章程的，营利法人的出资人可以请求人民法院撤销该决议，但是营利法人依据该决议与善意相对人形成的民事法律关系不受影响。"由于公司是营利法人的一种，因此，《民法总则》第 85 条的规定也适用于公司。

通过对《民法总则》第 85 条与《公司法》第 22 条第 2 款的规定进行比较，可以发现两者既有相同之处，也有不同之处：

首先，相同之处在于《民法总则》第 85 条和《公司法》第 22 条第 2 款都规定，在公司的股东会或者股东大会、董事会作出决议的会议的召集程序、表决方式违反法律、行政法规或者公司章程，或者决议内容违反公司章程的情况下，股东可以请求人民法院撤销该决议。

其次，第一个不同之处在于，《公司法》第22条第2款还对股东提起撤销之诉的期限提出了特别的要求，即“股东可以自决议作出之日起六十日内，请求人民法院撤销”。这是《民法总则》第85条所没有的。

最后，第二个不同之处在于，《民法总则》第85条还明确规定了，尽管包括公司在内的营利法人的相关决议可能会被人民法院撤销，但是，营利法人在该决议被撤销之前依据该决议与善意相对人已经形成的民事法律关系不受该决议随后被人民法院撤销这一事实的影响；也就是说，如果不存在导致公司与善意相对人之间的交易无效的情形，即使后来人民法院撤销了该决议，该等已经形成的民事法律关系仍然是有效的，对该营利法人以及善意相对人仍然是有约束力的。这是《公司法》第22条第2款所没有的。

就上述不同之处的适用而言，由于《民法总则》与《公司法》是一般法和特别法的关系，根据《民法总则》第2条关于“民法调整平等主体的自然人、法人和非法人组织之间的人身关系和财产关系”和第11条关于“其他法律对民事关系有特别规定的，依照其规定”的规定，在公司的情形，一方面，《公司法》第22条第2款关于“股东可以自决议作出之日起六十日内，请求人民法院撤销”的规定，作为《民法总则》第85条的特别规定，应优先于《民法总则》第85条关于“营利法人的出资人可以请求人民法院撤销该决议”的规定得到适用；另一方面，由于《公司法》并没有对“公司依据该决议与善意相对人形成的民事法律关系”作出特别规定，因此，应直接适用《民法总则》第85条关于“营利法人依据该决议与善意相对人形成的民事法律关系不受影响”的一般规定。

不过，由于《民法总则》第85条只是规定“营利法人依据该决议与善意相对人形成的民事法律关系不受影响”，并没有规定“营利法人依据该决议与善意相对人形成的行政法律关系或刑事法律关系”不受影响，因此，就“营利法人依据该决议与善意相对人形成的行政法律关系”而言，应当适用《公司法》第22条第4款的规定，即“公司根据股东会或者股东大会、董事会决议已办理变更登记的，人民法院……撤销该决议后，公司应当向公司登记机关申请撤销变更登记”。

第七节 公司决议不成立

《公司法》本身没有直接规定公司决议不成立制度。不过，根据《民法总则》第134条第2款关于“法人、非法人组织依照法律或者章程规定的议事方式和表决程序作出决议的，该决议行为成立”的规定，在“公司决议成立”与“公司决议不成立”这个问题上，《公司法》实际上是作出了相应的规定的，具体体现在其第36条、第37条、第42条、第43条、第61条、第66条、第103条、第111条等条款。

基于《公司法》的上述规定，《公司法司法解释（四）》更加明确、直接地规定了公司决议不成立制度，具体如下：

一是，在确认公司决议不成立之诉的原告方面，《公司法司法解释（四）》第1条规定了“公司股东、董事、监事等请求确认股东会或者股东大会、董事会决议……不成立的，人民法院应当依法予以受理”，因此，公司的股东、董事、监事等人可以作为公司决议不成立之诉的原告。这与确认公司决议无效之诉的原告范围是一致的。有关分析，请见上文关于确认公司决议无效的原告部分的内容。

二是，在公司决议不成立的情形方面，《公司法司法解释（四）》第5条规定：“股东会或者股东大会、董事会决议存在下列情形之一，当事人主张决议不成立的，人民法院应当予以支持：（一）公司未召开会议的，但依据公司法第三十七条第二款或者公司章程规定可以不召开股东会或者股东大会而直接作出决定，并由全体股东在决定文件上签名、盖章的除外；（二）会议未对决议事项进行表决的；（三）出席会议的人数或者股东所持表决权不符合公司法或者公司章程规定的；（四）会议的表决结果未达到公司法或者公司章程规定的通过比例的；（五）导致决议不成立的其他情形。”因此，在发生上述情形时，公司的股东、董事、监事等人可以请求人民法院确认公司决议不成立。

三是，在确认公司决议不成立之诉是否适用诉讼时效方面，《公司法司法解释（四）》未作明确规定。有法院认为：“只要原告在知道或者应当知道自己的股东权利被侵犯后，在法律规定的诉讼时效内提起诉讼，人民法院即应依法受理，不受修订后公司法第二十二条关于股东申请撤销股东会决议的60日期限的规定限制。”① 上述观点实际上是认为，确认公司决议不成立之诉是适用诉讼时效制度的。不过，由于确认公司决议不成立与确认公司决议无效、确认合同无效都属于确认之诉，在是否适用诉讼时效制度方面应当是一致的，既然当事人请求确认公司决议无效、确认合同无效都不应受到诉讼时效期间的限制，那么，当事人请求确认公司决议不成立，同样不应受到诉讼时效期间的限制。因此，我倾向于认为，确认公司决议不成立之诉也不适用诉讼时效制度。

值得注意的是，《公司法》第22条第2款关于“股东会或者股东大会、董事会的会议召集程序、表决方式违反法律、行政法规或者公司章程，或者决议内容违反公司章程的，股东可以自决议作出之日起六十日内，请求人民法院撤销”的规定，是针对实际召开的股东会或股东大会会议、董事会会议及其作出的决议所作出的规定，不适用于不成立的公司决议。因此，确认公司决议不成立之诉，是不受《公司法》第22条第2款针对公司决议撤销之诉所规定的60日的限制的。

四是，在案由方面，现行有效的《民事案件案由规定》目前没有列明“公司决议不成立纠纷”，不过，由于《最高人民法院关于印发修改后的〈民事案件案由规定〉的通知》（法〔2011〕42号）的“适用修改后的《民事案件案由规定》时应注意的几个问题”部分提出了：“第一审法院立案时应当根据当事人诉争法律关系的性质，首先应适用修改后的《民事案件案由规定》列出的第四级案由；第四级案由没有规定的，适用相应的第三级案由；第三级案由中没有规定的，适用相应的第二级案由；第二级案由没有规定的，适用相应的第一级案由”，因此，当事人向人民法院提起确认公司决议不成立之诉，在立案时，可以选择第三级案由“公司决议纠纷”，也可以选择第二级案由“与公司有关的纠纷”，更可以选择第一级案由“与公司、证券、保险、票据等有关的民事纠纷”。

---

① 见南京市玄武区人民法院2007年4月2日就张某娟诉江苏万华工贸发展有限公司、万某、吴某亮、毛某伟股东权纠纷一审案作出的民事判决书，刊载于《最高人民法院公报》2007年第9期（http://gongbao.court.gov.cn/Details/9cde0357de27bb53c852a1bc313cb5.html?sw=，最后访问时间：2019年9月30日）。该案一审宣判后，各方当事人在法定期间内均未提出上诉，一审判决已发生法律效力。

第八节　公司决议被确认为无效、被撤销或被确认为不成立的法律后果

在法律后果方面，公司决议被确认为无效、不成立或被撤销，既会涉及公司内部的法律关系，又会涉及公司与外部之间的法律关系；既会涉及公司与公司登记机关之间的行政法律关系，还会涉及公司与第三人之间的民事法律关系。

一、对公司内部的民事法律关系的影响

如前所述，在法律适用上，根据《民法总则》第 11 条关于“其他法律对民事关系有特别规定的，依照其规定”的规定，由于公司的权力机构、执行机构作出决议或决定的行为属于特殊的民事法律行为，应首先适用《公司法》的规定；在《公司法》未作规定的情况下，则应当适用《民法总则》有关民事法律行为的规定。

由于《公司法》本身没有对公司的决议被确认为无效、被撤销或被确认为不成立对公司内部法律关系的影响作出规定，此时，应当适用《民法总则》的相关规定。

针对无效的民事法律行为和被撤销的民事法律行为，《民法总则》第 155 条规定了“无效的或者被撤销的民事法律行为自始没有法律约束力”，第 156 条规定了“民事法律行为部分无效，不影响其他部分效力的，其他部分仍然有效”，第 157 条规定了“民事法律行为无效、被撤销或者确定不发生效力后，行为人因该行为取得的财产，应当予以返还；不能返还或者没有必要返还的，应当折价补偿。有过错的一方应当赔偿对方由此所受到的损失；各方都有过错的，应当各自承担相应的责任。法律另有规定的，依照其规定”。

结合《民法总则》第 155 条、第 156 条和第 157 条的上述规定，我认为，在内部法律关系方面，公司决议被人民法院确认为无效或被撤销之后，被确认为无效或被撤销的公司决议内容，应追溯至其作出或通过之时即自始没有法律约束力，如同自始就没有存在过；但是，未被人民法院确认为无效或撤销的其

他决议内容，则不应受此影响，并应具有法律约束力。

不过，实践中，针对公司决议无效或被撤销的法律后果，不同的法院可能会采取不同的处理办法。

有的法院认为，无效或被撤销的民事法律行为的后果和基本处理准则在于恢复原状。因此，在确认公司决议无效或撤销公司决议的同时，有的法院会一并明确，在公司决议被确认为无效或被撤销之后，要求公司向公司登记机关办理相应的变更登记手续。

比如，在周某生与裕昌投资控股集团有限公司、吕某涛、吕某玉、张某、刘某华、刘某、李某华、山东聊城天恒置业有限公司及信诚传统（北京）投资有限公司公司决议效力确认纠纷一审案中，山东省高级人民法院在2015年9月23日作出的（2014）鲁商初字第23号民事判决书中认为："公司股东会决议被确认无效后，对公司内部关系具有溯及力，公司内部法律关系应回归到决议作出之前的状态。本案被认定无效的六次股东会决议内容均系公司增资，故该六次股东会决议无效的后果应是恢复至2007年5月18日第一次增资的股东会决议作出之前公司的注册资本状态与当时股东的持股状态。根据《中华人民共和国公司法》第二十二条第四款之规定，'公司根据股东会或者股东大会、董事会决议已办理变更登记的，人民法院宣告该决议无效或者撤销该决议后，公司应当向公司登记机关申请撤销变更登记。'因此，被告裕昌公司应当自本判决生效之日起30日内向公司登记机关申请变更登记至2007年5月18日股东会决议作出之前的状态……"

又如，在孙某仁诉被告上海荧星音乐教具有限公司公司决议纠纷案中，一审法院上海市青浦区人民法院在判决确认被告上海荧星音乐教具有限公司于2013年2月27日形成的股东会决议和《上海荧星音乐教具有限公司章程》无效的同时，还判决要求上海荧星音乐教具有限公司于判决生效之日起十日内向公司登记机关申请撤销根据2013年2月27日被告股东会决议和《上海荧星音乐教具有限公司章程》办理的变更登记手续①。

也有的法院只是在其判决书中确认相应的公司决议中的相关条款无效，但

---

① 见上海市青浦区人民法院2014年11月25日就孙某仁与上海荧星音乐教具有限公司公司决议纠纷一审案作出的（2014）青民二（商）初字第1727号民事判决书。

并不对公司决议被确认为无效的法律后果予以明确。

比如，在童某芳等人诉上海康达化工有限公司确认决议无效纠纷案中，一审法院上海市浦东新区人民法院只是判决宣告了“上海康达化工有限公司2006年7月29日通过的《上海康达化工有限公司关于修改（公司章程）的决议》中‘上海康达化工有限公司章程’第二十四条第（二）、（三）项、第二十五条第（四）项、第二十九条、第四十一条的内容无效”[①]。

此外，由于确认公司决议无效或撤销公司决议可能涉及多方当事人（包括公司、股东等人）的利益；尤其是，对于公司在当事人要求确认无效或撤销的公司决议作出之后发生了增资、股权转让等诸多变更事项的情形，出于维护、保护在当事人要求确认无效或撤销的公司决议作出之后形成的新的交易秩序，甚至是公共利益的考量，有的法院可能会倾向于不确认相关决议无效或撤销相关决议，或者，虽然确认相关决议无效或撤销相关决议，但是不支持公司提出的撤销与被确认为无效或被撤销的公司决议相关的公司登记或备案登记的请求。

比如，在浙江长兴博阳制衣有限公司、郭某新与钱某明、郭某忠、郭某栋、郭某梁公司决议效力确认纠纷上诉案中，针对钱某明要求确认浙江长兴博阳制衣有限公司股东会决议无效或者予以撤销的请求，二审法院浙江省湖州市中级人民法院就曾以涉诉股东会决议作出之后，“博阳公司的股权结构已经数次发生变更，如再予撤销，将导致公司股东间发生连环股权交易纠纷”为由，“从公司治理的效率原则以及股东行使权利应遵循诚信原则出发”，认为“被上诉人钱某明在事隔多年以后要求确认股东会决议无效或者予以撤销，应当不予支持”，因此驳回了钱某明的诉讼请求[②]。

针对公司决议被确认为不成立对公司内部的法律关系的影响，《公司法》和《公司法司法解释（四）》没有直接作出规定。最高人民法院倾向于认为，从体系解释出发，不成立的决议当然不具有法律约束力，这应是《公司法》的

---

① 该一审判决被上海市第一中级人民法院以（2007）沪一中民三（商）终字第172号民事判决书予以维持。

② 见湖州市中级人民法院2016年3月25日就浙江长兴博阳制衣有限公司、郭某新与钱某明、郭某忠、郭某栋、郭某梁公司决议效力确认纠纷二审案作出的（2016）浙05民终33号民事判决书。

默示性规定[①]。结合最高人民法院2019年11月印发的《全国法院民商事审判工作会议纪要》(法〔2019〕254号)第32条第1款关于"《合同法》第58条就合同无效或者被撤销时的财产返还责任和损害赔偿责任作了规定,但未规定合同不成立的法律后果。考虑到合同不成立时也可能发生财产返还和损害赔偿责任问题,故应当参照适用该条的规定"的意见,我倾向于认为,上述关于公司决议无效或被撤销的法律后果的分析,同样可以适用于公司决议被确认为不成立的情形。

二、对公司与第三人之间的民事法律关系的影响

在公司根据公司权力机构、执行机构的决议或决定与第三人进行交易之后,如果相关决议被人民法院确认为无效或撤销,公司据此与第三人之间的交易是否会受到影响?

《公司法》没有对此作出规定,此时应当适用《民法总则》的相关规定。

如前所述,针对公司决议被确认为无效或被撤销的法律后果,《民法总则》第155条规定了"无效的或者被撤销的民事法律行为自始没有法律约束力",因此,在公司决议被确认为无效或被撤销之后,公司应当对其依据该决议所实施的外部行为进行撤销、纠正或补救。

比如,在2013年10月29日就广东城协建筑规划设计院有限公司与广东中顺美地房地产开发有限责任公司、成都市中顺城投投资有限公司、王某郦、周某建、兰某、严某华增资纠纷一审案作出的(2012)川民初字第30号民事裁定书中,四川省高级人民法院就认为:"据本案查明事实,广东城协公司已经就广东中顺公司关于兰某增资的股东会和董事会决议提起诉讼请求撤销,广东中顺公司关于兰某增资的股东会决议和董事会决议已经被人民法院生效判决予以撤销。依照《中华人民共和国民法通则》第五十九条第二款关于'被撤销的民事行为从行为开始起无效'的规定,广东中顺公司关于兰某增资的股东会和

---

① 见最高人民法院审判委员会时任专职委员杜万华2017年8月28日在最高人民法院关于《公司法司法解释(四)》的新闻发布会上答记者问时的发言,http://www.chinacourt.org/chat/fulltext/listId/48090/template/courtfbh20170828.shtml,最后访问时间:2019年9月30日。

董事会决议自作出时即为无效。因此，广东中顺公司关于兰某增资的股东会和董事会决议无效的溯及力一般应当及于广东中顺公司依据该内部决议所作出的外部行为，包括案涉其股东决定和增资协议，除非增资协议相对人为善意第三人。公司在其股东会和董事会决议被撤销或确认无效后，如果已经依据被撤销或确认无效的内部决议作出外部行为，理应采取补救措施或主动纠正其外部行为。"①

不过，在《民法总则》第155条关于"无效的或者被撤销的民事法律行为自始没有法律约束力"的规定之外，《民法总则》第85条也规定了"营利法人的权力机构、执行机构作出决议的会议召集程序、表决方式违反法律、行政法规、法人章程，或者决议内容违反法人章程的，营利法人的出资人可以请求人民法院撤销该决议，但是营利法人依据该决议与善意相对人形成的民事法律关系不受影响"。在此基础上，《公司法司法解释（四）》第6条更是明确规定了"股东会或者股东大会、董事会决议被人民法院判决确认无效或者撤销的，公司依据该决议与善意相对人形成的民事法律关系不受影响"。

据此，结合《民法总则》第85条以及《公司法司法解释（四）》第6条的规定，根据《民法总则》第61条关于"法定代表人以法人名义从事的民事活动，其法律后果由法人承受。法人章程或者法人权力机构对法定代表人代表权的限制，不得对抗善意相对人"的规定和《合同法》第50条关于"法人……的法定代表人……超越权限订立的合同，除相对人知道或者应当知道其超越权限的以外，该代表行为有效"的规定，以及《民法总则》第170条关于"执行法人……工作任务的人员，就其职权范围内的事项，以法人……的名义实施民事法律行为，对法人……发生效力"，"法人……对执行其工作任务的人员职权范围的限制，不得对抗善意相对人"的规定和《合同法》第49条关于"行为人没有代理权、超越代理权或者代理权终止后以被代理人名义订立合同，相对人有理由相信行为人有代理权的，该代理行为有效"的规定，我倾向于认为：在对外关系上，如果第三人是善意的，从保护善意第三人的角度，公司与该善意第三人之间的交易不因公司决议无效或被撤销而受到影响，应继续有效并对

---

① 一审裁定作出之后，广东城协建筑规划设计院有限公司对该裁定提起了上诉，但被最高人民法院在2014年11月25日以（2014）民二终字第15号民事裁定书驳回了上诉。

公司和该善意第三人继续具有约束力；但是，如果第三人并非善意第三人，那么，公司与该非善意第三人之间的交易是否有效，就需要结合第三人的具体情况加以判断了。[①]

值得注意的是，在判断公司与第三人之间的交易是否有效时，应当根据公司决议的具体内容进行分析，这要比分析公司章程被确认为无效对公司与第三人之间的法律关系影响更加复杂。

值得一提的是，在处理公司决议被确认无效或被撤销的法律后果方面，陕西省高级人民法院民二庭的如下意见[②]可作参考：

人民法院判决瑕疵决议无效、被撤销或不存在后，最核心的难点在于如何确定判决的溯及力。

由于公司决议具有团体法上行为的性质，判决的对世效力必须符合公司法律关系的整体性、稳定性的基本要求。就是说，公司决议无效、撤销或不存在的判决之溯及力，不能简单适用民法上法律行为被判决撤销、无效而具有溯及既往的效力。因为以公司决议为基础的公司行为如被溯及无效，将产生公司法律关系的混乱，不利于对善意第三人的保护。因此，公司法在对待以瑕疵决议为基础的行为时，不必当然将瑕疵决议的效力溯及既往，而应视具体情形尊重既成事实，承认其对善意第三人的法律效力，维护交易的安全。

从《民法总则》第85条、《公司法司法解释（四）》第6条和上述法院的意见看，在股东的个人权益与由事后被确认为无效或被撤销的公司决议所形成的新的交易秩序发生冲突时，法院乃至法律往往会选择保护交易秩序，而牺牲股东的个人权益。因此，在包括公司股东在内的当事人认为公司决议存在无效或可撤销的情形时，应尽快向法院提起诉讼，申请法院确认公司决议无效或撤销公司决议，避免发生因时间过长、发生更多的交易、形成新的交易秩序而导致自身请求得不到法院支持的不利后果。

值得一提的是，与公司决议无效不同，公司决议被撤销只是暂时性地阻断了公司决议涉及的事项的实施：在公司决议被撤销的情形，公司股东（大）会

---

① 关于第三人是否是善意的、是否负有审查义务方面的分析，请见本书第十八章第二节的内容。

② 陕西省高级人民法院民二庭《股权转让纠纷疑难问题分析及应对》调研报告，转引自 http://weibo.com/p/23041870a21b920102vgye，最后访问时间：2019年9月30日。

或董事会仍然可以根据法律、行政法规和公司章程的规定，重新召集和召开会议，审议相同的事项，经依法表决后作出与此前被撤销决议的内容相同的决议，并予以实施（包括在适用时向公司登记机关办理变更登记）——当然，在公司决议因其内容违反公司章程而被撤销的情形，如果重新通过的决议的内容仍然违反公司章程，则仍然属于可撤销的决议；但是，在公司决议无效的情形，公司重新召开股东（大）会或董事会会议就相同的内容作出的相同的决议，仍将因其内容违反法律、行政法规而无效。

针对公司决议被确认为不成立对公司与第三人之间的民事法律关系的影响，《公司法》和《公司法司法解释（四）》没有直接作出规定。同样地，我倾向于认为，上述关于公司决议无效或被撤销的法律后果的分析，同样可以适用于公司决议被确认为不成立的情形。

三、对公司与公司登记机关之间的行政法律关系的影响

需要注意的是，《民法总则》第85条和《公司法司法解释（四）》第6条只是规定公司依据该决议与善意相对人形成的民事法律关系不受影响，并没有规定公司依据该决议与善意相对人形成的行政法律关系或刑事法律关系不受影响；就“公司依据该决议与善意相对人形成的行政法律关系”而言，应当适用《公司法》第22条第4款的规定，即“公司根据股东会或者股东大会、董事会决议已办理变更登记的，人民法院宣告该决议无效或者撤销该决议后，公司应当向公司登记机关申请撤销变更登记”。

其中，《公司法》第22条第4款所说的据以办理变更登记的“董事会决议”，主要是指董事会选举董事长或聘任经理的决议，因为，通常情况下，根据公司的董事会决议办理变更登记主要是因为公司法定代表人发生变更而进行的变更登记。

根据《公司法》第22条第4款的规定，在公司相关决议被宣告无效或被撤销之后，公司负有向公司登记机关申请撤销此前已经依据该相关决议办理的公司变更登记手续的法定义务。如果公司未履行该项义务，公司股东可以请求人民法院要求公司向公司登记机关办理撤销变更登记，人民法院也可以依法判决公司办理撤销变更登记的手续。如同最高人民法院在2015年4月30日就薛

某懿、薛某蛟、王某生、薛某琦与西藏国能矿业发展有限公司、西藏龙辉矿业有限公司股权转让合同纠纷二审案作出的（2014）民二终字第205号民事判决书中所说，“一审法院判决双方当事人进行工商登记变更属依约履行合同，并无不当，不存在干涉或侵犯行政权的情形。至于在履行该合同过程中，当事人之间应否按当地有关文件完成工商变更登记所需的相关报批手续，属当事人自行解决的问题，与判决结果正确与否无关”。

值得注意的是，《公司法》第22条第4款只是规定了公司在相关决议被宣告无效或被撤销之后负有向公司登记机关申请撤销此前已经依据该相关决议办理的公司变更登记手续的义务，并没有规定公司登记机关负有依公司的申请撤销相应的变更登记的义务；此外，因公司相关决议被法院宣告无效或被法院撤销的情况没有涉及法院的协助执行程序，在公司未提出撤销变更登记申请的情况下，根据《行政许可法》第69条①的规定，公司登记机关没有义务，也不能依职权主动撤销变更登记。这跟公司登记机关根据《公司法》第198条规定主动采取撤销公司登记的行政处罚是不同的。

因此，对于公司基于《公司法》第22条第4款规定的义务所提出的撤销变更登记的申请，公司登记机关可以依法准予变更登记，也可以依法基于特定的理由和原因不予变更登记。

由于撤销变更登记将涉及多方当事人（不仅涉及公司、公司的各个股东，甚至可能涉及第三人）的利益，撤销变更登记可能损害相关主体的利益，影响交易秩序的稳定甚至损害社会公共利益；同时，撤销变更登记使得公司登记机关也成为撤销变更登记的利害关系人，不仅可能引发民事诉讼，也可能引发行

---

① 《行政许可法》第69条　有下列情形之一的，作出行政许可决定的行政机关或者其上级行政机关，根据利害关系人的请求或者依据职权，可以撤销行政许可：

（一）行政机关工作人员滥用职权、玩忽职守作出准予行政许可决定的；

（二）超越法定职权作出准予行政许可决定的；

（三）违反法定程序作出准予行政许可决定的；

（四）对不具备申请资格或者不符合法定条件的申请人准予行政许可的；

（五）依法可以撤销行政许可的其他情形。

被许可人以欺骗、贿赂等不正当手段取得行政许可的，应当予以撤销。

依照前两款的规定撤销行政许可，可能对公共利益造成重大损害的，不予撤销。

依照本条第一款的规定撤销行政许可，被许可人的合法权益受到损害的，行政机关应当依法给予赔偿。依照本条第二款的规定撤销行政许可的，被许可人基于行政许可取得的利益不受保护。

政诉讼，并使得公司登记机关因此成为多起行政诉讼的被告；因而，公司登记机关本能地不愿意撤销变更登记。因此，实践中在公司据以办理变更登记的决议被法院宣告无效或被撤销后，存在公司未能在公司登记机关完成撤销变更登记的情况。

对此，曾有全国人大代表提出提案，建议对《公司法》第22条第4款进行修改，使法院对公司变更登记决议无效或者撤销该决议的决定在一定程序及时限内直接生效。不过，对于这些建议，原国务院法制办认为，相关问题可以通过司法程序解决，同时鉴于该问题属于公司法实施过程中产生的问题，建议由原国家工商总局对如何具体实施《公司法》第22条第4款作出比较明确的规定，并不需要通过修改公司法解决；原国家工商总局认为，由于《公司法》修改时间不长，全面修改《公司法》还需要进一步研究积累经验，对于《公司法》第22条第4款的实施应通过细化相关规定的方式予以解决；全国人民代表大会财政经济委员会同意原国家工商总局的意见，建议先通过完善公司登记等相关规定，解决议案所提问题。①

不过，截至2020年初，原国家工商总局和市场监管总局尚未出台关于实施《公司法》第22条第4款的细化规定。我理解，如前所述，撤销变更登记涉及的法律关系甚为复杂，仅由市场监管总局一家恐难厘清，需要与其他机关尤其是最高人民法院统筹协调，这也许是关于实施《公司法》第22条第4款的细化规定迟迟不能出台的一个重要原因。

问题是，在没有细化规定可依的情况下，与《公司法》第22条第4款有关的问题应如何解决呢？对此，我的理解主要有以下四点：

一是，根据《公司法》第22条第4款的规定，在公司此前据以办理变更登记的公司决议被法院宣告无效或被撤销之后，公司应当向公司登记机关申请撤销变更登记；并且，在申请撤销登记时，应当根据《公司登记管理条例》第40条的规定提交公司法定代表人签署的申请书和法院关于宣告相关决议无效或

---

① 分别见2010年10月28日第十一届全国人民代表大会常务委员会第十七次会议通过的《全国人民代表大会财政经济委员会关于第十一届全国人民代表大会第三次会议主席团交付审议的代表提出的议案审议结果的报告》、2011年10月29日第十一届全国人民代表大会常务委员会第二十三次会议通过的《全国人民代表大会财政经济委员会关于第十一届全国人民代表大会第四次会议主席团交付审议的代表提出的议案审议结果的报告》。

撤销相关决议的裁判文书。

二是，对于公司提交的撤销变更登记的申请，在符合《公司法》和《公司登记管理条例》规定的受理条件时，公司登记机关应当受理。

三是，如前所述，由于准予撤销变更登记涉及多方当事人（不仅涉及公司、公司的各个股东，甚至可能涉及第三人）的利益；尤其是对于公司在相应的变更登记之后发生诸多变更事项并且涉及诸多第三人的情形，即使是公司相关决议被法院宣告无效或被撤销了，公司登记机关也可以基于维护交易秩序和公共利益的考虑，作出不予撤销变更登记的决定。

比如，上海市第一中级人民法院在2013年4月23日就上海某高新材料有限公司与上海市工商行政管理局某分局工商变更登记纠纷案作出的（2013）沪一中行终字第46号行政判决书就是这样处理的。

这个案件的基本案情如下：

上海某高新材料有限公司于2001年6月12日成立，成立时的企业名称为上海双权企业管理咨询有限公司，登记的股东姓名及出资额为沈a出资25万元、沈b出资25万元。

其后，该公司历经了14次工商变更登记，分别为：（1）2002年7月16日，变更公司名称、住所、注册资本、经营范围等登记事项；（2）2002年12月25日，变更公司注册资本、经营范围等登记事项；（3）2003年5月16日，变更公司名称、经营范围、股东等登记事项；（4）2003年12月22日，变更公司注册资本、股东等登记事项；（5）2004年5月，变更公司住所、经营期限等登记事项；（6）2004年7月6日，变更公司股东等登记事项；（7）2004年10月，变更公司股东等登记事项；（8）2004年12月，变更公司经营范围、股东等登记事项；（9）2005年3月14日，变更公司住所、经营期限、股东等登记事项；（10）2005年5月，变更经营范围等登记事项；（11）2005年12月19日，变更公司名称、经营范围、股东等登记事项；（12）2006年6月19日，变更公司住所、经营范围等登记事项；（13）2006年10月9日，变更公司股东等登记事项；（14）2007年4月，变更公司股东等登记事项。其间，先后有沈a、沈b、肖a、徐a、徐b、陈a、王a、张a、王b、顾a、王c、彭a、金a、沈c、彭b、徐b、瞿a等人被登记为该公司股东，截至该案件提起一审诉讼当时，该公司登记的股东姓名及出资额为：沈a出资510万元，瞿a出资290万元，彭

b出资200万元。

2012年5月9日，上海市闵行区人民法院分别作出（2011）闵民二（商）初字第×××、×××、×××、×××、×××、×××、×××号民事判决书，确认该公司于2002年7月1日、2002年12月18日、2003年5月9日、2003年12月2日、2004年6月2日、2005年3月2日、2005年12月12日作出的股东会决议无效。

2012年3月31日，上海市闵行区人民法院分别作出（2012）闵民二（商）初字第××、××号民事判决书，确认该公司于2006年5月30日、2006年9月20日作出的股东会决议无效。判决后，各方当事人均未上诉。

2012年6月8日，该公司向上海市工商行政管理局某分局提交《公司撤销变更登记申请书》，以法院判决确认股东会决议无效为由，申请撤销该公司2002年7月16日、2002年12月25日、2003年5月16日、2003年12月22日、2004年7月6日、2005年3月14日、2005年12月19日、2006年6月19日、2006年10月9日的9次工商变更登记，依据的人民法院裁判文书文号为（2011）闵民二（商）初字第×××、×××、×××、×××、×××、×××、×××号民事判决书、（2012）闵民二（商）初字第××、××号民事判决书。

2012年9月13日，上海市工商行政管理局某分局作出《登记驳回通知书》，以该公司"存续期间内外法律关系的建立均依赖公司登记的社会公信力，撤销变更登记可能对不确定的善意第三人、善意取得股权的其他股东以及债权人的利益造成损害，影响社会经济秩序的稳定，进而对公共利益造成损害"为由，对该公司申请撤销上海市工商行政管理局某分局于2002年7月16日、2002年12月25日、2003年5月16日、2003年12月22日、2004年7月6日、2005年3月14日、2005年12月19日、2006年6月19日、2006年10月9日核准的9次工商变更登记，决定不予登记，并向该公司送达了该通知书。

该公司不服，故起诉至法院，请求确认上海市工商行政管理局某分局于2012年9月13日作出《登记驳回通知书》的行政行为违法。

一审法院上海市闵行区人民法院首先肯定了上海某高新材料有限公司有权提起本次起诉，认为："《公司法》第二十二条第四款规定，公司根据股东会或者股东大会、董事会决议已办理变更登记的，人民法院宣告该决议无效或者撤销该决议后，公司应当向公司登记机关申请撤销变更登记。原告 A 公司以股东会决议被法院宣告无效为由，向被告 B 分局申请撤销 9 次工商变更登记，虽上述 9 次工商变更登记行为本身已超过行政诉讼法规定的 5 年最长起诉期限，但原告向被告提交的申请材料反映出法院的民事判决结果确认了新的法律事实和法律关系，按照公司法的相关规定，上述民事判决结果能构成被告重新审查原工商变更登记行为的启动条件。被告于 2012 年 9 月 13 日作出的《登记驳回通知书》，应被认定为一个独立于原工商变更登记的行政行为，故本院认为原告的起诉符合行政诉讼法关于起诉期限和受案范围的规定。”

但是，由于“本案中，原告虽向被告提交了撤销变更登记的申请书及人民法院的裁判文书，但原告申请撤销的 9 次工商变更登记并非包含该公司最后一次变更登记在内的 9 次连续变更登记”，因此，一审法院同时也认为：“为保护公司登记的连续性和稳定性，在后手变更登记未依法定程序撤销的情况下，仅提交撤销前手变更登记的申请书和相应的裁判文书，不符合《公司法》《公司登记管理条例》关于撤销变更登记的相关规定及其立法本意”；此外，“被告在综合考虑原告 A 公司的历次变更登记以及生效民事判决所确认的该公司内外部法律关系后，以原告 A 公司‘存续期间内外法律关系的建立均依赖公司登记的社会公信力，撤销变更登记可能对不确定的善意第三人、善意取得股权的其他股东以及债权人的利益造成损害，影响社会经济秩序的稳定，进而对公共利益造成损害’为由，作出不予撤销变更登记的决定，亦属合理”。因此，一审法院判决驳回上海某高新材料有限公司的诉讼请求。

对此，上海某高新材料有限公司提起了上诉。在上诉审中，二审法院上海市第一中级人民法院也认为：“本案中，虽被上诉人作出的工商变更登记行为所依据的股东会决议被生效判决确认为虚假，但上诉人申请撤销的 9 次工商变更登记并非包含该公司最后一次变更登记在内的 9 次连续变更登记，故被上诉人以上诉人存续期间内外法律关系的建立均依赖于公司登记的社会公信力，撤销变更登记可能对不确定的善意第三人、善意取得股权的其他股东以及债权人的利益造成损害，影响社会经济秩序的稳定，进而对公共利益造成损害为由，作出被诉驳回申请行为并无不当”，因此判决驳回上诉、维持原判。

从这个案例看，在股东的个人权益与由事后被确认为无效或被撤销的公司决议所形成的新的交易秩序发生冲突时，公司登记机关、法院乃至法律往往会选择维护和保护交易秩序而牺牲股东的个人权益。因此，在包括公司股东在内的当事人认为公司决议存在无效或可撤销的情形时，应尽快向法院提起诉讼，申请法院确认公司决议无效或撤销公司决议，并促使公司尽快申请公司登记机关撤销相关变更登记，避免发生因时间过长、发生更多的交易、形成新的交易秩序而导致自身请求得不到法院、公司登记机关支持的不利后果。

值得一提的是，从撤销变更登记涉及的民事关系的角度看，我理解，《公司登记管理条例》第 9 条规定的 8 项公司登记事项中的公司名称、住所、法定代表人、公司类型、经营范围、营业期限这 6 项登记事项，在其完成变更登记之后根据《公司法》第 22 条第 4 款的规定被撤销变更登记，对第三人的影响相对较小，因为有关这 6 项登记事项的变更登记和撤销变更登记的争议主要发生在公司的现有股东之间，无论是这 6 项登记事项的变更登记还是其后被撤销的变更登记，都不会直接涉及股东持股情况的变化或第三人成为公司股东的情况，不会影响股东的主要实体权利，从而对作为公司交易对手的相关第三人的利益的影响相对不大；相对而言，《公司登记管理条例》第 9 条规定的 8 项公司登记事项中的注册资本、有限公司的股东或股份公司的发起人的姓名（或名称），其变更登记与撤销变更登记，更有可能涉及第三人利益，尤其是在有限公司通过引入新的股东的方式增加注册资本、有限公司原有股东向股东以外的人转让股权导致有限公司的股东发生变化而进行的变更登记以及其后的撤销变更登记的情形，可能会涉及公司的原有股东对于股权转让的优先购买权或对于公司新增资本的优先认缴权、善意取得制度的适用以及交易秩序的保护问题，也可能涉及公司股东会决议的效力、增资协议或股权转让协议的效力以及公司的股东会决议与增资协议或股权转让协议之间的协调问题，不仅可能涉及行政诉讼问题，还可能涉及民事诉讼（对第三人的民事赔偿）问题，相关的情况就比较复杂了，需要结合具体的情况进行分析。

四是，在公司此前办理的变更登记被公司登记机关依法撤销的情况下，公司登记机关应当将公司的登记状态恢复至变更登记之前的状态。

对此，《国家工商行政管理总局关于〈公司登记管理条例〉第五十九条适用问题的答复》（工商企字〔2001〕第 254 号，已在 2006 年被废止）曾明确规定："公司变更登记被依法撤销，公司登记状态应恢复至变更登记之前的状态。

撤销变更登记并不直接涉及公司法人资格及与该变更登记无关的其他事项的变化。”尽管工商企字〔2001〕第254号文件已经在2006年失效了，并且，《行政许可法》《公司登记管理条例》《企业法人登记管理条例》《企业法人登记管理条例实施细则》都没有关于公司登记事项恢复的规定，但是，由于在撤销公司变更登记的情况下，公司登记机关将公司登记状态恢复至变更登记之前的状态，属于公司登记机关所作出的撤销公司变更登记决定的后续执行行为，所以实践中，公司登记机关通常都会在撤销公司变更登记的同时，将公司登记状态恢复至变更登记之前的状态。

比如，武汉市工商局2008年印发的《企业撤销变更登记工作规范》（武工商注〔2008〕144号）规定的“依据人民法院的有关判决（对当事人的判决）申请撤销变更登记的工作规范”中的“操作流程”如下：“1. 工商登记机关应依法及时通知企业申请办理有关手续，对企业提交的材料，手续齐全，符合法定程序的予以受理；2. 受理后进入变更登记流程，将对应的企业登记信息撤销恢复至变更登记之前的状态；……”

又如，在2015年8月14日就张某诉北京市工商行政管理局西城分局撤销行政许可二审案作出的（2015）二中行终字第1274号行政判决书中，北京市第二中级人民法院认为：“西城工商局作出撤销姜某变更至张某的法定代表人变更登记决定后，将盛华夏公司的法定代表人恢复至变更登记之前的状态，属于撤销决定的后续执行行为，至于张某所主张的原公司法定代表人姜某已不具备担任法定代表人资格的问题，西城工商局应当通过再次要求盛华夏公司变更法定代表人的方式予以解决，并不影响撤销决定本身合法性的判断。”

当然，这主要适用于相关变更登记属于当时最后一次变更登记的情形，如上海市第一中级人民法院在2013年4月23日作出的（2013）沪一中行终字第46号行政判决书中的案例所示，如果相关变更登记并非最后一次变更登记，由于撤销该变更登记将导致其后的变更登记失去其基础和连续性，公司登记机关通常不会撤销该变更登记。

针对公司决议被确认为不成立对公司与公司登记机关之前的行政法律关系的影响，《公司法》和《公司法司法解释（四）》没有直接作出规定。同样地，我倾向于认为，上述关于公司决议无效或被撤销的法律后果的分析，同样可以适用于公司决议被确认为不成立的情形。

四、公司决议被确认为无效、被撤销或被确认为不成立之前的效力

尽管《民法总则》第 155 条规定了“无效的或者被撤销的民事法律行为自始没有法律约束力”，但是，值得思考的问题是，在公司决议被确认为无效、被撤销或被确认为不成立之前，其效力如何？对公司、股东、董事、监事、高级管理人员等相关主体是否具有约束力？

在这方面，刊载于《最高人民法院公报》2010 年第 2 期的、由最高人民法院在 2009 年 11 月 20 日就兰州神骏物流有限公司（以下简称神骏公司）与兰州民百（集团）股份有限公司（以下简称民百公司）侵权纠纷上诉案作出的（2009）民二终字第 75 号民事判决书[①]中的意见，可供参考。

在该民事判决书中，针对神骏公司提出的“股东大会决议必须不违背法律、行政法规才有效。涉及本案的股东大会决议必须在 3000 万元权益性资产无偿赠送真实合法时才合法有效”的上诉主张，最高人民法院认为：“民百公司《股权分置改革方案》经该公司股东大会决议通过后，该方案的效力不因神骏公司是否认可而受到影响。”

在此基础上，《最高人民法院公报》2010 年第 2 期在刊载该案时的“裁判摘要”中更进一步提出：“股份公司股东大会作出决议后，在被确认无效前，该决议的效力不因股东是否认可而受到影响。股东大会决议的内容是否已实际履行，并不影响该决议的效力。”

我理解，最高人民法院在该案中的上述意见，同样可以适用于公司决议被确认为无效、被撤销或被确认为不成立之前的效力状态，即：公司决议在被确认为无效、被撤销或被确认为不成立之前，对公司、股东、董事、监事、高级管理人员等相关主体是具有约束力的。

事实上，《民法总则》第 85 条关于“……营利法人的出资人可以请求人民法院撤销该决议，但是营利法人依据该决议与善意相对人形成的民事法律关系不受影响”的规定，以及《公司法司法解释（四）》第 6 条关于“股东会或者

---

① http：//gongbao. court. gov. cn/Details/68969dd593d46b0bc2b9bb5932bd92. html？sw =，最后访问时间：2019 年 9 月 30 日。

股东大会、董事会决议被人民法院判决确认无效或者撤销的，公司依据该决议与善意相对人形成的民事法律关系不受影响”的规定，其实就包含了这样的意思。否则，如果公司决议在被确认为无效、被撤销或被确认为不成立之前是无效的，或者对公司、股东、董事、监事、高级管理人员等相关主体是不具有约束力的，那么，也就没有必要再明文规定“营利法人依据该决议与善意相对人形成的民事法律关系不受影响”和“公司依据该决议与善意相对人形成的民事法律关系不受影响”了。

第九节　关于完善《公司法》第22条的若干建议

一、适用《公司法》第22条的公司决议的范围应当扩大

（一）对股东决定和执行董事决定的适用

值得注意的是，由于《公司法》第22条第1款使用的是“公司股东会或者股东大会、董事会的决议”的表述，第2款使用的是“股东会或者股东大会、董事会的会议召集程序、表决方式”的表述，第4款使用的是“股东会或者股东大会、董事会决议”的表述，因此，从文义上看，《公司法》第22条关于公司决议无效和撤销的规定不适用于以下几种情形：

一是，有限公司的全体股东根据《公司法》第37条第2款的规定直接作出书面决定。

二是，不设股东会的一人公司、国有独资公司的唯一股东作出的决定。

三是，不设董事会的有限公司的执行董事作出的决定。

显然，这是不符合《公司法》的立法目的的。结合《民法总则》第85条关于“营利法人的权力机构、执行机构作出决议的会议召集程序、表决方式违反法律、行政法规、法人章程，或者决议内容违反法人章程的，营利法人的出资人可以请求人民法院撤销该决议”的规定，我倾向于认为，在有限公司的情形，《公司法》第22条所说的“股东会决议”，亦应包括有限公司的全体股东

根据《公司法》第37条第2款作出的决定、一人公司的唯一股东作出的决定和国有独资公司的出资人作出的决定；《公司法》第22条所说的“董事会决议”，亦应包括不设董事会的有限公司的执行董事作出的决定。在不设股东会的一人公司的唯一股东、国有独资公司的出资人作出的决定以及不设董事会的有限公司的执行董事作出的决定的内容违反公司章程的情形，《公司法》第22条第2款中的“决议内容违反公司章程的，股东可以自决议作出之日起六十日内，请求人民法院撤销”的规定应当予以适用。

当然，值得一提的是，对于不设股东会的一人公司、国有独资公司来说，因其可由唯一股东或出资人直接作出决定，在其唯一股东或出资人此前作出的决定的内容违反法律、行政法规或公司章程的情况下，可以由其唯一股东或出资人自主作出新的决定，撤销其以前作出的决定即可，无需请求人民法院来撤销。

（二）对监督机构决议和经理决定的适用

《公司法》第22条、《民法总则》第85条都没有提及有关公司的监督机构的决议或决定或公司的经理、法定代表人的决定的无效或撤销的内容。

问题是，公司的监督机构的决议或决定或公司的经理、法定代表人的决定的内容违反法律、行政法规的，是否无效？此外，公司的监事会作出决议的会议召集程序、表决方式，不设监事会的有限公司的监事、公司的经理、法定代表人作出决定的程序，违反法律、行政法规或者公司章程，或者公司的监督机构的决议或决定、公司的经理、法定代表人的决定的内容违反公司章程的，股东是否可以请求人民法院撤销？

尽管《公司法》《民法总则》都未对此作出规定，但是，注意到《民法总则》第94条第2款针对捐助法人规定了“捐助法人的决策机构、执行机构或者法定代表人作出决定的程序违反法律、行政法规、法人章程，或者决定内容违反法人章程的，捐助人等利害关系人或者主管机关可以请求人民法院撤销该决定，但是捐助法人依据该决定与善意相对人形成的民事法律关系不受影响”，考虑到不论是公司的监督机构，还是公司的经理、法定代表人，根据《公司法》第13条、第49条、第53条和第54条的规定，都分别享有或多或少代表公司采取特定措施或独立对公司的特定事项作出决定的职权，因此，我倾向于认为，股东应当可以参照适用《公司法》第 22 条第 1 款至第 3 款的规定以及《民法总则》第 85 条的规定，请求人民法院宣告相关决议或决定无效，或撤销相关决议或决定。将来修改《公司法》时，应当对此作出明确规定为宜。

二、关于“召集程序”的理解及其完善

根据《公司法》第 22 条第 2 款，股东会或者股东大会、董事会的会议召集程序违反法律、行政法规或者公司章程的，股东可以请求人民法院撤销。问题是，何为“召集程序”?《公司法》本身没有作出规定。

我理解，会议的召集程序涉及会议召集的整个过程的方方面面，至少涉及以下几个方面的事项：

一是，召集人的资格和权限。比如，《公司法》第 38 条规定了，有限公司首次股东会会议由出资最多的股东召集；第 40 条规定了，有限公司成立之后的股东会会议原则上由董事会（在公司不设董事会时由执行董事）召集，在特定情况下由监事会（或不设监事会的有限公司的监事）召集或由代表公司 10% 以上表决权的股东召集；第 51 条第 3 款规定了，有限公司的监事会会议原则上由监事会主席召集，在特定情况下由特定监事召集；第 101 条规定了，股份公司的股东大会会议原则上由董事会召集，特定情况下由监事会召集或由特定股东召集；第 109 条第 2 款规定了，股份公司的董事会会议原则上由董事长召集，特定情况下由副董事长或特定董事召集；第 117 条第 3 款规定了，股份公司的监事会原则上由监事会主席召集，特定情况下由监事会副主席或特定监事召集。

二是，召集召开会议的通知，包括通知时间、通知方式、通知对象、通知事项等，具体可见《公司法》第 41 条第 1 款、第 90 条第 1 款、第 102 条第 1 款、第 110 条等条款。

不过，召集程序只是公司相关会议召开的一部分，属于会议召开前的程序，公司相关会议的召开过程涉及的事项，同样可能会导致公司相关决议不符合法律、行政法规的规定，比如会议的召集人拒绝相关股东或董事或其他人员出席会议或者设置其他的限制条件，从而事实上剥夺了相关股东或董事或其他人员出席会议的权利以及对相关事项行使表决权的权利。

因此，从程序正义的角度，有必要将《公司法》第 22 条第 2 款所说的“召集程序”扩大适用于相关会议的全过程，包括其会议前的召集程序、通知程序、会议的召开程序、会议的记录与决议的签署、通知与公告等事项。

三、关于“表决方式”表述的完善

根据《公司法》第 22 条第 2 款，股东会或者股东大会、董事会的表决方式违反法律、行政法规或者公司章程的，股东可以请求人民法院撤销。问题是，何为“表决方式”?《公司法》本身没有作出规定。

值得注意的是，《公司法》第 43 条第 1 款、第 48 条第 1 款、第 55 条第 1 款、第 119 条第 2 款使用了“表决程序”的表述，但《公司法》本身也没有对“表决程序”作出规定。在合伙企业的情形，《合伙企业法》第 30 条第 1 款则使用了“表决办法”的表述。我理解，“表决方式”与“表决程序”“表决办法”指向的内容是不同的。

（一）关于表决方式

综合《全国人民代表大会议事规则》（1989 年主席令第 17 号）第 53 条、《第七届全国人民代表大会第四次会议选举和决定任命办法》第 3 条、《全国人民代表大会和地方各级人民代表大会选举法》（2015 年修正）第 51 条、《上市公司股东大会规则》（2016 年修订）第 35 条、《中国银监会关于印发商业银行公司治理指引的通知》（银监发〔2013〕34 号）第 29 条、《中华全国律师协会常务理事会议事规则（试行）》第 3 条的规定，“表决方式”一般包括以下几种：（1）投票表决方式（包括记名或无记名投票表决）、口头表决方式、举手表决方式、按表决器的方式；（2）会议表决（包括视频会议）方式与通信表决方式；（3）现场表决方式与网络表决方式等。

这些表决方式是基于不同的因素进行的分类，相互之间也有重叠，比如，会议表决方式是与通信表决方式相对应的，但会议表决具体也可以采取投票表决方式或口头表决方式或举手表决方式或按表决器的表决方式。

（二）关于表决办法

《公司法》本身没有使用“表决办法”的表述。结合《合伙企业法》第30条、《第七届全国人民代表大会第三次会议关于〈中华人民共和国香港特别行政区基本法（草案）〉的审议程序和表决办法》《第八届全国人民代表大会第一次会议关于〈中华人民共和国澳门特别行政区基本法（草案）〉的审议程序和表决办法》《第十二届全国人民代表大会第一次会议关于第十二届全国人民代表大会专门委员会的设立及其主任委员、副主任委员、委员人选的表决办法》，我理解，表决办法应当包括这些内容：一是，表决所采取的表决方式；二是，表决票的计算规则；三是，通过决议所需的人数或表决票或表决权的数量。由此，表决方式属于表决办法的一部分。

就《公司法》而言，其以下条款属于关于表决办法的规定：

1. 第16条第3款，即“前款规定的股东或者受前款规定的实际控制人支配的股东，不得参加前款规定事项的表决。该项表决由出席会议的其他股东所持表决权的过半数通过”。

2. 第43条，即“股东会的议事方式和表决程序，除本法有规定的外，由公司章程规定。股东会会议作出修改公司章程、增加或者减少注册资本的决议，以及公司合并、分立、解散或者变更公司形式的决议，必须经代表三分之二以上表决权的股东通过”。

3. 第48条，即“董事会的议事方式和表决程序，除本法有规定的外，由公司章程规定。……董事会决议的表决，实行一人一票”。

4. 第51条第3款，即“监事会设主席一人，由全体监事过半数选举产生……”

5. 第55条第2款、第3款，即“监事会的议事方式和表决程序，除本法有规定的外，由公司章程规定。监事会决议应当经半数以上监事通过”。

6. 第90条第3款，即“创立大会对前款所列事项作出决议，必须经出席会议的认股人所持表决权过半数通过”。

7. 第103条，即“股东出席股东大会会议，所持每一股份有一表决权。但是，公司持有的本公司股份没有表决权。股东大会作出决议，必须经出席会议的股东所持表决权过半数通过。但是，股东大会作出修改公司章程、增加或者减少注册资本的决议，以及公司合并、分立、解散或者变更公司形式的决议，必须经出席会议的股东所持表决权的三分之二以上通过”。

8. 第111条，即“董事会会议应有过半数的董事出席方可举行。董事会作出决议，必须经全体董事的过半数通过。董事会决议的表决，实行一人一票”。

9. 第119条第2款、第3款，即“监事会的议事方式和表决程序，除本法有规定的外，由公司章程规定。监事会决议应当经半数以上监事通过”。

10. 第121条，即“上市公司在一年内购买、出售重大资产或者担保金额超过公司资产总额百分之三十的，应当由股东大会作出决议，并经出席会议的股东所持表决权的三分之二以上通过”。

11. 第124条，即“上市公司董事与董事会会议决议事项所涉及的企业有关联关系的，不得对该项决议行使表决权，也不得代理其他董事行使表决权。该董事会会议由过半数的无关联关系董事出席即可举行，董事会会议所作决议须经无关联关系董事过半数通过。出席董事会的无关联关系董事人数不足三人的，应将该事项提交上市公司股东大会审议”。

12. 第181条第2款，即“依照前款规定修改公司章程，有限责任公司须经持有三分之二以上表决权的股东通过，股份有限公司须经出席股东大会会议的股东所持表决权的三分之二以上通过”。

（三）关于表决程序

《公司法》本身没有对“表决程序”作出界定。结合《立法法》（2015年修正）、《香港特别行政区基本法》的附件二《香港特别行政区立法会的产生办法和表决程序》和《北京市高级人民法院关于审理公司强制清算案件操作规范（试行）》（京高法发〔2009〕473号文件附件）的规定，我理解，表决程序包括的内容比表决方式、表决办法都要广，涵盖了整个表决过程的方方面面，包括这些内容：

一是，相关事项是否进入表决程序。

二是，关于采取何种方式进行表决、如何进行表决的事项。以投票表决为例，涉及表决票的发放（发票）、表决票的填写规则、表决票的填写及提交（投票）、表决票的计算（计票）、表决票计算的监督（监票），是否可以委托他人代为表决等事项。

三是，关于相关人员是否需要回避表决、享有表决权的人员的确认、相关人员所进行的表决是否有效等事项。以投票表决为例，涉及相关人员是否因为存在利害关系需要回避表决，如何认定是否需要回避表决，相关人员所填写的表决票是否有效等事项。

四是，关于相关决议是否通过以及未通过的表决是否进行第二次表决或采取其他安排的规定。比如，《北京市高级人民法院关于审理公司强制清算案件操作规范（试行）》（京高法发〔2009〕473 号）第 36 条规定，在公司强制清算程序中，因清算组成员与决议事项有直接利害关系而回避表决导致无法形成多数意见的，清算组可以请求人民法院决定。

综上所述，我理解，表决程序、表决办法和表决方式在外延上是相互包含的关系：表决程序的内容包括了表决办法和表决方式，而表决办法的内容则包括了表决方式。从而，我倾向于认为，《公司法》第 22 条第 2 款采用“表决方式”的措辞可能是一种失误，其本意可能是“表决办法”。

这在最高人民法院2012 年9 月 18 日发布的指导案例10 号（李某军诉上海佳动力环保科技有限公司公司决议撤销纠纷案）的下述裁判理由中也可以看到：“从表决方式看，根据佳动力公司章程规定，对所议事项作出的决定应由占全体股东三分之二以上的董事表决通过方才有效，上述董事会决议由三位股东（兼董事）中的两名表决通过，故在表决方式上未违反法律、行政法规或公司章程的规定。”

值得一提的是，2016 年 4 月 12 日公布的《公司法司法解释（四）征求意见稿》第 7 条第 1 款曾规定：“公司法第二十二条第二款所称的‘召集程序’和‘表决方式’，包括股东会或者股东大会、董事会会议的通知、股权登记、提案和议程的确定、主持、投票、计票、表决结果的宣布、决议的形成、会议记录及签署等事项。”应该说，最高人民法院已经注意到了这个问题。不过，遗憾的是，由于 2017 年 3 月通过的《民法总则》第 85 条使用了与《公司法》第 22 条第 2 款相同的表述，因此，上述征求意见稿中的条款没有被纳入正式出台的《公司法司法解释（四）》中。

此外，更进一步，我还倾向于认为，《公司法》第 22 条第 2 款所说的导致公司的相关决议可被撤销的“表决方式”，不仅应当包括表决办法，还应当包括与表决相关的所有事项，这样才符合《公司法》第22条的立法目的，才足以保护公司股东尤其是小股东的利益。

四、完善《公司法》第22条的建议

基于上述分析，我倾向于认为，在表述上，《公司法》第22条的规定如果能调整成以下内容，则更加周延和准确：

公司权力机构、执行机构、监督机构的决议或决定内容违反法律、行政法规的无效。

公司权力机构、执行机构、监督机构作出决议的会议召集程序、表决方式违反法律、行政法规或者公司章程，或者公司权力机构的决议、执行机构、监督机构的决议或决定内容违反公司章程的，股东可以自决议作出之日起六十日内，请求人民法院撤销。

股东依照前款规定提起诉讼的，人民法院可以应公司的请求，要求股东提供相应担保。

公司根据公司权力机构、执行机构的决议或决定已办理变更登记的，人民法院宣告该决议或决定无效或者撤销该决议或决定后，公司应当向公司登记机关申请撤销变更登记。

第十一章 公司的法定代表人

在讨论了公司决议之后，本章接下来的内容将围绕公司的法定代表人的相关事项而展开。这些事项主要涉及公司法定代表人的产生办法、法定代表人的职权及其行为的效力、法定代表人的登记及其对抗效力。

第一节　法定代表人的地位和产生办法

一、公司法定代表人的地位

根据《民法总则》第 61 条第 1 款的规定，《公司法》第 13 条所说的“法定代表人”，指的是依照法律或者公司章程的规定，代表公司从事民事活动的负责人。据此，公司的法定代表人是代表公司从事民事活动的自然人。

根据行政法规《企业法人法定代表人登记管理规定》（1999 年修订）第 3 条关于“企业法人的法定代表人（以下简称法定代表人）经企业登记机关核准登记，取得法定代表人资格”的规定，包括公司在内的各类企业法人的法定代表人，只有在经企业登记机关核准登记后，才取得法定代表人资格。

二、公司法定代表人的产生办法

《公司法》本身没有直接规定公司法定代表人的产生办法。公司法定代表人的产生办法，因担任法定代表人的人员的职务及其产生办法的不同而有所不同。

（一）可以担任法定代表人的人员范围

在可以担任法定代表人的人员的职务方面，由于《公司法》第 13 条使用了“公司法定代表人依照公司章程的规定，由董事长、执行董事或者经理担任”的表述，因此，公司的董事长、执行董事或者经理都可以担任法定代表人，公司章程可以自主对由谁担任其法定代表人作出规定。

其中，《公司法》第 13 条所说的“执行董事”，指的是《公司法》第 50 条所说的执行董事，即不设董事会的有限公司的执行董事，与香港上市公司通常所说的“执行董事”（即同时担任公司的董事和高级管理人员的人员）是不同的概念。

由于《公司法》第 13 条所说的可以担任公司法定代表人的“执行董事”专指不设董事会的有限公司的执行董事，因此，可以担任公司的法定代表人的人员最多只有 2 类：一类是公司的董事长（适用于设立董事会的有限公司和所有股份公司）或公司的执行董事（适用于不设立董事会的有限公司），另一类是公司的经理（适用于设立经理的有限公司和所有股份公司）。

与 2005 年修订前的《公司法》第 45 条第 3 款关于“董事长为公司的法定代表人”的规定相比，2005 年修订后的《公司法》扩大了可以担任公司的法定代表人的人员的范围。不过，根据《公司法》第 13 条的规定，可以担任公司的法定代表人的人员，只能是公司的董事会的董事长、不设董事会的有限公司的执行董事，或公司的经理①；并且，公司章程可以规定由其中的一类人员担任公司的法定代表人。

由于《公司法》第 13 条使用了“公司法定代表人依照公司章程的规定……”的表述，因此，由谁担任公司的法定代表人属于应由公司章程规定的事项，在公司章程未作规定的情况下，股东或相关主体不能请求法院或其他主体来任免公司的法定代表人。

---

① 值得注意的是，根据国家企业信用信息公示系统公示的信息和华为投资控股有限公司 2018 年的年度报告，截至 2018 年 12 月 31 日，华为投资控股有限公司的法定代表人赵明路并非该公司的董事长或经理。严格来说，这一做法是不符合《公司法》第 13 条关于“公司法定代表人依照公司章程的规定，由董事长、执行董事或者经理担任”的规定的。

对此，在2015年11月11日就於某芬、文某芳、伍某润与重庆新工汽车零部件有限公司（以下简称新工公司）请求变更公司登记纠纷再审案作出的（2015）渝高法民申字第01819号民事裁定书中，重庆市高级人民法院就认为："《中华人民共和国公司法》第十三条规定，公司法定代表人依照公司章程的规定，由董事长、执行董事或者经理担任，并依法登记。新工公司章程规定，股东代表大会选举董事，董事会选举董事长，董事长为公司的法定代表人。现代企业管理中，公司主要通过内部自治和自我调节机制来保持顺畅运作，公司自治要求尽量减少司法对公司治理的干预。法定代表人的任免为公司的内部管理事务，应由公司依据法律与公司章程规定自主决定。於某芬、文某芳、伍某润要求以法院判决的形式免去新工公司法定代表人并无法律依据，该诉讼请求不属于人民法院受理案件的范围。"

（二）法定代表人的产生办法

针对有限公司的情形，在公司章程规定由董事长担任法定代表人的情况下，该公司法定代表人的产生办法即为其董事长的产生办法，即《公司法》第44条第3款所说的"董事会设董事长一人，可以设副董事长。董事长、副董事长的产生办法由公司章程规定"，或第67条第3款所说的（国有独资公司）"董事会设董事长一人，可以设副董事长。董事长、副董事长由国有资产监督管理机构从董事会成员中指定"。

针对有限公司的情形，在公司章程规定由执行董事担任法定代表人的情况下，该公司法定代表人的产生办法即为其执行董事的产生办法，即《公司法》第37条第1款第2项所说的"股东会行使下列职权：……（二）选举和更换非由职工代表担任的董事……"，或第61条所说的"一人有限责任公司不设股东会。股东作出本法第三十七条第一款所列决定时，应当采用书面形式，并由股东签名后置备于公司"。

针对有限公司的情形，在公司章程规定由经理担任法定代表人的情况下，该公司法定代表人的产生办法即为其经理的产生办法，即《公司法》第49条第1款所说的"有限责任公司可以设经理，由董事会决定聘任或者解聘"，或者第50条所说的"股东人数较少或者规模较小的有限责任公司，可以设一名执行董事，不设董事会。执行董事可以兼任公司经理。执行董事的职权由公司章程规定”。

针对股份公司的情形，在公司章程规定由董事长担任法定代表人的情况下，该公司法定代表人的产生办法即为其董事长的产生办法，即《公司法》第109条第1款所说的“董事会设董事长一人，可以设副董事长。董事长和副董事长由董事会以全体董事的过半数选举产生”。

针对股份公司的情形，在公司章程规定由经理担任法定代表人的情况下，该公司法定代表人的产生办法即为其经理的产生办法，即《公司法》第113条第1款所说的“股份有限公司设经理，由董事会决定聘任或者解聘”。

值得思考的问题是，公司章程可否直接照搬《公司法》第13条第1款而规定“公司法定代表人由董事长（或执行董事）或者经理担任”？我理解是可以的，不过，考虑到根据《公司法》第44条第2款、第48条、第49条、第109条第1款、第101条的规定，公司的董事长（或不设董事会的有限公司的执行董事）与经理的产生机制不同，股份公司的董事长与有限公司的董事长的产生机制也不同，为避免公司不同的组织机构的职权之间以及不同股东、不同董事的利益之间发生冲突，并从尽量减少不确定性的角度出发，公司章程有必要同时明确规定确定法定代表人的职权归属于哪个机构为宜。

另一个问题是，公司的法定代表人是否可以有数人？《公司法》《民法总则》《民法通则》《公司登记管理条例》《企业法人登记管理条例》《企业法人法定代表人登记管理规定》都没有对此作出直接的规定；但是，可以从《公司法》的相关规定作出推断。

另外注意到，《公司法》第44条第3款针对有限公司规定了“设董事长一人”，第50条第1款针对有限公司规定了“股东人数较少或者规模较小的有限责任公司，可以设一名执行董事，不设董事会”，第109条第1款针对股份公司规定了“股份公司设董事长一人”，因此，在由公司的董事长或执行董事担任法定代表人的情形，公司的法定代表人只能有一人，不能有数人。

在由公司的经理担任法定代表人的情形，由于《公司法》第49条针对有限公司只是规定了“有限责任公司可以设经理，由董事会决定聘任或者解聘”，第113条针对股份公司只是规定了“股份有限公司设经理，由董事会决定聘任或者解聘”，而没有像《公司法》第44条第3款、第50条第1款或第109条第1款规定董事长或执行董事的人数那样规定经理的人数，因此，从文义上看，公司设数名经理似乎不违反《公司法》的规定。如果公司设有数名经理，那么，似乎也可以由数名经理担任公司的法定代表人。这似乎是《公司法》立法上的一个漏洞，未来修改《公司法》时应当予以明确为宜。

不过，实务中，公司通常只设一名经理，在由经理担任法定代表人的情形下，通常也只有一名法定代表人。

三、不得担任法定代表人的情形

针对普通公司的法定代表人，《企业法人法定代表人登记管理规定》第4条规定了比《公司法》第146条第1款关于不得担任公司的董事、监事、高级管理人员的规定更加严格的要求，即“有下列情形之一的，不得担任法定代表人，企业登记机关不予核准登记：（一）无民事行为能力或者限制民事行为能力的；（二）正在被执行刑罚或者正在被执行刑事强制措施的；（三）正在被公安机关或者国家安全机关通缉的；（四）因犯有贿赂罪、侵犯财产罪或者破坏社会主义市场经济秩序罪，被判处刑罚，执行期满未逾五年的；因犯有其他罪，被判处刑罚，执行期满未逾三年的；或者因犯罪被判处剥夺政治权利，执行期满未逾五年的；（五）担任因经营不善破产清算的企业的法定代表人或者董事、经理，并对该企业的破产负有个人责任，自该企业破产清算完结之日起未逾三年的；（六）担任因违法被吊销营业执照的企业的法定代表人，并对该企业违法行为负有个人责任，自该企业被吊销营业执照之日起未逾三年的；（七）个人负债数额较大，到期未清偿的；（八）有法律和国务院规定不得担任法定代表人的其他情形的”。

因此，虽然公司可以通过公司章程自主规定法定代表人的产生办法，但是，存在上述情形的人员是不能担任公司的法定代表人的。

此外，就特定领域尤其是金融领域的公司而言，法律和监管机构对这些领域的公司的法定代表人的任职资格还规定了其他条件，实务中应当予以关注。

第二节　公司法定代表人的职权及其行为的效力

一、公司法定代表人的职权

《公司法》本身没有对公司的法定代表人的职权直接作出规定。总体而言，公司的法定代表人享有如下法律、行政法规明确规定的职权：

一是，代表公司从事民事活动。

根据《民法总则》第 61 条第 1 款关于“依照法律或者法人章程的规定，代表法人从事民事活动的负责人，为法人的法定代表人”的规定，公司的法定代表人享有法定的代表公司从事民事活动的职权。

二是，代表公司在法律文件上签字。

根据《企业法人登记管理条例》第 11 条关于“登记主管机关核准登记注册的企业法人的法定代表人是代表企业行使职权的签字人”，公司的法定代表人享有代表公司在法律文件上签字的权利。

三是，代表公司进行诉讼。

根据《民事诉讼法》第 48 条第 2 款关于“法人由其法定代表人进行诉讼”的规定，公司的法定代表人享有代表公司参加诉讼的权利。

四是，法定代表人也可以享有法律法规规定的其他职权。

甚至，根据《公司法》第 13 条关于“公司法定代表人依照公司章程的规定，由董事长、执行董事或者经理担任”的规定，由于公司的法定代表人具有董事长、执行董事或经理的身份，因此，公司的法定代表人事实上也享有法律法规和公司章程规定的董事长、执行董事或经理的职权。

二、公司法定代表人的行为的效力

鉴于公司的法定代表人拥有代表公司的法定职权，考虑到《民法总则》第 61 条第 2 款规定了“法定代表人以法人名义从事的民事活动，其法律后果由法人承受”，第62条第1款规定了“法定代表人因执行职务造成他人损害的，由法人承担民事责任”，第61条第3款规定了“法人章程或者法人权力机构对法定代表人代表权的限制，不得对抗善意相对人”，《合同法》第50条规定了“法人……的法定代表人……超越权限订立的合同，除相对人知道或者应当知道其超越权限的以外，该代表行为有效”，据此，公司的法定代表人以公司的名义实施的所有行为，不论是执行公司职务的行为，还是事实上不属于执行公司职务的行为，对公司都具有约束力，其法律后果（包括利益和不利益）均应由公司承担。

也因此，实践中，有的法院甚至倾向于认为：“法定代表人代表公司签订合同的行为，其签字与公司公章具有同等效力，对公司具有约束力，该行为的一切经济利益及法律后果均由公司承担。”① 不过，也有法院持有不同意见。比如，最高人民法院于2019年7月初在黑龙江省哈尔滨市召开全国法院民商事审判工作会议期间，法院系统曾有意见提到了“人章同时具备才能起诉”的问题：“因公司股东之间发生严重冲突，导致在公司提起诉讼时，可能出现法定代表人不持有公章，而持有公章的人又不是法定代表人的情形。此时，判断由谁代表公司起诉，实践中尺度并不统一。为避免司法过度介入公司内部治理事项，人民法院应当告知相关当事人先解决公司内部纠纷，在实现人章一致后再向人民法院起诉。在此之前，不论是不持有公章的法定代表人代表公司提起诉讼，还是持有公章的人代表公司提起诉讼，均应驳回其起诉。”②

值得注意的是，由于《民法总则》第61条第3款使用的是“法人章程或者法人权力机构对法定代表人代表权的限制，不得对抗善意相对人”的表述，并没有排除法律、行政法规对法定代表人代表权的限制，因此，在法律、行政法规明确规定公司的某些事项应当由公司的权力机构或执行机构决

---

① 见青海省高级人民法院在2015年12月21日就青海玉林矿业有限责任公司与北京鑫京龙科技有限公司、杨某奇建设工程施工合同纠纷上诉案作出的（2015）青民一终字第155号民事判决书。

② 见微信公众号“中国法律评论”2019年8月6日刊发的《全国法院民商事审判工作会议会议纪要》（征求意见稿）第14条（https：//mp. weixin. qq. com/s/JTf－Z6qlsQgtk9fudMKUhg）、微信公众号“中国民商法律网”2019年8月2日刊发的《全国法院民商事审判工作会议会议纪要》（征求意见稿）第14条（https：//mp. weixin. qq. com/s/Tcgs0MNfobd3vgQVMFv30w），最后访问时间：2019年9月30日。尽管上述内容未被纳入最高人民法院2019年8月7日公布的《全国法院民商事审判工作会议纪要（最高人民法院民二庭向社会公开征求意见稿）》和最高人民法院正式印发的《全国法院民商事审判工作会议纪要》（法〔2019〕254号），但至少可以从中看到法院系统内部是持有此类意见的。

定的情况下，如果公司的法定代表人未经公司的权力机构或执行机构决定就代表公司实施某些民事法律行为，作为公司交易对手的相对方不能援引《民法总则》第 61 条第 3 款的规定要求公司承担责任。对此，最高人民法院 2019 年 11 月印发的《全国法院民商事审判工作会议纪要》（法〔2019〕254 号）第 17 条明确指出："为防止法定代表人随意代表公司为他人提供担保给公司造成损失，损害中小股东利益，《公司法》第 16 条对法定代表人的代表权进行了限制。根据该条规定，担保行为不是法定代表人所能单独决定的事项，而必须以公司股东（大）会、董事会等公司机关的决议作为授权的基础和来源。法定代表人未经授权擅自为他人提供担保的，构成越权代表，人民法院应当根据《合同法》第 50 条关于法定代表人越权代表的规定，区分订立合同时债权人是否善意分别认定合同效力：债权人善意的，合同有效；反之，合同无效。"

还需注意的是，在公司相关人员的行为对公司的约束力方面，公司的法定代表人代表公司的行为，与公司的其他工作人员执行公司的工作任务的行为，存在着很大的差异。

与《民法总则》第 61 条第 2 款针对公司的法定代表人使用了"法定代表人以法人名义从事的民事活动，其法律后果由法人承受"的表述不同，针对公司的其他工作人员，《民法总则》第 170 条第 1 款使用的是"执行法人或者非法人组织工作任务的人员，就其职权范围内的事项，以法人或者非法人组织的名义实施民事法律行为，对法人或者非法人组织发生效力"的表述，尤其是通过其中的"执行……工作任务"和"就其职权范围内的事项"，明确将"对公司发生效力"的行为限定为公司的其他工作人员的职务行为，即"在其职权范围内的事项、以公司名义实施的行为"。

还需注意的是，在法律适用上，"法定代表人代表制度是代理在商事企业法人领域的特别规定，在无明确规定时，可以适用代理的一般规定"①。

---

① 见最高人民法院在 2013 年 4 月 28 日就宁波绣丰彩印实业有限公司与浙江杭州湾汽配机电市场经营服务有限公司、慈溪逍新投资咨询有限公司、慈溪逍新汽配贸易有限公司、慈溪市一得工贸有限公司以及孙某生合同纠纷再审案作出的（2012）民提字第 208 号民事判决书。

第三节 公司法定代表人的登记及其对抗效力

一、公司法定代表人的登记与变更登记

根据《公司法》第13条的规定，公司的法定代表人属于公司登记事项；公司法定代表人发生变更的，应当办理变更登记手续。并且，根据《公司法》第7条关于“公司营业执照应当载明公司的名称、住所、注册资本、经营范围、法定代表人姓名等事项。公司营业执照记载的事项发生变更的，公司应当依法办理变更登记，由公司登记机关换发营业执照”的规定，与经营范围变更类似，公司法定代表人的变更也将导致公司登记事项、营业执照记载事项发生变更，从而需要办理变更登记、换发营业执照。

值得注意的是，《公司法》第13条所说的“法定代表人变更”，既包括担任法定代表人的人员变更为其他人的情形（比如由甲变更为乙），也包括担任法定代表人的人员不变但其姓名发生变更的情形，还包括担任法定代表人的人员职务发生变更（比如原由董事长或不设董事会的有限公司的执行董事担任法定代表人，现变更为由经理担任法定代表人）。在发生这些变更时，都应当办理公司的法定代表人的变更登记手续。

此外，由于公司的法定代表人拥有代表公司的法定职权，因此，《企业法人登记管理条例》第11条和《企业法人法定代表人登记管理规定》第10条都要求“法定代表人的签字应当向登记主管机关备案”。

针对公司法定代表人发生变更时未依法办理变更登记的行为，《公司法》第211条第2款规定了相应的行政责任：“公司登记事项发生变更时，未依照本法规定办理有关变更登记的，由公司登记机关责令限期登记；逾期不登记的，处以一万元以上十万元以下的罚款。”

二、公司法定代表人变更登记的特别要求

针对公司法定代表人的变更登记，《公司法》第13条只是原则性地规定了

“公司法定代表人变更，应当办理变更登记”。在此基础上，《公司登记管理条例》（2016 年修订）第 30 条进一步要求“公司变更法定代表人的，应当自变更决议或者决定作出之日起 30 日内申请变更登记”。

不过，《企业法人法定代表人登记管理规定》（1999 年修订）第 6 条对包括公司在内的各类企业法人的法定代表人的变更登记提出了更加具体的要求，即：“企业法人申请办理法定代表人变更登记，应当向原企业登记机关提交下列文件：（一）对企业原法定代表人的免职文件；（二）对企业新任法定代表人的任职文件；（三）由原法定代表人或者拟任法定代表人签署的变更登记申请书。”

其中的“对企业原法定代表人的免职文件”和“对企业新任法定代表人的任职文件”，应当区分普通的有限公司、一人公司、国有独资公司或股份公司，分别结合《公司法》第 13 条关于“公司法定代表人依照公司章程的规定，由董事长、执行董事或者经理担任”、第 44 条第 3 款关于“董事会设董事长一人，可以设副董事长。董事长、副董事长的产生办法由公司章程规定”、第 46 条第 9 项关于“董事会对股东会负责，行使下列职权：……（九）决定聘任或者解聘公司经理及其报酬事项”、第 49 条第 1 款关于“有限责任公司可以设经理，由董事会决定聘任或者解聘”、第 50 条第 1 款关于“股东人数较少或者规模较小的有限责任公司，可以设一名执行董事，不设董事会。执行董事可以兼任公司经理”、第 67 条第 3 款关于国有独资公司“董事会设董事长一人，可以设副董事长。董事长、副董事长由国有资产监督管理机构从董事会成员中指定”、第 68 条关于“国有独资公司设经理，由董事会聘任或者解聘”、第 109 条第 1 款关于股份有限公司“董事会设董事长一人，可以设副董事长。董事长和副董事长由董事会以全体董事的过半数选举产生”、第 113 条第 1 款关于“股份有限公司设经理，由董事会决定聘任或者解聘”的规定，由公司的有权机构作出相应免职、任职决议或决定。

此外，针对公司不能召开相应的会议更换法定代表人的情形，《企业法人法定代表人登记管理规定》（1999 年修订）第 7 条还特别规定了“有限责任公司或者股份有限公司更换法定代表人需要由股东会、股东大会或者董事会召开会议作出决议，而原法定代表人不能或者不履行职责，致使股东会、股东大会或者董事会不能依照法定程序召开的，可以由半数以上的董事推选一名董事或者由出资最多或者持有最大股份表决权的股东或其委派的代表召集和主持会议，依法作出决议”。

当然，需要注意的是，就更换公司的法定代表人而言，在有限公司股东会会议的召集和召开方面，应当适用《公司法》第 40 条的规定；在有限公司董事会会议的召集和召开方面，则应当适用《公司法》第 47 条的规定；在股份公司股东大会会议的召集和召开方面，应当适用《公司法》第 101 条的规定；在股份公司董事会会议的召集和召开方面，则应当适用《公司法》第 109 条和第 110 条的规定。

由于公司更换法定代表人需要向公司登记机关提交相应的申请文件，并且《企业法人法定代表人登记管理规定》（1999 年修订）第 3 条还规定了“企业法人的法定代表人（以下简称法定代表人）经企业登记机关核准登记，取得法定代表人资格”，因此，公司法定代表人的更换不仅涉及公司的内部决策，还涉及公司登记机关的行政行为，在当事人未提交公司相关机构依法作出的原法定代表人免职文件、新任法定代表人的任职文件等文件的情况下，相关当事人仅仅以其已经辞去了法定代表人职务为由，要求确认公司法定代表人已经发生变更、请求公司登记机关办理法定代表人变更的主张，可能得不到法院的支持。

比如，在 2015 年 10 月 30 日就李某与上海前所光电科技有限公司（以下简称前所公司）、孙某股权转让纠纷上诉案作出的（2015）沪二中民四（商）终字第 1129 号民事判决书中，针对李某在其转让前所公司股权之后提出的“确认李某不再担任前所公司的法定代表人和执行董事，前所公司和孙某应共同办理前所公司的法定代表人和执行董事工商变更登记”的诉讼请求，上海市第二中级人民法院就认为：“依据法律及行政法规的规定，公司变更法定代表人，应当由公司股东会或董事会作出决议或决定，此系前提要件。根据前所公司章程规定，前所公司法定代表人即执行董事人选的变更，应当经由公司股东会形成决议。结合本案事实，一方面，在本案审理中，尚无证据显示李某作为前所公司执行董事即法定代表人，按照前所公司章程规定，为及时解决系争事项，行使其召集公司股东会或临时会议的权利。因此，就本案争议事项，前所公司内部救济途径实质尚未穷尽。另一方面，从李某提供现有证据看，其中内容均未涉及免除李某执行董事即法定代表人的内容。尤其是在前所公司股东先前基于不同阶段的股权转让，先后就公司法定代表人任免事项均形成并签署过股东会决议的情况下，在李某提供的涉案证据中，却均未涉及争议事项的安排，不能排除就前所公司法定代表人的任免事项各股东并未与李某达成共识的可能。因此，原审判决认定李某虽已向前所公司提出辞去法定代表人的请求，但在未经前所公司内部决议的情况下，李某请求确认其不再担任前所公司法定代表人并办理工商变更登记的主张，于法无据，不予支持，判决并无不当。”

又如，在2017年4月19日就崔某明与北京盛世久天投资基金管理有限公司（以下简称盛世公司）请求变更公司登记纠纷一审案作出的（2016）京0108民初18832号民事判决书中，针对崔某明提出的“判令盛世公司变更其公司法定代表人的工商登记，将法定代表人由崔某明变更为陈某辰”的诉讼请求，北京市海淀区人民法院也认为：“公司法定代表人是依照公司章程的规定，由董事长、执行董事或者经理担任，并依法登记。公司法定代表人变更，应当办理变更登记。公司变更法定代表人的，应当自变更决议或者决定做出之日起30日内申请变更登记。本案中，崔某明起诉要求盛世公司将工商登记的法定代表人变更为陈某辰，但其并未向本院提交公司章程、变更决议或决定等证据证明盛世公司曾作出决议或决定将公司法定代表人变更为陈某辰，其应当对此承担不利的法律后果。因此，对崔某明的诉讼请求，本院不予支持。”

三、公司法定代表人登记的效力

（一）法定代表人登记的对抗效力

根据《民法总则》第65条关于“法人的实际情况与登记的事项不一致的，不得对抗善意相对人”的规定和《公司法》第13条的规定，公司的法定代表人登记具有对抗效力。

在涉及第三人的情况下，由于公司的法定代表人属于公司登记事项，因此，根据《民法总则》第65条的规定，如果公司的法定代表人发生了变更，但尚未办理相应的变更登记手续，在相对人为善意的情况下，公司的原法定代表人代表公司实施的行为，对公司具有约束力，公司不得以其法定代表人已经发生变更为由对抗善意相对人。

对此，在2017年5月18日就优特埃国际物流（中国）有限公司与迪马克轮胎（青岛）有限公司（以下简称迪马克青岛公司）、优特埃国际物流（中国）有限公司青岛分公司海上货物运输合同纠纷上诉案作出的（2017）鲁民终415号民事判决书中，山东省高级人民法院就认为："《中华人民共和国公司法》第十三条规定：'公司法定代表人依照公司章程的规定，由董事长、执行董事或者经理担任，并依法登记。公司法定代表人变更，应当办理变更登记。'法律规定对法定代表人变更事项进行登记，其意义在于向社会公示公司意志代表权的基本状态。工商登记的法定代表人对外具有公示效力，如果涉及公司以外的第三人因公司代表权而产生的外部争议，应以工商登记为准。本案系迪马克青岛公司与其他公司产生的外部争议，公司代表权的表示应以工商登记记载的法定代表人为准，迪马克青岛公司提起诉讼时延某海为迪马克青岛公司登记的法定代表人。青岛市中级人民法院作出的（2016）鲁02民终8185号民事判决书认为，2014年8月26日《执行董事任命书》和《执行董事免职决定书》不具有法律效力，对延某海不产生法律约束力；延某海仍具有迪马克青岛公司执行董事和法定代表人身份。因此，延某海有权代表迪马克青岛公司提起本案诉讼。"

（二）法定代表人登记对内不具有对抗效力

但是，在不涉及第三人的情况下，公司法定代表人登记对内不具有对抗效力。如果公司的法定代表人依法发生了变更，即使尚未办理相应的变更登记手续，在公司与股东之间、股东与股东之间，也应以变更后的法定代表人，而非原法定代表人，作为代表公司的负责人。

在这方面，刊载于《最高人民法院公报》2014年第8期的、由最高人民法院在2014年6月11日就中华环保科技集团有限公司（SINO－ENVIRONMENT TECHNOLOGY GROUP LIMITED）（一家在新加坡注册的公司，以下简称环保科技公司）与大拇指环保科技集团（福建）有限公司（以下简称大拇指公司）股东出资纠纷上诉案作出的（2014）民四终字第20号民事判决书中的意见，可作参考。

在该民事判决书中，最高人民法院认为，"《中华人民共和国公司法》第十三条规定，公司法定代表人变更应当办理变更登记。……法律规定对法定代表人变更事项进行登记，其意义在于向社会公示公司意志代表权的基本状态。工商登记的法定代表人对外具有公示效力，如果涉及公司以外的第三人因公司代表权而产生的外部争议，应以工商登记为准。而对于公司与股东之间因法定代表人任免产生的内部争议，则应以有效的股东会任免决议为准，并在公司内部产生法定代表人变更的法律效果。因此，环保科技公司作为大拇指公司的唯一股东，其作出的任命大拇指公司法定代表人的决议对大拇指公司具有拘束力……本案起诉时，环保科技公司已经对大拇指公司的法定代表人进行了更换，其新任命的大拇指公司法定代表人明确表示反对大拇指公司提起本案诉讼。因此，本案起诉不能代表大拇指公司的真实意思，应予驳回。环保科技公司关于本案诉讼的提起并非大拇指公司真实意思的上诉理由成立”。

第十二章 公司董监高的资格和义务

考虑到董事、监事和高级管理人员分别是公司执行机构、监督机构和内部管理机构的组成人员，是公司法人治理结构的重要要素，影响甚至支配着公司的行为，因此，本章内容将围绕公司的董事、监事和高级管理人员的相关事项而展开。这些事项主要涉及董事、监事和高级管理人员任职资格和忠实义务、勤勉义务。

第一节 不得担任董监高的情形

针对公司董监高的任职资格，《公司法》主要是采取负面清单的模式来规定具有哪些情形的人员不得担任公司董监高。这就是《公司法》第 146 条的规定。

一、《公司法》第 146 条的适用范围

《公司法》第 146 条共三款，第 1 款规定了不得担任公司的董事、监事、高级管理人员的情形，第 2 款规定了违反第一款规定进行的选举、委派或聘任行为的效力，第 3 款则对董事、监事、高级管理人员任职期间出现不得任职情形的处理办法作出了规定。

由于《公司法》第 146 条第 1 款使用的是“有下列情形之一的，不得担任公司的董事、监事、高级管理人员”的表述，因此，在适用范围方面：

一是，《公司法》第 146 条的规定适用于所有公司，既适用于有限公司，

又适用于股份公司；既适用于民营有限公司，又适用于国有独资公司、国有控股有限公司、国有控股股份公司。

二是，《公司法》第146条的规定适用于公司的所有董事，既适用于公司的股东代表董事，又适用于职工代表董事（如有），还适用于独立董事（如有）；既适用于董事长、副董事长（如有）、执行董事（如有），又适用于其他董事。

三是，《公司法》第146条的规定适用于公司的所有监事，既适用于公司的股东代表监事，又适用于职工代表监事；既适用于监事会主席、监事会副主席（如有），又适用于其他监事。

四是，《公司法》第146条的规定适用于公司的所有高级管理人员，既适用于经理，又适用于副经理、财务负责人，还适用于公司章程规定的其他高级管理人员。

此外，值得一提的是，尽管《公司法》第146条没有直接规定，但是，现阶段，只有自然人才可以担任公司的董事、监事、高级管理人员，法人或非法人组织等非自然人是不能担任公司的董事、监事、高级管理人员的。

二、不得担任董监高的情形

《公司法》第146条第1款规定了7种不得担任公司的董事、监事、高级管理人员的情形：(1) 无民事行为能力人；(2) 限制民事行为能力人；(3) 因贪污、贿赂、侵占财产、挪用财产或者破坏社会主义市场经济秩序，被判处刑罚，并且执行期满未逾五年的人；(4) 因犯罪被剥夺政治权利，并且执行期满未逾五年的人；(5) 担任破产清算的公司、企业的董事或者厂长、经理，对该公司、企业的破产负有个人责任的，自该公司、企业破产清算完结之日起未逾三年；(6) 担任因违法被吊销营业执照、责令关闭的公司、企业的法定代表人，并负有个人责任的，自该公司、企业被吊销营业执照之日起未逾三年；(7) 个人所负数额较大的债务到期未清偿。

存在上述负面清单所列任一情形的人员，不得担任任何公司的董事、监事或高级管理人员。

不过，值得注意的是，不存在负面清单中的情形，并不意味着就可以担任公司的董事、监事、高级管理人员；就特定领域尤其是金融领域的公司而言，其他法律和监管机构对这些领域的公司的董事、监事、高级管理人员的任职资格还规定了其他条件，实务中应当予以关注。

比如，针对证券公司，修订后的《证券法》第124条第1款、第2款分别从正向和反向两个角度对证券公司的董事、监事和高级管理人员的任职资格条件作出了规定，即“证券公司的董事、监事、高级管理人员，应当正直诚实、品行良好，熟悉证券法律、行政法规，具有履行职责所需的经营管理能力……”“有《中华人民共和国公司法》第一百四十六条规定的情形或者下列情形之一的，不得担任证券公司的董事、监事、高级管理人员：（一）因违法行为或者违纪行为被解除职务的证券交易场所、证券登记结算机构的负责人或者证券公司的董事、监事、高级管理人员，自被解除职务之日起未逾五年；（二）因违法行为或者违纪行为被吊销执业证书或者被取消资格的律师、注册会计师或者其他证券服务机构的专业人员，自被吊销执业证书或者被取消资格之日起未逾五年”。

以下按情形分别进行分析。

（一）无民事行为能力人

根据《公司法》第146条第1款第1项，无民事行为能力人不得担任任何公司的董事、监事或高级管理人员。

根据《民法总则》第17条、第20条、第21条的规定，无民事行为能力人包括以下三类：一是，不满八周岁的自然人；二是，不能辨认自己行为的十八周岁以上的自然人；三是，不能辨认自己行为的八周岁以上但不满十八周岁的自然人。

其中，根据《民法总则》第24条和《民事诉讼法》第189条的规定，认定不能辨认自己行为的十八周岁以上的自然人为无民事行为能力人，应以人民法院作出认定其为无民事行为能力人的判决为前提并以该判决为依据。

就无民事行为能力人而言，尽管《民法总则》第14条规定了“自然人的民事权利能力一律平等”，但是，在民事行为能力方面，《民法总则》第20条规定了“不满八周岁的未成年人为无民事行为能力人，由其法定代理人代理实施民事法律行为”，第21条第1款规定了“不能辨认自己行为的成年人为无民事行为能力人，由其法定代理人代理实施民事法律行为”，第 21 条第 2 款规定了“八周岁以上的未成年人不能辨认自己行为的，适用前款规定”，第 23 条规定了“无民事行为能力人、限制民事行为能力人的监护人是其法定代理人”，因此，无民事行为能力人实施任何民事法律行为，都须由其法定代理人代理实施。

在无民事行为能力人实施的民事行为的效力方面，在《民法总则》第 143 条规定“具备下列条件的民事法律行为有效：（一）行为人具有相应的民事行为能力；（二）意思表示真实；（三）不违反法律、行政法规的强制性规定，不违背公序良俗”的基础上，《民法总则》第 144 条更是直接规定了“无民事行为能力人实施的民事法律行为无效”。

有鉴于此，考虑到公司的董事、监事、高级管理人员应当享有《公司法》和公司章程规定的权利并应当承担相应的义务，尤其是对公司负有忠实义务和勤勉义务，因此，无民事行为能力人不得担任任何公司的董事、监事或高级管理人员。

（二）限制民事行为能力人

根据《公司法》第 146 条第 1 款第 1 项，限制民事行为能力人不得担任任何公司的董事、监事或高级管理人员。

根据《民法总则》第 19 条、第 22 条的规定，限制民事行为能力人包括以下两类：一是，八周岁以上但不满十八周岁的自然人（不包括十六周岁以上但不满十八周岁的以自己的劳动收入为主要生活来源的自然人）；二是，不能完全辨认自己行为的十八周岁以上的自然人。

其中，根据《民法总则》第 24 条和《民事诉讼法》第 189 条的规定，认定不能完全辨认自己行为的十八周岁以上的自然人为限制民事行为能力人，应以人民法院作出认定其为限制民事行为能力人的判决为前提并以该判决为依据。

就限制民事行为能力人而言，尽管《民法总则》第 14 条规定了“自然人的民事权利能力一律平等”，但是，在民事行为能力方面，《民法总则》第 19 条规定了“八周岁以上的未成年人为限制民事行为能力人，实施民事法律行为由其法定代理人代理或者经其法定代理人同意、追认，但是可以独立实施纯获利益的民事法律行为或者与其年龄、智力相适应的民事法律行为”，第 22 条规定了“不能完全辨认自己行为的成年人为限制民事行为能力人，实施民事法律行为由其法定代理人代理或者经其法定代理人同意、追认，但是可以独立实施纯获利益的民事法律行为或者与其智力、精神健康状况相适应的民事法律行为”，第 23 条规定了“无民事行为能力人、限制民事行为能力人的监护人是其法定代理人”，因此，限制民事行为能力人除可以独立实施纯获利益的民事法律行为或者与其年龄、智力、精神健康状况相适应的民事法律行为外，实施其他任何民事法律行为，都须由其法定代理人代理实施或者经其法定代理人同意、追认。

在限制民事行为能力人实施的民事行为的效力方面，在《民法总则》第 143 条规定“具备下列条件的民事法律行为有效：（一）行为人具有相应的民事行为能力；（二）意思表示真实；（三）不违反法律、行政法规的强制性规定，不违背公序良俗”的基础上，《民法总则》第 145 条第 1 款规定了“限制民事行为能力人实施的纯获利益的民事法律行为或者与其年龄、智力、精神健康状况相适应的民事法律行为有效；实施的其他民事法律行为经法定代理人同意或者追认后有效”，第 2 款规定了“相对人可以催告法定代理人自收到通知之日起一个月内予以追认。法定代理人未作表示的，视为拒绝追认。民事法律行为被追认前，善意相对人有撤销的权利。撤销应当以通知的方式作出”。

有鉴于此，考虑到公司的董事、监事、高级管理人员应当享有《公司法》和公司章程规定的权利并承担相应的义务，对公司负有忠实义务和勤勉义务，因此，限制民事行为能力人也不得担任任何公司的董事、监事或高级管理人员。

（三）因贪污、贿赂、侵占财产、挪用财产或者破坏社会主义市场经济秩序，被判处刑罚，并且执行期满未逾五年的人

根据《公司法》第 146 条第 1 款第 2 项，“因贪污、贿赂、侵占财产、挪用财产或者破坏社会主义市场经济秩序，被判处刑罚，并且执行期满未逾五年”的人，不得担任任何公司的董事、监事或高级管理人员。

《公司法》第 146 条第 1 款第 2 项所说的“因贪污、贿赂、侵占财产、挪

用财产或者破坏社会主义市场经济秩序，被判处刑罚”，指的是因犯有《刑法》及其修正案的以下章、节、条文所规定之罪而被法院判处任何刑罚：

一是，《刑法》第三章“破坏社会主义市场经济秩序罪”所规定的各项罪名，具体包括以下104项：

序号	罪名	《刑法》条文	序号	罪名	《刑法》条文
1	生产、销售伪劣产品罪	第140条	2	生产、销售假药罪	第141条
3	生产、销售劣药罪	第142条	4	生产、销售不符合安全标准的食品罪	第143条
5	生产、销售有毒、有害食品罪	第144条	6	生产、销售不符合标准的医用器材罪	第145条
7	生产、销售不符合安全标准的产品罪	第146条	8	生产、销售伪劣农药、兽药、化肥、种子罪	第147条
9	生产、销售不符合卫生标准的化妆品罪	第148条	10	走私武器、弹药罪，走私核材料罪，走私假币罪	第151条第1款
11	走私文物罪，走私贵重金属罪，走私珍贵动物、珍贵动物制品罪	第151条第2款	12	走私国家禁止进出口的货物、物品罪	第151条第3款
13	走私淫秽物品罪	第152条第1款	14	走私废物罪	第152条第2款
15	走私普通货物、物品罪	第153条	16	虚报注册资本罪	第158条
17	虚假出资、抽逃出资罪	第159条	18	欺诈发行股票、债券罪	第160条
19	违规披露、不披露重要信息罪	第161条	20	妨害清算罪	第162条
21	隐匿、故意销毁会计凭证、会计账簿、财务会计报告罪	第162条之一	22	虚假破产罪	第162条之二
23	非国家工作人员受贿罪	第163条	24	对非国家工作人员行贿罪	第164条第1款
25	对外国公职人员、国际公共组织官员行贿罪	第164条第2款	26	非法经营同类营业罪	第165条
27	为亲友非法牟利罪	第166条	28	签订、履行合同失职被骗罪	第167条
29	国有公司、企业、事业单位人员失职罪，国有公司、企业、事业单位人员滥用职权罪	第168条	30	徇私舞弊低价折股、出售国有资产罪	第169条
31	背信损害上市公司利益罪	第169条之一	32	伪造货币罪	第170条
33	出售、购买、运输假币罪	第171条第1款	34	金融工作人员购买假币、以假币换取货币罪	第171条第2款

续表

序号	罪名	《刑法》条文	序号	罪名	《刑法》条文
35	持有、使用假币罪	第 172 条	36	变造货币罪	第 173 条
37	擅自设立金融机构罪	第 174 条第 1 款	38	伪造、变造、转让金融机构经营许可证、批准文件罪	第 174 条第 2 款
39	高利转贷罪	第 175 条	40	骗取贷款、票据承兑、金融票证罪	第 175 条之一
41	非法吸收公众存款罪	第 176 条	42	伪造、变造金融票证罪	第 177 条
43	妨害信用卡管理罪	第 177 条之一第 1 款	44	窃取、收买、非法提供信用卡信息罪	第 177 条之一第 2 款
45	伪造、变造国家有价证券罪	第 178 条第 1 款	46	伪造、变造股票、公司、企业债券罪	第 178 条第 2 款
47	擅自发行股票、公司、企业债券罪	第 179 条	48	内幕交易、泄露内幕信息罪	第 180 条第 1 款
49	利用未公开信息交易罪	第 180 条第 2 款	50	编造并传播证券、期货交易虚假信息罪	第 181 条第 1 款
51	诱骗投资者买卖证券、期货合约罪	第 181 条第 2 款	52	操纵证券、期货市场罪	第 182 条
53	背信运用受托财产罪	第 185 条之一第 1 款	54	违法运用资金罪	第 185 条之一第 2 款
55	违法发放贷款罪	第 186 条	56	吸收客户资金不入账罪	第 187 条
57	违规出具金融票证罪	188 条	58	对违法票据承兑、付款、保证罪	第 189 条
59	逃汇罪	第 190 条	60	洗钱罪	第 191 条
61	集资诈骗罪	第 192 条	62	贷款诈骗罪	第 193 条
63	票据诈骗罪	第 194 条第 1 款	64	金融凭证诈骗罪	第 194 条第 2 款
65	信用证诈骗罪	第 195 条	66	信用卡诈骗罪	第 196 条
67	有价证券诈骗罪	第 197 条	68	保险诈骗罪	第 198 条
69	逃税罪	第 201 条	70	抗税罪	第 202 条
71	逃避追缴欠税罪	第 203 条	72	骗取出口退税罪	第 204 条
73	虚开增值税专用发票、用于骗取出口退税、抵扣税款发票罪	第 205 条	74	虚开发票罪	第 205 条之一

续表

序号	罪名	《刑法》条文	序号	罪名	《刑法》条文
75	伪造、出售伪造的增值税专用发票罪	第206条	76	非法出售增值税专用发票罪	第207条
77	非法购买增值税专用发票、购买伪造的增值税专用发票罪	第208条第1款	78	虚开增值税专用发票罪，出售伪造的增值税专用发票罪，非法出售增值税专用发票罪	第208条第2款
79	非法制造、出售非法制造的用于骗取出口退税、抵扣税款发票罪	第209条第1款	80	非法制造、出售非法制造的发票罪	第209条第2款
81	非法出售用于骗取出口退税、抵扣税款发票罪	第209条第3款	82	非法出售发票罪	第209条第4款
83	持有伪造的发票罪	第210条之一	84	假冒注册商标罪	第213条
85	销售假冒注册商标的商品罪	第214条	86	非法制造、销售非法制造的注册商标标识罪	第215条
87	假冒专利罪	第216条	88	侵犯著作权罪	第217条
89	销售侵权复制品罪	第218条	90	侵犯商业秘密罪	第219条
91	损害商业信誉、商品声誉罪	第221条	92	虚假广告罪	第222条
93	串通投标罪	第223条	94	合同诈骗罪	第224条
95	组织、领导传销活动罪	第224条之一	96	非法经营罪	第225条
97	强迫交易罪	第226条	98	伪造、倒卖伪造的有价票证罪	第227条第1款
99	倒卖车票、船票罪	第227条第2款	100	非法转让、倒卖土地使用权罪	第228条
101	提供虚假证明文件罪	第229条第1款	102	提供虚假证明文件罪	第229条第2款
103	出具证明文件重大失实罪	第229条第3款	104	逃避商检罪	第230条

二是，《刑法》第五章“侵犯财产罪”所规定的与侵占财产相关的各项罪名，具体包括以下4项：

序号	罪名	《刑法》条文
1	侵占罪	第270条
2	职务侵占罪	第271条第1款
3	挪用资金罪	第272条第1款
4	挪用特定款物罪	第273条

三是，《刑法》第八章“贪污贿赂罪”所规定的各项罪名，具体包括以下15项：

序号	罪名	《刑法》条文	序号	罪名	《刑法》条文
1	贪污罪	第382条	9	介绍贿赂罪	第392条
2	挪用公款罪	第384条	10	单位行贿罪	第393条
3	受贿罪	第385条	11	贪污罪	第394条
4	单位受贿罪	第387条	12	巨额财产来源不明罪	第395条第1款
5	利用影响力受贿罪	第388条之一	13	隐瞒境外存款罪	第395条第2款
6	行贿罪	第389条	14	私分国有资产罪	第396条第1款
7	对有影响力的人行贿罪	第390条之一	15	私分罚没财物罪	第396条第2款
8	对单位行贿罪	第391条	—	—	—

值得注意的是，《公司法》第146条第1款第2项所说的“因贪污、贿赂、侵占财产、挪用财产或者破坏社会主义市场经济秩序，被判处刑罚”，在适用上需要满足以下条件：

一是，在触犯的罪名方面，只有触犯了上述罪名并因此被判处了刑罚的人，才不可以担任公司的董事、监事或高级管理人员；《公司法》第146条第1款本身不禁止因触犯其他罪名被判处刑罚的人担任公司的董事、监事、高级管理人员。

比如，在2015年4月28日就李某诚、李某武、唐某芳、李某萍、高某珍、郑某东、李某七人与呈贡瑞德食品有限责任公司、杨某芳、李某珠、郑某凤、刘某芬、麻某芝公司决议效力纠纷上诉案作出的（2015）昆民五终字第14号民事判决书中，针对呈贡瑞德食品有限责任公司的董事、法定代表人李某杰因犯“诈骗罪”被判处“有期徒刑三年，缓刑四年，并处罚金30000元”之后能否担任董事、高级管理人员的问题，昆明市中级人民法院认为：“公司法第一百四十七条①第二项规定该种情形下不得担任公司的董事、监事、高级管理人

① 现为《公司法》第146条。

员，因贪污、贿赂、侵占财产、挪用财产或者破坏社会主义市场经济秩序，被判处刑罚，执行期满未逾五年，或者因犯罪被剥夺政治权利，执行期满未逾五年。侵占财产与侵犯财产在刑法中并不是同一概念，李某杰所构成的诈骗罪属于侵犯财产这一类罪名，该条款中的‘贪污’、‘贿赂’、‘挪用财产’都不属于刑法中的类罪名，不能由此推出侵占财产涵盖了侵犯财产这一类罪名项下的罪名，只要不在该条款列举的范围内，就并不违反该条的规定，因此李某杰所构成的犯罪并不影响其担任公司的董事、监事、高级管理人员，上诉人以诉争股东会决议违反该条规定而无效的主张本院不予支持。”

二是，在刑罚方面，只要因触犯了上述任何罪名而被判处了任何刑罚，都应当适用这一要求；根据《刑法》第32条至第35条、第72条至第77条的规定，《公司法》第146条第1款第2项所说的“被判处刑罚”，既包括主刑中的管制、拘役、有期徒刑、无期徒刑（当然，不包括死刑），又包括附加刑中的罚金、剥夺政治权利或没收财产，还包括驱逐出境（仅适用于犯罪的外国人），甚至还可以包括被同时宣告缓刑的情形。

不过，在被宣告缓刑的情形，有种特别的情况需要注意。由于《公司法》第146条第1款第2项使用了“因贪污、贿赂、侵占财产、挪用财产或者破坏社会主义市场经济秩序，被判处刑罚，执行期满……”的表述，因此，该规定仅适用于“因贪污、贿赂、侵占财产、挪用财产或者破坏社会主义市场经济秩序，被判处刑罚”并且“所判处的刑罚已经实际执行”的情况。在因贪污、贿赂、侵占财产、挪用财产或者破坏社会主义市场经济秩序，被判处刑罚并被宣告缓刑的情形，由于《刑法》第76条规定了“对宣告缓刑的犯罪分子，在缓刑考验期限内，依法实行社区矫正，如果没有本法第七十七条规定的情形，缓刑考验期满，原判的刑罚就不再执行，并公开予以宣告”，因此，一方面，在缓刑考验期内，由于缓刑会不会被撤销、原判刑罚是否会被执行尚不可知，因此处于缓刑考验期内的自然人不应当担任公司的董事、监事或高级管理人员；另一方面，如果在缓刑考验期内未被撤销缓刑，那么，原判刑罚就不再执行，属于没有实际执行、也无需实际执行刑罚，而不属于“刑罚执行完毕”，因而也就不存在“刑罚执行期满”的问题。结合《最高人民法院、最高人民检察院关于缓刑犯在考验期满后五年内再犯应当判处有期徒刑以上刑罚之罪应否认定为累犯问题的批复》（自2020年1月20日起施行）关于“被判处有期徒刑宣告缓刑的犯罪分子，在缓刑考验期满后五年内再犯应当判处有期徒刑以上刑罚之罪的，因前罪判处的有期徒刑并未执行，不具备刑法第六十五条规定的'刑罚执行完毕'的要件，故不应认定为累犯，但可作为对新罪确定刑罚的酌定从重情节予以考虑"的规定，因贪污、贿赂、侵占财产、挪用财产或者破坏社会主义市场经济秩序被判处刑罚并被宣告缓刑的自然人，如果满足"缓刑考验期满，原判的刑罚就不再执行"的条件，就不适用《公司法》第146条第1款第2项关于"有下列情形之一的，不得担任公司的董事、监事、高级管理人员：……（二）因贪污、贿赂、侵占财产、挪用财产或者破坏社会主义市场经济秩序，被判处刑罚，执行期满未逾五年"的规定，不受该项规定的限制；在不存在其他不得担任公司的董事、监事、高级管理人员的情形的情况下，该自然人可以担任公司的董事、监事、高级管理人员。

比如，在2019年3月29日就钱某与昆明市市场监督管理局、云南航空旅游包机公司（以下简称包机公司）工商行政许可纠纷二审案作出的（2019）云01行终36号行政判决书中，针对"钱某作为被宣告缓刑、考验期满原判刑罚不再执行的人员，是否符合《登记管理规定》[①] 第四条第（四）项规定的禁止担任企业法定代表人情形"，昆明市中级人民法院认为："1. 根据《中华人民共和国刑法》第三章'刑罚'第一节'刑罚的种类'的规定，'刑罚'有且仅有管制、拘役、有期徒刑、无期徒刑、死刑、罚金、剥夺政治权利、没收财产、驱逐出境共九种；故'执行刑罚'也只能是执行此九种刑罚；2. 根据《中华人民共和国刑法》第七十六条'被宣告缓刑的犯罪分子，在缓刑考验期限内，依法实行社区矫正，如果没有本法第七十七条规定的情形，缓刑考验期满，原判的刑罚就不再执行，并公开予以宣告'，故缓刑考验期满且被宣告原判刑罚不再执行的人员，事实上并未被执行过刑罚，缓刑考验期的特殊要求和对其'实行'的社区矫正，都不是执行刑罚。3. 根据《中华人民共和国刑法》第六十五条规定的累犯条件'刑罚执行完毕或者赦免以后，在五年以内再犯……'以及司法实践中'若前罪适用缓刑但最终被宣告原判刑罚不再执行的，即便在五年以内再犯应当判处有期徒刑以上刑罚之罪的，也不属于累犯'的普遍共识和做法，可进一步明确：在刑法中'刑罚执行''执行刑罚'

---

① 即《企业法人法定代表人登记管理规定》。

是非常严格的概念，必须是实际执行，而不是缓刑考验期这样的暂缓执行也就是未执行状态。综合以上三个层面的递进分析，本案上诉人钱某被判处有期徒刑一年，缓刑二年，缓刑考验期满原判刑罚不再执行，此种情形在刑法体系下属于未被执行刑罚，也就无‘执行（刑罚）期满’可言。……在上诉人钱某被宣告缓刑，缓刑考验期满原判刑罚不再执行的事实基础上，原市工商局适用《登记管理规定》第四条第（四）项，将缓刑考验期满当作‘执行期满’，以‘钱某因犯有破坏社会主义市场经济秩序罪被判处刑罚，执行期满未逾五年，不得担任企业法人的法定代表人’为由，撤销2018年7月3日将钱某登记为包机公司法定代表人的行政行为，属适用法律、法规错误。”

此处还需要注意到的是，考虑到《公司法》第146条第1款第2项已经将被判处剥夺政治权利单列，《公司法》第146条第1款第2项所说的“被判处刑罚”，应理解为不包括被判处剥夺政治权利的情形为宜。

三是，在虽然触犯上述罪名，但因犯罪情节轻微而被法院免予刑事处罚的情况下，因这种情况不属于《公司法》第146条第1款第2项所说的“因贪污、贿赂、侵占财产、挪用财产或者破坏社会主义市场经济秩序，被判处刑罚”的情形，从而，相关人员不应仅仅因此而不能担任公司的董事、监事、高级管理人员。

《公司法》第146条第1款第2项所说的第一个“执行期满”，指的是“被判处的所有刑罚均已执行完毕”，既包括被判处的主刑中的管制、拘役、有期徒刑执行完毕，又包括被判处的附加刑中的罚金或没收财产执行完毕。

由于被判处无期徒刑的罪犯在特定条件下能够获得减刑，因此，《公司法》第146条第1款第2项所说的第一个“执行期满”实际上也能适用于被判处无期徒刑的情况。

根据《公司法》第146条第1款第2项规定，因贪污、贿赂、侵占财产、挪用财产或者破坏社会主义市场经济秩序而被判处刑罚之后，如果执行完毕已经满5年，在不存在其他不得担任公司的董事、监事、高级管理人员的情形的情况下，《公司法》第146条第1款是不禁止相关人员担任公司的董事、监事、高级管理人员的。

值得思考的问题是，如果相关人员在中国境外因犯有贪污、贿赂、侵占财产、挪用财产犯罪而被境外的法院或有权机构判处刑罚，其是否适用《公司法》第146条第1款第2项所说的“因贪污、贿赂、侵占财产、挪用财产……被判处刑罚，执行期满未逾五年”的规定？由于《公司法》第146条第1款第2项并没有明确排除这种情形，我倾向于认为，是需要适用的。

（四）因犯罪被剥夺政治权利，并且执行期满未逾五年的人

根据《公司法》第146条第1款第2项，“因犯罪被剥夺政治权利，执行期满未逾五年”的人，不得担任任何公司的董事、监事或高级管理人员。

由于《公司法》第146条第1款第2项使用了“因犯罪被剥夺政治权利，执行期满未逾五年”的表述，因此，只要相关人员被法院判处剥夺政治权利的附加刑，不论触犯的罪名是什么、被判处的主刑是什么，在其被剥夺政治权利的执行期满未逾5年之前，都不能担任任何公司的董事、监事或高级管理人员。

根据《刑法》第56条的规定，剥夺政治权利这一附加刑主要适用于危害国家安全的犯罪分子，以及故意杀人、强奸、放火、爆炸、投毒、抢劫等严重破坏社会秩序的犯罪分子。

值得注意的是，根据现行《刑法》第54条的规定，“剥夺政治权利是剥夺下列权利：（一）选举权和被选举权；（二）言论、出版、集会、结社、游行、示威自由的权利；（三）担任国家机关职务的权利；（四）担任国有公司、企业、事业单位和人民团体领导职务的权利”，其中的“国有公司、企业”应理解为“国有公司”“国有企业”，并没有提及剥夺担任“非国有公司”“非国有企业”领导职务的权利。因此，从现行《刑法》的角度，相关自然人因犯罪被剥夺政治权利这一事实本身，并不意味着其不得担任“非国有公司”“非国有企业”的领导职务。

不过，由于《公司法》第146条第1款第2项规定了“有下列情形之一的，不得担任公司的董事、监事、高级管理人员：……（二）……因犯罪被剥夺政治权利，执行期满未逾五年”，因此，从《公司法》的角度来看，任何自然人，只要因犯罪被剥夺政治权利，就不得担任任何公司的董事、监事或高级管理人员，而不仅仅限于《刑法》第54条第4项所说的“国有公司”“国有企业”。从这个意义上讲，《公司法》第146条第1款第2项，是《刑法》第54条第4项的特别规定，对《刑法》第54条第4项作出了扩大适用。

当然，《公司法》第146条第1款第2项关于“因犯罪被剥夺政治权利，执行期满未逾五年”不得担任公司的董事、监事、高级管理人员的规定，有其特殊的历史背景。

这一规定早在1993年12月通过的《公司法》中就已经有了；而1993年通过的《公司法》作出这样的规定，是因为当时有效的1979年《刑法》的第50条第4项规定了：“剥夺政治权利是剥夺下列权利：……（四）担任企业、事业单位和人民团体领导职务的权利”。不过，1997年修订后的《刑法》将1979年《刑法》的第50条第4项修改为：“剥夺政治权利是剥夺下列权利：……（四）担任国有公司、企业、事业单位和人民团体领导职务的权利”，这一规定作为《刑法》第54条第4项一直沿用至今。

考虑到上述特殊的历史背景，未来修改《公司法》时，可以考虑对现行《公司法》第146条第1款第2项关于“有下列情形之一的，不得担任公司的董事、监事、高级管理人员：……（二）……因犯罪被剥夺政治权利，执行期满未逾五年”的规定进行修改，使其与现行《刑法》第54条第4项的规定保持一致，使得现行《公司法》第146条第1款第2项规定的禁止性规定仅适用于担任各类国有公司、国有企业的董事、监事、高级管理人员的情况，不适用于担任非国有公司、非国有企业的董事、监事、高级管理人员的情况。

根据《公司法》第146条第1款第2项，因犯罪被剥夺政治权利之后，如果执行完毕已经满5年，在不存在其他不得担任公司的董事、监事、高级管理人员的情形的情况下，《公司法》第146条是不禁止相关人员担任公司的董事、监事、高级管理人员的。

（五）担任破产清算的公司、企业的董事或者厂长、经理，对该公司、企业的破产负有个人责任的人

根据《公司法》第146条第1款第3项，“担任破产清算的公司、企业的董事或者厂长、经理，对该公司、企业的破产负有个人责任”的人，自该公司、企业破产清算完结之日起三年内，不得担任公司的董事、监事或高级管理人员。

《公司法》第146条第1款第3项所说的“企业”，指的是《公司法》规范的有限公司和股份公司之外的企业，主要是非公司制的全民所有制企业和集体所有制企业。

值得注意的是，根据《合伙企业法》第 92 条第 1 款关于“合伙企业不能清偿到期债务的，债权人可以依法向人民法院提出破产清算申请，也可以要求普通合伙人清偿”的规定和《企业破产法》第 135 条关于“其他法律规定企业法人以外的组织的清算，属于破产清算的，参照适用本法规定的程序”的规定，在符合条件时，合伙企业的债权人是可以申请对合伙企业进行破产清算的；此外，根据《最高人民法院关于个人独资企业清算是否可以参照适用企业破产法规定的破产清算程序的批复》（法释〔2012〕16 号），在符合条件时，个人独资企业的债权人也可以申请法院参照适用《企业破产法》规定的破产清算程序对个人独资企业进行清算。

因此，《公司法》第 146 条第 1 款第 3 项所说的“企业”，还可以包括合伙企业和个人独资企业。

不过，由于根据《合伙企业法》《个人独资企业法》的规定，合伙企业不设董事、厂长、经理，而是由执行事务的合伙人对外代表合伙企业、执行合伙事务，个人独资企业则由其投资人或投资人委托或聘任的人负责个人独资企业的事务管理，因此，在表述上，如果《公司法》第 146 条第 1 款第 3 项能够调整为“担任破产清算的公司、企业的董事或者厂长、经理、执行合伙企业事务的合伙人或者管理个人独资企业事务的负责人，对该公司、企业的破产负有个人责任的，自该公司、企业破产清算完结之日起未逾三年”，则是更加完善的。

根据《全民所有制工业企业法》第 7 条第 1 款关于“企业实行厂长（经理）负责制”的规定和第 45 条关于“厂长是企业的法定代表人。企业建立以厂长为首的生产经营管理系统。厂长在企业中处于中心地位，对企业的物质文明建设和精神文明建设负有全面责任。厂长领导企业的生产经营管理工作，行使下列职权：……”的规定，《公司法》第 146 条第 1 款第 3 项所说的“厂长”，指的是全民所有制企业的厂长。

尽管《公司法》第 146 条第 1 款第 3 项使用的是“公司、企业的董事、厂长、经理”的表述，但是，由于《企业破产法》第 125 条明确规定了“企业董事、监事或者高级管理人员违反忠实义务、勤勉义务，致使所在企业破产的，依法承担民事责任。有前款规定情形的人员，自破产程序终结之日起三年内不得担任任何企业的董事、监事、高级管理人员”，根据《立法法》第 92 条关于

“同一机关制定的法律、行政法规、地方性法规、自治条例和单行条例、规章，特别规定与一般规定不一致的，适用特别规定；新的规定与旧的规定不一致的，适用新的规定”的规定，此时应适用《企业破产法》第125条的规定。因此，《公司法》第146条第1款第3项所说的“公司、企业的董事或者厂长、经理”，应解释为包括公司、企业的董事、监事或高级管理人员，而不仅仅限于董事、厂长、经理。

《公司法》第146条第1款第3项所说的“破产清算完结之日”，指的是《企业破产法》所说的“破产程序终结之日”，即人民法院作出的终结破产程序的裁定生效之日。

《公司法》第146条第1款第3项的适用，应当同时满足以下各项条件：

一是，相关人员担任了破产清算已经实施完毕的公司或企业的董事、监事或高级管理人员。这一规定对其他人员，包括担任破产清算的公司、企业除董事、监事或高级管理人员以外的其他职务的人员，担任非破产清算（包括自主清算和法院强制清算）的公司、企业的董事、厂长、经理或其他职位的人员，都不适用。

二是，相关人员对其担任董事、监事或高级管理人员的公司、企业的破产这一结果负有个人责任。如果相关人员不负有个人责任，也不受此限。

三是，该公司、企业破产清算完结至今未满3年。

问题是，如何认定相关公司、企业的董事、监事或高级管理人员对该公司、企业的破产负有个人责任？对此，《公司法》未作具体规定。

注意到《企业破产法》第125条第1款规定了“企业董事、监事或者高级管理人员违反忠实义务、勤勉义务，致使所在企业破产的，依法承担民事责任”，第2款规定了“有前款规定情形的人员，自破产程序终结之日起三年内不得担任任何企业的董事、监事、高级管理人员”，基于上述规定，如果相关公司、企业的破产是因为其董事、监事或高级管理人员违反忠实义务、勤勉义务造成的，就可以认定其对公司、企业的破产负有个人责任；当然，我理解，这应以法院或相关主管机关的认定意见为依据。

此外，还需注意的是，《企业破产法》第15条还规定了不得新任公司的董事、监事、高级管理人员的情形，即：“自人民法院受理破产申请的裁定送达债务人之日起至破产程序终结之日，债务人的有关人员承担下列义务：……

（五）不得新任其他企业的董事、监事、高级管理人员。前款所称有关人员，是指企业的法定代表人；经人民法院决定，可以包括企业的财务管理人员和其他经营管理人员。”

（六）担任因违法被吊销营业执照、责令关闭的公司、企业的法定代表人，并负有个人责任的人

根据《公司法》第146条第1款第4项规定，“担任因违法被吊销营业执照、责令关闭的公司、企业的法定代表人，并负有个人责任”的人，自该公司、企业被吊销营业执照之日起三年内，不得担任任何公司的董事、监事或高级管理人员。

根据《民法总则》第61条第1款关于“依照法律或者法人章程的规定，代表法人从事民事活动的负责人，为法人的法定代表人”和第105条关于“非法人组织可以确定一人或者数人代表该组织从事民事活动”，《合伙企业法》第26条第2款关于“按照合伙协议的约定或者经全体合伙人决定，可以委托一个或者数个合伙人对外代表合伙企业，执行合伙事务”，《合伙企业登记管理办法》第6条第1款“合伙企业的登记事项应当包括：……（三）执行事务合伙人；……”等规定，“法定代表人”是专属于法人的表述，合伙企业、个人独资企业等非法人组织不存在“法定代表人”的表述，而只有“负责人”的表述，因此，《公司法》第146条第1款第4项所说的“公司、企业的法定代表人”，指的是公司制企业法人、非公司制企业法人的法定代表人；进而，《公司法》第146条第1款第4项所说的“企业”，指的是《公司法》规范的有限公司和股份公司之外的非公司制的全民所有制企业。

《公司法》第146条第1款第4项的适用，应当同时满足以下各项条件：

一是，相关人员担任了因违法被吊销营业执照、责令关闭的公司、企业的法定代表人。这对其他人员，包括担任因违法被吊销营业执照、责令关闭的公司、企业的董事、监事、高级管理人员以及除法定代表人以外的其他职务的人员，都不适用。

二是，相关人员对其担任法定代表人的公司、企业因违法被吊销营业执照、责令关闭这一结果负有个人责任。如果相关人员不负有个人责任，也不受此限。

三是，该公司、企业被吊销营业执照之日起至今未满3年。

问题是，如何认定相关公司、企业的法定代表人对该公司、企业因违法而被吊销营业执照、责令关闭负有个人责任？对此，《公司法》未作具体规定，我理解，应以法院或相关主管机关的认定意见为依据。

注意到《公司法》第180条第4项针对公司的解散事由规定了“依法被吊销营业执照、责令关闭或者被撤销”，我理解，《公司法》第146条第1款第4项的表述如能调整为“担任因违法被吊销营业执照、责令关闭或被撤销的公司、企业的法定代表人，并负有个人责任的，自该公司、企业被吊销营业执照之日起未逾三年”，可能更加周延。

（七）个人所负数额较大的债务到期未清偿的人

根据《公司法》第146条第1款第5项，“个人所负数额较大的债务到期未清偿”的人，不得担任任何公司的董事、监事或高级管理人员。

如何认定“数额较大的债务”？《公司法》本身未作规定，我理解应结合个案的具体情况加以认定。

《公司法》第146条第1款第5项所说的“到期未清偿”，指的是个人所负债务的履行期限届满而未获清偿的结果和状态。参考《最高人民法院关于适用〈中华人民共和国企业破产法〉若干问题的规定（一）》（法释〔2011〕22号）第2条关于“下列情形同时存在的，人民法院应当认定债务人不能清偿到期债务：（一）债权债务关系依法成立；（二）债务履行期限已经届满；（三）债务人未完全清偿债务”的规定，在下列情形同时存在时，应当认定个人所负债务到期未清偿：一是，相关个人与债权人之间的债权债务关系依法成立；二是，相关个人履行债务的期限已经届满；三是，相关个人作为债务人未完全清偿债务。

比如，在2016年12月15日就金某兰与北京数雨文化传播有限公司（以下简称数雨公司）、张某瑞公司决议纠纷一审案作出的（2016）京0105民初66500号民事判决书中，针对北京数雨公司2016年6月16日股东会决议关于“选举股东张某瑞为公司新一届执行董事，同时更改为公司法定代表人”的内容，考虑到“张某瑞认可（2016）京0105民初22299号民事判决书判决张某瑞向数雨公司履行出资义务60万元中的剩余出资23万元，以及（2015）朝民（商）初字第66258号民事判决书判决的张某瑞向数雨公司偿还借款12万元的义务，张某瑞现均无力履行”，北京市朝阳区人民法院认为：“本案中，张某瑞对数雨公司负有的偿还借款及出资义务至今未履行或未全部履行，相关债务均已进入强制执行阶段，数额较大，且张某瑞亦认可其无力履行，故数雨公司2016年6月16日股东会作出的关于变更张某瑞为法定代表人并要求金某兰向张某瑞交出公司经营权的决议无效。”

值得注意的是，由于《公司法》第146条第1款第5项使用了“个人所负债务”的表述，因此，从文义上看，相关自然人担任其法定代表人、董事、监事、高级管理人员的公司存在“所负数额较大的债务到期未清偿”的情形，不适用《公司法》第146条第1款第5项的规定。

不过，在此基础上，中央文明办、最高人民法院、公安部、国务院国资委、原国家工商总局、原中国银监会、中国民用航空局、中国铁路总公司2014年3月20日印发的《“构建诚信 惩戒失信”合作备忘录》（文明办〔2014〕4号）和《工商总局关于依法对失信被执行人实施信用惩戒的通知》（工商企监字〔2015〕154号）进一步规定了，最高人民法院失信被执行人名单库中的所有失信被执行人以及被人民法院发出限制高消费令的其他被执行人，包括作为失信被执行人的自然人以及作为失信被执行人的法人或非法人组织的法定代表人、主要负责人、影响债务履行的直接责任人，不得担任任何企业的法定代表人、董事、监事、高级管理人员等。

实践中，从公司登记的角度，公司登记机关通常也是以相关自然人是否被列入最高人民法院失信被执行人名单库作为认定《公司法》第146条第1款第5项所说的“个人所负数额较大的债务到期未清偿”的依据的。

三、违反《公司法》第146条第1款进行的选举、委派或聘任行为的效力

由于《公司法》第146条第1款使用了“有下列情形之一的，不得担任公司的董事、监事、高级管理人员”的表述，因此，《公司法》第146条第2款明确规定了公司违反《公司法》第146条第1款选举、委派董事、监事或者聘任高级管理人员的行为无效。

由于《公司法》第146条第2款使用了“公司违反前款规定选举、委派董事、监事或者聘任高级管理人员的，该选举、委派或者聘任无效”的表述，因

此，《公司法》第 146 条第 1 款属于效力性强制性规定。

根据《公司法》第 37 条第 1 款第 2 项、第 44 条第 2 款、第 51 条第 2 款、第 108 条第 2 款以及第 117 条第 2 款等的规定，《公司法》第 146 条第 2 款和第 3 款所说的“选举”，指的是有限公司的股东会或股份公司的股东大会选举非由职工代表担任的董事或监事的情形，以及有限公司或股份公司的职工选举职工代表董事或职工代表监事的情形。

根据《公司法》第 61 条、第 67 条和第 70 条的规定，《公司法》第 146 条第 2 款和第 3 款所说的“委派”，指的是一人公司的唯一股东和国有独资公司的出资人委派非由职工代表担任的董事、监事的情形。

根据《公司法》第 46 条、第 49 条、第 68 条、第 113 条的规定，《公司法》第 146 条第 2 款和第 3 款所说的“聘任”，指的是有限公司或股份公司的董事会、不设董事会的有限公司的执行董事聘任经理等高级管理人员的情形。

根据《公司法》第 37 条第 1 款第 2 项、第 46 条第 9 项、第 49 条、第 61 条、第 67 条、第 68 条、第 99 条、第 108 条第 4 款和第 113 条的规定，公司选举或委派非由职工代表担任的董事或监事应由其权力机构通过作出决议或决定的方式进行，公司聘任高级管理人员应由其执行机构通过作出决议或决定的方式进行，因此，公司违反《公司法》第 146 条第 1 款作出的选举或委派非由职工代表担任的董事或监事或聘任高级管理人员的决议或决定，因违反《公司法》第 146 条第 1 款的规定，也应属无效；从而，公司违反《公司法》第 146 条第 1 款的规定作出的选举或委派非由职工代表担任的董事或监事或者聘任高级管理人员的决议或决定，也属于《公司法》第 22 条第 1 款规定的“公司股东会或者股东大会、董事会的决议内容违反法律、行政法规的无效”的情形，从而需要适用《公司法》第 22 条第 1 款和第 4 款关于股东会或股东大会决议、董事会决议无效的规定。

值得注意的是，尽管《公司法》第 146 条第 2 款明确规定了“公司违反前款规定选举、委派董事、监事或者聘任高级管理人员的，该选举、委派或者聘任无效”，但是，相应的选举行为、委派行为或聘任行为的无效，应以人民法院作出的判决为依据。

问题是，公司违反《公司法》第 146 条第 1 款的规定选举、委派董事、监事或者聘任高级管理人员的行为无效，是否具有溯及力？

由于确认公司选举、委派董事、监事的股东会或者股东大会决议、聘任高级管理人员的董事会决议无效将涉及多方当事人（不仅涉及公司、公司的各个股东，甚至可能涉及第三人）的利益；尤其是对于公司在当事人要求确认无效的公司决议被通过之后发生了增资、股权转让等诸多变更事项，涉及诸多第三人利益的情形，这是一个比较复杂和棘手的问题。

在行政法律关系方面，针对公司决议无效的情形，由于《公司法》第22条第4款规定，“公司根据股东会或者股东大会、董事会决议已办理变更登记的，人民法院宣告该决议无效……后，公司应当向公司登记机关申请撤销变更登记”，因此，在公司选举、委派董事、监事的股东会或者股东大会决议、聘任高级管理人员的董事会决议被确认为无效之后，公司也应当向原公司登记机关申请撤销因被确认无效的选举、委派董事、监事的股东会或者股东大会决议、聘任高级管理人员的董事会决议涉及的董事、经理备案或法定代表人变更登记。

不过，出于维护、保护在当事人要求确认无效的公司决议被通过之后形成的新的交易秩序，甚至是公共利益的考量，有的法院可能会倾向于不确认公司选举、委派董事、监事的股东会或者股东大会决议、聘任高级管理人员的董事会决议无效，或者，虽然确认公司选举、委派董事、监事的股东会或者股东大会决议、聘任高级管理人员的董事会决议无效，但是不支持公司提出的撤销与被确认为无效的公司决议相关的公司登记或备案登记的请求。①

在民事法律关系方面，结合《民法总则》第61条第2款、第3款关于“法定代表人以法人名义从事的民事活动，其法律后果由法人承受。法人章程或者法人权力机构对法定代表人代表权的限制，不得对抗善意相对人”的规定，第85条关于营利法人的权力机构、执行机构作出的决议被人民法院撤销后“营利法人依据该决议与善意相对人形成的民事法律关系不受影响”的规定和第170条第2款关于“法人或者非法人组织对执行其工作任务的人员职权范围的限制，不得对抗善意相对人”的规定，以及《公司法司法解释（四）》第6条关于“股东会或者股东大会、董事会决议被人民法院判决确认

① 相关分析，请见本书第十章关于公司决议无效和公司决议撤销部分的内容。

无效或者撤销的，公司依据该决议与善意相对人形成的民事法律关系不受影响”的规定，我理解，公司违反《公司法》第146条第1款的规定选举、委派董事、监事或者聘任高级管理人员的行为无效，不应影响由据此选举产生的董事、监事或据此聘任的高级管理人员代表公司与善意第三人形成的民事法律关系。

四、董监高任职期间出现不得任职情形的处理办法

针对已经担任公司的董事、监事、高级管理人员的人员在任职期间出现《公司法》第146条第1款所列的不得担任公司的董事、监事、高级管理人员的情形，《公司法》第146条第3款规定了相应的处理办法，即“公司应当解除其职务”。因此，当公司的董事、监事、高级管理人员在任职期间出现《公司法》第146条第1款所列的不得担任公司的董事、监事、高级管理人员的情形时，公司负有“解除其职务”的义务。

如果是公司的董事、监事在任职期间出现此类情形，则应由董事会或执行董事召集召开股东会会议或股东大会会议，由股东会或股东大会作出免除其董事或监事职务的决议，或提请唯一股东作出免除其董事或监事职务的决定；如果是高级管理人员在任职期间出现此类情形，则应由董事长召集和主持召开董事会会议，由董事会作出解聘其高级管理人员职务的决议，或由执行董事作出解聘其高级管理人员职务的决定。不过，就职工代表董事或职工代表监事而言，则应由公司的全体职工按照《工会法》《企业民主管理规定》等法律和文件的规定作出免除其职工代表董事或职工代表监事职务的决定。

值得注意的是，在董事、监事、高级管理人员在任职期间出现《公司法》第146条第1款所列的不得担任公司的董事、监事、高级管理人员的情况时，由于《公司法》第146条第3款使用的是“公司应当解除其职务”的表述，因此，在公司的权力机构、执行机构或全体职工通过民主形式作出解除相关董事、监事或高级管理人员的职务的决议或决定之前，相关人员仍然是公司的董事、监事或高级管理人员，其以公司的董事、监事或高级管理人员的身份实施的行为原则上仍然有效。

不过，从公司登记机关的角度，在董事、监事、高级管理人员在任职期间

出现《公司法》第146条第1款所列的不得担任公司的董事、监事、高级管理人员的情况时，公司登记机关可能会依职权限制相关主体继续担任相关公司的董事、监事或高级管理人员。比如，针对公司的法定代表人，《国家工商行政管理总局关于进一步做好企业法人法定代表人任职限制规定执行工作的通知》（工商企字〔2010〕82号）规定了："依照《公司法》等有关规定，企业法人法定代表人出现不得担任法定代表人情形时，在法定限制期内，应限制其在已任职的企业法人中继续担任法定代表人，并限制其任其他企业法人的法定代表人。"

比如，在就兰州万厦房地产开发有限公司诉兰州市人民政府产权界定一审案作出的（2018）甘71行初106号行政判决书中，兰州铁路运输中级法院就认为："《中华人民共和国公司法》第十三条规定：'公司法定代表人依照公司章程的规定，由董事长、执行董事或者经理担任，并依法登记。公司法定代表人变更，应当办理变更登记'。该法第一百四十六条规定，因贪污、贿赂、侵占财产、挪用财产或者破坏社会主义市场经济秩序，被判处刑罚，执行期满未逾五年，或者因犯罪被剥夺政治权利，执行期满未逾五年，不得担任公司的董事、监事、高级管理人员。公司违反上述规定选举、委派董事、监事或者聘任高级管理人员的，该选举、委派或者聘任无效。董事、监事、高级管理人员在任职期间出现上述情形的，公司应当解除其职务。《企业法人法定代表人登记管理规定》第八条规定：'法定代表人任职期间出现本规定第四条所列情形之一的，该企业法人应当申请办理法定代表人变更登记'、第十二条规定：'违反本规定，应当申请办理法定代表人变更登记而未办理的，由企业登记机关责令限期办理；逾期未办理的，处1万元以上10万元以下的罚款；情节严重的，撤销企业登记，吊销企业法人营业执照。'上述规定是关于公司组织机构的管理性规范，公司对判处相应罪刑的法定代表人应依法解除职务并申请变更登记。由此可见，即使出现公司法第一百四十六条第一款规定之情形，公司法定代表人的职务解除或变更申请，均应由公司来完成，判处刑罚并不当然产生职务任免、登记变更的法律效果。"①

① 见甘肃省高级人民法院2019年5月15日就兰州万厦房地产开发有限公司与兰州市人民政府其他行政行为二审案作出的（2019）甘行终145号行政判决书。

此外，还需注意的是，在股份公司的董事在任职期间出现《公司法》第146条第1款所列的不得担任公司的董事、监事、高级管理人员的情形时，股份公司依照《公司法》第146条第3款的规定作出免除其董事的职务之后，如果同时触及《公司法》第100条第1项所说的“董事人数不足本法规定人数或者公司章程所定人数的三分之二时”，那么，股份公司应当依照《公司法》第100条的规定，在两个月内召开临时股东大会，补选董事。

第二节　董监高的忠实义务

《公司法》第147条第1款规定，公司的每一个董监高都对公司负有忠实义务和勤勉义务。本节先围绕董监高的忠实义务展开讨论，有关董监高的勤勉义务的讨论则放到后一节进行。

一、《公司法》关于董监高忠实义务的规定及其适用

《公司法》主要是从以下三个方面来规定董监高对公司的忠实义务的：

一是，从正向角度，作出原则性规定，即《公司法》第147条第1款关于“董事、监事、高级管理人员应当遵守法律、行政法规和公司章程，对公司负有忠实……义务”的规定。这一规定适用于公司的所有董事、监事和高级管理人员。

二是，从反向角度，作出一般禁止性规定，即《公司法》第147条第2款关于“董事、监事、高级管理人员不得利用职权收受贿赂或者其他非法收入，不得侵占公司的财产”的规定。这一规定适用于公司的所有董事、监事和高级管理人员。

三是，从反向角度，作出特别禁止性规定，即《公司法》第148条第1款的规定。这一规定仅适用于公司的董事和高级管理人员，不适用于公司的监事。

其中，《公司法》第147条、第148条所说的“董事”，包括股东代表董事、职工代表董事、不设董事会的有限公司的执行董事、董事长、副董事长、

独立董事和其他董事；所说的“监事”，包括股东代表监事、职工代表监事、监事会主席、监事会副主席和其他监事；所说的“高级管理人员”，包括经理、副经理、财务负责人和公司章程规定的其他高级管理人员。

由于《公司法》第147条第1款使用了“董事、监事、高级管理人员应当遵守法律、行政法规和公司章程，对公司负有忠实……义务”的表述，因此，公司的所有董事、监事、高级管理人员都对公司负有忠实义务。

同样地，由于《公司法》第147条使用了“董事、监事、高级管理人员应当……”和“董事、监事、高级管理人员不得……”的表述，因此，《公司法》第147条关于忠实义务的规定仅适用于公司现任的董事、监事和高级管理人员，不适用于并未担任公司的董事、监事或高级管理人员的公司的股东、实际控制人，不适用于并非公司的董事、监事或高级管理人员的公司职工，也不适用于曾担任公司的董事、监事、高级管理人员但现在已经不再担任公司的董事、监事、高级管理人员的人员。

此外，由于《公司法》第148条第1款使用的是“董事、高级管理人员不得有下列行为”的表述，没有提及“监事”，因此，《公司法》第148条的规定仅适用于公司的董事、高级管理人员在任职期间的行为，不适用于公司的监事、并未担任公司的董事或高级管理人员的公司的股东、实际控制人以及并非公司的董事或高级管理人员的公司职工，也不适用于曾担任公司的董事、高级管理人员的人员在不再担任公司的董事、高级管理人员期间（包括担任公司的董事或高级管理人员之前和之后）实施的行为。

比如，在2014年5月6日就南京强新企业有限公司（以下简称强新公司）与程某军、吴某、南京欧典工贸有限公司损害公司利益责任纠纷上诉案作出的（2014）宁商终字第405号民事判决书中，江苏省南京市中级人民法院认为：“根据《中华人民共和国公司法》第二百一十七条[①]第（一）项规定，高级管理人员，是指公司的经理、副经理、财务负责人，上市公司董事会秘书和公司章程规定的其他人员。该法条所指公司经理、副经理在商事实践中可对应公司的总经理和副总经理。本案中，强新公司提供的证据仅能证明程某军系该公司业务经理，而依法律规定及该公司章程规定，业务经理均不属于公司高级管理

① 现为《公司法》第216条。

人员，故强新公司上诉称程某军为公司高级管理人员证据不足。……强新公司提供的提级通知，仅能证明吴某系该公司协理，强新公司法定代表人及总经理并未依据公司章程规定任命吴某为副总经理，说明在该公司的实际运作中并未设立该职位。而协理之职与前述法条规定的公司高级管理人员亦不相符。强新公司……不能证明程某军、吴某为公司高级管理人员。另外，强新公司亦未通过签订书面协议的方式为程某军、吴某设定忠实义务及竞业禁止义务，故强新公司上诉称程某军、吴某为公司高级管理人员，应承担因违反忠实义务与竞业禁止义务给该公司利益造成的损害赔偿责任，证据不足，本院不予采信。"

又如，在2014年1月22日就上海美福集网络科技有限公司（以下简称美福集公司）与胡某科损害公司利益责任纠纷上诉案作出的（2013）沪一中民四（商）终字第2071号民事判决书中，上海市第一中级人民法院认为："本案争议焦点是胡某科在美福集公司任职期间是否应确认为公司高级管理人员，对美福集公司负有竞业禁止的忠实义务。……公司法对高级管理人员采用了列举方式进行界定，即公司的经理、副经理、财务负责人、上市公司董事会秘书和公司章程规定的其他人员。然而，美福集公司与胡某科并未直接签订劳动合同而是通过中智公司以劳务派遣的方式至美福集公司工作，虽然胡某科在美福集公司任职期间曾担任中国区销售总监一职，但该职务并不属于公司法列明的前四类高级管理人员，且美福集公司章程也未对公司高级管理人员作出明确规定，故按照公司法的规定，胡某科不能认定为公司的高级管理人员，对公司不负有法定的竞业禁止义务。"

二、忠实义务的界定

《公司法》本身没有对何为"忠实义务"作出规定，也没有对如何认定董事、监事、高级管理人员尽到了忠实义务作出规定。

不过，从反向角度，根据《公司法》第147条第2款和第148条第1款的规定，只要董事、监事或高级管理人员实施了以下任何行为，就属于违反对公司忠实义务的行为：

序号	行为	《公司法》条文
1	利用职权收受贿赂或者其他非法收入	第147条第2款
2	侵占公司的财产	第147条第2款
3	挪用公司资金	第148条第1款第1项
4	将公司资金以其个人名义开立账户存储	第148条第1款第2项
5	将公司资金以其他个人名义开立账户存储	第148条第1款第2项
6	违反公司章程的规定，未经股东会、股东大会或者董事会同意，将公司资金借贷给他人	第148条第1款第3项
7	违反公司章程的规定，未经股东会、股东大会或者董事会同意，以公司财产为他人提供担保	第148条第1款第3项
8	违反公司章程的规定或者未经股东会、股东大会同意，与本公司订立合同	第148条第1款第4项
9	违反公司章程的规定或者未经股东会、股东大会同意，与本公司进行交易	第148条第1款第4项
10	未经股东会或者股东大会同意，利用职务便利为自己谋取属于公司的商业机会	第148条第1款第5项
11	未经股东会或者股东大会同意，利用职务便利为他人谋取属于公司的商业机会	第148条第1款第5项
12	未经股东会或者股东大会同意，自营与所任职公司同类的业务	第148条第1款第5项
13	未经股东会或者股东大会同意，为他人经营与所任职公司同类的业务	第148条第1款第5项
14	接受他人与公司交易的佣金归为己有	第148条第1款第6项
15	擅自披露公司秘密	第148条第1款第7项
16	违反对公司忠实义务的其他行为	第148条第1款第8项

此外，董事、监事、高级管理人员利用其关联关系损害公司利益，也属于违反忠实义务的行为。对此，在2015年3月11日就丘某良、黄某贵与福建福日电子股份有限公司、陈某股东损害公司债权人利益责任纠纷上诉案作出的（2014）深中法涉外终字第36号民事判决书中，深圳市中级人民法院认为："所谓董事的忠实义务，是指董事管理公司、经营业务，履行职责时，必须代表全体股东为公司最大利益努力工作，当自身利益与公司利益发生冲突时，必须以公司利益为重，不得将自身利益置于公司利益之上。《中华人民共和国公

司法》第一百四十九条[①]第一款列举了七种违反忠实义务的行为……《中华人民共和国公司法》第二十一条规定：‘公司的控股股东、实际控制人、董事、监事、高级管理人员不得利用其关联关系损害公司利益。违反前款规定，给公司造成损失的，应当承担赔偿责任’。上述规定也是对公司董事忠实义务的要求。”

三、违反忠实义务的行为

《公司法》第147条第2款规定了公司的董事、监事、高级管理人员不得实施的两种违反忠实义务的行为：（1）利用职权收受贿赂或者其他非法收入；（2）侵占公司的财产。

《公司法》第148条第1款第1项至第7项规定了公司的董事和高级管理人员不得实施的10种违反对公司的忠实义务的行为：（1）挪用公司资金；（2）将公司资金以其个人名义开立账户存储；（3）将公司资金以其他个人名义开立账户存储；（4）违反公司章程的规定，未经股东会、股东大会或者董事会同意，将公司资金借贷给他人；（5）违反公司章程的规定，未经股东会、股东大会或者董事会同意，以公司财产为他人提供担保；（6）违反公司章程的规定或者未经股东会、股东大会同意，与本公司订立合同或者进行交易；（7）未经股东会或者股东大会同意，利用职务便利为自己或者他人谋取属于公司的商业机会；（8）未经股东会或者股东大会同意，自营或者为他人经营与所任职公司同类的业务；（9）接受他人与公司交易的佣金归为己有；（10）擅自披露公司秘密。

在此基础上，《公司法》第148条第1款第8项规定了兜底条款：“违反对公司忠实义务的其他行为”，将前七项列明的行为之外的其他违反忠实义务的行为也涵盖在内。

（一）利用职权牟取私利

《公司法》第147条第2款规定了“董事、监事、高级管理人员不得利用职权收受贿赂或者其他非法收入”。公司的董事、监事、高级管理人员利用职

① 现为《公司法》第148条。

权收受贿赂或者其他非法收入，属于利用其担任公司的董事、监事或高级管理人员的职务便利牟取私利，违反了《公司法》第 147 条第 1 款所说的“对公司的忠实义务”。

此外，公司的董事、监事、高级管理人员利用职权收受贿赂或者其他非法收入，可能还会构成犯罪。对此，《公司法》第 215 条规定了“违反本法规定，构成犯罪的，依法追究刑事责任”。

与此相对应，《刑法》第 163 条第 1 款和第 2 款规定了“非国家工作人员受贿罪”及其刑罚，即，“公司、企业或者其他单位的工作人员利用职务上的便利，索取他人财物或者非法收受他人财物，为他人谋取利益，数额较大的，处五年以下有期徒刑或者拘役；数额巨大的，处五年以上有期徒刑，可以并处没收财产。公司、企业或者其他单位的工作人员在经济往来中，利用职务上的便利，违反国家规定，收受各种名义的回扣、手续费，归个人所有的，依照前款的规定处罚”。

此外，针对国有公司、企业或者其他国有单位中从事公务的人员和国有公司、企业或者其他国有单位委派到非国有公司、企业以及其他单位从事公务的人员，《刑法》还规定了“受贿罪”及其刑罚，即：《刑法》第 163 条第 3 款规定了“国有公司、企业或者其他国有单位中从事公务的人员和国有公司、企业或者其他国有单位委派到非国有公司、企业以及其他单位从事公务的人员有前两款行为的，依照本法第三百八十五条、第三百八十六条的规定定罪处罚”；《刑法》第 385 条规定了“国家工作人员利用职务上的便利，索取他人财物的，或者非法收受他人财物，为他人谋取利益的，是受贿罪。国家工作人员在经济往来中，违反国家规定，收受各种名义的回扣、手续费，归个人所有的，以受贿论处”；第 386 条规定了“对犯受贿罪的，根据受贿所得数额及情节，依照本法第三百八十三条的规定处罚。索贿的从重处罚”。

（二）侵占公司财产

《公司法》第 147 条第 2 款还明确规定了董事、监事、高级管理人员不得侵占公司的财产。

结合《民法总则》第五章关于民事权利的规定，以及《物权法》第 180 条关于抵押财产的规定，《公司法》第 147 条第 2 款所说的“公司的财产”，指的是属于公司所有的任何财产，包括货币、不动产（土地、建筑物和其他土地附着物）、动产（生产设备、原材料、半成品、产品、交通运输工具、船舶、航空器等）、知识产权、证券（股票、债券、证券投资基金份额等）、股权等投资性权利、债权、数据、网络虚拟财产等；特别地，公司的印章、营业执照、会计账簿等资料，也都属于公司的财产。

因此，既然属于公司的财产，未经授权，公司的任何股东、董事、监事、高级管理人员或其他人员就不能对公司的财产进行非法的占有、使用、收益或处分；根据《物权法》第 34 条关于“无权占有不动产或者动产的，权利人可以请求返还原物”的规定，在公司的股东、董事、监事、高级管理人员或其他人员非法占有公司的财产的情况下，公司当然有权要求相关主体返还财产。

比如，在龙岩恒发电业有限公司（以下简称恒发电业公司）诉郑某欣、漳州紫金建材有限公司、刘某萍公司高级管理人员损害公司利益赔偿纠纷一审案中，针对恒发电业公司总经理离职后占有恒发电业公司的汽车、房产、财务资料、有关文件及证照的问题，福建省高级人民法院认为：“不论是否是公司实际控制人、事实股东还是高级管理人员，均应尊重公司独立的合法权益，无权违法占有公司财产和相关资料。郑某欣任职总经理期间，负有对公司忠实及勤勉的义务，离职后，不再有经营管理公司之权，继续占有公司资产、财务资料、证照及文件没有依据。故郑某欣占有恒发电业公司所有的车牌号为闽 FA2 ×××的保时捷越野车一辆、车牌号为闽 F81 ×××皮卡车一辆、龙岩市西城莲花侨新村金怡阁住房；自成立以来至 2007 年的全部财务账簿和财务文件、恒发电业公司的企业法人营业执照（正、副本）、批准证书（正、副本）、组织机构代码（正本和副本卡）、房产证 17 本、法人代码书、财务专用章、带有恒发电业公司董事会成员签名的空白文件两份的行为均属违法，应当立即将上述财产及财务资料和相关证照、文件返还恒发电业公司”，并判决责令郑某欣于判决生效之日起十日内将上述资产、财务资料、证照及文件全部返还恒发电业公司。上述判决获得最高人民法院二审、再审的维持。[①]

---

① 见最高人民法院在 2014 年 12 月 21 日就郑某欣、漳州紫金建材有限公司与龙岩恒发电业有限公司、刘某萍公司高级管理人员损害公司利益赔偿纠纷案作出的（2012）民二终字第 66－1 号民事判决书和在 2015 年 9 月 24 日作出的（2015）民申字第 1866 号再审民事裁定书。

其中，就印章而言，根据《国务院关于国家行政机关和企业事业单位社会团体印章管理的规定》（国发〔1999〕25 号）的规定，公司的印章包括正式印章和在名称、式样上与正式印章有所区别的其他专用印章（包括经济合同章、财务专用章等）。

考虑到《国务院关于国家行政机关和企业事业单位社会团体印章管理的规定》（国发〔1999〕25 号）本身没有使用“公章”的表述，而是使用了“正式印章”的表述，并在此之外使用了“其他专用印章”的表述；也考虑到国务院制定的《票据管理实施办法》明确使用了“公章”的表述，并在“公章”之外同时使用了“财务专用章”“汇票专用章”“本票专用章”的表述，我倾向于认为，《国务院关于国家行政机关和企业事业单位社会团体印章管理的规定》（国发〔1999〕25 号）所说的“正式印章”属于“公章”，“其他专用印章”则是“公章”之外的印章。此外，注意到国务院制定的《发票管理办法》也使用了“发票专用章”的表述，因此，我理解，《国务院关于国家行政机关和企业事业单位社会团体印章管理的规定》所说的其他专用印章，包括“经济合同章”（通常也刻制为“合同章”或“合同专用章”）、“财务专用章”“发票专用章”“汇票专用章”“本票专用章”等①。

值得注意的是，实践中，针对涉及公司印章返还的案件，有的法院倾向于要求不按照普通的财产返还诉讼确定管辖。比如，上海市高级人民法院《关于审理公司纠纷案件若干问题的解答》（沪高法民二〔2006〕8 号）认为：“鉴于公司印章一般具有对外代表公司意志的表象，因此，因公司印章控制权引发的纷争，其实质涉及公司内部治理中对公司控制权的争夺，故此类案件宜作为公司纠纷案件由民商事审判庭予以管辖，而不宜作为普通的财产返还诉讼案件确

---

① 值得注意的是，公安部治安管理局 2002 年起草的《印章治安管理办法（草案）》第 3 条第 2 款曾提及“本办法所称公章是指国家权力、党政机关、司法、参政议事、军队、武警、民主党派、工会、共青团、妇联等机关、团体，企业事业单位，民政部门登记的民间组织，居（村）民委员会和各议事协调机构及非常设机构的法定名称章和冠以法定名称的合同、财务、税务、发票等业务专用章”；《公安部治安局关于将“发票专用章”纳入公章类管理问题的批复》（公治办〔2004〕40 号）也曾规定“凡冠以单位名称的专用印章均属公章。”不过，基于上述理由，我倾向于认为，《国务院关于国家行政机关和企业事业单位社会团体印章管理的规定》（国发〔1999〕25 号）所说的“正式印章”才是“公章”；《公安部治安局关于将“发票专用章”纳入公章类管理问题的批复》所说的“凡冠以单位名称的专用印章均属公章”，是从印章刻制管理的角度要求凡是刻制冠以单位名称的专用印章，都应当遵守有关公章刻制的规定。

定管辖。”对此，实务中应当予以关注。

此外，公司的董事、监事、高级管理人员侵占公司财产，可能还会构成犯罪。对此，《公司法》第 215 条规定了“违反本法规定，构成犯罪的，依法追究刑事责任”。与此相对应，《刑法》第 271 条第 1 款规定了“职务侵占罪”及其刑罚，即：“公司、企业或者其他单位的人员，利用职务上的便利，将本单位财物非法占为己有，数额较大的，处五年以下有期徒刑或者拘役；数额巨大的，处五年以上有期徒刑，可以并处没收财产。”

（三）挪用公司资金

根据《公司法》第 148 条第 1 款第 1 项的规定，公司的董事或高级管理人员挪用公司资金属于违反对公司的忠实义务的行为。

《公司法》第 148 条第 1 款第 1 项所说的“挪用公司资金”，指的是公司的董事、高级管理人员未经授权擅自挪用公司的资金的行为，主要包括：一是，未经授权，将公司章程或对公司具有约束力的法律文件指定用途的资金，用于其他用途；二是，未经授权，将公司的未经指定用途的资金挪用归个人或他人使用。

其中，董事、高级管理人员挪用公司资金归其个人使用，可能也同时属于《公司法》第 148 条第 1 款第 2 项所说的将公司资金以其个人名义开立账户存储和《公司法》第 147 条第 2 款所说的“侵占公司财产”的行为；董事、高级管理人员挪用公司资金归其他个人或组织使用，可能也同时属于《公司法》第 148 条第 1 款第 3 项所说的违反公司章程的规定，未经股东会、股东大会或者董事会同意，将公司资金借贷给他人的行为。

此外，公司的董事、高级管理人员挪用公司资金，可能还会构成犯罪。对此，《公司法》第 215 条规定了“违反本法规定，构成犯罪的，依法追究刑事责任”。与此相对应，《刑法》第 272 条第 1 款规定了“挪用资金罪”及其刑罚，即，“公司、企业或者其他单位的工作人员，利用职务上的便利，挪用本单位资金归个人使用或者借贷给他人，数额较大、超过三个月未还的，或者虽未超过三个月，但数额较大、进行营利活动的，或者进行非法活动的，处三年以下有期徒刑或者拘役；挪用本单位资金数额巨大的，或者数额较大不退还的，处三年以上十年以下有期徒刑”。

（四）将公司资金以他人名义开立账户存储

根据《公司法》第148条第1款第2项，公司的董事或高级管理人员“将公司资金以其个人名义开立账户存储”和“将公司资金以其他个人名义开立账户存储”，都属于违反对公司的忠实义务的行为。

《公司法》第148条第1款第2项所说的“将公司资金以其个人名义开立账户存储”，指的是公司的董事或高级管理人员将原本属于公司的资金存入其本人开立的账户的行为；所说的“将公司资金以其他个人名义开立账户存储”，指的是公司的董事或高级管理人员将原本属于公司的资金存入除其本人之外的其他个人的账户的行为。

其中，董事、高级管理人员将公司资金以个人名义开立账户存储，可能也同时属于《公司法》第148条第1款第1项所说的“挪用公司资金”和《公司法》第147条第2款所说的“侵占公司财产”的行为；董事、高级管理人员将公司资金以其他个人名义开立账户存储，可能也同时属于《公司法》第148条第1款第1项所说的“挪用公司资金”和《公司法》第148条第1款第3项所说的“违反公司章程的规定，未经股东会、股东大会或者董事会同意，将公司资金借贷给他人”的行为。

（五）违反公司章程的规定，未经股东会、股东大会或者董事会同意，将公司资金借贷给他人

根据《公司法》第148条第1款第3项的规定，公司的董事或高级管理人员“违反公司章程的规定，未经股东会、股东大会或者董事会同意，将公司资金借贷给他人”，属于违反对公司的忠实义务的行为。其中的“他人”，指的是除公司以外的所有主体，既包括自然人，也包括法人或非法人组织。

就将公司资金借贷给他人而言，由于《公司法》第148条第1款第3项使用了“违反公司章程的规定，未经股东会、股东大会或者董事会同意”的表述，而没有像《公司法》第148条第1款第4项使用“违反公司章程的规定或者未经股东会、股东大会同意”的表述，这意味着公司“将公司资金借贷给他人”应当取得股东会、股东大会或董事会的同意，董事个人、经理、其他高级管理人员或其他人员均无权决定将公司资金借贷给他人，“将公司资金借贷

给他人”应当属于公司股东会、股东大会或董事会的职权；具体由股东会、股东大会还是董事会决定，可由公司章程自主作出规定：公司章程既可以规定由公司的股东会或股东大会（或一人公司的唯一股东、国有独资公司的出资人）对此作出决议（或决定），也可以规定由公司的董事会（或不设董事会的有限公司的执行董事）对此作出决议（或决定）；但是，公司章程不能规定由股东会、股东大会（或一人公司的唯一股东、国有独资公司的出资人）或董事会（或不设董事会的有限公司的执行董事）以外的机构或主体来对“将公司资金借贷给他人”作出决定。这也是《公司法》第 148 条第 1 款第 3 项在“未经股东会、股东大会或者董事会同意”之前使用“违反公司章程的规定”的原因。

由于《公司法》第 148 条第 1 款第 3 项使用了“违反公司章程的规定，未经股东会、股东大会或者董事会同意”的表述，因此，公司的董事或高级管理人员将公司的资金借贷给他人，如果按照公司章程的规定取得了公司权力机构或执行机构的同意，那么，将公司的资金借贷给他人就是属于执行公司权力机构或执行机构的决议或决定的行为，属于董事或高级管理人员依法执行职务的行为，不属于违反其对公司的忠实义务。

不过，值得注意的是，在表述上，现行《公司法》第 148 条第 1 款第 3 项没有涵盖一人公司、国有独资公司以及不设董事会的有限公司的情形。

在一人公司的情形，由于《公司法》第 61 条规定了“一人有限责任公司不设股东会。股东作出本法第三十七条第一款所列决定时，应当采用书面形式……”，因此，《公司法》第 148 条第 1 款第 3 项所说的“股东会、股东大会”应替换为“股东”；在国有独资公司的情形，由于《公司法》第 66 条第 1 款规定了“国有独资公司不设股东会，由国有资产监督管理机构行使股东会职权”，因此，《公司法》第 148 条第 1 款第 3 项所说的“股东会、股东大会”应替换为“国有资产监督管理机构”或“出资人”；在不设董事会的有限公司的情形，《公司法》第 148 条第 1 款第 3 项所说的“董事会”应替换为“执行董事”。

因此，在表述上，《公司法》第 148 条第 1 款第 3 项如果能够调整为“违反公司章程的规定，未经权力机构或者执行机构同意，将公司资金借贷给他人或者以公司财产为他人提供担保”，则是更完善的。

此外，公司的董事、高级管理人员违反公司章程的规定，未经股东会、股东大会或者董事会同意，将公司资金借贷给他人，可能还会构成犯罪。对此，《公司法》第215条规定了“违反本法规定，构成犯罪的，依法追究刑事责任”。与此相对应，《刑法》第272条第1款规定了“挪用资金罪”及其刑罚，即：“公司、企业或者其他单位的工作人员，利用职务上的便利，挪用本单位资金归个人使用或者借贷给他人，数额较大、超过三个月未还的，或者虽未超过三个月，但数额较大、进行营利活动的，或者进行非法活动的，处三年以下有期徒刑或者拘役；挪用本单位资金数额巨大的，或者数额较大不退还的，处三年以上十年以下有期徒刑”。

（六）违反公司章程的规定，未经股东会、股东大会或者董事会同意，以公司财产为他人提供担保

根据《公司法》第148条第1款第3项，公司的董事或高级管理人员“违反公司章程的规定，未经股东会、股东大会或者董事会同意，……以公司财产为他人提供担保”，属于违反对公司的忠实义务的行为。其中的“他人”，指的是除公司以外的所有主体，既包括自然人，也包括法人或非法人组织。

就以公司财产为他人提供担保而言，由于《公司法》第148条第1款第3项使用了“违反公司章程的规定，未经股东会、股东大会或者董事会同意”的表述，而没有像《公司法》第148条第1款第4项使用“违反公司章程的规定或者未经股东会、股东大会同意”的表述，这意味着公司“以公司财产为他人提供担保”应当取得股东会、股东大会或董事会的同意，董事个人、经理、其他高级管理人员或其他人员均无权决定以公司财产为他人提供担保，“以公司财产为他人提供担保”应当属于公司股东会、股东大会或董事会的职权；具体由股东会、股东大会还是董事会决定，可由公司章程自主作出规定：公司章程既可以规定由公司的股东会或股东大会（或一人公司的唯一股东、国有独资公司的出资人）对此作出决议（或决定），也可以规定由公司的董事会（或不设董事会的有限公司的执行董事）对此作出决议（或决定）；但是，公司章程不能规定由股东会、股东大会（或一人公司的唯一股东、国有独资公司的出资人）或董事会（或不设董事会的有限公司的执行董事）以外的机构或主体来对“以公司财产为他人提供担保”作出决定。这也是《公司法》第148条第1款

第3项在“未经股东会、股东大会或者董事会同意”之前使用“违反公司章程的规定”的原因。

由于《公司法》第148条第1款第3项使用了“违反公司章程的规定，未经股东会、股东大会或者董事会同意”的表述，因此，公司的董事或高级管理人员以公司财产为他人提供担保，如果按照公司章程的规定取得了公司权力机构或执行机构的同意，那么，以公司财产为他人提供担保就是属于执行公司权力机构或执行机构的决议或决定的行为，属于董事或高级管理人员依法执行职务的行为，不属于违反其对公司的忠实义务。

值得注意的是，尽管《公司法》第148条第1款第3项只是使用了“以公司财产为他人提供担保”的表述、没有使用“以公司名义为他人提供担保”的表述，但是，考虑到“以公司名义为他人提供担保”既可以包括“以公司财产为他人提供质押担保、抵押担保”，又可以包括“以公司名义为他人提供保证担保”，并且，“以公司名义为他人提供担保”与“以公司财产为他人提供担保”，在对公司造成的影响方面没有实质区别，也考虑到《公司法》第16条第1款规定了“公司向其他企业投资或者为他人提供担保，依照公司章程的规定，由董事会或者股东会、股东大会决议”，因此，我理解，在公司“以公司名义为他人提供保证担保”的情形，也应当取得公司股东会、股东大会或董事会的同意。从而，如果《公司法》第148条第1款第3项中的“以公司财产为他人提供担保”的表述能够调整为“以公司名义为他人提供担保”，则更加完善；在现阶段，应将《公司法》第148条第1款第3项所说的“以公司财产为他人提供担保”扩大解释为包括“以公司名义为他人提供保证担保”为宜。

此外，还需注意的是，如果公司所提供担保的被担保人是公司的股东或实际控制人，那么，就应当适用《公司法》第16条第2款和第3款的规定，由公司的股东会或股东大会作出决议，仅仅由董事会作出决议是不够的。

同样地，如前所述，在表述上，现有《公司法》第148条第1款第3项没有涵盖一人公司、国有独资公司以及不设董事会的有限公司的情形。

因此，基于上述，在表述上，《公司法》第148条第1款第3项如果能够调整为“违反公司章程的规定，未经权力机构或者执行机构同意，将公司资金借贷给他人或者以公司名义为他人提供担保”，则更加完善。

（七）违反公司章程的规定或者未经股东会、股东大会同意，与本公司订立合同或者进行交易

根据《公司法》第148条第1款第4项的规定，公司的董事或高级管理人员“违反公司章程的规定或者未经股东会、股东大会同意，与本公司订立合同或者进行交易”，属于违反对公司的忠实义务的行为。

对此，在2017年12月27日就长沙致业科技有限公司与邬某五与公司有关的纠纷再审案作出的（2017）最高法民申3124号民事裁定书中，最高人民法院认为：“该条款是对公司董事、高级管理人员忠实义务的规定，目的在于避免董事、高级管理人员在以个人名义与其任职公司订立合同或进行其他交易时，牺牲公司利益而使其个人获益。”

《公司法》第148条第1款第4项所说的“与本公司订立合同或者进行交易”，既包括可以为公司带来经济利益的流入的合同或交易，也包括将导致经济利益从公司流出的合同或交易；既包括有偿的合同或交易，也包括无偿的合同或交易。

值得注意的是，由于《公司法》第148条第1款第4项使用了“违反公司章程的规定或者未经股东会、股东大会同意”的表述，而没有像《公司法》第148条第1款第3项使用“违反公司章程的规定，未经股东会、股东大会或者董事会同意”的表述，因此，就“董事、高级管理人员与公司订立合同或进行交易”而言，公司依法制定的章程可以规定公司的董事、高级管理人员与公司订立合同或进行交易无需由公司的股东会或股东大会（或一人公司的唯一股东、国有独资公司的出资人）对此作出决议（或决定），比如可以规定由公司的董事会（或不设董事会的有限公司的执行董事）甚至是公司的经理对此作出决议（或决定）。

不过，由于董事、高级管理人员与公司订立合同或进行交易属于关联交易，可能导致公司资源或利益发生转移，应至少由公司的执行机构作出决议或决定为宜；并且，在董事会就此进行表决时，与公司订立合同的董事、高级管理人员应当回避表决为宜。

此外，如果公司章程未就“董事、高级管理人员与公司订立合同或进行交易”作出特别规定，那么，任何董事或高级管理人员与公司订立任何合同或进

行任何交易，都必须取得公司股东会或股东大会（或一人公司的唯一股东、国有独资公司的出资人）的同意。

当然，由于《公司法》第148条第1款第4项使用的是“与本公司订立合同或者进行交易”的表述，因此，公司的董事、高级管理人员与公司的子公司订立合同或进行交易，不受《公司法》第148条第1款第4项的限制。

与《公司法》第148条第1款第3项类似，在表述上，现有《公司法》第148条第1款第4项也没有涵盖一人公司、国有独资公司的情形。

在一人公司的情形下，由于《公司法》第61条规定了“一人有限责任公司不设股东会。股东作出本法第三十七条第一款所列决定时，应当采用书面形式……”，因此，《公司法》第148条第1款第4项所说的“股东会、股东大会”应替换为“股东”；在国有独资公司的情形下，由于《公司法》第66条第1款规定了“国有独资公司不设股东会，由国有资产监督管理机构行使股东会职权”，因此，《公司法》第148条第1款第4项所说的“股东会、股东大会”应替换为“国有资产监督管理机构”或“出资人”。

因此，在表述上，《公司法》第148条第1款第4项如果能够调整为“违反公司章程的规定或者未经权力机构同意，与本公司订立合同或者进行交易”，则更加完善。

（八）未经股东会或者股东大会同意，利用职务便利为自己或者他人谋取属于公司的商业机会

根据《公司法》第148条第1款第5项的规定，公司的董事或高级管理人员“未经股东会或者股东大会同意，利用职务便利为自己或者他人谋取属于公司的商业机会”，属于违反对公司的忠实义务的行为。可以认为，《公司法》第148条第1款第5项的这一规定是关于公司的董事、高级管理人员的法定的竞业禁止义务的体现。

值得注意的是，由于《公司法》第148条第1款第5项使用的是“未经股东会或者股东大会同意”的表述，没有像《公司法》第148条第1款第3项那样使用“未经股东会、股东大会或者董事会同意”的表述，因此，就公司的董事或高级管理人员“利用职务便利为自己或者他人谋取属于公司的商业机会”而言，即使取得了公司执行机构的同意，如果未取得公司权力机构的同意，仍

然属于违反对公司的忠实义务的行为。

问题是，如何认定“属于公司的商业机会”？对此，《公司法》未作规定。

在这个问题上，在2014年8月15日就常州三立环保设备工程有限公司因与邹某、戴某苹、上海士通国际贸易有限公司、世界之窗株式会社，第三人日本技连通株式会社、高桥某光损害公司利益责任纠纷上诉案作出的（2012）苏商外终字第0050号民事判决书中，江苏省高级人民法院认为：“认定公司商业机会应当考虑以下几个方面的因素：一是商业机会与公司经营活动有关联；二是第三人有给予公司该商业机会的意愿；三是公司对该商业机会有期待利益，没有拒绝或放弃。”

我理解，江苏省高院的上述观点对于理解和适用《公司法》第148条第1款第5项所说的“属于公司的商业机会”具有比较好的借鉴意义。

在公司董事或高级管理人员未经公司股东会或者股东大会同意，利用职务便利为自己或者他人谋取属于公司的商业机会方面，常州三立环保设备工程有限公司（以下简称三立公司）等与邹某等损害公司利益责任纠纷案可作参考。

在这个案件当中，江苏省高院综合考量涉案证据，根据三立公司的经营范围、作为三立公司董事的邹某的职责以及提供涉案业务的日本技连通株式会社（以下简称技连通公司）和日本住友重型机械工业株式会社（以下简称住友公司，与技连通公司合称日本企业）与三立公司的关系，认定涉案来自日本企业的业务与三立公司的经营活动存在关联；根据三立公司股东技连通公司在入股三立公司出资经营合同中的明确承诺、技连通公司原委派到三立公司的董事高桥某光在2009年4月15日就技连通公司股权转让事宜与三立公司法定代表人陈某淮谈话确认的内容、包括技连通公司在内的三立公司的股东在2011年6月15日的三立公司股东会决议中一致确认的内容，认定日本企业有给予三立公司该商业机会的明确意愿，以及是否有充分证据证明三立公司放弃了该商业机会等，最终认定案涉来自日本企业的业务系三立公司的商业机会；并且，结合邹某在担任三立公司的董事期间在三立公司董事会2005年6月8日、2006年7月26日通过的对涉案业务的运营情况进行总结的三立公司2004年度、2005年度公司运营总结报告予以签字确认以及从未对涉案业务属于三立公司提出异议等事实，江苏省高院进一步认定邹某在明知涉案业务属于三立公司商业机会的情况下，仍然将该业务交给其关联公司上海士通国际贸易有限公司（以下简称士通公司）、世界之窗株式会社（以下简称世界之窗公司）经营，拒不将涉案业务带来的收益交给三立公司，并据此认定邹某的行为构成侵权；结合士通公司、世界之窗公司是邹某与戴某苹全资控股的公司、世界之窗公司的法定代表人是邹某、士通公司的法定代表人是戴某苹、戴某苹与邹某系夫妻关系的情况，据此认定士通公司、世界之窗公司对涉案业务属于三立公司的商业机会应当是明知的，并以士通公司、世界之窗公司在此情况下仍然将三立公司的商业机会据为己有为由，认定士通公司、世界之窗公司与邹某共同实施了涉案侵权行为，最终判决邹某及共同实施侵权行为的士通公司、世界之窗公司承担赔偿责任。在后来的再审程序中，江苏省高院的上述认定结论和判决得到了最高人民法院的支持[①]。

与《公司法》第148条第1款第3项类似，在表述上，现有《公司法》第148条第1款第5项也没有涵盖一人公司、国有独资公司的情形。

在一人公司的情形，由于《公司法》第61条规定了“一人有限责任公司不设股东会。股东作出本法第三十七条第一款所列决定时，应当采用书面形式……”,因此,《公司法》第148条第1款第5项所说的“股东会、股东大会”应替换为“股东”；在国有独资公司的情形，由于《公司法》第66条第1款规定了“国有独资公司不设股东会，由国有资产监督管理机构行使股东会职权”，因此,《公司法》第148条第1款第5项所说的“股东会、股东大会”应替换为“国有资产监督管理机构”或“出资人”。

因此，在表述上,《公司法》第148条第1款第5项如果能够调整为“未经权力机构同意，利用职务便利为自己或者他人谋取属于公司的商业机会，自营或者为他人经营与所任职公司同类的业务”，则是更完善的。

（九）未经股东会或者股东大会同意，自营或者为他人经营与所任职公司同类的业务

根据《公司法》第148条第1款第5项的规定，公司的董事或高级管理人员“未经股东会或者股东大会同意，……自营或者为他人经营与所任职公司同

① 见江苏省高级人民法院在2014年8月15日就常州三立环保设备工程有限公司等与邹某等损害公司利益责任纠纷上诉案作出的（2012）苏商外终字第0050号民事判决书和最高人民法院在2015年11月13日就邹某、戴某苹、上海士通国际贸易有限公司与常州三立环保设备工程有限公司、世界之窗株式会社、高桥某光、日本技连通株式会社损害公司利益责任纠纷再审案作出的（2015）民申字第1877号民事裁定书。

类的业务”，属于违反对公司的忠实义务的行为。可以认为，《公司法》第148条第1款第5项的这一规定是关于公司的董事、高级管理人员的法定的竞业禁止义务的体现。

值得注意的是，由于《公司法》第148条第1款第5项使用的是“未经股东会或者股东大会同意”的表述，没有像《公司法》第148条第1款第3项那样使用“未经股东会、股东大会或者董事会同意”的表述，因此，就公司的董事或高级管理人员“自营或者为他人经营与所任职公司同类的业务”而言，即使取得了公司执行机构的同意，如果未取得公司权力机构的同意，仍然属于违反对公司的忠实义务的行为。

问题是，何为“自营”?《公司法》本身未作规定。我理解，公司的董事、高级管理人员在公司之外以自己的名义持有其他任何公司或经济组织的权益（不论权益是多少），而该公司或经济组织从事的是与其所任职的公司同类的业务，可能都属于“自营”。

另一个问题是，何为“为他人经营”?《公司法》本身也未作规定。我理解，公司的董事、高级管理人员直接以担任董事、高级管理人员或从业人员或顾问等职务的方式为其他任何公司或经济组织或个人工作或提供服务或协助，可能都属于“为他人经营”；此外，公司的董事、高级管理人员采取其他间接方式为其他任何公司或经济组织或个人工作或提供服务或协助，也可能属于“为他人经营”。

此外，如何界定《公司法》第148条第1款第5项所说的“同类的业务”?《公司法》本身也未作规定。

实践中，通常是这样来认定“同类的业务”的：如果两家公司或企业名称中的行业或经营特点部分含有相同或相似的字样，或者双方的经营范围中含有相同或相似的经营项目，或者双方的经营范围中含有属于《国民经济行业分类》中的同一小类或同一中类甚至同一大类的经营项目，可能都会被认定为属于从事“同类的业务”。

比如，在2015年12月28日就济南东方管道设备有限公司（以下简称东方公司）与李某滨、济南东方泰威机械设备有限公司（以下简称泰威公司）损害公司利益责任纠纷二审案作出的（2015）鲁商终字第532号民事判决书中，山东省高级人民法院就是以“本案李某滨在担任东方公司的董事、副总经理期间，属于东方公司的高级管理人员，其发起成立了泰威公司并担任泰威公司的执行董事、法定代表人和经理职务，此后其虽然不担任泰威公司法定代表人，但仍担任泰威公司执行董事。而泰威公司与东方公司的经营范围部分相同”为由，认定“同类的业务”的。

又如，在 2009 年 8 月 19 日就陈某联诉北京法博洋国际科技发展有限公司（以下简称法博洋公司）股东知情权纠纷案作出的（2009）一中民初字第 5147 号民事判决书中，北京市第一中级人民法院则是通过比对两家公司的经营范围和产品来认定是否属于同类业务的：“根据北京市西城区科学技术委员会出具给法博洋公司的该公司 2006 年高新认定时的备案材料中的‘智能清洁机器人’新技术企业项目可行性分析报告的记载，法博洋公司的主要生产和研发产品是适合用于中国建筑物中央空调系统、清洁管道的机器人系统设备。而根据上海市工商行政管理档案馆出具的证明材料记载，爱迪士（上海）室内空气技术有限公司的经营范围为，设计、生产和销售住宅和商用建筑内机械式中央通风系统、中央式管道吸尘系统、真空泵及配件、风机配件以及暖通空调系统的风口、消声器及上述同类产品的批发、进出口业务及相关配套业务。由此表明，法博洋公司与爱迪士（上海）室内空气技术有限公司的经营均涉及中央式管道的吸尘、清洁，属于同类业务。”

再如，在 2015 年 7 月 10 日就司徒某与黄某玲、深圳市润彤菱镁矿制品有限公司（以下简称润彤公司）损害股东利益责任纠纷二审案作出的（2014）深中法商终字第 1733 号民事判决书中，深圳市中级人民法院也是通过比对两家公司的经营范围、产品名称和宣传资料来认定是否属于同类业务的：“根据查明的事实，司徒某在任职高科城公司董事期间，同时出任润彤公司的股东及董事，润彤公司成立于高科城公司下设卡板厂之后，但润彤公司在经营范围、产品名称及宣传图片等方面均与高科城公司卡板厂存在类似性，属于经营同类业务的公司”。

还如，在上海天恩桥绝缘材料有限公司（以下简称天恩桥公司）与张某明、上海炬烽绝缘材料有限公司（以下简称炬烽公司）损害公司利益责任纠纷一审案当中，上海市青浦区人民法院认为“法律规定的‘同类业务’，采取的是较为宽松的标准，其范围既包括与所任职的公司完全相同的经营业务，也可以是同种或类似的业务，并非指完全一致的产品”，并以“炬烽公司注册登记的经营范围为‘绝缘材料、五金加工’，与天恩桥公司登记的经营范围属于同一类别”为由，认定两家公司从事的是同类营业。在上诉程序中，该一审判决获得了二审法院的维持。[①]

值得注意的是，《公司法》第 148 条第 1 款第 5 项的规定，有这么几个适用条件：

一是，在适用对象方面，只适用于公司的“董事和高级管理人”；对于其他人员，包括公司的监事、股东（包括控股股东）以及不是公司的董事、高级管理人员的其他人员，这一规定是不适用的。

二是，在适用时间方面，只适用于相关人员在公司担任董事或高级管理人员这段时间。在成为公司的董事、高级管理人员之前以及不再担任公司的董事、高级管理人（包括离职和转为担任公司的监事）时，《公司法》第 148 条第 1 款第 5 项就不适用了。但是，在相关人员的职务由公司的董事转为高级管理人员或者由高级管理人员转为董事的情况下，《公司法》第 148 条第 1 款第 5 项是适用的。

三是，在适用行为方面，既适用于公司的董事、高级管理人员通过“自营”的方式经营与公司同类的业务，又适用于公司的董事、高级管理人员通过“为他人经营”的方式从事与公司同类的业务，包括担任其他主体的董事、高级管理人员或从业人员或顾问等职务的方式。

四是，在适用条件方面，仅适用于未经公司的股东会或者股东大会同意的情形。由于《公司法》第 148 条第 1 款第 5 项使用了“未经股东会或者股东大会同意……”的表述，因此，并非只要公司的董事、高级管理人员自营或者为他人经营与所任职公司同类的业务，就都构成对《公司法》第 148 条第 1 款第 5 项规定的违反；如果公司的董事、高级管理人员自营或者为他人经营与所任职公司同类的业务，取得了公司股东会或股东大会的同意（包括事前认可和事后追认），则不构成对该项规定的违反。

此外，实践中，也有法院认为，如果公司的董事、高级管理人员在与所任职公司从事同类业务的公司、企业任职，而两家公司、企业之间不存在竞争关系时，那么，公司的董事、高级管理人员在与所任职公司从事同类业务的公司、企业任职不在法律禁止范围之内，不构成对《公司法》第 148 条第 1 款第

① 见上海市第二中级人民法院 2014 年 1 月 16 日就张某明与上海天恩桥绝缘材料有限公司等损害公司利益责任纠纷上诉案作出的（2013）沪二中民四（商）终字第 1414 号民事判决书。

5 项的违反。

比如，在 2009 年 4 月 27 日就新加坡乐维有限责任公司与宗某后侵害企业出资人权益纠纷上诉案作出的（2009）辽民三终字第 17 号民事判决书中，辽宁省高级人民法院就认为："并非董事在从事同类业务的企业中任职均构成对竞业禁止义务的违反。在取得任职公司认可并同意的情形下或两公司不具有竞争关系，不会引起利益冲突时，则不在法律禁止范围之内，不构成对竞业义务的违反。原审将存在竞争关系作为判断董事是否违反竞业禁止义务的前提，并无不当。"

又如，在就深圳市奇之康食品有限公司与由某、刘某冬、曾某、爱力（大连）投资有限公司（以下简称爱力公司）公司关联交易损害责任纠纷一审案当中，深圳市福田区人民法院认为："关于'同类的业务'的确定，以公司营业执照所载明的经营范围作为确定业务范围的标准显然不足，该标准仅为形式上的判断标准，实质的判断标准是有无冲突性利益，如属于对公司营业具有替代性或市场分割效果之营业，则董事高管之竞业行为与公司之间存在冲突性利益，构成同业竞争。具体到本案，原告与爱力公司的登记经营范围均有乳制品批发（含婴幼儿配方奶粉），但原告与爱力公司除《合作协议》中的购销合同关系外，无证据显示爱力公司的实际经营业务对原告的营业具有替代性或市场分割效果，故原告关于同业竞争的主张没有依据，不予支持。"在上诉程序中，该一审判决获得了二审法院的维持。[①]

对此，我倾向于认为，由于《公司法》第 148 条第 1 款第 5 项使用的表述是"与所任职公司同类的业务"，并没有像《合伙企业法》第 32 条第 1 款、第 71 条和第 99 条那样使用"与本合伙企业相竞争的业务"的表述，因此，在认定公司的董事、高级管理人员是否违反了《公司法》第 148 条第 1 款第 5 项的规定时，只要其自营或为他人经营了与所任职公司同类的业务，就已足够；至于其自营或为他人经营的同类的业务是否与所任职的公司构成竞争关系，则是在所不问的。实务中，有的法院在认定公司的董事、高级管理人员是否存在违反《公司法》第 148 条第 1 款第 5 项的行为时引入"存在竞争关系"这一前提条件，是对《公司

---

① 见深圳市中级人民法院 2015 年 12 月 8 日就深圳市奇之康食品有限公司与由某、刘某冬、曾某、爱力（大连）投资有限公司公司关联交易损害责任纠纷二审案作出的（2015）深中法商终字第 2248 号民事判决书。

法》第148条第1款第5项的限制解释，值得商榷。

值得注意的是，由于《公司法》第148条第1款使用的是“董事、高级管理人员不得有下列行为：……（五）未经股东会或者股东大会同意，……自营或者为他人经营与所任职公司同类的业务”的表述，因此，《公司法》只是要求公司的董事和高级管理人员负有不得在未经公司的权力机构同意的情况下跟公司同业竞争的法定义务，《公司法》本身没有规定公司的控股股东、实际控制人或其他股东负有不从事与公司相竞争的业务的义务。

实践中，有的法院甚至认为，公司的控股股东、实际控制人控制的其他企业经营与公司相同或相近的业务，是经过工商局核准的合法经营行为，公司要求其控股股东、实际控制人控制的其他企业不得经营与其相同的业务，缺乏事实及法律依据①。

不过，就拟上市公司和上市公司而言，上市公司不与其控股股东、实际控制人存在同业竞争，过去曾经一直是IPO公司上市和上市公司发行新股的“发行条件”，目前事实上仍然是IPO公司上市的硬性要求②。

---

① 见辽宁省鞍山市中级人民法院2015年7月16日就鞍山市鸿锦耐火化工材料有限公司、蒋某安与焦某霞、鞍山市永利耐火原料有限公司控股股东、实际控制人、董事、监事、高级管理人员损害公司利益赔偿纠纷再审案作出的（2015）鞍审民终再字第6号民事判决书。

② 因为，虽然中国证监会在主板和创业板首发办法里没有将其作为“发行条件”，但在主板和创业板首发招股说明书的信息披露内容与格式准则中，仍然明确要求IPO公司达到包括“不存在同业竞争”在内的“发行监管对公司独立性”的“基本要求”，并且，将判断IPO公司是否“不存在同业竞争”的责任交给了保荐人等中介机构。具体体现在：一是，《公开发行证券的公司信息披露内容与格式准则第1号——招股说明书》（2015年修订）第51条规定了：“发行人应披露已达到发行监管对公司独立性的下列基本要求：……（五）业务独立方面。发行人的业务独立于控股股东、实际控制人及其控制的其他企业，与控股股东、实际控制人及其控制的其他企业间不存在同业竞争或者显失公平的关联交易。发行人应披露保荐人对前款内容真实、准确、完整发表的结论性意见”。二是，《公开发行证券的公司信息披露内容与格式准则第28号——创业板公司招股说明书》（2015年修订）第49条规定了：“发行人应披露已达到发行监管对公司独立性的下列基本要求：……（五）业务独立方面。发行人的业务独立于控股股东、实际控制人及其控制的其他企业，与控股股东、实际控制人及其控制的其他企业间不存在同业竞争或者显失公平的关联交易。发行人应披露保荐人对前款内容真实、准确、完整发表的结论性意见”。此外，针对科创板上市公司，《科创板首次公开发行股票注册管理办法（试行）》第12条则直接要求“发行人业务完整，具有直接面向市场独立持续经营的能力：（一）资产完整，业务及人员、财务、机构独立，与控股股东、实际控制人及其控制的其他企业间不存在对发行人构成重大不利影响的同业竞争，……”；并且，《公开发行证券的公司信息披露内容与格式准则第41号——科创板公司招股说明书》第62条也规定了：“发行人应分析披露其具有直接面向市场独立持续经营的能力：……（五）业务独立方面。发行人的业务独立于控股股东、实际控制人及其控制的其他企业，与控股股东、实际控制人及其控制的其他企业间不存在对发行人构成重大不利影响的同业竞争，以及严重影响独立性或者显失公平的关联交易；……”

当然，尽管有对与上市公司相关的同业竞争进行规制的条款，但现行法律法规并未对“同业竞争”作出明确的定义。综合中国证监会的现行规定[①]，以及中国证监会公开披露的指导文件[②]，并参考《劳动合同法》第24条第2款关于“与本单位生产或者经营同类产品、从事同类业务的有竞争关系”以及“生产或者经营同类产品、从事同类业务”的规定，“与上市公司相关的同业竞争”，主要是指IPO公司或上市公司的控股股东、实际控制人及其控制的除IPO公司或上市公司及其控制的企业之外的其他企业所从事的业务，与IPO公司或上市公司及其控制的企业所从事的主营业务相同或相似，相互之间构成了或者可能会构成直接或间接的竞争关系，这种竞争关系包括但不限于双方在可触及的市场区域内生产或销售同类或可替代的商品，或者提供同类或可替代的服务，或者争夺同类的生产经营核心资源。

在核查认定“竞争”时，中国证监会的《再融资业务若干问题解答(一)》要求发行人和中介机构“应当结合相关企业历史沿革、资产、人员、主营业务（包括但不限于产品服务的具体特点、技术、商标商号、客户、供应商等）等方面与发行人的关系，以及业务是否有替代性、竞争性、是否有利益

---

① 主要包括：(1)《上市公司证券发行管理办法》(2020年修订)；(2)《创业板上市公司证券发行管理暂行办法》(2020年修订)；(3)《上市公司收购管理办法》(证监会令2014年第108号)；(4)《证券期货市场诚信监督管理办法》(证监会令第139号)；(5)《上市公司信息披露管理办法》(证监会令第40号，2007年)；(6)《上市公司非公开发行股票实施细则》(证监会公告〔2020〕11号)；(7)《上市公司治理准则》(证监发〔2018〕29号)；(8)《公开发行证券的公司信息披露内容与格式准则第1号——招股说明书》(证监会公告〔2015〕32号)；(9)《公开发行证券的公司信息披露内容与格式准则第28号——创业板公司招股说明书》(证监会公告〔2015〕33号)；(10)《公开发行证券的公司信息披露内容与格式准则第11号——上市公司公开发行证券募集说明书》(证监发行字〔2006〕2号)；(11)《公开发行证券的公司信息披露内容与格式准则第35号——创业板上市公司公开发行证券募集说明书》(证监会公告〔2014〕30号)；(12)《保荐人尽职调查工作准则》(证监发行字〔2006〕15号)；(13)《公开发行证券公司信息披露的编报规则第12号——公开发行证券的法律意见书和律师工作报告》(证监发〔2001〕37号)；(14)《公开发行证券的公司信息披露内容与格式准则第2号——年度报告的内容与格式》(2017年修订)；(15)《上市公司监管指引第4号——上市公司实际控制人、股东、关联方、收购人以及上市公司承诺及履行》(证监会公告〔2013〕55号)；(16)《科创板首次公开发行股票注册管理办法（试行）》(证监会令第153号，2019年)；(17)《公开发行证券的公司信息披露内容与格式准则第41号——科创板公司招股说明书》(证监会公告〔2019〕6号)。

② 中国证监会《并购重组共性问题审核意见关注要点》之《关注四：同业竞争》，http://www.csrc.gov.cn/pub/newsite/ssgsjgb/ssbssgsjgfgzc/shyd/201009/t20100915_184742.html，最后访问时间：2019年9月30日；中国证监会发行监管部2019年3月发布的《首发业务若干问题解答（一）》和2019年7月发布的《再融资业务若干问题解答（一）》。

冲突等，判断是否对发行人构成竞争”，并且明确提出“发行人不能简单以产品销售地域不同、产品的档次不同等认定不构成‘同业竞争’”。

关于“与上市公司相关的同业竞争”的这一界定，涉及“竞争的主体”“竞争的业务”和“竞争的对象”3个方面的内容。

一是，在竞争的主体方面，指向的是“IPO公司或上市公司”和“IPO公司或上市公司的控股股东、实际控制人及其控制的除IPO公司或上市公司及其控制的企业”。

值得一提的是，在法规层面，中国证监会只是提及IPO公司或上市公司的“控股股东、实际控制人及其控制的其他企业”，没有提及IPO公司或上市公司的“控股股东、实际控制人”的近亲属及其控制的企业。

不过，在审核过程中，中国证监会通常会扩大适用到IPO公司或上市公司的“控股股东、实际控制人及其控制的其他企业”以外的主体，这些主体主要包括：（1）IPO公司或上市公司的控股股东、实际控制人的近亲属，以及这些近亲属控制的所有企业；（2）持有IPO公司或上市公司5%以上股份的主要股东，以及这些主要股东控制的所有企业；（3）IPO公司或上市公司的监事；乃至（4）IPO公司或上市公司的董事、监事、高级管理人员的近亲属，以及这些近亲属控制的企业[①]。其中，对于近亲属的范围，中国证监会的审核意见[②]要求按《民法通则》相关规定执行，即近亲属包括配偶、父母、子女、兄弟姐妹、祖父母、外祖父母、孙子女、外孙子女。

比如，在宏昌电子2010年申请IPO时，中国证监会就曾以与宏昌电子的实际控制人王某洋关系密切的王某庆家族成员能够施加重大影响的企业南亚

---

① 比如，中国证监会网站2015年4月28日披露的《广东四通集团股份有限公司首次公开发行股票申请文件反馈意见》、2015年4月29日披露的《金诚信矿业管理有限公司首发申请文件反馈意见》、2015年5月8日披露的《浙江天成自控股份有限公司首发申请文件反馈意见》、2015年6月11日披露的《浙江司太立制药股份有限公司首次公开发行股票申请文件反馈意见》、2016年7月14日披露的《广州弘亚数控机械股份有限公司首次公开发行股票申请文件反馈意见》、2017年2月17日披露的《福建坤彩材料科技股份有限公司首次公开发行股票申请文件反馈意见》。

② 比如，中国证监会网站2015年4月29日披露的《金诚信矿业管理有限公司首发申请文件反馈意见》（http://www.csrc.gov.cn/pub/newsite/fxjgb/scgkfxfkyj/201504/t20150429_275804.html，最后访问时间：2019年9月30日）要求“对发行人控股股东、实际控制人以及夫妻双方的近亲属（具体范围按民法通则相关规定执行，即配偶、父母、子女、兄弟姐妹、祖父母、外祖父母、孙子女、外孙子女）的对外投资、任职情况进行核查，就是否存在拥有相竞争业务或者其他可能导致利益冲突或者转移的情形发表明确意见并披露”。

塑胶，在江苏昆山设立的企业是宏昌电子在国内的主要竞争对手之一，无法判断宏昌电子与南亚塑胶之间是否存在同业竞争为由，否决了宏昌电子的IPO申请[①]。

又如，在《广州弘亚数控机械股份有限公司首次公开发行股票申请文件反馈意见》（2016年7月14日披露）中，中国证监会要求“核查并披露公司实际控制人近亲属对外投资或实际控制的营利性组织的情况，……与前述营利性组织之间存在相同、相似业务的，应说明该等情形是否构成同业竞争或潜在同业竞争”[②]。

再如，在《福建坤彩材料科技股份有限公司首次公开发行股票申请文件反馈意见》（2017年2月17日披露）中，中国证监会要求“核查发行人实际控制人、董监高及其近亲属的对外投资情况，是否均已按关联方披露，对外投资企业从事的业务是否与发行人相同或相似，对发行人是否存在同业竞争情形发表意见”[③]。

上述要求在中国证监会发行监管部2019年发布的《首发业务若干问题解答（一）》和《再融资业务若干问题解答（一）》中得到了进一步明确。针对“亲属控制的企业应当如何核查认定”的问题，《首发业务若干问题解答（一）》和《再融资业务若干问题解答（一）》提出：（1）如果发行人控股股东或实际控制人是自然人，其夫妻双方直系亲属（包括配偶、父母、子女）控制的企业与发行人存在竞争关系的，应当认定为构成同业竞争；（2）发行人控股股东、实际控制人的其他近亲属（即兄弟姐妹、祖父母、外祖父母、孙子女、外孙子女）及其控制的企业与发行人存在竞争关系的，原则上认定为构成同业竞争，但发行人能够充分证明与前述相关企业在历史沿革、资产、人员、业务、技术、财务等方面基本独立且报告期内较少交易或资金往来，销售渠道、主要客户及供应商较少重叠的除外；（3）发行人控股股东、实际控制人的其他亲属及其控制的企业与发行人存在竞争关系的，一般不认定为构成同业竞争。但对于

---

① 见《关于不予核准宏昌电子材料股份有限公司首次公开发行股票申请的决定》（证监许可〔2010〕523号，2010年4月23日）。

② http://www.csrc.gov.cn/pub/newsite/fxjgb/scgkfxfkyj/201607/t20160714_300712.html，最后访问时间：2019年9月30日。

③ http://www.csrc.gov.cn/pub/newsite/fxjgb/scgkfxfkyj/201702/t20170217_312350.html，最后访问时间：2019年9月30日。

利用其他亲属关系，或通过解除婚姻关系规避同业竞争认定的，以及在资产、人员、业务、技术、财务等方面有较强的关联，且报告期内有较多交易或资金往来，或者销售渠道、主要客户及供应商有较多重叠的，中介机构在核查时应当审慎判断。

二是，在竞争的业务方面，指向的是竞争的主体都从事了相同或相似的业务。

在审核实践中，双方的企业名称中的行业或经营特点部分含有相同或相似的字样，或者双方的经营范围中含有相同或类似的经营项目，通常都会被认定为属于从事“相同或相似的业务”。

比如，在广机招标 2010 年申请 IPO 时，中国证监会就曾以广机招标“与部分关联企业的经营范围存在相似性，且经营相同或相似的业务，存在现实及潜在的同业竞争”为由，否决了广机招标的 IPO 申请[①]。

三是，在竞争的对象方面，指向的是“生产或销售同类或可替代的商品”，或“提供同类或可替代的服务”，或“争夺生产经营核心资源”。“生产或销售同类或可替代的商品”，“提供同类或可替代的服务”，以及“争夺生产经营的核心资源”，均属竞争关系。

在中国证监会看来，生产经营的核心资源，既包括同类的商业机会、客户对象[②]，又包括采购及销售渠道资源、核心技术、研发资源、原材料或设备、运营管理资源[③]及其他生产经营核心资源（包括人力资源）。

（十）接受他人与公司交易的佣金归为己有

根据《公司法》第 148 条第 1 款第 6 项的规定，公司的董事或高级管理人员“接受他人与公司交易的佣金归为己有”，属于违反对公司的忠实义务的

---

① 见《关于不予核准广东广机国际招标股份有限公司首次公开发行股票并在创业板上市申请的决定》（证监许可〔2010〕952 号，2010 年 7 月 12 日）。

② 中国证监会《并购重组共性问题审核意见关注要点》之《关注四：同业竞争》，http://www.csrc.gov.cn/pub/newsite/ssgsjgb/ssbssgsjgfgzc/shyd/201009/t20100915_184742.html，最后访问时间：2019 年 9 月 30 日。

③ 中国证监会网站 2015 年 6 月 12 日披露的关于东旭光电科技股份有限公司 2015 年非公开发行申请股票的反馈意见第 11 题，http://www.csrc.gov.cn/pub/newsite/fxjgb/zrzfkyj/201506/t20150612_278909.html，最后访问时间：2019 年 9 月 30 日。

行为。

《公司法》第 148 条第 1 款第 6 项所说的“他人与公司交易的佣金”，指的应当是他人因为与公司进行交易而向公司支付的佣金，该佣金应当归公司所有，成为公司的财产；公司的董事、高级管理人员将公司的财产归为己有，属于侵占公司的财产，有违忠实义务。

同样地，《公司法》第 148 条第 1 款第 6 项所说的“他人”，指的是除公司以外的所有主体，既包括自然人，也包括法人和非法人组织。

（十一）擅自披露公司秘密

根据《公司法》第 148 条第 1 款第 7 项的规定，公司的董事或高级管理人员“擅自披露公司秘密”，属于违反对公司的忠实义务的行为。

公司的董事、高级管理人员因参与公司的经营、管理甚至决策而能够知悉、获得公司的诸多机密信息，如果擅自披露公司的秘密，往往会使公司丧失竞争优势，损害公司的利益，因此，《公司法》第 148 条第 1 款第 7 项要求公司的董事、高级管理人员不得擅自披露公司的秘密。

其中，《公司法》第 148 条第 1 款第 7 项所说的“公司秘密”，主要指公司的商业秘密，即《反不正当竞争法》第 9 条第 4 款所说的“不为公众所知悉、具有商业价值并经权利人采取相应保密措施的技术信息、经营信息等商业信息”。但是，由于《公司法》第 148 条第 1 款第 7 项使用的是“秘密”而非“商业秘密”的表述，因此，《公司法》第 148 条第 1 款第 7 项所说的“公司秘密”，不仅包括公司的商业秘密，还包括公司的其他秘密，即“隐蔽不为人知的事情或事物”。

针对“公司秘密”和“商业秘密”的关系，《中华全国律师协会律师办理商业秘密法律业务操作指引》（2015 年修订）第 18 条和第 19 条提供了比较好的参考指引：一是，公司秘密所涵盖的范围大于商业秘密，不仅包含商业秘密，还包括人事秘密、薪酬秘密、财务秘密、品牌推广策划等需要公司各个部门人员保守的秘密；二是，公司秘密与商业秘密都是公司中具有保密价值的信息，二者间是相互联系、可相互转换、包含与被包含的关系；三是，公司秘密的范围通常由公司的制度加以确定，以公司章程、劳动合同、员工手册、会议决议等形式表现。

值得注意的是，由于《公司法》第148条第1款第7项使用了“擅自披露公司秘密”的表述，因此，以下行为不属于违反《公司法》第148条第1款第7项的规定的行为：

一是，在取得公司合法授权的情况下，公司的董事、高级管理人员披露公司的秘密。这里的授权，既包括公司章程明确规定的权限，也包括根据公司的权力机构或执行机构或经理依据公司章程规定的职权所作出的决议或决定。

二是，公司的董事、高级管理人员披露公司的秘密是根据法律法规的规定或政府机关、法院、仲裁机构等有权机构的要求进行的。

四、公司的归入权和损失赔偿请求权

针对公司的董事、高级管理人员违反忠实义务的行为，《公司法》第148条第2款规定了“董事、高级管理人员违反前款规定所得的收入应当归公司所有”，从而赋予了公司归入权，使得公司能够取得董事、高级管理人员因其违反忠实义务的行为所获得的收入。

对此，现行有效的《民事案件案由规定》规定了“损害公司利益责任纠纷”案由。在公司的董事、高级管理人员存在违反《公司法》第148条第1款规定的行为时，公司可以对其董事、高级管理人员提起要求行使归入权的诉讼，案由即为“损害公司利益责任纠纷”。

（一）归入权的界定

关于归入权，在2015年12月28日就济南东方管道设备有限公司与李某滨、济南东方泰威机械设备有限公司损害公司利益责任纠纷二审案作出的（2015）鲁商终字第532号民事判决书中，山东省高级人民法院认为：“所谓归入权，是指公司可以要求董事、高级管理人员把其为个人利益或为他人利益而获得的竞业收入、报酬归于公司，把董事、高级管理人员竞业的交易，视为公司的交易。法律之所以赋予公司归入权，主要是针对董事、高级管理人员的竞业行为给公司造成的损失往往是潜在的，公司很难证明自己的实际损失，通过归入权的行使对违反竞业禁止义务的董事、高级管理人员予以惩戒，并补偿自己可能的损失。”

尽管山东省高院的上述意见是针对公司对董事、高级管理人员的竞业行为所得的收入的归入权作出的，但我理解，山东省高院的上述意见有助于理解《公司法》第 148 条第 2 款的规定。

（二）归入权的适用条件

当然，《公司法》第 148 条第 2 款规定的归入权，有着严格的适用条件。

一是，在主体方面，仅适用于公司的董事和高级管理人员。根据《公司法》第 216 条第 1 项的规定，其中的“高级管理人员”包括公司的经理、副经理、财务负责人、上市公司董事会秘书和公司章程规定的其他人员。《公司法》第 148 条第 2 款规定的归入权，不适用于公司的监事以及公司的普通职工，也不适用于公司的股东、控股股东，更不适用于公司的实际控制人以及公司的董事或高级管理人员所投资或任职的其他主体。

比如，在 2015 年 12 月 28 日就济南东方管道设备有限公司与李某滨、济南东方泰威机械设备有限公司损害公司利益责任纠纷二审案作出的（2015）鲁商终字第 532 号民事判决书中，山东省高级人民法院认为：“《中华人民共和国公司法》第一百四十八条第二款规定：‘董事、高级管理人员违反前款规定所得的收入应当归公司所有。’根据公司法的以上规定，违反忠实义务的赔偿责任主体仅为侵权的董事、高级管理人员，并不包括其所就任的公司。”

二是，在时间方面，仅适用于公司的董事或高级管理人员任职期间，不适用于相关人员成为公司的董事或高级管理人员之前的行为，也不适用于相关人员不再担任公司的董事或高级管理人员之后的行为。

三是，在对象方面，仅适用于公司的董事、高级管理人员因从事违反《公司法》第 148 条第 1 款规定的行为所获得的收入。

四是，在证明责任方面，公司应当举证证明以下事项：（1）公司的董事或高级管理人员在其任职期间从事了违反《公司法》第 148 条第 1 款规定的行为；（2）公司的董事或高级管理人员从这样的行为中获得了收入。

如果公司不能对上述事项提供有力证据加以证明，归入权的行使可能难以得到法院的支持。

比如，在 2014 年 3 月 20 日就上海广茂达光艺科技股份有限公司（以下简称广茂达公司）与王某萍损害公司利益责任纠纷上诉案作出的（2014）沪一中民四（商）终字第109号民事判决书中，针对广茂达公司对曾担任其副总经理的王某萍提出的行使归入权的请求，上海市第一中级人民法院认为："当事人对自己提出的主张，有责任提供证据。根据广茂达公司章程的规定，公司高级管理人员未经股东大会同意，不得利用职务便利，为自己或他人谋取本应属于公司的商业机会，自营或为他人经营与本公司同类的业务。广茂达公司认为王某萍系丽业公司股东，在担任广茂达公司副总经理期间通过丽业公司从事与广茂达公司同类的业务。对此，广茂达公司负有举证责任，证明王某萍存在违反公司章程的行为。本案中，广茂达公司提供的证据仅证明丽业公司与广茂达公司的经营范围存在重合，不能证明丽业公司实际开展了同类业务，更不能证明王某萍参与了经营，或利用职务便利为丽业公司谋取了本应属于广茂达公司的商业机会。故以广茂达公司现有的举证，本院难以采纳其主张。对于广茂达公司要求对丽业公司营收情况进行司法审计的申请，因广茂达公司举证尚未达到应有的证明程度，司法审计申请于法无据，本院不予采纳"，因此维持了一审法院作出的驳回上海广茂达光艺科技股份有限公司的全部诉讼请求的判决。

又如，在2014年6月11日就图尔克（天津）传感器有限公司（以下简称图尔克公司）与马某祥、天津德明福自动化技术有限公司损害公司利益责任纠纷上诉案作出的（2014）津高民二终字第0043号民事判决书中，虽然天津市高级人民法院认为："马某祥在2010年10月19日至2011年1月4日担任图尔克公司高级管理人员期间，投资成立了与图尔克公司经营范围部分相同的德明福公司，并担任该公司的法定代表人。马某祥的行为违反了《中华人民共和国公司法》第148条、第149条关于公司的董事、监事、高级管理人员对公司忠实义务和勤勉义务的规定，应依法承担相应的法律责任"，但是，由于"在两审审理过程中，图尔克公司均没能提供证据证明在其诉讼主张的期间内，马某祥在德明福公司存在工资收入。虽然其提供的德明福公司的财务报表显示德明福公司2010年度未分配利润为67.72元，但该收入是否为德明福公司开展同业竞争业务所得，图尔克公司亦不能提供证据予以证明，故图尔克公司对上述主张应承担举证不能的法律后果"，因此，天津市高级人民法院维持了一审法院驳回图尔克（天津）传感器有限公司诉讼请求的判决。

（三）公司的损失赔偿请求权

值得注意的是，在公司根据《公司法》第 148 条第 2 款的规定行使归入权之后，如果公司还有其他损失，公司还可以根据《公司法》第 149 条关于“董事、监事、高级管理人员执行公司职务时违反法律、行政法规或者公司章程的规定，给公司造成损失的，应当承担赔偿责任”的规定，要求董事、高级管理人员承担赔偿责任。

比如，在黄某玲诉司徒某、深圳市众杰通贸易有限公司董事损害公司利益责任纠纷一审案中，深圳市盐田区人民法院就认为：“虽然《中华人民共和国公司法》没有明确规定董事违反法定竞业禁止义务应承担损害赔偿责任，但第一百五十条[①]规定‘董事、高级管理人员执行公司职务时违反法律、行政法规或者公司章程的规定，给公司造成损失的，应当承担赔偿责任’，根据‘举轻以明重’的释法原理，既然因执行公司职务违反规定给公司造成损失都要予以赔偿，那么从事公司法所明确禁止的行为给公司造成损害的，无疑更应该承担赔偿责任，故本案司徒某因违反竞业禁止义务应对高科城公司承担赔偿责任。”在上诉程序中，该一审判决获得了二审法院的维持。[②]

五、《公司法》第 148 条第 1 款属于管理性强制性规定

在性质上，尽管《公司法》第 148 条第 1 款使用了“不得”的表述，但是，由于《公司法》第 148 条第 2 款在该条第 1 款关于“董事、高级管理人员不得有下列行为：……”的规定之后，没有像《公司法》第 146 条第 2 款在该条第 1 款关于“有下列情形之一的，不得担任公司的董事、监事、高级管理人员：……”的规定之后规定了“公司违反前款规定选举、委派董事、监事或者聘任高级管理人员的，该选举、委派或者聘任无效”那样，规定“董事、高级管理人员违反前款规定的行为无效”，而只是规定了“董事、高级管理

---

① 现为《公司法》第 149 条。

② 见深圳市中级人民法院在 2015 年 7 月 10 日就司徒某与黄某玲、深圳市润彤菱镁矿制品有限公司损害股东利益责任纠纷二审案作出的（2014）深中法商终字第 1733 号民事判决书。

人员违反前款规定所得的收入应当归公司所有”，并且，《公司法》第148条第2款关于“董事、高级管理人员违反前款规定所得的收入应当归公司所有”的规定本身也意味着，《公司法》是承认公司的董事、高级管理人员违反《公司法》第148条第1款规定的行为的效力的，因此，我倾向于认为，《公司法》第148条第1款属于管理性强制性规定，不属于效力性强制性规定；在不存在《民法总则》《合同法》规定的合同无效或民事法律行为无效的情形时，公司的董事、高级管理人员违反《公司法》第148条第1款的行为，是有效的。

第三节 董监高的勤勉义务

一、《公司法》关于董监高勤勉义务的规定及其适用

针对公司董监高的勤勉义务，《公司法》第147条第1款规定了“董事、监事、高级管理人员应当遵守法律、行政法规和公司章程，对公司负有……勤勉义务”。这是关于董监高勤勉义务的原则性规定，是从正向角度作出的。

《公司法》第147条第1款关于勤勉义务的规定适用于公司的所有董事、监事和高级管理人员。

其中，《公司法》第147条第1款所说的“董事”，包括股东代表董事、职工代表董事、不设董事会的有限公司的执行董事、董事长、副董事长、独立董事和其他董事；所说的“监事”，包括股东代表监事、职工代表监事、监事会主席、监事会副主席和其他监事；所说的“高级管理人员”，包括经理、副经理、财务负责人和公司章程规定的其他高级管理人员。

由于《公司法》第147条第1款使用了“董事、监事、高级管理人员应当遵守法律、行政法规和公司章程，对公司负有……勤勉义务”的表述，因此，公司的所有董事、监事、高级管理人员都对公司负有勤勉义务。

同样地，由于《公司法》第147条第1款使用了“董事、监事、高级管理人员应当……”和“董事、监事、高级管理人员不得……”的表述，因此，

《公司法》第147条第1款关于勤勉义务的规定仅适用于公司现任的董事、监事和高级管理人员，不适用于并未担任公司的董事、监事或高级管理人员的公司的股东、实际控制人，不适用于并非公司的董事、监事或高级管理人员的公司职工，也不适用于曾担任公司的董事、监事、高级管理人员但现在已经不再担任公司的董事、监事、高级管理人员的人员。

二、勤勉义务的界定

《公司法》本身也没有对何为“勤勉义务”，以及如何认定董事、监事、高级管理人员尽到了勤勉义务作出规定。

在这方面，深圳市中级人民法院在2015年3月11日就丘某良、黄某贵与福建福日电子股份有限公司、陈某股东损害公司债权人利益责任纠纷上诉案作出的（2014）深中法涉外终字第36号民事判决书中的下列意见，可作参考：

所谓董事的勤勉义务，这是各国公司法普遍规定的董事必须履行的一项积极义务，要求董事负有以善良管理人的注意来处理公司事务的义务。勤勉义务要求公司董事在行使职权时应当以一定的标准尽职尽责管理公司的业务，违反该义务的董事应当承担相应的法律责任。现在经济活动的复杂性，难以判断董事在经营决策时是否尽到了合理谨慎的注意义务，同时董事的勤勉义务具有主观性，所谓“合理”“勤勉”的界定并不明确。经营活动具有风险性，决定了不能把所有的经营不利后果，都归结于董事未尽勤勉义务，对于勤勉义务的判断标准未作具体规定，仅在《中华人民共和国公司法》第一百一十二条第三款规定：“董事应当对董事会的决议承担责任。董事会的决议违反法律、行政法规或者公司章程、股东大会决议，致使公司遭受严重损失的，参与决议的董事对公司负赔偿责任。但经证明在表决时曾表明异议并记载于会议记录的，该董事可以免除责任”，第一百四十九条规定：“董事、监事、高级管理人员执行公司职务时违反法律、行政法规或者公司章程的规定，给公司造成损失的，应当承担赔偿责任”。上述规定是对勤勉义务的具体要求。

三、是否尽到勤勉义务的认定

由于根据《公司法》第 5 条、第 22 条、第 112 条和第 147 条第 1 款的规定，公司负有遵守法律、行政法规的义务、公司的合法权益受法律保护，因此，公司的董事、监事、高级管理人员执行职务，应当促使公司的行为符合法律、行政法规的规定，并维护和保护公司的合法权益。据此，如果公司的作为或不作为违反了法律、法规或对公司具有约束力的其他法律文件，或者如果公司的合法权益受到损害而未能寻求救济，可能（当然，不是必然）会涉及董事、监事、高级管理人员未尽到勤勉义务的问题。

实践中，在发生公司行为违法或公司权利受到侵害的情况下，通常会产生追究相关董事、监事、高级管人员未尽到勤勉义务的责任的问题。

比如，由于《公司法司法解释（三)》第13 条第4 款规定了“股东在公司增资时未履行或者未全面履行出资义务，依照本条第一款或者第二款提起诉讼的原告，请求未尽公司法第一百四十七条第一款规定的义务而使出资未缴足的董事、高级管理人员承担相应责任的，人民法院应予支持”，因此，在公司的股东在公司增资时未履行或者未全面履行出资义务的情况下，如果董事、高级管理人员怠于督促相关股东履行出资义务而使相关股东出资未缴足，相关董事、高级管理人员可能就属于未尽到勤勉义务。

此外，就上市公司而言，如果上市公司的董事、监事、高级管理人员在公司的相关文件上签字，而上市公司据此实施的行为违反了法律或法规，中国证监会通常会推定上市公司的相关董事、监事、高级管理人员没有勤勉尽责，从而追究其法律责任；如果董事、监事、高级管理人员认为自己已经勤勉尽责，则应当承担相应的举证责任。

结合中国证监会近些年对上市公司董事、监事、高级管理人员进行行政处罚的实践，如果上市公司董事、监事、高级管理人员存在以下作为或不作为，通常会被中国证监会认定为没有勤勉尽责，违反了其对上市公司负有的勤勉义务：

序号	上市公司董监高的行为	中国证监会的认定意见	中国证监会行政处罚决定书文号
1	不分管上市公司相关业务，对上市公司相关情况不知情，未参与上市公司实施的违法违规行为	对违法行为不知情、无法预见、没有参与不是当然的免责理由，行政处罚对当事人职业的影响亦不是免责的理由。上市公司董事、监事和高级管理人员拥有公司经营的决策权、监督权、执行权。他们的职位，来自于上市公司股东大会的选举或者由股东大会选举的董事会聘任；他们的权利，源自于全体股东的委托与信任。因此，所有上市公司董事、监事和高级管理人员，均应恪尽职守，不悖信任，不负重托，在遵循法律、行政法规和公司章程的前提下，履行对上市公司的忠实义务和勤勉义务，为公司和全体股东的利益服务。不把自己或者其他第三人利益凌驾于上市公司利益之上，并且认真履行职责，主动发现、坚决制止、立即揭露控股股东、实际控制人以及其他第三人侵害上市公司利益的行为，是衡量一个上市公司董事、监事和高级管理人员是否履行忠实义务和勤勉义务的基本标准。 虽然在上市公司信息披露违法案中，“参与”或者“知悉”涉案违法事项尤其是侵害上市公司利益事项的责任人是我会行政执法打击的重点，但是，那些虽未“参与”、不“知悉”相关事项但未尽监督义务、未勤勉尽责的责任人也难辞其咎。	〔2008〕50号、〔2012〕53号、〔2015〕10号、〔2016〕116号
2	未关注上市公司相关情况	当事人提出的未关注上市公司相关情况的申辩，不但不能作为减轻其责任的理由，相反，恰好证明其未勤勉尽责。	〔2013〕43号
3	把自己作为董事的权利“全权委托”“概括委托”给他人	上市公司董事把自己作为董事权利“全权委托”“概括委托”出去的做法，不符合法律关于董事义务与责任的要求。……对董事职责范围内的公司事务亲力亲为，是忠实勤勉义务对一名上市公司董事的最起码、最基本要求。虽然现行规则在某些特殊情况下，允许确有正当理由致使本人不能亲自出席董事会的董事委托其他董事代为行使表决权，但是现行规则并未允许把董事权利“兜揽”出去。一名董事将董事权利“全权委托”、“概括委托”给他人，在很大程度上表明他不能胜任董事职位，或者不愿承担董事义务与责任，结果往往给公司内部人或者实际控制人侵害上市公司利益的行为提供了便利，是对上市公司前途不负责的表现。	〔2010〕13号

续表

序号	上市公司董监高的行为	中国证监会的认定意见	中国证监会行政处罚决定书文号
4	受领导委派担任董事，完全按照控股股东或提名方的指示履行董事职务	上市公司董事在履职过程中，应当基于本人的学识、能力，以忠实勤勉的态度，依照法律、法规和监管规则的要求，排除来自控股股东、实际控制人、公司内部人以及其他方面的不当影响与干扰，对有关事项做出负责任的独立判断，并清楚自己行为可能产生的法律后果。当事人有关以接受委派出任董事及未领取工资、津贴为由提出的申辩缺乏法律依据。	〔2010〕10号、〔2010〕13号、〔2011〕21号
5	担任董事、监事或高级管理人员纯属挂名，不参加上市公司的董事会会议或监事会会议，授权他人代行职责	当事人放弃履行职责违反了法定勤勉尽责义务，情节恶劣，依法应当承担责任。	〔2011〕3号
6	完全信赖信任公司及相关人员、信赖审计机构和持续督导机构等专业机构和人员的意见作决定、签署相关文件	上市公司董事、高级管理人员对公司事务的内部控制、内部审计监督，与外部监督、外部审计一样，均是上市公司合法运作、公开透明的基本保障，二者相辅相成、互相促进，但是不能相互取代。虽然上市公司董事、高级管理人员可以依据审计机构的结论进行判断，但是上市公司的会计责任与外部审计机构的审计责任是两种不同的责任，在信息披露违法情形发生时，不能以审计机构未发现、未指出为由，免除上市公司董事、高级管理人员的责任，其他主体是否发现、是否指出或者是否存在过错，均不能成为上市公司及其有关人员的免责理由。	〔2012〕53号、〔2013〕10号、〔2016〕116号、〔2017〕73号

并且，在就信息披露违法行为进行行政处罚时，中国证监会2011年4月29日印发的《信息披露违法行为行政责任认定规则》（证监会公告〔2011〕11号）第22条更加明确地规定了：“任何下列情形，不得单独作为不予处罚情形认定：（一）不直接从事经营管理；（二）能力不足、无相关职业背景；（三）任职时间短、不了解情况；（四）相信专业机构或者专业人员出具的意见和报告；（五）受到股东、实际控制人控制或者其他外部干预。”

尽管中国证监会的上述意见是针对上市公司的董事、监事、高级管理人员作出的，但是，我理解，这些意见对认定有限公司和其他股份公司的董事、监事、高级管理人员是否尽到了勤勉义务，同样具有比较好的参考价值。

在司法实践层面，在董事、监事、高级管理人员是否尽到勤勉义务的认定方面，北京市高级人民法院在2018年6月25日就胡某勇与中国证监会行政处罚决定和行政复议决定上诉案作出的（2017）京行终3225号行政判决书中曾进行过详细的分析，其中的意见也具有比较好的参考价值。

在该行政判决书中，针对“勤勉尽责的判断标准及其适用”问题，北京市高级人民法院认为：“原公司法第一百四十八条第一款规定，董事、监事、高级管理人员应当遵守法律、行政法规和公司章程，对公司负有忠实义务和勤勉义务。这里，法律对公司董事的勤勉义务规定较为原则，没有相应的细化标准，但是没有可操作性的细化标准不等于没有标准。准确界定董事对董事会决议承担的责任，既要严格，又要严而有度，既不能让董事承担无限责任，只要董事会决议违反法律法规的规定就推定董事未尽勤勉尽责义务，也不能让董事责任虚置导致董事只享有权利而不承担义务，因此判断董事的勤勉义务应当采取适度标准。这个适度的标准，就是董事应当善意、合理、审慎地履行自己的职责，尽到处于相似位置上的普通谨慎的人在相同或类似情况下所需要的注意义务，而且当董事会决议违反法律法规规定的时候，董事如果认为自己尽到了勤勉尽责义务，应当就自己善意、合理、审慎地履行职责承担相应的举证责任。”

具体到该案，北京市高级人民法院认为：“本案中，欣泰电气存在财务状况虚假记载骗取发行核准的事实，胡某勇作为欣泰电气董事，在相关董事会决议上签字同意并在招股说明书中签名‘保证招股说明书内容真实、准确、完整’，胡某勇如果认为自己尽到了勤勉尽责义务，则应当对自己善意、合理、审慎地履行职责进行合理说明并提供相应证据。胡某勇认为自己属于外部董事，不具体管理公司财务，也不具有财务会计专业背景，并不知晓董事会审议的财务会计文件存在虚假记载并据此认为自己尽到了勤勉尽责的义务。对此，本院认可一审判决的意见，如果该抗辩理由成立，则‘公司法上董事的勤勉义务将形同具文’，因此胡某勇的该理由明显不能成立。”

此外，针对胡某勇提出的“欣泰电气相关财务会计文件经过了外部专业审计机构的审计以及公司内部审计部门的审核，其在招股说明书上签字确认是基于对专业机构的信任，因此其不应承担行政责任”的主张，北京市高级人民法院认为：“外部专业审计机构应当对其所出具的审计报告文件的真实性、完整性和合规性负责，而且，董事可以因为基于对外部专业审计机构无保留意见审计结论的信赖，而在董事会决议违反法律法规的情况下降低董事尽到勤勉尽责义务的证明责任，但相关财务会计文件经过外部专业审计机构的审计，并不能完全替代董事履行勤勉尽责义务，因为董事履行勤勉义务具有相对独立性，对公司财务状况以及委托外部专业审计机构开展独立的审计工作仍然负有合理、审慎的注意和独立履行职责的义务。从本案胡某勇参加董事会讨论相关财务报告文件的记录看，在董事会表决时，胡某勇的意见都只有简单的'同意'以及手写的签名，没有任何关于对相关财务会计资料以及外部专业审计机构审计报告的仔细研究、审慎讨论以及提出疑问或风险等记载。胡某勇认为其已就相关问题进行询问并在得到解答的情况下才发表意见的主张，因缺乏有效证据支持不能成立。在这种情况下，相关财务会计文件经过了外部专业审计机构审计和公司内部审计部门的审核，即使可以适当降低胡某勇证明自己履行勤勉尽责义务的程度，但现有证据也不足以就此认定胡某勇已经适当地履行了董事所承担的法定的勤勉尽责义务。综上，胡某勇认为其在欣泰电气欺诈发行案件中尽到了董事的勤勉尽责义务的主张，不能成立。"

结合中国证监会上述行政处罚的实践，根据《公司法》第 147 条第 1 款的规定，相关人员一旦被选举或委派为公司的董事、监事或被聘任为公司的高级管理人员，就对公司负有忠实义务和勤勉义务，就应当遵守法律、行政法规和公司章程，为公司的利益服务，忠实、勤勉地履行其作为公司的董事、监事或高级管理人员的职责；其作为公司的董事、监事或高级管理人员，是以公司的董事、监事或高级管理人员的身份代表公司，为了公司的利益行事，而不是代表其提名方或委派方，为了其提名方或委派方的利益行事；担任公司的董事、监事或高级管理人员的人员，应当排除来自其提名方或委派方、公司的控股股东、实际控制人、其他股东以及其他方面的不当影响、干扰或干预，对涉及公司的有关事项作出独立的、负责任的判断，尽到善良管理及谨慎注意之义务，切实维护公司的合法权益。

第四节 有关控制权认定的现有规定评析

——以《公司法》规定的董事高管的忠实义务为视角

值得一提的是，现行法规有关"控制"或"控制权"的认定的规定，往往将股东在提名或任免公司的董事和高级管理人员中所起的作用，作为认定控制或控制权的重要因素。

比如，针对投资方是否控制被投资方，财政部制定的《企业会计准则第33号——合并财务报表》（2014 年修订）第 16 条规定："某些情况下，投资方可能难以判断其享有的权利是否足以使其拥有对被投资方的权力。在这种情况下，投资方应当考虑其具有实际能力以单方面主导被投资方相关活动的证据，从而判断其是否拥有对被投资方的权力。投资方应考虑的因素包括但不限于下列事项：（一）投资方能否任命或批准被投资方的关键管理人员。……（三）投资方能否掌控被投资方董事会等类似权力机构成员的任命程序，或者从其他表决权持有人手中获得代理权。（四）投资方与被投资方的关键管理人员或董事会等类似权力机构中的多数成员是否存在关联方关系……"

又如，在《证券期货法律适用意见第 1 号》（证监法律字〔2007〕15 号）中，中国证监会提出："公司控制权是能够对股东大会的决议产生重大影响或者能够实际支配公司行为的权力，其渊源是对公司的直接或者间接的股权投资关系。因此，认定公司控制权的归属，既需要审查相应的股权投资关系，也需要根据个案的实际情况，综合对发行人股东大会、董事会决议的实质影响、对董事和高级管理人员的提名及任免所起的作用等因素进行分析判断"；此外，中国证监会制定的《上市公司收购管理办法》（2014 年修订）第 84 条也规定："有下列情形之一的，为拥有上市公司控制权：……（三）投资者通过实际支配上市公司股份表决权能够决定公司董事会半数以上成员选任；……"

我理解，上述关于控制或控制权的认定的规定，将提名或任免公司的董事或高级管理人员的资格或权利，作为认定相关主体是否拥有控制权的考虑因素甚至是重要依据，事实上预设了这样一个推定，即：公司的控股股东、实际控制人能够通过对其提名或任命的公司的董事或高级管理人员施加影响，来实现控制公司的效果。在这样的推定之下，担任公司的董事、高级管理人员的人员将按照公司的控股股东、实际控制人的意思来实现公司的控股股东、实际控制人控制公司的目的。

我倾向于认为，在一定程度上，这跟《公司法》第 147 条关于公司的董事、高级管理人员的忠实义务（可能不包括勤勉义务）的规定，是存在着内在的对立和矛盾的，应作修改或重构为宜。

第十三章 股权转让

股权作为股东享有的投资性权利，是财产权利的一种，股东自然可以依法转让其持有的股权。这是股东对其财产权利的处分，也是股东行使其股东权利的一种方式。以受让股权的主体作为区分标准，股权转让可以分为股东与股东之间的股权转让和股东与非股东之间的股权转让；其中，股东与非股东之间的股权转让，也包括了股东向公司转让股权（即公司回购本公司股权）这种特殊情形。本章主要围绕股东之间的股权转让和股东向非股东进行的股权转让展开讨论，有关股权回购的内容则放到第十五章展开。

第一节 有限公司股东之间的股权转让

有关有限公司股东之间的股权转让规则体系，主要是由《公司法》第 71 条第 1 款关于“有限责任公司的股东之间可以相互转让其全部或者部分股权”，第 4 款关于“公司章程对股权转让另有规定的，从其规定”的规定和第 73 条关于“依照本法第七十一条、第七十二条转让股权后，公司应当注销原股东的出资证明书，向新股东签发出资证明书，并相应修改公司章程和股东名册中有关股东及其出资额的记载。对公司章程的该项修改不需再由股东会表决”的规定，建立起来的。

一、有限公司股东之间的股权转让的一般规定

针对有限公司股东之间的股权转让，由于《公司法》第 71 条第 1 款使用了

“有限责任公司的股东之间可以相互转让其全部或者部分股权”的表述，因此，有限公司的股东可以向其他一个或数个股东转让其在公司的全部或部分股权。

此外，由于《公司法》第71条第1款既没有像《公司法》第71条第2款针对有限公司的股东向股东以外的人转让股权那样使用“应当经其他股东过半数同意。股东应就其股权转让事项书面通知其他股东征求同意”的表述，也没有像《公司法》第71条第3款针对有限公司的股东向股东以外的人转让股权那样使用“经股东同意转让的股权，在同等条件下，其他股东有优先购买权”的表述，也没有像《合伙企业法》第22条第2款针对合伙企业的合伙人之间转让其在合伙企业中的财产份额那样使用“合伙人之间转让在合伙企业中的全部或者部分财产份额时，应当通知其他合伙人”的表述，因此，在公司章程未作特别规定的情况下，有限公司的股东向其他股东转让股权，甚至都不需要通知其他股东，更无需取得其他股东的同意，其他股东也不享有优先购买权。

对此，在2016年1月10日就林某儒、福建鑫海冶金有限公司（以下简称鑫海公司）与林某灼、蒋某股权转让合同纠纷上诉案作出的（2015）民二终字第176号民事判决书中，最高人民法院认为：“根据《中华人民共和国公司法》第七十一条第一款‘有限责任公司的股东之间可以相互转让其全部或者部分股权’的规定，股东之间转让股权，无须经过股东会决议程序，不涉及其他股东的优先购买权问题。因案涉股权转让合同签订时，林某灼及林某儒均为鑫海公司的股东，系股东之间转让股权，而非对外转让股权，故林某儒、鑫海公司以案涉股权转让因侵害其他股东优先购买权而无效的主张，无法律依据，本院不予支持。”

此外，在2010年4月6日就罗某与黄某军、毛某明、孔某霞、淮南市荣胜锦元房地产开发有限公司（以下简称荣胜房地产公司）、孔某辉股权转让合同纠纷上诉案作出的（2010）皖民二终字第0032号民事判决书中，安徽省高级人民法院也认为：“因本案股权转让发生于股东之间，根据《中华人民共和国公司法》第七十二条①第一款‘有限责任公司的股东之间可以相互转让其全部或者部分股权’之规定，股东之间转让股权并不存在优先购买之情形。《中华人民共和国公司法》第七十二条②第二款所规定的股权优先购买权系针对公司股东向股

---

① 现为《公司法》第71条。
② 现为《公司法》第71条。

东以外的人转让股权，其他股东享有优先购买的权利，并不适用于股东之间转让股权。《中华人民共和国公司法》第七十二条①第三款所规定的‘股东按各自出资比例行使优先购买权’仅适用于股东向股东以外的人转让股权。《中华人民共和国公司法》第七十二条②第四款规定‘公司章程对股权转让另有规定的，从其规定’。本案荣胜房地产公司章程第二十条规定‘股东之间可以相互转让其出资’，并未对股权转让作出另外规定。故毛某明、黄某军将其股权转让给罗某并不违反公司法和公司章程的规定，亦并不存在侵犯孔某霞的有关权利。”

二、有限公司章程可以对股东之间的股权转让作出特别规定

不过，根据《公司法》第71条第4款关于“公司章程对股权转让另有规定的，从其规定”的规定，有限公司依法制定的公司章程可以对有限公司的股东向其他股东转让其在公司的全部或部分股权作出与《公司法》第71条第1款不同的规定。

比如，有限公司的章程可以对有限公司的股东之间的股权转让施加某些限制性规定或者附加特定的条件，或者要求有限公司的股东向其他股东转让股权也遵守与有限公司的股东向股东以外的人转让股权同样的要求。

当然，值得注意的是，有限公司的章程不得作出其效果是使得股东实际上无法转让其持有的公司的股权的规定。具体分析请见本章第二节第五部分的内容。

三、有限公司股东之间的股权转让与恶意串通

还需注意的是，尽管根据《公司法》第71条第1款的规定，有限公司的股东向其他股东转让股权，甚至都不需要通知其他股东，更无需取得其他股东的同意，其他股东也不享有优先购买权，但是，如果有限公司的股东与股东以外的人恶意串通，通过先以高价向该股东以外的人转让少量股权，待其取得股东身份之后，再基于《公司法》第71条第1款的规定，以不合理的低价向其

---

① 现为《公司法》第71条。
② 现为《公司法》第71条。

转让剩余股权的方式，实现由该股东以外的人取得相应的股权的目的，那么，前后两次股权转让行为可能会被认定为属于《民法总则》第154条所说的“行为人与相对人恶意串通，损害他人合法权益的民事法律行为”和《合同法》第52条第2项所说的“恶意串通，损害国家、集体或者第三人利益”的行为，从而被确认为无效。

在这方面，吴某崎与吴某民、吴某磊确认合同无效纠纷再审案可供参考。

在2016年8月26日就吴某崎与吴某民、吴某磊确认合同无效纠纷再审案作出的（2015）苏商再提字第00068号民事判决书中，针对江阴市泰伯净化干燥设备有限公司（以下简称泰伯公司）的股东吴某民与非股东吴某磊先在2012年3月10日签订的关于将吴某民在泰伯公司1%的股权（计1.18万元出资额）以15万元的价格转让给吴某磊的协议，后又在2012年10月29日签订的关于将吴某民在泰伯公司中的59%的股权（计69.62万元出资额）以62万元的价格转让给吴某磊的协议的效力问题，江苏省高级人民法院认为：“吴某民与吴某磊之间的涉案两份股权转让协议存在合同法第五十二条第（二）项规定的恶意串通损害第三人利益的情形，属于无效协议”，其裁判理由如下：

“吴某民和吴某磊在7个月的时间内以极其悬殊的价格前后两次转让股权，严重损害吴某崎的利益。吴某民和吴某磊第一次转让1%的股权价格为15万元，第二次转让59%的股权实际价格62万元（以此测算第二次股权转让价格约为每1%价格1.05万元），在公司资产没有发生显著变化的情形下，价格相差达14倍以上，其目的在于规避公司法关于其他股东优先购买权的规定，从而导致吴某崎无法实际享有在同等条件下的优先购买权，即首次转让抬高价格，排除法律赋予其他股东同等条件下的优先购买权，受让人取得股东资格后，第二次完成剩余股权转让。吴某民在一审庭审中亦明确表示‘第一次股权转让吴某磊不是公司股东，吴某民必须考虑同等条件的优先权’，‘（第一次）比后面的要价要高，目的是取得股东身份’。这表明吴某民对其与吴某磊串通损害吴某崎利益的意图是认可的。如果认可上述行为的合法性，公司法关于股东优先购买权的立法目的将会落空。综上，民事活动应当遵循诚实信用的原则，民事主体依法行使权利，不得恶意规避法律，侵犯第三人利益。吴某民与吴某磊之间的两份股权转让协议，目的在于规避公司法关于股东优先购买权制度的规定，剥夺吴某崎在同等条件下的优先购买权，当属无效。”

第二节 有限公司股东对外转让股权

有关有限公司股东对外转让股权的规则体系，主要是由《公司法》第71条第2款至第4款的规定和第73条关于“依照本法第七十一条、第七十二条转让股权后，公司应当注销原股东的出资证明书，向新股东签发出资证明书，并相应修改公司章程和股东名册中有关股东及其出资额的记载。对公司章程的该项修改不需再由股东会表决”的规定，建立起来的。

针对有限公司股东向股东以外的人转让其在公司的部分或全部股权，《公司法》第71条第2款和第3款分别提出了相应的要求，赋予了其他股东同意权和相应的优先购买权；此外，《公司法》第71条第4款也允许有限公司依法制定的公司章程对有限公司股东对外转让股权作出不同的安排。

值得注意的是，《公司法》第71条的规定仅适用于有限公司，不适用于股份公司（当然，股份公司的股东也可以向其他股东或股东以外的人转让其在股份公司的股份，但这种转让权是基于其对股份的处分权），《公司法》没有赋予股份公司的股东对其他股东转让股份的同意权或优先购买权。

一、其他股东的同意权及其行使

针对有限公司的股东向股东以外的人转让其在公司的全部或部分股权，《公司法》第71条第2款第一句首先规定了“股东向股东以外的人转让股权，应当经其他股东过半数同意。”其中，根据《民法总则》第205条关于“民法所称的……‘超过’……，不包括本数”的规定，《公司法》第71条第2款第一句所说的“经其他股东过半数同意”中的“过半数”，不包括半数。

据此，在有限公司的股东向股东以外的人转让股权时，其他股东享有同意权；不过，根据《公司法》第71条第2款第二句和第三句的规定，这种同意权是相对的，并非只要股东不同意，其他股东就不能向股东以外的人转让股权。

值得注意的是，由于《公司法》第71条第2款第一句使用了“经其他股东过半数同意”的表述，因此，对于有限公司的股东向股东以外的人转让股权，《公司法》实行的是类似于“人数决”的同意机制，而不是“资本决”的同意机制；另外，由于《公司法》第 37 条第 1 款没有将“对股东向股东以外的人转让股权作出决议”列为股东会职权，《公司法》第 71 条第 2 款所说的“经其他股东过半数同意”无需召开股东会会议，由各个其他股东分别作出是否同意的意思表示即可。当然，从便于保存证据和提高效率的角度，必要时，可以召开股东会会议并由其他股东明确作出同意转让股东对外转让股权的决议。

在赋予其他股东同意权的基础上，《公司法》第 71 条第 2 款第二句和第三句也对股东对外转让股权时如何进行通知、其他股东如何表示同意作出了规定。

第一，《公司法》第 71 条第 2 款第二句要求转让股东通过书面方式向其他股东发出关于股权转让事项的通知，征求其他股东同意。

不过，《公司法》本身没有对其中的“股权转让事项”的具体内容作出规定。

就《公司法》第 71 条第 2 款第二句所说的“股权转让事项”而言，结合《公司法司法解释（四）》第 17 条第 2 款关于“经股东同意转让的股权，其他股东主张转让股东应当向其以书面或者其他能够确认收悉的合理方式通知转让股权的同等条件的，人民法院应当予以支持”的规定和第 18 条关于“人民法院在判断是否符合公司法第七十一条第三款及本规定所称的‘同等条件’时，应当考虑转让股权的数量、价格、支付方式及期限等因素”的规定，并参考 2016 年 4 月 12 日公布的《公司法司法解释（四）征求意见稿》第 25 条的规定[①]，同时，考虑到其他股东行使优先购买权必须基于“同等条件”，这也就意味着，转让股东必须将其与股东以外的人达成的转让股权的全部条件告知其他股东，否则其他股东将无法行使优先购买权，因此，我倾向于认为，《公司法》

---

① 《最高人民法院关于适用〈中华人民共和国公司法〉若干问题的规定（四）（征求意见稿）》第 25 条原文如下：

第二十五条（书面通知的内容和优先购买权的行使期间）

有限责任公司的股东向股东以外的人转让股权，书面通知其他股东，通知中已经包括受让人的姓名或名称、转让股权的类型、数量、价格、履行期限及方式等股权转让合同主要内容的，其他股东在收到通知后，应当在公司章程规定的行使期间内主张优先购买；公司章程没有规定或者规定不明的，按照下列情形确定：

（一）通知中载明行使期间的，以该期间为准；

（二）通知中未载明行使期间，或者载明的期间短于通知送达之日起三十日的，为三十日。

其他股东没有在前款规定的行使期间内主张优先购买的，或者主张优先购买，但是不符合公司法和司法解释规定的同等条件的，视为同意转让并放弃优先购买权。

第71条第2款第二句所说的作为“书面通知”的内容的“股权转让事项”，应包括“受让人的姓名或名称、转让股权的类型、数量、价格、履行期限及方式等股权转让合同的主要内容”；并且，其内容“不仅包括对外转让的意思表示，还应包括价款数额、付款时间、付款方式等在内的完整对价”①。

并且，由于《公司法》第71条第2款第二句还使用了“书面通知其他股东征求同意”的表述，因此，转让股东对外转让股权时向其他股东发出的书面通知，还应当包含“征求其他股东同意或不同意的意见”的内容。

对此，在2013年12月22日就丁某明、李某、冯某琴与瞿某建优先认购权纠纷再审案作出的（2012）民抗字第32号民事判决书中，最高人民法院认为：“股东优先购买权是相比于股东以外的买受人而享有的优先权，因此，股东行使优先购买权的前提是，拟出让股东与股东以外的人已经就股权转让达成合意，该合意不仅包括对外转让的意思表示，还应包括价款数额、付款时间、付款方式等在内的完整对价。”

此外，刊载于《最高人民法院公报》2016年第5期的、由上海市第二中级人民法院在2015年4月22日就上海电力实业有限公司、中国水利电力物资有限公司与中静实业（集团）有限公司、上海新能源环保工程有限公司、上海联合产权交易所股权转让纠纷上诉案作出的（2014）沪二中民四（商）终字第1566号民事判决书也认为：“考虑到有限公司的人合性特征，我国《公司法》等相关法律法规规定了股东向股东以外的人转让股权的，应当向其他股东充分履行通知义务。其他股东在同等条件下享有优先购买权。此处所涉通知的内容，应当包括拟转让的股权数量，价格、履行方式，拟受让人的有关情况等多项主要的转让条件。”

值得一提的是，就通知方式而言，尽管《公司法》第71条第2款第二句使用了“书面通知”的表述，但是，《公司法司法解释（四）》第17条对此进行了扩大解释，允许转让股东既可以以书面方式，也可以以“其他能够确认收悉的合理方式”通知其他股东征求同意。

值得注意的是，由于《公司法》第71条第1款没有要求只有已经缴足出

---

① 见最高人民法院2013年12月22日就丁某明、李某、冯某琴与瞿某建优先认购权纠纷再审案作出的（2012）民抗字第32号民事判决书。

资的股权才可以转让，因此，在有限公司的章程未作其他规定的情况下，未缴足出资的股东也可以将其股权转让给其他股东或股东以外的人。不过，针对有限公司股东在未缴足出资的情况下转让股权的情形，《公司法司法解释（三）》第 18 条第 1 款特别规定了“有限责任公司的股东未履行或者未全面履行出资义务即转让股权，受让人对此知道或者应当知道，公司请求该股东履行出资义务、受让人对此承担连带责任的，人民法院应予支持；公司债权人依照本规定第十三条第二款向该股东提起诉讼，同时请求前述受让人对此承担连带责任的，人民法院应予支持”，第 2 款规定了“受让人根据前款规定承担责任后，向该未履行或者未全面履行出资义务的股东追偿的，人民法院应予支持。但是，当事人另有约定的除外”。

此外，由于《公司法》第 71 条第 2 款使用了“股东向股东以外的人转让股权，应当经其他股东过半数同意。股东应就其股权转让事项书面通知其他股东征求同意”的表述，并没有规定转让股东只需向缴足出资的股东发出书面通知或只需经缴足出资的股东的同意，因此，在有限公司的章程未作其他规定的情况下，未缴足出资的股东，也属于转让股东应当征求同意并进行书面通知的对象。

第二，针对转让股东的征求同意的书面通知，如果其他股东在接到书面通知之日起满 30 日未作答复，《公司法》第 71 条第 2 款第二句对其他股东采取了法律推定的处理措施，即视为该其他股东同意转让股东对外转让股权。

这也就意味着，对于转让股东对外转让股权，其他股东作出同意或不同意的答复的期限为自转让股东的书面通知送达之日起 30 日内。

结合《公司法司法解释（四）》第 17 条第 1 款关于“有限责任公司的股东向股东以外的人转让股权，应就其股权转让事项以书面或者其他能够确认收悉的合理方式通知其他股东征求同意”的规定，我理解，《公司法》第 71 条第 2 款第二句所说的其他股东的“答复”，可以是书面的答复，也可以是口头的答复，只要能确认该答复是该其他股东的意思表示并且转让股东能够收悉即可。当然，从证据收集和提供的角度，应以书面答复为宜。

不过，值得注意的是，《公司法》第 71 条第 2 款第二句所说的“其他股东自接到书面通知之日起满三十日未答复的，视为同意转让”中的“满三十日”，其起算日期为“其他股东接到书面通知之日”；由于各个其他股东接到书面通知的日期可能不同，因此，其他股东作出同意或不同意的意思表示的期限的届满日期可能也会不同，需要根据具体的情况来确定相关其他股东是否符合“视为同意转让”的条件。

此外，由于《公司法》第71条第2款第二句是在转让股东就其股权转让事项书面通知其他股东征求同意的环境中使用“其他股东自接到书面通知之日起满三十日未答复的，视为同意转让”的表述的，结合《公司法》第72条关于“其他股东自人民法院通知之日起满二十日不行使优先购买权的，视为放弃优先购买权”的规定，我倾向于认为，《公司法》第71条第2款所说的“三十日”的期限，并非其他股东行使优先购买权的期限，而只是其他股东对转让股东对外转让股权作出同意或不同意的答复的期限。

考虑到《公司法》第71条第2款第二句规定了“其他股东自接到书面通知之日起满三十日未答复的，视为同意转让”，因此，其他股东如果不同意转让股东对外转让股权，应当在接到转让股东的书面通知之日起30日内作出不同意转让股东对外转让股权的答复为宜。

第三，尽管《公司法》第71条第2款第一句赋予了其他股东对转让股东对外转让股权的同意权，但是，《公司法》第71条第2款第三句也对其他股东的同意权作了相应的限制，规定如果其他股东半数以上不同意转让股东对外转让股权，不同意的股东就负有购买转让股东拟对外转让的股权的义务；否则，也将被采取法律推定的处理措施，即“视为同意转让股东对外转让股权”。

根据《民法总则》第205条关于“民法所称的‘以上’……，包括本数”的规定，《公司法》第71条第2款第三句所说的“其他股东半数以上不同意转让”中的“半数以上”，包括半数。在转让股东对外转让股权时，其他股东只要有半数不同意转让，就无法满足《公司法》第71条第2款第一句规定的“股东向股东以外的人转让股权，应当经其他股东过半数同意”的条件。

《公司法》第71条第2款第三句使用的“其他股东半数以上不同意转让的，不同意的股东应当购买该转让的股权”的表述，意味着：

一是，负有《公司法》第71条第2款第三句规定的购买转让股东拟转让的股权的义务的其他股东，仅限于在转让股东征求同意过程中不同意转让股东对外转让股权的其他股东，同意转让股东对外转让股权的股东没有这样的义务。

二是，不同意转让股东对外转让股权的其他股东的此项购买义务，仅限于出现“其他股东半数以上不同意转让股东对外转让股权”的结果的情况下；在其他股东过半数同意转让股东对外转让股权的情况下，不同意转让股东对外转让股权的其他股东也没有购买转让股东的股权的义务。

但是，根据《公司法》第 71 条第 3 款的规定，在其他股东过半数同意转让股东对外转让股权的情况下，不论是同意转让股东对外转让股权的股东，还是不同意转让股东对外转让股权的股东，都享有同等条件下的优先购买权。当然，公司章程另有规定的除外。

据此，如果某一股东有意购买转让股东准备对外转让的股权，该股东可以选择不同意转让股东对外转让股权；这样的话，如果能达到其他股东半数以上不同意转让股东对外转让股权，就不用适用《公司法》第 71 条第 3 款关于其他股东优先购买权的规定了。

不过，在其他股东半数以上不同意转让股东对外转让股权的情况下，不同意转让股东对外转让股权的其他股东购买该转让股权的条款和条件，与《公司法》第 71 条第 3 款所说的“同等条件”是一样的吗？对此，《公司法》未作规定。

考虑到转让股东在其征求其他股东同意的书面通知中已经包含了其准备对外转让股权的主要的条款和条件，不同意转让股东对外转让股权的其他股东也应当按照相应的书面通知里载明的条款和条件来购买，这跟《公司法》第 71 条第 3 款所说的“同等条件”其实是一样的；在有数个不同意转让股东对外转让股权的其他股东负有购买该准备对外转让的股权的情况下，同样也需要通过协商方式或按照各自的出资比例来确定各自的购买比例。

在其他股东半数以上不同意转让股东对外转让股权的情况下，如果其他股东不同意转让股东对外转让股权，但又不愿意或不能购买该转让的股权，《公司法》第 71 条第 2 款第三句后半句也采用了法律推定的机制，推定其同意转让股东对外转让股权。

不过，值得注意的是，《公司法》第 71 条第 2 款规定的是有限公司的股东对外转让股权时应当征求其他股东同意的事项，不涉及其他股东行使优先购买权的问题；尤其是，如前所述，《公司法》第 71 条第 2 款第二句所说的“三十日”的期限，并不是其他股东行使优先购买权的期限，而只是其他股东对转让股东对外转让股权作出同意或不同意的意思表示的期限。

因此，在被《公司法》“视为同意转让”的情况下，根据《公司法》第71条第3款的规定，如果其他股东的过半数同意（包括视为同意）转让股东对外转让股权，那么，被法律推定同意转让股东对外转让股权的股东，仍然享有同等条件下的优先购买权。

《公司法》第71条第2款第二句关于“其他股东自接到书面通知之日起满三十日未答复的，视为同意转让”和第三句关于“其他股东半数以上不同意转让的，不同意的股东应当购买该转让的股权；不购买的，视为同意转让”的规定，是为了保障转让股东能够行使其对其股权所享有的处分权，确保股东能够通过转让股权的方式退出有限公司，不再作为有限公司的股东。

二、其他股东的优先购买权及其行使

针对有限公司的股东向股东以外的人转让其在公司的全部或部分股权，在其他股东过半数同意（包括视为同意）转让股东对外转让股权的情况下，《公司法》第71条第3款赋予了有限公司的其他股东同等条件下的优先购买权；在此基础上，《公司法司法解释（四）》第17条第3款进一步明确了：“经股东同意转让的股权，在同等条件下，转让股东以外的其他股东主张优先购买的，人民法院应当予以支持，但转让股东依据本规定第二十条放弃转让的除外。”

（一）优先购买权的行使条件

在行使优先购买权的条件方面，由于《公司法》第71条第3款第一句使用了“经股东同意转让的股权，在同等条件下，其他股东有优先购买权”的表述，因此，有限公司的其他股东对转让股东对外转让的股权享有的优先购买权，需要满足3个条件：

一是，转让股东向股东以外的人转让股权。其他股东对股东之间的股权转让不享有《公司法》规定的优先购买权。

二是，转让股东对外转让股权取得了过半数的其他股东的同意（包括视为同意）。因此，有限公司其他股东所享有的优先购买权，应以其他股东过半数同意（包括视为同意）转让股东对外转让股权为前提；如果其他股东半数以上不同意转让股东对外转让股权，那么，《公司法》第71条第3款可能就不适用了，而应适用《公司法》第71条第2款中的“不同意的股东应当购买该转让的股权”。

三是，要求行使优先购买权的其他股东应当基于跟转让股东已经与股东以外的人就其股权转让达成的条件同等的条件购买转让股东的股权。

值得注意的是，考虑到其他股东行使优先购买权必须基于“同等条件”，这也就意味着，转让股东必须将其与股东以外的人达成的转让股权的全部条件告知其他股东，否则其他股东将无法行使优先购买权。

也因此，在2013年12月22日就丁某明、李某、冯某琴与瞿某建优先认购权纠纷再审案作出的（2012）民抗字第32号民事判决书中，最高人民法院认为：“股东行使优先购买权的前提是，拟出让股东与股东以外的人已经就股权转让达成合意，该合意不仅包括对外转让的意思表示，还应包括价款数额、付款时间、付款方式等在内的完整对价。”

问题是，何为“同等条件”？《公司法》未作规定。《公司法司法解释（四）》第18条要求“人民法院在判断是否符合公司法第七十一条第三款及本规定所称的‘同等条件’时，应当考虑转让股权的数量、价格、支付方式及期限等因素”。这与《最高人民法院关于适用〈中华人民共和国物权法〉若干问题的解释（一）》第10条对《物权法》第101条关于“按份共有人可以转让其享有的共有的不动产或者动产份额。其他共有人在同等条件下享有优先购买的权利”的规定中的“同等条件”的解释①基本一致。

实践中，有的法院认为，《公司法》第71条第3款中的“同等条件”不仅包含转让价格，还包括付款期限、违约条款等其他对转让股东有利的条款②。我理解，这一观点是符合《公司法》第71条第3款的规定的。

---

①《最高人民法院关于适用〈中华人民共和国物权法〉若干问题的解释（一）》第10条规定：“物权法第一百零一条所称的‘同等条件’，应当综合共有份额的转让价格、价款履行方式及期限等因素确定。”

② 浙江省杭州市中级人民法院在就瞿某建与丁某明、李某、冯某琴优先认购权纠纷作出的（2006）杭民二初字第295号民事判决书中的观点，见最高人民法院2013年12月22日就丁某明、李某、冯某琴与瞿某建优先认购权纠纷再审案作出的（2012）民抗字第32号民事判决书。杭州市中级人民法院的该一审判决曾被浙江省高级人民法院撤销，但后来最高人民检察院提出抗诉。在再审程序中，最高人民法院认为“二审判决认定事实和适用法律均有不当，应予纠正，最高人民检察院抗诉意见应予支持。一审判决驳回瞿某建诉讼请求的结果正确，应予维持”，最终撤销了浙江省高级人民法院的二审判决、维持了杭州市中级人民法院的该一审判决。

（二）享有优先购买权的主体

在享有优先购买权的主体方面，由于《公司法》第 71 条第 3 款使用的是“经股东同意转让的股权，在同等条件下，其他股东有优先购买权”的表述，因此，在其他股东过半数同意转让股东对外转让股权的情况下，在转让当时具有公司股东资格的其他所有主体都享有同等条件下的优先购买权，既包括同意转让股东对外转让股权的股东（如果有不同意的其他股东的话），也包括不同意转让股东对外转让股权的股东；既包括缴足出资的股东，也包括尚未缴足出资的股东。

（三）优先购买权的行使期限

在行使优先购买权的期限方面，《公司法》第 71 条第 3 款并没有对其他股东行使优先购买权的期限作出规定，这与《公司法》第 72 条明确规定了其他股东在法院强制执行转让股东的股权时行使优先购买权的期限为“自人民法院通知之日起满二十日”是不同的。

如前所说，《公司法》第 71 条第 2 款所说的“三十日”的期限不是其他股东行使优先购买权的期限，而只是其他股东对转让股东对外转让股权作出同意或不同意的意思表示的期限。我理解，有限公司的章程可以根据《公司法》第 71 条第 4 款的规定，对其他股东行使优先购买权的期限作出明确的规定，并且，有限公司的章程所规定的其他股东行使优先购买权的期限可以等于 30 日，也可以长于 30 日或短于 30 日。对此，《公司法司法解释（四）》第 19 条明确规定了“有限责任公司的股东主张优先购买转让股权的，应当在收到通知后，在公司章程规定的行使期间内提出购买请求”。

不过，《公司法司法解释（四）》第 19 条还规定了“公司章程没有规定行使期间或者规定不明确的，以通知确定的期间为准，通知确定的期间短于三十日或者未明确行使期间的，行使期间为三十日”。也就是说，在有限公司的章程对其他股东行使优先购买权的期限未作规定或规定不明确的情况下，其他股东行使优先购买权的期限至少为 30 日；即使转让股东向其他股东发出的通知所确定的其他股东行使优先购买权的期限短于 30 日，也应当适用 30 日的行使期限。

《公司法司法解释（四）》第19条的规定意味着，如果有限公司的章程对其他股东行使优先购买权的期限未作规定或规定不明确，在转让股东就其对外转让股权向其他股东征求同意的通知已经明确列明了其对外转让股权的全部条件的情况下，其他股东对转让股东对外转让股权作出同意或不同意的意思表示的期限，与其他股东行使优先购买权的期限，可能就都是30日了（当然，转让股东就其对外转让股权向其他股东征求同意的通知所确定的其他股东行使优先购买权的期限长于30日的除外）。

考虑到其他股东行使优先购买权必须基于“同等条件”，这也意味着，转让股东必须将其与股东以外的人达成的转让股权的全部条件告知其他股东；结合《公司法司法解释（四）》第21条第1款关于“有限责任公司的股东向股东以外的人转让股权，未就其股权转让事项征求其他股东意见，或者以欺诈、恶意串通等手段，损害其他股东优先购买权，其他股东主张按照同等条件购买该转让股权的，人民法院应当予以支持，但其他股东自知道或者应当知道行使优先购买权的同等条件之日起三十日内没有主张，或者自股权变更登记之日起超过一年的除外”的规定，我倾向于认为，其他股东行使优先购买权的期限应当自其各自收到转让股东对外转让股权的全部条件之日起计算。

（四）数个股东同时主张行使优先购买权的处理

在数个其他股东要求行使优先购买权的情况下，《公司法》第71条第3款第二句规定了这样的处理办法，即：先由要求行使优先购买权的其他股东协商确定各自购买的比例；在协商不成的情况下，再按转让时各自的出资比例行使优先购买权。

就“协商确定各自的购买比例”而言，由于《公司法》第71条第3款允许其他股东协商确定各自购买的比例，因此，其他股东既可以约定由部分股东购买该转让的股权的全部，而其他股东不购买，也可以约定由其他股东按照均等的比例或经主张行使优先购买权的各其他股东均同意的比例购买。

就“按照转让时各自的出资比例行使优先购买权”而言，考虑到其他股东主张行使优先购买权时尚未完成股权转让，我理解，《公司法》第71条第3款第二句后半句所使用的“转让时”，如果能调整为“接到书面通知时”或“发出书面通知时”，可能更为准确；此外，从字面意思和上下文看，《公司法》第

71 条第 3 款第二句所说的“出资比例”，既可以指实缴的出资比例，也可以指认缴的出资比例，为避免发生争议，应由公司章程作出明确规定为宜。

此外，在具体操作上，每一个主张行使优先购买权的其他股东能够购买的转让股权的比例 = 该股东的实缴的出资比例（或认缴的出资比例）÷ 要求行使优先购买权的各个其他股东的实缴的出资比例（或认缴的出资比例）之和。

（五）转让股东取消对外转让股权的处理

问题是，就其他股东的优先购买权而言，转让股东在向其他股东发出征求同意、行使优先购买权的书面通知之后取消对外转让股权，应当如何处理?

对此，《公司法》本身未作规定。我认为，这主要是由《合同法》而非《公司法》规范的问题。结合《合同法》第 14 条关于“要约是希望和他人订立合同的意思表示，该意思表示应当符合下列规定：（一）内容具体确定；（二）表明经受要约人承诺，要约人即受该意思表示约束”的规定，第 15 条第 1 款关于“要约邀请是希望他人向自己发出要约的意思表示。寄送的价目表、拍卖公告、招标公告、招股说明书、商业广告等为要约邀请”的规定，第 17 条关于“要约可以撤回。撤回要约的通知应当在要约到达受要约人之前或者与要约同时到达受要约人”的规定，第 18 条关于“要约可以撤销。撤销要约的通知应当在受要约人发出承诺通知之前到达受要约人”的规定，第 21 条关于“承诺是受要约人同意要约的意思表示”的规定和第 25 条关于“承诺生效时合同成立”的规定，我倾向于认为，这主要是要回答以下两个问题：一是，转让股东向其他股东发出的征求同意、行使优先购买权的书面通知，是否构成要约；二是，在转让股东向其他股东发出的征求同意、行使优先购买权的书面通知之后、取消对外转让股权之前，转让股东与其他股东之间是否已经成立了合同。

如果不考虑作为转让股东拟进行的对外股权转让交易的对方的受让人（即股东以外的人）的利益，仅就其他股东的优先购买权而言，以转让股东取消对外转让股权的时间为标准，可以具体区分为以下几种情形：

一是，在书面通知送达其他股东之前，转让股东取消对外转让股权。

就此情形，根据《民法总则》第 141 条关于“行为人可以撤回意思表示。撤回意思表示的通知应当在意思表示到达相对人前或者与意思表示同时到达相对人”的规定，转让股东可以另行送达书面通知，告知其他股东取消对外转让股权的意思表示。根据《民法总则》第 134 条第 1 款关于“民事法律行为可以基于双方或者多方的意思表示一致成立，也可以基于单方的意思表示成立”的规定，由于转让股东已经撤回了关于对外转让股权的意思表示，也就不再需要向其他股东征求同意和行使优先购买权的意见了，其他股东也就无从单方主张行使优先购买权了。在这种情形下，无需回答“转让股东向其他股东发出的征求同意、行使优先购买权的书面通知，是否构成要约”的问题。

二是，在书面通知送达其他股东并且其他股东半数以上已经同意（包括视为同意）转让股东对外转让股权之后、其他股东主张行使同等条件下的优先购买权之前①，转让股东取消对外转让股权。

就此情形，应视为转让股东撤销对外转让股权的意思表示。由于《民法总则》仅规定了意思表示的撤回制度，没有规定意思表示的撤销制度，我理解，此时，可以参考《合同法》关于要约撤销的规定。考虑到《合同法》第 18 条针对要约的撤销规定了“要约可以撤销。撤销要约的通知应当在受要约人发出承诺通知之前到达受要约人”，我理解，转让股东可以在其他股东主张行使优先购买权之前另行送达书面通知，告知其他股东撤销对外转让股权的意思表示。此时，其他股东也就无从单方主张行使优先购买权了。

三是，在书面通知送达其他股东并且其他股东半数以上已经同意（包括视为同意）转让股东对外转让股权之后、其他股东主张行使同等条件下的优先购买权之后，转让股东取消对外转让股权。

就此情形，《公司法司法解释（四）》在其第 17 条第 3 款规定“经股东同意转让的股权，在同等条件下，转让股东以外的其他股东主张优先购买的，人民法院应当予以支持，但转让股东依据本规定第二十条放弃转让的除外”的同时，也在其第 20 条规定了“有限责任公司的转让股东，在其他股东主张优先购买后又不同意转让股权的，对其他股东优先购买的主张，人民法院不予支持，但公司章程另有规定或者全体股东另有约定的除外”；不过，针对其他股东的救济，《公司法司法解释（四）》第 20 条同时也规定了“其他股东主张转让股东赔偿其损失合理的，人民法院应当予以支持”。

---

① 为讨论优先购买权的方便，此处没有继续将“其他股东半数以上作出同意转让股东对外转让股权的意思表示的时间”作为细分转让股东取消对外转让股权的时间节点。

之所以作出上述规定，是因为最高人民法院认为："股东优先购买权制度的立法宗旨，在于维护公司股东的人合性利益，而非保障其他股东取得转让股权……其他股东不具有强制缔约的权利"①。

从《公司法司法解释（四）》第 20 条关于"有限责任公司的转让股东，在其他股东主张优先购买后又不同意转让股权的，对其他股东优先购买的主张，人民法院不予支持"的规定看，最高人民法院事实上（不论是有意还是无意地）将"转让股东向其他股东发出的征求同意、行使优先购买权的书面通知"认定为"要约邀请"而非"要约"了。

对此，我倾向于认为，《公司法司法解释（四）》第 20 条关于"有限责任公司的转让股东，在其他股东主张优先购买后又不同意转让股权的，对其他股东优先购买的主张，人民法院不予支持"的规定，似乎过于武断，内在逻辑上也似乎存在相互矛盾之处。

具体而言，一是，一项意思表示是否构成要约，应当依据《合同法》第 14 条关于"要约是希望和他人订立合同的意思表示，该意思表示应当符合下列规定：（一）内容具体确定；（二）表明经受要约人承诺，要约人即受该意思表示约束"的规定加以认定。《公司法司法解释（四）》第 20 条关于"有限责任公司的转让股东，在其他股东主张优先购买后又不同意转让股权的，对其他股东优先购买的主张，人民法院不予支持"的规定，并未明确回答"转让股东向其他股东发出的征求同意、行使优先购买权的书面通知"为何不构成"要约"而只是"要约邀请"的问题。

二是，《公司法司法解释（四）》第 20 条关于"有限责任公司的转让股东，在其他股东主张优先购买后又不同意转让股权的，对其他股东优先购买的主张，人民法院不予支持"的规定，事实上起到了将"转让股东向其他股东发出的征求同意、行使优先购买权的书面通知"认定为仅仅是"要约邀请"而不是"要约"的效果；与此相对应，《公司法司法解释（四）》第 17 条第 3 款关于"经股东同意转让的股权，在同等条件下，转让股东以外的其他股东主张优

① 见最高人民法院审判委员会时任专职委员杜万华 2017 年 8 月 28 日在最高人民法院关于《公司法司法解释（四）》的新闻发布会上答记者问时的发言，http://www.chinacourt.org/chat/fulltext/listId/48090/template/courtfbh20170828.shtml，最后访问时间：2019 年 9 月 30 日。

先购买的，人民法院应当予以支持”的规定，事实上也起到了将“转让股东向其他股东发出的征求同意、行使优先购买权的书面通知”认定为“要约”而不仅仅是“要约邀请”的效果。应该说，在“转让股东向其他股东发出的征求同意、行使优先购买权的书面通知是否构成要约”这个问题上，《公司法司法解释(四)》第20条和第17条第3款得出了完全相反的结论，在逻辑上是相互矛盾、难以自洽的。

进而，我倾向于认为，考虑到转让股东向其他股东发出的书面通知应当已经包含了“受让人的姓名或名称、转让股权的类型、数量、价格、履行期限及方式等股权转让合同的主要内容”，“不仅包括对外转让的意思表示，还应包括价款数额、付款时间、付款方式等在内的完整对价”①，如果转让股东所发出的书面通知没有特别约定，在书面通知送达其他股东并且其他股东半数以上已经同意（包括视为同意）转让股东对外转让股权之后、其他股东主张行使同等条件下的优先购买权之后，转让股东与主张行使优先购买权的股东之间因就相应的股权转让事宜达成了一致的意思表示而成立了股权转让协议；进而，根据《民法总则》第136条关于“民事法律行为自成立时生效，但是法律另有规定或者当事人另有约定的除外。行为人非依法律规定或者未经对方同意，不得擅自变更或者解除民事法律行为”的规定和《合同法》第8条第1款关于“依法成立的合同，对当事人具有法律约束力。当事人应当按照约定履行自己的义务，不得擅自变更或者解除合同”的规定，转让股东是不能再单方取消转让股权的。

三、关于其他股东的同意权和优先购买权的小结

综合《公司法》第71条第2款和第3款的规定，在有限公司的股东对外转让股权的情况下，其他股东享有以下权利：

一是，知情权，即转让股东应将其对外转让股权的事项书面通知其他股东。

---

① 见最高人民法院2013年12月22日就丁某明、李某、冯某琴与瞿某建优先认购权纠纷再审案作出的（2012）民抗字第32号民事判决书。

二是，同意权，即其他股东享有对转让股东对外转让股权作出同意或不同意的权利。

三是，在其他股东半数以上不同意转让股东对外转让股权时，其他股东中的不同意转让股东对外转让股权的股东有权购买该转让股权（当然，这也可以理解成不同意转让股东对外转让股权的其他股东的义务），否则就视为其同意转让股东对外转让股权。

四是，在其他股东过半数同意转让股东对外转让股权时，其他股东都享有同等条件下的优先购买权。

其中尤其需要注意的是，其他股东同意转让股东对外转让股权这一行为本身，并不意味着其他股东同时放弃了优先购买权，其他股东放弃优先购买权应以其在同意转让股东对外转让股权之外作出的明确的意思表示为准。

四、股权转让价格的确定

有限公司的股东向其他股东或股东以外的人转让股权时，如何确定相应的股权转让价格？对此，《公司法》本身没有直接作出规定。

就此，在 2017 年 3 月 24 日就李某与武汉市江岸区长发诚信小额贷款有限公司、湖北美盛置业有限公司股权转让合同纠纷再审案作出的（2016）最高法民申 2720 号民事裁定书中，最高人民法院认为："《中华人民共和国公司法》并未将对公司资产和股权价值进行评估或拍卖作为股权转让的必经程序，也未对股权转让价格是否必须与其实际价值相匹配作出强制性规定。"

实务中，可以采取以下方式确定有限公司的股东向其他股东或股东以外的人转让股权时的股权转让价格：一是，由转让股东与受让人直接协商确定；二是，以转让双方均认可的第三方机构对公司当时的资产负债情况进行审计、评估或估值后出具的报告载明的净资产值为参考，在此基础上由转让双方协商确定。后一种方式可能是相对更为公平的做法，实务中也得到普遍采用。

值得注意的是，在国有股东转让其所持有限公司股权时，相应的股权转让价格的确定，应当符合《企业国有资产法》第 55 条关于"国有资产转让应当以依法评估的、经履行出资人职责的机构认可或者由履行出资人职责的机构报经本级人民政府核准的价格为依据，合理确定最低转让价格"的规定，以及

《企业国有资产监督管理暂行条例》（2019 年修订）、《国有资产评估管理办法》（国务院令第 91 号）、《企业国有资产交易监督管理办法》（国务院国有资产监督管理委员会、财政部令第 32 号）、《企业国有资产评估管理暂行办法》（ 国务院国有资产监督管理委员会令第 12 号）、《金融企业国有资产评估监督管理暂行办法》（ 财政部令第 47 号） 等法律法规有关国有资产评估、国有资产交易的规定。

五、公司章程可以对股权转让自主作出规定

由于《公司法》第 71 条第 4 款使用了“公司章程对股权转让另有规定的，从其规定”的表述，并没有将其所说的“股权转让”限定为“股东之间的股权转让”或“股东向股东以外的人转让股权”，因此，《公司法》允许有限公司的章程对股东之间转让股权、股东向非股东转让股权作出与《公司法》第 71 条第 1 款至第 3 款不同的规定。

从而，有限公司依法制定的章程可以规定，股东对外转让股权应当符合一定的条件或要求股东对外转让股权需要满足一定的要求，比如，需要事先取得某一股东或某些股东的事先书面同意；或者，在特定期限内不得转让股权；或者，不得将股权转让给公司的竞争对手等特定的对象；或者，可以不受限制地转让给股东的关联人；等等。甚至有限公司的章程也可以规定股东之间转让股权也需要适用《公司法》第 71 条第 2 款和第 3 款的规定，等等。

《公司法》第 71 条第 4 款为有限公司的投资人采取灵活的股权转让机制留出了空间。也正是基于《公司法》第 71 条第 4 款的规定，特定领域尤其是私募股权投资或风险投资领域的有限公司的章程中能够引入包括多重顺位的优先购买权、强制出售权（或领售权、强卖权、拖售权，Drag - Along Right）、跟随出售权（或共同出售权、跟售权、随售权，Tag - Along Right）条款在内的诸多特别条款。

值得注意的是，尽管《公司法》第 71 条第 4 款允许有限公司的章程对股权转让作出不同于《公司法》第 71 条第 1 款至第 3 款的规定，但是，我理解，有限公司章程中的这些不同规定需要同时满足以下条件方为有效：

一是，这些规定取得了全体股东的同意。如果有任何股东不同意，有限公

司章程中的这些规定可能因损害了相关股东的利益而无效；至少，这些规定对不同意的股东是不具有约束力的。

具体来说，在公司设立时，全体股东通过签署公司章程而给予了同意；在公司成立后修改公司章程时，如果修改前的公司章程没有就股权转让作出不同于《公司法》第 71 条第 1 款至第 3 款的规定，那么，在通过修改公司章程加入有关股权转让的不同于《公司法》第 71 条第 1 款至第 3 款的规定的条款时，新加入的这些条款需要取得全体股东的同意，而不仅仅是《公司法》第 43 条第 2 款所说的“代表三分之二以上表决权的股东通过”。

进而，我倾向于认为，未经全体股东同意，而仅仅由代表三分之二以上表决权的股东同意通过的修改公司章程的决议，因属于《公司法》第 22 条第 1 款所说的“股东会……的决议内容违反法律”而无效，修改后的公司章程或章程修正案中未经全体股东同意，而仅仅由代表三分之二以上表决权的股东同意的不同于《公司法》第 71 条第 1 款至第 3 款的规定条款，亦应属于无效的条款。

二是，有限公司章程不得作出其效果是使得股东实际上无法转让其持有的公司的股权的规定。

因为，根据《宪法》第 13 条关于“公民的合法的私有财产不受侵犯。国家依照法律规定保护公民的私有财产权和继承权”以及《民法总则》第 3 条关于“民事主体的人身权利、财产权利以及其他合法权益受法律保护，任何组织或者个人不得侵犯”，第 113 条关于“民事主体的财产权利受法律平等保护”，第 125 条关于“民事主体依法享有股权和其他投资性权利”和第 130 条关于“民事主体按照自己的意愿依法行使民事权利，不受干涉”的规定，股东所享有的股权以及对其股权的处分权受法律保护，不受任何组织或个人的侵犯，有限公司章程作出的效果是使得股东实际上无法转让其持有的公司股权的规定，实际上侵害了股东对作为其财产权的股权所享有的处分权。《公司法》第 71 条第 2 款第二句关于“其他股东自接到书面通知之日起满三十日未答复的，视为同意转让”和第三句关于“其他股东半数以上不同意转让的，不同意的股东应当购买该转让的股权；不购买的，视为同意转让”的规定，其目的就是要保障股东对其所持股权的处分权，使其能够通过转让其在公司的股权而退出公司。

对此，2016年4月12日公布的《公司法司法解释（四）征求意见稿》第29条曾明确提出："有限责任公司章程条款过度限制股东转让股权，导致股权实质上不能转让，股东请求确认该条款无效的，应予支持。"

尽管上述内容没有被纳入正式出台的《公司法司法解释（四）》，但是，至少可以从中看到法院系统内部也有赞同"有限公司章程中作出的其效果是使得股东实际上无法转让其持有的公司的股权的规定应当属于无效的规定"的观点。

第三节 《公司法》第71条在特殊情况下的适用

如前所述，《公司法》第71条第2款规定的其他股东的同意权，以及《公司法》第71条第3款规定的其他股东的优先购买权，适用于有限公司的股东向股东以外的人转让股权的情况；问题是，对于并非"转让"的情形，比如继承、公司合并、公司分立、离婚分割财产、股权无偿划转，《公司法》第71条第2款和第3款是否也适用？《公司法》对此未作规定。

考虑到即使是在继承的情形，《公司法》第75条都允许有限公司的章程作出不允许继承股东资格的规定，并且，《公司法司法解释（四）》第16条关于"有限责任公司的自然人股东因继承发生变化时，其他股东主张依据公司法第七十一条第三款规定行使优先购买权的，人民法院不予支持，但公司章程另有规定或者全体股东另有约定的除外"的规定也明文允许有限公司的章程规定其他股东在自然人股东因继承发生变化时也可以享有优先购买权，我理解，有限公司的章程可以规定继承、公司合并、公司分立、离婚分割财产、股权无偿划转，同样适用《公司法》第71条第2款和第3款的规定。

不过，我倾向于认为，在有限公司的章程没有另外规定的情况下，公司分立、离婚分割财产、股权无偿划转应当适用《公司法》第71条第2款和第3款有关股权转让的规定；但是，继承（包括遗赠）不应视为转让，不应适用《公司法》第71条第2款和第3款有关股权转让的规定。

一、继承

考虑到在有限公司的章程没有另外规定的情况下，《公司法》第 75 条允许死亡自然人股东的合法继承人继承股东资格，因此，在因自然人股东死亡发生股东资格继承的情形，自然也就不适用《公司法》第 71 条第 2 款和第 3 款关于股东对外转让股权的规定了。

对此，《公司法司法解释（四）》第 16 条也明确规定了“有限责任公司的自然人股东因继承发生变化时，其他股东主张依据公司法第七十一条第三款规定行使优先购买权的，人民法院不予支持，但公司章程另有规定或者全体股东另有约定的除外。”

当然，根据《公司法》第 75 条关于“公司章程另有规定的除外”的规定以及《公司法司法解释（四）》第 16 条关于“公司章程另有规定或者全体股东另有约定的除外”的规定，有限公司依法制定的章程可以规定，在自然人股东死亡的情形，其股东资格的继承应以取得其他股东的同意并经其他股东放弃优先购买权为前提。

二、公司制股东合并

在作为有限公司的股东的公司发生合并的情形，尽管《公司法》第 174 条规定，公司合并时，由合并后存续的公司或者新设的公司承继的只是“合并各方的债权、债务”，并未包括“股权”“在合伙企业中的财产份额”等投资性权利；但是，由于《民法总则》第 67 条第 1 款关于“法人合并的，其权利和义务由合并后的法人享有和承担”的规定，则将包括“债权”以及“股权”“在合伙企业中的财产份额”等投资性权利在内的各项民事权利都纳入了由合并后的公司承继的范围，因此，在作为有限公司的股东的公司发生合并的情形，该等股东对该有限公司的股权应当由合并后存续的公司（如果采用的是吸收合并的方式）或合并后新设的公司（如果采用的是新设合并的方式）承继，从而不适用《公司法》第 71 条第 2 款和第 3 款关于股东对外转让股权的规定。

三、公司制股东分立

在作为有限公司的股东的公司发生分立的情形，由于不论是《公司法》第176条关于“公司分立前的债务由分立后的公司承担连带责任。但是，公司在分立前与债权人就债务清偿达成的书面协议另有约定的除外”的规定，还是《民法总则》第67条第2款关于“法人分立的，其权利和义务由分立后的法人享有连带债权，承担连带债务，但是债权人和债务人另有约定的除外”的规定①，使用的都是“债权人”的表述，都只是提及分立前的公司的“债权”或“债务”，并未涉及分立前的公司的“股权”“在合伙企业中的财产份额”等投资性权利，因此，如果有限公司的章程没有另外规定，在存续分立（又称派生分立）的情况下，因新分立出来的公司为新设公司，不同于被分立的公司，被分立的公司原所持有的有限公司的股权转移至分立后新设的公司，应当适用《公司法》第71条第2款和第3款的规定；在解散分立（又称新设分立）的情况下，因分立后的各个公司均为新设的公司，不同于被分立的公司，被分立的公司原所持有的有限公司的股权转移至分立后新设的公司，也应当适用《公司法》第71条第2款和第3款关于股东对外转让股权的规定。

---

① 值得一提的是，《民法通则》第44条第2款曾规定“企业法人分立、合并，它的权利和义务由变更后的法人享有和承担”，其中使用的是“变更后的法人”的表述。在公司分立的情形，考虑到只有在派生分立（或存续分立）的情况下，才有存在“变更后的法人”（即在分立后仍然存续的公司）的可能，因此，《民法通则》第44条第2款的规定，并没有充分考虑各种分立的情形，其指向的仅仅是派生分立后仍然存续的企业法人，即分立前的企业法人的权利和义务，由分立后仍然存续的企业法人享有和承担。此外，由于全国人民代表大会2017年通过的《民法总则》的第67条第2款针对法人分立规定了“法人分立的，其权利和义务由分立后的法人享有连带债权，承担连带债务，但是债权人和债务人另有约定的除外”，此项规定与此前通过的《民法通则》第44条第2款的规定是不一致的。根据《立法法》（2015年修正）第92条关于“同一机关制定的法律……特别规定与一般规定不一致的，适用特别规定；新的规定与旧的规定不一致的，适用新的规定”的规定，结合全国人民代表大会常务委员会时任副委员长李建国2017年3月8日在第十二届全国人民代表大会第五次会议上作的《关于〈中华人民共和国民法总则（草案）〉的说明》中所说的“民法总则草案通过后暂不废止民法通则。民法总则与民法通则的规定不一致的，根据新法优于旧法的原则，适用民法总则的规定”，我理解，在法人分立方面，应当适用《民法总则》第67条第2款关于“法人分立的，其权利和义务由分立后的法人享有连带债权，承担连带债务，但是债权人和债务人另有约定的除外”的规定，而不适用《民法通则》第44条第2款关于“企业法人分立、合并，它的权利和义务由变更后的法人享有和承担”的规定。

四、自然人股东离婚分割财产

如果有限公司的章程没有另外规定，在有限公司的自然人股东离婚的情形，《婚姻法司法解释（二）》第16条规定，人民法院审理离婚案件，涉及分割夫妻共同财产中以一方名义在有限公司的出资额，另一方不是该公司股东的，按以下情形分别处理：

一是，夫妻双方协商一致将出资额部分或者全部转让给该股东的配偶，过半数股东同意、其他股东明确表示放弃优先购买权的，该股东的配偶可以成为该公司股东。

二是，夫妻双方就出资额转让份额和转让价格等事项协商一致后，过半数股东不同意转让，但愿意以同等价格购买该出资额的，人民法院可以对转让出资所得财产进行分割。

三是，过半数股东不同意转让，也不愿意以同等价格购买该出资额的，视为其同意转让，该股东的配偶可以成为该公司股东。

从《婚姻法司法解释（二）》第16条的规定看，在有限公司的自然人股东离婚分割财产的情形，人民法院实际上也是按照《公司法》第71条第2款和第3款关于股东对外转让股权的规定进行处理的。

五、股权无偿划转

由于股权无偿划转实质上也是转让，只不过无偿划转的转让对价为0，因此，如果有限公司的章程没有另外规定，股权无偿划转也应当适用《公司法》第71条第2款和第3款的规定。

六、股权代持还原

在存在股权代持的情形，尽管《公司法司法解释（三）》第24条第1款和第2款分别规定了“有限责任公司的实际出资人与名义出资人订立合同，约定由实际出资人出资并享有投资权益，以名义出资人为名义股东，实际出资人与名义股东对该合同效力发生争议的，如无合同法第五十二条规定的情形，人民法院应当认定该合同有效”，“前款规定的实际出资人与名义股东因投资权益的归属发生争议，实际出资人以其实际履行了出资义务为由向名义股东主张权利的，人民法院应予支持。名义股东以公司股东名册记载、公司登记机关登记为由否认实际出资人权利的，人民法院不予支持”，但是，由于《公司法司法解释（三）》第24条第3款也规定了“实际出资人未经公司其他股东半数以上同意，请求公司变更股东、签发出资证明书、记载于股东名册、记载于公司章程并办理公司登记机关登记的，人民法院不予支持”，因此，在股权代持还原（即将公司登记机关登记的股东由原名义股东变更为实际出资人）的情况下，仍然应当适用《公司法》第71条关于股权转让的规定。

比如，在刊载于《最高人民法院公报》2011年第5期的、于2010年1月18日就张某中与杨某春股权确认纠纷一审案作出的民事判决书中，针对张某中以杨某春代张某中持有南京中船绿洲机器有限公司（以下简称绿洲公司）股权的期限已经届满为由要求确认争议股权为原告所有的主张，上海市静安区人民法院认为：“争议股权虽应为原告张某中所有，但原告并不当然成为绿洲公司的股东，被告杨某春在代为持股期限届满后，为原告办理相应的股权变更登记手续，形同股东向股东以外的人转让股权。按照《中华人民共和国公司法》（以下简称公司法）第七十二条[①]第二款、第三款的规定，股东向股东以外的人转让股权，应当经其他股东过半数同意。股东应就其股权转让事项书面通知其他股东征求同意，其他股东自接到书面通知之日起满三十日未答复的，视为同意转让。其他股东半数以上不同意转让的，不同意的股东应当购买该转让的股权；不购买的，视为同意转让。因此，被告为原告办理相应的股权变更登记手续，应当由绿洲公司其他股东过半数表示同意。”[②]

---

① 现为《公司法》第71条。

② 一审判决宣判后，双方当事人均未上诉，一审判决已经发生法律效力。该判决书载《最高人民法院公报》2011年第5期，http://gongbao.court.gov.cn/Details/54e8c6c47bc94164987ea642b94292.html?sw=，最后访问时间：2019年9月30日。

第四节　股权转让过程中所转让的权利义务的范围

一、原则：与股权相关的权利和义务一并转让

在有限公司的股东依照《公司法》第71条的规定将其股权转让给其他股东或股东以外的人，或其股权被人民法院依照《公司法》第72条的规定强制执行转让的情况下，原则上，基于该股权所产生或附随的全部权利和义务，也一并转让给了受让人，受让人不仅继受取得了与该股权相关的权利，也继受了与该股权相关的义务。当然，转让双方另有特别约定的除外。

对此，在2009年6月3日就北京双鹤药业股份有限公司与贵州益佰制药股份有限公司、湖北恒康双鹤医药股份有限公司、湖北省医药有限公司买卖合同货款纠纷再审案作出的（2008）民抗字第59号民事判决书中，最高人民法院认为："股权的本质是股东和公司之间的法律关系，既包括股东对公司享有的权利，也包括股东对公司的出资义务，因此，股权的转让导致股东权利义务的概括转移。受让人所受让的并不是股东的出资，而是股东的资格权利，受让人受让他人的股权而成为公司的股东。同时，股东的出资义务与其获得股权属于不同的法律关系，民事主体获得股权的前提是其取得相应的股东资格，而取得股东资格主要依据在于公司章程、股东名册和工商登记的确认，并不以履行出资义务为必要条件。……鉴于股东的瑕疵出资民事责任是公司股东的特有民事责任，除法律法规有特别规定和当事人有特别约定外，该责任应当由公司的股东承担，而不是由公司股东以外的人承担。由于出资瑕疵的股东将其股权转让给其他民事主体后，便产生了该瑕疵股权出资责任的承担主体问题，因此，在处理上要遵循股权转让双方当事人的真实意思表示和过错责任相当的基本原则。就股权转让的受让人而言，核实转让股权是否存在瑕疵出资是受让人应尽的基本义务，如果其明知或应当知道受让的股权存在瑕疵而仍接受转让的，应当推定其知道该股权转让的法律后果，即受让人明知其可能会因受让瑕疵股权而承担相应的民事责任，但其愿意承受，这并不超出其可预见的范围，司法没

有必要对其加以特别保护而免除其承担出资瑕疵的民事责任。”

此外，在2010年4月21日就王某靖与范某生股权转让纠纷二审案作出的（2010）浙绍商终字第821号民事判决书中，绍兴市中级人民法院也认为：“股权的转让，指股东将蕴含股东权、股东地位或者资格的股份转让他人的民事行为。股权转让后，凡是股东基于股东地位对公司所发生的全部权利义务关系（含自益权与共益权）均一体移转给受让人。受让人因此成为公司的股东，取得股东权。”

又如，在2011年11月8日就黄某琦与杨某议股权转让纠纷二审案作出的（2011）厦民终字第2498号民事判决书中，针对黄某琦提出的杨某议作为厦门兴宝鼎精密机械有限公司的股东未全面履行出资义务即转让股权、杨某议应向该公司缴足出资之后才由黄某琦向杨某议支付股权转让费的主张，厦门市中级人民法院也认为：“根据股权的概括转让原则，除法律有规定或当事人另有约定，股权转让后，股东基于股东地位对公司所发生的全部权利义务关系均一体移转给受让人。本案中，杨某议与黄某琦于2009年3月30日签订的《股权转让合同书》，系双方当事人的真实意思表示，应认定为合法有效合同。该《股权转让合同书》约定双方签字后生效，杨某议在兴宝鼎公司的股东权利终止，其在兴宝鼎公司的股东义务相应终止。黄某琦于2009年3月30日向杨某议出具《股权转让费用》确认其承接兴宝鼎公司杨某议股份转让费14万元于两年内付清。现付款期限已届满，杨某议要求黄某琦支付股权转让费14万元是合法的，原审法院予以支持并无不当。黄某琦以杨某议应缴足出资义务为由不同意支付股权转让费14万元的上诉理由缺乏依据，本院不予支持。”

还有，在2016年5月20日就呼和浩特市城发投资经营有限责任公司（以下简称呼市城发公司）诉鄂尔多斯市国有资产投资控股集团有限公司（以下简称鄂市国投公司）等与公司有关的纠纷二审案作出的（2016）内06民终286号民事判决书中，鄂尔多斯市中级人民法院认为：“股权转让是指股东将蕴含股东权、股东地位或资格的股份转移于他人的民事行为。股东的股利分配请求权是股东的一项权能，是指股东基于其公司股东的资格和地位所享有的请求公司向自己分配股利的权利。股权转让遵循概括转让原则，股权转让后，转让人基于股东地位对公司所发生的全部权利义务一并转让给受让人，受让人成为公司股东，取得股东权。当转让人将股权转让给受让人时，股利分配请求权与其他权能一同转让给受让人，不得独立于股权而存在，更不得割裂开来留给转让人继续享有。本案中，上诉人呼市城发公司与被上诉人鄂市国投公司《股权转让合同》中未就本案争议的股权分红的归属问题作出明确约定，双方亦未提供相应证据证明本行业、本领域是否具有相关交易习惯。故，呼市城发公司向鄂市国投公司转让其所持有的西部天然气公司10%的股权时，应视为其已将基于股东地位对公司所发生的，包括股利分配请求权在内的全部权利义务一并转让给了受让人鄂市国投公司。”

再有，在2016年10月28日就重庆宁兰食品（集团）有限公司（以下简称宁兰食品公司）与重庆宁兰物流有限公司公司（以下简称宁兰物流公司）盈余分配纠纷二审案作出的（2016）渝02民终2087号民事判决书中，重庆市第二中级人民法院也认为：“股权是指股东基于股东资格而享有从公司获取经济利益并参与公司经营管理的权利。根据公司法的规定，公司盈余分配请求权是作为公司股东基于其股东资格而对公司享有的一项股东权利，因此能够请求公司盈余分配的须具有公司股东资格。宁兰食品公司在提起本案诉讼时已不具有宁兰物流公司股东资格，其股权已在2015年8月转让给苏某均和张某功。根据股权的概括转让原则，公司盈余分配权与其他股东权利一并转让给受让人，不得独立于股份或股权而存在，更不能割裂开来留给转让人继续享有。本案中宁兰物流公司是依据公司法规定登记设立的有限责任公司，宁兰食品公司在2015年8月将其持有的宁兰物流公司股权转让给苏某均和张某功后，即丧失了宁兰物流公司的股东资格，其行使股东权利的基础已不存在，故宁兰食品公司要求对宁兰物流公司的盈余进行分配的请求权有违公司法关于股东权利的规定，不应得到支持。”

二、例外情形

不过，上述原则也有3个例外。

一是，针对有限公司设立时的股东，《公司法》第30条明确规定了“有限责任公司成立后，发现作为设立公司出资的非货币财产的实际价额显著低于公司章程所定价额的，应当由交付该出资的股东补足其差额；公司设立时的其他股东承担连带责任。”《公司法》第93条针对股份公司的发起人作出了类似的规定。

在2014年3月19日就胡某勇、胡某良与忠县菜篮子农业科技发展有限公司（以下简称忠县菜篮子公司）、韩某洧抽逃出资纠纷二审案作出的（2014）渝高法民终字第00008号民事判决书中，重庆市高级人民法院认为："虽然胡某良、韩某洧分别将其持有的忠县菜篮子公司30%、21%的股权转让给了俞某，胡某勇也将其持有的忠县菜篮子公司49%的股权转让给了浙江菜篮子公司，但是发起人的出资义务并不随股权的转让一并转让。而且胡某良、胡某勇、韩某洧在股权转让之前就已抽逃出资，故胡某良、胡某勇、韩某洧应当承担补足出资的责任。俞某或浙江菜篮子公司是否支付股权转让价款系另一法律关系，不影响胡某良、胡某勇、韩某洧承担补足出资的责任。"

二是，针对有限公司股东未履行出资义务或未全面履行出资义务即转让股权，《公司法司法解释（三）》第18条第1款规定了："有限责任公司的股东未履行或者未全面履行出资义务即转让股权，受让人对此知道或者应当知道，公司请求该股东履行出资义务、受让人对此承担连带责任的，人民法院应予支持；公司债权人依照本规定第十三条第二款向该股东提起诉讼，同时请求前述受让人对此承担连带责任的，人民法院应予支持"，第2款规定了："受让人根据前款规定承担责任后，向该未履行或者未全面履行出资义务的股东追偿的，人民法院应予支持。但是，当事人另有约定的除外"。

据此，在有限公司股东履行其对公司的出资义务的期限已经届至的情况下，股东未履行出资义务或未全面履行出资义务就转让股权，其出资义务不因其将股权转让给他人而免除；并且，在受让人知道或应当知道转让人未履行出资义务或未全面履行出资义务就转让股权的情况下，受让人还因其受让该股权而应当与转让人就其出资义务承担连带责任。

对此，在2009年6月3日就北京双鹤药业股份有限公司（以下简称北京双鹤药业公司）与贵州益佰制药股份有限公司、湖北恒康双鹤医药股份有限公司（以下简称湖北双鹤医药公司）、湖北省医药有限公司（以下简称湖北医药公司）买卖合同货款纠纷再审案作出的（2008）民抗字第59号民事判决书中，最高人民法院认为："鉴于股东的瑕疵出资民事责任是公司股东的特有民事责任，除法律法规有特别规定和当事人有特别约定外，该责任应当由公司的股东承担，而不是由公司股东以外的人承担。由于出资瑕疵的股东将其股权转让给其他民事主体后，便产生了该瑕疵股权出资责任的承担主体问题，因此，在处理上要遵循股权转让双方当事人的真实意思表示和过错责任相当的基本原则。就股权转让的受让人而言，核实转让股权是否存在瑕疵出资是受让人应尽的基本义务，如果其明知或应当知道受让的股权存在瑕疵而仍接受转让的，应当推定其知道该股权转让的法律后果，即受让人明知其可能会因受让瑕疵股权而承担相应的民事责任，但其愿意承受，这并不超出其可预见的范围，司法没有必要对其加以特别保护而免除其承担出资瑕疵的民事责任。北京双鹤药业公司委托中发国际评估有限公司对湖北双鹤医药公司的评估、湖北省财政厅鄂财企复字〔2003〕109号《关于〈湖北医药公司关于落实湖北恒康药业公司股本金等有关问题的请示〉的批复》以及与湖北医药公司双方签订的《股份转让协议》等均可证实，北京双鹤药业公司明知湖北医药公司用于向湖北恒康药业公司出资的土地未过户到湖北恒康药业公司名下，但仍然自愿受让湖北医药公司的股份并成为湖北恒康药业公司的股东。故北京双鹤药业公司通过受让的方式享有湖北双鹤医药公司瑕疵股权2700万股份，应负有承担出资瑕疵责任的义务。虽然北京双鹤药业公司通过增资扩股向湖北双鹤医药公司增加出资2588.9万元，但北京双鹤药业公司和湖北医药公司始终未补足原股东湖北医药公司应向湖北双鹤医药公司的出资2700万元，不能因其对湖北双鹤医药公司增资扩股而免除其应出资的义务。对湖北双鹤医药公司的债务，北京双鹤药业公司、湖北医药公司均应在未足额出资部分2700万元的范围内承担补充清偿责任。”

尽管最高人民法院上述意见是针对股份公司的股东未全面履行出资义务即转让股份作出的，但是，这一思路同样适用于有限公司的股东未全面履行出资义务即转让股权的情形。

不过，《公司法司法解释（三）》第18条规定的上述例外有其严格的适用条件，即作为转让人的股东在其对公司的出资义务的履行期限已经届至时、应履行出资义务而未履行或未全面履行出资义务的情况下将其股权转让给他人。如果作为转让人的股东出资义务的履行期限尚未届满，转让人将其股权转让给他人之后，因与股权相关的全部权利和义务应一并转让给受让人而应由受让人履行相应的出资义务。

比如，在2017年6月30日就绿能高科集团有限公司（以下简称绿能集团）、孙某科与安徽投资控股股份有限公司（以下简称安徽控股）、濮阳濮范高速公路有限公司（以下简称濮范高速）、北京中经远通高速公路投资有限公司

(以下简称北京远通)、安投资本控股有限公司（以下简称安投资本）企业借贷纠纷一案再审案作出的（2016）最高法民再301号民事判决书中，最高人民法院就认为："安徽控股是安投资本的大股东，认缴出资9900万元，到2015年2月1日缴付完毕。2013年5月28日，安徽控股与中能控股签订《股权转让协议》，将其持有的安投资本99%的股权转让给中能控股，并将股东的权利义务一并转让。故安徽控股在出资义务尚未到期的情况下转让股权，不属于出资期限届满而不履行出资义务的情形，安徽控股不应再对公司承担出资责任。"

三是，股权转让双方与公司及其股东就股权转让涉及的相关权利、义务作出了特别的约定。此时，在相关约定不违反法律、行政法规的强制性规定的情况下，应按当事人的约定处理。

比如，江苏舜天股份有限公司（以下简称江苏舜天）与江苏广电创业投资有限公司（以下简称广电创投）于2015年8月4日签署了《股权转让协议》，约定由江苏舜天将其持有的南京国际租赁有限公司（以下简称南京租赁）25.96%的股权（675万美元出资额）以13030万元人民币转让给广电创投，双方还对该转让股权对应享有的南京租赁未分配利润部分的归属作出了特别约定，即"交割日前实现的未分配利润归甲方享有，交割日后实现的未分配利润归乙方享有"[①]。

不过，值得注意的是，有的法院可能倾向于认为，如果公司在相关股东转让股权之前就已经作出了关于分配利润的具体决议，那么，转让人在因股权转让之后不再具有股东身份的情况下仍然有权要求公司向其支付相应的利润，受让人不能以股权转让协议的约定来对抗公司。

比如，《山东省高级人民法院关于审理公司纠纷案件若干问题的意见（试行）》（鲁高法发〔2007〕3号）第71条规定了："股权转让前，公司股东会、股东大会已经形成利润分配决议的，转让人在转让股权后有权向公司要求给付相应利润。转让人因股权转让丧失股权后，股东会、股东大会就转让前的公司利润形成分配决议，转让人要求公司给付相应利润的，人民法院不予支持。转让人或受让人不得以其相互之间的约定对抗公司。"

---

① 见上海证券交易所上市公司江苏舜天股份有限公司（股票代码：600287）2015年8月6日《关于转让南京国际租赁有限公司25.96%股权的公告》。

又如，在2010年12月3日就戴某林与四川威远三益商业广场开发有限公司（以下简称三益公司）、成都市双流县双远商贸部等债权纠纷再审案作出的（2010）成民再终字第32号民事判决书中，针对戴某林在转让三益公司股权之后要求三益公司向其支付三益公司股东会在其转让股权之前已经作出的决议确定的利润的主张，成都市中级人民法院认为："首先，股利分配请求权是股东具有按其出资或者所持股份取得股利，向公司要求分配公司盈余的权利。股利分配请求权是股东的自益权，股东能否实际分配到利润则要看公司是否盈利以及股东会是否作出分配决议。股利分配请求权是股东基于其股东资格和地位而固有的一项权利，是与股东身份不可分的。但一旦股东会通过了利润分配方案，股东的股利分配请求权就具体化为股利给付请求权，该股利给付请求权性质为股东对公司享有的债权。该债权可以与股权分离而独立存在，不当然随同股权而转移。因此，如果股权转让前股东会已经决定分配的利润，转让股东虽然丧失股东资格，但仍然可以要求公司给付。本案中，戴某林原为三益公司股东，且在其为股东时，三益公司的四股东就形成决议，明确了三益公司一期开发形成的全部成果，归原四位股东所有，并按股东实际投入比例进行分配。一期形成的债权、债务在股份变动后，仍由原四股东享有和承担。在股东会形成分配决议后，戴某林的股利分配请求权就为股利给付请求权，如果三益公司一期项目存在利润，即转为戴某林对三益公司的债权，该债权不随股权转移而转移，仍由戴某林享有。"

当然，值得注意的是，还要考察转让双方是否对标的股权在转让之前所享有的利润的归属作出了特别的约定、股权转让价款是否已经包括了转让股东此前应得的利润。

第五节　违反《公司法》第71条进行的股权转让的效力

考虑到《公司法》第71条第2款和第3款对有限公司的股东对外转让股权作出了相应的限制性规定，值得思考的问题是，《公司法》第71条第2款和第3款是否属于效力性强制性规定？在有限公司的章程没有作出与《公司法》第71条第1款至第3款不同的规定的情况下，转让股东违反了《公司法》第

71 条第 2 款和第 3 款的规定与股东以外的人签订的股权转让协议，其效力如何？本节接下来对这些问题进行分析。

一、《公司法》第 71 条第 2 款和第 3 款的性质

由于《公司法》第 71 条第 1 款使用了“有限责任公司的股东之间可以相互转让其全部或者部分股权”的表述，因此，在性质上，《公司法》第 71 条第 1 款属于任意性规定，不属于强制性规定。

不过，尽管《公司法》第 71 条第 2 款使用了“应当”“应”的表述，但是，《公司法》第 71 条第 2 款、第 3 款也不属于强制性规定，主要理由如下：

第一，与《公司法》第 146 条第 2 款针对公司违反《公司法》第 146 条第 1 款的规定选举、委派董事、监事或者聘任高级管理人员的行为使用了“该选举、委派或者聘任无效”的表述不同，《公司法》本身没有规定有限公司的股东违反《公司法》第 71 条第 2 款、第 3 款订立的股权转让协议或进行的股权转让行为无效，故《公司法》第 71 条第 2 款、第 3 款不属于效力性强制性规定。况且，《公司法》第 71 条第 4 款允许公司章程对有限公司股东的股权转让作出另外的规定，也表明《公司法》第 71 条第 2 款和第 3 款的规定并非强制性规定。

对此，江苏省高级人民法院在 2015 年 10 月 23 日就刘某海与季某珊股权转让纠纷再审案作出的（2015）苏商再提字第 00042 号民事判决书中提出：“该条[①]规定并未规定如转让股东违反上述规定则股权转让合同无效”；湖北省咸宁市中级人民法院在 2016 年 5 月 17 日就郑某湘与湖北泰发房地产开发有限公司公司决议效力确认纠纷二审案作出的（2015）鄂咸宁中民终字第 709 号民事判决书中也认为：“《中华人民共和国公司法》第七十一条第四款允许公司章程针对股权转让的限制作出另外的规定，显然表明《中华人民共和国公司法》第七十一条第二款关于股东对外转让股权的限制并非强制性规定，而应属任意性规定，违反该规定并不必然导致出让股东与其他股东以外的第三人签订的股权转让合同无效。”

---

① 该条指的是现行有效的《公司法》的第 71 条。

第二，最高人民法院的司法解释不仅没有直接规定有限公司的股东违反《公司法》第71条第2款、第3款订立的股权转让协议或进行的股权转让行为无效，反而在一定程度上间接地认可了该股权转让协议或股权转让行为的效力。

针对有限公司的股东向股东以外的人转让股权，未就其股权转让事项征求其他股东意见，或者以欺诈、恶意串通等手段，损害其他股东优先购买权的情形，《公司法司法解释（四）》第21条规定了如下处理办法：

一是，《公司法司法解释（四）》第21条第1款规定了，如果其他股东主张按照同等条件购买该转让股权，人民法院原则上应当予以支持；但是，《公司法司法解释（四）》第21条第1款也规定了例外的情形，即“但其他股东自知道或者应当知道行使优先购买权的同等条件之日起三十日内没有主张，或者自股权变更登记之日起超过一年的除外”。其中的“自股权变更登记之日起超过一年”的期限，“是为了维系公司的稳定性而综合设定的期间，并不以其他股东是否知晓股权转让的事实为前提”。①

《公司法司法解释（四）》第21条第1款的上述但书条款的规定，意味着，在该但书条款提及的两种情况下，其他股东要求按同等条件购买转让股权的主张，将得不到法院的支持，从而，有限公司的股东违反《公司法》第71条第2款、第3款订立的股权转让协议或进行的股权转让行为，事实上就“成了”有效的行为了。

不过，值得注意的是，在其他股东自知道或者应当知道行使优先购买权的同等条件之日起三十日内要求按照同等条件购买该转让股权的情况下，以及在自股权变更登记之日起一年内要求按照同等条件购买该转让股权的情况下，《公司法司法解释（四）》第21条第1款所说的“人民法院应当予以支持”，只是表明人民法院应当支持其他股东按照同等条件购买该转让股权的主张，并不意味着人民法院应当确认有限公司的股东违反《公司法》第71条第2款、第3款规定订立的股权转让协议或进行的股权转让行为无效；尤

① 见最高人民法院2019年7月30日就甘肃兰驼集团有限责任公司与兰州万通房地产经营开发有限公司、常柴股份有限公司、朱某民、李某文、李某权、兰州常柴西北车辆有限公司股权转让纠纷再审案作出的（2019）最高法民申2345号民事裁定书。

其是，在已经完成股权变更登记的情况下，这也不意味着人民法院应当确认相应的股权变更登记无效，也不意味着公司应当像《公司法》第 22 条第 4 款那样“向公司登记机关申请撤销变更登记”。《公司法司法解释（四）》并没有对这些问题给出明确的处理办法，应由法院根据案件的具体情况进行处理。

二是，《公司法司法解释（四）》第 21 条第 2 款规定了，如果其他股东仅仅提出确认股权转让合同及股权变动效力等请求，未同时主张按照同等条件购买转让股权的，人民法院不予支持。

《公司法司法解释（四）》第 21 条第 2 款的规定意味着，有限公司的其他股东仅仅提出确认股东违反《公司法》第 71 条第 2 款、第 3 款规定订立的股权转让协议或进行的股权转让行为无效的请求，人民法院将不予支持。

三是，《公司法司法解释（四）》第 21 条第 2 款的但书条款规定了，如果其他股东非因自身原因导致无法行使优先购买权，请求违反《公司法》第 71 条第 2 款、第 3 款订立股权转让协议或进行股权转让的股东承担损害赔偿责任，人民法院应当予以支持。

《公司法司法解释（四）》第 21 条第 2 款的但书条款意味着，人民法院在认可有限公司的股东违反《公司法》第 71 条第 2 款、第 3 款规定订立的股权转让协议或进行的股权转让行为事实上的效力的同时，也认可其他股东应当就其因此受到的损害获得相应的救济，但并没有明确说相应的股权转让协议或股权转让行为是无效的。

四是，《公司法司法解释（四）》第 21 条第 3 款规定了：“股东以外的股权受让人，因股东行使优先购买权而不能实现合同目的的，可以依法请求转让股东承担相应民事责任。”

《公司法司法解释（四）》第 21 条第 3 款的规定意味着，人民法院是认可有限公司的股东违反《公司法》第 71 条第 2 款、第 3 款订立的股权转让协议的效力的，在此基础上，股东以外的股权受让人享有有限公司的股东违反《公司法》第 71 条第 2 款、第 3 款与其订立的股权转让协议项下的权利，可以要求转让股东承担相应的违约责任。

第三，从立法目的上看，“股东优先购买权制度的立法宗旨，在于维护公司股东的人合性利益，而非保障其他股东取得转让股权”[①]，《公司法》第71条第2款和第3款赋予其他股东相关权利的目的是“要维系有限责任公司的人合性，以免未经其他股东同意的新股东加入后破坏股东之间的信任与合作。而要实现这一目的，只要阻止股东以外的股权受让人成为新股东即可，亦即只要股权权利不予变动，而无需否定股东与股东以外的人之间的股权转让合同的效力”。[②]

二、违反《公司法》第71条第2款、第3款订立的股权转让协议或进行的股权转让行为的效力

探究股权转让协议的效力，需要根据股权转让协议自身的约定，结合《合同法》第三章关于合同效力的规定，尤其是其第52条关于合同无效的规定，以及《民法总则》关于民事法律行为效力的规定，来加以判断；与此相对应，探究股权转让行为的效力，则应当结合《民法总则》关于民事法律行为效力的规定，来加以判断。

就有限公司股东违反《公司法》第71条第2款、第3款的规定转让股权而言，可以肯定的几个方面包括：

一是，有限公司的股东转让的股权属于其享有处分权的股权，其违反《公司法》第71条第2款、第3款规定与股东以外的人订立的股权转让协议，不同于《合同法》第51条所说的无处分权人处分他人财产而订立的合同。

二是，有限公司的股东仅仅违反《公司法》第71条第2款、第3款规定与股东以外的人订立的股权转让协议，也不属于《合同法》第54条所说的可撤销或变更的合同。

三是，有限公司的股东违反《公司法》第71条第2款、第3款规定与股东以外的人订立的股权转让协议，可以是附生效条件的合同。如果股权转让协

---

① 见最高人民法院审判委员会时任专职委员杜万华2017年8月28日在最高人民法院关于《公司法司法解释（四）》的新闻发布会上答记者问时的发言，http：//www.chinacourt.org/chat/fulltext/listId/48090/template/courtfbh20170828.shtml，最后访问时间：2019年9月30日。

② 见江苏省高级人民法院2015年10月23日就刘某海与季某珊股权转让纠纷再审案作出的（2015）苏商再提字第00042号民事判决书。

议约定其生效以其他股东同意转让股东对外转让股权并放弃优先购买权为条件，自无不可。

四是，有限公司的股东违反《公司法》第 71 条第 2 款、第 3 款规定与股东以外的人订立的股权转让协议，如果还具有《合同法》第 52 条所规定的合同无效的情形，尤其是其中的“恶意串通，损害第三人利益”的情形，或者具有《民法总则》第 153 条或第 154 条规定的情形，该股权转让协议应当是无效的。

五是，有限公司的股东违反《公司法》第 71 条第 2 款、第 3 款规定与股东以外的人订立的股权转让协议，也可以是生效的合同。如果股权转让协议约定转让股东应自行负责取得其他股东对其对外转让股权的同意并放弃优先购买权，则转让股东就负有取得其他股东对其对外转让股权的同意并放弃优先购买权的合同义务；如果转让股东未能履行此项合同义务，就应按照股权转让协议的约定承担违约责任。

针对未经其他股东过半数同意对外转让股权的股权转让合同的效力问题，最高人民法院民二庭曾提出：“多数观点认为，该合同既非效力待定合同，也非附履行条件的合同，其效力始于成立之时。股东对外转让股权，签订合同就应当履行，转让人有义务向公司的其他股东征求同意，为合同的履行创造条件，如果合同不能履行，转让人应承担违约后果，除非合同约定免除其责任。”①

此外，在 2018 年 5 月 25 日就张某忠、柳某与湖南湖大海捷津杉创业投资有限公司及长沙正忠科技发展有限公司（以下简称正忠公司）与公司有关的纠纷再审案作出的（2018）最高法民申 908 号民事裁定书中，针对张某忠、柳某提出的“《增资扩股补充协议》中关于张某忠、柳某股权回购的约定未经股东会同意，侵害了其他股东的优先购买权，且违反《公司章程》第十六条规定，应认定为无效”的主张，最高人民法院认为：“虽然正忠公司《公司章程》第十六条规定，股东转让股份，应当经其他过半数股权的股东同意，其他过半数股权的股东不同意转让的，不同意的股东应当购买该转让的股权，不购买的视

---

① 宋晓明、张勇健、张雪楳：《民商事审判若干疑难问题——公司法（上）》，载《人民法院报》2006 年 8 月 9 日第 5 版。

为同意。即依据该规定，股东不论是对内还是对外转让股权，均应当经其他过半数股权的股东同意。本案中，并无证据证明《增资扩股补充协议》中关于张某忠、柳某股权回购的约定经过股东会同意或者其他过半数股权的股东同意，《增资扩股补充协议》的上述约定侵害了其他股东的优先购买权。但有限责任公司股东之间股权回购协议系对将来转让股权的约定和安排，股东之间转让股份未损害公司以及其他债权人的利益，也未破坏有限责任公司的人合性，即便未召开股东会或者违反公司章程的规定，侵害了其他股东的优先购买权，在不存在《中华人民共和国合同法》第五十二条规定的情形时，并不必然导致股权回购协议无效。"

如前所述，由于《公司法》第71条本身没有像《公司法》第146条第2款那样针对公司违反《公司法》第146条第1款的规定选举、委派董事、监事或者聘任高级管理人员的行为使用"该选举、委派或者聘任无效"的表述，在不存在《合同法》《民法总则》规定的合同无效或民事法律行为无效的情形时，我倾向于认为，有限公司的股东违反《公司法》第71条第2款、第3款规定与股东以外的人订立的股权转让协议或进行的股权转让行为可以是有效的。

事实上，如前所述，《公司法司法解释（四）》也是认可相应的股权转让协议或股权转让行为的效力的。

针对实践中关于损害股东优先购买权的股权转让合同效力的争议，最高人民法院的意见是："对此类合同的效力，公司法并无特别规定，不应仅仅因为损害股东优先购买权认定合同无效、撤销合同，而应当严格依照合同法规定进行认定。……此类合同原则上有效……"[①] 正是基于此，《公司法司法解释（四）》第21条第1款才规定了"有限责任公司的股东向股东以外的人转让股权，未就其股权转让事项征求其他股东意见，或者以欺诈、恶意串通等手段，损害其他股东优先购买权，其他股东主张按照同等条件购买该转让股权的，人民法院应当予以支持，但其他股东自知道或者应当知道行使优先购买权的同等

---

① 见最高人民法院审判委员会时任专职委员杜万华2017年8月28日在最高人民法院关于《公司法司法解释（四）》的新闻发布会上答记者问时的发言，http://www.chinacourt.org/chat/fulltext/listId/48090/template/courtfbh20170828.shtml，最后访问时间：2019年9月30日。

条件之日起三十日内没有主张……的除外”，第 2 款才规定了“前款规定的其他股东仅提出确认股权转让合同及股权变动效力等请求，未同时主张按照同等条件购买转让股权的，人民法院不予支持……”

最高人民法院 2019 年 11 月印发的《全国法院民商事审判工作会议纪要》（法〔2019〕254 号）第 9 条更是直接指出：“审判实践中，部分人民法院对公司法司法解释（四）第 21 条规定的理解存在偏差，往往以保护其他股东的优先购买权为由认定股权转让合同无效。准确理解该条规定，既要注意保护其他股东的优先购买权，也要注意保护股东以外的股权受让人的合法权益，正确认定有限责任公司的股东与股东以外的股权受让人订立的股权转让合同的效力。一方面，其他股东依法享有优先购买权，在其主张按照股权转让合同约定的同等条件购买股权的情况下，应当支持其诉讼请求，除非出现该条第 1 款规定的情形。另一方面，为保护股东以外的股权受让人的合法权益，股权转让合同如无其他影响合同效力的事由，应当认定有效。其他股东行使优先购买权的，虽然股东以外的股权受让人关于继续履行股权转让合同的请求不能得到支持，但不影响其依约请求转让股东承担相应的违约责任。”

三、违反《公司法》第 71 条第 2 款、第 3 款订立的股权转让协议的履行

不过，在有限公司的股东违反《公司法》第 71 条第 2 款、第 3 款的规定与股东以外的人订立了股权转让协议，但尚未完成股权变动的情况下，尽管股权转让协议有效，但是，基于《合同法》第 8 条第 1 款关于合同的相对性的规定[①]，该股权转让协议的有效性仅仅发生在转让股东和受让方之间，对公司和其他股东是不具有约束力的。

对公司来说，尽管《公司法》第 73 条规定了“依照本法第七十一条……转让股权后，公司应当注销原股东的出资证明书，向新股东签发出资证明书，并相应修改公司章程和股东名册中有关股东及其出资额的记载。对公司章程的

① 《合同法》第 8 条规定：“依法成立的合同，对当事人具有法律约束力。当事人应当按照约定履行自己的义务，不得擅自变更或者解除合同。依法成立的合同，受法律保护。”

该项修改不需再由股东会表决”,《公司法司法解释(三)》第 23 条也规定了“当事人……依法继受取得股权后,公司未根据公司法第三十一条、第三十二条的规定签发出资证明书、记载于股东名册并办理公司登记机关登记,当事人请求公司履行上述义务的,人民法院应予支持”,但是,由于转让股东对外转让股权的行为违反了《公司法》第 71 条第 2 款和第 3 款的规定并侵害了公司其他股东根据《公司法》第 71 条第 2 款和第 3 款规定的同意权、购买权和优先购买权,因此,该股权转让不属于《公司法》第 73 条所说的“依照本法第七十一条……转让股权”,公司可以不向作为转让股东的交易对方的股东以外的人签发出资证明书、将其记载于股东名册或办理公司变更登记。

对其他股东来说,尽管该股权转让协议是有效的,但是,由于转让股东对外转让股权的行为违反了《公司法》第 71 条第 2 款和第 3 款的规定并侵害了公司其他股东根据《公司法》第 71 条第 2 款和第 3 款规定的同意权、购买权和优先购买权,其他股东没有义务放弃优先购买权,也没有义务配合转让股东的对外股权转让,转让股东也无权要求其他股东配合其股权转让或实际履行,作为转让股东的交易对方的受让方也只能基于股权转让协议的约定要求转让股东按照股权转让协议的约定履行合同义务,而无权基于股权转让协议向公司和其他股东主张权利,其他股东也可以拒绝承认作为转让股东的交易对方的股东以外的人的股东资格。

因此,该股权转让协议虽然有效,但面临着能否实际履行的问题,具体来说,是面临着《合同法》第 110 条第 1 项所说的“法律上或者事实上不能履行”的问题。如果其他股东要求行使优先购买权,转让股东将因其他股东行使优先购买权而事实上不能向作为其交易对方的受让人转让股权,在这种情况下,作为转让股东的交易对方的股东以外的人可以要求转让股东承担因无法履行合同而产生的违约责任。对此,《公司法司法解释(四)》第 21 条第 3 款规定了“股东以外的股权受让人,因股东行使优先购买权而不能实现合同目的的,可以依法请求转让股东承担相应民事责任”。最高人民法院 2019 年 11 月印发的《全国法院民商事审判工作会议纪要》(法〔2019〕254 号)第 9 条也指出:“……其他股东行使优先购买权的,虽然股东以外的股权受让人关于继续履行股权转让合同的请求不能得到支持,但不影响其依约请求转让股东承担相应的违约责任”。

在这方面，刊载于《最高人民法院公报》2016年第5期的、由上海市第二中级人民法院在2015年4月22日就上海电力实业有限公司（以下简称电力公司）、中国水利电力物资有限公司（以下简称水利公司）与中静实业（集团）有限公司（以下简称中静公司）、上海新能源环保工程有限公司（以下简称新能源公司）、上海联合产权交易所（以下简称联交所）股权转让纠纷上诉案作出的（2014）沪二中民四（商）终字第1566号民事判决书中的意见，可作参考。

在该民事判决书中，在一审法院作出关于“中静公司对电力公司与水利公司转让的新能源公司的股权享有优先购买权；中静公司应当在判决生效之日起二十日内行使优先购买权，否则视为放弃；中静公司优先购买权的行使内容、条件，与电力公司和水利公司签订的产权交易合同相同”的判决的基础上，针对“中静公司是否已经丧失了涉案股权的股东优先购买权”的问题，上海市第二中级人民法院认为“中静公司并未丧失涉案股权的股东优先购买权”，其裁判理由如下：

理由一，考虑到有限公司的人合性特征，我国《公司法》等相关法律法规规定了股东向股东以外的人转让股权的，应当向其他股东充分履行通知义务。其他股东在同等条件下享有优先购买权。此处所涉通知的内容，应当包括拟转让的股权数量，价格、履行方式，拟受让人的有关情况等多项主要的转让条件。结合本案，首先，在电力公司于新能源公司股东会议中表示了股权转让的意愿后，中静公司已明确表示不放弃优先购买权。其次，电力公司确定将股权转让给水利公司后，也并未将明确的拟受让人的情况告知中静公司。故而对于中静公司及时、合法地行权造成了障碍。而权利的放弃需要明示，故不能当然地认定中静公司已经放弃或者丧失了该股东优先购买权。

理由二，中静公司在联交所的挂牌公告期内向联交所提出了异议，并明确提出了股东优先购买权的问题，要求联交所暂停挂牌交易。但联交所未予及时反馈，而仍然促成电力公司与水利公司达成交易。并在交易完成之后，方通知中静公司不予暂停交易，该做法明显欠妥。需要说明的是，联交所的性质为经市政府批准设立，不以营利为目的，仅为产权交易提供场所设施和市场服务，并按照规定收取服务费的事业法人。基于此，联交所并非司法机构，并不具有处置法律纠纷的职能，其无权对于中静公司是否享有优先购买权等做出法律意义上的认定。故当中静公司作为新能源公司的股东在挂牌公告期内向联交所提出异议时，联交所即应当暂停挂牌交易，待新能源公司股东之间的纠纷依法解决后方恢复交易才更为合理、妥当。故其不应擅自判断标的公司其余股东提出的异议成立与否，其设定的交易规则也不应与法律规定相矛盾和冲突。

理由三，虽然电力公司已经与水利公司完成股权转让的交接手续，水利公司也已经登记入新能源公司的股东名册。但如若作为新能源公司股东的中静公司在法律规定的期限内依法行权的，则前述登记状态并不能与法律相对抗。即，股权转让并不存在不可逆的情形，而仍然有回旋余地。……此外，原审酌情给予中静公司20日的行权期限具有合理依据，并无不妥。电力公司、水利公司的上诉理由均不能成立，原审判决于法不悖，可予维持。

此外，在2015年8月21日就崔某珍与王某英、陈某峰股权转让合同纠纷再审案作出的（2015）鲁民提字第201号民事判决书中，山东省高级人民法院也认为："崔某珍与陈某峰在签订了股权转让协议之后，在约定的履行期限内没有履行，继而陈某峰又将同一股权转让给了王某英，王某英履行了支付股权转让款的义务。在王某英已先行履行付款义务的情况下，原审判决认定崔某珍要求继续履行其与陈某峰之间的股权转让合同条款及义务的诉讼请求没有事实及法律依据，进而不予支持并无不当。"

基于上述，结合《物权法》第15条关于"当事人之间订立有关设立、变更、转让和消灭不动产物权的合同，除法律另有规定或者合同另有约定外，自合同成立时生效；未办理物权登记的，不影响合同效力"的规定，我倾向于认为，可以这么理解，即一方面，在不存在合同无效的情形的情况下，有限公司的股东违反《公司法》第71条第2款、第3款的规定与股东以外的人订立的股权转让协议是有效的；但是，另一方面，该股权转让协议项下的股权变动，则属于附生效条件的行为，需要满足其他条件（包括取得其他股东过半数同意并经其他股东放弃优先购买权）方可生效。

四、违反《公司法》第71条但已经完成变更登记的股权转让的处理

更为复杂的问题是，在有限公司的股东违反《公司法》第71条第2款、第3款的规定与股东以外的人订立股权转让协议的情形，如果公司已经根据该

股权转让协议办理了相应的公司变更登记手续，又该如何处理？

由于该转让既侵害了其他股东的同意权，又侵害了其他股东在同等条件下的优先购买权，结合《合同法》第 74 条关于债权人撤销权的规定，以及《最高人民法院关于审理外商投资企业纠纷案件若干问题的规定（一）》（法释〔2010〕9 号）第 11 条关于“外商投资企业一方股东将股权全部或部分转让给股东之外的第三人，应当经其他股东一致同意，其他股东以未征得其同意为由请求撤销股权转让合同的，人民法院应予支持”的规定，我理解，其他股东应当享有撤销权，以获得相应的救济。

不过，《公司法》和最高人民法院没有明确规定其他股东享有撤销权。最高人民法院的意见是：“对此类合同的效力，公司法并无特别规定，不应仅仅因为损害股东优先购买权认定合同无效、撤销合同，而应当严格依照合同法规定进行认定。……此类合同原则上有效……”①。基于此，《公司法司法解释（四）》第 21 条第 1 款规定了：“有限责任公司的股东向股东以外的人转让股权，未就其股权转让事项征求其他股东意见，或者以欺诈、恶意串通等手段，损害其他股东优先购买权，其他股东主张按照同等条件购买该转让股权的，人民法院应当予以支持，但其他股东自知道或者应当知道行使优先购买权的同等条件之日起三十日内没有主张，或者自股权变更登记之日起超过一年的除外。”

据此，在同时满足以下两个条件的情况下，其他股东可以要求按照同等条件购买该转让股权，并且可能能够得到法院的支持：一是，其他股东自知道或者应当知道行使优先购买权的同等条件之日起三十日内提出该项主张；二是，其他股东提出该项主张时距转让股东对外转让股权涉及的公司变更登记完成之日未超过一年。这就意味着，如果转让股东对外转让股权涉及的公司变更登记已经完成超过一年，其他股东要求行使优先购买权的主张将得不到法院的支持。这属于司法解释对其他股东在优先购买权受到侵害之后行使优先购买权的期限的限制，其目的是“维护交易秩序和公司稳定经营”②。

---

① 见最高人民法院审判委员会时任专职委员杜万华 2017 年 8 月 28 日在最高人民法院关于《公司法司法解释（四）》的新闻发布会上答记者问时的发言，http：//www.chinacourt.org/chat/fulltext/listId/48090/template/courtfbh20170828.shtml，最后访问时间：2019 年 9 月 30 日。

② 见最高人民法院审判委员会时任专职委员杜万华 2017 年 8 月 28 日在最高人民法院关于《公司法司法解释（四）》的新闻发布会上答记者问时的发言，http：//www.chinacourt.org/chat/fulltext/listId/48090/template/courtfbh20170828.shtml，最后访问时间：2019 年 9 月 30 日。

不过，如前所述，《公司法司法解释（四）》第21条第1款所说的“人民法院应当予以支持”，只是表明人民法院应当支持其他股东按照同等条件购买该转让股权的主张，并不意味着人民法院应当确认有限公司的股东违反《公司法》第71条第2款、第3款规定进行的股权转让行为无效或撤销该股权转让行为，也不意味着人民法院应当确认相应的股权变更登记无效，也不意味着公司应当像《公司法》第22条第4款规定的那样“向公司登记机关申请撤销变更登记”。《公司法司法解释（四）》并没有对这些问题给出明确的处理办法，应由法院根据案件的具体情况进行处理。

由于在已经办理相应的公司变更登记手续的情况下，不论是宣告股权转让协议或股权转让行为无效，还是撤销股权转让协议或股权转让行为，都将不可避免地涉及多方当事人（不仅涉及公司、公司的各个股东，甚至可能涉及第三人）的利益，甚至可能使得公司登记机关也成为利害关系人，宣告股权转让协议或股权转让行为无效或撤销股权转让协议或股权转让行为可能损害相关主体的利益、影响交易秩序的稳定甚至损害社会公共利益，不仅可能引发民事诉讼，也可能引发行政诉讼，因此，人民法院往往会非常慎重，在其他股东的个人权益与交易秩序发生冲突时，可能会倾向于选择不宣告股权转让协议或股权转让行为无效或不撤销股权转让协议或股权转让行为，甚至不支持其他股东的主张。

基于上述，有限公司的其他股东在认为转让股东对外转让股权侵害其在《公司法》第71条第2款、第3款项下的权利时，应尽快向法院提起诉讼，申请法院支持其行使同等条件下的优先购买权，避免发生因时间过长、发生更多的交易、形成新的交易秩序而导致自身请求得不到法院支持的不利后果。

第六节　分期支付转让价款的股权转让是否适用《合同法》第167条

在有限公司股权转让过程中，股权转让协议通常会约定受让人分期支付股权转让价款，支付时间通常会安排在合同签署之后一定期限内支付一笔转让价款，在公司变更登记完成之后再支付一笔转让价款，甚至还可能根据交易的需要约定一笔类似于建设工程质量保证金[①]的尾款。

这有点像《合同法》第167条第1款规定的分期付款买卖。针对分期付款买卖，《合同法》第167条第1款规定了“分期付款的买受人未支付到期价款的金额达到全部价款的五分之一的，出卖人可以要求买受人支付全部价款或者解除合同”。

考虑到股权转让协议也属于有偿合同，由于《公司法》本身没有对股权转让协议作出特别规定，结合《合同法》第124条关于“本法分则或者其他法律没有明文规定的合同，适用本法总则的规定，并可以参照本法分则或者其他法律最相类似的规定”和第174条关于“法律对其他有偿合同有规定的，依照其规定；没有规定的，参照买卖合同的有关规定”的规定，以及《最高人民法院关于审理买卖合同纠纷案件适用法律问题的解释》（法释〔2012〕8号）第45条关于“法律或者行政法规对债权转让、股权转让等权利转让合同有规定的，依照其规定；没有规定的，人民法院可以根据合同法第一百二十四条和第一百七十四条的规定，参照适用买卖合同的有关规定。权利转让或者其他有偿合同参照适用买卖合同的有关规定的，人民法院应当首先引用合同法第一百七十四条的规定，再引用买卖合同的有关规定”的规定，因此，我倾向于认为，在法律适用方面，股权转让协议可以参照并应当参照《合同法》关于买卖合同的有关规定。

从而，在关于有限公司股权转让的转让协议约定了受让人分期支付股权转让价款的情形，也可以参照适用《合同法》第167条第1款的规定，即在受让人未支付到期应付的股权转让价款的金额达到协议约定的股权转让价款总额的五分之一时，转让人可以要求受让人支付全部价款，也可以解除股权转让协议。

不过，最高人民法院在2016年9月19日发布的指导案例67号“汤长龙诉

---

① 根据住房城乡建设部和财政部2017年6月20日印发的《建设工程质量保证金管理办法》（建质〔2017〕138号），建设工程质量保证金是指发包人与承包人在建设工程承包合同中约定，从应付的工程款中预留，用以保证承包人在缺陷责任期内对建设工程出现的缺陷进行维修的资金；其中，缺陷是指建设工程质量不符合工程建设强制性标准、设计文件，以及承包合同的约定；缺陷责任期一般为1年，最长不超过2年，由发、承包双方在合同中约定；发包人应按照建设工程承包合同约定方式预留建设工程质量保证金，建设工程质量保证金总预留比例不得高于工程价款结算总额的3%（建设工程承包合同约定由承包人以银行保函替代预留保证金的，保函金额不得高于工程价款结算总额的3%）。

周某海股权转让纠纷案”（以下简称67号指导案例）中的“裁判要点”则明确排除了《合同法》第167条第1款有关解除合同的规定对股权转让协议的适用。

这个案件的基本案情如下：

原告汤某龙与被告周某海于2013年4月3日签订《股权转让协议》及《股权转让资金分期付款协议》。双方约定：周某海将其持有的青岛变压器集团成都双星电器有限公司6.35%股权转让给汤某龙。股权合计710万元，分四期付清，即2013年4月3日付150万元；2013年8月2日付150万元；2013年12月2日付200万元；2014年4月2日付210万元。此协议双方签字生效，永不反悔。协议签订后，汤某龙于2013年4月3日依约向周某海支付第一期股权转让款150万元。因汤某龙逾期未支付约定的第二期股权转让款，周某海于同年10月11日，以公证方式向汤某龙送达了《关于解除协议的通知》，以汤某龙根本违约为由，提出解除双方签订的《股权转让资金分期付款协议》。次日，汤某龙即向周某海转账支付了第二期150万元股权转让款，并按照约定的时间和数额履行了后续第三期、第四期股权转让款的支付义务。周某海以其已经解除合同为由，如数退回汤某龙支付的4笔股权转让款。汤某龙遂向人民法院提起诉讼，要求确认周某海发出的解除协议通知无效，并责令其继续履行合同。

四川省成都市中级人民法院于2014年4月15日作出（2013）成民初字第1815号民事判决：驳回原告汤某龙的诉讼请求。汤某龙不服，提起上诉。四川省高级人民法院于2014年12月19日作出（2014）川民终字第432号民事判决：一、撤销原审判决；二、确认周某海要求解除双方签订的《股权转让资金分期付款协议》行为无效；三、汤某龙于本判决生效后十日内向周某海支付股权转让款710万元。

周某海不服四川省高级人民法院的上述判决，向最高人民法院申请再审，其再审理由为：“（一）股权转让合同约定了分期支付股权转让款，应当参照适用《中华人民共和国合同法》第一百六十七条之规定，二审法院不适用该条规定属适用法律错误。（二）依据《中华人民共和国合同法》第一百六十七条之规定，汤某龙延迟支付第二期股权转让款已达股权转让全部价款的五分之一，周某海无需催告就有权解除合同。二审判决依据《中华人民共和国合同法》第九十四条之规定认定周某海未尽催告义务，无权解除合同，亦属适用法律错误。”

在2015年10月26日就周某海与汤某龙股权转让合同纠纷再审案作出的（2015）民申字第2532号民事裁定书中，最高人民法院认为：“1.《中华人民共和国合同法》第一百六十七条共分两款。第一款的规定是分期付款的买受人未支付到期价款的金额达到全部价款的五分之一的，出卖人可以要求买受人支付全部价款或者解除合同。第二款的规定是出卖人解除合同的，可以向买受人要求支付该标的物的使用费。2. 从上述规定内容上看，该条规定一般适用于经营者和消费者之间，标的物交付与价款实现在时间上相互分离，买受人以较小的成本取得标的物，以分次方式支付余款，因此出卖人在价款回收上存在一定的风险。3. 本案买卖的标的物是股权，在双方没有在当地的工商登记部门进行股权变更登记之前，买受人购买的股权不具有对抗第三人的权利。换言之，如果目标公司没有在股东名册上登记汤某龙的股权，在工商部门变更登记之前，汤某龙就没有获得周某海转让的股权。本案中双方约定的第二期价款支付的时间在工商部门股权变更登记之前。4. 一般的消费者如果到期应支付的价款超过了总价款的五分之一，可能存在价款收回的风险。本案中买卖的股权即使在工商部门办理了股权过户变更登记手续，股权的价值仍然存在于目标公司。周某海不存在价款收回的风险。5. 从诚实信用的角度看，由于双方在股权转让合同上确载明‘此协议一式两份，双方签字生效，永不反悔’，周某海即使依据《中华人民共和国合同法》第一百六十七条的规定，也应当首先选择要求汤某龙支付全部价款，而不是解除合同。6. 案涉股权已经过户给了汤某龙，且汤某龙愿意支付价款，周某海的合同目的能够实现。因此，二审法院认为本案不适用《中华人民共和国合同法》第一百六十七条，周某海无权依据该条规定解除合同的理由并无不当。”

应该说，最高人民法院在上述民事裁定书中是没有提出“《合同法》第167条第1款有关解除合同的规定不适用于股权转让协议”这一一般性的意见的。

不过，最高人民法院在2016年9月19日发布的67号指导案例“汤某龙诉周某海股权转让纠纷案”中的“裁判要点”却提出了：“有限责任公司的股权分期支付转让款中发生股权受让人延迟或者拒付等违约情形，股权转让人要求解除双方签订的股权转让合同的，不适用《中华人民共和国合同法》第一百六十七条关于分期付款买卖中出卖人在买受人未支付到期价款的金额达到合同全部价款的五分之一时即可解除合同的规定”。

值得注意的是，我倾向于认为，67号指导案例的“裁判要点”与其“裁判理由”存在一定的差异，从67号指导案例的“裁判理由”部分的内容是不能直接得出“《合同法》第167条第1款有关解除合同的规定不适用于股权转让协议”这一结论的。

因为，67号指导案例的“裁判理由”部分，在最高人民法院（2015）民申字第2532号民事裁定书的基础上进行了更加充分的论述和展开，并且得出了“股权转让分期付款合同，与一般以消费为目的分期付款买卖合同有较大区别。对案涉《股权转让资金分期付款协议》不宜简单适用《合同法》第一百六十七条规定的合同解除权”这样的结论，也提出了“鉴于双方在股权转让合同上明确约定‘此协议一式两份，双方签字生效，永不反悔’，因此周某海即使依据《合同法》第一百六十七条的规定，也应当首先选择要求汤某龙支付全部价款，而不是解除合同”。

从中可以看到，（2015）民申字第2532号民事裁定书和67号指导案例的“裁判理由”都至少认可“《合同法》第167条第1款有关要求支付全部价款的规定是可以适用于股权转让协议的”；并且，（2015）民申字第2532号民事裁定书和67号指导案例的“裁判理由”并没有直接地、完全地排除《合同法》第167条第1款有关解除合同的规定对股权转让协议的适用，而是认为“相较于直接要求解除合同，应当首先选择要求支付全部价款”，这也就意味着，虽然“要求解除合同”不是相对更好的选择，但仍然可以是选择之一。

基于上述分析，我倾向于认为，67号指导案例的“裁判要点”关于“有限责任公司的股权分期支付转让款中发生股权受让人延迟或者拒付等违约情形，股权转让人要求解除双方签订的股权转让合同的，不适用《中华人民共和国合同法》第一百六十七条关于分期付款买卖中出卖人在买受人未支付到期价款的金额达到合同全部价款的五分之一时即可解除合同的规定”的意见，应当结合案件的具体情况加以适用，而不宜也不应作为一般性的规定，“一刀切”地适用于所有的含有分期付款安排的股权转让协议。

第七节　有限公司股权转让的善意取得

一、股权转让可以参照适用《物权法》规定的善意取得制度

尽管《公司法》本身没有明确规定有限公司股权转让的善意取得制度，但是，最高人民法院通过《公司法司法解释（三）》和其他判例，明确了股权转让是可以参照适用《物权法》第106条规定的善意取得制度的。

对此，《公司法司法解释（三）》第25条第1款规定了："名义股东将登记于其名下的股权转让、质押或者以其他方式处分，实际出资人以其对于股权享有实际权利为由，请求认定处分股权行为无效的，人民法院可以参照物权法第一百零六条的规定处理"；第27条第1款规定了："股权转让后尚未向公司登记机关办理变更登记，原股东将仍登记于其名下的股权转让、质押或者以其他方式处分，受让股东以其对于股权享有实际权利为由，请求认定处分股权行为无效的，人民法院可以参照物权法第一百零六条的规定处理。"

因此，参照《物权法》第106条第1款关于"无处分权人将不动产或者动产转让给受让人的，所有权人有权追回；除法律另有规定外，符合下列情形的，受让人取得该不动产或者动产的所有权：（一）受让人受让该不动产或者动产时是善意的；（二）以合理的价格转让；（三）转让的不动产或者动产依照法律规定应当登记的已经登记，不需要登记的已经交付给受让人"的规定，在有限公司股权转让过程中，无处分权人将登记在其名下的股权转让给受让人的，除法律另有规定外，在同时符合下列条件的情况下，由受让人取得该股权：（一）受让人受让该股权时是善意的；（二）以合理的价格转让；（三）转让的股权已经办理了股东变更登记。

不过，参照《物权法》第106条第2款的规定，善意受让人取得该股权后，该股权的实际权利人有权向无处分权人请求赔偿损失。

二、可以参照适用善意取得制度的股权转让的情形

实践中，以下情形可能会被认定为可以参照适用善意取得制度的股权转让：

一是，在委托持股的情形，名义股东将登记于其名下的股权转让、质押或者以其他方式处分后，作为名义股东的交易对方的善意受让人，可能可以取得该股权。

对此，《公司法司法解释（三）》第25条第1款规定了“名义股东将登记于其名下的股权转让、质押或者以其他方式处分，实际出资人以其对于股权享有实际权利为由，请求认定处分股权行为无效的，人民法院可以参照物权法第一百零六条的规定处理”。

不过，针对实际出资人因此受到的损失，《公司法司法解释（三）》第25条第2款规定了“名义股东处分股权造成实际出资人损失，实际出资人请求名义股东承担赔偿责任的，人民法院应予支持”。

二是，在“一股二卖”的情形，如果转让股东在将登记在其名下的股权转让给受让人之后，在向公司登记机关办理股东变更登记之前，又将该股权转让给第二受让人，作为转让股东的交易对方的善意第二受让人，可能可以取得该股权。

对此，《公司法司法解释（三）》第27条第1款规定了“股权转让后尚未向公司登记机关办理变更登记，原股东将仍登记于其名下的股权转让、质押或者以其他方式处分，受让股东以其对于股权享有实际权利为由，请求认定处分股权行为无效的，人民法院可以参照物权法第一百零六条的规定处理”。

当然，第二受让人是否能够善意取得相关股权，需要满足《物权法》第106条、《最高人民法院关于适用〈中华人民共和国物权法〉若干问题的解释（一）》（法释〔2016〕5号）有关善意取得的具体要求。如果第二受让人不是善意的，则可能就不能取得相应的股权。因为，最高人民法院认为，“当确有证据证明第三人在受让股权时明知原股东已不是真实的股权人，股权权属已归于受让股东，在原股东向该第三人处分股权后如果仍认定该处分行为有效，同

样也会助长第三人及原股东的不诚信行为，这也是应当避免的”。①

不过，在第二受让人善意取得相应的股权的情况下，在第一受让人的权利保护方面，作为救济，《公司法司法解释（三）》第27条第2款也规定了“原股东处分股权造成受让股东损失，受让股东请求原股东承担赔偿责任、对于未及时办理变更登记有过错的董事、高级管理人员或者实际控制人承担相应责任的，人民法院应予支持；受让股东对于未及时办理变更登记也有过错的，可以适当减轻上述董事、高级管理人员或者实际控制人的责任”。

三是，在转让股东将登记在其名下的股权转让的交易中，即使该转让股东取得该股权的过程本身存在瑕疵或缺陷，比如作为转让股东的交易对手的前一个转让人属于无处分权人，或者该转让股东据以取得该股权的交易文件存在其交易对手被人伪造签名或盖章的情形，如果作为该转让股东的交易对手的受让人是善意的，其以合理的价格受让转让股东的股权，并且已经完成了股权转让涉及的变更登记，该善意受让人可能可以取得相应的股权。

在这方面，崔某龙、俞某林与无锡市荣耀置业有限公司（以下简称荣耀公司）、燕某、黄某生、杜某、李某明（以下简称燕某等四人）及孙某源、王某强、蒋某斌、尤某伟、忻某（以下简称孙某源等五人）股权转让纠纷上诉案，可供参考。

根据最高人民法院在2007年12月14日就该案作出的（2006）民二终字第1号民事判决书，该案一、二审查明的主要事实如下：荣耀公司、燕某等四人伪造崔某龙、俞某林的签名，制作虚假的《股东会决议》《股权转让协议》，并到工商行政管理机关办理了股权变更登记手续，将崔某龙、俞某林在世纪公司60%的股权，变更到荣耀公司、燕某等四人名下；此后，荣耀公司、燕某等四人通过与孙某源等五人签订《股权转让协议》，将已经在工商行政管理机关登记于其名下的世纪公司80%的股权转让给孙某源等五人。

针对该案中伪造签名进行的股权转让，在（2006）民二终字第1号民事判决书中，最高人民法院认为：“上述荣耀公司、燕某等四人伪造签名制作的《股东会决议》《股权转让协议》载明的股权转让法律关系应不成立。荣耀公

① 见《规范审理公司设立、出资、股权确认等案件——最高人民法院民二庭负责人答记者问》，载《人民法院报》2011年2月16日第3版。

司、燕某等四人与孙某源等五人签订的《股权转让协议》，因荣耀公司、燕某等四人并非股权所有人，该协议处分的部分股权，应属于崔某龙、俞某林所有，而崔某龙、俞某林并不追认荣耀公司、燕某等四人的股权转让行为，根据《合同法》第五十一条的规定，上述《股权转让协议》属于无权处分他人财产的合同。”

不过，针对孙某源等五人受让荣耀公司、燕某等四人名下的世纪公司80%的股权的行为，考虑到“孙某源等五人与荣耀公司、燕某等四人在签订本案《股权转让协议》时，曾经到工商行政管理机关查阅过世纪公司的股权登记，对于荣耀公司和燕某等四人是否享有该公司股权尽了审慎审查的义务。在协议签订后，孙某源等五人履行了合同规定的主要义务，已经向对方支付了部分股权转让款，并于2003年12月29日在工商行政管理机关办理了股权变更登记。此后，孙某源开始进入公司担任该公司法定代表人，参加公司的经营和管理”，最高人民法院认为：“上述事实表明，孙某源等五人在与荣耀公司、燕某等四人进行股权受让行为时，尽到了充分的注意义务，并依据协议支付了部分股权转让款，股权变更登记已经经过多年。根据本案现有证据，不能证明孙某源等五人在股权受让过程中存在恶意，以及协议约定的股权受让价格不合理等情况，可以认定孙某源等五人受让股权系善意。虽然孙某源等五人系从无权处分股权的荣耀公司、燕某等四人处受让股权，但孙某源等五人在本案涉及的股权交易中没有过错，为维护社会经济秩序的稳定，应认定其取得世纪公司的相应股权。孙某源等五人在二审中答辩认为本案应当适用善意取得制度的理由成立，本院予以采纳。上诉人崔某龙、俞某林主张确认其享有世纪公司股权、恢复其股东身份的请求，本院难以支持。在本判决生效后，本案争议的股权原权利人崔某龙、俞某林因丧失股权和股东身份，可以向相关侵权人主张承担民事责任，如果发生争议，可以另行起诉。”

三、股权转让善意取得中受让人善意的认定

在股权转让善意取得中的受让人是否属于善意的认定方面，由于《公司法司法解释（三）》第25条第1款和第27条第1款均使用了“人民法院可以参照物权法第一百零六条的规定处理”的表述，因此，股权转让的受让人需要满

足《物权法》第106条、《最高人民法院关于适用〈中华人民共和国物权法〉若干问题的解释（一）》（法释〔2016〕5号）有关善意取得的要求。

具体来说，参照《最高人民法院关于适用〈中华人民共和国物权法〉若干问题的解释（一）》第15条第1款关于“受让人受让不动产或者动产时，不知道转让人无处分权，且无重大过失的，应当认定受让人为善意”和第18条第1款关于“物权法第一百零六条第一款第一项所称的‘受让人受让该不动产或者动产时’，是指依法完成不动产物权转移登记或者动产交付之时”，第3款关于“法律对不动产、动产物权的设立另有规定的，应当按照法律规定的时间认定权利人是否为善意”的规定，股权转让的善意受让人，应当满足其“在受让股权时”不知道作为其交易对方的转让股东无处分权，并且其对其不知道作为其交易对方的转让股东无处分权这一状态不存在重大过失。

当然，参照《最高人民法院关于适用〈中华人民共和国物权法〉若干问题的解释（一）》第15条第2款关于“真实权利人主张受让人不构成善意的，应当承担举证证明责任”的规定，在股权转让过程中，股权的实际权利人应当对受让人不构成善意予以举证证明。

我倾向于认为，在认定股权转让的受让人是否属于善意受让人方面，上文引用的、最高人民法院在2007年12月14日就崔某龙、俞某林与无锡市荣耀置业有限公司、燕某、黄某生、杜某、李某明及孙某源、王某强、蒋某斌、尤某伟、忻某股权转让纠纷上诉案作出的（2006）民二终字第1号民事判决书中的意见，可供参考。

此外，最高人民法院在2013年8月20日就四川京龙建设集团有限公司（以下简称京龙公司）与简阳三岔湖旅游快速通道投资有限公司（以下简称三岔湖公司）、刘某良、深圳市鼎泰嘉业房地产投资管理有限公司（以下简称鼎泰公司）及深圳市合众万家房地产投资顾问有限公司（以下简称合众公司）、呼和浩特市华仁世纪房地产开发有限责任公司（以下简称华仁公司）股权确认纠纷上诉案作出的（2013）民二终字第29号民事判决书中的意见，也可作参考。

在该民事判决书中，最高人民法院认为：“因华仁公司与合众公司进行股权交易时，锦云公司、思珩公司均登记在合众公司名下，且华仁公司已委托会计师事务所、律师事务所对锦云公司、思珩公司的财务状况、资产状况、负债情况、所有者权益情况、银行查询情况等事项进行尽职调查并提供尽职调查报告，京龙公司亦无证据证明华仁公司在交易时明知其与三岔湖公司、刘某良之间的股权交易关系的存在，故可以认定华仁公司在受让锦云公司、思珩公司股权时系善意”；至于京龙公司提出的“目标公司股权在一个月内两次转手、华仁公司对股权交易项下所涉土地缺乏指标的事实属于明知、华仁公司在明知目标公司的债权人无合法票据证明的情况下仍为目标公司偿还 59480830.42 元债务、华仁公司委托的会计师事务所及律师事务所所作的尽职调查存在明显虚假和瑕疵为由，主张华仁公司不构成善意”的主张，最高人民法院认为：“股权转让的次数与频率、目标公司财产权益存在的瑕疵、华仁公司为目标公司代偿债务的行为，均不能证明华仁公司明知京龙公司与三岔湖公司、刘某良的交易情况。京龙公司虽主张此两份尽职调查报告存在明显虚假和瑕疵，但亦未提供证据证明，故对京龙公司有关华仁公司受让目标公司股权不构成善意的主张，本院不予支持。”

此外，针对京龙公司所说“华仁公司受让目标公司股权的价格既高于京龙公司的受让价格，也远高于同期同一地域位置的地价，且交易仅有手写的普通收据，开具时间是 2010 年 9 月 13 日，而银行付款时间是 9 月 14 日，内容为业务往来款而非股权转让款，无有效的付款凭证，故不符合以合理价格受让的条件”的主张，最高人民法院认为：“对善意取得受让价格是否合理的认定，系为防止受让人以显著低价受让，而高于前手的交易价格，则常为出卖人一物再卖之动因，并不因此而当然构成受让人的恶意。华仁公司的付款时间与付款形式并不影响对华仁公司支付股权转让价款的事实认定，故对京龙公司有关华仁公司未以合理价格受让目标公司股权的主张，本院不予支持。”

第八节　股权转让涉及的股东变更事宜

有限公司股东转让股权，不论是对内转让还是对外转让，都必然导致有限公司股东出资情况发生变更，甚至是股东人数的增减变化。《公司法》第 73 条规定了公司在股东依法转让股权之后负有的三项义务：一是，注销原股东的出资证明书，向新股东签发出资证明书；二是，根据股权转让的情况修改公司章程中有关股东及其出资额的记载；三是，根据股权转让的情况修改股东名册中有关股东及其出资额的记载。相应地，在发生股权转让的情形，受让方股东享有获得出资证明书、记载于股东名册、记载于公司章程的权利。

此外，《公司法》第32条第3款还规定了有限公司在股东姓名或名称发生变更时负有向公司登记机关办理变更登记的义务。

一、出资证明书的注销和签发

根据《公司法》第73条的规定，在依法发生股权转让的情况下，公司应当注销原股东的出资证明书，向新股东签发出资证明书。

其中，《公司法》第73条所说的"注销原股东的出资证明书"，仅限于原股东依照《公司法》第71条和第72条的规定将其全部股权转让给其他股东或股东以外的人或其他股东和股东以外的人的情形。在股东仅转让部分股权的情形，公司也可以注销该股东的出资证明书，但应当同时向其签发新的出资证明书。

《公司法》第73条所说的"向新股东签发出资证明书"，仅限于股东以外的人依照《公司法》第71条第2款、第3款和第72条的规定取得股东的股权的情形。在股东受让股东转让的股权的情形，公司也可以注销该受让股东的出资证明书，但应当同时向其签发新的出资证明书。

值得注意的是，出资证明书的签发，应遵守《公司法》第31条第2款和第3款的规定，即"出资证明书应当载明下列事项：（一）公司名称；（二）公司成立日期；（三）公司注册资本；（四）股东的姓名或者名称、缴纳的出资额和出资日期；（五）出资证明书的编号和核发日期"和"出资证明书由公司盖章"。①

二、公司章程和股东名册的修改

根据《公司法》第73条的规定，在依法发生股权转让的情况下，公司应当根据股权转让的情况修改公司章程和股东名册的相关事项，即"有关股东及

① 有关有限公司的出资证明书的更多分析，请见本书第三章第一节的内容。

其出资额的记载”；并且，《公司法》明确规定据此对公司章程进行的修改无需提交公司股东会表决即属有效。

结合《公司法》第25条第1款第5项和第32条的规定，《公司法》第73条所说的“出资额”，应指“认缴的出资额”；当然，有限公司的股东名册和公司章程如能同时记载“股东认缴的出资额”和“股东实际缴纳的出资额”这两个事项，对公司和全体股东都具有更加清晰的指引作用。

《公司法》第73条第二句所说的“该项修改”，应根据股权转让的具体的情形加以确定：

一是，在转让股东不再持有公司的股权的情况下，“该项修改”指的是将转让股东的姓名或名称修改为受让转让股权的各个受让股东的姓名或名称，并将转让股东认缴的出资额修改为各个受让股东各自所受让的出资额（但各个受让股东所受让的出资额之和应等于转让股东转让的股权所对应的出资额之和）。

二是，在转让股东仍然持有公司的股权的情况下，“该项修改”指的是将转让股东认缴的出资额修改为其转让股权后剩余的股权对应的出资额，将受让其股权的各个受让股东的姓名或名称记载于公司章程，并将受让其股权的各个受让股东所受让的股权对应的出资额记载于公司章程（但各个受让股东所受让的出资额之和应等于转让股东转让的股权所对应的出资额之和）。

不过，值得注意的是，《公司法》第73条第二句所说的“修改”，仅限于根据股权转让的实际情况，对公司章程和股东名册中关于转让股东及其出资额的记载进行修改，并在公司章程和股东名册中加入关于受让方及其出资额的记载；《公司法》第73条第二句所说的“该项修改”不应涉及公司章程中除转让股东的姓名或名称、受让股东的姓名或名称、转让股东的出资额、受让股东的出资额以外的其他任何事项的修改；否则，应按照《公司法》第37条和第43条第2款以及有限公司章程中有关修改公司章程的规定，由股东会作出决议并经代表三分之二以上表决权的股东通过（或由全体股东以一致同意的书面决定代替股东会决议）。

三、受让方的股东资格的取得

就受让方股东而言，根据《公司法》第73条第一句，在依法发生股权转让（包括法院强制执行转让）的情形，受让方通过受让原股东持有的股权而成为公司的股东；在取得股东资格的时间上，股权转让协议项下的股权变动生效之时，即为股东资格的取得时间。

至于股权变动何时生效，则需要结合股权转让协议的具体约定和股权转让协议的履行情况加以确定。不过，我倾向于认为，如果股权转让协议没有特别约定，应以股权转让协议生效之日为股权变动之日，至于公司变更登记则只是使其具有对抗效力，记载于股东名册则属于公司在《公司法》第 73 条项下的义务，均不影响股权变动或股东资格的取得。

在这方面，上海市第二中级人民法院在 2011 年 5 月 16 日就徐甲诉上海国佳包装纸品有限公司（以下简称国佳公司）等股东名册变更纠纷上诉案作出的（2011）沪二中民四（商）终字第 307 号民事判决书中的下述裁判意见，可作参考：

本案的关键点是徐甲与徐乙签订股权转让协议后，徐乙是否已经成为国佳公司股东……从本案事实看，徐甲与徐乙于 2010 年 2 月 3 日签订的股权转让书经过徐甲向国佳公司以及全体股东发出书面通知、国佳公司召开股东会并形成决议，同意徐甲对外转让股权、国佳公司股东与新股东徐乙于 2010 年 8 月 4 日签署修订后的公司章程等程序，虽然徐乙的股东身份尚未经过工商变更登记，但工商变更登记手续仅是对外公示方式，其股东身份是否经过工商变更登记，是否已经完全支付股权转让款，不是徐乙成为国佳公司股东的必要条件。对国佳公司内部而言，国佳公司其他股东已经以股东会决议的方式同意徐甲与徐乙之间的股权转让，徐乙也以通过签署公司章程的行为表明其已成为国佳公司股东。因此，徐乙已是国佳公司股东的事实应予确认。

四、股权转让涉及的变更登记和备案手续

（一）股东变更登记

根据《公司法》第 32 条第 3 款关于“公司应当将股东的姓名或者名称向公司登记机关登记；登记事项发生变更的，应当办理变更登记”的规定，发生《公司法》第 71 条和第 72 条规定的股权转让时，如果涉及有限公司的股东人

数的增减变化或更换，比如，股东将其所持股权全部转让给其他股东导致股东人数减少、股东向股东以外的人转让部分或全部股权导致股东人数增加或更换，公司不仅应当依照《公司法》第73条的规定修改公司章程和股东名册、办理相应的出资证明书的签发和注销手续，还应当向公司登记机关办理股东变更登记。

不过，由于根据《公司法》第32条第3款关于"公司应当将股东的姓名或者名称向公司登记机关登记；登记事项发生变更的，应当办理变更登记"的规定，以及《公司登记管理条例》第9条关于"公司的登记事项包括：（一）名称；（二）住所；（三）法定代表人姓名；（四）注册资本；（五）公司类型；（六）经营范围；（七）营业期限；（八）有限责任公司股东或者股份有限公司发起人的姓名或者名称"的规定，有限公司的股东的姓名或名称才属于公司登记事项，而股东认缴的出资额、实缴的出资额和出资比例均不属于公司登记事项，因此，有限公司的股东的出资额发生变更，不适用变更登记程序、不需要办理变更登记；在有限公司的股东转让股权的情形，如果不涉及股东人数的增减变化或更换，则无需办理公司变更登记。

（二）章程修改的备案手续

不过，由于"股东的出资额"属于公司章程必须记载的内容，在任何股东转让任何股权的情形，不论是向其他股东转让还是向股东以外的人转让，都不可避免地将导致公司章程关于相关股东的出资额发生变动，进而需要修改公司章程，因此，根据《公司登记管理条例》第36条关于"公司章程修改未涉及登记事项的，公司应当将修改后的公司章程或者公司章程修正案送原公司登记机关备案"的规定，和《公司注册资本登记管理规定》第14条关于"股东出资额或者发起人认购股份、出资时间及方式由公司章程规定。发生变化的，应当修改公司章程并向公司登记机关依法申请办理公司章程或者公司章程修正案备案"的规定，在有限公司的股东转让股权的情形，即使不涉及公司登记事项的变更，有限公司也应当根据《公司法》第73条的规定修改公司章程，并将修改后的公司章程或者公司章程修正案送原公司登记机关备案。

第九节 股权转让纠纷案件的管辖

针对有限公司股东违反《公司法》第71条第2款和第3款的规定对外转让股权侵害其他股东的优先购买权等权利的行为，其他股东可以向人民法院提起诉讼。对此，最高人民法院印发的《民事案件案由规定》规定了“股权转让纠纷”案由。

在股权转让纠纷案件的管辖方面，由于《民事诉讼法》第26条关于“因公司设立、确认股东资格、分配利润、解散等纠纷提起的诉讼，由公司住所地人民法院管辖”的规定，《民事诉讼法司法解释》第22条关于“因股东名册记载、请求变更公司登记、股东知情权、公司决议、公司合并、公司分立、公司减资、公司增资等纠纷提起的诉讼，依照民事诉讼法第二十六条规定确定管辖”以及《公司法司法解释（二）》第24条关于“解散公司诉讼案件和公司清算案件由公司住所地人民法院管辖”的规定，都没有将股权转让纠纷列入应由公司住所地法院管辖的范围，因此，股权转让纠纷不属于应由公司住所地法院管辖的范围，应按《民事诉讼法》关于地域管辖的一般规定确定管辖法院，即如属合同纠纷，则适用《民事诉讼法》第23条关于“因合同纠纷提起的诉讼，由被告住所地或者合同履行地人民法院管辖”的规定；如属侵权纠纷，则适用《民事诉讼法》第28条关于“因侵权行为提起的诉讼，由侵权行为地或者被告住所地人民法院管辖”的规定。

比如，在2016年6月29日就张某泽、周某与张某一及通辽鑫顺房地产开发有限公司、蒋某臣、东北电业物资总公司机电产品经销处股权转让纠纷再审案作出的（2016）最高法民申828号民事裁定书中，最高人民法院认为：“根据《民事诉讼法》第二十六条的规定：‘因公司设立、确认股东资格、分配利润、解散等纠纷提起的诉讼，由公司住所地人民法院管辖’和《最高人民法院关于适用〈中华人民共和国民事诉讼法〉的解释》（以下简称《民诉法解释》）第二十二条的规定：‘因股东名册记载、请求变更公司登记、股东知情权、公司决议、公司合并、公司分立、公司减资、公司增资等纠纷提起的诉讼，依照民事诉讼法第二十六条规定确定管辖。’本案为股权转让纠纷，不属于《民事诉讼法》第二十六条和《民诉法解释》第二十二条中规定的情形，并不属于专属管辖范畴。”

又如，在 2016 年 11 月 9 日就贵州赤天化股份有限公司诉深圳市阳光佳润投资有限公司等股权转让纠纷管辖权异议案作出的（2016）最高法民辖终 216 号民事裁定书中，最高人民法院认为：“《中华人民共和国民事诉讼法》第二十六条规定：‘因公司设立、确认股东资格、分配利润、解散等纠纷提起的诉讼。’《最高人民法院关于适用〈中华人民共和国民事诉讼法〉的解释》第二十二条规定：‘因股东名册记载、请求变更公司登记、股东知情权、公司决议、公司合并、公司分立、公司减资、公司增资等纠纷提起的诉讼，依照民事诉讼法第二十六条规定确定管辖。’上述条款系针对公司诉讼案件的管辖所作出的特别规定。公司诉讼主要是关涉公司的组织法性质的诉讼，存在与公司组织相关的多数利害关系人，涉及多数利害关系人的多项法律关系的变动，且胜诉判决往往产生对世效力。本案纠纷源于赤天化公司将其拥有的高特佳公司的股权转让给京道凯翔企业，阳光佳润公司、佳兴和润公司、鹏瑞公司、速速达公司作为高特佳公司的股东，认为该股权转让行为损害其优先购买权，请求撤销上述《股权转让合同》，并判令其以同等条件行使优先购买权。因而，本案纠纷系高特佳公司的股东与股东以及第三人因股权转让行为而产生。该诉讼虽与公司有关，但不具有公司组织法上纠纷的性质，也不涉及多项法律关系，该案判决仅对股权转让方、受让方及高特佳公司其他股东发生法律效力。因此，本案诉讼应适用一般地域管辖规定确定管辖法院。一审法院认为本案诉讼系与公司有关的诉讼，应适用公司诉讼的特殊地域管辖的规定，并据此裁定其享有本案管辖权不当，本院予以纠正。案涉《股权转让合同》的双方当事人是赤天化公司与京道凯翔企业，因阳光佳润公司等并非《股权转让合同》的缔约方，故不应受上述合同约定的管辖限制。赤天化公司主张适用该合同约定的协议管辖条款确定管辖法院，没有事实和法律依据，本院不予支持”，“本案系阳光佳润公司等以其股权优先购买权受到侵害而提起，即认为其民事权益受到侵害，故本案应适用《中华人民共和国民事诉讼法》第二十八条‘因侵权行为提起的诉讼，由侵权行为地或者被告住所地人民法院管辖’的规定确定管辖法院。根据阳光佳润公司等提起的诉讼请求以及事实和理由，阳光佳润公司等认为赤天化公司与京道凯翔企业签订《股权转让合同》、转让股权的行为侵害其优先购买权，故上述《股权转让合同》签订地即为侵权行为地。经审查，案涉《股权转让合同》载明该合同在贵阳观山湖区赤天化大厦17楼签订。本案诉讼所直接指向的对象应当是阳光佳润公司等所认为的股权转让方赤天化公司及股权受让方京道凯翔企业，高特佳公司仅为股权转让目标公司，与案涉股权转让行为各方均无实质性争议，其与本案没有法律上的直接利害关系。阳光佳润公司等称可依高特佳公司住所地确定管辖法院，本院不予支持。案涉侵权行为地及赤天化公司的住所地均为贵州省贵阳市，京道凯翔企业的住所地在福建省厦门市，依据侵权行为地或被告住所地确定管辖法院的规定，结合案涉争议标的金额的实际情况，贵州省高级人民法院和福建省高级人民法院对本案有管辖权。”

第十节　自然人股东转让股权涉及的个人所得税[①]

一、自然人股东转让股权涉及的个人所得税事项

就自然人股东的股权转让而言，根据《个人所得税法》（2018年修正）第2条第1款第8项关于“下列各项个人所得，应当缴纳个人所得税：……（八）财产转让所得”的规定，第3条第3项关于“个人所得税的税率：……（三）利息、股息、红利所得，财产租赁所得，财产转让所得和偶然所得，适用比例税率，税率为百分之二十”的规定，以及《个人所得税法实施条例》（2018年修订）第6条第1款第8项关于“个人所得税法规定的各项个人所得的范围：……（八）财产转让所得，是指个人转让有价证券、股权、合伙企业中的财产份额、不动产、机器设备、车船以及其他财产取得的所得”的规定，公司的自然人股东转让股权，可能需要缴纳个人所得税，其税率为20%。

① 本节主体部分的内容曾于2018年9月15日以《〈个人所得税法〉修改对个人股权交易和公司变更登记的影响及其应对》为题刊载微信公众号“秋荣法律评论”，收入本书时，本着尽量保持原貌的原则，略作了修改。

二、自然人股东股权转让个人所得税事项对公司变更登记的影响

就自然人股东转让股权涉及的变更登记而言，《个人所得税法》第15条第2款第二句规定了“个人转让股权办理变更登记的，市场主体登记机关应当查验与该股权交易相关的个人所得税的完税凭证”。这是首次从法律层面直接规定公司登记机关查验股权转让涉及的个人所得税完税凭证。

这就意味着，在个人转让股权的交易当中，自2019年1月1日起：

一是，对自然人转让股权涉及的变更登记来说，公司登记机关负有查验“与该股权交易相关的个人所得税的完税凭证”的法定义务。

二是，“与该股权交易相关的个人所得税的完税凭证”，属于向公司登记机关申请办理股权转让涉及的变更登记的必备文件；在未提供相应的完税凭证的情况下，公司登记机关不得为转让方个人和受让人办理该股权转让涉及的变更登记手续。

三是，向税务机关进行与该股权交易相关的个人所得税的纳税申报、税款缴纳，是办理个人转让股权涉及的变更登记的前置程序；在办理股权转让涉及的变更登记之前，转让方个人应当完成与该股权交易相关的个人所得税的纳税申报、税款缴纳事宜。

在《个人所得税法》第15条第2款关于“个人转让股权办理变更登记的，市场主体登记机关应当查验与该股权交易相关的个人所得税的完税凭证”的规定，在适用方面，至少应当注意以下几点：

一是，由于《个人所得税法》第15条第2款第二句使用了“个人转让股权……”的表述，因此，修改后的《个人所得税法》第15条第2款第二句的规定，仅适用于自然人直接转让股权的情形，不适用于非自然人转让股权的情形，包括不适用于法人转让股权、非法人组织转让股权的情形。

其中的“转让”，既包括主动转让，又包括被动转让。对此，国家税务总局2014年12月7日发布的《股权转让个人所得税管理办法（试行）》第3条把“股权转让”明确界定为“个人将股权转让给其他个人或法人的行为”，具体来说，包括以下各种情形：“（一）出售股权；（二）公司回购股权；（三）发行人首次公开发行新股时，被投资企业股东将其持有的股份以公开发行方式一

并向投资者发售；（四）股权被司法或行政机关强制过户；（五）以股权对外投资或进行其他非货币性交易；（六）以股权抵偿债务；（七）其他股权转移行为”。

二是，由于《个人所得税法》第 15 条第 2 款第二句使用了“个人转让股权……”的表述，因此，结合《民法总则》第 125 条关于“民事主体依法享有股权和其他投资性权利”的规定，从文义上看，《个人所得税法》第 15 条第 2 款第二句的规定，仅适用于有限责任公司或股份公司的自然人股东转让其在公司的股权的情形，不适用于自然人转让非股权的情形，包括不适用于自然人转让其在合伙企业中的财产份额、在其他非公司制组织（比如个人独资企业、民办非企业单位）中的权益的情形。

但是，需要注意的是，国家税务总局 2014 年 12 月 7 日发布的《股权转让个人所得税管理办法（试行）》第 2 条则把“股权”界定为“自然人股东（以下简称个人）投资于在中国境内成立的企业或组织（以下统称被投资企业，不包括个人独资企业和合伙企业）的股权或股份”，从而，从税务机关的角度，自然人转让其在这些“被投资企业”的股权或股份，也会被视为《个人所得税法》第 15 条第 2 款第二句所说的“个人转让股权”。

三是，由于《个人所得税法》第 15 条第 2 款第二句使用了“个人转让股权办理变更登记的”的表述，因此，从文义上看，《个人所得税法》第 15 条第 2 款第二句的规定，仅适用于自然人转让股权并且依法需要办理变更登记的情形，不适用于转让方虽为自然人，但依法无需办理变更登记的股权转让，比如不适用于有限责任公司的股东之间转让部分（但并非全部）股权的情形，不适用于股份公司的股东向股东或股东以外的人转让部分或全部股份的情形。

因为，根据《公司法》第 32 条第 3 款关于“公司应当将股东的姓名或者名称向公司登记机关登记；登记事项发生变更的，应当办理变更登记”的规定，《公司登记管理条例》第 9 条关于“公司的登记事项包括：（一）名称；（二）住所；（三）法定代表人姓名；（四）注册资本；（五）公司类型；（六）经营范围；（七）营业期限；（八）有限责任公司股东或者股份有限公司发起人的姓名或者名称”的规定，就有限责任公司而言，有限责任公司股东的姓名或名称属于公司登记事项，股东的出资额不属于公司登记事项；就股份公司而言，股份公司的发起人的姓名或名称属于公司登记事项、股份公司的除发起人以外的股东的姓名或名称及其出资额均不属于公司登记事项，从而，无论是在有限责任公司的股东之间转让部分（但并非全部）股权的情形，还是在股份公司的股东向股东或股东以外的人转让部分或全部股份的情形，均无需办理变更登记，也就没有适用《个人所得税法》第 15 条第 2 款第二句关于“个人转让股权办理变更登记的，市场主体登记机关应当查验与该股权交易相关的个人所得税的完税凭证”的余地。

值得注意的是，由于“股东的出资额”“出资方式”“出资时间”属于公司章程必须记载的内容，股东之间的股权转让将导致转让方股东和受让方股东的出资额发生变化，从而需要修改公司章程中有关转让方股东和受让方股东各自的出资额的记载，根据《公司登记管理条例》第 36 条、《公司注册资本登记管理规定》（国家工商行政管理总局令第 64 号）第 14 条的规定，有限公司的股东的出资额、出资方式、出资时间发生变化的，应当修改公司章程并将修改后的公司章程或者公司章程修正案送原公司登记机关备案，因此，在有限责任公司的股东之间转让部分（但并非全部）股权的情形，虽然目前不需要办理变更登记，但仍然需要办理与该股权转让相关的章程修改的备案手续。

由此，值得思考的问题是，《个人所得税法》第 15 条第 2 款第二句的规定，是否适用于转让方自然人虽然依法无需办理变更登记，但应当向公司登记机关办理备案手续的股权转让？

我倾向于认为，从修改后的《个人所得税法》第 15 条第 2 款第二句的规定看，是有必要将上述情形纳入其适用范围的。回过头来看，第十二届全国人民代表大会常务委员会第六次会议于 2013 年 12 月 28 日通过的对《公司法》原第 33 条第 3 款所作的修改，如果不是直接将“其出资额”删除，而是将“其出资额”修改为“其认缴的出资额”，可能更好，也可能更有利于修改后的《个人所得税法》第 15 条第 2 款第二句规定的执行。也因此，不排除税务机关对《个人所得税法》第 15 条第 2 款第二句所说的“个人转让股权办理变更登记”作扩大解释，将其中的“变更登记”解释为“既包括公司变更登记，又包括公司变更备案”的可能。

四是，由于《个人所得税法》第 15 条第 2 款第二句使用了“查验与该股权交易相关的个人所得税的完税凭证”的表述，结合《税收征收管理法实施细则》（2016 年修订）第 45 条关于“税收征管法第三十四条所称完税凭证，是指各种完税证、缴款书、印花税票、扣（收）税凭证以及其他完税证明”和《税收票证管理办法》（国家税务总局令第48号）第17条第1款关于“税收完税证明是税务机关为证明纳税人已经缴纳税款或者已经退还纳税人税款而开具的纸质税收票证”的规定，因此，《个人所得税法》第15条第2款第二句的规定，仅适用于个人转让股权取得的股权转让收入减除股权原值和合理费用后的余额为正值并且依法需要缴纳个人所得税的情形，不适用于个人转让股权取得的股权转让收入减除股权原值和合理费用后的余额为0或负值的情形，也不适用于个人转让股权取得的股权转让收入减除股权原值和合理费用后的余额虽为正值，但依法不需要缴纳个人所得税的情形。

不过，结合《国家税务总局关于加强股权转让所得征收个人所得税管理的通知》（国税函〔2009〕285号，已废止）第1条关于“股权交易各方在签订股权转让协议并完成股权转让交易以后至企业变更股权登记之前，负有纳税义务或代扣代缴义务的转让方或受让方，应到主管税务机关办理纳税（扣缴）申报，并持税务机关开具的股权转让所得缴纳个人所得税完税凭证或免税、不征税证明，到工商行政管理部门办理股权变更登记手续”的规定，我理解，《个人所得税法》第15条第2款第二句所说的“完税凭证”，应作扩大解释，将个人所得税免税证明和不征税证明纳入其中为宜——当然，这应以税务机关出台的文件为准。

三、自然人股东股权转让所得税对股权转让交易的影响及其应对

由于《个人所得税法》第15条第2款第二句规定了“个人转让股权办理变更登记的，市场主体登记机关应当查验与该股权交易相关的个人所得税的完税凭证”，因此，在依法需要办理变更登记的个人股权转让交易当中，个人所得税纳税申报、税款缴纳将是个人转让股权涉及的变更登记的前置程序；在完成个人所得税纳税申报、税款缴纳并取得相应的完税凭证（或免税证明、不征税证明）的情况下，个人股权转让交易将无法完成相应的变更登记，从而导致交易不能顺利交割。

由此，《个人所得税法》第15条第2款第二句的规定，至少将在以下几个方面对个人股权转让交易产生影响：

一是，在交易的时间方面，转让双方完成交易的周期将变长。因为，在办理股权转让涉及的变更登记之前，转让双方和标的公司需要按照主管税务机关的要求办理相应的纳税申报甚至是税款缴纳，经主管税务机关审核通过之后，才能取得完税凭证（或免税证明、不征税证明）。

为此，个人股权转让交易的各方，应当充分考虑自然人股东股权转让交割所需要的额外的时间，为办理股权转让变更登记预留充足的时间，以便与主管税务机关进行沟通、办理纳税申报和税款缴纳（或代扣代缴，或委托标的公司代为办理纳税申报、税款缴纳事宜），顺利推进股权转让交易，避免发生因预留时间不足导致无法按约定完成变更登记等违约情况。

二是，在交易价款的支付方面，转让方个人有必要要求受让方、受让方也可能需要事先准备并支付（或代扣代缴）足以使转让方个人履行缴纳相应的个人所得税税款的义务的股权转让价款。因为受让方往往需要事先向转让方个人支付至少相当于转让方个人依法应当缴纳的个人所得税税款的金额的股权转让价款，以便其缴纳相应的个人所得税，或者先直接代扣代缴转让方个人依法应当缴纳的个人所得税税款的金额。这对受让方支付股权转让价款的能力提出了直接的要求。

为此，个人股权转让交易的各方，应当充分考虑转让方个人履行缴纳相应的个人所得税税款涉及的资金需求，和受让方在股权转让涉及的变更登记之前支付相应的股权转让价款的能力，避免发生因转让方个人无法履行纳税义务或受让方无法提前支付相应的股权转让价款而导致违约、交易无法顺利进行的情况。

实践中，A股市场上就曾发生过在上市公司发行股份购买资产的交易中，因转让方个人股东无力筹措缴纳相应的个人所得税的资金而导致交易终止的案例。相关情况，可见上交所上市公司国投中鲁（股票代码：600962）2015年4月8日的《终止重大资产重组事项公告》、深交所上市公司北纬科技（股票代码：002148）2015年11月15日的《关于终止发行股份及支付现金购买资产事项暨股票复牌的公告》等。

基于上述，在依法需要办理变更登记的个人股权转让交易当中，有必要充分考虑《个人所得税法》第15条第2款第二句的规定及其所带来的影响，结合国家税务总局《股权转让所得个人所得税管理办法（试行）》的规定，从交易时间、交易资金的支付节奏等方面，做好安排。

公司法实务精要

谢秋荣 / 著

下册

中国法制出版社
CHINA LEGAL PUBLISHING HOUSE

目　录

下　册

第十四章
股权的强制执行

股权的强制执行，作为股权转让的特殊形式，与通常的股权转让的不同之处在于，通常的股权转让属于股东主动地转让股权，而股权的强制执行则是股东在法院的强制执行程序中被动地转让股权。本章主要围绕有限公司股权和股份公司股份的强制执行而展开。

第一节　有限公司股权的强制执行

针对有限公司股权的强制执行，《公司法》主要是通过其第 72 条加以规定的。

《公司法》第 72 条规定了这么几层含义，一是，人民法院依照法律规定的强制执行程序转让股东的股权时，负有通知公司及全体股东的义务；二是，人民法院依照法律规定的强制执行程序转让股东的股权时，其他股东在同等条件下享有优先购买权；三是，其他股东应当在法定的期限内行使优先购买权。

就有限公司股权的强制执行而言，《公司法》第 72 条的规定属于人民法院强制执行程序的特别规定，在人民法院依照法律规定的强制执行程序转让有限公司的股东的股权时，应当优先适用《公司法》第 72 条的规定。

值得注意的是，《公司法》第 72 条规定的其他股东的优先购买权仅适用于被强制执行转让的是有限公司的股权的情形，而不适用于法院强制执行转让股份公司的股份的情形。

一、法院强制执行转让有限公司股权的前提和主要执行程序

根据《民事诉讼法》第236条第1款、第2款[①]，第237条第1款[②]，第238条第1款[③]，第240条，第241条第1款的规定，在有限公司的股东不履行相关法律文书确定的义务，并且在人民法院向其发出执行通知之后，仍然未按照执行通知履行法律文书确定的义务的情况下，人民法院有权向有关单位查询作为被执行人的有限公司的股东的存款、债券、股票、基金份额及其在有限公司的股权等财产情况，人民法院有权根据不同情形扣押、冻结、划拨、变价作为被执行人的有限公司的股东包括其在有限公司的股权在内的财产。

此外，《民事诉讼法》第244条还规定了："被执行人未按执行通知履行法律文书确定的义务，人民法院有权查封、扣押、冻结、拍卖、变卖被执行人应当履行义务部分的财产"；当然，采取前述措施，人民法院应当作出裁定，并且，应当保留被执行人及其所扶养家属的生活必需品。

其中，根据《民事诉讼法》第236条第1款、第2款，第237条第1款，第238条第1款，《最高人民法院关于适用〈中华人民共和国民事诉讼法〉的解释》（法释〔2015〕5号）第462条[④]和《最高人民法院关于人民法院执行工作若干问题的规定（试行）》（法释〔1998〕15号，2008年调整）第2条[⑤]的

---

① 《民事诉讼法》第236条规定："发生法律效力的民事判决、裁定，当事人必须履行。一方拒绝履行的，对方当事人可以向人民法院申请执行，也可以由审判员移送执行员执行。调解书和其他应当由人民法院执行的法律文书，当事人必须履行。一方拒绝履行的，对方当事人可以向人民法院申请执行。"

② 《民事诉讼法》第237条第1款规定："对依法设立的仲裁机构的裁决，一方当事人不履行的，对方当事人可以向有管辖权的人民法院申请执行。受申请的人民法院应当执行。"

③ 《民事诉讼法》第238条第1款规定："对公证机关依法赋予强制执行效力的债权文书，一方当事人不履行的，对方当事人可以向有管辖权的人民法院申请执行，受申请的人民法院应当执行。"

④ 《最高人民法院关于适用〈中华人民共和国民事诉讼法〉的解释》（法释〔2015〕5号）第462条第1款规定："发生法律效力的实现担保物权裁定、确认调解协议裁定、支付令，由作出裁定、支付令的人民法院或者与其同级的被执行财产所在地的人民法院执行。"

⑤ 《最高人民法院关于人民法院执行工作若干问题的规定（试行）》第2条规定："执行机构负责执行下列生效法律文书：（1）人民法院民事、行政判决、裁定、调解书，民事制裁决定、支付令，以及刑事附带民事判决、裁定、调解书；（2）依法应由人民法院执行的行政处罚决定、行政处理决定；（3）我国仲裁机构作出的仲裁裁决和调解书；人民法院依据《中华人民共和国仲裁法》有关规定作出的财产保全和证据保全裁定；（4）公证机关依法赋予强制执行效力的关于追偿债款、物品的债权文书；（5）经人民法院裁定承认其效力的外国法院作出的判决、裁定，以及国外仲裁机构作出的仲裁裁决；（6）法律规定由人民法院执行的其他法律文书。"

规定，前述“法律文书”，包括以下各项：

一是，发生法律效力的人民法院的民事、行政判决、裁定、调解书，民事制裁决定、支付令，以及刑事附带民事判决、裁定、调解书。

二是，依法应由人民法院执行的行政处罚决定、行政处理决定。

三是，我国仲裁机构作出的仲裁裁决和调解书；人民法院依据《中华人民共和国仲裁法》有关规定作出的财产保全和证据保全裁定。

四是，公证机关依法赋予强制执行效力的关于追偿债款、物品的债权文书。

五是，经人民法院裁定承认其效力的外国法院作出的判决、裁定，以及国外仲裁机构作出的仲裁裁决。

六是，法律规定由人民法院执行的其他法律文书。

根据《民事诉讼法》第 242 条第 2 款关于“人民法院决定扣押、冻结、划拨、变价财产，应当作出裁定，并发出协助执行通知书，有关单位必须办理”的规定，第 244 条关于“被执行人未按执行通知履行法律文书确定的义务，人民法院有权查封、扣押、冻结、拍卖、变卖被执行人应当履行义务部分的财产。……采取前款措施，人民法院应当作出裁定”的规定，《最高人民法院关于人民法院执行工作若干问题的规定（试行）》第 26 条第 3 款关于“人民法院采取执行措施，应当制作裁定书，送达被执行人”的规定、《最高人民法院、国家工商总局关于加强信息合作规范执行与协助执行的通知》（法〔2014〕251 号）第 16 条第 1 款关于“人民法院强制转让被执行人的股权、其他投资权益，完成变价等程序后，应当向受让人、被执行人或者其股权、其他投资权益所在市场主体送达转让裁定，要求工商行政管理机关协助公示并办理有限责任公司股东变更登记”的规定，人民法院依照法律规定的强制执行程序转让有限公司的股东在该有限公司的股权，应当作出转让裁定，向依照法律规定的强制执行程序确定的该股权的受让人、作为被执行人的该股东或该有限公司送达转让裁定，并向该有限公司的主管公司登记机关发送协助执行通知书和协助公示执行信息需求书，要求公司登记机关协助公示并办理有限责任公司股东变更登记。

其中，在采取拍卖的方式对被执行的股权进行变价处理时，《最高人民法院关于人民法院民事执行中拍卖、变卖财产的规定》（法释〔2004〕16 号）第 23 条规定：“拍卖成交或者以流拍的财产抵债的，人民法院应当作出裁定，并于价款或者需要补交的差价全额交付后十日内，送达买受人或者承受人。”

二、法院强制执行转让有限公司股权时的通知义务

根据《公司法》第 72 条第一句的规定，人民法院在依照法律规定的强制执行程序转让股东的股权时，负有通知公司和全体股东的法定义务；据此，公司的其他股东享有相应的知情权。这一通知义务属于《公司法》规定的特别义务，不能以协助执行通知书代替。

在通知的对象方面，由于《公司法》第 72 条第一句使用了“应当通知公司及全体股东”的表述，因此，法院在强制执行股东在有限公司的股权时，不仅应通知公司和其他股东，也需要通知被强制执行转让股权的股东。

在通知的内容方面，由于在法院强制执行转让股东所持股权时，其他股东行使优先购买权要以同等条件为基础，亦即其他股东行使优先购买权时，应当已经知道了股权被强制执行转让的条款和条件，因此，我倾向于认为，法院通知的内容应当包括股权被强制执行转让的全部条款和条件，否则，其他股东将无以行使优先购买权。

不过，针对《公司法》第 72 条所说的“通知”，《公司法司法解释（四）》第 22 条第 1 款规定了：“通过拍卖向股东以外的人转让有限责任公司股权的，适用公司法……第七十二条规定的……‘通知’……时，根据相关法律、司法解释确定”，第 2 款规定了“在依法设立的产权交易场所转让有限责任公司国有股权的，适用公司法……第七十二条规定的……‘通知’……时，可以参照产权交易场所的交易规则”，实务中应当予以关注。

三、强制执行程序中其他股东的优先购买权及其行使

根据《公司法》第 72 条第一句的规定，在法院强制执行转让有限公司的股东的股权时，有限公司的其他股东享有优先购买权。

不过，由于《公司法》第 72 条使用了“其他股东在同等条件下有优先购买权。其他股东自人民法院通知之日起满二十日不行使优先购买权的，视为放弃优先购买权”的表述，没有像《公司法》第 71 条第 2 款那样使用“股东向股东以外的人转让股权，应当经其他股东过半数同意”的表述，因此，在人民

法院强制执行转让股东的股权时，无需征求其他股东的同意，其他股东不享有《公司法》第71条第2款所说的“同意权”和“其他股东半数以上不同意转让时不同意转让的股东享有购买权”。

基于此，并结合《公司法》第11条关于“公司章程对公司、股东、董事、监事、高级管理人员具有约束力”的规定，人民法院依照法律规定的强制执行程序转让有限公司股东的股权，不受《公司法》第71条以及该有限公司的章程中关于股东转让股权的规定的限制。

对此，在2014年6月就边玉玺与烟台市威利发食品有限公司其他执行申请复议案作出的（2014）执复字第6号执行裁定书中，最高人民法院认为，“关于公司章程的性质，《中华人民共和国公司法》第十一条规定：‘设立公司必须依法制定公司章程。公司章程对公司、股东、董事、监事、高级管理人员具有约束力。’依照该规定，中奥公司《公司章程》第十八条关于股东不得向股东以外的人转让股权的规定，是对于股东在民事活动中向公司以外的平等主体转让股权的限制，在生效判决已确认申请执行人对案涉质押股权享有优先受偿权的情况下，人民法院依据生效判决强制执行被执行人质押的股权，不受《公司章程》该条规定的约束。”

在人民法院强制执行转让股东的股权的过程中，其他股东的优先购买权的行使，应当符合以下要求：

一是，在行使条件方面，其他股东的优先购买权应当基于“同等条件”。

在产生方式上，《公司法》第72条第一句所说的“同等条件”中的“条件”，产生于法院的强制执行程序，而不是产生于转让双方的自主协商。对此，《公司法司法解释（四）》第22条第1款规定了：“通过拍卖向股东以外的人转让有限责任公司股权的，适用公司法……第七十二条规定的……‘同等条件’……时，根据相关法律、司法解释确定”，第2款规定了：“在依法设立的产权交易场所转让有限责任公司国有股权的，适用公司法……第七十二条规定的……‘同等条件’……时，可以参照产权交易场所的交易规则”。

二是，在行使期限方面，其他股东应当在“人民法院通知之日起二十日内”行使优先购买权，否则，《公司法》将采取法律推定的处理措施，即“视为放弃优先购买权”。

问题是，《公司法》第72条第二句所说的“人民法院通知之日”，是指法院发出通知之日，还是法院的通知送达（包括视为送达）之日？与《公司法》第 71 条第 2 款明确规定其他股东对转让股东对外转让股权作出同意或不同意的答复的“三十日”期限的起算日期为“接到书面通知之日”不同，《公司法》第 72 条对此未作明确规定。

我倾向于认为，“人民法院通知之日”应指人民法院关于强制执行转让相关股东的股权的通知送达其他股东之日；由于法院的通知送达各个其他股东的日期可能不同，因此，各个股东行使《公司法》第 72 条项下的优先购买权的期限的届满日期可能也会不同，从而需要根据具体的情况来确定相关其他股东是否符合“视为放弃优先购买权”的条件。

另一个问题是，如何认定为其他股东在法院通知之日起 20 日内“不行使优先购买权”？其他股东是否也应当跟《民事诉讼法司法解释》第 320 条规定的“未在法定上诉期间内递交上诉状的，视为未提起上诉”那样，以书面形式提出行使优先购买权的要求？《公司法》本身对此未作规定。这涉及其他股东如何行使优先购买权的问题。

还有，其他股东如何行使优先购买权？是否需要参与强制执行程序？《公司法》本身没有提出这样的要求。

不过，最高人民法院出台的司法解释，则要求其他股东参与法院的强制执行程序，否则将被视为放弃优先购买权；此外，在《公司法》第 72 条的规定之外，最高人民法院的司法解释也对其他股东行使优先购买权提出了其他的要求。

这方面的司法解释主要是《最高人民法院关于人民法院民事执行中拍卖、变卖财产的规定》（法释〔2004〕16 号）和《最高人民法院关于人民法院网络司法拍卖若干问题的规定》（法释〔2016〕18 号）。其中，《最高人民法院关于人民法院网络司法拍卖若干问题的规定》属于《最高人民法院关于人民法院民事执行中拍卖、变卖财产的规定》的特别规定。

根据这两个司法解释的规定，人民法院在执行程序中对冻结的有限公司的股权进行变价处理时，应当首先采取拍卖的方式，并且应当首先采取网络司法拍卖的方式（法律、行政法规和司法解释规定必须通过其他途径处置，或者不宜采用网络拍卖方式处置的除外）。

在非网络司法拍卖过程中，在对被执行人的股权进行拍卖时，《最高人民法院关于人民法院民事执行中拍卖、变卖财产的规定》第 14 条规定了："人民法院应当在拍卖五日前以书面或者其他能够确认收悉的适当方式，通知当事人和已知的担保物权人、优先购买权人或者其他优先权人于拍卖日到场。优先购买权人经通知未到场的，视为放弃优先购买权"，因此，作为优先购买权人的其他股东必须在拍卖日到达拍卖现场，否则将被视为放弃优先购买权；并且，《最高人民法院关于人民法院民事执行中拍卖、变卖财产的规定》第 16 条规定了："拍卖过程中，有最高应价时，优先购买权人可以表示以该最高价买受，如无更高应价，则拍归优先购买权人；如有更高应价，而优先购买权人不作表示的，则拍归该应价最高的竞买人。"

在网络司法拍卖程序过程中，在对被执行人的股权进行拍卖时，《最高人民法院关于人民法院网络司法拍卖若干问题的规定》第 16 条也规定了"网络司法拍卖的事项应当在拍卖公告发布三日前以书面或者其他能够确认收悉的合理方式，通知当事人、已知优先购买权人。权利人书面明确放弃权利的，可以不通知。无法通知的，应当在网络司法拍卖平台公示并说明无法通知的理由，公示满五日视为已经通知。优先购买权人经通知未参与竞买的，视为放弃优先购买权"，因此，作为优先购买权人的其他股东必须参与网络司法拍卖程序，竞买被网络司法拍卖的股权，否则将视为放弃优先购买权；并且，《最高人民法院关于人民法院网络司法拍卖若干问题的规定》第 19 条第 1 款还规定了："优先购买权人经人民法院确认后，取得优先竞买资格以及优先竞买代码、参拍密码，并以优先竞买代码参与竞买；未经确认的，不得以优先购买权人身份参与竞买"；此外，在成交价格方面，《最高人民法院关于人民法院网络司法拍卖若干问题的规定》第 21 条第 1 款还规定了"优先购买权人参与竞买的，可以与其他竞买人以相同的价格出价，没有更高出价的，拍卖财产由优先购买权人竞得"；但在其他竞买人有更高出价的情况下，则应适用《最高人民法院关于人民法院民事执行中拍卖、变卖财产的规定》第 16 条的规定，即"如有更高应价，而优先购买权人不作表示的，则拍归该应价最高的竞买人"。

《最高人民法院关于人民法院民事执行中拍卖、变卖财产的规定》和《最高人民法院关于人民法院网络司法拍卖若干问题的规定》的上述规定意味着，最高人民法院通过司法解释在《公司法》之外对作为优先购买权人的其他股东增设了参与拍卖程序的义务，甚至是参与或协助产生强制执行转让股权的价格的义务，而不是直接地、当然地以其他股东以外的竞买人的最高应价作为《公司法》第72条所说的“同等条件”。

我理解，《最高人民法院关于人民法院民事执行中拍卖、变卖财产的规定》和《最高人民法院关于人民法院网络司法拍卖若干问题的规定》的这些规定，对《公司法》第72条进行了限制性解释。

注意到，一方面，在通知的要求上，与《公司法》第71条第2款针对有限公司的股份向股东以外的人转让股权的情形使用了“股东向股东以外的人转让股权，……股东应就其股权转让事项书面通知其他股东征求同意”的表述类似，针对人民法院强制执行转让股东的股权，《公司法》第72条使用的是“人民法院依照法律规定的强制执行程序转让股东的股权时，应当通知公司及全体股东”的表述，二者没有太大的差异；另一方面，与《公司法》第71条第3款针对有限公司的股份向股东以外的人转让股权的情形使用了“在同等条件下，其他股东有优先购买权”的表述类似，针对人民法院强制执行转让股东的股权，《公司法》第72条使用的是“其他股东在同等条件下有优先购买权”的表述，二者基本一致。但是，最高人民法院在针对有限公司的股东向股东以外的人转让股权的情形认同并要求转让股东应当将其与股东以外的人达成的转让股权的全部条件告知其他股东，其他股东有权以此作为行使优先购买权的同等条件[①]的同时，针对人民法院强制执行转让股东的股权的情形，却不但不告知其他股东强制执行转让股权的同等条件，反而还要求其他股东参与强制执行程序并协助产生同等条件，这样的做法，严格来讲是不符合《公司法》第72条的精神的。

我倾向于认为，《公司法》第72条并未要求其他股东参与强制执行程序，其他股东只需在法院的强制执行程序产生了强制执行转让股权的条款和条件之后，决定是否以与该等条款和条件同等的条件行使优先购买权即可，而无需参与强制执行程序；在其他股东决定以同等条件行使优先购买权时，其他人不能再以更高的价格来要求购买。

---

① 见《公司法司法解释（四）》第17条第2款、第3款和第18条，以及最高人民法院2013年12月22日就丁某明、李某、冯某琴与瞿某建优先认购权纠纷再审案作出的（2012）民抗字第32号民事判决书。

四、强制执行程序中其他股东优先购买权的保护

如前所述，在人民法院依照法律规定的强制执行程序转让有限公司的股东的股权的过程中，《公司法》第72条赋予了该有限公司的其他股东相应的知情权和优先购买权。

在其他股东的知情权和优先购买权的保护方面，甘肃兰驼集团有限责任公司（以下简称兰驼公司）与常柴银川柴油机有限公司（以下简称常柴银川公司）、兰州常柴西北车辆有限公司（以下简称西北车辆公司）、兰州万通房地产经营开发有限公司（以下简称万通公司）股权转让纠纷上诉案可作参考。

在2016年12月16日就该案作出的（2016）最高法民终295号民事判决书中，最高人民法院认为："《中华人民共和国物权法》第二百一十九条规定：'债务人不履行到期债务或者发生当事人约定的实现质权的情形，质权人可以与出质人协议以质押财产折价，也可以就拍卖、变卖质押财产所得的价款优先受偿。'应当说，无论是折价、拍卖、变卖，均关涉到股权转让问题。公司法第七十二条规定：'人民法院依照法律规定的强制执行程序转让股东的股权时，应当通知公司及全体股东，其他股东在同等条件下有优先购买权。其他股东自人民法院通知之日起满二十日不行使优先购买权的，视为放弃优先购买权。'西北车辆公司为有限责任公司。案涉该公司57%的股权在执行程序中以拍卖方式进行转让，应根据上述法条规定，保护作为西北车辆公司股东的兰驼公司等股东的优先购买权。在常柴银川公司与万通公司借款质押案执行程序中，法院采取拍卖的方式对57%股权中的0.5%股权进行转让。常柴银川公司向兰驼公司发出的《征询函》，告知0.5%股权转让的价款为500万元并询问兰驼公司是否行使优先购买权。兰驼公司回复意见称，其行使优先购买权，但需经甘肃省国资委批准。在法定的20日期间内，兰驼公司未提交甘肃省国资委的批准文件，亦未交付转让款，在本案一审期间，亦没有甘肃省国资委的批准意见，未交付转让款，故应认定兰驼公司对以500万元转让0.5%股权不行使优先购买权。但兰驼公司主张，案涉0.5%的股权的价格为50万元而非500万元，其证据为宁夏高院2010年10月19日作出的（2009）宁高法执裁字第12-5号《执行裁定书》载明的事实。万通公司主张转让的价格是500万元，并提交了

《股权转让合同》、2010 年 9 月 9 日常柴银川公司给万通公司出具的《汇款指令》以及同日万通公司打给澎柏公司 500 万元的电汇凭证、常柴银川公司给万通公司出具的其收到 500 万元收据等证据予以证明。本院认为，宁夏高院（2009）宁高法执裁字第 12 -5 号《执行裁定书》作出的时间为 2010 年 10 月 19 日，在万通公司提交的《汇款指令》、电汇凭证、收据之后，且其载明，该裁定书是依据万通公司与常柴银川公司签订的《执行和解协议书》载明的事实认定 0.5% 的股权是抵偿 50 万元债务。由于万通公司与常柴银川公司签订的《执行和解协议书》明确载明 0.5% 的股权抵债 50 万元的事实，且该事实被法院裁定书认定，故该 0.5% 股权的对价款应为 50 万元而非 500 万元。鉴于 0.5% 的股权的转让款为 50 万元，远低于询问兰驼公司是否行使优先购买权时《征询函》载明的价格，故载明案涉 0.5% 的股权的转让款为 500 万元的《征询函》并不构成有效通知。在本院二审期间，兰驼公司仍明确表示，其行使上述股权的优先购买权。该股权抵债行为侵犯了兰驼公司的优先购买权，万通公司与常柴银川公司没有有效转让案涉 0.5% 的股权。由于万通公司未合法取得西北车辆公司 0.5% 的股权，故其以股东身份受让剩余 56.5% 股权抵债，未通知西北车辆公司股东行使优先购买权的行为也侵害了西北车辆公司其他股东的优先购买权，亦不发生有效转让股权的效力。综上，不能认定万通公司合法取得案涉 57% 的股权。《最高人民法院关于适用〈中华人民共和国民事诉讼法〉的解释》第九十三条规定：‘下列事实，当事人无须举证证明：……（五）已为人民法院发生法律效力的裁判所确认的事实；……第五项至第七项规定的事实，当事人有相反证据足以推翻的除外。’本案中，尽管以股抵债事实已被法院生效裁定确定，但由于兰驼公司有相反证据足以推翻，故本院对相关事实另行作出认定。万通公司应将案涉 57% 的股权返还给常柴银川公司。万通公司若对设定质押的案涉 57% 的股权行使质押权，应根据公司法第七十二条的规定，保障兰驼公司等西北车辆公司股东的优先购买权。”

此外，在 2014 年 12 月 18 日就李某武执行异议案作出的（2009）武执裁字第 00031 号执行裁定书中，针对执行法院拍卖有限公司股东的股权时未将有关股权的评估报告告知该公司其他股东并且提前进行拍卖的情形，武汉市中级人民法院认为：“根据原《中华人民共和国公司法》第七十三条（2013 年修正后该条款改为 72 条）的规定，人民法院依照法律规定的强制执行程序转让股东的股权时，应当通知公司及全体股东，其他股东在同等条件下有优先购买权，其他股东自人民法院通知之日起满二十日不行使优先购买权的，视为放弃优先购买权。在本案中，本院在评估报告作出后，未将评估报告告知其他股东，在拍卖过程中，刊登拍卖公告后未满20日即进行拍卖，未保障其他股东对股权的优先购买权。……在本案的执行过程中，应将股权的评估报告送达李某武本人或其委托的代理人，如无法直接送达应采取公告的形式送达，但本院未按上述情形送达评估报告，因此本院在评估报告的送达程序上存在瑕疵。综上所述，本院在评估、拍卖李某武所有的畅响公司930万股股权的过程中程序上存在瑕疵，在此情形下作出（2005）武执字第00210号民事裁定书及协助执行通知书将股权过户给买受人不当”，因此，作出了“撤销本院将被执行人李某武持有的湖北畅响生物工程有限公司单位股权930万股过户给竞买人顾某的（2005）武执字第00210号民事裁定书及协助执行通知书”的裁定。

还有，在2012年7月25日就海南海联工贸有限公司不服海口市中级人民法院（2012）海中法执异字第3号执行裁定申请复议案作出的（2012）琼执复议字第10号执行裁定书中，海南省高级人民法院认为：“在本案执行中，因建材公司现无其他财产可供执行，根据五矿公司的申请，海口中院拟将冻结建材公司持有海联公司的40%股权进行转让，用于清偿建材公司尚欠五矿公司的债务，符合法律的规定。根据《最高人民法院关于人民法院民事执行中拍卖、变卖财产的规定》（以下简称《拍卖规定》）第二条规定：‘人民法院对查封、扣押、冻结的财产进行变价处理时，应当首先采取拍卖的方式，但法律、司法解释另有规定的除外。’《拍卖规定》第十九条规定：‘拍卖时无人竞买或者竞买人的最高应价低于保留价，到场的申请执行人或者其他执行债权人申请或者同意以该次拍卖所定的保留价接受拍卖财产的，应当将该财产交其抵债。’但海口中院未经建材公司同意，也没有依法首先采取拍卖的方式转让建材公司持有海联公司的40%股权，而是以53－1号通知书采取直接抵债转让的方式，由五矿公司用建材公司尚欠其债务的70%购买建材公司的40%股权，不符合法律的规定，海口中院3号裁定未依法予以认定及纠正不当”，“另根据《公司法》第七十三条①规定：‘人民法院依照法律规定的强制执行程序转让股东的股权时，

① 现为《公司法》第72条。

应当通知公司及全体股东，其他股东在同等条件下有优先购买权。其他股东自人民法院通知之日起满二十日不行使优先购买权的，视为放弃优先购买权。’由于海口中院未按法定方式履行通知海联公司其他股东是否行使优先受偿权的义务，而是以53-1号通知书采取通过海联公司代为通知各股东是否行使优先受偿权的方式履行通知义务，也不符合法律的规定，应依法予以纠正。综上，海口中院53-1号通知书在采取转让股权方式、通知股东方式等方面存在执行行为不合法，海口中院3号裁定未依法予以认定及纠正不当”，因此，作出了撤销海口市中级人民法院（2012）海中法执异字第3号执行裁定、撤销海口市中级人民法院（2006）海中法执字第53-1号通知书的裁定。

五、人民法院强制执行转让有限公司股权的协助执行

由于《民事诉讼法》第242条第2款规定了“人民法院决定扣押、冻结、划拨、变价财产，应当作出裁定，并发出协助执行通知书，有关单位必须办理”，《公司法》第32条第1款和第2款规定了“有限责任公司应当置备股东名册，记载下列事项：……。记载于股东名册的股东，可以依股东名册主张行使股东权利”、第3款规定了“公司应当将股东的姓名或者名称向公司登记机关登记；登记事项发生变更的，应当办理变更登记。未经登记或者变更登记的，不得对抗第三人”，《公司登记管理条例》第9条第8项规定了“公司的登记事项包括：……（八）有限责任公司股东……的姓名或者名称”，第34条第1款规定了“有限责任公司变更股东的，应当自变更之日起30日内申请变更登记，并应当提交新股东的主体资格证明或者自然人身份证明”，因此，人民法院强制执行转让作为被执行人的股东在有限公司的股权，离不开该有限公司和公司登记机关的协助，该有限公司和公司登记机关也负有协助执行的义务。

（一）公司的协助执行

在人民法院依照法律规定的强制执行程序转让有限公司的股东在该有限公司的股权时，该有限公司负有协助执行的义务。

对此，《民事诉讼法司法解释》第485条规定了“人民法院有权查询被执

行人的身份信息与财产信息，掌握相关信息的单位和个人必须按照协助执行通知书办理”，《最高人民法院关于人民法院执行工作若干问题的规定（试行）》第53条规定了“对被执行人在有限责任公司、其他法人企业中的投资权益或股权，人民法院可以采取冻结措施。冻结投资权益或股权的，应当通知有关企业不得办理被冻结投资权益或股权的转移手续，不得向被执行人支付股息或红利。被冻结的投资权益或股权，被执行人不得自行转让”，第54条第1款规定了“被执行人在其独资开办的法人企业中拥有的投资权益被冻结后，人民法院可以直接裁定予以转让，以转让所得清偿其对申请执行人的债务”，第54条第2款和第3款规定了“对被执行人在有限责任公司中被冻结的投资权益或股权，人民法院可以依据《中华人民共和国公司法》第三十五条、第三十六条的规定①，征得全体股东过半数同意后，予以拍卖、变卖或以其他方式转让。不同意转让的股东，应当购买该转让的投资权益或股权，不购买的，视为同意转让，不影响执行。人民法院也可允许并监督被执行人自行转让其投资权益或股权，将转让所得收益用于清偿对申请执行人的债务”，第55条规定了“对被执行人在中外合资、合作经营企业中的投资权益或股权，在征得合资或合作他方的同意和对外经济贸易主管机关的批准后，可以对冻结的投资权益或股权予以转让。如果被执行人除在中外合资、合作企业中的股权以外别无其他财产可供执行，其他股东又不同意转让的，可以直接强制转让被执行人的股权，但应当保护合资他方的优先购买权”。

在人民法院依照法律规定的强制执行程序转让有限公司的股东在该有限公司的股权的过程中，如果人民法院向该有限公司发出了协助执行通知书，而该有限公司没有予以协助，可能面临人民法院的罚款，并可能需要承担其他法律责任。

对此，《民事诉讼法》第114条第1款规定了“有义务协助调查、执行的单位有下列行为之一的，人民法院除责令其履行协助义务外，并可以予以罚

---

① 《最高人民法院关于人民法院执行工作若干问题的规定（试行）》是1998年6月11日由最高人民法院审判委员会第992次会议通过的，其第54条第2款所说的“《中华人民共和国公司法》第三十五条、第三十六条的规定”，指的是1993年12月29日通过并自1994年7月1日起施行的《公司法》的第35条和第36条的规定。这两条规定已经被现行《公司法》第71条第1款至第3款、第73条的规定代替了。

款：（一）有关单位拒绝或者妨碍人民法院调查取证的；（二）有关单位接到人民法院协助执行通知书后，拒不协助查询、扣押、冻结、划拨、变价财产的；（三）有关单位接到人民法院协助执行通知书后，拒不协助扣留被执行人的收入、办理有关财产权证照转移手续、转交有关票证、证照或者其他财产的；（四）其他拒绝协助执行的”，第 114 条第 2 款还规定了“人民法院对有前款规定的行为之一的单位，可以对其主要负责人或者直接责任人员予以罚款；对仍不履行协助义务的，可以予以拘留……”

在此基础上，《民事诉讼法司法解释》第 192 条进一步明确了：“有关单位接到人民法院协助执行通知书后，有下列行为之一的，人民法院可以适用民事诉讼法第一百一十四条规定处理：……（三）拒不停止办理有关财产权证照转移手续、权属变更登记、规划审批等手续的……”

此外，《最高人民法院关于人民法院执行工作若干问题的规定（试行）》第 56 条也规定了“有关企业收到人民法院发出的协助冻结通知后，擅自向被执行人支付股息或红利，或擅自为被执行人办理已冻结股权的转移手续，造成已转移的财产无法追回的，应当在所支付的股息或红利或转移的股权价值范围内向申请执行人承担责任”。

值得注意的是，如前所述，根据《公司法》第 72 条关于“人民法院依照法律规定的强制执行程序转让股东的股权时，应当通知公司及全体股东，其他股东在同等条件下有优先购买权”的规定，获得人民法院的通知是《公司法》赋予有限公司及其全体股东的权利，有限公司的其他股东还享有《公司法》赋予的同等条件下的优先购买权，人民法院不应以协助执行通知书代替向有限公司及全体股东发出关于“依照法律规定的强制执行程序转让相关股东的股权”的通知，更不应以协助执行通知将有限公司其他股东依据《公司法》第 72 条所享有的优先购买权转变为“协助人民法院强制执行转让相关股东的股权”的义务。

（二）公司登记机关的协助执行

在人民法院依照法律规定的强制执行程序转让有限公司的股东在该有限公司的股权时，该有限公司的主管公司登记机关也负有协助执行的义务。

对此，《民事诉讼法司法解释》第 485 条规定了“人民法院有权查询被执行人的身份信息与财产信息，掌握相关信息的单位和个人必须按照协助执行通知书办理”，最高人民法院、国家工商行政管理总局等 19 家部委[①]印发的《关于建立和完善执行联动机制若干问题的意见》（法发〔2010〕15 号）第 17 条规定了“工商行政管理部门应当协助人民法院查询有关企业的设立、变更、注销登记等情况；依照有关规定，协助人民法院办理被执行人持有的有限责任公司股权的冻结、转让登记手续……”，第 19 条规定了“人民法院认为有必要对被执行人采取执行联动措施的，应当制作协助执行通知书或司法建议函等法律文书，并送达有关部门”，第 20 条规定了“有关部门收到协助执行通知书或司法建议函后，应当在法定职责范围内协助采取执行联动措施。有关协助执行部门不应对生效法律文书和协助执行通知书、司法建议函等进行实体审查。对人民法院请求采取的执行联动措施有异议的，可以向人民法院提出审查建议，但不应当拒绝采取相应措施”。

在此基础上，《最高人民法院、国家工商总局关于加强信息合作规范执行与协助执行的通知》（法〔2014〕251 号）对人民法院的执行和公司登记机关的协助执行进一步明确如下：

一是，人民法院办理案件需要工商行政管理机关协助执行的，工商行政管理机关应当按照人民法院的生效法律文书和协助执行通知书办理协助执行事项。

二是，人民法院要求协助执行的事项，应当属于工商行政管理机关的法定职权范围。

三是，工商行政管理机关协助人民法院办理以下事项：（1）查询有关主体的设立、变更、注销登记，对外投资，以及受处罚等情况及原始资料（企业信用信息公示系统已经公示的信息除外）；（2）对冻结、解除冻结被执行人股权、其他投资权益进行公示；（3）因人民法院强制转让被执行人股权，办理有限责任公司股东变更登记；（4）法律、行政法规规定的其他事项。

四是，人民法院强制转让被执行人的股权、其他投资权益，完成变价等程

---

① 这 19 家部委为：中央纪律检查委员会、中央组织部、中央宣传部、中央社会治安综合治理委员会办公室、最高人民法院、最高人民检察院、国家发展和改革委员会、公安部、原监察部、民政部、司法部、原国土资源部、住房和城乡建设部、中国人民银行、国家税务总局、原国家工商行政管理总局、原国务院法制办公室、原中国银监会、中国证监会。

序后，应当向受让人、被执行人或者其股权、其他投资权益所在市场主体送达转让裁定，要求工商行政管理机关协助公示并办理有限责任公司股东变更登记。

五是，人民法院要求办理有限责任公司股东变更登记的，执行人员应当出示工作证或者执行公务证，送达生效法律文书副本或者执行裁定书、协助执行通知书、协助公示执行信息需求书、合法受让人的身份或资格证明，到被执行人股权所在有限责任公司登记的工商行政管理机关办理。

六是，工商行政管理机关收到人民法院上述文书后，应当在三个工作日内直接在业务系统中办理，不需要该有限责任公司另行申请，并及时公示股东变更登记信息；公示后，该股东权利以公示信息确定。

在人民法院依照法律规定的强制执行程序转让有限公司的股东在该有限公司的股权的过程中，如果人民法院向该有限公司的主管公司登记机关发出了协助执行通知书，而该公司登记机关没有予以协助，可能面临人民法院的罚款，并可能需要承担其他法律责任。

对此，《民事诉讼法》第114条第1款规定了“有义务协助调查、执行的单位有下列行为之一的，人民法院除责令其履行协助义务外，并可以予以罚款：（一）有关单位拒绝或者妨碍人民法院调查取证的；（二）有关单位接到人民法院协助执行通知书后，拒不协助查询、扣押、冻结、划拨、变价财产的；（三）有关单位接到人民法院协助执行通知书后，拒不协助扣留被执行人的收入、办理有关财产权证照转移手续、转交有关票证、证照或者其他财产的；（四）其他拒绝协助执行的”，第141条第2款还规定了“人民法院对有前款规定的行为之一的单位，可以对其主要负责人或者直接责任人员予以罚款；对仍不履行协助义务的，可以予以拘留；并可以向监察机关或者有关机关提出予以纪律处分的司法建议”。

在此基础上，《民事诉讼法司法解释》第192条进一步明确了：“有关单位接到人民法院协助执行通知书后，有下列行为之一的，人民法院可以适用民事诉讼法第一百一十四条规定处理：……（三）拒不停止办理有关财产权证照转移手续、权属变更登记、规划审批等手续的……”

此外，《关于建立和完善执行联动机制若干问题的意见》（法发〔2010〕15号）第24条也规定了“有关单位不依照本意见履行职责的，人民法院可以向监察机关或其他有关机关提出相应的司法建议，或者报请执行联动机制领导小组协调解决，或者依照《中华人民共和国民事诉讼法》第一百零三条的规定①处理”。

六、有限公司股权的冻结

（一）强制执行有限公司股权之前应当先行冻结

值得一提的是，根据《民事诉讼法司法解释》第486条关于“对被执行的财产，人民法院非经查封、扣押、冻结不得处分”，《最高人民法院关于人民法院执行工作若干问题的规定（试行）》第53条第1款关于“对被执行人在有限责任公司、其他法人企业中的投资权益或股权，人民法院可以采取冻结措施”，《最高人民法院、国家工商总局关于加强信息合作规范执行与协助执行的通知》（法〔2014〕251号）关于“人民法院对从工商行政管理机关业务系统、企业信用信息公示系统以及公司章程中查明属于被执行人名下的股权、其他投资权益，可以冻结”的规定，人民法院在依照法律规定的强制执行程序转让有限公司的股东在该有限公司的股权时，应当先对该股权采取冻结措施。

在冻结的期限方面，根据《民事诉讼法司法解释》第487条第1款关于“人民法院冻结被执行人的银行存款的期限不得超过一年，查封、扣押动产的期限不得超过两年，查封不动产、冻结其他财产权的期限不得超过三年”和第552条关于“本解释公布施行后，最高人民法院于1992年7月14日发布的《关于适用〈中华人民共和国民事诉讼法〉若干问题的意见》同时废止；最高人民法院以前发布的司法解释与本解释不一致的，不再适用”的规定，人民法

① 《关于建立和完善执行联动机制若干问题的意见》（法发〔2010〕15号）是2010年7月出台的，其所说的“《中华人民共和国民事诉讼法》第一百零三条的规定”，指的是2007年修正后的《民事诉讼法》的第103条的规定。这一规定的内容已经被现行《民事诉讼法》第114条代替了。

院冻结有限公司股东在该有限公司的股权的期限，不得超过三年[①]。

在冻结的效力方面，《最高人民法院关于人民法院民事执行中查封、扣押、冻结财产的规定》（法释〔2004〕15 号，2008 年调整）第 26 条第 1 款规定了“被执行人就已经查封、扣押、冻结的财产所作的移转、设定权利负担或者其他有碍执行的行为，不得对抗申请执行人”，第 3 款规定了“人民法院的查封、扣押、冻结没有公示的，其效力不得对抗善意第三人”；《最高人民法院、国家工商总局关于加强信息合作规范执行与协助执行的通知》（法〔2014〕251 号）第 12 条第 1 款规定了“股权、其他投资权益被冻结的，未经人民法院许可，不得转让，不得设定质押或者其他权利负担”，第 2 款规定了“有限责任公司股东的股权被冻结期间，工商行政管理机关不予办理该股东的变更登记、该股东向公司其他股东转让股权被冻结部分的公司章程备案，以及被冻结部分股权的出质登记”。因此，在受让有限公司的股东在有限公司的股权时，受让人应当关注作为转让标的的股权是否属于已被人民法院“查封、扣押、冻结的财产”。

（二）有限公司股权被冻结可能导致该有限公司无法办理增资等变更登记

值得注意的是，尽管《最高人民法院、国家工商总局关于加强信息合作规范执行与协助执行的通知》（法〔2014〕251 号）第 12 条只是规定了“股权、其他投资权益被冻结的，未经人民法院许可，不得转让，不得设定质押或者其他权利负担”，“有限责任公司股东的股权被冻结期间，工商行政管理机关不予办理该股东的变更登记、该股东向公司其他股东转让股权被冻结部分的公司章程备案，以及被冻结部分股权的出质登记”，但是，实务中，针对有限公司在其股东所持股权被冻结的情况下能否办理增资等变更登记业务的问题，公司登记机关和法院可能持有不同的意见。

从公司登记机关的角度，《国家工商行政管理总局关于未被冻结股权的股

---

① 在《民事诉讼法司法解释》（法释〔2015〕5 号）之前，《最高人民法院关于人民法院民事执行中查封、扣押、冻结财产的规定》（法释〔2004〕15 号，2008 年调整）第 29 条第 1 款曾规定：“人民法院冻结被执行人的银行存款及其他资金的期限不得超过六个月，查封、扣押动产的期限不得超过一年，查封不动产、冻结其他财产权的期限不得超过二年。法律、司法解释另有规定的除外”，《最高人民法院、国家工商总局关于加强信息合作规范执行与协助执行的通知》（法〔2014〕251 号）第 14 条第 1 款曾规定：“冻结股权、其他投资权益的期限不得超过两年。申请人申请续行冻结的，人民法院应当在本次冻结期限届满三日前按照本通知第 11 条办理。续冻期限不得超过一年。续行冻结没有次数限制。”

东能否增加出资额、公司增加注册资本的答复意见》（工商法字〔2011〕188号）[①] 认为："冻结某股东在公司的股权，并不构成对公司和其他股东增资扩股等权利的限制。公司登记法律法规、民事执行相关法律法规对部分冻结股权的公司，其他股东增加出资额、公司增加注册资本没有禁止性规定。因此，在法无禁止规定的前提下，公司登记机关应当依申请受理并核准未被冻结股权的股东增加出资额、公司增加注册资本的变更登记。"

不过，法院系统则持不同的意见。2013 年 11 月的《最高人民法院关于济南讯华传媒广告有限公司与威海海澄水务有限公司股权确认纠纷一案中涉及法律问题的请示答复》〔（2013）执他字第 12 号〕认为："在人民法院对股权予以冻结的情况下，公司登记机关不得为公司或其他股东办理增资扩股变更登记。"

尽管（2013）执他字第 12 号答复"属于具体个案的请示答复，其法律拘束力仅限于个案本身，而不具有普遍的法律效力，在其他案件中法官不能将上述答复直接作为裁判依据"[②]，但是，实务中，公司登记机关可能还是会遵循该答复文件的精神来作出是否准予相关有限公司变更登记的决定；法院在审理相关案件时，实际上也是遵循该答复文件的精神来作出相应的裁判的。

比如，在 2015 年 12 月 28 日就淳安县工商行政管理局（以下简称淳安县工商局）与杭州久大置业有限公司（以下简称久大置业公司）工商行政许可上诉案作出的（2015）浙杭行终字第 318 号行政判决书中，针对淳安县工商局在 2015 年 2 月 9 日就久大置业公司提交的增资变更登记申请，以该公司的股东朱某、董某、李某、章某甲的股权已被冻结、董某等 3 人股权回购案件正在法院审理为由，作出对久大置业公司申请的增加注册资本变更登记不予许可的决定，杭州市中级人民法院认为："《中华人民共和国民事诉讼法》第二百四十二条第二款规定，'人民法院决定扣押、冻结、划拨、变价财产，应当作出裁定，并发出协助执行通知书，有关单位必须办理。'因此，对于人民法院发出的协助执行通知书，有关单位负有遵照执行的法定义务。本案中，安徽省黄山市中

---

① 根据 2017 年 11 月 8 日公布的《工商总局关于公布规范性文件清理结果的公告》（工商办字〔2017〕205 号），《国家工商行政管理总局关于未被冻结股权的股东能否增加出资额、公司增加注册资本的答复意见》（工商法字〔2011〕188 号）属于继续有效的规范性文件。暂未查询到该文件已经被废止或被宣布失效的信息。

② 见最高人民法院官方网站 2016 年 3 月 17 日发布的《关于"最高人民法院公开各类司法依据文件"的答复》，http：//www. court. gov. cn/hudong - xiangqing - 18262. html，最后访问时间：2019 年 9 月 30 日。

级人民法院已冻结久大置业公司股东朱某所持股权，并在协助执行通知书中明确不得以任何形式减少、变更朱某的出资比例和股权份额；杭州市拱墅区人民法院也已冻结董某等3股东所持股权，并在协助执行通知书中明确限制其转让、抵押、质押及变更股权比例等处置行为。若淳安县工商局按照久大置业公司的申请作出予以许可的决定，势必将变更案涉股东的股权比例，将直接与人民法院的协助执行通知书相违背，因此淳安县工商局在查明事实的基础上，作出被诉不予许可决定，认定事实清楚。法律适用上，对于在股权冻结期间，工商机关能否办理增资扩股并无明确的法律规定，但案涉最高人民法院、国家工商总局《关于加强信息合作规范执行与协助执行的通知》及最高人民法院《关于济南讯华传媒广告有限公司与威海海澄水务有限公司股权确认纠纷案中涉及法律问题的请示答复》对此问题有明确意见，淳安县工商局遵循上述意见，作出不予许可决定并无不当。”

又如，在2019年1月2日就铜川声威建材有限责任公司（以下简称声威建材公司）与焦某丁、铜川市工商行政管理局、许某上工商登记行政纠纷再审案作出的（2018）陕02行再1号行政判决书中，针对铜川市工商行政管理局在法院已经裁定对声威建材公司的股东许某上持有的声威建材公司5%股权予以冻结的情况下为该公司办理注册资本变更登记是否违法的问题，铜川市中级人民法院认为：“在本案中，市工商局因声威建材公司的申请，分别于2015年12月2日和2016年3月28日对该公司注册资本变更登记。虽然新修订的《公司法》将股东出资由实缴制改为认缴制，公司股东可自主约定认缴出资额、出资方式和出资期限，申请注册资本的变更登记。但鉴于本院已裁定对许某上持有的声威建材公司5%股权予以冻结，其目的在于限制对被冻结股权的处分，保持被冻结股权的财产价值和权利状态不受变动，使诉前保全被申请人的偿付债务能力不被减弱，防止该部分股权价值被人为灭失或减损，确保诉前保全申请人胜诉后裁判文书的顺利执行。市工商局在明知本院冻结许某上持有的声威建材公司5%股权的情况下，未按照声威建材公司提交的公司章程修止案中约定的出资额、出资方式和出资期限履行审查义务，两次核准该公司增资扩股，对该公司注册资本变更登记，导致被冻结股权从5%变为0.9679%。市工商局在一审中提交的证据不能证明其已按规定履行了审查职责，也违反了其协助人民法院冻结许某上在声威建材公司持有5%股权的义务，该变更登记行为明显不当，符合《中华人民共和国行政诉讼法》第七十条规定的情形，应予撤销。”

相对而言，我倾向于赞同《国家工商行政管理总局关于未被冻结股权的股东能否增加出资额、公司增加注册资本的答复意见》（工商法字〔2011〕188号）关于“冻结某股东在公司的股权，并不构成对公司和其他股东增资扩股等权利的限制”的意见。

因为《最高人民法院、国家工商总局关于加强信息合作规范执行与协助执行的通知》（法〔2014〕251号）第12条第1款关于“股权、其他投资权益被冻结的，未经人民法院许可，不得转让，不得设定质押或者其他权利负担”的规定，只是禁止在未经法院许可的情况下进行的股权转让、设定质押或其他权利负担的行为；该条第2款关于“有限责任公司股东的股权被冻结期间，工商行政管理机关不予办理该股东的变更登记、该股东向公司其他股东转让股权被冻结部分的公司章程备案，以及被冻结部分股权的出质登记”的规定，也只是禁止公司登记机关办理“该股东的变更登记”“该股东向公司其他股东转让股权被冻结部分的公司章程备案”和“被冻结部分股权的出质登记”，并未限制公司登记机关办理该公司的其他变更登记和备案手续。

此外，考虑到如铜川市中级人民法院在上述（2018）陕02行再1号行政判决书中所说，冻结股权的目的“在于限制对被冻结股权的处分，保持被冻结股权的财产价值不受变动，使诉前保全被申请人的偿付债务能力不被减弱，防止该部分股权价值被人为灭失或减损，确保诉前保全申请人胜诉后裁判文书的顺利执行”，结合《最高人民法院关于依法审理和执行民事商事案件保障民间投资健康发展的通知》（法〔2016〕334号）关于“确需采取查封、扣押、冻结等强制措施的，要严格按照法定程序进行，尽可能为企业预留必要的流动资产和往来账户，最大限度降低对企业正常生产经营活动的不利影响”的意见和《最高人民法院关于充分发挥审判职能作用切实加强产权司法保护的意见》（法发〔2016〕27号）关于“依法慎用强制措施和查封、扣押、冻结措施，最大限度降低对企业正常生产经营活动的不利影响”的意见[①]，我倾向于认为，只

① 《最高人民法院关于依法平等保护非公有制经济促进非公有制经济健康发展的意见》（法发〔2014〕27号）、《最高人民法院关于充分发挥审判职能作用为企业家创新创业营造良好法治环境的通知》（法〔2018〕1号）、《最高人民法院关于在执行工作中进一步强化善意文明执行理念的意见》（法发〔2019〕35号）也有类似的意见。

要不会给被冻结的股权对应的财产价值（即其占所在公司的净资产份额）造成不利影响，就不应“一刀切”地限制或禁止被冻结股权所在公司办理其经营管理所需的变更登记或备案手续，以最大限度地避免或降低对被冻结股权所在公司及其其他股东的正常生产经营活动的不利影响。

有鉴于此，法院在作出冻结股权的裁定时，应当明确该裁定所冻结的“标的”是“相关股东对该有限公司的出资额”，其单位为货币单位元或万元；至于所冻结的股权占相关公司当时的注册资本的比例，则只是一种参考，这种比例并非该裁定冻结的“标的”，并不是不可以变动的，而是可以随着被冻结公司的注册资本的变化而发生变化的。法院作出的冻结股权的裁定，不应载明“不得以任何形式减少、变更相关股东的股权比例”或类似表述，法院也不应以该冻结裁定限制或禁止被冻结股权所在的公司实施，不会给被冻结的股权对应的财产价值（即其占所在公司的净资产份额）造成不利影响的行为，该冻结裁定也不应产生任何与此类似的效果。最高人民法院应当出台文件对此予以明确为宜。

第二节　股份公司股份的强制执行

与《公司法》第 72 条针对有限公司股权的强制执行规定了“人民法院依照法律规定的强制执行程序转让股东的股权时，应当通知公司及全体股东，其他股东在同等条件下有优先购买权。其他股东自人民法院通知之日起满二十日不行使优先购买权的，视为放弃优先购买权”不同，《公司法》没有对人民法院强制执行转让股份公司股份作出特别规定。此外，《民事诉讼法》也没有针对人民法院强制执行转让股份公司股份作出直接的特别规定。

不过，最高人民法院在其司法解释中对强制执行上市公司股份作出了相应的特别规定，并对强制执行非上市股份公司的股份作出了简单的规定。

有鉴于此，考虑到股份公司股份属于《民法总则》第 125 条关于“民事主体依法享有股权和其他投资性权利”的规定所说的“股权”“投资性权利”，属于《民法总则》第 113 条关于“民事主体的财产权利受法律平等保护”的规定所说的“财产权利”，人民法院强制执行上市公司股份或非上市股份公司股份，应当适用最高人民法院的这些特别的规定；在没有特别规定的情况下，则应当适用《民事诉讼法》《民事诉讼法司法解释》及其他司法解释有关执行的一般规定。

一、强制执行转让股份公司股份的前提和主要执行程序

根据《民事诉讼法》第 236 条第 1 款、第 2 款，第 237 条第 1 款，第 238 条第 1 款，第 240 条，第 241 条第 1 款的规定，在股份公司的股东不履行相关法律文书确定的义务，并且在人民法院向其发出执行通知之后，仍然未按照执行通知履行法律文书确定的义务的情况下，人民法院有权向有关单位查询作为被执行人的股份公司的股东的存款、债券、股票、基金份额及其在股份公司的股份等财产情况，人民法院有权根据不同情形扣押、冻结、划拨、变价作为被执行人的股份公司的股东的包括其在股份公司的股份在内的财产。

此外，《民事诉讼法》第 244 条第 1 款还规定了"被执行人未按执行通知履行法律文书确定的义务，人民法院有权查封、扣押、冻结、拍卖、变卖被执行人应当履行义务部分的财产"；当然，采取前述措施，人民法院应当作出裁定，并且，应当保留被执行人及其所扶养家属的生活必需品。

其中，前述"法律文书"，包括以下各项：

一是，发生法律效力的人民法院的民事、行政判决、裁定、调解书，民事制裁决定、支付令，以及刑事附带民事判决、裁定、调解书。

二是，依法应由人民法院执行的行政处罚决定、行政处理决定。

三是，我国仲裁机构作出的仲裁裁决和调解书；人民法院依据《中华人民共和国仲裁法》有关规定作出的财产保全和证据保全裁定。

四是，公证机关依法赋予强制执行效力的关于追偿债款、物品的债权文书。

五是，经人民法院裁定承认其效力的外国法院作出的判决、裁定，以及国外仲裁机构作出的仲裁裁决。

六是，法律规定由人民法院执行的其他法律文书。

根据《民事诉讼法》第 242 条第 2 款关于"人民法院决定扣押、冻结、划拨、变价财产，应当作出裁定，并发出协助执行通知书，有关单位必须办理"

的规定，第244条关于“被执行人未按执行通知履行法律文书确定的义务，人民法院有权查封、扣押、冻结、拍卖、变卖被执行人应当履行义务部分的财产。……采取前款措施，人民法院应当作出裁定”的规定，《最高人民法院关于人民法院执行工作若干问题的规定（试行）》第26条第3款关于“人民法院采取执行措施，应当制作裁定书，送达被执行人”的规定，人民法院依照法律规定的强制执行程序转让股份公司的股东在该股份公司的股份，应当作出转让裁定，送达依照法律规定的强制执行程序确定的该股份的受让人、作为被执行人的该股东。

其中，在采取拍卖的方式对被执行的股权进行变价处理时，《最高人民法院关于人民法院民事执行中拍卖、变卖财产的规定》（法释〔2004〕16号）第23条规定了：“拍卖成交或者以流拍的财产抵债的，人民法院应当作出裁定，并于价款或者需要补交的差价全额交付后十日内，送达买受人或者承受人。”

二、强制执行上市公司股份的特别规定

针对人民法院在审理民事纠纷案件过程中，对上市公司股份中的国家股和社会法人股采取冻结、评估、拍卖和办理股权过户等财产保全和执行措施，《最高人民法院关于冻结、拍卖上市公司国有股和社会法人股若干问题的规定》（法释〔2001〕28号）作出了相应的特别规定，具体来说，主要是这样的：

一是，人民法院对上市公司国有股或社会法人股采取冻结、拍卖措施时，被保全人和被执行人应当是相关股份的持有人或者所有权人；被冻结、拍卖股份的上市公司非依据法定程序确定为案件当事人或者被执行人，人民法院不得对其采取保全或执行措施。

二是，人民法院裁定冻结或者解除冻结上市公司国有股或社会法人股，除应当将法律文书送达负有协助执行义务的单位以外，还应当在作出冻结或者解除冻结裁定后7日内，将法律文书送达股权持有人或者所有权人并书面通知上市公司。其中，被冻结上市公司国有股的当事人是国有股份持有人的，人民法院在向该国有股份持有人送达冻结裁定时，应当告其于5日内报主管国有资产监督管理机构备案。

三是，人民法院裁定拍卖上市公司股权，应当于委托拍卖之前将法律文书

送达股权持有人或者所有权人并书面通知上市公司。其中，被拍卖上市公司国有股的当事人是国有股份持有人的，人民法院在向该国有股份持有人送达拍卖裁定时，应当告其于5日内报主管国有资产监督管理机构备案。

四是，冻结的效力及于上市公司国有股或社会法人股产生的股息以及红利、红股等孳息，但上市公司国有股或社会法人股持有人或者所有权人仍可享有因上市公司增发、配售新股而产生的权利。

五是，人民法院执行上市公司国有股或社会法人股，必须进行拍卖；上市公司国有股或社会法人股的持有人或者所有权人以相关股份向债权人质押的，人民法院执行时也应当通过拍卖方式进行，不得直接将上市公司国有股或社会法人股执行给债权人。

六是，拍卖成交后，人民法院应当向证券交易市场和证券登记结算公司出具协助执行通知书，由买受人持拍卖机构出具的成交证明和国有资产监督管理机构对相关股份性质的界定等有关文件，向证券交易市场和证券登记结算公司办理股份变更登记。

尽管《最高人民法院关于冻结、拍卖上市公司国有股和社会法人股若干问题的规定》是针对冻结、拍卖上市公司股份中的国有股和社会法人股作出的规定，我理解，这些规定同样可以参照适用于冻结、拍卖上市公司股份中的其他股份，比如个人持有的上市公司股份、非法人组织持有的上市公司股份。

三、强制执行非上市股份公司股份的特别规定

针对非上市股份公司股份的强制执行，《最高人民法院关于人民法院执行工作若干问题的规定（试行）》（法释〔1998〕15号）第52条规定了：“对被执行人在其他股份有限公司中持有的股份凭证（股票），人民法院可以扣押，并强制被执行人按照公司法的有关规定转让，也可以直接采取拍卖、变卖的方式进行处分，或直接将股票抵偿给债权人，用于清偿被执行人的债务。”

考虑到《最高人民法院关于冻结、拍卖上市公司国有股和社会法人股若干问题的规定》（法释〔2001〕28号）后来对冻结、拍卖上市公司国有股和社会法人股作出了特别规定，要求“人民法院执行上市公司国有股或社会法人股，必须进行拍卖；上市公司国有股或社会法人股的持有人或者所有权人以相关股

份向债权人质押的，人民法院执行时也应当通过拍卖方式进行，不得直接将上市公司国有股或社会法人股执行给债权人”，因此，《最高人民法院关于人民法院执行工作若干问题的规定（试行）》第52条所说的“其他股份有限公司”，指的应当是非上市股份有限公司。

因此，根据上述司法解释，人民法院强制执行非上市股份公司的股份，应当适用《最高人民法院关于人民法院执行工作若干问题的规定（试行）》（法释〔1998〕15号）第52条的规定。

不过，《最高人民法院关于人民法院执行工作若干问题的规定（试行）》并没有对人民法院在强制执行非上市股份公司的股份的过程中是否需要向该非上市股份公司或该非上市股份公司的主管公司登记机关发出协助执行通知书作出规定。此时，应当适用最高人民法院关于执行的一般规定。

四、强制执行非上市股份公司股份的协助执行

（一）非上市公司的协助执行义务

《民事诉讼法》第242条第2款规定了“人民法院决定扣押、冻结、划拨、变价财产，应当作出裁定，并发出协助执行通知书，有关单位必须办理”，《最高人民法院关于人民法院民事执行中查封、扣押、冻结财产的规定》（法释〔2004〕15号）第1条第1款规定了“人民法院查封、扣押、冻结被执行人的动产、不动产及其他财产权，应当作出裁定，并送达被执行人和申请执行人”、第2款规定了“采取查封、扣押、冻结措施需要有关单位或者个人协助的，人民法院应当制作协助执行通知书，连同裁定书副本一并送达协助执行人。查封、扣押、冻结裁定书和协助执行通知书送达时发生法律效力”，《公司法》第139条第1款规定了“记名股票，由股东以背书方式或者法律、行政法规规定的其他方式转让；转让后由公司将受让人的姓名或者名称及住所记载于股东名册”，《公司登记管理条例》第9条第8项规定了“公司的登记事项包括：……（八）……股份有限公司发起人的姓名或者名称”，因此，人民法院强制执行转让作为被执行人的股东在非上市股份公司的股份，离不开该股份公司的协助。

在人民法院依照法律规定的强制执行程序转让非上市股份公司的股东在该

股份公司的股份时，该股份公司负有协助执行的义务。在人民法院依照法律规定的强制执行程序转让非上市股份公司的股东在该股份公司的股份的过程中，如果人民法院向该股份公司发出了协助执行通知书，而该股份公司没有予以协助，可能面临人民法院的罚款，并可能需要承担其他法律责任。

对此，《民事诉讼法》第114条第1款规定了“有义务协助调查、执行的单位有下列行为之一的，人民法院除责令其履行协助义务外，并可以予以罚款：（一）有关单位拒绝或者妨碍人民法院调查取证的；（二）有关单位接到人民法院协助执行通知书后，拒不协助查询、扣押、冻结、划拨、变价财产的；（三）有关单位接到人民法院协助执行通知书后，拒不协助扣留被执行人的收入、办理有关财产权证照转移手续、转交有关票证、证照或者其他财产的；（四）其他拒绝协助执行的”，第114条第2款还规定了“人民法院对有前款规定的行为之一的单位，可以对其主要负责人或者直接责任人员予以罚款；对仍不履行协助义务的，可以予以拘留……”

在此基础上，《民事诉讼法司法解释》第192条进一步明确了：“有关单位接到人民法院协助执行通知书后，有下列行为之一的，人民法院可以适用民事诉讼法第一百一十四条规定处理：……（三）拒不停止办理有关财产权证照转移手续、权属变更登记、规划审批等手续的……”

（二）非上市公司的主管公司登记机关并非当然负有协助执行义务

问题是，在人民法院依照法律规定的强制执行程序转让非上市股份公司的股东在该股份公司的股份的过程中，公司登记机关是否负有协助执行的义务？

对此，《公司法》《民事诉讼法》都没有直接作出明确的规定，最高人民法院的司法解释也只是略有涉及，并没有作出明确的规定；实务中，法院存在不同的处理意见。

有的法院认为，在人民法院依照法律规定的强制执行程序转让非上市股份公司的股东在该股份公司的股份的过程中，公司登记机关负有协助执行的义务。

比如，在2017年6月7日就沈阳亿丰商业管理有限公司（以下简称亿丰公司）与李某、明达意航企业集团有限公司（以下简称明达公司）、抚顺银行股份有限公司（以下简称抚顺银行）案外人执行异议之诉二审案作出的（2017）辽民终221号民事判决书中，辽宁省高级人民法院认为：“抚顺银行是非上市股份有限公司，《中华人民共和国公司法》及《中华人民共和国公司登记管理条例》等相关法律法规，对非上市股份有限公司股权如何保全冻结及股权登记机构尚无明确规定，只有在现有法律情境下结合本案作出确认。第一，《中华人民共和国公司登记管理条例》（2005 年修订）第二条第一款规定‘有限责任公司和股份有限公司（以下统称公司）设立、变更、终止，应当依照本条例办理公司登记’、第四条第一款规定‘工商行政管理机关是公司登记机关’、第三十五条第三款规定‘有限责任公司的股东或者股份有限公司的发起人改变姓名或者名称的，应当自改变姓名或者名称之日起 30 日内申请变更登记’。《最高人民法院关于人民法院民事执行查封、扣押、冻结财产的规定》（法释〔2004〕15 号）第九条第 2 款规定‘查封、扣押、冻结已登记的不动产、特定动产及其他财产权，应当通知有关登记机关办理登记手续。未办理登记手续的，不得对抗其他已经办理了登记手续的查封、扣押、冻结行为’。从财产属性上看，公司股权应当属于该条规定中所称的‘其他财产权’，在保全查封时，只有对‘已登记的股权’才应当向登记机关办理查封保全手续。对此，本院认为，工商局作为公司的法定登记机构，发起人股权已在工商局登记，因此工商局是非上市股份有限公司发起人股的登记机构，也是非上市股份有限公司发起人股权查封保全的登记机构。本案中，2015 年 1 月 5 日及 5 月 25 日抚顺市工商局出具的抚顺银行企业机读档案登记资料显示，明达公司是抚顺银行发起人，持有其 15000 万股股权，说明明达公司是抚顺银行的发起人，其持有抚顺银行的股权已在抚顺市工商局登记。因此，抚顺市工商局是涉案股权查封保全登记机构，本院向其送达协助执行通知书适当。第二，《国家工商行政管理总局关于协助人民法院执行冻结股权有关问题的答复》（工商企字〔2002〕第 136 号）中，工商总局答复厦门市工商行政管理局称‘人民法院依生效的法律文书要求工商行政管理机关协助冻结有关股权的，工商行政管理机关应依法协助执行’。虽然该答复已于 2014 年 7 月 14 日被国家工商行政管理总局《关于公布规范性文件清理结果的公告》（工商办字〔2014〕138 号）废止。但是本案发生在 2012 年 1 月 13 日即该答复废止之前，因此，该答复适用本案，抚顺市工商局是涉案股权变更登记机关。第三，本院向抚顺市工商局下达了查封裁定及协助执行通知书，抚顺市工商局也向本院出具了协助执行回执，说明抚顺市工商局是非上市股份有限公司抚顺银行发起人股权的查封保全登记机构。”

后来，在2017年8月31日沈阳亿丰商业管理有限公司与李某、明达意航企业集团有限公司及抚顺银行股份有限公司案外人执行异议之诉再审案作出的（2017）最高法民申3150号民事裁定书中，针对亿丰公司在再审中提出的抚顺市工商局不是案涉股权变更登记机构的问题，最高人民法院也认为：“《中华人民共和国公司登记管理条例》（2005年修订）第二条第一款‘有限责任公司和股份有限公司（以下统称公司）设立、变更、终止，应当依照本条例办理公司登记’，第四条第一款‘工商行政管理机关是公司登记机关’，第三十五条第三款‘有限责任公司的股东或者股份有限公司的发起人改变姓名或者名称的，应当自改变姓名或者名称之日起30日内申请变更登记’等相关规定，均明确工商行政管理机关是公司登记机构，并未明确将非上市股份有限公司的股权登记事宜排除在工商行政管理机关职权范畴之外。现行法律法规对非上市股份有限公司股权登记机构也并未另行作出其他规定。本院审查期间，各方当事人均认可案涉股权被查封时，辽宁省当地并没有另行设立负责非上市股份有限公司股权变更登记的部门。且在一审法院于2012年1月、2013年12月两次裁定查封冻结案涉股权时，抚顺市工商局并未对其负有协助履行查封冻结案涉股权义务提出异议。虽然抚顺市工商局曾拒绝就2014年12月26日的查封裁定继续履行协助义务，但之后亦出具了协助执行的回执，履行了协助义务。……据此，亿丰公司主张抚顺市工商局不是非上市股份有限公司股权变更登记机构，不具有协助执行案涉股权查封事宜的权限，缺乏充分的事实和法律依据。”

又如，在2015年6月4日就赵某不服廊坊市中级人民法院执行裁定复议案作出的（2015）冀执复字第28号执行裁定书中，河北省高级人民法院认为：“2012年12月10日最高人民法院（2012）执协字第15号因《关于廊坊中院与江苏省常州市中级人民法院执行同一被执行人股权发生争议请求协调的报告》的答复意见认为：‘《中华人民共和国公司登记管理条例》第四条第一款规定‘工商行政管理机关是公司登记机关’；《最高人民法院关于人民法院民事执行中查封、扣押、冻结财产的规定》第一条第二款规定‘采取查封、扣押、冻结措施需要有关单位或者个人协助的，人民法院应当制作协助执行通知书，连同裁定书副本一并送达协助执行人。查封、扣押、冻结裁定书和协助执行通知书送达时发生法律效力’；第九条第二款规定‘查封、扣押、冻结已登记的不动产、特定动产及其他财产权，应当通知有关登记机关办理登记手续’。根据最高人民法院的答复意见精神，冻结股份有限公司的股权仍需向工商行政管理机关送达冻结裁定及协助执行通知书。就本案来讲，廊坊中院向宁夏银行股份有限公司、宁夏回族自治区工商局送达冻结裁定及协助执行通知书，要求宁夏银行股份有限公司、宁夏回族自治区工商局协助冻结被执行人银川美华电器有限公司在宁夏银行股份有限公司的股权532万股，符合我国相关法律的规定，特别是存在第三人对抗时，向宁夏回族自治区工商局送达冻结裁定及协助执行通知书尤为重要。”

基于上述理解，有的法院认为，在公司登记机关不予协助时，人民法院可对其予以罚款。比如，在前述亿丰公司与李某、明达公司、抚顺银行案外人执行异议系列案件当中，大连市中级人民法院2015年4月8日作出的（2015）大执审字第75号执行裁定书提及，在大连市中级人民法院于2014年12月26日作出（2014）大执二字第122号民事裁定、继续冻结明达公司持有的抚顺银行股份有限公司7.3332%的股权直至2015年12月25日止的情况下，针对抚顺银行的公司登记机关抚顺市工商局无合法理由告知大连市中级人民法院其不能履行协助义务的情形，大连市中级人民法院在2014年12月30日作出（2014）大执二字第122号罚款决定书，对抚顺工商局罚款100万元，限在2015年1月9日前缴纳[①]。

再如，宁夏回族自治区高级人民法院在2016年4月7日作出的（2016）宁法赔1号国家赔偿决定书中提及，陕西省定边县人民法院于2012年4月6日因执行案件分别冻结了张某国在宁夏国龙医疗发展股份有限公司（以下简称宁夏国龙医院）的股份（对应于94.19万元的注册资本，持股比例为3.2%），申请执行人是王某，陕西省定边县人民法院向宁夏国龙医院和宁夏回族自治区工商行政管理局送达了执行裁定书和协助执行通知书；在执行程序中，陕西省定边县人民法院要求宁夏回族自治区工商行政管理局将该院冻结的股份94.19万元（3.2%）给王某办理过户手续，但宁夏回族自治区工商行政管理局以无协助义务为由拒绝办理，陕西省定边县人民法院遂对宁夏回族自治区工商行政管理局予以罚款50万元；2013年6月14日，宁夏回族自治区工商行政管理局从

① 后因抚顺工商局履行了协助冻结股份义务，该罚款决定书没有实际执行。见大连市中级人民法院于2015年4月8日作出的（2015）大执审字第75号执行裁定书。

工商注册登记的股东名册中给陕西省定边县人民法院协助办理了股权变更登记手续，将张某国在宁夏国龙医院3.2%的股份划转到王某名下。

不过，也有法院认为，在人民法院依照法律规定的强制执行程序转让非上市股份公司的股东在该股份公司的股份的过程中，无需要求公司登记机关予以协助执行。

在2016年9月20日就南通市经济技术开发区惠民农村小额贷款有限公司不服南通市中级人民法院执行裁定复议案作出的（2016）苏执复14号执行裁定书中，针对“对非上市股份有限公司股权的冻结，是否需要到工商行政管理机关办理协助冻结手续才发生法律效力”的问题，江苏省高级人民法院认为：“《最高人民法院关于人民法院民事执行中查封、扣押、冻结财产的规定》第九条第二款规定，查封、扣押、冻结已登记的不动产、特定动产及其他财产权，应当通知有关登记机关办理登记手续。未办理登记手续的，不得对抗其他已经办理了登记手续的查封、扣押、冻结行为。该条款中所列需要到登记机关办理冻结登记手续的其他财产权的类别，需要由具体的法律法规、司法解释以及其它行政规范性文件予以明确。目前关于本案所涉股权冻结的行政法规、规范性文件的相关规定为：1.《中华人民共和国公司登记管理条例》第九条规定，公司的登记事项包括有限责任公司股东或者股份有限公司发起人的姓名或者名称。该条例第三十四条第三款规定，有限责任公司的股东或者股份有限公司的发起人改变姓名或者名称的，应当自改变姓名或者名称之日起30日内申请变更登记。依据上述规定，除股份有限公司的发起人以外，股份有限公司的股东不在工商行政管理机关的登记范围内。2. 中央纪律检查委员会、中央组织部、中央宣传部、中央社会治安综合治理委员会办公室、最高人民法院、最高人民检察院、国家发展和改革委员会、公安部、监察部、民政部、司法部、国土资源部、住房和城乡建设部、中国人民银行、国家税务总局、国家工商行政管理总局、国务院法制办公室、中国银监会、中国证监会关于印发《关于建立和完善执行联动机制若干问题的意见》的通知（法发〔2010〕15号）第十七条规定，工商行政管理部门应当协助人民法院查询有关企业的设立、变更、注销登记等情况；依照有关规定，协助人民法院办理被执行人持有的有限责任公司股权的冻结、转让登记手续。依据该意见，工商行政管理部门只协助办理被执行人持有的有限责任公司股权的冻结。3. 江苏省工商局苏工商注〔2008〕266号文件第六条载明：因股份有限公司的股东及其认购股份不属于法定登记事项，股东转让股份并无义务向公司登记机关办理变更登记，因此，工商行政管理机关在收到人民法院要求协助执行冻结股份有限公司股东的股份的法律文件后，应函告人民法院无法协助执行并表述理由。4.《最高人民法院、国家工商总局关于加强信息合作规范执行与协助执行的通知》（法〔2014〕251号）第十一条规定，人民法院冻结股权、其他投资权益时，应当向被执行人及其股权、其他投资权益所在市场主体送达冻结裁定，并要求工商行政管理机关协助公示。依据上述规定，人民法院冻结股权时，应要求工商行政管理机关协助公示，该通知未规定对股份有限公司股权的冻结，需到工商行政管理机关办理协助冻结手续。且该通知的发布时间2014年10月10日在南通中院案涉冻结之后。综上，股份有限公司的股东（发起人除外）及其所持有股份不属于工商行政管理机关的法定登记事项，依据现有法律法规及相关部门规范性文件的规定，人民法院冻结股份有限公司的股权无需要求工商行政管理机关办理协助冻结手续。故人民法院对非上市股份有限公司股权的冻结，不适用《最高人民法院关于人民法院民事执行中查封、扣押、冻结财产的规定》第九条第二款的规定。”

我理解，江苏省高级人民法院的上述意见，是符合《公司法》和《公司登记管理条例》有关股份公司股份转让的规定的。我倾向于认为，在人民法院依照法律规定的强制执行程序转让非上市股份公司的股东在该股份公司的股份的过程中，公司登记机关是否负有协助执行的义务，需要看人民法院需要协助执行的事项的具体内容，具体分析如下：

一是，如果人民法院要求公司登记机关协助执行的事项是查询有关股东对股份公司的持股情况，那么，公司登记机关负有协助查询的法定义务。因为，尽管就股份公司而言，只有“发起人的姓名或者名称”才属于公司登记事项，发起人的持股情况、除发起人以外的其他股东的姓名或名称及其持股情况均不属于公司登记事项，并且，股份公司在其股东发生股份转让的情形，无需办理公司变更登记手续，但是，《公司法》第81条第5项规定了“股份有限公司章程应当载明下列事项：……（五）发起人的姓名或者名称、认购的股份数、出资方式和出资时间……”、第83条规定了“以发起设立方式设立股份有限公司的，……发起人认足公司章程规定的出资后，应当选举董事会和监事会，由董事会向公司登记机关报送公司章程以及法律、行政法规规定的其他文件，申请设立登记”、第 92 条第 1 款规定了“董事会应于创立大会结束后三十日内，向公司登记机关报送下列文件，申请设立登记：……（三）公司章程……”并且，《公司法》第 37 条第 7 项规定了“股东会行使下列职权：……（七）对公司增加或者减少注册资本作出决议”、第 99 条规定了“本法第三十七条第一款关于有限责任公司股东会职权的规定，适用于股份有限公司股东大会”、第 103 条第 2 款规定了“股东大会作出修改公司章程、增加或者减少注册资本的决议，必须经出席会议的股东所持表决权的三分之二以上通过”、第 179 条第 2 款规定了“公司增加或者减少注册资本，应当依法向公司登记机关办理变更登记”，因此，事实上，有可能可以通过股份公司提交给公司登记机关的公司章程、股东大会决议等文件，了解到发起人在公司成立时的持股情况以及股份公司增加或减少注册资本时相关股东的持股情况。

从而，根据《民事诉讼法》第 242 条第 1 款关于“被执行人未按执行通知履行法律文书确定的义务，人民法院有权向有关单位查询被执行人的存款、债券、股票、基金份额等财产情况”；《民事诉讼法司法解释》第 485 条关于“人民法院有权查询被执行人的身份信息与财产信息，掌握相关信息的单位和个人必须按照协助执行通知书办理”的规定，在人民法院要求公司登记机关协助查询有关股东对股份公司的持股情况的情形，公司登记机关负有协助查询的义务。至于公司登记机关的协助查询能否查询到有关股东对股份公司的持股情况，则是另外一个问题，也是只有经过了查询才能了解的，公司登记机关不能以查询不到为由不予协助查询。

二是，如果人民法院要求公司登记机关协助执行的事项是查封或冻结有关股东对股份公司的持股情况，那么，公司登记机关就不负有协助查封或冻结的法定义务。

因为，首先，《公司法》和《公司登记管理条例》没有规定公司登记机关负有对股份公司的股东（包括发起人）的持股情况进行登记（包括办理股份公司股份转让变更登记）的法定职责。如前所述，就股份公司而言，只有“发起人的姓名或者名称”才属于公司登记事项，发起人的持股情况、除发起人以外的其他股东的姓名或名称及其持股情况均不属于公司登记事项，并且，股份公司在其股东发生股份转让的情形下，无需办理公司变更登记手续。其次，《民事诉讼法》《公司法》和《公司登记管理条例》没有规定公司登记机关负有协助人民法院查封、冻结股份公司股份的职责或义务。最后，最高人民法院的司法解释也没有规定公司登记机关负有协助法院查封、冻结股份公司股份的义务。

即便是《最高人民法院、国家工商总局关于加强信息合作规范执行与协助执行的通知》（法〔2014〕251 号）也在第 6 条第 1 款规定“人民法院办理案件需要工商行政管理机关协助执行的，工商行政管理机关应当按照人民法院的生效法律文书和协助执行通知书办理协助执行事项”的同时，在其第 6 条第 2 款规定了“人民法院要求协助执行的事项，应当属于工商行政管理机关的法定职权范围”，并在其第 7 条明确了“工商行政管理机关协助人民法院办理以下事项：（1）查询有关主体的设立、变更、注销登记，对外投资，以及受处罚等情况及原始资料（企业信用信息公示系统已经公示的信息除外）；（2）对冻结、解除冻结被执行人股权、其他投资权益进行公示；（3）因人民法院强制转让被执行人股权，办理有限责任公司股东变更登记；（4）法律、行政法规规定的其他事项”，其中并没有关于公司登记机关协助人民法院冻结、查封股份公司股份的内容，而只有“对冻结、解除冻结被执行人股权、其他投资权益进行公示”的要求。

在公司登记机关没有登记股份公司股东的姓名或名称及其所持股份情况的法定职权的情况下，根据《国务院关于加强政务诚信建设的指导意见》（国发〔2016〕76 号）所说的“各级人民政府和公务员要始终坚持依法治国、依法行政，切实履行法定职责必须为、法无授权不可为的要求”和《最高人民法院关于依法平等保护非公有制经济促进非公有制经济健康发展的意见》（法发〔2014〕27 号）所说的“人民法院审理行政案件，要正确处理好权利与权力的关系，对非公有制经济主体要坚持‘法无禁止即可为’的原则，对行政权力要坚持‘法无授权不可为’的原则”，公司登记机关不宜也不应协助人民法院查封、冻结股份公司股份，人民法院要求公司登记机关查封、冻结股份公司股份，实属强人所难，无异于“强迫”公司登记机关违法行政、越权行使行政权力。

三是，如果人民法院要求公司登记机关协助执行的事项是对人民法院查封、冻结有关股东对股份公司的股份的情况进行公示，那么，公司登记机关就负有协助公示的义务。

因为，尽管《公司登记管理条例》没有类似于《不动产登记暂行条例》第 2 条第 1 款关于“本条例所称不动产登记，是指不动产登记机构依法将不动产权利归属和其他法定事项记载于不动产登记簿的行为”、第3条关于“不动产首次登记、变更登记、转移登记、注销登记、更正登记、异议登记、预告登记、查封登记等，适用本条例”、第8条第2款关于“不动产登记机构应当按照国务院国土资源主管部门的规定设立统一的不动产登记簿”、第8条第3款关于“不动产登记簿应当记载以下事项：……（三）涉及不动产权利限制、提示的事项”、第10条关于“不动产登记机构应当依法将各类登记事项准确、完整、清晰地记载于不动产登记簿”那样的规定，《企业信息公示暂行条例》也没有明确要求公司登记机关公示人民法院对股份公司股份的查封、冻结信息，但是，由于《最高人民法院、国家工商总局关于加强信息合作规范执行与协助执行的通知》（法〔2014〕251号）第7条第1款规定了“工商行政管理机关协助人民法院办理以下事项：……（2）对冻结、解除冻结被执行人股权、其他投资权益进行公示”，第11条规定了“人民法院冻结股权、其他投资权益时，应当向被执行人及其股权、其他投资权益所在市场主体送达冻结裁定，并要求工商行政管理机关协助公示。人民法院要求协助公示冻结股权、其他投资权益时，执行人员应当出示工作证或者执行公务证，向被冻结股权、其他投资权益所在市场主体登记的工商行政管理机关送达执行裁定书、协助公示通知书和协助公示执行信息需求书。协助公示通知书应当载明被执行人姓名（名称），执行依据，被冻结的股权、其他投资权益所在市场主体的姓名（名称），股权、其他投资权益数额，冻结期限，人民法院经办人员的姓名和电话等内容。工商行政管理机关应当在收到通知后三个工作日内通过企业信用信息公示系统公示”，因此，如果人民法院按照《最高人民法院、国家工商总局关于加强信息合作规范执行与协助执行的通知》的规定要求公司登记机关协助公示人民法院查封、冻结有关股东对股份公司的股份的情况，那么，公司登记机关就负有协助公示的义务——尽管这一义务源自《最高人民法院、国家工商总局关于加强信息合作规范执行与协助执行的通知》的规定。

四是，如果人民法院要求公司登记机关协助执行的事项是办理人民法院强制执行转让有关股东对股份公司的股份的变更登记并进行公示，那么，公司登记机关就不负有此项协助执行的义务。

因为，首先，如前所述，《公司法》和《公司登记管理条例》没有规定公司登记机关负有对股份公司的股东（包括发起人）的持股情况进行登记（包括办理股份公司股份转让变更登记）的法定职责；其次，《最高人民法院、国家工商总局关于加强信息合作规范执行与协助执行的通知》（法〔2014〕251号）也在第6条第1款规定“人民法院办理案件需要工商行政管理机关协助执行的，工商行政管理机关应当按照人民法院的生效法律文书和协助执行通知书办理协助执行事项”的同时，在其第6条第2款规定了“人民法院要求协助执行的事项，应当属于工商行政管理机关的法定职权范围”，并在其第7条明确了“工商行政管理机关协助人民法院办理以下事项：（1）查询有关主体的设立、变更、注销登记，对外投资，以及受处罚等情况及原始资料（企业信用信息公示系统已经公示的信息除外）；（2）对冻结、解除冻结被执行人股权、其他投资权益进行公示；（3）因人民法院强制转让被执行人股权，办理有限责任公司股东变更登记；（4）法律、行政法规规定的其他事项”，《最高人民法院、国家工商总局关于加强信息合作规范执行与协助执行的通知》并没有关于公司登记机关办理人民法院强制执行转让有关股东对股份公司的股份的变更登记的内容，也没有关于公司登记机关协助对人民法院强制执行转让有关股东对股份公司的股份的情况进行公示的要求，而只有“因人民法院强制转让被执行人股权，办理有限责任公司股东变更登记”和“及时公示股东变更登记信息”的协助执行事项。

基于上述，在人民法院依照法律规定的强制执行程序转让非上市股份公司的股东在该股份公司的股份的过程中，应当向作为被执行人的该股东送达相关执行裁定，并向该股份公司送达相关协助执行通知书，要求该股份公司不得办理股份转让涉及的股东名册变更登记等手续；因公司登记机关不负有对股份公司股份转让涉及的股东变更进行登记的法定职责或义务，人民法院不宜，也不应向该股份公司的主管公司登记机关送达相关协助执行通知书。当然，可以向公司登记机关送达关于协助公示人民法院对该股东所持该股份公司的股份进行的查封、冻结的情况的协助执行通知书。

基于上述分析，我不认同最高人民法院在2017年8月31日就沈阳亿丰商业管理有限公司与李某、明达意航企业集团有限公司及抚顺银行股份有限公司案外人执行异议之诉再审案作出的（2017）最高法民申3150号民事裁定书中的处理意见。最高人民法院有必要对在人民法院依照法律规定的强制执行程序转让非上市股份公司的股东在该股份公司的股份的过程中，公司登记机关的协助执行义务作出更加清晰、明确的规定。

第十五章
股权回购

如前所述，公司回购本公司股权，亦即股东向公司转让股权，属于股权转让的特殊情形。接下来本章分别对有限公司回购股权和股份公司回购股份涉及的主要法律问题展开讨论。

第一节　有限公司的股权回购

《公司法》有关有限公司股权回购的制度主要是第 74 条加以的规定。

《公司法》第 74 条共两款，第 1 款规定了有限公司异议股东可以请求公司收购其股权的情形，第 2 款则规定了公司与异议股东未在特定期限达成股权收购协议的救济措施。这是有限公司在法定的情形基于符合条件的股东的请求回购公司的股权，并非有限公司主动提出回购公司的股权的制度。

考虑到《最高人民法院关于认真学习〈中华人民共和国公司法〉、〈中华人民共和国证券法〉的通知》（法〔2005〕204 号）使用了“异议股东股权收购制度”的表述，因此，可以将《公司法》第 74 条的规定理解为“有限公司异议股东股权收购制度”。当然，实务中，也存在使用“异议股东回购请求权”表述的情形[①]。

《公司法》之所以作出这一规定，是因为“股权回购是作为维护公司稳定、

---

① 比如，在陕西省高级人民法院 2015 年 3 月 25 日就宋某军与西安市大华餐饮有限责任公司股东资格确认纠纷再审案作出的（2014）陕民二申字第 00215 号民事裁定书、南京市中级人民法院 2015 年 3 月 16 日就南京百市发展集团有限公司与庄某股权回购请求权纠纷二审案作出的（2014）宁商终字第 1518 号民事判决书中，陕西省高级人民法院和南京市中级人民法院都使用了“异议股东回购请求权”的表述。

平衡股东权益、健全股东退出机制的重要手段。股权回购是以股东股权回购请求权的行使为基准，体现股东之间的实质平等，是公司本着对股东意愿的尊重。我国公司法确立股东股权回购请求权制度，目的是在公司发生合并、章程变更或者重大资产变更等事项可能导致公司结构发生根本性变化时，赋予异议股东在获得合理的补偿后退出公司的权利”①，其“立法精神在于保护异议股东的合法权益”②。

一、对有限公司享有股权收购请求权的主体

在对有限公司享有股权收购请求权的主体方面，由于《公司法》第 74 条第 1 款使用的是“对股东会该项决议投反对票的股东可以请求公司按照合理的价格收购其股权”的表述，因此，享有请求有限公司收购其股权的权利的主体，应当同时满足以下条件：

一是，提出请求的主体在提出请求当时具有有限公司的股东身份；

二是，提出请求的主体在有限公司的股东会就《公司法》第 74 条第 1 款所列的事项作出决议进行表决时享有表决权；

三是，提出请求的主体在有限公司的股东会就《公司法》第 74 条第 1 款所列的事项作出决议进行表决时投了反对票。

就上述第一个条件而言，只有具有有限公司的股东资格的主体，才能享有请求公司按照合理的价格收购其股权的权利，不是有限公司的股东的主体（包括存在委托持股关系的实际出资人、隐名股东），不享有《公司法》第 74 条规定的权利。

甚至，在相关主体向法院起诉的情形，相关主体可能还需要在诉讼过程中持续具备以上条件。比如，《山东省高级人民法院关于审理公司纠纷案件若干问题的意见（试行）》（鲁高法发〔2007〕3 号）第 75 条规定：“有限责任公司股东可以作为原告提起股东代表诉讼。……诉讼中，原告丧失股东资格的，人民法院应裁定驳回起诉”，第 89 条规定：“代表公司百分之十以上表决权的

---

① 见柳州市柳南区人民法院 2014 年 12 月 29 日就郑某富与柳州市桂飘香酒店有限责任公司请求公司收购股权纠纷一审案作出的（2012）南民初（二）字第 440 号民事判决书。

② 见最高人民法院在 2015 年 10 月 29 日就袁某晖与长江置业（湖南）发展有限公司请求公司收购股份纠纷案作出的（2014）民申字第 2154 号民事裁定书。

股东，可以请求人民法院解散公司。股东的该项诉权不受出资瑕疵的影响。诉讼中，原告丧失股东资格或实际享有的表决权达不到百分之十的，人民法院应裁定驳回起诉。”尽管上述规定仅适用于股东代表诉讼和公司解散诉讼，但其处理办法同样可能适用于有限公司股东请求公司收购其股权的诉讼。

不过，由于《公司法》第 74 条并未对异议股东的持股比例、是否缴足出资提出要求，因此，只要具有有限公司的股东资格的主体，不论其持股比例是多少，也不论其是否已经缴足出资，就应当享有《公司法》第 74 条所规定的请求公司按照合理的价格收购其股权的权利。当然，如后所述，该股东应当在公司股东会作出决议时享有表决权，否则将无法满足《公司法》第 74 条第 1 款所说的“投反对票”的条件。

就上述第二个条件而言，只有在有限公司股东会就相关事项作出决议时享有表决权的股东，才有可能在股东会进行表决时投反对票；如果不享有表决权，就谈不上投反对票了，也就不能享有请求公司按照合理的价格收购其股权的权利。

就上述第三个条件而言，只有在有限公司股东会就相关事项进行表决时明确地投了反对票的股东，才能享有请求公司按照合理的价格收购其股权的权利；仅仅表明异议但未投反对票的股东，不享有此项权利。

不过，值得注意的是，非因自身过错未能参加有限公司股东会会议的股东，虽然实际上没有对股东会决议投反对票，但是，如果其对该股东会决议事项明确提出了反对意见，该股东也应有权请求公司以合理的价格收购其股权，法院应当予以支持。

对此，在 2015 年 10 月 29 日就袁某晖与长江置业（湖南）发展有限公司（以下简称长江置业公司）请求公司收购股份纠纷案作出的（2014）民申字第 2154 号民事裁定书①中，最高人民法院认为：“关于袁某晖是否有权请求长江

① 需要说明的是，笔者从公开渠道查询到了案号分别为（2014）民申字第 2154 号和（2015）民申字第 2154 号的两份内容一致的民事裁定书，案号为（2014）民申字第 2154 号的民事裁定书来自最高人民法院官方网站的“公报”栏目（网址为：http：//gongbao. court. gov. cn/Details/601441031f73fb83b6c2e4d3328d65. html，最后访问时间：2019 年 9 月 30 日），案号为（2015）民申字第 2154 号的民事裁定书则来自最高人民法院官方网站的“中国裁判文书网”（网址为：http：//wenshu. court. gov. cn/website/wenshu/181107ANFZ0BXSK4/index. html？ docId = 9b8c8e886b2748429069d3121f491306，最后访问时间：2019 年 9 月 30 日）。考虑到最高人民法院对此案的裁定书刊载于《最高人民法院公报》2016 年第 1 期，本书采用“（2014）民申字第 2154 号”这个案号。

置业公司回购股权的问题。2010 年 3 月 5 日，长江置业公司形成股东会决议，明确由沈某、钟某光、袁某晖三位股东共同主持工作，确认全部财务收支、经营活动和开支、对外经济行为必须通过申报并经全体股东共同联合批签才可执行，对重大资产转让要求以股东决议批准方式执行。但是，根据长江置业公司与袁某晖的往来函件，在实行联合审批办公制度之后，长江置业公司对案涉二期资产进行了销售，该资产转让从定价到转让，均未取得股东袁某晖的同意，也未通知其参加股东会。根据《公司法》第 74 条之规定，对股东会决议转让公司主要财产投反对票的股东有权请求公司以合理价格回购其股权。从形式上看，袁某晖未参加股东会，未通过投反对票的方式表达对股东会决议的异议。但是，《公司法》第 74 条的立法精神在于保护异议股东的合法权益，之所以对投反对票作出规定，意在要求异议股东将反对意见向其他股东明示。本案中袁某晖未被通知参加股东会，无从了解股东会决议，并针对股东会决议投反对票，况且，袁某晖在 2010 年 8 月 19 日申请召开临时股东会，明确表示反对二期资产转让，要求立即停止转让上述资产，长江置业公司驳回了袁某晖的申请，并继续对二期资产进行转让，已经侵犯了袁某晖的股东权益。因此，二审法院依照《公司法》第 74 条之规定，认定袁某晖有权请求长江置业公司以公平价格收购其股权，并无不当。”

二、关于《公司法》第 74 条第 1 款所说的“股东会该项决议”的理解

《公司法》第 74 条第 1 款所说的“股东会该项决议”指的是股东会已经通过的决议，应结合《公司法》第 74 条第 1 款第 1 项至第 3 项规定的具体情形加以分析：

一是，在《公司法》第 74 条第 1 款第 1 项的情形，“股东会该项决议”指的是有限公司股东会连续第五年作出的不分配利润的决议。

二是，在《公司法》第 74 条第 1 款第 2 项的情形，“股东会该项决议”指的是有限公司股东会作出的公司合并、公司分立或公司转让主要财产的决议。

三是，在《公司法》第 74 条第 1 款第 3 项的情形，“股东会该项决议”指的是有限公司股东会作出的延长营业期限的决议（适用于经营期限届满的情

形）或修改公司章程、消除原章程中的其他解散事由的决议（适用于出现章程规定的其他解散事由的情形）。

此外，值得一提的是，《公司法》第74条第1款使用的“有下列情形之一的，对股东会该项决议投反对票的股东可以……”的表述，也意味着：

一是，《公司法》第74条的规定仅适用于有2个以上、50个以下的股东的有限公司，一人公司和国有独资公司因只有一个股东而没有适用《公司法》第74条的必要和余地。

二是，《公司法》第74条第1款所列的事项应当属于有限公司股东会的职权，应由股东会作出决议。否则，将导致股东因无法就这些事项行使表决权而无法享有《公司法》第74条所规定的权利。

三、有限公司异议股东股权收购请求权的适用范围

《公司法》第74条第1款规定了有限公司的特定股东可以请求公司收购其股权的6种情形，即：（1）公司连续五年不向股东分配利润，而公司该五年连续盈利，并且符合《公司法》规定的分配利润条件；（2）公司合并；（3）公司分立；（4）公司转让主要财产；（5）公司章程规定的营业期限届满，股东会会议通过决议修改章程使公司存续；（6）公司章程规定的其他解散事由出现，股东会会议通过决议修改章程使公司存续。

除了上述情形，有限公司的股东即使对公司股东会作出的决议投了反对票，也不享有要求公司收购其股权的权利，公司可以也应当拒绝其要求。

（一）关于“公司连续五年盈利，并且符合《公司法》规定的分配利润条件但不向股东分配利润”的情形

根据《公司法》第74条第1款第1项的规定，在“公司连续五年盈利，并且符合《公司法》规定的分配利润条件，但股东会仍然连续五年通过不向股东分配利润的决议”的情况下，对股东会第五次作出的不向股东分配利润的决议投反对票的股东，可以请求公司按照合理的价格收购其股权。

关于这一情形，需要注意以下事项：

一是，《公司法》第74条第1款第1项所说的“不向股东分配利润”，

说的是结果，即股东没有获得利润分配，指在“公司连续五年盈利，且符合《公司法》规定的分配利润条件”的情况下，连续五年不向股东分配利润。其中，根据《民法总则》第200条关于“民法所称的期间按照公历年、月、日、小时计算”的规定和第204条关于“期间的计算方法依照本法的规定，但是法律另有规定或者当事人另有约定的除外”的规定，以及《会计法》(2017年修正）第11条关于“会计年度自公历1月1日起至12月31日止”的规定，《公司法》第74条第1款第1项所说的“公司连续五年不向股东分配利润，而公司该五年连续盈利”中的“连续五年”指的是连续5个会计年度。

问题是，是否要求“连续五年”中的每年都是完整的会计年度？我理解，第一年可以不是完整的会计年度，但后面4年应当是4个完整的会计年度为宜，因为公司分配利润不以经过完整的会计年度为前提；比如，即使公司成立的第一年不是完整的会计年度，只要公司在这个不是完整的会计年度的第一年里是盈利的，并且其后的连续4个完整的会计年度也都是盈利的，这前后连续的5年，属于《公司法》第74条第1款第1项所说的“连续五年”。

甚至，由于《公司法》第74条第1款第1项使用的是“不向股东分配利润”的表述，而不是“未向股东分配利润”的表述，考虑到“不向股东分配利润”强调的是“拒绝向股东分配利润”的动作，而“未向股东分配利润”强调的是“没有向股东分配利润”的事实结果，因此，我认为，在前4年连续未向股东分配利润的基础上，只要有限公司股东会在第5个会计年度内的任何时候，作出了第五次不分配利润的决议，就属于《公司法》第74条第1款第1项所说的“公司连续五年不向股东分配利润”，从而有适用《公司法》第74条第1款第1项规定的余地。

另一个问题是，是否要求异议股东连续五年对股东会作出的不向股东分配利润的决议投反对票？我的理解是，由于《公司法》第74条第1款使用的是“有下列情形之一的，对股东会该项决议投反对票的股东”的表述，其中的“该项决议”指向的是导致“公司连续五年不向股东分配利润”这一最终的结果的第五次不分配利润的决议，而不是要求股东对前4次不分配利润的决议也投反对票；即使是在股东对前4次不分配利润的决议投了赞成票，对第五次不分配利润的决议投反对票的情形，仍然满足《公司法》第74条第1款所说的“对股东会该项决议投反对票”和“公司连续五年不向股东分配利润”的要求。

二是，《公司法》第74条第1款第1项使用的是“盈利”而非“营利”的表述。何为“盈利”？注意到《企业所得税法》第17条和《企业所得税法实施条例》第129条将“盈利”作为与“亏损”对应的术语，我理解，《公司法》第74条第1款第1项所说的“盈利”，对应于《企业所得税法实施条例》第10条所界定的“亏损”，并属于“亏损”的反义词，公司每年的收入总额减除不征税收入、免税收入和各项扣除后的数额大于零即属“盈利”。

三是，《公司法》第74条第1款第1项所说的“本法规定的分配利润条件”，指的是《公司法》第166条第1款至第4款规定的条件，即：公司当年弥补亏损并依法提取了法定公积金、依照股东会决议提取任意公积金（如适用）之后的剩余税后利润为正值。

值得一提的是，《公司法》第74条第1款第1项规定的异议股东的股权收购请求权，尤其需要与《公司法》第33条第2款规定的股东查阅会计账簿的权利结合起来，如果没有查阅公司会计账簿的权利，有限公司的股东将难以了解公司历年的实际盈利情况，也就难以行使其要求公司收购其股权的权利。

不过，《公司法》第74条第1款第1项要求只有在满足了“公司连续五年盈利，并且符合《公司法》规定的分配利润条件但连续五年不向股东分配利润”的条件，异议股东才有权要求公司收购其股权，因此，实践中，有的公司可以通过人为操纵公司的盈利状况的方式来规避《公司法》第74条第1款第1项的适用。比如，在第4年或第5年的时候有意使得公司不盈利甚至亏损，从而使公司不符合《公司法》第74条第1款第1项所说的“公司该五年连续盈利，并且符合本法规定的分配利润条件”的要求。

此外，有的公司也可以采取向全体股东或定向向异议股东分配小额利润的方式，来规避《公司法》第74条第1款第1项的适用。

还有，尽管《公司法》第166条规定了“公司弥补亏损和提取公积金后所余税后利润，有限责任公司依照本法第三十四条的规定分配”，但是，这并不意味着有限公司在符合《公司法》规定的利润分配条件时就必须向股东分配利润。对此，《公司法司法解释（四）》第15条规定了：“股东未提交载明具体分配方案的股东会或者股东大会决议，请求公司分配利润的，人民法院应当驳回其诉讼请求”；甚至，即使是在股东提交了载明具体分配方案的股东会或者股东大会的有效决议，请求公司分配利润的情形，《公司法司法解释（四）》第 14 条也规定，只有在“公司拒绝分配利润且其关于无法执行决议的抗辩理由不成立”的情况下，法院才应当“判决公司按照决议载明的具体分配方案向股东分配利润”。

也就是说，就算有限公司股东会作出了载明具体的利润分配方案的有效的决议，公司也能够以无法执行该决议为由拒绝股东分配利润，当然，公司应当举证证明其无法执行该决议，并且使法院认可其无法执行决议的抗辩理由。不过，值得注意的是，这种拒绝向股东分配利润，暂行性地阻却了股东请求公司分配利润的请求，在公司恢复了或者具备了执行公司权力机构作出的载明具体分配方案的有效决议的情况下，公司仍然应当按照决议载明的具体分配方案向股东分配利润。

因此，实践中，在公司股东会或股东大会作出分配利润的决议之前，对于股东请求法院判令公司向其分配利润的请求，法院通常不会支持。比如，在 2015 年 8 月 11 日就武汉华益路桥管理有限公司（以下简称华益公司）、武汉公路桥梁建设集团有限公司与长益资源路桥有限公司（以下简称长益公司）盈余分配纠纷上诉案作出的（2015）民四终字第 4 号民事裁定书中，最高人民法院认为：“《中华人民共和国公司法》第三十七条规定公司股东会审议批准公司的利润分配方案和弥补亏损方案；第四十六条规定董事会制定公司的利润分配方案和弥补亏损方案；第一百六十六条规定，公司应当在弥补亏损，提取法定公积金及经股东会决议提取任意公积金后分配当年税后利润。依据前述规定，有限责任公司是否分配利润以及分配多少利润属公司股东会决策权范畴。股东虽基于投资关系取得利润分配的期待权，但能否转化为具体的利润分配请求权，取决于公司是否盈利以及股东会是否依法作出分配利润的决议等多项条件。故在股东会作出决议之前，股东并不享有利润分配请求权，继而不具有相应的诉权，股东直接向人民法院起诉请求判令公司向股东分配利润缺乏法律依据”，具体到该案当中，“虽然长益公司认为《章程》第 11 章第 2 条、第 3 条明确规定了利润分配的具体时间和方法，第 12 章第 1 条、第 2 条规定了利润的计算方法、可分配收益的组成、分配利润不同阶段的具体分配比例以及《华益公司财务管理补充规定》再次确认华益公司的利润和收益分配的时间，以此主张利润分配方案已以《章程》及相关书面文件固定下来，但依据长益公司在本院询问期间提交的《华益公司董事会二届三次会议决议》一、关于2006年利润预分配的相关问题，‘2006年预分配利润发生了超额分配行为，中、港双方应在2007年2月10日前将超额利润全额一次性退还汇入公司银行账户内，今后避免发生超额预分配现象’，预分配利润方案需经董事会批准，未获董事会批准的利润应退还公司。同时，依据《章程》第11.03项，‘每一会计年度的头三个月，合作公司应编制上一个会计年度的资产负债表，损益计算表和利润分配方案，提交董事会会议审查通过’，华益公司董事会有权审查利润分配方案，对利润分配具有最终决定权。据此，长益公司关于利润分配方案已以《章程》及相关书面文件固定下来，可据以执行的主张不能成立”，因此，“长益公司诉请华益公司支付2008年及2009年至2013年利润，并未提交华益公司董事会相关年度决议支持其主张，其直接向人民法院起诉请求判令华益公司向股东分配利润缺乏法律依据，其诉请不属于民事诉讼受案范围。”

有鉴于此，《公司法》第74条第1款第1项允许在“公司连续五年盈利，并且符合《公司法》规定的分配利润条件但连续五年不向股东分配利润”的情况下，对股东会作出的不向股东分配利润的决议投反对票的股东请求公司按照合理的价格收购其股权，是非常有必要的。

不过，相关股东负有举证证明“公司连续五年不向股东分配利润，而公司该五年连续盈利，并且符合《公司法》规定的分配利润条件”的义务；在不满足上述条件时，有限公司的股东不得要求公司收购其股权，公司也有权予以拒绝。比如，在2016年5月16日就周某涛、辛某荣、姜某礼、于某江、姜某全、侯某国、张某玲、岳某全、迟某武、李某伟、姜某东与山东鸿源水产有限公司（以下简称鸿源公司）请求公司收购股份纠纷上诉案作出的（2016）鲁民终791号民事判决书中，山东省高级人民法院认为：“依照《中华人民共和国公司法》第七十四条规定，‘有下列情形之一的，对股东会该项决议投反对票的股东可以请求公司按照合理的价格收购其股权：（一）公司连续五年不向股东分配利润，而公司该五年连续盈利，并且符合本法规定的分配利润条件的；……。’该法第一百六十六条第四款规定，‘公司弥补亏损和提取公积金后所余税后利润，有限责任公司依照本法第三十五条的规定分配……。’上述规定表明，公司股东请求公司收购股权必须符合下列条件：1. 公司连续五年不向股东分配利润；2. 公司连续五年盈利；3. 符合《公司法》规定的分配利润条件：公司盈利扣除企业所得税，之后仍有盈余的弥补公司亏损和提取公积金，尚有盈余的才能向股东分配。本案中，根据税务机关出具的纳税证明、完税证明和纳税申报材料可以证明鸿源公司在2012年度、2013年度没有产生企业所得税，鸿源公司不可能产生税后利润。因此，虽然鸿源公司在2009年至2013年连续五年没有向股东分配利润，但鸿源公司在该五年内并没有连续盈利。故周某涛等十一人请求鸿源公司收购其股权不符合法律规定，本院不予支持，原审法院判决驳回其诉讼请求并无不当。"

后来，周某涛等11人向最高人民法院提出了再审申请。不过，最高人民法院在2017年6月29日以（2017）最高法民申2154号民事裁定书驳回了其再审请求。在该民事裁定书中，最高人民法院认为："周某涛等11人以鸿源公司自2009年起至2013年连续5年盈利却不分配利润为由主张公司回购股份，根据上述法律规定，应当符合如下条件：1. 公司连续5年不向股东分配利润；2. 该5年公司连续盈利；3. 符合《公司法》规定的分配利润条件，即公司在弥补亏损和提取公积金后所余税后利润依照《公司法》第三十四条的规定分配。本案中，税务机关出具的鸿源公司的纳税证明、完税证明和鸿源公司的纳税申报材料体现鸿源公司在2012年度、2013年度没有产生企业所得税；周某涛等11人虽主张鸿源公司2012年度、2013年度存在税后利润，但其提供的关于鸿源公司对外投资、经营规模的证据并不足以证明鸿源公司在2013年度存在税后利润。周某涛等11人主张相关税务机关的材料系鸿源公司虚假申报得出，但并未就此提供充分证据。因此，综合现有证据，原审判决关于鸿源公司不存在连续5年盈利的事实认定证据较为充分，现亦无充分证据证明认定事实的主要证据系伪造，周某涛等11人以鸿源公司连续5年盈利却不分配利润为由诉请鸿源公司回购股权的条件不成立，原审判决结果并无不当。"

（二）关于"公司合并"的情形

根据《公司法》第74条第1款第2项的规定，在"公司股东会通过公司合并的决议"的情况下，对股东会作出的公司合并的决议投反对票的股东，可以请求公司按照合理的价格收购其股权。

在有限公司与其他公司合并时，与合并前的公司相比，合并后存续或新设的公司的股东情况、股权结构乃至公司的财产、资产、负债情况都将发生重大变化，甚至可能导致参与合并的一方的财务状况发生严重恶化，有鉴于此，又基于有限公司的人合性，《公司法》第 74 条第 1 款第 2 项允许在“公司合并”的情况下，对股东会作出的公司合并的决议投反对票的股东请求公司按照合理的价格收购其股权，是非常有必要的。

关于公司合并的具体事项，请见本书第二十章第一节的内容。

（三）关于“公司分立”的情形

根据《公司法》第 74 条第 1 款第 2 项的规定，在“公司股东会通过公司分立的决议”的情况下，对股东会作出的公司分立的决议投反对票的股东，可以请求公司按照合理的价格收购其股权。

在有限公司分立时，与分立前的公司相比，分立后存续或新设的公司的股东情况、股权结构乃至公司的财产、资产、负债情况都将发生重大变化，有鉴于此，《公司法》第 74 条第 1 款第 2 项允许在“公司分立”的情况下，对股东会作出的公司分立的决议投反对票的股东请求公司按照合理的价格收购其股权，是非常有必要的。

关于公司分立的具体事项，请见本书第二十章第二节的内容。

（四）关于“公司转让主要财产”的情形

根据《公司法》第 74 条第 1 款第 2 项的规定，在“公司股东会通过转让主要财产的决议”的情况下，对股东会作出的转让主要财产的决议投反对票的股东，可以请求公司按照合理的价格收购其股权。问题是，何为“公司的主要财产”?《公司法》本身没有作出规定，目前也未见司法解释对此作出规定。

值得注意的是，司法实践中，有的法院认为，公司转让的财产是否为其主要财产，取决于公司转让该财产是否影响了公司的正常经营和盈利，导致公司发生了根本性变化；至于公司转让的财产占公司相关财务指标的比重（比如占公司资产总额、营业收入、净利润等的比重），仅是衡量相关财产的价值的标准之一，不足以证明相关财产为公司的主要财产。

比如，在就薛某与京卫医药科技集团有限公司（以下简称京卫公司）请求公司收购股份纠纷一案作出的（2011）丰民初字第10986号民事判决书中，针对京卫公司转让其持有的国康公司51%的股权是否属于转让京卫公司的主要财产的问题，北京市丰台区人民法院认为，公司转让的财产是否为主要财产，取决于公司转让该财产是否影响了公司的正常经营和盈利，导致公司发生了根本性变化；京卫公司的经营范围为销售医用高分子材料及制品、卫生材料及敷料、医用电子仪器设备、包装食品，自营和代理各类商品及技术的进出口业务等，从现有证据表明，京卫公司转让其持有的国康公司51%的股权的行为并未影响公司的正常经营和盈利，亦没有证据表明公司发生了根本性变化，故北京市丰台区人民法院认为京卫公司转让其持有的国康公司51%的股权不能视为京卫公司的主要财产；至于薛某关于国康公司的资产总额、营业收入、归属于母公司所有者权益、归属于母公司所有者的净利润分别占京卫公司资产总额、营业收入、归属于母公司所有者权益、归属于母公司所有者的净利润的72%、93%、53%和125%；国康公司51%的股份相对应的资产总额、营业收入、归属于母公司所有者权益、归属于母公司所有者的净利润分别占京卫公司（不含少数股东权益）资产总额、营业收入、归属于母公司所有者权益、归属于母公司所有者的净利润的51%、75%、27%和127%，因此，京卫公司转让其持有的国康公司51%的股权系京卫公司的主要财产的主张，北京市丰台区人民法院认为，上述比例仅是衡量国康公司股权价值的标准之一，并不能表明京卫公司转让其所持有的国康公司的51%的股权导致京卫公司发生了根本性变化，亦不能证明转让的该部分财产系京卫公司的主要财产，因此，对于薛某的该项主张，北京市丰台区人民法院不予支持。①

在后来的二审过程中，北京市第二中级人民法院在2012年2月17日作出的（2012）二中民终字第02333号民事判决书中也认为："薛某主张国康公司51%股权属于京卫公司主要财产，但并未提交充分证据加以证明，薛某亦不能证明其股东权益在转让后将受到损害，且转让国康公司51%股权后，京卫公司的正常经营亦未发生根本性变化，故对其该项上诉主张，本院不予支持。"

北京市二中院的上述观点有值得借鉴的地方。不过，我理解，相关财产是

---

① 见北京市第二中级人民法院2012年2月17日就薛某与京卫医药科技集团有限公司请求公司收购股份纠纷上诉案作出的（2012）二中民终字第02333号民事判决书。

否属于公司的主要财产，需要结合公司、相关财产的具体情况加以分析；在认定相关财产是否属于公司的主要财产时，不可避免地会涉及该财产的价值及其对公司的重要性，需要考察该财产的价值占公司全部财产价值的比重以及其能为公司带来的收入和利润分别占公司全部收入和利润的比重；此外，在不同的时间段，该财产对公司的重要程度可能会发生变化。

比如，中国证监会2018年6月6日公布的《公开发行证券的公司信息披露编报规则第23号——试点红筹企业公开发行存托凭证招股说明书内容与格式指引》（证监会公告〔2018〕14号）第23条第4项在要求“境外基础证券发行人应按照招股说明书内容与格式准则的要求披露其控股子公司、参股子公司的简要情况”的同时，也允许“子公司众多且地域分布广泛”的境外基础证券发行人“可按照招股说明书内容与格式准则的要求披露重要子公司的相关信息，对其他子公司进行分类或汇总披露”，其中的“重要子公司”，包括但不限于下列范围：“1. 对境外基础证券发行人收入、利润、资产、净资产等财务指标影响较大的子公司；2. 现有经营业务、未来发展战略、持有资质或证照等对境外基础证券发行人影响较大的子公司；3. 有关信息对投资者决策影响较大的子公司”。

此外，2018年6月6日公布的《公开发行证券的公司信息披露编报规则第22号——创新试点红筹企业财务报告信息特别规定（试行）》第9条也允许采用中国企业会计准则编制财务报告的红筹企业，在财务报告附注中“按要求披露重要的子公司信息，对不重要的子公司可以分类汇总披露”；其中，“在确定子公司是否重要时，应考虑子公司的收入、利润、资产、净资产等财务指标占合并报表相关指标的比例，以及子公司经营业务、未来发展战略、持有资质或证照等对公司的影响等因素”。

结合《公司法》第74条的立法目的，参考中国证监会制定的《上市公司重大资产重组管理办法》关于上市公司重大资产重组的规定、中国证监会上述规定、《国家税务总局关于〈内地和香港特别行政区关于对所得避免双重征税和防止偷漏税的安排〉有关条文解释和执行问题的通知》（国税函〔2007〕403号）、《国家税务总局关于执行〈内地和香港特别行政区关于对所得避免双重征税和防止偷漏税的安排〉第二议定书有关问题的通知》（国税函〔2008〕685号）的规定，我倾向于认为，只要公司转让的相关财产的账面价值、为公司所带来的收入或扣除相关费用后的净值占到公司全部财产、全部收入或公司净资产值的50%或以上，就应认定该财产为公司的主要财产。

此外，公司有的财产，即使相关财务指标未达到50%，但如果其对于公司的经营和存续具有不可替代的价值，也应视为公司的主要财产。比如，在庄某与南京百市发展集团有限公司（以下简称百市公司）股权回购请求权纠纷一审案作出的（2013）玄商初字第482号民事判决书中，针对百市公司是否存在转让公司主要资产的问题，南京市玄武区人民法院认为："公司的财产是指公司过去的交易或事项形成的，由公司拥有或者控制的资源。其形态包括货币资金、存货、长期股权投资、固定资产、无形资产等。所谓财产转让是权利人为更有效地利用其财产而对部分财产进行调剂处理的经营活动。公司因对外投资、股权转让等导致的财产形态变化均属于公司财产转让，应当受《中华人民共和国公司法》第七十四条的约束。在等价交换的前提下，公司财产的转让只导致财产形态的变化，而不影响公司资产总额，但是公司对外担保，将可能直接导致公司财产的减少，其对公司及股东利益的影响更甚于财产转让，因此对于反对公司担保决议的股东的救济应更优先于财产转让"，"如何认定有限责任公司的主要财产，《中华人民共和国公司法》及其司法解释均未提供衡量或者参照的标准。但《中华人民共和国公司法》第一百二十一条对何谓上市公司重大资产有相应的认定标准。该条款规定：'上市公司在一年内购买、出售重大资产或者担保金额超过公司资产总额百分之三十的，应当由股东大会作出决议，并经出席会议的股东所持表决权的三分之二以上通过。'即一年内的可累计计算的购买、出售重大资产或担保金额超过公司资产总额百分之三十的，可被视为重大资产。据此，有限责任公司对外投资和担保等行为，可参照该规定认定……本案中，百市公司的子公司百市置业公司于2009年10月为高淳万富公司提供5000万元担保，在作为董事会成员之一的庄某明确表示反对，要求召开股东会讨论，且另一名董事胡某也保留意见的情况下，许某军未召开股东会即代表百市置业公司为高淳万富公司向银行借款提供了巨额担保，使百市公司股东之间的信任基础受到损害。此后，百市公司还存在下列未召开股东会对外投资或转让公司主要财产的行为：（1）2011年6月，将至正公司的注册资金从1000万元增至2000万元、将百福公司的注册资金从50万元增至500万元。（2）2011年3月15日，百市公司召开董事会，决定增资久本能源公司700万元。同年10月18日，百市公司董事会决定由胡某代持百市公司在久本能源公司的股权。庄某建议由股东会讨论决定，但该建议未被采纳。(3) 2012年8月7日，百市公司董事会决定将百市物业公司65%股权，即325万元的股权转让给诚信行公司。原审法院认为，百市公司在上述企业经营中，对外投资、担保、收购、转让股权、增加注册资本等行为中涉及的交易总额较大，庄某以百市公司违反《中华人民共和国公司法》第七十四条第一款第（二）项的规定，提出回购申请，有事实与法律依据。庄某在与百市公司发生纠纷后，被免去了百市公司董事资格，百福公司法定代表人亦由庄某变更为许某军，庄某有理由相信若继续保留百市公司股份，其合法权益可能会受到损害。”

此外，庄某还提出，百市公司主营房地产开发，转让百市物业公司65%的股权，属于转让公司主要财产的行为；百市公司则辩称百市物业公司在百市公司总资产的占比较小，不属于转让公司主要财产。对此，南京市玄武区人民法院认为：“在理解我国《中华人民共和国公司法》第七十四条的‘主要财产’时，应以转让该财产后所导致的公司结构与运营情况为标准，而不是单纯以该财产占公司资产总额的比例计算。依据百市公司章程的约定，百市公司的经营范围包括房地产开发、销售以及市政规划、建筑设计等。房地产开发、销售、物业出租等为百市公司的主营业务，根据企业性质，百市物业公司对百市公司正常经营活动的开展具有重要意义。故对庄某提出的转让百市物业公司股权系转让公司主要财产的诉称意见，应予采信。”

在后来的上述审程序中，该一审判决得到了二审法院的支持。在2015年3月16日就南京百市发展集团有限公司与庄某股权回购请求权纠纷上诉案作出的（2014）宁商终字第1518号民事判决书中，针对关于百市公司转让百市物业公司股权是否属于转让公司主要财产的问题，南京市中级人民法院认为：“我国公司法及司法解释均未对有限责任公司的主要财产提供衡量或参照标准，原审判决参照上市公司重大资产认定标准，认为有限责任公司主要资产应超过公司资产总额百分之三十，并无不当。但当所转让资产对公司运营具有重要作用，即转让该资产后将导致公司结构与运营情况发生改变，则不能单纯以该财产占公司资产总额的比例计算。本案中，2012年9月10日，百市公司召开临时股东大会决定将持有的全部百市物业公司股权（225万元）转让给诚信行公司，未通知庄某参加，侵犯了其作为股东的表决权。百市公司辩称未通知庄某参加股东会系因其已提起股东知情权，缺乏法律依据，本院不予采纳。而依据百市公司章程的约定，百市公司经营范围主要为房地产开发、销售，根据企业性质，百市物业公司对百市公司正常经营活动的开展具有重要意义，故原审判决认定转让百市物业公司股权系转让百市公司主要资产并无不当，应予维持。”

又如，在2018年12月25日就中国华融资产管理公司（以下简称华融公司）诉贵州钢绳（集团）有限责任公司（以下简称钢绳公司）请求公司收购股份纠纷一审案作出的（2018）黔民初10号民事判决书中，针对华融公司作为钢绳公司的股东对钢绳公司2012年6月19日召开的2012年第一次临时股东会审议的关于拟出售相关资产及推进金属制品整体上市的议案投反对票并要求钢绳公司按照合理的价格回购华融公司持有钢绳公司的16.75%的股权的请求，考虑到“钢绳公司2011年末净资产价值为36785.74万余元，2012年末净资产价值为31519.79万余元。钢绳公司经营范围为钢丝、钢丝绳、线材等有关金属制品的制造和销售、进出口、加工以及与之相关的业务”和“钢绳公司拟出售给贵绳股份公司的固定资产主要是机械设备、车辆及电子设备等，评估价值为14753.14万元”，即钢绳公司拟出售的资产大致占其上一年末净资产值的40%，贵州省高级人民法院认为：“钢绳公司2012年6月19日召开2012年第一次临时股东会，会议审议了关于向贵绳股份公司出售资产的议案，该议案拟出售资产为其生产经营所需的机器设备、车辆及电子设备等，这些固定资产的出售将直接影响公司章程所确定的相关金属制品的生产和销售业务，而且拟出售资产价值占公司净资产比重较高，应当认定该议案所确定的交易标的物属于公司的主要财产……”

综上所述，我理解，有限公司依法制定的章程可以对哪些财产属于公司的主要财产作出自己的约定，并约定转让公司章程规定的主要财产时可以适用《公司法》第74条的规定。

值得注意的是，注意到《公司法》第74条第1款第1项所说的“向股东分配利润”、第2项所说的“合并”“分立”和第3项所说的“修改公司章程”，都已经分别由《公司法》第37条第1款第6项、第9项和第10项明确规定为股东会的职权；而《公司法》第74条第1款第2项所说的“公司转让主要财产”，则没有被《公司法》直接规定为须由有限公司股东会作出决议的事项。不过，由于《公司法》第 74 条第 1 款使用了“有下列情形之一的，对股东会该项决议投反对票的股东可以请求公司按照合理的价格收购其股权：……（二）公司转让主要财产的……”的表述，因此，我理解，“有限公司转让主要财产”也应属于股东会职权范围内的事项，批准公司转让主要财产应当属于股东会的职权，有限公司转让主要财产应当提交股东会审议；否则，如果董事会（或不设董事会的公司的执行董事）或经理有权决定公司转让主要财产，那么，公司股东会就不用对“公司转让主要财产”作出决议了，也就谈不上由公司股东投赞成票或反对票了，公司的股东也将无法获得《公司法》第 74 条第 1 款规定的权利和救济了。显然，这是不符合《公司法》第 74 条的立法意图的。

（五）关于“公司章程规定的营业期限届满，股东会会议通过决议修改章程使公司存续”的情形

根据《公司法》第 74 条第 1 款第 3 项的规定，在“公司章程规定的营业期限届满时，股东会会议通过修改公司章程、延长营业期限的决议”的情况下，对股东会作出的修改公司章程、延长营业期限的决议投反对票的股东，可以请求公司按照合理的价格收购其股权。

根据《公司法》第 180 条第 1 项和第 183 条的规定，在有限公司章程规定的营业期限届满时，公司应当解散并成立清算组进行清算，公司最终应当注销，不再存续；不过，《公司法》第 181 条也允许有限公司在经持有三分之二以上表决权的股东通过的情况下通过修改公司章程、延长营业期限而存续。

与公司因营业期限届满进入解散、清算程序相比，公司延长营业期限意味着公司将继续存续并经营，从而可能面临更多的经营风险，公司的股东就不能通过公司清算获得公司的剩余财产并收回投资。有鉴于此，《公司法》第 74 条第 1 款第 3 项允许在“公司章程规定的营业期限届满时，股东会通过修改公司章程、延长营业期限的决议”的情况下，对公司股东会作出的修改公司章程、延长营业期限的决议投反对票的股东请求公司按照合理的价格收购其股权，是非常有必要的。

（六）关于“公司章程规定的其他解散事由出现，股东会会议通过决议修改章程使公司存续”的情形

根据《公司法》第74条第1款第3项的规定，在“公司章程规定的其他解散事由出现时，股东会会议通过修改公司章程、消除相关解散事由的决议”的情况下，对股东会作出的修改公司章程、消除相关解散事由的决议投反对票的股东，可以请求公司按照合理的价格收购其股权。

结合《公司法》第180条的规定，《公司法》第74条第1款第3项所说的“章程规定的其他解散事由”，指的是《公司法》第180条第1项规定的“营业期限届满”和《公司法》第180条第2项至第5项规定的解散事由以外的事由。

根据《公司法》第180条第1项的规定，出现有限公司章程规定的其他解散事由时，公司应当解散并成立清算组进行清算，公司最终应当注销，不再存续；不过，《公司法》第181条也允许有限公司在经持有三分之二以上表决权的股东通过的情况下通过修改公司章程、消除相关解散事由而存续。

同样地，与公司因出现其他解散事由进入解散、清算程序相比，公司修改公司章程、消除相关解散事由意味着公司将继续存续并经营，从而可能面临更多的经营风险，公司的股东也就还不能通过公司清算获得公司的剩余财产并收回投资。有鉴于此，《公司法》第74条第1款第3项允许在“公司章程规定的营业期限届满时，股东会通过修改公司章程、消除相关解散事由的决议”的情况下，对公司股东会作出的通过修改公司章程、消除相关解散事由的决议投反对票的股东请求公司按照合理的价格收购其股权，是非常有必要的。

四、有限公司可否在《公司法》第74条规定之外回购股权

值得思考的问题是，除了《公司法》第74条第1款规定的有限公司基于异议股东的请求回购本公司股权的情形，在其他情形下，有限公司是否可以回购其股权？对此，《公司法》本身未作规定。

（一）最高人民法院的意见

最高人民法院认为，除了《公司法》第 74 条第 1 款所列的 6 种情形，在其他情形下，也可以由有限公司收购股东的股权。

一是，《公司法司法解释（二）》规定了可以由公司收购股东的股份的情形。

《公司法司法解释（二）》第 5 条第 1 款规定了：“人民法院审理解散公司诉讼案件，应当注重调解。当事人协商同意由公司或者股东收购股份，或者以减资等方式使公司存续，且不违反法律、行政法规强制性规定的，人民法院应予支持……”第 2 款规定了“经人民法院调解公司收购原告股份的，公司应当自调解书生效之日起六个月内将股份转让或者注销。股份转让或者注销之前，原告不得以公司收购其股份为由对抗公司债权人”。

二是，最高人民法院在其作出的生效裁判中提出了可以由有限公司收购股东的股权的情形，这主要是有限公司基于与股东之间的协商所达成的合意来收购股东的股权。比如，在 2009 年 8 月 28 日就沛县舜天房地产开发有限公司（以下简称舜天公司）与叶某文股权转让纠纷再审案作出的（2009）民申字第 453 号民事裁定书中，最高人民法院认为：“《公司法》第七十五条[①]规定的股东回购请求权是法定的股东回购请求权，根据该条规定的情形，股东可以请求公司按照合理价格收购其股权，股东与公司不能达成协议的，股东可在法定期限内向人民法院提起诉讼。除该条规定的情形股东可行使法定的回购请求权外，《公司法》上仍有股东与公司于其他情形通过协议而由公司回购股东股权的余地。我院《关于适用〈中华人民共和国公司法〉若干问题的规定（二）》第五条规定，人民法院审理解散公司诉讼案件，当事人协商同意由公司或者股东收购股份，或者以减资等方式使公司存续，且不违反法律、行政法规强制性规定的，人民法院应予支持。显然，股东通过公司回购股份退出公司，并不仅限于《公司法》第七十五条[②]规定的情形。公司的成立本身就是股东意思表示一致的结果，公司存在的意义不在于将股东困于公司中不得脱身，而在于谋求

---

① 现为《公司法》第 74 条。

② 现为《公司法》第 74 条。

股东利益最大化。在股东之间就公司的经营发生分歧，或者股东因其自身原因不能正常行使股东权利时，股东与公司达成协议由公司回购股东的股权，既符合有限责任公司封闭性和人合性的特点，又可打破公司僵局、避免公司解散，使得公司、股东、公司债权人的利益得到平等保护。《公司法》允许公司与股东在公司解散诉讼案件中，协商由公司回购股东股份，以打破公司僵局，使公司保持存续而免遭解散，那么允许公司与股东在公司僵局形成之初、股东提请解散公司之前，即协商由公司回购股份以打破公司僵局、避免走向公司解散诉讼，符合《公司法》立法原意。通过公司回购股东股份，使公司继续存续，可以保持公司的营运价值，并不必然导致公司债权人利益受损。而公司回购股东股份之后，我院《关于适用〈中华人民共和国公司法〉若干问题的规定(二)》第五条规定，或者转让，或者将该股份通过减资程序注销。无论注销或转让，均应符合《公司法》关于保护公司债权人的相关规定，即'股份转让或者注销之前，原告不得以公司收购其股份为由对抗公司债权人'。"

又如，在2015年12月11日就杨某泉、丛某日、江某君、丛某海与山东鸿源水产有限公司（以下简称鸿源公司）请求公司收购股份纠纷再审案作出的(2015)民申字第2819号民事裁定书中，针对"鸿源公司对再审申请人杨某泉、丛某日、江某君、丛某海的股权进行回购是否合法"的问题，最高人民法院认为："申请人于2004年1月成为鸿源公司股东时签署了'公司改制征求意见书'，该'公司改制征求意见书'约定'入股职工因调离本公司，被辞退、除名、自由离职、退休、死亡或公司与其解除劳动关系的，其股份通过计算价格后由公司回购。'有限责任公司可以与股东约定《公司法》第七十四条规定之外的其他回购情形。《公司法》第七十四条并未禁止有限责任公司与股东达成股权回购的约定。本案的'公司改制征求意见书'由申请人签字，属于真实的意思表示，内容上未违背公司法及相关法律的强行性规范，应属有效。故鸿源公司依据公司与申请人约定的'公司改制征求意见书'进行回购，并无不当。"

再如，在2015年3月25日就宋某军与西安市大华餐饮有限责任公司（以下简称大华公司）股东资格确认纠纷再审案作出的（2014）陕民二申字第00215号民事裁定书中，在认定大华公司章程第十四条关于"公司股权不向公司以外的任何团体和个人出售、转让。公司改制一年后，经董事会批准后可以公司内部赠与、转让和继承。持股人死亡或退休经董事会批准后方可继承、转让或由企业收购，持股人若辞职、调离或被辞退、解除劳动合同的，人走股留，所持股份由企业收购”的规定，“对大华公司及宋某军均产生约束力”“符合有限责任公司封闭性和人合性的特点，亦系公司自治原则的体现，在不违反公司法的禁止性规定”的基础上，针对大华公司基于其公司章程的这一规定回购宋某军的股权的行为是否违反《公司法》的相关规定的问题，陕西省高级人民法院认为：“《公司法》第七十四条所规定的异议股东回购请求权具有法定的行使条件，……对应的是公司是否应当履行回购异议股东股权的法定义务。而本案属于大华公司是否有权基于公司章程的约定及与宋某军的合意而回购宋某军股权，对应的是大华公司是否具有回购宋某军股权的权利，二者没有相同之处，《公司法》第七十四条不能适用于本案”，“在本案中，宋某军于2006年6月3日向大华公司提出解除劳动合同申请并于同日手书《退股申请》，提出‘本人要求全额退股，年终盈利与亏损与我无关’，该《退股申请》应视为其真实意思表示。大华公司于2006年8月28日退还其全额股金款2万元，于2007年1月8日召开股东大会审议通过了宋某军等三位股东的退股申请并决议‘其股金暂由公司收购保管，不得参与红利分配’，大华公司基于宋某军的退股申请，依照公司章程的规定回购宋某军的股权，程序并无不当。”

这一案例被最高人民法院作为指导案例第96号在2018年6月20日予以发布。根据《最高人民法院关于案例指导工作的规定》第1条关于“对全国法院审判、执行工作具有指导作用的指导性案例，由最高人民法院确定并统一发布”和第7条关于“最高人民法院发布的指导性案例，各级人民法院审判类似案例时应当参照”的规定，全国各级人民法院在审理类似案件时，应当参照适用96号指导案例。

最高人民法院指导案例第96号中的“裁判要点”提出：一是，“国有企业改制为有限责任公司，其初始章程对股权转让进行限制，明确约定公司回购条款，只要不违反公司法等法律强制性规定，可认定为有效”；二是，“有限责任公司按照初始章程约定，支付合理对价回购股东股权，且通过转让给其他股东等方式进行合理处置的，人民法院应予支持。”①

（二）笔者的意见

不过，我倾向于认为，最高人民法院在（2009）民申字第453号民事裁定书中的上述观点对《公司法司法解释（二）》第5条进行了不适当的扩大解释，糅合了“有限公司应异议股东的要求收购其所持本公司的股权的行为”与“有限公司的股东通过有限公司法定减资程序退出公司的行为”，其所说的“有限公司回购股东的股权”，实际上包含了“有限公司收购股东持有的本公司股权”和“有限公司将其收购的本公司股权予以转让或注销”这两个相互独立的行为，并且，将“有限公司注销其股权”简单地等同于“通过减资程序注销”。

此外，最高人民法院指导案例第96号也在陕西省高级人民法院（2014）陕民二申字第00215号民事裁定书的意见的基础上，在“有限公司按照章程的规定回购股东的股权”之外，增加了“通过转让给其他股东等方式进行合理处置”的要求，实际上同样糅合了“有限公司按照与异议股东的约定收购其所持本公司的股权的行为”与“有限公司通过将所收购的股权转让给他人等方式进行处置的行为”。

尽管《公司法司法解释（二）》第5条是针对审理所有解散公司诉讼案件作出的规定，而非仅仅针对解散股份公司诉讼案件作出的规定，但是，我倾向于认为，《公司法司法解释（二）》第5条所说的“公司收购原告的股份”，指的仅仅是股份公司收购提起解散诉讼的股东的股份，并不意味着有限公司可以根据《公司法司法解释（二）》第5条的规定收购提起解散诉讼的股东的股权，主要理由如下：

一是，《公司法司法解释（二）》第5条第1款和第2款使用的是“协商同意由公司……收购股份”和“公司收购原告股份”的表述，没有使用“公司收购股东股权”的表述，而“股份”是专属于股份公司，不属于有限公司的术语。

① 值得注意的是，最高人民法院指导案例第96号中的“裁判要点”对上述案例的适用提出了两点限制条件：一是，针对有限公司章程中的“对股权转让进行限制，明确约定公司回购条款”，指导案例96号提出了认定其为有效的条件是“不违反公司法等法律强制性规定”，从而要求法院考察这一回购条款是否存在违反《公司法》等法律的强制性规定的情形。二是，针对“有限责任公司按照初始章程约定，支付合理对价回购股东股权”的行为，指导案例96号提出了人民法院应予支持的条件是“并且通过转让给其他股东等方式进行合理处置的”，从而要求有限公司回购股东的股权之后依法予以处置。

二是,《公司法司法解释(二)》第 5 条第 1 款在“当事人协商同意由公司或者股东收购股份”之外,还提到了“以减资等方式使公司存续”,其中的“减资”指的是有限公司、股份公司减少注册资本(即减少与提起解散公司诉讼的股东所持出资额等额的注册资本),这种方式既适用于股份公司,又适用于有限公司。

三是,根据《公司法》第 142 条的规定,《公司法司法解释(二)》第 5 条第 2 款关于“经人民法院调解公司收购原告股份的,公司应当自调解书生效之日起六个月内将股份转让或者注销。股份转让或者注销之前,原告不得以公司收购其股份为由对抗公司债权人”的规定所说的“股份转让”“股份注销”都是专属于股份公司的表述,《公司法》针对有限公司收购其异议股东的股权之后并没有规定有限公司可以将其由此收购的“股权”转让给他人或予以注销。一方面,就注销股权而言,事实上,《公司法》没有为有限公司设置注销股权的机制;另一方面,就转让本公司股权而言,《公司法》也没有规定有限公司可以转让本公司的股权,《公司注册资本登记管理规定》第 12 条则是从公司登记管理的角度,直接规定了“有限责任公司依据《公司法》第七十四条的规定收购其股东的股权的,应当依法申请减少注册资本的变更登记”。

甚至,即使是股份公司回购本公司的股份的情形,《公司法》第 142 条也将“为减少注册资本而收购本公司的股份”与“注销本公司的股份”进行了区分,“为减少注册资本而收购本公司的股份”不等于“注销本公司的股份”。

四是,尽管《公司法》第 74 条没有像《公司法》第 142 条第 1 款针对股份公司收购本公司的股份规定了“公司不得收购本公司股份。但是,有下列情形之一的除外:……”那样,针对有限公司收购本公司的股权作出“有限责任公司不得收购本公司股权。但是,有下列情形之一的除外:……”或与此类似的规定,《公司法》第 142 条第 1 款关于“公司不得收购本公司股份。但是,有下列情形之一的除外:……”的规定也只是适用于股份公司,而不适用于有限公司,但是,考虑到《公司法》第 142 条第 1 款是基于资本维持的立法目的而设置,而有限公司同样存在资本维持的需求和必要,因此,我倾向于认为,在法律明确规定的情形之外,有限公司原则上同样不得收购本公司的股权。

基于上述,我倾向于认为,《公司法司法解释(二)》第 5 条第 1 款和第 2 款中关于公司收购原告股份的规定只适用于股份公司,不适用于有限公司;从而，不能认为《公司法司法解释（二）》在《公司法》第 74 条之外为有限公司收购其自身的股权规定了新的路径；进而，在《公司法》第 74 条之外，有限公司不应收购本公司的股权——至于说有限公司依照《公司法》和公司章程的规定通过减少注册资本的方式达到其股东单方退出有限公司的效果，则是有限公司减少注册资本这一行为的结果，不论从形式还是实质上看，都不属于有限公司收购其股东持有的本公司股权。

五、有限公司回购股权的价格

根据《公司法》第 74 条第 1 款的规定，有限公司异议股东请求公司收购其股权的价格应为“合理的价格”。

问题是，如何确定“合理的价格”？对此，《公司法》未作明确规定。注意到《公司法司法解释（三）》第 7 条、第 25 条和第 27 条允许股权转让参照适用《物权法》第 106 条关于善意取得的规定，结合《物权法司法解释（一）》第 19 条关于“物权法第一百零六条第一款第二项所称‘合理的价格’，应当根据转让标的物的性质、数量以及付款方式等具体情况，参考转让时交易地市场价格以及交易习惯等因素综合认定”的规定，参考《股权转让所得个人所得税管理办法（试行）》（国家税务总局公告 2014 年第 67 号）第 14 条关于主管税务机关核定股权转让收入的规定①，我认为，《公司法》第 74 条第 1 款所说的

① 《股权转让所得个人所得税管理办法（试行）》第 14 条原文如下：

第十四条　主管税务机关应依次按照下列方法核定股权转让收入：

（一）净资产核定法

股权转让收入按照每股净资产或股权对应的净资产份额核定。

被投资企业的土地使用权、房屋、房地产企业未销售房产、知识产权、探矿权、采矿权、股权等资产占企业总资产比例超过 20% 的，主管税务机关可参照纳税人提供的具有法定资质的中介机构出具的资产评估报告核定股权转让收入。

6 个月内再次发生股权转让且被投资企业净资产未发生重大变化的，主管税务机关可参照上一次股权转让时被投资企业的资产评估报告核定此次股权转让收入。

（二）类比法

1. 参照相同或类似条件下同一企业同一股东或其他股东股权转让收入核定；

2. 参照相同或类似条件下同类行业企业股权转让收入核定。

（三）其他合理方法

主管税务机关采用以上方法核定股权转让收入存在困难的，可以采取其他合理方法核定。

“合理价格”，也应当根据异议股东请求公司收购其股权时其所持股权的实缴金额、出资比例、公司的资产负债等具体情况，参考相同或类似条件下同一公司同一股东或其他股东转让股权的价格，或相同或类似条件下同类行业的公司股权转让的价格以及交易习惯等因素综合确定。

实务中，公司收购异议股东的股权的“合理的价格”，可以采取以下方式确定：

一是，由异议股东与公司直接协商确定。比如，在2014年11月27日就仝某与张某娟、青海万宇投资开发有限公司股权转让纠纷二审案作出的（2014）青民二终字第79号民事判决书中，青海省高级人民法院认为：“公司股权作为股东依法享有的民事权利不同于普通的有形财产，其价值由多种因素构成，包括固定资产、流动资产，公司债权债务，公司经营管理水平和市场竞争力甚至人员素质等，且股权的价值一般而言并非恒定，而是随着公司经营状况的好坏呈动态变化。在不违反法律法规强制性规定和公司章程的特别约定的情况下，对于当事人以转让股权为目的所交易股权的价格，依法享有意思自治的权利。”同时，青海省高级人民法院在该判决书中也提出“不能简单以公司账户内无资金以及是否存在相应资产而作为衡量和判断公司股权价值的依据”。

二是，以异议股东与公司均认可的第三方机构对公司当时的资产负债情况进行审计、评估或估值后出具的报告载明的净资产值为参考，在基础上由异议股东和公司协商确定。这种方式可能是相对更为公平的做法，实务中也得到普遍采用。比如，最高人民法院曾在2002年9月7日就魏某娇与吴某月股权转让纠纷二审案作出的（2002）民二终字第2号民事判决书中提出：“公司股份不同于有形财产，其价值由多种因素构成，如固定资产和流动资金、知识产权或专有技术以及产品赢利能力和人员素质等。只有经过评估机构专门评估后，公司股份的价值才能体现或接近客观真实，在该基础上约定股份转让对价，才能体现当事人签订股份转让协议的真实意愿。”

又如，在2017年9月20日就贵州钢绳（集团）有限责任公司与中国华融资产管理股份有限公司请求公司收购股份纠纷上诉案作出的（2017）最高法民终35号民事裁定书中，最高人民法院认为：“对股东持有公司股权价值的认定，应全面、客观审查公司的资产状况，公平、合理地保护公司、股东的合法权益。”

再如，在2018年3月29日就祝某悦与王某年、袁某股权转让纠纷再审案作出的（2018）最高法民申869号民事裁定书中，最高人民法院认为：“公司生产经营活动由于受市场因素影响较大，股权受让人所接受的股权价格，实际上包含股份转让协议签订时公司投入状况、经营状况、财务状况、市场前景、技术水平等一系列复杂因素，故股份转让协议中公司股权的价格不能简单地通过各项资产值相加或依据审计报告确定，更不等同于公司的注册资本金和股东的出资额；……股权价值的构成因素复杂，股权转让对价与目标公司净资产、注册资本金等之间并非一一对应关系，对收购的股权进行价值评估是受让方应当承担的责任。”

还如，在2018年4月27日就深圳市万泽房地产开发集团有限公司与人和投资控股股份有限公司、天实和华置业（北京）有限公司、万泽集团有限公司、常乐、大连实德集团有限公司、大连鑫星投资有限公司、人珠海华润银行股份有限公司东莞分行、合同纠纷再审案作出的（2018）最高法民申1212号民事裁定书中，最高人民法院认为：“股权是一种无形的、抽象的、综合性的权利，股权价值的判断，按照一般的经济生活习惯，公司净资产价值是公司股权价格的最直接参考标准。”

不过，值得注意的是，如果有限公司的股东之间或者股东与公司之间就公司收购异议股东所持股权的价格作出了约定，则应当优先以该约定的价格作为《公司法》第74条第1款所说的“合理的价格”。比如，在2015年11月12日就中国信达资产管理股份有限公司（以下简称信达公司）与太西集团有限责任公司（以下简称太西集团）请求公司收购股份纠纷案作出的（2013）宁民商初字第16号民事判决书中，宁夏回族自治区高级人民法院没有支持作为异议股东的信达公司提出的要求太西集团“按清算、审计及评估后确定的股权价值与信达公司出资额6158万元两者孰高原则确定”的合理价格收购其股权的主张，而是判决太西集团按照其各个股东此前签订的《石炭井矿务局债权转股权协议》和《债权转股权补充协议》约定的回购价格收购信达公司所持股权。

针对上述一审判决，在2016年3月31日就中国信达资产管理股份有限公司与太西集团有限责任公司请求公司收购股份纠纷上诉案作出的（2016）最高法民终34号民事判决书中，最高人民法院认为：“原审判决认定事实清楚，适用法律正确”；具体而言，最高人民法院认为：“在股东之间对股权回购有明确约定的情况下，《中华人民共和国公司法》第七十四条有关股东请求公司以合理的价格收购其股权的规定，并非能够完全脱离原出资协议约定而另行确定。太西集团章程第七十一条规定资产管理公司所持股权按《债权转股权协议》和《债权转股权补充协议》实施。信达公司于2000年5月29日及6月9日与石炭井矿务局及华融公司三方签订的《债权转股权协议》和《债权转股权补充协议》，不仅对上述三方股东共同设立太西集团的出资形式和比例作了约定，亦对各股东股权的退出及收购方式作了特别约定。……原审判决认定本案《债权转股权协议》及《债权转股权补充协议》为当事人意思表示真实，内容形式不违反法律、行政法规的强制性规定，协议合法有效，并无不当。……对于股权退出方式及价格，是三方股东根据自愿原则自由商定的，对当事人具有法律约束力。至于成立的新公司后来资产发生了变化，并非必然导致股权价值的变化，股权价值还取决于公司其他因素。不能以股权回购时企业财产的实际状况已经发生减少，约定的股权收购价值就必须相应减少，当事人对此亦没有明确约定。况且信达公司债权转为股权作为对太西集团的出资，为太西集团减负，支持其经营，所起作用是显然的，要求相应减少股权回购款，对信达公司亦有不公。”

此外，还需注意的是，《公司法》第74条第1款所说的“合理的价格”的确定，不能采用《合同法》第61条所说的“按照交易习惯确定”和第62条第2项所说的“按照订立合同时履行地的市场价格履行”的方式确定。其原因在于，“公司股份的价值由多种因素构成，其价值不可能按照交易习惯和订立合同时履行地的市场价格来确定。”①

六、有限公司异议股东股权收购请求权的司法救济

在《公司法》第74条第1款赋予有限公司的异议股东股权收购请求权的基础上，《公司法》第74条第2款规定了相应的救济措施：“自股东会会议决

① 见北京市第一中级人民法院2007年9月就北京恒拓远博高科技发展有限公司等诉于天相股权转让纠纷上诉案作出的（2007）一中民终字第7430号民事判决书，河北省沧州市中级人民法院2017年5月2日就张某芳与张某英股权转让纠纷二审案作出的（2017）冀09民终1649号民事判决书。

议通过之日起六十日内，股东与公司不能达成股权收购协议的，股东可以自股东会会议决议通过之日起九十日内向人民法院提起诉讼。”对此，《民事案件案由规定》规定了“请求公司收购股份纠纷”的案由。

根据《公司法》第74条第2款的规定，有限公司的异议股东向法院提起要求公司收购其股权的诉讼，应当满足以下五个条件：

一是，原告在起诉当时具有该有限公司的股东身份，其原因在于《公司法》第74条第2款使用了“股东可以……向人民法院提起诉讼”的表述。在这方面，安徽省高级人民法院在2009年2月27日就邱某华与安徽华宁耐磨材料有限责任公司（以下简称华宁公司）股份收购请求权纠纷上诉案作出的(2009）皖民二终字第0011号民事判决书中的处理意见可供参考。在该判决书中，安徽省高级人民法院认为：“提起股份收购请求权诉讼必须同时具备实体和程序两方面的要件：实体上必须具备股东资格且对股东会相关决议投反对票的股东，才能提起该项诉讼；程序上公司股东应在法定期限内先行与公司协商以合理价格收购其股权，协商不成后再提起诉讼。邱某华在2004年9月26日同华宁公司股东郑某鹏签订部分股权转让的合同后，虽然与郑某鹏之间产生股权转让权利义务关系，即股权转让合同对双方产生约束力，但股权转让的意思表示与股权已实际取得并非同一法律范畴，由于邱某华未请求、华宁公司亦未为邱某华办理股东名册变更登记和工商变更登记，且邱某华也未以股东身份实际参加公司经营管理活动，依法尚不能认定邱某华已成为华宁公司股东。邱某华以华宁公司转让主要财产损害其权益为由提起股份收购请求权诉讼，不具备公司法规定的实体条件。鉴于邱某华亦无证据证明其已取得华宁公司资格，故邱某华的诉讼请求与公司法规定的要件亦不相符。邱某华的上诉请求，本院不予支持。”

二是，原告在有限公司的股东会就《公司法》第74条第1款所列的事项作出决议进行表决时享有表决权。

三是，原告在有限公司的股东会就《公司法》第74条第1款所列的事项作出决议进行表决时投了反对票。

四是，原告在其投反对票的相关股东会决议通过之后至起诉之前与公司进行了协商，但未能就公司收购其股权达成股权收购协议。

其中，《公司法》第74条第2款所说的“达成股权收购协议”，指的是

“订立股权收购协议”的含义，应根据《合同法》第二章关于合同成立的规定来判断是否“达成”了股权收购协议。此外，考虑到《公司法》第 74 条第 2 款使用的是“股东与公司不能达成股权收购协议的”，其中的“不能”意味着异议股东已经依照《公司法》第 74 条第 1 款的规定提出了“由公司按照合理的价格收购其股权”的请求，并且已经与公司就股权收购进行过协商，只是双方未能达成一致，因此，如果异议股东并未提出“由公司按照合理的价格收购其股权”的请求，也未与公司就股权收购事宜进行任何协商，那么，应当视为相关股东放弃了《公司法》第 74 条第 1 款规定的权利；在此情况下，即使满足《公司法》第 74 条第 2 款所说的“自股东会会议决议通过之日起九十日内向人民法院提起诉讼”的要求，相关股东的请求也可能得不到人民法院的支持。当然，在异议股东依照《公司法》第 74 条第 1 款的规定提出了股权收购请求之后，公司拒绝协商或不予回应的，应视为属于《公司法》第 74 条第 2 款所说的“股东与公司不能达成股权收购协议”的情形。

五是，原告投反对票的相关股东会决议通过之日至原告起诉时已经满 60 日、但未满 90 日。由于《公司法》第 74 条第 2 款使用了“自股东会会议决议通过之日起六十日内，股东与公司不能达成股权收购协议的，股东可以……向人民法院提起诉讼”的表述，因此，如果原告起诉时距相关股东会决议通过之日未满 60 日，其起诉可能不会被法院受理。此外，由于《公司法》第 74 条第 2 款使用了“股东可以自股东会会议决议通过之日起九十日内向人民法院提起诉讼”的表述，因此，如果原告起诉时距相关股东会决议通过之日已满 90 日，其起诉也可能不会被法院受理。对此，《公司法司法解释（一）》第 3 条更是明确规定了：“原告以公司法……第七十四条第二款规定事由，向人民法院提起诉讼时，超过公司法规定期限的，人民法院不予受理。”这与《民法总则》第 188 条第 2 款所说的“诉讼时效期间自权利人知道或者应当知道权利受到损害以及义务人之日起计算”不同。因此，有限公司的股东应特别关注公司股东会开会的情况，密切关注公司股东会是否作出了相关决议；为此，股东有必要定期行使《公司法》第 33 条第 1 款规定的查阅权和复制权，避免因未及时了解公司作出相关决议而错过《公司法》第 74 条第 2 款所说的期限。

值得注意的是，《公司法》第 74 条第 2 款规定的“股东可以自股东会会议决议通过之日起九十日内向人民法院提起诉讼”，属于异议股东的权利，但不属于其义务，这并不意味着异议股东在提起诉讼之后就不能再与公司进行协商了。我理解，在相关股东会决议通过之日起满 60 日之后，异议股东起诉之前或之后，异议股东和公司仍然可以为达成股权收购协议继续进行协商；但是，如前所述，如果在股东会决议通过之日起满 90 日之后，异议股东才提起诉讼，法院将不予受理。因此，即使公司没有完全拒绝收购异议股东的股权，在相关股东会会议决议通过之日起满 60 日之后、满 90 天之前，异议股东都应当向法院提起诉讼，以避免发生因超过《公司法》第 74 条第 2 款规定的 90 日起诉期限而不被法院受理的后果。

七、关于有限公司异议股东股权收购请求权的其他注意事项

关于《公司法》第 74 条规定的异议股东股权收购请求权制度，除了上文所述，还有以下事项值得注意：

一是，有限公司没有义务、也不能主动收购股东的股权；只有在符合《公司法》第 74 条第 1 款规定的情形时，异议股东才有权要求公司收购其股权，公司才可以收购异议股东的股权。

二是，尽管有限公司收购相关异议股东的股权属于公司的行为，但是，考虑到《公司法》第 142 条第 2 款并没有要求股份公司应因对股东大会作出的公司合并、分立决议持异议的股东的要求收购该股东所持本公司的股份的行为，应当由其股东大会作出决议，我理解，在有限公司的异议股东向公司提出收购其股权的要求的情况下，也无需由有限公司的股东会就公司收购该股东的股权另外作出决议或取得股东会的批准。

三是，根据《公司注册资本登记管理规定》第 12 条关于“有限责任公司依据《公司法》第 74 条的规定收购其股东的股权的，应当依法申请减少注册资本的变更登记”的规定，有限公司依据《公司法》第 74 条的规定收购其股东的股权的，应当同时采取定向减少注册资本的行为，并依法申请办理减少注册资本的变更登记，而不能在收购股东的股权之后自己持有或转让给他人。

也就是说，《公司法》第 74 条的实施实际上是需要与有限公司减少注册资本结合在一起的，如果不与减少注册资本相结合，《公司法》第 74 条将无法得到实施。这与《公司法》第 142 条关于股份公司收购异议股东持有的本公司的

股份的规定有所不同。在股份公司的情形，股份公司按照异议股东的请求收购其所持本公司股份后，可以注销该等股份，也可以将该等股份转让给他人。

四是，在有限公司根据《公司法》第74条的规定收购异议股东持有的本公司的股权的情况下，结合《公司法》第166条第6款关于“公司持有的本公司股份不得分配利润”的规定，并参考《公司法》第103条第1款关于股份公司持有的本公司股份没有表决权的规定，我倾向于认为，在有限公司持有本公司的股权期间，有限公司持有的本公司股权也不应享有表决权、不得分配利润。

五是，在有限公司根据《公司法》第74条的规定收购异议股东持有的本公司的股权的情况下，从法律适用的角度看，此项收购也属于《公司法》第71条所说的“股权转让”，有限公司本身则属于《公司法》第72条第2款所说的“股东以外的人”，因此，有限公司的异议股东依照《公司法》第74条的规定将其股权转让给公司，也应适用《公司法》第71条第2款至第4款的规定，公司的其他股东应当享有《公司法》第71条第2款和第3款规定的知情权、同意权和优先购买权（公司章程另有规定的除外）。

当然，在解释上，在有限公司的股东会通过了由公司收购相关异议股东的股权的决议的情况下，可以视为在相关股东会会议上投赞成票的其他股东同意相关异议股东将其股权转让给公司并放弃同等条件下的优先购买权，从而也就不违反《公司法》第71条第2款和第3款的规定。

不过，实践中，有的法院可能对此持不同意见。比如，在2015年10月29日就袁某晖与长江置业（湖南）发展有限公司（以下简称长江置业公司）请求公司收购股份纠纷案作出的（2014）民申字第2154号民事裁定书中，针对长江置业公司的股东中除异议股东袁某晖之外的其他两位股东是否应当参加诉讼的问题，最高人民法院认为：“本案系异议股东与公司协商不成，异议股东向公司提出退股请求的诉讼，原告被告明确。其他股东对于异议股东所持股权既无独立请求，也无法律上的利害关系，并非必须参加诉讼的当事人，原审法院未予追加并无不当。”

六是，尽管《仲裁法》第2条规定“平等主体的公民、法人和其他组织之间发生的合同纠纷和其他财产权益纠纷，可以仲裁”，但是，由于《公司法》第74条第2款使用的是“向人民法院提起诉讼”的表述，因此，参考《最高人民法院关于撤销中国国际经济贸易仲裁委员会（2009）CIETACBJ 裁决（0355）号裁决案的请示的复函》（〔2011〕民四他字第 13 号）针对公司解散纠纷的主管问题提出的“仲裁机构裁决解散公司没有法律依据，属于无权仲裁的情形”的要求，因股东要求有限公司收购其股权产生的纠纷，只能向人民法院提起诉讼，仲裁机构无权仲裁。

七是，在性质上，《公司法》第 74 条第 1 款是否属于效力性强制规定？对此，法院观点不一。有的法院认为属于。有限公司与其股东签订的违反该规定的收购其股东的股权的协议属于无效合同。比如，在 2013 年 6 月 7 日就深圳市极水环境技术有限公司（以下简称极水环境技术公司）与叶某股权转让纠纷二审案作出的（2013）深中法商终字第 193 号民事判决书中，针对极水环境技术公司（作为乙方）与其三个股东之一的叶某（作为甲方）在 2011 年 7 月 22 日签订的关于“甲方将其占公司 10% 的股权以人民币 80 万元（以下币种均为人民币）转让给乙方”的《股权转让合同》的效力问题，深圳市中级人民法院认为：“极水环境技术公司为有限责任公司。关于有限责任公司的股权转让，《中华人民共和国公司法》第七十五条[①]第一款规定，有下列情形之一的，对股东会该项决议投反对票的股东可以请求公司按照合理的价格收购其股权：（一）公司连续五年不向股东分配利润，而公司该五年连续盈利，并且符合本法规定的分配利润条件的；（二）公司合并、分立、转让主要财产的；（三）公司章程规定的营业期限届满或者章程规定的其他解散事由出现，股东会会议通过决议修改章程使公司存续的。本院认为，基于公司法确立的资本维持原则和资本不变原则，公司在其存续期间不得随意改变、增减资本。而为了保护中小股东的合法权益，公司法规定在特定条件下股东可以请求有限责任公司收购其股权。即仅在上述法定情形下，股东才可以向有限责任公司行使回购股权的请求权。本案中，极水环境技术公司未提供充分有效证据证明其收购叶某的股权符合上述法定情形，故原审法院认定极水环境技术公司与叶某于 2011 年 7 月 22 日签订的《股权转让合同》中受让股权的主体不适格，属于无效合同，并无不当。”

也有的法院认为不属于。比如，在 2015 年 5 月 26 日就刘某平与荆州市民

---

① 现为《公司法》第 74 条。

利蔬菜加工有限公司、徐某蓓股东资格确认纠纷再审案作出的（2015）鄂民申字第00681号民事裁定书中，湖北省高级人民法院认为："《公司法》第七十四条规定：'有下列情形之一的，对股东会该项决议投反对票的股东可以请求公司按照合理的价格收购其股权：（一）公司连续五年不向股东分配利润，而公司该五年连续盈利，并且符合本法规定的分配利润条件的；（二）公司合并、分立、转让主要财产的；（三）公司章程规定的营业期限届满或者章程规定的其他解散事由出现，股东会会议通过决议修改章程使公司存续的。自股东会会议决议通过之日起六十日内，股东与公司不能达成股权收购协议的，股东可以自股东会会议决议通过之日起九十日内向人民法院提起诉讼'。上述规定并非效力性强制性规定……"

此外，从最高人民法院在2009年8月28日就沛县舜天房地产开发有限公司（以下简称舜天公司）与叶某文股权转让纠纷再审案作出的（2009）民申字第453号民事裁定书的以下意见看，最高人民法院似乎也认为《公司法》第74条第1款不属于效力性强制性规定："《公司法》第七十五条[①]规定的股东回购请求权是法定的股东回购请求权，根据该条规定的情形，股东可以请求公司按照合理价格收购其股权，股东与公司不能达成协议的，股东可在法定期限内向人民法院提起诉讼。除该条规定的情形股东可行使法定的回购请求权外，《公司法》中仍有股东与公司于其他情形通过协议而由公司回购股东股权的余地。我院《关于适用〈中华人民共和国公司法〉若干问题的规定（二）》第五条规定，人民法院审理解散公司诉讼案件，当事人协商同意由公司或者股东收购股份，或者以减资等方式使公司存续，且不违反法律、行政法规强制性规定的，人民法院应予支持。显然，股东通过公司回购股份退出公司，并不仅限于《公司法》第七十五条[②]规定的情形。"

我倾向于认为，《公司法》第74条第1款应当属于效力性强制性规定，有限公司违反该规定与其股东签订的股权收购协议应属无效；但是，《公司法》第74条第1款不影响有限公司依照《公司法》和公司章程的规定通过减少注册资本的方式达到其股东单方退出有限公司的目的和效果——只是，这都是有

---

① 现为《公司法》第74条。

② 现为《公司法》第74条。

限公司减少注册资本这一行为的结果，不论是从形式上还是实质上，都不属于有限公司收购其股东持有的本公司股权。

第二节　股份公司的股份回购

《公司法》有关股份公司股份回购的制度主要是由其第142条加以规定的。

《公司法》第142条共5款，第1款规定了股份公司原则上不得收购本公司的股份，并规定了股份公司可以收购本公司股份的例外情形，第2款对股份公司在相关例外情形下收购本公司股份的决策要求作出了规定，第3款对股份公司在相关例外情形下收购的本公司股份的处理办法作出了规定，第4款对上市公司收购本公司股份的信息披露要求、收购本公司股份的方式作出了原则规定，第5款则对股份公司接受本公司股票作为质押权的标的作出了禁止性规定。

与《公司法》第74条只规定了有限公司在法定的情形基于符合条件的股东的请求回购公司的股权不同，《公司法》第142条不仅规定了股份公司在法定的情形基于异议股东的请求回购公司的股份，还规定了股份公司在法定的情形下可以积极、主动地回购公司的股份；并且，相对而言，《公司法》第142条规定的股份公司可以主动回购股份的情形，要比股份公司被动回购股份的情形多。

一、《公司法》第142条第1款是否属于效力性强制性规定

实践中，有的法院认为，《公司法》第142条第1款的规定属于效力性强制性规定，违反该规定收购本公司股份的行为无效。

比如，在2017年8月31日就王某年与温州标峰建设有限公司（以下简称标峰公司）、姜某明、王某标、李某棋、陈某衡抽逃出资纠纷再审案作出的（2017）最高法民申2729号民事裁定书中，最高人民法院认为：“《中华人民共和国公司法》第一百四十二条第一款规定：‘公司不得收购本公司股份。但是，有下列情形之一的除外：（一）减少公司注册资本；（二）与持有本公司股份的其他公司合并；（三）将股份奖励给本公司职工；（四）股东因对股东大会作出的公司合并、分立决议持异议，要求公司收购其股份的。’本案中，王某

年与标峰公司签订《退股协议书》，不属于上述规定的除外情形，该行为因违反法律强制性规定，依照《中华人民共和国合同法》第五十二条第五项之规定，原审判决认定《退股协议书》无效，并据此判令王某年应承担相应民事责任并无不当。”①

又如，在2019年2月25日就中国东方资产管理股份有限公司甘肃省分公司（以下简称东方资产公司甘肃分公司）与哈密长河工贸集团有限公司（以下简称长河集团公司）、哈密长河集团长青农牧有限公司（以下简称长河长青公司）、韩某平、韩某成、哈密宝汇矿业有限公司（以下简称宝汇矿业公司）股权转让纠纷一审案作出的（2018）甘民初266号民事判决书中，针对案涉《重组转换股权协议书》《以股抵债协议》的效力问题，甘肃省高级人民法院认为：“东方资产公司甘肃分公司以债转股和以股抵债的方式分别成为长河长青公司和长河集团公司的股东。《重组转换股权协议书》约定东方资产公司甘肃分公司持有长河长青公司的股份由长河集团公司和长河长青公司回购；《以股抵债协议》约定东方资产公司甘肃分公司持有长河集团公司的股份由韩某平和长河集团公司回购，该两份协议中均有由公司本身回购东方资产公司甘肃分公司持有其本公司股份的约定，东方资产公司甘肃分公司也依据该两份协议主张长河长青公司和长河集团公司分别履行回购义务。《中华人民共和国公司法》第一百四十二条规定，公司不得收购本公司股份。但是，有下列情形之一的除外：（一）减少公司注册资本；（二）与持有本公司股份的其他公司合并；（三）将股份用于员工持股计划或者股权激励；（四）股东因对股东大会作出的公司合并、分立决议持异议，要求公司收购其股份；（五）将股份用于转换上市公司发行的可转换为股票的公司债券；（六）上市公司为维护公司价值及股东权益所必需。据此，我国法律为保护公司股东和债权人的利益，除在明确规定的情形下允许公司可以收购本公司的股份之外对公司收购本公司股份作出了禁止性规定。《重组转换股权协议书》、《以股抵债协议》约定长河长青公司、长河集团公司分别收购东方资产公司甘肃分公司持有其本公司的股份，该约定并不符合公司法中公司回购本公司股份的情形，违反了《中华人民共和国公司法》第一百四十二条的规定，且该规定属于强制性规范，《中华人民共和国合同法》

① 当然，最高人民法院针对有限公司适用《公司法》第142条第1款有值得商榷的地方。

第五十二条规定：‘有下列情形之一的，合同无效：……（五）违反法律、行政法规的强制性规定’，第五十六条规定：‘无效的合同或者被撤销的合同自始没有法律约束力。合同部分无效，不影响其他部分效力的，其他部分仍然有效。’故《重组转换股权协议书》、《以股抵债协议》中关于长河长青公司、长河集团公司分别收购东方资产公司甘肃分公司持有其本公司股份的内容应认定为无效。”

再如，在2016年11月8日就山东天安化工股份有限公司与苏现新股权转让合同纠纷上诉案作出的（2016）鲁14民终1138号民事判决书中，德州市中级人民法院认为：“《中华人民共和国公司法》第一百四十二条规定：‘公司不得收购本公司股份。但是，有下列情形之一的除外：（一）减少公司注册资本；（二）与持有本公司股份的其他公司合并；（三）将股份奖励给本公司职工；（四）股东因对股东大会作出的公司合并、分立决议持异议，要求公司收购其股份的。’该规定是为维护股份有限公司资本制度，禁止任意减少公司的股份，股东抽逃资金，损害公司及债权人利益而制定的，并维护公司设立运转的合法性，维护社会公共秩序。在该条规定的四种情形之外，禁止公司收购本公司股份的规定，属于效力性强制规定。本案中，苏某新作为山东天安化工股份有限公司的股东，山东天安化工股份有限公司收购其持有的公司股份，不符合《中华人民共和国公司法》关于公司收购股东股份的除外规定的情形，因此山东天安化工股份有限公司与苏某新签订的《离职协议》第七条关于山东天安化工股份有限公司收购苏某新公司股份的约定违反效力性强制规定，该约定无效。”

还如，在就湖南长大建设集团股份有限公司（以下简称长大公司）与王某球、王某莲、李某其案外人执行异议之诉一审案作出的（2015）天民初字第03342民事判决书中，针对长大公司以股抵债收购李某其在长大公司的全部股份的情形，湖南省长沙市天心区人民法院认为：“根据《中华人民共和国公司法》第一百四十二条规定‘公司不得收购本公司股份。但是，有下列情形之一的除外：（一）减少公司注册资本；（二）与持有本公司股份的其他公司合并；（三）将股份奖励给本公司职工；（四）股东因对股东大会作出的公司合并、分立决议持异议，要求公司收购其股份的。’，长大公司作为一家股份有限公司仅在前述规定的四种法定情形下可以收购本公司股份。在本案中，长大公司以股抵债收购李某其在长大公司的全部股份，将该股份归于长大公司工会名下的行为实际上就是一种变相的股份回购行为，不符合前述公司法第一百四十二条规定中的任何一种情形，故长大公司以股抵债收购李某其在长大公司的全部股份的行为无效。”在上诉程序中，这一意见得到了二审法院长沙市中级人民法院的支持：“长大公司回购股东李某其的股份用以抵偿李某其对长大公司的所负债务的行为因违法《中华人民共和国公司法》第一百四十二条关于‘公司不得收购本公司股份’的规定，且不属于该条规定的允许收购的例外情形，故一审法院认定该行为无效并驳回长大公司的诉讼请求并无不妥。”①

不过，也有的法院认为，《公司法》第 142 条第 1 款的规定不属于效力性强制性规定，而属于管理性强制性规定，违反该规定收购本公司股份的行为不一定无效。比如，在 2012 年 5 月 2 日就湖南三立集团股份有限公司与彭利勇股权确认纠纷上诉案作出的（2012）州民三终字第 27 号民事判决书中，湘西土家族苗族自治州中级人民法院认为：“依据《中华人民共和国公司法》第一百四十三条②的规定，‘公司不得收购本公司股份。但是，有下列情形之一的除外：（一）减少公司注册资本；（二）与持有本公司股份的其他公司合并；（三）将股份奖励给本公司职工；（四）股东因对股东大会作出的公司合并、分立决议持异议，要求公司收购其股份的。’根据上诉人与被上诉人在一审中所提交的《股份转让协议》、《湖南三立集团股份有限公司 2005 年度股东大会决议》及《湖南三立集团股份有限公司关于股份内部转让的有关规定》，上诉人设立法人股收购各股东的股份，并不属于上述四种情形之一，且上诉人在一审至二审过程中也未提供证据证明当年公司设立法人股收购各股东的股份有符合以上四种情形之一的情况。因此，该股份转让行为在上诉人经营困难的当年进行，是有损于公司债权人的行为，违反了法律的强制性规定。根据《中华人民共和国合同法》第五十二条的规定，‘有下列情形之一的，合同无效：……（五）违反法律、行政法规的强制性规定。’但是在本案中双方当事人所签订的《股份转让协议》是否属于这类情况，还应根据《最高人民法院关于适用〈中华人民共和国合同法〉若干问题的解释（二）》第十四条的规定来进行认定。

---

① 见长沙市中级人民法院在 2016 年 12 月 26 日就湖南长大建设集团股份有限公司与王某球、王某莲、李某其案外人执行异议之诉上诉案作出的（2016）湘 01 民终 7991 号民事判决书。

② 现为《公司法》第 142 条。

该条规定‘合同法第五十二条第（五）项规定的‘强制性规定’，是指效力性强制性规定。’即只有违反了法律、行政法规的效力性强制性规定，合同才能被认定为无效。《中华人民共和国公司法》第一百四十三条[1]的内容中没有明确规定违反其规定将导致合同无效或不成立，也没有与其相结合的其他法律条文明确规定了违反《中华人民共和国公司法》第一百四十三条[2]的规定即导致合同无效。该条规定应属于取缔性（管理性）强制性规定，而非效力性强制性规定，违反该条规定并不导致合同无效。本案涉及的《股份转让协议》虽然违反了该规定，但因上诉人近年来发展较好，协议继续有效并不损害国家利益和公司债权人的利益，且本案的被上诉人彭某勇于2005年5月17日以家庭困难为由申请转让股权，并在《股份转让协议》及《股份受让结算审批单》上签字，可见，被上诉人系自愿转让股份，当事人双方自愿形成的合同关系应予认定和保护。因此，上诉人与被上诉人于2005年5月17日所签订的《股份转让协议》是有效的。”

就《公司法》第142条第1款的性质而言，我倾向于认为，《公司法》第142条第1款关于股份公司收购本公司股份的规定，属于强制性规定，甚至属于效力性强制性规定。主要理由如下：

一方面，从《公司法》第142条第1款的表述看，由于《公司法》第142条第1款使用了“公司不得收购本公司股份。但是，有下列情形之一的除外……”的表述，因此，除了《公司法》第142条第1款列明的情形外，在其他任何情况下，股份公司都“不得”收购本公司的股份。从而，《公司法》第142条第1款属于强制性规定、禁止性规定。

另一方面，从《公司法》第142条的立法过程看，尽管中国证监会2018年9月6日公布的《中华人民共和国公司法修正案（草案征求意见稿）》在《公司法》旧的第142条第1款关于允许股份公司回购本公司股份的4种例外情形的基础上，增加了“将股份用于转换上市公司发行的可转换为股票的公司债券”和“上市公司为避免公司遭受重大损害，维护公司价值及股东权益所必

① 现为《公司法》第142条。
② 现为《公司法》第142条。

需”两种例外情形，以及“法律、行政法规规定的其他情形”的兜底性规定[①]，但是，考虑到在全国人大常委会进行审议的过程中，有的常委会组成人员提出，“股份回购特别是上市公司的股份回购，对债权人和投资者利益都有重大影响，应当慎重稳妥对待，法律对股份回购的情形及方式等规定要清晰、明确，不宜规定兜底条款或例外情形”，全国人大宪法和法律委员会经研究，建议对《中华人民共和国公司法修正案（草案）》作以下修改：“一是删去第一款第（六）项中的‘避免公司遭受重大损害’；二是删去第一款第（七）项‘法律、行政法规规定的其他情形’……”，并由此产生了《公司法》新的第 142 条[②]，因此，我倾向于认为，应当将《公司法》新的第 142 条第 1 款认定为效力性强制性规定为宜，股份公司违反该规定收购本公司股份的行为应属无效。

二、股份公司原则上不得回购股份，仅在少数例外情形下可以依法回购股份

由于《公司法》第 142 条第 1 款使用了“公司不得收购本公司股份。但是，有下列情形之一的除外……”的表述，因此，除了《公司法》第 142 条第 1 款列明的情形外，在其他任何情况下，股份公司都不能收购本公司的股份。这是一种“原则禁止、例外允许”的立法模式。

根据《公司法》第 142 条的规定，股份公司可以——并且只能——在以下 7 种情况下收购本公司的股份：

一是，为了减少公司注册资本而收购本公司的股份。这适用于所有股份公司。

二是，为了与持有本公司股份的其他公司合并而收购本公司的股份。这适用于所有股份公司。

三是，为了将本公司的股份用于员工持股计划或者股权激励，以使本公司

① 见中国证监会 2018 年 9 月 6 日公布的《中华人民共和国公司法修正案（草案征求意见稿）》（http：//www. moj. gov. cn/news/content/2018 -09/12/zlk_ 39739. html，最后访问时间：2019 年 9 月 30 日）；中国证监会时任主席刘士余 2018 年 10 月 22 日在第十三届全国人民代表大会常务委员会第六次会议上作的《关于〈中华人民共和国公司法修正案（草案）〉的说明》。

② 见全国人民代表大会宪法和法律委员会 2018 年 10 月 26 日在第十三届全国人民代表大会常务委员会第六次会议上作的《关于〈中华人民共和国公司法修正案（草案）〉审议结果的报告》。

的职工直接或间接持有本公司的股份而收购本公司的股份。这适用于所有股份公司。

四是，按照对股东大会作出的公司与其他公司实施合并的决议持有异议的股东的要求，收购其持有的本公司的股份。这适用于所有股份公司。

五是，按照对股东大会作出的公司实施分立的决议持有异议的股东的要求，收购其持有的本公司的股份。这适用于所有股份公司。

六是，上市公司在其发行的可转换为股票的公司债券的持有人依法选择将债券转换为股票时，为了向相关可转换债券的持有人换发股票而收购本公司的股份。这仅适用于股份公司中的上市公司。

七是，上市公司在为维护公司价值及股东权益所必需时，收购本公司的股份。这仅适用于股份公司中的上市公司。

其中，前两种情形都是股份公司主动收购本公司的股份，第三种情形属于股份公司为实施员工持股计划或员工股权激励而主动收购本公司的股份，第四种情形和第五种情形属于股份公司基于异议股东的请求而被动收购本公司的股份，第六种情形属于上市公司为履行其对其所发行的可转换公司债券的持有人的义务而主动收购本公司的股份，第七种情形则属于上市公司在维护公司价值及股东权益而必需收购本公司股份时主动收购本公司的股份。

值得注意的是，《公司法》第 142 条只是要求股份公司原则上不能收购本公司的股份，但没有禁止股份公司收购持有其股份的其他公司或企业的股权或权益，因此，在符合其他法律法规或监管机构的要求的情况下，股份公司可以收购持有其股份的其他公司或企业的股权或权益；在这种情况下，将形成股份公司间接持有本公司股份的情形，从而形成“循环持股”现象。①

三、股份公司回购股份应当遵守的要求

《公司法》第 142 条第 2 款、第 3 款、第 4 款分别对股份公司在例外情形下收购本公司的股份应当遵守的要求作出了规定。以下按照各种情形分别进行分析。

---

① 关于“循环持股”，请见本书第十八章第一节的内容。

（一）为了减少公司注册资本而收购本公司的股份

根据《公司法》第 142 条第 1 款第 1 项的规定，所有股份公司都可以在为了减少注册资本的情况下收购本公司的股份。不过，股份公司为减少注册资本而收购本公司的股份，应当符合以下要求：

一是，在目的上，应当以减少注册资本为目的，在确定了这一目的之后，再实施收购本公司股份的行为；而不能先收购本公司的股份之后再减少注册资本并注销所收购的股份。

二是，在决策程序上，由于根据《公司法》第 99 条、第 37 条第 1 款第 7 项和第 103 条第 2 款的规定，对股份公司减少注册资本作出决议，属于股东大会的职权，因此，股份公司为减少注册资本而收购本公司的股份，应当提交股东大会审议，并经出席股东大会会议的股东所持表决权的三分之二以上通过。

此外，针对上市公司为减少注册资本而收购本公司的股份，中国证监会 2018 年 11 月 20 日的《关于认真学习贯彻〈全国人民代表大会常务委员会关于修改《中华人民共和国公司法》的决定〉的通知》还要求“为减资而回购股份的，应当按照《上市公司回购社会公众股份管理办法（试行）》（证监发〔2005〕51 号，以下简称《回购办法》）、《关于上市公司以集中竞价交易方式回购股份的补充规定》（证监会公告〔2008〕39 号，以下简称《补充规定》）以及证券交易所规则，履行信息披露义务和有关决策程序”。

三是，在债权人利益保护和公司登记方面，股份公司为减少注册资本而收购本公司的股份，需要同时适用《公司法》第 175 条、第 176 条、第 179 条第 2 款关于公司减少注册资本的规定。

四是，在可以收购的股份数量方面，与《公司法》第 142 条第 3 款针对股份公司为实施员工持股计划、股权激励而收购本公司股份以及上市公司为将股份用于转换上市公司发行的可转换为股票的公司债券和维护公司价值及股东权益所必需而收购本公司股份规定了“公司依照本条第一款规定收购本公司股份后，属于第（三）项、第（五）项、第（六）项情形的，公司合计持有的本公司股份数不得超过本公司已发行股份总额的百分之十”不同，针对股份公司为减少注册资本而收购本公司股份的数量，《公司法》本身未作限制性规定；

不过，结合《公司法》第80条第3款关于“法律、行政法规以及国务院决定对股份有限公司注册资本实缴、注册资本最低限额另有规定的，从其规定”的规定，在法律、行政法规以及国务院决定对股份有限公司注册资本最低限额有特别规定时，股份公司减少后的注册资本应当满足其相应的要求。

此外，针对上市公司为减少注册资本而收购本公司的股份，中国证监会2018年11月20日的《关于认真学习贯彻〈全国人民代表大会常务委员会关于修改《中华人民共和国公司法》的决定〉的通知》还要求“回购后的股权分布原则上仍应符合上市条件”。

五是，在减资对价的支付方式方面，由于减资本身也属于股份公司与公司股东之间的交易，经公司与相关股东协商一致，股份公司可以以法律允许的各种方式进行支付，包括以货币支付，或以实物、其他财产或者公司对相关股东享有的债权直接抵销公司应向其支付的减资对价。当然，从税务的角度，公司以非货币财产支付减资对价，可能会被视为对外转让非货币资产，从而可能涉及企业所得税的问题。

六是，在收购本公司股份的资金来源方面，针对股份公司为减少注册资本而收购本公司股份所使用的资金的来源，《公司法》本身未作限制性规定，我理解可以是股份公司可以支配和使用的一切合法资金，包括通过借款筹集的合法资金。

七是，在所收购的股份的处理办法方面，根据《公司法》第142条第3款的规定，股份公司为减少注册资本而收购的本公司股份，应当在收购完成之日起10日内将所收购的本公司股份全部予以注销，而不能转让给他人，也不能用于包括员工持股计划或股权激励在内的任何其他目的。

尽管《公司法》没有直接规定股份公司注销其股份应当履行减少注册资本的法律程序，但是，由于股份公司注销其所持有的本公司股份，将导致其已发行的股份总数的减少；在股份公司股份的每股金额保持不变的情况下，其股份总数的减少还将导致公司注册资本的减少，从而，股份公司注销其股份也将涉及减少注册资本的程序，因此，股份公司注销其持有的本公司股份，应当适用《公司法》第99条、第37条第1款第9项和第103条第2款、第175条、第176条、第179条第2款关于减少注册资本的规定，包括履行股东大会决策程序、编制资产负债表、通知和公告债权人并办理注册资本变更登记手续。

不过，值得注意的是，由于股份公司已经就其为减少注册资本收购本公司股份履行了与减少注册资本相关的法律程序，因此，在股份公司将其以减少注册资本为目的而收购的股份进行注销时，可以不再履行与减少注册资本相关的法律程序，但应当向公司登记机关办理注册资本的变更登记——当然，应事先就此与公司登记机关进行沟通确认为宜。

此外，针对上市公司为减少注册资本而收购的本公司股份，在上市公司依法注销该等股份之前，中国证监会 2018 年 11 月 20 日的《关于认真学习贯彻〈全国人民代表大会常务委员会关于修改《中华人民共和国公司法》的决定〉的通知》还要求“上市公司回购的股份应登记在按规定开立的专用账户中，该账户中的股份依法不享有股东大会表决权、利润分配、配股、质押等权利”。

八是，在收购的方式方面，与《公司法》第 142 条第 4 款针对上市公司为将股份用于员工持股计划或者股权激励而收购本公司的股份、为将股份用于转换上市公司发行的可转换为股票的公司债券而收购本公司的股份、为维护上市公司价值及股东权益所必需而收购本公司的股份规定了“上市公司因本条第一款第（三）项、第（五）项、第（六）项规定的情形收购本公司股份的，应当通过公开的集中交易方式进行”不同，《公司法》第 142 条没有针对股份公司（包括上市公司）为减少注册资本收购本公司的股份的方式作出特别限制，因此，包括上市公司在内的所有股份公司，为了减少注册资本而收购本公司的股份，可以采取各种合法的方式进行收购，其中就包括非公开的协议转让方式。

不过，针对上市公司为减少注册资本而收购本公司的股份，中国证监会 2018 年 11 月 20 日的《关于认真学习贯彻〈全国人民代表大会常务委员会关于修改《中华人民共和国公司法》的决定〉的通知》特别要求“为减资而回购股份的，应当采取集中竞价、要约或者中国证监会认可的其他方式”。

《公司法》第 142 条第 1 款第 1 项的规定为股份公司的投资人采取灵活的股份回购机制留出了空间。也正是基于《公司法》第 142 条第 1 款第 1 项的规定，特定领域尤其是引入了私募股权投资或风险投资的股份公司，能够引入与股份公司特定期间的业绩指标、在特定日期实现上市或挂牌等事项或条件挂钩的股份回购条款。

（二）为与持有本公司股份的其他公司合并而收购本公司的股份

根据《公司法》第142条第1款第2项的规定，所有股份公司都可以在为了与持有本公司股份的其他公司合并的情况下收购本公司的股份。

股份公司为了与持有本公司股份的其他公司合并而收购本公司的股份，应当符合以下要求：

一是，在目的方面，仅限于为与持有本公司的股份的其他公司（不包括虽然持有本公司股份、但并非公司制企业法人的主体）合并的目的，才可以收购本公司的股份。

二是，在决策程序方面，根据《公司法》第99条、第37条第1款第9项和第103条第2款的规定，对股份公司与持有本公司股份的其他公司合并作出决议，属于股东大会的职权，应当提交股东大会审议，并经出席股东大会会议的股东所持表决权的三分之二以上通过。

三是，在债权人利益保护和公司登记方面，股份公司为与持有本公司股份的其他公司合并而收购本公司的股份，需要同时适用《公司法》第172条至第174条、第179条第1款关于公司合并的规定。

四是，在可以收购的股份数量方面，与《公司法》第142条第3款针对股份公司为实施员工持股计划、股权激励而收购本公司股份以及上市公司为将股份用于转换上市公司发行的可转换为股票的公司债券和维护公司价值及股东权益所必需而收购本公司股份规定了“公司依照本条第一款规定收购本公司股份后，……属于第（三）项、第（五）项、第（六）项情形的，公司合计持有的本公司股份数不得超过本公司已发行股份总额的百分之十”不同，针对股份公司为与持有本公司股份的其他公司合并而收购本公司股份的数量，《公司法》本身未作限制性规定；不过，结合《公司法》第80条第3款关于“法律、行政法规以及国务院决定对股份有限公司注册资本实缴、注册资本最低限额另有规定的，从其规定”的规定，在法律、行政法规以及国务院决定对股份有限公司注册资本最低限额有特别规定时，股份公司减少后的注册资本应当满足其相应的要求。

此外，针对上市公司为持有本公司股份的其他公司合并而收购本公司的股份，中国证监会2018年11月20日的《关于认真学习贯彻〈全国人民代表大会常务委员会关于修改《中华人民共和国公司法》的决定〉的通知》还要求“回购后的股权分布原则上仍应符合上市条件”。

五是，在合并对价的支付方式方面，由于公司合并本身也属于股份公司与公司股东、参与合并的其他公司及其股东之间的交易，经公司与相关各方协商一致，股份公司可以以法律允许的各种方式进行支付，包括以货币支付，或以实物、其他财产或者公司新增发行的股份来支付合并对价。当然，从税务的角度，公司以非货币财产支付合并对价，可能会被视为对外转让非货币资产，从而可能涉及企业所得税的问题。

六是，在收购本公司股份的资金来源方面，针对股份公司为与持有本公司股份的其他公司合并而收购本公司股份所使用的资金的来源，《公司法》本身未作限制性规定，我理解可以是股份公司可以支配和使用的一切合法资金，包括通过借款筹集的合法资金。

七是，在所收购的股份的处理方面，根据《公司法》第142条第3款，对于股份公司为与持有本公司股份的其他公司合并而收购的本公司股份，股份公司既可以选择将该等股份转让给他人（可以包括作为员工股权激励对象的公司的员工），也可以选择直接将该等股份予以注销；不过，不论是转让给他人还是予以注销，都应当在收购完成之日起6个月内全部予以转让或注销。

值得注意的是，尽管股份公司注销其所持有的本公司股份将导致减少其注册资本，但是，由于股份公司与持有本公司股份的其他公司合并的事项通常已经包含了将在收购本公司的股份之后予以转让或注销的安排，并且，股份公司也已经履行了通知和公告债权人的手续，因此，在股份公司对其因与持有本公司股份的公司进行合并而收购的股份进行注销时，可以不再履行与减少注册资本相关的法律程序，但应当向公司登记机关办理注册资本的变更登记。当然，应事先就此与公司登记机关进行沟通确认为宜。

此外，针对上市公司为持有本公司股份的其他公司合并而收购的本公司股份，在上市公司依法转让或注销该等股份之前，中国证监会2018年11月20日的《关于认真学习贯彻〈全国人民代表大会常务委员会关于修改《中华人民共和国公司法》的决定〉的通知》还要求“上市公司回购的股份应登记在按规定开立的专用账户中，该账户中的股份依法不享有股东大会表决权、利润分配、配股、质押等权利”。

八是，在收购的方式方面，与《公司法》第142条第4款针对上市公司为将股份用于员工持股计划或者股权激励而收购本公司的股份、为将股份用于转换上市公司发行的可转换为股票的公司债券而收购本公司的股份、为维护上市公司价值及股东权益所必需而收购本公司的股份规定了“上市公司因本条第一款第（三）项、第（五）项、第（六）项规定的情形收购本公司股份的，应当通过公开的集中交易方式进行”不同，《公司法》第142条没有针对股份公司（包括上市公司）为与持有本公司股份的其他公司合并而收购本公司的股份的方式作出特别限制，因此，包括上市公司在内的所有股份公司，为了与持有本公司股份的其他公司合并而收购本公司的股份，可以采取各种合法的方式进行收购，其中就包括非公开的协议转让方式。

（三）为实施股权激励而收购本公司的股份

根据《公司法》第142条第1款第3项的规定，所有股份公司都可以在为了实施股权激励的情况下收购本公司的股份。这一规定为股份公司实施员工股权激励计划留出了空间。结合《上市公司股权激励计划》第2条第1款的规定，《公司法》第142条第1款第3项所说的“股权激励”，是指股份公司以本公司的股份为标的，对其董事、高级管理人员及其他员工进行的长期性激励。

当然，股份公司为将本公司的股份用于股权激励而收购本公司的股份，应当符合以下要求：

一是，在目的方面，应当以将本公司股份用于股权激励为目的，在确定了这一目的之后，再实施收购本公司股份的行为。值得注意的是，《公司法》并没有对可以作为股份公司股权激励对象的主体的范围作出界定。

针对上市公司股权激励的对象，中国证监会制定的《上市公司股权激励管理办法》第8条第1款规定了“激励对象可以包括上市公司的董事、高级管理人员、核心技术人员或者核心业务人员，以及公司认为应当激励的对公司经营业绩和未来发展有直接影响的其他员工，但不应当包括独立董事和监事。外籍员工任职上市公司董事、高级管理人员、核心技术人员或者核心业务人员的，可以成为激励对象”，第2款规定了“单独或合计持有上市公司5%以上股份的股东或实际控制人及其配偶、父母、子女，不得成为激励对象。下列人员也不得成为激励对象：（一）最近12个月内被证券交易所认定为不适当人选；（二）

最近12个月内被中国证监会及其派出机构认定为不适当人选；（三）最近12个月内因重大违法违规行为被中国证监会及其派出机构行政处罚或者采取市场禁入措施；（四）具有《公司法》规定的不得担任公司董事、高级管理人员情形的；（五）法律法规规定不得参与上市公司股权激励的；（六）中国证监会认定的其他情形”。

实践中，上市公司通常也把未与上市公司订立劳动合同或聘用合同但与其子公司订立劳动合同或聘用合同的人员也作为股权激励的对象。因此，应当将《公司法》第142条第1款第3项所说的“股权激励”的对象理解为“股份公司本公司及其子公司的职工”为宜。

二是，在决策程序方面，《公司法》第142条第2款使用了“公司因前款第（三）项、第（五）项、第（六）项规定的情形收购本公司股份的，可以依照公司章程的规定或者股东大会的授权，经三分之二以上董事出席的董事会会议决议”的表述，因此，股份公司为将股份用于股权激励而收购本公司的股份，至少应当经三分之二以上董事出席的董事会会议决议批准；至于是否需要取得股东大会的批准，则取决于股份公司的章程是否有特别规定、股东大会是否作出了关于授权董事会“审议批准为将股份用于股权激励而收购本公司的股份”的决议。其中的“三分之二以上董事”，指的是全体董事的三分之二以上。

尽管《公司法》第99条、第37条第1款第7项关于股份公司股东大会职权的规定本身没有提及股份公司为将本公司股份用于股权激励而收购本公司股份是否属于股份公司股东大会的职权，但是，由于《公司法》第142条第2款使用了“公司因前款第（三）项、第（五）项、第（六）项规定的情形收购本公司股份的，可以依照公司章程的规定或者股东大会的授权，经三分之二以上董事出席的董事会会议决议”的表述，因此，我理解，在公司章程未作特别规定并且股东大会也没有作出关于授权董事会“审议批准为将股份用于股权激励而收购本公司的股份”的决议的情况下，股份公司为将股份用于股权激励而收购本公司的股份，也属于股东大会的职权而非董事会的职权，也应当取得股东大会的批准；并且，我倾向于认为，“股份公司将本公司股份用于股权激励”与“股份公司收购本公司股份”应当作为一个整体的提案提交股东大会审议。

此外，在股东大会通过此项决议所需的表决权方面，《公司法》没有明确规定股份公司的股东大会就为将本公司的股份用于股权激励，而收购本公司的股份作出的决议须经出席会议的股东所持表决权的三分之二以上通过，因此，在法律法规没有其他要求的情况下，股东大会就公司为将本公司股份用于股权激励而收购本公司股份作出决议，由出席股东大会会议的股东所持表决权过半数通过即可。不过，针对上市公司收购本公司的股份用于股权激励的情形，中国证监会制定的《上市公司股权激励管理办法》第 41 条则要求上市公司股东大会作出的此项决议须经出席会议的股东所持表决权的三分之二以上通过。

在股份公司的章程规定董事会享有审议批准股份公司为将股份用于股权激励而收购本公司的股份的职权，或股东大会作出了关于授权董事会“审议批准为将股份用于股权激励而收购本公司的股份”的决议的情况下，由于《公司法》第 142 条第 2 款只是规定了“公司因前款第（三）项、第（五）项、第（六）项规定的情形收购本公司股份的，可以依照公司章程的规定或者股东大会的授权，经三分之二以上董事出席的董事会会议决议”，并未对董事会作出决议所需的表决权数量作出特别规定，因此，根据《公司法》第 111 条第 1 款关于“董事会会议应有过半数的董事出席方可举行。董事会作出决议，必须经全体董事的过半数通过”的规定，在法律法规和公司章程未作其他特别规定的情况下，股份公司的董事会依照公司章程的规定或股东大会的授权，作出关于股份公司为将股份用于股权激励而收购本公司的股份的决议，必须经全体董事的过半数通过。

此外，针对上市公司股东大会对董事会的授权，中国证监会 2018 年 11 月 20 日的《关于认真学习贯彻〈全国人民代表大会常务委员会关于修改《中华人民共和国公司法》的决定〉的通知》还要求“上市公司股东大会对董事会作出授权的，应当在决议中明确授权实施股份回购的具体情形和授权期限等内容”。

值得注意的是，由于股份公司收购本公司的股份属于“购买资产”或“受让资产”的交易，在股份公司为将股份用于股权激励而收购本公司的股份的交易金额达到法律法规或公司章程规定的“受让重大资产”的标准时，就应当适用《公司法》第 104 条关于“本法和公司章程规定公司转让、受让重大资产或者对外提供担保等事项必须经股东大会作出决议的，董事会应当及时召集股东大会会议，由股东大会就上述事项进行表决”的规定，由股东大会作出决议，仅仅满足《公司法》第142条第2款所说的“股东大会的授权，经三分之二以上董事出席的董事会会议决议”的要求是不够的。

特别地，就上市公司而言，在上市公司为将股份用于股权激励而收购本公司股份的交易金额达到《公司法》第121条所说的“上市公司在一年内购买……重大资产……金额超过公司资产总额百分之三十”的标准时，还应当适用《公司法》第121条关于“上市公司在一年内购买、出售重大资产或者担保金额超过公司资产总额百分之三十的，应当由股东大会作出决议，并经出席会议的股东所持表决权的三分之二以上通过”的规定，仅仅适用《公司法》第103条第2款关于“股东大会作出决议，必须经出席会议的股东所持表决权过半数通过”的规定是不够的，仅仅适用《公司法》第142条第2款所说的“股东大会的授权，经三分之二以上董事出席的董事会会议决议”的要求也是不够的。

三是，在可以收购的股份数量方面，由于《公司法》第142条第3款规定了“属于第（三）项、第（五）项、第（六）项情形的，公司合计持有的本公司股份数不得超过本公司已发行股份总额的百分之十”，因此，对于并非上市公司的股份公司来说，因《公司法》第142条第1款第5项、第6项的规定对其不适用，其为将股份用于员工持股计划以及用于股权激励而可以收购的本公司股份总数，不得超过本公司已发行股份总额的10%；对于上市公司来说，其为将股份用于员工持股计划而可以收购的本公司股份、为将股份用于股权激励而可以收购的本公司股份，为将股份用于转换上市公司发行的可转换为股票的公司债券而收购的股份以及为维护上市公司价值及股东权益所必需而收购的股份的总数，各项合计不得超过本公司已发行股份总额的10%。从而，在上市公司此前已经为将股份用于员工持股计划或为将股份用于转换上市公司发行的可转换为股票的公司债券或为维护上市公司价值及股东权益所必需而收购了本公司股份的情况下，上市公司为将股份用于股权激励而可以收购的本公司股份的数量的上限为上市公司已发行的股份总数的10%扣除其已经为前述目的收购的本公司股份数量后的余额。

就上市公司而言，在计算《公司法》第142条第3款所说的“本公司已发行股份总额的百分之十”时，应以上市公司股东大会就该事项进行表决时为计算基准日，以上市公司在该基准日已经发行在外的股份总数（包括作为库存股的股份公司持有的本公司的股份）为分母、以上市公司准备收购的本公司的股份数量与上市公司已经为将股份用于员工持股计划、为将股份用于股权激励、为将股份用于转换上市公司发行的可转换为股票的公司债券以及为维护上市公司价值及股东权益所必需而收购的本公司股份数量之和为分子进行计算。

就上市公司以外的股份公司而言，在计算《公司法》第142条第3款所说的“本公司已发行股份总额的百分之十”时，应以股份公司股东大会就该事项进行表决时为计算基准日，以股份公司在该基准日已经发行在外的股份总数（包括作为库存股的股份公司持有的本公司的股份）为分母、以公司准备收购的本公司的股份数量与公司已经为将股份用于员工持股计划、为将股份用于股权激励收购的本公司股份数量之和为分子进行计算。

此外，针对上市公司为实施股权激励而收购的本公司股份，中国证监会2018年11月20日的《关于认真学习贯彻〈全国人民代表大会常务委员会关于修改《中华人民共和国公司法》的决定〉的通知》还要求“回购后的股权分布原则上仍应符合上市条件”。

四是，在收购资金的来源方面，2018年10月26日修订前的《公司法》第142条第3款曾规定“用于收购的资金应当从公司的税后利润中支出”，不过，第十三届全国人民代表大会常务委员会第六次会议2018年10月26日对《公司法》第142条进行修订后，针对股份公司为将股份用于股权激励而收购本公司股份所使用的资金的来源，现行《公司法》本身不再作限制性规定，在法律法规和公司章程未作其他规定的情况下，我理解，可以是股份公司可以支配和使用的一切合法资金，包括通过借款筹集的合法资金。

不过，《财政部关于〈公司法〉施行后有关企业财务处理问题的通知》（财企〔2006〕67号）规定了“因实行职工股权激励办法而回购股份的，回购股份……所需资金应当控制在当期可供投资者分配的利润数额之内”。在该规定未被废止之前，股份公司为将股份用于股权激励而收购本公司股份所使用的资金，仍然应当遵守此项要求。

根据《企业会计制度》第110条和第111条，“可供投资者分配的利润”是指可供分配的利润减去提取的法定盈余公积、法定公益金等后的余额，而“可供分配的利润”则指企业当期实现的净利润，加上年初未分配利润（或减去年初未弥补亏损）和其他转入后的余额。因此，股份公司为将本公司的股份用于股权奖励而收购本公司的股份，其资金来源应当仅限于股份公司当期可供投资者分配的利润，在数额方面要比股份公司的税后利润的数额小。

此外，根据《财政部关于〈公司法〉施行后有关企业财务处理问题的通知》（财企〔2006〕67 号），股份公司股东大会通过职工股权激励办法之日与为此收购本公司的股份之日不在同一会计年度的，股份公司应当在股东大会通过职工股权激励办法时，将预计的收购支出在当期可供投资者分配的利润中作出预留，对预留的利润不得进行分配；公司收购股份时，应当将收购股份的全部支出转作库存股成本，同时按股份收购支出数额将可供投资者分配的利润转入资本公积金。

五是，在所收购的股份的处理方面，根据《公司法》第 142 条第 3 款的规定，对于股份公司为了将股份用于股权激励而收购的本公司股份，股份公司应当在收购完成之日起三年内转让给股权激励对象或者予以注销。

其中，《公司法》第 142 条第 3 款所说的“应当在三年内转让或者注销”中的“三年”，应当以股份公司每一次收购本公司的股份完成之日的次日为起算日；在存在多次收购本公司股份的情形时，应当对每次收购的股份分别计算三年的起算日。

问题是，如果上市公司为了将股份用于股权激励而收购的本公司股份在收购完成之日起三年内没有转让给公司职工，是否可以用于员工持股计划或用于转换上市公司发行的可转换为股票的公司债券？考虑到上市公司当初是为了将股份用于股权激励而收购其股份的，结合中国证监会 2018 年 9 月 6 日发布的《〈中华人民共和国公司法修正案〉草案（征求意见稿）》第 142 条第 3 款曾提出了“属于第（三）项、第（五）项、第（六）项情形的，可以转让、注销或者将股份以库存方式持有，以库存方式持有的，持有期限不得超过三年”的草案，而第十三届全国人民代表大会常务委员会第六次会议 2018 年 10 月 26 日审议通过的《关于修改〈中华人民共和国公司法〉的决定》没有采纳“可以将股份以库存方式持有”的意见，因此，我理解，没有转让给职工的股份应当予以注销，而不应用于其他目的或用途。

特别地，针对上市公司为实施股权激励而收购的本公司股份，中国证监会 2018 年 11 月 20 日的《关于认真学习贯彻〈全国人民代表大会常务委员会关于修改《中华人民共和国公司法》的决定〉的通知》还要求“上市公司回购的股份应登记在按规定开立的专用账户中，该账户中的股份依法不享有股东大会表决权、利润分配、配股、质押等权利。为实施员工持股计划或股权激励，或者转换上市公司发行的可转换为股票的公司债券而回购的股份，应当在三年内按照依法披露的用途进行转让，未按照披露用途转让的，应当在三年期限届满前注销”。

六是，在收购的信息披露方面，《公司法》第 142 条第 4 款针对上市公司收购本公司股份作出了原则性规定：“上市公司收购本公司股份的，应当依照《中华人民共和国证券法》的规定履行信息披露义务。”

七是，在收购的方式方面，由于上市公司收购本公司股份属于证券交易，应当遵守《证券法》第 38 条关于“证券在证券交易所上市交易，应当采用公开的集中交易方式或者国务院证券监督管理机构批准的其他形式”的规定，因此，《公司法》第 142 条第 4 款针对上市公司收购本公司股份作出了特别规定：上市公司为实施股权激励等原因而收购本公司股份的，应当通过公开的集中交易方式进行。

结合《电子商务法》第 46 条的规定和《国务院办公厅关于清理整顿各类交易场所的实施意见》（国办发〔2012〕37 号）的规定，“集中交易方式”，包括集合竞价、连续竞价、电子撮合、匿名交易、做市商等交易方式，但不包括协议转让、拍卖方式。结合《上海证券交易所交易规则》和《深圳证券交易所交易规则》的规定，《公司法》第 142 条第 4 款所说的“公开的集中交易方式”主要指集合竞价和连续竞价等交易方式，包括要约收购。

特别地，针对上市公司为实施股权激励而收购本公司的股份，中国证监会 2018 年 11 月 20 日的《关于认真学习贯彻〈全国人民代表大会常务委员会关于修改《中华人民共和国公司法》的决定〉的通知》还要求“为实施员工持股计划或股权激励，转换上市公司发行的可转换为股票的公司债券，或者为维护公司价值及股东权益所必需而回购股份的，应当采取集中竞价或要约的方式”。

值得一提的是，《公司法》第 142 条第 4 款使用了“上市公司因本条第一款第（三）项、第（五）项、第（六）项规定的情形收购本公司股份的，应当通过公开的集中交易方式进行”的表述，因此，上市公司因为了减少公司注册资本而收购本公司股份，为了与持有本公司股份的其他公司合并而收购本公司的股份，股东因对股东大会作出的公司合并、分立决议持异议要求公司收购其股份而收购本公司的股份的情况下，不受《公司法》第 142 条第 4 款所说的“应当通过公开的集中交易方式进行”的限制，可以采取法律、行政法规允许的其他方式收购本公司的股份，包括协议转让方式、要约方式。

值得一提的是，针对股份公司将本公司的股份作为股权激励的标的转让给员工，《公司法》本身没有对其转让价格提出要求。考虑到股份公司将本公司的股份作为股权激励的标的转让给员工具有激励性质，我理解，股份公司转让股份给员工的价格，应当以不高于相关股份的公允价值为宜。不过，针对上市公司将本公司的股份作为股权激励的标的转让给职工的情形，中国证监会制定的《上市公司股权激励管理办法》对上市公司授予职工限制性股票的授予价格、授予职工股票期权的行权价格有最低价格要求，上市公司实施员工股权激励计划应当遵守这些要求。

还需注意的是，除上市公司、非上市公众公司以外的其他股份公司，如果将本公司的股份作为股权激励的标的转让给公司职工，应当确保转让完成后公司的股东人数总数不超过 200 人。对此，《国务院办公厅关于严厉打击非法发行股票和非法经营证券业务有关问题的通知》（国办发〔2006〕99 号）规定了“严禁变相公开发行股票。向特定对象发行股票后股东累计不超过 200 人的，为非公开发行。非公开发行股票及其股权转让，不得采用广告、公告、广播、电话、传真、信函、推介会、说明会、网络、短信、公开劝诱等公开方式或变相公开方式向社会公众发行。严禁任何公司股东自行或委托他人以公开方式向社会公众转让股票。向特定对象转让股票，未依法报经证监会核准的，转让后，公司股东累计不得超过 200 人”。

（四）为实施员工持股计划而收购本公司的股份

根据《公司法》第 142 条第 1 款第 3 项的规定，所有股份公司都可以为了实施员工持股计划而收购本公司的股份。这一规定为股份公司实施员工持股计划留出了空间。

结合《关于上市公司实施员工持股计划试点的指导意见》（证监会公告〔2014〕33 号）的规定，《公司法》第 142 条第 1 款第 3 项所说的“员工持股计划”，是指股份公司根据员工的意愿，通过合法方式使员工获得本公司股份并长期持有，股份权益按约定分配给员工的制度安排。这是一种员工间接持有股份公司股份的间接持股方式，与《公司法》第142条第1款第3项所说的“股权激励”这种员工直接持有股份公司股份的直接持股方式是不同的。

当然，股份公司为将本公司的股份用于员工持股计划而收购本公司的股份，应当符合以下要求：

一是，在目的方面，应当以将本公司股份用于员工持股计划为目的，在确定了这一目的之后，再实施收购本公司股份的行为。

二是，在决策程序方面，《公司法》第142条第2款使用了“公司因前款第（三）项、第（五）项、第（六）项规定的情形收购本公司股份的，可以依照公司章程的规定或者股东大会的授权，经三分之二以上董事出席的董事会会议决议”的表述，因此，股份公司为将股份用于员工持股计划而收购本公司的股份，至少应当经三分之二以上董事出席的董事会会议决议批准；至于是否需要取得股东大会的批准，则取决于股份公司的章程是否有特别规定、股东大会是否作出了关于授权董事会“审议批准为将股份用于员工持股计划而收购本公司的股份”的决议。其中的“三分之二以上董事”，指的是全体董事的三分之二以上。

尽管《公司法》第99条、第37条第1款第7项关于股份公司股东大会职权的规定本身没有提及股份公司为将本公司股份用于员工持股计划而收购本公司股份是否属于股份公司股东大会的职权，但是，由于《公司法》第142条第2款使用了“公司因前款第（三）项、第（五）项、第（六）项规定的情形收购本公司股份的，可以依照公司章程的规定或者股东大会的授权，经三分之二以上董事出席的董事会会议决议”的表述，从而，我理解，在公司章程未作特别规定并且股东大会也未作出关于授权董事会“审议批准为将股份用于员工持股计划而收购本公司的股份”的决议的情况下，股份公司为将股份用于员工持股计划而收购本公司的股份，也属于股东大会的职权而非董事会的职权，也应当取得股东大会的批准；并且，我倾向于认为，“股份公司将本公司股份用于员工持股计划”与“股份公司收购本公司股份”应当作为一个整体的提案提交股东大会审议。

此外，在股东大会通过此项决议所需的表决权方面，《公司法》没有明确规定股份公司的股东大会就为将本公司的股份用于员工持股计划而收购本公司的股份作出的决议须经出席会议的股东所持表决权的三分之二以上通过，因此，在法律法规没有其他要求的情况下，股东大会就公司为将本公司股份用于员工持股计划而收购本公司股份作出决议，由出席股东大会会议的股东所持表决权过半数通过即可。其中，针对上市公司收购本公司的股份用于员工持股计划的情形，中国证监会制定的《关于上市公司实施员工持股计划试点的指导意见》（证监会公告〔2014〕33 号）规定了“公司股东大会对员工持股计划作出决议的，应当经出席会议的股东所持表决权的半数以上通过”。

在股份公司的章程规定董事会享有审议批准股份公司为将股份用于员工持股计划而收购本公司的股份的职权，或股东大会作出了关于授权董事会“审议批准为将股份用于员工持股计划而收购本公司的股份”的决议的情况下，由于《公司法》第 142 条第 2 款只是规定了“公司因前款第（三）项、第（五）项、第（六）项规定的情形收购本公司股份的，可以依照公司章程的规定或者股东大会的授权，经三分之二以上董事出席的董事会会议决议”，并未对董事会作出决议所需的表决权数量作出特别规定，因此，根据《公司法》第 111 条第 1 款关于“董事会会议应有过半数的董事出席方可举行。董事会作出决议，必须经全体董事的过半数通过”的规定，在法律法规和公司章程未作其他特别规定的情况下，股份公司的董事会依照公司章程的规定或股东大会的授权，作出关于股份公司为将股份用于员工持股计划而收购本公司的股份的决议，必须经全体董事的过半数通过。

值得注意的是，由于股份公司收购本公司的股份属于“购买资产”或“受让资产”的交易，在股份公司为将股份用于员工持股计划而收购本公司的股份的交易金额达到法律法规或公司章程规定的“受让重大资产”的标准时，就应当适用《公司法》第 104 条关于“本法和公司章程规定公司转让、受让重大资产或者对外提供担保等事项必须经股东大会作出决议的，董事会应当及时召集股东大会会议，由股东大会就上述事项进行表决”的规定，由股东大会作出决议，仅仅满足《公司法》第 142 条第 2 款所说的“股东大会的授权，经三分之二以上董事出席的董事会会议决议”的要求是不够的。

特别就上市公司而言，在上市公司为将股份用于员工持股计划而收购本公司股份的交易金额达到《公司法》第 121 条所说的“上市公司在一年内购买……重大资产……金额超过公司资产总额百分之三十”的标准时，还应当适用《公司法》第 121 条关于“上市公司在一年内购买、出售重大资产或者担保金额超过公司资产总额百分之三十的，应当由股东大会作出决议，并经出席会议的股东所持表决权的三分之二以上通过”的规定，仅仅适用《公司法》第103条第2款关于“股东大会作出决议，必须经出席会议的股东所持表决权过半数通过”的规定是不够的，仅仅适用《公司法》第142条第2款所说的“股东大会的授权，经三分之二以上董事出席的董事会会议决议”的要求也是不够的。

三是，在可以收购的股份数量方面，由于《公司法》第142条第3款规定了“属于第（三）项、第（五）项、第（六）项情形的，公司合计持有的本公司股份数不得超过本公司已发行股份总额的百分之十”，因此，对于并非上市公司的股份公司来说，因《公司法》第142条第1款第5项、第6项的规定对其不适用，其为将股份用于员工持股计划以及用于股权激励而可以收购的本公司股份总数，不得超过本公司已发行股份总额的10%；对于上市公司来说，其为将股份用于员工持股计划而可以收购的本公司股份、为将股份用于股权激励而可以收购的本公司股份，为将股份用于转换上市公司发行的可转换为股票的公司债券而收购的股份以及为维护上市公司价值及股东权益所必需而收购的股份的总数，各项合计不得超过本公司已发行股份总额的10%。从而，在上市公司此前已经为将股份用于股权激励或为将股份用于转换上市公司发行的可转换为股票的公司债券或为维护上市公司价值及股东权益所必需而收购了本公司股份的情况下，上市公司为将股份用于员工持股计划而可以收购的本公司股份的数量的上限为上市公司已发行的股份总数的10%扣除其已经为前述目的收购的本公司股份数量后的余额。

就上市公司而言，在计算《公司法》第142条第3款所说的“本公司已发行股份总额的百分之十”时，应以上市公司股东大会就该事项进行表决时为计算基准日，以上市公司在该基准日已经发行在外的股份总数（包括作为库存股的股份公司持有的本公司的股份）为分母、以上市公司准备收购的本公司的股份数量与上市公司已经为将股份用于员工持股计划、为将股份用于股权激励、为将股份用于转换上市公司发行的可转换为股票的公司债券以及为维护上市公司价值及股东权益所必需而收购的本公司股份数量之和为分子进行计算。

就上市公司以外的股份公司而言，在计算《公司法》第142条第3款所说的“本公司已发行股份总额的百分之十”时，应以股份公司股东大会就该事项进行表决时为计算基准日，以股份公司在该基准日已经发行在外的股份总数

（包括作为库存股的股份公司持有的本公司的股份）为分母、以公司准备收购的本公司的股份数量与公司已经为将股份用于员工持股计划、为将股份用于股权激励收购的本公司股份数量之和为分子进行计算。

此外，针对上市公司为实施员工持股计划而收购的本公司股份，中国证监会2018年11月20日发布的《关于认真学习贯彻〈全国人民代表大会常务委员会关于修改《中华人民共和国公司法》的决定〉的通知》还要求“回购后的股权分布原则上仍应符合上市条件”。

四是，在收购资金的来源方面，针对股份公司为将股份用于员工持股计划而收购本公司股份所使用的资金的来源，现行《公司法》本身不再作限制性规定，在法律法规和公司章程未作其他规定的情况下，我认为，可以是股份公司可以支配和使用的一切合法资金，包括通过借款筹集的合法资金。

五是，在所收购的股份的处理方面，根据《公司法》第142条第3款的规定，对于股份公司为了将股份用于员工持股计划而收购的本公司股份，股份公司应当在收购完成之日起三年内转让给员工持股计划或者予以注销。其中，《公司法》第142条第3款所说的“应当在三年内转让或者注销”中的“三年”，应当以股份公司每一次收购本公司的股份完成之日的次日为起算日；在存在多次收购本公司股份的情形时，应当对每次收购的股份分别计算三年的起算日。

问题是，如果上市公司为了将股份用于员工持股计划而收购的本公司股份在收购完成之日起三年内没有转让给员工持股计划，是否可以用于股权激励或用于转换上市公司发行的可转换为股票的公司债券？考虑到上市公司当初是为了将股份用于员工持股计划而收购其股份的，结合中国证监会2018年9月6日发布的《〈中华人民共和国公司法修正案〉草案（征求意见稿)》第142条第3款曾提出了“属于第（三）项、第（五）项、第（六）项情形的，可以转让、注销或者将股份以库存方式持有，以库存方式持有的，持有期限不得超过三年”的草案，而第十三届全国人民代表大会常务委员会第六次会议2018年10月26日审议通过的《关于修改〈中华人民共和国公司法〉的决定》没有采纳“可以将股份以库存方式持有”的意见，因此，我理解，没有转让给员工持股计划的股份应当予以注销，而不应用于其他目的或用途。

特别地，针对上市公司为实施员工持股计划而收购的本公司股份，中国证监会2018年11月20日发布的《关于认真学习贯彻〈全国人民代表大会常务委员会关于修改《中华人民共和国公司法》的决定〉的通知》还要求“上市公司回购的股份应登记在按规定开立的专用账户中，该账户中的股份依法不享有股东大会表决权、利润分配、配股、质押等权利。为实施员工持股计划或股权激励，或者转换上市公司发行的可转换为股票的公司债券而回购的股份，应当在三年内按照依法披露的用途进行转让，未按照披露用途转让的，应当在三年期限届满前注销”。

六是，在收购的信息披露方面，《公司法》第142条第4款针对上市公司收购本公司股份作出了原则性规定：“上市公司收购本公司股份的，应当依照《中华人民共和国证券法》的规定履行信息披露义务。”

七是，在收购的方式方面，由于上市公司收购本公司股份属于证券交易，应当遵守《证券法》第38条关于“证券在证券交易所上市交易，应当采用公开的集中交易方式或者国务院证券监督管理机构批准的其他形式”的规定，因此，《公司法》第142条第4款针对上市公司收购本公司股份作出了特别规定：上市公司为实施员工持股计划等原因而收购本公司股份的，应当通过公开的集中交易方式进行。

结合《电子商务法》第46条的规定和《国务院办公厅关于清理整顿各类交易场所的实施意见》（国办发〔2012〕37号）的规定，“集中交易方式”，包括集合竞价、连续竞价、电子撮合、匿名交易、做市商等交易方式，但不包括协议转让、拍卖方式。结合《上海证券交易所交易规则》和《深圳证券交易所交易规则》的规定，《公司法》第142条第4款所说的“公开的集中交易方式”主要指集合竞价和连续竞价等交易方式，包括要约收购。

特别地，针对上市公司为实施员工持股计划而收购本公司的股份，中国证监会2018年11月20日发布的《关于认真学习贯彻〈全国人民代表大会常务委员会关于修改《中华人民共和国公司法》的决定〉的通知》还要求“为实施员工持股计划或股权激励，转换上市公司发行的可转换为股票的公司债券，或者为维护公司价值及股东权益所必需而回购股份的，应当采取集中竞价或要约的方式”。

值得一提的是，由于《公司法》第142条第4款使用了“上市公司因本条第一款第（三）项、第（五）项、第（六）项规定的情形收购本公司股份的，应当通过公开的集中交易方式进行”的表述，因此，上市公司因为了减少公司注册资本而收购本公司股份，因为了与持有本公司股份的其他公司合并而收购本公司的股份，因股东对股东大会作出的公司合并、分立决议持异议，要求公司收购其股份而收购本公司的股份，不受《公司法》第 142 条第 4 款所说的“应当通过公开的集中交易方式进行”的限制，可以采取法律、行政法规允许的其他方式收购本公司的股份，包括协议转让方式、要约方式。

（五）基于异议股东的请求收购本公司的股份

由于《公司法》第 142 条第 1 款第 4 项使用了“股东因对股东大会作出的公司合并、分立决议持异议，要求公司收购其股份的”的表述，因此，对股份公司（包括上市公司和其他股份公司）的股东大会作出的公司合并或分立决议持有异议的股东，享有要求股份公司收购其所持有的股份的权利，此即股份公司异议股东的股份收购请求权或股份回购请求权。

其中，《公司法》第 142 条第 1 款第 4 项所说的“持异议”，应指对股东大会作出的合并决议或分立决议投反对票。在享有股份回购请求权的主体方面，由于《公司法》第 142 条第 1 款第 4 项并未对异议股东的持股比例、享有表决权的比例、持股时间等事项提出要求，因此，只要是具有股份公司的股东资格的主体，不论其持股比例、表决权比例是多少、是否已经缴足出资，都可以享有《公司法》第 142 条第 1 款第 4 项所规定的要求公司收购其股份的权利。

此外，根据《公司法》第 142 条第 1 款第 4 项的规定，只有具有股份公司的股东资格并且对“股东大会作出的公司合并或分立的决议”持异议的股东，才享有要求公司收购其股份的权利，不是股份公司的股东的主体（包括存在委托持股关系的实际出资人、隐名股东），以及虽然具有股份公司的股东资格但对“股东大会作出的公司合并或分立的决议”不持异议的股东以及对股东大会的其他决议持异议的股东，均不享有《公司法》第 142 条第 1 款第 4 项规定的股份回购请求权。

值得注意的是，对股份公司的股东大会作出的公司合并或分立决议持有异议的股东，要求公司收购其股份，是其权利而不是义务，异议股东既可以选择要求股份公司收购其所持有的公司股份，也可以选择不要求。

根据《公司法》第142条第1款第4项的规定，在对股东大会作出的公司合并决议或公司分立决议持异议的股东向公司提出了关于收购该异议股东持有的公司股份的要求的情况下，股份公司可以也应当收购该异议股东的股份。股份公司收购异议股东持有的本公司的股份，应当符合以下要求：

一是，在触发条件方面，股份公司股东大会已经通过了公司合并或分立的决议，并且对该决议持有异议的股东向公司提出了要求公司收购其持有的公司股份的请求。不过，在决策程序方面，根据《公司法》第142条第2款，股份公司应收购异议股东所持有的本公司股份，无需提交股东大会决议，股份公司以不得以需要事先或事后取得股东大会的批准为由拒绝异议股东的请求。

二是，在可以收购的股份数量方面，与《公司法》第142条第3款针对股份公司为实施员工持股计划、股权激励而收购本公司股份以及上市公司为将股份用于转换上市公司发行的可转换为股票的公司债券和维护公司价值及股东权益所必需而收购本公司股份规定了“公司依照本条第一款规定收购本公司股份后，……属于第（三）项、第（五）项、第（六）项情形的，公司合计持有的本公司股份数不得超过本公司已发行股份总额的百分之十”不同，针对股份公司基于异议股东的请求而收购本公司股份的数量，《公司法》本身未作限制性规定，股份公司应当按照异议股东提出的收购数量收购异议股东所持股份，而不得只收购异议股东的部分股份；当然，由于《公司法》第80条第3款规定了“法律、行政法规以及国务院决定对股份有限公司注册资本实缴、注册资本最低限额另有规定的，从其规定”，中国证监会2018年11月20日发布的《关于认真学习贯彻〈全国人民代表大会常务委员会关于修改《中华人民共和国公司法》的决定〉的通知》还要求“回购后的股权分布原则上仍应符合上市条件”，因此，在法律、行政法规以及国务院决定对股份有限公司注册资本最低限额有特别规定时，股份公司应当采取包括将所收购的异议股东所持股份转让给他人或增加注册资本等方式在内的措施，避免发生因收购异议股东所持股份之后予以注销，进而导致公司减少后的注册资本不能满足法律、行政法规或国务院关于股份有限公司注册资本最低限额的要求的情况，上市公司还须确保满足中国证监会和证券交易所关于上市公司股权分布的要求。

三是，在收购对价的支付方式方面，由于回购异议股东所持股份本身也属于股份公司与公司股东之间的交易，经公司与相关股东协商一致，股份公司可以法律允许的各种方式进行支付，包括以货币支付，或以实物、其他财产或者公司对相关股东享有的债权直接抵销公司应向其支付的收购对价。当然，从税务的角度，公司以非货币财产支付收购对价，可能会被视为对外转让非货币资产，从而可能涉及企业所得税的问题。

四是，在收购本公司股份的资金来源方面，针对股份公司基于异议股东的请求而收购本公司股份所使用的资金的来源，《公司法》本身未作限制性规定，在法律法规和公司章程未作其他规定的情况下，我认为，可以是股份公司可以支配和使用的一切合法资金，包括通过借款筹集的合法资金。

五是，在所收购的股份的处理方面，根据《公司法》第 142 条第 3 款，对于股份公司应享有股份回购请求权的异议股东的要求收购的本公司股份，股份公司既可以选择将该等股份转让给他人（可以包括作为股权激励对象的公司员工），也可以选择直接将该等股份予以注销；不过，不论是转让给他人还是予以注销，都应当在收购完成之日起 6 个月内全部予以转让或注销。

值得注意的是，尽管《公司法》没有直接规定股份公司注销其股份应当履行减少注册资本的法律程序，但是，由于股份公司注销其所持有的本公司股份，将导致其已发行的股份总数的减少；在股份公司股份的每股金额保持不变的情况下，其股份总数的减少还将导致公司注册资本的减少，从而，股份公司注销其股份也将涉及减少注册资本的程序，因此，股份公司注销其持有的本公司股份，应当遵守适用《公司法》第 99 条、第 37 条第 1 款第 9 项和第 103 条第 2 款、第 175 条、第 176 条、第 179 条第 2 款关于减少注册资本的规定，包括履行股东大会决策程序、编制资产负债表、通知和公告债权人并办理注册资本变更登记手续。

问题是，如果股份公司与异议股东未能达成股份收购协议，异议股东是否可以向法院提起诉讼？结合《公司法》第 74 条第 2 款的规定，我理解，《公司法》第 142 条第 1 款第 4 项所说的股份公司的异议股东可以起诉。对此，《民事案件案由规定》（2011 年修正）规定了“请求公司收购股份纠纷”案由。不过，在具体的法律适用方面，由于《公司法》没有像《公司法》第 74 条第 2 款那样对股份公司的异议股东起诉要求公司收购其股份的期限作出规定，应由最高人民法院予以明确为宜。

（六）为将股份用于转换上市公司发行的可转换为股票的公司债券而收购本公司的股份

根据《公司法》第142条第1款第5项的规定，股份公司可以在为了将股份用于转换上市公司发行的可转换为股票的公司债券的情况下收购本公司的股份。由于《公司法》第142条第1款第5项使用的是“用于转换上市公司发行的可转换为股票的公司债券”，因此，《公司法》第142条第1款第5项的规定仅适用于上市公司，不适用于并非上市公司的股份公司。

当然，上市公司为将本公司的股份用于转换本公司发行的可转换为股票的公司债券而收购本公司的股份，应当符合以下要求：

一是，在目的方面，应当以将本公司股份用于转换上市公司发行的可转换为股票的公司债券为目的，在确定了这一目的之后，再实施收购本公司股份的行为。

二是，在决策程序方面，《公司法》第142条第2款使用了“公司因前款第（三）项、第（五）项、第（六）项规定的情形收购本公司股份的，可以依照公司章程的规定或者股东大会的授权，经三分之二以上董事出席的董事会会议决议”的表述，因此，上市公司为将股份用于转换本公司发行的可转换为股票的公司债券而收购本公司的股份，至少应当经三分之二以上董事出席的董事会会议决议批准；至于是否需要取得股东大会的批准，则取决于上市公司的章程是否有特别规定、上市公司的股东大会是否作出了关于授权董事会“审议批准为将股份用于转换本公司发行的可转换为股票的公司债券而收购本公司的股份”的决议。其中的“三分之二以上董事”，指的是全体董事的三分之二以上。

尽管《公司法》第99条、第37条第1款第7项关于股份公司股东大会职权的规定本身没有提及上市公司为将本公司股份用于转换本公司发行的可转换为股祟的公司债券而收购本公司股份是否属于上市公司股东大会的职权，但是，由于《公司法》第142条第2款使用了“公司因前款第（三）项、第（五）项、第（六）项规定的情形收购本公司股份的，可以依照公司章程的规定或者股东大会的授权，经三分之二以上董事出席的董事会会议决议”的表述，从而，我理解，在上市公司的章程未作特别规定并且上市公司股东大会也未作出关于授权董事会“审议批准为将股份用于转换本公司发行的可转换为股票的公司债券而收购本公司的股份”的决议的情况下，上市公司为将股份用于转换本公司发行的可转换为股票的公司债券而收购本公司的股份，也属于上市公司股东大会职权而非董事会职权、也应当取得股东大会的批准；并且，我倾向于认为，“上市公司将本公司股份用于转换本公司发行的可转换为股票的公司债券”与“上市公司收购本公司股份”应当作为一个整体的提案提交股东大会审议。

此外，在股东大会通过此项决议所需的表决权方面，《公司法》没有明确规定上市公司的股东大会就为将本公司的股份用于转换本公司发行的可转换为股票的公司债券而收购本公司的股份作出的决议须经出席会议的股东所持表决权的三分之二以上通过，因此，在法律法规和公司章程没有其他要求的情况下，上市公司股东大会就公司为将本公司股份用于转换本公司发行的可转换为股票的公司债券而收购本公司股份作出决议，由出席股东大会会议的股东所持表决权过半数通过即可。

在上市公司的章程规定董事会享有审议批准上市公司为将股份用于转换本公司发行的可转换为股票的公司债券而收购本公司的股份的职权，或上市公司股东大会作出了关于授权董事会“审议批准为将股份用于转换本公司发行的可转换为股票的公司债券而收购本公司的股份”的决议的情况下，由于《公司法》第142条第2款只是规定了“公司因前款第（三）项、第（五）项、第（六）项规定的情形收购本公司股份的，可以依照公司章程的规定或者股东大会的授权，经三分之二以上董事出席的董事会会议决议”，并未对董事会作出决议所需的表决权数量作出特别规定，因此，根据《公司法》第111条第1款关于“董事会会议应有过半数的董事出席方可举行。董事会作出决议，必须经全体董事的过半数通过”的规定，在法律法规和上市公司章程未作其他规定的情况下，上市公司的董事会依照公司章程的规定或股东大会的授权，作出关于上市公司为将股份用于转换本公司发行的可转换为股票的公司债券而收购本公司的股份的决议，必须经全体董事的过半数通过。

值得注意的是，由于上市公司收购本公司的股份属于“购买资产”或“受让资产”的交易，在上市公司为将本公司的股份用于转换本公司发行的可转换为股票的公司债券而收购本公司的股份的交易金额达到法律法规或公司章程规定的“受让重大资产”的标准时，就应当适用《公司法》第 104 条关于“本法和公司章程规定公司转让、受让重大资产或者对外提供担保等事项必须经股东大会作出决议的，董事会应当及时召集股东大会会议，由股东大会就上述事项进行表决”的规定，由股东大会作出决议，仅仅满足《公司法》第 142 条第 2 款所说的“股东大会的授权，经三分之二以上董事出席的董事会会议决议”的要求是不够的。

特别地，在上市公司为将本公司的股份用于转换本公司发行的可转换为股票的公司债券而收购本公司股份的交易金额达到《公司法》第 121 条所说的“上市公司在一年内购买……重大资产……金额超过公司资产总额百分之三十”的标准时，还应当适用《公司法》第 121 条关于“上市公司在一年内购买、出售重大资产或者担保金额超过公司资产总额百分之三十的，应当由股东大会作出决议，并经出席会议的股东所持表决权的三分之二以上通过”的规定，仅仅适用《公司法》第 103 条第 2 款关于“股东大会作出决议，必须经出席会议的股东所持表决权过半数通过”的规定是不够的，仅仅适用《公司法》第 142 条第 2 款所说的“股东大会的授权，经三分之二以上董事出席的董事会会议决议”的要求也是不够的。

三是，在可以收购的股份数量方面，由于《公司法》第 142 条第 3 款规定了“属于第（三）项、第（五）项、第（六）项情形的，公司合计持有的本公司股份数不得超过本公司已发行股份总额的百分之十”，因此，对于上市公司来说，其为将股份用于员工持股计划而可以收购的本公司股份、为将股份用于股权激励而可以收购的本公司股份，为将股份用于转换上市公司发行的可转换为股票的公司债券而收购的股份以及为维护上市公司价值及股东权益所必需而收购的股份的总数，各项合计不得超过本公司已发行股份总额的 10%。从而，在上市公司此前已经为将股份用于员工持股计划或股权激励或为维护上市公司价值及股东权益所必需而收购了本公司股份的情况下，上市公司为将股份用于转换本公司发行的可转换为股票的公司债券，而可以收购的本公司股份的数量的上限为上市公司已发行的股份总数的 10% 扣除其已经为前述目的收购的本公司股份数量后的余额。

就上市公司而言，在计算《公司法》第 142 条第 3 款所说的“本公司已发行股份总额的百分之十”时，应以上市公司股东大会就该事项进行表决时为计算基准日，以上市公司在该基准日已经发行在外的股份总数（包括作为库存股的股份公司持有的本公司的股份）为分母、以上市公司准备收购的本公司的股份数量与上市公司已经为将股份用于员工持股计划、为将股份用于股权激励、为将股份用于转换上市公司发行的可转换为股票的公司债券以及为维护上市公司价值及股东权益所必需而收购的本公司股份数量之和为分子进行计算。

此外，针对上市公司为用于转换其发行的可转债而收购的本公司股份，中国证监会2018年11月20日发布的《关于认真学习贯彻〈全国人民代表大会常务委员会关于修改《中华人民共和国公司法》的决定〉的通知》还要求“回购后的股权分布原则上仍应符合上市条件”。

四是，在收购资金的来源方面，针对上市公司为将股份用于股权激励而收购本公司股份所使用的资金的来源，现行《公司法》本身不再作限制性规定，在法律法规和公司章程未作其他规定的情况下，我认为，可以是上市公司可以支配和使用的一切合法资金，包括通过借款筹集的合法资金。

五是，在所收购的股份的处理方面，根据《公司法》第142条第3款的规定，对于上市公司为了将股份用于转换本公司发行的可转换为股票的公司债券而收购的本公司股份，上市公司应当在收购完成之日起三年内用于转让转换本公司发行的可转换为股票的公司债券。其中，《公司法》第142条第3款所说的“应当在三年内转让或者注销”中的“三年”，应当以上市公司每一次收购本公司的股份完成之日的次日为起算日；在存在多次收购本公司股份的情形时，应当对每次收购的股份分别计算三年的起算日。问题是，如果上市公司为了将股份用于转换本公司发行的可转换为股票的公司债券而收购的本公司股份在收购完成之日起三年内没有用于转让转换本公司发行的可转换为股票的公司债券，是否可以用于员工持股计划或用于股权激励？考虑到上市公司当初是为了将股份用于转让转换本公司发行的可转换为股票的公司债券而收购其股份的，结合中国证监会2018年9月6日发布的《〈中华人民共和国公司法修正案〉草案（征求意见稿）》第142条第3款曾提出了“属于第（三）项、第（五）项、第（六）项情形的，可以转让、注销或者将股份以库存方式持有，以库存方式持有的，持有期限不得超过三年”的草案，而第十三届全国人民代表大会常务委员会第六次会议2018年10月26日审议通过的《关于修改〈中华人民共和国公司法〉的决定》没有采纳“可以将股份以库存方式持有”的意见，因此，我理解，没有用于转让转换本公司发行的可转换为股票的公司债券的股份应当予以注销，而不应用于其他目的或用途。

特别地，针对上市公司为用于转换其发行的可转债而收购的本公司股份，中国证监会2018年11月20日发布的《关于认真学习贯彻〈全国人民代表大会常务委员会关于修改《中华人民共和国公司法》的决定〉的通知》还要求“上市公司回购的股份应登记在按规定开立的专用账户中，该账户中的股份依法不享有股东大会表决权、利润分配、配股、质押等权利。为实施员工持股计划或股权激励，或者转换上市公司发行的可转换为股票的公司债券而回购的股份，应当在三年内按照依法披露的用途进行转让，未按照披露用途转让的，应当在三年期限届满前注销”。

六是，在收购的信息披露方面，《公司法》第142条第4款针对上市公司收购本公司股份作出了原则性规定：“上市公司收购本公司股份的，应当依照《中华人民共和国证券法》的规定履行信息披露义务。”

七是，在收购的方式方面，上市公司收购本公司股份属于证券交易，应当遵守《证券法》第38条关于“证券在证券交易所上市交易，应当采用公开的集中交易方式或者国务院证券监督管理机构批准的其他形式”的规定，因此，《公司法》第142条第4款针对上市公司收购本公司股份作出了特别规定：上市公司为将股份用于转换上市公司发行的可转换为股票的公司债券等原因而收购本公司股份的，应当通过公开的集中交易方式进行。

结合《电子商务法》第46条的规定和《国务院办公厅关于清理整顿各类交易场所的实施意见》（国办发〔2012〕37号）的规定，“集中交易方式”，包括集合竞价、连续竞价、电子撮合、匿名交易、做市商等交易方式，但不包括协议转让、拍卖方式。结合《上海证券交易所交易规则》和《深圳证券交易所交易规则》的规定，《公司法》第142条第4款所说的“公开的集中交易方式”主要指集合竞价和连续竞价等交易方式，包括要约收购。

特别地，针对上市公司为转换上市公司发行的可转债而收购本公司的股份，中国证监会2018年11月20日的《关于认真学习贯彻〈全国人民代表大会常务委员会关于修改《中华人民共和国公司法》的决定〉的通知》还要求“为实施员工持股计划或股权激励，转换上市公司发行的可转换为股票的公司债券，或者为维护公司价值及股东权益所必需而回购股份的，应当采取集中竞价或要约的方式”。

值得一提的是，《公司法》第 142 条第 4 款使用了“上市公司因本条第一款第（三）项、第（五）项、第（六）项规定的情形收购本公司股份的，应当通过公开的集中交易方式进行”的表述，因此，上市公司因为了减少公司注册资本而收购本公司股份，因为了与持有本公司股份的其他公司合并而收购本公司的股份，因股东对股东大会作出的公司合并、分立决议持异议，要求公司收购其股份而收购本公司的股份，不受《公司法》第 142 条第 4 款所说的“应当通过公开的集中交易方式进行”的限制，可以采取法律、行政法规允许的其他方式收购本公司的股份，包括协议转让方式、要约方式。

（七）上市公司为维护公司价值及股东权益所必需而收购本公司的股份

根据《公司法》第 142 条第 1 款第 6 项的规定，上市公司可以在为了维护公司价值及股东权益所必需的情况下收购本公司的股份。这一规定为上市公司通过“适时采取回购措施，稳定市场预期、提振市场信心”① 和维护公司价值及股东权益留出了空间。

当然，上市公司在为了维护公司价值及股东权益所必需的情况下收购本公司的股份，应当符合以下要求：

一是，在目的方面，只有在确实存在维护上市公司价值及股东权益的目的并且必须收购本公司股份的情况下，才可以实施收购本公司股份的行为。

值得注意的是，《公司法》并没有对如何界定“为维护公司价值及股东权益所必需”作出规定。对此，中国证监会、财政部、国务院国资委 2018 年 11 月 9 日印发的《关于支持上市公司回购股份的意见》（证监会公告〔2018〕35 号）作出了细化规定。

根据《关于支持上市公司回购股份的意见》第 3 条，在发生“上市公司股价低于其每股净资产”或者“20 个交易日内股价跌幅累计达到 30%”这两种情形中的任一情形时，上市公司可以依照《公司法》第 142 条第 1 款第 6 项关于“上市公司为维护公司价值及股东权益所必需”而收购本公司的股份。并且，《关于支持上市公司回购股份的意见》第 3 条还规定，“……上市公司因该

---

① 见中国证监会《关于〈中华人民共和国公司法修正案〉草案（征求意见稿）的起草说明》。

情形实施股份回购并减少注册资本的，不适用《上市公司回购社会公众股份管理办法（试行）》第八条关于股票上市已满一年的要求和《关于上市公司以集中竞价交易方式回购股份的补充规定》第九条关于特定期间内不得回购股份的条件限制。”此外，中国证监会2018年11月20日发布的《关于认真学习贯彻〈全国人民代表大会常务委员会关于修改《中华人民共和国公司法》的决定〉的通知》还要求“上市公司为维护本公司价值及股东权益所必需而回购股份的，适用《关于支持上市公司回购股份的意见》（证监会公告〔2018〕35号）第三条的规定，并应当在证券交易所规定的期限内实施完毕”。

当然，上市公司在股价低于每股净资产时，《关于支持上市公司回购股份的意见》第2条要求上市公司董事会“应当及时了解是否存在对股价可能产生较大影响的重大事件和其他因素，通过多种渠道主动与股东特别是中小股东进行沟通和交流，充分听取股东关于公司是否应实施股份回购等措施的意见和诉求。”

考虑到“股份回购特别是上市公司的股份回购，对债权人和投资者利益都有重大影响，应当慎重稳妥对待，法律对股份回购的情形及方式等规定要清晰、明确，不宜规定兜底条款或例外情形”①，我倾向于认为，除《关于支持上市公司回购股份的意见》第3条明确规定的收购本公司的股份的两种情形外，上市公司“为维护公司价值及股东权益所必需”而收购本公司的股份应当从严把握，不应随意以《公司法》第142条第1款关于“公司不得收购本公司股份。但是，有下列情形之一的除外：……（六）上市公司为维护公司价值及股东权益所必需”的规定为依据收购本公司的股份；日后，中国证监会如果需要在《关于支持上市公司回购股份的意见》第3条明确规定的这两种情形之外规定上市公司可以“为维护公司价值及股东权益所必需”而收购本公司的股份的其他情形，也应慎重、从严把握为宜。

二是，在决策程序方面，由于《公司法》第142条第2款使用了“公司因前款第（三）项、第（五）项、第（六）项规定的情形收购本公司股份的，可以依照公司章程的规定或者股东大会的授权，经三分之二以上董事出席的董事会会议决议”的表述，因此，上市公司为维护公司价值及股东权益所必需而

① 见全国人民代表大会宪法和法律委员会2018年10月26日在第十三届全国人民代表大会常务委员会第六次会议上作的《关于〈中华人民共和国公司法修正案（草案）〉审议结果的报告》。

收购本公司的股份，至少应当经三分之二以上董事出席的董事会会议决议批准；至于是否需要取得股东大会的批准，则取决于股份公司的章程是否有特别规定、股东大会是否作出了关于授权董事会“审议批准为维护公司价值及股东权益所必需而收购本公司的股份”的决议。其中的“三分之二以上董事”，指的是全体董事的三分之二以上。

尽管《公司法》第99条、第37条第1款第7项关于股份公司股东大会职权的规定本身没有提及上市公司为维护公司价值及股东权益所必需而收购本公司股份是否属于上市公司股东大会的职权，但是，由于《公司法》第142条第2款使用了“公司因前款第（三）项、第（五）项、第（六）项规定的情形收购本公司股份的，可以依照公司章程的规定或者股东大会的授权，经三分之二以上董事出席的董事会会议决议”的表述，从而，我理解，在上市公司章程未作特别规定并且股东大会也未作出关于授权董事会“审议批准为维护公司价值及股东权益所必需而收购本公司的股份”的决议的情况下，上市公司为维护公司价值及股东权益所必需而收购本公司的股份，也属于股东大会的职权，也应当取得股东大会的批准。

此外，在股东大会通过此项决议所需的表决权方面，《公司法》没有明确规定股份公司的股东大会就为维护公司价值及股东权益所必需而收购本公司的股份作出的决议须经出席会议的股东所持表决权的三分之二以上通过，因此，在法律法规或公司章程没有其他要求的情况下，上市股东大会就公司为维护公司价值及股东权益所必需而收购本公司股份作出决议，由出席股东大会会议的股东所持表决权过半数通过即可。

在上市公司的章程规定董事会享有审议批准公司为维护公司价值及股东权益所必需而收购本公司的股份的职权，或股东大会作出了关于授权董事会“审议批准为维护公司价值及股东权益所必需而收购本公司的股份”的决议的情况下，由于《公司法》第142条第2款只是规定了“公司因前款第（三）项、第（五）项、第（六）项规定的情形收购本公司股份的，可以依照公司章程的规定或者股东大会的授权，经三分之二以上董事出席的董事会会议决议”，并未对董事会作出决议所需的表决权数量作出特别规定，因此，根据《公司法》第111条第1款关于“董事会会议应有过半数的董事出席方可举行。董事会作出决议，必须经全体董事的过半数通过”的规定，在法律法规和公司章程未作其他规定的情况下，上市公司的董事会依照公司章程的规定或股东大会的授权，作出关于上市公司为维护公司价值及股东权益所必需而收购本公司的股份的决议，必须经全体董事的过半数通过。

值得注意的是，由于上市公司为维护公司价值及股东权益所必需而收购本公司的股份属于“购买资产”或“受让资产”的交易，在上市公司收购本公司的股份的交易金额达到法律法规或公司章程规定的“受让重大资产”的标准时，就应当适用《公司法》第104条关于“本法和公司章程规定公司转让、受让重大资产或者对外提供担保等事项必须经股东大会作出决议的，董事会应当及时召集股东大会会议，由股东大会就上述事项进行表决”的规定，由股东大会作出决议，仅仅满足《公司法》第142条第2款所说的“股东大会的授权，经三分之二以上董事出席的董事会会议决议”的要求是不够的。

特别地，在上市公司为维护公司价值及股东权益所必需而收购本公司股份的交易金额达到《公司法》第121条所说的“上市公司在一年内购买……重大资产……金额超过公司资产总额百分之三十”的标准时，还应当适用《公司法》第121条关于“上市公司在一年内购买、出售重大资产或者担保金额超过公司资产总额百分之三十的，应当由股东大会作出决议，并经出席会议的股东所持表决权的三分之二以上通过”的规定，仅仅适用《公司法》第103条第2款关于“股东大会作出决议，必须经出席会议的股东所持表决权过半数通过”的规定是不够的，仅仅适用《公司法》第142条第2款所说的“股东大会的授权，经三分之二以上董事出席的董事会会议决议”的要求也是不够的。

三是，在可以收购的股份数量方面，由于《公司法》第142条第3款规定了“属于第（三）项、第（五）项、第（六）项情形的，公司合计持有的本公司股份数不得超过本公司已发行股份总额的百分之十”，因此，对于上市公司来说，其为将股份用于员工持股计划而可以收购的本公司股份，为将股份用于股权激励而可以收购的本公司股份，为将股份用于转换上市公司发行的可转换为股票的公司债券而收购的股份以及为维护上市公司价值及股东权益所必需而收购的股份的总数，各项合计不得超过本公司已发行股份总额的10%。从而，在上市公司此前已经为将股份用于员工持股计划或为将股份用于股权激励或为将股份用于转换上市公司发行的可转换为股票的公司债券而收购了本公司股份的情况下，上市公司为维护公司价值及股东权益所必需而可以收购的本公司股份的数量的上限为上市公司已发行的股份总数的10%扣除其已经为前述目的收购的本公司股份数量后的余额。

就上市公司而言，在计算《公司法》第142条第3款所说的“本公司已发行股份总额的百分之十”时，应以上市公司股东大会就该事项进行表决时为计算基准日，以上市公司在该基准日已经发行在外的股份总数（包括作为库存股的股份公司持有的本公司的股份）为分母、以上市公司准备收购的本公司的股份数量与上市公司已经为将股份用于员工持股计划、为将股份用于股权激励、为将股份用于转换上市公司发行的可转换为股票的公司债券以及为维护上市公司价值及股东权益所必需而收购的本公司股份数量之和为分子进行计算。

此外，针对上市公司为维护公司价值及股东权益所必需而收购本公司的股份，中国证监会2018年11月20日发布的《关于认真学习贯彻〈全国人民代表大会常务委员会关于修改《中华人民共和国公司法》的决定〉的通知》还要求“回购后的股权分布原则上仍应符合上市条件”。

四是，在收购资金的来源方面，针对上市公司为维护公司价值及股东权益所必需而收购本公司股份所使用的资金的来源，现行《公司法》本身不再作限制性规定，在法律法规和公司章程未作其他规定的情况下，我认为，可以是上市公司可以支配和使用的一切合法资金，包括通过借款筹集的合法资金。

五是，在所收购的股份的处理方面，根据《公司法》第142条第3款的规定，对于上市公司为维护公司价值及股东权益所必需而收购的本公司股份，上市公司应当在收购完成之日起三年内转让给他人或予以注销。其中，《公司法》第142条第3款所说的“应当在三年内转让或者注销”中的“三年”，应当以股份公司每一次收购本公司的股份完成之日的次日为起算日；在存在多次收购本公司股份的情形时，应当对每次收购分别计算三年的起算日。

此外，针对上市公司为维护公司价值及股东权益所必需而收购本公司的股份，中国证监会2018年11月20日发布的《关于认真学习贯彻〈全国人民代表大会常务委员会关于修改《中华人民共和国公司法》的决定〉的通知》还要求“上市公司回购的股份应登记在按规定开立的专用账户中，该账户中的股份依法不享有股东大会表决权、利润分配、配股、质押等权利。为维护公司价值及股东权益所必需而回购的股份，可以按照证券交易所规定的条件和程序，在履行预披露义务后，通过集中竞价交易方式出售，三年内未依法转让的，应当在期限届满前注销”。

六是，在收购的信息披露方面，《公司法》第 142 条第 4 款针对上市公司收购本公司股份作出了原则性规定：“上市公司收购本公司股份的，应当依照《中华人民共和国证券法》的规定履行信息披露义务。”

七是，在收购的方式方面，上市公司收购本公司股份属于证券交易，应当遵守《证券法》第 38 条关于“证券在证券交易所上市交易，应当采用公开的集中交易方式或者国务院证券监督管理机构批准的其他形式”的规定，因此，《公司法》第 142 条第 4 款针对上市公司收购本公司股份作出了特别规定：上市公司为维护公司价值及股东权益所必需等原因而收购本公司股份的，应当通过公开的集中交易方式进行。

结合《电子商务法》第 46 条的规定和《国务院办公厅关于清理整顿各类交易场所的实施意见》（国办发〔2012〕37 号）的规定，“集中交易方式”，包括集合竞价、连续竞价、电子撮合、匿名交易、做市商等交易方式，但不包括协议转让、拍卖方式。结合《上海证券交易所交易规则》和《深圳证券交易所交易规则》的规定，《公司法》第 142 条第 4 款所说的“公开的集中交易方式”主要指集合竞价和连续竞价等交易方式，包括要约收购。

特别地，针对上市公司为维护公司价值及股东权益所必需而收购本公司的股份，中国证监会 2018 年 11 月 20 日发布的《关于认真学习贯彻〈全国人民代表大会常务委员会关于修改《中华人民共和国公司法》的决定〉的通知》还要求“为实施员工持股计划或股权激励，转换上市公司发行的可转换为股票的公司债券，或者为维护公司价值及股东权益所必需而回购股份的，应当采取集中竞价或要约的方式”。

值得一提的是，由于《公司法》第 142 条第 4 款使用了“上市公司因本条第一款第（三）项、第（五）项、第（六）项规定的情形收购本公司股份的，应当通过公开的集中交易方式进行”的表述，因此，上市公司因为了减少公司注册资本而收购本公司股份，因为了与持有本公司股份的其他公司合并而收购本公司的股份，或因股东对股东大会作出的公司合并、分立决议持异议，要求公司收购其股份而收购本公司的股份，不受《公司法》第 142 条第 4 款所说的“应当通过公开的集中交易方式进行”的限制，可以采取法律、行政法规允许的其他方式收购本公司的股份，包括协议转让方式、要约方式。

（八）股份公司收购本公司股份的价格

还需注意的是，尽管《公司法》第142条对股份公司可以收购本公司股份的情形和相关的要求作出了规定，但是，《公司法》本身没有对股份公司收购本公司的股份的价格作出规定。

结合《公司法》第74条第1款关于“对股东会该项决议投反对票的股东可以请求公司按照合理的价格收购其股权”的规定，我理解，股份公司应以对本公司和转让方均合理的价格收购本公司的股份。不过，上市公司收购本公司的股份时，应按照中国证监会和证券交易所的相关规则确定收购价格。

（九）上市公司收购本公司股份的特别要求

此外，针对上市公司收购本公司的股份，中国证监会先后出台了《上市公司回购社会公众股份管理办法（试行）》（证监发〔2005〕51号）、《关于上市公司以集中竞价交易方式回购股份的补充规定》（证监会公告〔2008〕39号）[①]，对上市公司回购本公司股份的条件、方式、程序和信息披露等事项作出了具体的规定，证券交易所也出台了相应的配套制度，上市公司收购本公司的股份，不仅应当遵守《公司法》第142条的规定，还应当遵守中国证监会的特别要求、证券交易所相关规则的要求。

四、股份公司回购股份的财务处理

根据《财政部关于〈公司法〉施行后有关企业财务处理问题的通知》（财企〔2006〕67号）的规定，股份公司根据《公司法》第142条的规定收购的本公司的股份，在注销或者转让之前，应当作为库存股管理，其财务处理如下：

一是，收购本公司股份的全部支出转作库存股成本。在为将本公司的股份奖励给本公司职工而收购本公司的股份的情形下，应当在将收购本公司股份的

---

① 预计中国证监会将根据第十三届全国人大常委会第六次会议2018年10月26日审议通过的《全国人民代表大会常务委员会关于修改〈中华人民共和国公司法〉的决定》，对《上市公司回购社会公众股份管理办法（试行）》（证监发〔2005〕51号）、《关于上市公司以集中竞价交易方式回购股份的补充规定》（证监会公告〔2008〕39号）进行修改，以进一步完善股份回购配套制度。

全部支出转作库存股成本的同时，按收购支出数额将可供投资者分配的利润转入资本公积金。但是，在因与持有本公司股份的其他公司合并收购本公司股份的情形下，如果参与合并的各方在合并前及合并后均属于同一股东最终控制，那么，库存股成本按参与合并的其他公司持有本公司股份的相关投资的账面价值确认；如果不属于同一股东最终控制，那么，库存股成本按参与合并的其他公司持有本公司股份的相关投资的公允价值确认。

二是，注销库存股时，按照注销的股份数量减少相应股本，注销的库存股的成本高于对应股本的部分，依次冲减公司的资本公积金、盈余公积金、以前年度未分配利润；注销的库存股的成本低于对应股本的部分，增加公司的资本公积金。

三是，转让库存股时，因转让取得的收入高于库存股成本的部分，增加公司的资本公积金；因转让取得的收入低于库存股成本的部分，依次冲减公司的资本公积金、盈余公积金、以前年度未分配利润。

此外，根据《公司法》第 103 条第 1 款、第 166 条第 6 款和《财政部关于〈公司法〉施行后有关企业财务处理问题的通知》的规定，股份公司的库存股属于“公司持有的本公司股份”，不享有表决权，不得参与公司利润分配，股份公司应当将其作为所有者权益的备抵项目反映。并且，就上市公司而言，中国证监会 2018 年 11 月 20 日发布的《关于认真学习贯彻〈全国人民代表大会常务委员会关于修改《中华人民共和国公司法》的决定〉的通知》还规定了“上市公司回购的股份应登记在按规定开立的专用账户中，该账户中的股份依法不享有股东大会表决权、利润分配、配股、质押等权利”。

五、股份公司不得接受本公司股票作为质押权的标的

《公司法》在通过第 142 条第 1 款至第 4 款规定股份公司原则上不得收购本公司股份，但在例外情形下也可以在满足一定要求的情况下收购本公司股份的同时，也在其第 142 条第 5 款规定了“公司不得接受本公司的股票作为质押权的标的”。

《公司法》第 142 条第 5 款所说的“质押权”，指的是股份公司的股东根据《物权法》第 226 条的规定，以股份公司的股份出质所设立的权利质权。

根据《物权法》第 226 条、《工商行政管理机关股权出质登记办法》（2016

年修订）的规定，以股份公司的股份是否经证券登记结算机构登记为标准，以不同的股份公司的股份出质，相应的质权的设立时间有所不同：以证券登记结算机构登记的股份公司的股份（目前主要指各上市公司和非上市公众公司发行的股份）出质的，质权自证券登记结算机构办理出质登记时设立；以未经证券登记结算机构登记的股份公司的股份出质的，质权自工商行政管理部门办理出质登记时设立。

由于《最高人民法院关于适用〈中华人民共和国担保法〉若干问题的解释》第 103 条第 1 款规定了“以股份有限公司的股份出质的，适用《中华人民共和国公司法》有关股份转让的规定”，因此，以股份公司的股份出质，视同股份转让，应当适用《公司法》有关股份转让的规定，这些规定包括《公司法》第 137 条至第 142 条的规定。

根据《最高人民法院关于适用〈中华人民共和国担保法〉若干问题的解释》第 103 条第 1 款的这一规定，股份公司的股东以其持有的公司的股票作为质权的标的、向股份公司提供质押担保，视同股份公司收购本公司的股份；在这种情况下，股份公司收购本公司的股份不符合《公司法》第 142 条第 1 款的规定，因此，《公司法》第 142 条第 5 款禁止股份公司接受本公司的股票作为质权的标的。

值得注意的是，《公司法》第 142 条只是禁止股份公司接受本公司的股份作为质押权的标的，但没有禁止股份公司接受持有其股份的其他公司或企业的股权或权益作为质押权的标的，因此，在符合其他法律法规或监管机构的要求的情况下，股份公司可以接受以持有其股份的其他公司或企业的股权或权益作为质押权标的的质押担保；在这种情况下，根据《物权法》第 229 条和第 219 条第 2 款的规定，如果作为质权人的股份公司在实现质权时采取与出质人协议以质押财产折价，将形成股份公司间接持有本公司股份的情形，从而形成“循环持股”现象。①

此外，《公司法》第 142 条第 5 款的规定，仅适用于股份公司；与此不同，在有限公司的情形，《公司法》本身没有明确禁止有限公司接受本公司的股权作为质权的标的。不过，对于特定行业的有限公司来说，相关主管部门也会要求有限公司不得接受本公司的股权作为质权的标的。

---

① 关于“循环持股”，请见本书第十八章第一节的内容。

比如，原中国银监会制定的《商业银行与内部人和股东关联交易管理办法》第29条第2款规定：“商业银行不得接受本行的股权作为质押提供授信”，这一规定既适用于股份公司形式的商业银行，也适用于有限公司形式的商业银行。

值得思考的问题是，《公司法》第142条第5款关于“公司不得接受本公司的股票作为质押权的标的”的规定，是效力性强制性规定还是管理性强制性规定？实践中，有的法院认为，该规定属于效力性强制性规定，违反这一规定的行为无效。比如，在2017年12月22日就山西盟科房地产开发有限公司（以下简称盟科公司）与山西忻州农村商业银行股份有限公司（以下简称忻州农商银行）及忻州恒昌贸易有限公司（以下简称恒昌公司）、望洲健康管理集团有限公司（以下简称望洲健康公司）、望洲集团有限公司（以下简称望洲集团）借款合同纠纷二审案作出的（2017）晋民终545号民事判决书中，山西省高级人民法院认为：“首先，根据《中华人民共和国担保法》第六十三条、第七十五条的规定，质押担保是债务的一种担保方式，即债务人或第三人将其动产或权利凭证移交债权人占有，将该动产或权利凭证作为质物而为债务人提供的担保。根据《中华人民共和国担保法》第四条规定，第三人为债务人向债权人提供担保时，可以要求债务人提供反担保。另《最高人民法院关于适用〈中华人民共和国担保法〉若干问题的解释》第二条规定，反担保人可以是债务人，也可以是债务人之外的其他人。反担保方式可以是债务人提供的抵押或者质押，也可以是其他人提供的保证、抵押或者质押。本案中《协议书》第一条约定，盟科公司将其持有的忻州农商银行4.62%的股权出质给望洲健康公司提供质押担保，以及第二条约定，望洲健康公司以盟科公司出质给其的忻州农商银行4.62%的股权向忻州农商银行提供反担保，均不符合质押担保、反担保的法律规定。其次，从《协议书》第二条约定‘盟科公司将其持有的忻州农商银行的4.62%的股权出质给望洲健康公司后，望洲健康公司以盟科公司出质的股权向忻州农商银行提供反担保’来看，望洲健康公司向忻州农商银行提供反担保的质物为忻州农商银行的股权。综合以上可见，《协议书》第 、第二条约定的实质为盟科公司将其持有的忻州农商银行4.62%的股权向忻州农商银行提供质押担保。根据《中华人民共和国公司法》第一百四十二条规定，公司不得接受本公司的股票作为质押权的标的。因此，《协议书》中有关股权质押担保部分因违反法律法规的强制性规定，应认定无效。”

又如，在2016年9月5日就湖北金叶典当有限公司与黄石农村商业银行股份有限公司、湖北方正模具材料有限公司等人之间的第三人撤销之诉上诉案作出的（2016）鄂02民终71号民事判决书中，湖北省黄石市中级人民法院认为，“公司法第一百四十二条第四款[①]‘公司不得接受本公司的股票作为质押权的标的’，从立法目的上看明显不是对股份有限公司实现管理的需要而设置，而是针对股份有限公司是否能实施接受本公司的股票作为质押权的标的这种行为而设置的，从调整对象上看针对的是股份有限公司行为内容，而不是单纯限制哪些公司不具有接受本公司的股票作为质押权的标的主体行为资格。故公司法第一百四十二条第四款[②]‘公司不得接受本公司的股票作为质押权的标的’属于效力性强制性条款”。

再如，在2016年11月7日就陈某某与广西隆林农村商业银行股份有限公司、隆林县云开资源发展有限公司确认合同无效纠纷二审案作出的（2016）桂10民终1326号民事判决书中，广西壮族自治区百色市中级人民法院也认为：“一审被告为向上诉人贷款，以其持有的上诉人的股份进行质押，违反了《中华人民共和国公司法》第一百四十三条[③]第四款[④]‘公司不得接受本公司的股票作为质押权的标的’的强制性规定，该行为应属无效。”

还如，针对呼伦贝尔盛源能源股份有限公司（以下简称盛源公司）的股东任某国、尹某库以其持有的盛源公司的股份为呼伦贝尔驰宇置业有限公司从盛源公司取得借款向盛源公司提供的担保，一审法院呼伦贝尔市海拉尔区人民法院也认为：“根据《中华人民共和国公司法》第一百四十二条第四款[⑤]的规定：‘公司不得接受本公司的股票作为质押权的标的’，任某国、尹某库以盛源公司股票出质的行为无效。”一审法院的上述观点得到了二审法院呼伦贝尔市中级人民法院的支持[⑥]。

---

① 现为《公司法》第142条第5款。

② 现为《公司法》第142条第5款。

③ 此处属于该判决书的笔误，应为“《中华人民共和国公司法》第一百四十二条”。

④ 现为《公司法》第142条第5款。

⑤ 现为《公司法》第142条第5款。

⑥ 见内蒙古自治区呼伦贝尔市中级人民法院在2017年4月13日就呼伦贝尔驰宇置业有限公司、任某国与呼伦贝尔盛源能源股份有限公司、尹某库民间借贷纠纷二审案作出的（2017）内07民终143号民事判决书。

不过，我倾向于认为，从鼓励交易和保障股份公司的利益的角度，《公司法》第 142 条第 5 款关于“公司不得接受本公司的股票作为质押权的标的”，可以适当放宽，允许有相应的例外，主要理由如下：

一是，从鼓励交易的角度看，股份公司在作为债权人与他人进行借贷、买卖等经济活动中，存在着由债务人提供相应的担保以保障股份公司的债权的需求，在债权人没有其他合适的担保的情况下，应允许债务人或第三人以其持有的股份公司的股份向股份公司提供担保，以促进交易的进行，而不应因为《公司法》第 142 条第 5 款的存在就导致股份公司作为债权人与他人进行的借贷、买卖等交易不能进行。

二是，从保障股份公司利益的角度看，股份公司接受他人以本公司的股份作为质押财产提供的担保，这一行为本身不仅不会损害股份公司的利益、反而能够保障股份公司的利益。根据《物权法》第 219 条第 2 款的规定，在债务人不履行到期债务或者发生当事人约定的实现质权的情形，股份公司作为质权人可以申请拍卖、变卖作为质押财产的本公司的股份并就拍卖、变卖作为质押财产的本公司的股份所得的价款优先受偿，甚至可以与出质人协议以作为质押财产的本公司的股份折价，这有利于保障股份公司债权的实现。具体来说，是这样的：

一方面，在股份公司作为质权人申请人民法院对作为质押财产的本公司的股份进行拍卖、变卖的情况下，可以由他人作为购买人收购该等股份，从而避免由股份公司收购作为质押财产的本公司的股份；即使是在没有他人参与拍卖、变卖而最终由股份公司作为购买人收购该等股份，根据《公司法》第 142 条第 1 款第 1 项，股份公司仍然可以以减少注册资本为目的而收购该等股份，收购价格为根据人民法院的强制执行程序产生的价格，这也不违反《公司法》第 142 条第 1 款至第 4 款的规定。

另一方面，在股份公司作为质权人与出质人协议以作为质押财产的本公司的股份折价的情况下，将出现由股份公司收购本公司股份的情况，根据《公司法》第 142 条第 1 款第 1 项，股份公司可以以减少注册资本为目的而收购作为质押财产的本公司的股份，收购价格为股份公司作为质权人与出质人协商达成的价格，这不违反《公司法》第 142 条第 1 款至第 4 款的规定。

第十六章
股权与婚姻、继承

考虑到公司的股东当中通常会有自然人股东，而自然人股东不可避免地会涉及婚姻家庭、生老病死的问题，因此，本章主要围绕股权与婚姻、继承涉及的相关法律事项展开讨论。

第一节　股权与夫妻共同财产

在涉及夫妻一方以夫妻共同财产对有限公司进行出资、另一方不是该公司股东的情形，由此所形成的股权是否属于夫妻共同财产？夫妻一方转让股权是否需要取得配偶的同意？本节接下来将进行分析。

一、股权与夫妻共同财产

针对夫妻共同财产的范围，《婚姻法》第 17 条第 1 款规定了“夫妻在婚姻关系存续期间所得的下列财产，归夫妻共同所有：（一）工资、奖金；（二）生产、经营的收益；（三）知识产权的收益；（四）继承或赠与所得的财产，但本法第十八条第三项规定的除外；（五）其他应当归共同所有的财产”；并在其第 18 条明确了“有下列情形之一的，为夫妻一方的财产：（一）一方的婚前财产；（二）一方因身体受到伤害获得的医疗费、残疾人生活补助费等费用；（三）遗嘱或赠与合同中确定只归夫或妻一方的财产；（四）一方专用的生活用品；（五）其他应当归一方的财产”。

针对《婚姻法》第 17 条所说的“其他应当归共同所有的财产”，《最高人民法院关于适用〈中华人民共和国婚姻法〉若干问题的解释（二）》（2017 年修正）（以下简称《婚姻法司法解释（二）》）第 11 条进一步规定了："婚姻关系存续期间，下列财产属于婚姻法第十七条规定的'其他应当归共同所有的财产'：（一）一方以个人财产投资取得的收益；（二）男女双方实际取得或者应当取得的住房补贴、住房公积金；（三）男女双方实际取得或者应当取得的养老保险金、破产安置补偿费。"

就股份公司股份而言，《婚姻法司法解释（二）》第 15 条规定了"夫妻双方分割共同财产中的股票、债券、投资基金份额等有价证券以及未上市股份有限公司股份时，协商不成或者按市价分配有困难的，人民法院可以根据数量按比例分配"。这就意味着，在涉及夫妻一方以夫妻共同财产对股份公司进行出资、另一方不是该公司股东的情形，夫妻一方对该股份公司所持有的股份，包括上市公司股票和非上市股份公司股份，是属于夫妻共同财产的。

至于在涉及夫妻一方以夫妻共同财产对有限公司进行出资、另一方不是该公司股东的情形，夫妻一方对该有限公司所持有的股权是否属于夫妻共同财产的问题，《婚姻法》《公司法》和最高人民法院的司法解释都未直接作出规定。

从《婚姻法司法解释（二）》第 16 条关于人民法院审理离婚案件时分割夫妻共同财产中以一方名义在有限责任公司的出资额的处理办法的规定看，在涉及夫妻一方以夫妻共同财产对有限公司进行出资、另一方不是该公司股东的情形，《婚姻法司法解释（二）》第 16 条第 1 款第 1 项使用的是"夫妻双方协商一致将出资额部分或者全部转让给该股东的配偶"的表述，该条第 1 款第 2 项使用的是"夫妻双方就出资额转让份额和转让价格等事项协商一致后，过半数股东不同意转让，但愿意以同等价格购买该出资额的，人民法院可以对转让出资所得财产进行分割"的表述，这就意味着，登记在夫妻一方名下的有限公司股权，在离婚时，不能像《婚姻法司法解释（二）》第 15 条针对作为夫妻共同财产的股份公司股份采取"根据数量按比例分配"的处理办法，而必须通过转让的方式使得相应的股权转移至夫妻另一方名下，或者先将相应的股权予以转让，再对转让股权所得的财产进行分配。

因此，我倾向于认为，转让登记在夫妻一方名下的在有限公司的股权或出资额所得的财产才属于夫妻共同财产，但登记在夫妻一方名下的有限公司的出资额和基于该等出资额所形成的股权本身则不属于夫妻共同财产。

不过，实践中，法院的处理意见不一。有的法院认为登记在夫妻一方名下的在有限公司的股权属于夫妻共同财产，有的法院则认为不属于；甚至，同一个法院就类似的案件还作出了截然相反的处理意见。具体情况请见下文引用的案例。对此，最高人民法院也认为，“……考虑到股权除具有财产权属性，还包括一定的身份权、人格权等内容，对于以夫妻共同财产认缴有限责任公司出资但登记在夫或妻一方名下的股权，是否属于夫妻共同财产，存在一定争议”；当然，“对于该股权转让后所得价款为夫妻共同财产是无争议的”。[①]

二、自然人股东转让股权是否需要取得配偶的同意

接下来的问题是，在涉及夫妻一方以夫妻共同财产对有限公司进行出资、另一方不是该公司股东的情形，夫妻一方转让股权是否需要取得配偶的同意？对此，《公司法》《婚姻法》也未直接作出规定。

实践中，有的法院认为，夫妻一方转让登记在其名下的股权，无需取得配偶的同意。比如，在2014年5月28日就艾某、张某田与刘某平、王某、武某雄、张某珍、折某刚股权转让纠纷二审案作出的（2014）民二终字第48号民事判决书中，针对艾某、张某田夫妇提出的张某田未经其配偶艾某同意签订的将登记在张某田名下的榆林市榆阳区常乐工贸有限责任公司（以下简称工贸公司）的股权转让给刘某平的股权转让协议无效的上诉理由，最高人民法院认为：“股权作为一项特殊的财产权，除其具有的财产权益内容外，还具有与股东个人的社会属性及其特质、品格密不可分的人格权、身份权等内容。如无特别约定，对于自然人股东而言，股权仍属于商法规范内的私权范畴，其各项具体权能应由股东本人独立行使，不受他人干涉。在股权流转方面，我国《公司法》确认的合法转让主体也是股东本人，而不是其所在的家庭。本案中，张某田因转让其持有的工贸公司的股权事宜，与刘某平签订了股权转让协议，双方从事该项民事交易活动，其民事主体适格，意思表示真实、明确，协议内容不违反我国《合同法》《公司法》的强制性规定，该股权转让协议应认定有效。

---

① 见最高人民法院2019年2月22日就李某祥与罗某芳、廖某声申请执行人执行异议之诉纠纷再审案作出的（2018）最高法民申6275号民事裁定书。

艾某、张某田的该项上诉理由没有法律依据，本院不予支持。”

又如，在2019年5月28日就张某杰与李某忠、李某华、中国城市建设控股集团有限公司（以下简称中城建公司）确认合同无效纠纷二审案作出的（2017）辽民终1170号民事判决书中，辽宁省高级人民法院认为：“股权是一项特殊的财产权，不仅仅具有财产权益内容，还具有和股东个人密不可分的人格权、身份权等内容。对于自然人股东而言，其各项权能由股东本人独立行使，不受他人干涉。在股权流转方面，我国《公司法》确认的合同转让主体也是股东本人，而不是其所在的家庭。本案所涉股权原登记在李某忠、李某华的名下，虽然二人同张某杰之间存在夫妻、母子关系，但基于本案所涉的股权转让法律关系，合同的相对方只是李某忠、李某华，与张某杰无关。正是基于此，张某杰另案提起的撤销案涉股权转让合同纠纷之诉才被依法驳回。原审依据《中华人民共和国婚姻法》第十七条、《最高人民法院关于适用〈中华人民共和国婚姻法〉若干问题的解释（二）》第十一条和第十六条第一款的规定，认定未登记方配偶不是法定的股权共有人是正确的。张某杰有关案涉股权属其与李某忠的家庭共同财产，李某忠、李某华转让股权的行为，属于部分共同共有人擅自处分共有财产的上诉主张不能成立，本院不予支持。”

再如，在2015年11月2日就谷某与赵某娟股权转让纠纷二审案作出的（2015）辽民二终字第00341号民事判决书中，辽宁省高级人民法院也认为：“《中华人民共和国婚姻法》第十七条规定‘夫妻在婚姻关系存续期间所得的下列财产，归夫妻共同所有：（一）工资、奖金；（二）生产、经营的收益；（三）知识产权的收益；（四）继承或赠与所得的财产，但本法第十八条第三项规定的除外；（五）其他应当归共同所有的财产。夫妻对共同所有的财产，有平等的处理权’。本案中，赵某娟与谷某元系1989年1月16日结婚，谷某元组建宏缘公司系2007年7月，谷某元当时实缴注册资本240万元，故谷某元出资240万元，系谷某元与赵某娟婚姻关系存续期间发生，在夫妻间没有特别约定的情况下，该出资款项应属夫妻共同财产，但在出资行为转化为股权形态时，现行法律没有规定股权为夫妻共同财产，其也不具有‘夫妻对共同所有的财产，有平等的处理权’这样的属性。《中华人民共和国公司法》第七十一条规定‘股东向股东以外的人转让股权，应当经其他股东过半数同意。股东应就其股权转让事项书面通知其他股东征求同意，其他股东自接到书面通知之日起满三十日未答复的，视为同意转让。其他股东半数以上不同意转让的，不同意的股东应当购买该转让的股权；不购买的，视为同意转让’。本案宏缘公司股东谷某元、天缘集团均同意向谷某及陶某平转让其持有的股权并已经股东会决议确定。而现没有法律规定股东转让股权需经股东配偶的同意，所以，谷某元转让其持有的宏缘公司股权，即使未经其配偶赵某娟同意，也没有法律依据确认其转让无效。故对谷某关于‘一审法院认为谷某元生前签订股权转让协议有效需符合夫妻协商一致的观点不正确’的上诉理由，本院予以支持。”

还如，在2017年8月23日就谢某华与黄某松、任某、佛山市南海珈悦工艺制品有限公司（以下简称珈悦公司）确认合同无效纠纷作出的（2017）粤01民终10843号民事判决书中，广州市中级人民法院也认为：“谢某华主张案涉股权属于其与黄某松婚姻关系存续期间的夫妻共有财产，黄某松未经其同意擅自处分股权，案涉《股权转让合同》应属无效。对此，本院作如下分析：首先，《中华人民共和国婚姻法》第十七条规定：‘夫妻在婚姻关系存续期间所得的下列财产，归夫妻共同所有：（一）工资、奖金；（二）生产、经营的收益；（三）知识产权的收益；（四）继承或赠与所得的财产，但本法第十八条第三项规定的除外；（五）其他应当归共同所有的财产。夫妻对共同所有的财产，有平等的处理权。’《最高人民法院关于适用〈中华人民共和国婚姻法〉若干问题的解释（二）》第十一条规定：‘婚姻关系存续期间，下列财产属于婚姻法第十七条规定的‘其他应当归共同所有的财产’：（一）一方以个人财产投资取得的收益；……。’可见，在我国现行法律体系下，属于夫妻共同财产的应当是股权所代表的财产价值，而非股权本身。其次，股权作为公司股东所享有的综合性权利，既包括分配利润等财产权利，还包括参与公司决策和选择管理者等身份权利，故股权在性质上更多的是一种社员权，而非单纯的财产权，其身份性质的权利独立于夫妻关系，不属于婚姻法夫妻财产所调整的对象。因此如无特别约定，自然人股东所享有的股权的各项具体权能应由其本人独立行使，不受其配偶干涉。本案中，黄某松作为珈悦公司合法登记在册的股东，有权依照公司法的规定转让其所持有的股权。再次，《中华人民共和国公司法》第七十一条规定：‘有限责任公司的股东之间可以相互转让其全部或者部分股权。股东向股东以外的人转让股权，应当经其他股东过半数同意。股东应就其股权转让事项书面通知其他股东征求同意，其他股东自接到书面通知之日起满三十日未答复的，视为同意转让。其他股东半数以上不同意转让的，不同意的股东应当购买该转让的股权；不购买的，视为同意转让。’据此，现行法律并未规定自然人股东转让股权需要经过配偶的同意……”。

结合《婚姻法司法解释（二）》第16条和最高人民法院、辽宁省高级人民法院、广州市中级人民法院的上述裁判意见，我也赞同这样的观点，即在涉及夫妻一方以夫妻共同财产对有限公司进行出资、另一方不是该公司股东的情形，以夫妻共同财产对有限公司进行出资并登记在夫妻一方名下的出资额以及基于该等出资额所形成的股权本身不属于夫妻共同财产、该股权所代表的财产价值才属于夫妻共同财产，夫妻一方转让登记在其名下的股权原则上是不需要取得配偶的同意的。

不过，也有法院认为，登记在夫妻一方名下的股权属于夫妻共同财产，夫妻一方转让该股权应当取得配偶的同意。比如，在2008年11月27日就彭某静与梁某平、王某山、河北金海岸房地产开发有限公司（以下简称金海岸公司）股权转让侵权纠纷上诉案作出的（2007）民二终字第219号民事判决书（刊载于《最高人民法院公报》2009年第5期）中，最高人民法院认为：“本案的上诉人彭某静与被上诉人梁某平系夫妻关系，金海岸公司是其夫妻二人共同开办的，丈夫梁某平占80%的股份，妻子彭某静占20%的股份。夫妻二人共同出资设立公司，应当以各自所有的财产作为注册资本，并各自承担相应的责任。因此，夫妻二人登记注册公司时应当提交财产分割证明。但是，本案当事人夫妻二人在设立公司时并未进行财产分割，应当认定是以夫妻共同共有财产出资设立公司。彭某静和梁某平用夫妻共同共有财产出资成立公司，在夫妻关系存续期间，丈夫或者妻子的公司股份是双方共同共有的财产，夫妻作为共同共有人，对共有财产享有平等的占有、使用、收益和处分的权利。根据本院《关于适用〈中华人民共和国婚姻法〉若干问题的解释（一）》第十七条第二项规定：‘夫或妻非因日常生活需要对夫妻共同财产做重要处理决定，夫妻双方应当平等协商，取得一致意见。他人有理由相信其为夫妻双方共同意思表示的，另一方不得以不同意或不知道为由对抗善意第三人。’彭某静与梁某平转让金海岸公司股权的行为属于对夫妻共同财产做重要处理，二人均应在股权转让合同、股东会决议、公司章程修正案上签名。但是，对于梁某平代彭某静订约、签名的效力问题应当综合本案事实，根据彭某静对于股权转让是否明知、王某山是否为善意等因素予以分析认定。……彭某静知道股权转让的事实，并未提出异议和阻止其丈夫梁某平转让其股份，应当视为同意转让，梁某平代彭某静订约、签名转让股权，对于彭某静有约束力。彭某静上诉主张股权转让合同的当事人梁某平和王某山恶意串通，侵犯了其优先购买权，但是，彭某静并没有提供证据证明王某山与梁某平恶意串通构成侵权的事实。因此，上诉人彭某静以其没有在股权转让合同、股东会决议上签名，请求确认转让合同无效，被上诉人梁某平和王某山恶意串通侵犯其优先购买权，没有事实和法律依据，其上诉理由不能成立，本院不予支持。"

又如，在2013年7月12日就何某与陈某国股权转让纠纷再审案作出的（2013）川民提字第357号民事判决书中，四川省高级人民法院也认为："鑫业公司2001年8月19日召开股东会议所形成的《股东会议纪要》载明：新股东何某向鑫业公司注入94万元。2001年8月20日，鑫业公司《股东会议纪要》载明：何某再投资186万元，合计投资280万元，占鑫业公司注册资金50%。此前，何某与邱某军于1988年结婚，对于夫妻关系存续期间的财产，《中华人民共和国婚姻法》第十七条规定：'夫妻在婚姻关系存续期间所得的下列财产，归夫妻共同所有：（一）工资、奖金；（二）生产、经营的收益；（三）知识产权的收益；（四）继承或赠与所得的财产，但本法第十八条第三项规定的除外；（五）其他应当归共同所有的财产。夫妻对共同所有的财产，有平等的处理权'，据此，何某在夫妻关系存续期间，以其个人名义出资取得的股权应属夫妻双方共同所有财产，邱某军作为共同共有人，对共有财产享有平等的占有、使用、收益和处分的权利。至于对前述条文规定的'夫妻对共同所有的财产，有平等的处理权'的理解，最高人民法院《关于适用〈中华人民共和国婚姻法〉若干问题的解释（一）》第十七条规定：'婚姻法第十七条关于'夫或妻对夫妻共同所有的财产，有平等的处理权'的规定，应当理解为：（一）夫或妻在处理夫妻共同财产上的权利是平等的。因日常生活需要而处理夫妻共同财产的，任何一方均有权决定。（二）夫或妻非因日常生活需要对夫妻共同财产做重要处理决定，夫妻双方应当平等协商，取得一致意见。他人有理由相信其为夫妻双方共同意思表示的，另一方不得以不同意或不知道为由对抗善意第三人。'本案中，邱某军对登记于何某名下的股权出让，属于对夫妻共同财产的重要处理，应当与何某协商，取得一致意见。”

再如，在2019年6月28日就曹某与张某、杨某模案外人执行异议之诉二审案作出的（2019）渝民终335号民事判决书中，针对杨某模持有的遵义兴茂房地产开发有限公司（以下简称兴茂地产公司）24%的股权是否为夫妻共同财产的问题，重庆市高级人民法院认为：“杨某模持有的兴茂地产公司24%的股权属于杨某模、曹某夫妻共同财产”，其裁判理由如下：

“1.《中华人民共和国婚姻法》第十七条第一款规定：‘夫妻在婚姻关系存续期间所得的下列财产，归夫妻共同所有：（一）工资、奖金；（二）生产、经营的收益；（三）知识产权的收益；（四）继承或赠与所得的财产，但本法第十八条第三项规定的除外；（五）其他应当归共同所有的财产。’本案中，因无证据证明杨某模享有的兴茂地产公司24%的股权的出资系杨某模一方的婚前个人财产，也无证据证明杨某模与曹某在夫妻关系存续期间有财产归属的约定，故该股权系以夫妻共同财产出资形成。因股权能够带来收益，且公司解散、破产后的剩余财产归属于股东所有，故股权的财产属性符合‘其他应当归共同所有的财产’的规定，属于夫妻共同财产。

“2. 虽然在《中华人民共和国婚姻法》第十七条中没有明确列举夫妻在婚姻关系存续期间取得的股权归夫妻共同所有，但是根据《最高人民法院关于适用〈中华人民共和国婚姻法〉若干问题的解释（二）》第十六条‘人民法院审理离婚案件，涉及分割夫妻共同财产中以一方名义在有限责任公司的出资额，另一方不是该公司股东的，按以下情形分别处理……’之规定，可以认定在夫妻关系存续期间以一方名义在有限责任公司的出资额是夫妻共同财产的一部分，而非持有公司股权一方的个人财产。虽然该规定适用的情形是夫妻离婚时的财产分割，但是该情形不影响婚姻关系存续期间取得的股权属于夫妻共同财产的性质认定。

“3. 未显名的夫妻一方是否享有公司股权与股权是否属于夫妻共同财产是两个不同性质的问题。在公司法层面，只有具备股东资格的人才能享有和行使股东权利，而是否具备股东资格应当根据法律规定和公司文件来认定。不具备公司股东身份的人不能享有和行使表决权、知情权、利润分配权、转让出资等股东权利。本案中，杨某模系兴茂地产公司的显名股东，而曹某并非该公司登记的股东，故其不能与杨某模共同共有股权。在婚姻法层面，用夫妻共同财产出资获得的股权是夫妻共同财产的一种形式，在夫妻没有对婚姻关系存续期间财产分配进行约定的前提下，除法律另有规定外，均属夫妻共同财产。因此，未显名的股东与名义股东能否共同共有股权的问题与股权是否为夫妻共同财产的问题并无关联。综上，杨某模持有的兴茂地产公司24%的股权属于夫妻共同财产。”

第二节　股东资格的继承

在自然人股东死亡的情况下，其合法继承人能否继承其股东资格？就有限公司而言，《公司法》第75条对有限公司自然人股东的股东资格的继承问题作出了原则性规定，即死亡自然人股东的合法继承人可以继承股东资格；与此同时，考虑到有限公司的人合性，《公司法》第75条允许有限公司的章程可以“另有规定”。就股份公司而言，《公司法》本身没有对股份公司自然人股东的股东资格的继承问题作出规定。

一、有限公司自然人股东资格继承的原则性规定

根据《公司法》第75条的规定，在有限公司的章程未作另外规定的情况下，公司的自然人股东死亡后，其合法继承人可以继承其股东资格。

（一）关于“继承股东资格”

《公司法》第75条所说的“继承股东资格”，继承的内容应指死亡自然人股东在相应的有限公司的股东身份以及基于该等股东身份所享有的各项股东权利和所应承担的各项义务，而不仅仅是继承股权的财产性权利。

（二）关于“死亡”的界定

根据《最高人民法院关于贯彻执行〈中华人民共和国继承法〉若干问题的意见》第1条关于“继承从被继承人生理死亡或被宣告死亡时开始”的规定，

《公司法》第75条所说的“死亡”，既包括生理死亡，也包括被依法宣告死亡。

（三）关于“合法继承人”的范围

自然人股东死亡后，其“合法继承人”包括哪些人需要结合《继承法》的规定加以判断。根据《继承法》第7条的规定，丧失继承权的继承人不应属于《公司法》第75条所说的“合法继承人”。

（四）关于如何继承股东资格

结合《继承法》的相关规定（尤其是其第2条、第3条、第5条、第10条、第13条、第25条），在死亡的自然人股东的合法继承人有数人的情况下，各个合法继承人原则上都可以继承该死亡的自然人股东在该有限公司的股东资格（除非相关合法继承人放弃继承），并且，各个合法继承人原则上是按照均等的份额继承该死亡的自然人股东对该有限公司的股权的比例及其对应的出资额（除非相关合法继承人另行达成继承安排）。

比如，在2014年10月20日就北京西湖港旅游开发有限责任公司（以下简称西湖港公司）等诉晋某银等请求变更公司登记纠纷上诉案作出的（2014）二中民（商）终字第10554号民事判决书中，北京市第二中级人民法院认为：“鉴于晋某伶系西湖港公司持有60%股权的股东，因晋某伶已死亡，由于晋某银、董某兰、隗某环、晋某飞、晋某系晋某伶的法定第一顺序继承人，且2001年西湖港公司章程中并未对继承人取得股东资格设置条件，晋某飞持有的继承人决议已被生效民事判决书确认为无效，晋某银、董某兰、隗某环、晋某飞、晋某因晋某伶死亡而应继承的西湖港公司股权份额已经有生效民事判决书予以确定，为此西湖港公司应当确认晋某银、董某兰、隗某环、晋某飞、晋某股东身份并进行工商变更登记同时在股东名册和公司章程上记载晋某银、董某兰、隗某环、晋某飞、晋某享有的股权份额。”

（五）关于死亡自然人股东夫妻共同财产的分割和遗产的继承

值得注意的是，在自然人股东死亡的情形，可能同时会涉及该自然人股东的夫妻共同财产的分割问题和遗产的继承问题。

如前所述，在涉及夫妻一方以夫妻共同财产对有限公司进行出资、另一方不是该公司股东的情形，以夫妻共同财产出资形成的股权本身不属于夫妻共同财产；尽管如此，《继承法》第 26 条第 1 款规定了“夫妻在婚姻关系存续期间所得的共同所有的财产，除有约定的以外，如果分割遗产，应当先将共同所有的财产的一半分出为配偶所有，其余的为被继承人的遗产”，因此，在登记在死亡的自然人股东名下的在有限公司的股权所代表的财产价值属于夫妻共同财产的情形，在该自然人股东死亡时，该股权所代表的财产价值的一半应先分出来归其配偶所有，该股权所代表的财产价值的另一半才是该死亡自然人合伙人的遗产，由其合法继承人依照《继承法》的规定继承。

我理解，在自然人死亡时，对在其婚姻关系存续期间所得的共同所有的财产进行的分割，应当适用与离婚时对夫妻共同财产进行的分割类似的规则。由于针对离婚时分割涉及夫妻共同财产中以一方名义在有限责任公司的出资额、另一方不是该公司股东时，《婚姻法司法解释（二）》第 16 条规定按以下情形分别处理：“（一）夫妻双方协商一致将出资额部分或者全部转让给该股东的配偶，过半数股东同意、其他股东明确表示放弃优先购买权的，该股东的配偶可以成为该公司股东；（二）夫妻双方就出资额转让份额和转让价格等事项协商一致后，过半数股东不同意转让，但愿意以同等价格购买该出资额的，人民法院可以对转让出资所得财产进行分割。过半数股东不同意转让，也不愿意以同等价格购买该出资额的，视为其同意转让，该股东的配偶可以成为该公司股东”，因此，从上述司法解释看，在有限公司的自然人股东死亡时，按照《继承法》第 26 条第 1 款规定的“先将共同所有的财产的一半分出为配偶所有”，在适用于登记在作为夫妻一方的死亡的自然人股东名下的在有限公司中的股权时，如果要将该股权的一半分出为其配偶所有，也应当适用《公司法》第 71 条的规定，取得该有限公司的其他股东的过半数同意并经其他股东明确表示放弃优先购买权。

由此看来，《婚姻法司法解释（二）》第 16 条第 1 款所规定的这种处理办法，与《公司法》第 75 条的规定之间，内在地存在着一定的矛盾。既然《公司法》第 75 条原则上允许死亡的自然人股东的合法继承人继承其在有限公司的股东资格，在死亡的自然人股东的配偶能够据此成为该有限公司的股东的情况下，为何不干脆一并承认死亡的自然人股东的配偶同样可以直接根据《继承法》第 26 条第 1 款的规定分得该股权的一半呢？

针对这一矛盾，将来修改《公司法》《婚姻法》《继承法》时，有必要对这个问题加以明确；或者，由全国人大常委会或最高人民法院就此作出解释。

实践当中，法院通常倾向于把“先将共同所有的财产的一半分出为配偶所有”理解为“由配偶直接取得共同所有的财产的一半”，并将登记在死亡的自然人股东名下的有限公司的股权的一半直接判归其配偶所有，无需适用《公司法》第71条第2款和第3款关于股权转让涉及的取得其他股东过半数同意、其他股东放弃优先购买权的程序。

比如，上海市松江区人民法院在2009年就于成某、范某珍、王某银、于某与上海联松物资回收利用有限公司股权确认纠纷一审案作出的（2009）松民二（商）初字第1278号民事判决书[①]，甘肃省天水市秦州区人民法院在2010年1月20日就吕某兰、王某甲、王某山与王某乙、第三人王某辉法定继承权纠纷一审案作出的（2009）秦郡民初字第68号民事判决书，福建省泉州市丰泽区人民法院在2013年就黄某雯、吴某姗与泉州明利商贸有限公司股东资格确认纠纷一审案作出的（2013）丰民初字第828号民事判决书[②]，北京市西城区人民法院在2015年1月26日就徐某等与北京市宣武炊事食品机械有限公司股东资格确认纠纷一审案作出的（2015）西民（商）初字第621号民事判决书[③]，河南省封丘县人民法院在2016年3月28日就任某云诉王某强、齐某军、李某国、任某琴、焦某越、封丘县工业用品有限公司股东资格确认纠纷一案作出的（2015）封民初字第1807号民事判决书，山东省青岛市中级人民法院在2013年就郭某闵、李某珍与青岛昌隆文具有限公司股东资格确认纠纷一审案作出的（2013）青民四初字第227号民事判决书[④]，都是这样的例子。

---

① 该一审判决获得二审法院上海市第一中级人民法院维持，见上海市第一中级人民法院2009年12月8日就于成某与上海联松物资回收利用有限公司股票权利确认纠纷二审案作出的（2009）沪一中民三（商）终字第959号民事判决书。

② 该一审判决获得二审法院福建省泉州市中级人民法院维持，见泉州市中级人民法院2014年6月20日就泉州明利商贸有限公司与黄某雯、吴某姗股东资格确认纠纷二审案作出的（2014）泉民终字第1575号民事判决书。

③ 该一审判决获得二审法院北京市第二中级人民法院维持，北京市第二中级人民法院2015年4月15日就北京市宣武炊事食品机械有限公司与徐某等股东资格确认纠纷二审案作出的（2015）二中民（商）终字第04210号民事判决书。

④ 该一审判决获得二审法院山东省高级人民法院维持，见山东省高级人民法院2016年12月9日就郭某闵、李某珍与青岛昌隆文具有限公司股东资格确认纠纷二审案作出的（2016）鲁民终2270号民事判决书。

不过，在有限公司的章程明确规定不允许死亡自然人股东的继承人继承其股东资格的情况下，我倾向于认为，不宜把《继承法》第 26 条第 1 款所说的“先将共同所有的财产的一半分出为配偶所有”理解为“由配偶直接取得属于夫妻共同财产的该股权的一半”，并将登记在死亡的自然人股东名下的股权对应的出资额的一半直接判归其配偶所有，其原因在于，既然有限公司的章程不允许包括死亡自然人股东的配偶在内的合法继承人继承其股东资格，自然就应当理解为，有限公司的章程同样不允许死亡自然人股东的配偶通过在继承前分割其与死亡自然人的夫妻共同财产的方式成为该有限公司的股东；更何况，如前所述，登记在夫妻一方名下的在有限公司的股权并非夫妻共同财产，不宜直接将该股权作为夫妻共同财产进行分割。

（六）关于合法继承人取得股东资格的时间

在发生继承股东资格的情形时，死亡自然人股东的合法继承人何时取得相应的有限公司的股东资格？

根据《继承法》第 2 条关于“继承从被继承人死亡时开始”的规定，并参考《物权法》第 29 条关于“因继承或者受遗赠取得物权的，自继承或者受遗赠开始时发生效力”的规定，以及《合伙企业法》第 50 条第 1 款关于“合伙人死亡或者被依法宣告死亡的，对该合伙人在合伙企业中的财产份额享有合法继承权的继承人，按照合伙协议的约定或者经全体合伙人一致同意，从继承开始之日起，取得该合伙企业的合伙人资格”的规定，我理解，原则上，死亡自然人股东的合法继承人在“继承开始时”，即该自然人股东死亡时，就取得了相应的有限公司的股东资格。

因继承取得股东资格属于《公司法司法解释（三）》第 22 条第 2 项所说的“继受公司股权”，根据《公司法司法解释（三）》第 23 条关于“当事人依法履行出资义务或者依法继受取得股权后，公司未根据公司法第三十一条、第三十二条的规定签发出资证明书、记载于股东名册并办理公司登记机关登记，当事人请求公司履行上述义务的，人民法院应予支持”的规定，死亡自然人股东的合法继承人可以要求相关有限公司向其签发出资证明书、将其记载于股东名册、并向公司登记机关办理变更登记。由此，我倾向于认为，《公司法》第 73 条的规定应同样适用于发生股东资格继承的情形。

不过，在特定的情形下，死亡自然人股东的合法继承人取得相应的有限公司的股东资格可能还需要获得相关主管机关的批准，方可生效。比如，在死亡自然人股东的合法继承人不属于中国大陆公民的情况下，因涉及外商投资事项，如果相关有限公司从事了外商投资准入特别管理措施范围内的业务，那么，该合伙继承人成为该有限公司的股东就需要取得外商投资主管部门的批准，而不是“从被继承人死亡时开始”就取得了该有限公司的股东资格。

二、有限公司章程可以对自然人股东资格继承问题作出与《公司法》不同的规定

《公司法》第75条允许有限公司的章程对自然人股东死亡后的股东资格的继承问题另外作出规定。其中，《公司法》第75条所说的“公司章程另有规定”，指的是公司章程作出的与《公司法》第75条前半句所说的“其合法继承人可以继承股东资格”不同的规定，比如，规定死亡的自然人股东的合法继承人不可以继承其股东资格；或者，规定死亡的自然人股东的合法继承人继承其股东资格须经其他股东一致同意或履行其他决策程序。

问题是，有限公司的章程可不可以规定：在死亡的自然人股东的合法继承人有数人的情况下，只能由其中的一位继承人继承该死亡自然人股东的股东资格？

我理解，在该公司章程是根据《公司法》制定（或根据《公司法》和该公司的章程修改）的，并且此项规定当时在该死亡的自然人股东生前取得了该死亡的自然人股东的同意的情况下，公司章程可以作出此项规定或类似规定，公司章程中的这样的规定是符合《公司法》第75条所说的“公司章程另有规定的除外”的规定的。但是，《公司法》第75条所说的“公司章程另有规定”，不应指公司章程可以规定相关继承人继承股东资格后只享有部分股东权利，而不享有其他股东权利；只要公司章程允许相关继承人继承该死亡的自然人股东的股东资格，相关继承人就应当有权行使该死亡的自然人股东原享有的所有股东权利。比如，在2007年5月21日作出的（2007）沪一中民三（商）终字第172号民事判决书中，上海市第一中级人民法院就曾以涉诉公司章程规定的“自然人死亡后，合法继承人只继承部分股东权利和所有义务，合法继承

人可以出席股东会，但必须同意由股东会作出的各项有效决议”违反了《公司法》第75条（原第76条）和第42条（原第43条）的规定为由，确认涉诉公司章程的该条款无效。

当然，根据《公司法》第75条的但书条款，在有限公司的自然人股东死亡时，该公司的其他股东如果认为死亡自然人股东的继承人不得成为公司的股东，就应当对公司章程存在排除或限制股东资格继承的规定承担证明责任。

比如，2015年1月26日就徐某等与北京市宣武炊事食品机械有限公司（以下简称宣武炊机公司）股东资格确认纠纷一审案作出的（2015）西民（商）初字第621号民事判决书中，北京市西城区人民法院认为：“《中华人民共和国公司法》（以下简称《公司法》）第七十六条[①]规定自然人股东死亡后，其合法继承人可以继承股东资格；但是，公司章程另有规定的除外。据此，通常情况下，股东资格可以继承。继承人只需要证明其为被继承人的合法继承人，而被继承人是公司股东即可。其他股东只有证明公司章程有排除或限制继承发生时新股东的加入，继承人方不能自动取得股东资格。本案中，宣武炊机公司并未就公司章程另有规定作出抗辩，本院对公司章程审查后，该公司章程不存在排除或限制股权继承的相关规定。因此，其股东资格可以由其合法继承人继承。”[②]

值得注意的是，有限公司章程是否排除了自然人股东资格的继承，不能机械地看有限公司的章程本身是否有“自然人股东死亡后，其合法继承人不得继承股东资格”的规定，还应当综合考察公司章程的上下文、制定背景、目的以及实施等情况，加以判断。在这方面，最高人民法院在2018年12月13日就启东市建都房地产开发有限公司（以下简称建都公司）与周某股东资格确认纠纷二审案作出的（2018）最高法民终88号民事判决书中的意见，值得参考。

在该民事判决书中，最高人民法院认为：

“《公司法》第七十五条规定：‘自然人股东死亡后，其合法继承人可以继承股东资格；但是，公司章程另有规定的除外。’根据该条规定，《公司法》赋

---

① 现为《公司法》第75条。

② 该一审判决后于2015年4月15日被北京市第二中级人民法院以（2015）二中民（商）终字第04210号民事判决书维持。

予了自然人股东的继承人继承股东资格的权利，但是同时亦允许公司章程对死亡股东的股权处理方式另行作出安排。因此，判断本案中周某是否有权继承其父周某新的股东资格，关键在于解读建都公司章程有无对股东资格继承问题作出例外规定。

“本案中，2007年9月12日建都公司章程第二十条规定‘自然人股东死亡后，其合法继承人可以继承股东资格’。2009年2月11日、2009年4月29日、2012年3月29日建都公司章程删除了2007年9月12日章程第二十条股东资格允许继承的条款；同时第七条规定‘股东不得向股东以外的人转让股权……股本金实行动态持股管理办法。对免职、调离、终止合同、退休等人员及时办理股权转让手续……’2015年1月10日建都公司章程第七条在前述章程规定基础上增加第三款规定‘对正常到龄退休、长病、长休、死亡的股东，应及时办理股权转让手续，股东退股时，公司累计有盈余的，持股期间按本人持股额每年享受20%以内回报’。周某新自2011年诊断患病，至2015年12月4日去世，前述章程的修订，其作为法定代表人均有参与且签字确认。公司章程作为公司的自治规则，是公司组织与活动最基本、最重要的准则，对全体股东均具有约束力。

“正确理解章程条款，应在文义解释的基础上，综合考虑章程体系、制定背景以及实施情况等因素加以分析。首先，如前所述，建都公司自2007年以来先后经历五次章程修订。自2009年起章程中删除了继承人可以继承股东资格的条款，且明确规定股东不得向股东以外的人转让股权，可以反映出建都公司具有高度的人合性和封闭性特征。其次，周某新去世前，2015年1月10日的公司章程第七条第三款对死亡股东股权的处理已经作出了规定，虽然未明确死亡股东的股东资格不能继承，但结合该条所反映的建都公司高度人合性和封闭性的特征，以及死亡股东应及时办理股权转让手续的表述，可以认定排除股东资格继承是章程的真实意思表示。再次，周某新去世之前，股东郁某新、曹某华在离职时均将股权进行了转让，不再是建都公司的在册股东，建都公司亦根据章程规定支付了持股期间的股权回报款。该事例亦进一步印证了股东离开公司后按照章程规定不再享有股东资格的实践情况。因此，综观建都公司章程的演变，并结合建都公司对离职退股的实践处理方式，本案应当认定公司章程已经排除了股东资格的继承。”

还需注意的是，死亡自然人股东的继承人尽管不能继承股东资格，但是仍能通过其他途径保障其财产权益。对此，在上述（2018）最高法民终 88 号民事判决书中，最高人民法院认为："在排除股东资格继承后，标的股权如何处理属于公司治理事项，不影响本案股东资格的判断。建都公司作为有限责任公司，具有独立的法人人格和治理结构，案涉股权排除继承后，究竟是由公司回购还是由其他股东受让，均可通过公司自治实现。这两种方式均有利于打破公司僵局，维持公司的人合性和封闭性，体现公司意志，保护股东权益。此外，周某虽无权继承股东资格，但其财产权利可以得到保障。根据 2015 年 1 月 10 日公司章程第七条的相关规定，其依然能取得退还的股本金和按照持股额每年计算一定比例的回报款。本案中，建都公司提供的相关决议及庭审陈述表明，建都公司将周某新的股权退股 2100 万元，并根据周某新持股期间按持股额每年享受 20% 的比例计算回报，该计算标准是 2015 年 1 月 10 日公司章程规定的较高标准。因此，周某作为周某新的继承人，将能够从建都公司获取较为丰厚的财产收益，对其权益的保护亦属合理。"

三、合法继承人不得继承股东资格的情形

值得注意的是，尽管《公司法》第 75 条允许死亡自然人股东的合法继承人继承其股东资格，但是，如果股东资格的继承将导致违反法律、行政法规的规定，则不宜由相关合法继承人继承股东资格。比如，《公司法》第 24 条要求有限公司的股东人数不得超过 50 人，在有限公司的自然人股东死亡后有数个合法继承人的情况下，如果全部合法继承人均继承股东资格将导致该有限公司的股东人数超过 50 人，那么，在这种情况下，就不应允许全部合法继承人都继承股东资格，从而使得继承股东资格后的公司的股东人数不超过 50 人；至于未继承股东资格的合法继承人因此受到的损失，则应由继承股东资格的各个合法继承人对其进行补偿。

比如，《公务员法》第 59 条第 16 项要求公务员必须遵守纪律，不得"违反有关规定从事或者参与营利性活动，在企业或者其他营利性组织中兼任职务"；《公务员法》第 107 条要求"公务员辞去公职或者退休的，原系领导成员的……公务员在离职三年内，其他公务员在离职两年内，……不得从事与原工

作业务直接相关的营利性活动”；《关于严禁党政机关和党政干部经商、办企业的决定》（中发〔1984〕27号）要求“乡（含乡）以上党政机关在职干部（包括退居二线的干部），一律不得以独资或合股、兼职取酬、搭干股分红等方式经商、办企业”；中共中央纪委《关于印发〈关于“不准在领导干部管辖的业务范围内个人从事可能与公共利益发生冲突的经商办企业活动”的解释〉和〈省（部）级领导干部配偶、子女个人经商办企业或在外商独资企业、中外合资企业任职情况登记表〉的通知》（中纪发〔2000〕4号）要求“省（部）、地（厅）级领导干部（以下简称领导干部）的配偶、子女，不准在该领导干部管辖的业务范围内个人从事可能与公共利益发生冲突的经商办企业活动”。由此，如果死亡自然人股东的合法继承人属于公务员等特殊身份，其继承股东资格将导致违反上述法律法规的要求，那么，在这种情况下，也不宜允许相关合法继承人继承股东资格。我认为，在该死亡自然人股东的合法继承人只有一人的情况下，应由该有限公司的其他股东购买该死亡自然人股东的股权并由相关合法继承人继承相应的股权转让价款为宜；在该死亡自然人股东的合法继承人有数人的情况下，宜通过各合法继承人协商确定由部分合法继承人继承股东资格，并由继承股东资格的合法继承人对因法律、行政法规的禁止或限制而不能继承股东资格的合法继承人进行补偿。

在这方面，李甲、伍某某与吴甲、李乙、上海恒盈实业有限公司（以下简称恒盈公司）股东资格确认纠纷上诉案的裁判观点可作参考。

在2011年11月14日就该纠纷上诉案作出的（2011）沪二中民四（商）终字第781号民事判决书中，上海市第二中级人民法院认为，“吴甲、李乙和李甲、伍某某均系恒盈公司工商登记股东李丙的合法继承人，可以按法律规定的程序成为恒盈公司的股东……吴甲通过继承行为获得了继承股东资格的权利，本应可按《中华人民共和国公司法》第三十八条[①]的规定对恒盈公司的经营享有决定权、选举权、审议权、作出决议权及其他相关职权。但其现为公务员及法官身份，……吴甲以公务员身份参与恒盈公司经营为《中华人民共和国公务员法》和《中华人民共和国法官法》所禁止，吴甲诉请欲成为有公示效力的工商登记股东，与《中华人民共和国公务员法》和《中华人民共和国法官

① 现为《公司法》第37条。

法》的相关规定冲突，其诉请本院难以支持。吴甲可通过其他途径实现其财产权。综上，李甲、伍某某关于吴甲不能成为工商登记载明的股东的上诉理由本院予以采纳。但李甲、伍某某及恒盈公司仍应配合完成李乙名下股权份额及比例的工商变更登记。”

四、股份公司股东资格的继承问题

值得注意的是，由于《公司法》第75条位于《公司法》第三章关于“有限责任公司的股权转让”部分，因此，《公司法》第75条关于自然人股东资格继承的规定仅适用于有限公司，不适用于股份公司。

对于是否可以通过继承取得股份公司的股东资格，《公司法》本身没有作出规定；并且，对于除上市公司、非上市公众公司之外的股份公司来说，其自然人股东死亡之后，相应的合法继承人能否继承其股东资格，在股份公司的章程没有规定的情况下，可能会产生争议——我理解，股份公司的章程可以对此作出相应的约定，不论是允许继承还是不允许继承，都可以。

不过，现阶段，对于上市公司来讲，根据中国证监会《证券登记结算管理办法》第29条第2款关于“证券以协议转让、继承、捐赠、强制执行、行政划拨等方式转让的，证券登记结算机构根据业务规则变更相关证券账户的余额，并相应办理证券持有人名册的变更登记”的规定和中国证券登记结算有限责任公司《证券非交易过户业务实施细则（适用于继承、赠与、依法进行的财产分割、法人资格丧失等情形）》的规定，上市公司的自然人股东死亡后，相应的合法继承人能够通过非交易过户的方式取得死亡自然人所持有的上市公司的股票，从而实际上是通过继承的方式取得了上市公司的股东资格。

五、法人或非法人组织终止后股东资格的承继问题

值得思考的问题是，针对有限公司的股东是法人或非法人组织的情形，如果作为股东的法人或非法人组织终止后，其权利承受人是否可以承继其在有限公司的股东资格？

与《合伙企业法》第80条针对有限合伙企业的组织类有限合伙人终止后

的合伙人资格问题规定了“作为有限合伙人的法人及其他组织终止时，其继承人或者权利承受人可以依法取得该有限合伙人在有限合伙企业中的资格”不同，《公司法》本身没有对此作出规定，最高人民法院目前出台的关于《公司法》的各个司法解释也都未对此作出明确规定。

考虑到法人或非法人组织对有限公司的股权属于其财产，在其终止时应当根据《民法总则》《公司法》《合伙企业法》《企业破产法》或其他相关法律法规的规定进行清算或破产清算，并对其财产进行变卖、变卖；由于拍卖、变卖法人或非法人组织对有限公司的股权属于转让股权的行为，因此，在公司章程未作规定的情况下，应当适用《公司法》第 71 条关于股东转让股权的规定。这也意味着，在公司章程未作明确规定的情况下，作为股东的法人或非法人组织终止后，其权利承受人不能直接承继其在有限公司的股东资格。

我理解，在股份公司的法人或非法人组织股东终止时的股东资格承继问题上，也应当适用同样的规则。

第十七章 一人公司

一人公司作为特殊的有限责任公司，为投资者提供了兼顾高效决策和风险隔离的比较方便的投资架构。与此同时，为更好地保护公司债权人的利益，《公司法》也专门对一人公司股东的责任作出了特别的规定。本章主要围绕一人公司涉及的主要法律事项展开讨论。

第一节 一人公司的界定

一、一人公司的定义

根据《公司法》第 57 条第 2 款关于“本法所称一人有限责任公司，是指只有一个自然人股东或者一个法人股东的有限责任公司”的规定，只有同时符合以下三个条件的公司才属于《公司法》所说的“一人公司”：

第一，一人公司的股东是并且只能是自然人或法人。根据《公司法》第 57 条第 2 款，只有自然人或法人才能设立一人公司或成为一人公司的股东，非法人组织不能设立一人公司，也不能成为一人公司的股东。根据《民法总则》第三章，《公司法》第 57 条第 2 款所说的“法人”，包括：一是，营利法人，具体包括有限责任公司、股份有限公司和非公司制企业法人以及既不属于公司制企业法人，也不属于非公司制企业法人的其他营利法人；二是，非营利法人，具体包括事业单位、社会团体、基金会、社会服务机构等；三是，特别法人，具体包括机关法人、农村集体经济组织法人、城镇农村的合作经济组织法人（比如《农民专业合作社法》所规范的农民专业合作社）、基层群众性自治组织法人（居民委员会、村民委员会）。

根据《民法总则》第四章，非法人组织包括个人独资企业、合伙企业、不具有法人资格的专业服务机构（目前主要指律师事务所）和不具有法人资格的中外合作经营企业；此外，根据《民办非企业单位登记管理暂行条例》第12条的规定，不具有法人资格的民办非企业单位也属于非法人组织。根据《公司法》第57条第2款和《民法总则》第二章第四节和第四章，个体工商户、农村承包经营户以及非法人组织，因其既不属于自然人，也不具备法人资格，所以不能设立一人公司，也不能成为一人公司的股东。

第二，一人公司有并且只能有一个股东。根据《公司法》第57条第2款，有2个或超过2个股东的有限公司，不属于《公司法》所说的“一人公司”，也就不能适用，也不应适用《公司法》关于一人公司的规定。值得注意的是，根据《公司法》第64条第2款的规定，国有独资公司虽然只有一个股东（即国家），但是，由于《公司法》第64条第1款明确规定了“国有独资公司的设立和组织机构，适用本节规定；本节没有规定的，适用本章第一节、第二节的规定”，因此，国有独资公司不属于一人公司，不适用《公司法》第58条至第63条的规定。

还需注意的是，根据《公司法》第32条第3款关于“公司应当将股东的姓名或者名称向公司登记机关登记；登记事项发生变更的，应当办理变更登记。未经登记或者变更登记的，不得对抗第三人”和《公司登记管理条例》第9条第8项关于“公司的登记事项包括：……（八）有限责任公司股东或者股份有限公司发起人的姓名或者名称”的规定，《公司法》第57条第2款关于一人公司的定义所说的“股东”，指的是作为有限公司登记事项的、其姓名或名称在公司登记机关登记为股东的主体，而非其姓名或名称未被公司登记机关登记为一人公司的股东的实际出资人或其他主体。

第三，一人公司的公司形式为有限责任公司，而非股份有限公司。根据《公司法》第78条关于“设立股份有限公司，应当有二人以上二百人以下为发起人，其中须有半数以上的发起人在中国境内有住所”的规定，现阶段，已经不存在只有一个股东的股份公司了。

值得一提的是，《公司法》关于一人公司的规定，是全国人大常委会2005

年对1993年《公司法》进行全面修订时新增的内容，首次出现于2005年《公司法》，并沿用至今。在2006年1月1日之前（即2005年修订后的《公司法》实施之前），当时有效的《公司法》第75条曾规定“设立股份有限公司，应当有五人以上为发起人，其中须有过半数的发起人在中国境内有住所。国有企业改建为股份有限公司的，发起人可以少于五人，但应当采取募集设立方式。”也因此，历史上存在着经国务院批准、由一个发起人独家发起设立的股份公司的情况，比如，中国石油天然气股份有限公司是由中国石油天然气集团公司（现已改制为中国石油天然气集团有限公司）于1999年11月5日独家发起设立的股份有限公司，中国石油化工股份有限公司是由中国石化集团公司于2000年2月25日独家发起设立的股份有限公司，中国银行股份有限公司则是由中央汇金投资有限责任公司于2004年8月26日独家发起设立的股份有限公司。

甚至，即使是在2006年1月1日以后（即2005年修订后的《公司法》实施之后），仍然存在由一个发起人独家发起设立股份公司的情况，比如，中国交通建设股份有限公司是由中国交通建设集团有限公司于2006年10月8日独家发起设立的股份有限公司，中国中铁股份有限公司是由中国铁路工程总公司于2007年9月12日独家发起设立的股份有限公司。[①]

这些由一个公司法人独家发起设立的股份公司，虽然也只有一个股东，但由于其组织形式为股份有限公司而非有限责任公司，因此，也不属于《公司法》所说的一人公司。

二、夫妻共同设立的有限公司不属于一人公司

值得注意的是，实务中，有的法院可能会将夫妻共同设立的有限公司认定为一人公司。

比如，在2018年12月28日就武汉猫人制衣有限公司（以下简称猫人公司）与江西青曼瑞服饰有限公司（以下简称青曼瑞公司）、熊某平、沈某霞申

---

① 严格来讲，这是不符合2005年修订后的《公司法》第77条（现为《公司法》第76条）第1项关于“设立股份有限公司，应当具备下列条件：（一）发起人符合法定人数；……”的规定，和第79条（现为《公司法》第78条）关于“设立股份有限公司，应当有二人以上二百人以下为发起人，其中须有半数以上的发起人在中国境内有住所”的规定的。

请执行人执行异议之诉上诉案作出的（2018）鄂民终 1270 号民事判决书中，针对熊某平、沈某霞夫妻出资设立的青曼瑞公司是否属于一人有限责任公司的问题，湖北省高级人民法院认为：

“首先，《公司法》第五十七条第二款规定：‘本法所称一人有限责任公司，是指只有一个自然人股东或者一个法人股东的有限责任公司。’第六十三条规定：‘一人有限责任公司的股东不能证明公司财产独立于股东自己的财产的，应当对公司债务承担连带责任。’青曼瑞公司股东登记一直为熊某平、沈某霞，股东人数为复数。但熊某平、沈某霞为夫妻，且青曼瑞公司设立于双方婚姻存续期间。依《中华人民共和国婚姻法》第十七条规定，除本法第十八条规定的财产及第十九条规定的约定财产制外，夫妻在婚姻存续期间所得财产归夫妻共同共有。熊某平、沈某霞经本院限期举证仍未提交证据证明双方对其婚前财产或婚后所得财产归属进行了约定，而青曼瑞公司设立于双方结婚后，故应认定青曼瑞公司的注册资本来源于熊某平、沈某霞的夫妻共同财产。虽然家庭成员发起设立有限责任公司时，需强制提交财产分割证明或协议的规定已被废止，但法律并不禁止夫妻发起设立有限责任公司时自愿备案财产分割证明或协议。一审法院调取的青曼瑞公司工商登记备案资料中并无熊某平、沈某霞财产分割的协议或证明，熊少平、沈小霞二审中亦未补充提交，因此熊某平、沈某霞以共同财产出资将股权分别登记在各自名下，不构成对夫妻共同财产分割的约定。故应认定青曼瑞公司的全部股权为熊某平、沈某霞婚后取得的财产应归其双方共同共有。猫人公司二审中所举证据虽不能证明熊某平、沈某霞的财产与青曼瑞公司财产混同，但从一定程度上印证了熊某平、沈某霞均实际参与了青曼瑞公司的管理经营，青曼瑞公司实际由夫妻双方共同控制。上述全部事实表明，青曼瑞公司的全部股权实质来源于同一财产权，并为一个所有权共同享有和支配，该股权具有利益的一致性和实质的单一性。据此应认定青曼瑞公司系实质意义上的‘一人公司’。

“其次，从公司财产混同角度分析，准许一人设立有限责任公司的出发点在于节约创业成本，繁荣市场经济。但该种便利性亦会带来天然的风险性。《公司法》规定的‘一人公司’财产独立性举证责任倒置规则就是对该种风险予以规制的措施之一。青曼瑞公司在为同一所有权实际控制的情况下，难以避免公司财产与夫妻其他共同财产的混同。在此情况下，有必要参照《公司法》

‘一人公司’举证责任倒置规则，将公司财产独立于股东自身财产的举证责任分配给熊某平、沈某霞。在本院就此事项要求熊某平、沈某霞限期举证的情况下，熊某平、沈某霞未举证证明其自身财产独立于青曼瑞公司财产，应承担举证不力的法律后果。熊某平、沈某霞应对青曼瑞公司案涉债务承担连带清偿责任。猫人公司申请追加熊某平、沈某霞为被执行人具有事实和法律依据。

“最后，从法律效果和社会效果分析，‘夫妻公司’对债权人的利益保护存在天然缺陷，导致债权人与‘夫妻公司’发生纠纷时，得不到法律的有力保护，此情况尚待立法及法律适用的完善。但依照我国婚姻法确立的夫妻财产共同共有原则，夫妻股东持有的全部股权应构成不可分割的整体，而公司实质充任了夫妻股东实施民事行为的代理人，若依法人有限责任制度认定夫妻股东设立的公司承担有限责任的同时，不对夫妻股东其他义务予以强化和规制，则有违民法的公平原则，也不利于对交易相对方利益的平等保护。”

对此，我持不同意见。我倾向于认为，湖北省高级人民法院的上述意见，对《公司法》第 57 条第 2 款关于“本法所称一人有限责任公司，是指只有一个自然人股东或者一个法人股东的有限责任公司”和第 63 条关于“一人有限责任公司的股东不能证明公司财产独立于股东自己的财产的，应当对公司债务承担连带责任”的规定进行了不当的解读，是值得商榷的。事实上，湖北省高级人民法院的上述意见所说的“应认定青曼瑞公司系实质意义上的‘一人公司’”本身也表明，湖北省高人民法院也承认案涉青曼瑞公司并非《公司法》所说的“一人公司”，否则就不会在“一人公司”之前加上“实质意义上的”这样的限定了。

结合上文的分析，我倾向于认为，夫妻共同设立的有限公司，因其有 2 个股东，不符合《公司法》第 57 条第 2 款关于一人公司的定义，并非《公司法》所说的一人公司，不应适用《公司法》关于一人公司的规定（包括《公司法》第 63 条关于“一人有限责任公司的股东不能证明公司财产独立于股东自己的财产的，应当对公司债务承担连带责任”的规定）；至于夫妻作为该有限公司的股东，滥用公司的法人独立地位和公司的有限责任，造成公司与股东混同，逃避债务并严重损害公司的债权人的利益，则应当适用《公司法》第 20 条第 3 款关于“公司股东滥用公司法人独立地位和股东有限责任，逃避债务，严重损害公司债权人利益的，应当对公司债务承担连带责任”的规定，由公司的债权人承担相应的举证责任。

在这方面，我倾向于赞同最高人民法院在2019年3月6日就王某、任某芹与杨某庆、刘某华执行异议之诉再审案作出的（2019）最高法民申105号民事裁定书中的意见。

在王某、任某芹与杨某庆、刘某华执行异议之诉一审案中，河北省唐山市中级人民法院在2017年10月21日作出的（2017）冀02民初261号民事判决书认为："原告任某琴、王某系夫妻关系，王某、任某芹在其夫妻关系存续期间于2005年10月14日成立了唐山增盛磨具磨料有限公司，该公司注册资本50万元，王某出资24.5万，任某琴出资25.5万元。唐山增盛磨具磨料有限公司对生效法律文书确定的赔偿杨某庆、刘某华各项损失679055.4元再无其他财产可供清偿，在公司股东王某、任某琴未能提供证据证明公司财产独立于其夫妻共同财产的情况下，杨某庆、刘某华申请追加任某琴、王某为被执行人并无不当。原告任某琴、王某主张唐山增盛磨具磨料有限公司不属于一人有限公司，不应适用《最高人民法院关于民事执行中变更、追加当事人若干问题的规定》中第二十条关于一人有限公司的规定追加二原告为被执行人。因原告任某琴、王某成立唐山增盛磨具磨料有限公司系用夫妻共同财产出资，虽然名义上唐山增盛磨具磨料有限公司有两名自然人股东，但因该两名自然人股东为夫妻关系，其出资应视为夫妻二人一体用共同家庭财产出资，因此，唐山增盛磨具磨料有限公司实际出资情形符合一人有限公司的股东出资特点及性质，应适用《最高人民法院关于民事执行中变更、追加当事人若干问题的规定》中第二十条的规定。原告任某琴、王某主张唐山增盛磨具磨料有限公司财产与二原告财产互相独立，不存在混同情况，就这一事实，需要原告举证证实，原告提供的企业信息公示报告系企业信息的对外公布、验资报告是对股东出资时予以足额出资的证明，该两份证据均不能证明二原告财产与唐山增盛磨具磨料有限公司财产互相独立，因此，二原告主张公司财产与股东个人财产相互独立，不存在混同的主张缺少证据支持，本院不予确认。综上，原告任某琴、王某用夫妻共同财产出资成立的唐山增盛磨具磨料有限公司应视为实质的一人有限公司……"

不过，最高人民法院否定了有关"任某琴、王某用夫妻共同财产出资成立的唐山增盛磨具磨料有限公司属于一人有限公司"的观点。在2019年3月6

日作出的（2019）最高法民申105号民事裁定书中，最高人民法院认为：“原审法院以增盛公司实际出资情形符合一人有限责任公司的股东出资特点及性质为由，认定杨某庆、刘某华申请追加王某、任某芹为被执行人符合《最高人民法院关于民事执行中变更、追加当事人若干问题的规定》第二十条规定的情形，判决驳回王某、任某芹的诉讼请求，在认定事实和适用法律上均存在错误。增盛公司不是一人有限责任公司……”

此外，在2019年7月8日就吉林省东北袜业园产业投资有限公司与马某然、于某、辽源市恺浪袜业有限公司追偿权纠纷再审案作出的（2019）吉民申1246号民事裁定书中，吉林省高级人民法院也认为：“《中华人民共和国公司法》第五十七条规定：‘……本法所称一人有限责任公司，是指只有一个自然人股东或者一个法人股东的有限责任公司。’第六十三条规定：‘一人有限责任公司的股东不能证明公司财产独立于股东自己的财产的，应当对公司债务承担连带责任’。本案中，恺浪公司的股东为于某、马某然两个自然人，二人虽为夫妻，但不能视为一个自然人，不能认定该公司为一人有限责任公司。”

第二节　一人公司股东对公司债务的连带责任

一、一人公司股东对公司债务的连带责任

（一）一人公司股东对公司债务的连带清偿责任

《公司法》第63条规定了一人公司的股东在特定的情况下对公司的债务负有连带清偿的责任，即“一人有限责任公司的股东不能证明公司财产独立于股东自己的财产的，应当对公司债务承担连带责任”。据此，《公司法》第63条是《公司法》第3条第2款关于“有限责任公司的股东以其认缴的出资额为限对公司承担责任”的规定，以及《民法总则》第60条关于“法人以其全部财产独立承担民事责任”的规定的例外规定，既是公司法人独立地位的例外，也是公司股东的有限责任的例外。

根据《民法总则》第178条第1款关于“二人以上依法承担连带责任的，权利人有权请求部分或者全部连带责任人承担责任”的规定，在一人公司的股东不能证明公司财产独立于股东自己的财产的情况下，公司的债权人既可以要求该一人公司清偿到期债务，也可以要求该一人公司的股东清偿公司的全部到期债务，还可以要求该一人公司及其股东共同清偿公司的到期债务。

（二）《公司法》第63条的适用不以一人公司无力清偿债务为条件

值得注意的是，在适用条件方面，由于《公司法》第63条使用的是“一人有限责任公司的股东不能证明公司财产独立于股东自己的财产的，应当对公司债务承担连带责任”的表述，没有像《合伙企业法》第38条、第39条和第92条第1款那样使用“合伙企业对其债务，应先以其全部财产进行清偿”“合伙企业不能清偿到期债务的，合伙人承担无限连带责任”和“合伙企业不能清偿到期债务的，债权人可以依法向人民法院提出破产清算申请，也可以要求普通合伙人清偿”的表述，因此，适用《公司法》第63条的规定不以一人公司是否具有偿还债务的能力为条件；同时，根据《民法总则》第178条第1款关于“二人以上依法承担连带责任的，权利人有权请求部分或者全部连带责任人承担责任”的规定，只要一人公司的股东不能证明公司财产独立于股东自己的财产，一人公司的债权人就可以要求一人公司的股东对公司的债务承担连带责任，而不论一人公司是否有能力清偿其到期债务。

不过，有的法院认为，《公司法》第63条的适用需要以一人公司无力清偿其到期债务为条件。比如，在2015年4月28日就浙江森马服饰股份有限公司（以下简称森马公司）与株洲金冠置业有限公司（以下简称金冠公司）、康健乐商品房销售合同纠纷一审案作出的（2014）株中法民四初字第34号民事判决书中，湖南省株洲市中级人民法院认为：“金冠公司系自然人独资公司，康某乐也是公司唯一的股东，虽然依照《中华人民共和国公司法》第六十四条规定，一人有限责任公司的股东不能证明公司财产独立于股东自己的财产的，应当对公司债务承担连带责任，但是森马公司是将54500000元购房款付至金冠公司指定的公司账户，且按照合同约定，购房款还受银行监管，因此就本案购房款来看，金冠公司财产与康某乐个人财产有独立之处。此外，《公司法》第六十四条规定目的是防止股东滥用自然人独资公司的法人独立地位和股东有限责任逃避债务的行为，因此只有在金冠公司运营或破产清算时财产不足以偿付森马公司债权，而康某乐又无法证实其财产独立于金冠公司财产的，森马公司才可以适用《公司法》第六十四条追究康某乐的连带清偿责任，显然本案尚未达到此条件，本案作为商品房销售合同纠纷应适用合同法和商品房销售等法律规范调整，因此森马公司要求康某乐承担连带清偿责任的理由不成立，不予支持。”①

基于上述分析，我倾向于认为，湖南省株洲市中级人民法院的上述处理意见是不符合《公司法》第63条的规定的。

（三）一人公司股东的证明责任

《公司法》第63条使用了“一人有限责任公司的股东不能证明公司财产独立于股东自己的财产的”的表述，并且，《最高人民法院关于民事执行中变更、追加当事人若干问题的规定》（法释〔2016〕21号）第20条也规定了：“作为被执行人的一人有限责任公司，财产不足以清偿生效法律文书确定的债务，股东不能证明公司财产独立于自己的财产，申请执行人申请变更、追加该股东为被执行人，对公司债务承担连带责任的，人民法院应予支持”，因此，一人公司的股东负有证明公司的财产独立于股东自己的财产的责任。②

对此，在2019年4月11日就佛山市南海能顺油品燃料有限公司、杜某甲、杜某乙、何某棠与中国石化销售有限公司江西石油分公司、佛山市南海能盛油品燃料有限公司、广东省肇庆市能源交通贸易有限公司、肇庆西江发电厂（B厂）有限公司、肇庆西江发电厂有限公司、佛山市隆泰能源有限公司买卖合同

---

① 见湖南省高级人民法院2015年8月31日就浙江森马服饰股份有限公司与株洲金冠置业有限公司、康某乐商品房销售合同纠纷上诉案作出的（2015）湘高法民一终字第297号民事判决书。值得注意的是，尽管湖南省高级人民法院认为“一审认定事实清楚，适用法律正确”，但是，针对金冠公司的唯一股东康某乐是否应对金冠公司的债务承担责任的问题，湖南省高级人民法院作出的不同的但更符合《公司法》第63条规定的裁判理由：“本案中，金冠公司系一人有限责任公司，股东是只有康某乐一人，但森马公司没有提供证据证明金冠公司与康某乐存在人格混同的情形，而金冠公司与森马公司签订的合同约定所有购房款付至金冠公司的预售监管账户，事实上，森马公司亦是按照约定将购房款付至该指定账户，可见金冠公司与康某乐的财产并未混同，因此，森马公司主张康某乐不能证明金冠公司的财产独立于其个人财产，应承担连带责任的理由不能成立，不予支持。”

② 需要注意的是，根据《最高人民法院关于民事执行中变更、追加当事人若干问题的规定》（法释〔2016〕21号）第20条追加一人公司的股东作为被执行人，申请执行人需要举证证明“作为被执行人的一人有限责任公司，财产不足以清偿生效法律文书确定的债务”。

纠纷二审案作出的（2019）最高法民终30号民事判决书中，最高人民法院认为："《中华人民共和国公司法》第六十三条规定：'一人有限责任公司的股东不能证明公司财产独立于股东自己的财产的，应当对公司债务承担连带责任。'据此，我国公司法对一人有限公司的股东应否对公司的债务承担连带责任采举证责任倒置原则，即一人有限公司的股东应当举证证明其个人财产与公司财产独立，否则其就应当对公司债务承担连带责任。"

这意味着，《公司法》第63条暗含着这样的推定，即《公司法》推定一人公司的财产与其股东的财产是混同的，只有在其股东能够证明公司的财产独立于股东自己的财产的情况下，其股东才不需要对一人公司的债务承担连带责任。因此，在一人公司的财产不足以清偿其债务时，该一人公司的债权人可以将其股东列为共同被告，要求其股东承担连带清偿责任。在这方面，郎某平与上海馨源文化传播有限公司、缪某晶买卖合同纠纷案可作参考。在2015年11月20日就郎某平与上海馨源文化传播有限公司、缪某晶买卖合同纠纷二审案作出的（2015）沪二中民一（民）终字第1347号民事判决书中，上海市第二中级人民法院认为："根据《中华人民共和国公司法》第六十三条的规定，一人有限责任公司的股东不能证明公司财产独立于股东自己的财产的，应当对公司债务承担连带责任。上诉人郎某平认为，馨源公司系一人有限责任公司，缪某晶作为馨源公司的唯一股东，在未证明其财产独立于公司财产的情况下，应当与馨源公司承担连带还款责任。缪某晶认为，其财产独立于公司财产，不应对公司债务承担个人责任。本院认为，馨源公司作为依法成立的法人，享有民事主体资格，具有民事责任能力，应当独立承担责任。但同时，馨源公司仅有缪某晶一个股东，属于一人有限责任公司，缪某晶作为馨源公司的唯一股东，对于其个人财产与公司财产相互独立，应当承担举证责任。缪某晶在本案一审、二审期间均未提供任何证据证明其个人财产独立于公司财产，应当由缪某晶承担举证不能的责任。郎某平要求缪某晶与馨源公司承担连带还款责任的上诉请求于法有据，本院应予支持。"

上海市高级人民法院在2016年9月8日就缪某晶、上海馨源文化传播有限公司与郎某平买卖合同纠纷再审案作出的（2016）沪民申1170号民事裁定书中也认为，"根据《中华人民共和国公司法》第六十三条的规定，一人有限责任公司的股东不能证明公司财产独立于股东自己的财产的，应当对公司债务承担连带责任。馨源公司仅有缪某晶一个股东，属于一人有限责任公司，缪某晶作为馨源公司的唯一股东，对于其个人财产与公司财产相互独立，应当承担举证责任。缪某晶在原一、二审期间均未提供任何证据证明其个人财产独立于公司财产，原二审据此对郎某平要求缪某晶与馨源公司承担连带还款责任的请求予以支持于法不悖”。

此外，在2017年9月21日就飞利浦（中国）投资有限公司（以下简称飞利浦公司）、佛山市天玺泰普贸易有限公司（以下简称天玺泰普公司）、佛山市光通亮照明灯具有限公司（以下简称光通亮公司）、佛山市南海澳雷朗照明科技有限公司（以下简称澳雷朗公司）与黄某明买卖合同纠纷二审案作出的（2017）沪民终21号民事判决书中，上海市高级人民法院也认为：“依照公司法第六十三条的规定，对于一人公司法人人格否认的举证责任承担方面，采用法人人格滥用推定的态度，适用举证责任倒置原则，由股东承担举证责任；若股东不能证明其财产与公司财产分离，则股东应当承担不利的事实后果。本案系争债务发生在澳雷朗公司为一人公司期间，股东为黄某明。现飞利浦公司主张澳雷朗公司与黄某明的财产存在混同，对此，黄某明应当对澳雷朗公司财产独立于股东财产承担举证责任。现澳雷朗公司的账上反映在一人公司期间，黄某明、黄某明之妻与澳雷朗公司之间有大量的资金往来。虽然法律并不禁止一人公司的股东与公司之间有资金往来，黄某明提供的证据亦显示澳雷朗公司账上对此有所记载，但黄某明对于该些资金往来未提供全部原始记账凭证，对该些资金往来是否系澳雷朗公司经营所需等合理性未能进行充分举证，其又不同意对此进行司法审计，故本院认为黄某明现提供的证据不足以证明澳雷朗公司与黄某明之间的财产系相互独立，黄某明依法应对澳雷朗公司对飞利浦公司的债务承担连带责任。”

（四）一人公司的股东如何证明公司财产独立于股东自己的财产

不过，《公司法》第63条使用了“一人有限责任公司的股东不能证明公司财产独立于股东自己的财产的，应当对公司债务承担连带责任”的表述，因此，如果一人公司的股东能够证明公司的财产独立于股东自己的财产，那么，在不存在其他特殊原因的情况下，一人公司的股东就可以不对一人公司的债务承担连带清偿责任。

实践中，一人公司的股东可以从一人公司已经建立了独立规范的财务制度、拥有独立的银行账户、实施独立规范并且清晰的财务支付行为、具有独立的经营场所、一人公司的资金、财产没有进入股东的账户等角度来举证证明。在这方面，《最高人民法院公报》2016 年 10 期刊载的，由上海市第一中级人民法院在 2014 年 10 月 27 日就嘉美德（上海）商贸有限公司（以下简称嘉美德公司）、陈某美与应某峰其他合同纠纷上诉案作出的（2014）沪一中民四（商）终字第 S1267 号民事判决书①中的裁判意见，可作参考。

在该民事判决书中，上海市第一中级人民法院认为："根据《公司法》第六十四条②之规定，一人有限责任公司的股东不能证明公司财产独立于股东自己的财产的，应当对公司债务承担连带责任。上述法律规定要求一人有限责任公司的股东将公司财产与个人财务严格分离，且股东应就其个人财产是否与公司财产相分离负举证责任。本案中，陈某美提供了上诉人嘉美德公司的相关审计报告，可以反映嘉美德公司有独立完整的财务制度，相关财务报表亦符合会计准则及国家外汇管理的规定，且未见有公司财产与股东个人财产混同的迹象，可以基本反映嘉美德公司财产与陈某美个人财产相分离的事实。应某峰认为上述证据不足以证明嘉美德公司财产与陈某美个人财产没有混同，并提出如下异议：审计报告未反映本案诉讼情况；嘉美德公司一审中提供的银行收支报告反映，应某峰投资后仅一周，嘉美德公司就向均岱公司转移了 96 万余元，包括发放均岱公司员工工资等。本院认为，我国公司法第六十四条③的规定，意在限制一人有限责任公司股东采用将公司财产与个人财产混同等手段，逃避债务，损害公司债权人的利益，因此股东对公司债务承担连带清偿责任的前提是该股东的个人财产与公司财产出现了混同。然而从本案目前的证据材料可以看出，嘉美德公司收到应某峰的投资款后，虽有部分用于支付均岱公司的员工工资及货款等费用，但是，根据双方投资合同的约定，应某峰投资后，均岱公司的业务将全部转入嘉美德公司，因此均岱公司的业务支出与应某峰的投资项

---

① 见《最高人民法院公报》2016 年 10 期刊载的"应某峰诉嘉美德（上海）商贸有限公司、陈某美其他合同纠纷案"，见 http://gongbao.court.gov.cn/Details/c38e1845e8bcefca64c3f98ce1553f.html，最后访问时间：2019 年 9 月 30 日。判决书全文来源于：http://www.fae.cn/yx/detail383578_df.html，最后访问时间：2019 年 9 月 30 日。

② 应为《公司法》第 63 条。

③ 应为《公司法》第 63 条。

目直接有关；这些费用的支出均用于均岱公司的业务支出，并无款项转入陈某美个人账户的记录，而审计报告中是否记载本案诉讼的情况也与财产混同问题无涉。因此，应某峰提出的异议并不能反映嘉美德公司财产与陈某美个人财产有混同的迹象，不足以否定上诉人的举证。陈某美的上诉理由成立，一审判令陈某美对嘉美德公司的债务承担连带清偿责任不当，应依法予以纠正。”

比如，在2018年9月3日就特变电工股份有限公司新疆变压器厂（以下简称特变电工公司）与湖北宜化化工股份有限公司（以下简称湖北宜化公司）、宜昌嘉英科技有限公司（以下简称宜昌嘉英公司）执行异议之诉再审案作出的（2018）最高法民申3219号民事裁定书中，最高人民法院认为：“经查，湖北宜化公司向一审法院提交2011年至2016年度的年度报告共6本、宜昌嘉英公司2010年至2016年度财务审计报告共7本、湖北大地会计师事务所出具的宜昌嘉英公司财务报告说明、湖北宜化公司与宜昌嘉英公司的工商电子档案信息、营业执照、开户许可以及中国工商银行信汇凭证等。宜昌嘉英公司亦向一审法院提交了其分别与特变电工公司、新疆宜化公司签订的买卖合同及其公司财务规章制度，湖北宜化公司与宜昌嘉英公司均认可对方所提交的证据，特变电工公司未向一审法院提交证据。湖北宜化公司提交的证据表明，宜昌嘉英公司有独立完整的财务制度，相关财务报表符合会计准则的规定并经会计师事务所审计，审计报告未显示宜昌嘉英公司的财产与股东湖北宜化公司财产存在混同的迹象。原判决认定湖北宜化公司能证明宜昌嘉英公司的财产独立于自己的财产，没有错误。……依据《中华人民共和国公司法》第六十三条规定，一人有限责任公司的股东不能证明公司财产独立于股东自己财产，应当对公司债务承担连带责任。反之，股东如能证明公司财产独立于自己财产，则不应当对公司债务承担连带责任。本案中，宜昌嘉英公司为一人公司，湖北宜化公司作为宜昌嘉英公司的股东，所提交的证据能够证明宜昌嘉英公司的财产独立于自己的财产，即完成了相应的举证义务，湖北宜化公司不应当对宜昌嘉英公司的债务承担连带责任。”

又如，在2018年7月13日就瓮福国际贸易股份有限公司（以下简称瓮福国际）、北海新力进出口贸易有限公司（以下简称新力公司）、北海泛北商贸有限公司（以下简称泛北公司）与北部湾港股份有限公司（以下简称北部湾港股份公司）委托合同及股东损害债权人利益责任纠纷二审案作出的

（2017）最高法民终569号民事判决书中，最高人民法院认为："从一人有限责任公司股东法人人格否认的构成要件看，新力公司为一人有限责任公司，北部湾港股份公司系其唯一股东。本案一审中，北部湾港股份公司已提交《专项审计报告》证明其与新力公司财产相互独立，不存在混同，且该证据与新力公司年度审计报告等在案证据相互吻合，北部湾港股份公司已完成相应举证责任。"

值得注意的是，由于《公司法》第62条规定了"一人有限责任公司应当在每一会计年度终了时编制财务会计报告，并经会计师事务所审计"，因此，一人公司的股东如果不能提供一人公司经审计的财务会计报告，将难以证明一人公司的财产独立于其自己的财产。比如，在2015年9月21日就张某弘与杨某璐、张某、沈阳大达投资咨询有限公司、抚顺百思商贸有限公司民间借贷纠纷上诉案作出的（2015）辽民二终字第00313号民事判决书中，辽宁省高级人民法院认为："依据《中华人民共和国公司法》第六十二条：'一人有限责任公司应当在每一会计年度终了时编制财务会计报告，并经会计师事务所审计'的规定，张某弘应提供大达公司经会计师事务所审计的财务会计报告，证明其个人财产独立于大达公司财产，而本案经两审其仍未能对此举证，其应承担举证不能的法律后果。"

又如，在2017年3月28日就苏宁环球集团有限公司（以下简称苏宁环球公司）、云南中炬置地集团有限公司（以下简称中炬置地公司）与云南南亚之门置业有限公司、云南中炬石化集团有限公司（以下简称中炬石化公司）、昆明拓东房地产开发有限公司借款合同纠纷上诉案作出的（2016）苏民终1237号民事判决书中，江苏省高级人民法院认为："《中华人民共和国公司法》第六十三条规定'一人有限责任公司的股东不能证明公司财产独立于股东自己的财产的，应当对公司债务承担连带责任'。中炬石化公司是中炬置地公司的唯一股东，中炬石化公司如不能证明其财产独立于中炬置地公司的财产，即应对中炬置地公司的对外债务承担连带责任。《中华人民共和国公司法》第六十二条规定'一人有限责任公司应当在每一会计年度终了时编制财务会计报告，并经会计师事务所审计'。中炬石化公司要证明其资产独立须依据该规定提交相关年度所编制的经审计的财务会计报告。二审中，经本院释明，中炬石化公司未能提交年度财务会计报告。其虽提交了公司组织机构代码证、营业执照、2004 年 6 月 24 日成品油批准证书等，但上述证据仅证明该公司与中炬置地公司业务范围不同，尚不足以证明两公司间财产相互独立。故苏宁环球公司主张中炬石化公司对中炬置地公司的债务承担连带清偿责任符合法律规定。”

不过，仅仅提供一人公司经审计的财务会计报告可能还不足以证明一人公司的财产独立于其股东自己的财产。比如，在 2014 年 7 月 24 日就梓潼县聚源融资担保有限公司与梓潼县凤凰建材有限公司（以下简称凤凰建材公司）、谢某牛、曹某英追偿权纠纷上诉案作出的（2013）川民终字第 715 号民事判决书中，针对凤凰建材公司的唯一股东谢某牛是否应当对凤凰建材公司的债务承担连带清偿责任的问题，四川省高级人民法院就认为：“谢某牛作为一人有限责任公司的股东，是否应当对公司债务承担连带责任，取决于其能否证明公司财产与个人财产是相互独立的。本案中，谢某牛提供了凤凰建材公司的纳税申报表、资产负债表、利润表等财务报表以及《审计报告》等证据证明凤凰建材公司的财产独立于股东谢某牛个人财产。首先，凤凰建材公司提供的纳税申报表、资产负债表、利润表等财务报表，仅是反映公司在生产经营活动中某一特定日期财务状况、经营成果、资金筹集、运用和收益分配的情况，并不能证明公司的资产独立于股东资产。其次，从《审计报告》的内容看，2012 年度报告的附表中载明‘无未决诉讼’。但 2012 年 8 月 8 日，四川省梓潼县人民法院对凤凰建材公司以及谢某牛、曹某英的财产进行了查封。谢某牛对案件的管辖权提出异议后，四川省梓潼县人民法院于 2012 年 11 月 22 日作出裁定，将案件移送四川省绵阳市中级人民法院审理。该事实说明，凤凰建材公司明知公司在 2012 年有未决诉讼，而不予披露。同时，《审计报告》仅对凤凰建材公司的资产负债表、利润表、股东权益变动表、现金流量表以及财务报表附注进行审计，其内容并不能证明凤凰建材公司的财产独立于股东谢某牛个人财产。谢某牛作为凤凰建材公司的股东，应当提供公司经营中的相关原始凭证，来进一步证明其个人财产与公司财产系分别列支列收、单独核算，利润分别分配和保管，风险分别承担。但在二审中，凤凰建材公司、谢某牛均未出庭应诉。综上，谢某牛作为一人公司凤凰建材公司的股东，其提供的现有证据并不能证明凤凰建材公司财产与股东个人财产相互独立，故应当由谢某牛承担举证不利的法律后果，其应当对凤凰建材公司的债务承担连带责任。”

二、《公司法》第 63 条在特殊情形下的适用

由于《公司法》第 63 条使用了“一人有限责任公司的股东不能证明公司财产独立于股东自己的财产的，应当对公司债务承担连带责任”的表述，因此，该规定仅适用于一人公司的情形。问题是，在股东有数人的有限公司因发生股权转让等事由变更为一人公司之后，对于发生于原非一人公司时期的公司债务，公司债权人是否可以依据《公司法》第 63 条的规定要求现一人公司的唯一股东承担连带清偿责任？此外，在一人公司因股权转让导致唯一股东发生变更之后，对于发生于一人公司原股东时期的公司债务，公司债权人是否可以依据《公司法》第 63 条的规定要求一人公司的现股东对公司的这些债务承担连带清偿责任？是否可以依据《公司法》第 63 条的规定要求一人公司的原股东对公司的这些债务承担连带清偿责任？

与此相对应的另一个问题是，在一人公司因发生股权转让、增资等事由变更为非一人有限公司之后，对于发生于原一人公司时期的公司债务，公司债权人是否可以依据《公司法》第 63 条的规定要求原一人公司的唯一股东对公司的这些债务承担连带清偿责任？

根据《公司法》第 32 条第 3 款关于“公司应当将股东的姓名或者名称向公司登记机关登记；登记事项发生变更的，应当办理变更登记。未经登记或者变更登记的，不得对抗第三人”的规定，结合《公司法司法解释（四）》针对《公司法》第 22 条第 2 款关于“股东会或者股东大会、董事会的会议召集程序、表决方式违反法律、行政法规或者公司章程，或者决议内容违反公司章程的，股东可以自决议作出之日起六十日内，请求人民法院撤销”的规定中的“股东”所作的解释（即“依据《公司法》第 22 条第 2 款请求撤销股东会或者股东大会、董事会决议的原告，应当在起诉时具有公司股东资格”），《公司法》第 63 条关于“一人有限责任公司的股东不能证明公司财产独立于股东自己的财产的，应当对公司债务承担连带责任”的规定所说的“一人有限责任公司的股东”，指的是目前的一人公司的现任股东，不包括原股东。

考虑到公司股东发生变更并不会导致公司主体资格发生变更或消灭，股东

变更前的公司与变更股东后的公司属于同一主体，公司的债权债务并不会因公司股东发生变更而发生转移或消灭，因此，《公司法》第63条关于“一人有限责任公司的股东不能证明公司财产独立于股东自己的财产的，应当对公司债务承担连带责任”的规定所说的“公司债务”，指的是目前的一人公司现有的到期未清偿的所有债务，不论该债务是发生于该一人公司存续期间，还是发生于该一人公司发生股东变更（如有）之前的时期。

基于上述分析，根据《公司法》第63条关于“一人有限责任公司的股东不能证明公司财产独立于股东自己的财产的，应当对公司债务承担连带责任”的规定，我倾向于认为，只要公司目前是一人公司，不论相应的债务发生于一人公司存续期间还是原非一人公司期间，都属于一人公司的债务，都应当适用《公司法》第63条的规定，即在满足目前的“一人有限责任公司的股东不能证明公司的财产独立于股东自己的财产”的条件的情况下，一人公司的股东就应当对公司的债务承担连带责任。因此，就前两个问题而言，在股东有数人的有限公司因发生股权转让等事由变更为一人公司之后，对于发生于原非一人公司时期的公司债务，公司债权人可以依据《公司法》第63条的规定要求现一人公司的唯一股东承担连带清偿责任；在一人公司因股权转让导致唯一股东发生变更之后，对于发生于一人公司原股东时期的公司债务，公司债权人可以依据《公司法》第63条的规定要求一人公司的现股东对公司的这些债务承担连带清偿责任。这都是《公司法》第63条的应有之义。

就后两个问题而言，我倾向于认为，在一人公司的股东转让其对一人公司的全部股权之后，公司的债权人不能仅仅依据《公司法》第63条的规定要求原一人公司的唯一股东或现一人公司的原唯一股东对公司的债务承担连带清偿责任。具体理由如下：一是，如前所述，《公司法》第63条关于“一人有限责任公司的股东不能证明公司财产独立于股东自己的财产的，应当对公司债务承担连带责任”的规定所说的“一人有限责任公司的股东”，指的是目前的一人公司的现任股东，不包括原股东。《公司法》第63条不适用于一人公司的原唯一股东或原一人公司的唯一股东。

二是，在合伙企业的情形，《合伙企业法》第53条针对普通合伙人退伙后的责任规定了“退伙人对基于其退伙前的原因发生的合伙企业债务，承担无限连带责任”，《合伙企业法》第81条针对有限合伙人退伙后的责任规定了“有限合伙人退伙后，对基于其退伙前的原因发生的有限合伙企业债务，以其退伙时从有限合伙企业中取回的财产承担责任”，《合伙企业法》第 91 条针对普通合伙人在合伙企业注销后的责任规定了“合伙企业注销后，原普通合伙人对合伙企业存续期间的债务仍应承担无限连带责任”。与此不同，在公司股东转让股权的情形，《公司法》并没有规定股东在转让股权之后仍然需要对公司在其担任股东期间发生的债务承担任何责任。

即使是有限公司的股东在未履行或全面履行出资义务即转让股权的情形，《公司法司法解释（三）》第 18 条第 1 款、第 13 条第 2 款也只是规定了“有限责任公司的股东未履行或者未全面履行出资义务即转让股权，受让人对此知道或者应当知道，公司债权人请求未履行或者未全面履行出资义务的股东在未出资本息范围内对公司债务不能清偿的部分承担补充赔偿责任的，人民法院应予支持”，并未规定“未履行或者未全面履行出资义务即转让股权”的股东对该有限公司的债务承担连带责任。

因此，根据《民法总则》第 176 条关于“民事主体依照法律规定和当事人约定，履行民事义务，承担民事责任”的规定和第 178 条第 3 款关于“连带责任，由法律规定或者当事人约定”的规定，在《公司法》本身并没有规定一人公司的原股东在转让股权后需要对该一人公司在其担任股东期间发生的债务承担连带责任的情况下，公司债权人是不能仅仅依据《公司法》第 63 条的规定要求该一人公司的原唯一股东对公司的债务承担连带清偿责任的；同样地，在《公司法》本身并没有规定原一人公司（现非一人公司）的原唯一股东在转让股权后需要对原一人公司在其担任股东期间发生的债务承担连带责任的情况下，公司债权人是不能仅仅依据《公司法》第 63 条的规定要求该原一人公司（现非一人公司）的唯一股东对公司的债务承担连带清偿责任的。

三是，退一步讲，即使根据《民法总则》第 188 条关于“向人民法院请求保护民事权利的诉讼时效期间为三年。法律另有规定的，依照其规定。诉讼时效期间自权利人知道或者应当知道权利受到损害以及义务人之日起计算……”的规定，不论是一人公司的债权人要求该一人公司的原唯一股东对公司的债务承担连带清偿责任，还是一人公司（现非一人公司）的债权人要求该原一人公司（现非一人公司）的唯一股东对公司的债务承担连带清偿责任，也都应当受到3年的诉讼时效的限制，并且应当对其“权利受到损害”承担举证证明责任。

需要指出的是，尽管一人公司的债权人不能仅仅依据《公司法》第63条的规定要求该一人公司的唯一股东对公司的债务承担连带清偿责任，原一人公司（现非一人公司）的债权人不能仅仅依据《公司法》第63条的规定要求该原一人公司（现非一人公司）的原唯一股东对公司的债务承担连带清偿责任，但是，根据《民法总则》第188条关于“向人民法院请求保护民事权利的诉讼时效期间为三年。法律另有规定的，依照其规定。诉讼时效期间自权利人知道或者应当知道权利受到损害以及义务人之日起计算”的规定，以及《公司法》第20条第3款关于“公司股东滥用公司法人独立地位和股东有限责任，逃避债务，严重损害公司债权人利益的，应当对公司债务承担连带责任”的规定，在满足《公司法》第20条第3款规定的情况下，权利受到损害的一人公司的债权人或原一人公司（现非一人公司）的债权人，可以在诉讼时效期间内依据《公司法》第20条第3款的规定要求该一人公司的原唯一股东或该原一人公司（现非一人公司）的唯一股东对公司的债务承担连带清偿责任。

不过，值得注意的是，实务中，有的法院倾向于认为，在一人公司因股权转让导致唯一股东发生变更之后，对于发生于一人公司原股东时期的公司债务，公司债权人是可以依据《公司法》第63条的规定要求一人公司的原股东对公司的这些债务承担连带清偿责任的。比如，在2018年6月28日就王某与乌拉盖管理区金源经贸有限公司（以下简称金源公司）、阜新桓生矿业有限责任公司（以下简称桓生矿业）、阜新桓生工贸有限公司（以下简称桓生工贸）买卖合同纠纷二审案作出的（2017）最高法民终868号民事判决书中，针对桓生矿业在一审法院依法送达案件应诉通知书等相关法律文书之后，在2017年3月15日之前属于自然人王某独资的一人公司，而在2017年3月15日后则变更为自然人张某独资的一人公司的情况，考虑到金源公司主张的是王某转让桓生矿业股权前所产生的债务，最高人民法院认为：“金源公司起诉时王某为桓生矿业的一人股东，依据《中华人民共和国公司法》第六十三条规定：‘一人有限责任公司的股东不能证明公司财产独立于股东自己的财产的，应当对公司债务承担连带责任。’王某作为桓生矿业一人股东，有义务证明其个人财产和公司财产独立，其在一、二审期间均不能提供证据证明其个人财产独立于桓生矿业财产，依法应当对桓生矿业涉案债务承担连带责任。另，依据《最高人民法院关于适用〈中华人民共和国民事诉讼法〉的解释》第二百四十九条第一款‘在诉讼中，争议的民事权利义务转移的，不影响当事人的诉讼主体资格和诉讼地位。人民法院作出的发生法律效力的判决、裁定对受让人具有拘束力。’王某在二审上诉理由中放弃追加张某为当事人，其虽然在一审中称向张某转让桓生矿业全部股权，但并不影响王某的诉讼主体资格和诉讼地位，王某仍应对桓生矿业涉案债务承担连带清偿责任。”

又如，在2014年9月5日就严某与常州市帅帅纺织品有限公司、常州市世高易裳服装有限公司（以下简称世高公司）买卖合同及股东损害公司债权人利益责任纠纷再审案作出的（2014）苏审二商申字第0166号民事裁定书中，江苏省高级人民法院认为：“严某虽已在2012年1月18日将其所持有的世高公司的股权转让给案外人冯某平，但并不能据此否定严某自世高公司成立直至股权转让期间其作为世高公司唯一股东的事实，而本案涉及的是严某在股东身份存续期间发生的世高公司对外所欠债务如何承担的问题，由于严某未能充分证明其在此期间世高公司财产独立于其个人财产，因此，一、二审判决其对世高公司的债务承担连带清偿责任，并无不当。”

再如，在2015年4月10日就刘某林与上海帕尼化妆品有限公司（以下简称帕尼公司）、陈某特许经营合同纠纷再审案作出的（2014）沪二中民五（知）再终字第1号民事判决书中，上海市第二中级人民法院认为：“从帕尼公司的成立及股东变更情况看，刘某林与该公司签订产品代理合同、合同的履行期均主要在陈某担任公司股东期间。特别是2011年8月至起诉之日，帕尼公司登记为一人有限责任公司，股东为陈某一人。我国公司法规定，一人有限责任公司的股东不能证明公司财产独立于股东自己的财产的，应当对公司债务承担连带责任。在案件审理中，陈某始终未能提供证据证明帕尼公司的财产独立于其个人财产，故应当对帕尼公司对刘某林所负债务承担连带清偿责任。公司股东所承担的连带责任是其所应承担的债务清偿责任，而非基于公司股东身份代替公司清偿，因此该连带责任并不因为股权的转让而消灭。在本案诉讼过程中，陈某将一人公司的股权转让给了严某某，但陈某连带清偿责任的债务不因股权转让而消灭，其仍然应当对帕尼公司对刘某林的债务承担连带清偿责任。”

还如，在2018年3月12日就洪某梨、林某妹与郑某、杭州羽韵教育咨询有限公司（以下简称羽韵公司）教育培训合同纠纷二审案作出的（2017）浙01民终8402号民事判决书中，浙江省杭州市中级人民法院认为："羽韵公司系自然人独资公司，洪某梨在本案纠纷发生时仍为羽韵公司的唯一股东，其无法证明自身财产独立于羽韵公司财产，故应当对羽韵公司的债务承担连带责任。之后，羽韵公司股东变更为林某妹，林某妹作为羽韵公司的现任唯一股东，其亦无法证明羽韵公司财产与自身财产相互独立，故同样应对本案中羽韵公司的债务承担连带责任。"

另有，在就江苏洛维化工有限公司（以下简称洛维化工）与赵某舞、宿迁市虹源涂料有限公司（以下简称虹源公司）、朱某述买卖合同纠纷一审案作出的（2015）仪商初字第0001号民事判决书中，针对一人公司虹源公司欠付洛维化工236800元货款的清偿问题，仪征市人民法院认为："《中华人民共和国公司法》第六十三条规定，一人有限责任公司的股东不能证明公司财产独立于股东自己的财产的，应当对公司债务承担连带责任。一人公司股权转让前发生的债务，原股东不能举证证明出让前公司财产独立于其个人财产的，债权人有权要求原股东承担连带清偿责任。赵某舞、朱某述作为虹源公司的现股东与原股东，均未举证证明其个人财产与虹源公司的财产相互独立，故洛维化工要求赵某舞、朱某述对虹源公司的债务承担连带责任，予以支持。"①

此外，实务中，有的法院倾向于认为，在一人公司因发生股权转让、增资等事由变更为非一人有限公司之后，对于发生于原一人公司时期的公司债务，公司债权人也是可以依据《公司法》第63条的规定要求原一人公司的唯一股东对公司的这些债务承担连带清偿责任的。

比如，在2012年1月11日就刘某冬与深圳市光阳华兴科技有限公司（以下简称光阳华兴公司）、李某阳买卖合同纠纷二审案作出的（2012）深中法商终字第18号民事判决书中，深圳市中级人民法院认为："《中华人民共和国公

---

① 见扬州市中级人民法院2015年7月2日就赵某舞与江苏洛维化工有限公司、宿迁市虹源涂料有限公司、朱某述买卖合同纠纷二审案作出的（2015）扬商终字第00163号民事判决书。该一审判决得到了二审法院的维持。在（2015）扬商终字第00163号民事判决书中，扬州市中级人民法院认为"原审判决认定事实清楚，适用法律正确，所作判决并无不当"。

司法》第六十四条[①]规定：一人有限责任公司的股东不能证明公司财产独立于股东自己的财产的，应当对公司债务承担连带责任。这是法律为保护一人有限公司的股东和公司债权人的利益，对一人有限公司法人人格否认问题作出的举证责任倒置的特别规定，即由一人有限公司的股东承担举证证明的责任，证明公司财产独立于股东个人财产，否则股东应对公司债务承担连带责任。本案中，光阳华兴公司虽于2011年5月23变更为一般有限责任公司，但在此之前，光阳华兴公司与刘某冬发生本案交易期间，光阳华兴公司为一人有限责任公司，李某阳是其唯一股东，认定这期间光阳华兴公司的公司财产是否独立于股东李某阳的个人财产，公司财产与股东财产是否存在混同，应适用上述规定，按照举证责任倒置的原则，由光阳华兴公司、李某阳举证证明未出现财产混同的情况。在未能举证证明个人财产独立于公司财产的情况下，李某阳应对光阳华兴公司的债务承担连带清偿责任……"

三、《公司法》第63条与《公司法》第20条第3款的关系

如前所述，《公司法》第63条是《公司法》第3条关于公司法人独立地位和股东有限责任的例外规定。这与《公司法》第20条第3款所规定的公司人格否认制度或刺破公司面纱制度具有类似之处：二者都明确规定了公司的股东对公司的债务承担连带责任，都否定了公司的法人独立地位和股东的有限责任。

不过，值得注意的是，尽管都以法律的形式明确规定了公司的股东对公司的债务承担连带责任，但是，《公司法》第63条与《公司法》第20条第3款并非特别规定与一般规定的关系，二者在适用对象、适用条件、证明责任等方面都存在不同之处。

第一，适用对象不同。在适用对象方面，《公司法》第20条第3款的规定位于《公司法》第一章"总则"部分，适用于所有的公司，既适用于有限公司又适用于股份公司，既适用于一人公司又适用于非一人有限公司。而《公司法》第63条的规定位于《公司法》第二章"有限责任公司的设立和组织机构"第三节"一人有限责任公司的特别规定"，属于针对"一人有限责任公司

---

① 现为《公司法》第63条。

的设立和组织机构”的特别规定，仅适用于一人公司，不适用于非一人有限公司，也不适用于股份公司。

第二，适用条件不同。在适用条件方面，《公司法》第20条第3款的适用需要满足比较高的标准，需要同时满足以下条件：一是，在目的上，股东滥用公司的法人独立地位和股东的有限责任的目的，是为了逃避债务；二是，在程度上，股东对公司的法人独立地位和股东的有限责任的利用，达到了滥用的程度，使得公司与股东在人格、财产等方面产生了混同；三是，在后果上，股东滥用公司的法人独立地位和股东的有限责任的行为，严重损害了公司债权人的利益。

而《公司法》第63条的适用条件只有一个，即“一人有限责任公司的股东不能证明公司财产独立于股东自己的财产”。也就是说，一人公司的股东只要不能证明公司的财产独立于股东的财产，不能证明公司与股东在财产方面不存在混同的情形，就需要对一人公司的债务承担连带清偿责任。至于一人公司的股东是否存在逃避债务的目的，一人公司与其股东是否存在业务、机构、人员、财务方面的混同，是否发生了损害一人公司的债权人的利益的后果，都不是适用《公司法》第63条的条件，在适用《公司法》第63条时无需考虑、也不应考虑。

第三，与适用条件相对应，公司债权人的证明责任也不同。在证明责任方面，《公司法》第20条第3款的适用，至少需要由公司的债权人举证证明同时满足以下条件：一是，在目的上，股东滥用公司的法人独立地位和股东的有限责任的目的，是为了逃避债务；二是，在程度上，股东对公司的法人独立地位和股东的有限责任的利用，达到了滥用的程度，使得公司与股东在人格、财产等方面产生了混同；三是，在后果上，股东滥用公司的法人独立地位和股东的有限责任的行为，严重损害了公司债权人的利益。而《公司法》第63条的适用，实行的则是举证责任倒置，需要由一人公司的股东举证证明“公司财产独立于股东自己的财产”，一人公司的债权人无需对一人公司与其股东之前存在财务混同承担证明责任，更无需举证证明一人公司的股东存在“滥用公司法人独立地位和股东有限责任，逃避债务，严重损害公司债权人利益”的行为。因此，站在一人公司的债权人的立场，选择适用《公司法》第63条是更有利的、也是更简单的。

不过，有的法院认为，一人公司的债权人负有提供关于一人公司与其股东存在财产混同的可能性的初步证据的举证责任。对此，在2018年6月28日就徐某祥与盐城市大丰区花都美食新天地市场管理有限公司、江苏聚诚置业有限公司（以下简称聚诚公司）、彭某越、盐城市大丰区苏泽汇餐饮有限公司房屋租赁合同纠纷再审案作出的（2018）苏民申1864号民事裁定书中，江苏省高级人民法院认为："《中华人民共和国公司法》第二十条第三款规定，公司股东滥用公司法人独立地位和股东有限责任，逃避债务，严重损害公司债权人利益的，应当对公司债务承担连带责任。《中华人民共和国公司法》第六十三条规定，一人有限责任公司的股东不能证明公司财产独立于股东自己的财产的，应当对公司债务承担连带责任。因此，公司股东滥用法人独立地位、逃避债务、严重损害公司债权人利益是其对公司债务承担连带责任的实质要件。一人有限责任公司的股东只有一人，对于是否构成股东与公司财产混同，法律规定了股东更为严格的举证要求，但并不意味着完全免除主张公司人格混同的当事人的基本的举证责任，即提出该主张的一方应当提供初步证据证明一人有限责任公司股东与公司财产存在混同的可能。本案中，徐某祥主张聚诚公司与彭某越财产混同，但未能提供任何证据，而彭某越一审中提交了聚诚公司2012年至2015年的资产负债表、损益表，表明聚诚公司建立了相应的财务制度，一、二审法院未支持徐某祥有关聚诚公司与彭某越存在财产混同的主张，并无不当。在彭某越提交有关证据证明聚诚公司财务独立的情况下，一审法院对徐某祥要求调取聚诚公司、彭某越银行交易记录的申请未予准许，亦无不当，徐某祥认为属于程序违法的再审申请理由不能成立。"

此外，实务中，有的法院倾向于认为，《公司法》第63条只是从举证责任的角度对《公司法》第20条第3款作出的特别规定，其适用仍然需要以适用《公司法》第20条第3款为前提。比如，在2019年4月17日就顾某、清远汇利安物业发展有限公司装饰装修合同纠纷二审案作出的（2018）粤民终2199号民事判决书中，广东省高级人民法院认为："《中华人民共和国公司法》第二十条第三款规定，公司股东滥用公司法人独立地位和股东有限责任，逃避债务，严重损害公司债权人利益的，应当对公司债务承担连带责任。第六十三条规定，一人有限责任公司的股东不能证明公司财产独立于股东自己的财产的，应当对公司债务承担连带责任。公司法对公司人格否认制度的确认，第二十条作为总则部分的规定，适用于一切公司，包括一人有限责任公司。第六十三条可以理解为对于第二十条适用于一人有限责任公司情况下举证责任的规定。一人有限责任公司的股东负有证明公司财产独立于股东自己的财产的举证义务，否则应当对公司债务承担连带责任。”

又如，在2016年6月17日就吉林市德众乾源小额贷款有限公司（以下简称小贷公司）与吉林长城机械制造有限公司（以下简称长城公司）、吉林凯陆捷防爆机械有限公司（以下简称凯陆捷公司）、范某武小额借款合同纠纷再审案作出的（2016）吉民申1453号民事裁定书中，吉林市高级人民法院认为：“《中华人民共和国公司法》第二十条第三款规定：‘公司股东滥用公司法人独立地位和股东有限责任，逃避债务，严重损害公司债权人利益的，应当对公司债务承担连带责任。’第六十三条规定：‘一人有限责任公司的股东不能证明公司财产独立于股东自己的财产的，应当对公司债务承担连带责任。’虽然法律规定一人公司股东对个人财产与公司财产混同承担举证证明责任，但一人公司股东是否应当对公司债务承担连带责任的判断依据为公司法第二十条规定，即只有在股东滥用公司法人独立地位和股东有限责任，逃避债务，严重损害公司债权人利益的情况下，才应当对公司债务承担连带责任。”

还如，在2018年7月2日就甘肃恒安建筑有限公司（以下简称恒安公司）与兰州市红古区连海房地产开发有限公司（以下简称连海公司）、兰州市红古区城乡建设发展投资中心（以下简称城投中心）建设工程施工合同纠纷一审案作出的（2018）甘01民初165号民事判决书中，兰州市中级人民法院认为：“《中华人民共和国公司法》第六十三条规定：一人有限责任公司的股东不能证明公司财产独立于股东自己的财产的，应当对公司债务承担连带责任。该条是法律为解决一人有限公司债权人举证困难而特别设置的举证责任倒置条款，适用该条应符合公司法总则中关于公司股东滥用公司法人独立地位应承担连带责任的规定。”

当然，尽管二者存在诸多不同之处，《公司法》第63条和《公司法》第20条第3款也存在重叠之处，即在一人公司的情形，如果一人公司的财产与股东的财产混同，并且，还符合一人公司的股东“滥用公司法人独立地位和股东有限责任，逃避债务，严重损害公司债权人利益”的条件，那么，就既可以适用《公司法》第63条，也可以适用《公司法》第20条第3款的规定了。

此外，还需注意的是，《公司法》第63条和《公司法》第20条第3款之间并非相互排斥、只能择一适用的。如前所述，《公司法》第20条第3款的规定适用于所有的公司，既适用于一人公司，又适用于非一人有限公司。即使一人公司的股东能够证明公司的财产独立于股东的财产，如果一人公司的债权人能够证明一人公司的股东存在“滥用公司法人独立地位和股东有限责任，逃避债务，严重损害公司债权人利益”的情形，仍然可以适用并且应当适用《公司法》第20条第3款的规定，从而，一人公司的股东仍然应当对公司的债务承担连带责任。因为《公司法》第20条第3款所规定的“公司股东滥用公司法人独立地位和股东有限责任，逃避债务，严重损害公司债权人利益”，并不仅仅限于公司与股东财产混同的情形，仅仅“公司财产独立于股东财产”这一事实本身并不意味着公司的人格就是独立于股东的人格的。

四、股东对一人公司债务的责任与普通合伙人对合伙企业债务的责任的比较

尽管《公司法》第63条规定的股东对一人公司的债务所承担的责任，与《合伙企业法》第2条规定的普通合伙人对普通合伙企业或有限合伙企业的债务所承担的责任，具有类似之处，即都需要对所投资的企业的债务承担相应的清偿责任，甚至在表述上都是“连带责任”，但是，二者其实是有区别的。

一是，承担的责任不同。一方面，就一人公司的股东而言，《公司法》第63条使用的是“一人有限责任公司的股东不能证明公司财产独立于股东自己的财产的，应当对公司债务承担连带责任”的表述，因此，在一人公司的股东不能证明公司财产独立于股东自己的财产的情况下，股东需要与一人公司一起对一人公司的债务承担连带清偿责任，即一人公司的债权人既可以要求公司清偿公司自己的债务，也可以要求股东清偿公司的债务，还可以要求公司与股东共同清偿公司的债务。

就合伙企业的单个普通合伙人而言，《合伙企业法》第38条规定了“合伙企业对其债务，应先以其全部财产进行清偿”，第39条规定了“合伙企业不能清偿到期债务的，合伙人承担无限连带责任”，第92条第1款规定了“合伙企

业不能清偿到期债务的，债权人可以依法向人民法院提出破产清算申请，也可以要求普通合伙人清偿”，因此，单个普通合伙人对合伙企业的债务承担的是补充清偿责任，而非与合伙企业一起对合伙企业的债务承担连带清偿责任，只有在合伙企业自身的财产不足以清偿其到期债务的情况下，普通合伙人才需要对合伙企业不能清偿的部分承担清偿责任。

二是，适用的条件不同。就一人公司的股东而言，由于《公司法》第63条使用的是“一人有限责任公司的股东不能证明公司财产独立于股东自己的财产的，应当对公司债务承担连带责任”的表述，因此，股东对一人公司的债务承担连带责任的前提条件是“股东不能证明公司财产独立于股东自己的财产”，至于一人公司的财产是否足以清偿其到期债务，在所不问。

就合伙企业的单个普通合伙人而言，由于《合伙企业法》第38条规定了“合伙企业对其债务，应先以其全部财产进行清偿”，第39条规定了“合伙企业不能清偿到期债务的，合伙人承担无限连带责任”，第92条第1款规定了“合伙企业不能清偿到期债务的，债权人可以依法向人民法院提出破产清算申请，也可以要求普通合伙人清偿”，因此，单个普通合伙人对合伙企业的债务承担清偿责任的前提条件是“合伙企业自身的财产不足以清偿其到期债务”。

三是，股东或普通合伙人所负有的证明责任不同。就一人公司的股东而言，由于《公司法》第63条使用的是“一人有限责任公司的股东不能证明公司财产独立于股东自己的财产的，应当对公司债务承担连带责任”的表述，因此，一人公司的股东负有举证证明公司财产独立于股东自己的财产的义务，只要其“不能证明公司财产独立于股东自己的财产”，就需要对一人公司的债务承担连带责任。

就合伙企业的单个普通合伙人而言，由于《合伙企业法》第38条规定了“合伙企业对其债务，应先以其全部财产进行清偿”，第39条规定了“合伙企业不能清偿到期债务的，合伙人承担无限连带责任”，第92条第1款规定了“合伙企业不能清偿到期债务的，债权人可以依法向人民法院提出破产清算申请，也可以要求普通合伙人清偿”，因此，原则上应由合伙企业的债权人来举证证明合伙企业“不能清偿到期债务”，合伙企业的普通合伙人及其他合伙企业不负有这样的证明责任。

第十八章
对外投资和对外担保

公司作为商事主体，可以基于生产经营的需要，对外进行权益性投资和对外提供担保。《公司法》也有专门的条款对公司的对外投资和对外担保作出规定。本章主要围绕公司的对外投资和对外担保涉及的法律事项展开讨论。

第一节　对外投资

有关公司对外进行权益性投资，主要是由《公司法》第 15 条、第 16 条第 1 款加以规定。其中，《公司法》第 15 条一方面规定了公司享有向其他企业进行投资的权利，另一方面也对公司此项权利进行了相应的限制，即原则上不能成为对所投资企业的债务承担连带责任的出资人；《公司法》第 16 条第 1 款则对公司对外投资的决策权限和投资限额作出了规定。

一、公司向其他企业投资的权利和限制

（一）公司向其他企业投资的权利

《公司法》第 15 条使用了“公司可以向其他企业投资”的表述，因此，公司享有向其他企业进行投资的权利。《公司法》第 15 条所说的“其他企业”，指的是广义上的企业，既包括《公司法》规范的公司制企业，也包括非公司制企业；当然，考虑到国有企业的出资人和个人独资企业投资人的特殊性，公司所投资的非公司制企业主要是指合伙企业，通常不包括全民所有制企业、集体

所有制企业和个人独资企业。

《公司法》第15条所说的“投资”，指的是权益性投资，主要指对公司的股权投资和对合伙企业的权益性投资，不包括债权投资；指的是直接投资，直接持有相关的股权或股份或权益，不包括间接持股；所说的“进行投资”，既包括通过认缴或认购新设企业的出资的方式进行的投资，也包括通过认缴或认购已有企业新增的出资或发行的新股的方式进行的投资，还包括通过受让原有股权或股份或权益的方式进行的投资。

值得一提的是，2005年修订前的《公司法》第12条曾规定，公司只能向其他有限责任公司、股份有限公司投资，并且公司全部对外投资的累计投资额不得超过本公司净资产的50%（公司属于国务院规定的投资公司和控股公司的除外）。现行《公司法》对公司对外投资已不作此类限制。

（二）公司对外投资的限制

在规定“公司可以向其他企业投资”的同时，《公司法》第15条也以但书条款作出了限制，即“除法律另有规定外，不得成为对所投资企业的债务承担连带责任的出资人”。有关如何理解《公司法》第15条所说的“除法律另有规定外，不得成为对所投资企业的债务承担连带责任的出资人”，请见下文的分析。

二、公司对外投资的决策权限和投资限额

《公司法》第16条第1款对公司对外投资的决策权限、投资限额作出了规定。

（一）公司对外投资的决策权限

在公司向其他企业投资的决策权的归属方面，根据《公司法》第16条第1款的规定，公司依法制定的公司章程可以对公司向其他企业进行投资的决策权限的归属自主作出规定，包括以下几种安排：

一是，公司章程可以规定公司向其他企业进行的任何投资，不论数额大小，均应由公司的权力机构作出决议或决定。

二是，公司章程也可以规定公司向其他企业进行的任何投资，不论数额大小，均可由公司的执行机构作出决议或决定。

三是，公司章程还可以规定公司向其他企业进行的一定金额以上的投资，应由公司的权力机构作出决议或决定，而低于这一金额的对外投资，则可由公司的执行机构作出决议。

四是，公司章程还可以规定公司在一定期间内向其他企业进行的投资达到一定的金额之后，应由公司的权力机构作出决议或决定，而在这一期间进行的对外投资的总金额低于该特定金额时，则可由公司的执行机构作出决议。

五是，公司章程还可以作出其他类似安排。

不过，值得注意的是，在上市公司的情形，由于《公司法》第121条规定了“上市公司在一年内购买、出售重大资产或者担保金额超过公司资产总额百分之三十的，应当由股东大会作出决议，并经出席会议的股东所持表决权的三分之二以上通过”，而上市公司对其他企业进行投资也属于购买资产（即取得其他企业的股权或股份）的行为，因此，上市公司对其他企业进行的投资，如果达到了《公司法》第121条规定的标准，就应当“由股东大会作出决议，并经出席会议的股东所持表决权的三分之二以上通过”，公司章程不应作出与此不同的安排。

此外，还需注意的是，《公司法》第16条第1款使用的是“公司向其他企业投资……，依照公司章程的规定，由董事会或者股东会、股东大会决议”的表述，因此，公司向其他企业进行投资的决策权只能由公司的执行机构或权力机构行使，不能由公司的监督机构或公司的经理或其他高级管理人员行使；我倾向于认为，公司的权力机构和执行机构也不宜将该决策权授权给高级管理人员行使。

注意到，《公司法》第169条第1款针对公司聘请承办公司审计业务的会计师事务所的决策权限使用了“依照公司章程的规定，由股东会、股东大会或者董事会决定”的表述，并将“股东会、股东大会”放在“董事会”之前；与此不同，《公司法》第16条第1款针对公司对外投资或为他人提供担保的决策权限，使用了“依照公司章程的规定，由董事会或者股东会、股东大会决议”的表述，并将“董事会”放在“股东会、股东大会”之前，可以认为，这一细微的差别体现了《公司法》的价值倾向：针对公司对外投资的决策权限，《公司法》倾向于鼓励公司将该决策权限交由董事会行使。

（二）公司对外投资的限额

在公司向其他企业投资的数额方面，根据《公司法》第 16 条第 1 款的规定，公司依法制定的公司章程可以对公司向其他企业进行投资的数额自主作出规定，这包括以下几种安排：

一是，公司章程可以对公司进行对外投资的总数额作出限制，只要公司对外投资的数额达到了这个总数额，公司就不能再进行对外投资。当然，这个总数额可以是一个确定的金额，也可以基于公司特定时点（比如上年度末）的财务数据（比如总资产额或净资产额）的一定比例加以确定。比如，2005 年修订前的《公司法》第 12 条所说的“公司全部对外投资的累计投资额不得超过本公司净资产的 50%”。

二是，公司章程也可以对公司每一笔对外投资的数额作出限制，公司每一笔对外投资的数额均不得超过这个数额。

三是，公司章程也可以在对公司进行对外投资的总数额作出限制的同时，对公司每一笔对外投资的数额作出限制。

四是，公司章程还可以作出其他类似安排。

值得一提的是，对于公司对外投资的限额，1993 年通过的《公司法》第 12 条第 2 款曾规定：“公司向其他有限责任公司、股份有限公司投资的，除国务院规定的投资公司和控股公司外，所累计投资额不得超过本公司净资产的百分之五十，在投资后，接受被投资公司以利润转增的资本，其增加额不包括在内。”这一限制性规定一直沿用至 2005 年修订《公司法》之前；在 2005 年修订《公司法》的过程中，《公司法》修订草案二次审议稿第 15 条第 2 款曾规定：“公司向其他企业投资，除公司章程另有规定外，所累计投资额不得超过本公司净资产的百分之七十。”不过，在审议过程中，有全国人大常委会组成人员和部门提出，“公司对外投资属于公司的经营自主权，按照这一款的规定，可以由公司按其章程自行决定；如再规定公司向其他企业的累计投资额不得超过净资产的百分之七十，没有实际意义，实践中也很难操作”①，因此，2005

① 全国人大法律委员会时任副主任委员洪虎2005 年 10 月 22 日在第十届全国人民代表大会常务委员会第十八次会议上作的《全国人大法律委员会关于〈中华人民共和国公司法（修订草案）〉审议结果的报告》。

年修订的《公司法》中没有规定公司对外投资的法定限额。

三、公司是否可以对自身进行投资

在理解《公司法》第 15 条时首先要面对的一个问题是，公司是否可以对公司自身进行投资？注意到《公司法》第 15 条使用的是“向其他企业投资”的表述，由于“其他企业”不包括“本公司”，因此，《公司法》本身没有明确规定公司可以对公司本身进行投资；从而，应当认为《公司法》原则上禁止公司持有本公司的股权或股份。不过，根据《公司法》第 74 条、第 142 条，在极少数例外情况下，不论是有限公司还是股份公司，都是可以收购本公司的股权或股份，从而可以在一定的期限内持有本公司的股权或股份的。[①]

四、相互持股（交叉持股）

另一个问题是，公司是否可以向其股东中的公司或企业或向公司的股东中的公司或企业的间接股东或出资人投资？或者，公司是否可以持有其法人股东或非法人股东的股权或权益？这涉及公司之间相互持股或交叉持股或循环持股的问题。

（一）国家层面未作统一的禁止性规定

总体而言，现阶段，国家层面尚未对此出台统一的禁止性规定。注意到《公司法》第 15 条使用的是“向其他企业投资”的表述，由于“其他企业”可以包括公司的股东中的公司或企业、公司的股东中的公司或企业的间接股东或出资人，据此，《公司法》第 15 条本身并不禁止公司向其股东中的公司或企业，或向公司的股东中的公司或企业的间接股东或出资人投资，《公司法》也并不禁止公司之间相互持股或循环持股，结合《公司法》第 74 条和第 142 条的规定，《公司法》甚至允许公司在特定情况下持有自己的股权或股份。

实务中，甚至还存在着公司与其唯一股东相互直接持有对方 100% 权益的

---

① 有关公司收购本公司股权或股份，请见本书第十五章的内容。

情况。比如，根据国家企业信用信息公示系统查询的信息，作为非公司制企业法人的深圳市万科企业股资产管理中心于2014年4月11日通过股权受让的方式，成为上海万丰资产管理有限公司的经公司登记机关登记的唯一的股东，而上海万丰资产管理有限公司则于2014年6月23日通过股权受让方式，成为深圳市万科企业股资产管理中心的经企业登记机关登记的唯一出资人，从而，自2014年6月23日起，在深圳市万科企业股资产管理中心与上海万丰资产管理有限公司之间就形成了相互直接持有对方100%权益的相互持股关系。

值得一提的是，历史上曾有法规对母公司与子公司相互持股作出限制性规定。在1993年12月29日通过《公司法》之前，原国家体改委1992年5月15日印发的《股份有限公司规范意见》（体改生〔1992〕31号文件附件，已于2015年被废止）第24条曾规定："一个公司拥有另一个企业百分之十以上的股份，则后者不能购买前者的股份。"类似地，1992年出台、1997年修正的《海南经济特区股份有限公司条例》（已于2011年废止）第40条也曾规定："一公司取得另一公司百分之十以上的股份时，必须通知对方。如未予通知，其在另一公司的超额持股，暂停行使表决权。公司相互持股超过前款比例的，后于另一公司通知对方的公司，视为未予通知，其在另一公司的超额持股，暂停行使表决权，并须在六个月内予以处理。"

另外，1992年深圳市政府出台的《深圳市股份有限公司暂行规定》（深府〔1992〕65号，已于2001年废止）第57条也曾规定："一企业获得了一公司股份总额的百分之十以上的股份时，前者必须在十日内通知后者"，第75条曾规定："一个公司拥用另一个企业百分之十以上的股份，后者不能购买前者的股份。一个公司拥有另一个企业、公司百分之五十以上的股份，则前者是母公司，后者是其子企业、子公司。严禁子企业、子公司认购母公司的股份。"

从这些文件看，原《股份有限公司规范意见》、原《海南经济特区股份有限公司条例》并没有完全禁止循环持股，而只是禁止或限制子公司持有其大股东（以持股10%以上为标准）的股份；而原《深圳市股份有限公司暂行规定》则完全禁止子公司持有母公司的股份。

（二）特定公司相互持股的限制性规定

不过，尽管《公司法》本身没有明确禁止公司之间相互持股，但是，考虑到公司之间相互持股可能导致虚增资本（资产）、股权结构不清晰[①]、表决权行使等方面的问题，包括中国证监会在内的金融监管机构，原则上不允许金融机构相互持股、不允许上市公司形成交叉持股，并要求尽量避免相互持股。

首先来看看中国证监会的态度。一方面，就证券公司设立子公司、证券投资基金管理公司设立子公司、期货公司的监管而言，中国证监会不允许证券公司子公司与其控股股东之间相互持股，不允许期货公司与其股东之间相互持股。具体体现为，一是，2007 年出台、2012 年修订的《证券公司设立子公司试行规定》第 10 条规定了：证券公司设立子公司（即经营单项或者多项证券业务的证券公司）“不得直接或者间接持有其控股股东……的股权或股份，或者以其他方式向其控股股东……投资”；二是，《基金管理公司子公司管理规定》第 26 条也规定了：公开募集证券投资基金管理公司（即基金管理公司）在境内全资设立或者与其他股东共同出资设立的子公司（即基金管理公司子公司）“不得直接或者间接持有基金管理公司、受同一基金管理公司控股的其他子公司的股权，或者以其他方式向基金管理公司、受同一基金管理公司控股的其他子公司投资”；三是，2019 年修订后的《期货公司监督管理办法》第 20 条也要求，期货公司在出现该办法第 19 条规定的变更股权涉及“变更控股股东、第一大股东”或“单个股东的持股比例或者有关联关系的股东合计持股比例增加到 5% 以上，且涉及境外股东的”情形时，期货公司与股东之间不得存在交叉持股的情形。

另一方面，在上市公司监管方面，尽管现行法律不禁止公司之间相互持股，但在审核境内股份公司首次公开发行股票的申请中，中国证监会原则上要求发行人存在的相互持股情况清理完毕之后才可上市；在审核上市公司公开发行股票或非公开发行股票或发行股份购买资产的交易中，中国证监会一般也倾向于要求发行人承诺采取措施解决相关公司相互持股的问题，但可在中国证监会核准之后的特定期限内完成。比如，聚飞光电（股票代码：3003 × ×，于 2012 年 3 月 9 日在深交所创业板上市）、奇信股份（0027 × ×，于 2015 年 12

---

① 见深圳证券交易所 2019 年 4 月 30 日发布的《关于修改〈深圳证券交易所股票上市规则〉〈深圳证券交易所创业板股票上市规则〉有关条款的通知》（深证上〔2019〕245 号）的附件 2“《深圳证券交易所股票上市规则》修订条文对照表”和附件 3“《深圳证券交易所创业板股票上市规则》修订条文对照表”。

月 22 日在深交所中小板上市）在上市过程中都对其各自历史上存在的交叉持股情况进行了清理。又如，在浦发银行（股票代码：6000 × ×）2015 年发行股份购买资产的交易中，按照原交易方案，因为上海信托在该次交易之前持有浦发银行 5.23% 的股份，该次交易完成后，将导致浦发银行持有上海信托 97.33% 股权、上海信托又持有浦发银行 5.23% 股份，从而形成相互持股的情况。对此，中国证监会问及："交易完成后浦发银行与上海信托相互持股是否符合《公司法》的规定""相互持股对浦发银行公司治理结构的影响""交易完成后上海信托所持浦发银行表决权的安排"。为避免本次交易完成后浦发银行与上海信托之间形成相互持股，上海信托通过新设分立的方式将其持有的浦发银行 5.23% 股份剥离至新设主体上海上国投资产管理有限公司，使得存续的上海信托不再持有浦发银行股份，从而避免产生浦发银行与上海信托相互持股的情况。

又如，在风帆股份（股票代码：6004 × ×，已于 2016 年 4 月 29 日更名为"中国船舶重工集团动力股份有限公司"）2016 年发行股份购买资产的交易中，按照原交易方案，交易完成之后将产生循环持股的情况：风帆股份持有武汉船机 75% 的股权、武汉船机持有中船投资 1.157% 的股权、中船投资持有风帆 9936749 股股份（不考虑配套融资的话，约占重组完成后风帆股份总股本的 0.77%）。对此，风帆股份采取的解决措施是，由武汉船机承诺在于本次重组完成后 12 个月内将所持中船投资 1.157% 股权转让给第三方，在本次重组完成后至武汉船机将所持中船投资股权转让至第三方前，中船投资将所持风帆股份股票的表决权全权委托给风帆股份的控股股东中船重工集团行使。中国证监会已于 2016 年 4 月 18 日核准了此项交易。

再如，在宁波港（股票代码：6010 × ×）2016 年发行股份购买资产的交易中，该次交易前，舟港股份持有宁波港 0.17% 的股份，宁波港持有舟港股份 5.90% 的股份，双方存在相互持股；该次交易完成后，舟港股份持有宁波港 0.17% 的股份，宁波港将持有舟港股份 80.90% 的股份。为解决该等相互持股问题，舟港股份承诺，将在本次交易经中国证监会核准后至资产交割前通过大宗交易系统或其他方式向第三方转让其持有的宁波港 0.17% 的股份。中国证监会已于 2016 年 6 月底核准了此项交易。舟港股份也于 2016 年 7 月 4 日将其持有的宁波港 0.17% 的股份通过大宗交易方式转让给了宁波舟山港集团，从而解决了与宁波港之间的交叉持股问题。

此外，针对上市公司和拟上市公司，“鉴于交叉持股可能会引致资产虚增、股权结构不清晰等问题，根据现行监管规定和监管做法”①，证券交易所也在其股票上市规则中明确要求上市公司不得形成交叉持股。比如，《上海证券交易所股票上市规则》（2019 年 4 月修订）第 11.9.5 条第 2 款、《上海证券交易所科创板股票上市规则》（2019 年 4 月修订）第 4.3.17 条、《深圳证券交易所股票上市规则》（2019 年 4 月修订）第 11.8.4 条第 2 款、《深圳证券交易所创业板股票上市规则》（2019 年 4 月修订）第 11.8.5 条第 2 款都有规定“上市公司控股子公司不得取得该上市公司发行的股份。确因特殊原因②持有股份的，应当在一年内依法消除该情形。前述情形消除前，相关子公司不得行使所持股份对应的表决权”。

再来看看银行业监管机构的态度。原中国银监会（现中国银保监会）在其 2014 年印发的《商业银行并表管理与监管指引》（银监发〔2014〕54 号）第 20 条也规定：“商业银行应当确保整个银行集团具备清晰的组织架构，并在各附属机构之间保持合理和明确的股权关系，减少不必要的交叉持股、多层控股，避免造成组织架构混乱、管理责任不清、报告路线复杂等问题。”银保监会 2020 年 1 月出台的《信托公司股权管理暂行办法》第 28 条也规定：“按照穿透原则，信托公司股东与信托公司之间不得直接或间接交叉持股。”

接着来看看保险监管机构的态度。原中国保监会（现中国银保监会）在其 2010 年印发的《保险集团公司管理办法（试行）》（保监发〔2010〕29 号）第 23 条第 2 款也规定：“保险集团成员公司之间原则上不得交叉持股。”更进一步地，在整个金融领域，针对非金融企业投资金融机构，中国人民银行、中国银行保险监督管理委员会、中国证券监督管理委员会在 2018 年 4 月联合印发的

① 见深圳证券交易所 2019 年 4 月 30 日发布的《关于修改〈深圳证券交易所股票上市规则〉〈深圳证券交易所创业板股票上市规则〉有关条款的通知》（深证上〔2019〕245 号）的附件 2“《深圳证券交易所股票上市规则》修订条文对照表”和附件 3“《深圳证券交易所创业板股票上市规则》修订条文对照表”。

② 其中的“特殊原因”包括司法划转、被动持有等，见深圳证券交易所 2019 年 4 月 30 日发布的《关于修改〈深圳证券交易所股票上市规则〉〈深圳证券交易所创业板股票上市规则〉有关条款的通知》（深证上〔2019〕245 号）的附件 2“《深圳证券交易所股票上市规则》修订条文对照表”和附件 3“《深圳证券交易所创业板股票上市规则》修订条文对照表”。

《关于加强非金融企业投资金融机构监管的指导意见》（银发〔2018〕107 号）也明确规定了："（非金融）企业投资金融机构应当具有简明、清晰的股权结构，简化投资层级，提高组织架构透明度。企业与所控股金融机构之间不得交叉持股。"

最后来看看最高人民法院的态度。从最高人民法院的角度，考虑到《公司法》没有对公司之间相互持股、交叉持股作出明确规定，2014 年 6 月出台的《最高人民法院关于人民法院为企业兼并重组提供司法保障的指导意见》（法发〔2014〕7 号）要求"对交叉持股表决方式……等目前尚无明确法律规定的问题，应结合个案事实和行为结果，审慎确定行为效力。"从上述文件看，最高人民法院的态度虽然比较谨慎，但仍然是倾向于不禁止交叉持股。

综合上述，现阶段，法律法规层面原则上不禁止公司相互持股、循环持股；不过，上市公司、金融领域的公司应尽量避免相互持股、循环持股，实务中应当关注相关主管机关的具体要求。

五、关于如何理解"除法律另有规定外，不得成为对所投资企业的债务承担连带责任的出资人"

《公司法》第 15 条在允许公司向其他企业投资的同时，也要求"除法律另有规定外，不得成为对所投资企业的债务承担连带责任的出资人"。

究其背后的原因，在 2017 年 12 月 28 日就广西金伍岳能源集团有限公司、贵州鑫悦煤炭有限公司、贵州新益矿业有限公司与柳州化工股份有限公司、广西柳州化工控股有限公司合同纠纷上诉案作出的（2017）最高法民终 882 号民事判决书中，最高人民法院认为："《公司法》第十五条规定：'公司可以向其他企业投资；但是，除法律另有规定外，不得成为对所投资企业的债务承担连带责任的出资人。'该条是关于公司对外投资责任限制的规定。作为法人主体的公司，享有自主经营的权利，法律应保护其运用自己的财产进行对外投资，但投资具有风险性，如果允许投资的公司承担无限责任，有可能直接导致公司的破产或利益受到重大损失，进而损害公司股东和债权人的利益，直接危害社会经济秩序的稳定。因此，在《公司法》范畴下，公司可以对其他企业投资，但不能在出资时约定对该企业的债务承担连带责任。"

（一）关于连带责任

针对连带责任，《民法总则》第178条第1款规定了“二人以上依法承担连带责任的，权利人有权请求部分或者全部连带责任人承担责任”，据此，所谓的连带责任，指的是责任主体之间是连带的关系，连带责任只存在于2个或超过2个的主体之间，如果只有单个责任主体，则不存在连带责任。

结合《公司法》第20条第3款关于“公司股东滥用公司法人独立地位和股东有限责任，逃避债务，严重损害公司债权人利益的，应当对公司债务承担连带责任”和第63条关于“一人有限责任公司的股东不能证明公司财产独立于股东自己的财产的，应当对公司债务承担连带责任”的规定，由于《公司法》第15条使用了“成为对所投资企业的债务承担连带责任的出资人”的表述，因此，《公司法》第15条所说的“成为对所投资企业的债务承担连带责任的出资人”中的“连带责任”，指的是作为出资人的公司与其所投资的企业对该企业的债务承担连带清偿责任。

根据《民法总则》第178条第1款关于“二人以上依法承担连带责任的，权利人有权请求部分或者全部连带责任人承担责任”的规定，在公司对所投资企业的债务承担连带责任的情形，该企业的债权人可以只要求该企业清偿该企业未能清偿的全部债务，也可以要求该企业和作为该企业的出资人的公司共同清偿该企业未能清偿的全部债务，还可以只要求作为该企业的出资人的公司清偿该企业未能清偿的全部债务；并且，在要求该企业和作为该企业的出资人的公司共同清偿该企业未能清偿的全部债务时，该企业的债权人可以指定该企业和作为该企业的出资人的公司分别向其清偿的比例或数额。

不过，根据《民法总则》第178条第3款关于“连带责任，由法律规定或者当事人约定”的规定，只有在法律规定由相关主体相互之间承担连带责任或者当事人约定由相关主体相互之间承担连带责任的情况下，相关主体才需要承担连带责任。

（二）关于《合伙企业法》是否属于《公司法》第15条所说的“法律另有规定”的问题

由于《合伙企业法》第2条第2款规定了“普通合伙企业由普通合伙人组

成，合伙人对合伙企业债务承担无限连带责任”，第 3 款规定了“有限合伙企业由普通合伙人和有限合伙人组成，普通合伙人对合伙企业债务承担无限连带责任，有限合伙人以其认缴的出资额为限对合伙企业债务承担责任”，因此，普通合伙企业和有限合伙企业的普通合伙人对合伙企业的债务承担的责任，是最常见的“投资人对所投资企业的债务承担连带责任”的情形。

考虑到《合伙企业法》第 3 条使用的是“国有独资公司、国有企业、上市公司以及公益性的事业单位、社会团体不得成为普通合伙人”的表述，因此，《合伙企业法》本身并没有直接禁止国有独资公司、国有企业、上市公司以及公益性的事业单位、公益性的社会团体之外的其他法人或非法人组织成为合伙企业（包括普通合伙企业和有限合伙企业）的普通合伙人。问题是：一般的公司，是否可以成为合伙企业（包括普通合伙企业和有限合伙企业）的普通合伙人？

我的理解是，尽管《合伙企业法》没有明确禁止，也没有直接规定公司可以成为合伙企业的普通合伙人，但确实可以从《合伙企业法》相关条款的内容中，间接得出“公司可以成为合伙企业的普通合伙人”这样的结论。具体分析如下：

其一，从《合伙企业法》第 2 条所使用的“本法所称合伙企业，是指自然人、法人和其他组织依照本法……设立的普通合伙企业和有限合伙企业”的表述本身，结合《合伙企业法》第 3 条，可以直接得出“其他法人和非法人组织可以作为有限合伙人参与设立有限合伙企业”这样的结论；此外，似乎也可以由此得出“其他法人和非法人组织可以作为普通合伙人参与设立合伙企业”这样的结论——虽然有点牵强。

其二，《合伙企业法》第 3 条本身虽然没有禁止除国有独资公司、国有企业、上市公司以及公益性的事业单位、公益性的社会团体以外的法人或非法人组织成为普通合伙人，但也没有明确说其他法人或非法人组织就可以成为普通合伙人，只不过，基于“法无禁止即可为”的原则，可以认为，其他法人或非法人组织“可以”成为普通合伙人。

其三，从《合伙企业法》第 14 条第 1 项关于“设立合伙企业，应当具备下列条件：（一）有二个以上合伙人。合伙人为自然人的，应当具有完全民事行为能力……”，第 26 条第 3 款关于“作为合伙人的法人、其他组织执行合伙事务的，由其委派的代表执行”，第 48 条第 1 款第 3 项关于“合伙人有下列情形之一的，当然退伙：……（三）作为合伙人的法人或者其他组织依法被吊销营业执照、责令关闭、撤销，或者被宣告破产……”等规定看，《合伙企业法》是允许法人或其他组织成为合伙企业的普通合伙人的。但是，按照上述推论，《公司法》第 15 条所说的“除法律另有规定外，不得成为对所投资企业的债务承担连带责任的出资人”岂不是已经被《合伙企业法》架空了，没有存在的必要了？

我倾向于认为，在《合伙企业法》未明确地、直接地规定“法人可以成为合伙企业的普通合伙人”的情况下，如前所述得出“其他法人和非法人组织可以成为普通合伙人”这样的结论的过程，似乎存在一个断层；《合伙企业法》第 3 条的表述如果能够调整为“法人或其他组织可以依照本法成为普通合伙人，但国有独资公司、国有企业、上市公司以及公益性的事业单位、社会团体除外”，则会更加清晰、明确。并且，结合《公司法》第 15 条规定的“公司可以向其他企业投资；但是，除法律另有规定外，不得成为对所投资企业的债务承担连带责任的出资人”的表述，我更倾向于认为，《公司法》第 15 条所说的“法律另有规定”，不应仅仅是在《合伙企业法》未作出明确的、直接的规定的情况下推论出来的结论，而应该是由法律尤其是《合伙企业法》明确、直接地规定“法人可以成为合伙企业的普通合伙人”。或者，至少由有权机关作出的明确解释，方可阻却《公司法》第 15 条所说的“不得成为对所投资企业的债务承担连带责任的出资人”这一原则性的禁止性要求。

（三）关于公司担任合伙企业的普通合伙人是否需要对合伙企业的债务承担连带责任的问题

就普通合伙企业或有限合伙企业的普通合伙人对该合伙企业的债务的责任而言，《合伙企业法》第 2 条第 2 款规定了“普通合伙企业由普通合伙人组成，合伙人对合伙企业债务承担无限连带责任”，第 3 款规定了“有限合伙企业由普通合伙人和有限合伙人组成，普通合伙人对合伙企业债务承担无限连带责任，有限合伙人以其认缴的出资额为限对合伙企业债务承担责任”，《合伙企业法》第 39 条也规定了“合伙企业不能清偿到期债务的，合伙人承担无限连带责任”，因此，从文义上看，作为合伙企业的普通合伙人的公司，是应当对合伙企业的债务承担无限连带责任的。

对此，有的法院认为，公司不得成为合伙企业的普通合伙人。比如，在2016年9月22日就崔某与威宁县金钟大营煤矿（以下简称大营煤矿）、云南水电十四局昆华建设有限公司（以下简称昆华公司）、肖某刚、李某忠、陈某合同纠纷一审案作出的（2015）昆环保民初字第44号民事判决书中，昆明市中级人民法院认为："公司法规定：'公司可以向其他企业投资；但是，除法律另有规定外，不得成为对所投资企业的债务承担连带责任的出资人'。本案事实表明，昆华公司是有限责任公司，大营煤矿是普通合伙企业。昆华公司成为大营煤矿的出资人，即成为实际的合伙人，违反了上述法律规定。由于昆华公司是实际合伙人，大营煤矿的合伙人对外'承担无限连带责任'公示公信成为不可能，有限责任公司要成为普通合伙企业的合伙人，法律上存在障碍。"但是，《合伙企业法》第38条使用了"合伙企业对其债务，应先以其全部财产进行清偿"，第39条使用了"合伙企业不能清偿到期债务的，合伙人承担无限连带责任"，第92条第1款使用了"合伙企业不能清偿到期债务的，债权人可以依法向人民法院提出破产清算申请，也可以要求普通合伙人清偿"的表述，因此，我理解，对于合伙企业的到期债务，首先应当由合伙企业以自己的全部财产进行清偿；只有在合伙企业自身的财产不足以清偿其到期债务的情况下，才由普通合伙人进行清偿，合伙企业的债权人才可以要求普通合伙人清偿。

这就意味着，合伙企业的普通合伙人对合伙企业的债务承担的是补充清偿责任；就向合伙企业的债权人清偿合伙企业的债务而言，合伙人（不论是普通合伙人还是有限合伙人）与合伙企业之间不是连带责任关系；否则的话，根据《民法总则》第178条第1款关于"二人以上依法承担连带责任的，权利人有权请求部分或者全部连带责任人承担责任"的规定，合伙企业的债权人就可以在不要求合伙企业清偿到期债务的情况下，直接要求合伙企业的合伙人（不论是普通合伙人还是有限合伙人）向其清偿合伙企业的到期债务，或者同时要求合伙企业及其合伙人对合伙企业的债务承担清偿责任了，而不论合伙企业自身的财产是否足以清偿这些债务。

因此，结合《民法总则》第104条关于"非法人组织的财产不足以清偿债务的，其出资人或者设立人承担无限责任"的规定，《合伙企业法》第2条所说的"普通合伙人对合伙企业债务承担无限连带责任"，应当理解为"普通合伙人对合伙企业的债务承担无限的补充清偿责任”“普通合伙人与其他普通合伙人对合伙企业的债务承担连带的补充清偿责任”，但“普通合伙人不与合伙企业对合伙企业的债务承担连带责任”。

（四）关于公司成为对所投资企业的债务承担连带责任的出资人的例外情形

由于《公司法》第15条使用了“除法律另有规定外，不得成为对所投资企业的债务承担连带责任的出资人”的表述，因此，在“法律另有规定”的例外情形，公司可以成为对所投资企业的债务承担连带责任的出资人。

综合《公司法》、最高人民法院关于《公司法》的各个司法解释以及《合伙企业法》等法律法规的规定，这些例外情形主要包括：

一是，公司在任何普通合伙企业担任普通合伙人，根据《合伙企业法》第2条第2款关于“普通合伙企业由普通合伙人组成，合伙人对合伙企业债务承担无限连带责任”的规定，均属于“成为对所投资企业的债务承担连带责任的出资人”。不过，《合伙企业法》由于可以被解释成允许公司成为普通合伙人，从而属于《公司法》第15条所说的“法律另有规定”，因此，公司在任何普通合伙企业担任普通合伙人均未违反《公司法》第15条的规定——当然，如前所述，我倾向于认为，普通合伙企业的普通合伙人不与合伙企业对合伙企业的债务承担连带责任。

二是，公司在有2个或2个以上的普通合伙人的有限合伙企业担任普通合伙人，根据《合伙企业法》第2条第3款关于“有限合伙企业由普通合伙人和有限合伙人组成，普通合伙人对合伙企业债务承担无限连带责任，有限合伙人以其认缴的出资额为限对合伙企业债务承担责任”的规定，亦属于“成为对所投资企业的债务承担连带责任的出资人”。不过，如前所述，《合伙企业法》可以被解释成允许公司成为普通合伙人，从而属于《公司法》第15条所说的“法律另有规定”，因此，公司在有2个或2个以上的普通合伙人的有限合伙企业担任普通合伙人亦未违反《公司法》第15条的规定——当然，如前所述，我倾向于认为，有限合伙企业的普通合伙人不与合伙企业对合伙企业的债务承担连带责任。

三是，公司在只有一个普通合伙人的有限合伙企业担任这个唯一的普通合伙人，不属于“成为对所投资企业的债务承担连带责任的出资人”。因为这个唯一的普通合伙人需要对该合伙企业未能清偿的债务承担无限清偿责任，但对合伙企业的债务所承担的这种责任是补充清偿责任而非连带清偿责任（既不与合伙企业构成连带关系，也因不存在其他普通合伙人而不会与其他普通合伙人构成连带关系），从而不属于对该有限合伙企业的债务承担连带责任的出资人。

四是，公司在有限合伙企业（不论其只有一个还是多个普通合伙人）担任有限合伙人，因原则上以其认缴的出资额为限对合伙企业的债务承担有限责任而非无限责任或连带责任，从而原则上不属于“成为对所投资企业的债务承担连带责任的出资人”，但在特定情况下（即《合伙企业法》第 76 条第 1 款所说的“第三人有理由相信有限合伙人为普通合伙人并与其交易”）会属于“成为对所投资企业的债务承担连带责任的出资人”。不过，因《合伙企业法》第 76 条第 1 款已经对有限合伙人需要对有限合伙企业的债务与该有限合伙企业的普通合伙人承担无限连带责任作出了明确的直接的规定，从而《合伙企业法》第 76 条第 1 款属于《公司法》第 15 条所说的“法律另有规定”，因此，公司在任何有限合伙企业（不论其只有一个普通合伙人还是多个普通合伙人）担任有限合伙人均未违反《公司法》第 15 条的规定。

五是，《公司法》第 20 条第 3 款规定，公司的企业法人股东，如果滥用公司的法人独立地位和股东的有限责任，逃避债务，严重损害公司债权人利益的，需要对公司的债务承担连带责任，从而《公司法》第 20 条第 3 款的规定属于《公司法》第 15 条所说的“法律另有规定”，因此这种情形亦未违反《公司法》第 15 条的规定。

六是，《公司法》第 63 条规定，作为一人公司股东的公司，如果不能证明一人公司的财产独立于股东自己的财产的，需要对一人公司的债务承担连带责任，从而《公司法》第 63 条的规定属于《公司法》第 15 条所说的“法律另有规定”，因此这种情形亦未违反《公司法》第 15 条的规定。

七是，《公司法司法解释（三）》第 13 条第 2 款规定，作为公司的股东，如果未履行或者未全面履行出资义务，公司的债权人可以请求该股东在其未出资本息范围内对公司不能清偿的债务承担补充清偿责任，从而《公司法司法解释（三）》第 13 条第 2 款规定可以属于《公司法》第 15 条所说的“法律另有规定”，因此这种情形亦未违反《公司法》第 15 条的规定。不过严格来讲，公司的股东在这种情形下对公司不能清偿的债务承担的只是补充清偿责任，而非连带责任。

八是，《公司法司法解释（三）》第 14 条第 2 款规定，作为公司的股东，如果在公司成立后抽逃出资，公司的债权人可以请求该股东在其抽逃出资本息范围内对公司不能清偿的债务承担补充清偿责任，并可以请求协助该股东抽逃出资的公司的其他股东对与该股东对公司不能清偿的债务的清偿承担连带责任，从而《公司法司法解释（三）》第 14 条第 2 款规定可以属于《公司法》第 15 条所说的“法律另有规定”，因此这种情形亦未违反《公司法》第 15 条的规定。同样地，严格来讲，公司的股东在这种情形下对公司不能清偿的债务承担的只是补充清偿责任，而非连带责任。

九是，《公司法司法解释（二）》第 18 条第 1 款规定，有限公司的股东、股份公司的控股股东未在法定期限内成立清算组开始清算，导致公司财产贬值、流失、毁损或者灭失，公司的债权人可以主张有限公司的该股东、股份有限公司的该控股股东在造成损失范围内对公司债务承担赔偿责任，从而《公司法司法解释（二）》第 18 条第 1 款的规定可以属于《公司法》第 15 条所说的“法律另有规定”，因此这种情形亦未违反《公司法》第 15 条的规定。同样地，严格来讲，公司的股东在这种情形下对公司的债务承担的只是补充清偿责任，而非连带责任。

十是，《公司法司法解释（二）》第 18 条第 2 款规定，有限责任公司的股东、股份公司的控股股东因怠于履行义务，导致公司主要财产、账册、重要文件等灭失，无法进行清算，公司的债权人可以主张有限公司的该股东、股份公司的该控股股东对公司债务承担连带清偿责任，从而《公司法司法解释（二）》第 18 条第 2 款的规定可以属于《公司法》第 15 条所说的“法律另有规定”，因此这种情形亦未违反《公司法》第 15 条的规定。

十一是，《公司法司法解释（二）》第 19 条第 1 款规定，有限责任公司的股东、股份有限公司的控股股东，在公司解散后，恶意处置公司财产给债权人造成损失，公司的债权人可以主张有限公司的该股东、股份有限公司的该控股股东对公司债务承担相应赔偿责任，从而《公司法司法解释（二）》第 19 条第 1 款的规定可以属于《公司法》第 15 条所说的“法律另有规定”，因此这种情形亦未违反《公司法》第 15 条的规定。同样地，严格来讲，公司的股东在这种情形下对公司的债务承担的只是补充清偿责任，而非连带责任。

十二是，《公司法司法解释（二）》第19条第1款规定，有限责任公司的股东、股份有限公司的控股股东，在公司解散后，未经依法清算，以虚假的清算报告骗取公司登记机关办理法人注销登记，公司的债权人可以主张有限公司的该股东、股份有限公司的该控股股东对公司债务承担相应赔偿责任，从而《公司法司法解释（二）》第19条第1款的规定可以属于《公司法》第15条所说的“法律另有规定”，因此这种情形亦未违反《公司法》第15条的规定。同样地，严格来讲，公司的股东在这种情形下对公司的债务承担只是补充清偿责任，而非连带责任。

十三是，《公司法司法解释（二）》第20条第1款规定，公司未经清算即办理注销登记，导致公司无法进行清算，公司的债权人可以主张有限责任公司的股东、股份有限公司的控股股东对公司债务承担清偿责任；在此基础上，《最高人民法院关于民事执行中变更、追加当事人若干问题的规定》（法释〔2016〕21号）第21条进一步明确：“作为被执行人的公司，未经清算即办理注销登记，导致公司无法进行清算，申请执行人申请变更、追加有限责任公司的股东、股份有限公司的董事和控股股东为被执行人，对公司债务承担连带清偿责任的，人民法院应予支持”，从而《公司法司法解释（二）》第20条第1款、《最高人民法院关于民事执行中变更、追加当事人若干问题的规定》（法释〔2016〕21号）第21条的规定可以属于《公司法》第15条所说的“法律另有规定”，因此这种情形亦未违反《公司法》第15条的规定。

十四是，《公司法司法解释（二）》第20条第2款规定，公司未经依法清算即办理注销登记，公司的股东在公司登记机关办理注销登记时承诺对公司债务承担责任的，公司的债权人可以主张该股东对公司债务承担相应的民事责任，从而《公司法司法解释（二）》第20条第2款的规定可以属于《公司法》第15条所说的“法律另有规定”，因此这种情形亦未违反《公司法》第15条的规定。

十五是，作为公司的股东，根据《担保法》（主要为第2条、第7条至第10条等条款）与《物权法》（主要为第171条、第179条、第180条、第208条、第223条等条款）为公司提供连带责任担保，使得该股东需要对公司的相应债务承担连带责任，从而《担保法》《物权法》的相关规定可以属于《公司法》第15条所说的“法律另有规定”，因此这种情形亦未违反《公司法》第15条的规定。不过严格来讲，这种情形是基于公司的股东与公司之间的交易（即公司的股东为公司提供连带责任担保）、基于其担保人身份而非股东身份而对公司的债务承担连带责任的。

在这方面，广西金伍岳能源集团有限公司（以下简称金伍岳公司）、贵州鑫悦煤炭有限公司（以下简称鑫悦公司）、贵州新益矿业有限公司（以下简称新益公司）与柳州化工股份有限公司（以下简称柳化公司）、广西柳州化工控股有限公司（以下简称柳控公司）合同纠纷上诉案，可供参考。

该案的基本案情如下：2013年8月28日，新益公司的柳控公司、柳化公司与鑫悦公司签订《股权转让合同》，约定柳控公司、柳化公司作为转让方，将新益公司100%国有股权（其中柳控公司持有10%，柳化公司持有90%）转让给受让方鑫悦公司。其中，《股权转让合同》第2条第4项约定，鑫悦公司应采取措施促使新益公司在2014年8月31日前足额偿还全部债务，并就偿还债务承担连带保证责任。

同日，柳化公司、柳控公司、新益公司、鑫悦公司签订《债务清偿协议》，约定鑫悦公司代新益公司偿还债务2.4亿元。此外，柳化公司、柳控公司、鑫悦公司、金伍岳公司还在当天签订了一份《保证合同》，约定丁方自愿按照本合同约定，为丙方履行《股权转让合同》和《债务清偿协议》项下的全部义务和责任提供连带责任保证担保，连带责任保证的范围为丙方在主合同项下应承担的全部义务和责任，包括但不限于主合同约定的应付款项及其相应的利息、违约金及费用。

在该案当中，针对三上诉人金伍岳公司、鑫悦公司、新益公司提出的“鑫悦公司受让新益公司全部股权、成为新益公司的股东后，承担新益公司的全部对外债务，违反了《公司法》第十五条的强制性规定，故《股权转让合同》第2条第4项、《债务清偿协议》属无效，相应的担保合同亦无效”的主张，在2017年12月28日就该案作出的（2017）最高法民终882号民事判决书中，最高人民法院认为：“《股权转让合同》第2条第4项约定鑫悦公司应采取措施促使新益公司在2014年8月31日前足额偿还全部债务，并就偿还债务承担连带保证责任。同日订立的《债务清偿协议》约定，鑫悦公司代新益公司偿还债务2.4亿元。根据本案事实可见，鑫悦公司对新益公司原债务承担连带清偿责任是其取得新益公司股权、成为新益公司出资人的条件之一，且该债务的内容、金额是明确的，鑫悦公司并非是在成为出资人之后再行对新益公司将来的不确定债务承担连带责任。因此，鑫悦公司不属于《公司法》第十五条规定的对新益公司的债务承担连带责任的出资人。三上诉人主张《股权转让合同》第2条第4项、《债务清偿协议》违反《公司法》第十五条的规定，不能成立。”

六、公司违反《公司法》第16条第1款规定进行对外投资的法律后果

如果公司违反《公司法》第16条的规定，向其他企业进行投资，其法律后果如何？有关分析，请见本章第二节“对外担保”之“四、违反《公司法》第16条的法律后果”部分的内容。

第二节　对外担保

有关公司对外担保，主要是由《公司法》第16条加以规定，《公司法》第121条对上市公司的担保事项作出了特别的规定；此外，《公司法》第104条、第148条第1款第3项也略有涉及。

一、公司对外担保的决策权限和担保限额

（一）公司对外担保的决策权限

就公司为他人提供担保而言，《公司法》第16条第1款规定了相应的决策权限和担保限额：“公司……为他人提供担保，依照公司章程的规定，由董事会或者股东会、股东大会决议；公司章程对……担保的总额及单项……担保的数额有限额规定的，不得超过规定的限额。”

其中，《公司法》第16条第1款所说的“他人”，指的是除公司自身以外的所有其他主体，既包括公司的股东、实际控制人，也包括公司的董事、监

事、高级管理人员、普通职工，还包括公司的子公司等；《公司法》第16条所说的“担保”，包括《物权法》和《担保法》所规定的保证担保、抵押担保、质押担保。

在公司为他人提供担保的决策权的归属方面，根据《公司法》第16条第1款的规定，公司依法制定的公司章程可以对公司为他人提供担保的决策权限的归属自主作出规定，这包括以下几种安排：

一是，公司章程可以规定公司为他人提供任何担保，不论是何种担保、担保数额多少，均应由公司的权力机构作出决议或决定。

二是，公司章程也可以规定公司为他人提供任何担保，不论是何种担保、担保数额多少，均应由公司的执行机构作出决议或决定。

三是，公司章程还可以规定公司为他人提供的一定金额以上的担保，应由公司的权力机构作出决议或决定，而低于这一金额的对外担保，则可由公司的执行机构作出决议。

四是，公司章程还可以规定公司在一定期间为他人提供的担保的总额达到一定的金额之后，应由公司的权力机构作出决议或决定，而在这一期间为他人提供的担保的总额低于该特定金额时，则可由公司的执行机构作出决议。

五是，公司章程还可以作出其他类似安排。

不过，值得注意的是，在上市公司的情形，由于《公司法》第121条规定了“上市公司在一年内……担保金额超过公司资产总额百分之三十的，应当由股东大会作出决议，并经出席会议的股东所持表决权的三分之二以上通过”，因此，上市公司对外提供担保，如果达到了《公司法》第121条规定的标准，就应当“由股东大会作出决议，并经出席会议的股东所持表决权的三分之二以上通过”，公司章程不应作出与此不同的安排。

此外，还需注意的是，由于《公司法》第16条第1款使用的是“公司为他人提供担保，依照公司章程的规定，由董事会或者股东会、股东大会决议”的表述，并且，《公司法》第148条第1款第3项规定了“董事、高级管理人员不得有下列行为：……（三）违反公司章程的规定，未经股东会、股东大会或者董事会同意，……以公司财产为他人提供担保”，因此，公司为他人提供担保的决策权只能由公司的执行机构或权力机构行使，不能由公司的监督机构或公司的董事长、法定代表人、经理或其他高级管理人员行使；我倾向于认为，公司的权力机构和执行机构也不宜将该决策权授权给公司的董事长、法定代表人、经理或其他高级管理人员行使。

尤其需要注意的是，《公司法》第 16 条属于法律对公司法定代表人的代表权作出的限制，不属于《民法总则》第 61 条第 3 款所说的“法人章程或者法人权力机构对法定代表人代表权的限制”。如果公司的法定代表人未经公司的权力机构或执行机构决定就代表公司为他人提供担保，作为公司的交易对手的相对方不能单纯援引《民法总则》第 61 条第 3 款关于“法人章程或者法人权力机构对法定代表人代表权的限制，不得对抗善意相对人”的规定要求公司承担担保责任。对此，最高人民法院 2019 年 11 月印发的《全国法院民商事审判工作会议纪要》（法〔2019〕254 号）第 17 条明确指出：“为防止法定代表人随意代表公司为他人提供担保给公司造成损失，损害中小股东利益，《公司法》第 16 条对法定代表人的代表权进行了限制。根据该条规定，担保行为不是法定代表人所能单独决定的事项，而必须以公司股东（大）会、董事会等公司机关的决议作为授权的基础和来源。法定代表人未经授权擅自为他人提供担保的，构成越权代表，人民法院应当根据《合同法》第 50 条关于法定代表人越权代表的规定，区分订立合同时债权人是否善意分别认定合同效力：债权人善意的，合同有效；反之，合同无效。”此外，根据《公司法》第 16 条第 2 款的规定，公司为公司股东或者实际控制人提供担保，不论是何种形式的担保，也不论担保金额多少，都必须由公司的权力机构作出决议或决定。

（二）公司对外担保的限额要求

在公司为他人提供担保的数额方面，根据《公司法》第 16 条第 1 款的规定，公司依法制定的公司章程可以对公司为他人提供担保的数额自主作出规定，这包括以下几种安排：

一是，公司章程可以对公司为他人提供担保的总数额作出限制，只要公司为他人提供担保的数额累计达到了这个总数额，公司就不能再为他人提供担保了。当然，这个总数额可以是一个确定的金额，也可以基于公司特定时点（比如上年度末）的财务数据（比如总资产额或净资产额）的一定比例加以确定。

二是，公司章程也可以对公司每一笔对外担保的数额作出限制，公司每一笔对外担保的数额均不得超过这个数额。

三是，公司章程也可以在对公司为他人提供担保的总数额作出限制的同时，对公司每一笔对外担保的数额作出限制。

四是，公司章程还可以作出其他类似安排。

二、公司为其股东或实际控制人提供担保的特别规定

考虑到公司为其股东或实际控制人提供担保属于可能导致公司利益受到损害的关联交易，《公司法》第16条第2款和第3款对公司为其股东或实际控制人提供担保的决策权限和决策程序作出了特别的规定：

一是，在决策权限上，公司为其股东或实际控制人提供担保，必须由公司的股东会或股东大会作出决议，而不能仅由公司的执行机构作出决议或决定。因此，尽管《公司法》第37条第1款、第99条未明确列出，但是，公司股东会或股东大会的职权应当包括“对公司为公司股东或者实际控制人提供担保作出决议”。

二是，在决策程序上，在公司股东会或股东大会就此项担保进行表决时，作为被担保人的股东或受作为被担保人的公司的实际控制人支配的股东，不得参与表决。其中，《公司法》第16条第3款所说的“前款规定的股东或者受前款规定的实际控制人支配的股东”属于关联股东，在人数上可能还不止一个。

三是，在通过该项决议所需的表决权上，公司股东会或股东大会就为公司的股东或实际控制人提供担保作出决议，应由出席股东会或股东大会会议的其他股东所持表决权的过半数通过。其中，《公司法》第16条第3款所说“其他股东”应指与担保事项涉及的公司股东或实际控制人没有关联关系的股东。

（一）公司为其股东或实际控制人提供担保的决策权限

就决策权限而言，《公司法》第16条第2款使用的是“公司为公司股东或者实际控制人提供担保的，必须经股东会或者股东大会决议”的表述，因此，在一人公司和国有独资公司的情形，考虑到一人公司（包括只有一个外资股东的外资企业）和国有独资公司只有一个股东、不设股东会，如果由一人公司或国有独资公司向其股东或实际控制人提供担保，将无法满足《公司法》第16条第2款和第3款关于召开股东会会议审议相关担保事项并由其他股东行使表

决权的要求，从而我倾向于认为，一人公司和国有独资公司都不能为其股东或其实际控制人提供担保。

同样地，由于在《外商投资法》生效之前依据当时有效的《中外合资经营企业法》和《中外合资经营企业法实施条例》、《中外合作经营企业法》和《中外合作经营企业法实施细则》设立的中外合资经营企业和法人制的中外合作经营企业因其权力机构为董事会、不设股东会，也无法满足《公司法》第16条第2款和第3款关于召开股东会会议审议相关担保事项并由其他股东行使表决权的要求，因此，我也倾向于认为，这些以董事会为权力机构的中外合资经营企业和法人制的中外合作经营企业也不能为其股东或其实际控制人提供担保。①

此外，由于《民办教育促进法》第19条第1款规定了“民办学校的举办者可以自主选择设立非营利性或者营利性民办学校。但是，不得设立实施义务教育的营利性民办学校”，第20条规定了“民办学校应当设立学校理事会、董事会或者其他形式的决策机构并建立相应的监督机制”“民办学校的举办者根据学校章程规定的权限和程序参与学校的办学和管理”、第22条第1款规定了“学校理事会或者董事会行使下列职权：（一）聘任和解聘校长；（二）修改学校章程和制定学校的规章制度；（三）制定发展规划，批准年度工作计划；（四）筹集办学经费，审核预算、决算；（五）决定教职工的编制定额和工资标准；（六）决定学校的分立、合并、终止；（七）决定其他重大事项”，因此，公司制的营利性民办学校也是不设股东会或股东大会，而以董事会为其权力机构的，也无法满足《公司法》第16条第2款和第3款关于召开股东会会议审议相关担保事项并由其他股东行使表决权的要求，因此，我也倾向于认为，公司制的营利性民办学校也不能为其股东或其实际控制人提供担保。

---

① 根据《外商投资法》第31条关于“外商投资企业的组织形式、组织机构及其活动准则，适用《中华人民共和国公司法》、《中华人民共和国合伙企业法》等法律的规定”和第42条关于“本法自2020年1月1日起施行。《中华人民共和国中外合资经营企业法》、《中华人民共和国外资企业法》、《中华人民共和国中外合作经营企业法》同时废止。本法施行前依照《中华人民共和国中外合资经营企业法》、《中华人民共和国外资企业法》、《中华人民共和国中外合作经营企业法》设立的外商投资企业，在本法施行后五年内可以继续保留原企业组织形式等。具体实施办法由国务院规定”的规定，2020年1月1日及其以后新设的公司制外商投资企业，应当适用《公司法》第16条的规定；自2025年1月1日起，所有的公司制外商投资企业，不论其成立时间是在2020年1月1日之前还是之后，都必须适用《公司法》第16条的规定。

不过，实务中，有法院认为，一人公司是可以为其股东提供担保的。比如，在2014年12月19日就龙某刚与杨某、大英福特曼丽兹酒店有限公司（以下简称丽兹酒店）股权转让合同纠纷再审案作出的（2014）川民提字第334号民事判决书中，四川省高级人民法院认为："首先，《中华人民共和国公司法》及相关司法解释对一人有限责任公司能否为股东债务提供担保无明确规定，基于合同自由原则，一人有限责任公司可以为股东债务担保。其次，《中华人民共和国公司法》第十六条规定：'公司向其他企业投资或者为他人提供担保，依照公司章程的规定，由董事会或者股东会、股东大会决议；公司章程对投资或者担保的总额及单项投资或者担保的数额有限额规定的，不得超过规定的限额。公司为公司股东或者实际控制人提供担保的，必须经股东会或者股东大会决议。前款规定的股东或者受前款规定的实际控制人支配的股东，不得参加前款规定事项的表决。该项表决由出席会议的其他股东所持表决权的过半数通过。'该条的立法目的是限制关联交易，公司为股东或者实际控制人提供担保属于关联交易，可能损害公司和其他股东利益，因此，《中华人民共和国公司法》第十六条第二款规定为股东或者实际控制人提供关联担保必须经股东会或者股东大会表决，不能通过公司章程规定由董事会作出决定，同时为了避免控股股东滥用表决权，损害小股东利益，该条第三款规定股东或实际控制人支配的股东应当回避表决。可见，该法并不禁止关联担保，而是通过公司内部治理中的特别决议机制来实现对关联担保的风险控制。对于一人有限责任公司而言，只有唯一的股东，不存在大股东利用关联交易损害公司利益或者小股东利益的情形，本案龙某刚、周某将股份转让给杨某后，该公司系一人公司，不具有适用《中华人民共和国公司法》第十六条第二、三款的前提条件。再则，《中华人民共和国公司法》第六十一条规定：'一人有限责任公司不设股东会。股东作出本法第三十七条第一款所列决定时，应当采用书面形式，并由股东签名后置备于公司。'因此，一人有限责任公司不设股东会，自然无法成立股东会并形成股东会决议，其公司所有权和经营权上未分离，均由公司所有者即唯一股东行使，而公司为他人担保的决策权属于公司所有者的权利，既然一人有限责任公司的股东可以行使股东会的全部职权，就应当包括作出公司为股东债务担保的决定。因此，《中华人民共和国公司法》第十六条不适用于一人有限责任公司。综上，原判仅仅基于条文文字上的理解，不符合《中华人民共和国公司法》的立法目的。原判以丽兹酒店的担保行为未经股东会议讨论决定为由，认定担保合同无效，缺乏法律依据。”

还需注意的是，《公司法》第16条第2款使用的是“公司为公司股东或者实际控制人提供担保的，必须经股东会或者股东大会决议”的表述，因此，《公司法》第16条第2款只是要求公司为其实际控制人提供担保时，由股东会或股东大会决议，至于公司为实际控制人的其他关联人（公司股东除外）提供担保是否应由股东会或股东大会决议，《公司法》未作此项要求。

不过，考虑到《公司法》第16条第2款的目的是防止公司实际控制人利用其关联关系损害公司和其他股东的利益，而公司为其实际控制人的其他关联人（公司股东除外）提供担保与公司为其实际控制人提供担保在实质上是一样的，同样可能损害公司和其他股东的利益，因此，有必要将《公司法》第16条第2款关于“必须经股东会或者股东大会决议”的规定扩大适用于“公司为公司的实际控制人及其控制的其他企业提供担保”。

（二）公司为其股东或实际控制人提供担保的决策程序

就决策程序而言，《公司法》第16条第3款规定了股东会或股东大会决议的关联股东表决回避制度，即：“前款规定的股东或者受前款规定的实际控制人支配的股东，不得参加前款规定事项的表决”，该项要求适用于所有的有限公司和股份公司。

值得一提的是，《公司法》第16条第3款规定的关联股东表决回避制度，和《公司法》第124条规定的上市公司董事会决议的关联董事表决回避制度，是《公司法》层面规定的仅有的两项表决回避要求，除了要求相关股东或董事在这两种情形下回避表决外，《公司法》本身并未要求公司股东会、股东大会、董事会或监事会审议的其他事项适用表决回避制度。

不过，针对上市公司，在《公司法》第16条第3款规定的“为公司股东或实际控制人提供担保”的交易的基础上，证券交易所的上市规则还作出了更加广泛、更加严格的有关上市公司股东回避表决的规定。

比如，《上海证券交易所股票上市规则》（2019年4月第十三次修订）第10.2.2条规定：“上市公司股东大会审议关联交易事项时，关联股东应当回避表决”；其中，“关联股东”包括上市公司的下列股东或者具有下列情形之一的上市公司股东：（1）为交易对方；（2）为交易对方的直接或者间接控制人；（3）被交易对方直接或者间接控制；（4）与交易对方受同一法人或其他组织或者自然人直接或间接控制；（5）因与交易对方或者其关联人存在尚未履行完毕的股权转让协议或者其他协议而使其表决权受到限制和影响的股东；（6）中国证监会或者证券交易所认定的可能造成上市公司利益对其倾斜的股东。

《深圳证券交易所股票上市规则》（2019 年 4 月修订）第 10.2.2 条、《深圳证券交易所创业板股票上市规则》（2019 年 4 月修订）第 10.2.2 条和《上海证券交易所科创板股票上市规则》（2019 年 4 月第一次修订）第 7.2.10 条也作出了类似的规定。

我理解，基于章程自治，其他公司也可以参考上述上市规则在其章程中规定更详细的回避表决制度，既适用于股东会审议事项，也适用于董事会、监事会审议事项。

值得注意的是，《公司法》第 16 条第 3 款使用的是“前款规定的股东或者受前款规定的实际控制人支配的股东，不得参加前款规定事项的表决”的表述，而没有像《公司法》第 103 条第 1 款关于“公司持有的本公司股份没有表决权”的规定那样使用“没有表决权”的表述，这就意味着：一是，《公司法》第 16 条第 3 款只是要求关联股东不得参与为公司股东或实际控制人提供担保这一事项的表决，这是以承认关联股东所享有的表决权为前提的，并未否定关联股东的表决权；二是，《公司法》第 16 条第 3 款并未要求关联股东不能出席相关股东会或股东大会会议，关联股东是可以出席相关股东会或股东大会会议的；三是，《公司法》第 16 条第 3 款只是要求关联股东不得参与为公司股东或实际控制人提供担保这一事项的表决，并未限制关联股东对股东会或股东大会审议的其他事项的表决权。因此，公司章程不宜限制或剥夺关联股东出席相关股东会或股东大会会议的权利以及对股东会或股东大会审议的其他事项所享有的表决权。

（三）公司为其股东或实际控制人提供担保的决策所需的表决权

就通过该项决议所需的表决权而言，《公司法》第 16 条第 3 款规定了“该项表决由出席会议的其他股东所持表决权的过半数通过”。据此，对于股东会或股东大会审议“公司为公司的股东或实际控制人提供担保”的事项，实行的是简单的资本多数决，而不是人数多数决。故在有限公司的情形，《公司法》第 16 条第 3 款关于股东会表决的规定，是《公司法》第 42 条关于“股东会会议由股东按照出资比例行使表决权；但是，公司章程另有规定的除外”的规定的特别规定；在有限公司的股东会就“公司为公司的股东或实际控制人提供担保”进行表决时，应当适用《公司法》第 16 条第 3 款关于“该项表决由出席会议的其他股东所持表决权的过半数通过”的规定，而不适用《公司法》第 42 条关于“股东会会议由股东按照出资比例行使表决权；但是，公司章程另有规定的除外”的规定；并且，《公司法》第 16 条第 3 款关于“该项表决由出席会议的其他股东所持表决权的过半数通过”的规定，属于《公司法》第 43 条第 1 款所说的“本法有规定的”事项，有限公司的章程不得作出与此不一致的规定。

同样地，在股份公司的情形，《公司法》第 16 条第 3 款关于股东大会表决的规定，是《公司法》第 103 条第 1 款关于“股东出席股东大会会议，所持每一股份有一表决权”和第 103 条第 2 款关于“股东大会作出决议，必须经出席会议的股东所持表决权过半数通过”的特别规定，在股份公司的股东大会就“公司为公司的股东或实际控制人提供担保”进行表决时，应当适用《公司法》第 16 条第 3 款关于“该项表决由出席会议的其他股东所持表决权的过半数通过”的规定，而不适用《公司法》第 103 条第 2 款关于“股东大会作出决议，必须经出席会议的股东所持表决权过半数通过。但是，股东大会作出修改公司章程、增加或者减少注册资本的决议，以及公司合并、分立、解散或者变更公司形式的决议，必须经出席会议的股东所持表决权的三分之二以上通过”的规定。

不过，在上市公司为股东或实际控制人提供担保的情形，如果上市公司为其股东或实际控制人通过担保时，已经达到“上市公司在一年内担保金额超过公司资产总额百分之三十”的标准，那么，就不仅应当适用《公司法》第 16 条第 2 款和第 3 款的规定，还应当同时适用《公司法》第 121 条的规定，即：该项担保事项应当由出席股东大会会议的其他股东所持表决权的三分之二以上通过，仅由出席股东大会会议的其他股东所持表决权的过半数通过是不符合《公司法》第 121 条的规定的。

值得注意的是，《公司法》第 16 条第 3 款所说的“过半数”即超过 50%、不含50%，只要超过50%即可。在计算《公司法》第16条第3款所说的“过半数”时，应以股东会或股东大会会议就相关事项进行表决时为计算基准日，以出席会议的享有表决权的全部股东所持表决权之和为分母、以出席会议的享有表决权的股东中投赞成票的股东所持的表决权之和为分子进行计算。

此外，在公司依法制定的章程规定了有限公司的股东会会议须有代表公司过半数表决权的股东并且占全体股东过半数的股东出席方可举行，股份公司的股东大会会议须有持有公司过半数股份的股东并且占全体股东过半数的股东出席方可举行的情形，根据《公司法》第16条第3款的规定，结合《公司法》第124条关于“该董事会会议由过半数的无关联关系董事出席即可举行”的规定，就审议公司为公司股东或者实际控制人提供担保的事项而言，在计算出席会议的法定最低人数或法定最低表决权比例时，关联股东及其所持表决权不应计入，作为计算法定最低人数或法定最低表决权比例的基数的应为无关联关系的其他股东的总人数或无关联关系的其他股东所持表决权的总数。

三、《公司法》第16条的性质

《公司法》第16条（包括第1款至第3款）的规定，属于效力性强制性规定还是管理性强制性规定，实践中存有争议。不过，最高人民法院倾向于认为属于管理性强制性规定。

比如，在2014年4月12日就招商银行股份有限公司大连东港支行与大连振邦氟涂料股份有限公司、大连振邦集团有限公司借款合同纠纷案作出的（2012）民提字第156号民事判决书（刊载于《最高人民法院公报》2015年第2期）中，最高人民法院认为：“《公司法》第一条开宗明义规定‘为了规范公司的组织和行为，保护公司、股东和债权人的合法权益，维护社会经济秩序，促进社会主义市场经济的发展，制定本法’；《公司法》第十六条第二款规定：‘公司为公司股东或者实际控制人提供担保的，必须经股东会或者股东大会决议’。上述《公司法》规定已然明确了其立法本意在于限制公司主体行为，防止公司的实际控制人或者高级管理人员损害公司、小股东或其他债权人的利益，故其实质是内部控制程序，不能以此约束交易相对人。故此《公司法》第十六条第二款宜理解为管理性强制性规范。对违反该规范的，原则上不宜认定合同无效。”

又如，在2014年11月2日就高远控股有限公司、上海高远置业（集团）有限公司、毛某萍与邹某玉、上海录润置业有限公司与李某福民间借贷纠纷上诉案作出的（2014）民一终字第109号民事判决书中，最高人民法院认为，《公司法》第16条的规定“只能作为公司内部管理的并被法律所要求的管理性规范理解更为合理”。

再如，在2015年2月23日就周某与青海贤成矿业股份有限公司、西宁市国新投资控股有限公司等民间借贷纠纷上诉案作出的（2014）民一终字第270号民事判决书中，最高人民法院更是认为：“虽然《公司法》第十六条规定：‘公司向其他企业投资或者为他人担保，依照公司章程的规定由董事会或者股东会、股东大会决议；公司章程对投资或者担保的总额及单项投资或者担保的数额有限额规定的，不得超过规定的限额。公司为公司股东或者实际控制人提供担保的，必须经股东会或者股东大会决议。’但是该规定属于公司对内的程序性规定，其并未规定公司以外的第三人对此负有审查义务，公司对外提供担保是否经股东会或者股东大会决议，并不影响其对外签订的合同效力。应严格区分公司的对内关系与对外关系，否则会损害交易安全。与公司交易的第三人应当不受其内部程序性规定的约束。《公司法》第十六条的规定，意在防止公司的实际控制人或者高级管理人员损害公司、小股东或者其他债权人的利益，公司是否召开股东会以及股东会的决议，是公司的内部控制程序，不能约束与公司交易的第三人。该规定不属于效力性强制性规定，不能据此主张合同无效。”

还如，在2017年12月21日就寿光广潍汽车销售服务有限公司、潍坊广潍汽车销售服务有限公司、潍坊广潍汽车销售服务有限公司寿光分公司与王某江、梁某国民间借贷纠纷再审案作出的（2017）最高法民再207号民事判决书中，最高人民法院认为：“《中华人民共和国公司法》第十六条第一款、第二款规定：‘公司向其他企业投资或者为他人提供担保，依照公司章程的规定，由董事会或者股东会、股东大会决议；公司章程对投资或者担保的总额及单项投资或者担保的数额有限额规定的，不得超过规定的限额。公司为公司股东或者实际控制人提供担保的，必须经股东会或者股东大会决议。’上述条款调整的是公司内部管理事项，未明确规定公司违反该条款对外提供担保将导致担保合同无效，并非规制公司对外担保合同的效力性强制性规定。因此，不能仅仅依据《中华人民共和国公司法》第十六条的规定否定公司对外担保合同的效力。”

四、违反《公司法》第16条的法律后果

如果公司违反《公司法》第16条的规定，向其他企业进行投资或为他人提供担保，其法律后果如何？这既会涉及公司内部的法律关系，又会涉及公司与第三人之间的法律关系；但是，总体而言，公司内部的法律关系不会影响公司与善意第三人之间的法律关系。实务中，应当结合公司违反《公司法》第16条的行为的具体情况以及第三人是否构成善意第三人的情况，综合加以分析。

（一）关于对内关系

根据《公司法》第16条的规定，以下情况属于违反《公司法》第16条的行为：

一是，违反《公司法》第16条第1款的规定，未经公司章程规定的享有相应职权的组织机构批准，向其他企业进行投资或为除公司股东、实际控制人以外的人提供担保。

二是，违反《公司法》第16条第2款的规定，未经股东会或股东大会批准，为公司股东或实际控制人提供担保。

三是，公司为其股东或实际控制人提供担保，虽然有依照公司章程的规定提交公司股东会或股东大会审议，但是，公司股东会或股东大会就审议公司为股东或实际控制人提供担保的事项进行的表决不符合《公司法》第16条第3款的规定，包括未形成有效的股东会或股东大会决议的情形和在表决方面违反《公司法》、公司章程的情况下通过决议的情形。

四是，公司向其他企业进行的投资或为他人提供的担保，虽然有依照公司章程的规定提交公司章程规定的享有相应职权的组织机构批准，但是，违反《公司法》第16条第1款的规定，向其他企业进行的投资或为他人提供的担保超过了公司章程规定的单项投资或者单项担保的数额限制或超过了公司章程规定的投资或者担保的总额限制。

在上述第一种情形和第二种情形下，存在公司相关机构或人员违反《公司法》和公司章程的规定，超越职权、擅自向其他企业进行投资或为他人提供担保的行为，公司可以依照《公司法》第 147 条、第 148 条、第 150 条的相关规定，追究公司的董事、高级管理人员的法律责任，包括更换相关人员、要求其赔偿公司的损失。

在上述第三种情形下，公司可以根据《公司法》第 22 条第 2 款、《公司法司法解释（四）》的相关规定，请求人民法院确认公司股东会或股东大会决议不成立或撤销相关股东会或股东大会决议；并根据《公司法》第 20 条第 1 款、第 2 款和第 21 条的规定，要求相关股东承担赔偿责任。

在上述第四种情形下，公司可以根据《公司法》第 22 条第 2 款、《公司法司法解释（四）》的相关规定，请求人民法院撤销公司股东会或股东大会决议；并根据《公司法》第 20 条第 1 款、第 2 款和第 21 条的规定，要求相关股东承担赔偿责任。

当然，无论是何种情形，公司可以通过由其公司章程规定的有权机构，根据公司章程规定的职权和决策程序，作出追认或以批准决议或决定的方式，使得相关行为符合《公司法》第 16 条和公司章程的规定。

（二）关于对外关系

在对外关系上，这一问题的实质是公司违反《公司法》第 16 条的规定进行的投资行为或担保行为，是否有效？换句话说，相关投资行为或担保行为是否对公司具有约束力？

这涉及公司与第三人之间的关系问题。尽管《公司法》第 16 条使用了“不得”“必须”这样的表述，但是，如前所述，考虑到最高人民法院倾向于认为《公司法》第 16 条属于管理性强制性规定，而不属于效力性强制性规定，因此，公司违反《公司法》第 16 条的规定实施的行为并非必然无效。对此，实践中，法院的倾向性意见认为，“公司章程关于公司担保能力、担保额度以及担保审批程序等方面的规定，系调整公司内部法律关系的规范，在公司内部产生相应的法律后果，通常不能对抗担保债权人等公司以外的第三人。公司、公司股东以及公司之外的第三人以担保违反公司章程的规定为由主张担保关系无效的，除非涉及公司为内部人员提供担保，一般不应予以支持”。[①]

此外，由于公司在向其他企业进行投资或为他人提供担保时，需要由公司的法定代表人代表其向其他企业进行投资或为他人提供担保，或由公司的其他人员代理其向其他企业进行投资或为他人提供担保，根据《民法总则》第61条关于“法定代表人以法人名义从事的民事活动，其法律后果由法人承受”“法人章程或者法人权力机构对法定代表人代表权的限制，不得对抗善意相对人”和《合同法》第50条关于“法人的法定代表人超越权限订立的合同，除相对人知道或者应当知道其超越权限的以外，该代表行为有效”的规定，以及《民法总则》第170条关于“执行法人……工作任务的人员，就其职权范围内的事项，以法人……的名义实施民事法律行为，对法人……组织发生效力”“法人对执行其工作任务的人员职权范围的限制，不得对抗善意相对人”的规定和《合同法》第49条关于“行为人没有代理权、超越代理权或者代理权终止后以被代理人名义订立合同，相对人有理由相信行为人有代理权的，该代理行为有效”的规定，并结合《民法总则》第85条关于“营利法人的权力机构、执行机构作出决议的会议召集程序、表决方式违反法律、行政法规、法人章程，或者决议内容违反法人章程的，营利法人的出资人可以请求人民法院撤销该决议，但是营利法人依据该决议与善意相对人形成的民事法律关系不受影响”的规定以及《公司法司法解释（四）》第6条关于“股东会或者股东大会、董事会决议被人民法院判决确认无效或者撤销的，公司依据该决议与善意相对人形成的民事法律关系不受影响”的规定，我倾向于认为，在对外关系上，如果第三人是善意的，从保护善意第三人的角度，相应的投资或担保是有效的[②]，对公司是具有约束力的。

不过，需要结合《民法总则》第61条与《合同法》第50条或《民法总则》第170条与《合同法》第49条的规定来认定第三人是否是善意的。如果第三人不属于“善意第三人”或“善意相对人”，那么，相应的投资或担保对

① 见《加强调查研究　探索解决之道——就民商事审判工作中的若干疑难问题访最高人民法院民二庭庭长宋晓明》，载《人民司法·应用》2007年13期。

② 值得注意的是，《北京市高级人民法院关于审理公司纠纷案件若干问题的指导意见》（京高法发〔2008〕127号）第6条认为，相关担保合同未生效：“公司提供担保未履行《公司法》第16条规定的公司内部决议程序，或者违反公司章程规定的，应认定担保合同未生效，由公司承担缔约过失责任。担保权人不能证明其尽到充分注意义务的，应承担相应的缔约过错责任。”

公司可能就不具有约束力了。

对此，在2018年12月29日就厦门元华资产管理有限公司（以下简称元华资产公司）与林某、林某华、福建泛华矿业股份有限公司（以下简称泛华公司）、厦门元华发展股份有限公司（以下简称元华发展公司）、林某妍民间借贷纠纷再审案作出的（2017）最高法民再210号民事判决书中，最高人民法院认为："在公司为他人提供担保这一可能影响股东利益的场合，立法规定了公司机关决议前置程序以限制法定代表人的代表权限。在公司内部，为他人提供担保的事项并非法定代表人所能单独决定，其决定权限交由公司章程自治：要么是由公司股东决定，要么是委诸商业判断原则由董事会集体讨论决定；在为公司股东或实际控制人提供担保的场合，则必须交由公司其他股东决定。这种以决议前置的方式限制法定代表人担保权限的立法安排，其规范意旨在于确保该担保行为符合公司的意思，不损害公司、股东的利益。对法定代表人超越法律、章程规定实施的越权担保行为，只有在相对人善意无过失的情况下，该担保合同的效果才归属于公司。"

因此，就公司违反《公司法》第16条实施的投资行为或担保行为的效力而言，关键在于作为公司的投资对象或被担保人的第三人是否属于"善意第三人"或"善意相对人"。

在这方面，最高人民法院在2017年12月21日就寿光广潍汽车销售服务有限公司（以下简称寿光广潍公司）、潍坊广潍汽车销售服务有限公司（以下简称潍坊广潍公司）、潍坊广潍汽车销售服务有限公司寿光分公司（以下简称潍坊广潍寿光分公司）与王某江、梁某国民间借贷纠纷再审案作出的（2017）最高法民再207号民事判决书中的意见，值得参考。

在该民事判决书中，最高人民法院认为："《中华人民共和国公司法》第十六条第一款、第二款规定：'公司向其他企业投资或者为他人提供担保，依照公司章程的规定，由董事会或者股东会、股东大会决议；公司章程对投资或者担保的总额及单项投资或者担保的数额有限额规定的，不得超过规定的限额。公司为公司股东或者实际控制人提供担保的，必须经股东会或者股东大会决议。'上述条款调整的是公司内部管理事项，未明确规定公司违反该条款对外提供担保将导致担保合同无效，并非规制公司对外担保合同的效力性强制性规定。因此，不能仅仅依据《中华人民共和国公司法》第十六条的规定否定公司对外担保合同的效力。另外，虽然不能仅依上述规定否定公司对外担保合同的效力，但也不因此而意味着该合同确定有效，其是否有效还须依据合同法的相关规定进行考察。《中华人民共和国合同法》第四十九条规定：‘行为人没有代理权，超越代理权或者代理权终止后以被代理人名义订立的合同，相对人有理由相信行为人有代理权的，该代理行为有效。’在本案中，梁某国不是寿光广潍公司的法定代表人，而是公司聘用的经理，其在并未得到授权的情况下在2012年6月19日的《借款协议》担保人处加盖寿光广潍公司公章的行为显系无权代理，这一点在潍坊市中级人民法院（2015）潍刑二终字第188号刑事判决所查明的事实中已有充分体现。因此，在王某江与寿光广潍公司之间能否有效成立担保合同关系，取决于梁某国加盖公章的行为是否构成表见代理，亦即取决于作为相对人的王某江是否‘有理由相信’梁某国有代理权。”

值得思考的问题是，考虑到《公司法》第16条已经明确规定了公司向其他企业投资或者为他人提供担保需要履行的内部决策权限、决策程序和相应的限额要求，在法律已经有如此明确的规定的情况下，第三人还属于“善意第三人”吗？在进行交易时，第三人是否负有某种义务去确认作为交易对方的公司是否遵守了《公司法》第16条以及该公司自身章程的规定呢？

我认为，单从《公司法》第16条的规定本身无法得出第三人没有这样的义务的结论，要看该第三人以及相关交易的具体情况；但是，至少在以下情况下，即如果第三人属于商事主体或者有相关经验、知识的自然人，或者如果相关交易对该第三人而言比较重大（比如金额较大），我倾向于认为，第三人是有义务采取必要的措施，比如聘请专业机构核查确认，或者至少要求交易对方提供相关的公司章程、股东会决议或董事会决议，以确认作为交易对方的公司是否遵守了《公司法》第16条以及该公司自身章程的规定；从而，如果该第三人在未采取相应措施的情况下与该公司进行交易，则应视为该第三人自身也存在某种程度的过错，从而不属于“善意第三人”。

尤其是，当公司为公司的董事、监事和高级管理人员的债务而与债权人签订担保协议时，债权人应当注意《公司法》第148条对董事、监事和高级管理人员交易行为的规定，了解公司的股东对公司为相关人员提供担保的意思表示；若担保不符合公司章程规定，应认定担保协议缺乏生效要件；公司提供的担保协议被认定为未生效，公司应当承担缔约过失责任；债权人如果不能证明其尽到了充分注意义务的，亦应承担相应的过错责任。[①]

此外，针对公司在执行程序中为被执行人提供执行担保的情形，2018 年 2 月发布的《最高人民法院关于执行担保若干问题的规定》第 5 条也明确规定了“公司为被执行人提供执行担保的，应当提交符合公司法第十六条规定的公司章程、董事会或者股东会、股东大会决议”。最高人民法院的这一规定，在一定程度上也表明，最高人民法院倾向于认为，第三人在接受公司提供的担保时，是负有要求该公司提交“符合《公司法》第 16 条规定的公司章程、董事会或者股东会、股东大会决议”的注意义务的。

在第三人是否属于善意的问题上，最高人民法院在 2016 年 1 月 10 日就林某灼与林某儒、福建鑫海冶金有限公司等股权转让纠纷二审案作出的（2015）民二终字第 176 号民事判决书可供参考。在这个案件当中，法院查明的事实如下：2014 年 1 月 17 日，林某灼与林某儒签订《股份转让协议书》，约定由林某灼将所持有福建鑫海冶金有限公司（以下简称鑫海公司）的股份共计人民币 10400 万元、以 23600 万元人民币作价转让给林某儒，并约定了股权转让款的支付方法。在该协议的保证人（单位）的签名处有时任鑫海公司总经理的蒋某的签名和鑫海公司的盖章。

2014 年 2 月 13 日，林某灼与林某儒签订《股份转让补充协议》，进一步约定了林某灼所持有鑫海公司的股份是以公司现状作为转让前提条件，林某儒也同意按鑫海公司的现状购买接收，任何一方不以公司遗留问题以及现状存在的问题为借口不履行已经签订的各项协议。

2014 年 7 月 16 日，林某灼与林某儒签订《股份转让补充协议书（二）》，确认截至 2014 年 7 月 12 日，受让方林某儒欠转让方林某灼转让款本息共计 17449 万元，约定由受让方林某儒分 15 个月向转让方支付完毕。该补充协议二还约定，由蒋某和鑫海公司作为保证人自愿为受让人在该协议约定的还款义务承担连带责任，保证期限为两年。在该协议中保证人签名处，有蒋某的签名和鑫海公司的盖章。

截至林某灼起诉时，受让人林某儒共支付了股权转让价款 7556 万元给林

---

① 见《加强调查研究 探索解决之道——就民商事审判工作中的若干疑难问题访最高人民法院民二庭庭长宋晓明》，载《人民司法·应用》2007 年第 13 期。

某灼，因林某儒尚欠的转让款早已全部到期，且其无继续支付价款的能力，故起诉请求法院判令林某儒支付尚欠的股份转让款及违约金，判令鑫海公司、蒋某对上述款项承担连带还款责任。

针对鑫海公司是否应当承担保证责任的问题，最高人民法院认为，“《中华人民共和国公司法》第十六条第二款、第三款及鑫海公司章程第三十九条第二款、第三款均规定：‘公司为公司股东或者实际控制人提供担保的，必须经股东会或股东大会决议’；‘前款规定的股东或者受前款规定的实际控制人支配的股东，不得参加前款规定事项的表决。该项表决由出席会议的其他股东所持表决权的过半数通过’。案涉股权转让合同订立时，林某儒、林某灼均系鑫海公司股东，均应当知道鑫海公司章程的上述规定，即鑫海公司为其股东担保应当经过鑫海公司股东会决议，并经其他股东所持表决权的过半数表决通过，而不属于公司法定代表人、负责人的权限。《中华人民共和国合同法》第五十条规定：法人或者其他组织的法定代表人、负责人超越权限订立的合同，除相对人知道或者应当知道其超越权限的以外，该代表行为有效。因鑫海公司为案涉股权转让合同提供保证未经股东会决议，故时任鑫海公司总经理的蒋某在案涉股权转让合同上加盖鑫海公司印章的行为，超越了鑫海公司章程所规定的权限，对此，林某灼应当知道，故该代表行为无效。蒋某在案涉股权转让合同上签字、加盖鑫海公司公章的行为，不能对鑫海公司产生法律约束力。故对鑫海公司有关其不应承担对案涉股权转让合同的保证责任的诉请，本院予以支持”。

此外，在善意第三人的认定上，最高人民法院在2013年4月28日就宁波绣丰彩印实业有限公司（以下简称绣丰公司）、浙江杭州湾汽配机电市场经营服务有限公司（以下简称机电公司）、慈溪道新投资咨询有限公司、慈溪道新汽配贸易有限公司、慈溪市一得工贸有限公司以及孙某生合同纠纷再审案作出的（2012）民提字第208号民事判决书，也可作参考。

在这个案件当中，最高人民法院认为：“本案所涉的协议条款使机电公司只承担巨额债务而不能获得任何对价，不属于公司正常的经营活动，且孙某生同时代表公司和个人签约，行为后果是将公司利益转移给个人，具有明显的超越代表权的外观。《中华人民共和国公司法》第十六条第二款规定：‘公司为公司股东或者实际控制人提供担保的，必须经股东会或者股东大会决议。’该条款说明公司法对关联担保这种无对价的特殊交易，对代表权作了限制性规定，必须经股东会同意。为股东及法定代表人清偿债务的性质较关联担保更为严重，公司直接对外承担债务而不能取得经营利益，如未经股东会同意，将构成侵占公司财产的行为。绣丰公司知晓机电公司由几名股东组成，并专门聘请律师草拟协议，在孙某生不能提供股东会同意证明的情形下，绣丰公司根据协议内容理应知道孙某生的行为不是为机电公司经营活动所从事的职务行为，而是违反公司法强制性规定的侵占公司财产行为。绣丰公司以协议和委托书加盖了机电公司公章为由主张善意信赖孙某生代表权的理由不能成立。综合考虑本案的交易过程和事实，绣丰公司应当知道孙某生的签约超越代表权限，绣丰公司不属于合同法第五十条保护的善意相对人，浙江高院认定孙某生代表行为无效、房地产转让协议不能约束机电公司并无不当。机电公司对本案协议的签订并不知情，对孙某生私刻公章的行为也不具有管理上的失职，绣丰公司要求机电公司依据房地产转让协议承担责任的诉请于法无据，本院不予支持。”

还有，在2017年12月21日就寿光广潍公司、潍坊广潍公司、潍坊广潍寿光分公司与王某江、梁某国民间借贷纠纷再审案作出的（2017）最高法民再207号民事判决书中，针对“在王某江与寿光广潍公司之间能否有效成立担保合同关系，取决于梁某国加盖公章的行为是否构成表见代理，亦即取决于作为相对人的王某江是否‘有理由相信’梁某国有代理权”这个问题，最高人民法院认为：“在本案中，梁某国与王某江之间的借贷关系开始于2010年，王某江多次向梁某国提供借款，金额共计高达1200万元。虽然双方对于实际支付利息的情况有不同主张，但可确认至2012年6月19日双方签订案涉《借款协议》之前，梁某国至少已向王某江支付利息377.50万元，且仍欠利息90万元。案涉《借款协议》就是在梁某国尚欠借款本金1200万元且不能支付利息的情况下签订的。毫无疑问，此时王某江明知其巨额债权面临巨大风险，而无论是谁为梁某国提供担保亦将同样面临巨大风险。梁某国系寿光广潍公司聘用的经理，虽然其掌握公司公章，但在其个人巨额债务已处于不能清偿状态的情况下，未通过任何方式与公司法定代表人或董事会等进行沟通，即在《借款协议》担保人处加盖公司公章为自己不能清偿的个人债务提供担保，显然超越了其作为经理的职权范围。换言之，从一般社会常识判断，任何公司通常都不会在不问借款金额、借款用途、借款期限、还款资金来源等条件，亦即对主债权债务的状况一无所知的情况下，轻易授权其聘用的经理对外提供担保。何况像本案这样，金额巨大的主债务已处于不能清偿状态，且主债务人恰恰就是公司聘用的经理，就更难轻易相信公司会同意该经理以授权代理人的身份在《借款协议》上加盖公司公章为自己的个人债务提供担保。因此，作为相对人的王某江，应当知道梁某国在《借款协议》上加盖寿光广潍公司公章提供担保的行为，是无权代理行为。王某江提出的‘梁某国有权决定使用公章，不存在所谓无权代理的问题’的答辩意见不能成立。换言之，王某江不属于善意无过失的相对人，不能得到表见代理制度的保护。根据《中华人民共和国合同法》第四十九条之规定，梁某国在《借款协议》上加盖寿光广潍公司公章的行为不构成表见代理，寿光广潍公司与王某江之间并未成立有效的担保合同关系，寿光广潍公司无需承担担保责任。”

再有，在2014年11月14日就吴某俊与泰州市天利投资发展有限公司（以下简称天利公司）及周某英、扬州东煜贸易发展有限公司民间借贷保证合同纠纷再审案作出的（2014）民申字第1876号民事裁定书中，最高人民法院也认为：“《中华人民共和国公司法》第十六条第二款明确规定，公司为公司股东或者实际控制人提供担保的，必须经股东会或者股东大会决议。法律规定具有公示作用，吴某俊应当知晓。因法律有明确规定，吴某俊应当知道天利公司为戴某进的债务提供担保须经天利公司股东会决议，而其并未要求戴某进出具天利公司的股东会决议，吴某俊显然负有过错，因而其不能被认定为善意第三人。”

不过，实务中，在第三人是否负有审查义务方面，不同的法院有不同的意见，甚至是最高人民法院自身的判决，也提出过不同的认定意见。

比如，在2016年2月15日就丁某与张某清、张某彬等民间借贷纠纷申请再审案作出的（2015）民申字第3236号民事裁定书中，最高人民法院认为第三人负有审查义务：“公司法第十六条明确规定公司为其股东提供担保，须经股东会或股东大会决议，法律规定具有公示作用，任何第三人均应知悉，丁某作为债权人仅凭保证合同中‘已按有关规定和程序取得本合同担保所需要的授权’的单方陈述，就签订保证合同，未尽相应审查义务，属于存在过失，二审法院认为丁某未尽到应尽的注意义务，对担保合同无效具有过错，应承担相应责任，具有事实依据并无不当。”

又如，在2019年2月28日就杨某海与××、喀什三冠房地产开发有限公司（以下简称三冠公司）房屋买卖合同纠纷一案再审案作出的（2019）最高法民申535号民事裁定书中，最高人民法院也认为第三人负有审查义务：“《中华人民共和国公司法》第十六条第二款规定：‘公司为公司股东或者实际控制人提供担保的，必须经股东会或者股东大会决议。’本案××与杨某海于2013年3月6日签订《协议书》《房屋买卖合同》，以自有房屋抵偿其个人所欠杨某海款项，××并以三冠公司名义为其个人提供担保。××签订《协议书》《房屋买卖合同》时系三冠公司股东、法定代表人，其未经公司股东会决议即以公司名义为其个人提供担保，违反了上述法律规定。其行为依法属于越权代表行为。《中华人民共和国合同法》第五十条规定：‘法人或者其他组织的法定代表人、负责人超越权限订立的合同，除相对人知道或者应当知道其超越权限的以外，该代表行为有效。’《最高人民法院关于适用〈中华人民共和国担保法〉若干问题的解释》第十一条规定：‘法人或者其他组织的法定代表人、负责人超越权限订立的担保合同，除相对人知道或者应当知道其超越权限的以外，该代表行为有效。’杨某海在与××签订《协议书》《房屋买卖合同》时，本应审查××以三冠公司名义为其个人提供担保是否符合《中华人民共和国公司法》第十六条第二款规定，已经该公司股东会决议同意，但其未要求××出示三冠公司同意担保的股东会决议，也未提供证据证明其有理由相信该担保行为已经三冠公司股东会决议同意，故其自身存在明显过错，其属于《中华人民共和国合同法》第五十条、《最高人民法院关于适用〈中华人民共和国担保法〉若干问题的解释》第十一条规定的应当知道××的行为属于超越权限的相对人，不属于善意相对人。因此，××的越权代表行为不符合《中华人民共和国合同法》第五十条、《最高人民法院关于适用〈中华人民共和国担保法〉若干问题的解释》第十一条规定的有效情形，原审判决认定该行为对三冠公司不发生法律效力，并无不当。杨某海关于三冠公司为××提供的担保是有效的，三冠公司应承担担保责任的主张，于法无据，不应支持。”

此外，在2014年4月12日就招商银行股份有限公司大连东港支行与大连振邦氟涂料股份有限公司、大连振邦集团有限公司借款合同纠纷案作出的（2012）民提字第156号民事判决书（刊载于《最高人民法院公报》2015年第2期）中，最高人民法院同样也认为第三人负有一定程度的审查义务：“担保债权人基于对担保人法定代表人身份、公司法人印章真实性的信赖，基于担保人提供的股东会担保决议盖有担保人公司真实印章的事实，完全有理由相信该

《股东会担保决议》的真实性，无需也不可能进一步鉴别担保人提供的《股东会担保决议》的真伪。因此，招行东港支行在接受作为非上市公司的振邦股份公司为其股东提供担保过程中，已尽到合理的审查义务，主观上构成善意。”

还有，在2015年10月29日就福建省浩华房地产开发有限公司与中国农业银行股份有限公司仙游县支行、福建省德馨古典家具有限公司及陈某新、陈某玉金融借款合同纠纷再审案作出的（2015）民申字第1558号民事裁定书中，最高人民法院认为：“公司法第十六条规定：‘公司向其他企业投资或者为他人提供担保，依照公司章程的规定，由董事会或者股东会、股东大会决议；公司章程对投资或者担保的总额及单项投资或者担保的数额有限额规定的，不得超过规定的限额。’对于本条规定存在两种理解。一种观点认为，该条规定是公司内部管理性规范，是否违反不影响公司对外合同的效力。另一种观点认为，该条规定具有相应的外部效力，根据该条规定合同相对人负有对公司内部决议的形式审查义务，即合同相对方应当要求公司提供内部决议书。此处的注意义务是形式审查义务，即只要公司提供的内部决议书符合公司法与公司章程的形式要求，相对人即完成了注意义务，而无需对公司是否真正召开了股东会负责。本案中，二审卷宗材料显示，农行仙游支行向二审法院提交了浩华公司的《内资企业登记基本情况表》及《股东会决议书》，即使按照上述关于公司法第十六条的第二种理解，农行仙游支行也尽到了相应的注意义务。”

另有，在2016年10月25日就河北敬业担保有限公司（以下简称敬业担保公司）与永年县圣帝隆房地产有限公司（以下简称圣帝隆房地产公司）、邯郸市兆亿贸易有限公司、河北圣帝隆化工有限公司、谢某明、郭某林追偿权纠纷再审案作出的（2016）最高法民申2633号民事裁定书中，最高人民法院认为：“关于公司对外担保问题，《公司法》第十六条第一款规定：‘公司向其他企业投资或者为他人提供担保，依照公司章程的规定，由董事会或者股东会、股东大会决议……’，该规定在公司对外担保事项上对法定代表人的代表权进行了法定限制，因此在判断公司法定代表人违反该规定越权签订担保合同是否对公司有效时，还应考察该行为是否构成《中华人民共和国合同法》第五十条规定的表见代表，相对人是否尽到了合理的审查义务，是否为善意。具体到本案，谢某明在代表圣帝隆房地产公司向敬业担保公司出具《反担保保证书》时未提供《公司法》第十六条第一款规定的圣帝隆房地产公司董事会或者股东会决议等相关文件，而敬业担保公司作为专门从事担保业务的专业机构，本应对谢某明是否越权尽到更为谨慎的审查义务，但其并未进行形式上的审查，因此不构成善意。与此相应，谢某明越权出具《反担保保证书》的行为不构成表见代表，该保证书对圣帝隆房地产公司不发生法律效力。”

再有，在2017年9月29日就通联资本管理有限公司（以下简称通联公司）与成都新方向科技发展有限公司（以下简称新方向公司）、四川久远新方向智能科技有限公司（以下简称久远公司）与公司有关的纠纷再审案作出的（2017）最高法民再258号民事判决书中，最高人民法院认为：“公司法第十六条第二款明确规定‘公司为公司股东或者实际控制人提供担保的，必须经股东会或者股东大会决议’，该条规定的目的是防止公司股东或实际控制人利用控股地位，损害公司、其他股东或公司债权人的利益。对于合同相对人在接受公司为其股东或实际控制人提供担保时，是否对担保事宜经过公司股东会决议负有审查义务及未尽该审查义务是否影响担保合同效力，公司法及其司法解释未作明确规定。二审法院认为，虽然久远公司在《增资扩股协议》中承诺对新方向公司进行股权回购义务承担连带责任，但并未向通联公司提供相关的股东会决议，亦未得到股东会决议追认，而通联公司未能尽到基本的形式审查义务，从而认定久远公司法定代表人向生建代表公司在《增资扩股协议》上签字、盖章行为，对通联公司不发生法律效力，适用法律并无不当”；不过，最高人民法院也认为：“通联公司在签订《增资扩股协议》时，因《久远公司章程》中并无公司对外担保议事程序规定，通联公司有合理理由相信向生建有权代表公司对外签订有担保意思表示内容的《增资扩股协议》，但其未能尽到要求目标公司提交股东会决议的合理注意义务，导致担保条款无效，对协议中约定的担保条款无效自身存在过错。而久远公司在公司章程（2009年6月9日之前）中未规定公司对外担保及对公司股东、实际控制人提供担保议事规则，导致公司法定代表人使用公章的权限不明，法定代表人向某建，未经股东会决议授权，越权代表公司承认对新方向公司的股权回购义务承担履约连带责任，其对该担保条款无效也应承担相应的过错责任”，因此，最高人民法院根据《最高人民法院关于适用〈中华人民共和国担保法〉若干问题的解释》第7条关于主合同有效而担保合同无效，担保人无过错的，担保人不承担民事责任；担保人有过错的，担保人承担民事责任的部分，不应超过债务人不能清偿部分的二分之一的规定，认定“通联公司、久远公司对《增资扩股协议》中约定的‘连带责任’条款无效，双方均存在过错，久远公司对新方向公司承担的股权回购款及利息，就不能清偿部分承担二分之一的赔偿责任。”

不过，在2015年6月19日就山西华晋纺织印染有限公司、上海晋航实业投资有限公司与戴某合资、合作开发房地产合同纠纷上诉案作出的（2015）民一终字第72号民事判决书中，最高人民法院则认为第三人不负有审查义务：“在判定公司行为效力时，应严格区分公司的对内关系与对外关系；公司法侧重调整公司内部关系，但公司作为商事主体，在商事交易过程中亦应受合同法和担保法等法律的调整；公司是否召开股东会或股东大会，属于公司对内的程序性规定，与公司交易的第三人不应受该内部程序性规定的约束；对是否存在股东会或者股东大会决议，公司以外的第三人不应负有审查义务，否则将严重影响交易安全；因此，公司对外提供担保是否经股东会或者股东大会决议，不影响担保合同效力。”

此外，在2016年6月15日就襄阳骏盛置业有限公司、湖北裕景担保有限公司与加某杰、何某恒、张某仪保证合同纠纷再审案作出的（2016）最高法民申1006号民事裁定书中，最高人民法院认为：“虽然《中华人民共和国公司法》第十六条规定：‘公司向其他企业投资或者为他人担保，按照公司章程的规定由董事会或者股东会、股东大会决议；公司章程对投资或者担保的总额及单项投资或者担保的数额有限额规定的，不得超过规定的限额。公司为公司股东或者实际控制人提供担保的，必须经股东会或者股东大会决议。’但是该规定属于公司对内的程序性规定，其并未规定公司以外的第三人对此负有审查义务，公司对外提供担保是否经股东会或者股东大会决议，并不影响其对外签订的合同效力。应严格区分公司的对内关系与对外关系，否则会损害交易安全。与公司交易的第三人应当不受公司内部程序性规定的约束。《中华人民共和国公司法》第十六条的规定，意在防止公司的实际控制人或者高级管理人员损害公司、小股东或者其他债权人的利益，公司是否召开股东会以及股东会的决议，是公司的内部控制程序，不能约束与公司交易的第三人。第三人无义务审查是否已经召开股东会，亦无义务对于股东会决议进行审查。该规定不属于效力性强制性规定，不能据此主张合同无效。是否提交股东会决议以及股东会决议上签名是否为公司股东，均不影响担保责任的承担。”

还有，在2017年3月1日就山东兴康医疗器械有限公司与薛某盟、陈某旺、山某兴和进出口有限公司、山东兴元服饰帽业有限公司、山东繁泽商贸有限公司、陈某新、刘某民间借贷纠纷再审案作出的（2016）最高法民再194号民事裁定书中，最高人民法院认为："公司法第十六条第一款关于'公司向其他企业投资或者为他人提供担保，依照公司章程的规定，由董事会或者股东会、股东大会决议'的规定，系规范公司治理的管理性规范，在公司内部对股东、董事、监事及高级管理人员具有普遍约束力，但对外并不发生影响合同效力的法律约束力，债权人对公司担保是否经决议机关决议或是否经股东同意不负审查义务。"

另有，在2017年9月22日就姚甲、姚乙、新疆金德源房地产开发有限公司、姚丙、南充明峰房地产有限责任公司与熊某辉、杨某股权转让纠纷上诉案作出的（2017）最高法民终610号民事判决书中，最高人民法院也认为："……《中华人民共和国公司法》第十六条所规定的公司对外担保须经股东会决议是公司对内的程序性规定，并不涉及公司以外第三人的审查义务。公司是否召开股东会以及是否形成决议，是公司内部控制程序，不能约束与公司进行交易的第三人。"

再有，在2009年9月22日就中建材集团进出口公司诉北京大地恒通经贸有限公司、北京天元盛唐投资有限公司、天宝盛世科技发展（北京）有限公司、江苏银大科技有限公司、四川宜宾俄欧工程发展有限公司进出口代理合同纠纷上诉案作出的（2009）高民终字第1730号民事判决书中，北京市高级人民法院也认为："有限责任公司的公司章程不具有对世效力，有限责任公司的公司章程作为公司内部决议的书面载体，它的公开行为不构成第三人应当知道的证据；强加给第三人对公司章程的审查义务不具有可操作性和合理性，第三人对公司章程不负有审查义务。"

尽管法院对第三人是否负有审查义务存在不一致的意见，但是，实务中，考虑到最高人民法院上述关于善意第三人的认定的裁判意见，在公司向其他企业投资或者为他人提供担保的过程中存在违反《公司法》第16条规定的情形时，应当综合案件的具体情况来认定相应的投资或担保是否对公司具有约束力。

最高人民法院也认识到了"关于公司为他人提供担保的合同效力问题，审判实践中裁判尺度不统一，严重影响了司法公信力”问题，并提出“有必要予以规范”。为此，最高人民法院 2019 年 11 月印发的《全国法院民商事审判工作会议纪要》（法〔2019〕254 号）提出了应当把握的几点要求。

第一，就公司为他人提供担保的合同的效力而言，因公司的法定代表人未经授权擅自为他人提供担保构成越权代表，人民法院应当根据《合同法》第 50 条关于法定代表人越权代表的规定，区分订立合同时债权人是否善意分别认定合同效力；债权人为善意相对人的，担保合同有效；债权人不是善意相对人的，担保合同无效。亦即公司提供担保的合同是否对公司发生法律效力，取决于债权人是否为善意相对人。

第二，就债权人是否构成善意相对人的认定而言，其中的“善意”是指“债权人不知道或者不应当知道法定代表人超越权限订立担保合同”，具体而言，是指债权人对公司机关决议内容进行了形式审查①。但在债权人善意的判断方面，应当视公司提供的担保是否构成关联担保而有所区别：**一是**，针对公司为公司股东或实际控制人提供的担保，“债权人主张担保合同有效，应当提供证据证明其在订立合同时对股东（大）会决议进行了审查，决议的表决程序符合《公司法》第 16 条的规定，即在排除被担保股东表决权的情况下，该项表决由出席会议的其他股东所持表决权的过半数通过，签字人员也符合公司章程的规定”。**二是**，针对公司为股东或实际控制人以外人提供的担保，“根据《公司法》第 16 条的规定，此时由公司章程规定是由董事会决议还是股东（大）会决议。无论章程是否对决议机关作出规定，也无论章程规定决议机关是董事会还是股东（大）会，根据《民法总则》第 61 条第 3 款关于‘法人章程或者法人权力机构对法定代表人代表权的限制，不得对抗善意相对人’的规定，只要债权人能够证明其在订立担保合同时对董事会决议或者股东（大）会决议进行了审查，同意决议的人数及签字人员符合公司章程的规定，就应当认定其构成善意，但公司能够证明债权人明知公司章程对决议机关有明确规定的除外”。**三是**，就公司的抗辩而言，“公司以机关决议系法定代表人伪造或者变造、决议程序违法、签章（名）不实、担保金额超过法定限额等事由抗辩债权

① 见《最高人民法院民二庭负责人就〈全国法院民商事审判工作会议纪要〉答记者问》，载最高人民法院官方网站：http：//www. court. gov. cn/zixun－xiangqing－199681. html。

人非善意的，人民法院一般不予支持。但是，公司有证据证明债权人明知决议系伪造或者变造的除外”。

第三，就债权人是否负有审查义务而言，债权人对公司有关为他人提供担保的决议的内容是负有审查义务的，但“债权人对公司机关决议内容的审查一般限于形式审查，只要求尽到必要的注意义务即可，标准不宜太过严苛”。

第四，在特定的例外情形下，即便债权人知道或者应当知道没有公司机关决议，也应当认定担保合同符合公司的真实意思表示，合同有效。这些例外情形包括：“（1）公司是以为他人提供担保为主营业务的担保公司，或者是开展保函业务的银行或者非银行金融机构；（2）公司为其直接或者间接控制的公司开展经营活动向债权人提供担保；（3）公司与主债务人之间存在相互担保等商业合作关系；（4）担保合同系由单独或者共同持有公司三分之二以上有表决权的股东签字同意。”

五、公司为自身提供担保的决策事项

值得注意的是，《公司法》第16条、第104条和第148条第1款第3项针对的都是“公司为他人提供担保”“对外提供担保”或“以公司财产为他人提供担保”，不涉及公司为自身提供担保（主要是抵押担保和质押担保）的问题。甚至，除了可以从《公司法》第121条关于“上市公司在一年内购买、出售重大资产或者担保金额超过公司资产总额百分之三十的，应当由股东大会作出决议，并经出席会议的股东所持表决权的三分之二以上通过”的规定中解读出“上市公司在一年内为他人提供担保、接受他人担保以及为自身提供担保的总金额超过公司资产总额百分之三十的，应当由股东大会作出决议，并经出席会议的股东所持表决权的三分之二以上通过”的意思外，《公司法》本身也没有明确、直接地对公司为自身提供担保的决策权限等事项作出统一的规定。

在决策权的归属方面，公司依法制定的章程可以参考《公司法》第16条的规定，对公司为自身提供担保的决策权限的归属自主作出规定，这包括以下几种安排：

一是，公司章程可以规定公司为自身提供任何担保，不论是何种担保、担保数额多少，均应由公司的权力机构作出决议或决定。

二是，公司章程也可以规定公司为自身提供任何担保，不论是何种担保、担保数额多少，均应由公司的执行机构作出决议或决定。

三是，公司章程还可以规定公司为自身提供的一定金额以上的担保，应由公司的权力机构作出决议或决定，而低于这一金额的对外担保，则可由公司的执行机构作出决议，甚至可以由公司的经理作出决定。

四是，公司章程还可以规定公司在一定期间为自身提供的担保的总额达到一定的金额之后，应由公司的权力机构作出决议或决定，而在这一期间为自身提供的担保的总额低于该特定金额时，则可由公司的执行机构作出决议或由公司的经理作出决定。

五是，公司章程还可以作出其他类似安排。

在决策程序方面，应当由享有相应权限的公司的机构或人员，根据公司章程规定的权限和程序，作出由公司为自身提供担保的决策。

具体来说，在决策权归属于有限公司的权力机构的情况下，应当遵守《公司法》第 37 条至第 43 条的规定。在有限公司股东会会议就审议公司为自身提供担保的事项进行表决时，应当适用《公司法》第 42 条关于“股东会会议由股东按照出资比例行使表决权”的规定。在公司章程没有作出特别规定的情况下，该项表决不适用《公司法》第 43 条第 2 款关于“必须经代表三分之二以上表决权的股东通过”的规定。在决策权归属于有限公司的执行机构的情况下，则应当遵守《公司法》第 46 条至第 48 条的规定。在决策权归属于股份公司的股东大会的情况下，应当遵守《公司法》第 98 条至第 103 条规定。在股份公司的股东大会会议就审议公司为自身提供担保的事项进行表决时，应当适用《公司法》第 103 条关于“股东出席股东大会会议，所持每一股份有一表决权。但是，公司持有的本公司股份没有表决权。股东大会作出决议，必须经出席会议的股东所持表决权过半数通过”的规定；在公司章程没有作出特别规定的情况下，不适用《公司法》第 103 条第 2 款关于“必须经出席会议的股东所持表决权的三分之二以上通过”的规定。在决策权归属于股份公司的董事会的情况下，应当遵守《公司法》第 108 条至第 112 条的规定。在股份公司董事会会议就审议公司为自身提供担保的事项进行表决时，应当适用《公司法》第 111 条关于“董事会决议的表决，实行一人一票”和“董事会作出决议，必须经全体董事的过半数通过”的规定。

不过，值得注意的是，在上市公司的情形，由于《公司法》第 121 条规定了“上市公司在一年内担保金额超过公司资产总额百分之三十的，应当由股东大会作出决议，并经出席会议的股东所持表决权的三分之二以上通过”，因此，上市公司为自身提供的担保，如果达到了《公司法》第 121 条规定的标准，就应当“由股东大会作出决议，并经出席会议的股东所持表决权的三分之二以上通过”，公司章程不应作出与此不同的安排。

值得一提的是，考虑到公司为自身提供担保，通常是基于公司生产经营的需要，直接为了公司自身的利益、以公司自身为被担保人、以公司的财产为担保财产，向公司的交易对方提供担保，可以被解释为《公司法》第 49 条第 1 款第 1 项所说的“公司的生产经营管理工作”，从而，在法律法规和公司章程未作其他规定的情况下，可以由公司的经理作出“以公司的财产为公司提供担保”的决定。

第十九章 增资和减资

公司作为商事主体，可以基于生产经营的需要以及公司的经营情况和财务状况，增加或减少注册资本。《公司法》也有专门的条款对公司增资和减资作出规定。本章主要围绕公司增资和减资涉及的法律事项展开讨论。

第一节 增 资

一、公司增资的决策

（一）增资决策权的归属

就有限公司而言，《公司法》第 37 条第 1 款第 7 项规定了“股东会行使下列职权：……（七）对公司增加或者减少注册资本作出决议”、第 46 条第 6 项规定了“董事会对股东会负责，行使下列职权：……（六）制订公司增加或者减少注册资本以及发行公司债券的方案”，因此，有限公司增资的决策权属于有限公司的股东会或唯一股东，有限公司的其他组织机构或人员不应行使此项职权；并且，此项职权也不应授权其他组织机构或人员行使。

就股份公司而言，由于《公司法》第 99 条规定了“本法第三十七条第一款关于有限责任公司股东会职权的规定，适用于股份有限公司股东大会”，因此，股份公司增资的决策权属于股东大会，股份公司的其他组织机构或人员不应行使此项职权；并且，此项职权也不应授权其他组织机构或人员行使。

（二）增资决议的表决办法

就有限公司而言，根据《公司法》第 43 条第 2 款关于“股东会会议作出修改公司章程、增加或者减少注册资本的决议，以及公司合并、分立、解散或者变更公司形式的决议，必须经代表三分之二以上表决权的股东通过”的规定，有限公司股东会关于增资的决议，须经代表三分之二以上表决权的股东同意方为通过。

就股份公司而言，根据《公司法》第 103 条第 2 款关于“股东大会作出修改公司章程、增加或者减少注册资本的决议，以及公司合并、分立、解散或者变更公司形式的决议，必须经出席会议的股东所持表决权的三分之二以上通过”的规定，股份公司股东大会关于增资的决议，须经出席股东大会会议的股东所持表决权的三分之二以上同意方为通过，至于出席股东大会会议的股东所持表决权是多少，则是在所不问的。

（三）增资决议的内容

问题是，有限公司股东会作出的关于公司增加注册资本的决议应包括哪些内容？

对此，在 2014 年 1 月 17 日就余某与贵州泰邦生物制品有限责任公司、贵阳大林生物技术有限公司、贵州益康制药有限公司、贵州捷安投资有限公司、深圳市亿工盛达科技有限公司股权确认、盈余分配纠纷再审案作出的（2013）民申字第 2141 号民事裁定书中，最高人民法院认为：“公司法规定股东会有权对公司增加注册资本作出决议，该决议的内容应当包括确定公司外部认购股份人选、认购股份数额、缴纳认购款程序等增资扩股行为的部分或者全部内容”，“公司法规定股东会作出增加注册资本决议应由代表三分之二以上表决权的股东通过。此处公司增加注册资本事项应当理解为完整的公司增资扩股行为，公司法三分之二以上表决权的规定应当适用于完整的增资扩股全部过程”，“一个完整的增资扩股行为，从投资人与目标公司磋商，股东会进行决议开始，一直到公司变更注册资本登记，投资人取得股东资格结束。公司增资扩股行为不仅包括增资额度和作价，也包括公司各股东（或者公司的外部投资人）认缴及认购事宜。”

因此，我认为，在公司增加注册资本时，不仅是公司增加注册资本的具体数额，还有新增部分的注册资本的具体认缴事项，包括每一个认缴人的姓名或名称及其各自认缴的数额、认缴的价格等事项，都属于应由公司权力机构审议的事项，属于应由公司权力机构作出决议的范围。当然，实践中，公司的股东会或股东大会可以依照公司章程的规定在作出增加注册资本的原则性的决议的同时，授权董事会负责办理增加注册资本的部分具体事务。

（四）增资决议的效力

值得注意的是，尽管《公司法》第43条第2款规定了有限公司股东会经代表三分之二以上表决权的股东通过即可增加注册资本，但是，根据《民法总则》第3条关于“民事主体的人身权利、财产权利以及其他合法权益受法律保护，任何组织或者个人不得侵犯”；第113条关于“民事主体的财产权利受法律平等保护”；第125条关于“民事主体依法享有股权和其他投资性权利”；第5条关于“民事主体从事民事活动，应当遵循自愿原则，按照自己的意思设立、变更、终止民事法律关系”和第130条关于“民事主体按照自己的意愿依法行使民事权利，不受干涉”的规定，如果有限公司股东会关于增加注册资本的决议，损害了其他股东（尤其是对股东会作出的增加注册资本的决议投反对票的股东）的利益，包括采取与《合同法》第40条所说的“提供格式条款一方免除其责任、加重对方责任、排除对方主要权利”相类似的做法、为其他股东增设了法律法规和公司章程已经规定的义务之外的义务、限制或剥夺了其他股东的权利，有限公司股东会关于增加注册资本的决议中的这部分内容，可能属于“滥用股东权利损害其他股东的利益”，并可以被认定为无效[①]，对相关股东应当不具有约束力（当然，经其事先同意或事后认可的除外）。

比如，在2015年9月23日就周某生与裕昌投资控股集团有限公司（以下简称裕昌公司）、吕某涛、吕某玉、张某、刘某华、刘某、李某华、山东聊城天恒置业有限公司及信诚传统（北京）投资有限公司公司决议效力确认纠纷一审案作出的（2014）鲁商初字第23号民事判决书中，山东省高级人民法院认

---

① 当然，认定公司决议无效应当符合《公司法》第22条第1款的规定，认定公司章程或其条款无效应当适用《公司法》第11条的规定。

为："根据《中华人民共和国公司法》第四条之规定，公司股东依法享有资产收益、参与重大决策和选择管理者等权利。因此，股东享有股权，主要体现为资产收益权及参与公司重大决策和选择管理者的权利。根据《中华人民共和国公司法》第四十二条之规定，股东会会议由股东按照出资比例行使表决权。因此，股东参与公司重大决策的权利主要表现为通过参加股东会行使表决权。根据《中华人民共和国公司法》第三十七条第一款第（七）项'股东会行使下列职权：对公司增加或者减少注册资本作出决议'和第四十三条第二款'股东会会议作出修改公司章程、增加或者减少注册资本的决议，以及公司合并、分立、解散或者变更公司形式的决议，必须经代表三分之二以上表决权的股东通过'之规定，2007 年 5 月 18 日，2008 年 3 月 28 日，2010 年 6 月 29 日，2010 年 8 月 11 日，2011 年 8 月 11 日，2013 年 11 月 27 日裕昌公司关于注册资本增加的六次股东会决议，虽然具有股东会召开的外观存在，满足三分之二股东多数决，形成股东会决议，具备股东会决议成立的构成要件，但资本多数决的适用应符合有利于公司发展的整体利益，具有正当的商业目的。根据《中华人民共和国公司法》第二十条第一款之规定：'公司股东应当遵守法律、行政法规和公司章程，依法行使股东权利，不得滥用股东权利损害公司或者其他股东的利益'。因此，公司大股东如果为了追求自己的利益，形成的股东会决议影响小股东的个人利益，为小股东增设义务或限制权利，应得到小股东的同意。因本案六次股东会决议是在股东周某生未参加会议，由他人伪造周某生签字作出的，事后周某生亦不予认可，故该六次决议并非周某生真实意思表示，侵犯了周某生的姓名权，干涉了周某生依照自己的真实意思对公司事项进行表决的权利，进而侵害了周某生的增资优先认缴权，属于违反法律规定的侵权行为。根据《中华人民共和国合同法》第五十二条第（二）项之规定，恶意串通，损害国家、集体或者第三人利益的，合同无效。被告吕某涛及裕昌公司其他被告股东在本案六次股东会议分别召开时明知周某生未参加会议，不可能在股东会决议上签字，仍表决通过了相关股东会决议，应视为被告吕某涛及裕昌公司其他被告股东构成恶意串通的行为。根据《中华人民共和国公司法》第二十二条第一款之规定，'公司股东会或者股东大会、董事会的决议内容违反法律、行政法规的无效'，因本案六次股东会决议违反了法律强制性规定，故应认定为无效。"

二、公司增资的程序

根据《公司法》第178条的规定，并结合《公司法》第7条第3款、第37条第1款第7项、第37条第2款、第43条第2款、第99条、第103条第2款和第179条第2款的规定，公司增加注册资本的程序大致如下：

一是，公司执行机构制订公司增加注册资本的方案。

二是，公司权力机构作出公司增加注册资本、修改公司章程的决议或决定。

三是，公司在其权力机构作出增加注册资本的决议或决定之日起30日内向公司登记机关申请办理注册资本变更登记，换发或领取新的营业执照。

值得注意的是，第一项并非必须经过的程序，可以由公司的权力机构直接作出增加注册资本的决议或决定。此外，在上述第1项和第2项的顺序可以互换，既可以先由公司的执行机构制订增资方案提交权力机构批准，也可以先由权力机构作出增资的决议或决定，再由董事会负责执行。[①]

三、公司增资的优先认缴

（一）有限公司增资时股东原则上享有优先认缴新增资本的权利

在有限公司增资时，《公司法》第34条赋予了有限公司股东优先认缴新增资本的权利，即："公司新增资本时，股东有权优先按照实缴的出资比例认缴出资"。据此，有限公司股东优先认缴新增资本的权利，原则上取决于其实缴出资的情况；如果股东未缴纳任何出资，则其因实缴出资为0而不能优先认缴新增资本。

（二）有限公司全体股东可以约定不按实缴的出资比例有限认缴出资

不过，《公司法》第34条的但书条款也规定了"全体股东约定不按照出资

① 相关分析，请见本书第九章第四节的内容。

比例优先认缴出资的除外”。因此，全体股东也可以约定，不按照实缴的出资比例优先认缴新增资本，而按照其他办法认缴公司的新增资本。其中，《公司法》第 34 条所说的“全体股东约定”，指的是“全体股东一致同意后作出的约定”，在表现方式上，“全体股东约定”既可以是在全体股东一致同意通过的公司章程中作出的规定（这种规定往往适用于公司的每一次增资），也可以是在公司章程已经作出了股东按照实缴的出资比例优先认缴新增资本的规定的情况下，由全体股东一致通过的股东会决议中作出的约定（这种约定往往是一事一议的），还可以是全体股东在公司章程、股东会决议之外的其他协议中作出的约定（这种规定可以适用于公司的每一次增资，也可以只适用于特定增资）。但是，无论通过何种方式，均须由全体股东一致同意，才属于《公司法》第 34 条所说的“全体股东约定”；未经全体股东一致同意的约定，比如，由代表三分之二以上表决权的股东通过的决议，不构成《公司法》第 34 条所说的“全体股东约定”。

对此，《北京市高级人民法院关于审理公司纠纷案件若干问题的指导意见》（京高法发〔2008〕127 号）第 12 条规定：“有限责任公司非经全体股东一致同意，不得变更《公司法》第三十五条、第四十三条①规定的或者公司章程规定的利润分配方式、新股认缴方式和表决权行使方式。股东以相关股东会决议或者章程修改未经股东一致同意为由，请求人民法院确认无效的，应予支持。”

还有，在 2016 年 6 月 27 日就夏某中与贵州省黔西交通运输联合有限公司（以下简称黔西交通公司）、何某阳、潘某华公司决议效力确认纠纷再审案作出的（2016）最高法民申 334 号民事裁定书，最高人民法院也认为：“案涉股东会决议作出于 2010 年，本案应适用 2005 年修订版《中华人民共和国公司法》。根据一审、二审查明的案件事实，夏某中向代某贵出具的授权委托书并不包括代其参加股东会并对决议内容发表意见的内容，故 2010 年 3 月 30 日、6 月 20 日、6 月 24 日、6 月 29 日黔西交通公司召开的股东会所作出的关于增加注册资本以及修改公司章程的股东会决议内容，没有经过当时仍持有公司 93.33% 股权的夏某中的同意，也没有证据证明夏某中就公司的该次增资已知悉并明确放弃了优先认缴权，故上述决议内容违反了《中华人民共和国公司法》（2005 年

---

① 现为《公司法》第 34 条、第 42 条。

修订版）第三十五条[①]关于‘股东有权优先按照实缴的出资比例认缴出资’的规定，侵犯了夏某中认缴增资的合法权益，依据《中华人民共和国公司法》（2005年修订版）第二十二条第一款规定，应认定无效。”

又如，在2013年4月11日就黄某忠与陈某庆、陈某、张某、顾某平、上海新宝建筑安装工程有限公司（以下简称新宝公司）、王某英、江某恩纳斯重工机械有限公司股东资格纠纷上诉案作出的（2013）沪二中民四（商）终字第188号民事判决书（刊载于《最高人民法院公报》2015年第5期）中，上海市第二中级人民法院认为：“宏冠公司系被上诉人黄某忠与一审被告陈某庆、陈某、张某、顾某平、王某英共同出资设立，设立时原告依法持有宏冠公司20%股权。在黄某忠没有对其股权作出处分的前提下，除非宏冠公司进行了合法的增资，否则原告的持股比例不应当降低。宏冠公司的章程明确约定公司增资应由股东会作出决议。现经过笔迹鉴定，宏冠公司和新宝公司的股东会决议上均非黄某忠本人签名，不能依据书面的股东会决议来认定黄某忠知道增资的情况。出资买地与公司增资之间不具有必然的关联性。因此，在没有证据证明黄某忠明知且在股东会上签名同意宏冠公司增资至1500万元的情况下，对宏冠公司设立时的股东内部而言，该增资行为无效，且对于黄某忠没有法律约束力，不应以工商变更登记后的1500万元注册资本金额来降低黄某忠在宏冠公司的持股比例，而仍旧应当依照20%的股权比例在股东内部进行股权分配。原审适用法律正确，审判程序合法，判决黄某忠自设立后至股权转让前持有宏冠公司20%的股权并无不当。”

再如，在2007年5月21日就童某芳等13人诉上海康达化工有限公司确认决议无效纠纷上诉案作出的（2007）沪一中民三（商）终字第172号民事判决书中，针对案涉公司章程第25条关于股东“按照出资比例分取红利，公司新增资本时，按照股东会决议可以优先认缴出资”的规定，上海市第一中级人民法院认为，在有的情况下，考虑到有限责任公司的人合因素，可以不按照出资比例优先认缴出资，但必须经过全体股东的约定，涉诉公司章程的相关条款的内容违反了《公司法》第34条的规定，应确认无效。

此外，《公司法》第34条所说的“不按照出资比例优先认缴出资”，指的

---

① 现为《公司法》第34条。

是“不按照实缴的出资比例优先认缴出资”。因此，在取得全体股东一致同意的情况下，《公司法》允许有限公司对股东优先认缴公司新增资本的权利作出跟“按照实缴的出资比例优先认缴出资”不同的约定。比如，约定股东按照认缴的出资比例优先认缴出资；或者，约定不同的股东享有不同顺位的优先认缴出资的权利；或者，约定只有某一个或部分股东享有优先认缴新增资本的权利。但是，如前所说，这种约定必须取得全体股东的一致同意方为有效。

《公司法》第 34 条的但书条款为有限公司的投资人采取灵活的反稀释制度留出了空间。也正是基于《公司法》第 34 条的但书条款，特定领域尤其是私募股权投资或风险投资领域的有限公司能够引入超额优先认购权条款。

（三）与有限公司的股东优先认缴增资的权利相关的问题

在有限公司增加注册资本时，应当注意与有限公司的股东优先认缴增资的权利相关的以下问题：

一是，有限公司股东所享有的优先认缴出资的权利，是否受到“同等条件”的限制？对此，《公司法》未作规定。我倾向于认为，在全体股东未作其他约定的情况下，与《公司法》第 71 条第 3 款规定的股东对其他股东向股东以外的人转让股权时享有的优先购买权类似，在同等条件下，股东才享有按照实缴的出资比例优先认缴新增资本的权利；在全体股东另有约定的情况下，则按照全体股东的约定执行。

二是，在有限公司增资时，股东是否可以部分行使优先认缴增资的权利？对此，《公司法》也未作规定。我倾向于认为，在全体股东未作其他约定的情况下，应适用《公司法》第 34 条关于“公司新增资本时，股东有权优先按照实缴的出资比例认缴出资”的规定，也就是说，股东只能按照其实缴的出资比例优先认缴公司的新增资本，而不能部分行使优先认缴增资的权利；当然，在全体股东另有约定的情况下，则按照全体股东的约定执行。

三是，在有限公司增资时，如果有股东未行使优先认缴权，从而导致部分新增资本未被原有股东认缴，其他已经行使优先认缴权的股东是否可以在其已经行使了《公司法》第 34 条规定的优先认缴权的基础上，要求对这部分未被优先认缴的新增资本，继续行使优先认缴权或优先购买权呢？

在私募股权投资领域，这种权利被称为超额优先认缴权。不过，《公司法》

第 34 条并未规定股东对其他股东未行使优先认缴权的那部分新增资本是否享有优先认缴的权利。我倾向于认为，虽然《公司法》没有赋予股东超额优先认缴权，但亦未禁止股东通过协议对此作出约定，因此，股东可以通过股东协议或股东会决议的方式来作出安排，约定相关股东享有或不享有超额优先认缴权。当然，如此约定这种权利不属于《公司法》项下的优先认缴权；在全体股东没有另外的一致约定并且公司章程也没有特别规定的情况下，其他股东未行使优先认缴权的那部分新增资本的认缴安排，包括由其他股东认缴还是由股东以外的人认缴以及各自的认缴比例，等等，应按照《公司法》和公司章程关于公司增加注册资本的规定执行，亦即原则上经代表三分之二以上表决权的股东通过即可。

在这方面，最高人民法院在就贵州捷安投资有限公司（以下简称捷安公司）与贵阳黔峰生物制品有限责任公司（以下简称黔峰公司）、重庆大林生物技术有限公司、贵州益康制药有限公司、深圳市亿工盛达科技有限公司股权确权及公司增资扩股出资份额优先认购权纠纷上诉案和再审案作出（2009）民二终字第 3 号民事判决书和（2010）民申字第 1275 号民事裁定书中的意见可作参考。

在（2009）民二终字第 3 号民事判决书中，针对捷安公司关于“其作为黔峰公司合法股东，在黔峰公司增加注册资本的过程中，除应按出资比例优先认缴出资外，还要求对其他股东放弃的认缴份额行使优先认购权”的主张，最高人民法院认为：“我国公司法第三十五条①规定‘公司新增资本时，股东有权优先按照其实缴的出资比例认缴出资’，直接规定股东认缴权范围和方式，并没有直接规定股东对其他股东放弃的认缴出资比例增资份额有无优先认购权，也并非完全等同于该条但书或者除外条款即全体股东可以约定不按照出资比例优先认缴出资的除外所列情形，此款所列情形完全针对股东对新增资本的认缴权而言，这与股东在行使认缴权之外对其他股东放弃认缴的增资份额有无优先认购权并非完全一致。对此，有限责任公司的股东会完全可以有权决定将此类事情及可能引起争议的决断方式交由公司章程规定，从而依据公司章程规定方式作出决议，当然也可以包括股东对其他股东放弃的认缴出资有无优先认购权问

① 现为《公司法》第 34 条。

题，该决议不存在违反法律强行规范问题，决议是有效力的，股东必须遵循。只有股东会对此问题没有形成决议或者有歧义理解时，才有依据公司法规范适用的问题。即使在此情况下，由于公司增资扩股行为与股东对外转让股份行为确属不同性质的行为，意志决定主体不同，因此二者对有限责任公司人合性要求不同。在已经充分保护股东认缴权的基础上，捷安公司在黔峰公司此次增资中利益并没有受到损害。当股东个体更大利益与公司整体利益或者有限责任公司人合性与公司发展相冲突时，应当由全体股东按照公司章程规定方式进行决议，从而有个最终结论以便各股东遵循。”

在（2010）民申字第1275号民事裁定书中，最高人民法院更是认为：“增资扩股不同于股权转让，两者最明显的区别在于公司注册资本是否发生变化。此外，增资扩股与股权转让资金的受让方是截然不同的。增资扩股中的资金受让方为标的公司，而非该公司的股东，资金的性质属于标的公司的资本金；而股权转让中的资金由被转让股权公司的股东受领，资金的性质属于股权转让的对价。捷安公司将增资扩股行为混同于股权转让却认为原审判决适用法律错误，本院不予支持。优先购买权作为一种排斥第三人竞争效力的权利，对其相对人权利影响重大，必须基于法律明确规定才能享有。其发生要件及行使范围须以法律的明确规定为根据。公司法第三十五条①明确规定了全体股东无约定的情况下，有限责任公司新增资本时股东优先认缴出资的权利以及该权利的行使范围以‘实缴的出资比例’为限，超出该法定的范围，则无所谓权利的存在。当然，有限责任公司的股东会完全可以有权决定将此类事情及可能引起争议的决断方式交由公司章程规定，从而依据公司章程规定方式作出决议，当然也可以包括股东对其他股东放弃的认缴出资有无优先认购权问题。但本案中黔峰公司股东会对优先权问题没有形成决议，故应当依据公司法规范来认定。本案捷安公司已根据公司法第三十五条②之规定按照其实缴的出资比例行使了优先认购权，其对黔峰公司享有的支配权和财产权仍然继续维持在原有状态，不存在受到侵害的事实或危险。在公司法无明确规定有限责任公司新增资本时，部分股东欲将其认缴出资份额让与外来投资者其他股东有优先认购权的情况

① 现为《公司法》第34条。
② 现为《公司法》第34条。

下，捷安公司不能依据与增资扩股不同的股权转让制度行使公司法第七十二条[①]所规定的股权转让过程中的优先购买权。”

四是，与上述第三个问题相对应，在有限公司增资时，股东是否可以将其对新增资本的优先认缴权转让给或交由其他股东或股东以外的人来行使？《公司法》对此也未作规定。我倾向于认为是不可以的，因为《公司法》第34条所规定的“优先按照实缴的出资比例认缴出资”的权利是基于其股东身份和实缴出资的事实，这种权利具有专属性，在公司增资当时，只能由已经缴纳全部或部分出资的股东自身享有并行使优先认缴权，如其不行使，则应视为放弃这种权利。并且，根据最高人民法院在（2009）民二终字第3号民事判决书和（2010）民申字第1275号民事裁定书中的意见，在有限公司增加注册资本的过程中，股东是不可以单独将其享有的优先认缴新增资本的权利转让给他人（包括其他股东）的，在有限公司增资时不具备股东资格的主体也不能享有《公司法》第34条规定的优先认缴新增资本的权利；即使是在全体股东另有约定或者公司股东会另外作出决议的情形，由股东以外的主体来认缴公司原有股东未行使优先认缴权的新增资本，适用的既不是《公司法》第34条关于股东优先认缴权的规定，也不是《公司法》第71条关于股权转让的规定。

五是，在有限公司增资时，股东行使优先认缴新增资本的权利是否应当受到期限方面的约束？对此，《公司法》也未作规定。不过，最高人民法院倾向于认为，股东应当在合理期间内行使优先认缴新增资本的权利。比如，在2010年11月8日就绵阳市红日实业有限公司（以下简称红日公司）、蒋某诉绵阳高新区科创实业有限公司（以下简称科创公司）股东会决议效力及公司增资纠纷案作出的（2010）民提字第48号民事判决书中，最高人民法院认为：“红日公司和蒋某是否能够行使上述新增资本的优先认缴权还需要考虑其是否恰当地主张了权利。股东优先认缴公司新增资本的权利属形成权，虽然现行法律没有明确规定该项权利的行使期限，但为维护交易安全和稳定经济秩序，该权利应当在一定合理期间内行使，并且由于这一权利的行使属于典型的商事行为，对于合理期间的认定应当比通常的民事行为更加严格。本案红日公司和蒋某在科创公司2003年12月16日召开股东会时已经知道其优先认缴权受到侵害，且作出

---

① 现为《公司法》第71条。

了要求行使优先认缴权的意思表示，但并未及时采取诉讼等方式积极主张权利。在此后科创公司召开股东会、决议通过陈木高将部分股权赠与固生公司提案时，红日公司和蒋某参加了会议，且未表示反对。红日公司和蒋某在股权变动近两年后又提起诉讼，争议的股权价值已经发生了较大变化，此时允许其行使优先认缴出资的权利将导致已趋稳定的法律关系遭到破坏，并极易产生显失公平的后果，故四川省绵阳市中级人民法院（2006）绵民初字第2号民事判决认定红日公司和蒋某主张优先认缴权的合理期间已过并无不妥。故本院对红日公司和蒋某行使对科创公司新增资本优先认缴权的请求不予支持。"

另外，在（2016）最高法民再234号民事裁定书中，最高人民法院也认为："由于有限责任公司具有人合性质，在公司需要增加资本时，应当由本公司的股东首先认缴，以防止新增股东而打破公司原有股东之间的亲密关系。但是，公司作为一个独立的有机体，有自己独立之利益，若绝对地强调股东之优先认购权，在一定情况下将可能损害公司的利益。在公司对外融资增资扩股时，对公司原有股东优先认购权的保护是有限度的，而不是绝对的……"

六是，与上述第五个问题相对应，在有限公司增加注册资本时，股东会作出的增加注册资本决议是否可以对股东缴纳新增资本的期限作出限制？对此，《公司法》本身没有直接作出规定。有的法院认为，有限公司的股东会决议可以对享有优先认缴新增资本的权利的股东行使缴纳新增资本的期限作出限制性规定。

比如，在2017年12月15日就黄某、王某芝、尚某华、高某勇、董某建、朱某献、杨某学、胥某民、李某辉、柴某斌、唐某国（以下称为黄某等11人）与湖北襄阳安达运输有限责任公司（以下简称安达公司）、曹某荣、王某学、王某勇、陈某江、晋某清、谭某根、袁某风、曾某平公司决议效力确认纠纷再审案作出的（2017）最高法民申3330号民事裁定书中，针对安达公司分别于2013年6月26日和2013年9月29日作出的两次股东会决议关于安达公司增加注册资本1500余万元并由18名股东按各自股权比例出资购买的规定以及关于股东的付款时间为三天，"逾期未足额付款，视为放弃优先购买权"的规定，以及再审申请人黄某等11人提出的"本案涉及增资数额1500余万元，如此巨大增资事项，付款时间仅三天，实际是大股东故意缩短出资期限给小股东制造困难，从而限制小股东权利的行使。而且第一次临时股东会决议还规定逾期未足额付款，视为放弃优先购买权，该规定违反法律规定。因此，第一次临时股东会决议从内容和形式上均排除了股东的优先购买权”的主张，最高人民法院认为：“两次股东会决议是否有效取决于决议内容是否违反法律、行政法规。第一次股东会形成的决议内容是表决通过《安达公司改制时少评、漏评资产处理问题的解决方案》，由公司现有股东按各自股权比例购买少评漏评资产，股东购买少评漏评资产的出资作为公司新增注册资本处理，并限定了购买款项支付时间以及未付款的后果。第二次股东会决议的内容是根据第一次股东会决议后的股东付款情况，表决通过《安达公司增加注册资本方案》并修改公司章程等。对于上述股东会决议内容，第一，‘股东购买少评漏评资产的出资作为新增注册资本处理’的决议内容本身并不违反法律、行政法规的禁止性规定，且属于2005年公司法第三十八条第七项‘对公司增加或者减少注册资本作出决议’的股东会职权范围。第二，第一次股东会决议由公司现有股东按照各自股权比例出资购买，符合2005年公司法第三十五条‘股东按照实缴的出资比例分取红利；公司新增资本时，股东有权优先按照实缴的出资比例认缴出资。但是，全体股东约定不按照出资比例分取红利或者不按照出资比例优先认缴出资的除外’的规定。第三，增加注册资本、修改公司章程的表决均符合2005年公司法第四十四条第二款‘股东会会议作出修改公司章程、增加或者减少注册资本的决议，以及公司合并、分立、解散或者变更公司形式的决议，必须经代表三分之二以上表决权的股东通过’的规定。黄某等11人称：两次股东会决议违反了《公司法》第三十四条‘股东按照实缴的出资比例分取红利；公司新增资本时，股东有权优先按照实缴的出资比例认缴出资。但是，全体股东约定不按照出资比例分取红利或者不按照出资比例优先认缴出资的除外’的规定，即增资时决定‘不按照出资比例优先认缴出资’是需要‘人数一致决而非资本多数决’。本院经核实，黄某等11人引用的该《公司法》第三十四条系引自2013年修订的《公司法》条文，2005年公司法与之对应一致内容的是第三十五条。而本案第一次股东会决议内容恰恰是‘按照各自的出资比例购买资产’，并非2005年公司法第三十五条规定的‘不按照出资比例优先认缴出资’，不属于该条规定除外情形。黄某等11人依该条规定认为安达公司第一次股东会决议关于公司增资的决议必须采用‘人数一致决而非资本多数决’没有依据，亦不属于股东会决议内容违反法律、行政法规的禁止性规定的情形。”

在此基础上，最高人民法院认为："至于两次股东会决议对于购买资产款项的缴纳时间是否限制过短、未按时缴纳的后果是否合理、增资时是否需要进行资产评估等事项，公司法对此均无强制性规定，不宜认定为违反法律、行政法规强制性规定的情形。"

不过，我持有不同意见。如最高人民法院在（2010）民提字第48号民事判决书中所说，"股东优先认缴公司新增资本的权利属形成权，虽然现行法律没有明确规定该项权利的行使期限，但为维护交易安全和稳定经济秩序，该权利应当在一定合理期间内行使，并且由于这一权利的行使属于典型的商事行为，对于合理期间的认定应当比通常的民事行为更加严格"，我倾向于认为，在遵守《公司法》第34条关于"公司新增资本时，股东有权优先按照实缴的出资比例认缴出资。但是，全体股东约定不按照出资比例优先认缴出资的除外"的规定基础上，有限公司股东会作出的增加注册资本的决议，可以对行使优先认缴新增资本的权利的股东缴纳新增资本的期限作出必要的合理的限制，这种"必要的合理的限制"，应当结合公司在增加注册资本当时的具体情况加以认定，比如公司当时的经营情况和财务状况以及公司开展经营活动对资金的需求程度。

但是，在有限公司处于正常经营、对资金的需求并非急迫的情况下，我倾向于认为，应当结合公司在增加注册资本当时的具体情况，来认定股东行使优先认缴新增资本的"合理期间"，比如公司当时的经营情况和财务状况以及公司开展经营活动对资金的需求程度。结合《公司法》第72条关于"人民法院依照法律规定的强制执行程序转让股东的股权时，应当通知公司及全体股东，其他股东在同等条件下有优先购买权。其他股东自人民法院通知之日起满二十日不行使优先购买权的，视为放弃优先购买权"的规定，以及《公司法司法解释（四）》第19条关于"有限责任公司的股东主张优先购买转让股权的，应当在收到通知后，在公司章程规定的行使期间内提出购买请求。公司章程没有规定行使期间或者规定不明确的，以通知确定的期间为准，通知确定的期间短于三十日或者未明确行使期间的，行使期间为三十日"的规定，我理解，在通常情况下，有限公司股东在公司增加注册资本时行使优先认缴新增资本的权利的"合理期间"，应以不短于20日为宜。

除此之外，有限公司股东会作出的增加注册资本的决议中的关于行使优先认缴新增资本的股东缴纳新增资本的期限的内容，原则上应当取得各个享有优先认缴新增资本的权利的股东的同意或认可为宜；否则，有限公司股东会作出的增加注册资本的决议中的该类限制性约定，对享有优先认缴新增资本的权利的股东是不具有约束力的。

其理由在于，尽管根据《公司法》第36条关于“有限责任公司股东会由全体股东组成。股东会是公司的权力机构，依照本法行使职权”的规定、第37条第1款第7项和第10项关于“股东会行使下列职权：……（七）对公司增加或者减少注册资本作出决议；……（十）修改公司章程”的规定、第43条第2款关于“股东会会议作出修改公司章程、增加注册资本的决议，必须经代表三分之二以上表决权的股东通过”的规定，有限公司增加注册资本、并因此修改公司章程仅须经经代表三分之二以上表决权的股东通过即可、而无须经全体股东同意，但是，根据《公司法》第178条关于“有限责任公司增加注册资本时，股东认缴新增资本的出资，依照本法设立有限责任公司缴纳出资的有关规定执行”的规定和第25条第1款第3项和第5项关于“有限责任公司章程应当载明下列事项：……（三）公司注册资本；……（五）股东的出资方式、出资额和出资时间”的规定、第25条第2款关于“股东应当在公司章程上签名、盖章”、第28条关于“股东应当按期足额缴纳公司章程中规定的各自所认缴的出资额。……股东不按照前款规定缴纳出资的，除应当向公司足额缴纳外，还应当向已按期足额缴纳出资的股东承担违约责任”的规定，考虑到在公司设立时股东缴纳其认缴的出资的期限须由公司章程予以明确规定，并由股东通过签署公司章程的方式对公司章程规定的缴纳其各自所认缴的出资的期限给予了同意，也考虑到《公司法》或其他法律、行政法规并没有对实行注册资本认缴登记制的有限公司的股东缴纳其认缴的新增资本的出资的期限提出特别要求，还考虑到有限公司的股东行使优先认缴新增资本的权利除应受到法律、行政法规明确规定的义务、经其同意或认可的公司章程以及依法修订的公司章程明确规定的义务以及经其同意或认可的义务的限制和约束之外，不应受到未经其同意或认可的义务的限制或约束，因此，在有限公司增加注册资本时，各个股东行使优先认缴新增资本的权利后缴纳新增资本的期限，也应当取得各个股东的同意，享有优先认缴新增资本的权利的股东可以不受未经其同意或认可的缴纳新增资本的期限的约束；当然，经其事先同意或事后认可的除外。

尤其是，类似于上述（2017）最高法民申3330号民事裁定书提及的案涉安达公司股东会决议中的“逾期未足额付款，视为放弃优先购买权”的内容，因不符合《民法总则》第140条第2款关于“沉默只有在有法律规定、当事人约定或者符合当事人之间的交易习惯时，才可以视为意思表示”的规定，对未就该股东会决议投赞成票的股东不具有约束力。

对此，在2017年2月27日就中节能资产经营有限公司与荆门实业投资公司及荆门京环环保科技有限公司、深圳市宇新环保有限公司股东出资纠纷再审案作出的（2016）最高法民再234号民事裁定书中，最高人民法院认为：“根据《公司法》第三十四条的规定，公司新增资本时，股东有权优先按照实缴的出资比例认缴出资，除非全体股东约定不按照出资比例优先认缴出资。新股认购优先权属于股东的一项权利，此种权利的放弃，应该有权利人明确的意思表示。”

（四）股份公司增资时的优先认购安排

需要注意的是，在股份公司的股东认缴新增注册资本方面，《公司法》作出了与有限公司不同的规定。与有限公司的股东享有《公司法》规定的优先认缴权不同，尽管《公司法》第133条要求股份公司在为增加注册资本发行新股时需要由股东大会就“向原有股东发行新股的种类及数额”作出决议，但是，《公司法》并没有赋予股份公司的任何股东优先认购股份公司新增资本或发行的新股的权利；因此，股份公司的股东不享有《公司法》意义上的优先认购新股的权利。

不过，由于根据《公司法》第99条和第37条第1款第7项、第103条第2款的规定，股份公司发行新股或增资注册资本必须由股东大会决议并经出席股东大会会议的股东所持表决权的三分之二以上通过，因此，股份公司发行新股时，原股东尤其是持股比例较高的股东还是有可能通过其所持股份所享有的表决权，促成其实际享有优先认购股份公司新增资本的权利的；甚至，如果股份公司不向其发行新股，原股东可以对股份公司发行新股、增加注册资本的决议投反对票，使得股份公司股东大会无法通过发行新股、增加注册资本的决议，进而导致股份公司无法发行新股、无法增加注册资本。

还有，针对上市公司发行新股，中国证监会制定的《证券发行与承销管理办法》（2017年修正）第19条则允许上市公司在向不特定对象公开募集股份时，可以优先向原股东发行全部或者部分新股（即优先配售），但优先配售的比例应当在发行公告中予以披露。

此外，对于股票在全国中小企业股份转让系统挂牌的股份公司而言，在挂牌公司增发的股票以现金认购的情况下，2013 年 12 月 30 日发布的《全国中小企业股份转让系统股票发行业务细则（试行）》第 8 条曾规定"挂牌公司股票发行以现金认购的，公司现有股东在同等条件下对发行的股票有权优先认购。每一股东可优先认购的股份数量上限为股权登记日其在公司的持股比例与本次发行股份数量上限的乘积。公司章程对优先认购另有规定的，从其规定"。不过，自 2020 年 1 月 3 日起，《全国中小企业股份转让系统股票发行业务细则（试行）》废止，新的《全国中小企业股份转让系统股票定向发行规则》第 12 条则规定"发行人应当按照《公众公司办法》的规定，在股东大会决议中明确现有股东优先认购安排"。

四、公司增资的出资要求

有关公司增资时股东的出资要求，主要是由《公司法》第 178 条加以规定的。《公司法》第 178 条第 1 款规定了有限公司股东认缴公司新增注册资本时的出资要求，第 2 款则规定了股份公司股东认购公司发行的新股时的出资要求。

（一）有限公司股东认缴公司新增注册资本时的出资要求

针对有限公司增资时的出资要求，《公司法》第 178 条第 1 款规定了："有限责任公司增加注册资本时，股东认缴新增资本的出资，依照本法设立有限责任公司缴纳出资的有关规定执行。"

尽管《公司法》第 178 条第 1 款使用了"股东"的表述，但是，由于有限公司增加注册资本时，可以由股东以外的人认缴公司的新增资本，因此，在表述上，《公司法》第 178 条第 1 款中的"股东认缴新增资本的出资"如能调整为"股东或股东以外的人认缴新增资本的出资"，则是更加完善的。

《公司法》第 178 条第 1 款所说的"本法设立有限责任公司缴纳出资的有关规定"，主要包括《公司法》第 26 条第 2 款、第 27 条、第 28 条、第 30 条、第 35 条、第 199 条和第 200 条的规定。有限公司的股东认缴公司新增资本的出资，应当符合这些条款的要求。[①]

据此，在有限公司增资过程中，如果存在未出资或未全面出资的情况，应当适用跟设立公司缴纳出资同样的规则。对此，在2013年11月16日就十堰市市政建设工程有限责任公司（以下简称十堰市政公司）、王某玉与东风汽车有限公司（以下简称东风汽车公司）、十堰市千龙房地产开发有限公司（以下简称十堰千龙公司）、乔某敏、侯某明、王某学、时某龙、焦某、王某书、刘某洲合资、合作开发房地产合同纠纷再审案作出的（2013）民申字第1504号民事裁定书中，最高人民法院认为："《中华人民共和国公司法》第一百七十九条[②]规定：'有限责任公司增加注册资本时，股东认缴新增资本的出资，依照本法设立有限责任公司缴纳出资的有关规定执行。'第一百八十条[③]第二款规定：'公司增加或者减少注册资本，应当依法向公司登记机关办理变更登记。'公司增加注册资本是扩张经营规模、增强责任能力的行为，与公司设立时的初始出资没有本质区别，也是缴纳出资的一种方式。……东风汽车公司最终受让了机电公司与十堰千龙公司签订的《联合开发合同》中机电公司的合同权利与义务，成为十堰千龙公司的债权人。2003年12月25日，十堰千龙公司经工商登记，虚增注册资本1014万元，直至2007年7月19日才撤销虚假工商变更登记，而《联合开发合同》签订于2004年3月31日，发生在虚增注册资本期间。《联合开发合同》签订时，王某玉、刘某洲属于十堰千龙公司未履行增资出资义务的公司股东。根据最高人民法院《关于适用〈中华人民共和国公司法〉若干问题的规定（三）》第十三条第二款'公司债权人请求未履行或者未全面履行出资义务的股东在出资本息范围内对公司债务不能清偿的部分承担补充赔偿责任的，人民法院应予支持'的规定，一审法院第一项'十堰千龙公司在该判决生效之日起十五日内给付东风汽车公司房屋销售款11914290.38元'的判决，二审法院第三项'对十堰市千龙房地产开发有限公司不能清偿部分，王某玉在95万元、刘某洲在894万元范围内承担补充责任'的判决，并无错误"，并且，"根据最高人民法院《关于适用〈中华人民共和国公司法〉若干

① 相关分析，请见本书第四章的内容。

② 现为《公司法》第178条。

③ 现为《公司法》第179条。

问题的规定（三）》第十三条第三款规定‘股东在公司设立时未履行或者未全面履行出资义务，依照本条第一款或者第二款提起诉讼的原告，请求公司的发起人与被告股东承担连带责任的，人民法院应予支持’。《公司法》第三十一条[①]规定：‘有限责任公司成立后，发现作为设立公司出资的非货币财产的实际价额显著低于公司章程所定价额的，应当由交付该出资的股东补足其差额；公司设立时的其他股东承担连带责任。’由于公司增加注册资本与公司设立时的初始出资并没有区别，按照最高人民法院执行工作办公室在〔2003〕执他字第33号《关于股东因公司设立后的增资瑕疵应否对公司债权人承担责任的复函》精神，‘公司股东若有增资瑕疵，应承担与公司设立时的出资瑕疵相同的责任’。十堰市政公司、乔某敏、侯某民、王某学、时某龙、焦某、王某书，是十堰千龙公司设立时的股东，也是2003年12月25日十堰千龙公司申请增加注册资本时的股东，更是2004年3月31日十堰千龙公司与机电公司签订《联合开发合同》时的股东，上述股东应对王某玉、刘某洲增资瑕疵所承担的补充赔偿责任，对外承担连带责任。”

（二）股份公司股东认购公司发行的新股时的出资要求

针对有限公司增资时的出资要求，《公司法》第178条第2款规定了：“股份有限公司为增加注册资本发行新股时，股东认购新股，依照本法设立股份有限公司缴纳股款的有关规定执行。”

同样地，尽管《公司法》第178条第2款使用了“股东”的表述，但是，由于股份公司为增加注册资本发行新股时，可以由股东以外的人认购公司的新股，因此，在表述上，《公司法》第178条第2款中的“股东认购新股”如能调整为“股东或股东以外的人认购新股”，则是更加完善的。

《公司法》第178条第2款所说的“本法设立股份有限公司缴纳股款的有关规定”，主要包括《公司法》第80条第1款和第3款、第82条、第27条、第83条、第85条、第89条、第91条、第93条、第199条和第200条的规定中有关货币出资或缴纳股款的内容。股份公司的股东认购公司发行的新股，应

① 现为《公司法》第30条。

当符合这些条款的要求。①

由于《公司法》第178条第2款使用的是“缴纳股款”的表述，从字面上看，股份公司发行新股时，投资人应当以货币认购新股，而不能以非货币财产认购新股。不过，注意到《公司法》第82条、第83条和第90条第2款第6项均允许股份公司的发起人在股份公司设立时以非货币财产出资，并且，《公司法》第83条也使用了“发起人缴纳出资”的表述，《公司登记管理条例》第14条规定了“股东的出资方式应当符合《公司法》第二十七条的规定，但股东不得以劳务、信用、自然人姓名、商誉、特许经营权或者设定担保的财产等作价出资”，《公司注册资本登记管理规定》第5条第1款也规定了“股东或者发起人可以用货币出资，也可以用实物、知识产权、土地使用权等可以用货币估价并可以依法转让的非货币财产作价出资”；并且，结合实践中以股权、债权等非货币财产对公司进行增资的情况比较普遍，并且这种行为也得到了包括原国家工商总局（现为市监总局）、商务部、中国证监会在内的主管机关的认可②，因此，股份公司为增加注册资本发行新股时，股东认购新股，也应当可以以非货币财产出资；未来修改《公司法》时，应将《公司法》第178条第2款的表述修改为“依照本法设立股份有限公司缴纳出资或股款的有关规定执行”为宜。

五、有关公司增资的注意事项小结

结合《公司法》的相关规定，关于公司增加注册资本，需要注意以下事项：

一是，在增资的程序方面，根据《公司法》第7条第3款、第37条第1款第7项、第37条第2款、第43条第2款、第99条、第103条第2款、第179条第2款的规定，应当由公司的权力机构作出增加注册资本、修改公司章程的决议或决定，并依法向公司登记机关办理变更登记、换发营业执照。

---

① 相关分析，请见本书第四章的内容。

② 见《公司注册资本登记管理规定》第5条至第7条、《商务部关于涉及外商投资企业股权出资的暂行规定》第2条、第4条等以及《上市公司重大资产重组管理办法》等规定。

二是，在增资决策的表决方面，根据《公司法》第37条第2款、第43条第2款、第61条、第66条、第103条第2款的规定，有限公司股东会对增加注册资本作出的决议，应由代表三分之二以上表决权的股东通过，或者由全体股东作出一致同意增资的书面决定，或者由一人公司的唯一股东或国有独资公司的出资人作出增加注册资本的决定；股份公司股东大会对增加注册资本作出的决议，必须经出席会议的股东所持表决权的三分之二以上通过。此外，在不按股东实缴出资比例增加注册资本的情形，还应当取得全体股东的一致同意。

三是，在增资的优先认缴方面，根据《公司法》第34条的规定，有限公司的股东有权按照实缴的出资比例或全体股东的约定优先认缴新增出资；股份公司的股东不享有《公司法》规定的优先认购新股的法定权利。当然，除上市公司以外的股份公司依法制定的公司章程可以规定股东可以享有优先认购新股的权利。

四是，在增资的分配方面，有限公司可以由原股东按照各自实缴的出资比例认缴新增资本，也可以不按出资比例认缴新增资本，比如，由部分股东放弃认缴新增资本而由其他股东认缴全部新增资本，也可以由股东以外的人认缴部分或全部新增资本。

五是，在增资的价格方面，尽管《公司法》未对此作出明确规定，由于增资本身是公司与公司相关股东之间的交易，结合《公司法》第127条关于“股票发行价格可以按票面金额，也可以超过票面金额，但不得低于票面金额”的规定，我理解，公司增资时可以按照新增注册资本平价增资，可以溢价增资（溢价部分计入公司的资本公积金）；尽管《公司法》只是通过第127条禁止股份公司折价发行股份，没有明确禁止有限公司折价增加注册资本，但是，通常来说，有限公司也不能折价增资。

六是，在新增出资的缴纳方面，有限公司的股东缴纳其所认缴的新增资本，应当符合《公司法》第178条第1款、第26条第2款、第27条、第28条、第30条、第35条、第199条和第200条的规定；股份公司的股东认购新股，应当符合《公司法》第178条第2款、第80条第1款和第3款、第82条、第27条、第83条、第85条、第89条、第91条、第93条、第199条和第200条的规定。

七是，在增资的财产来源方面，根据《公司法》第27条、第82条、第

168 条、第 178 条的规定，可以由股东以符合《公司法》第 27 条规定的自有财产对公司进行增资，也可以由公司以未分配利润转为增加注册资本[①]，也可以由公司以法定公积金、任意公积金或资本公积金转为增加注册资本；但是，根据《公司法》第 168 条第 2 款的规定，公司以法定公积金转为增加注册资本时，所留存的法定公积金不得少于转增前公司注册资本的 25%。

八是，在以公司的未分配利润、法定公积金、任意公积金、资本公积金转增注册资本方面，根据《财政部、国家税务总局关于将国家自主创新示范区有关税收试点政策推广到全国范围实施的通知》（财税〔2015〕116 号）、《国家税务总局关于股权奖励和转增股本个人所得税征管问题的公告》（国家税务总局公告 2015 年第 80 号），上市公司、非上市公众公司以外的股份公司和有限公司以未分配利润、法定公积金、任意公积金、资本公积金向自然人股东转增注册资本时，视为向自然人股东分配红利，自然人股东获得转增的注册资本，应按照“利息、股息、红利所得”项目，适用 20% 税率征收个人所得税；不过，符合特定条件的自然人股东可以分期缴纳个人所得税。

此外，通常而言，在以未分配利润、法定公积金、任意公积金、资本公积金转为增加注册资本时，用于增加注册资本的未分配利润、法定公积金、任意公积金、资本公积金，通常由各股东按照其各自实缴的出资比例享有，从而使得各股东在公司增资后对公司的出资比例保持不变；也可以不按股东实缴的出资比例享有，甚至可以只由某一个或某几个股东单独享有。

不过，在仅由部分股东享有用于增加注册资本的未分配利润、法定公积金、任意公积金、资本公积金的情况下，考虑到其他股东不享有用于增加注册资本的未分配利润、法定公积金、任意公积金、资本公积金的利益，既属于“不按实缴的出资比例分配红利”，又属于“不按实缴的出资比例认缴新增资本”，因此，在有限公司股东会作出以未分配利润、法定公积金、任意公积金、资本公积金转为增加注册资本的决议时，如果各股东在增资前后的出

---

① 见《中国注册会计师审计准则第 1602 号——验资》[《财政部关于印发中国注册会计师执业准则的通知》（财会〔2006〕4 号文）附件] 第 14 条第 4 项、《财政部国家税务总局关于将国家自主创新示范区有关税收试点政策推广到全国范围实施的通知》（财税〔2015〕116 号），已经失效的 2005 年修订的《公司注册资本登记管理规定》（国家工商行政管理总局令第 22 号）第 19 条第 1 款第 5 项亦有提及。

资比例发生了变化，那么，除了需要满足“经代表三分之二以上表决权的股东通过”的要求，还需要根据《公司法》第 34 条的规定，取得全体股东的一致同意。

九是，在增资时瑕疵出资的责任方面，根据《公司法》第 178 条第 1 款的规定，有限公司的股东缴纳其认缴公司新增资本的出资的义务，与股东在公司设立时缴纳出资的义务是没有区别的，两者应当适用同样的规则。因此，《公司法司法解释（三）》第 13 条第 4 款规定了：“股东在公司增资时未履行或者未全面履行出资义务，依照本条第一款或者第二款提起诉讼的原告，请求未尽公司法第一百四十七条第一款规定的义务而使出资未缴足的董事、高级管理人员承担相应责任的，人民法院应予支持；董事、高级管理人员承担责任后，可以向被告股东追偿”；《公司法司法解释（三）》第 16 条和第 17 条也规定了，在有限公司增资过程中，股东未履行或者未全面履行出资义务或者抽逃出资，有限公司可以根据公司章程或者股东会决议对其利润分配请求权、新股优先认购权、剩余财产分配请求权等股东权利作出相应的合理限制；在公司增资过程中，有限责任公司的股东未履行出资义务或者抽逃全部出资，经公司催告缴纳或者返还，其在合理期间内仍未缴纳或者返还出资，公司可以股东会决议解除该股东的股东资格。

不过，需要注意的是，如果股东在公司增资时存在出资瑕疵，公司在增资之前所发生的债务的债权人不能仅就股东在公司增资过程中的出资瑕疵行为对该股东主张权利。

对此，《最高人民法院执行工作办公室关于股东因公司设立后的增资瑕疵应否对公司债权人承担责任问题的复函》（〔2003〕执他字第 33 号）提出了比较明确的意见：“公司增加注册资金是扩张经营规模、增强责任能力的行为，原股东约定按照原出资比例承担增资责任，与公司设立时的初始出资是没有区别的。公司股东若有增资瑕疵，应承担与公司设立时的出资瑕疵相同的责任。但是，公司设立后增资与公司设立时出资的不同之处在于，股东履行交付资产的时间不同。正因为这种时间上的差异，导致交易人（公司债权人）对于公司责任能力的预期是不同的。股东按照其承诺履行出资或增资的义务是相对于社会的一种法定的资本充实义务，股东出资或增资的责任应与公司债权人基于公司的注册资金对其责任能力产生的判断相对应。本案中，南通开发区富马物资公司（以下简称富马公司）与深圳龙岗电影城实业有限公司（以下简称龙岗电影城）的交易发生在龙岗电影城变更注册资金之前，富马公司对于龙岗电影城责任能力的判断应以其当时的注册资金 500 万元为依据，而龙岗电影城能否偿还富马公司的债务与此后龙岗电影城股东深圳长城（惠华）实业企业集团（以下简称惠华集团）增加注册资金是否到位并无直接的因果关系。惠华集团的增资瑕疵行为仅对龙岗电影城增资注册之后的交易人（公司债权人）承担相应的责任，富马公司在龙岗电影城增资前与之交易所产生的债权，不能要求此后增资行为瑕疵的惠华集团承担责任。”

我理解，上述意见同样适用于股份公司的股东在公司增资过程中的瑕疵出资行为。

第二节　减　　资

一、公司减资的决策

（一）减资决策权的归属

就有限公司而言，《公司法》第 37 条第 1 款第 7 项规定了“股东会行使下列职权：……（七）对公司增加或者减少注册资本作出决议”；第 46 条第 6 项规定了“董事会对股东会负责，行使下列职权：……（六）制订公司增加或者减少注册资本以及发行公司债券的方案”，因此，有限公司减资的决策权属于有限公司的股东会或唯一股东，有限公司的其他组织机构或人员不应行使此项职权；并且，此项职权也不应授权其他组织机构或人员行使。

就股份公司而言，《公司法》第 99 条规定了“本法第三十七条第一款关于有限责任公司股东会职权的规定，适用于股份有限公司股东大会”，因此，股份公司减资的决策权属于股东大会，股份公司的其他组织机构或人员不应行使此项职权；并且，此项职权也不应授权其他组织机构或人员行使。

（二）减资决议的表决办法

就有限公司而言，根据《公司法》第 43 条第 2 款关于“股东会会议作出修改公司章程、增加或者减少注册资本的决议，以及公司合并、分立、解散或者变更公司形式的决议，必须经代表三分之二以上表决权的股东通过”的规定，有限公司股东会关于减资的决议，须经代表三分之二以上表决权的股东同意方为通过。

就股份公司而言，根据《公司法》第 103 条第 2 款关于“股东大会作出修改公司章程、增加或者减少注册资本的决议，以及公司合并、分立、解散或者变更公司形式的决议，必须经出席会议的股东所持表决权的三分之二以上通过”的规定，股份公司股东大会关于减资的决议，须经出席股东大会会议的股东所持表决权的三分之二以上同意方为通过，至于出席股东大会会议的股东所持表决权是多少，则是在所不问的。当然，在不按股东的出资比例减少注册资本的情形，公司减资的决议应当取得全体股东的同意，仅仅经有限公司的“代表三分之二以上表决权的股东同意”或经股份公司的“出席股东大会会议的股东所持表决权的三分之二以上同意”是不够的。因为尽管《公司法》第 43 条第 2 款规定了有限公司股东会经代表三分之二以上表决权的股东通过即可减少注册资本，但是，根据《民法总则》第 3 条关于“民事主体的人身权利、财产权利以及其他合法权益受法律保护，任何组织或者个人不得侵犯”；第 113 条关于“民事主体的财产权利受法律平等保护”；第 125 条关于“民事主体依法享有股权和其他投资性权利”；第 5 条关于“民事主体从事民事活动，应当遵循自愿原则，按照自己的意思设立、变更、终止民事法律关系”和第 130 条关于“民事主体按照自己的意愿依法行使民事权利，不受干涉”的规定，如果有限公司股东会关于减少注册资本的决议，损害了其他股东（尤其是对股东会作出的减少注册资本的决议投反对票的股东）的利益，包括采取与《合同法》第 40 条所说的“提供格式条款一方免除其责任、加重对方责任、排除对方主要权利”相类似的做法、为其他股东增设了法律法规和公司章程已经规定的义务之外的义务、限制或剥夺了其他股东的权利（包括但不限于其股权、财产权利、股东资格），尤其是未经相关股东同意就减少其出资额或减少其他股东的出资额而不减少其出资额等未按各股东出资比例同步减少注册资本的情形，有限公司股东会关于减少注册资本的决议中的这部分内容，可能属于“滥用股东权利损害其他股东的利益”并可以被认定为无效[①]，对相关股东应当不具有约束力。当然，经其事先同意或事后认可的除外。

比如，在2017年8月21日就江阴联通实业有限公司（以下简称联通公司）与陈某和公司决议效力确认纠纷二审案作出的（2017）苏02民终1313号民事判决书中，针对联通公司分两次通过的对部分股东进行减资、而未对陈某和进行减资的股东会决议内容是否违反法律、行政法规的规定而应确认无效的问题，无锡市中级人民法院认为：“本案中，联通公司未通知陈某和参加股东会，而直接作出关于减资的股东会决议，从形式上看仅仅是召集程序存在瑕疵，但从决议的内容看，联通公司股东会作出的关于减资的决议已经违反法律，陈某和可以请求确认该股东会决议无效。理由如下：一、公司法规定，股东会会议作出减少注册资本的决议，必须经代表三分之二以上表决权的股东通过。该规定中‘减少注册资本’仅指公司减少注册资本，而并非涵括减资在股东之间的分配。由于减资存在同比减资和不同比减资两种情况，不同比减资会直接突破公司设立时的股权分配情况，如果只要经三分之二以上表决权的股东通过就可以作出不同比减资的决议，实际上是以多数决的形式改变公司设立时经发起人一致决所形成的股权架构，故对于不同比减资，应由全体股东一致同意，除非全体股东另有约定。二、联通公司对部分股东进行减资，而未对陈某和进行减资的情况下，不同比减资导致陈某和持有的联通公司股权从3%增加至9.375%，而从联通公司提供的资产负债表、损益表看，联通公司的经营显示为亏损状态，故陈某和持股比例的增加实质上增加了陈某和作为股东所承担的风险，损害了陈某和的股东利益。三、股东应当遵守法律、行政法规和公司章程，依法行使股东权利，不得滥用股东权利损害公司或者其他股东的利益。而联通公司召开的四次股东会均未通知陈某和参加，并且利用大股东的优势地位，以多数决的形式通过了不同比减资的决议，直接剥夺了陈某和作为小股东的知情权、参与重大决策权等程序权利，也在一定程度上损害了陈某和作为股东的实质利益。”

---

① 当然，认定公司决议无效应当符合《公司法》第22条第1款的规定，认定公司章程或其条款无效应当适用《公司法》第11条的规定。

又如，在2019年2月1日就华某伟与上海圣甲虫电子商务有限公司（以下简称圣甲虫公司）公司决议纠纷二审案作出的（2018）沪01民终11780号民事判决书（该案已被列为上海市高级人民法院参考性案例第82号）中，上海市第一中级人民法院也认为："《中华人民共和国公司法》第四十三条规定，股东会会议作出修改公司章程、增加或者减少注册资本的决议，以及公司合并、分立、解散或者变更公司形式的决议，必须经代表全体股东三分之二以上表决权的股东通过。圣甲虫公司章程第十一条也作出同样的约定。此处的'减少注册资本'应当仅仅指公司注册资本的减少，而并非涵盖减资后股权在各股东之间的分配。股权是股东享受公司权益、承担义务的基础，由于减资存在同比减资和不同比减资两种情况，不同比减资会直接突破公司设立时的股权分配情况，如只需经三分之二以上表决权的股东通过即可作出不同比减资决议，实际上是以多数决形式改变公司设立时经发起人一致决所形成的股权架构，故对于不同比减资，在全体股东或者公司章程另有约定除外，应当由全体股东一致同意。本案中，圣甲虫公司的股东中仅有××公司进行减资，不同比的减资导致华某伟的股权比例从24.47%上升到25.32%，该股权比例的变化并未经华某伟的同意，违反了股权架构系各方合意结果的基本原则。其次，圣甲虫公司的财务报表显示，圣甲虫公司出现严重亏损状况，华某伟持股比例的增加实质上增加了华某伟作为股东所承担的风险，在一定程度上损害了华某伟的股东利益。涉案股东会决议的第一、三、四项均涉及减资后股权比例的重新分配以及变更登记，在未经华某伟同意的情形下，视为各股东对股权比例的架构未达成一致意见，该股东会决议第一、三、四项符合《最高人民法院关于适用〈中华人民共和国公司法〉若干问题的规定（四）》第五条第（五）项规定的'导致决议不成立的其他情形'。"①

我理解，上述分析同样也适用于股份公司减少注册资本的决议。

---

① 值得注意的是，与无锡市中级人民法院在（2017）苏02民终1313号民事判决书中认定未按实缴出资比例同步减资的决议无效不同，上海市中级人民法院在（2018）沪01民终11780号民事判决书中将未按实缴出资比例同步减资的决议认定为不成立的决议。

（三）减资决议的内容

问题是，公司权力机构作出的关于公司减少注册资本的决议应包括哪些内容？我倾向于认为，与“对公司增加注册资本作出的决议”应当包含的内容类似，在公司减少注册资本时，不仅是公司减少注册资本的具体数额，还有减少部分的注册资本的具体处置事项，包括每一个股东的姓名或名称及其各自减少出资的数额、价格、支付等事项，都属于应由公司权力机构审议的事项，属于应由公司权力机构作出决议的范围。当然，实践中，公司的股东会或股东大会可以依照公司章程的规定在作出减少注册资本的原则性的决议的同时，授权董事会负责办理减少注册资本的部分具体事务。

二、公司减资的程序

根据《公司法》第177条的规定，并结合《公司法》第7条第3款、第37条第1款第7项、第37条第2款、第43条第2款、第99条、第103条第2款和第179条第2款的规定，公司减少注册资本的程序大致如下：

一是，公司编制资产负债表和财产清单。

二是，公司执行机构制订公司减少注册资本的方案。

三是，公司权力机构作出公司减少注册资本的决议或决定。

《公司法》第177条第2款所说的“作出减少注册资本决议”，指的是公司的权力机构通过了减少注册资本的决议。需要注意的是，在拟减少注册资本的公司为一人公司或国有独资公司时，《公司法》第177条第2款所说的“作出减少注册资本决议”，指的是一人公司的唯一股东或国有独资公司的出资人作出的决定。因此，在表述上，如果《公司法》第177条第2款中的“作出减少注册资本决议”能够调整为“作出减少注册资本决议或决定”，则是更加完善的。

四是，公司在其权力机构作出减少注册资本决议或决定之日起10日内通知其各个债权人，并于30日内在报纸上进行公告。

五是，公司在公告之日起满45日后向公司登记机关申请办理注册资本变更登记，换发或领取新的营业执照。

值得注意的是，第二项并非必须经过的程序，可以由公司的权力机构直接作出减少注册资本的决议或决定。此外，在上述第二项和第三项的顺序可以互换，既可以先由公司的执行机构制订减资方案提交权力机构批准，也可以先由权力机构作出减资的决议或决定，再由董事会负责执行。[①]

三、公司减资涉及的债权人权利保护

《公司法》第177条赋予了公司的债权人在公司减少注册资本时享有的三项权利：一是，获得有关公司减少注册资本的通知；二是，要求作为债务人的公司提前清偿债务的权利；三是，要求作为债务人的公司提供相应的担保的权利。

（一）获得通知的权利

《公司法》第177条要求公司将其减少注册资本的事项通知其债权人，具体来说：

一是，在通知的对象方面，《公司法》第177条所说的"通知债权人"，指的是公司应向其每一个债权人逐一进行通知，告知其公司减少注册资本的事项。注意到《公司法》第177条第2款只提及了"通知债权人"，问题是，在减少注册资本的情形，公司是否需要通知其债务人呢？《公司法》对此未作规定。

考虑到公司减少注册资本这一行为对其债务人不会产生不利影响，而公司减少注册资本不同于《合同法》第79条至第88条所规定的合同权利义务转让，注意到减少注册资本的公司需要根据《公司法》第177条第2款的规定在报纸上进行公告，我理解，公司减少注册资本时，可以不专门通知其债务人。

二是，在通知的方式方面，由于《公司法》使用了"公司应当……通知债权人，并……在报纸上公告"的表述，因此，公司在减少注册资本时不仅需要对其债权人逐一进行通知，还应当在报纸进行公告；通知与公告缺一不可，既不能以公司已经通知了其所有债权人为由不进行公告，也不能以进行了公告为

---

① 相关分析，请见本书第九章第四节的内容。

由不逐一通知其债权人。

值得注意的是，《公司法》本身未对刊登公司减少注册资本事项的公告的报纸提出要求，参考《公司法司法解释（二）》第11条第1款关于“公司清算时，清算组应当按照公司法第一百八十五条的规定，……根据公司规模和营业地域范围在全国或者公司注册登记地省级有影响的报纸上进行公告”的规定，我理解公司减少注册资本时也应在全国或公司注册地所在的省级范围内有影响的报纸上刊登公司减少注册资本事项的公告为宜。

三是，在通知的期限方面，由于《公司法》第177条第2款使用了“公司应当自作出减少注册资本决议之日起十日内通知债权人，并于三十日内在报纸上公告”的表述，因此，公司都应当在其公司权力机构作出减少注册资本决议或决定之日起10日内逐一通知其各个债权人，并在其公司权力机构作出减少注册资本决议或决定之日起30日内在报纸上作出关于公司减少注册资本的公告。《公司法》第177条第2款所说的“公司应当自作出减少注册资本决议之日起十日内通知债权人，并于三十日内在报纸上公告”中的“十日”、“三十日”的期间，其起始日期应当为公司的权力机构作出减少注册资本决议或决定的当日。

针对公司减少注册资本时未依法通知、公告债权人的行为，《公司法》第204条第1款规定了相应的行政责任：“公司在……减少注册资本时……，不依照本法规定通知或者公告债权人的，由公司登记机关责令改正，对公司处以一万元以上十万元以下的罚款。”

（二）要求公司清偿债务的权利或要求公司提供相应的担保的权利

由于《公司法》第177条使用了“债权人自接到通知书之日起三十日内，未接到通知书的自公告之日起四十五日内，有权要求公司清偿债务或者提供相应的担保”的表述，因此，拟减少注册资本的公司的债权人既可以选择要求作为其债务人的公司清偿债务的权利，也可以选择要求作为其债务人的公司提供相应的担保的权利。

也基于此，《公司登记管理条例》第31条第2款规定了：“公司减少注册资本的，应当自公告之日起45日后申请变更登记，并应当提交公司在报纸上登载公司减少注册资本公告的有关证明和公司债务清偿或者债务担保情况的说明。”据此，在公司减少注册资本的情形，公司在公告满 45 日后才能申请办理公司减少注册资本涉及的变更登记；在此之前提交的变更登记申请，公司登记机关可以——也应当——不予受理。不过，由于《公司法》第 177 条第 2 款使用了“有权要求公司清偿债务或者提供相应的担保”的表述，因此，公司的债权人不能既要求作为其债务人的公司清偿债务，又要求作为其债务人的公司提供相应的担保。并且，由于《公司法》第 177 条第 2 款在使用“有权要求公司清偿债务或者提供相应的担保”的表述之后没有使用“未清偿债务或提供担保，不得减少注册资本”的表述，因此，在公司减少注册资本的情形，《公司法》没有赋予公司的债权人阻止公司减少注册资本的权利。

当然，这不影响公司的债权人与公司之间签订的协议中有关公司未清偿债务或提供相应的担保就不得减少注册资本的约定的效力；在此情况下，如果公司未清偿债务或未提供相应的担保就减少注册资本，公司的债权人可以依照《合同法》和相关协议追究公司的违约责任。

值得注意的是，在公司减少注册资本的情形，由于《公司法》没有像《企业破产法》第 46 条第 1 款针对企业破产时所负债务规定了“未到期的债权，在破产申请受理时视为到期”那样规定“未到期的债权，在公司减少注册资本时视为到期”，因此，如果公司对其债权人所负债务的履行期限尚未届满，或者符合《合同法》第 66 条关于“当事人互负债务，没有先后履行顺序的，应当同时履行。一方在对方履行之前有权拒绝其履行要求。一方在对方履行债务不符合约定时，有权拒绝其相应的履行要求”的规定，或者符合《合同法》第 67 条关于“当事人互负债务，有先后履行顺序，先履行一方未履行的，后履行一方有权拒绝其履行要求。先履行一方履行债务不符合约定的，后履行一方有权拒绝其相应的履行要求”的规定，那么，公司的债权人可能不能要求公司清偿债务，而只能要求公司提供相应的担保。

问题是，如何确定“相应的担保”？我理解，这应由公司的债权人提出，并以足以保障公司的债权人实现其对公司的债权为原则；但应以不超过债权人对公司享有的债权数额为限，但可以包括相应的利息和实现债权的合理费用。不过，结合《物权法》第 193 条关于“抵押财产价值减少的，抵押权人有权要求恢复抵押财产的价值，或者提供与减少的价值相应的担保。抵押人不恢复抵押财产的价值也不提供担保的，抵押权人有权要求债务人提前清偿债务”的规定，我倾向于认为，在公司减少注册资本的情形，如果公司未能按照其债权人的要求提供“足以保障公司的债权人实现其对公司的债权”的担保，公司的债权人应当有权要求公司提前清偿债务。

（三）公司减少注册资本未依法通知公告债权人时的救济

基于《公司法》第 177 条第 2 款的规定，如果公司减少注册资本时未依法通知、公告债权人，法院可能会支持公司债权人提出的关于要求公司的股东在公司减少注册资本的范围内对公司不能清偿的债务承担补充清偿责任的请求。

在这方面，刊载于《最高人民法院公报》2017 年第 11 期的，由上海市第二中级人民法院在 2017 年 1 月 17 日就上海德力西集团有限公司（以下简称德力西公司）与江苏博恩世通高科有限公司（以下简称江苏博恩公司）、冯军、上海博恩世通光电股份有限公司（以下简称上海博恩公司）买卖合同纠纷上诉案作出的（2016）沪 02 民终 10330 号民事判决书中的意见，可作参考。

在该民事判决书中，上海市第二中级人民法院认为：“对于上诉人德力西公司要求被上诉人冯某、上海博恩公司对江苏博恩公司的上述债务在 19000 万元的范围内承担补充赔偿责任的请求，亦应予以支持。理由如下：公司减资本质上属于公司内部行为，理应由公司股东根据公司的经营状况通过内部决议自主决定，以促进资本的有效利用，但应根据《公司法》第一百七十七条第（二）项规定，直接通知和公告通知债权人，以避免因公司减资产生损及债权人债权的结果。根据德力西公司与被上诉人江苏博恩公司在合同中约定的交货、验收、付款条款以及实际履行情况看，江苏博恩公司与德力西公司的债权债务在江苏博恩公司减资之前已经形成。德力西公司在订立的合同中已经留下联系地址及电话信息，且就现有证据不存在江苏博恩公司无法联系德力西公司的情形，故应推定德力西公司系江苏博恩公司能够有效联系的已知债权人。虽然江苏博恩公司在《江苏经济报》上发布了减资公告，但并未就减资事项直接通知德力西公司，故该通知方式不符合减资的法定程序，也使得德力西公司丧失了在江苏博恩公司减资前要求其清偿债务或提供担保的权利”，“根据现行《公司法》之规定，股东负有按照公司章程切实履行全面出资的义务，同时负有维持公司注册资本充实的责任。尽管公司法规定公司减资时的通知义务人是公司，但公司是否减资系股东会决议的结果，是否减资以及如何进行减资完全取决于股东的意志，股东对公司减资的法定程序及后果亦属明知，同时，公司办理减资手续需股东配合，对于公司通知义务的履行，股东亦应当尽到合理注意义务。被上诉人江苏博恩公司的股东就公司减资事项先后在2012年8月10日和9月27日形成股东会决议，此时上诉人德力西公司的债权早已形成，作为江苏博恩公司的股东，被上诉人上海博恩公司和冯某应当明知。但是在此情况下，上海博恩公司和冯某仍然通过股东会决议同意冯某的减资请求，并且未直接通知德力西公司，既损害江苏博恩公司的清偿能力，又侵害了德力西公司的债权，应当对江苏博恩公司的债务承担相应的法律责任。公司未对已知债权人进行减资通知时，该情形与股东违法抽逃出资的实质以及对债权人利益受损的影响，在本质上并无不同。因此，尽管我国法律未具体规定公司不履行减资法定程序导致债权人利益受损时股东的责任，但可比照公司法相关原则和规定来加以认定。由于江苏博恩公司减资行为上存在瑕疵，致使减资前形成的公司债权在减资之后清偿不能的，上海博恩公司和冯某作为江苏博恩公司股东应在公司减资数额范围内对江苏博恩公司债务不能清偿部分承担补充赔偿责任。”

又如，在2015年6月3日就江苏万丰光伏有限公司（以下简称万丰公司）与上海广力投资管理有限公司（以下简称广力公司）、丁某焜等分期付款买卖合同纠纷二审案作出的（2015）苏商终字第00140号民事判决书（刊载于《最高人民法院公报》2018年第12期）中，江苏省高级人民法院认为：“我国公司法在明确公司股东的有限责任制的同时，也明确应依法保护公司债权人的合法权益。公司注册资本既是公司股东承担有限责任的基础，也是公司的交易相对方判断公司的财产责任能力的重要依据，公司股东负有诚信出资以保障公司债权人交易安全的责任，公司减资时对其债权人负有根据债权人的要求进行清偿或提供担保的义务。本案中，在广力公司与万丰公司发生硅料买卖关系时，广力公司的注册资本为2500万元，后广力公司注册资本减资为500万元，减少的2000万元是丁某焜、丁某认缴的出资额，如果广力公司在减资时依法通知其债权人万丰公司，则万丰公司依法有权要求广力公司清偿债务或提供相应的担保，万丰公司作为债权人的上述权利并不因广力公司前期出资已缴付到位、实际系针对出资期限未届期的出资额进行减资而受到限制。但广力公司、丁某焜、丁某在明知广力公司对万丰公司负有债务的情形下，在减资时既未依法通知万丰公司，亦未向万丰公司清偿债务，不仅违反了上述《中华人民共和国公司法》第一百七十七条的规定，也违反了上述《中华人民共和国公司法》第三条‘有限责任公司的股东以其认缴的出资额为限对公司承担责任’的规定，损害了万丰公司的合法权利。而基于广力公司的法人资格仍然存续的事实，原审判决广力公司向万丰公司还款，并判决广力公司股东丁某焜、丁某对广力公司债务在其减资范围内承担补充赔偿责任，既符合上述公司法人财产责任制度及减资程序的法律规定，又与《最高人民法院关于适用〈中华人民共和国公司法〉若干问题的规定（三）》第十三条第二款关于‘公司债权人请求未履行或未全面履行出资义务的股东在未出资本息范围内对公司债务不能清偿的部分承担补充赔偿责任的，人民法院应予支持’的规定一致，于法有据。”

再如，在2014年1月10日就中国地质物资供销总公司（以下简称地质物资公司）、中国船舶工业物资总公司（以下简称船舶工业公司）与上海宝联鑫进出口有限公司（以下简称宝联鑫公司）、上海海运（集团）公司（以下简称海运公司）、中国汽车贸易华东公司（以下简称汽贸华东公司）、中国华源生命产业有限公司（以下简称华源公司）、上海一方物产有限公司（以下简称一方物产公司）、上海一方庆利置业有限公司（以下简称一方庆利公司）、东方物产（集团）有限公司（以下简称东方物产公司）公司减资纠纷二审案作出的（2013）沪一中民四（商）终字第1817号民事判决书中，针对东方物产公司先后在2009年和2010年两次减少注册资本没有通知债权人的行为，在认定“东方物产公司减资前对宝联鑫公司所负的债务高达520余万元，其两次减资仅仅在上海商报上发布减资公告，均未通知已知债权人宝联鑫公司，导致宝联鑫公司无从得知其减资情况，也无法提前要求其清偿债务或提供担保，违反了《中华人民共和国公司法》第一百七十八条[①]之规定，减资程序存在瑕疵”的基础上，上海市第一中级人民法院认为：“尽管公司法规定公司减资时的通知义务人是公司，但公司减资系股东会决议的结果，是否减资以及如何进行减资完全

① 现为《公司法》第177条。

取决于股东的意志。本案中，东方物产公司的减资股东在明知公司对外所负巨额债务而未清偿的情形下仍旧通过股东会决议减少公司的注册资本并向工商登记部门出具虚假的情况说明，主观上存在过错，客观上损害了东方物产公司的偿债能力，故减资股东的行为构成第三人侵害债权。程序瑕疵的减资，对已知债权人不发生法律效力，则本质上造成同抽逃出资一样的后果，故在立法未明确规定的情形下原审法院比照抽逃出资的责任认定五名减资股东在各自减资范围内对东方物产公司的债务承担补充赔偿责任并无不当。……而其他未减资股东虽未减少出资额，但在明知公司负债的情形下仍同意减资股东的减资请求，导致公司现无法以自身的财产偿还所欠宝联鑫公司全部债务的结果，也应当对减资股东的责任承担连带责任”，并认为“尽管有限责任公司的股东应当以出资额为限对公司债务承担责任，但减资股东承担的是一种补充赔偿责任，即其承担的是一种顺序责任，只有在公司未能执行生效判决的情形下才由减资股东承担责任”，因此，判决维持了一审法院关于各减资股东在各自减资范围内对东方物产公司的债务承担补充赔偿责任，未减资股东对减资股东的责任承担连带责任的判决。

类似的判例还包括北京市第二中级人民法院2016年12月16日就北京盛通印刷股份有限公司与河北联合资讯广告有限公司及联合资讯广告集团股份有限公司、历峰承揽合同纠纷二审案作出的（2016）京02民终9424号民事判决书等。

甚至，有的法院还可能确认公司的减资行为无效。比如，在2015年5月25日就上海香通国际贸易有限公司与上海昊跃投资管理有限公司（以下简称昊跃公司）、徐某松、毛某露、接某建、林某雪股权转让纠纷一审案作出的（2014）普民二（商）初字第5182号民事判决书中，上海市普陀区人民法院认为：“现行《公司法》及司法解释中对于公司违背法定程序和条件减资未通知已知债权人的，具体应该如何承担责任，没有作出明确规定。但是，这并不妨碍我们根据案件的具体情形参照适用相关的法律及司法解释。我国现行法律已经对参照适用法律作出了规定”，“具体到本案而言，公司减资未通知已经债权人的行为，与《公司法》司法解释所规定的抽逃出资行为最为类似。最高人民法院关于《公司法》司法解释中界定的抽逃出资行为包括了‘其他未经法定程序将出资抽回的行为’。公司没有按照公司法规定的条件和程序，从某种意义上说就是‘未经法定程序将出资抽回的行为’，因为两者都是影响了公司对外偿债的能力，对债权人的债权带来了不能清偿的风险，同时，都是让公司及股东从各自行为中获取了利益”，“综上，我们认为，被告昊跃公司作为目标公司股权的购买方，没有按照合同约定支付股权价款，构成了违约，应该以其全部财产对原告承担责任。昊跃公司及其股东在明知公司对外负有债务的情况下，没有按照法定的条件和程序进行减资，该减资行为无效，昊跃公司的注册资本应该恢复到减资以前的状态，即公司注册资本仍然为10亿元，公司股东为徐某松和林某雪。在昊跃公司负有到期债务、公司财产不能清偿债务的情况下，昊跃公司的股东徐某松和林某雪应该承担昊跃公司尚欠的债务即如果昊跃公司完全不能清偿债务，则徐某松和林某雪应该缴纳与昊跃公司债务相当的注册资本，以清偿原告债务。同时，被告昊跃公司未履行法定程序和条件减少公司注册资本，类似于抽逃出资行为，原告作为公司债权人也可以要求徐某松和林某雪对于昊跃公司不能清偿的部分承担补充赔偿责任。被告毛某露在本案系争股权转让协议签订之前已经退出昊跃公司，不应该对其退出之后昊跃公司的行为承担责任。减资行为被认定无效之后，应该恢复到减资行为以前的状态，因此被告接某建不应认定为昊跃公司的股东，接某建可以不承担昊跃公司对原告所承担的责任。”①

四、有关公司减资的注意事项小结

结合《公司法》的相关规定，关于公司减少注册资本，需要注意以下事项：

一是，在减资的程序方面，根据《公司法》第7条第3款、第37条第1款第7项、第37条第2款、第43条第2款、第99条、第103条第2款、第177条、第179条第2款的规定，公司应当编制资产负债表及财产清单，由公

---

① 值得注意的是，在后来的二审程序中，上海香通国际贸易有限公司以其已与其他各方当事人达成案外和解协议为由，提出了撤回一审起诉的申请，二审法院上海市第二中级人民法院裁定准许原审原告上海香通国际贸易有限公司撤回起诉，并撤销了上海市普陀区人民法院（2014）普民二（商）初字第5182号民事判决。见上海市第二中级人民法院2015年12月22日就徐某松与上海香通国际贸易有限公司、上海昊跃投资管理有限公司等股权转让纠纷二审案作出的（2015）沪二中民四（商）终字第1398号民事裁定书。

司的权力机构作出减少注册资本的决议或决定，自作出减少注册资本的决议或决定之日起10日内通知债权人，并于30日内在报纸上公告，并依法向公司登记机关办理变更登记、换发营业执照。

二是，在减资决策的表决方面，根据《公司法》第37条第2款、第43条第2款、第61条、第66条和第103条第2款的规定，有限公司股东会对减少注册资本作出的决议，应由代表三分之二以上表决权的股东通过，或者由全体股东作出一致同意减资的书面决定，或者由一人公司的唯一股东或国有独资公司的出资人作出减少注册资本的决定；股份公司股东大会对减少注册资本作出的决议，必须经出席会议的股东所持表决权的三分之二以上通过。此外，在不按股东的出资比例减少注册资本的情形，公司减资的决议还应当取得全体股东的同意，仅仅经有限公司的“代表三分之二以上表决权的股东同意”或经股份公司的“出席股东大会会议的股东所持表决权的三分之二以上同意”是不够的。

三是，在减资部分的分配方面，可以由原股东按照各自实缴的出资比例同步减少其各自的出资额，也可以不按出资比例减少出资，比如，仅由某个或某几个股东单独减少出资（甚至减少其全部出资而退出公司）、其他股东的出资额保持不变。当然，在不按出资比例减少出资的情况下，如此减资将影响其他股东对公司的持股比例及其在公司中的权益，因此，不按出资比例减少注册资本这一事项，应取得全体股东的同意为宜。

四是，在减资的定价方面，《公司法》未对此作出明确规定；实践中，公司减资通常参考公司在减资当时的账面净资产值或经审计的净资产值或经评估的净资产值进行定价。在公司的净资产值不低于公司的注册资本额的情况下，公司减资时可以按照所减少的注册资本的原价定价。

但是，值得注意的是，在公司减资时的净资产值低于公司注册资本的情况下，不宜按照所减少的注册资本的原价定价。对此，在2019年2月1日就华某伟与上海圣甲虫电子商务有限公司（以下简称圣甲虫公司）公司决议纠纷二审案作出的（2018）沪01民终11780号民事判决书中，上海市第一中级人民法院认为：“《中华人民共和国公司法》第二十二条规定，公司股东会或者股东大会、董事会的决议内容违反法律、行政法规的无效。由于公司是企业法人，具有独立的法人财产。股东向公司投入资金，成为公司的股东并由此享有权利和承担义务。股东将投资款注入公司之后，其出资已经转化成为公司的资产，必须通过股权方式来行使权利而不能直接请求将投资款予以返还。随着股东投入到公司的资金用于公司经营行为，股东持有的公司股权对应的价值将会发生变化，因此在股东减资时不能直接主张减资部分股权对应的原始投资款归自己所有。根据公司资本维持原则的要求，公司在存续过程中，应维持与其资本额相当的实有资产，为使得公司的资本与公司资产基本相当，切实维护交易安全和保护债权人利益，公司成立后，股东不得随意抽回出资。尤其在公司亏损的情况下，如果允许公司向股东返还减资部分股权对应的原始投资款，实际是未经清算程序通过定向减资的方式变相向个别股东分配公司剩余资产，不仅有损公司其他股东的利益和公司的财产权，还严重损害公司债权人的利益，应属无效。本案中，圣甲虫公司的财务报表显示，公司2018年2月至10月之间处于严重亏损状况，公司决议作出之时公司的净资产为8423242.68元，到2018年10月的净资产仅为2317650.37元。如果允许圣甲虫公司向××公司返还500万元投资款，将导致公司的资产大规模减少，损害了公司的财产和信用基础，也损害了公司其他股东和公司债权人的利益。”

此外，还需注意的是，在特定的领域，对公司减资的定价监管机构可能会有特别的要求。比如，针对外商投资的公司减少注册资本，就外方股东的减资定价而言，国家外汇管理局要求“减资变更登记时，减资所得金额（可汇出境外或境内再投资）仅限于减少外国投资者实缴注册资本，不包括资本公积、盈余公积、未分配利润等其他所有者权益；减资所得用于弥补账面亏损或调减外方出资义务的，减资所得金额应设定为零”。[①]

五是，在减资对价的支付方面，经公司权力机构决议或决定，公司可以以法律允许的各种方式进行支付，包括货币、实物、其他财产或者是以公司对相关股东享有的债权直接抵销公司应向其支付的减资对价，也可以不向股东支付任何对价，而只是进行账务处理、将减少部分的实收资本计入资本公积。当

---

① 见《国家外汇管理局关于印发〈外国投资者境内直接投资外汇管理规定〉及配套文件的通知》（汇发〔2013〕21号）的附件《境内直接投资业务操作指引》、《资本项目外汇管理业务操作指引》（2017年版）［《国家外汇管理局综合司关于印发资本项目外汇管理业务操作指引的通知》（汇综发〔2017〕105号）的附件］。

然，由于公司减少注册资本实际上是公司与股东之间的交易，应由公司与相关股东协商一致为宜。

六是，在减资后的注册资本方面，根据《公司注册资本登记管理规定》第11条第2款的规定，如果法律、行政法规以及国务院决定规定公司注册资本有最低限额，有限公司减资后的注册资本应当不少于相应的最低限额。

第二十章 合并和分立

公司作为商事主体，可以基于生产经营的需要以及公司的经营情况和财务状况，与其他公司合并为一个公司，也可以分立为数个公司。《公司法》也有专门的条款对公司合并和分立作出规定。本章主要围绕公司合并和分立涉及的法律事项展开讨论。

第一节 公司合并

一、公司合并的界定和形式

（一）公司合并的界定

《公司法》第 172 条第 1 款使用了“公司合并可以采取吸收合并或者新设合并”的表述，因此，公司之间是可以实施合并的。不过，《公司法》没有对公司合并作出界定。结合《关于外商投资企业合并与分立的规定》（2001 年修订）第 3 条关于外商投资企业合并的规定，“公司合并”是指两个以上的公司依照《公司法》的有关规定、通过订立合并协议而归并成为一个公司。

由于《公司法》第 172 条使用的是“公司合并”“一个公司吸收其他公司”和“两个以上公司合并设立一个新的公司”的表述，结合《公司法》第 2 条关于“本法所称公司是指依照本法在中国境内设立的有限责任公司和股份有限公司”的规定，因此，《公司法》所说的“公司合并”，指的是公司之间的合并，既可以是有限公司与有限公司之间的合并，也可以是股份公司与股份公司之间的合并，还可以是有限公司与股份公司之间的合并，其中的“有限公司”包括一人公司、国有独资公司，“股份公司”包括上市公司；此外，在公司合并中，参与合并的公司的数量可以是2个公司，也可以是3个或更多个公司；但是《公司法》所说的“公司合并”不包括公司与非公司制企业或组织之间的合并。

问题是，公司是否可以与非公司制企业法人实施合并？《公司法》因不规范非公司制企业法人而对此未作规定。考虑到《企业法人登记管理条例》第19条规定了“企业法人分立、合并、迁移，应当在主管部门或者审批机关批准后30日内，向登记主管机关申请办理变更登记、开业登记或者注销登记”，《企业法人登记管理条例施行细则》第38条规定了“因分立或者合并而保留的企业应当申请变更登记；因分立或者合并而新办的企业应当申请开业登记；因合并而终止的企业应当申请注销登记”，《民事诉讼法司法解释》（法释〔2015〕5号）第63条也规定了“企业法人合并的，因合并前的民事活动发生的纠纷，以合并后的企业为当事人；企业法人分立的，因分立前的民事活动发生的纠纷，以分立后的企业为共同诉讼人”，我理解，公司作为企业法人的一种，既然可以与作为企业法人的其他公司实施合并，也应当可以与非公司制企业法人实施合并；在合并的程序方面，由于《企业法人登记管理条例》和《企业法人登记管理条例施行细则》未作规定，可以参考《公司法》关于公司合并的规定——当然，实务中应与企业登记机关和相关主管部门提前沟通确认为宜。

事实上，实务中就存在着全民所有制企业法人与有限责任公司实施合并的案例。比如，在2013年，全民所有制企业法人“中国汽车工业进出口总公司”吸收合并了有限责任公司形式的“中汽凯瑞贸易有限公司”，并在吸收合并的同时改制为法人独资的有限责任公司“中国汽车工业进出口有限公司”。[①]

（二）公司合并的形式

根据《公司法》第172条，在合并的形式方面，公司合并可以采取两种形

---

① 见国机汽车（股票代码600335）2014年5月13日公告的《国机汽车股份有限公司发行股份购买资产并募集配套资金暨关联交易报告书（修订稿）》。

式：一是吸收合并，二是新设合并。吸收合并与新设合并的主要区别在于原有的公司在合并完成之后是否仍然存续、是否有新的公司设立。

就吸收合并而言，根据《公司法》第 172 条第 2 款的规定，“吸收合并”指的是一个公司吸收其他公司后存续，被吸收的公司解散。在吸收合并中，存在着“吸收方”（或“合并方”“接纳方”）和“被吸收方”（或“被合并方”“被接纳方”）的区别，“吸收方”（或“合并方”“接纳方”）在合并完成后仍然存续（当然，需要办理相应的变更登记手续），而“被吸收方”（或“被合并方”“被接纳方”）在合并完成后则将解散，并应办理注销登记手续。

在参与吸收合并的公司的数量方面，“吸收方”（或“合并方”“接纳方”）只能是一个公司，而“被吸收方”（或“被合并方”“被接纳方”）则既可以是一个公司、也可以是数个公司。就新设合并而言，根据《公司法》第 172 条第 2 款的规定，“新设合并”指的是两个或者两个以上的公司合并设立一个新的公司，原有各公司均解散。在新设合并中，不存在“吸收方”（或“合并方”“接纳方”）和“被吸收方”（或“被合并方”“被接纳方”）的区别，参与合并的各方均属“被吸收方”（或“被合并方”“被接纳方”），在合并完成后均将解散并应办理注销登记手续。在参与新设合并的公司的数量方面，也可以由两个或更多的公司参与新设合并。

二、公司合并的程序

根据《公司法》第 173 条的规定，并结合《公司法》第 74 条第 1 款第 4 项、第 142 条第 1 款第 4 项和第 179 条的规定，公司合并的程序大致如下：

一是，合并各方分别编制各自的资产负债表和财产清单。实践中，公司合并时通常会聘请会计师事务所对合并各方的财务报表进行审计并出具审计报告，有的公司甚至还会聘请资产评估机构对合并各方的资产进行评估并出具评估报告。在公司合并实务中，是否需要由会计师事务所进行审计、由评估机构进行评估，应结合具体情况和相关法律法规的规定以及公司登记机关的要求加以确定。

二是，合并各方签订合并协议，约定合并各方及其股东在合并过程中以及合并后的公司中的权利义务。

三是，合并各方分别由权力机构作出公司合并的决议或决定。

四是，合并各方在其各自的权力机构作出合并决议或决定之日起10日内通知其各自的债权人，并于30日内在报纸上进行公告。

结合《公司法》第37条第1款和第99条关于公司股东会或股东大会的职权的规定，《公司法》第173条所说的“作出合并决议”，指的是公司权力机构作出的公司合并的决议。需要说明的是，合并各方签订合并协议与合并各方作出合并决议或决定这两个程序可以相互调换顺序，在切实可行的条件下，也可以安排在同时进行；此外，在先签订合并协议的情况下，合并协议应以获得合并各方的权力机构的批准为生效条件为宜。值得注意的是，在参与合并的一方为一人公司或国有独资公司时，《公司法》第173条所说的“作出合并决议”，指的是一人公司的唯一股东或国有独资公司的出资人作出的决定。因此，在表述上，如果《公司法》第173条中的“作出合并决议”能够调整为“作出合并决议或决定”，则是更加完善的。

五是，依法向公司登记机关办理变更登记（适用于吸收合并后存续的公司）和注销登记（适用于吸收合并中被吸收的公司），或办理设立登记（适用于新设合并中新设的公司）和注销登记（适用于新设合并中参与合并的各方），换发或领取新的营业执照。在吸收合并中，会涉及被吸收的公司的注销登记，还可能会涉及存续的公司的变更登记事项：

一方面，就被吸收方而言，根据《公司法》第180条第3项、第183条的规定，被吸收的公司因合并而需要解散，但无需成立清算组进行清算，可以根据《公司法》第179条第1款的规定办理相应的注销登记手续。另一方面，就吸收方而言，根据《国家工商行政管理总局关于做好公司合并分立登记支持企业兼并重组的意见》（工商企字〔2011〕226号）关于“因合并而存续或者新设的公司，其注册资本、实收资本数额由合并协议约定，但不得高于合并前各公司的注册资本之和、实收资本之和”和“因合并而存续或者新设的公司，其股东（发起人）的出资比例、认缴或者实缴的出资额，由合并协议或者决定约定”的规定，在吸收方的注册资本、股东的姓名或名称等登记事项在合并完成后发生变化的情况下，吸收方还应当根据《公司法》第179条第1款的规定办理相应的变更登记手续。

与此类似，在新设合并中，则会涉及参与合并的公司的注销登记和新设的公司的设立登记。一方面，就参与合并的各方而言，根据《公司法》第 180 条第 3 项、第 183 条的规定，被吸收的公司因合并而需要解散，但无需成立清算组进行清算，可以根据《公司法》第 179 条第 1 款的规定办理相应的注销登记手续。另一方面，就合并后新设的公司而言，则应当根据《公司法》和《公司登记管理条例》有关设立有限公司或股份公司的规定办理相应的设立登记手续（包括企业名称预先核准、设立登记）。

三、公司合并前的权利和义务的处理

（一）民事权利义务的承继

《公司法》第 174 条对公司合并前的债权债务的安排作出了规定，即“由合并后存续的公司或者新设的公司承继”。由于《公司法》第 174 条使用的是“合并各方的债权、债务”的表述，因此，在《公司法》项下，由合并后存续的公司或新设的公司承继的只是合并各方的“债权”和“债务”，不包括债权、债务以外的权利、义务的承继。尽管如此，由于《民法总则》第 67 条第 1 款规定了“法人合并的，其权利和义务由合并后的法人享有和承担”，因此，公司合并时，合并各方所享有、承担的包括债权、债务在内的各项民事权利和民事义务，均由合并后存续的公司或新设的公司承继。

其中，就合同之债而言，《公司法》第 174 条所说的“承继”，与《民法总则》第 67 条第 1 款关于“法人合并的，其权利和义务由合并后的法人享有和承担”的规定中的“享有和承担”，与《合同法》第 90 条关于“当事人订立合同后合并的，由合并后的法人或者其他组织行使合同权利，履行合同义务”中的“行使合同权利，履行合同义务”，应具有同样的含义。因此，公司合并不适用《合同法》第 79 条至第 89 条关于合同权利义务转让的规定。

根据《民事诉讼法司法解释》第 63 条关于“企业法人合并的，因合并前的民事活动发生的纠纷，以合并后的企业为当事人”的规定，在合并前的各个公司的债务未获清偿或未获全面清偿的情况下，合并前的相关公司的债权人可以以合并后存续或新设的公司为被告提起诉讼。当然，根据《最高人民法院关于适用〈中华人民共和国仲裁法〉若干问题的解释》第 8 条关于“当事人订立仲裁协议后合并的，仲裁协议对其权利义务的继受人有效”的规定，在合并前的相关公司与其债权人之间存在仲裁条款的情况下，该债权人应当以合并后存续或新设的公司为被申请人向仲裁机构提交仲裁申请。

值得注意的是，单从“承继”的表述本身无法得出承继的权利义务涉及的前后主体为同一主体的结论，比如，在新设合并的情形，合并各方的债权、债务由合并后新设的公司承继，但合并各方均需解散，合并后新设的公司与合并前的各方属于不同的主体。

（二）其他权利义务的处理

还需注意的是，根据《民法总则》第 1 条和第 2 条的规定，民法的调整对象是民事关系，即平等主体的自然人、法人和非法人组织之间的人身关系和财产关系，因此，不属于民法调整对象的权利、义务，可能就不能直接适用《民法总则》第 67 条第 1 款和《公司法》第 174 条的规定，由合并后存续的公司或新设的公司承继了。

比如，公司合并后，对于合并前的公司已经就其经营的业务取得的资质、许可证，考虑到该等资质、许可证具有行政授权属性和政府特许性质，公司合并后是否需要重新申请办理，从公司登记主管机关的角度，《企业经营范围登记管理规定》（2015 年国家工商行政管理总局令第 76 号）第 9 条作了不同的规定：一是，合并后新设的公司申请从事前置许可经营项目，应当凭审批机关的批准文件、证件向公司登记机关重新申请登记；二是，合并后存续的公司申请从事前置许可经营项目的，变更登记前已经审批机关批准的，则不需重新办理审批手续。不过，相关资质、许可证的审批机关对此可能又有不同的处理办法。比如，针对工程勘察、设计、施工、监理企业及招标代理机构等建设工程企业合并后涉及资质重新核定办理的问题，2016 年修改后的《住房和城乡建设部关于建设工程企业发生重组、合并、分立等情况资质核定有关问题的通知》就规定，下列类型的建设工程企业发生合并情况申请建设工程企业资质证书的，可按照有关规定简化审批手续，经审核注册资本金和注册人员等指标满足资质标准要求的，直接进行证书变更：一是，企业吸收合并，即一个企业吸收另一个企业，被吸收企业已办理工商注销登记并提出资质证书注销申请，企业申请被吸收企业资质的；二是，企业新设合并，即有资质的几家企业，合并重组为一个新企业，原有企业已办理工商注销登记并提出资质证书注销申请，新企业申请承继原有企业资质的；三是，企业合并（吸收合并及新设合并），被吸收企业或原企业短期内无法办理工商注销登记的，在提出资质注销申请后，合并后企业可取得有效期 1 年的资质证书；有效期内完成工商注销登记的，可按规定换发有效期 5 年的资质证书。不属于上述情形的建设工程企业合并，合并后的相关企业申请办理建设工程企业资质证书的，应按照有关规定重新进行核定。

因此，实务中，应当关注相关主管机关的具体要求为宜。

四、公司合并涉及的债权人权利保护

《公司法》第 173 条赋予了公司的债权人在公司合并时享有的三项权利：一是，获得有关公司合并的通知；二是，要求作为债务人参与合并的公司提前清偿债务的权利；三是，要求作为债务人参与合并的公司提供相应的担保的权利。

（一）获得通知的权利

《公司法》第 173 条要求参与合并的各个公司都应当将其合并的事项通知其债权人，具体来说：

一是，在通知的对象方面，《公司法》第 173 条所说的“通知债权人”，指的是公司应向其每一个债权人逐一进行通知，告知其公司合并的事项。注意到《公司法》第 173 条只提及了“通知债权人”，问题是，在公司合并的情形，参与合并的公司是否需要通知其债务人呢？《公司法》对此未作规定。结合《公司法》第 174 条关于“公司合并时，合并各方的债权、债务，应当由合并后存续的公司或者新设的公司承继”的规定，《民法总则》第 67 条第 1 款关于“法人合并的，其权利和义务由合并后的法人享有和承担”的规定，以及《合同法》第 90 条关于“当事人订立合同后合并的，由合并后的法人或者其他组织行使合同权利，履行合同义务”的规定，也考虑到公司合并不同于《合同法》第 79 条至第 88 条所规定的合同权利义务转让，注意到合并各方需要根据《公司法》第 173 条的规定在报纸上进行公告，我理解，在公司合并的情形，参与合并的公司可以不专门通知其债务人。当然，公司与其债务人之间另有约定的除外。

二是，在通知的方式方面，由于《公司法》使用了"公司应当……通知债权人，并……在报纸上公告"的表述，因此，公司在合并时不仅需要对其债权人逐一进行通知，还应当在报纸进行公告；通知与公告缺一不可，既不能以公司已经通知了其所有债权人为由不进行公告，也不能以进行了公告为由不逐一通知其债权人。

值得注意的是，《公司法》本身未对刊登公司合并事项的公告的报纸提出要求，参考《公司法司法解释（二）》第11条第1款关于"公司清算时，清算组应当按照公司法第一百八十五条的规定，……根据公司规模和营业地域范围在全国或者公司注册登记地省级有影响的报纸上进行公告"的规定，我理解，参与合并的各方也应在全国或公司注册地所在的省级范围内有影响的报纸上刊登公司合并事项的公告为宜。此外，如果参与合并的公司属于外商投资的公司，《关于外商投资企业合并与分立的规定》第27条则明确要求其在"全国发行的省级以上报纸"公告。

三是，在通知的期限方面，由于《公司法》第173条第二句使用了"公司应当自作出合并决议之日起十日内通知债权人，并于三十日内在报纸上公告"的表述，因此，参与合并的各个公司都应当在其各自的权力机构作出合并决议或决定之日起10日内逐一通知其各个债权人，并在其各自的权力机构作出合并决议或决定之日起30日内在报纸上作出关于公司合并的公告。

《公司法》第173条第二句所说的"公司应当自作出合并决议之日起十日内通知债权人，并于三十日内在报纸上公告"中的"十日""三十日"的期间，其起始日期应当为参与合并的每一个公司的权力机构作出合并决议的当日，参与合并的每一个公司应当分别计算自己的通知、公告债权人的期间。

值得注意的是，由于合并各方签订合并协议的日期与合并各方作出合并决议的日期可能不是同一天，甚至合并各方之间作出合并决议的日期也可能不是同一天，因此，就参与合并的每一个公司而言，其通知其债权人和进行公告的时间可能跟其他参与合并的公司通知、公告债权人的时间是不同的。为此，合并各方可以——也应当——对各自通知、公告债权人的时间节点作出统一的约定为宜。这在涉及上市公司的公司合并交易中显得尤为重要，因为涉及上市公司的公司合并属于《证券法》第80条第2款所说的“重大事件”、与合并相关的信息属于《证券法》第52条所说的“内幕信息”，可能对上市公司股票交易价格产生较大影响，合并各方应当对通知、公告债权人作出妥善的安排，遵守《证券法》、中国证监会和证券交易所的信息披露要求。

针对公司合并时未依法通知、公告债权人的行为，《公司法》第204条第1款规定了相应的行政责任：“公司在合并……时，不依照本法规定通知或者公告债权人的，由公司登记机关责令改正，对公司处以一万元以上十万元以下的罚款。”

（二）要求公司清偿债务的权利或要求公司提供相应的担保的权利

由于《公司法》第173条使用了“债权人自接到通知书之日起三十日内，未接到通知书的自公告之日起四十五日内，可以要求公司清偿债务或者提供相应的担保”的表述，因此，参与合并的公司债权人既可以选择要求作为其债务人参与合并的公司清偿债务的权利，也可以选择要求作为其债务人参与合并的公司提供相应的担保的权利。

也基于此，《公司登记管理条例》第38条第2款规定了：“公司合并……的，应当自公告之日起45日后申请登记，提交合并协议和合并……决议或者决定以及公司在报纸上登载公司合并……公告的有关证明和债务清偿或者债务担保情况的说明……”据此，在公司合并的情形，公司在公告满45日后才能申请办理公司合并涉及的变更登记、注销登记或设立登记；在此之前提交的相关登记申请，公司登记机关可不予受理。

《公司法》第173条作出此项规定的原因在于，公司合并可能导致合并前的各个公司与合并后存续或新设的公司的债权债务情况发生重大变化，从而导致合并后存续或新设的公司清偿债务的能力发生重大变化，进而影响甚至损害合并前的相关公司的债权人的利益。在作为用人单位的公司拖欠农民工工资的情形，2019年12月30日发布的《保障农民工工资支付条例》第21条更是从正向角度对公司在合并前清偿拖欠农民工工资的义务作出了直接的规定：“用人单位合并或者分立时，应当在实施合并或者分立前依法清偿拖欠的农民工工资；经与农民工书面协商一致的，可以由合并或者分立后承继其权利和义务的用人单位清偿。”不过，由于《公司法》第173条使用了“可以要求公司清偿债务或者提供相应的担保”的表述，因此，公司的债权人不能既要求作为其债务人参与合并的公司清偿债务，又要求作为其债务人参与合并的公司提供相应的担保。[①]

注意到，针对公司合并时的债权人利益保护，2005年修订前的《公司法》第184条第3款不仅规定了“公司合并，应当由合并各方签订合并协议，并编制资产负债表及财产清单。公司应当自作出合并决议之日起十日内通知债权人，并于三十日内在报纸上至少公告三次。债权人自接到通知书之日起三十日内，未接到通知书的自第一次公告之日起九十日内，有权要求公司清偿债务或者提供相应的担保”，还明确规定了“不清偿债务或者不提供相应的担保的，公司不得合并”。与此不同，2005年修订以来，现行《公司法》没有再规定“不清偿债务或者不提供相应的担保的，公司不得合并”。由于《公司法》第173条在使用“可以要求公司清偿债务或者提供相应的担保”的表述之后没有使用“未清偿债务或提供担保，不得合并”的表述，因此，在公司合并的情形，《公司法》没有赋予公司的债权人阻止公司实施合并的权利。

当然，这不影响公司的债权人与公司之间的协议有关公司未清偿债务或提供相应的担保就不得实施合并的约定效力；在此情况下，如果公司未清偿债务或未提供相应的担保就实施了合并，公司的债权人可以依照《合同法》和相关协议追究公司的违约责任。

值得注意的是，在公司合并的情形，由于《公司法》没有像《企业破产法》第46条第1款针对企业破产时所负债务规定了“未到期的债权，在破产申请受理时视为到期”那样规定“未到期的债权，在公司合并时视为到期”，因此，如果合并前的公司对其债权人所负的债务的履行期限尚未届满，或者符合《合同法》第66条关于“当事人互负债务，没有先后履行顺序的，应当同

① 但是需要特别注意的是，在作为用人单位的公司拖欠农民工工资的情形，2019年12月30日发布的《保障农民工工资支付条例》第21条对公司合并作出了特殊的规定：“用人单位合并或者分立时，应当在实施合并或者分立前依法清偿拖欠的农民工工资；经与农民工书面协商一致的，可以由合并或者分立后承继其权利和义务的用人单位清偿。”据此，除非能够与农民工协商一致由合并后的公司清偿所拖欠的农民工工资，否则，作为用人单位的拖欠农民工工资的公司必须在合并之前就清偿所拖欠的农民工工资。这就意味着作为债权人的被拖欠工资的农民工事实上享有阻止作为债务人的拖欠农民工工资的公司实施合并的权利。

时履行。一方在对方履行之前有权拒绝其履行要求。一方在对方履行债务不符合约定时，有权拒绝其相应的履行要求”的规定，或者符合《合同法》第67条关于“当事人互负债务，有先后履行顺序，先履行一方未履行的，后履行一方有权拒绝其履行要求。先履行一方履行债务不符合约定的，后履行一方有权拒绝其相应的履行要求”的规定，那么，合并前的公司的债权人可能不能要求公司清偿债务，而只能要求公司提供相应的担保。

问题是，如何确定“相应的担保”？我理解，这应由公司的债权人提出，并以足以保障公司的债权人实现其对公司的债权为原则，且应以不超过债权人对公司享有的债权数额为限，但可以包括相应的利息和实现债权的合理费用。

不过，结合《物权法》第193条关于“抵押财产价值减少的，抵押权人有权要求恢复抵押财产的价值，或者提供与减少的价值相应的担保。抵押人不恢复抵押财产的价值也不提供担保的，抵押权人有权要求债务人提前清偿债务”的规定，我倾向于认为，在公司合并的情形，如果公司未能按照其债权人的要求提供“足以保障公司的债权人实现其对公司的债权”的担保，公司的债权人应当有权要求公司提前清偿债务。

（三）公司合并时未依法通知公告债权人时的救济

基于《公司法》第173条的规定，如果公司合并时未依法通知、公告债权人，法院可能会支持公司的债权人关于要求公司的股东对合并后存续或新设的公司不能清偿的债务承担清偿责任的请求。

比如，在2015年11月17日就中国第十三冶金建设有限公司（以下简称十三冶公司）与上海致达科技集团有限公司（以下简称致达科技公司）股东损害公司债权人利益责任纠纷一审案作出的（2015）徐商初字第0261号民事判决书中，徐州市中级人民法院认为：“《中华人民共和国公司法》第一百七十三条规定，‘公司合并，应当由合并各方签订合并协议，并编制资产负债表及财产清单。公司应当自作出合并决议之日起十日内通知债权人，并于三十日内在报纸上公告。债权人自接到通知书之日起三十日内，未接到通知书的自公告之日起四十五日内，可以要求公司清偿债务或者提供相应的担保’。首先，公司合并应当履行相应的法定程序，确保公司债权人在债务人公司合并前进行权衡、作出判断，以最大限度维护自身利益。其次，五洲纸业公司并入新大纸业公司时，虽在相关报纸上进行了公告，但并未按照我国公司法的规定通知已知债权人十三冶公司，导致十三冶公司没有及时得知合并情况，十三冶公司也无法要求债务人清偿债务或提供相应的担保，因此，五洲纸业公司与新大纸业公司合并的程序上存在瑕疵，损害了债权人十三冶公司的合法利益。最后，虽然按照我国公司法的规定，公司合并时通知债权人的义务人是公司，但公司合并系公司股东会决议的结果。五洲纸业公司并入新大纸业公司时，系法人独资企业，致达科技公司系其唯一股东，五洲纸业公司的合并及合并程序如何进行完全取决于其股东致达科技公司的意志，因此，五洲纸业公司与新大纸业公司合并过程中，致达科技公司主观上存在过错，损害了五洲纸业公司债权人十三冶公司的合法利益。……由于在五洲纸业公司与新大纸业公司合并过程中，公司股东致达科技公司主观上存在过错，导致债权人十三冶公司未能及时要求债务人清偿债务或提供担保。虽致达科技公司主张在五洲纸业公司与新大纸业公司合并时，五洲纸业公司已无有效资产，无法清偿公司债务，但在两公司合并时，未按照我国公司法的规定编制资产负债表、财产清单，致使现已无法查明两公司合并时五洲纸业公司的资产状况。载有五洲纸业公司合并前最近一次审计情况的五洲纸业公司 2012 年度年检报告显示，五洲纸业公司 2012 年期末所有者权益合计 93880876.3 元，该数额大于五洲纸业公司欠付十三冶公司的债务 14274625.29 元，且致达科技公司未提供证据证明两公司合并时五洲纸业公司资产状况及是否具备偿债能力，应推定在两公司合并时，五洲纸业公司尚具有偿还十三冶公司债务的能力，因此，十三冶公司主张要求致达科技公司赔偿损失 14274625.29 元，本院予以支持。”

在 2017 年 6 月 12 日针对该纠纷的上诉案作出的（2016）苏民终 187 号民事判决书中，江苏省高级人民法院也认为：“公司法在合并制度设计中赋予了债权人要求公司清偿债务或者提供相应担保的权利。虽然公司法并未规定公司不按照债权人的要求清偿债务或者提供相应担保的，债权人可以阻止或者否定合并，但是债权人提出上述要求后，若公司既不清偿债务，又不提供相应担保，而公司股东仍坚持进行合并的，则应承担相应的风险，一旦合并行为被证明损害了要求清偿债务或者提供相应担保的债权人的利益，公司股东应承担相应的损害赔偿责任。”

五、有关公司合并的注意事项小结

根据《公司法》的相关规定，关于公司合并，应当注意以下事项：

一是，在合并的形式方面，根据《公司法》第 172 条的规定，公司合并可以采取吸收合并或者新设合并。

二是，在合并的条件方面，《公司法》本身没有对公司合并的条件作出规定，并没有要求公司在股东缴足出资之前或者存在亏损的情况下不能实施合并。《国家工商行政管理总局关于做好公司合并分立登记支持企业兼并重组的意见》（工商企字〔2011〕226 号）也允许注册资本未缴足的公司实施合并，只是要求：“合并前注册资本未足额缴纳的公司，合并后存续或者新设公司的注册资本应当根据合并协议的约定，按照合并前规定的出资期限缴足。”据此，注册资本未缴足的公司也可以实施合并。

不过，就外商投资的公司而言，2001 年修订的《关于外商投资企业合并与分立的规定》第 9 条则规定了：“在投资者按照公司合同、章程规定缴清出资、提供合作条件且实际开始生产、经营之前，公司不得合并或分立。”

三是，在合并的程序方面，根据《公司法》第 7 条第 3 款、第 37 条第 1 款第 9 项、第 37 条第 2 款、第 99 条、第 173 条、第 178 条第 1 款的规定，应当由合并各方签订合并协议，并编制资产负债表及财产清单，由公司的权力机构作出公司合并的决议或决定；自作出公司合并的决议或决定之日起 10 日内通知债权人，并于 30 日内在报纸上公告，并依法向公司登记机关办理变更登记（适用于吸收合并后存续的公司）和注销登记（适用于吸收合并中被吸收的公司），或办理设立登记（适用于新设合并中新设的公司）和注销登记（适用于新设合并中参与合并的各方），换发或领取新的营业执照。

四是，在合并决策的表决方面，根据《公司法》第 37 条第 2 款、第 43 条第 2 款、第 61 条、第 66 条、第 103 条第 2 款的规定，有限公司股东会对公司合并作出的决议，应由代表三分之二以上表决权的股东通过，或者由全体股东作出一致同意合并的书面决定，或者由一人公司的唯一股东或国有独资公司的出资人作出公司合并的决定；股份公司股东大会对公司合并作出的决议，须经出席股东大会的股东所持表决权的三分之二以上通过。在参与合并的公司股东依其对合并前后的公司所持股权所享有的股东权利发生对其不利的变化的情形，还应当取得全体股东的一致同意为宜。

五是，在合并各方的债权债务承担方面，根据《公司法》第174条、《合同法》第90条、《民法总则》第67条第1款的规定，公司合并时，合并各方的债权、债务以及其他民事权利、义务，应当由合并后存续的公司或者新设的公司承继。

六是，在公司合并的异议股东权利保护方面，根据《公司法》第74条第1款第2项的规定，对有限公司股东会作出的合并决议投反对票的股东，有权请求有限公司按照合理的价格收购其股权；根据《公司法》第142条第1款第4项的规定，对股份公司股东大会作出的合并决议持有异议的股东，有权要求股份公司收购其股份。因此，公司的股东可以选择在公司股东会或股东大会就公司合并进行表决时投反对票，通过要求公司收购其股权或股份的方式退出公司。

七是，在合并后的公司的成立日期方面，《公司法》本身没有直接对此作出规定。2001年修订的《关于外商投资企业合并与分立的规定》第15条规定："公司合并，采取吸收合并形式的，接纳方公司的成立日期为合并后公司的成立日期；采取新设合并形式的，登记机关核准设立登记并签发营业执照的日期为合并后公司的成立日期。"结合《公司法》第172条关于吸收合并和新设合并的界定的规定，我理解，上述规定也适用于内资公司的合并。因此，在吸收合并的情形，应以合并后存续的公司的成立日期作为合并后的公司的成立日期；在新设合并的情形，则应以新设的公司的成立日期为合并后的公司的成立日期。

有鉴于此，对于准备申请在境内首次公开发行股票并上市的公司来说，公司在合并时有必要考虑中国证监会现阶段对境内首次公开发行股票并上市提出的满足3年持续经营时间的要求①，并决定采取何种合并形式。

八是，在合并后的公司的注册资本方面，《公司法》本身没有对此作出规定。《国家工商行政管理总局关于做好公司合并分立登记支持企业兼并重组的意见》（工商企字〔2011〕226号）规定，合并后存续的公司或者新设的公司，

① 见《首次公开发行股票并在创业板上市管理办法》第9条、《首次公开发行股票并在创业板上市管理办法》第11条和《科创板首次公开发行股票注册管理办法（试行）》第10条。

其注册资本数额由合并协议约定，但不得高于合并前各公司的注册资本之和；其中，合并各方之间存在投资关系的，计算合并前各公司的注册资本之和时，应当扣除投资所对应的注册资本数额。不过，就外商投资的公司的合并而言，则应遵守 2001 年修订的《关于外商投资企业合并与分立的规定》第 11 条的规定："股份有限公司之间合并或者公司合并后为有限责任公司的，合并后公司的注册资本为原公司注册资本额之和。有限责任公司与股份有限公司合并后为股份有限公司的，合并后公司的注册资本为原有限责任公司净资产额根据拟合并的股份有限公司每股所含净资产额折成的股份额与原股份有限公司股份总额之和。"

九是，在合并后的公司的类型方面，《公司法》本身没有对此作出规定。2001 年修订的《关于外商投资企业合并与分立的规定》针对外商投资的公司之间的合并规定了：有限公司之间合并后为有限公司，股份公司之间合并后为股份公司，上市的股份公司与有限公司合并后为股份公司，非上市的股份公司与有限公司合并后可以是股份公司，也可以是有限公司。不过，《国家工商行政管理总局关于做好公司合并分立登记支持企业兼并重组的意见》（工商企字〔2011〕226 号）则规定，合并后存续的公司或者新设的公司，不论是否属于外商投资的公司，只要符合《公司法》规定的条件，可以选择有限公司或者股份公司类型。尽管工商企字〔2011〕226 号文是由工商总局一家出台的，我倾向于理解，外商投资的公司之间的合并，合并后的公司类型也可以选择为有限公司或股份公司。当然，现阶段，这需要取得商务主管机关批准（适用于涉及《外商投资准入特别管理措施（负面清单）》之内的非禁止投资领域的情形）或备案（适用于涉及《外商投资准入特别管理措施（负面清单）》之外的投资领域的情形）。

十是，在合并后的公司的股权结构方面，《公司法》本身没有对此作出明确规定。《国家工商行政管理总局关于做好公司合并分立登记支持企业兼并重组的意见》（工商企字〔2011〕226 号）规定，合并后存续的公司或者新设的公司，其股东的出资比例、认缴或者实缴的出资额，由合并各方签订的合并协议约定。据此，合并各方的股东是否成为合并后存续的公司或新设的公司的股东，合并各方的各个股东在合并后存续的公司或新设的公司的出资比例，都可以由合并协议加以约定，并非必须根据合并各方的各个股东各自对合并前的相关公司持有的净资产份额的比例加以确定。此外，结合《公司法》第 74 条和第 142 条关于异议股东收购请求权的规定，在公司合并过程中，亦应允许合并前的公司的股东通过向公司或其他股东转让股权的方式退出。

就外商投资的股份有限公司之间合并或者外商投资的公司合并后为有限责任公司的情形而言，《关于外商投资企业合并与分立的规定》第 12 条也规定了："……各方投资者在合并后的公司中的股权比例，根据国家有关规定，由投资者之间协商或根据资产评估机构对其在原公司股权价值的评估结果，在合并后的公司合同、章程中确定……"

不过，值得注意的是，从税收管理的角度，如果合并各方的股东不再成为合并后存续的公司或新设的公司的股东，公司合并可能不能享受相应的税收优惠。比如，《财政部、税务总局关于继续支持企业事业单位改制重组有关契税政策的通知》（财税〔2018〕17 号）尽管规定了"两个或两个以上的公司，依照法律规定以及合同约定，合并为一个公司，且原投资主体存续的，对合并后公司承受原合并各方土地、房屋权属，免征契税"，但是，财税〔2018〕17 号文件同时也明确规定了"投资主体存续"是指"原企业、事业单位的出资人必须存在于改制重组后的企业，出资人的出资比例可以发生变动"，从而，如果合并前的公司的任何股东不再持有合并后存续或新设的公司的股权，那么，此项公司合并交易将不能享受财税〔2018〕17 号文件所规定的免征契税的待遇。

十一是，在合并前的公司的对外投资的处理方面，《公司法》本身没有对此作出明确规定。《国家工商行政管理总局关于做好公司合并分立登记支持企业兼并重组的意见》（工商企字〔2011〕226 号）规定，因合并而解散的公司持有其他有限责任公司股权的，应当在合并协议中载明其持有股权的处置方案；处置方案中载明通过股权转让或者减资方式退出的，应当在公司合并前办理股权所在有限责任公司的股东转让股权或者注册资本、实收资本变更登记；处置方案中载明股权归属于合并后存续的公司或者新设的公司的，可以在公司合并后办理股权所在有限责任公司的股东变更登记。

值得一提的是，根据《民法总则》第 67 条第 1 款关于"法人合并的，其权利和义务由合并后的法人享有和承担"的规定，合并前的公司所享有的包括"债权"以及"股权"等投资性权利在内的各项民事权利都纳入了由合并后的公司承继的范围，因此，在作为有限公司的股东的公司发生合并的情形，该等股东对该有限公司的股权应当由合并后存续的公司或新设的公司承继，不受《公司法》第71条第2款和第3款规定的其他股东的同意权和同等条件下的优先购买权的约束。[①]

十二是，在合并前的公司的分支机构的处理方面，《公司法》本身没有对此作出明确规定。《国家工商行政管理总局关于做好公司合并分立登记支持企业兼并重组的意见》（工商企字〔2011〕226号）规定，因合并而解散的公司有分公司的，应当在合并协议中载明其分公司的处置方案；处置方案中载明分公司注销的，应当在公司合并前办理分公司注销登记；处置方案中载明分公司归属于合并后存续的公司或者新设的公司的，可以按照分公司名称变更程序办理分公司隶属关系的变更登记。

十三是，在公司合并涉及的企业所得税方面，公司合并各方应充分考虑与企业重组相关的税务事项。因为尽管在公司合并时可以自主约定合并后存续的公司或新设的公司的股东的出资比例、认缴或者实缴的出资额，但是，从税务的角度，公司合并的过程可能会被视为由以下三项交易环节组成：一是，被合并的公司将其全部资产和负债转让给合并后存续的公司或新设的公司，并由此取得相应的对价；二是，被合并的公司进行清算并向其股东分配剩余财产；三是，被合并的公司的原股东将其从被合并的公司分得的全部或部分剩余财产用于认购合并后存续的公司或新设的公司相应的股权。

从而，在上述第一个交易环节，被合并的公司可能需要缴纳企业所得税；在上述第二个交易环节，被合并的公司的股东可能需要缴纳个人所得税或企业所得税。综合起来，在公司合并的过程中，被吸收公司的股东（包括自然人股东）可能需要就取得合并后存续的公司或新设的公司的股权缴纳所得税，尤其是被吸收公司的股东在公司合并过程中取得了现金收入的情况下更可能涉及所得税问题。

根据《财政部、国家税务总局关于企业重组业务企业所得税处理若干问题的通知》（财税〔2009〕59号）、《关于企业重组业务企业所得税征收管理若干问题的公告》（国家税务总局公告2015年第48号）的规定，公司合并指的是一个或多个公司（即被合并企业）将其全部资产和负债转让给另一个现存的公

① 相关分析，也可见本书第十三章第三节的内容。

司或新设的公司（即合并企业），被合并企业的股东换取合并企业的股权支付或非股权支付，实现两个或两个以上公司的合并；其中的“股权支付”是指企业重组中购买、换取资产的一方支付的对价中，以本企业或其控股企业的股权、股份作为支付的形式；“非股权支付”是指以本企业的现金、银行存款、应收款项、本企业或其控股企业股权和股份以外的有价证券、存货、固定资产、其他资产以及承担债务等作为支付的形式。

《财政部、国家税务总局关于企业重组业务企业所得税处理若干问题的通知》规定，适用一般性税务处理的公司合并，被合并企业及其股东都应按清算进行所得税处理。根据《企业重组业务企业所得税管理办法》（国家税务总局公告2010年第4号）[①] 第13条的规定，企业发生财税〔2009〕59号文件规定的适用一般性税务处理规定的合并，应按照《财政部、国家税务总局关于企业清算业务企业所得税处理若干问题的通知》（财税〔2009〕60号）的规定进行清算。根据财税〔2009〕60号文件的规定，被清算企业的股东分得的剩余资产的金额，其中相当于被清算企业累计未分配利润和累计盈余公积中按该股东所占股份比例计算的部分，应确认为股息所得；剩余资产减除股息所得后的余额，超过或低于股东投资成本的部分，应确认为股东的投资转让所得或损失，并据以计算征收个人所得税或企业所得税。

不过，《财政部、国家税务总局关于企业重组业务企业所得税处理若干问题的通知》（财税〔2009〕59号）、《关于企业重组业务企业所得税征收管理若干问题的公告》（国家税务总局公告2015年第48号）也规定了符合特定条件的公司合并，可以进行特殊性税务处理，其中包括“被合并企业股东取得合并企业股权的计税基础，以其原持有的被合并企业股权的计税基础确定”。

实务中，公司合并应充分关注上述法规以及与企业重组相关的其他税法规定，必要时应聘请专业人士提供协助和服务。

---

① 《企业重组业务企业所得税管理办法》第3条、第7条、第8条、第16条、第17条、第18条、第22条、第23条、第24条、第25条、第27条、第32条已被《关于企业重组业务企业所得税征收管理若干问题的公告》（国家税务总局公告2015年第48号）废止。

第二节　公司分立

一、公司分立的界定和形式

（一）公司分立的界定

《公司法》第 175 条使用了“公司分立，其财产作相应的分割。公司分立，应当编制资产负债表及财产清单。公司应当自作出分立决议之日起十日内通知债权人，并于三十日内在报纸上公告”的表述，因此，公司是可以实施分立的。

不过，《公司法》没有对公司分立作出界定。结合《对外贸易经济合作部、国家工商行政管理总局关于外商投资企业合并与分立的规定》第 4 条关于外商投资企业分立的规定，公司分立是指一个公司依照《公司法》的有关规定，通过公司权力机构决议或决定而分成两个或超过两个公司。

（二）公司分立的形式

与《公司法》第 172 条规定了公司合并的形式不同，《公司法》本身没有规定公司分立的形式。不过，《国家工商行政管理总局关于做好公司合并分立登记支持企业兼并重组的意见》（工商企字〔2011〕226 号）规定，公司分立也可以采取两种形式：一是存续分立（又称派生分立），二是解散分立（又称新设分立）。其中，“存续分立”是指一个公司分出一个或者数个新的公司，原公司继续存续。存续分立的主要特征在于在分出新的公司的同时，原公司在分立完成后仍然存续，当然，需要办理相应的变更登记手续。

在存续分立中，会涉及原公司的变更登记和新设公司的设立登记，但不涉及原公司的注销登记。就存续方而言，根据《国家工商行政管理总局关于做好公司合并分立登记支持企业兼并重组的意见》（工商企字〔2011〕226 号）关于“因分立而存续或者新设的公司，其注册资本、实收资本数额由分立决议或者决定约定，但分立后公司注册资本之和、实收资本之和不得高于分立前公司的注册资本、实收资本”与“因分立而存续或者新设的公司，其股东（发起人）的出资比例、认缴或者实缴的出资额，由分立决议或者决定约定”的规定，由于存续方的注册资本不可避免地要发生变化，而股东的姓名或名称等登记事项在分立完成后也可能发生变化，因此，分立方还应当根据《公司法》第179条第1款的规定办理相应的变更登记手续。

“解散分立”是指一个公司分为两个或多个新的公司，原公司解散。解散分立的主要特征在于分出新公司的同时，原公司在分立完成后将解散并办理注销登记手续。在解散分立中，会涉及原公司的注销登记和新公司的设立登记。就原公司而言，根据《公司法》第180条第3项、第183条的规定，原公司因分立而需要解散，但无需成立清算组进行清算，可以根据《公司法》第179条第1款的规定办理相应的注销登记手续。就分立后新设的公司而言，则应当根据《公司法》和《公司登记管理条例》有关设立有限公司或股份公司的规定办理相应的设立登记手续，包括企业名称预先核准、设立登记。

二、公司分立的程序

根据《公司法》第175条的规定，并结合《公司法》第74条第1款第2项、第142条第1款第4项和第179条的规定，公司分立的程序大致如下：

一是，拟实施分立的公司编制资产负债表和财产清单。

二是，拟实施分立的公司由权力机构作出公司分立的决议或决定，对其财产进行分割。

三是，拟实施分立的公司在其权力机构作出分立决议或决定之日起10日内通知其债权人，并于30日内在报纸上进行公告。

四是，依法向公司登记机关办理变更登记（适用于存续分立中存续的公司）和设立登记（适用于存续分立中新设的公司），或办理设立登记（适用于解散分立中新设的公司）和注销登记（适用于解散分立中解散的公司），换发或领取新的营业执照。

值得注意的是，由于公司分立时只有一个主体（即拟实施分立的公司），所以，《公司法》第175条没有像《公司法》第173条那样要求公司分立时也应当签订分立协议。不过，这不影响拟实施分立的公司在其权力机构作出分立决议或决定的同时，也由拟实施分立的公司与其相关股东签订分立协议。

三、公司分立前的权利和义务的处理

（一）公司分立时的财产分割

针对公司分立时的财产，《公司法》第 175 条第 1 款规定了“公司分立，其财产作相应的分割”。“其财产作相应的分割”，指的是在清理拟分立的公司的全部财产并编制资产负债表和财产清单的基础上，将拟分立的公司的财产分割成若干部分，分别归属于分立后存续的公司与新设的公司（适用于存续分立），或分立后新设的各个公司（适用于解散分立）。

实践中，公司分立时通常会聘请会计师事务所对拟分立的公司的财务报表进行审计并出具审计报告，有的公司甚至还会聘请资产评估机构对拟分立的公司的资产进行评估并出具评估报告。在公司分立实务中，是否需要由会计师事务所进行审计、由评估机构进行评估，应结合具体情况和相关法律法规的规定以及公司登记机关的要求加以确定。

（二）公司分立前的债务的承担

针对公司分立前的债务的承担，《公司法》第 176 条规定了：“公司分立前的债务由分立后的公司承担连带责任。但是，公司在分立前与债权人就债务清偿达成的书面协议另有约定的除外。”

该条规定使用了“分立前的债务”的表述，因此，《公司法》第 176 条的规定仅限于公司在分立之前就已经产生的债务；在公司分立之后产生的债务，应按照公司作出的分立决议或决定的规定由分立后的相关公司负责清偿。

《公司法》第 176 条所说的“债权人”，指的是分立前的公司的债权人，包括对公司享有工资债权的员工。

由于《公司法》第 176 条使用了“在分立前……达成的书面协议”的表述，因此，从《公司法》的角度，《公司法》第 176 条第二句的但书条款的适用，需要符合以下条件：一是，公司在分立之前就与其债权人就公司分立前的债务的清偿事宜达成了书面协议；二是，该书面协议对公司分立前的债务的清偿作出了不由分立后的公司承担连带责任的约定。

问题是，如果公司在分立前没有与其债权人就分立前的债务的清偿达成书面协议或者虽有达成书面协议，但该书面协议未作不同约定，是否可以在分立之后由分立后的各个公司与分立前的公司的债权人就分立前的公司的债务达成书面协议？对此，《公司法》未作规定。不过，《民法总则》第67条第2款关于“法人分立的，其权利和义务由分立后的法人享有连带债权，承担连带债务，但是债权人和债务人另有约定的除外”的规定使用了“债权人和债务人另有约定的除外”的表述，并不仅限于“分立前达成的书面协议”，因此，在分立之后，由分立后的各个公司与分立前的公司的债权人就分立前的公司的债务的清偿达成书面协议，也是可以的。

需要特别注意的是，在作为用人单位的公司拖欠农民工工资的情形，2019年12月30日发布的《保障农民工工资支付条例》第21条对公司分立作出了特殊的规定：“用人单位合并或者分立时，应当在实施合并或者分立前依法清偿拖欠的农民工工资；经与农民工书面协商一致的，可以由合并或者分立后承继其权利和义务的用人单位清偿。”据此，除非能够与农民工协商一致由分立后的公司清偿所拖欠的农民工工资，否则，作为用人单位的拖欠农民工工资的公司必须在分立之前就清偿所拖欠的农民工工资。

根据《民事诉讼法司法解释》第63条关于“企业法人分立的，因分立前的民事活动发生的纠纷，以分立后的企业为共同诉讼人”的规定，如分立前的公司与其债权人未就债务清偿事宜达成另外的约定，在分立后的公司未清偿或未全面清偿分立前的公司的债务的情况下，分立前的公司的债权人可以以分立后的各个公司为共同被告提起诉讼。当然，根据《最高人民法院关于适用〈中华人民共和国仲裁法〉若干问题的解释》第8条关于“当事人订立仲裁协议后……分立的，仲裁协议对其权利义务的继受人有效”的规定，在分立前的公司与其债权人之间存在仲裁条款的情况下，该债权人应当以分立后的各个公司为共同被申请人向仲裁机构提交仲裁申请。

（三）公司分立前的债权的处理

与公司分立前的债务的承担相对应的问题是，公司分立前的债权如何处理？

注意到，与《公司法》第174条针对合并前合并各方的债权、债务的安排规定了“公司合并时，合并各方的债权、债务，应当由合并后存续的公司或者新设的公司承继”不同，《公司法》第 176 条只是规定了公司分立前的债务的安排，《公司法》第 175 条第 1 款也只是原则性地规定“公司分立，其财产作相应的分割”，并未具体地提及公司分立前的债权如何处理。

尽管如此，《民法总则》第 67 条第 2 款规定了“法人分立的，其权利和义务由分立后的法人享有连带债权，承担连带债务，但是债权人和债务人另有约定的除外”，《合同法》第 90 条也规定了“当事人订立合同后分立的，除债权人和债务人另有约定的以外，由分立的法人或者其他组织对合同的权利和义务享有连带债权，承担连带债务”，因此，公司分立时，分立前的公司所享有的债权，原则上均由分立后的各个公司享有连带债权，除非分立前的公司作为债权人与其债务人另有约定。

（四）公司分立前的其他权利义务的处理

另一个问题是，公司分立前所享有或承担的除债权、债务以外的其他权利和义务，又当如何处理？

注意到，《公司法》第 175 条第 1 款只是原则性地规定“公司分立，其财产作相应的分割”，并未对此作出明确的规定；此外，由于《民法总则》第 67 条第 2 款在使用“其权利和义务”的同时使用的是“享有连带债权，承担连带债务”和“债权人和债务人另有约定的除外”的表述，因此，《民法总则》第 67 条第 2 款所说的“分立后的法人享有连带债权，承担连带债务”的“权利和义务”，指的是分立前的法人的“债权”和“债务”，而不包括债权以外的其他权利、债务以外的其他义务，比如分立前的公司在其他有限公司中的股权、在其他股份公司中的股份以及在合伙企业中的财产份额等。

在作为有限公司的股东的公司发生分立的情形，不论是《公司法》第 176 条关于“公司分立前的债务由分立后的公司承担连带责任。但是，公司在分立前与债权人就债务清偿达成的书面协议另有约定的除外”的规定，还是《民法总则》第 67 条第 2 款关于“法人分立的，其权利和义务由分立后的法人享有连带债权，承担连带债务，但是债权人和债务人另有约定的除外”的规定，都只是提及分立前的公司的债权和债务，并未涉及分立前的公司的“股权”“在合伙企业中的财产份额”等投资性权利，因此，如果该有限公司的章程没有另外规定，在作为其股东的公司存续分立的情况下，因新分立出来的公司为新设公司、不同于被分立的公司，被分立的公司原所持有的有限公司的股权转移至分立后新设的公司，应当受到《公司法》第 71 条第 2 款和第 3 款规定的约束；在解散分立（又称新设分立）的情况下，因分立后的各个公司均为新设的公司，不同于被分立的公司，被分立的公司原所持有的有限公司的股权转移至分立后新设的公司，也应当受到《公司法》第 71 条第 2 款和第 3 款规定的约束。

还有，根据《民法总则》第 1 条和第 2 条的规定，民法的调整对象是民事关系，即平等主体的自然人、法人和非法人组织之间的人身关系和财产关系，从而，不属于民法调整对象的权利、义务，可能就不能直接适用《民法总则》第 67 条第 2 款和《公司法》第 176 条的规定，由分立后各个公司享有连带债权、承担连带债务。比如，公司分立后，对于分立前的公司已经就其经营的业务取得的资质、许可证，考虑到该等资质、许可证具有行政授权属性和政府特许性质，分立后的各个公司是否需要重新申请办理，从公司登记主管机关的角度，《企业经营范围登记管理规定》（2015 年国家工商行政管理总局令第 76 号）第 9 条作了不同的规定：一是，在公司分立中新设的公司申请从事前置许可经营项目，应当凭审批机关的批准文件、证件向公司登记机关重新申请登记；二是，在公司分立中存续的公司申请从事前置许可经营项目的，变更登记前已经审批机关批准的，则不需重新办理审批手续。

不过，相关资质、许可证的审批机关对此可能有不同的处理办法。比如，针对工程勘察、设计、施工、监理企业及招标代理机构等建设工程企业合并后涉及资质重新核定办理的问题，2016 年修订后《住房和城乡建设部关于建设工程企业发生重组、合并、分立等情况资质核定有关问题的通知》就规定，下列类型的建设工程企业发生分立情况申请建设工程企业资质证书的，可按照有关规定简化审批手续，经审核注册资本金和注册人员等指标满足资质标准要求的，直接进行证书变更：一是，企业全资子公司间重组、分立，即由于经营结构调整，在企业与其全资子公司之间或各全资子公司间进行主营业务资产、人员转移，在资质总量不增加的情况下，企业申请资质全部或部分转移的；二是，国有企业改制重组、分立，即经国有资产监管部门批准，几家国有企业之间进行主营业务资产、人员转移，企业申请资质转移且资质总量不增加的。不属于上述情形的建设工程企业分立，分立后的相关企业申请办理建设工程企业资质证书的，应按照有关规定重新进行核定。

因此，实务中，应当关注相关主管机关的具体要求。

四、公司分立涉及的债权人权利保护

（一）债权人享有获得通知的权利

在公司分立时的债权人权利保护方面，《公司法》第175条赋予了公司的债权人在公司分立时享有获得有关公司分立的通知的权利。

《公司法》第175条要求拟分立的公司将其分立的事项通知其债权人，具体来说：

一是，在通知的对象方面，《公司法》第175条所说的“通知债权人”，指的是公司应向其每一个债权人逐一进行通知，告知其公司分立的事项。但该条只提及了“通知债权人”，问题是，公司分立时是否需要通知其债务人呢？《公司法》对此未作规定。

结合《民法总则》第67条第2款关于“法人分立的，其权利和义务由分立后的法人享有连带债权，承担连带债务，但是债权人和债务人另有约定的除外”的规定①，以及《合同法》第90条关于“当事人订立合同后分立的，除

① 值得一提的是，《民法通则》第44条第2款曾规定“企业法人分立、合并，它的权利和义务由变更后的法人享有和承担”，其中使用的是“变更后的法人”的表述。在公司分立的情形，考虑到只有在派生分立（或存续分立）的情况下，才有存在“变更后的法人”（即在分立后仍然存续的公司）的可能，因此，《民法通则》第44条第2款的规定，并没有充分考虑各种分立的情形，其指向的仅仅是派生分立后仍然存续的企业法人，即分立前的企业法人的权利和义务，由分立后仍然存续的企业法人享有和承担。此外，由于全国人民代表大会后来通过的《民法总则》的第67条第2款针对法人分立规定了“法人分立的，其权利和义务由分立后的法人享有连带债权，承担连带债务，但是债权人和债务人另有约定的除外”，此项规定与此前通过的《民法通则》第44条第2款的规定是不一致的，根据《立法法》（2015年修正）第92条关于“同一机关制定的法律，特别规定与一般规定不一致的，适用特别规定；新的规定与旧的规定不一致的，适用新的规定”的规定，结合全国人民代表大会常务委员会时任副委员长李建国2017年3月8日在第十二届全国人民代表大会第五次会议上作的《关于〈中华人民共和国民法总则（草案）〉的说明》中所说的“民法总则草案通过后暂不废止民法通则。民法总则与民法通则的规定不一致的，根据新法优于旧法的原则，适用民法总则的规定”，我理解，在法人分立方面，应当适用《民法总则》第67条第2款关于“法人分立的，其权利和义务由分立后的法人享有连带债权，承担连带债务，但是债权人和债务人另有约定的除外”的规定，而不适用《民法通则》第44条第2款关于“企业法人分立、合并，它的权利和义务由变更后的法人享有和承担”的规定。

债权人和债务人另有约定的以外，由分立的法人或者其他组织对合同的权利和义务享有连带债权，承担连带债务”的规定，也考虑到公司分立不同于《合同法》第 79 条至第 88 条所规定的合同权利义务转让，注意到拟分立的公司需要根据《公司法》第 175 条第 2 款的规定在报纸上进行公告，我理解，在公司分立的情形，公司可以不专门通知其债务人，当然，公司与其债务人之间另有约定的除外。

二是，在通知的方式方面，由于《公司法》使用了“公司应当……通知债权人，并……在报纸上公告”的表述，因此，公司在分立时不仅需要对其债权人进行逐一通知，还应当在报纸上进行公告；通知与公告缺一不可，既不能以公司已经通知了其所有债权人为由不进行公告，也不能以进行了公告为由不逐一通知其债权人。

值得注意的是，《公司法》本身未对刊登公司分立事项的公告的报纸提出要求，参考《公司法司法解释（二）》第 11 条第 1 款关于“公司清算时，清算组应当按照公司法第一百八十五条的规定，……根据公司规模和营业地域范围在全国或者公司注册登记地省级有影响的报纸上进行公告”的规定，我理解，拟实施分立的公司也应在全国或公司注册地所在的省级范围内有影响的报纸上刊登公司分立事项的公告为宜。此外，如果实施分立的公司属于外商投资的公司，《关于外商投资企业合并与分立的规定》（2001 年修订）第 27 条则明确要求其在“全国发行的省级以上报纸”公告。

三是，在通知的期限方面，由于《公司法》第 175 条第 2 款使用了“公司应当自作出分立决议之日起十日内通知债权人，并于三十日内在报纸上公告”的表述，因此，拟实施分立的公司应当在其权力机构作出分立决议或决定之日起 10 日内逐一通知其各个债权人，并在其权力机构作出分立决议或决定之日起 30 日内在报纸上作出关于公司分立的公告。

结合《公司法》第 37 条第 1 款和第 99 条关于公司股东会或股东大会的职权的规定，《公司法》第 175 条所说的“作出分立决议”，指的是公司权力机构作出的公司分立的决议。

值得注意的是，在拟分立的公司为一人公司或国有独资公司时，《公司法》第 175 条所说的“作出分立决议”，指的是一人公司的唯一股东或国有独资公司的出资人作出的决定。因此，在表述上，如果《公司法》第 175 条中的“作出分立决议”能够调整为“作出分立决议或决定”，则是更加完善的。

针对公司分立时未依法通知，公告债权人的行为，《公司法》第204条第1款规定了相应的行政责任，“公司在……分立时……，不依照本法规定通知或者公告债权人的，由公司登记机关责令改正，对公司处以一万元以上十万元以下的罚款”。

（二）债权人在公司分立时不享有《公司法》意义上的要求公司清偿债务或提供担保的权利

值得注意的是，在公司分立时，《公司法》第175条没有像《公司法》第173条针对公司合并那样规定“债权人自接到通知书之日起三十日内，未接到通知书的自公告之日起四十五日内，可以要求公司清偿债务或者提供相应的担保”，因此，公司的债权人在公司分立时不享有《公司法》意义上的要求公司清偿债务或提供担保的权利。其背后的原因在于，从总量上看，公司分立前的债权债务情况，并没有因公司分立而发生变化，分立后的各个公司各自的债权债务之和与分立前的公司的债权债务之和是相同的，在有《公司法》第176条规定的“公司分立前的债务由分立后的公司承担连带责任。但是，公司在分立前与债权人就债务清偿达成的书面协议另有约定的除外”的前提下，从总体上看，公司的债权人的利益不会仅仅因公司实施分立而受到不利影响。

注意到，针对公司分立时的债权人利益保护，2005年修订前的《公司法》第185条第2款不仅规定了公司分立时“债权人自接到通知书之日起三十日内，未接到通知书的自第一次公告之日起九十日内，有权要求公司清偿债务或者提供相应的担保”，还明确规定了“不清偿债务或者不提供相应的担保的，公司不得分立”。与此不同，2005年修订以来，现行《公司法》没有再规定“不清偿债务或者不提供相应的担保的，公司不得分立”。由于《公司法》第175条既没有规定“债权人自接到通知书之日起三十日内，未接到通知书的自公告之日起四十五日内，可以要求公司清偿债务或者提供相应的担保”，又没有规定“未清偿债务或提供担保，不得分立”；同时，考虑到《公司法》第176条规定了“公司分立前的债务由分立后的公司承担连带责任。但是，公司在分立前与债权人就债务清偿达成的书面协议另有约定的除外”，《民法总则》第67条第2款规定了“法人分立的，其权利和义务由分立后的法人享有连带债权，承担连带债务，但是债权人和债务人另有约定的除外”，因此，在公司分立的情形，在《公司法》项下，公司的债权人不享有阻止公司实施分立的权利。

对此，在2014年12月10日就吉林市恒信实业有限责任公司（以下简称恒信公司）、沈某龙与沈某嘉、沈某林一般损害公司权益纠纷再审案作出的（2014）民申字第905号民事裁定书中，最高人民法院认为：“本案《恒信实业有限公司财产分割协议》的签订背景，是在兄弟之间嫌隙不睦的情况下，经王某人等四位见证人的调停，沈某龙等三人在互相谅解的基础上，将恒信公司的部分资产和债权债务予以分割，以期维护沈氏大家庭的和睦氛围。该财产分割协议的内容涉及公司股东退出公司、公司固定资产分割、债权转让和债务承担等内容，其性质类似于公司分立协议。本案中，沈某龙等人实施的分割公司财产的行为，虽未依照《公司法》的规定履行股东会决议、通知债权人及公告等法定程序，但不宜以此为由否定财产分割协议的法律效力。一方面，就公司股东意思的形成来看，恒信公司本身系沈某龙、沈某嘉、沈某林三人协议共同持有控制股权的家族企业，除沈某龙之妻李某杰之外的其他股东所持有的股权均系源自沈某龙之赠与，且该等其他股东当时均在恒信公司任职，应当知道沈某龙等三人之间签订了财产分割协议，且其他股东在分割协议签订之后，并未主动提出异议。故不能仅以该协议在签订之时未经股东会议决议的程序瑕疵为由，否认该协议在股东之前的效力。另一方面，《公司法》就公司分立所规定的通知债权人和公告等程序，系为保护债权人利益而设，违反上述规定的法律后果是公司不能以其分立行为对抗债权人，而非否定分立协议在公司股东之间的法律效力。故原审判决在考量了沈某龙等三人的持股比例和其他股东分别选择到分立后的公司工作等实际情况的基础上，认定财产分割协议有效是正确的，本院予以确认。”

不过，由于作为行政法规的《公司登记管理条例》第38条第2款规定了“公司分立的，应当自公告之日起45日后申请登记，提交分立决议或者决定以及公司在报纸上登载公司分立公告的有关证明和债务清偿或者债务担保情况的说明”，因此，这一规定在一定程度上使得公司的债权人享有了类似于《公司法》第173条所规定的权利；所以，在公司分立的情形，公司在公告之日起满45日后才能申请办理公司分立涉及的变更登记、注销登记或设立登记；在此之前提交的相关登记申请，公司登记机关可——并应当——不予受理。

此外，在作为用人单位的公司拖欠农民工工资的情形，作为行政法规的《保障农民工工资支付条例》第21条从正向角度对公司在合并前清偿拖欠农民工工资的义务作出了直接的规定：“用人单位合并或者分立时，应当在实施合并或者分立前依法清偿拖欠的农民工工资；经与农民工书面协商一致的，可以由合并或者分立后承继其权利和义务的用人单位清偿。”据此，除非能够与农民工协商一致由分立后的公司清偿所拖欠的农民工工资，否则，在作为用人单位的公司拖欠农民工工资的情形，《保障农民工工资支付条例》赋予了作为该公司的债权人的被拖欠工资的农民工在公司分立时要求公司清偿债务的权利，作为用人单位的拖欠农民工工资的公司必须在分立之前就清偿所拖欠的农民工工资。这事实上也意味着作为债权人的被拖欠工资的农民工事实上享有阻止作为债务人的拖欠农民工工资的公司实施分立的权利。

还有，公司的债权人在《公司法》项下不享有阻止公司实施分立的权利，这不影响公司的债权人与公司之间的协议有关公司未清偿债务或提供相应的担保就不得实施分立的约定的效力；在此情况下，如果公司未清偿债务或提供相应的担保就实施了分立，公司的债权人可以依照《合同法》和相关协议追究公司的违约责任。

五、有关公司分立的注意事项小结

根据《公司法》的相关规定，关于公司分立，应当注意以下事项：

一是，在分立的形式方面，根据《国家工商行政管理总局关于做好公司合并分立登记支持企业兼并重组的意见》（工商企字〔2011〕226号）的规定，公司分立可以采取存续分立（又称派生分立）或解散分立（又称新设分立）。

二是，在分立的条件方面，《公司法》本身没有对公司分立的条件作出规定，并没有要求公司在股东缴足出资之前或者存在亏损的情况下不能实施分立。《国家工商行政管理总局关于做好公司合并分立登记支持企业兼并重组的意见》（工商企字〔2011〕226号）也允许注册资本未缴足的公司实施分立，只是要求：“分立前注册资本未足额缴纳的公司，分立后存续或者新设公司的注册资本应当根据分立决议或者决定的约定，按照分立前规定的出资期限缴足”，据此，注册资本未缴足的公司也可以实施分立。

不过，就外商投资的公司而言，2001 年修订的对外贸易经济合作部、国家工商行政管理总局联合出台的《关于外商投资企业合并与分立的规定》第 9 条规定：“在投资者按照公司合同、章程规定缴清出资、提供合作条件且实际开始生产、经营之前，公司不得合并或分立。”

三是，在分立的程序方面，根据《公司法》第 7 条第 3 款、第 37 条第 1 款第 9 项、第 37 条第 2 款、第 99 条、第 175 条、第 178 条第 1 款，应当由拟实施分立的公司编制资产负债表及财产清单，对公司的财产作相应的分割，并由公司的权力机构作出公司分立的决议或决定，自作出公司分立的决议或决定之日起 10 日内通知债权人，并于 30 日内在报纸上公告，并依法向公司登记机关办理变更登记（适用于存续分立中存续的公司）和设立登记（适用于存续分立中新设的公司），或办理设立登记（适用于解散分立中新设的公司）和注销登记（适用于解散分立中解散的公司），换发或领取新的营业执照。

四是，在分立决策的表决方面，根据《公司法》第 37 条第 2 款、第 43 条第 2 款、第 61 条、第 66 条、第 103 条第 2 款的规定，有限公司股东会对公司分立作出的决议，应由代表三分之二以上表决权的股东通过，或者由公司的全体股东作出一致同意分立的书面决定，或者由一人公司的唯一股东或国有独资公司的出资人作出分立的决定；股份公司股东大会对公司分立作出的决议，须经出席股东大会的股东所持表决权的三分之二以上通过。

五是，在分立前的公司债权债务的处理方面，根据《公司法》第 176 条、《合同法》第 90 条、《民法总则》第 67 条第 2 款的规定，公司分立前的债权、债务由分立后的公司享有连带债权、承担连带债务；但是，公司与其债权人或其债务人就债务清偿达成的书面协议另有约定的除外。

六是，在公司分立的异议股东权利保护方面，根据《公司法》第 74 条第 1 款第 2 项的规定，对有限公司股东会作出的分立决议投反对票的股东，有权请求有限公司按照合理的价格收购其股权；根据《公司法》第 142 条第 1 款第 4 项的规定，对股份公司股东大会作出的分立决议持有异议的股东，有权要求股份公司收购其股份。因此，公司的股东可以选择在公司股东会或股东大会就公司分立进行表决时投反对票、通过要求公司收购其股权或股份的方式退出公司。

七是，在分立后的各个公司的成立日期方面，《公司法》本身没有对此作出规定。2001 年修订的《关于外商投资企业合并与分立的规定》第 15 条第 2

款规定："因公司分立而设立新公司的，登记机关核准设立登记并签发营业执照的日期为分立后公司的成立日期。"我理解，上述规定也适用于内资公司的分立。因此，在存续分立的情形，分立后存续的公司因其仍然存续，其成立日期保持不变；在存续分立中新设的公司则应以公司登记机关签发其营业执照的日期为成立日期；在解散分立的情形，新设的各个公司也应以其公司登记机关签发其营业执照的日期为成立日期。

八是，在分立后的公司的注册资本方面，《公司法》本身没有对此作出规定。《国家工商行政管理总局关于做好公司合并分立登记支持企业兼并重组的意见》（工商企字〔2011〕226号）规定，因分立而存续或者新设的公司，其注册资本、实收资本数额由分立决议或者决定约定，但分立后公司注册资本之和、实收资本之和不得高于分立前公司的注册资本、实收资本。

不过，就外商投资的公司的分立而言，则应遵守2001年修订的《关于外商投资企业合并与分立的规定》第13条的规定："分立后公司的注册资本额，由分立前公司的最高权力机构，依照有关外商投资企业法律、法规和登记机关的有关规定确定，但分立后各公司的注册资本额之和应为分立前公司的注册资本额。"

九是，在分立后的公司的类型方面，《公司法》本身没有对此作出规定。《国家工商行政管理总局关于做好公司合并分立登记支持企业兼并重组的意见》（工商企字〔2011〕226号）则规定，分立后存续或者新设的公司，只要符合《公司法》规定的条件，可以选择有限责任公司或者股份有限公司类型。尽管工商企字〔2011〕226号文是由工商总局一家出台的，我倾向于认为，外商投资的公司的分立，分立后的公司类型也可以选择为有限公司或股份公司。当然，现阶段，这需要取得商务主管机关批准或备案。

十是，在分立后的公司的股权结构方面，《公司法》本身没有对此作出明确规定。《国家工商行政管理总局关于做好公司合并分立登记支持企业兼并重组的意见》（工商企字〔2011〕226号）规定，因分立而存续或者新设的公司，其股东（发起人）的出资比例、认缴或者实缴的出资额，由分立决议或者决定约定。据此，分立前的公司的股东，可以同时在分立后的各家公司中持股，亦可只在分立后的部分公司中持股，而在其他公司中不持股；分立前的公司的股东是否成为分立后存续的公司或新设的公司的股东，分立前的公司的各个股东在分立后存续的公司或新设的公司的出资比例，都可以由分立前的公司的权力机构作出的分立决议或决定加以约定，并非必须根据其各自对分立前的公司持有的净资产份额的比例加以确定。对此，《公司法司法解释（五）》第5条也规定了："人民法院审理涉及有限责任公司股东重大分歧案件时，应当注重调解。当事人协商一致以下列方式解决分歧，且不违反法律、行政法规的强制性规定的，人民法院应予支持：……（五）公司分立；……"，因为"……公司分立则使得无法继续合作的股东'分家'，各自经营公司，也使得公司以新的形式存续"[①]。此外，结合《公司法》第74条和第142条关于异议股东收购请求权的规定，在公司分立过程中，亦应允许分立前的公司的股东通过向公司或其他股东转让股权的方式退出。

就外商投资的股份有限公司之间合并或者外商投资的公司合并后为有限责任公司的而言，《关于外商投资企业合并与分立的规定》第14条也规定："各方投资者在分立后的公司中的股权比例，由投资者在分立后的公司合同、章程中确定……"

不过，值得注意的是，从税收管理的角度，如果分立前的公司的股东不再成为分立后的各个公司的股东，公司分立可能不能享受相应的税收优惠。比如，《财政部、税务总局关于继续支持企业、事业单位改制重组有关契税政策的通知》（财税〔2018〕17号）尽管规定了"公司依照法律规定、合同约定分立为两个或两个以上与原公司投资主体相同的公司，对分立后公司承受原公司土地、房屋权属，免征契税"，但是，财税〔2018〕17号文件同时也明确规定了"投资主体相同"是指"公司分立前后出资人不发生变动，出资人的出资比例可以发生变动"，从而，如果分立前的公司的任何股东不再同时持有分立后的各个公司的股权，那么，此项公司分立交易将不能享受财税〔2018〕17号文件所规定的免征契税的待遇。

十一是，在分立前的公司的对外投资的处理方面，《公司法》本身没有对此作出明确规定。《国家工商行政管理总局关于做好公司合并分立登记支持企业兼并重组的意见》（工商企字〔2011〕226号）规定，分立的公司持有其他

---

① 见《依法保护股东权益 服务保障营商环境——最高人民法院民二庭相关负责人就〈关于适用《中华人民共和国公司法》若干问题的规定（五）〉答记者问》，http://www.court.gov.cn/zixun-xiangqing-155282.html，最后访问时间：2019年9月30日。

有限责任公司股权的，应当在分立决议或者决定中载明其持有股权的处置方案；处置方案中载明通过股权转让或者减资方式退出的，应当在公司分立前办理股权所在有限责任公司的股东转让股权或者注册资本、实收资本变更登记；处置方案中载明股权归属于存续或者新设的公司的，可以在公司分立后办理股权所在有限责任公司的股东变更登记。

需要注意的是，在作为有限公司的股东的公司发生分立的情形，不论是《公司法》第176条关于“公司分立前的债务由分立后的公司承担连带责任。但是，公司在分立前与债权人就债务清偿达成的书面协议另有约定的除外”的规定，还是《民法总则》第67条第2款关于“法人分立的，其权利和义务由分立后的法人享有连带债权，承担连带债务，但是债权人和债务人另有约定的除外”的规定，都只是提及分立前的公司的债权和债务，并未涉及分立前的公司的“股权”“在合伙企业中的财产份额”等投资性权利，因此，如果该有限公司的章程没有另外规定，在作为其股东的公司存续分立的情况下，因新分立出来的公司为新设公司，不同于被分立的公司，被分立的公司原所持有的有限公司的股权转移至分立后新设的公司，应当受到《公司法》第71条第2款和第3款规定的约束；在解散分立（又称新设分立）的情况下，因分立后的各个公司均为新设的公司，不同于被分立的公司，被分立的公司原所持有的有限公司的股权转移至分立后新设的公司，也应当受到《公司法》第71条第2款和第3款规定的约束。

值得一提的是，尽管在公司分立时可以自主约定分立后存续的公司或新设的公司的股东的出资比例、认缴或者实缴的出资额，但是，从税务的角度，公司分立的过程可能会被视为由以下两个交易环节组成：一是，被分立的公司将其部分或全部资产分离转让给现存或新设的公司，并由此获得现存或新设的公司的股权；二是，被分立的公司向其股东分配其所持有的现存或新设的公司的股权或非股权资产，被分立的公司的股东由此获得分立后存续或新设的公司的股权或非股权资产①。

① 也有把公司分立交易分解为“被分立公司的股东收回投资”和“相关股东再对分立后的公司进行投资”这两个交易环节的处理办法，见《海南省地方税务局关于印发企业重组中分立业务所得税税收风险特征的通知》（琼地税函〔2014〕467号）。

从而，在上述第一个交易环节，被分立的公司可能需要缴纳企业所得税；在上述第二个交易环节，被分立的公司的股东可能需要缴纳个人所得税或企业所得税。综合起来，在公司分立的过程中，被分立的公司的股东（包括自然人股东）可能需要就取得分立后新设的公司的股权缴纳所得税，尤其是被分立公司的股东在公司分立过程中取得了现金收入的情况下更可能涉及所得税问题。

根据《财政部、国家税务总局关于企业重组业务企业所得税处理若干问题的通知》（财税〔2009〕59 号）、《关于企业重组业务企业所得税征收管理若干问题的公告》（国家税务总局公告 2015 年第 48 号）的规定，从税务机关的角度，公司分立指的是一家公司（即被分立企业）将部分或全部资产分离转让给现存或新设的企业（即分立企业），被分立企业的股东换取分立企业的股权或非股权支付，实现企业的依法分立；其中的“股权支付”是指企业重组中购买、换取资产的一方支付的对价中，以本企业或其控股企业的股权、股份作为支付的形式；“非股权支付”是指以本企业的现金、银行存款、应收款项、本企业或其控股企业股权和股份以外的有价证券、存货、固定资产、其他资产以及承担债务等作为支付的形式。

《财政部、国家税务总局关于企业重组业务企业所得税处理若干问题的通知》规定，适用一般性税务处理的公司分立，被分立企业继续存在时，其股东取得的对价应视同被分立企业分配进行处理；被分立企业不再继续存在时，被分立企业及其股东都应按清算进行所得税处理。根据《企业重组业务企业所得税管理办法》（国家税务总局公告 2010 年第 4 号）[①] 第 13 条的规定，企业发生财税〔2009〕59 号文件规定的适用一般性税务处理规定的分立，应按照《财政部、国家税务总局关于企业清算业务企业所得税处理若干问题的通知》（财税〔2009〕60 号）的规定进行清算。根据财税〔2009〕60 号文件的规定，被清算企业的股东分得的剩余资产的金额，其中相当于被清算企业累计未分配利润和累计盈余公积中按该股东所占股份比例计算的部分，应确认为股息所得；剩余资产减除股息所得后的余额，超过或低于股东投资成本的部分，应确认为

---

① 《企业重组业务企业所得税管理办法》第 3 条、第 7 条、第 8 条、第 16 条、第 17 条、第 18 条、第 22 条、第 23 条、第 24 条、第 25 条、第 27 条、第 32 条已被《关于企业重组业务企业所得税征收管理若干问题的公告》（国家税务总局公告 2015 年第 48 号）废止。

股东的投资转让所得或损失，并据以计算征收个人所得税或企业所得税。

不过，《财政部、国家税务总局关于企业重组业务企业所得税处理若干问题的通知》（财税〔2009〕59 号）、《关于企业重组业务企业所得税征收管理若干问题的公告》（国家税务总局公告 2015 年第 48 号）也规定了符合特定条件的公司分立，可以进行特殊性税务处理，其中包括“被分立企业的股东取得分立企业的股权（以下简称新股），如需部分或全部放弃原持有的被分立企业的股权（以下简称旧股），‘新股’的计税基础应以放弃‘旧股’的计税基础确定。如不需放弃‘旧股’，则其取得‘新股’的计税基础可从以下两种方法中选择确定：直接将‘新股’的计税基础确定为零；或者以被分立企业分立出去的净资产占被分立企业全部净资产的比例先调减原持有的‘旧股’的计税基础，再将调减的计税基础平均分配到‘新股’上”。

实务中，公司分立应充分考虑与企业重组相关的税务事项，关注上述法规以及与企业重组相关的其他税法规定，必要时应聘请专业人士提供协助和服务。

第二十一章
利润分配和资本公积金

获得利润分配是公司股东资产收益权的重要体现，公司向股东分配利润也是回报投资者的重要形式，但公司实施利润分配也应当遵守《公司法》《会计法》等法律、行政法规和财政部有关财务会计的规定。其中，非上市及未在全国中小企业股份转让系统挂牌的公司以资本公积金向个人股东转增股本也是利润分配的一种方式，而公司的资本公积金作为公司财产的一部分，有其法定的来源和用途，公司对资本公积金的使用也应当遵守法律的规定。本章主要围绕公司财务会计方面的利润分配制度和资本公积金制度展开讨论。

第一节　利润分配

《公司法》关于公司的利润分配，主要是由第166条、第34条、第168条加以规定的。

一、利润和税后利润的界定

（一）利润的构成

何为税后利润?《公司法》本身未作规定，需要适用其他法律法规的规定。为了解税后利润，需要先了解利润的构成。根据《企业财务会计报告条例》第10条、《企业会计准则——基本准则》（2014年修订）第37条和《企业会计制度》（财会〔2000〕25 号）① 第 106 条，利润是指企业在一定会计期间的经营成果，利润包括收入减去费用后的净额、直接计入当期利润的利得和损失等。

《企业会计制度》第 106 条规定了，利润由营业利润、利润总额和净利润等构成，其中：

（1）营业利润，是指主营业务收入减去主营业务成本和主营业务税金及附加，加上其他业务利润，减去营业费用、管理费用和财务费用后的金额。

（2）利润总额，是指营业利润加上投资收益、补贴收入、营业外收入，减去营业外支出后的金额。

（3）投资收益，是指企业对外投资所取得的收益，减去发生的投资损失和计提的投资减值准备后的净额。

（4）补贴收入，是指企业按规定实际收到退还的增值税，或按销量或工作量等依据国家规定的补助定额计算并按期给予的定额补贴，以及属于国家财政扶持的领域而给予的其他形式的补贴。

（5）营业外收入和营业外支出，是指企业发生的与其生产经营活动无直接关系的各项收入和各项支出。营业外收入包括固定资产盘盈、处置固定资产净

---

① 截至目前，财政部尚未明文废止《企业会计制度》或宣布《企业会计制度》失效。基于以下理由，《企业会计制度》目前应当仍然有效：一是，2019 年 2 月 27 日印发的《财政部办公厅关于开展 2019 年部分中央文化企业经济效益季度快报工作的通知》（财办文〔2019〕8 号）的附件 3 “2019 年中央文化企业经济效益季度快报编制说明”提到了《企业会计制度》：“‘执行会计准则情况代码’根据企业目前所执行的《企业会计准则》《企业会计制度》等会计核算制度的实际情况填列。具体代码为：企业会计准则 -00，企业会计制度 -13，小企业会计准则 -14，其他 -99。”

二是，2017 年 1 月 12 日印发的《财政部关于编报 2016 年行政事业单位资产报表的通知》（财资〔2017〕4 号）的附件 2 “2016 年行政事业单位国有资产报表编制说明”还提到了“企业会计制度”：“执行企业会计制度的事业单位、行政单位附属的未脱钩经济实体，事业单位兴办、具有法人资格的企业，不列入此次填报范围。”

三是，2016 年 2 月 22 日印发的《财政部关于开展 2016 年度重点企业税源调查快报工作的通知》（财税〔2016〕24 号）的附件 4 “全国重点企业税源调查快报指标说明”则明确使用了“企业会计制度（2001）”的表述：“为方便填报并准确反映被调查企业经营状况，全国重点企业税源调查快报将执行企业会计准则（2006）、企业会计制度（2001）、金融企业会计制度（2001）、小企业会计制度、分行业企业会计制度等制度的报表项目进行了兼容处理。”

四是，《财政部关于中央文化企业执行〈企业会计准则〉有关事项的通知》（财文资〔2014〕17 号）也明确提到了“《企业会计制度》”：“自 2015 年 1 月 1 日起，中央文化企业及其各级子企业应执行 2006 年财政部颁布的《企业会计准则——基本准则》（财政部令第 33 号）、具体准则和应用指南，以及 2014 年修订和出台的企业会计准则基本准则和 8 项具体准则等有关规定。执行《企业会计准则》的中央文化企业及其各级子企业，不再执行《企业会计制度》、《行业会计制度》、《新闻出版业会计核算办法》等专业核算办法和问题解答。”

收益、处置无形资产净收益、罚款净收入等。营业外支出包括固定资产盘亏、处置固定资产净损失、处置无形资产净损失、债务重组损失、计提的无形资产减值准备、计提的固定资产减值准备、计提的在建工程减值准备、罚款支出、捐赠支出、非常损失等。

（6）所得税，是指企业应计入当期损益的所得税费用。

（7）净利润，是指利润总额减去所得税后的金额。

因此，《公司法》第 166 条第 1 款、第 3 款和第 4 款所说的税后利润，指的是公司的净利润；《公司法》第 166 条第 2 款所说的当年利润、第 5 款和第 6 款所说的利润，则不一定指公司的净利润或税后利润。

（二）可供分配的利润、可供投资者分配的利润与未分配利润

值得注意的是，《企业会计制度》还区分了可供分配的利润、可供投资者分配的利润和未分配利润，其中：

（1）根据《企业会计制度》第 110 条的规定，可供分配的利润，指企业当期实现的净利润，加上年初未分配利润（或减去年初未弥补亏损）和其他转入后的余额。

（2）根据《企业会计制度》第 111 条的规定，可供投资者分配的利润，指可供分配的利润减去提取的法定盈余公积、法定公益金后的余额。

（3）根据《企业会计制度》第 111 条的规定，未分配利润，指可供投资者分配的利润减去已向投资者分配的利润之后的余额，未分配利润可留待以后年度进行分配。

因此，《公司法》第 166 条第 4 款所说的所余税后利润，指的是公司可供投资者分配的利润。

二、公司税后利润的分配顺序

（一）公司分配税后利润的一般顺序

结合《公司法》第 166 条第 1 款至第 4 款的规定，通常来说，在公司当年存在税后利润的情况下，公司的税后利润应当按照弥补以前年度亏损、提取法

定公积金、提取任意公积金、向股东分配红利或股利的顺序进行分配，具体如下：

第一步，在公司存在尚未弥补的以前年度亏损的情况下，先用当年税后利润弥补以前年度亏损。如果当年税后利润不足以弥补以前年度亏损，则不能再进行后续的分配环节。

第二步，在以前年度亏损均已弥补完毕之后，当年的税后利润仍有剩余的情况下，按当年税后利润数额的10%，提取法定公积金。

根据《公司法》第166条第1款关于“公司分配当年税后利润时，应当提取利润的百分之十列入公司法定公积金”的规定，如果当年税后利润的剩余数额低于当年税后利润的10%，则不能再进行后续的分配环节。

根据《公司法》第166条第1款关于“公司法定公积金累计额为公司注册资本的百分之五十以上的，可以不再提取”的规定，如果在分配当年税后利润的过程中，公司已经提取的法定公积金的累计额已经达到或超过公司注册资本的50%，可以不再从剩余的税后利润中提取法定公积金，直接进入下一个分配环节。

在公司的法定公积金的累计额未达到公司注册资本的50%的情况下，如果提取当年税后利润弥补以前年度亏损之后，剩余的税后利润低于当年税后利润的10%的一部分，就使得公司的法定公积金的累计额达到了公司注册资本的50%，则可以进入下一个分配环节，对依法提取法定公积金之后剩余的税后利润进行分配。

第三步，在以当年税后利润弥补以前年度亏损，依法提取法定公积金之后，当年的税后利润仍有剩余的情况下，如果公司的股东会或股东大会作出了提取任意公积金的决议，则按照股东会或股东大会决议的规定提取相应的任意公积金。

值得注意的是，由于《公司法》第166条第3款使用了“公司从税后利润中提取法定公积金后，经股东会或者股东大会决议，还可以从税后利润中提取任意公积金”的表述，因此，提取任意公积金并非强制性的要求，公司权力机构可以自主决定是否提取任意公积金、提取多少任意公积金。因此，《公司法》第166条第5款使用了“在公司弥补亏损和提取法定公积金之前向股东分配利润”的表述，而没有使用“在公司弥补亏损和提取公积金之前向股东分配利润”的表述。

第四步，公司提取法定公积金和任意公积金（如适用）之后剩余的税后利润，连同公司以前年度的未分配利润，可以向股东进行分配。有限公司的股东按照实缴的出资比例或全体股东约定的比例进行分配；股份公司按照股东的持股比例或公司章程规定的比例进行分配。当然，公司是否向股东分配利润，应取决于公司权力机构的决议或决定（请见下文的分析）。

（二）特定行业的公司分配税后利润的特别要求

值得注意的是，主管机关可能会对相关行业的公司分配当年税后利润作出与《公司法》略有不同的规定，实务中应当予以关注。

比如，对金融企业来说，根据财政部制定的《金融企业财务规则》，金融企业分配当年税后利润，应当按照弥补以前年度亏损、提取法定盈余公积金、提取一般（风险）准备金、向投资者分配利润的顺序进行分配；其中的股份公司则按照弥补以前年度亏损、提取法定盈余公积金、提取一般（风险）准备金、支付优先股股利、提取任意盈余公积金、支付普通股股利、转作资本（股本）的顺序进行分配。

三、公司在提取法定公积金之前弥补以前年度亏损的要求

（一）提取法定公积金之前以当年利润弥补以前年度亏损

《公司法》第166条第2款使用了“公司的法定公积金不足以弥补以前年度亏损的，在依照前款规定提取法定公积金之前，应当先用当年利润弥补亏损”的表述，因此，所有公司包括有限公司和股份公司，在分配当年税后利润时，如果公司存在以前年度未弥补的亏损，并且公司当时已经提取的法定公积金的数额少于以前年度亏损的数额，那么，公司就应当先用当年的利润弥补以前年度的亏损，而不是按照《公司法》第166条第1款的规定提取法定公积金；待以前年度的亏损已经弥补完毕并且仍然还有税后利润的情况下，再提取当年税后利润的10%，列入公司法定公积金。

因此，根据《公司法》第166条第2款的规定，在公司还有以前年度亏损

没有弥补的情况下，公司是不能提取法定公积金的；从而，根据《公司法》第166条第3款、第4款和第5款的规定，在公司还有以前年度亏损未弥补的情况下，公司也不能提取任意公积金，更不能向股东分配利润。

其中，《公司法》第166条第2款所说的公司的法定公积金，指的是截至公司分配税后利润时、在分配税后利润之前，公司已经提取的法定公积金的累计数额。从税务的角度，根据《企业所得税法实施条例》第10条，《企业所得税法》所说的亏损是指企业依法将每一纳税年度的收入总额减除不征税收入、免税收入和各项扣除后小于0的数额。结合《公司法》第166条第2款的规定，亏损包括公司以前年度的未弥补亏损和当年发生的亏损。在公司当年发生亏损的情况下，由于公司当年处于亏损状态，即净利润为负值，就不存在《公司法》第166条第1款所说的分配当年税后利润的问题了。

从税务的角度，《公司法》第166条第2款所说的以前年度的亏损，指的是公司在以前纳税年度发生的并且尚未弥补的亏损。当然，根据《国家税务总局关于贯彻落实企业所得税法若干税收问题的通知》（国税函〔2010〕79号）的规定，因公司自开始生产经营的年度，为开始计算企业损益的年度，公司从事生产经营之前进行筹办活动期间发生筹办费用支出，不得计算为当期的亏损，从而不属于以前年度亏损。

（二）弥补以前年度亏损的其他办法

值得注意的是，尽管《公司法》第166条第2款使用了“公司的法定公积金不足以弥补以前年度亏损”的表述，但是，这并不意味着公司存在尚未弥补的以前年度的亏损时，必须直接使用已经提取的法定公积金来弥补以前年度亏损。公司可以在不违反法律法规的前提下通过其他办法弥补以前年度的亏损。

结合《企业所得税法》《企业所得税法实施条例》《国家税务总局关于江门市新江煤气有限公司亏损弥补问题的批复》（国税函〔2009〕254号）、《国家税务总局关于查增应纳税所得额弥补以前年度亏损处理问题的公告》（国家税务总局公告2010年第20号）等文件的规定，公司弥补以前年度亏损的来源，主要包括以下几种：

一是，用当年的应纳税所得额进行弥补。对此，《企业所得税法》第18条规定了“企业纳税年度发生的亏损，准予向以后年度结转，用以后年度的所得弥补，但结转年限最长不得超过五年”。据此，对于公司在前五年发生的在以前年度没有弥补的亏损，公司可以在税前以当年的应纳税所得额进行弥补。

二是，用当年的税后利润弥补。对此，《公司法》第166条第2款规定了“公司的法定公积金不足以弥补以前年度亏损的，在依照前款规定提取法定公积金之前，应当先用当年利润弥补亏损”。据此，对于公司以当年的税前利润弥补之后仍未弥补完毕的以前年度亏损，公司应用当年的税后利润进行弥补。

三是，用公司此前已经提取的法定公积金和任意公积金弥补。对此，《公司法》第168条第1款规定了“公司的公积金用于弥补公司的亏损、扩大公司生产经营或者转为增加公司资本。但是，资本公积金不得用于弥补公司的亏损”。据此，公司可以用其已经提取的法定公积金和任意公积金弥补以前年度亏损。

四是，用一般风险准备金弥补。不过，这只适用于金融企业。对此，《证券公司监督管理条例》（2014年修订）第36条规定了“证券公司应当按照规定提取一般风险准备金，用于弥补经营亏损”；《金融企业财务规则》（财政部令第42号）第44条第3款规定了“从事银行业务的，应当于每年年终根据承担风险和损失的资产余额的一定比例提取一般准备金，用于弥补尚未识别的可能性损失；从事其他业务的，应当按照国家有关规定从本年实现净利润中提取风险准备金，用于补偿风险损失”；财政部《金融企业财务规则——实施指南》则进一步要求从事银行业务、保险业务、证券业务、期货经纪业务、信托投资业务、担保业务、基金管理业务、金融租赁业务的金融企业以及属于财务公司性质的金融企业提取的一般风险准备金只能用于弥补亏损，不得用于分红、转增资本。

五是，在税务机关对公司以前年度纳税情况进行检查时调增公司的应纳税所得额的情况下，用调增的应纳税所得额弥补。对此，《国家税务总局关于查增应纳税所得额弥补以前年度亏损处理问题的公告》（国家税务总局公告2010年第20号）规定：“税务机关对企业以前年度纳税情况进行检查时调增的应纳税所得额，凡企业以前年度发生亏损、且该亏损属于企业所得税法规定允许弥补的，应允许调增的应纳税所得额弥补该亏损。”据此，对于公司以前年度发生亏损，可以用税务机关调增的应纳税所得额弥补；不过，《国家税务总局关于查增应纳税所得额弥补以前年度亏损处理问题的公告》（国家税务总局公告

2010年第20号）还规定：“对检查调增的应纳税所得额应根据其情节，依照《中华人民共和国税收征收管理法》有关规定进行处理或处罚。”

值得注意的是，《公司法》第166条第2款关于“公司的法定公积金不足以弥补以前年度亏损的，在依照前款规定提取法定公积金之前，应当先用当年利润弥补亏损”的规定中的“当年利润”，与《公司法》第166条第1款所说额的“当年税后利润”，不是一一对应的关系。对于以前年度亏损，公司固然可以用当年税后利润进行弥补；但是如前所述，根据《企业所得税法》第18条的规定，在“结转年限最长不得超过五年”的情况下，对于以前年度结转的亏损，公司是可以用当年的所得进行弥补的。因此，《公司法》第166条第2款所说的当年利润，不仅可以指当年税后利润，也可以指当年税前利润。

（三）公司弥补亏损的决策

根据《公司法》第37条第1款第6项和第99条关于股东会或股东大会职权的规定以及《公司法》第46条第5项和第108条第4款关于董事会职权的规定，公司弥补亏损应先由公司董事会（或不设董事会的有限公司的执行董事）制订弥补亏损的方案，之后再提交股东会或股东大会审议批准。①

就上市公司而言，中国证监会制定的《公开发行证券的公司信息披露规范问答第3号——弥补累计亏损的来源、程序及信息披露》（2006年修订），对上市公司弥补累计亏损的来源、履行的程序以及相关的信息披露应遵循的要求作出了规定：

一是，在弥补亏损的来源方面，上市公司当年对累计亏损的弥补，应按照任意盈余公积金、法定盈余公积金的顺序依次弥补；法定公益金不得用于弥补亏损。

二是，在弥补亏损的程序和信息披露方面，中国证监会要求上市公司在累计亏损未经全额弥补之前，不得向股东派发股利；上市公司以任意盈余公积、法定盈余公积弥补累计亏损，应履行以下程序及信息披露义务：首先，董事会根据经审计的财务报告拟定累计亏损弥补方案，说明弥补亏损的原因、方式和金额等，并形成董事会决议，提交股东大会表决；其次，董事会发布董事会决

① 相关分析，请见本书第九章的内容。

议公告和召开股东大会公告；再次，召开股东大会，讨论弥补亏损的方案，形成决议，并予公告；最后，依据股东大会决议进行会计处理，并公告股东权益变动表。

尽管上述规定仅适用于上市公司，我理解，其他公司同样可以参考执行。

（四）通过减少注册资本来弥补亏损

值得思考的问题是，公司是否可以采取减少注册资本——严格来讲，是减少实收资本——的方式来弥补亏损？

对此，《公司法》本身并没有禁止；实践中，也存在上市公司通过减少注册资本（或缩股）的方式来弥补亏损的案例。其中的关键在于，应将公司通过减少注册资本的方式弥补亏损分解为两个行为：一个行为是公司减少注册资本，另一个行为则是公司将减少注册资本获得的相应的公积金或未分配利润用于弥补亏损；从而，公司是否可以通过减少注册资本的方式来弥补亏损，取决于公司所减少的注册资本的来源以及公司对其减少的注册资本的部分所做的账务处理。

关于公司注册资本的来源。根据《公司法》第26条、第80条和第168条第1款等条款的规定，在注册资本的来源方面，公司的注册资本可以来源于以下情形：一是，股东缴纳的出资或股款；二是，公司用法定公积金或任意公积金转增而来；三是，公司用未分配利润转增而来；四是，公司用资本公积金转增而来。

关于公司减少注册资本的账务处理。根据《企业会计准则——应用指南》关于实收资本科目的账务处理的规定，公司减少注册资本时，应作相应的账务处理："企业按法定程序报经批准减少注册资本的，借记本科目①，贷记'库存现金'、'银行存款'等科目"，"股份有限公司采用收购本公司股票方式减资的，按股票面值和注销股数计算的股票面值总额，借记本科目②，按所注销库存股的账面余额，贷记'库存股'科目，按其差额，借记'资本公积——股本溢价'科目，股本溢价不足冲减的，应借记'盈余公积'、'利润分配——未

① 此处的本科目，指的是有限公司的实收资本科目或股份公司的股本科目。

② 此处的本科目，指的是有限公司的实收资本科目或股份公司的股本科目。

分配利润’科目；购回股票支付的价款低于面值总额的，应按股票面值总额，借记本科目[①]，按所注销库存股的账面余额，贷记‘库存股’科目，按其差额，贷记‘资本公积——股本溢价’科目”。

实践中，有的公司在减少注册资本时，采取的做法是按照其所减少的注册资本（或实收资本）的来源，作与当初取得注册资本或实收资本相反的账务处理：（1）在所减少的注册资本最初来源于股东缴纳的出资或股款的情况下，公司减少这部分的注册资本应借记“利润分配——未分配利润”科目，相应增加未分配利润；（2）在所减少的注册资本最初来源于公司的法定公积金或任意公积金转增的情况下，公司减少这部分的注册资本应借记“法定公积金”或“任意公积金”科目，相应增加法定公积金或任意公积金；（3）在所减少的注册资本最初来源于公司未分配利润转增的情况下，公司减少这部分的注册资本应借记“未分配利润”科目，相应增加未分配利润；（4）在所减少的注册资本最初来源于公司的资本公积金转增的情况下，公司减少这部分的注册资本应借记“资本公积金”科目，相应增加资本公积金。比如，其发行的境内上市外资股在深圳证券交易所上市的外商投资企业厦门灿坤实业股份有限公司（股票代码：200512）在2012年8月推出的通过缩股减少注册资本弥补亏损的方案采取的就是上述做法，并最终取得了包括外资主管部门的批准[②]。

基于上述做法，针对公司是否可以通过减少注册资本的方式来弥补亏损这个问题，应根据所减少的注册资本最初的来源作出不同的分析：

一是，在公司所减少的注册资本最初来源于股东缴纳的出资或股款的情况下，公司减少这部分的注册资本时相应增加了公司的未分配利润，而公司可以以未分配利润弥补亏损，因此，在这种情况下，公司可以通过减少注册资本的方式来弥补亏损。

二是，在公司所减少的注册资本最初来源于公司的法定公积金或任意公积金转增的情况下，因公司减少这部分的注册资本相应增加了公司的法定公积金或任意公积金，而公司可以以法定公积金或任意公积金弥补亏损，因此，在这种情况下，公司可以通过减少注册资本的方式来弥补亏损。

---

① 此处的本科目，指的是有限公司的实收资本科目或股份公司的股本科目。

② 见厦门灿坤实业股份有限公司2012年8月24日至12月31日关于缩股的公告。

三是，在公司所减少的注册资本最初来源于公司未分配利润转增的情况下，公司减少这部分的注册资本相应增加了公司的未分配利润，而公司可以以未分配利润弥补亏损，因此，在这种情况下，公司可以通过减少注册资本的方式来弥补亏损。

四是，在公司所减少的注册资本最初来源于公司的资本公积金转增的情况下，公司减少这部分的注册资本相应增加了公司的资本公积金，而根据《公司法》第 168 条第 1 款的规定，公司不得以资本公积金弥补亏损，因此，在这种情况下，公司不可以通过减少注册资本的方式来弥补亏损。

值得注意的是，针对因发行股份购买资产实施重大资产重组后存在未弥补亏损的上市公司，中国证监会 2012 年 3 月制定的《上市公司监管指引第 1 号——上市公司实施重大资产重组后存在未弥补亏损情形的监管要求》，明确要求相关上市公司不得采用资本公积金转增股本同时缩股以弥补公司亏损的方式规避《公司法》第 168 条第 1 款关于“资本公积金不得用于弥补公司的亏损”的规定。

基于上述分析，尽管《上市公司监管指引第 1 号——上市公司实施重大资产重组后存在未弥补亏损情形的监管要求》只是要求“相关上市公司不得在资本公积金转增股本的同时缩股，以弥补公司亏损”，并没有提及“在上市公司用资本公积金转增股本之后，是否可以采取缩股的方式来弥补亏损”，我理解，在上市公司用资本公积金转增股本之后，也不得采取对原以资本公积金转增而来的股本进行缩股的方式弥补亏损。有鉴于此，我倾向于认为，所有公司，不论是上市公司还是非上市公司，不论是股份公司还是有限公司，都不应采取任何方式规避《公司法》第 168 条第 1 款关于“资本公积金不得用于弥补公司的亏损”的规定。

不过，实践中，也有的公司将其所减少的注册资本的部分全部计入资本公积。比如，其发行的境内上市外资股在深圳证券交易所上市的外商投资企业重庆建设摩托车股份有限公司（股票代码：200054）在 2013 年 1 月推出的通过缩股减少注册资本的方案采取的就是上述做法，并最终取得了包括外资主管部门的批准①。

① 见重庆建设摩托车股份有限公司 2013 年 1 月至 9 月关于缩股的公告。

由于《企业会计准则——应用指南》本身并没有按照公司注册资本的来源对公司减少注册资本的账务处理作出具体的规定，不排除将来财政部要求公司减少注册资本时应将所减少的注册资本的部分全部计入资本公积的可能性。如果这样的话，届时，根据《公司法》第168条第1款关于“资本公积金不得用于弥补公司的亏损”的规定，所有公司都不得通过减少注册资本的方式来弥补亏损了。

四、法定公积金的提取

《公司法》第166条第1款使用了“公司分配当年税后利润时，应当提取利润的百分之十列入公司法定公积金”的表述，因此，所有公司都应当按照《公司法》第166条的规定提取法定公积金。

根据《企业财务通则》（2006年修订）第18条、《企业会计制度》第83条的规定，《公司法》第166条所说的法定公积金，也称为法定盈余公积金，与《公司法》第166条第3款所说的任意公积金，均属于盈余公积金。根据《公司法》第168条第1款、《企业财务通则》（2006年修订）第18条、《企业会计制度》第83条的规定，公司的法定公积金和任意公积金可以用于弥补公司的亏损、扩大公司生产经营，也可以用于转为增加公司资本。

根据《公司法》第166条第1款的规定，在法定公积金的提取方面，原则上，所有公司都应当提取法定公积金；并且，在提取数额方面，所有公司都应当将当年税后利润的10%列入公司法定公积金。不过，这一原则有着三项例外：

一是，由于《公司法》第166条第1款使用了“公司分配当年税后利润时，应当提取利润的百分之十列入公司法定公积金”的表述，因此，在公司当年的税后利润为0或者为负值时，公司客观上不能提取法定公积金。

二是，由于《公司法》第166条第2款规定了“公司的法定公积金不足以弥补以前年度亏损的，在依照前款规定提取法定公积金之前，应当先用当年利润弥补亏损”，因此，在公司当年的税后利润为正值的情况下，如果公司已有的法定公积金不足以弥补公司以前年度的亏损，可以——也应当——先不提取法定公积金，而应当先以当年税后利润弥补以前年度的亏损，待以前年度的亏损已经弥补完毕并且仍然还有税后利润的情况下，再提取当年税后利润的10%，列入公司法定公积金。

三是，在公司法定公积金累计额为公司注册资本的50%以上的情况下，公司可以不再提取法定公积金。值得注意的是，结合《公司法》第166条第3款关于“公司从税后利润中提取法定公积金后，经股东会或者股东大会决议，还可以从税后利润中提取任意公积金”的规定，《公司法》第166条第1款所说的“提取利润的百分之十”中的“利润”，指的是当年的税后利润即据以计算应当提取的法定公积金的基数是“当年税后利润”；《公司法》第166条第1款所说的“提取利润的百分之十”，应以每一次分配税后利润的时间为基准日，以公司当期税后利润的总额为基数。此外，在公司根据《公司法》第166条第2款的规定以当年税后利润弥补以前年度亏损的情况下，公司提取法定公积金的计算基数也应该是当年税后利润的总额，而不是弥补以前年度亏损之后剩余的税后利润数额。

此外，在计算《公司法》第166条第1款所说的公司法定公积金累计额为公司注册资本的50%以上时，应以每一次分配税后利润的时间为基准日，以公司当时的注册资本数额为分母，以公司当时已经提取的法定公积金的累计额为分子进行计算。不过，由于《公司法》第166条第1款第二句使用的是“可以不再提取”的表述，而不是“不再提取”的表述，因此，在公司法定公积金累计额达到或超过公司当时的注册资本的50%的情况下，公司既可以按照《公司法》第166条第1款第一句关于“公司分配当年税后利润时，应当提取利润的百分之十列入公司法定公积金”的规定继续提取法定公积金，也可以不再继续提取。

此外，还需注意的是，与《公司法》第166条第3款要求提取任意公积金须经股东会或股东大会作出决议不同，公司按照《公司法》第166条第1款的规定提取法定公积金，是其法定义务，无需由股东会或股东大会专门作出决议。

针对公司未按照《公司法》第166条第1款提取法定公积金的行为，《公司法》第203条规定了相应的行政责任，即“公司不依照本法规定提取法定公积金的，由县级以上人民政府财政部门责令如数补足应当提取的金额，可以对公司处以二十万元以下的罚款”。

五、任意公积金的提取

根据《企业财务通则》（2006 年修订）第 18 条、《企业会计制度》第 83 条的规定，《公司法》第 166 条第 3 款所说的“任意公积金”，也称为“任意盈余公积金”，与《公司法》第 166 条所说的“法定公积金”，均属于“盈余公积金”。

《公司法》第 166 条第 3 款使用了“公司从税后利润中提取法定公积金后，经股东会或者股东大会决议，还可以从税后利润中提取任意公积金”的表述，因此，一方面，公司可以——但并非必须——提取任意公积金；另一方面，公司提取任意公积金应当符合一定的要求。

一是，在提取任意公积金的时间方面，公司在未弥补以前年度亏损之前不能提取法定公积金，因此，《公司法》第 166 条第 3 款所说的“公司从税后利润中提取法定公积金后”，已经包含了公司税后利润为正值并且已经依法弥补了以前年度亏损的含义了。此外，结合《公司法》第 166 条第 1 款、第 2 款和第 3 款的规定，虽然公司可以提取任意公积金，但是，公司必须在依法弥补公司以前年度亏损、提取法定公积金之后，才可以提取任意公积金。

二是，在提取任意公积金的程序方面，由于《公司法》第 166 条第 3 款使用了“经股东会或者股东大会决议”的表述，因此，公司提取任意公积金应当取得公司权力机构的批准。尽管《公司法》第 37 条第 1 款、第 99 条没有明确将“对提取任意公积金作出决议”列为公司权力机构的职权，但是，由于《公司法》第 166 条第 3 款使用了“公司从税后利润中提取法定公积金后，经股东会或者股东大会决议，还可以从税后利润中提取任意公积金”的表述，因此，“对公司从税后利润中提取任意公积金作出决议”，也应属于公司权力机构的职权，而不应属于公司执行机构或公司经理的职权。

三是，在任意公积金的用途方面，根据《公司法》第 168 条第 1 款、《企业财务通则》（2006 年修订）第 18 条、《企业会计制度》第 83 条的规定，公司提取的任意公积金可以用于弥补公司的亏损、扩大公司生产经营或者转为增加公司资本，但不可以用作其他用途。

值得注意的是，在公司提取任意公积金的数额和比例方面，由于《公司法》本身未提出要求，我理解，公司的权力机构可以根据具体情况作出决定。

值得一提的是，在2005年修订《公司法》之前，当时有效的《公司法》曾规定“公司分配当年税后利润时，应当提取利润的百分之十列入公司法定公积金，并提取利润的百分之五至百分之十列入公司法定公益金”，并规定“公司提取的法定公益金用于本公司职工的集体福利”。不过，2005年修订的以及现行有效的《公司法》没有规定公司应当或可以提取公益金。对此，《财政部关于〈公司法〉施行后有关企业财务处理问题的通知》（财企〔2006〕67号）规定了“从2006年1月1日起，按照《公司法》组建的企业根据《公司法》第167条进行利润分配，不再提取公益金；同时，为了保持企业间财务政策的一致性，国有企业以及其他企业一并停止实行公益金制度”，并规定了“企业对2005年12月31日的公益金结余，转作盈余公积金管理使用；公益金赤字，依次以盈余公积金、资本公积金、以前年度未分配利润弥补，仍有赤字的，结转未分配利润账户，用以后年度实现的税后利润弥补”。

由于《公司法》第168条第1款明确了包括任意公积金在内的所有公积金只能用于弥补公司的亏损、扩大公司生产经营或者转为增加公司资本。其中，资本公积金不得用于弥补公司的亏损，现行《公司法》取消法定公益金制度，能够在一定程度上避免公司管理层通过提取或多提取法定公益金的方式减少可供向股东分配的税后利润的数额，操控公司利润、损害股东利益。

六、享有利润分配请求权的主体

（一）原则上只有具有股东资格的主体才能获得利润分配

由于《公司法》第166条第4款使用了“公司弥补亏损和提取公积金后所余税后利润，有限责任公司依照本法第三十四条的规定分配；股份有限公司按照股东持有的股份比例分配，但股份有限公司章程规定不按持股比例分配的除外”的表述、第34条使用了“股东按照实缴的出资比例分取红利……但是，全体股东约定不按照出资比例分取红利……的除外”的表述，《公司法》第4条也规定了“公司股东依法享有资产收益、参与重大决策和选择管理者等权利”，因此，原则上，只有具有公司股东资格的主体，才能获得利润分配。

比如，在2012年5月11日就成都聚友网络股份有限公司（以下简称聚友股份公司）与成都有线电视网络发展有限责任公司（以下简称成都有线公司）公司盈余分配纠纷二审案作出的（2012）成民终字第649号民事判决书中，成都市中级人民法院就认为："根据《中华人民共和国公司法》第三十八条①'股东会行使下列职权：（六）审议批准公司的利润分配方案和弥补亏损方案'和第四十七条②'董事会对股东会负责，行使下列职权：（五）制订公司的利润分配方案和弥补亏损方案'的规定，我国《公司法》将制订公司的利润分配方案作为董事会的职权之一，将审议批准公司的利润分配方案作为股东会的职权之一，因此，决定公司是否实施利润分配的权力在于股东会。只有经公司董事会制订并经股东会审议批准之后，股东的抽象层面的利润分配请求权才转化为具体层面的利润分配请求权。而《成都有线电视网络发展有限责任公司章程》第十六条和第二十四条对公司股东会、董事会的职权也进行了规定，明确董事会可以制订利润分配方案，但分配方案是否实施需经公司股东会批准。本案中，……由于聚友股份公司转让其持有的成都有线公司股权之前，成都有线公司对2005年度的股利分配额并未确定，成都有线公司未形成相应股东会决议对该利润进行分配，故聚友股份公司对2005年的股利分配权随着其股权的转让而一并转让至受让人，聚友股份公司丧失了主张分配2005年度股利的请求权。"

不过，需要注意的是，在公司已经作出了载明具体的利润分配方案的股东会决议或股东大会决议的情况下，公司的相关股东即享有要求公司向其分配相应的利润的债权，这一权利原则上不因该股东随后转让股权而转让。转让股权的原股东仍然可以要求公司向其支付确定的利润分配款。

在这方面，北京市第二中级人民法院在2016年10月24日就北京京华信托投资公司（以下简称京华信托公司）与北京顺美服装股份有限公司（以下简称顺美服装公司）公司盈余分配纠纷一审案作出的（2016）京02民初198号民事判决书中的意见，可作参考。

在该民事判决书中，北京市第二中级人民法院认为："顺美服装公司股东

---

① 现为《公司法》第37条。

② 现为《公司法》第46条。

大会是公司的权力机构，有权审议批准公司的利润分配方案，依法作出的股东大会决议，对公司及全体股东均具有约束力。本案根据查明的事实，顺美服装公司2009年召开的年度股东大会通过了《2008年度利润分配方案》，决定向股东支付股利6200000元，且顺美服装公司已实际向部分股东支付了利润分配款。故顺美服装公司有义务按照公司2009年度股东大会决议的内容，向当时的股东支付股利。本案中，京华信托公司直至2015年才将其持有的顺美服装公司9%的股权转让，在顺美服装公司召开2009年度公司股东大会时，京华信托公司仍然是顺美服装公司的股东。在公司股东大会就2008年度利润分配问题已经作出决议的情况下，京华信托公司有权要求顺美服装公司按照股东大会决议的内容支付2008年度的利润分配款。而且经审计的顺美服装公司2014年度资产负债表中，该部分利润分配款计入'其他流动负债'科目，表明顺美服装公司已将该部分款项作为负债。故京华信托公司与顺美服装公司之间就顺美服装公司2008年度利润分配问题存在债权债务关系。《公司法》第一百六十六条第四款规定：'公司弥补亏损和提取公积金后所余税后利润，有限责任公司依照本法第三十四条的规定分配；股份有限公司按照股东持有的股份比例分配，但股份有限公司章程规定不按持股比例分配的除外。'顺美服装公司《2008年度利润分配方案》确定向股东分配利润6200000元，按照京华信托公司当时持有的顺美服装公司股权比例9%计算的利润分配款为558000元，京华信托公司主张的利润分配款557924.57元并未超过该金额，而顺美服装公司也未提供证据证明公司章程规定不按持股比例分配利润，故京华信托公司主张顺美服装公司向其支付2008年度利润分配款557924.57元，具有事实依据，且不违反法律规定，本院予以支持。顺美服装公司辩称，因京华信托公司已将股权转让给亚圣家具公司，顺美服装公司已无义务向京华信托公司支付2008年度利润分配款。对此，本院认为，京华信托公司对顺美服装公司享有的该笔债权，并不因为京华信托公司转让其持有的顺美服装公司股权而消灭。管理人与亚圣家具公司签订的《顺美服装公司股权转让协议》也并未明确约定京华信托公司将该笔债权转让给亚圣家具公司。《中华人民共和国合同法》第八十条第一款规定：'债权人转让权利的，应当通知债务人。未经通知，该转让对债务人不发生效力。'本案中，顺美服装公司未提交证据证明京华信托公司曾通知顺美服装公司将该笔债权即2008年度利润分配款557924.57元转让给亚圣家具公司，京华信托公司也明确表示并未将该债权转让。综合以上情况，顺美服装公司以此理由对京华信托公司的债权请求权进行抗辩，缺乏事实依据和法律依据，本院不予采纳。”

此外，还需注意的是，由于《公司法司法解释（三）》第16条规定了“股东未履行或者未全面履行出资义务或者抽逃出资，公司根据公司章程或者股东会决议对其利润分配请求权……作出相应的合理限制，该股东请求认定该限制无效的，人民法院不予支持”，因此，在有限公司的股东存在未履行出资义务或未全面履行出资义务或存在抽逃出资的行为时，如果依法制定的公司章程存在有关对此类股东的利润分配请求权作出相应合理限制的规定，或者公司依法召开的股东会会议对此类股东的利润分配请求权作出相应合理限制的决议，那么，该等股东将不能依照《公司法》第166条第4款关于“公司弥补亏损和提取公积金后所余税后利润，有限责任公司依照本法第三十四条的规定分配”的规定，要求获得公司利润分配。

（二）公司持有的本公司股权不得分配利润

在公司持有本公司股份的情况下，公司是否可以获得利润分配？对此，《公司法》第166条第6款明确规定了“公司持有的本公司股份不得分配利润”。

根据《公司法》第74条和第142条的规定，有限公司和股份公司在特定的情况下都可以、也都可能持有本公司的股权或股份。因此，尽管《公司法》第166条第6款使用的是“本公司股份”的表述，但是，考虑到《公司法》第166条第6款位于《公司法》关于包括股份公司在内的所有公司的利润分配的规定之中，而《公司法》第166条第6款句首使用的是“公司”而不是“股份有限公司”的表述，结合《公司法》第2条关于“本法所称公司是指依照本法在中国境内设立的有限责任公司和股份有限公司”的规定，我理解，在解释上，《公司法》第166条第6款所说的“本公司股份”，不应仅仅指股份公司的股份，还应包括有限公司的股权；从而，《公司法》第166条第6款不仅适用于股份公司，还应适用于有限公司。在有限公司持有本公司股权的情况下，其所持有的本公司的股权也不得分配利润。

《公司法》第166条第6款作出“公司持有的本公司股份不得分配利润”

的规定，在很大程度上也能够节约交易成本。不仅可以避免发生公司在收到因其持有的本公司股份而获得分配的利润之后再次向股东进行分配所需重复履行的决策程序，也可以避免在两次分配过程中存在的各项交易费用。

基于上述分析，在公司违反《公司法》第166条第6款的规定就公司持有的本公司股份获得分配利润的情况下，应将公司因其持有本公司的股份而获得分配的利润按照《公司法》第166条第4款的规定追加分配给股东。

七、有限公司的利润分配办法

（一）有限公司的“红利”

就有限公司向股东进行的分配而言，注意到《公司法》第34条使用了“股东按照实缴的出资比例分取红利”的表述，而《个人所得税法》第2条第6项使用了“利息、股息、红利所得”的表述，《企业所得税法》第6条第4项使用了“股息、红利等权益性投资收益”的表述，因此，我倾向于认为，在不属于税务管理的情况下，有限公司向其股东作出的分配，在表述上，应按照《公司法》第34条的规定，使用“红利”的表述。

还需注意的是，“向股东分配的红利”与“可供投资者分配的利润”是不同的概念。对此，在2017年8月15日就山西马堡煤业有限公司（以下简称马堡公司）与山西太阳石煤炭储运有限公司及山西煤炭运销集团长治有限公司公司盈余分配纠纷上诉案作出的（2017）最高法民终392号民事判决书中，最高人民法院认为：“向股东分配的红利不等于可供投资者分配的利润，经有效的股东会决议向投资者分配的利润才是股东的红利。可供投资者分配的利润是否作为红利向股东分配，股东会有权根据企业的经营状况、市场环境、企业的发展方向等因素作出决议。……马堡公司股东会决议将一定比例的可分配利润作为公司流动资金，而不是作为红利向股东分配，并不违反公司法的相关规定。该笔未分配利润仍属于马堡公司财产……”

（二）有限公司的利润分配办法

《公司法》第166条第4款使用了“公司弥补亏损和提取公积金后所余税

后利润，有限责任公司依照本法第三十四条的规定分配”的表述，因此，有限公司的利润分配办法适用的是《公司法》第34条的规定，即“股东按照实缴的出资比例分取红利……但是，全体股东约定不按照出资比例分取红利的除外”。

据此，有限公司弥补亏损和提取公积金后所余税后利润原则上按照各股东实缴的出资比例分配；仅在全体股东另有约定的情况下，才按全体股东的约定分配。也因此，有限公司股东的分红权，原则上取决于其实缴出资的情况；如果股东未缴纳任何出资，则其因实缴出资为0而不能获得红利分配。

其中，《公司法》第34条所说的股东的“实缴的出资比例”，指的是股东实缴的出资额占全体股东实缴的出资额的比例；在股东尚未缴纳任何出资的情况下，其实缴的出资比例为0。

值得注意的是，《公司法》第34条所说的“全体股东约定”，指的是“全体股东一致同意后作出的约定”。在认定全体股东是否达成一致约定时，应当参考适用《合同法》关于合同是否成立的规定。在表现形式上，“全体股东约定”既可以是在全体股东一致同意通过的公司章程中作出的规定（这种规定往往适用于公司的每一次分红），也可以是在公司章程已经作出了股东按照实缴的出资比例分取红利的规定的情况下，再由全体股东一致通过的股东会决议中作出的约定（这种约定往往是一事一议的），还可以是全体股东在公司章程、股东会决议之外的其他协议中作出的约定（这种规定可以适用于公司的每一次分红，也可以只适用于特定的分红）。

但是，无论通过何种方式，均须由全体股东一致同意，才属于《公司法》第34条所说的“全体股东约定”；未经全体股东一致同意的约定，比如，由代表三分之二以上表决权的股东通过的决议，不构成《公司法》第34条所说的“全体股东约定”。对此，《北京市高级人民法院关于审理公司纠纷案件若干问题的指导意见》（京高法发〔2008〕127号）第12条规定了：“有限责任公司非经全体股东一致同意，不得变更《公司法》第三十五条、第四十三条[①]规定的或者公司章程规定的利润分配方式、新股认缴方式和表决权行使方式。股东以相关股东会决议或者章程修改未经股东一致同意为由，请求人民法院确认无

① 现为《公司法》第34条、第42条。

效的，应予支持。”

此外，《公司法》第 34 条所说的“不按照出资比例分取红利”，指的是“不按照实缴的出资比例分取红利”。因此，在取得全体股东一致同意的情况下，《公司法》允许有限公司对股东的分红权作出同“按照实缴的出资比例分取红利”不同的约定。比如，约定股东按照认缴的出资比例分取红利；或者约定不同的股东享有不同顺位的利润分配的权利；或者约定某一个或部分股东在一定期限内乃至公司存续的整个期间都享有获得公司的绝大部分甚至是全部可分配利润的权利；但是，如前所说，这种约定必须取得全体股东的一致同意方为有效。

《公司法》第 34 条的但书条款为有限公司的投资人采取灵活的利润分配（或分红）机制留出了空间。也正是基于《公司法》第 34 条的但书条款，特定领域尤其是私募股权投资或风险投资领域的有限公司能够引入多重顺位的多样化的优先分红权条款。比如，在深圳市启迪信息技术有限公司（以下简称启迪公司）与郑州国华投资有限公司（以下简称国华公司）、开封市豫信企业管理咨询有限公司（以下简称豫信公司）、珠海科美教育投资有限公司（以下简称科美投资公司）股权确认纠纷案中，涉诉的科美投资公司的全体股东在公司章程之外的协议中约定，科美投资公司的 1000 万元的注册资本全部由股东国华公司负责投入，同时该协议和科美投资公司的章程均约定科美投资公司的股权由股东启迪公司、国华公司和豫信公司分别按照 55%、30% 和 15% 的比例持有；对于科美投资公司的利润分配，该协议约定，在国华公司投入的 7000 万元资金全部收回之前，科美投资公司的利润由股东启迪公司、国华公司和豫信公司分别按照 16%、80% 和 4% 的比例分配；在国华公司投入的 7000 万元资金全部收回之后，科美投资公司的利润由股东启迪公司、国华公司和豫信公司分别按照 55%、30% 和 15% 的比例分配。对此，最高人民法院在 2011 年 6 月 21 日作出的（2011）民提字第 6 号民事判决书（刊载于《最高人民法院公报》2012 年第 1 期）中认为：“股东认缴的注册资本是构成公司资本的基础，但公司的有效经营有时还需要其他条件或资源，因此，在注册资本符合法定要求的情况下，我国法律并未禁止股东内部对各自的实际出资数额和占有股权比例作出约定，这样的约定并不影响公司资本对公司债权担保等对外基本功能实现，并非规避法律的行为，应属于公司股东意思自治的范畴。……启迪公司、国华公司、豫信公司约定对科美投资公司的全部注册资本由国华公司投入，而各股东分别占有科美投资公司约定份额的股权，对公司盈利分配也作出特别约定。这是各方对各自掌握的经营资源、投入成本及预期收入进行综合判断的结果，是各方当事人的真实意思表示，并未损害他人的利益，不违反法律和行政法规的规定，属有效约定，当事人应按照约定履行。”

甚至，在经全体股东一致同意的情况下，可以基于《公司法》第34条关于“股东按照实缴的出资比例分取红利……但是，全体股东约定不按照出资比例分取红利的除外”的规定，将公司所有的可分配利润全部分配给某一个股东。比如，在2017年9月28日就刘某群、刘某未、肖某英与宋某兴及武汉大西洋连铸设备工程有限责任公司（以下简称大西洋公司）返还财产纠纷再审案作出的(2017）最高法民申2872号民事裁定书中，最高人民法院认为：“《中华人民共和国公司法》（以下简称《公司法》）第四条规定，‘公司股东依法享有资产收益、参与重大决策和选择管理者等权利’。第三十四条规定，‘股东按照实缴的出资比例分取红利；公司新增资本时，股东有权优先按照实缴的出资比例认缴出资。但是，全体股东约定不按照出资比例分取红利或者不按照出资比例优先认缴出资的除外’。根据《公司法》第三十七条的规定，股东会的职权包括审议批准公司的利润分配方案和弥补亏损方案，对股东会职权内事项股东以书面形式一致表示同意的，可以不召开股东会会议，直接作出决定，并由全体股东在决定文件上签名、盖章。大西洋公司全体股东作出的《股东会决定》一致同意分配公司净利润人民币6362.73万元，宋某兴获得利润6362.73万元，其他三股东刘某群、刘某未、肖某英获得利润0元，符合前述《公司法》规定……”

八、股份公司的利润分配办法

（一）股份公司的“股利”

就股份公司向股东进行的分配而言，《公司法》第139条第2款、《证券法》第80条第2款第9项、第81条第2款第8项和第91条使用的是“股利”的表述；不过，就税务征收管理而言，《企业所得税法》第6条、《个人所得税法》第2条则使用的是“股息”的表述。我倾向于认为，在不属于税务征收管理的情况下，股份公司向其股东作出的分配，应按照《公司法》和《证券法》的规定，使用“股利”的表述。

（二）股份公司的利润分配办法

就股份公司的利润分配办法而言，由于《公司法》第 166 条第 4 款使用了“股份有限公司按照股东持有的股份比例分配，但股份有限公司章程规定不按持股比例分配的除外”的表述，因此，原则上，在分配可供投资者分配的利润时，股份公司应按照股东持有的股份比例进行分配；同时，《公司法》也允许股份公司的公司章程对公司可供投资者分配的利润的分配作出不同的安排，而不按股东的持股比例分配，亦即在利润分配方面，股份公司的章程可以规定股东“同股不同权”。

其中，对适用注册资本认缴登记制的股份公司来说，《公司法》第 166 条第 4 款所说的“股东持有的股份比例”指的是“实缴的股份比例”还是“认购的股份比例”？对此，可能有不同的意见，因为根据《公司法》第 3 条第 2 款、第 76 条第 2 项、第 80 条、第 95 条和第 100 条第 2 项，股份公司的“股本总额”存在“认购的股本总额”和“实收股本总额”之分，股份公司股东的股份也有“认购的股份”和“实缴的股份”之别。有鉴于此，股份公司的章程有必要明确规定据以向股东分配利润的“持有的股份比例”指的是“实缴的股份比例”为宜。①

根据《公司法》第 166 条第 4 款的但书条款，股份公司依法制定的章程可以对股东获得股利分配的权利作出特别的约定。比如，约定某一个股东或部分股东在公司利润分配方面享有优先的权利，甚至约定某一个股东或部分股东在一定时间内享有，乃至在整个公司存续期间都享有获得绝大部分乃至全部可供

---

① 尽管根据《公司法》第 3 条第 2 款、第 76 条第 2 项、第 80 条、第 95 条和第 100 条第 2 项，股份公司的“股本总额”存在“认购的股本总额”和“实收股本总额”之分，股份公司股东的股份也有“认购的股份”和“实缴的股份”之别，但是，基于对《公司法》第 125 条关于“股票是公司签发的证明股东所持股份的凭证”、第 128 条第 1 款关于“股票应当载明下列主要事项：（一）公司名称；（二）公司成立日期；（三）股票种类、票面金额及代表的股份数；（四）股票的编号”和第 130 条第 1 款关于“公司发行记名股票的，应当置备股东名册，记载下列事项：（一）股东的姓名或者名称及住所；（二）各股东所持股份数；（三）各股东所持股票的编号；（四）各股东取得股份的日期”的规定的分析，我更倾向于认为，《公司法》所说的股份公司股东“持有的股份”“持有的本公司股份”“持有公司股份”“所持股份”“所持每一股份”，指的是实缴的股份，而非认缴的股份。

投资者分配的利润的权利。

我理解，这是《公司法》关于股份公司股东“同股同权”的少有的例外（另外几个例外是股份公司股东在表决权方面并非完全“同股同权”、股份公司就其持有的本公司股份不享有表决权和获得利润分配的权利；但是，股份公司的股东在剩余财产分配请求权方面不存在例外）。有关股份公司同股同权及其例外，请见本书第二章第四节的内容。

《公司法》第166条第4款的但书条款为股份公司的投资人采取灵活的利润分配机制留出了空间。也正是基于此，特定领域尤其是私募股权投资或风险投资领域的股份公司，也能够像有限公司那样引入多重顺序的多样化的优先分红权条款。也正是基于《公司法》第166条第4款的但书条款和《公司法》第131条关于“国务院可以对公司发行本法规定以外的其他种类的股份，另行作出规定”的规定，国务院才得以制定《国务院关于开展优先股试点的指导意见》（国发〔2013〕46号），赋予股份公司的优先股股东优先于普通股股东分配公司利润的权利。

不过，值得注意的是，由于《公司法》第166条第4款使用了“但股份有限公司章程规定不按持股比例分配的除外”的表述，因此，股份公司股东在利润分配方面的同股不同权的特别安排，必须由股份公司依法制定或通过的公司章程予以明确规定，而不能仅仅由股东大会作出的利润分配决议或股东约定等方式予以规定。当然，这里所说的“依法”，指在程序和内容方面均符合法律、行政法规和公司章程的规定，尤其是，应当取得因此而受到不利影响的股东的同意或追认。

九、公司向股东分配利润的条件

由于《公司法》第166条第4款使用了“公司弥补亏损和提取公积金后所余税后利润，有限责任公司依照……分配；股份有限公司按照……分配……”的表述，因此，《公司法》规定的公司向股东分配利润的条件有三个：

一是，公司已经弥补了所有亏损，不存在未弥补的亏损。《公司法》第166条第4款所说的“公司弥补亏损和提取公积金后所余税后利润”中的“亏损”，既包括公司以前年度亏损，也包括公司当期亏损。因此，只要公司存在没有弥补的亏损，就不符合向股东分配利润的条件。

二是，公司已经依法提取了法定公积金，并且在公司权力机构作出提取任意公积金的决议或决定的情况下，已经按照公司权力机构依法作出的决议提取了任意公积金。由于《公司法》第166条第4款使用的是“公司弥补亏损和提取公积金后所余税后利润”的表述，没有使用“公司弥补亏损和提取法定公积金后所余税后利润”的表述，因此，在公司股东会或股东大会作出提取任意公积金的决议的情况下，《公司法》第166条第4款所说的“提取公积金”既包括提取法定公积金，又包括提取任意公积金。

三是，公司在弥补所有亏损并依法提取公积金之后，还有税后利润可供向股东进行分配。根据《企业会计制度》第110条和第111条，“可供投资者分配的利润”指“可供分配的利润”减去提取的法定盈余公积后的余额，而“可供分配的利润”则指企业当期实现的净利润，加上年初未分配利润（或减去年初未弥补亏损）和其他转入后的余额。因此，《公司法》第166条第4款所说的“公司弥补亏损和提取公积金后所余税后利润”，是“可供分配的利润”的一部分。

基于上述，《企业财务通则》（2006年修订）第51条明确规定了：“企业弥补以前年度亏损和提取盈余公积后，当年没有可供分配的利润时，不得向投资者分配利润，但法律、行政法规另有规定的除外。”

对此，在2017年3月14日就济南力鲁特实业有限责任公司（以下简称力鲁特公司）与刘某军、王某花与公司有关的纠纷上诉案作出的（2016）鲁01民终6456号民事判决书中，济南市中级人民法院也认为：“股东分取红利理所当然，但前提是公司有可分配的利润，且公司在以利润缴纳各种税金及依法提取法定公积金、公益金之后尚有盈余，同时还要经公司股东会作出有效决议。本案中，根据查明事实，力鲁特公司2013年12月之后已经停产，不再经营，更无利润可言。在此情况下，不管是根据法律规定，还是根据力鲁特公司章程规定，刘某军、王某花要求力鲁特公司支付分红款已不具备条件。刘某军、王某花依据《债务清偿及股权变更协议书》约定要求力鲁特公司支付2013年12月9日至2015年12月8日的分红款及逾期付款违约金，无事实和法律依据，本院不予支持。”

不过，值得注意的是，除了上述条件，《公司法》本身并没有要求公司向股东分配利润需要以满足其他条件为前提；此外，《公司法》既没有规定公司只能在年末才能向股东分配利润，也没有要求公司分配利润必须以经审计的财务数据为依据。

注意到，财政部印发的《企业会计准则第 32 号——中期财务报告》（财会〔2006〕3 号）第 2 条第 2 款规定了“中期，是指短于一个完整的会计年度的报告期间”，第 8 条规定了“中期财务报告中的附注至少应当包括下列信息：……（九）向所有者分配利润的情况，包括在中期内实施的利润分配和已提出或者已批准但尚未实施的利润分配情况”，因此，在符合上述利润分配条件的情况下，公司既可以在会计年度终了后向股东分配利润，也可以在会计年度尚未终了时向股东分配利润。

实践中，多数公司通常在会计年度终了后向股东分配利润；但是，也有的公司在会计年度尚未终了时就向股东分配了利润。比如，深圳证券交易所中小板上市公司云南旅游股份有限公司（以下简称云南旅游，股票代码：002059）在 2016 年底就对该公司在 2016 年 1 月至 9 月实现的净利润向其股东进行了分配。根据云南旅游的公告，在 2016 年 1 月至 9 月，云南旅游实现归属于母公司的净利润 62612821. 35 元，母公司实现净利润 62684266. 35 元，截至 2016 年 9 月 30 日，母公司累计未分配利润 81366231. 66 元（上述财务数据均未经审计）；云南旅游此次分配利润以该公司 2016 年 9 月末的总股本 730792576 股为基数，按每 10 股分配 0. 20 元现金股利（含税），共计派发了现金股利 14615851. 52 元（含税），截至 2016 年 9 月 30 日剩余未分配利润 66750380. 14 元则结转以后年度再分配[①]。

值得注意的是，针对发行优先股的股份公司来说，现阶段，由于《国务院关于开展优先股试点的指导意见》（国发〔2013〕46 号）规定了“优先股股东按照约定的票面股息率，优先于普通股股东分配公司利润。公司应当以现金的形式向优先股股东支付股息，在完全支付约定的股息之前，不得向普通股股东分配利润”，因此，发行优先股的股份公司在分配可供投资者分配的利润时，

---

① 见云南旅游 2016 年 10 月 25 日的《关于 2016 年前三季度利润分配的公告》、2016 年 12 月 27 日的《2016 年前三季度利润分配实施公告》和 2017 年 1 月 4 日的《关于实施 2016 年前三季度利润分配方案后调整非公开发行股票发行价格和发行数量的公告》。

应先向优先股股东分配股利，在支付完毕所有优先股股东的所有股息之后仍有剩余的情况下，才可以向普通股股东进行分配。

十、违法向股东分配利润的处理

（一）违法向股东分配利润的返还责任

《公司法》第 166 条第 5 款对违反规定在公司弥补亏损和提取法定公积金之前向股东分配利润的情形规定了相应的处理办法，即“股东必须将违反规定分配的利润退还公司”。因此，公司享有要求股东将违反规定获得分配的利润返还给公司的权利；此外，在公司股东会、股东大会或者董事会违反规定在公司弥补亏损和提取法定公积金之前向股东分配利润的过程中发生的其他费用和开支，公司也应有权向有责任的董事、高级管理人员追偿。

此外，根据《公司法》第 37 条第 1 款第 6 项和第 99 条关于股东会或股东大会职权的规定，审议批准公司的利润分配方案属于股东会或股东大会的职权，应由股东会或股东大会作出决议，或有限公司的全体股东以签署书面决定代替股东会决议；根据《公司法》第 46 条第 5 项和第 108 条第 4 款关于董事会职权的规定，公司股东会或股东大会作出的分配利润的决议应由公司董事会（或不设董事会的有限公司的执行董事）予以执行。因此，公司违反《公司法》第 166 条第 4 款的规定实施了向股东分配利润的行为，其中不可避免地既涉及股东会或股东大会违反《公司法》第 166 条第 4 款规定的行为，也涉及董事会（或不设董事会的有限公司的执行董事）违反《公司法》第 166 条第 4 款规定的行为。

根据《公司法》第 147 条、第 148 条和第 149 条的规定，在公司股东会、股东大会或者董事会违反规定在公司弥补亏损和提取法定公积金之前向股东分配利润的过程中，可能也会涉及公司的董事、高级管理人员执行公司职务时违反法律、行政法规或公司章程、违反忠实义务和勤勉义务的情况，从而，相关董事、高级管理人员应当对由此给公司造成损失承担赔偿责任；并且，公司符合条件的股东也有权依照《公司法》第 151 条的规定对相关董事、监事、高级管理人员提起股东代表诉讼。

（二）违法向股东分配利润的行为的效力

值得注意的是，《公司法》第 166 条关于公司利润分配的规定，属于《公司法》的强制性规定，该规定系对公司分配利润的实体条件要求，旨在保持公司资本的稳定性，维护债权人的利益，防止公司通过分配利润的方式抽逃资本。这已经得到部分法院的认可[①]。问题是，《公司法》第 166 条的规定是否属于效力性强制性规定？

尽管《公司法》第 166 条第 5 款使用了“必须”的表述，并且《公司法》第 166 条第 5 款所说的“股东必须将违反规定分配的利润退还公司”，也符合《民法总则》第 157 条关于“民事法律行为无效、被撤销或者确定不发生效力后，行为人因该行为取得的财产，应当予以返还；不能返还或者没有必要返还的，应当折价补偿”的规定；但是，《公司法》本身没有明确规定违反《公司法》第 166 条分配利润的决议或行为无效，并且，针对公司未按照《公司法》第 166 条第 1 款提取法定公积金的行为，《公司法》第 203 条规定的行政责任是“责令如数补足”和“可以并处罚款”，因此，我理解，《公司法》第 166 条第 1 款至第 5 款关于利润分配的规定属于管理性强制性规定，但不属于效力性强制性规定，公司在弥补亏损和提取法定公积金之前向股东分配利润的决议和行为，不是仅仅因为违反《公司法》第 166 条的规定就属于无效的民事法律行为。

对此，实践中，法院的观点不一，实务中应当予以关注。有的法院认为《公司法》第 166 条的规定属于效力性强制性规定。比如，在青海贤成实业股份有限公司（以下简称贤成公司）与广州市光大花园房地产开发有限公司（以下简称广州光大公司）公司盈余分配纠纷上诉案作出的（2008）粤高法民二终字第 13 号民事判决书中，广东省高级人民法院认为：“《中华人民共和国公司法》第一百六十七条[②]第四款规定：‘公司弥补亏损和提取公积金后所余税后利润，有限责任公司依照本法第三十五条[③]的规定分配；股份有限公司按照股东持有的股份比例

---

① 见上海市第一中级人民法院 2012 年 3 月 20 日就北京蓝色假日国际旅行社有限公司诉上海嘉年华国际旅行社有限公司债权转让合同纠纷二审案作出的（2012）沪一中民四（商）终字第 192 号民事判决书、北京市第一中级人民法院 2012 年 4 月 17 日就北京蓝色假日国际旅行社有限公司与北京嘉年华旅行社有限公司公司盈余分配纠纷二审案作出的（2012）一中民终字第 2476 号民事判决书。

② 现为《公司法》第 166 条。

③ 现为《公司法》第 34 条。

分配，但股份有限公司章程规定不按持股比例分配的除外。’该条第五款规定：‘股东会、股东大会或者董事会违反前款规定，在公司弥补亏损和提取法定公积金之前向股东分配利润的，股东必须将违反规定分配的利润退还公司。’可见，我国公司法为贯彻资本不变原则和资本维持原则，避免因无盈利分配而造成公司资本的实质减少和损害公司及债权人的利益和股东的长远利益，明确规定公司只有在弥补亏损、提取公积金和依法纳税之后有剩余利润时，才可向股东分配股利。否则，不得分配股利，已分配的要退还公司。股东会、股东大会或者董事会违反上述规定，在公司弥补亏损和提取法定公积金之前对股东分配利润的，股东必须将违反规定分配的利润退还公司。由于广州光大公司2005年度会计报表作出调整后，当年未分配利润为－16299.70元。即广州光大公司在2005年度实际不具有可分配利润，而广州光大公司股东于2006年1月分配了2005年度利润，既违反了《中华人民共和国公司法》第一百六十七条[①]第四款的规定，亦违反了广州光大公司章程第十条第二、三项的规定，损害了公司利益和债权人利益。……原审判决认定广州光大公司股东分配公司2005年度利润的行为无效，并判决贤成公司退回已分配的利润2600万元给广州光大公司正确，本院予以维持。”

又如，在2014年5月6日就谭某与刘某、马某、汤某贵、东莞市弘光网络科技有限公司（以下简称弘光公司）、谭某公司决议效力确认纠纷二审案作出的（2013）东中法民二终字第1171号民事判决书中，广东省东莞市中级人民法院就认为：“根据案涉2009年8月10日的股东决议第二项中关于股东分红的内容，该项决议内容属于公司股东分配利润的决议。依照《中华人民共和国公司法》第三十五条[②]、第一百六十七条[③]的规定，公司应在缴纳税费、弥补亏损、提取公积金后，才可以依法向股东分配利润。本案中，弘光公司的注册资本于2009年7月22日由5万元变更为100万元，同日登记股东由谭某、李某两人变更为谭某、汤某贵、刘某和马某四人，但谭某、刘某、马某、汤某贵四人于2009年8月10日在弘光公司未提取法定公积金的前提下，即决议分配公司利润48万元，该决议内容违反了前述法律规定，存在危及公司资本充实

① 现为《公司法》第166条。
② 现为《公司法》第34条。
③ 现为《公司法》第166条。

以及侵害公司债权人利益的可能性，依照《中华人民共和国公司法》第二十二条第一款的规定，该项分红决议应属于无效决议。”

不过，也有的法院认为《公司法》第166条的规定不属于效力性强制性规定。比如，在2009年12月22日就Hu Shao Kuang（胡绍光）与杭州鸿镁房地产开发有限公司股东权纠纷上诉案作出的（2009）浙商外终字第34号民事判决书中，浙江省高级人民法院则认为：“《中华人民共和国公司法》《中华人民共和国中外合资经营企业法》关于公司利润分配的相关规定，尚不足以认定为效力性强制性规定。”

又如，在2011年11月15日就唐山世博大厦有限公司诉北京科技园置业股份有限公司等公司决议效力确认纠纷二审案作出的（2011）一中民终字第14680号民事判决书中，北京市第一中级人民法院认为：“从法律规定来看，违反《公司法》第167条①公司税后利润分配的程序性规范，可以补足法定公积金，而非必然导致股东大会决议无效。”

再如，在2017年6月21日就山东大正医疗器械股份有限公司与李某萍公司盈余分配纠纷上诉案作出（2017）鲁10民终114号民事判决书中，威海市中级人民法院也认为：“《中华人民共和国公司法》第一百六十六条规定‘公司分配当年税后利润时，应当提取利润的百分之十列入公司法定公积金……股东会、股东大会或者董事会违反前款规定，在公司弥补亏损和提取法定公积金之前向股东分配利润的，股东必须将违反规定分配的利润退还公司……’，因此该规定属于管理性强制性规定，而非效力性强制性规定……”

十一、公司是否必须向股东分配利润的问题

尽管《公司法》第166条第4款使用了“公司弥补亏损和提取公积金后所余税后利润，有限责任公司依照本法第三十四条的规定分配；股份有限公司按照股东持有的股份比例分配”的表述，但是，这并不意味着只要公司“在弥补亏损和提取公积金之后还剩有税后利润或有可供投资者分配的利润”这一利润分配条件，就必须向股东进行分配利润，也不意味着股东就有权要求公司向其分配利润。

① 现为《公司法》第166条。

（一）原则：是否分配利润和如何分配利润属于公司自治的范畴

根据《公司法》第37条第1款第6项和第99条关于股东会或股东大会职权的规定以及《公司法》第46条第5项和第108条第4款关于董事会职权的规定，公司分配利润应先由公司执行机构制订利润分配方案，之后再提交公司权力机构审议批准。因此，公司是否向股东分配利润、向股东分配多少利润，不仅要符合《公司法》规定的利润分配条件，同时，在程序上，也要取决于公司的执行机构是否制订了利润分配方案、公司权力机构是否作出了分配利润的决议以及在公司权力机构作出了利润分配的决议的情况下，被批准的利润分配方案的具体规定。从而，在公司权力机构未作出分配利润的决议的情况下，公司的股东原则上无权要求公司向其分配利润。

事实上，《公司法》第74条第1款关于“有下列情形之一的，对股东会该项决议投反对票的股东可以请求公司按照合理的价格收购其股权：（一）公司连续五年不向股东分配利润，而公司该五年连续盈利，并且符合本法规定的分配利润条件的；……”的规定，在某种程度上也表明，即使公司符合《公司法》规定的分配利润条件，也并非当然必须向股东分配利润，股东也并非当然可以要求公司分配利润。

对此，最高人民法院的意见是：“公司在经营中存在可分配的税后利润时，有的股东希望将盈余留作公司经营以期待获取更多收益，有的股东则希望及时分配利润实现投资利益，一般而言，即使股东会或股东大会未形成盈余分配的决议，对希望分配利润的股东的利益不会发生根本损害，因此，原则上这种冲突的解决属于公司自治范畴，是否进行公司盈余分配及分配多少，应当由股东会作出公司盈余分配的具体方案”①，“是否分配和如何分配公司利润，原则上属于商业判断和公司自治的范畴，人民法院一般不应介入”②。《公司法司法解释（四）》第15条规定了：“股东未提交载明具体分配方案的股东会或者股东

---

① 见最高人民法院在2017年12月28日就庆阳市太一热力有限公司、李某军与甘肃居立门业有限责任公司公司盈余分配纠纷上诉案作出的（2016）最高法民终528号民事判决书。

② 见最高人民法院审判委员会时任专职委员杜万华2017年8月28日在最高人民法院关于《公司法司法解释（四）》的新闻发布会上答记者问时的发言，http：//www.chinacourt.org/chat/fulltext/listId/48090/template/courtfbh20170828.shtml，最后访问时间：2019年9月30日。

大会决议，请求公司分配利润的，人民法院应当驳回其诉讼请求……”

甚至，即使是在股东提交了载明具体分配方案的股东会或者股东大会的有效决议，请求公司分配利润的情形，《公司法司法解释（四）》第14条也规定了，只有在“公司拒绝分配利润且其关于无法执行决议的抗辩理由不成立”的情况下，法院才应当“判决公司按照决议载明的具体分配方案向股东分配利润”。

也就是说，即使公司权力机构作出了载明具体的利润分配方案的有效的决议，公司也能够以无法执行该决议为由拒绝向股东分配利润——当然，公司应当举证证明其无法执行该决议，并且使得法院认可其无法执行决议的抗辩理由。我理解，在公司权力机构已经作出了载明具体分配方案的有效决议之后，发生公司不能控制的客观事由导致公司不能（而不是不愿意）执行该决议的，可以认定为“无法执行决议的抗辩理由”。比如，决议作出之后，公司发生重大亏损导致公司已经没有足够的资金来分配利润，或者，公司的银行账户被冻结导致公司没有足够的流动资金来分配利润等。不过，值得注意的是，这种拒绝向股东分配利润，只是暂行性地阻却了股东请求公司分配利润的请求，在公司恢复了或者具备了执行公司权力机构作出的载明具体分配方案的有效决议的能力的情况下，公司仍然应当按照决议载明的具体分配方案向股东分配利润。

因此，实践中，在公司股东会或股东大会作出分配利润的决议之前，对于股东请求法院判令公司向其分配利润的请求，法院通常不会支持；法院甚至认为该请求不属于民事诉讼的受案范围。

比如，在2015年8月11日就武汉华益路桥管理有限公司（以下简称华益公司）、武汉公路桥梁建设集团有限公司与长益资源路桥有限公司（以下简称长益公司）公司盈余分配纠纷上诉案作出的（2015）民四终字第4号民事裁定书中，最高人民法院认为：“《中华人民共和国公司法》第三十七条规定公司股东会审议批准公司的利润分配方案和弥补亏损方案；第四十六条规定董事会制订公司的利润分配方案和弥补亏损方案；第一百六十六条规定，公司应当在弥补亏损，提取法定公积金及经股东会决议提取任意公积金后分配当年税后利润。依据前述规定，有限责任公司是否分配利润以及分配多少利润属公司股东会决策权范畴。股东虽基于投资关系取得利润分配的期待权，但能否转化为具体的利润分配请求权，取决于公司是否盈利以及股东会是否依法作出分配利润的决议等多项条件。故在股东会作出决议之前，股东并不享有利润分配请求权，继而不具有相应的诉权，股东直接向人民法院起诉请求判令公司向股东分配利润缺乏法律依据”，具体到该案当中，“虽然长益公司认为《章程》第十一章第2条、第3条明确规定了利润分配的具体时间和方法，第十二章第1条、第2条规定了利润的计算方法、可分配收益的组成、分配利润不同阶段的具体分配比例以及《华益公司财务管理补充规定》再次确认华益公司的利润和收益分配的时间，以此主张利润分配方案已以《章程》及相关书面文件固定下来，但依据长益公司在本院询问期间提交的《华益公司董事会二届三次会议决议》一、关于2006年利润预分配的相关问题，‘2006年预分配利润发生了超额分配行为，中、港双方应在2007年2月10日前将超额利润全额一次性退还汇入公司银行账户内，今后避免发生超额预分配现象’，预分配利润方案需经董事会批准，未获董事会批准的利润应退还公司。同时，依据《章程》第11.03项，‘每一会计年度的头三个月，合作公司应编制上一个会计年度的资产负债表，损益计算表和利润分配方案，提交董事会会议审查通过’，华益公司董事会有权审查利润分配方案，对利润分配具有最终决定权。据此，长益公司关于利润分配方案已以《章程》及相关书面文件固定下来，可据以执行的主张不能成立”，因此，“长益公司诉请华益公司支付2008年及2009年至2013年利润，并未提交华益公司董事会相关年度决议支持其主张，其直接向人民法院起诉请求判令华益公司向股东分配利润缺乏法律依据，其诉请不属于民事诉讼受案范围”。

又如，在2017年9月29日就顾某江、杨某、唐某农、吴某、班某、蒲某、李某娥、任某美、龙某萍（以下简称顾某江等九人）与凯里市利达食品有限责任公司（以下简称利达公司）、席德均公司盈余分配纠纷再审案作出的（2017）最高法民申3628号民事裁定书中，最高人民法院也认为：“根据《公司法》第三十四条的规定，股东享有获得分红的权利。同时根据《公司法》第三十七条、第四十六条、第一百六十六条的规定，公司在进行利润分配时应依照一定的顺序，履行相应的程序，即有限责任公司的董事会制订公司的利润分配和弥补亏损方案，经股东会批准形成决议后，再经弥补亏损和提取法定公积金，最后方能依照第三十四条的规定进行利润分配。本案中，2013年2月1日利达公司召开的股东会决议所形成的配股方案，系此后董事会、股东会决议分配利润的标准。现因该股东会决议已经法院的生效判决确认为无效，故此后董事会、股东会以该股东会决议所形成的配股方案而分配利润的决议缺乏合法性的基础。在此情况下，由于是否分配利润、分配多少利润以及按照何种比例分配利润，包括应否补发相应利润均属于利润分配方案的相关内容，属于董事会、股东会的职权范畴，在利达公司董事会、股东会未就利润分配方案形成新的决议并履行完相应程序之前，顾某江等九人直接起诉请求人民法院判令利达公司按照股东出资比例补发红利，缺乏法律依据。顾某江等九人主张其为小股东，不可能通过董事会和股东会来维护其权利，可通过《公司法》规定的其他救济措施予以救济。”

再如，《北京市高级人民法院关于审理公司纠纷案件若干问题的指导意见》（京高法发〔2008〕127号）第21条也规定了：“公司未就是否利润分配作出有关决议，股东起诉请求分配利润的，人民法院应裁定不予受理。”

（二）例外：股东在特定情况下要求公司分配利润的请求可获得法院支持

不过，需要注意的是，在特定的情况下，即使公司的股东会或股东大会没有作出分配利润的决议或者作出的分配利润的决议没有载明具体的利润分配方案，股东仍然可以请求法院判令公司分配利润。

对此，《公司法司法解释（四）》第15条在规定“股东未提交载明具体分配方案的股东会或者股东大会决议，请求公司分配利润的，人民法院应当驳回其诉讼请求”的同时，也规定了例外，即“违反法律规定滥用股东权利导致公司不分配利润，给其他股东造成损失的除外”。最高人民法院认为，在这种例外情形下，法院可以适当干预，支持虽然未提交载明具体分配方案的股东会或者股东大会决议但请求公司分配利润的股东的诉讼请求，以实现对公司自治失灵的矫正[①]。

问题是，如何理解“违反法律规定滥用股东权利导致公司不分配利润，给其他股东造成损失”？最高人民法院倾向于认为，以下几种情形属于“违反法律规定滥用股东权利导致公司不分配利润，给其他股东造成损失”：（1）使公

① 见最高人民法院审判委员会时任专职委员杜万华2017年8月28日在最高人民法院关于《公司法司法解释（四）》的新闻发布会上答记者问时的发言，http://www.chinacourt.org/chat/fulltext/listId/48090/template/courtfbh20170828.shtml，最后访问时间：2019年9月30日。

司向在公司任职的股东或者其指派的人发放与公司规模、营业业绩、同行业薪酬水平明显不符的过高的薪酬，变相给该股东分配利润；（2）使公司购买与经营不相关的服务或者财产，供该股东消费或者使用，变相给该股东分配利润；（3）为了不分配利润，隐瞒或者转移公司的利润；（4）滥用股东权利不分配利润的其他情况。[①]

另一问题是，如何理解“除外”？对此，最高人民法院倾向于认为，如果股东有证据证明公司盈利并且符合《公司法》规定的分配利润条件，部分股东滥用权利导致公司不分配利润，致使其他股东的利益受到损害，那么，受损害的股东起诉公司要求分配利润时，人民法院就应当受理；人民法院经审理认为受损害的股东诉讼请求符合法律规定的，可以适当干预，即判决公司召开股东会或者股东大会就利润分配作出决议，并可以同时向相关主管机关发出司法建议，督促公司及时履行法定义务，维护股东的合法权益。但是，《公司法司法解释（四）》第14条所说的“除外”，不是指由法院直接“判决公司向股东分配利润”。[②]

在这方面，刊载于《最高人民法院公报》2018年第8期的，最高人民法院在2017年12月28日就庆阳市太一热力有限公司（以下简称太一热力公司）、李某军与甘肃居立门业有限责任公司（以下简称居立门业公司）公司盈余分配纠纷上诉案作出的（2016）最高法民终528号民事判决书中的意见，可作参考。

在该民事判决书中，最高人民法院在认为“公司在经营中存在可分配的税后利润时，有的股东希望将盈余留作公司经营以期待获取更多收益，有的股东则希望及时分配利润实现投资利益，一般而言，即使股东会或股东大会未形成盈余分配的决议，对希望分配利润股东的利益不会发生根本损害，因此，原则上这种冲突的解决属于公司自治范畴，是否进行公司盈余分配及分配多少，应当由股东会作出公司盈余分配的具体方案”的同时，也认为：“但是，当部分股东变相分配利润、隐瞒或转移公司利润时，则会损害其他股东的实体利益，

---

① 见最高人民法院审判委员会时任专职委员杜万华2017年8月28日在最高人民法院关于《公司法司法解释（四）》的新闻发布会上答记者问时的发言，http：//www.chinacourt.org/chat/fulltext/listId/48090/template/courtfbh20170828.shtml，最后访问时间：2019年9月30日。

② 见最高人民法院审判委员会时任专职委员杜万华2017年8月28日在最高人民法院关于《公司法司法解释（四）》的新闻发布会上答记者问时的发言，http：//www.chinacourt.org/chat/fulltext/listId/48090/template/courtfbh20170828.shtml，最后访问时间：2019年9月30日。

已非公司自治所能解决，此时若司法不加以适度干预则不能制止权利滥用，亦有违司法正义。虽目前有股权回购、公司解散、代位诉讼等法定救济路径，但不同的救济路径对股东的权利保护有实质区别，故需司法解释对股东的盈余分配请求权进一步予以明确。为此，《最高人民法院关于适用〈中华人民共和国公司法〉若干问题的规定（四）》第十五条规定，‘股东未提交载明具体分配方案的股东会或者股东大会决议，请求公司分配利润的，人民法院应当驳回其诉讼请求，但违反法律规定滥用股东权利导致公司不分配利润，给其他股东造成损失的除外’。”

具体到本案，最高人民法院认为：“首先，太一热力公司的全部资产被整体收购后没有其他经营活动，一审法院委托司法审计的结论显示，太一热力公司清算净收益为75973413.08元，即使扣除双方有争议的款项，太一热力公司也有巨额的可分配利润，具备公司进行盈余分配的前提条件；其次，李某军同为太一热力公司及其控股股东太一工贸公司法定代表人，未经公司另一股东居立门业公司同意，没有合理事由将5600万余元公司资产转让款转入兴盛建安公司账户，转移公司利润，给居立门业公司造成损失，属于太一工贸公司滥用股东权利，符合《最高人民法院关于适用〈中华人民共和国公司法〉若干问题的规定（四）》第十五条但书条款规定应进行强制盈余分配的实质要件。最后，前述司法解释规定的股东盈余分配的救济权利，并未规定需以采取股权回购、公司解散、代位诉讼等其他救济措施为前置程序，居立门业公司对不同的救济路径有自由选择的权利。因此，一审判决关于太一热力公司应当进行盈余分配的认定有事实和法律依据，太一热力公司、李某军关于没有股东会决议不应进行公司盈余分配的上诉主张不能成立。”

当然，值得注意的是，股东请求法院判决公司分配利润，应当对存在《公司法司法解释（四）》第15条所说的“违反法律规定滥用股东权利导致公司不分配利润，给其他股东造成损失”的情形承担举证证明责任。

对此，在2019年1月30日就张某丽与贵阳金蝶苑市场管理有限公司及王某贵、贵阳观山湖金阳农贸市场管理中心公司盈利分配纠纷再审案作出的（2019）最高法民申305号民事裁定书中，最高人民法院认为：“进行强制盈余分配的实质条件是存在但书条款规定的要件事实。同时，由于法条对于举证责任并未作出特殊规定，故应当适用‘谁主张、谁举证’的一般规则。即主张利润分配请求权被侵害的股东应当提供有效证据证明公司有可分配利润且存在滥用股东权利的事实，否则应当承担举证不能的不利后果。”

（三）有限公司持续不向股东分配利润的其他救济

值得一提的是，就有限公司而言，在“公司连续五年不向股东分配利润，而公司该五年连续盈利，并且符合《公司法》规定的分配利润条件”的情形，对公司股东会作出的不分配利润的决议投反对票的股东，可以请求公司按照合理的价格收购其股权。[①]

十二、公司向股东分配利润的方式

尽管《公司法》第166条第4款使用了“公司弥补亏损和提取公积金后所余税后利润，有限责任公司依照本法第三十四条的规定分配；股份有限公司按照股东持有的股份比例分配”的表述，但是，这并不意味着只要公司在弥补亏损和提取公积金之后还有税后利润或有“可供投资者分配的利润”，就必须以现金方式向股东分配利润。事实上，《公司法》本身没有限定公司向股东分配利润的方式，公司可以采取一切合法的方式向股东分配利润。

就股份公司而言，根据财政部印发的《企业会计准则——应用指南》（财会〔2006〕18号）、原国务院证券委员会、原国家经济体制改革委员会在1994年颁布的、至今仍然有效的《到境外上市公司章程必备条款》（证委发〔1994〕21号文附件）第139条以及中国证监会制定的《上市公司章程指引》（2019年修订）第152条的规定，股份公司既可以以现金形式向股东分配股利（即现金股利或现金分红），也可以以股票形式向股东分配股利（即股票股利）。

就有限公司而言，有限公司固然可以以现金形式向股东分配红利，但是，根据《国家税务总局关于盈余公积金转增注册资本征收个人所得税问题的批复》（国税函〔1998〕333号）、《财政部国家税务总局关于将国家自主创新示范区有关税收试点政策推广到全国范围实施的通知》（财税〔2015〕116号）

---

① 相关分析，请见本书第十五章第一节的内容。

的规定，在有限公司将未分配利润或公积金转为增加公司注册资本的情形，尽管公司未以现金形式向股东分配红利，但是，其实质是该公司以未分配利润或公积金向股东分配了红利、股东再以由此分得的红利对公司增加注册资本，因而也可以视为“股票红利”。

不过，值得注意的是，就上市公司而言，由于现金分红是实现投资者投资回报的重要形式，更是培育资本市场长期投资理念、增强资本市场活力和吸引力的重要途径，因此，中国证监会先后制定了《关于修改上市公司现金分红若干规定的决定》《中国证券监督管理委员会关于进一步落实上市公司现金分红有关事项的通知》（证监发〔2012〕37 号）、《上市公司监管指引第 3 号——上市公司现金分红》（证监会公告〔2013〕43 号）等法规，要求上市公司应当在章程中明确现金分红相对于股票股利在利润分配方式中的优先顺序，并在具备现金分红条件的情况下采用现金分红进行利润分配。2020 年 3 月 1 日生效的新《证券法》第 91 条也规定：“上市公司应当在章程中明确分配现金股利的具体安排和决策程序，依法保障股东的资产收益权。上市公司当年税后利润，在弥补亏损及提取法定公积金后有盈余的，应当按照公司章程的规定分配现金股利。”

十三、公司完成利润分配的时限

公司应在什么时限内完成向股东分配利润？对此，《公司法》本身没有作出规定。不过，《公司法司法解释（五）》第 4 条第 1 款作出了原则性的规定，即：“分配利润的股东会或者股东大会决议作出后，公司应当在决议载明的时间内完成利润分配。决议没有载明时间的，以公司章程规定的为准。决议、章程中均未规定时间或者时间超过一年的，公司应当自决议作出之日起一年内完成利润分配”，“使得股东，尤其是中小股东的利润分配请求权落到实处”[①]。

---

① 见《依法保护股东权益　服务保障营商环境——最高人民法院民二庭相关负责人就〈关于适用《中华人民共和国公司法》若干问题的规定（五）〉答记者问》，http：//www. court. gov. cn/zixun - xiangqing - 155282. html，最后访问时间：2019 年 9 月 30 日。

在公司的权力机构作出了分配利润的决议的情况下，《公司法司法解释（五）》第 4 条第 1 款规定了确定公司完成利润分配的时限的原则，包含了以下几层含义：

一是，在决议载明了利润分配完成时间，并且所载明的利润分配完成时间为自该决议作出之日起不超过一年的情况下，公司应当在决议载明的时间内完成向股东分配利润，不论公司章程是否规定了利润分配完成时间，也不论公司章程所规定的利润分配完成时间是多长（当然，权力机构的决议载明的利润分配完成时间，与公司章程规定的不一致时，是否属于《公司法》第 22 条第 2 款所说的“决议内容违反公司章程”，另当别论）。

二是，在决议载明了利润分配完成时间，并且所载明的利润分配完成时间为自该决议作出之日超过一年的情况下，公司应当在该决议作出之日起一年内完成向股东分配利润，不论公司章程是否规定了利润分配完成时间，也不论公司章程所规定的利润分配完成时间是多长。同样地，权力机构的决议载明的利润分配完成时间，与公司章程规定的利润分配完成时间不一致，是否属于《公司法》第 22 条第 2 款所说的“决议内容违反公司章程”，另当别论。

三是，在决议未载明利润分配完成时间，而公司章程规定了利润分配完成时间，并且公司章程规定的利润分配完成时间为自分配利润的决议作出之日起不超过一年的情况下，公司应当在公司章程规定的利润分配完成时间内完成向股东分配利润。

四是，在决议未载明利润分配完成时间，而公司章程规定了利润分配完成时间，并且公司章程规定的利润分配完成时间为自分配利润的决议作出之日起超过一年的情况下，公司应当在该决议作出之日起一年内完成向股东分配利润。

五是，在决议未载明利润分配完成时间，且公司章程也未规定利润分配完成时间的情况下，公司应当在该决议作出之日起一年内完成向股东分配利润。

其中，《公司法司法解释（五）》第 4 条第 1 款所说的“时间超过一年”，指的是分配利润的股东会或者股东大会决议所载明的完成利润分配的时间，或者公司章程所规定的完成利润分配的时间，自分配利润的决议作出之日起超过一年。之所以规定以一年为限，是因为“公司一般计算年度利润，故作出利润分配决议后，要在一年内完成分配，这一时间符合实际做法”①。

值得注意的是，适用《公司法司法解释（五）》第4条的前提是，公司的权力机构已经依法作出了分配利润的决议。在公司的权力机构没有作出分配利润的决议，或作出了不分配利润的决议的情况下，没有适用《公司法司法解释（五）》第4条的余地。对此，《公司法司法解释（四）》第15条规定了“股东未提交载明具体分配方案的股东会或者股东大会决议，请求公司分配利润的，人民法院应当驳回其诉讼请求，但违反法律规定滥用股东权利导致公司不分配利润，给其他股东造成损失的除外”。

十四、公司向股东分配利润涉及的所得税问题

就自然人股东而言，根据《个人所得税法》（2018年修正）第2条第1款第6项关于“下列各项个人所得，应当缴纳个人所得税：……（六）利息、股息、红利所得”、第3条第3项关于“个人所得税的税率：……（三）利息、股息、红利所得，财产租赁所得，财产转让所得和偶然所得，适用比例税率，税率为百分之二十”和《个人所得税法实施条例》（2018年修订）第6条第1款第6项关于“利息、股息、红利所得，是指个人拥有债权、股权等而取得的利息、股息、红利所得”的规定，以及《个人所得税法》第9条第1款关于“个人所得税以所得人为纳税人，以支付所得的单位或者个人为扣缴义务人”和《个人所得税法实施条例》第24条关于“扣缴义务人向个人支付应税款项时，应当依照个人所得税法规定预扣或者代扣税款，按时缴库，并专项记载备查。前款所称支付，包括现金支付、汇拨支付、转账支付和以有价证券、实物以及其他形式的支付”的规定，不论是有限公司还是股份公司，其向自然人股东以现金形式还是以股票形式分配利润，都应当按照20%的税率代扣代缴自然人股东依法应缴的个人所得税。

不过，值得注意的是，针对自然人股东持有的上市公司股票，现阶段，

---

① 见《依法保护股东权益 服务保障营商环境——最高人民法院民二庭相关负责人就〈关于适用《中华人民共和国公司法》若干问题的规定（五）〉答记者问》，http://www.court.gov.cn/zixun-xiangqing-155282.html，最后访问时间：2019年9月30日。

实行的是差别化的个人所得税政策。根据《财政部、国家税务总局、证监会关于实施上市公司股息红利差别化个人所得税政策有关问题的通知》（财税〔2012〕85号）、《财政部、国家税务总局、证监会关于上市公司股息红利差别化个人所得税政策有关问题的通知》（财税〔2015〕101号），个人从公开发行和转让市场取得的上市公司股票，持股期限超过1年的，其股息红利所得暂免征收个人所得税；持股期限在1个月以内（含1个月）的，其股息红利所得全额计入应纳税所得额；持股期限在1个月以上至1年（含1年）的，其股息红利所得暂减按50%计入应纳税所得额；上述所得统一适用20%的税率计征个人所得税。

此外，针对自然人股东持有的全国中小企业股份转让系统挂牌公司的股票的股息红利所得，现阶段，实行的也是差别化的个人所得税政策。根据《财政部、税务总局、证监会关于继续实施全国中小企业股份转让系统挂牌公司股息红利差别化个人所得税政策的公告》（财政部、税务总局、证监会公告2019年第78号）的规定，个人持有挂牌公司的股票，持股期限超过1年的，对股息红利所得暂免征收个人所得税；个人持有挂牌公司的股票，持股期限在1个月以内（含1个月）的，其股息红利所得全额计入应纳税所得额；持股期限在1个月以上至1年（含1年）的，其股息红利所得暂减按50%计入应纳税所得额；上述所得统一适用20%的税率计征个人所得税。

就公司股东中的除个人独资企业和合伙企业以外的，包括公司在内的企业和其他取得收入的组织而言，根据《企业所得税法》第26条关于"企业的下列收入为免税收入：……（二）符合条件的居民企业之间的股息、红利等权益性投资收益"和《企业所得税法实施条例》第83条关于"企业所得税法第二十六条第（二）项所称符合条件的居民企业之间的股息、红利等权益性投资收益，是指居民企业直接投资于其他居民企业取得的投资收益。企业所得税法第二十六条第（二）项和第（三）项所称股息、红利等权益性投资收益，不包括连续持有居民企业公开发行并上市流通的股票不足12个月取得的投资收益"的规定，作为公司股东的除个人独资企业和合伙企业以外的，包括公司在内的企业和其他取得收入的组织，从有限公司获得分配的红利，从除上市公司以外的股份公司获得分配股利，无需缴纳企业所得税。

就公司股东中的个人独资企业和合伙企业而言，根据《合伙企业法》第6条关于“合伙企业的生产经营所得和其他所得，按照国家有关税收规定，由合伙人分别缴纳所得税”的规定，公司向这类股东分配利润，不用代扣代缴个人所得税，这类股东从公司获得分配的利润，应由其合伙人分别依照《企业所得税法》缴纳企业所得税，或依照《国务院关于个人独资企业和合伙企业征收所得税问题的通知》（国发〔2000〕16号）、《财政部、国家税务总局关于个人独资企业和合伙企业投资者征收个人所得税的规定》（财税〔2000〕91号）、《财政部、国家税务总局关于合伙企业合伙人所得税问题的通知》（财税〔2008〕159号）等法规的规定缴纳个人所得税。

此外，值得注意的是，在有限公司的公司章程或全体股东之间的协议约定部分股东有权获得分配固定的利润的情形，相关股东可能会被认定为从事“以货币资金投资收取固定利润或者保底利润的行为”，导致相关股东对公司的投资被视为对公司的贷款，从而使得该股东就其从公司获得分配的同一笔固定利润，既要缴纳所得税，又要缴纳增值税。

比如，根据《国家税务总局关于中国人寿保险（集团）公司等发起设立北京国开国寿城镇发展投资企业相关涉税事宜的通知》（税总函〔2015〕300号），在2014年，中国人寿保险（集团）公司、中国人寿财产保险股份有限公司（以下对中国人寿保险（集团）公司、中国人寿财产保险股份有限公司简称为中国人寿）与国开东方城镇发展投资有限公司、国开东方（北京）企业管理有限公司共同以货币出资设立北京国开国寿城镇发展投资企业（有限合伙）时，有关该合伙企业的投资合伙协议约定：“在每个利润分配年度内按照实缴出资额，在预期年度投资收益率税前8%的范围内，中国人寿就合伙企业的分配收益享有优先分配权；每个利润分配年度从合伙企业获得的投资收益低于按其实缴出资额与预期年度投资收益率税前8%计算金额的，中国人寿有权选择退出；在最后一个利润分配年度，中国人寿在实际出资额加上预期年度投资收益率税前8%计算金额之和范围内，就合伙企业的收益和清算剩余财产享有优先分配权。”

对此，国家税务总局认为，根据《财政部、国家税务总局关于合伙企业合伙人所得税问题的通知》（财税〔2008〕159号）规定，中国人寿作为法人合伙人，从合伙企业分回的税前收益应计入所得，缴纳企业所得税；同时，根据

《国家税务总局关于印发〈营业税税目注释〉（试行稿）的通知》（国税发〔1993〕149号）以及《国家税务总局关于印发〈金融保险业营业税申报管理办法〉的通知》（国税发〔2002〕9号）的规定，以货币资金投资但收取固定利润或保底利润的行为属于贷款业务，应当缴纳营业税，因此，中国人寿按投资合伙协议从合伙企业取得的收益，还应按照“金融保险业”税目照章缴纳营业税。

尽管《国家税务总局关于中国人寿保险（集团）公司等发起设立北京国开国寿城镇发展投资企业相关涉税事宜的通知》（税总函〔2015〕300号）是在就有限合伙企业的合伙协议关于合伙人以货币资金投资但收取固定利润或保底利润的行为提出的处理意见，但是，我理解，其处理思路同样适用于公司的股东以货币资金投资但收取固定利润或保底利润的行为。

第二节　资本公积金

一、资本公积金的来源和提取

（一）资本公积金的来源和提取

《公司法》第167条就公司应当提取资本公积金的情形作出了原则性规定。根据《公司法》第167条的规定，以下收入属于资本公积金的来源，应当列为公司资本公积金：一是，股份公司以超过股票票面金额的发行价格发行股份所得的溢价款；二是，有限公司或股份公司获得的国务院财政部门规定应当列入资本公积金的其他收入。

根据财政部制定的《企业会计准则——应用指南》《企业会计制度》的规定，公司的资本公积金包括两大类：一类是适用于股份公司的“股本溢价”（也称为股票溢价）和适用于有限公司的“资本溢价”，另一类则是资本溢价以外的“其他资本公积”。

其中，就股本溢价或资本溢价而言，公司收到投资者以现金或非货币资产

（包括债务转为资本）出资超过其在注册资本或股本中所占份额的部分，属于资本溢价或股本溢价，在“资本公积”科目核算；就其他资本公积而言，其他资本公积是指股本溢价（或资本溢价）以外的资本公积。

值得注意的是，与《公司法》第 166 条第 3 款要求提取任意公积金须经股东会或股东大会作出决议不同，公司按照《公司法》第 167 条的规定提取资本公积金，是其法定义务，无需由股东会或股东大会专门作出决议。

（二）资本溢价

《公司法》第 167 条所说的“股份有限公司以超过股票票面金额的发行价格发行股份所得的溢价款”，也就是《企业会计准则》和《企业会计制度》所说的“股本溢价”，也称为“股票溢价”，指的是股份公司收到的投资者以现金或非货币性资产实际缴付的股款或出资额中超出其在股份公司的股本中所占份额的部分；考虑到《公司法》第 126 条第 2 款规定了“同次发行的同种类股票，每股的发行条件和价格应当相同；任何单位或者个人所认购的股份，每股应当支付相同价额”，因此，“股份有限公司以超过股票票面金额的发行价格发行股份所得的溢价款”，在数值上等于股份公司该次发行股份的每股发行价格减去每股金额所得的差额与该次所发行的股份数量的乘积。

值得注意的是，《公司法》第 167 条所说的“股票的票面金额”，等于该股票所代表的股份数量与每股金额的乘积，通常大于 1。

此外，还需注意的是，在有限公司的情形，有限公司收到的其投资者实际缴付的出资额中超出其在公司的注册资本中所占份额的部分，被《企业会计准则》和《企业会计制度》称为“资本溢价”。有限公司收到的资本溢价，属于《公司法》第 167 条所说的“国务院财政部门规定列入资本公积金的其他收入”，也应当列为公司的资本公积金。

（三）应列为资本公积金的其他收入

《公司法》第 167 条所说的“其他收入”，指的是公司获得的除“股份有限公司以超过股票票面金额的发行价格发行股份所得的溢价款”以外的收入。

其中，根据《企业财务会计报告条例》第 10 条和《企业会计制度》（财会〔2000〕28 号）第 84 条，“收入”是指企业在销售商品、提供劳务及让渡资产使用权等日常活动中所形成的经济利益的总流入，包括主营业务收入和其他业务收入，但不包括为第三方或者客户代收的款项。

不过，值得注意的是，《企业会计准则——基本准则》（2014 年修改，以下简称《企业会计准则》）第 30 条则规定：“收入是指企业在日常活动中形成的、会导致所有者权益增加的、与所有者投入资本无关的经济利益的总流入。”据此，对执行《企业会计准则》的公司来说，股东投入的资本不属于“收入”，因此，《公司法》第 167 条所说的“股份有限公司以超过股票票面金额的发行价格发行股份所得的溢价款”，不属于《企业会计准则》所界定的收入。

基于以上论述，《公司法》第 167 条所说的“国务院财政部门规定列入资本公积金的其他收入”中的“其他收入”，可能会使人误认为“股份有限公司以超过股票票面金额的发行价格发行股份所得的溢价款”也属于“收入”，因此，在表述上，《公司法》第 167 条如能调整为“股份有限公司以超过股票票面金额的发行价格发行股份所得的溢价款以及国务院财政部门规定列入资本公积金的收入，应当列为公司资本公积金”，可能是更加准确的。不过，需要注意的是，在其他资本公积的构成方面，《企业会计准则》和《企业会计制度》的规定存在着差异，实务中应当予以关注。

《企业会计制度》规定的其他资本公积主要包括：（1）接受非现金资产捐赠准备，是指企业因接受非现金资产捐赠而增加的资本公积；（2）接受现金捐赠，是指企业因接受现金捐赠而增加的资本公积；（3）股权投资准备，是指企业对被投资单位的长期股权投资采用权益法核算时，因被投资单位接受捐赠等增加的资本公积，企业按其持股比例计算而增加的资本公积；（4）拨款转入，是指企业收到国家拨入的专门用于技术改造、技术研究等的拨款项目完成后，按规定转入资本公积的部分；（5）外币资本折算差额，是指企业接受外币投资因所采用的汇率不同而产生的资本折算差额；（6）其他资本公积，是指除上述各项资本公积以外所形成的资本公积，以及从资本公积各准备项目转入的金额，债权人豁免的债务也在本项目核算。财政部 2001 年印发的《关联方之间出售资产等有关会计处理问题暂行规定》（财会〔2001〕64 号，已于 2008 年失效）还曾规定关联交易差价（即关联方之间实际交易价格超过确认为收入的部分）也应计入资本公积。

《企业会计准则》规定的其他资本公积则主要包括：（1）可供出售金融资

产公允价值变动；（2）企业根据以权益结算的股份支付协议授予职工或其他方的权益工具的公允价值；（3）有效套期工具的公允价值变动；（4）长期股权投资采用权益法核算的，在持股比例不变的情况下，被投资单位除净损益以外的其他所有者权益变动引起的长期股权投资账面价值的变动；（5）自用房地产或存货转换为采用公允价值模式计量的投资性房地产时，转换日投资性房地产的公允价值大于原账面价值的差额。

值得注意的是，执行《企业会计准则》的公司，其以下四类项目应当计入公司的资本公积：

一是，公司接受控股股东或控股股东的子公司直接或间接的代为偿债、债务豁免或捐赠（包括直接捐赠现金或实物资产、直接豁免或代为清偿债务等）。

根据《财政部关于做好执行会计准则企业2008年年报工作的通知》（财会函〔2008〕60号）第8条和证监会公告〔2008〕48号，尽管企业接受的捐赠和债务豁免，按照会计准则规定符合确认条件的，通常应当确认为当期收益；但是，如果接受控股股东或控股股东的子公司直接或间接的代为偿债、债务豁免或捐赠，从经济实质上判断属于控股股东对企业的资本性投入，应作为权益性交易，相关利得计入所有者权益（资本公积）。其中的代为偿债，包括公司的控股股东在公司发生破产重整时因执行人民法院批准的破产重整计划，通过让渡所持有的该企业部分股份向公司债权人偿债的情况。

二是，公司接受非控股股东（或非控股股东的子公司）直接或间接代为偿债、债务豁免或捐赠。

根据《财政部关于印发企业会计准则解释第5号的通知》（财会〔2012〕19号）第6条，尽管企业接受代为偿债、债务豁免或捐赠，按照企业会计准则规定符合确认条件的，通常应当确认为当期收益；但是，如果企业接受非控股股东（或非控股股东的子公司）直接或间接代为偿债、债务豁免或捐赠，经济实质表明属于非控股股东对企业的资本性投入，则应当将相关利得计入所有者权益（资本公积）。其中的代为偿债，包括公司的非控股股东在公司发生破产重整时因执行人民法院批准的破产重整计划，通过让渡所持有的该企业部分股份向公司债权人偿债的情况。

三是，公司收到政府给予的搬迁补偿款。

根据《财政部关于印发企业会计准则解释第3号的通知》（财会〔2009〕8

号）第4条的规定，公司因城镇整体规划、库区建设、棚户区改造、沉陷区治理等公共利益进行搬迁，收到政府从财政预算直接拨付的搬迁补偿款，应作为专项应付款处理。其中，属于对企业在搬迁和重建过程中发生的固定资产和无形资产损失、有关费用性支出、停工损失及搬迁后拟新建资产进行补偿的，应自专项应付款转入递延收益，并按照《企业会计准则第16号——政府补助》进行会计处理企业取得的搬迁补偿款扣除转入递延收益的金额后如有结余的，应当作为资本公积处理。

四是，政府拨入的投资补助等专项拨款中，国家相关文件规定作为“资本公积”处理的部分。

根据财政部印发的《企业会计准则——应用指南》（财会〔2006〕18号），对于政府拨入的投资补助等专项拨款，如果国家相关文件规定其中部分或全部款项作为“资本公积”处理，那么，这部分款项属于资本性投入的性质而不属于政府补助，应列为公司的资本公积。

由于《企业会计制度》和《企业会计准则》在资本公积方面的规定的差异，针对原来执行《企业会计制度》的企业在执行《企业会计准则》之后如何处理其原来按《企业会计制度》核算的资本公积的问题，《企业会计准则实施问题专家工作组意见第二号》规定了相应的处理办法：“企业按照原制度核算的资本公积，执行新准则后应当分别下列情况进行处理：（一）原资本公积中的资本溢价或股本溢价，执行新准则后仍应作为资本公积（资本溢价或股本溢价）进行核算。（二）原资本公积中因被投资单位除净损益外其他所有者权益项目的变动产生的股权投资准备，执行新准则后应当转入新准则下按照权益法核算的长期股权投资产生的资本公积（其他资本公积）。（三）原资本公积中除上述以外的项目，包括债务重组收益、接受捐赠的非现金资产、关联交易差价、按照权益法核算的长期股权投资因初始投资成本小于应享有被投资单位账面净资产的份额计入资本公积的金额等，执行新准则后应在资本公积（其他资本公积）中单设‘原制度资本公积转入’进行核算，该部分金额在执行新准则后，可用于增资、冲减同一控制下企业合并产生的合并差额等。”

如前所述，《企业会计制度》和《企业会计准则》对其他资本公积的规定存在差异，因此，对分别执行《企业会计制度》的公司和执行《企业会计准则》的公司来说，《公司法》第167条所说的“国务院财政部门规定列入资本公积金的其他收入”也具有不同的含义。

根据《企业会计制度》，对执行《企业会计制度》的公司来说，《公司法》第 167 条所说的“国务院财政部门规定列入资本公积金的其他收入”主要包括：一是，公司因接受非现金资产捐赠而取得的收入；二是，公司因接受现金捐赠而取得的收入；三是，公司收到的国家拨入的专门用于技术改造、技术研究等的拨款中应列为资本公积金的部分。

根据《企业会计准则——应用指南》（财会〔2006〕18 号）、《财政部关于做好执行会计准则企业 2008 年年报工作的通知》（财会函〔2008〕60 号）、《财政部关于印发企业会计准则解释第 3 号的通知》（财会〔2009〕8 号）、《财政部关于印发企业会计准则解释第 5 号的通知》（财会〔2012〕19 号）和证监会公告〔2008〕48 号文件，对执行《企业会计准则》的公司来说，《公司法》第 167 条所说的“国务院财政部门规定列入资本公积金的其他收入”，主要包括：

一是，公司接受控股股东或控股股东的子公司直接或间接的代为偿债、债务豁免或捐赠（包括直接捐赠现金或实物资产、直接豁免或代为清偿债务等）而取得的收入。

二是，公司接受非控股股东（或非控股股东的子公司）直接或间接代为偿债、债务豁免或捐赠而取得的收入。

三是，公司收到的政府给予的搬迁补偿款中应当列为资本公积的部分。

四是，公司收到的政府拨入的投资补助等专项拨款中，国家相关文件规定作为“资本公积”处理的部分。

二、资本公积金的用途

根据《公司法》第 168 条第 1 款的规定，公司的资本公积金，只能由公司用于以下两种用途：一是，扩大生产经营；二是，转为增加公司的注册资本。《公司法》第 168 条第 1 款使用了“资本公积金不得用于弥补公司的亏损”的表述，因此，公司的所有资本公积金，不论是何种原因形成的，都不得用于弥补公司的亏损。

（一）以资本公积金扩大生产经营

根据《公司法》第168条第1款的规定，公司可以将资本公积金用于扩大生产经营。不过，《公司法》本身没有对公司将资本公积金用于扩大生产经营的决策程序作出规定。

此外，在账务处理方面，与明确规定盈余公积可以用于弥补亏损和转增资本，而资本公积金可以用于转增资本并对其各自的账务处理作出规定不同，《企业会计准则——应用指南》并未提及资本公积金用于扩大生产经营的问题，也未提及资本公积金用于扩大生产经营应如何进行账务处理问题。

实践中，公司将资本公积金用于扩大生产经营通常不作账务处理[1]。

值得注意的是，公司将资本公积金用于扩大生产经营这一行为本身既不会导致资金流入或流出公司，也不会导致公司的净资产发生增加或减少。

（二）以资本公积金转为增加注册资本

根据《公司法》第168条第1款的规定，公司依法提取的资本公积金，可以用于转为增加公司的注册资本。

一是，在以资本公积金转为增加注册资本的程序方面，根据《公司法》第37条第1款第7项和第99条关于股东会或股东大会职权的规定，公司增加注册资本应由公司股东会或股东大会审议批准；公司以资本公积金转为增加注册资本属于增加注册资本的一种方式，因此，以资本公积金转为增加注册资本也应取得公司权力机构的批准；其中，根据《公司法》第43条第2款的规定，有限公司以资本公积金转为增加注册资本必须经代表三分之二以上表决权的股东通过；根据《公司法》第103条第2款的规定，股份公司以资本公积金转为增加注册资本必须经出席会议的股东所持表决权的三分之二以上通过。

二是，在以资本公积金转为增加注册资本的条件方面，是不是所有的资本公积金都可以用于转增注册资本？《公司法》本身对此未作禁止性规定。不过，根据财政部的相关规定，并非所有的资本公积金都可以用于转增注册资本。

一方面，对于执行《企业会计制度》的公司来说，《企业会计制度》第82

---

① 李美云：《资本公积金功能的立法完善》，载《国家检察官学院学报》2014年第5期。

条第2款曾规定："资本公积各准备项目不能转增资本（或股本）"，因此，如果其资本公积金中包含了接受非现金资产捐赠准备、股权投资准备等准备项目，这部分资本公积金也不能用于转增注册资本。

另一方面，对于执行《企业会计准则》的公司来说，能否以资本公积中的其他公积转为增加注册资本，《企业会计准则》未作明确规定；《企业会计准则——应用指南》也只是提及以资本公积中的资本溢价或股本溢价转增资本的账务处理，未提及以资本公积中的其他资本公积转增资本的账务处理。

不过，根据《中国证券监督管理委员会对"会计问题征询函"的复函》（会计部函〔2008〕50号），上市公司计入其他资本公积的可供出售金融资产公允价值变动形成的利得或损失（除减值损失和外币货币性金融资产形成的汇兑差额外）的公允价值变动部分，暂不得用于转增注册资本。

此外，注意到针对原来执行《企业会计制度》的企业在执行《企业会计准则》之后如何处理其原来按《企业会计制度》核算的资本公积的问题，《企业会计准则实施问题专家工作组意见第二号》规定了："企业按照原制度核算的资本公积，执行新准则后应当分别下列情况进行处理：（一）原资本公积中的资本溢价或股本溢价，执行新准则后仍应作为资本公积（资本溢价或股本溢价）进行核算。（二）原资本公积中因被投资单位除净损益外其他所有者权益项目的变动产生的股权投资准备，执行新准则后应当转入新准则下按照权益法核算的长期股权投资产生的资本公积（其他资本公积）。（三）原资本公积中除上述以外的项目，包括债务重组收益、接受捐赠的非现金资产、关联交易差价、按照权益法核算的长期股权投资因初始投资成本小于应享有被投资单位账面净资产的份额计入资本公积的金额等，执行新准则后应在资本公积（其他资本公积）中单设'原制度资本公积转入'进行核算，该部分金额在执行新准则后，可用于增资、冲减同一控制下企业合并产生的合并差额等"，据此，对于执行《企业会计准则》的公司来说，至少，其资本公积中的其他资本公积中单设的"原制度资本公积转入"中的"债务重组收益""接受捐赠的非现金资产""关联交易差价""按照权益法核算的长期股权投资因初始投资成本小于应享有被投资单位账面净资产的份额计入资本公积的金额"这些项目是可以用于转为增资注册资本的。

同样地，就以资本公积金转增注册资本而言，《公司法》没有作出与《公司法》第168条第2款关于“法定公积金转为资本时，所留存的该项公积金不得少于转增前公司注册资本的百分之二十五”那样的限制，因此，公司可以将其依法提取的、能够用于转增注册资本的资本公积金全部转为增加注册资本。

三是，在公司以资本公积金转增注册资本的账务处理方面，根据《企业会计准则——应用指南》，公司以资本公积金转为增加注册资本时，应当进行相应的账务处理：借记“资本公积——资本溢价或股本溢价”科目（即减少“资本公积——资本溢价或股本溢价”中记载的金额），贷记“实收资本”或“股本”科目（即增加“实收资本”或“股本”科目中记载的金额）。

需要注意的问题是，公司以资本公积金转为增加注册资本，是否需要由会计师事务所出具相应的审计报告？现行有效的《公司法》《公司登记管理条例》以及《公司注册资本登记管理规定》均未提出此项要求。实践中，应与主管公司登记机关沟通确认为宜。

不过，在公司登记实行注册资本认缴制度之前，当时有效的2005年修订的《公司注册资本登记管理规定》（现已失效）第19条曾要求公司以资本公积、盈余公积和未分配利润转增注册资本及实收资本时提交的验资证明应当“说明转增数额、公司实施转增的基准日期、财务报表的调整情况、留存的该项公积金不少于转增前公司注册资本的百分之二十五、转增前后财务报表相关科目的实际情况、转增后股东的出资额”。

（三）以资本公积金转增注册资本涉及的个人所得税问题

还应注意的是，公司以公积金转增注册资本，公司的自然人股东可能需要缴纳所得税。

根据《国家税务总局关于股份制企业转增股本和派发红股征免个人所得税的通知》（国税发〔1997〕198号）、《国家税务总局关于盈余公积金转增注册资本征收个人所得税问题的批复》（国税函〔1998〕333号）、《国家税务总局关于进一步加强高收入者个人所得税征收管理的通知》（国税发〔2010〕54号）、《财政部、国家税务总局关于将国家自主创新示范区有关税收试点政策推广到全国范围实施的通知》（财税〔2015〕116号）、《国家税务总局关于股权奖励和转增股本个人所得税征管问题的公告》（国家税务总局公告2015年第80号）的规定，从税务的角度，公司以公积金转增注册资本的行为，通常可能会被分解为两个行为：公司以公积金向股东分配股息、红利和股东再以分得的股息、红利对公司增加注册资本。因此，在公司以公积金转增注册资本的过程中，公司的自然人股东通常可能需要缴纳相应的个人所得税：

一方面，非上市及未在全国中小企业股份转让系统挂牌的所有企业，包括有限公司和股份公司，以未分配利润、法定公积金、任意公积金、资本公积金（包括股本溢价或资本溢价以及其他资本公积），向个人股东转增股本时，对个人股东获得转增的股本或注册资本，应按照“利息、股息、红利所得”项目，适用20%税率征收个人所得税。

另一方面，对于非上市及未在全国中小企业股份转让系统挂牌的中小高新技术企业以未分配利润、盈余公积、资本公积向个人股东转增股本的情形，财税〔2015〕116号文件允许个人股东一次缴纳个人所得税确有困难并符合该文件有关规定的，纳税人可根据实际情况自行制定分期缴税计划，在不超过5个公历年度内（含）分期缴纳个人所得税；而非上市及未在全国中小企业股份转让系统挂牌的其他企业转增股本，则应及时代扣代缴个人所得税。

值得一提的是，国家对股份公司以资本公积金转增注册资本征收个人所得税经历了一个从“不征收”到“部分征收”再到“全面征收”的演变过程：

一是，不征收阶段。早期，《国家税务总局关于股份制企业转增股本和派发红股征免个人所得税的通知》（国税发〔1997〕198号）规定“股份制企业用资本公积金转增股本不属于股息、红利性质的分配，对个人取得的转增股本数额，不作为个人所得，不征收个人所得税”。

二是，部分征收阶段。《国家税务总局关于进一步加强高收入者个人所得税征收管理的通知》（国税发〔2010〕54号）明确规定“加强企业转增注册资本和股本管理，对以未分配利润、盈余公积和除股票溢价发行外的其他资本公积转增注册资本和股本的，要按照‘利息、股息、红利所得’项目，依据现行政策规定计征个人所得税”。据此，至少在2010年，国家就已经开始对股份公司以除股票溢价发行所形成的资本公积外的其他资本公积转增注册资本和股本征收个人所得税了。

三是，全面征收阶段。到了2015年，《财政部、国家税务总局关于将国家自主创新示范区有关税收试点政策推广到全国范围实施的通知》（财税〔2015〕116号）规定，“自2016年1月1日起，全国范围内的中小高新技术企业以未分配利润、盈余公积、资本公积向个人股东转增股本时，个人股东一次缴纳个人所得税确有困难的，可根据实际情况自行制定分期缴税计划，在不超过5个公历年度内（含）分期缴纳，并将有关资料报主管税务机关备案”，“个人股东获得转增的股本，应按照‘利息、股息、红利所得’项目，适用20%税率征收个人所得税”。据此，国家已经不再区分“股票溢价发行形成的资本公积”和“其他资本公积”，而是统一规定未上市及未在全国中小企业股份转让系统挂牌的中小高新技术企业以任何资本公积金转增股本，都应当对个人股东征收个人所得税。

在此基础上，针对财税〔2015〕116号文件未提及的非上市及未在全国中小企业股份转让系统挂牌的其他企业以未分配利润、盈余公积、资本公积向个人股东转增股本的情形，《国家税务总局关于股权奖励和转增股本个人所得税征管问题的公告》（国家税务总局公告2015年第80号）更是明确规定了：“非上市及未在全国中小企业股份转让系统挂牌的中小高新技术企业以未分配利润、盈余公积、资本公积向个人股东转增股本，并符合财税〔2015〕116号文件有关规定的，纳税人可分期缴纳个人所得税；非上市及未在全国中小企业股份转让系统挂牌的其他企业转增股本，应及时代扣代缴个人所得税。”

不过，根据《企业所得税法》第1条、第26条第2项、《企业所得税法实施条例》第83条的规定，在公司的股东属于除自然人、合伙企业、个人独资企业以外的企业或组织的情况下，企业或组织股东因公司以未分配利润、盈余公积、资本公积向其转增注册资本所获得的股本，属于免税收入，不征收企业所得税。

（四）公司的资本公积金可否用于其他用途？

值得思考的问题是，除了《公司法》第168条所规定的“扩大公司生产经营”和“转为增加公司资本”，公司的资本公积金是否可以用作其他用途？我的理解是，《公司法》第168条第1款使用了“公司的公积金用于弥补公司的亏损、扩大公司生产经营或者转为增加公司资本。但是，资本公积金不得用于弥补公司的亏损”的表述，因此，公司的资本公积金不得用于其他用途，既不得用于弥补亏损，又不得用于分配利润，也不得用于转为对股东的借款或其他用途。

比如，在2013年12月23日就江门市江建建筑有限公司与江门市金华物业投资管理有限公司、江门市金华投资有限公司（以下简称金华投资公司）执行异议之诉再审案作出的（2013）民提字第226号民事判决书中，最高人民法院认为："资本公积金属于公司的后备资金，股东可以按出资比例向公司主张所有者权益，但股东出资后不能抽回，也不得转变为公司的债务计算利息，变相抽逃。2003年5月14日，金华投资公司董事会决议用本案的房产抵顶林某培多投入的出资本息，实质是将林某培本属于资本公积金的出资转变为公司对林某培的借款，并采用以物抵债的形式予以返还，导致林某培变相抽逃出资，违反了公司资本充实原则，与公司法和国务院上述通知的规定相抵触，故董事会决议对林某培借款债权的确认及以物抵债决定均应认定为无效。"

三、资本公积金属于公司的财产

值得注意的是，资本公积金属于公司资本的构成部分，属于公司的财产，并非公司股东的财产，公司的股东不能要求该资本公积金与自己持股比例相对应的部分归属于自己，也不得任意要求公司予以返还。

比如，在2012年11月19日就浙江玻璃股份有限公司（以下简称浙江玻璃）与浙江新湖集团股份有限公司（以下简称新湖集团）、董某华、冯某珍、青海碱业有限公司（以下简称青海碱业）公司增资纠纷上诉案作出的（2011）浙商终字第36号民事判决书中，针对青海碱业的股东新湖集团以青海碱业的另一股东浙江玻璃违反新湖集团对青海碱业进行溢价增资的《增资扩股协议书》，利用浙江玻璃对青海碱业的控制，以未按《增资扩股协议书》约定保障其应有的股东权益为由，要求解除《增资扩股协议书》，并要求青海碱业返还新湖集团对青海碱业溢价增资时的投资款中资本公积金336884976.80元的主张，一方面，浙江省高级人民法院认为："由于浙江玻璃的违约行为，新湖集团签订增资扩股协议的目的已经落空，作为双方合同关系基础的信赖关系也已消失，结合浙江玻璃违约行为的主观意图和客观后果，应认定新湖集团可根据合同法第九十四条第（四）项的规定享有《增资扩股协议书》的解除权"；另一方面，浙江省高级人民法院也认为："《增资扩股协议书》的解除既应遵循《合同法》的规定，亦应不违背《公司法》的相关要求，《增资扩股协议书》虽已解除，但根据《公司法》的相关规定，新湖集团不能要求返还出资中的资本公积金 336884976.80 元”，其裁判理由如下：

“第一，根据《公司法》第一百六十八条的规定，股份有限公司以超过股票票面金额的发行价格发行股份所得的溢价款以及国务院财政部门规定列入资本公积金的其他收入，应当列为公司资本公积金。《企业财务通则》第十七条规定，对投资者实际缴付的出资超过注册资本的差额，企业应当作为资本公积管理。《中华人民共和国最高人民法院公报》2010 年第 2 期刊载的兰州神骏物流有限公司与兰州民百（集团）股份有限公司侵权纠纷案裁判摘要第二项载明，公司因接受赠与而增加的资本公积金属于公司所有，是公司的财产，股东不能主张该资本公积金与自己持股比例相对应的部分归属于自己。可见，资本公积金属于公司所有，是公司资产的构成部分，股东不得任意要求公司予以返还。

“第二，资本公积金虽然不同于公司的注册资本需在工商行政管理部门登记，但其与注册资本均属于公司资本范畴，是公司的资本储备，目的在于巩固公司的财产基础，加强公司信用。从《增资扩股协议书》第 G 条的约定看，在新湖集团全部出资到位后，青海碱业将立即进行新增资本公积金转增注册资本操作，表明新湖集团投入青海碱业的资本公积金就是青海碱业注册资本的准备金，具有准资本的性质。如果将该资本公积金予以返还，将导致青海碱业资本规模的减少，损害青海碱业公司的财产和信用基础，损害公司债权人的利益。

“第三，根据公司资本维持原则的要求，公司在其存续过程中，应维持与其资本额相当的实有资产。为使公司的资本与公司资产基本相当，切实维护交易安全和保护债权人的利益，《公司法》第三十六条明确规定，公司成立后，股东不得抽逃出资。同理，对于公司增资的新股东来说，同样不得抽回其向公司的投资。因此，新湖集团投入青海碱业的 336884976.80 元资本公积金是青海碱业的公司资产，未经青海碱业及其债权人同意，对新湖集团请求返还其已经实际交纳的资本公积金应不予支持。

“至于新湖集团要求浙江玻璃、董某华、冯某珍返还出资款的问题，《增资扩股协议书》中约定的是新湖集团作为新投资者对青海碱业的出资义务，并未约定合同违约方有向守约方返还出资的义务，浙江玻璃、董某华、冯某珍作为青海碱业的股东，与同为股东的新湖集团之间，并无返还出资款的义务。虽然浙江玻璃与青海碱业存在关联交易、关联担保，并占用青海碱业大量资金，但也并不必然导致浙江玻璃对新湖集团有返还出资款的责任，新湖集团主张浙江玻璃、董某华、冯某珍等股东返还资本公积金的请求没有事实和法律依据，本院不予支持。

“综上所述，由于浙江玻璃的违约行为致使新湖集团不能实现《增资扩股协议》目的，新湖集团有权解除合同。但新湖集团投入青海碱业的336884976.80元资本公积金已形成青海碱业的公司资产，依据公司法的资本维持原则的要求和《增资扩股协议书》的约定，新湖集团不得向浙江玻璃、董某华、冯某珍和青海碱业主张返还该资本公积金。”

浙江省高级人民法院的上述意见得到了最高人民法院的支持。在2013年6月27日就新湖集团与浙江玻璃、董某华、冯某珍及青海碱业公司增资纠纷再审案作出的（2013）民申字第326号民事裁定书中，最高人民法院认为：“《增资扩股协议》是由青海碱业原股东浙江玻璃、董某华、冯某珍与新股东新湖集团就青海碱业增资扩股问题达成的协议。在该协议履行过程中，因浙江玻璃的根本违约行为，新湖集团采用通知方式解除了该合同。《中华人民共和国合同法》第九十七条规定‘合同解除后，尚未履行的，终止履行；已经履行的，根据履行情况和合同性质，当事人可以要求恢复原状、采取其他补救措施，并有权要求赔偿损失’。本案《增资扩股协议》解除后，新湖集团请求判令浙江玻璃、董某华、冯某珍返还其出资款中的资本公积金336884976.80元。但《增资扩股协议》的性质决定了新湖集团所诉的这部分资本公积金不能得以返还。《增资扩股协议》的合同相对人虽然是浙江玻璃、董某华、冯某珍，但合同约定增资扩股的标的却是青海碱业。合同履行过程中，新湖集团业已将资本金直接注入了青海碱业。青海碱业系合法存在的企业法人。浙江玻璃、董某华、冯某珍均不再具有返还涉案资本公积金的资格。至于青海碱业能否返还新湖集团已注入的这部分资本公积金，关乎资本公积金的性质。新湖集团认为，本案中其因《增资扩股协议》注入的资本公积金不同于《公司法》中规定的‘出资’，可以抽回的主张，依据不足。股东向公司已交纳的出资无论是计入注册资本还是计入资本公积金，都形成公司资产，股东不得请求返还。二审判决未支持新湖集团返还资本公积金的请求，并无不当。”

此外，在2013年12月23日就江门市江建建筑有限公司与江门市金华物业投资管理有限公司、江门市金华投资有限公司（以下简称金华投资公司）执行异议之诉再审案作出的（2013）民提字第226号民事判决书中，最高人民法院也认为："资本公积金属于公司的后备资金，股东可以按出资比例向公司主张所有者权益，但股东出资后不能抽回，也不得转变为公司的债务计算利息，变相抽逃。2003年5月14日，金华投资公司董事会决议用本案的房产抵顶林某培多投入的出资本息，实质是将林某培本属于资本公积金的出资转变为公司对林某培的借款，并采用以物抵债的形式予以返还，导致林某培变相抽逃出资，违反了公司资本充实原则，与公司法和国务院上述通知的规定相抵触，故董事会决议对林某培借款债权的确认及以物抵债决定均应认定为无效。"

第二十二章 股东代表诉讼

公司作为独立的企业法人，依法独立享有民事权利，在其利益受到公司的董事、监事、高级管理人员、公司的股东或其他人侵害时，原则上应当由公司以自己的名义向相关主体主张权利；但是，在特定情况下，《公司法》也赋予符合条件的股东直接起诉相关主体的权利，这就是股东代表诉讼制度。此外，《证券法》也针对上市公司、股票在国务院批准的其他全国性证券交易场所交易的公司（新三板公司）或发行股票、债券等证券的公司规定了特别的股东代表诉讼制度。本章将围绕普通公司的股东代表诉讼制度展开讨论。[①]

第一节　股东代表诉讼概述

一、股东代表诉讼的主要法律依据

股东代表诉讼主要是由《公司法》第151条加以规定的。《公司法司法解释（四）》和《公司法司法解释（五）》也对股东代表诉讼的法律适用问题作了进一步的规定。

《公司法》第151条共三款，第1款规定了股东请求公司监督机构对董事、高级管理人员提起诉讼的权利、股东请求公司执行机构对监事提起诉讼的权

① 有关《证券法》规定的仅适用于上市公司、新三板公司等发行证券的公司的特别的股东代表诉讼制度的解读，可见微信公众号“秋荣法律评论”2020年1月15日发布的《新〈证券法〉下：特别的股东代表诉讼制度解析》一文。

利，第 2 款规定了股东对董事、高级管理人员或监事提起股东代表诉讼的权利，第 3 款则规定了股东对他人提起股东代表诉讼的权利及其适用条件。当然，股东享有、行使这些权利都应当以满足一定的条件为前提。

在表述上，《国务院关于 2005 年深化经济体制改革的意见》（国发〔2005〕9 号，已失效）[①]、《最高人民法院关于认真学习〈中华人民共和国公司法〉、〈中华人民共和国证券法〉的通知》（法〔2005〕204 号）、最高人民法院印发的《关于为改善营商环境提供司法保障的若干意见》（法发〔2017〕23 号）和《公司法司法解释（四）》等文件都使用了“股东代表诉讼”的表述。“股东代表诉讼”也称“股东派生诉讼”。

尽管《公司法》第 151 条第 1 款使用的是“董事、高级管理人员有本法第一百四十九条规定的情形的”“监事有本法第一百四十九条规定的情形的”的表述，但是，由于《公司法》第 151 条第 3 款还规定了“他人侵犯公司合法权益，给公司造成损失的，本条第一款规定的股东可以依照前两款的规定向人民法院提起诉讼”，因此，只要发生公司合法权益受到侵犯、公司遭受损失的情形，不论是受到谁的侵犯，符合条件的股东都可以根据《公司法》第 151 条的规定提起股东代表诉讼。

对此，《公司法司法解释（五）》第 1 条也规定了：“关联交易损害公司利益，……公司没有提起诉讼的，符合公司法第一百五十一条第一款规定条件的股东，可以依据公司法第一百五十一条第二款、第三款规定向人民法院提起诉讼。”

甚至，《公司法司法解释（五）》第 2 条还规定了“关联交易合同存在无效或者可撤销情形，公司没有起诉合同相对方的，符合公司法第一百五十一条第一款规定条件的股东，可以依据公司法第一百五十一条第二款、第三款规定向人民法院提起诉讼”，将股东代表诉讼的适用范围“扩大到关联交易合同的确认无效和撤销纠纷中”[②]，而不论相关关联交易合同是否“给公司造成了损失”。

① 《国务院关于 2005 年深化经济体制改革的意见》已于 2015 年 11 月 27 日被《国务院关于宣布失效一批国务院文件的决定》（国发〔2015〕68 号）宣布失效。

② 见《依法保护股东权益 服务保障营商环境——最高人民法院民二庭相关负责人就〈关于适用《中华人民共和国公司法》若干问题的规定（五）〉答记者问》，http://www.court.gov.cn/zixun-xiangqing-155282.html，最后访问时间：2019 年 9 月 30 日。

二、股东代表诉讼可以视为对公司法人独立地位的否定

根据《公司法》第 3 条第 1 款关于“公司是企业法人，有独立的法人财产，享有法人财产权。公司以其全部财产对公司的债务承担责任”的规定和第 14 条第 2 款关于“公司可以设立子公司，子公司具有法人资格，依法独立承担民事责任”的规定，《民法总则》第 57 条关于“法人是具有民事权利能力和民事行为能力，依法独立享有民事权利和承担民事义务的组织”的规定，《民法总则》第 60 条关于“法人以其全部财产独立承担民事责任”的规定，第 76 条关于“以取得利润并分配给股东等出资人为目的成立的法人，为营利法人。营利法人包括有限责任公司、股份有限公司和其他企业法人等”的规定，《民法总则》第 120 条关于“民事权益受到侵害的，被侵权人有权请求侵权人承担侵权责任”的规定和《民法总则》第 130 条关于“民事主体按照自己的意愿依法行使民事权利，不受干涉”的规定，原则上，公司作为企业法人，具有独立的法人地位，依法独立享有民事权利、独立承担民事义务并独立承担民事责任，有权按照自己的意愿依法独立行使包括请求侵害其民事权益的侵权人承担侵权责任在内的各项民事权利。

但是，根据《公司法》第 151 条的规定，在特定的情况下，公司符合条件的股东可以为了公司的利益、以自己的名义而非公司的名义，对侵犯公司合法权益、给公司造成损失的主体提起诉讼，这就相当于否定了公司的法人独立地位；也因此，《公司法》第 151 条的规定，属于《民法总则》第 57 条关于“法人是具有民事权利能力和民事行为能力，依法独立享有民事权利和承担民事义务的组织”的规定和第 130 条关于“民事主体按照自己的意愿依法行使民事权利，不受干涉”的规定的例外规定。

注意到，在 2017 年 9 月 26 日就周某文诉浠水县人民政府、浠水县工商行政管理局行政登记再审案作出的（2017）最高法行申 3597 号行政裁定书中，最高人民法院认为：“法律允许股东个人提起诉讼，但要符合公司法第一百五十一条规定的前置程序。之所以设置这些前置程序，是因为一方面，从公司自身角度讲，公司具有独立的法律人格，股东虽然是公司的创设者，但在法律上与公司属于不同的主体，公司的独立人格应该受到尊重。股东意志应当尽可能

地通过公司自身的一系列制度形成公司意志并以公司的名义对外表达”，此外，在2015年12月31日就陈某与何某强、罗某兴、罗某秋、何某珍及广州天奥企业文化咨询有限公司损害公司利益责任纠纷再审案作出的（2015）民提字第230号民事裁定书中，最高人民法院也认为：“《公司法》第一百五十一条在赋予股东为了公司的利益以自己的名义直接向人民法院提起诉讼即股东代表诉讼之权利的同时，规定提起股东代表诉讼须以股东经书面请求监事会或监事、董事会或执行董事提起诉讼而监事、执行董事等拒绝或者怠于提起诉讼为条件，亦即‘竭尽公司内部救济’的前置程序。设定该前置程序的主要目的和意义，在于促使公司内部治理结构充分发挥作用，以维护公司的独立人格、尊重公司的自主意志以及防止股东滥用诉权、节约诉讼成本……”从上述意见也可以看出，公司的股东以自己的名义提起股东代表诉讼，是以否定公司的法人独立地位为前提的。

第二节　股东请求监督机构起诉董事、高级管理人员的权利

一、股东请求监督机构起诉董事高管的权利和条件

根据《公司法》第151条第1款的规定，在公司的董事、高级管理人员存在违反法律、行政法规或公司章程的规定，损害公司利益的行为时，符合条件的股东可以请求公司的监督机构向人民法院提起诉讼。

股东行使这一权利应当同时满足以下条件：

一是，在权利主体方面，就有限公司而言，由于《公司法》第151条使用了“有限责任公司的股东”，有限公司的任何股东都享有《公司法》第151条规定的权利，没有持股比例、表决权数量或持股时间方面的要求或限制，只要其具备股东资格，就享有并可以行使此项权利。

也因此，最高人民法院2019年11月印发的《全国法院民商事审判工作会议纪要》（法〔2019〕254号）第24条明确规定了“股东提起股东代表诉讼，被告以行为发生时原告尚未成为公司股东为由抗辩该股东不是适格原告的，人

民法院不予支持”。

不过，结合《公司法司法解释（一）》第4条关于“公司法第一百五十一条规定的180日以上连续持股期间，应为股东向人民法院提起诉讼时，已期满的持股时间”的规定，我理解，在有限公司的情形，提起股东代表诉讼的主体，在向人民法院提起诉讼时，应当仍然具有该有限公司的股东资格。

甚至，在有限公司的股东提起股东代表诉讼的情形，相关主体可能还需要在诉讼过程中（包括一审、二审程序）持续具备股东资格；特别地，在一审判决之后发生上诉的情形，如果相关主体在二审过程中不再具备《公司法》第151条第1款规定的条件，相关主体提起的股东代表诉讼的请求，即使在一审中得到了一审法院的支持，在二审中也可能得不到二审法院的继续支持。

比如，《山东省高级人民法院关于审理公司纠纷案件若干问题的意见（试行）》（鲁高法发〔2007〕3号）第75条规定“有限责任公司股东可以作为原告提起股东代表诉讼。股份有限公司股东提起诉讼时，已经连续一百八十日以上持股，并单独或合计持股在公司股份百分之一以上的，人民法院应认定其具有原告资格。诉讼中，原告丧失股东资格的，人民法院应裁定驳回起诉”。

此外，《广东省深圳市中级人民法院关于审理股东代表诉讼案件的裁判指引》（深圳市中级人民法院审判委员会民事行政执行专业委员会第十四次会议2015年10月15日讨论通过）第4条也规定“股东在起诉时及诉讼中均应符合公司法第一百五十一条第一款规定的持股条件。股东在起诉后因股权变更等原因不再具备公司法第一百五十一条第一款规定的持股条件的，人民法院应裁定驳回起诉”。

在这方面，最高人民法院在2013年8月27日就南京东驰汽车工业（集团）有限公司（以下简称东驰公司）与江苏春兰自动车有限公司（以下简称春兰自动车公司）、泰州春兰销售公司（以下简称春兰销售公司）及南京徐工汽车制造有限公司（以下简称徐工汽车公司）股东滥用股东权利赔偿纠纷再审案作出的（2013）民申字第645号民事裁定书中的意见，可作参考。

在该民事裁定书中，最高人民法院认为，根据《公司法》第151条的规定，“具备公司股东身份是有限责任公司股东提起股东代表诉讼的身份要件。本案中，虽然东驰公司提起诉讼时持有徐工汽车公司40%的股份，具备徐工汽车公司股东的身份，符合法律关于股东代表诉讼原告资格的要求，但是，在二审法院审理过程中，东驰公司将其所持股份全部转让给徐工机械公司，并办理了工商变更登记，由此，东驰公司已丧失了徐工汽车公司股东的身份，不符合股东代表诉讼的主体资格要求，丧失了在本案中继续以徐工汽车公司股东身份进行股东代表诉讼的资格。因此，二审法院认定东驰公司在丧失徐工汽车公司股东身份时，相应地丧失了股东代表诉讼的诉讼主体资格，有事实和法律依据”；“本案中，东驰公司在二审诉讼过程中已丧失了徐工汽车公司股东的身份，不符合股东代表诉讼原告的要求，相应地丧失了股东代表诉讼的诉讼主体资格。因此，二审判决认为‘东驰公司在丧失徐工汽车公司股东身份之后，再以自己的名义要求春兰自动车公司、春兰销售公司向徐工汽车公司进行赔偿，无相应的法律依据’，并无不当。二审法院在东驰公司已不再具备诉讼主体资格的情形下，依据《公司法》第一五十二条[①]及2007年《民事诉讼法》第一百零八条、第一百五十三条第一款第（三）项的规定，裁定驳回东驰公司的起诉，适用法律并无不当”。

此外，在2015年1月6日就上海高金股权投资合伙企业（以下简称上海高金合伙企业）与许某荣、谢某楠、江某、范某山、江某学、刘某衡、田某斌、刘某冬、邵某、张某宁、卢某轩、周某斌、刘某妍、江苏省有色金属华东地质勘查局、江苏华东有色投资控股有限公司（以下简称华东有色公司）损害公司利益责任纠纷上诉案作出的（2014）民一终字第295号民事裁定书中，针对上海高金合伙企业在起诉时具有与华东有色公司的股东资格、但在诉讼过程中被华东有色公司股东会解除股东资格的情形，最高人民法院也认为：“上诉人上海高金合伙企业向一审法院起诉时依据增资协议和有关工商登记，证明其具有华东有色公司股东资格，因此，一审法院受理本案并无不当。在案件审理过程中，华东有色公司股东会根据增资协议约定，在上诉人上海高金合伙企业未按增资协议约定缴纳第三期增资款，经过两次函告仍未缴纳的情况下，于2014年5月28日召开股东会年度会议并作出决议，以减少注册资本的形式解除了上海高金合伙企业的股东资格。根据《中华人民共和国公司法》及相关司法解释规定，有限责任公司的股东会有权以股东会决议形式解除股东资格。华东有色公司股东会年度会议关于解除上诉人股东资格的决议已经生效。《中华

---

① 现为《公司法》第151条。

人民共和国公司法》第二十二条规定，如果股东认为‘股东会或者股东大会、董事会的会议召集程序、表决方式违反法律、行政法规或者公司章程，或者决议内容违反公司章程的，股东可以自决议作出之日起六十日内，请求人民法院撤销’；或者认为‘公司股东会或者股东大会、董事会的决议内容违反法律、行政法规的’，股东可以提起确认股东会决议无效之诉。然而，截至一审裁定作出时，上诉人并没有依法提起申请撤销股东会决议诉讼或申请确认股东会决议无效诉讼。因此，一审裁定以上诉人在本案中丧失了股东资格，无权提起股东代表诉讼，裁定驳回起诉，并无不当。”

就股份公司而言，由于《公司法》第 151 条使用了“股份有限公司连续一百八十日以上单独或者合计持有公司百分之一以上股份的股东”的表述，因此，只有连续 180 日单独或合计持有公司 1% 以上股份的股东，才享有《公司法》第 151 条规定的权利；并且，在由两名或两名以上的股东合计持有 1% 以上股份的情形，每一名股东持有该 1% 的股份的期限都应当在 180 日以上。

其中，《公司法》第 151 条第 1 款所说的“连续一百八十日”，指的是连续 180 个自然日，而不是指工作日；根据《民法总则》第 205 条关于“民法所称的‘以上’，包括本数”的规定，所说的“一百八十日以上”，包括 180 日，所说的“百分之一以上”，包括 1% 。

同样地，根据《公司法司法解释（一）》第 4 条关于“公司法第一百五十一条规定的 180 日以上连续持股期间，应为股东向人民法院提起诉讼时，已期满的持股时间；规定的合计持有公司百分之一以上股份，是指两个以上股东持股份额的合计”的规定，我理解，在股份公司的情形，提起股东代表诉讼的各个主体，在向人民法院提起诉讼之时，都应当同时满足以下三个条件：一是，各个主体都具有该股份公司的股东资格；二是，各个主体持有该股份公司股份的总数不低于股份公司股份总数的 1%；三是，每一个股东持有该股份公司股份的时间都已经满 180 日。

如前所述，同样地，在股份公司的股东提起股东代表诉讼的情形，相关股东可能还需要在诉讼过程中（包括一审和二审）持续具备《公司法》第 151 条第 1 款规定的条件。

不过，《公司法》第 151 条并不要求相关股东在案涉行为发生时就具备股份公司的股东资格。对此，最高人民法院 2019 年 11 月印发的《全国法院民商事审判工作会议纪要》（法〔2019〕254 号）第 24 条明确规定了“股东提起股东代表诉讼，被告以行为发生时原告尚未成为公司股东为由抗辩该股东不是适格原告的，人民法院不予支持”。[①]

二是，在行使原因方面，由于《公司法》第 151 条第 1 款使用了“董事、高级管理人员有本法第一百四十九条规定的情形”的表述，因此，只有在公司的董事或高级管理人员存在《公司法》第 149 条规定的“执行公司职务时违反法律、行政法规或者公司章程的规定，给公司造成损失的，应当承担赔偿责任”的情形时，符合条件的股东才享有此项权利。

三是，在请求对象方面，由于《公司法》第 151 条第 1 款使用了“可以书面请求监事会或者不设监事会的有限责任公司的监事向人民法院提起诉讼”的表述，因此，符合条件的股东的请求对象是公司的监督机构，而不是公司的监事个人（当然，在只设一名监事的有限公司，公司的监督机构即为该唯一的监事）；并且，在高级管理人员有《公司法》第 149 条规定的情形时，符合条件的股东不能书面请求公司的执行机构或董事个人对高级管理人员提起诉讼，而只能书面请求监督机构提起诉讼。此外，在公司的监事存在《公司法》第 149 条规定的“执行公司职务时违反法律、行政法规或者公司章程的规定，给公司造成损失”的情形时，符合条件的股东不能请求监督机构提起诉讼，而应当请求公司的执行机构提起诉讼。

四是，在行使方式方面，由于《公司法》第 151 条第 1 款使用了“可以书面请求”的表述，因此，符合条件的股东应当以书面方式向公司的监督机构提出关于对公司的董事或高级管理人员提起诉讼的请求。

不过，《公司法》本身没有对这一书面请求应具备的内容提出要求。我理解，股东提出的书面请求应当包含以下内容为宜：一是，相关董事、高级管理人员执行公司职务时违反了法律、行政法规或者公司章程的规定，给公司造成了损失；二是，请求公司监督机构以公司的名义、以相关董事、高级管理人员为被告，向人民法院提起诉讼。除上述内容外，公司的监督机构不应对股东提

① 值得注意的是，尽管《公司法》第 151 条并不要求股份公司相关股东在案涉行为发生时就具备股份公司的股东资格，但是，股份公司股东提起股东代表诉讼应当满足《公司法》第 151 条第 1 款所说的“连续一百八十日以上单独或者合计持有公司百分之一以上股份”的要求。

出其他要求或附加其他条件。当然，公司依法制定的公司章程另有规定的除外。

二、公司监督机构行使对董事高管提起诉讼的职权的条件

基于上述分析，结合《公司法》第151条第1款的规定，公司的监督机构行使《公司法》第53条第6项规定的对公司的董事或高级管理人员提起诉讼的职权，需要满足以下条件：

一是，在起诉的对象（即被告）方面，应当以公司的董事或高级管理人员为被告，不应包括公司的监事或除公司的董事、高级管理人员之外的其他人员或组织。

二是，在启动起诉的前提方面，应当以符合条件的股东向其提出书面请求为前提。

三是，在起诉的原因方面，应当是因为公司的董事或高级管理人员执行公司职务时违反了法律、行政法规或者公司章程的规定，并且给公司造成了损失。

四是，在起诉的名义方面，应当是以公司的名义提起诉讼。对此，《公司法司法解释（四）》第23条第1款规定了“监事会或者不设监事会的有限责任公司的监事依据公司法第一百五十一条第一款规定对董事、高级管理人员提起诉讼的，应当列公司为原告，依法由监事会主席或者不设监事会的有限责任公司的监事代表公司进行诉讼”。

五是，在作出起诉决定的决策方面，不论是有限公司的监事会，还是股份公司的监事会，在收到股东的书面请求之后采取代表公司向人民法院提起诉讼的行为，都应召开监事会会议来对此作出决定。在不设监事会而设有2名监事的有限公司，如果2名监事能对向人民法院提起诉讼取得一致同意，固然好；但是，如不能取得一致同意，我理解，应当允许每一名监事单独代表公司向人民法院提起诉讼。①

六是，在案件的管辖方面，由于公司监督机构对公司的董事、高级管理人

① 相关分析，请见本书第九章第五节关于监事会职权的内容。

员提起的诉讼在性质上属于侵权之诉，应当根据《民事诉讼法》和《民事诉讼法司法解释》关于侵权之诉管辖的一般规定确定管辖法院，不属于只能由公司住所地法院管辖的案件。①

问题是，在发生了公司的董事或高级管理人员执行公司职务时违反了法律、行政法规或者公司章程的规定，并且给公司造成了损失的情况下，公司的监督机构是否可以主动提起诉讼？

由于《公司法》第53条第6项使用了“监事会、不设监事会的公司的监事行使下列职权：……（六）依照本法第一百五十一条的规定，对董事、高级管理人员提起诉讼”的表述，并且，《公司法》第151条第1款使用了“董事、高级管理人员有本法第一百四十九条规定的情形的，有限责任公司的股东、股份有限公司连续一百八十日以上单独或者合计持有公司百分之一以上股份的股东，可以书面请求监事会或者不设监事会的有限责任公司的监事向人民法院提起诉讼；监事有本法第一百四十九条规定的情形的，前述股东可以书面请求董事会或者不设董事会的有限责任公司的执行董事向人民法院提起诉讼”的表述，因此，我倾向于认为，公司的监督机构应当不享有主动提起诉讼的权利。

第三节　股东请求执行机构起诉监事的权利

一、股东请求执行机构起诉监事的权利和条件

根据《公司法》第151条第1款的规定，在公司的监事存在违反法律、行政法规或公司章程的规定，损害公司利益的行为时，符合条件的股东可以请求公司的执行机构向人民法院提起诉讼。

其中，《公司法》第151条第1款所说的“前述股东”，指的是“有限责任公司的股东”或“股份有限公司连续一百八十日以上单独或者合计持有公司百分之一以上股份的股东”。

---

① 相关分析，请见本章第四节的内容。

根据《公司法》第151条第1款的规定，公司执行机构所享有的对公司的监事提起诉讼的权利，需要满足以下条件：

一是，起诉的对象是公司的监事。不过，同样地，结合《公司法》第151条第3款的规定，我倾向于认为，在他人侵犯公司合法权益、给公司造成损失的情况下，如果符合条件的股东向其提出书面请求，公司的执行机构也有权对该等他人提起诉讼。

二是，起诉的启动是基于以符合条件的股东向其提出的书面请求。当然，在发生了公司的监事执行公司职务时违反了法律、行政法规或者公司章程的规定，并且给公司造成了损失的情况下，基于公司执行机构的法定职责以及公司董事对公司的忠实义务和勤勉义务，公司的执行机构也可以主动提起诉讼。

三是，起诉的原因为公司的监事执行公司职务时违反了法律、行政法规或者公司章程的规定，并且给公司造成了损失。

四是，在起诉的名义方面，应当是以公司的名义提起诉讼。对此，《公司法司法解释（四）》第23条第2款规定了“董事会或者不设董事会的有限责任公司的执行董事依据公司法第一百五十一条第一款规定对监事提起诉讼的，或者依据公司法第一百五十一条第三款规定对他人提起诉讼的，应当列公司为原告，依法由董事长或者执行董事代表公司进行诉讼”。

五是，在作出起诉决定的决策方面，不论是有限公司的董事会，还是股份公司的董事会，在收到股东的书面请求之后采取代表公司向人民法院提起诉讼的行为，都应召开董事会会议来对此作出决定。在不设董事会，而设执行董事的有限公司的情形，则应由执行董事对此作出决定。①

六是，在案件的管辖方面，由于公司执行机构对公司的监事提起的诉讼本质是侵权之诉，应当根据《民事诉讼法》和《民事诉讼法司法解释》关于侵权之诉管辖的一般规定来确定管辖法院，不属于只能由公司住所地法院管辖的案件。相关分析，请见下文关于股东代表诉讼的注释。

① 相关分析，请见本书第九章第二节关于董事会职权的内容。

二、执行机构可否主动或应股东的请求起诉公司的董事、监事、高级管理人员

《公司法》第151条只是规定了符合条件的股东可以请求公司的执行机构起诉监事，问题是，股东可以请求公司的执行机构起诉董事、高级管理人员吗？在股东未提出请求情况下，公司的执行机构可以主动起诉董事、监事、高级管理人员吗？

基于公司执行机构的法定职责以及公司董事对公司的忠实义务和勤勉义务，我倾向于认为，公司的执行机构应当有权主动提起诉讼。①

第四节　针对董事、高级管理人员的股东代表诉讼

《公司法》第151条第2款规定了股东对公司的董事或高级管理人员提起股东代表诉讼的权利。关于股东代表诉讼，最高人民法院认为："股东代表诉讼制度的设置基础在于股东本没有诉权而公司又怠于行使诉权或者因情况紧急可能损害公司利益时，赋予股东代表公司提起诉讼的权利；当股东能够通过自身起诉的途径获得救济时，则不应提起代表诉讼，否则将有悖股东代表诉讼制度的设置意图。"②

根据《公司法》第151条第2款的规定，股东对公司的董事、高级管理人员提起股东代表诉讼，应当在权利主体、起诉的前置程序、起诉的名义、胜诉利益的归属、纠纷的管辖等方面满足相应的条件。

一、可以对董事、高级管理人员提起股东代表诉讼的主体

在权利主体方面，由于《公司法》第151条使用了"董事、高级管理人员

---

① 更具体的分析，请见本书第九章第六节的内容。

② 见最高人民法院在2014年12月30日就韩国公司（株）圃木园控股与上海福生豆制食品有限公司、上海市张小宝绿色食品发展有限公司、上海圃园福生绿色食品有限公司股东出资纠纷审判监督案作出的（2014）民提字第170号民事裁定书。

有本法第一百四十九条规定的情形的，有限责任公司的股东、股份有限公司连续一百八十日以上单独或者合计持有公司百分之一以上股份的股东，可以书面请求监事会或者不设监事会的有限责任公司的监事向人民法院提起诉讼……监事会、不设监事会的有限责任公司的监事……收到前款规定的股东书面请求后拒绝提起诉讼，或者自收到请求之日起三十日内未提起诉讼，或者情况紧急、不立即提起诉讼将会使公司利益受到难以弥补的损害的，前款规定的股东有权为了公司的利益以自己的名义直接向人民法院提起诉讼”的表述，因此，就有限公司来说，只有具备了有限公司的股东资格的主体，才享有此项权利；同时，只要具备了有限公司的股东资格的主体，就享有此项权利。就股份公司来说，只有具备了“连续一百八十日以上单独或者合计持有公司百分之一以上股份”的主体，才享有此项权利；同时，只要具备了这一条件，就享有此项权利。

此外，相关股东可能还需要在诉讼过程中（包括一审和二审）持续具备《公司法》第151条第1款规定的条件。[①]

二、对董事、高级管理人员提起股东代表诉讼的前置程序

在起诉的前置程序方面，由于《公司法》第151条第2款使用了“监事会、不设监事会的有限责任公司的监事……收到前款规定的股东书面请求后拒绝提起诉讼，或者自收到请求之日起三十日内未提起诉讼，……前款规定的股东有权为了公司的利益以自己的名义直接向人民法院提起诉讼”的表述，因此，原则上，符合条件的股东对公司的董事、高级管理人员提起股东代表诉讼，应当以其已经向公司监督机构提出了关于对公司的董事、高级管理人员提起诉讼的书面请求，但公司监督机构实际上没有提起诉讼（包括拒绝起诉和未在法定期限内起诉）为前提。

对此，最高人民法院认为：“《公司法》第一百五十一条在赋予股东为了公司的利益以自己的名义直接向人民法院提起诉讼即股东代表诉讼之权利的同时，规定提起股东代表诉讼须以股东经书面请求监事会或监事、董事会或执行董事提起诉讼而监事、执行董事等拒绝或者怠于提起诉讼为条件，亦即‘竭尽

① 具体分析，请见本章第二节的内容。

公司内部救济’的前置程序”，“设定该前置程序的主要目的和意义，在于促使公司内部治理结构充分发挥作用，以维护公司的独立人格、尊重公司的自主意志以及防止股东滥用诉权、节约诉讼成本”[①]。

针对股东向监督机构提出的提起诉讼的书面请求，《公司法》第151条第2款所说的“收到前款规定的股东书面请求后拒绝提起诉讼”“自收到请求之日起三十日内未提起诉讼”，都属于公司监督机构没有提起诉讼的情形。

其中，《公司法》第151条第2款所说的“收到前款规定的股东书面请求后拒绝提起诉讼”指的是公司监督机构明确作出拒绝提起诉讼的情形，原则上应以公司的监督机构作出明确的“拒绝提起诉讼”的决议或决定为标准；《公司法》第151条第2款所说的“自收到请求之日起三十日内未提起诉讼”，属于公司监督机构怠于提起诉讼的情形，指的是“公司监督机构在该30日内没有采取提起诉讼的措施”这样的事实和结果（具体来说是完成向人民法院提交起诉状这一行为）。

由于《公司法》第151条第2款使用了“监事会、不设监事会的有限责任公司的监事收到前款规定的股东书面请求后拒绝提起诉讼，或者自收到请求之日起三十日内未提起诉讼”的表述，因此，在以下几种情况下，符合条件的股东都可以直接提起股东代表诉讼：第一种情形是，在收到股东的书面请求之日起30日内，公司的监督机构作出了拒绝提起诉讼的决议或决定；第二种情形是，在收到股东的书面请求之日起30日内，公司的监督机构既未作出拒绝提起诉讼的决议或决定，也没有完成向人民法院提交起诉状的行为；第三种情形是，在收到股东的书面请求之日起30日内，公司监督机构虽然作出了按照股东的请求向人民法院提起诉讼的决议或决定，但是没有完成向人民法院提交起诉状的行为。

三、无需履行前置程序而直接对董事、高级管理人员提起股东代表诉讼的例外情形

《公司法》第151条第2款也规定了，在特定的例外情形下，符合条件的股东也可以直接对公司的董事、高级管理人员提起股东代表诉讼。

---

① 见最高人民法院2015年12月31日就陈某与何某强、罗某兴、罗某秋、何某珍及广州天奥企业文化咨询有限公司损害公司利益责任纠纷再审案作出的（2015）民提字第230号民事裁定书。

（一）“情况紧急、不立即提起诉讼将会使公司利益受到难以弥补的损害”的例外

由于《公司法》第151条第2款使用了“监事会、不设监事会的有限责任公司的监事，或者董事会、执行董事收到前款规定的股东书面请求后拒绝提起诉讼，或者自收到请求之日起三十日内未提起诉讼，或者情况紧急、不立即提起诉讼将会使公司利益受到难以弥补的损害的，前款规定的股东有权为了公司的利益以自己的名义直接向人民法院提起诉讼”的表述，因此，在“情况紧急、不立即提起诉讼将会使公司利益受到难以弥补的损害”的情况下，股东可以直接提起股东代表诉讼，无需履行《公司法》第151条第1款和第2款所说“穷尽公司内部救济手段”的前置程序。

不过，值得注意的是，股东不履行《公司法》第151条第1款和第2款所规定的前置程序而直接提起股东代表诉讼，应当对存在“情况紧急、不立即提起诉讼将会使公司利益受到难以弥补的损害”的情形承担证明责任，否则，其诉讼请求可能会被法院驳回。

比如，在2012年12月14日就鲍某波、重庆市沙坪坝区人民政府、重庆晨光实业发展（集团）有限责任公司占有保护纠纷上诉案作出的（2012）民四终字第21号民事裁定书中，最高人民法院认为，由于“鲍某波未提供证据证明本案存在‘情况紧急、不立即提起诉讼将会使公司利益受到难以弥补的损害’的情形”，因此，“鲍某波以《公司法》第一百五十二条[①]第二款规定的股东提起代表诉讼的例外情形为由，认为无须履行前述法定程序即可直接向人民法院提起股东代表诉讼的上诉理由，缺乏事实依据，本院不予支持”。

又如，在2015年12月17日就正源中国地产有限公司（以下简称正源公司）与富某斌公司证照返还纠纷再审案作出的（2015）民申字第2767号民事裁定书中，最高人民法院认为：“《中华人民共和国公司法》第一百五十一条规定了股东代表诉讼制度，公司董事、监事、高级管理人员以及他人侵害公司合法权益的，公司股东有权向人民法院提起诉讼，但要遵循前置程序的要求，即股东应书面请求监事会或者不设监事会的有限公司的监事、董事会或执行董事

① 现为《公司法》第151条。

提起诉讼；监事会、监事或者董事会、执行董事收到书面请求后拒绝提起诉讼，或者自收到请求之日起三十日内未提起诉讼，或者情况紧急、不立即提起诉讼将会使公司利益受到难以弥补的损害的，股东有权为了公司的利益以自己的名义直接向人民法院提起诉讼。该前置程序是一项法定的强制性义务，除非存在情况紧急不立即诉讼公司将会受到不可弥补的损害的情形，才可免除前置程序。本案中，正源公司代表正源市政请求原执行董事返还证照，但未履行股东代表诉讼的法定前置程序，其无充分证据证明本案存在免除前置程序的例外情形，原裁定据此驳回其起诉并无不当。正源公司关于本案不适用前置程序的主张缺乏事实和法律依据，本院不予支持。"

再如，在2015年5月4日就郝某东、罗某、陈某棣、王某鹏与石某峰损害公司利益责任纠纷二审案作出的（2015）穗中法民二终字第595号民事判决书中，对于郝某东、罗某、王某鹏、陈某棣上诉称本案属于"情况紧急、不立即提起诉讼将会使公司利益受到难以弥补的损害的，股东可以以自己的名义直接向人民法院提起诉讼"的情形，广州市中级人民法院认为："根据《最高人民法院关于民事诉讼证据的若干规定》（2008年调整）第二条规定：'当事人对自己提出的诉讼请求所依据的事实或者反驳对方诉讼请求所依据的事实有责任提供证据加以证明。没有证据或者证据不足以证明当事人的事实主张的，由负有举证责任的当事人承担不利后果'的规定，郝某东、罗某、王某鹏、陈某棣应当提交充分的证据证明公司的危机情形的存在，由于郝某东、罗某、王某鹏、陈某棣提交的证据不足以证明其主张，故依法应当承担举证不能的法律后果。综上，郝某东、罗某、王某鹏、陈某棣的上诉理由理据不足，本院不予采纳。"

问题是，如何认定"情况紧急、不立即提起诉讼将会使公司利益受到难以弥补的损害"？对此，《公司法》本身未作明确规定。

由于《公司法》第151条第2款规定的"情况紧急、不立即提起诉讼将会使公司利益受到难以弥补的损害"属于股东代表诉讼前置程序的例外，因此，在实践中，人民法院通常会——也应当——结合案件的具体情况进行严格审查。

比如，在2016年12月30日就北方技术国际（亚太）有限公司、蒙某损害公司利益责任纠纷上诉案作出的（2016）津民终274号民事裁定书中，天津市高级人民法院提出："《中华人民共和国公司法》第一百五十一条第一款规定的前置程序是针对股东代表诉讼的一般情况；该法律条文第二款规定的‘情况紧急、不立即提起诉讼将会使公司利益受到难以弥补的损害’，属于先诉请求的豁免制度，是针对股东代表诉讼的特殊情况。股东主张存在‘情况紧急’情形，应承担举证责任；人民法院判定是否属于该情形，应依据案件情况进行严格审查。”

实践中，以下七种情形可能会被认定为属于《公司法》第151条第2款规定的“情况紧急、不立即提起诉讼将会使公司利益受到难以弥补的损害”的情形：

一是，公司的董事、高级管理人员或其他人员非法持有或刻制公司的印章、非法持有公司的证照、会计账簿等财务资料的情形，可以被认定为《公司法》第151条第2款所说的“情况紧急、不立即提起诉讼将会使公司利益受到难以弥补的损害”的情形。

比如，在2009年10月25日就青岛市化学石油供销有限责任公司（以下简称青岛化学公司）与于某春股东代表诉讼纠纷上诉案作出的（2008）鲁民四终字第103号民事判决书中，针对威海瀛海置业开发有限公司（以下简称瀛海公司）的董事长于某春违反该公司董事会会议纪要关于公章等由双方共同管理的规定、取走该公司的公章，并持有该公司的会计账簿凭证、销售合同、客户认购书、客户房产证与土地证、空白认购书、收款收据、客户收房交接单、销控账目、财务记账电脑等重要证件及必需物品的行为，山东省高级人民法院认为：“青岛化学公司为瀛海公司的股东，且本案符合情况紧急、不立即提起诉讼将会使公司利益受到难以弥补的损害的情况，青岛化学公司有权就于某春损害公司利益的行为提起诉讼，其关于判令于某春将公章等物品归还瀛海公司的诉讼请求应予支持。”

二是，公司处于清算状态，也可以被认定为《公司法》第151条第2款所说的“情况紧急、不立即提起诉讼将会使公司利益受到难以弥补的损害”的情形。

比如，在2015年1月15日就南通东江房地产开发有限公司、南通开发区东江建筑安装工程有限公司与南通同泰企业发展集团有限公司、扬州同基房地产开发有限公司（以下简称同基公司）等损害公司利益责任纠纷二审案作出的（2014）苏商终字第00491号民事裁定书中，由于扬州天一投资发展有限公司

（以下简称天一公司）陷入僵局经法院判决准许解散并经法院裁定处于强制清算状态，江苏省高级人民法院认为："公司清算不但周期较短，而且其只消耗、不增加公司财产，所以公司的清算状态符合公司法第一百五十一条规定的'情况紧急、不立即提起诉讼将会使公司利益受到难以弥补的损害的'情形。天一公司正处于清算程序中，本案原审原告作为公司股东，如其认为同基公司可能损害天一公司的利益，可以直接向法院提起代表诉讼，无须履行书面请求公司清算组起诉的前置程序。"

不过，也有的法院认为，公司进入清算程序并不必然导致紧急情况产生，股东仍可请求清算组以提起诉讼的方式履行相应前置程序。比如，在2015年1月30日就诸某与安徽法姬娜置业开发有限公司、宁国市金色王朝大酒店有限公司（以下简称金色王朝公司）、宁国市伯爵酒店投资管理有限公司、宁国经济技术开发区管理委员会确认合同无效纠纷二审案作出的（2015）宣中民二终字第00021号民事裁定书中，安徽省宣城市中级人民法院认为："股东应先请求监事会或董事会提起诉讼，在监事会或者董事会未提起诉讼或者情况紧急的条件下，才有权以自己名义代表公司提起股东代表诉讼。诸某在起诉之前并未履行相应前置程序，故本院着重审查本案是否存在'情况紧急、不立即提起诉讼将会使公司利益受到难以弥补的损害的'情形。诸某认为本案存在紧急情形的主要理由系金色王朝公司已进入清算程序及金色王朝公司清算组在一审中对'四方协议'效力不持异议。本院认为，公司进入清算程序并不必然导致紧急情况产生，股东仍可请求清算组以提起诉讼的方式履行相应前置程序；同时，金色王朝公司于一审中对'四方协议'效力所持态度，亦不足以证明诸某已无履行前置程序之必要或其诉讼属于情况紧急的情形。一审法院认定诸某无证据证明本案存在情况紧急的情形并无不当，本院予以支持。"

三是，股东丧失其对公司的控制权，可能会被认定为属于《公司法》第151条第2款所说的"情况紧急、不立即提起诉讼将会使公司利益受到难以弥补的损害"的情形。

比如，在2013年4月19日就忠旺有限公司（以下简称忠旺公司）诉被告李某、第三人陕西海泽纳米材料有限公司（以下简称陕西海泽）损害公司利益责任纠纷一审案作出的（2012）咸民初字第00004－3号民事判决书中，陕西省咸阳市中级人民法院认为："本案中原告忠旺公司作为陕西海泽的唯一股东，已经实际丧失对陕西海泽的控制权，陕西海泽的公司利益随时会受到侵害，情况已十分紧急，因此忠旺公司有权以自己的名义直接向法院提起诉讼。”

四是，公司的财产面临被法院强制执行（包括被拍卖）等导致公司丧失财产的控制权或所有权等情形，可能也会被认定为属于《公司法》第151条第2款所说的“情况紧急、不立即提起诉讼将会使公司利益受到难以弥补的损害”的情形。

比如，在2015年7月17日就张某娟与董某康、戴某平损害公司利益责任纠纷一审案作出的（2014）宿中商初字第00289号民事判决书中，宿迁市中级人民法院认为：“根据审理查明的事实，（2013）宿仲裁字第101号仲裁裁决书已经生效，戴某平依据该裁决书向本院申请强制执行，本院作出准予强制执行的裁定，并对蔷薇公司资产进行委托评估，属于‘情况紧急、不立即提起诉讼将会使公司利益受到难以弥补的损害’的情形，因此，原告张某娟作为蔷薇公司的股东，认为戴某平与公司董事董某康恶意串通损害蔷薇公司的利益，违反《中华人民共和国公司法》第一百四十九条规定，其有权为了公司的利益以自己的名义直接向人民法院提起诉讼。”

五是，公司请求法院保护其权利的诉讼时效即将届满，可能会被认定为属于《公司法》第151条第2款所说的“情况紧急、不立即提起诉讼将会使公司利益受到难以弥补的损害”的情形。

比如，在2016年3月15日就蔡某与孟某生、储某企业借贷纠纷二审案作出的（2015）苏商终字第00203号民事判决书中，针对江苏申科生物科技股份有限公司（以下简称申科公司）的财务总监兼副总经理孟某生通过与申科公司之间签署的两份借款协议、向申科公司借款的行为，江苏省高级人民法院认为：“本案中，孟某生系申科公司的董事、财务总监兼任副总经理，两份借款协议均约定分期偿还，最迟还款日期为2012年5月31日，在借款协议未被认定无效的情况下，根据《最高人民法院关于审理民事案件适用诉讼时效制度若干问题的规定》第五条‘当事人约定同一债务分期履行的，诉讼时效期间从最后一期履行期限届满之日起计算’的规定，申科公司应当于2014年5月31日之前提起诉讼，在蔡某认为申科公司依照借款协议所能确定的诉讼时效即将超过，于2014年4月17日提起本案诉讼，要求孟某生、储某归还借款，符合《公司法》规定的紧急情况。”

六是，公司的经营管理权被其他股东控制，公司尚未组建监督机构，无法请求监事提起诉讼，可能会被认定为属于《公司法》第 151 条第 2 款所说的“情况紧急、不立即提起诉讼将会使公司利益受到难以弥补的损害”的情形。

比如，在 2018 年 4 月 16 日就湖北福汉木业（集团）发展有限责任公司（以下简称福汉公司）与中国航空技术国际控股有限公司（以下简称中国航空技术公司）、罗某、余某强、中航林业有限公司（以下简称中航林业公司）损害公司利益责任纠纷上诉案作出的（2018）最高法民辖终 42 号民事裁定书中，最高人民法院认为：“中国航空技术公司主张因福汉公司转移中航林业公司 4.5 亿元资金，给中航林业公司造成损失。中国航空技术公司作为中航林业公司股东，认为其在情况紧急且无其他救济途径的情况下，有权提起股东代表诉讼。中国航空技术公司虽然在起诉状中提出中航林业公司的经营管理权被福汉公司所控制等事实和理由，其目的有二：一是表明福汉公司取得中航林业公司控制权后，具备了转移中航林业公司资金的现实可能性。二是表明公司董事会实际为福汉公司控制，监事会尚未完全组成，无法行使监事权，无法通过董事会及监事会提起诉讼的方式维护公司利益。中国航空技术公司提出福汉公司控制中航林业公司的经营管理权，并非对该控制行为本身提出争议，而是为证明本案具备《中华人民共和国公司法》第一百五十一条第二款规定的股东代表诉讼的条件，即‘情况紧急、不立即提起诉讼将会使公司利益受到难以弥补的损害’，中航林业公司具有提起股东代表诉讼的诉权。中国航空技术公司主张福汉公司承担侵权责任，并不以福汉公司违反财务联合签署条款为前提，无论福汉公司是否违反财务联合签署条款，中国航空技术公司均享有要求福汉公司承担转移中航林业公司资金的侵权责任的诉权。……中国航空技术公司提起的股东代表诉讼，并非基于《增资协议》的签订和履行，而是中国航空技术公司为了要求福汉公司返还所侵占的中航林业公司资金，而提起侵权之诉，……在侵权行为人因侵权行为获得利益时，该项利益构成不当得利，此时发生不当得利请求权与侵权赔偿请求权的竞合，当事人可选择行使何种请求权，本案中国航空技术公司选择行使侵权赔偿请求权，并无不当。”

七是，在公司的登记股东实际是员工持股计划、职工信托资金计划或职工持股会等指定的代表公司众多职工等实际出资人持有公司股权的情况下，如果公司与他人之间的损害公司利益的交易引起了众多职工的强烈不满，从而可能诱发群体性事件，可能也会被认定为属于《公司法》第151条第2款所说的“情况紧急、不立即提起诉讼将会使公司利益受到难以弥补的损害”的情形①。

比如，在瞿某林、上海众杰投资有限公司与陆某生、包某明股权转让纠纷案中，江苏省南通市中级人民法院在一审中认为“本案中包某明、陆某生虽未举证证明其履行了前置程序，但在众杰公司将其对苏润实业集团公司持有的股权非法转让而使实际出资人即广大天电公司职工利益受到极大损害，天电公司职工群情激愤，可能诱发群体性事件的紧急情况下，包某明、陆某生有权作为本案原告提起诉讼，其诉讼主体适格”；在针对该纠纷二审案作出的（2017）苏民终661号民事判决书中，江苏省高级人民法院也认为：“本案以下事实符合公司法关于股东代表诉讼以及情况紧急情形的规定，即一审原告的诉讼请求是确认上诉人与众杰公司在2011年3月7日签订的众杰公司向上诉人转让其所持有的苏润实业集团公司股权的股权转让合同无效，结合前述……苏润信托资金出资人，即天电公司广大职工的主张，故即便从公司法角度分析，代持股东包某明、陆某生提起本案诉讼亦属于情况紧急，符合《中华人民共和国公司法》关于‘股东有权为了公司的利益以自己的名义直接向人民法院提起诉讼’规定的情形。”

一审、二审法院的上述意见得到了最高人民法院的支持。在2019年2月27日就上海众杰投资有限公司、瞿某林股权转让纠纷再审案作出的（2019）最高法民申612号民事裁定书，最高人民法院认为：“2013年7月25日、26日，苏润信托资金的众多出资人即通过联名信、召开出资人代表大会等方式表达了对包括涉案股权转让合同在内的股权变动的强烈不满意见。在此情况下，一、二审法院认定陆某生、包某明以众杰公司股东身份提起本案诉讼符合《中华人民共和国公司法》第一百五十一条规定的紧急情况之要件并无不当。”

（二）“穷尽公司内部救济手段”的例外

值得注意的是，尽管《公司法》第151条第2款只是明确提及“情况紧

---

① 见江苏省高级人民法院2018年6月11日就瞿某林、上海众杰投资有限公司与陆某生、包某明股权转让纠纷二审案作出的（2017）苏民终661号民事判决书、最高人民法院2019年2月27日就上海众杰投资有限公司、瞿某林与陆某生、包某明股权转让纠纷再审案作出的（2019）最高法民申612号民事裁定书。

急、不立即提起诉讼将会使公司利益受到难以弥补的损害”这一种可以由股东直接提起股东代表诉讼的例外情形，但是，在其他情形下，如果股东能够证明其已经穷尽了公司内部救济手段，也可以直接提起股东代表诉讼，无需履行《公司法》第151条第1款和第2款所规定的前置程序，也无需证明其起诉满足“情况紧急、不立即提起诉讼将会使公司利益受到难以弥补的损害”的条件。

在这方面，最高人民法院在2015年12月31日就陈某与何某强、罗某兴、罗某秋、何某珍及广州天奥企业文化咨询有限公司损害公司利益责任纠纷再审案作出的（2015）民提字第230号民事裁定书中的意见，可作参考。

在这个案件当中，针对《公司法》第151条的规定，一方面，最高人民法院认为“《公司法》第一百五十一条在赋予股东为了公司的利益以自己的名义直接向人民法院提起诉讼即股东代表诉讼之权利的同时，规定提起股东代表诉讼须以股东经书面请求监事会或监事、董事会或执行董事提起诉讼而监事、执行董事等拒绝或者怠于提起诉讼为条件，亦即‘竭尽公司内部救济’的前置程序。设定该前置程序的主要目的和意义，在于促使公司内部治理结构充分发挥作用，以维护公司的独立人格、尊重公司的自主意志以及防止股东滥用诉权、节约诉讼成本”。另一方面，最高人民法院也认为：“根据该条款的文字内容和生活常理，应当认为《公司法》规定的该项‘前置程序’所针对的是公司治理形态的一般情况，即在股东向公司的有关机构或人员提出书面申请之时，后者是否会依股东的请求而提起诉讼尚处于不定状态，抑或存在监事会、监事或者董事会、执行董事依股东申请而提起诉讼的可能性；换言之，法律不应要求当事人徒为毫无意义之行为，对于股东申请无益即客观事实足以表明不存在前述可能性的情况，不应理解为《公司法》第一百五十一条所规制的情况”；具体到该案，最高人民法院认为：“本案中，原审已经查明嘉莉诗公司仅有陈某和何某强、罗某兴三名股东，公司不设董事会和监事会，何某强、罗某兴分别担任该公司的执行董事和监事，而陈某代表公司提起诉讼所指向的被告恰是何某强、罗某兴等人，且在陈某提出起诉前，双方已就诉争的事实产生争议。由此表明，即使陈某就相关事实请求分别作为公司执行董事和监事的何某强、罗某兴提起诉讼，何某强、罗某兴必然拒绝。故本案中不存在公司的执行董事或监事接受股东申请对股东所主张的被告提起诉讼的可能性，亦可谓公司内部的救济途径已经穷尽，据此应当认为陈某提起本案诉讼并不违反《公司法》第一百五十一条的规定。因而，无论广州奥林匹克大厦将被拍卖的情况是否属于《公司法》第一百五十一条规定的‘情况紧急、不立即提起诉讼将会使公司利益受到难以弥补的损害’的情形，如果陈某的起诉符合《民事诉讼法》规定的起诉条件，则人民法院应当予以受理并进行审理。”

最高人民法院 2019 年 8 月 7 日公布的《全国法院民商事审判工作会议纪要（最高人民法院民二庭向社会公开征求意见稿）》第 23 条更是对最高人民法院在（2015）民提字第 230 号民事裁定书中的意见进行了重述和提升，提出“根据《公司法》第一百五十一条第二款的规定，股东提起代表诉讼的前置程序之一就是，股东必须先书面请求公司有关机关向人民法院提起诉讼。在公司机关收到股东书面申请后拒绝提起诉讼，或者自收到请求之日起三十日内未提起诉讼的，股东才可以自己名义直接起诉。审判实践中，有的法院对这一前置性规定把握过苛，没有正确理解该条立法的目的和意义，无论案件的具体情况如何，在股东没有向公司机关提出书面申请的情况下，就以此为由驳回股东的起诉。这一做法应予纠正。《公司法》该条设定前置程序的主要目的和意义，在于促使公司内部治理结构充分发挥作用，以维护公司的独立人格、尊重公司的自主意志以及防止股东滥用诉权、节约诉讼成本。根据该条款的文字内容和生活常理，应当认为《公司法》规定的该项前置程序所针对的是公司治理形态的一般情况，即在股东向公司有关机关提出书面申请之时，后者是否会依股东的请求而提起诉讼尚处于不定状态，也即存在公司有关机关依股东申请而提起诉讼的可能性。如果根本不存在这种可能性，法律就不应要求股东徒为毫无意义之行为，对于股东申请无益即客观事实足以表明根本不存在前述可能性的情况，就应理解为不是《公司法》第一百五十一条的本意。在此情况下，人民法院不应仅以股东没有向公司机关提出书面申请为由，就驳回股东的起诉”。最高人民法院 2019 年 11 月印发的《全国法院民商事审判工作会议纪要》（法〔2019〕254 号）第 25 条基本采纳了征求意见稿的上述内容，提出“根据《公司法》第 151 条的规定，股东提起代表诉讼的前置程序之一是，股东必须先书面请求公司有关机关向人民法院提起诉讼。一般情况下，股东没有履行该前置程序的，应当驳回起诉。但是，该项前置程序针对的是公司治理的一般情况，即在股东向公司有关机关提出书面申请之时，存在公司有关机关提起诉讼的可能性。如果查明的相关事实表明，根本不存在该种可能性的，人民法院不应当以原告未履行前置程序为由驳回起诉”。

另外，最高人民法院在2016年12月23日就江西省能源集团公司（以下简称能源集团）与福建双林农业开发有限责任公司（以下简称双林公司）、游某征、张某根、邬某以及江西省煤炭集团云南矿业有限责任公司（以下简称云南矿业公司）损害公司利益责任纠纷上诉案作出的（2016）最高法民终646号民事判决书中的意见，也可作参考。

该案的主要案情如下：

2010年6月12日，江西省煤炭集团公司与云南广丰矿业有限公司、云南恒达华星矿业有限公司、曲靖市麒麟区永灿经营部共同出资成立云南矿业公司，注册资本1亿元，其中江西省煤炭集团公司出资金额为5100万元。2011年3月，云南矿业公司增加注册资本12157万元，江西省煤炭集团公司认缴出资6200万元，并于2011年7月19日将6200万元转入了云南矿业公司账户。2011年8月1日，云南矿业公司将6200万元转入了江西省煤炭集团公司结算中心账户。2011年10月27日，根据云南矿业公司股东会决议，双林公司受让了云南广丰矿业有限公司、云南恒达华星矿业有限公司、曲靖市麒麟区永灿经营部在云南矿业公司的全部股权，成为占云南矿业公司49%股权的股东，并于2011年11月4日完成了工商变更登记。2012年3月5日，江西省煤炭集团公司将其所持云南矿业公司51010的股权份额划转给其全资子公司江煤贵州矿业集团有限责任公司，并完成了工商变更登记。2012年8月至2015年5月期间，张某根担任云南矿业公司法定代表人。2013年12月至今，游某征在云南矿业公司担任董事长。2010年6月至今，邬某在云南矿业公司任监事会主席。2014年12月24日，江西省煤炭集团公司更名为江西省能源集团公司。2011年4月至2015年9月22日期间，能源集团向云南矿业公司共计支付利息1875983.32元。至今，本案诉争的6200万元款项仍存储在能源集团结算中心账户内。

双林公司作为云南矿业公司的股东，认为云南矿业公司的原股东能源集团存在擅自抽走云南矿业公司资金的行为，并在与云南矿业公司现任另一股东——能源集团全资子公司江煤贵州矿业集团有限责任公司进行沟通，江煤贵州矿业集团有限责任公司回函明确表示能源集团不存在抽走云南矿业公司资金行为的情况下，以原告身份提起本案诉讼……在一审庭审中，经一审法院询问，云南矿业公司及其董事长游某征、监事会主席邬某均认为云南矿业公司将6200万元上存至能源集团结算中心账户是资金管理行为，明确拒绝提起诉讼。

针对双林公司是否可以以云南矿业公司的股东的身份提起股东代表诉讼的问题，最高人民法院认为："本案中，能源集团要求云南矿业公司将其所有的6200万元存至能源集团开立的结算账户，该行为已导致云南矿业公司不能直接控制和处分自有资产，能源集团未举示相应的证据证明该上存行为系经有权决策机关的授权和认可，故该行为已侵犯了云南矿业公司的法人财产权。……本案中，一方面，涉及6200万元巨额款项的占有和使用，对公司经营行为有重大影响，存在不立即提起诉讼将会使公司利益受到难以弥补的损害的可能；另一方面，设置股东代表诉讼前置程序的立法目的在于给公司提供一个自我纠正的机会以及免受无端诉讼的困扰，影响公司正常经营活动。本案中，云南矿业公司的原董事长游某征和监事会主席邬某均由能源集团推荐产生，二人在一审中明确表示能源集团该行为不违反法律规定，不予起诉。在客观上存在侵犯公司利益的行为，而公司管理机关又明显不会以公司名义提起诉讼的情况下，为减少当事人的诉累，一审法院认定双林公司有权提起本案诉讼并无不当。游某征等人主张双林公司不享有诉权的理由不能成立，本院不予支持。"

还有，在2010年黄某龙与郑某云、杨某、龙岩长隆塑料制品有限公司（以下简称龙岩长隆公司）股东损害公司利益赔偿纠纷上诉案作出的（2010）闽民终字第117号民事判决书中，福建省高级人民法院也认为："本案中，作为公司执行董事的黄某龙，在执行公司职务过程中，将属于公司的土地款转入个人账户，侵害了龙岩长隆公司的利益。由于龙岩长隆公司未设立董事会和监事会，也未设立监事，只设立一名执行董事且由黄某龙担任，在此情况下，作为龙岩长隆公司的股东杨某、郑某云为了公司的利益有权以自己的名义直接向法院提起诉讼。被上诉人具备提起股东代表诉讼的主体资格。"

四、对董事、高级管理人员提起股东代表诉讼的原告、被告以及公司的诉讼地位

在提起股东代表诉讼的名义方面，由于《公司法》第151条第2款使用了"以自己的名义直接向人民法院提起诉讼"的表述，因此，股东提起股东代表

诉讼应以股东自己的名义，而不是以公司的名义提起诉讼，即股东是原告。

至于其他股东的诉讼地位，《公司法司法解释（四）》第24条第2款进一步规定：“一审法庭辩论终结前，符合公司法第一百五十一条第一款规定条件的其他股东，以相同的诉讼请求申请参加诉讼的，应当列为共同原告。”

就被告而言，结合《公司法》第151条第1款、第2款和第3款的规定，对董事、高级管理人员提起的股东代表诉讼的被告是公司的董事、高级管理人员，而不应是公司。

针对公司在股东代表诉讼中的诉讼地位，《公司法司法解释（四）》第24条第1款规定了“符合公司法第一百五十一条第一款规定条件的股东，依据公司法第一百五十一条第二款、第三款规定，直接对董事、监事、高级管理人员或者他人提起诉讼的，应当列公司为第三人参加诉讼”。因此，公司在股东代表诉讼中的诉讼地位是第三人。

五、针对董事、高级管理人员的股东代表诉讼胜诉利益的归属

在胜诉利益的归属方面，由于《公司法》第151条第2款使用了“为了公司的利益”的表述，因此，股东提起股东代表诉讼，属于为了公司的利益而采取的行为，其不是为了股东自身的利益，从而，股东代表诉讼的胜诉利益应当由公司享有。

对此，《公司法司法解释（四）》第25条更是明确规定了：“股东依据公司法第一百五十一条第二款、第三款规定直接提起诉讼的案件，胜诉利益归属于公司。股东请求被告直接向其承担民事责任的，人民法院不予支持。”

与此相对应，股东提起股东代表诉讼发生的或遭受的不利益，应当由谁承担？对此，《公司法》未作规定。基于权利与义务相一致的原则，由于股东是为了公司的利益提起股东代表诉讼的，因此，公司原则上应当承担与股东代表诉讼相关的不利益。对此，《公司法司法解释（四）》第26条规定了“股东依据公司法第一百五十一条第二款、第三款规定直接提起诉讼的案件，其诉讼请求部分或者全部得到人民法院支持的，公司应当承担股东因参加诉讼支付的合理费用”。

因此，根据《公司法司法解释（四）》第26条的规定，提起股东代表诉讼的股东原则上应当自行承担与股东代表诉讼相关的不利益；只有在“股东代表

诉讼的诉讼请求部分或全部获得人民法院支持的情况下”，公司才应当承担股东因参加诉讼支付的合理费用；并且，即使是在“股东代表诉讼的诉讼请求部分或全部获得人民法院支持的情况下”，公司也只是承担股东因参加诉讼支付的“合理费用”，而不用承担“不合理的费用”。至于何为“合理费用”，则需要由股东举证证明，并由法院酌定。

至于在股东提起的股东代表诉讼的全部诉讼请求都没有获得人民法院支持的情形，公司是否需要承担股东因参加诉讼支付的合理费用，《公司法司法解释（四）》第26条未作直接规定；从文义上看，公司似乎可以不承担股东因参加股东代表诉讼所支付的合理费用。不过，我倾向于认为，考虑到股东是为了公司的利益提起股东代表诉讼的，因此，公司也应当承担股东因参加股东代表诉讼所发生的必要的合理的费用为宜。

不过，值得注意的是，在公司的股东因公司的全资子公司利益受到损害提起股东代表诉讼的情况下，胜诉利益应当归属于公司的子公司，而不是公司。

比如，在2016年6月29日就王某凡、党某、海航控股集团有限公司（以下简称海航控股公司）与赵某海及陕西海航海盛投资有限公司（以下简称海航海盛投资公司）、陕西皇城海航酒店有限公司（以下简称皇城酒店公司）损害公司利益责任纠纷上诉案作出的（2016）陕民终255号民事判决书中，针对赵某海以海航海盛投资公司的股东身份，以海航海盛投资公司原董事长王某凡及董事党某损害海航海盛投资公司的全资子公司皇城酒店公司利益为由对王某凡、党某提起的股东代表诉讼，陕西省高级人民法院认为：“本案的胜诉利益应当归属于子公司，即皇城酒店公司的高管王某凡、党某二人应当向皇城酒店公司（子公司）赔偿损失，而不是向海航控股公司[①]（母公司）赔偿。1. 子公司的损失不能等同于母公司的损失。公司法第十四条第二款明确规定‘公司可以设立子公司，子公司具有法人资格，依法独立承担民事责任’。母、子公司之间虽然存在控制与被控制的关系，但在法人财产制度上，是彼此独立的两个主体，各自依据相应的财务制度，独立核算，自负盈亏。从质的层面而言，子公司的损失必然会形成母公司的损失，但从具体的数量上讲，对于子公司，该损失是直接损失，对于母公司却是间接损失，二者不具有同一的关

① 此处应为“海航海盛投资公司”，即“陕西海航海盛投资有限公司”。

系。将子公司的损失直接判归母公司所有，不仅不符合现行法律的规定，亦会直接侵害子公司的财产所有权。2. 造成母、子公司之间的财产混同。按照《公司法》第五十七条关于一人有限公司的规定，母公司的全资子公司，实质上是一个一人公司，母公司是该一人公司的唯一股东。如果将子公司的应得的损害赔偿直接归属于母公司，必然会造成将应当归属于子公司的财产以法律判决的方式直接划归于其唯一股东所有的情况，形成一人公司与其股东之间实质上的财产混同，亦与现行法律规定相悖。因此，本案的胜诉利益应当归属于子公司……”

值得一提的是，2016 年 4 月 12 日公布的《公司法司法解释（四）征求意见稿》第 35 条第 2 款曾规定了“股东因公司的全资子公司利益受到损害，依据公司法第一百五十一条提起诉讼，请求被告向全资子公司承担民事责任的，应予支持；请求被告向公司承担民事责任的，不予支持”。尽管上述内容没有纳入正式出台的《公司法司法解释（四)》，但是，至少可以从中看到法院系统对如何处理股东因公司全资子公司利益受到损害而提起股东代表诉讼的思路。

六、对董事、高级管理人员提起股东代表诉讼的管辖

尽管《仲裁法》第 2 条规定“平等主体的公民、法人和其他组织之间发生的合同纠纷和其他财产权益纠纷，可以仲裁”，由于《公司法》第 151 条第 1 款、第 2 款、第 3 款使用的是“向人民法院提起诉讼”的表述，并且，如后文所说，股东根据《公司法》第 151 条第 2 款提起的股东代表诉讼在性质上属于侵权之诉，因此，因股东要求公司董事、高级管理人员承担损害公司利益的责任产生的纠纷，只能向人民法院提起诉讼，仲裁机构无权仲裁。对此，《民事案件案由规定》（2011 年修正）规定了“损害公司利益责任纠纷”案由。

问题是，股东应向哪家法院提起股东代表诉讼？换句话说，如何确定股东代表诉讼的管辖法院？对此，实践中，法院的处理意见不一。

有的法院认为，股东代表诉讼应由公司住所地法院管辖。

比如，在 2017 年 11 月 30 日就恒富创业投资企业、利讯投资（香港）有限公司与宁夏越兴投资有限公司、宁夏越华新材料股份有限公司、戴某飞、王

某良、马某损害公司利益责任纠纷管辖权异议上诉案作出的（2017）最高法民辖终391号民事裁定书中，最高人民法院认为："本案系损害公司利益责任纠纷。依照本院《民事案件案由规定》［根据（法〔2011〕41号）第一次修正］，损害公司利益责任纠纷已被明文列入该规定第八部分之二十一'与公司有关的纠纷'的第二百五十六项案由，不在该规定第九部分'侵权责任纠纷'之列。因此，有关损害公司利益责任纠纷的地域管辖，不适用民事诉讼法及其司法解释关于侵权责任纠纷的规定。此外，因本案审理可能涉及收集调取与公司利益相关证据、审查股东代表诉讼的必要性和合法性等，本案由公司住所地人民法院管辖为宜，以方便当事人诉讼，便于人民法院依法审理。"

又如，《山东省高级人民法院关于审理公司纠纷案件若干问题的意见（试行）》（鲁高法发〔2007〕3号）第74条曾规定："股东代表诉讼纠纷由公司住所地人民法院管辖。"

再如，《江西省高级人民法院关于审理公司纠纷案件若干问题的指导意见》（赣高法〔2008〕4号）第60条也曾规定："股东代表诉讼纠纷由公司住所地人民法院管辖。"

还如，在2014年5月30就某华与孙某运、北京网天飞虹科技有限公司（以下简称飞虹公司）损害公司利益责任纠纷管辖权异议上诉案作出的（2014）二中民终字第5499号民事裁定书中，北京市第二中级人民法院也认为："孙某运主张洪某作为飞虹公司股东及高级管理人员违反法定义务，损害公司利益，因飞虹公司不追究责任，孙某运作为飞虹公司的股东以自己的名义，向人民法院提起诉讼，请求追回被洪某转移至易通公司的3G无线上网卡并由易通公司返还非法所得等，据此，本案系因损害公司利益责任纠纷提起的股东代表诉讼，属于公司诉讼，应依据《中华人民共和国民事诉讼法》第二十六条有关'因公司设立、确认股东资格、分配利润、解散等纠纷提起的诉讼，由公司住所地人民法院管辖'的规定确定管辖。"2015年4月7日，北京市高级人民法院审判委员会第四次会议经讨论通过，将该案例作为"北京法院参阅案例第21号：孙某诉洪某损害公司利益责任纠纷案"予以发布，其参阅要点为"董事、监事、高级管理人员或他人损害公司利益，公司股东依法提起诉讼，要求侵权人对公司承担赔偿责任的，由公司住所地人民法院管辖"；根据《北京市高级人民法院关于北京法院参阅案例工作的规定（试行）》（京高法发〔2013〕192

号），北京市各级法院在审理类似案件时可以参照适用该参阅案例的参阅要点的内容。

还有，在2016年2月18日就朱某祥与南京国睿新能电子有限公司损害公司利益责任纠纷上诉案作出的（2016）苏01民辖终104号民事裁定书中，江苏省南京市中级人民法院也认为："本案系公司董事、高级管理人员违反忠实义务和勤勉义务，给公司利益造成损害，由公司提起的损害公司利益责任纠纷诉讼，属公司类诉讼案件。为便利当事人参加诉讼，便于人民法院审理，提高诉讼效率，应由公司住所地法院管辖。"

此外，深圳市中级人民法院审判委员会民事行政执行专业委员会第十四次会议在2015年10月15日讨论通过的《广东省深圳市中级人民法院关于审理股东代表诉讼案件的裁判指引》第1条也规定："股东依据公司法第一百五十一条第一、二款的规定提起股东代表诉讼的，由公司住所地人民法院管辖……"根据广东省深圳市中级人民法院关于审理股东代表诉讼案件的裁判指引的说明，之所以如此规定，其原因在于"股东代表诉讼的本质是公司利益受到侵害。当以侵权股东或董事为被告时，极有可能出现被告为多人及多处住所的情形，因此，代表诉讼的管辖不宜适用一般的'被告住所地'或'侵权发生地'管辖原则，而应借鉴日本商法的规定，确定为专属管辖，由公司所在地法院管辖。这也可以限制企图干扰公司经营的恶意诉讼"。

不过，也有的法院认为，股东代表诉讼既可以由公司住所地法院管辖，也可以由被告住所地法院管辖。

比如，《上海市高级人民法院关于审理股东代表诉讼纠纷案件的若干意见》（沪高法民二〔2007〕11号）曾规定："股东依据公司法①之规定提起的股东代表诉讼，由被告住所地或公司住所地人民法院管辖。"

总体而言，最高人民法院似乎更倾向于认为，股东代表诉讼为侵权之诉，不属于《民事诉讼法》第26条规定的应当由公司住所地人民法院管辖民事案件的情形，应按照侵权之诉确定管辖。

比如，在2014年12月16日就海南盛鼎实业有限公司（以下简称盛鼎公司）与徐州市国盛投资控股有限公司（以下简称国盛公司）、赵某损害公司利

---

① 现为《公司法》第151条。

益责任纠纷二审案作出的（2014）民二终字第234号民事裁定书中，最高人民法院认为："《中华人民共和国民事诉讼法》第二十六条规定，'因公司设立、确认股东资格、分配利润、解散等纠纷提起的诉讼，由公司住所地人民法院管辖'。本案为损害公司利益责任纠纷，由盛元公司的股东盛鼎公司代表其向国盛公司请求返还其转走的盛元公司在大连证券徐州营业部资金账户内的款项，并要求盛元公司法定代表人赵某承担连带赔偿责任，虽然根据本院《民事案件案由规定》列为'与公司有关的纠纷'，但不属于《中华人民共和国民事诉讼法》第二十六条规定的应当由公司住所地人民法院管辖民事案件的情形，本案应当按照《中华人民共和国民事诉讼法》第二十八条规定由侵权行为地或者被告住所地人民法院管辖。"

又如，在2015年8月21日就张某、林某与北京新中凯投资有限公司（以下简称中凯联公司）、林某群等损害公司利益责任纠纷二审案作出的（2015）民一终字第221号民事裁定书中，最高人民法院认为："本案系张某、林某作为中凯联公司股东代表中凯联公司对林某群、吴某朝、新中凯公司提起的侵权之诉，应根据《中华人民共和国民事诉讼法》第二十八条规定的特殊地域管辖原则，确定管辖。即'因侵权行为提起的诉讼，由侵权行为地或者被告住所地人民法院管辖'。"

还如，在2017年8月10日就海南省丝绸集团有限公司（以下简称丝绸集团公司）与深圳市庆鹏石油化工经销有限公司（以下简称庆鹏化工公司）以及深圳市庆鹏实业集团有限公司（以下简称庆鹏实业公司）、中国同源有限公司（以下简称同源公司）、郑某泉以及海南省丝绸集团投资有限公司（以下简称丝绸投资公司）公司关联交易损害责任纠纷上诉案作出的（2017）最高法民辖终233号民事裁定书中，最高人民法院认为："民事诉讼法第二十六条规定：'因公司设立、确认股东资格、分配利润、解散等纠纷提起的诉讼，由公司住所地人民法院管辖。'《最高人民法院关于适用〈中华人民共和国民事诉讼法〉的解释》第二十二条规定：'因股东名册记载、请求变更公司登记、股东知情权、公司决议、公司合并、公司分立、公司减资、公司增资等纠纷提起的诉讼，依照民事诉讼法第二十六条规定确定管辖。'上述条款规定的纠纷类型大多关涉公司组织行为，存在与公司组织相关的多数利害关系人，涉及多数利害关系人的多项法律关系变动，且作出的判决往往具有对世效力。本案纠纷源于丝绸集团公司作为丝绸投资公司的股东，代表丝绸投资公司向庆鹏实业公司主张偿还借款本息，并由庆鹏化工公司、同源公司及郑某泉承担连带责任，性质上属于股东代表诉讼。该诉讼虽与公司有关，但并不涉及公司的组织变更和组织行为。因此，本案纠纷的性质与民事诉讼法第二十六条确定特殊地域管辖的案件性质不同，本案不适用该规定。”

根据《民事诉讼法》第 26 条、《民事诉讼法司法解释》第 22 条和《公司法司法解释（二）》第 24 条的规定，结合最高人民法院在上述判例中的意见，我倾向于认为，股东根据《公司法》第 151 条第 2 款和第 3 款提起的股东代表诉讼，在性质上属于侵权之诉，不属于《民事诉讼法》第 26 条规定的应当由公司住所地人民法院管辖民事案件的情形，应当根据《民事诉讼法》和《民事诉讼法司法解释》关于侵权之诉管辖的一般规定，即《民事诉讼法》第 28 条关于“因侵权行为提起的诉讼，由侵权行为地或者被告住所地人民法院管辖”的规定，来确定管辖法院，不属于只能由公司住所地法院管辖的案件。

第五节　针对监事的股东代表诉讼

《公司法》第 151 条第 2 款也规定了股东对公司的监事提起股东代表诉讼的权利。

同样地，根据《公司法》第 151 条第 2 款的规定，股东对公司的监事提起股东代表诉讼，应当在权利主体、起诉的前置程序、起诉的名义、胜诉利益的归属等方面满足相应的条件。

一、可以对公司监事提起股东代表诉讼的主体

可以对公司监事提起股东代表诉讼的主体应当具备的条件，跟可以对公司董事或高级管理人员提起股东代表诉讼的主体应当具备的条件是一致的。[①]

① 具体分析，请见本章第四节的内容。

二、对公司监事提起股东代表诉讼的前置程序

在起诉的前置程序方面，由于《公司法》第151条第2款使用了“董事会、执行董事收到前款规定的股东书面请求后拒绝提起诉讼，或者自收到请求之日起三十日内未提起诉讼，前款规定的股东有权为了公司的利益以自己的名义直接向人民法院提起诉讼”的表述，因此，原则上，符合条件的股东对公司的监事提起股东代表诉讼，应当以其已经向公司执行机构提出了关于对公司的监事提起诉讼的书面请求，但公司执行机构不提起诉讼为前提。

总体而言，对公司监事提起股东代表诉讼的前置程序，与对公司董事、高级管理人员提起股东代表诉讼的前置程序是大体一致的；所不同的是，请求的对象是公司的执行机构而不是公司的监督机构、起诉的对象是公司的监事而不是公司的董事或高级管理人员。①

三、无需履行前置程序而直接对公司监事提起股东代表诉讼的例外情形

《公司法》第151条第2款也规定了，在特定的例外情形下，符合条件的股东也可以直接对公司的监事提起股东代表诉讼。

总体而言，无需履行前置程序而直接对公司的监事提起股东代表诉讼的例外情形，与无需履行前置程序而直接对公司的董事、高级管理人员提起股东代表诉讼的例外情形是大体一致的。②

四、对公司监事提起股东代表诉讼的原告、被告以及公司的诉讼地位

在提起股东代表诉讼的名义方面，由于《公司法》第151条第2款使用了

---

① 具体分析，请见本章第四节的内容。

② 具体分析，也请见本章第四节的内容。

"以自己的名义直接向人民法院提起诉讼"的表述，因此，股东提起股东代表诉讼应以股东自己的名义，而不是以公司的名义提起诉讼，即股东是原告。

至于其他股东的诉讼地位，《公司法司法解释（四)》第 24 条第 2 款进一步规定："一审法庭辩论终结前，符合公司法第一百五十一条第一款规定条件的其他股东，以相同的诉讼请求申请参加诉讼的，应当列为共同原告。"

就被告而言，结合《公司法》第 151 条第 1 款、第 2 款和第 3 款的规定，针对公司的监事提起的股东代表诉讼的被告是公司的监事，而不应是公司。

针对公司在股东代表诉讼中的诉讼地位，《公司法司法解释（四)》第 24 条第 1 款规定了"符合公司法第一百五十一条第一款规定条件的股东，依据公司法第一百五十一条第二款、第三款规定，直接对董事、监事、高级管理人员或者他人提起诉讼的，应当列公司为第三人参加诉讼"，因此，公司在股东代表诉讼中的诉讼地位是第三人。

五、对公司监事提起的股东代表诉讼的胜诉利益的归属

在胜诉利益的归属方面，同样由于《公司法》第 151 条第 2 款使用了"为了公司的利益"的表述，因此，股东提起股东代表诉讼，属于为了公司的利益而采取的行为，而不是为了股东自身的利益，从而，股东代表诉讼的胜诉利益应当由公司享有。

总体而言，对公司监事提起的股东代表诉讼的胜诉利益的归属，与对公司董事、高级管理人员提起的股东代表诉讼的胜诉利益的归属是大体一致的①。

六、对公司的监事提起的股东代表诉讼的管辖

总体而言，对公司监事提起的股东代表诉讼的管辖，与对公司董事、高级管理人员提起的股东代表诉讼的管辖是一致的②。

---

① 具体分析，也请见本章第四节的内容。

② 具体分析，也请见本章第四节的内容。

第六节　针对他人的股东代表诉讼

根据《公司法》第 151 条第 3 款的规定，在他人侵犯公司合法权益、给公司造成损失时，符合条件的股东可以在一定的条件下直接对相关他人提起股东代表诉讼。

其中，由于《公司法》第 151 条第 3 款使用了“给公司造成损失”的表述，因此，原则上，只有在公司已经遭受损失的情况下，才有《公司法》第 151 条第 3 款适用的余地。对此，在 2016 年 12 月 2 日就维嘉冶金工业需求股份公司（一家注册于德国的公司）与绥芬河鑫耐科技发展有限责任公司及绥芬河综合保税区维嘉工业技术有限责任公司侵权责任纠纷再审案作出的（2016）最高法民申 2145 号民事裁定书中，最高人民法院认为：“根据《中华人民共和国公司法》的有关规定，持股达到法定期间或者法定比例的股东，在他人侵犯公司合法权益、给公司造成损失情况下，在履行法定程序后且符合法定条件的，可以为了公司的利益以自己的名义直接向人民法院提起诉讼。审理此类案件不仅要考虑是否发生了侵权行为，而且要考虑公司是否遭受损失。”

不过，值得注意的是，针对公司的控股股东、实际控制人、董事、监事、高级管理人员利用其关联关系与公司之间订立的关联交易合同，即使在公司未实际遭受损失的情况下，符合条件的股东也可以依照《公司法》第 151 条的规定提起股东代表诉讼。对此，《公司法司法解释（五）》第 2 条规定了“关联交易合同存在无效或者可撤销情形，公司没有起诉合同相对方的，符合公司法第一百五十一条第一款规定条件的股东，可以依据公司法第一百五十一条第二款、第三款规定向人民法院提起诉讼”。

一、关于“他人”的界定

从《公司法》第 151 条的文义看，《公司法》第 151 条第 3 款关于“他人侵犯公司合法权益，给公司造成损失的，本条第一款规定的股东可以依照前两款的规定向人民法院提起诉讼”的规定中的“他人”，指的是除《公司法》第

151 条第 1 款和第 2 款所说的公司的董事、监事、高级管理人员以外的其他主体，既可以是自然人，也可以是非自然人；既可以包括公司的股东、实际控制人，也可以包括公司清算时的清算组成员；既可以包括与公司进行交易的相对方，也可以包括未与公司交易但侵犯公司利益的其他主体。

其中，针对公司控股股东、实际控制人、董事、监事、高级管理人员利用关联交易损害公司利益的情形，《公司法司法解释（五）》第 1 条规定了："关联交易损害公司利益，原告公司依据公司法第二十一条规定请求控股股东、实际控制人、董事、监事、高级管理人员赔偿所造成的损失，……公司没有提起诉讼的，符合公司法第一百五十一条第一款规定条件的股东，可以依据公司法第一百五十一条第二款、第三款规定向人民法院提起诉讼"，第 2 条规定了："关联交易合同存在无效或者可撤销情形，公司没有起诉合同相对方的，符合公司法第一百五十一条第一款规定条件的股东，可以依据公司法第一百五十一条第二款、第三款规定向人民法院提起诉讼。"

此外，针对公司清算组成员从事清算事务时，违反法律、行政法规或者公司章程给公司造成损失的情形，《公司法司法解释（二）》第 23 条第 2 款明确规定公司符合条件的股东可以根据《公司法》第 151 条第 3 款的规定对清算组成员提起股东代表诉讼；甚至，即使在公司已经清算完毕并注销的情况下，《公司法司法解释（二）》第 23 条第 2 款也明确规定公司注销前符合条件的股东可以根据《公司法》第 151 条第 3 款的规定对清算组成员提起股东代表诉讼。

对此，在 2015 年 8 月 12 日就香港帕拉沃工业有限公司与北京昆泰房地产开发集团有限公司（以下简称昆泰集团）与公司有关的纠纷二审案作出的（2013）民四终字第 46 号民事裁定书中，最高人民法院明确提出："根据《中华人民共和国公司法》第一百五十二条[①]的规定，他人侵犯公司合法权益，给公司造成损失的，有限责任公司的股东可以请求公司权力机关向人民法院提起诉讼，而公司权力机关拒绝或者怠于通过诉讼手段追究有关侵权人责任时，具有法定资格的股东有权以自己的名义代表公司对侵权人提起诉讼，追究其法律责任。这个法律规定的'他人'应该包括公司股东和公司之外的任意第三人，

① 现为《公司法》第 151 条。

即凡是对公司实施了不当行为而致公司利益受损的人都可能成为股东代表诉讼的被告。”

还有，在2016年4月27日就江苏星源房地产综合开发有限公司与扬州同基房地产开发有限公司、南通东江房地产开发有限公司、南通开发区东江建筑安装工程有限公司、扬州天一投资发展有限公司合资、合作开发房地产合同纠纷再审案作出的（2016）最高法民申字663号民事裁定书中，最高人民法院也提出：“根据《公司法》第一百五十一条第三款之规定，他人侵犯公司合法权益，给公司造成损失的，符合条件的股东均得提起股东代表诉讼，其中，‘他人’并不以清算组成员为限。”

二、对他人提起股东代表诉讼的前置程序

由于《公司法》第151条第3款使用了“本条第一款规定的股东可以依照前两款的规定向人民法院提起诉讼”的表述，因此，符合条件的股东对他人直接提起股东代表诉讼，原则上也应当履行相应的前置程序，即股东应当先书面请求公司的相关机构以公司的名义对他人提起诉讼，只有在公司的相关机构拒绝提起诉讼或在法定期限内未提起诉讼的情况下，才可以由股东以自己的名义起诉。

就股东对他人提起股东代表诉讼的前置程序而言，考虑到股东依照《公司法》第151条第1款和第2款提起股东代表诉讼因起诉的对象是董事、高级管理人员还是监事的不同而应向公司不同的组织机构提出书面请求，问题是，《公司法》第151条第2款所说的“依照前两款规定”，指的是股东应当向公司的执行机构提出对他人起诉的书面请求，还是指股东应当向公司的监督机构提出对他人起诉的书面请求，还是指股东可以选择向公司的执行机构或向公司的监督机构提出对他人起诉的书面请求，抑或是指股东必须既向公司的执行机构，又向公司的监督机构提出对他人起诉的书面请求，只有在公司的执行机构和监督机构都拒绝或怠于提起诉讼的情况下，才可以直接对他人提起股东代表诉讼？

对此，《公司法》本身未作明确规定。我倾向于认为，在存在“他人侵犯公司合法权益，给公司造成损失”的情形时，如果公司章程未作明确规定，符

合条件的股东应当，并且只需要向公司的执行机构提出对相关他人提起诉讼的书面请求即可，无需向公司的监督机构提出这一请求，主要理由在于：

一是，《公司法司法解释（四）》第23条第2款关于“董事会或者不设董事会的有限责任公司的执行董事依据公司法第一百五十一条第一款规定对监事提起诉讼的，或者依据公司法第一百五十一条第三款规定对他人提起诉讼的，应当列公司为原告，依法由董事长或者执行董事代表公司进行诉讼”的规定，既提到了公司执行机构按照符合条件的股东的书面请求代表公司对公司的监事提起诉讼的情形，又提到了公司执行机构按照符合条件的股东的书面请求代表公司对他人提起诉讼的情形；但是，《公司法司法解释（四）》第23条第1款关于“监事会或者不设监事会的有限责任公司的监事依据公司法第一百五十一条第一款规定对董事、高级管理人员提起诉讼的，应当列公司为原告，依法由监事会主席或者不设监事会的有限责任公司的监事代表公司进行诉讼”的规定，则只提到了公司监督机构按照符合条件的股东的书面请求代表公司对公司的董事、高级管理人员提起诉讼的情形，没有提到公司监督机构按照符合条件的股东的书面请求代表公司对他人提起诉讼的情形，据此，我理解，《公司法司法解释（四）》应该也是认为，公司的监督机构是不享有代表公司对他人提起诉讼的权利的。

二是，针对公司的监督机构的职权，《公司法》第53条第6项和第118条第1款使用的是“依照本法第一百五十一条的规定，对董事、高级管理人员提起诉讼”的表述，没有使用“依照本法第一百五十一条的规定，对董事、高级管理人员或他人提起诉讼”的表述，也没有使用“依照本法第一百五十一条的规定，提起诉讼”，其中没有包含“依照本法第一百五十一条的规定，对他人提起诉讼”的含义，因此，如果公司章程没有对此作出明确规定，公司监督机构享有的代表公司提起诉讼的职权，仅限于《公司法》第53条第6项所说的“依照本法第一百五十一条的规定，对董事、高级管理人员提起诉讼”，不包括对任何他人提起诉讼的权利。

因此，在他人侵犯公司合法权益，给公司造成损失的情况下，股东原则上应先书面请求公司的执行机构对该他人提起诉讼为宜；在公司的执行机构拒绝提起诉讼或自收到请求之日起30日内未提起诉讼的情况下，股东才可以为了公司的利益以自己的名义直接向人民法院提起诉讼。也就是说，原则上，符合条件的股东对他人提起股东代表诉讼，应当以其已经向公司的执行机构提出了关于对相关他人提起诉讼的书面请求、但公司执行机构不提起诉讼为前提。

结合《公司法》第151条第2款关于“董事会、执行董事收到前款规定的股东书面请求后拒绝提起诉讼，或者自收到请求之日起三十日内未提起诉讼”的规定，在以下三种情况下，符合条件的股东都可以直接对他人提起股东代表诉讼：第一种情形是，在收到股东的书面请求之日起30日内，公司的执行机构作出了拒绝提起诉讼的决议或决定；第二种情形是，在收到股东的书面请求之日起30日内，公司的执行机构既未作出拒绝提起诉讼的决议或决定，也没有完成向人民法院提交起诉状的行为；第三种情形是，在收到股东的书面请求之日起30日内，公司执行机构虽然作出了按照股东的请求向人民法院提起诉讼的决议或决定，但是没有完成向人民法院提交起诉状的行为。

三、无需履行前置程序而直接对他人提起股东代表诉讼的例外情形

当然，由于《公司法》第151条第3款使用了“本条第一款规定的股东可以依照前两款的规定向人民法院提起诉讼”的表述，因此，在发生“他人侵犯公司合法权益，给公司造成损失”的情况时，如果属于“情况紧急、不立即提起诉讼将会使公司利益受到难以弥补的损害”情形，符合条件的股东也可以直接对相关他人提起股东代表诉讼，而无需履行《公司法》第151条第1款和第2款所说“穷尽公司内部救济手段”的前置程序。当然，股东应当对存在“情况紧急、不立即提起诉讼将会使公司利益受到难以弥补的损害”的情形承担证明责任。

总体而言，对他人提起股东代表诉讼的其他事项，包括权利主体、“情况紧急、不立即提起诉讼将会使公司利益受到难以弥补的损害”的认定、起诉的名义、胜诉利益的归属等方面，与对公司董事、高级管理人员提起的股东代表诉讼是大体一致的[①]。

---

① 具体分析，请见本章第四节的内容。

四、关于在公司与他人之间存在仲裁条款时，发生他人因违约行为侵害公司的权益的情形，股东是否可以对该他人提起股东代表诉讼的问题

如前所述，由于《公司法》第 151 条第 1 款、第 2 款、第 3 款使用的是“向人民法院提起诉讼”的表述，并且，股东根据《公司法》第 151 条第 2 款和第 3 款提起的股东代表诉讼在性质上属于侵权之诉，因此，因股东要求公司董事、监事、高级管理人员或他人承担损害公司利益的责任产生的纠纷，只能向人民法院提起诉讼，仲裁机构无权仲裁。

问题是，在公司与他人之间订立的合同中的仲裁条款或达成的仲裁协议明确约定公司与该他人之间在相关合同项下所有的争议都应提交仲裁解决的情况下，如果他人违反了相关合同的约定并由此侵害了公司的利益，公司的股东是否可以依照《公司法》第 151 条第 3 款的规定对该他人提起股东代表诉讼？

要回答这个问题，就应当先回答下面这两个问题：一是，在他人的违约行为侵害公司利益的情况下，公司自身要求该他人承担侵权责任是否受仲裁条款的约束？二是，公司的股东对该他人提起股东代表诉讼是否受公司与该他人之间的仲裁条款的约束？

第一，针对“公司自身要求该他人就其违约行为承担侵权责任是否受仲裁条款的约束”的问题，尽管《民法总则》第 186 条规定了“因当事人一方的违约行为，损害对方人身权益、财产权益的，受损害方有权选择请求其承担违约责任或者侵权责任”，《合同法》第 122 条规定了“因当事人一方的违约行为，侵害对方人身、财产权益的，受损害方有权选择依照本法要求其承担违约责任或者依照其他法律要求其承担侵权责任”，但是，由于《仲裁法》（2017 年修正）第 2 条规定了“平等主体的公民、法人和其他组织之间发生的合同纠纷和其他财产权益纠纷，可以仲裁”，第 3 条规定了“下列纠纷不能仲裁：（一）婚姻、收养、监护、扶养、继承纠纷；（二）依法应当由行政机关处理的行政争议”，第 5 条还规定了“当事人达成仲裁协议，一方向人民法院起诉的，人民法院不予受理，但仲裁协议无效的除外”，并且，《民事诉讼法》第 119 条第 4 项也规定了“起诉必须符合下列条件：……（四）属于人民法院受理民事诉讼

的范围和受诉人民法院管辖”，第 124 条第 2 项还规定了“人民法院对下列起诉，分别情形，予以处理：……（二）依照法律规定，双方当事人达成书面仲裁协议申请仲裁、不得向人民法院起诉的，告知原告向仲裁机构申请仲裁”，因此，在合同当事人之间存在仲裁条款或仲裁协议的情况下，对于因当事人一方的违约行为侵害对方人身、财产权益的情形，不论是受损害方选择要求对方承担违约责任还是侵权责任，都应当受到仲裁条款或仲裁协议的约束，通过仲裁的方式追究对方的责任。

对此，刊载于《最高人民法院公报》1998 年第 3 期的、由最高人民法院于 1998 年 5 月 31 日就江苏省物资集团轻工纺织总公司诉（香港）裕亿集团有限公司、（加拿大）太子发展有限公司侵权损害赔偿纠纷上诉案作出的民事裁定书认为：“本案争议的焦点在于仲裁机构是否有权对当事人之间的侵权纠纷作出裁决。《中华人民共和国仲裁法》自 1995 年 10 月 1 日起施行，该法第二条规定：‘平等主体的公民、法人和其他组织之间发生的合同纠纷和其他财产权益纠纷，可以仲裁。’第三条规定：‘下列纠纷不能仲裁：（一）婚姻、收养、监护、扶养、继承纠纷；（二）依法应当由行政机关处理的行政争议’。《中国国际经济贸易仲裁委员会仲裁规则》（以下简称仲裁规则）第二条也明确规定：该委员会‘……解决产生于国际或涉外的契约性或非契约性的经济贸易等争议……’。从被上诉人轻纺公司在原审起诉状中所陈述的事实和理由看，其所述上述人裕亿公司和太子公司的侵权行为，均是在签订和履行 CC960505 号和 CC960506 号两份销售合同过程中产生的，同时也是在仲裁法实施后发生的。而该两份合同的第 8 条均明确规定：‘凡因执行本合约所发生的或与本合约有关的一切争议，双方可以通过友好协商予以解决；如果协商不能解决，应提交中国国际经济贸易仲裁委员会，根据该会的仲裁规则进行仲裁。仲裁裁决是终局的，对双方均有约束力。’根据仲裁法和仲裁规则的上述规定，中国国际经济贸易仲裁委员会有权受理侵权纠纷，因此本案应通过仲裁解决，人民法院无管辖权。原审法院认为轻纺公司提起侵权之诉，不受双方所订立的仲裁条款的约束，显然是与仲裁法和仲裁规则相悖的；……本案双方当事人在合同中明确约定发生纠纷通过仲裁方式解决，在该合同未经有关机关确认无效的情况下，当事人均应受该合同条款的约束……”

并且，最高人民法院 2005 年印发的《第二次全国涉外商事海事审判工作会议纪要》（法发〔2005〕26号）第7条也规定了“涉外商事合同的当事人之间签订的有效仲裁协议约定了因合同发生的或与合同有关的一切争议均应通过仲裁方式解决，原告就当事人在签订和履行合同过程中发生的纠纷以侵权为由向人民法院提起诉讼的，人民法院不享有管辖权”。

此外，在2015年5月26日就洋马发动机（上海）有限公司（以下简称洋马公司）与厦门豪嘉利商贸发展有限公司（以下简称豪嘉利公司）、洋马株式会社名誉权纠纷管辖权异议上诉案作出的（2015）民四终字第15号民事裁定书中，最高人民法院认为：“仲裁条款是当事人围绕争议解决方式而订立的合同，因此判断当事人关于仲裁事项的合意时，应当遵循合同解释的基本原则。从本案仲裁条款使用的措辞看，其约定的仲裁事项为‘因协议或协议项下进行交易而产生的任何或所有争议’，采取的是概括性约定仲裁事项的方式。依照通常理解，该条款约定了两方面的条件：一是提交仲裁的争议性质为任何争议，即不仅限于合同争议，也包括非合同性质的侵权争议或其他争议；二是提交仲裁的争议必须是因《出口和分销协议》或该协议项下进行交易而产生的。即争议应当基于《出口和分销协议》权利义务关系而产生，与该协议项下的权利行使或义务履行有关。……需要指出的是，在解释仲裁条款范围时，如侵权争议因违反合同义务而产生，违约责任和侵权责任有竞合关系，则原告即使选择以侵权为由提出诉讼，仍应受到合同仲裁条款的约束，不应允许当事人通过事后选择诉因而逃避仲裁条款的适用。且即便原告提起诉讼时增列了未签订仲裁协议的其他被告，亦不影响有仲裁协议的原被告之间的纠纷适用仲裁协议。”

基于上述，根据《民事诉讼法》第119条第4项关于“起诉必须符合下列条件：……（四）属于人民法院受理民事诉讼的范围和受诉人民法院管辖”和第124条第2项关于“人民法院对下列起诉，分别情形，予以处理：……（二）依照法律规定，双方当事人达成书面仲裁协议申请仲裁、不得向人民法院起诉的，告知原告向仲裁机构申请仲裁”的规定，以及《仲裁法》（2017年修正）第5条关于“当事人达成仲裁协议，一方向人民法院起诉的，人民法院不予受理，但仲裁协议无效的除外”的规定，在合同当事人之间存在仲裁条款或仲裁协议的情况下，对于因当事人一方的违约行为侵害对方人身、财产权益的情形，即使受损害方选择要求对方承担侵权责任，也应当受到仲裁条款或仲裁协议的约束，通过仲裁的方式追究对方的侵权责任。

第二，针对“公司的股东对该他人提起股东代表诉讼是否受公司与该他人之间的仲裁条款的约束”的问题，实践中，有的法院认为，公司的股东提起股东代表诉讼是基于公司对他人享有的权利，应受公司与公司的交易对方之间的仲裁条款的约束，从而，不得对该他人提起股东代表诉讼。

在这方面，广东省高级人民法院在 2016 年 4 月 18 日就佛山市顺德区南华投资有限公司（以下简称南华公司）与佛山市天然气高压管网有限公司、佛山市顺德区港华燃气有限公司（以下简称港华公司）买卖合同纠纷二审案作出的（2016）粤民终 468 号民事裁定书中的意见可供参考。

在该案当中，港华公司与佛山市天然气高压管网有限公司 2006 年 2 月签订了《天然气分销售合同》，约定了由佛山市天然气高压管网有限公司向港华公司供应 54 万吉焦/年（稳产期）的大鹏一期气，合同期限为 25 年；2013 年 11 月 20 日，佛山市天然气高压管网有限公司单方提出终止《天然气分销售合同》，并于 2014 年 1 月 1 日单方停止向港华公司供应合同项下的一期气；在港华公司未采取任何法律措施追究佛山市天然气高压管网有限公司单方停止供气违约责任的情况下，南华公司以港华公司的参股股东的身份，提起了股东代表诉讼，诉请判令佛山市天然气高压管网有限公司继续履行《天然气分销售合同》。针对南华公司提出的南华公司并非《天然气分销售合同》的当事人、该合同的仲裁条款对南华公司没有法律拘束力以及南华公司提起股东代表诉讼是《公司法》第 151 条第 3 款规定的法定权利的主张，广东省高级人民法院认为：“南华公司在本案诉请判令佛山市天然气高压管网有限公司继续履行《天然气分销售合同》，该诉请事项应属于涉案仲裁条款所约定的‘本合同项下引起的争议’，即属于仲裁事项。虽然南华公司不是《天然气分销售合同》的合同当事人，但港华公司就《天然气分销售合同》主张相关权益的权利是源于基础合同，现南华公司根据《中华人民共和国公司法》第一百五十一条的规定，代表港华公司依据《天然气分销售合同》提起本案诉讼主张合同权益，只是在形式上代位行使港华公司所享有的请求权，其代位起诉所获得的诉讼利益直接归于港华公司。因此，南华公司代位提起本案诉讼，应受被代位人港华公司与佛山市天然气高压管网有限公司签订的《天然气分销售合同》中约定的仲裁条款约束，即本案所主张的事项应提交仲裁解决”，因此，维持了一审法院作出的驳回南华公司的起诉的裁定。

另外，《广东省深圳市中级人民法院关于审理股东代表诉讼案件的裁判指引》第3条也明确提出了：“公司与他人有书面仲裁协议，股东就仲裁协议约定的仲裁事项对他人提起股东代表诉讼的，人民法院应不予受理。”根据广东省深圳市中级人民法院关于审理股东代表诉讼案件的裁判指引的说明，之所以作出这样的规定，是因为：“在因他人不履行对公司的合同义务，股东欲提起代表诉讼的情况下，要注意审查公司与他人是否签有仲裁协议或仲裁条款。如有仲裁协议，即使原告股东符合提起代表诉讼的条件，法院仍应不予受理。理由是，股东代表诉讼是解决公司内部诉讼机制的问题，即当公司受到控制怠于起诉时赋予中小股东代表公司利益启动诉讼的权利，而他人与公司之间的合同纠纷内容，并不因公司自行起诉和股东代表起诉的诉权行使不同而发生变化。如在股东代表诉讼的情形下排除仲裁协议的适用，则明显造成事实上的不公平，并可能使公司利用代表诉讼制度谋取程序上的不当利益。对于股东就仲裁协议约定事项提起股东代表诉讼的情形，人民法院应依照民事诉讼法第一百二十四条第（二）项‘依照法律规定，双方当事人达成书面仲裁协议申请仲裁、不得向人民法院起诉的，告知原告向仲裁机构申请仲裁’之规定，不予立案登记。”

还有，在2008年11月25日就上虞市舜华真空涂装有限公司（以下简称真空公司）、上虞市舜华铝塑品有限公司（以下简称铝塑品公司）与阿克希龙金属有限公司（以下简称阿克希龙公司）、浙江阿克希龙舜华铝塑业有限公司（以下简称合资公司）中外合资经营企业合同纠纷上诉案作出的（2008）浙民四终字第68号民事判决书中，浙江省高级人民法院认为：“真空公司、铝塑品公司与阿克希龙公司于2004年6月11日签订《合营合同》，成立了合资公司，并就争议的解决达成了仲裁条款。根据《合营合同》第22.1条规定，‘各方应努力通过有效协商解决因本合同、附件和合营合同章程引起的一切争议’。第22.2条则规定：‘……各方未能通过有效协商解决争议，则该争议应根据中国国际经济贸易仲裁委员会的仲裁规则，由根据该规则指定的3位仲裁员组成的仲裁庭作唯一终局裁决。仲裁地点为上海。’该仲裁条款表明各方对解决争议方式进行了约定，即将一切因《合营合同》及附件、《合营合同章程》引起的争议提交仲裁，因而排除了法院的管辖。当事人在发生纠纷的情况下，对如何选择诉讼主体有自主权，诉讼主体的不同可能导致当事人之间权利义务的内容、范围不同，但不能仅因诉讼主体的变化就当然认为不同。是否不同仍然要完整考察其诉讼请求。本案诉讼中，真空公司、铝塑品公司起诉认为合资公司通过关联交易转移利润，进而损害其作为合资公司股东的利益，而合资公司怠于行使权利，故真空公司、铝塑品公司只能提起股东代表诉讼。这一诉讼，不管如何列被告，皆属于因履行《合营合同》及附件、《合营合同章程》引起的'一切争议'的范围，按当事人约定，应排除法院管辖。综上，真空公司、铝塑品公司的上诉，缺乏事实依据和理由，本院不予支持。”

基于上述，由于股东针对他人提起股东代表诉讼实质上是基于公司对相关他人享有的要求该他人承担赔偿责任的请求权，而不是基于股东对相关他人所享有的权利，也由于股东对他人提起的股东代表诉讼与公司与该他人之间纠纷属于不同的法律关系，因此，结合《最高人民法院关于原告交通银行股份有限公司宁波分行与被告芜湖市国土资源局、第三人芜湖金隆置地有限公司债权人代位权纠纷一案法律适用问题的请示报告的答复》（〔2013〕民二他字第19号）关于“债权人提起的代位权诉讼与债务人、次债务人之间的合同纠纷属于不同的法律关系，债务人和次债务人之间事先订有仲裁条款的，债务人或次债务人有权依据仲裁条款就双方之间的合同争议申请仲裁，债权人并非该合同法律关系的一方当事人，无权对此提出异议”的意见，在公司与他人之间订立的合同中的仲裁条款或达成的仲裁协议明确约定公司与该他人之间在相关合同项下所有的争议都应提交仲裁解决的情况下，如果他人违反了相关合同的约定并由此侵害了公司的利益，公司的股东是不能依照《公司法》第151条第3款的规定对该他人提起股东代表诉讼的。

此外，由于公司的股东不是公司与他人之间的仲裁条款或仲裁协议的当事方，因此，根据《仲裁法》第4条关于“当事人采用仲裁方式解决纠纷，应当双方自愿，达成仲裁协议。没有仲裁协议，一方申请仲裁的，仲裁委员会不予受理”的规定，在公司未申请仲裁要求该他人承担因其违约侵害公司利益的违约责任或侵权责任的情况下，公司的股东也不能基于公司与他人之间的仲裁条款或仲裁协议针对该他人向仲裁机构申请仲裁。

这样一来，在公司与他人之间订立的合同中的仲裁条款或达成的仲裁协议明确约定公司与该他人之间在相关合同项下所有的争议都应提交仲裁解决的情况下，如果他人违反了相关合同的约定并由此侵害了公司的利益，公司的股东既不能依照《公司法》第151条第3款的规定对该他人提起股东代表诉讼，也不能直接针对该他人申请仲裁。此时，公司的股东可以基于《公司法》第147条第1款、第149条和第151条第1款、第2款的规定，要求追究执行公司职务时违反法律、行政法规或者公司章程的规定、未尽到勤勉义务、给公司造成损失的董事、监事、高级管理人员的责任。

五、关于在公司的股东之间有关成立公司的协议存在仲裁条款时，发生其他股东侵害公司的权益的情形，股东是否可以对该其他股东提起股东代表诉讼的问题

与股东代表诉讼相关的另一问题是，在公司的股东之间订立的有关成立公司的合同中的仲裁条款或达成的仲裁协议明确约定有关该合同项下所有的争议都应提交仲裁解决的情况下，如果其他股东的行为侵害了公司的利益，公司的股东是否可以依照《公司法》第151条第3款的规定对该其他股东提起股东代表诉讼？

如前所述，由于股东提起股东代表诉讼实质上是基于公司对相关他人（包括其他股东）享有的要求该他人（包括其他股东）承担赔偿责任的请求权，而不是基于股东对相关他人（包括其他股东）所享有的权利，因此，考虑到公司不受股东之间的仲裁条款或仲裁协议的约束，如果公司与作为他人的其他股东之间不存在仲裁条款或仲裁协议，而其他股东的行为侵害了公司的利益，公司的股东是可以依照《公司法》第151条第3款的规定对该其他股东提起股东代表诉讼的。

在这方面，北京市高级人民法院在2016年6月20日就北京合生北方房地产开发有限公司（以下简称合生公司）与中国融亿达资源投资有限公司（以下简称融亿达公司）企业借贷纠纷上诉案作出的（2016）京民终34号民事裁定书中的意见可作参考。

在该民事裁定书中，针对融亿达公司提出的合生公司和融亿达公司同为绥中海盛旅游置业发展有限公司（原企业名称为绥中海盛旅游发展有限公司，以下简称海盛公司）股东、合生公司主张融亿达公司侵犯海盛公司合法权益应受融亿达公司作为甲方1、刘某作为甲方2（甲方1与甲方2统称甲方）、合生公

司作为乙方、海盛公司作为确认方共同签订的关于海盛公司的合作协议及其补充协议中的仲裁条款的约束的主张，北京市高级人民法院认为："仲裁条款是当事人协商一致将纠纷提交仲裁解决的合意。仲裁条款的效力及于当事人、所选择的仲裁机构或仲裁庭以及法院，并分别产生仲裁条款对当事人的效力，对仲裁庭的效力和对法院的效力。因此，确定仲裁当事人的范围也就成为确定仲裁条款效力范围的关键。仲裁当事人是基于有效仲裁条款有权启动、参与仲裁程序并受仲裁裁决约束的当事方，确定仲裁当事人的实质标准是达成仲裁合意的人。立法对仲裁条款形式要件作严格规定，是出于对当事人意思自治的保护。自治性是仲裁不可动摇的根基，意思自治表明只有对仲裁达成合意的当事人才可以具有启动、参与仲裁程序的资格，只有参与了合意才能参与程序。进而本案涉及的仲裁条款中亦明确约定仲裁条款对合同甲方、乙方均有约束力。故海盛公司既非仲裁条款的签约方，亦非仲裁条款中明确约定受约束的当事人，故涉案的仲裁条款对海盛公司没有约束力"；在此基础上，北京市高级人民法院进一步认为："本案系合生公司依据《中华人民共和国公司法》第一百五十一条之规定，为了维护海盛公司的利益而以自己的名义直接向法院提起的股东代表诉讼。本案审理的争议应为海盛公司与融亿达公司之间的争议，故原审法院对该案应受合生公司与融亿达公司之间仲裁条款的约束的认定没有法律依据，本院对此予以纠正。"

此外，在2008年5月20日就美国科聚亚公司Chemtura Corporation（以下简称科聚亚公司）与南京曙光化工集团有限公司（以下简称曙光公司）、南京康普顿曙光有机硅化工有限公司特别清算委员会（以下简称南京康普顿清算委）其他股东权纠纷管辖权异议上诉案作出的（2008）苏民三终字第0106号民事裁定书中，针对科聚亚公司提出的曙光公司与美国康普顿国际公司（以下简称康普顿公司）签订的关于成立中外合作经营企业南京康普顿曙光有机硅化工有限公司（以下简称南京康普顿）的《合作合同》中约定有仲裁条款、而科聚亚公司承继了康普顿公司的权利义务，曙光公司要求科聚亚公司将南京康普顿与清算有关的公司资料交给南京康普顿清算委应受仲裁条款约束的主张，江苏省高级人民法院认为："本案是曙光公司行使股东代表诉讼权提起的股东侵害公司权益的案件，实际的权利主体应为南京康普顿清算委。曙光公司基于南京康普顿清算委怠于行使权利可能损害公司、股东和债权人的权益而代表公司提起诉讼，只是本案名义上的原告，真实的原告应当是南京康普顿清算委，而科聚亚公司与南京康普顿清算委之间不存在仲裁协议。因此，本案不属于合作合同约定的仲裁事项范围。上诉人科聚亚公司认为一审法院对本案无管辖权的上诉理由没有事实和法律依据，本院不予支持。"

还有，在2018年4月16日就湖北福汉木业（集团）发展有限责任公司（以下简称福汉公司）与中国航空技术国际控股有限公司（以下简称中国航空技术公司）、罗某、余某强、中航林业有限公司（以下简称中航林业公司）损害公司利益责任纠纷管辖权异议上诉案作出的（2018）最高法民辖终42号民事裁定书中，针对作为中航林业公司的股东的上诉人福汉公司提出的福汉公司与作为中航林业公司的另一股东的中国航空技术公司之间签订的"《增资协议》第15.2条约定，与增资协议有关或因履行增资协议所发生的一切争议由北京仲裁委员会审理，因此原告主张侵犯股东决策权的事实应进行仲裁，不得向法院起诉"的主张，最高人民法院也认为："中国航空技术公司提起的股东代表诉讼，并非基于《增资协议》的签订和履行，而是中国航空技术公司为了要求福汉公司返还所侵占的中航林业公司资金，而提起侵权之诉，并无规避《增资协议》中约定的仲裁条款的主张意图。本案诉讼并非双方因签订及履行《增资协议》引起的合同纠纷，不应适用《增资协议》中约定的仲裁条款。"

六、关于股东对他人提起股东代表诉讼的其他特别问题

关于公司股东对他人提起股东代表诉讼，还有若干特别问题需要注意。

一是，实务中，有的法院认为，股东依据《公司法》第151条第3款对他人提起股东代表诉讼，应仅仅适用于股东本身不能通过其他途径获得救济的情况，如果股东能够提起股东直接诉讼，就不应提起股东代表诉讼。

在这方面，最高人民法院在2014年12月30日就韩国公司（株）圃木园控股与上海福生豆制食品有限公司（以下简称福生公司）、上海市张小宝绿色食品发展有限公司（以下简称张小宝公司）、上海圃园福生绿色食品有限公司股东出资纠纷审判监督案作出的（2014）民提字第170号民事裁定书中的意见，可作参考。

在该民事裁定书中，最高人民法院认为："本案股东代表诉讼属于该条第

三款规定的情形，但对于'他人'应当作狭义解释，即只有在不能通过其他途径获得救济的情况下，才能适用股东代表诉讼获得救济。股东代表诉讼制度的设置基础在于股东本没有诉权而公司又怠于行使诉权或者因情况紧急可能损害公司利益时，赋予股东代表公司提起诉讼的权利。当股东能够通过自身起诉的途径获得救济时，则不应提起代表诉讼，否则将有悖股东代表诉讼制度的设置意图。根据最高人民法院《关于适用〈中华人民共和国公司法〉若干问题的规定》（三）第十三条第一款的规定，福生公司、张小宝公司作为股东本身即享有诉权，而通过股东代表诉讼起诉的后果，则剥夺了另一方股东（株）圃木园控股反诉福生公司、张小宝公司履行出资义务的诉讼权利，因为其无法针对合资公司提起反诉，由此造成股东之间诉讼权利的不平等。因此，福生公司、张小宝公司无权提起本案股东代表诉讼，其起诉应予驳回。"

二是，根据《民法总则》第 186 条关于"因当事人一方的违约行为，损害对方人身权益、财产权益的，受损害方有权选择请求其承担违约责任或者侵权责任"和《合同法》第 122 条关于"因当事人一方的违约行为，侵害对方人身、财产权益的，受损害方有权选择依照本法要求其承担违约责任或者依照其他法律要求其承担侵权责任"的规定，并基于《合同法》第 8 条第 1 款关于合同的相对性的规定[①]，在他人因违反其与公司之间的合同的约定而损害公司的利益的情形，符合条件的公司股东根据《公司法》第 151 条第 3 款针对相关他人提起的股东代表诉讼，只能是侵权之诉，不能是合同之诉。

在这方面，上海市高级人民法院 2017 年 4 月 26 日就韩某明与上海航盛实业有限公司计算机软件开发合同纠纷二审案作出的（2017）沪民终 112 号民事裁定书中的意见，可作参考。

在这个案件当中，针对上海苏秦网络技术有限公司（以下简称苏秦公司）的股东韩某明向法院提出的要求上海航盛实业有限公司（以下简称航盛公司）向苏秦公司支付航盛公司与苏秦公司之间签署的《产品开发合同》约定 LICENSE 费用及其相应的利息的请求，上海市高级人民法院认为："首先，《公司法》第一百五十一条规定的股东代表诉讼，是指在董事、监事、高级管理人

① 《合同法》第 8 条的原文如下：第八条 依法成立的合同，对当事人具有法律约束力。当事人应当按照约定履行自己的义务，不得擅自变更或者解除合同。依法成立的合同，受法律保护。

员违反忠实、勤勉义务，给公司利益造成损害，而公司又不追究其责任时，为维护公司合法权益，股东可以代表公司以自己的名义提起诉讼。然韩某明于一审诉状中明确提出仅要求法院解决航盛公司与苏秦公司之间许可费及相应利息纠纷，故本案系合同之诉，与前述股东以自己的名义代表公司向董事、监事、高级管理人员或他人追究其侵害公司利益之股东代表诉讼相较，两者在诉讼性质上存在本质区别。其次，苏秦公司作为有民事行为能力的独立法人，与其他经济实体发生权利义务关系，并以其法人财产对外独立承担民事责任，均属于其独立从事生产等经营活动的民事权利范围。故苏秦公司与该合同相对方协商终止案涉《开发合同》中双方权利义务关系并达成和解之行为系其行使民事权利义务的合法自治经营行为。对于此类公司正常自治经营行为，韩某明作为苏秦公司的股东可以依据法律及公司章程的规定参与公司治理、监管公司运营，而不是通过股东代表诉讼的方式加以介入。再者，案涉《开发合同》系由航盛公司与苏秦公司双方自愿签订，根据合同相对性原则，对于涉案《开发合同》项下权利义务的变更或终止也应基于设立该合同相对方的合意，作为股东的韩某明并非该合同的签订主体，其现依据股东代表诉讼突破合同相对性原则直接要求航盛公司向苏秦公司偿还债务并无相应法律依据。综上所述，本案中，韩某明不能依据《公司法》第一百五十一条股东代表诉讼之规定以自己的名义提起涉案合同之诉，即使关于自 2016 年 6 月 24 日起韩某明在程序上已具有股东代表诉讼之诉权、航盛公司与苏秦公司和解协议系无效之相应主张成立，韩某明也因其提起本案合同之诉的请求权基础不存在而并非与本案有利害关系的原告。”

三是，由于《公司法》第 151 条第 3 款并没有规定股东只能在公司正常经营期间才可以对他人提起股东代表诉讼，因此，在公司清算期间甚至公司注销之后，符合《公司法》第 151 条第 1 款规定的条件的股东仍然可以对他人提起股东代表诉讼。

对此，《公司法司法解释（二）》第 23 条规定了“清算组成员从事清算事务时，违反法律、行政法规或者公司章程给公司或者债权人造成损失，公司或者债权人主张其承担赔偿责任的，人民法院应依法予以支持。有限责任公司的股东、股份有限公司连续一百八十日以上单独或者合计持有公司百分之一以上股份的股东，依据公司法第一百五十一条第三款的规定，以清算组成员有前款所述行为为由向人民法院提起诉讼的，人民法院应予受理。公司已经清算完毕注销，上述股东参照公司法第一百五十一条第三款的规定，直接以清算组成员为被告、其他股东为第三人向人民法院提起诉讼的，人民法院应予受理”。

此外，在2016年4月27日就江苏星源房地产综合开发有限公司与扬州同基房地产开发有限公司、南通东江房地产开发有限公司、南通开发区东江建筑安装工程有限公司、扬州天一投资发展有限公司合资、合作开发房地产合同纠纷再审案作出的（2016）最高法民申字663号民事裁定书中，最高人民法院也认为，《公司法》第151条并未对公司状态作出限定，根据《公司法司法解释（二）》第23条的规定可知，公司清算期间，甚至公司已经清算完毕注销，符合条件的股东仍可依法提起股东代表诉讼。

四是，在股东提起的股东代表诉讼进入执行程序之后，符合条件的股东也可以根据《公司法》第151条的规定向人民法院提出执行生效裁判文书的申请。

比如，在2016年8月12日就东风汽车贸易公司、内蒙古汽车修造厂不服内蒙古自治区高级人民法院（2014）内执异字第3号执行裁定申请复议案作出的（2016）最高法执复28号执行裁定书中，最高人民法院认为：“当股东代表诉讼进入执行程序后，股东代表出于继续维护公司利益的目的，向人民法院申请执行生效法律文书，符合股东代表诉讼这一制度设计的内在逻辑。因此，东风公司、汽修厂在联合公司怠于主张自身权利时，有权向法院申请执行。”

五是，有限公司的股东依照《公司法》第151条的规定，对公司的董事、监事、高级管理人员或者他人提起股东代表诉讼后，经人民法院主持，诉讼各方达成调解协议的，该调解协议不仅要经过诉讼各方一致同意，还必须经过提起股东代表诉讼的股东所在的公司的有权机构通过后，人民法院才能最终确认该调解协议的法律效力。

对此，在2009年3月17日就浙江和信电力开发有限公司（以下简称和信公司）、金华市大兴物资有限公司（以下简称大兴公司）与通和置业投资有限公司（以下简称通和置业）、广厦控股创业投资有限公司（以下简称广厦创业）、上海富沃企业发展有限公司（以下简称富沃公司）、通和投资控股有限公司（以下简称通和控股）损害公司权益纠纷上诉案作出的（2008）民二终字第123号民事调解书中，针对诉讼各方在二审审理期间达成的调解协议，最高人民法院认为："以上调解协议是各方当事人在自愿基础上的真实意思表示，不违反法律、行政法规的禁止性规定。调解协议的内容不仅经过了提起代表诉讼的股东即和信公司、大兴公司以及作为诉讼第三人的公司即通和控股的同意，而且也已经经过了通和控股中的其他所有股东的书面同意，所以调解协议没有损害通和控股及其股东的利益。本院对以上调解协议予以确认。"

此外，2016 年 4 月 12 日公布的《公司法司法解释（四）征求意见稿》第 34 条（诉讼中的调解）也曾规定："人民法院审理股东依据公司法第一百五十一条第二款、第三款规定提起诉讼的案件，当事人达成调解协议的，应提交股东会或者股东大会通过调解协议的决议。有限责任公司未提交股东会决议的，全体股东应当在调解协议书上签名、盖章或者向人民法院出具同意调解协议的书面意见。"尽管上述内容没有纳入正式出台的《公司法司法解释（四）》，但是，至少可以从中看到法院系统处理这一问题的思路。

最高人民法院 2019 年 11 月印发的《全国法院民商事审判工作会议纪要》（法〔2019〕254 号）第 27 条也规定了"公司是股东代表诉讼的最终受益人，为避免因原告股东与被告通过调解损害公司利益，人民法院应当审查调解协议是否为公司的意思。只有在调解协议经公司股东（大）会、董事会决议通过后，人民法院才能出具调解书予以确认。至于具体决议机关，取决于公司章程的规定。公司章程没有规定的，人民法院应当认定公司股东（大）会为决议机关"。

第七节 股东代表诉讼与合伙人代表诉讼的比较

与《公司法》第 151 条的规定类似，《合伙企业法》第 68 条第 2 款第 7 项也规定了有限合伙企业的有限合伙人代表诉讼（或合伙人派生诉讼）制度。

针对合伙人代表诉讼，《合伙企业法》第 68 条第 2 款第 7 项规定了"有限合伙人的下列行为，不视为执行合伙事务：……（七）执行事务合伙人怠于行使权利时，督促其行使权利或者为了该企业的利益以自己的名义提起诉讼"；据此，在有限合伙企业的执行事务合伙人怠于行使属于有限合伙企业的权利的情况下，有限合伙人可以选择督促执行事务合伙人行使属于有限合伙企业的权利，也可以选择不督促执行事务合伙人行使属于有限合伙企业的权利，而直接为了有限合伙企业的利益以有限合伙人自己的名义对相对方提起诉讼。

这就意味着，有限合伙人提起合伙人代表诉讼的前提条件只有一个，那就是执行事务合伙人怠于行使属于有限合伙企业的权利；至于其他合伙人是否同意该有限合伙人提起合伙人派生诉讼、该有限合伙人对有限合伙企业的出资比例、该有限合伙人在合伙企业中的财产份额的多少等其他因素，都无需考虑也不应考虑①。当然，有限合伙人提起合伙人派生诉讼，需要由该有限合伙人对“执行事务合伙人怠于行使属于有限合伙企业的权利”承担证明责任。

由此看来，在针对他人提起代表诉讼方面，《公司法》第151条规定的公司的股东代表诉讼和《合伙企业法》第68条规定的有限合伙企业的合伙人代表诉讼存在比较大的差别的，主要表现在：

一是，可以行使的权利的差异。

这也是最主要的差别。就有限合伙企业而言，在有限合伙企业的执行事务合伙人怠于行使合伙企业的权利时，有限合伙人可以通过提起合伙人代表诉讼的方式主张行使合伙企业的各项权利，其中的权利不仅包括有限合伙企业因其合法权益受到他人侵犯而享有的请求该他人承担侵权责任的权利，还包括有限合伙企业基于与他人之间的协议而享有的权利以及其他权利；但是，就公司而言，公司的股东则只能通过提起股东代表诉讼的方式主张行使公司因其合伙权益受到他人侵犯而享有的请求该他人承担侵权责任的权利，而不能通过股东代表诉讼的方式主张行使公司基于公司与他人之间的协议而享有的合同权利或其他权利。

二是，提起代表诉讼的前提条件的差异。

就有限合伙企业而言，有限合伙人提起合伙人代表诉讼的前提条件是“执行事务合伙人怠于行使权利”，无需先由有限合伙人向执行事务合伙人提出提起诉讼的书面请求；但是，就公司而言，原则上，公司的股东对他人提起股东代表诉讼必须先履行前置程序，即先向公司的执行机构提出提起诉讼的书面请

---

① 见最高人民法院在2017年3月29日就安徽瑞智房地产开发有限公司与焦某、刘某、李某红、上海浦东发展银行股份有限公司淮南支行、北京和信恒轩投资中心（有限合伙）借款合同纠纷上诉案作出的（2016）最高法民终756号民事判决书。

求，在公司的执行机构拒绝提起诉讼或在收到股东的书面请求之日起 30 日内未提起诉讼的前提下，才可以以自己的名义直接对他人提起诉讼。

此外，就有限合伙企业而言，有限合伙人提起合伙人代表诉讼的前提条件是“执行事务合伙人怠于行使权利”，即使发生“情况紧急、不立即提起诉讼将会使有限合伙企业的利益受到难以弥补的损害”的情形，如果不存在执行事务合伙人怠于行使权利的情况，有限合伙人也不能提起代表诉讼；但是，就公司而言，如果存在“情况紧急、不立即提起诉讼将会使公司利益受到难以弥补的损害”的情形，公司的股东可以直接以自己的名义对他人提起股东代表诉讼，而无需履行相应的前置程序。

三是，在案由、诉讼的管辖等方面的差异。

比如，在合伙人派生诉讼的管辖方面，如果涉及有限合伙企业对他人的合同权利，在有限合伙人根据《合伙企业法》第 68 条第 2 款第 7 项的规定，以自己的名义提起诉讼的情况下，应根据提起诉讼的有限合伙人的住所地（即原告的住所地），而不是有限合伙企业的住所地，并结合被告的住所地和诉讼标的等因素来确定法院的管辖权[①]。

---

① 见最高人民法院在 2016 年 12 月就信达投资有限公司与河北融投置业有限公司、兴业银行股份有限公司石家庄分行等借款合同纠纷管辖权异议案作出的（2016）最高法民辖终 94 号民事裁定书。

第二十三章 公司解散

公司解散是公司终止的主要原因，也是股东退出、收回投资的路径之一。公司成立后，可以因不同的原因而主动解散；在存在特定事由时，也可以因监管机关的行政行为或法院的裁判而被动解散。本章主要围绕公司解散事由和解散公司诉讼展开讨论。

第一节 公司解散事由

公司的解散事由主要是由《公司法》第180条加以规定的。

《公司法》第180条对公司解散事由作出了规定，具体包括以下9种事由：(1)公司章程规定的营业期限届满；(2)公司章程规定的其他解散事由出现；(3)股东会或者股东大会决议解散；(4)因公司合并需要解散；(5)因公司分立需要解散；(6)依法被吊销营业执照；(7)依法被责令关闭；(8)依法被撤销；(9)公司经营管理出现僵局时，人民法院依照特定股东的请求判决解散公司（即司法解散公司）。

一、因公司章程规定的营业期限届满而解散

（一）公司章程规定的营业期限届满属于解散事由

根据《公司法》第180条第1项的规定，“公司章程规定的营业期限届满”这一事实发生时，公司可以解散。

不过，尽管《公司法》第 180 条第 1 项将“公司章程规定的营业期限届满”列为公司解散事由，但是，由于《公司法》第 181 条第 1 款规定了“公司有本法第一百八十条第（一）项情形的，可以通过修改公司章程而存续”，因此，在公司章程规定的营业期限届满的情况下，如果公司能够依法通过修改公司章程的决议或决定、延长公司的营业期限（比如延长 5 年、10 年甚至将公司的营业期限修改为永久），那么，公司就可以继续存续而无需解散了。

关于公司的营业期限，现阶段，国家层面的法规没有对各类公司的营业期限作出统一的规定，公司原则上可以自主确定其营业期限。

不过，针对外商投资企业中的中外合资经营企业，1990 年出台并在 2011 年修订的行政法规《中外合资经营企业合营期限暂行规定》（已被《外商投资法实施条例》废止）第 3 条曾经规定了：“举办合营企业，属于下列行业或者情况的，合营各方应当依照国家有关法律、法规的规定，在合营合同中约定合营期限：（一）服务性行业的，如饭店、公寓、写字楼、娱乐、饮食、出租汽车、彩扩洗像、维修、咨询等；（二）从事土地开发及经营房地产的；（三）从事资源勘查开发的；（四）国家规定限制投资项目的；（五）国家其他法律、法规规定需要约定合营期限的。”

在此基础上，针对中外合资经营企业的营业期限，《对外经济贸易部关于实施〈中外合资经营企业合营期限暂行规定〉有关问题的通知》（外经贸资发〔1991〕第 454 号，已废止）曾进一步规定了：一是，按规定在合同中应约定合营期限的项目，其期限应根据项目的行业类型、投资额、投资风险和投资回收期的长短确定，一般不超过三十年；二是，属于国家鼓励和允许投资的项目，在合同中约定合营期限的，可适当放宽，其约定的期限一般不超过五十年；三是，从事土地开发建设并自行经营的项目，合营期限不超过有偿取得的土地使用权期限；房地产开发建设后全部出售、转让的，合营期限应在开发建设并完成出售转让的合理期限内；四是，资源勘探开发项目，期限应在批准的开采储量开采完毕的合理期限内。

值得注意的是，《国务院关于印发进一步深化中国（广东）自由贸易试验区改革开放方案的通知》（国发〔2018〕13 号）、《国务院关于印发进一步深化中国（天津）自由贸易试验区改革开放方案的通知》（国发〔2018〕14 号）提出了“除特殊领域外，取消对外商投资企业经营期限的特别管理要求”，预计，将来这一要求会推广适用于全国范围。此外，《外商投资法》自2020年1月1日起生效，有关外商投资的公司的营业期限的管理要求，应以《外商投资法》的配套规定为准。另外，各地公司登记机关可能也会出台有关公司营业期限核定的具体要求，实务中应当予以关注。

值得注意的是，公司股东可以请求人民法院确认公司的营业期限是否已经届满。比如，在2018年3月30日就三亚香山金玉观音文化艺术有限公司（以下简称香山公司）与海南金南华实业有限公司（以下简称金南华公司）公司解散纠纷再审案作出的（2018）最高法民申274号民事裁定书中，针对“香山公司请求确认金南华公司经营期限已届满是否属于人民法院受理民事案件范围”的问题，最高人民法院认为：“香山公司于本案中请求确认金南华公司经营期限已届满系基于前案释明，针对其关于金南华公司解散事由已发生的主张而提起的单独诉讼，性质应理解为前案申请公司清算纠纷诉讼的衍生诉讼，香山公司具有诉的利益，起诉主体适格。原裁定认定本案公司及股东之外的人对香山公司经营期限届满提出主张，不属于人民法院受理民事案件的范围，适用法律不当，本院予以纠正。”

（二）营业执照载明的营业期限届满并非法定的公司解散事由

不过，由于《公司法》第180条第1项使用的是“公司因下列原因解散：（一）公司章程规定的营业期限届满……”的表述，因此，作为公司解散事由的“公司营业期限届满”，应当以公司章程而非营业执照或其他文件记载的营业期限为准；只有公司章程规定的营业期限届满才属于公司解散事由，公司营业执照记载的营业期限届满则不属于《公司法》第180条第1项所规定的公司解散事由。

对此，在上述（2018）最高法民申274号民事裁定书中，针对金南华公司的经营期限是否届满的问题，最高人民法院认为：“首先，本案中，香山公司请求确认金南华公司经营期限已于2003年4月8日届满。但根据原审查明事实，金南华公司被吊销营业执照后补发的营业执照登记的营业期限为2005年4月7日。香山公司主张金南华公司营业期限已于2003年4月8日届满与事实不符。其次，公司法第一百八十条第一项规定的解散事由指的是公司章程规定的营业期限届满。而本案所涉金南华公司的公司章程并无营业期限的规定。且香山公司申请再审提交的金南华公司工商公示信息显示：登记状态‘存续’；核准日期2013年11月27日。在未能进一步提供有效证据予以证明的情形下，香山公司申请再审主张直接适用公司法第一百八十条第一项的规定认定金南华公司解散事由出现，事实依据不足。本案现有证据尚不能得出金南华公司营业期限已届满且构成公司解散事由的结论。香山公司此项申请再审主张，不能成立。”

二、因公司章程规定的其他解散事由出现而解散

根据《公司法》第180条第1项的规定，公司章程规定的其他解散事由发生时，公司可以解散。

《公司法》第180条第1项所说的“公司章程规定的其他解散事由”，指的是《公司法》第180条第1项规定的“营业期限届满”和该条第2项至第5项规定的解散事由以外的事由。

由于《公司法》第180条第1项使用了“公司因下列原因解散：……公司章程规定的其他解散事由出现”的表述，因此，依法制定的公司章程可以自主将《公司法》第180条所列的解散事由之外的其他事由规定为公司的解散事由。

《公司法》第180条第1项的规定为公司的投资人采取灵活的公司解散事由留出了空间。也正是基于《公司法》第180条第1项的规定，特定领域尤其是私募股权投资或风险投资领域的投资人能够在对相关公司进行投资时要求引入与特定条件（比如经营业绩、上市时间）、强制出售权（或领售权、强卖权、拖售权，Drag－Along Right）、跟随出售权（或共同出售权、跟售权、随售权，Tag－Along Right）条款或股份回购条款等相挂钩的解散公司条款。

比如，公司章程可以规定，在公司未能实现约定的经营业绩目标或上市目标的情况下，投资人有权要求公司的控股股东甚至公司购买其持有的公司的股权或股份；否则，公司应当解散并进入清算程序。

尽管《公司法》第180条第1项将“公司章程规定的其他解散事由出现”列为公司解散事由，但是，由于《公司法》第181条规定了“公司有本法第一百八十条第（一）项情形的，可以通过修改公司章程而存续”，因此，在公司

章程规定的其他解散事由出现的情况下，如果公司能够依法通过修改公司章程的决议或决定，将相关事由的出现不再作为公司解散的事由，那么，公司也可以继续存续而无需解散了。

三、因公司权力机构决议而解散

根据《公司法》第180条第2项的规定，“股东会或股东大会决议解散”属于公司的解散事由。

《公司法》第180条第2项所说的“股东会或股东大会决议解散”，指的是在没有出现《公司法》第180条第1项、第3项至第5项的解散事由的情况下，公司的股东会或股东大会作出解散公司的决议；在这种情况下，可以没有具体的原因，只要公司的股东会或股东大会依照公司章程的规定依法作出了解散公司的决议，就应当根据《公司法》第183条的规定开始清算。

值得注意的是，根据《公司法》第37条第1款第9项、第37条第2款、第43条第2款、第98条和第103条第2款的规定，有限公司股东会作出解散公司的决议，必须经代表三分之二以上表决权的股东通过；股份公司股东大会作出解散公司的决议，必须经出席股东大会会议的股东所持表决权的三分之二以上通过。

此外，在一人公司或国有独资公司的情形，《公司法》第180条第2项所说的“股东会或者股东大会决议”，指的是一人公司的唯一股东或国有独资公司的出资人作出了解散公司的决定。因此，在表述上，如果《公司法》第180条第2项能够像《民法总则》第69条第2项使用“法人的权力机构决议解散”那样调整为“公司权力机构决议或决定解散”，则是更加完善的。

问题是，在公司权力机构作出了解散公司的决议之后，是否可以通过撤销这一解散公司的决议的决议？

结合《公司法》第181条第1款关于“公司有本法第一百八十条第（一）项情形的，可以通过修改公司章程而存续”的规定，我理解，既然在公司章程规定的营业期限届满或者公司章程规定的其他解散事由出现的情况下，都可以通过修改公司章程、延长营业期限或消除其他解散事由而使公司存续，那么，在公司权力机构根据《公司法》第180条第2项作出解散公司的决议，但尚未进入清算程序的情况下，公司权力机构也是可以作出新的决议，撤销原解散公司的决议，使得公司继续存续的。

甚至，即使公司已经进入了清算程序，公司权力机构能够在清算结束之前作出新的决议，撤销原解散公司的决议，使得公司继续存续，可能也是可以的。对此，《最高人民法院关于审理公司强制清算案件工作座谈会纪要》（法发〔2009〕52 号）第 18 条规定了：“公司因……股东会、股东大会决议自愿解散的，人民法院受理强制清算申请后，清算组对股东进行剩余财产分配前，申请人以……股东会、股东大会决议公司继续存续为由，请求撤回强制清算申请的，人民法院应予准许。”

当然，如果公司已经办理公司注销登记了，那么，事实上也就不能再撤销原来解散公司的决议了。

四、因公司合并而解散

根据《公司法》第 180 条第 3 项的规定，在公司发生合并的情形，可能涉及公司的解散事由。

结合《公司法》第 172 条、第 179 条第 1 款的规定，《公司法》第 180 条第 3 项所说的“因合并需要解散”，指向的是以下几种情形：一是，在公司吸收合并过程中的被合并方；二是，在公司新设合并过程中参与合并的各个公司。

值得注意的是，由于《公司法》第 183 条使用了“公司因本法第一百八十条第（一）项、第（二）项、第（四）项、第（五）项规定而解散的，应当在解散事由出现之日起十五日内成立清算组，开始清算”的表述，因此，因合并而解散的公司无需进行清算，可以并应当根据《公司法》第 179 条第 1 款关于“公司合并或者分立，……公司解散的，应当依法办理公司注销登记”的规定办理注销登记。

关于公司合并的更多内容，请见本书第二十章第一节的内容。

五、因公司分立而解散

根据《公司法》第 180 条第 3 项的规定，在公司发生分立的情形，可能涉及公司的解散事由。

结合《公司法》第172条、第179条第1款的规定,《公司法》第180条第3项所说的“因分立需要解散”,指向的是在解散分立过程中实施分立的原公司。

同样地,由于《公司法》第183条使用了“公司因本法第一百八十条第(一)项、第(二)项、第(四)项、第(五)项规定而解散的,应当在解散事由出现之日起十五日内成立清算组,开始清算”的表述,因此,因分立而解散的公司无需进行清算,可以并应当根据《公司法》第179条第1款关于“公司合并或者分立,……公司解散的,应当依法办理公司注销登记”的规定办理注销登记。

关于公司分立的更多内容,请见本书第二十章第二节的内容。

六、因公司依法被吊销营业执照而解散

根据《公司法》第180条第4项的规定,“依法被吊销营业执照”属于公司的解散事由。

在公司依法被吊销营业执照的情况下,公司应当根据《公司法》第183条的规定组成清算组开始清算。

根据《行政处罚法》第8条第5项的规定,“吊销营业执照”属于行政处罚措施;吊销公司的营业执照,应由公司登记机关实施。《公司法》第198条、第207条、第211条、第213条和《公司登记管理条例》第63条、第64条、第67条、第68条、第71条、第73条和第78条规定了在哪些情形下公司登记机关可以采取吊销营业执照的行政处罚措施;其他法律、行政法规也可能对吊销营业执照的情形作出了规定,实务中应当予以关注。

值得注意的是,根据《公司法》第180条关于“公司因下列原因解散:(四)依法被吊销营业执照、责令关闭或者被撤销”,第183条关于“公司因本法第一百八十条……第(四)项……规定而解散的,应当在解散事由出现之日起十五日内成立清算组,开始清算……”,第186条第3款关于“清算期间,公司存续,但不得开展与清算无关的经营活动”和第188条关于“公司清算结束后,清算组应当制作清算报告,报股东会、股东大会或者人民法院确认,并

报送公司登记机关，申请注销公司登记，公告公司终止”的规定，以及《民法总则》第59条关于“法人的民事权利能力和民事行为能力，从法人成立时产生，到法人终止时消灭”的规定，公司被吊销营业执照只是公司的解散事由，在被吊销营业执照之后、完成公司注销登记之前，公司是存续的，仍然具有法人资格、具有相应的民事主体地位，具有民事权利能力和相应的民事行为能力（但不得开展与清算无关的经营活动）。

在这方面，刊载于《最高人民法院公报》2006年第10期的、由最高人民法院在2005年9月20日就重庆台华房地产开发有限公司（以下简称台华公司）与重庆晨光实业发展（集团）有限责任公司（以下简称晨光集团）、重庆晨光百货有限责任公司（以下简称晨光百货）、重庆晨光大酒店有限责任公司（以下简称晨光酒店）房屋搬迁纠纷上诉案作出的（2005）民一终字第57号民事判决书[①]中的意见，可供参考。

在该民事判决书中，针对台华公司在2001年12月18日被重庆市工商行政管理局以台华公司未依法进行年检为由吊销台华公司的企业法人营业执照的主体资格问题，最高人民法院认为：“台华公司作为一个独立的企业法人，其法人资格存续与否应以工商行政管理机关是否已经注销其法人资格为标准。尽管按照《合营合同》的约定，台华公司的合营期限已满，但只要其未被注销就不能否定其仍具有法人资格。吊销企业法人营业执照是工商行政管理机关依据国家工商行政法规对违法的企业法人作出的一种行政处罚。企业法人被吊销营业执照后，应当依法进行清算，清算程序结束并办理工商注销登记后，该企业法人才归于消灭。企业法人被吊销营业执照至其被注销登记前，该企业法人仍应视为存续，可以自己的名义进行诉讼活动。故台华公司在被吊销营业执照后，仍然具有诉讼的权利能力和行为能力，有权以自己的名义提起民事诉讼。台华公司没有成立清算组织，不应成为限制其参与民事诉讼的理由。”

尽管这个判决是在2005年全面修订后的《公司法》实施之前作出的，但是，其裁判意见是符合现行《公司法》和《民法总则》的，至今仍然具有参考价值。

---

① http：//gongbao. court. gov. cn/Details/501088ce2ce64814e34d7e271da473. html？sw =，最后访问时间：2019年9月30日。

还需注意的是，由于《公司法》第180条第4项使用的是“依法被吊销营业执照”的表述，考虑到“吊销营业执照”属于《行政处罚法》第8条第5项所说的“吊销执照”的行政处罚措施，结合《行政诉讼法》（2017年修正）第70条关于“行政行为有下列情形之一的，人民法院判决撤销或者部分撤销，并可以判决被告重新作出行政行为：（一）主要证据不足的；（二）适用法律、法规错误的；（三）违反法定程序的；（四）超越职权的；（五）滥用职权的；（六）明显不当的”的规定，因此，出现公司被“吊销营业执照”的情形，并非必然地导致公司不可逆转地需要进入清算程序；在该“吊销营业执照”的行政处罚并非“依法”作出的情况下，该“吊销营业执照”的行政处罚行为依法被撤销之后，因公司被“吊销营业执照”而触发的公司解散事由归于消灭，无需因此适用《公司法》第183条的规定，无需进入清算程序。

对此，《最高人民法院关于审理公司强制清算案件工作座谈会纪要》（法发〔2009〕52号）第19条规定了：“公司因依法被吊销营业执照……的，人民法院受理强制清算申请后，清算组对股东进行剩余财产分配前，申请人向人民法院申请撤回强制清算申请的，人民法院应不予准许。但申请人有证据证明相关行政决定被撤销……的除外。”

七、因公司依法被责令关闭而解散

根据《公司法》第180条第4项的规定，“依法被责令关闭”属于公司的解散事由。

在公司被人民政府或主管部门依法责令关闭的情况下，公司应当根据《公司法》第183条的规定组织清算组开始清算。

值得注意的是，“责令关闭”目前未被列入《行政处罚法》第8条第1项至第6项规定的行政处罚种类；不过，考虑到《安全生产法》（2014年修正）第110条使用了“本法规定的行政处罚，由安全生产监督管理部门和其他负有安全生产监督管理职责的部门按照职责分工决定。予以关闭的行政处罚由负有安全生产监督管理职责的部门报请县级以上人民政府按照国务院规定的权限决定……”的表述，我倾向于认为，“责令关闭”应当属于《行政处罚法》第8条第7项所说的“法律、行政法规规定的其他行政处罚”。

目前，公司被责令关闭主要发生在公司严重违反法律、行政法规的情形，主要有：

一是，公司严重违反安全生产方面的法律、行政法规的情况。比如，《安全生产法》（2014 年修正）第 108 条规定了“生产经营单位不具备本法和其他有关法律、行政法规和国家标准或者行业标准规定的安全生产条件，经停产停业整顿仍不具备安全生产条件的，予以关闭；有关部门应当依法吊销其有关证照”；《煤矿安全监察条例》（2013 年修订）第 25 条规定了“煤矿安全监察机构发现煤矿进行独眼井开采的，应当责令关闭”。

二是，公司严重违反环境保护、污染防治方面的法律、行政法规的情况。比如，《海洋环境保护法》（2017 年修正）第 81 条规定了“违反本法第四十五条的规定，新建严重污染海洋环境的工业生产建设项目的，按照管理权限，由县级以上人民政府责令关闭”；《水污染防治法》（2017 年修正）第 87 条规定了“违反本法规定，建设不符合国家产业政策的小型造纸、制革、印染、染料、炼焦、炼硫、炼砷、炼汞、炼油、电镀、农药、石棉、水泥、玻璃、钢铁、火电以及其他严重污染水环境的生产项目的，由所在地的市、县人民政府责令关闭”，第 94 条第 1 款规定了“企业事业单位违反本法规定，……对造成重大或者特大水污染事故的，还可以报经有批准权的人民政府批准，责令关闭”。

三是，公司严重违反职业病防治方面的法律的情况。比如，《职业病防治法》（2018 年修正）第 72 条规定了“用人单位违反本法规定，……情节严重的，责令停止产生职业病危害的作业，或者提请有关人民政府按照国务院规定的权限责令关闭”，第 75 条规定了“违反本法规定，有下列情形之一的，……情节严重的，责令停止产生职业病危害的作业，或者提请有关人民政府按照国务院规定的权限责令关闭”，第 77 条规定了“用人单位违反本法规定，已经对劳动者生命健康造成严重损害的，由卫生行政部门责令停止产生职业病危害的作业，或者提请有关人民政府按照国务院规定的权限责令关闭，并处十万元以上五十万元以下的罚款”。

四是，公司违反《证券法》《烟草专卖法》等法律、在未取得相关许可证的情况下从事生产经营活动的情况。比如，《证券法》第 207 条规定了“证券公司违反本法第一百二十九条的规定从事证券自营业务的，……情节严重的，并处撤销相关业务许可或者责令关闭”，第 208 条规定了“违反本法第一百三十一条的规定，将客户的资金和证券归入自有财产，或者挪用客户的资金和证券的，……情节严重的，并处撤销相关业务许可或者责令关闭”。又如，《烟草专卖法》（2015 年修正）第 30 条规定了“无烟草专卖生产企业许可证生产烟草制品的，由烟草专卖行政主管部门责令关闭，没收违法所得，并处罚款”；第 31 条规定了“无烟草专卖批发企业许可证经营烟草制品批发业务的，由烟草专卖行政主管部门责令关闭或者停止经营烟草制品批发业务，没收违法所得，并处罚款”。

与被吊销营业执照类似，公司被责令关闭只是公司的解散事由，在被责令关闭之后、完成公司注销登记之前，公司是存续的，仍然具有法人资格，具有相应的民事主体地位，具有民事权利能力和相应的民事行为能力（但不得开展与清算无关的经营活动）。

还需注意的是，由于《公司法》第 180 条第 4 项使用的是“依法被责令关闭”的表述，考虑到“责令关闭”属于行政行为，甚至属于《行政处罚法》第 8 条第 7 项所说的“法律、行政法规规定的其他行政处罚”，结合《行政诉讼法》（2017 年修正）第 70 条关于“行政行为有下列情形之一的，人民法院判决撤销或者部分撤销，并可以判决被告重新作出行政行为：（一）主要证据不足的；（二）适用法律、法规错误的；（三）违反法定程序的；（四）超越职权的；（五）滥用职权的；（六）明显不当的”的规定，因此，出现公司被“责令关闭”的情形，并非必然地导致公司不可逆转地需要进入清算程序；在该“责令关闭”的行政行为并非“依法”作出的情况下，该“责令关闭”的行政行为依法被撤销之后，因公司被“责令关闭”而触发的公司解散事由归于消灭，无需因此适用《公司法》第 183 条的规定，无需进入清算程序。

对此，《最高人民法院关于审理公司强制清算案件工作座谈会纪要》（法发〔2009〕52 号）第 19 条规定了：“公司因依法被……责令关闭……的，人民法院受理强制清算申请后，清算组对股东进行剩余财产分配前，申请人向人民法院申请撤回强制清算申请的，人民法院应不予准许。但申请人有证据证明相关行政决定被撤销……的除外。”

八、因公司依法被撤销而解散

根据《公司法》第 180 条第 4 项的规定，“依法被撤销”属于公司的解散事由。

在公司依法被撤销的情况下，公司应当根据《公司法》第 183 条的规定组织清算组开始清算。

值得注意的是，“撤销”目前未被列入《行政处罚法》第 8 条第 1 项至第 6 项规定的行政处罚种类，其是否属于《行政处罚法》第 8 条第 7 项所说的“法律、行政法规规定的其他行政处罚”，法律暂未予以明确规定①。

实践中，公司被撤销的情形，主要发生在银行、保险、证券等金融领域以及其他特定领域的公司，因严重违反法律、行政法规而被监管机构撤销，主要包括：

一是，中国银监会监管的银行业金融机构和信托公司等其他金融机构。对此，《商业银行法》（2015 年修正）第 70 条规定了“商业银行因吊销经营许可证被撤销的，国务院银行业监督管理机构应当依法及时组织成立清算组，进行清算，按照清偿计划及时偿还存款本金和利息等债务”；《银行业监督管理法》第 39 条规定了“银行业金融机构有违法经营、经营管理不善等情形，不予撤销将严重危害金融秩序、损害公众利益的，国务院银行业监督管理机构有权予以撤销”；《信托公司管理办法》（中国银行业监督管理委员令 2007 年第 2 号）第 61 条规定了“信托公司有违法经营、经营管理不善等情形，不予撤销将严重危害金融秩序、损害公众利益的，由中国银行业监督管理委员会依法予以撤销”。

二是，中国保监会监管的保险公司。对此，《保险法》（2015 年修正）第 149 条规定了“保险公司因违法经营被依法吊销经营保险业务许可证的，或者偿付能力低于国务院保险监督管理机构规定标准，不予撤销将严重危害保险市场秩序、损害公共利益的，由国务院保险监督管理机构予以撤销并公告，依法及时组织清算组进行清算”。

---

① 考虑到《中国人民银行行政处罚程序规定》（中国人民银行令〔2001〕第 3 号）第 8 条第 3 款规定了“撤销金融机构的代表机构的行政处罚，由批准设立该代表机构的中国人民银行实施”，第 37 条规定了“中国人民银行作出撤销金融机构的代表机构处罚决定的，由作出撤销决定的中国人民银行在《金融时报》上予以公告”，既然“撤销金融机构的代表处”都属于行政处罚，由此，应当也可以把“撤销金融机构”认为是行政处罚行为。

此外，根据 2005 年实施的《财政机关行政处罚听证实施办法》（财政部令第 23 号）第 6 条第 5 项关于“财政机关在行政处罚案件调查终结后，对公民、法人或者其他组织依法作出下列行政处罚决定之前，应当告知当事人有要求举行听证的权利：（五）撤销会计师事务所”的规定，财政部也认为“撤销会计师事务所”属于行政处罚行为。

三是，中国证监会监管的证券公司、公开募集基金的基金管理公司。对此，《证券法》第 143 条规定了“证券公司违法经营或者出现重大风险，严重危害证券市场秩序、损害投资者利益的，国务院证券监督管理机构可以对该证券公司采取责令停业整顿、指定其他机构托管、接管或者撤销等监管措施；《证券投资基金法》（2015 年修正）第 26 条规定了“公开募集基金的基金管理人违法经营或者出现重大风险，严重危害证券市场秩序、损害基金份额持有人利益的，国务院证券监督管理机构可以对该基金管理人采取责令停业整顿、指定其他机构托管、接管、取消基金管理资格或者撤销等监管措施”。

四是，教育领域的公司制的营利性民办学校。对此，《教育法》（2015 年修正）第 75 条规定了“违反国家有关规定，举办学校或者其他教育机构的，由教育行政部门或者其他有关行政部门予以撤销；有违法所得的，没收违法所得；对直接负责的主管人员和其他直接责任人员，依法给予处分”；《民办教育促进法》（2018 年修正）第 58 条第 2 款规定了“民办学校自己要求终止的，由民办学校组织清算；被审批机关依法撤销的，由审批机关组织清算；因资不抵债无法继续办学而被终止的，由人民法院组织清算”。

五是，公司制的会计师事务所。对此，《注册会计师法》第 39 条第 1 款规定了“会计师事务所违反本法第二十条、第二十一条规定的，由省级以上人民政府财政部门给予警告，没收违法所得，可以并处违法所得一倍以上五倍以下的罚款；情节严重的，并可以由省级以上人民政府财政部门暂停其经营业务或者予以撤销……”

与被吊销营业执照类似，公司被撤销只是公司的解散事由，在被撤销之后、完成公司注销登记之前，公司是存续的，仍然具有法人资格，具有相应的民事主体地位，具有民事权利能力和相应的民事行为能力，但不得开展与清算无关的经营活动。

还需注意的是，由于《公司法》第 180 条第 4 项使用的是“依法被撤销”的表述，考虑到“撤销”属于行政行为，结合《行政诉讼法》（2017 年修正）第 70 条关于“行政行为有下列情形之一的，人民法院判决撤销或者部分撤销，并可以判决被告重新作出行政行为：（一）主要证据不足的；（二）适用法律、法规错误的；（三）违反法定程序的；（四）超越职权的；（五）滥用职权的；（六）明显不当的”的规定，因此，出现公司被“撤销”的情形，并非必然地导致公司不可逆转地需要进入清算程序；在该“撤销”的行政行为并非“依法”作出的情况下，该“撤销”的行政行为依法被撤销之后，因公司被“撤销”而触发的公司解散事由归于消灭，无需因此适用《公司法》第183条的规定，无需进入清算程序。

对此，《最高人民法院关于审理公司强制清算案件工作座谈会纪要》（法发〔2009〕52号）第19条规定了：“公司因依法……被撤销……的，人民法院受理强制清算申请后，清算组对股东进行剩余财产分配前，申请人向人民法院申请撤回强制清算申请的，人民法院应不予准许。但申请人有证据证明相关行政决定被撤销……的除外。”

九、因被人民法院判决解散而解散

根据《公司法》第180条第5项的规定，人民法院依照《公司法》第182条的规定作出解散公司的判决，属于公司的解散事由。在公司被人民法院判决解散的情况下，公司应当根据《公司法》第183条的规定组成清算组开始清算。

不过，需要注意的是，如果公司股东在人民法院作出解散公司判决后达成了使公司存续的协议，可能可以避免公司进入清算程序。对此，《最高人民法院关于审理公司强制清算案件工作座谈会纪要》（法发〔2009〕52号）第19条规定了：“公司因……被人民法院判决强制解散的，人民法院受理强制清算申请后，清算组对股东进行剩余财产分配前，申请人向人民法院申请撤回强制清算申请的，人民法院应不予准许。但申请人有证据证明……人民法院作出解散公司判决后当事人又达成公司存续和解协议的除外。”

还需注意的是，尽管《仲裁法》第2条规定“平等主体的公民、法人和其他组织之间发生的合同纠纷和其他财产权益纠纷，可以仲裁”，但是，由于《公司法》第180条第5项使用了“人民法院依照本法第一百八十二条的规定予以解散”，《公司法》第182条使用了“请求人民法院解散公司”的表述，因此，因解散公司产生的纠纷，只能向人民法院提起诉讼，仲裁机构无权仲裁。

对此，《最高人民法院关于撤销中国国际经济贸易仲裁委员会（2009）CIETACBJ裁决（0355）号裁决案的请示的复函》（〔2011〕民四他字第13号）

更是明确提出："根据《中华人民共和国公司法》第一百八十一条[①]的规定，仲裁机构裁决解散公司没有法律依据，属于无权仲裁的情形。"

此外，在2016年5月5日就中海石油化学股份有限公司与山西华鹿阳坡泉煤矿有限公司（以下简称阳坡泉煤矿）、山西华鹿热电有限公司（以下简称华鹿热电公司）公司解散纠纷再审案作出的（2016）最高法民再202号民事裁定书中，最高人民法院也认为："《中华人民共和国公司法》第一百八十二条规定：'公司经营管理发生严重困难，继续存续会使股东利益受到重大损失，通过其他途径不能解决的，持有公司全部股东表决权百分之十以上的股东，可以请求人民法院解散公司。'第一百八十条规定：'公司因下列原因解散：……（五）人民法院依照本法第一百八十二条的规定予以解散。'据此，在公司陷入僵局、公司自治已无法实现的情况下，符合条件的股东可以请求人民法院解散公司。现行法律并未赋予仲裁机构解散公司的裁决权。因仲裁机构裁决解散公司没有法律依据，即便阳坡泉煤矿的公司章程规定了公司解散事宜，且约定因执行本章程所发生的或与本章程有关的任何争议均可提请中国国际经济贸易仲裁委员会进行仲裁，其有关公司解散的仲裁协议亦不能发生相应的法律效力。华鹿热电公司有关本案应提交仲裁解决，人民法院不应受理的主张不能成立。"

十、其他解散事由

《公司法》第180条对公司的解散事由采取的是穷尽式的列举的规定。不过，由于《民法总则》第69条针对法人的解散事由规定了"法律规定的其他情形"的兜底条款，根据《民法总则》第11条关于"其他法律对民事关系有特别规定的，依照其规定"的规定，在《公司法》未作规定的情况下，《民法总则》第69条第5项关于"有下列情形之一的，法人解散：……（五）法律规定的其他情形"的规定，也适用于公司，在其他法律规定了《公司法》第180条所说的解散事由之外的解散事由的情况下，应当适用其他法律的这些规定。

有鉴于此，结合《民法总则》第69条第5项的上述规定以及《合伙企业

① 现为《公司法》第180条。

法》第85条第7项针对合伙企业的解散事由规定了“法律、行政法规规定的其他原因”的规定，将来修改《公司法》时，有必要考虑针对公司的解散事由也规定“法律、行政法规规定的其他事由”作为兜底条款，为法律、行政法规根据实际情况和发展的需要在《公司法》第180条第1项至第5项的规定之外规定新的解散事由留出空间。

十一、被宣告破产不属于公司解散事由

值得注意的是，根据《公司法》第180条、第190条和《民法总则》第68条、第69条的规定，公司被依法宣告破产虽然也属于公司终止的原因，但不属于公司的解散事由；公司被宣告破产后，将进入破产清算程序，适用的是《企业破产法》的规定而不是《公司法》的规定；针对被宣告破产的公司的注销登记，《企业破产法》第121条规定了：“管理人应当自破产程序终结之日起十日内，持人民法院终结破产程序的裁定，向破产人的原登记机关办理注销登记。”

第二节 通过修改公司章程而存续的理解和适用

《公司法》第180条第1项将“公司章程规定的营业期限届满”和“公司章程规定的其他解散事由出现”规定为公司解散事由，但是，出现上述情形并不必然导致公司进行解散、清算程序。

对此，《公司法》第181条第1款规定了：“公司有本法第一百八十条第（一）项情形的，可以通过修改公司章程而存续。”

一、公司解散事由出现时，通过修改公司章程而存续的适用范围

（一）适用情形

根据《公司法》第181条第1款的规定，只有在“公司章程规定的营业期限届满”或者“公司章程规定的其他解散事由出现”这两种情形下，公司才可

以通过修改章程而存续；在《公司法》第180条第2项至第5项规定的解散事由出现时，不能适用《公司法》第181条的规定。

值得注意的是，由于《公司法》第181条第1款使用的是“公司有本法第一百八十条第（一）项情形的，可以通过修改公司章程而存续”的表述，因此，结合《公司法》第180条第1项关于“公司因下列原因解散：（一）公司章程规定的营业期限届满或者公司章程规定的其他解散事由出现”的规定，《公司法》第181条针对的是已经发生了“公司章程规定的营业期限届满”或“公司章程规定的其他解散事由出现”的事实的情形，而非针对公司在“公司章程规定的营业期限届满”之前或在“公司章程规定的其他解散事由出现”之前，通过修改公司章程延长营业期限或者消除公司章程规定的其他解散事由的情形。也因此，在公司章程规定的营业期限届满之后，或者公司章程规定的其他解散事由出现之后，公司仍然可以依据《公司法》第181条的规定，修改公司章程而使公司存续。

当然，在公司章程规定的营业期限届满之前，或者公司章程规定的其他解散事由出现之前，公司依法通过修改公司章程的决议或决定、延长公司的营业期限（适用于公司章程规定的营业期限即将届满的情形），或者依法通过修改公司章程的决议或决定、将相关事由的出现不再作为公司解散的事由（适用于公司章程规定了其他解散事由的情形），这属于公司的权利，自无不可。

（二）适用期限

值得思考的问题是，在发生“公司章程规定的营业期限届满”或者“公司章程规定的其他解散事由出现”的情形，公司应当在公司章程规定的营业期限届满之后，或者公司章程规定的其他解散事由出现之后的多长时间内，依法作出通过修改公司章程而使公司存续的决议？

对此，《公司法》本身未作明确规定。不过，结合最高人民法院在2010年11月8日就绵阳市红日实业有限公司、蒋某诉绵阳高新区科创实业有限公司股东会决议效力及公司增资纠纷案作出的（2010）民提字第48号民事判决书中提出的关于“股东优先认缴公司新增资本的权利属形成权，虽然现行法律没有明确规定该项权利的行使期限，但为维护交易安全和稳定经济秩序，该权利应当在一定合理期间内行使，并且由于这一权利的行使属于典型的商事行为，对于合理期间的认定应当比通常的民事行为更加严格”的观点，我理解，在发生“公司章程规定的营业期限届满”或者“公司章程规定的其他解散事由出现”的情形，公司及相关股东行使“通过修改公司章程而存续”的权利，也应当在合理的期间内行使。

就“合理的期间”的认定而言，由于《公司法》第183条规定了“公司因本法第一百八十条第（一）项、第（二）项、第（四）项、第（五）项规定而解散的，应当在解散事由出现之日起十五日内成立清算组，开始清算。……逾期不成立清算组进行清算的，债权人可以申请人民法院指定有关人员组成清算组进行清算。人民法院应当受理该申请，并及时组织清算组进行清算”，因此，我倾向于认为，在发生“公司章程规定的营业期限届满”或者“公司章程规定的其他解散事由出现”的情形，在前述公司解散事由出现之日起15日内，公司权力机构就应当依法作出修改公司章程的决议，以消除前述公司解散事由、使得公司能够继续存续；至少，也应该在被公司的债权人或其他利害关系人向人民法院申请对公司实施强制清算之前，完成公司章程的修改。

基于上述，我倾向于认为，在发生“公司章程规定的营业期限届满”或者“公司章程规定的其他解散事由出现”的情形，如果在前述公司解散事由出现之日起15日内，公司权力机构未能通过修改公司章程、使公司继续存续的决议，届时将自动适用并应当自动适用《公司法》第183条关于“公司……应当在解散事由出现之日起十五日内成立清算组，开始清算。……逾期不成立清算组进行清算的，债权人可以申请人民法院指定有关人员组成清算组进行清算。人民法院应当受理该申请，并及时组织清算组进行清算”的规定，以及《公司法司法解释（二）》第7条第3款关于“具有本条第二款所列情形，而债权人未提起清算申请，公司股东申请人民法院指定清算组对公司进行清算的，人民法院应予受理”的规定，公司的债权人、股东等利害关系人就有权依照《公司法》第183条的规定申请法院对公司实施强制清算。

不过，在强制清算结束之前，如果公司权力机构能够通过修改公司章程、使公司继续存续的决议，那么，公司可能可以避免终止。对此，《最高人民法院关于审理公司强制清算案件工作座谈会纪要》（法发〔2009〕52号）第18条规定了：“公司因公司章程规定的营业期限届满或者公司章程规定的其他解散事由出现……的，人民法院受理强制清算申请后，清算组对股东进行剩余财产分配前，申请人以公司修改章程……公司继续存续为由，请求撤回强制清算申请的，人民法院应予准许。”

二、公司特定解散事由出现时，通过修改公司章程而存续的决策要求

《公司法》第181条第2款对公司通过修改公司章程而存续的决策要求作出了规定，即“依照前款规定修改公司章程，有限责任公司须经持有三分之二以上表决权的股东通过，股份有限公司须经出席股东大会会议的股东所持表决权的三分之二以上通过”。

根据《公司法》第37条第1款第10项和第2款、第43条第2款、第61条、第66条的规定，有限公司修改公司章程属于公司权力机构的职权，并且必须经设股东会的有限公司的代表三分之二以上表决权的股东通过或由全体股东以一致同意的书面决定批准或经唯一股东或国有资产监督管理机构作出决定；根据《公司法》第37条第1款第10项、第99条和第103条第2款的规定，股份公司修改公司章程，属于股东大会的职权，并且必须经出席股东大会会议的股东所持表决权的三分之二以上通过。

就有限公司而言，《公司法》第181条第2款所说的“持有三分之二以上表决权”，包括以下四种情形：

一是，股东人数在2人以上、50人以下的有限公司通过召开股东会会议的方式行使修改公司章程的职权，并由代表三分之二以上表决权的股东通过修改公司章程的决议。

二是，股东人数在2人以上、50人以下的有限公司的全体股东不召开股东会会议，而直接以全体一致同意方式作出修改公司章程的书面决定，这也符合《公司法》第181条第2款规定的“经持有三分之二以上表决权的股东通过”的要求。

三是，一人公司的唯一股东作出修改公司章程的决定，这也符合《公司法》第181条第2款规定的“经持有三分之二以上表决权的股东通过”的要求。

四是，履行国有独资公司的出资人职责的国有资产监督管理机构作出修改公司章程的决定，同样符合《公司法》第181条第2款规定的“经持有三分之二以上表决权的股东通过”的要求。

基于上述，《公司法》第181条第2款所说的“三分之二以上”，只是对有限公司修改公司章程所需的表决权数量的下限作出了规定，并没有对其上限作出规定。从这个角度也可以认为，《公司法》第43条第2款规定的“股东会会议作出修改公司章程、增加或者减少注册资本的决议，以及公司合并、分立、解散或者变更公司形式的决议，必须经代表三分之二以上表决权的股东通过”中的“三分之二以上的表决权”，也是对有限公司股东会就其所列明的7个事项作出决议所需的表决权数量的下限作出了规定，而没有对其上限作出规定，因此，有限公司依法制定的章程可以自主约定其股东会就《公司法》第43条第2款所列明的7个事项作出决议所需的表决权数量的下限为超过三分之二的其他比例。

考虑到《公司法》第180条第2款的内容已经全部包含在《公司法》第37条第1款第10项、第37条第2款、第43条第2款、第61条、第66条、第99条和第103条第2款之内，有所重复，未来修改《公司法》时，可以删掉现行《公司法》第180条第2款的内容。

值得注意的是，结合《公司法》第181条的规定，我理解，在公司权力机构根据《公司法》第180条第2项作出了解散公司的决议，但尚未进入清算程序（甚至在公司清算结束之前）的情况下，公司权力机构可以作出新的决议，撤销原解散公司的决议，使得公司继续存续。

不过，在公司因《公司法》第180条第4项所说的“依法被吊销营业执照”“依法被责令关闭”“依法被撤销”的事由或第180条第5项所说的“人民法院依照《公司法》第一百八十二条的规定予以解散”的事由而解散的情况下，就只能适用《公司法》第183条关于“应当在解散事由出现之日起十五日内成立清算组，开始清算”的规定，进入清算程序了，这是一个“不可逆转”的过程。

三、反对公司继续存续的股东的权利保护

由于《公司法》第181条第2款针对公司通过修改公司章程而存续的

决策要求规定的是“有限责任公司须经持有三分之二以上表决权的股东通过，股份有限公司须经出席股东大会会议的股东所持表决权的三分之二以上通过”，并没有要求经全体股东一致同意，因此，在有股东反对公司继续存续的情况下，公司通过修改公司章程而存续就将会涉及异议股东的权利保护问题。

在发生“公司章程规定的营业期限届满”或者“公司章程规定的其他解散事由出现”的情形，如果公司的股东会或股东大会依法通过了修改公司章程、使公司继续存续的决议，对该项决议投反对票的股东，因该公司属于有限公司还是股份公司而在《公司法》项下享有不同的权利。

（一）有限公司异议股东的股权收购请求权

就有限公司而言，对该项决议投反对票的股东，可以根据《公司法》第74条第1款第3项关于“有下列情形之一的，对股东会该项决议投反对票的股东可以请求公司按照合理的价格收购其股权：……（三）公司章程规定的营业期限届满或者章程规定的其他解散事由出现，股东会会议通过决议修改章程使公司存续的”的规定，请求公司以合理的价格收购其股权；如果“自股东会会议决议通过之日起六十日内，股东与公司不能达成股权收购协议”，该股东可以根据《公司法》第74条第2款的规定，在该股东会会议决议通过之日起90日内，向人民法院提起诉讼。相关分析，请见本书第十五章第一节的内容。

不过，值得注意的是，就股份公司而言，由于《公司法》第142条只是赋予了“对股东大会作出的公司合并、分立决议持异议”的股东“要求公司收购其股份”的权利，《公司法》本身没有赋予“对股东大会在公司章程规定的营业期限届满或者章程规定的其他解散事由出现时，作出的修改公司章程、使公司继续存续的决议持异议”的股东类似的权利，因此，在股份公司依法制定的公司章程未作规定的情况下，如果股份公司股东大会在公司章程规定的营业期限届满或者章程规定的其他解散事由出现时作出了修改公司章程、使公司继续存续的决议，即使相关股东对该决议持有异议或投了反对票，未经股份公司同意并依法作出通过定向减少注册资本而收购其所持股份的决议，异议股东也无权要求股份公司收购其股份。

（二）异议股东的强制清算请求权

如前所述，尽管《公司法》第181条第1款规定了“公司有本法第一百八十条第（一）项情形的，可以通过修改公司章程而存续”，但是，在发生“公司章程规定的营业期限届满”或者“公司章程规定的其他解散事由出现”的情形，公司及相关股东行使“通过修改公司章程而存续”的权利，应当在合理的期间内行使。

根据《公司法》第180条第1项关于“公司因下列原因解散：（一）公司章程规定的营业期限届满或者公司章程规定的其他解散事由出现”的规定、第183条关于“公司因本法第一百八十条第（一）项、第（二）项、第（四）项、第（五）项规定而解散的，应当在解散事由出现之日起十五日内成立清算组，开始清算。……逾期不成立清算组进行清算的，债权人可以申请人民法院指定有关人员组成清算组进行清算。人民法院应当受理该申请，并及时组织清算组进行清算”的规定，在发生“公司章程规定的营业期限届满”或者“公司章程规定的其他解散事由出现”的情形，如果公司股东会或股东大会未能在前述公司解散事由出现之日起15日内通过修改公司章程、使公司继续存续的决议，那么，即使公司股东会或股东大会在前述公司解散事由出现之日起已经届满15日之后通过了修改公司章程、使公司继续存续的决议，届时也将适用并应当适用《公司法》第183条关于“公司……应当在解散事由出现之日起十五日内成立清算组，开始清算。……逾期不成立清算组进行清算的，债权人可以申请人民法院指定有关人员组成清算组进行清算。人民法院应当受理该申请，并及时组织清算组进行清算”的规定，以及《公司法司法解释（二）》第7条第3款关于“具有本条第二款所列情形，而债权人未提起清算申请，公司股东申请人民法院指定清算组对公司进行清算的，人民法院应予受理”的规定，对公司股东会或股东大会在前述公司解散事由出现之日起已经届满15日之后通过的修改公司章程、使公司继续存续的决议投反对票的股东，就有权依照《公司法》第183条的规定，申请法院对公司实施强制清算。这一权利既适用于有限公司的异议股东，也适用于股份公司的异议股东。

第三节　解散公司诉讼

《公司法》第180条第5项赋予了法院依法解散公司的权力，与此相对应，《公司法》第182条也赋予了特定的股东在特定条件下提起解散公司诉讼的权利。本节接下来对解散公司诉讼相关的法律事项进行分析。

一、股东申请解散公司应当通过诉讼解决

尽管《仲裁法》第2条规定“平等主体的公民、法人和其他组织之间发生的合同纠纷和其他财产权益纠纷，可以仲裁”，但是，由于《公司法》第182条使用了“请求人民法院解散公司”、《公司法》第180条第5项使用了“人民法院依照本法第一百八十二条的规定予以解散”的表述，因此，因解散公司产生的纠纷，只能向人民法院提起诉讼，仲裁机构无权仲裁。

对此，《最高人民法院关于撤销中国国际经济贸易仲裁委员会（2009）CIETACBJ裁决（0355）号裁决案的请示的复函》（〔2011〕民四他字第13号）更是明确提出：“根据《中华人民共和国公司法》第一百八十一条[①]的规定，仲裁机构裁决解散公司没有法律依据，属于无权仲裁的情形。”

在案由方面，解散公司诉讼应当使用最高人民法院印发的《民事案件案由规定》规定的“公司解散纠纷”案由。

不过，值得注意的是，针对公司的股东提出的涉及终止股东之间的合资或合作以及解散公司的仲裁请求，尽管仲裁机构无权裁决解散公司，但是，仲裁机构可以在其依法作出的仲裁裁决中指出“股东之间的合资或合作终止之后，公司应当解散并进入清算程序”。

对此，在《最高人民法院关于宁波永信汽车部件制造有限公司申请撤销宁波仲裁委员会甬仲裁字〔2007〕第44号裁决一案的请示报告的复函》（〔2009〕民四他字第45号）中，针对该案中“株式会社韩国CENTRAL根据

① 现为《公司法》第180条。

合资合同中约定的仲裁条款将合资合同纠纷交付仲裁解决，其仲裁请求包括裁定终止合资合同并解散合资企业进行清算”以及仲裁裁决包含的“合资成立的宁波森特汽车部件有限公司解散，并依法组织清算”的内容，最高人民法院尽管也指出“严格讲，仲裁庭仅应就是否终止双方当事人之间的合资合同作出裁决”，但也提出：“由于中外合资经营企业合同终止所带来的必然的法律后果就是双方当事人依据合资合同成立的合资企业解散并进入清算程序，仲裁裁决终止合资合同的同时指出合资企业解散并清算，是对终止合资合同的法律后果的进一步阐释，况且，仲裁裁决合资企业解散并依法组织清算，也并不意味着是要由仲裁庭去组织合资企业的清算事宜，该部分仲裁内容仅是指出在合资合同终止后合资企业应当解散并进入清算程序，合资企业的具体清算问题，还要依照相关法律法规的规定办理”，因此，最高人民法院认为，“不宜认定本案所涉仲裁裁决中‘合资成立的森特公司解散，并依法组织清算’的内容属于仲裁庭无权仲裁的情形或者超出仲裁协议范围的情形”。

二、提起解散公司诉讼应当满足的条件

由于《公司法》第182条使用了“公司经营管理发生严重困难，继续存续会使股东利益受到重大损失，通过其他途径不能解决的，持有公司全部股东表决权百分之十以上的股东，可以请求人民法院解散公司”的表述，因此，只有在同时满足了“公司经营管理发生严重困难”“继续存续会使股东利益受到重大损失”和“通过其他途径不能解决”这三个条件的情况下，持有公司全部股东表决权10%以上的股东，才可以提起解散公司诉讼，请求人民法院解散公司。其中，《公司法》第182条所说的“其他途径”，指的是“请求人民法院解散公司”之外的其他各种途径。

之所以要求股东提起解散公司诉讼必须同时满足上述三个条件，其原因在于：“公司解散属于公司的生死存亡问题，关涉公司股东、债权人及员工等多方利益主体，关涉市场经济秩序的稳定和安宁”，因此，“人民法院对公司解散应慎重处理，应综合考虑公司的设立目的能否实现、公司运行障碍能否消除等因素。只有公司经营管理出现严重困难，严重损害股东利益，且穷尽其他途径不能解决的，才能判决解散公司。……公司解散对于公司而言，是最严厉、最

具破坏性的结果，若非万不得已，就不宜选择解散公司的办法来解决股东之间的矛盾，以维护社会关系的稳定，保障债权人的利益。”①

三、解散公司诉讼的原告应具备的资格

由于《公司法》第182条使用了“持有公司全部股东表决权百分之十以上的股东，可以请求人民法院解散公司”的表述，因此，享有提起解散公司诉讼的权利的主体，应当同时满足以下条件：一是，提起诉讼的主体在起诉当时应当具有公司的股东身份；二是，提起诉讼的主体单独或合计依其对公司的出资额或对公司持有的股份所享有的表决权比例达到或超过公司全部表决权的10%。

根据《公司法司法解释（二）》第1条第1款的规定，《公司法》第182条所说的“持有公司全部股东表决权百分之十以上的股东”，指的是“单独或者合计持有公司全部股东表决权百分之十以上的股东”。根据《民法总则》第205条的规定，《公司法》第182条所说的“百分之十以上”，包括10%。在计算《公司法》第182条所说的“百分之十”时，应以相关股东起诉时作为计算基准日，以案涉公司在该基准日的全部股东的出资额或持有的股份所享有的表决权总数②为分母，以相关股东在该基准日对该公司的出资额之和或所持有的该公司的股份数量之和所享有的表决权为分子进行计算。

值得注意的是，尽管《公司法》第182条没有直接规定，但是，相关主体还需要在解散公司诉讼过程中持续具备“单独或者合计持有公司全部股东表决权百分之十以上”的条件。

比如，《山东省高级人民法院关于审理公司纠纷案件若干问题的意见（试行）》（鲁高法发〔2007〕3号）第89条规定了：“代表公司百分之十以上表决权的股东，可以请求人民法院解散公司。股东的该项诉权不受出资瑕疵的影响。诉讼中，原告丧失股东资格或实际享有的表决权达不到百分之十的，人民

---

① 见最高人民法院2017年12月28日就广西大地华城房地产开发有限公司与刘某及韦某书、温某生、李某东、黄某良公司解散纠纷再审案作出的（2017）最高法民再373号民事判决书。

② 根据《公司法》第103条第1款，股份公司持有的本公司股份不享有表决权。

法院应裁定驳回起诉。”

并且，在解散公司诉讼的一审判决作出之后，如果发生上诉的情形，相关主体在二审程序中也应当持续满足“单独或者合计持有公司全部股东表决权百分之十以上”的条件。

在这方面，最高人民法院在2013年8月27日就南京东驰汽车工业（集团）有限公司（以下简称东驰公司）与江苏春兰自动车有限公司（以下简称春兰自动车公司）、泰州春兰销售公司（以下简称春兰销售公司）及南京徐工汽车制造有限公司（以下简称徐工汽车公司）股东滥用股东权利赔偿纠纷再审案作出的（2013）民申字第645号民事裁定书中的意见，可作参考。

在该民事裁定书中，最高人民法院认为，根据《公司法》第151条的规定，“具备公司股东身份是有限责任公司股东提起股东代表诉讼的身份要件。本案中，虽然东驰公司提起诉讼时持有徐工汽车公司40%的股份，具备徐工汽车公司股东的身份，符合法律关于股东代表诉讼原告资格的要求，但是，在二审法院审理过程中，东驰公司将其所持股份全部转让给徐工机械公司，并办理了工商变更登记，由此，东驰公司已丧失了徐工汽车公司股东的身份，不符合股东代表诉讼的主体资格要求，丧失了在本案中继续以徐工汽车公司股东身份进行股东代表诉讼的资格。因此，二审法院认定东驰公司在丧失徐工汽车公司股东身份时，相应地丧失了股东代表诉讼的诉讼主体资格，有事实和法律依据”；“本案中，东驰公司在二审诉讼过程中已丧失了徐工汽车公司股东的身份，不符合股东代表诉讼原告的要求，相应地丧失了股东代表诉讼的诉讼主体资格。因此，二审判决认为‘东驰公司在丧失徐工汽车公司股东身份之后，再以自己的名义要求春兰自动车公司、春兰销售公司向徐工汽车公司进行赔偿，无相应的法律依据’，并无不当。二审法院在东驰公司已不再具备诉讼主体资格的情形下，依据《公司法》第一五十二条及2007年《民事诉讼法》第一百零八条、第一百五十三条第一款第（三）项的规定，裁定驳回东驰公司的起诉，适用法律并无不当”。

尽管最高人民法院是在审理股东代表诉讼案件时提出上述意见的，但是，我理解，这同样可以适用于解散公司诉讼案件。

值得注意的是，由于《公司法》第182条使用的是“持有公司全部股东表决权百分之十以上的股东”的表述，《公司法》第182条只是规定了有权提起解散公司诉讼的股东应以具备“单独或者合计持有公司全部股东表决权百分之十以上”这一条件为前提，并未规定其他条件，比如，没有像《公司法》第151 条第 1 款那样规定只有“连续 180 日”或像《公司法》第 101 条第 2 款那样规定只有“连续 90 日”单独或合计持有 10% 以上表决权的股东才有权提起解散公司诉讼，也没有要求提起解散公司诉讼的股东必须是对公司经营管理发生严重困难没有过错的股东，因此，在主体资格上，在出现“公司经营管理发生严重困难，继续存续会使股东利益受到重大损失，通过其他途径不能解决”的事由时，凡是满足“单独或合计持有公司全部股东表决权百分之十以上”这一条件的股东都有权提起解散公司诉讼。

在这方面，最高人民法院在 2012 年 6 月 7 日就仕丰科技有限公司（以下简称仕丰公司）与富钧新型复合材料（太仓）有限公司（以下简称富钧公司）、永利集团有限公司公司解散纠纷二审案作出的（2011）民四终字第 29 号民事判决书中的意见，可作参考。

在这个案件当中，富钧公司上诉认为，仕丰公司委派的董事张某钦擅自离职，不参加董事会会议，人为制造公司僵局，损害富钧公司利益，法院不应支持仕丰公司具有恶意目的的诉讼；针对其上诉意见以及公司解散是否应当考虑公司僵局产生的原因以及过错的问题，最高人民法院认为：“公司能否解散取决于公司是否存在僵局以及是否符合公司法第一百八十三条规定的实质条件，而不取决于公司僵局产生的原因和责任。公司法第一百八十三条没有限制过错方股东解散公司，因此即使一方股东对公司僵局的产生具有过错，其仍然有权依据该条规定，请求解散公司。本案中仕丰公司提出解散富钧公司的背景情况为，富钧公司已陷入公司僵局并由永利公司单方经营管理长达七年，仕丰公司持有 60% 的股份，其行使请求司法解散公司的诉权，符合公司法第一百八十三条的规定，不属于滥用权利、恶意诉讼的情形。至于仕丰公司委派的董事张某钦，是否存在违反董事竞业禁止义务的过错行为、应否承担赔偿富钧公司损失的民事责任，由富钧公司通过另案解决，与本案无涉。”

此外，在 2017 年 6 月 20 日就董某琴、长春东北亚物流有限公司与吉林荟冠投资有限公司及东证融成资本管理有限公司公司解散纠纷再审案作出的（2017）最高法民申 2148 号民事裁定书（刊载于《最高人民法院公报》2018 年第 7 期）中，最高人民法院也认为：“在公司解散案件中，法律并未设置主张解散公司的股东需要行使某项权利作为请求人民法院解散公司的前置程序。”

四、关于“公司经营管理发生严重困难”的认定

根据《公司法》第182条的规定，“公司经营管理发生严重困难”是提起解散公司诉讼的条件之一。问题是，如何判断“公司经营管理发生严重困难”？对此，《公司法》本身未作明确规定，应由提起公司解散诉讼的原告举证证明。

针对“公司经营管理发生严重困难”的认定，《公司法司法解释（二）》第1条第1款作出了相应的规定。根据《公司法司法解释（二）》第1条第1款，下列情形可能可以被认定为“公司经营管理发生严重困难”：一是，公司持续两年以上无法召开股东会或者股东大会；二是，股东表决时无法达到《公司法》规定或者公司章程规定的比例，持续两年以上不能作出有效的股东会或者股东大会决议；三是，公司董事长期冲突，且无法通过股东会或者股东大会解决；四是，公司的经营管理发生其他严重困难。

针对如何认定《公司法》第182条所说的“公司经营管理发生严重困难”的问题，最高人民法院2012年4月9日发布的指导案例8号（“林某清诉常熟市凯莱实业有限公司、戴某明公司解散纠纷案”）的“裁判要点”提出：“判断‘公司经营管理是否发生严重困难’，应从公司组织机构的运行状态进行综合分析。公司虽处于盈利状态，但其股东会机制长期失灵，内部管理有严重障碍，已陷入僵局状态，可以认定为公司经营管理发生严重困难。”根据《最高人民法院关于案例指导工作的规定》（法发〔2010〕51号）第7条关于“最高人民法院发布的指导性案例，各级人民法院审判类似案例时应当参照”的规定，全国各级人民法院在审理类似案件时，应当参照适用8号指导案例。

在2012年4月29日就常熟市凯莱实业有限公司（以下简称凯莱公司）、戴某明与林某清公司解散纠纷再审案作出的（2012）民申字第336号民事裁定书中，最高人民法院进一步认为：“根据《公司法》第一百八十三条和《公司法司法解释（二）》第一条的规定，判断公司的经营管理是否出现严重困难，应当从公司的股东会、董事会或执行董事及监事会或监事的运行状况进行综合分析。‘公司经营管理发生严重困难’的侧重点在于公司管理方面存有严重内

部障碍，如股东会机制失灵、无法就公司的经营管理进行决策等，不应片面理解为公司资金缺乏、严重亏损等经营性困难。”

具体到该案，最高人民法院认为：“本案中，凯莱公司仅有戴某明与林某清两名股东，两人各占50%的股份。凯莱公司章程规定‘股东会的决议须经代表二分之一以上表决权的股东通过’，且各方当事人一致认可该‘二分之一以上’不包括本数。因此，只要两名股东的意见存有分歧、互不配合，就无法形成有效表决，显然影响公司的运营。凯莱公司已持续4年未召开股东会，无法形成有效股东会决议，也就无法通过股东会决议的方式管理公司，股东会机制已经失灵。执行董事戴某明作为互有矛盾的两名股东之一，其管理公司的行为，已无法贯彻股东会的决议。林某清作为公司监事不能正常行使监事职权，无法发挥监督作用。由于凯莱公司的内部机制已无法正常运行、无法对公司的经营作出决策，即使尚未处于亏损状况，也不能改变该公司的经营管理已发生严重困难的事实。”

此外，在2012年6月7日就仕丰公司与富钧公司、永利公司公司解散纠纷二审案作出的（2011）民四终字第29号民事判决书（刊载于《最高人民法院公报》2014年第2期）中，最高人民法院还作出了更加详细的阐述：“公司经营管理严重困难包括两种情况：一是公司权力运行发生严重困难，股东会、董事会等权力机构和管理机构无法正常运行，无法对公司的任何事项作出任何决议，即公司僵局情形；二是公司的业务经营发生严重困难，公司经营不善、严重亏损。如公司仅业务经营发生严重困难，不存在权力运行严重困难的，根据《公司法司法解释（二）》第一条第二款的规定，不符合公司法第一百八十三条①的解散公司条件。”

具体到该案，最高人民法院认为：“本案中，根据富钧公司章程第十七条、第二十一条的规定，富钧公司董事会是公司最高权力机关，仕丰公司和永利公司均以委派董事的形式对富钧公司进行经营管理，即由董事会直接行使董事会和股东会的双重职能。同时，根据富钧公司章程第十九条的规定，生产销售计划、财务预算决算方案、财务决算盈利和亏损的处理方法、经理级以上高级职员的任免等公司经营管理事项均需要全体董事同意才能生效。富钧公司治理结

① 现为《公司法》第182条。

构由股东特别约定而实行的严格一致表决机制，使得人合性成为富钧公司最为重要的特征。自2005年4月起，永利公司和仕丰公司因富钧公司的厂房租赁交易、公司治理结构安排、专利权许可使用等问题发生了实质分歧，股东之间逐渐丧失了信任和合作基础。富钧公司董事会不仅长期处于无法召开的状态，而且在永利公司和仕丰公司各自律师的协调下召开的唯一一次临时董事会中，也因为双方股东存在重大分歧而无法按照章程规定的表决权比例要求形成董事会决议。富钧公司权力决策机制长期失灵，无法运行长达七年时间，属于《公司法司法解释（二）》第一款第（一）项、第（二）项规定的经营管理严重困难的公司僵局情形。"

还有，在2017年12月28日就广西大地华城房地产开发有限公司（以下简称华城公司）与刘某及韦某书、温某生、李某东、黄某良公司解散纠纷再审案作出的（2017）最高法民再373号民事判决书中，最高人民法院认为："判断'公司经营管理是否发生严重困难'，应从公司组织机构的运行状态进行综合分析，如股东会、董事会以及监事会等公司权力机构和管理机构是否无法正常运行，是否对公司事项无法作出有效决议，公司的一切事务是否处于瘫痪状态等。"

针对该案，基于以下理由，最高人民法院认为"华城公司并未陷入公司经营管理失灵无法正常运转的局面，公司经营管理并未发生严重困难""华城公司尚不存在公司经营管理发生严重困难的情形"：

一是，"未召开股东会并不等于无法召开股东会，更不等于股东会机制失灵"。具体而言，"虽然华城公司自2009年召开股东会后未再召开股东会，也未召开董事会，但是根据合计持股60.12%的股东（温某生17.97%、韦某书22.2%、李某东19.95%）明确表示不同意解散公司的事实可知，即便持股18.67%的股东刘某不参加股东会，华城公司仍可以召开股东会并形成有效决议。这一推断也被华城公司2017年3月23日召开临时股东会并制定有效公司章程的事实所印证。刘某称其与黄某良的股权合计已经超过华城公司股份总额的三分之一，但刘某并无证据证明黄某良同意解散公司。至诉讼时，黄某良虽未出庭并陈述意见，但其已经签收本案相关法律文书，无法认定其是否反对股东会作出的决议。未召开股东会并不等于无法召开股东会，更不等于股东会议机制失灵，刘某提出公司机制失灵的理由不成立"。

二是，“公司的法人性质及多数决的权力行使模式决定公司经营管理和发展方向必然不能遵循所有投资人的意志，会议制度的存在为所有参与者提供表达意见的机会，但是最终的结果仍应由多数决作出，除非有例外约定。刘某作为持股比例较低的股东，在会议机制仍能运转的前提下，若认为其意见不被采纳进而损害自己的利益，可采取退出公司等方式维护自己的权益，据此主张公司应当解散的理由不成立”。

再有，在 2018 年 3 月 29 日就海南龙润恒业旅业开发有限公司（以下简称龙润公司）与海南博烨投资有限公司（以下简称博烨公司）、王某堂及陈某公司解散纠纷再审案作出的（2018）最高法民申 280 号民事裁定书中，最高人民法院认为，“判断公司的经营管理是否发生严重困难，应当从公司组织机构的运行状况进行综合分析，着重考察公司管理方面是否存有严重内部障碍，如股东会机制失灵、无法就公司的经营管理进行决策等。……未召开股东会持续时间不足两年并非阻碍判定公司解散的绝对条件。……判定公司能否解散应根据公司法第一百八十二条的规定予以综合判断”。

不过，值得注意的是，单纯的股东权益受到损害、股东之间存在矛盾、公司亏损、资不抵债等事项，都不属于《公司法》第 182 条所说的“公司经营管理发生严重困难”，都不能成为股东请求解散公司的理由。

对此，《公司法司法解释（二）》第 1 条第 2 款明确规定了：“股东以知情权、利润分配请求权等权益受到损害，或者公司亏损、财产不足以偿还全部债务，以及公司被吊销企业法人营业执照未进行清算等为由，提起解散公司诉讼的，人民法院不予受理。”据此，股东不能依据《公司法司法解释（二）》第 1 条第 2 款所列的这些情形请求法院解散公司。

还有，在 2017 年 6 月 20 日就董某琴、长春东北亚物流有限公司（以下简称东北亚公司）与吉林荟冠投资有限公司（以下简称荟冠公司）及东证融成资本管理有限公司（以下简称东证公司）公司解散纠纷再审案作出的（2017）最高法民申 2148 号民事裁定书（刊载于《最高人民法院公报》2018 年第 7 期）中，最高人民法院也认为：“判断公司的经营管理是否出现严重困难，应当从公司组织机构的运行状态进行综合分析，公司是否处于盈利状态并非判断公司经营管理发生严重困难的必要条件。其侧重点在于公司经营管理是否存在严重的内部障碍，股东会或董事会是否因矛盾激化而处于僵持状态，一方股东无法有效参与公司经营管理。”

具体到该案，最高人民法院认为：“就本案而言，可以从董事会、股东会及监事会运行机制三个方面进行综合分析。根据一审、二审法院查明的事实：关于董事会方面，东北亚公司董事会有 5 名成员，董某琴方 3 人，荟冠公司方 2 人。公司章程第 53 条规定：董事会会议由董事代股东行使表决权，董事会会议对所议事项作出决议，决议应由代表五分之三以上（含本数）表决权的董事表决通过。根据以上规定，董某琴方提出的方案，无须荟冠公司方同意即可通过。荟冠公司曾 3 次提出修改公司章程，均遭到董某琴的拒绝。此外荟冠公司向东证公司转让部分股权一事，东北亚公司拒绝配合，最终通过诉讼才得以实现。2013 年 8 月 6 日起，东北亚公司已有两年未召开董事会，董事会早已不能良性运转。关于股东会方面，自 2015 年 2 月 3 日至今，东北亚公司长达两年没有召开股东会，无法形成有效决议，更不能通过股东会解决董事间激烈的矛盾，股东会机制失灵。关于监事会方面，东北亚公司成立至今从未召开过监事会，监事亦没有依照公司法及公司章程行使监督职权。综上，客观上东北亚公司董事会已由董某琴方控制，荟冠公司无法正常行使股东权利，无法通过委派董事加入董事会参与经营管理。东北亚公司的内部机构已不能正常运转，公司经营管理陷入僵局。”

另有，在 2017 年 12 月 22 日就何广林与清远市泰兴房地产有限公司（以下简称泰兴公司）、曹某群、汤某洪公司解散纠纷再审案作出的（2017）最高法民申 4437 号民事裁定书中，最高人民法院认为：“公司本身处于盈利状态并非认定公司经营管理发生严重困难的充分阻却事由。公司经营管理发生严重困难侧重于对公司股东会等内部治理机构运行状态的考察，是否处于亏损状况并非判断公司经营管理发生严重困难的必要条件。泰兴公司当前虽处于盈利状态，但其股东会机制长期失灵，内部管理有严重障碍，已陷入僵局状态，可以认定为公司经营管理发生严重困难。”

此外，在 2017 年 4 月 27 日就王正国与十堰骄龙置业有限公司（以下简称骄龙公司）、陈某胜、程某刚、翁某玉公司解散纠纷再案作出的（2017）最高法民申 987 号民事裁定书中，最高人民法院认为：“股东之间的矛盾首先是公司内部的管理问题，为维护商业经营的稳定和安全，不能仅因公司股东之间存在矛盾就将公司解散，更不能因为一个股东与其他股东之间存在矛盾而解散公司，只有达到公司经营管理发生严重困难，符合公司解散的法定条件方可解散，否则会对社会经济尤其是公司经营所涉及的其他社会关系造成损害和不稳定。二审判决认为按照持股比例，陈某胜、程某刚、翁某玉可以形成有效决议，骄龙公司股东会机制未失灵，依然可以通过股东会决议的方式管理公司并无不当。”

上述判例的意见，对于认定《公司法》第182条所说的“公司经营管理发生严重困难”，具有比较好的参考价值。

五、关于“继续存续会使股东利益受到重大损失”的认定

根据《公司法》第182条的规定，“公司继续存续会使股东利益受到重大损失”是提起解散公司诉讼的条件之一。

其中的“股东利益”，指的是作为公司股东的主体基于其股东身份所享有的和应当享有的各项权利和利益，既包括《公司法》第4条所说的“资产收益、参与重大决策和选择管理者等权利”，还包括《公司法》其他条款规定的和公司章程规定的其他权利和利益。

如何认定“公司继续存续会使股东利益受到重大损失”？对此，《公司法》和《公司法司法解释（二）》均未作明确规定，应由提起公司解散诉讼的原告举证证明。

在作为最高人民法院指导案例8号（“林某清诉常熟市凯莱实业有限公司、戴某明公司解散纠纷案”）的基础的、2010年10月19日作出的（2010）苏商终字第0043号民事判决书中，针对案涉公司继续存续是否会使股东利益受到重大损失的问题，江苏省高级人民法院认为：“作为股东而言，投资设立公司的最终目的是获得收益。股东通过参与公司决策、行使股东权利来争取利益的最大化、保证收益的及时获取。公司的经营管理如果出现严重困难，则有可能影响公司的正常运转以及股东权利实现通道的畅通，进而对股东的利益构成严重损害。本案中，凯莱公司的内部运作机制早已失灵。林某清虽为持有凯莱公司50%股份的股东及监事，但其股东权、监事权长期处于被剥夺的状态。由于凯莱公司长期不召开股东会，林某清并不能通过行使表决权来参与公司决策，亦不能有效地行使监督权。林某清投资设立凯莱公司的目的无法实现，合法权

益遭到损害，如果这样的局面继续存续，林某清的合法权益将进一步遭受重大损失。”①

在认定“公司继续存续会使股东利益受到重大损失”方面，在2017年12月22日就何某林与泰兴公司、曹某群、汤某洪公司解散纠纷再审案作出的(2017)最高法民申4437号民事裁定书中，最高人民法院进行了比较好的阐释：“公司僵局的继续存续是否会导致股东利益受到重大损失是解散公司的必要条件，但法律对此并无明确、客观的判断标准。公司当前是否处于亏损状态固然是判断公司继续存在会否导致股东重大损失的重要依据，但就立法用语的文义来看，‘继续存续’是对未来的预期，而‘会使’也属于对未来的预测，‘公司继续存续会使股东利益受到重大损失’主要是指一种预期的利益损失，公司当前的盈利状态对此并不构成充分的阻却事由。”

此外，刊载于《最高人民法院公报》2014年第2期的、最高人民法院在2012年6月7日就“仕丰科技有限公司与富钧新型复合材料（太仓）有限公司、永利集团有限公司公司解散纠纷案”作出的（2011）民四终字第29号民事判决书中的意见，也可作参考。

在这个案件当中，针对案涉公司继续存续是否会使股东利益受到重大损失的问题，最高人民法院认为：“从富钧公司经营情况看，富钧公司僵局形成后，公司经营即陷入非常态模式，在永利公司单方经营管理期间，富钧公司业务虽然没有停顿，但持续亏损，没有盈利年度，公司经营能力和偿债责任能力显著减弱，股东权益已大幅减损至不足实收资本的二分之一。富钧公司关于其生产经营正常，亏损额正在减少，有望扭亏转盈的上诉理由没有充分证据证明，本院不予采信。另从富钧公司注册资本到位情况看，仕丰公司和永利公司至今均未足额出资，在双方股东不愿意共同经营富钧公司、冲突对立无法调和的情况下，富钧公司注册资本难以充实，无法实现预期的经营目的。综合上述情况，富钧公司不仅丧失了人合基础，权力运行严重困难，同时业务经营也处于严重

---

① 后来，常熟市凯莱实业有限公司、戴某明向最高人民法院申请再审，但最高人民法院认为“凯莱公司、戴某明关于二审判决认定事实不清以及二审判决对公司僵局的认定不符合《公司法》和《公司法司法解释（二）》的规定精神等申请理由，缺乏事实和法律依据，本院不予支持”，“凯莱公司、戴某明关于二审判决解散公司不符合《公司法》规定的前置条件的申请理由，与事实和法律规定不符，本院亦不予支持”，并在2012年4月29日以（2012）民申字第336号民事裁定书驳回了其再审申请。

困难状态，继续存续将使股东利益受到重大损失。”

还有，在2018年3月29日就龙润公司与博烨公司、王某堂及陈某公司解散纠纷再审案作出的（2018）最高法民申280号民事裁定书中，最高人民法院基于以下理由，认为“龙润公司继续存续会使股东利益受到重大损失”：

“龙润公司以汽车租赁为唯一业务，自博烨公司占有龙润公司车辆以来，龙润公司未正常营运达两年，继续存续会使公司资产不断消耗，股东的投资目的无法实现，使股东利益遭受重大损失。龙润公司主张陈某在股东会规定的期限内还清了购车贷款，龙润公司并未出现经营管理困难；博烨公司可将占有的龙润公司车辆退还并赔偿龙润公司经济损失，进而解决龙润公司的经营管理困难。本院认为，龙润公司陷入经营管理困难系因陈某私自将龙润公司的车辆抵押贷款，博烨公司自行将车辆收回，龙润公司、王某堂向公安机关报案等一系列行为导致。龙润公司股东无法就经营管理形成一致意见，即使博烨公司归还了车辆，陈某还清了购车贷款亦无法解决公司经营管理已经发生严重困难、公司陷入僵局的局面。”

再有，在2017年12月28日就华城公司与刘某及韦某书、温某生、李某东、黄某良公司解散纠纷再审案作出的（2017）最高法民再373号民事判决书中，基于以下理由，最高人民法院认为“华城公司继续存续并不会使股东利益受到重大损失”：

一是，有限公司股东认为其股东权利受到侵害的，可以诉请要求获得救济，性质上不属于公司解散诉讼的受理事由。“华城公司并不存在经营管理发生严重困难情形，在此前提下，公司继续存续是否会使‘股东利益受到重大损失’应结合股东利益的救济方式进行综合分析。如果有其他途径对股东的利益予以救济，则不宜通过解散公司的方式进行。刘某主要因要求华城公司分红未果以及公司财务不公开等事项而与华城公司及其他股东产生矛盾，属于股东分红请求权、知情权纠纷。依照公司法的规定，股东认为上述权利受到侵害的，可以诉请要求分配利润或提供账册查询，性质上不属于公司解散诉讼的受理事由。”

二是，公司经营亏损，不属于法定的公司解散事由。“刘某主张华城公司经营亏损，继续经营会严重损害股东利益。根据公司法第一百八十二条和《最高人民法院关于适用〈中华人民共和国公司法〉若干问题的规定（二）》第一条的规定，公司经营亏损不属于法定解散事由，本院不予支持。”

三是，股东之间存在矛盾，不属于公司解散的法定事由。“刘某与其他股东之间的矛盾的确难以调和，但股东之间的矛盾并非解散公司的法定事由，股东纠纷可采取内部解决方式（如知情权、分红请求权、股权退出机制）来解决。公司解散对于公司而言，是最严厉、最具破坏性的结果，若非万不得已，就不宜选择解散公司的办法来解决股东之间的矛盾，以维护社会关系的稳定，保障债权人的利益。华城公司各股东之间应本着诚信原则和公平原则，化干戈为玉帛，求同存异，妥善处理好股东之间的矛盾。”

六、关于“通过其他途径不能解决”的认定

根据《公司法》第182条的规定，“通过其他途径不能解决”是提起解散公司诉讼的条件之一。问题是，如何认定“通过其他途径不能解决”？对此，《公司法》和《公司法司法解释（二）》也未作明确规定，应由提起公司解散诉讼的原告举证证明“通过其他途径不能解决公司经营管理所发生的严重困难”。

不过，在2010年10月19日就“林某清与常熟市凯莱实业有限公司、戴某明公司解散纠纷上诉案”作出的（2010）苏商终字第0043号民事判决书中，江苏省高级人民法院认为：“将调解等其他救济途径设置为司法解散公司的前置程序是因为，司法解散将导致公司主体资格的消灭，且具有不可回复性，处理不当可能导致社会资源浪费。但是，立法对此所抱的谨慎态度并不等同于前置程序可以久拖不决。对于那些已经陷入严重经营管理困难的公司，在通过其他多种方法仍无法化解纠纷时，只能通过司法解散公司这一股东退出机制来打破僵局。因此，在强调司法解散公司前置程序的同时，《公司法司法解释（二）》第五条明确规定‘当事人不能协商一致使公司存续的，人民法院应当及时判决’，否则，过于冗长的前置程序可能使得公司司法解散机制形同虚设。本案中，林某清在提起公司解散诉讼之前，已通过其他途径试图化解与戴某明之间的矛盾，如聘请中间人进行调和、要求查阅财务账册等，双方的沟通还涉及凯莱公司内部制度的修改、重新选举执行董事与监事、收购股权等。进入诉讼程序之后，服装城管委会作为管理部门曾组织各方当事人调解，并提出了对

凯莱公司进行审计、修改章程、聘请职业经理人进行管理等建议性方案，对此，各方当事人仍未能达成一致意见。一、二审法院也从慎用司法手段强制解散公司的角度出发，给予各方当事人充分的时间进行调解，并组织当事人探寻化解僵局的办法，但均无成效。据此，本院认为，凯莱公司的股东已穷尽了其他救济途径，仍无法打破公司僵局，符合通过司法程序解散公司的条件。在此情况下，如果再要求林某清继续通过其他途径解决矛盾，不符合《公司法司法解释（二）》第五条的规定，也有违公司司法解散前置程序的立法本意。"①

此外，刊载于《最高人民法院公报》2014 年第 2 期的、最高人民法院在 2012 年 6 月 7 日就"仕丰科技有限公司与富钧新型复合材料（太仓）有限公司、永利集团有限公司公司解散纠纷案"作出的（2011）民四终字第 29 号民事判决书中的意见，也可作参考。

在这个案件当中，最高人民法院认为："《公司法司法解释（二）》第五条第一款规定：'人民法院审理解散公司诉讼案件，应当注重调解。当事人协商同意由公司或者股东收购股份，或者以减资等方式使公司存续，且不违反法律、行政法规强制性规定的，人民法院应予支持。当事人不能协商一致使公司存续的，人民法院应当及时判决。'公司僵局并不必然导致公司解散，司法应审慎介入公司事务，凡有其他途径能够维持公司存续的，不应轻易解散公司。然而本案经过一、二审法院多轮的调解，永利公司和仕丰公司始终不能就转让股权、公司回购或减资等维系富钧公司存续的解决方案达成合意。尤其是在二审调解过程中，仕丰公司愿意受让永利公司股权，使富钧公司存续，其与永利公司就股权转让价格亦基本达成一致，但由于富钧公司不愿意全面公开在永利公司单方经营期间的经营状况和对外债务，故最终未能达成调解协议。公司法没有确立解决公司僵局的其他替代性救济措施，现富钧公司的持续性僵局已经穷尽其他途径仍未能化解，如维系富钧公司，股东权益只会在僵持中逐渐耗竭。相较而言，解散富钧公司能为双方股东提供退出机制，避免股东利益受到

① 后来，常熟市凯莱实业有限公司、戴某明向最高人民法院申请再审，但最高人民法院认为"凯莱公司、戴某明关于二审判决认定事实不清以及二审判决对公司僵局的认定不符合《公司法》和《公司法司法解释（二）》的规定精神等申请理由，缺乏事实和法律依据，本院不予支持"，"凯莱公司、戴某明关于二审判决解散公司不符合《公司法》规定的前置条件的申请理由，与事实和法律规定不符，本院亦不予支持"，并在 2012 年 4 月 29 日以（2012）民申字第 336 号民事裁定书驳回了其再审申请。

不可挽回的重大损失。”

还有，在2018年3月29日就龙润公司与博烨公司、王某堂及陈某公司解散纠纷再审案作出的（2018）最高法民申280号民事裁定书中，最高人民法院基于以下理由，认为“龙润公司已无法通过其他途径解决公司僵局”：

“原审诉讼过程中，王某堂明确表示不同意调解。在本院再审审查中，博烨公司同意转让其持有的龙润公司股份，王某堂虽同意受让博烨公司所持股份，但其受让股份的前提是公安机关对博烨公司涉嫌犯罪、扣押龙润公司相关车辆的行为作出处理以及龙润公司债权债务经过评估，同时王某堂表示不同意撤销对博烨公司的报案，故博烨公司和王某堂未达成一致意见。”

再有，在2017年12月28日就华城公司与刘某及韦某书、温某生、李某东、黄某良公司解散纠纷再审案作出的（2017）最高法民再373号民事判决书中，最高人民法院认为：“刘某主要因要求华城公司分红未果以及公司财务不公开等事项而与华城公司及其他股东产生矛盾，属于股东分红请求权、知情权纠纷。依照公司法的规定，股东认为上述权利受到侵害的，可以诉请要求分配利润或提供账册查询，性质上不属于公司解散诉讼的受理事由。……在刘某尚未采取其他法律措施维护自己权利的情况下，就本案现有证据而言，尚不足以证实华城公司继续存续会使股东利益受到重大损失。”“从本案诉讼来看，刘某与其他股东之间的矛盾的确难以调和，但股东之间的矛盾并非解散公司的法定事由，股东纠纷可采取内部解决方式（如知情权、分红请求权、股权退出机制）来解决。公司解散对于公司而言，是最严厉、最具破坏性的结果，若非万不得已，就不宜选择解散公司的办法来解决股东之间的矛盾，以维护社会关系的稳定，保障债权人的利益。华城公司各股东之间应本着诚信原则和公平原则，化干戈为玉帛，求同存异，妥善处理好股东之间的矛盾。”

基于上述，在认定《公司法》第182条所说的“通过其他途径不能解决”时，应当尽可能地穷尽一切合法的解决途径，包括在当事人协商一致的前提下由其他股东或股东以外的人依法受让原告所持股权或股份，在符合法律规定的前提下由公司收购原告所持股权或股份，由公司通过减少注册资本的方式使得原告退出，等等。也因此，《公司法司法解释（二）》第5条第1款才规定了“人民法院审理解散公司诉讼案件，应当注重调解。当事人协商同意由公司或者股东收购股份，或者以减资等方式使公司存续，且不违反法律、行政法规强制性规定的，人民法院应予支持……”；《公司法司法解释（五）》第5条才规定了：“人民法院审理涉及有限责任公司股东重大分歧案件时，应当注重调解。当事人协商一致以下列方式解决分歧，且不违反法律、行政法规的强制性规定的，人民法院应予支持：（一）公司回购部分股东股份；（二）其他股东受让部分股东股份；（三）他人受让部分股东股份；（四）公司减资；（五）公司分立；（六）其他能够解决分歧，恢复公司正常经营，避免公司解散的方式。”

但是，在已穷尽了其他救济途径仍然无法打破公司僵局的情况下，人民法院应当判决解散公司。对此，《公司法司法解释（二）》第5条第1款规定了“人民法院审理解散公司诉讼案件，应当注重调解。……当事人不能协商一致使公司存续的，人民法院应当及时判决”；《民事诉讼法》第9条规定了“人民法院审理民事案件，应当根据自愿和合法的原则进行调解；调解不成的，应当及时判决”。

七、有关解散公司诉讼的注意事项

基于上述，根据《公司法》第182条以及《公司法司法解释（二）》的规定，关于司法解散公司，需要注意以下事项：

一是，在起诉条件方面，应当满足“公司经营管理发生严重困难，继续存续会使股东利益受到重大损失，通过其他途径不能解决”的条件，并应由原告对此承担证明责任。如果不满足上述条件，则不适用《公司法》第182条的规定，不能提起解散公司的诉讼。比如，《公司法司法解释（二）》第1条第2款就明确规定了：“股东以知情权、利润分配请求权等权益受到损害，或者公司亏损、财产不足以偿还全部债务，以及公司被吊销企业法人营业执照未进行清算等为由，提起解散公司诉讼的，人民法院不予受理。”

二是，在原告的主体资格方面，只有在起诉时“单独或者合计持有公司全部股东表决权百分之十以上的股东”，才可以提起解散公司诉讼；并且，原告应当在诉讼过程中，甚至是在二审程序中持续符合“单独或者合计持有公司全部股东表决权百分之十以上”的条件；当然，凡是具备“单独或者合计持有公司全部股东表决权百分之十以上”的条件的股东，都有权提起解散公司诉讼。

三是，在被告方面，根据《公司法司法解释（二）》第4条的规定，股东提起解散公司诉讼应当以公司为被告，公司的其他股东在解散公司诉讼中处于第三人地位。

四是，在案件的地域管辖方面，根据《公司法司法解释（二）》第 24 条第 1 款的规定，解散公司诉讼案件由公司住所地人民法院管辖；其中，公司住所地是指公司主要办事机构所在地；公司办事机构所在地不明确的，由其注册地人民法院管辖；在案件的级别管辖方面，根据《公司法司法解释（二）》第 24 条第 2 款的规定，基层人民法院管辖县、县级市或者区的公司登记机关核准登记公司的解散诉讼案件，中级人民法院管辖地区、地级市以上的公司登记机关核准登记公司的解散诉讼案件。

值得注意的是，解散公司案件的管辖适用的特殊规则，不受作为被告的公司的财产标的额大小的影响。

对此，在 2016 年 5 月 5 日就中海石油化学股份有限公司（以下简称中海石油公司）与山西华鹿阳坡泉煤矿有限公司（以下简称阳坡泉煤矿）、山西华鹿热电有限公司（以下简称华鹿热电公司）公司解散纠纷管辖权异议再审案作出的（2016）最高法民再 202 号民事裁定书中，最高人民法院认为：“《中华人民共和国民事诉讼法》第二十六条规定：‘因公司设立、确认股东资格、分配利润、解散等纠纷提起的诉讼，由公司住所地人民法院管辖。’《最高人民法院关于适用〈中华人民共和国公司法〉若干问题的规定（二）》第二十四条规定：‘解散公司诉讼案件和公司清算案件由公司住所地人民法院管辖。公司住所地是指公司主要办事机构所在地。公司办事机构所在地不明确的，由其注册地人民法院管辖。基层人民法院管辖县、县级市或者区的公司登记机关核准登记公司的解散诉讼案件和公司清算案件；中级人民法院管辖地区、地级市以上的公司登记机关核准登记公司的解散诉讼案件和公司清算案件。’阳坡泉煤矿的住所地为山西省河曲县鹿固乡阳坡泉村，核准登记的公司登记机关为山西省工商行政管理局，故本案应由山西省忻州市中级人民法院管辖。鉴于公司解散纠纷的管辖应当适用上述特殊规则，华鹿热电公司有关阳坡泉煤矿的资产评估数额达 17.06 亿元、本案应由山西省高级人民法院审理的主张，依法不能成立。”

五是，在判决的拘束力方面，根据《公司法司法解释（二）》第 6 条的规定，人民法院关于解散公司诉讼作出的判决，对公司全体股东具有法律约束力。人民法院判决驳回解散公司的诉讼请求之后，提起该诉讼的股东或者其他股东又以同一事实和理由提起解散公司诉讼的，人民法院不予受理。

六是，在解散公司的判决生效之日起 15 日内，公司应当根据《公司法》第 183 条的规定成立清算组，开始清算；否则，将适用《公司法》第 183 条关于“逾期不成立清算组进行清算的，债权人可以申请人民法院指定有关人员组成清算组进行清算。人民法院应当受理该申请，并及时组织清算组进行清算”的规定，由人民法院组织实施强制清算。

第二十四章
《公司法司法解释（五）》的理解和适用[①]

本章是针对最高人民法院2019年4月底公布的《公司法司法解释（五）》逐条进行的解读，希望有助于《公司法司法解释（五）》的理解和适用。

中华人民共和国最高人民法院公告

《最高人民法院关于适用〈中华人民共和国公司法〉若干问题的规定（五）》已于2019年4月22日由最高人民法院审判委员会第1766次会议通过，现予公布，自2019年4月29日起施行。

最高人民法院

2019年4月28日

最高人民法院关于适用《中华人民共和国公司法》若干问题的规定（五）

（2019年4月22日最高人民法院审判委员会第1766次会议审议通过 自2019年4月29日起施行 法释〔2019〕7号）

为正确适用《中华人民共和国公司法》，结合人民法院审判实践，就股东权益保护等纠纷案件适用法律问题作出如下规定。

① 本章的内容曾于2019年4月30日以《〈公司法司法解释（五）〉：逐条解读与评析》为题刊载微信公众号“秋荣法律评论”，收入本书时，本着尽量保持原貌的原则，作了少量必要的修改。

第一条 关联交易损害公司利益，原告公司依据公司法第二十一条规定请求控股股东、实际控制人、董事、监事、高级管理人员赔偿所造成的损失，被告仅以该交易已经履行了信息披露、经股东会或者股东大会同意等法律、行政法规或者公司章程规定的程序为由抗辩的，人民法院不予支持。

公司没有提起诉讼的，符合公司法第一百五十一条第一款规定条件的股东，可以依据公司法第一百五十一条第二款、第三款规定向人民法院提起诉讼。

【解读】

1.1《公司法司法解释（五）》第1条所规范的是公司（包括有限公司和股份公司）的关联人利用关联关系损害公司利益的赔偿问题和股东代表诉讼的适用问题，分别由其第1款和第2款加以规定。

关于《公司法司法解释（五）》第1条第1款的解读

1.2《公司法司法解释（五）》第1条第1款，是对《公司法》第21条的细化解释，针对的是公司的关联人利用关联关系损害公司利益，给公司造成损失之后，关联人以“该交易已经履行了信息披露、经股东会或者股东大会同意等法律、行政法规或者公司章程规定的程序”为由，对公司起诉要求其赔偿损失所作的抗辩。

1.3 制定该款的背景是：司法实践中，在人民法院审理公司关联交易损害责任纠纷案件时，相关行为人往往会以其行为已经履行了合法程序而进行抗辩，其中最主要的抗辩理由是相关交易经过了公司股东会或董事会决议批准且行为人按照规定回避表决等。对此，最高人民法院认为：“关联交易的核心是公平，……尽管交易已经履行了相应的程序，但如果违反公平原则，损害公司利益，公司依然可以主张行为人承担损害赔偿责任。”①

① 见《依法保护股东权益 服务保障营商环境——最高人民法院民二庭相关负责人就〈关于适用《中华人民共和国公司法》若干问题的规定（五）〉答记者问》，http：//www. court. gov. cn/zixun－xiangqing－155282. html，最后访问时间：2019年9月30日。

1.4 因此,《公司法司法解释(五)》第1条第1款规定了“被告仅以该交易已经履行了信息披露、经股东会或者股东大会同意等法律、行政法规或者公司章程规定的程序为由抗辩的,人民法院不予支持”,从而明确了“关联交易损害公司利益的,履行法定程序不能豁免关联交易赔偿责任”①。

1.5 就《公司法司法解释(五)》第1条第1款而言,值得注意的是,其适用的前提是,作为原告的公司已经举证证明了“关联交易损害了公司利益,给公司造成了损失”。

1.6 此外,还需注意的是其中的“仅”字。该款使用的“被告仅以……为由抗辩的,人民法院不予支持”的表述,似乎意味着,如果作为被告的关联人以其他理由抗辩,尤其是能够证明关联交易不仅履行了法定和公司章程规定的决策程序和信息披露义务(如有),还符合自愿原则、公平原则,并未损害公司利益,未给公司造成损失,人民法院就可以或者应当支持其抗辩。

1.7 问题是,作为被告的关联人能够提出其他站得住脚的抗辩理由吗?似乎是不能的,因为,如果作为被告的关联人能够如此证明,那就意味着关联人利用其关联关系并未损害公司的利益,公司并未遭受损失;从而,就不存在适用《公司法》第21条的规定的前提条件(即“违反前款规定,给公司造成损失的”)了。

1.8 这种结果,与《公司法司法解释(五)》第1条第1款前半句所说的“关联交易损害公司利益,原告公司依据公司法第二十一条规定请求控股股东、实际控制人、董事、监事、高级管理人员赔偿所造成的损失”,是存在内在矛盾的。因为,《公司法司法解释(五)》第1条第1款前半句已经包含了控股股东、实际控制人、董事、监事、高级管理人员利用其关联关系“损害了公司利益,给公司造成了损失”的意思了。

1.9 有鉴于此,《公司法司法解释(五)》第1条第1款中的“仅”字,似嫌多余,可以删去。

1.10 事实上,由于《公司法》第21条使用的是“公司的控股股东、实际

---

① 见《依法保护股东权益 服务保障营商环境——最高人民法院民二庭相关负责人就〈关于适用《中华人民共和国公司法》若干问题的规定(五)〉答记者问》,http://www.court.gov.cn/zixun-xiangqing-155282.html,最后访问时间:2019年9月30日。

控制人、董事、监事、高级管理人员不得利用其关联关系损害公司利益。违反前款规定，给公司造成损失的，应当承担赔偿责任”的表述，因此，只要公司的控股股东、实际控制人、董事、监事、高级管理人员存在“利用其关联关系损害公司利益”的行为，并且发生了因此“给公司造成损失”的后果，公司的控股股东、实际控制人、董事、监事、高级管理人员就“应当承担赔偿责任”；至于相关交易的背景、是否履行了相应的决策程序、是否符合自愿原则等，均在所不问。

1.11 并且，在制定《公司法司法解释（五）》第1条第1款时，最高人民法院所秉持的理念，即“关联交易的核心是公平，本条司法解释强调的是尽管交易已经履行了相应的程序，但如果违反公平原则，损害公司利益，公司依然可以主张行为人承担损害赔偿责任”[①]，也正是上述思路的反映。

1.12 基于上述，《公司法司法解释（五）》第1条第1款似乎应当修改为：“关联交易损害公司利益，原告公司依据公司法第二十一条规定请求控股股东、实际控制人、董事、监事、高级管理人员赔偿所造成的损失的，人民法院应予支持”，而不是单独规定“被告仅以该交易已经履行了信息披露、经股东会或者股东大会同意等法律、行政法规或者公司章程规定的程序为由抗辩的，人民法院不予支持”。

1.13 不过，这样的解释，也就只是对《公司法》第21条的简单重复了。

关于《公司法司法解释（五）》第1条第2款的总体解读

1.14《公司法司法解释（五）》第1条第2款之所以规定“公司没有提起诉讼的，符合公司法第一百五十一条第一款规定条件的股东，可以依据公司法第一百五十一条第二款、第三款规定向人民法院提起诉讼”，是因为“鉴于关联交易情形下，行为人往往控制公司或者对公司决策能够产生重大影响，公司本身很难主动主张赔偿责任”，其目的是“给中小股东提供了追究关联人责任，保护公司和自身利益的利器”。[②]

1.15 应该说，《公司法司法解释（五）》第1条第2款明确了《公司法》

① 见《依法保护股东权益 服务保障营商环境——最高人民法院民二庭相关负责人就〈关于适用《中华人民共和国公司法》若干问题的规定（五）〉答记者问》。

② 见《依法保护股东权益 服务保障营商环境——最高人民法院民二庭相关负责人就〈关于适用《中华人民共和国公司法》若干问题的规定（五）〉答记者问》。

第21条所说的“公司的控股股东、实际控制人”属于《公司法》第151条第3款所说的“他人侵犯公司合法权益，给公司造成损失的，本条第一款规定的股东可以依照前两款的规定向人民法院提起诉讼”中的“他人”，从而明确了符合条件的股东可以针对公司的控股股东、实际控制人提起股东代表诉讼。

1.16 这是《公司法司法解释（五）》第1条第2款的一个“新”点——尽管，《公司法》第151条第3款所说的“他人”，本身已经包含了“除公司的董事、监事、高级管理人员之外的其他任何人”的意思，本来无需最高人民法院专门以司法解释予以“点明”。

1.17 此外，《公司法司法解释（五）》第1条第2款的另一个“新”点是，在公司的董事、监事、高级管理人员利用其关联关系损害公司利益，给公司造成损失但相关行为又不构成公司的董事、监事、高级管理人员执行公司职务的行为的情况下，符合条件的股东也可以针对其提起股东代表诉讼。

1.18 因为，根据《公司法》第151条第1款关于“董事、高级管理人员有本法第一百四十九条规定的情形的……”的规定和第149条关于“董事、监事、高级管理人员执行公司职务时违反法律、行政法规或者公司章程的规定，给公司造成损失的，应当承担赔偿责任”的规定，《公司法》第151条所规定的股东代表诉讼，针对的是“董事、监事、高级管理人员执行公司职务时违反法律、行政法规或者公司章程的规定，给公司造成损失”的情形，并不针对公司的董事、监事、高级管理人员非执行公司职务给公司造成损失的情形。

1.19 由此，《公司法司法解释（五）》第1条第2款的规定，属于对《公司法》第151条规定的股东代表诉讼制度的扩大解释。

关于《公司法司法解释（五）》第1条第2款的特别解读

1.20 问题是，在关联交易合同存在仲裁条款的情况下，符合条件的股东是否可以针对关联人提起股东代表诉讼？

1.21 我的理解是，《公司法司法解释（五）》第1条第2款仅适用于关联交易合同不存在仲裁条款的情形，在关联交易合同存在仲裁条款的情况下，股东提起股东代表诉讼，法院应当不予受理。

1.22 因为，尽管《民法总则》第186条规定了“因当事人一方的违约行为，损害对方人身权益、财产权益的，受损害方有权选择请求其承担违约责任或者侵权责任”，《合同法》第122条也规定了“因当事人一方的违约行为，侵害对方人身、财产权益的，受损害方有权选择依照本法要求其承担违约责任或者依照其他法律要求其承担侵权责任”，但是，由于《仲裁法》（2017 年修正）第 2 条规定了“平等主体的公民、法人和其他组织之间发生的合同纠纷和其他财产权益纠纷，可以仲裁”，第 3 条规定了“下列纠纷不能仲裁：（一）婚姻、收养、监护、扶养、继承纠纷；（二）依法应当由行政机关处理的行政争议”，第 5 条还规定了“当事人达成仲裁协议，一方向人民法院起诉的，人民法院不予受理，但仲裁协议无效的除外”，并且，《民事诉讼法》第 119 条第 4 项也规定了“起诉必须符合下列条件：……（四）属于人民法院受理民事诉讼的范围和受诉人民法院管辖”，第 124 条第 2 项还规定了“人民法院对下列起诉，分别情形，予以处理：……（二）依照法律规定，双方当事人达成书面仲裁协议申请仲裁、不得向人民法院起诉的，告知原告向仲裁机构申请仲裁”，因此，公司作为关联交易合同的当事人，依照《公司法》第 21 条的规定请求控股股东、实际控制人、董事、监事、高级管理人员赔偿所造成的损失，应当受到关联交易合同中的仲裁条款的约束，通过仲裁的方式要求其承担赔偿责任（不论该赔偿责任属于违约责任还是侵权责任）。

1.23 就股东而言，考虑到，由于股东提起股东代表诉讼实质上是基于公司对相关他人享有的要求该他人承担赔偿责任的请求权，而不是基于股东对相关他人所享有的权利，在公司与他人之间订立的合同中的仲裁条款或达成的仲裁协议明确约定公司与该他人之间在相关合同项下所有的争议都应提交仲裁解决的情况下，如果他人违反了相关合同的约定并由此侵害了公司的利益，公司的股东不能依照《公司法》第 151 条第 3 款的规定对该他人提起股东代表诉讼。

1.24 此外，由于公司的股东并非关联交易合同约定的仲裁条款或仲裁协议的当事方，根据《仲裁法》第 4 条关于“当事人采用仲裁方式解决纠纷，应当双方自愿，达成仲裁协议。没有仲裁协议，一方申请仲裁的，仲裁委员会不予受理”的规定，在公司未申请仲裁请求作为“他人”的控股股东、实际控制人、董事、监事、高级管理人员赔偿所造成的损失的情况下，公司的股东也不能基于其并非当事方的关联交易合同的仲裁条款或仲裁协议向仲裁机构申请仲裁。

1.25 应该说，《公司法司法解释（五）》第 1 条第 2 款所使用的“公司没有提起诉讼的……”的表述，也表明，该款仅适用于关联交易合同不存在仲裁条款的情形，只有在公司可以通过诉讼解决的情况下，才有该款所说的股东代表诉讼的适用余地；该款并没有突破仲裁条款的相对性。

> **第二条** 关联交易合同存在无效或者可撤销情形，公司没有起诉合同相对方的，符合公司法第一百五十一条第一款规定条件的股东，可以依据公司法第一百五十一条第二款、第三款规定向人民法院提起诉讼。

【解读】

2.1《公司法司法解释（五）》第2条赋予了符合条件的股东针对公司的关联人利用关联关系与公司之间订立的关联交易合同的效力，提起股东代表诉讼的权利。

关于《公司法司法解释（五）》第2条的总体解读

2.2 需要注意的是，适用《公司法司法解释（五）》第2条规定的前提包括：一是，公司的关联人利用关联关系与公司之间订立的关联交易合同存在法律（目前主要包括《民法总则》《合同法》等）明确规定的无效的情形，或者存在法律明确规定的可撤销的情形；二是，作为关联交易合同的当事人的公司，没有起诉合同相对方，要求确认合同无效或撤销合同。

2.3 从《公司法司法解释（五）》第2条的表述看，只要关联交易合同存在无效或可撤销的情形，就有该条适用的余地，而无需以“关联交易损害了公司的利益，给公司造成了损失”为前提。

2.4 同样地，从《公司法司法解释（五）》第2条的表述看，该条仅适用于关联交易合同存在无效或可撤销的情形，不适用于其他情形（比如合同相对方违约、侵权的情形），其他情形应当视情况适用《公司法司法解释（五）》第1条第2款的规定，或法律、其他司法解释的相关规定。

2.5 应该说，《公司法司法解释（五）》第2条的规定，从两个方面突破了现行法律的规定。

2.6 一是，突破了法律关于合同相对性的规定。这些规定主要包括《民法总则》第118条关于“民事主体依法享有债权。债权是因合同、侵权行为、无因管理、不当得利以及法律的其他规定，权利人请求特定义务人为或者不为一定行为的权利”和第119条关于“依法成立的合同，对当事人具有法律约束力”的规定，《合同法》第 8 条第 1 款关于“依法成立的合同，对当事人具有法律约束力”和第 122 条关于“因当事人一方的违约行为，侵害对方人身、财产权益的，受损害方有权选择依照本法要求其承担违约责任或者依照其他法律要求其承担侵权责任”的规定等。

2.7 二是，突破了《公司法》第 151 条关于提起股东代表诉讼须以公司利益受到损害、公司遭受了损失为前提的规定，包括《公司法》第 151 条第 1 款和第 149 条所说的“董事、监事、高级管理人员执行公司职务时违反法律、行政法规或者公司章程的规定，给公司造成损失的”，和《公司法》第 151 条第 3 款所说的“他人侵犯公司合法权益，给公司造成损失的”。

2.8 当然，以司法解释的形式，突破法律的规定，对法律作扩大解释，扩大法律的适用范围，依据是否充分、是否适当，另当别论。

关于《公司法司法解释（五）》第 2 条的特别解读

2.9 同样的问题是，在关联交易合同存在仲裁条款的情况下，即使“关联交易合同存在无效或者可撤销情形”，符合条件的股东是否可以针对该合同的效力提起股东代表诉讼？

2.10 我的理解是，《公司法司法解释（五）》第 2 条仅适用于关联交易合同不存在仲裁条款的情形，在关联交易合同存在仲裁条款的情况下，股东提起股东代表诉讼，法院应当不予受理。具体分析，请见上文第 1.21 段至第 1.25 段的内容。

2.11 应该说，《公司法司法解释（五）》第 2 条所使用的“公司没有起诉合同相对方的”的表述，也表明，该款仅适用于关联交易合同不存在仲裁条款的情形，只有在公司可以通过诉讼解决的情况下，才有该条所说的股东代表诉讼的适用余地；该条并没有突破仲裁条款的相对性。

第三条　董事任期届满前被股东会或者股东大会有效决议解除职务，其主张解除不发生法律效力的，人民法院不予支持。

董事职务被解除后，因补偿与公司发生纠纷提起诉讼的，人民法院应当依据法律、行政法规、公司章程的规定或者合同的约定，综合考虑解除的原因、剩余任期、董事薪酬等因素，确定是否补偿以及补偿的合理数额。

【解读】

3.1《公司法司法解释（五）》第3条所规范的是公司董事在任期届满前被解除职务的问题，其第1款涉及的是公司权力机构以有效决议解除董事职务的效力问题，第2款涉及的是董事职务被解除后的补偿问题。

3.2 值得注意的是，根据《公司法》第37条第1款第2项和第99条关于股东会或股东大会“行使下列职权：……（二）选举和更换非由职工代表担任的董事、监事，决定有关董事、监事的报酬事项”的规定，以及第44条第2款、第108条第2款关于“董事会中的职工代表由公司职工通过职工代表大会、职工大会或者其他形式民主选举产生”的规定，因公司的职工代表董事并非由公司权力机构选举或委派产生，因此，《公司法司法解释（五）》第3条的规定，不适用于职工代表董事。

3.3 对此，最高人民法院民二庭相关负责人在就《公司法司法解释（五）》答记者问时也明确指出：“因职工董事不由股东决议任免，因此不存在股东会或股东大会决议解除其职务的情形。”①

3.4 此外，还需注意的是，尽管《公司法司法解释（五）》第3条没有提及公司监事在任期届满前被解除职务的问题，但是，考虑到《公司法》第37条第1款第2项和第99条规定了股东会或股东大会“行使下列职权：……（二）选举和更换非由职工代表担任的董事、监事，决定有关董事、监事的报酬事项”，即非职工代表监事与非职工代表董事一样，均属由公司权力机构选举或委派产生的，因此，《公司法司法解释（五）》第3条的规定，以及本节针对该条的解读，可以适用并应当适用于公司的非职工代表监事。

关于《公司法司法解释（五）》第3条第1款的解读

3.5《公司法司法解释（五）》第3条第1款，是对《公司法》第37条第1款第2项和第99条关于公司的权力机构行使“更换非由职工代表担任的董事”的职权的细化解释，回答的是“公司权力机构是否可以在董事任期届满之前解除其职务”的问题。

---

① 见《依法保护股东权益 服务保障营商环境——最高人民法院民二庭相关负责人就〈关于适用《中华人民共和国公司法》若干问题的规定（五）〉答记者问》。

3.6 根据《公司法司法解释（五）》第 3 条第 1 款的规定，公司权力机构可以在依法作出有效的决议的情况下，在董事任期届满之前，随时解除其董事资格，不论是否有正当的理由，甚至无需说明理由。

3.7 作出此款规定的理由在于，最高人民法院认为："公司法理论研究与司法实践中已经基本统一认识，认为公司与董事之间实为委托关系，依股东会的选任决议和董事同意任职而成立合同法上的委托合同。既然为委托合同，则合同双方均有任意解除权，即公司可以随时解除董事职务，无论任期是否届满，董事也可以随时辞职。"①

3.8 值得注意的是，适用《公司法司法解释（五）》第 3 条第 1 款的前提是，公司权力机构作出的决议是"有效决议"。

3.9《公司法司法解释（五）》第 3 条第 1 款所说的"有效决议"，指的是公司权力机构依照法律和公司章程的规定通过的关于解除相关人员的董事职务的决议在程序方面和内容方面均合法有效。

3.10 因此，《公司法司法解释（五）》第 3 条第 1 款关于"董事任期届满前被股东会或者股东大会有效决议解除职务，其主张解除不发生法律效力的，人民法院不予支持"的规定，不影响被解除董事职务的人员在主张解除发生效力之前或同时，依照《公司法》第 22 条第 1 款关于"公司股东会或者股东大会的决议内容违反法律、行政法规的无效"和《公司法司法解释（四）》第 1 条关于"公司股东、董事、监事等请求确认股东会或者股东大会、董事会决议无效或者不成立的，人民法院应当依法予以受理"的规定，请求法院确认有关解除董事职务的股东会或股东大会决议无效。

3.11 此外，也不影响公司的股东依照《公司法》第 22 条第 2 款关于"股东会或者股东大会的会议召集程序、表决方式违反法律、行政法规或者公司章程，或者决议内容违反公司章程的，股东可以自决议作出之日起六十日内，请求人民法院撤销"的规定，请求法院撤销有关解除董事职务的股东会或股东大会决议。

3.12 还需注意的是，在生效时间方面，公司股东会或股东大会通过的关于

---

① 见《依法保护股东权益 服务保障营商环境——最高人民法院民二庭相关负责人就〈关于适用《中华人民共和国公司法》若干问题的规定（五）〉答记者问》。

解除董事职务的决议，在该决议没有特别规定的情况下，应当自该决议获得通过之日起生效，不论新的董事是否已经产生。

3.13 此时，由于被解除职务并非“辞职”或“任期届满进行改选”，即使相关董事被解除职务后导致公司董事人数低于法定人数或章程规定人数，《公司法》第45条第2款关于“董事任期届满未及时改选，或者董事在任期内辞职导致董事会成员低于法定人数的，在改选出的董事就任前，原董事仍应当依照法律、行政法规和公司章程的规定，履行董事职务”的规定，也没有适用的余地。

关于《公司法司法解释（五）》第3条第2款的解读

3.14《公司法司法解释（五）》第3条第2款，处理的是董事在任期届满前被解除职务的补偿问题，“对法院审理此类案件时的自由裁量权行使进行了相应指引”[①]。

3.15 针对董事职务被解除后，因补偿与公司发生纠纷提起的诉讼，《公司法司法解释（五）》第3条第2款要求人民法院“依据法律、行政法规、公司章程的规定或者合同的约定，综合考虑解除的原因、剩余任期、董事薪酬等因素”，来确定：一是，是否给予被解除董事职务的人员补偿；二是，在支持给予被解除董事职务的人员补偿的情况下，应当给予补偿的具体数额是多少。

3.16 之所以作出这样的指引，是因为，最高人民法院认为[②]：一是，就是否应当给予补偿而言，“我国合同法中明确规定了委托人因解除合同给受托人造成损失的，除不可归责于该当事人的事由以外，应当赔偿损失”，“无因解除不能损害董事的合法权益”，“为平衡双方利益，公司解除董事职务应……补偿，以保护董事的合法权益，并防止公司无故任意解除董事职务”；二是，就补偿的数额而言，“从本质上说，离职补偿是董事与公司的一种自我交易，其有效的核心要件应当是公平，所以本强调给付的是合理补偿”。

3.17 值得注意的是，由于董事与公司之间的关系，“实为委托关系，依股

① 见《依法保护股东权益 服务保障营商环境——最高人民法院民二庭相关负责人就〈关于适用《中华人民共和国公司法》若干问题的规定（五）〉答记者问》。

② 见《依法保护股东权益 服务保障营商环境——最高人民法院民二庭相关负责人就〈关于适用《中华人民共和国公司法》若干问题的规定（五）〉答记者问》。

东会的选任决议和董事同意任职而成立合同法上的委托合同”[①]，跟公司的职工作为劳动者与公司作为用人单位之间的劳动关系，是性质不同的法律关系，因此，董事被解除职务涉及的补偿，与作为劳动者的职工被作为用人单位的公司解除劳动关系涉及的经济补偿，是性质不同的补偿；也因此，《公司法司法解释（五）》第3条第2款所说的“董事职务被解除后，因补偿与公司发生纠纷”，跟劳动纠纷相比，是不同性质的纠纷，不适用《劳动法》《劳动合同法》，而应适用《公司法》《民法总则》《合同法》。

3.18 也因此，《公司法司法解释（五）》第3条第2款使用了“人民法院应当依据法律、行政法规、公司章程的规定或者合同的约定，综合考虑解除的原因、剩余任期、董事薪酬等因素”的表述，没有提及《劳动法》《劳动合同法》。

3.19 还需注意的是，董事在任期届满前被解除职务，并非必然能够得到补偿。通常情况下，普通的公司，尤其是有限责任公司，是不向董事支付报酬的。也因此，《公司法司法解释（五）》第3条第2款使用了“人民法院应当依据法律、行政法规、公司章程的规定或者合同的约定，综合考虑解除的原因、剩余任期、董事薪酬等因素，确定是否补偿……”的表述。

第四条　分配利润的股东会或者股东大会决议作出后，公司应当在决议载明的时间内完成利润分配。决议没有载明时间的，以公司章程规定的为准。决议、章程中均未规定时间或者时间超过一年的，公司应当自决议作出之日起一年内完成利润分配。

决议中载明的利润分配完成时间超过公司章程规定时间的，股东可以依据公司法第二十二条第二款规定请求人民法院撤销决议中关于该时间的规定。

① 见《依法保护股东权益 服务保障营商环境——最高人民法院民二庭相关负责人就〈关于适用《中华人民共和国公司法》若干问题的规定（五）〉答记者问》。

【解读】

4.1《公司法司法解释（五）》第4条所规范的，是公司在权力机构作出分配利润的决议之后应当在什么期限内完成向股东分配利润的问题，其第1款涉及的是确定利润分配完成时限的原则，第2款涉及的是权力机构决议的部分撤销的问题。

4.2 值得注意的是，适用《公司法司法解释（五）》第4条的前提是，公司的权力机构已经依法作出了分配利润的决议。在公司的权力机构没有作出分配利润的决议，或作出了不分配利润的决议的情况下，没有适用《公司法司法解释（五）》第4条的余地。

4.3 对此，《公司法司法解释（四）》第15条规定了“股东未提交载明具体分配方案的股东会或者股东大会决议，请求公司分配利润的，人民法院应当驳回其诉讼请求，但违反法律规定滥用股东权利导致公司不分配利润，给其他股东造成损失的除外”。

关于《公司法司法解释（五）》第4条第1款的解读

4.4 在公司的权力机构作出了分配利润的决议的情况下，《公司法司法解释（五）》第4条第1款规定了确定公司完成利润分配的时限的原则，“使得股东，尤其是中小股东的利润分配请求权落到实处”①。

4.5 具体来说，这些原则包含了以下几层含义：一是，在决议载明了利润分配完成时间，并且所载明的利润分配完成时间为自该决议作出之日起不超过1年的情况下，公司应当在决议载明的时间内完成向股东分配利润，不论公司章程是否规定了利润分配完成时间，也不论公司章程所规定的利润分配完成时间是多长（当然，权力机构的决议载明的利润分配完成时间，与公司章程规定的利润分配完成时间不一致，是否属于《公司法》第22条第2款所说的“决议内容违反公司章程”，另当别论）。

4.6 二是，在决议载明了利润分配完成时间，并且所载明的利润分配完成时间为自该决议作出之日超过1年的情况下，公司应当在该决议作出之日

① 见《依法保护股东权益 服务保障营商环境——最高人民法院民二庭相关负责人就〈关于适用《中华人民共和国公司法》若干问题的规定（五）〉答记者问》。

起1年内完成向股东分配利润，不论公司章程是否规定了利润分配完成时间，也不论公司章程所规定的利润分配完成时间是多长（同样地，权力机构的决议载明的利润分配完成时间，与公司章程规定的利润分配完成时间不一致，是否属于《公司法》第22条第2款所说的“决议内容违反公司章程”，另当别论）。

4.7 三是，在决议未载明利润分配完成时间，而公司章程规定了利润分配完成时间，并且公司章程规定的利润分配完成时间为自分配利润的决议作出之日起不超过1年的情况下，公司应当在公司章程规定了利润分配完成时间内完成向股东分配利润。

4.8 四是，在决议未载明利润分配完成时间，而公司章程规定了利润分配完成时间，并且公司章程规定的利润分配完成时间为自分配利润的决议作出之日起超过1年的情况下，公司应当在该决议作出之日起1年内完成向股东分配利润。

4.9 五是，在决议未载明利润分配完成时间，且公司章程也未规定利润分配完成时间的情况下，公司应当在该决议作出之日起1年内完成向股东分配利润。

4.10 其中，《公司法司法解释（五）》第4条第1款所说的“时间超过一年”，指的是分配利润的股东会或者股东大会决议所载明的完成利润分配的时间，或者公司章程所规定的完成利润分配的时间，自分配利润的决议作出之日起超过1年。

4.11 之所以规定以1年为限，是因为“公司一般计算年度利润，故作出利润分配决议后，要在1年内完成分配，这一时间符合实际做法”[①]。

关于《公司法司法解释（五）》第4条第2款的解读

4.12《公司法司法解释（五）》第4条第2款，是针对公司决议撤销的特定情形，对《公司法》第22条第2款作出的细化解释。

4.13 值得注意的是，适用《公司法司法解释（五）》第4条第2款的前提是，公司章程规定了利润分配完成时间，并且公司章程规定的利润分配时

① 见《依法保护股东权益 服务保障营商环境——最高人民法院民二庭相关负责人就〈关于适用《中华人民共和国公司法》若干问题的规定（五）〉答记者问》。

间为自分配利润的决议作出之日起不超过 1 年。在公司章程没有规定利润分配完成时间的情况下，没有适用《公司法司法解释（五）》第 4 条第 2 款的余地。

4.14 由于《公司法司法解释（五）》第 4 条第 2 款所说的“决议中载明的利润分配完成时间超过公司章程规定时间”，属于《公司法》第 22 条第 2 款所说的“股东会或者股东大会的决议内容违反公司章程”的情形，因此，股东可以依照《公司法》第 22 条第 2 款的规定，自该决议作出之日起 60 日内，请求人民法院撤销。

4.15 在撤销的内容方面，《公司法司法解释（五）》第 4 条第 2 款进一步明确了股东可以请求人民法院撤销的是“决议中载明的超过公司章程规定的利润分配完成时间的规定”，即撤销决议的部分内容而非全部内容。

4.16 这就意味着，存在公司权力机构的决议被部分撤销的可能性。

4.17 不过，结合《民法总则》第 134 条第 2 款关于“法人、非法人组织依照法律或者章程规定的议事方式和表决程序作出决议的，该决议行为成立”、第 155 条关于“无效的或者被撤销的民事法律行为自始没有法律约束力”和第 156 条关于“民事法律行为部分无效，不影响其他部分效力的，其他部分仍然有效”的规定，如果分配利润的股东会或者股东大会决议中关于利润分配完成时间的内容，与决议其他部分的内容密不可分，撤销该部分的内容将影响其他部分的效力，那么，就不能单独撤销分配利润的股东会或者股东大会决议中关于利润分配完成时间的内容[①]，而应当撤销整个决议。

4.18 在撤销的后果方面，由于分配利润的股东会或者股东大会决议中关于利润分配完成时间的内容已经被撤销了，接下来就应当适用公司章程所规定的利润分配完成时间，在公司章程所规定的时限内完成向股东分配利润[②]。

---

① 见《依法保护股东权益 服务保障营商环境——最高人民法院民二庭相关负责人就〈关于适用《中华人民共和国公司法》若干问题的规定（五）〉答记者问》。

② 见《依法保护股东权益 服务保障营商环境——最高人民法院民二庭相关负责人就〈关于适用《中华人民共和国公司法》若干问题的规定（五）〉答记者问》。

> **第五条** 人民法院审理涉及有限责任公司股东重大分歧案件时，应当注重调解。当事人协商一致以下列方式解决分歧，且不违反法律、行政法规的强制性规定的，人民法院应予支持：
>
> （一）公司回购部分股东股份；
>
> （二）其他股东受让部分股东股份；
>
> （三）他人受让部分股东股份；
>
> （四）公司减资；
>
> （五）公司分立；
>
> （六）其他能够解决分歧，恢复公司正常经营，避免公司解散的方式。

【解读】

5.1《公司法司法解释（五）》第5条要求人民法院审理涉及有限责任公司股东僵局时注重调解，避免公司解散。

关于《公司法司法解释（五）》第5条的总体解读

5.2 从内容上看，应该说，《公司法司法解释（五）》第5条本身更多地只是重复（当然，也有部分细化）了11年前（2008年）出台、后于2014年修正并延续至今的《公司法司法解释（二）》第5条第1款前两句的规定，即“人民法院审理解散公司诉讼案件，应当注重调解。当事人协商同意由公司或者股东收购股份，或者以减资等方式使公司存续，且不违反法律、行政法规强制性规定的，人民法院应予支持”。

5.3 因为，《公司法司法解释（二）》第5条第1款前两句的规定，既适用于解散有限公司诉讼案件，又适用于解散股份公司诉讼案件；而从《公司法司法解释（五）》第5条第6项所使用的“其他能够解决分歧，恢复公司正常经营，避免公司解散的方式”的表述看，《公司法司法解释（五）》第5条所说的“涉及有限责任公司股东重大分歧案件”，指的就是“涉及有限责任公司僵局的案件”，即《公司法》第182条所说的“公司经营管理发生严重困难，继续存续会使股东利益受到重大损失，通过其他途径不能解决”的情形。

5.4 对此，最高人民法院民二庭相关负责人在就《公司法司法解释（五）》

答记者问时也提到了："基于公司永久存续性特征，在有限责任公司股东产生重大分歧，使公司无法正常运营，出现公司僵局时，只要尚有其他途径解决矛盾，应当尽可能采取其他方式解决，从而维持公司运营，避免解散。解决公司僵局一般采取股东离散方式来避免公司解散。但是有限责任公司基于其人合性特征，股权转让受到诸多限制，不愿意继续经营公司的股东退出公司较为困难。"①

5.5 不过，最高人民法院认为，《公司法司法解释（二）》第5条的上述规定"适用范围偏窄"，而《公司法司法解释（五）》第5条则"继承了此前的分歧解决机制，并扩大适用范围，将其扩大到所有涉及有限责任公司股东重大分歧的案件纠纷类型中"②，因为"有限责任公司基于其人合性特征，股权转让受到诸多限制，不愿意继续经营公司的股东退出公司较为困难。目前通过调解方式在诉讼过程中实现类似的效果是一条可行途径。故在审理相关案件中强调调解，对于解决有限责任公司僵局有特殊的意义。而这类案件调解往往更为复杂，要求更高的专业性，故需要在司法解释中作出相应指引"③。

5.6 问题是，"涉及有限责任公司股东重大分歧的案件纠纷类型"，除了《公司法》第182条所说的"公司经营管理发生严重困难，继续存续会使股东利益受到重大损失，通过其他途径不能解决"的情形，还有什么情形呢？

5.7 还有，最高人民法院不惜专门以司法解释的形式，"重述"11年前就已经由《公司法司法解释（二）》明确规定了的内容，仅仅是因为"这类案件调解往往更为复杂，要求更高的专业性"④吗？其背后是不是也反映了，法院系统在适用《公司法司法解释（二）》第5条的过程中仍然存在不同做法，甚至是适用不到位，以至于最高人民法院仍然"放心不下"，需要以"保姆式的

---

① 见《依法保护股东权益 服务保障营商环境——最高人民法院民二庭相关负责人就〈关于适用《中华人民共和国公司法》若干问题的规定（五）〉答记者问》。

② 见《依法保护股东权益 服务保障营商环境——最高人民法院民二庭相关负责人就〈关于适用《中华人民共和国公司法》若干问题的规定（五）〉答记者问》。

③ 见《依法保护股东权益 服务保障营商环境——最高人民法院民二庭相关负责人就〈关于适用《中华人民共和国公司法》若干问题的规定（五）〉答记者问》。

④ 见《依法保护股东权益 服务保障营商环境——最高人民法院民二庭相关负责人就〈关于适用《中华人民共和国公司法》若干问题的规定（五）〉答记者问》。

关怀”，再次“在司法解释中作出相应指引”①？

5.8 除此之外，我也倾向于认为，《公司法司法解释（五）》第 5 条的规定，更多的是《民事诉讼法》所规定的调解原则的具体要求和重述。

5.9 这些规定主要包括：《民事诉讼法》第 9 条关于“人民法院审理民事案件，应当根据自愿和合法的原则进行调解；调解不成的，应当及时判决”、第 93 条关于“人民法院审理民事案件，根据当事人自愿的原则，在事实清楚的基础上，分清是非，进行调解”、第 96 条关于“调解达成协议，必须双方自愿，不得强迫。调解协议的内容不得违反法律规定”的规定。

5.10《公司法司法解释（五）》第 5 条所使用的“当事人协商一致以下列方式解决分歧”，是《民事诉讼法》所规定的调解应当基于“当事人自愿的原则”的要求；所说的“不违反法律、行政法规的强制性规定”，是《民事诉讼法》所规定的调解应当基于“合法的原则”“调解协议的内容不得违反法律规定”的要求。

5.11 应该说，这些都是《民事诉讼法》所规定的调解原则的应有之义、当然要求。

5.12 值得注意的是，针对调解，《民事诉讼法》同时还规定了“调解不成的，应当及时判决”，不应“久调不决”。这是虽然《公司法司法解释（五）》第 5 条本身没有规定，但法院同样需要遵守的。

关于《公司法司法解释（五）》第 5 条规定的“有限责任公司回购本公司股份”的特别解读

5.13 由于《公司法司法解释（五）》第 5 条使用了“人民法院审理涉及有限责任公司股东重大分歧案件时，应当注重调解……”的表述，因此，在适用对象方面，《公司法司法解释（五）》第 5 条是专门针对有限责任公司而制定的，不适用于股份有限公司。

5.14 对此，最高人民法院民二庭相关负责人在就《公司法司法解释（五）》答记者问时，也有明确提及②。

---

① 见《依法保护股东权益 服务保障营商环境——最高人民法院民二庭相关负责人就〈关于适用《中华人民共和国公司法》若干问题的规定（五）〉答记者问》。

② 见《依法保护股东权益 服务保障营商环境——最高人民法院民二庭相关负责人就〈关于适用《中华人民共和国公司法》若干问题的规定（五）〉答记者问》。

5.15 问题是，既然是专门针对有限责任公司而制定的、不适用于股份有限公司的规定，《公司法司法解释（五）》第5条为何又在其第1项、第2项和第3项当中，使用了“部分股东股份”的表述呢？

5.16 纵观《公司法》全文，应该说，“股份”对应的是股份有限公司，是股份有限公司专有的法律术语；有限责任公司没有“股份”一说，而只有“股权”“出资”“出资额”“注册资本”的说法。

5.17 由此，至少在立法技术方面，《公司法司法解释（五）》存在“不严谨”的问题。

5.18 结合最高人民法院民二庭相关负责人在就《公司法司法解释（五）》答记者问时所说的“通过调解，……可以由公司回购股东股份，类似于股份回购制度”和“法院在调解过程中要注意指导当事人遵守法律、法规和监管规定，遵守相应程序。例如，公司回购股东股份的，应当在六个月内注销该股份”[①]，对照《公司法》第142条针对股份有限公司回购本公司股份所规定的“公司不得收购本公司股份。但是，有下列情形之一的除外：……”和“公司依照本条第一款规定收购本公司股份后，……属于第（二）项、第（四）项情形的，应当在六个月内转让或者注销”，以及《公司法司法解释（二）》第5条规定的“人民法院审理解散公司诉讼案件，应当注重调解。当事人协商同意由公司或者股东收购股份，或者以减资等方式使公司存续，且不违反法律、行政法规强制性规定的，人民法院应予支持。当事人不能协商一致使公司存续的，人民法院应当及时判决。经人民法院调解公司收购原告股份的，公司应当自调解书生效之日起六个月内将股份转让或者注销。股份转让或者注销之前，原告不得以公司收购其股份为由对抗公司债权人”，可以看出，《公司法司法解释（五）》第5条所说的“当事人协商一致以下列方式解决分歧，且不违反法律、行政法规的强制性规定的，人民法院应予支持：（一）公司回购部分股东股份”，直接来源于《公司法司法解释（二）》第5条，其“渊源”（而非“依据”）为《公司法》第142条。

5.19《公司法司法解释（五）》之所以出现这个“不严谨”问题，可能是

① 见《依法保护股东权益 服务保障营商环境——最高人民法院民二庭相关负责人就〈关于适用《中华人民共和国公司法》若干问题的规定（五）〉答记者问》。

因为，简单地将《公司法》关于股份有限公司股份回购的规定，套用到了有限责任公司上了，混淆了《公司法》关于有限责任公司收购本公司股权的规定，与关于股份有限公司回购本公司股份的规定之间的区别。

5.20 抛开上述问题，从表述上看，《公司法司法解释（五）》第5条第1项关于“当事人协商一致以下列方式解决分歧，且不违反法律、行政法规的强制性规定的，人民法院应予支持：（一）公司回购部分股东股份；……”的规定，似乎表明，最高人民法院认为，在当事人协商一致的情况下，有限责任公司是可以收购股东持有的本公司的股权的。

5.21 不过，我倾向于认为，这是值得商榷的。

5.22 我的理解是这样的：尽管《公司法司法解释（二）》第5条是针对审理所有解散公司诉讼案件作出的规定，而非仅仅针对解散股份公司诉讼案件作出的规定，但是，我倾向于认为，《公司法司法解释（二）》第5条所说的“公司收购原告的股份”，指的仅仅是股份公司收购提起解散诉讼的股东的股份，并不意味着有限公司可以根据《公司法司法解释（二）》第5条的规定收购提起解散诉讼的股东的股权。

5.23 主要理由在于，一是，《公司法司法解释2》第5条第1款和第2款使用的是“协商同意由公司……收购股份”和“公司收购原告股份”的表述，没有使用“公司收购股东股权”的表述，而“股份”是专属于股份公司、不属于有限公司的术语。

5.24 二是，《公司法司法解释（二）》第5条第1款在“当事人协商同意由公司或者股东收购股份”之外，还提到了“以减资等方式使公司存续”，其中的“减资”指的是有限公司、股份公司减少注册资本（即减少与提起解散公司诉讼的股东所持出资额等额的注册资本），“减资”这种方式是可以适用于有限公司的。

5.25 三是，根据《公司法》第142条的规定，《公司法司法解释（二）》第5条第2款关于“经人民法院调解公司收购原告股份的，公司应当自调解书生效之日起六个月内将股份转让或者注销。股份转让或者注销之前，原告不得以公司收购其股份为由对抗公司债权人”的规定中所说的“股份转让”“股份注销”，都是专属于股份公司的表述，《公司法》针对有限公司收购其异议股东的股权之后并没有规定有限公司可以将其由此收购的“股权”转让给他人或予以注销：一方面，就注销股权而言，事实上，《公司法》没有为有限公司设置注销股权的机制；另一方面，就转让本公司股权而言，《公司法》也没有规定有限公司可以转让本公司的股权，从公司登记管理的角度，《公司注册资本登记管理规定》（2014 年修正）第 12 条则是直接规定了“有限责任公司依据《公司法》第七十四条的规定收购其股东的股权的，应当依法申请减少注册资本的变更登记”。

5.26 甚至，即使是股份公司回购本公司的股份的情形，《公司法》第 142 条也将“为减少注册资本而收购本公司的股份”与“注销本公司的股份”进行了区分，“为减少注册资本而收购本公司的股份”不等于“注销本公司的股份”，二者是两回事。

5.27 四是，尽管《公司法》没有像《公司法》第 142 条第 1 款针对股份公司收购本公司的股份规定了“（股份有限）公司不得收购本公司股份。但是，有下列情形之一的除外：……”那样，针对有限公司收购本公司的股权作出“有限责任公司不得收购本公司股权。但是，有下列情形之一的除外：……”或与此类似的规定，《公司法》第 142 条第 1 款关于“公司不得收购本公司股份。但是，有下列情形之一的除外：……”的规定也只是适用于股份公司，而不适用于有限公司，但是，考虑到《公司法》第 142 条第 1 款是基于资本维持的立法目的而设置，而有限公司同样存在资本维持的需求和必要，因此，我倾向于认为，在法律明确规定的情形之外，有限公司原则上同样不得收购本公司的股权。

5.28 基于上述，我理解，《公司法司法解释（二）》第 5 条第 1 款和第 2 款中关于公司收购原告股份的规定只适用于股份公司、不适用于有限公司；从而，不能认为《公司法司法解释（二）》在《公司法》第 74 条之外为有限公司收购其自身的股权规定了新的路径；进而，在《公司法》第 74 条规定的情形之外，有限公司不应收购本公司的股权——至于说有限公司依照《公司法》和公司章程的规定通过减少注册资本的方式达到其股东单方退出有限公司的效果，则是有限公司减少注册资本这一行为的结果，不论是从形式上看，还是从实质上看，都不属于有限公司收购其股东持有的本公司股权。

5.29 考虑到《公司法司法解释（五）》第 5 条直接源于《公司法司法解释（二）》第 5 条，因此，上述第 5.22 段至第 5.28 段的分析，同样适用于《公司法司法解释（五）》第5条第1项关于“当事人协商一致以下列方式解决分歧，且不违反法律、行政法规的强制性规定的，人民法院应予支持：（一）公司回购部分股东股份；……”的规定。

第六条　本规定自2019年4月29日起施行。

本规定施行后尚未终审的案件，适用本规定；本规定施行前已经终审的案件，或者适用审判监督程序再审的案件，不适用本规定。

本院以前发布的司法解释与本规定不一致的，以本规定为准。

【解读】

6.1《公司法司法解释（五）》第6条是关于该解释的生效时间和适用案件范围的规定。

6.2在生效时间方面，《公司法司法解释（五）》自2019年4月29日起施行。结合《立法法》第93条关于“法律、行政法规、地方性法规、自治条例和单行条例、规章不溯及既往，但为了更好地保护公民、法人和其他组织的权利和利益而作的特别规定除外”的规定，《公司法司法解释（五）》原则上也应不具有溯及力。

6.3不过，由于《公司法司法解释（五）》第6条第2款规定了“本规定施行后尚未终审的案件，适用本规定”，因此，《公司法司法解释（五）》实际上对“本规定施行前已经受理但本规定施行之日尚未终审的案件”，是具有溯及力的。

6.4在适用案件范围上，《公司法司法解释（五）》适用于“本规定施行后尚未终审的案件”，包括一审案件、二审案件；不适用于判决、裁定、调解书已经发生法律效力的案件和再审案件。

6.5其中，在认定《公司法司法解释（五）》第6条第2款所说的“尚未终审”“已经终审”时，应当以相关案件的判决、裁定、调解书是否已经作出并已经发生法律效力为准。

6.6根据《公司法司法解释（五）》第6条第3款，在《公司法司法解释

(五)》跟最高人民法院以前发布的司法解释就相同的事项所作的规定不一致的情况下，应当以《公司法司法解释（五)》的规定为准。这也符合《立法法》第92条关于“同一机关制定的法律、行政法规、地方性法规、自治条例和单行条例、规章，特别规定与一般规定不一致的，适用特别规定；新的规定与旧的规定不一致的，适用新的规定”的规定的精神。

6.7 不过，值得注意的是，就人民法院审理涉及有限责任公司股东重大分歧案件而言，《公司法司法解释（五)》第5条的规定，只是《公司法司法解释(二)》第5条规定的“重述”和部分细化，应当不属于《公司法司法解释(五)》第6条第3款所说的“本院以前发布的司法解释与本规定不一致”的情形。

第二十五章
香港不同投票权上市制度[①]

本章是针对香港联合交易所有限公司（联交所）2018 年 4 月底公布的不同投票权架构上市规则进行的注释，希望有助于理解 A 股科创板上市制度有关表决权差异安排的规则，为科创板上市公司和拟上市公司设置表决权差异安排以及境内公司表决权差异制度的完善提供借鉴。

第一节　香港“不同投票权”上市制度的要点及其例外

一、香港不同投票权架构上市制度概览

2018 年 4 月 24 日，联交所宣布，作为上市改革的一部分，联交所在《香港联合交易所有限公司证券上市规则》（以下简称《主板上市规则》）新增了三个章节，即第八 A 章、第十八 A 章和第十九 C 章，并对现行《主板上市规则》的相关条文作出了相应修订。[②] 同时，联交所也公布了《主板上市规则》的修订条文[③]。

---

① 本章的内容曾于 2018 年 5 月 9 日至 18 日在微信公众号“秋荣法律评论”进行了连载，收入本书时，本着尽量保持原貌的原则，作了少量必要的修改。

② 联交所 2018 年 4 月 24 日刊发新闻稿《拥抱新经济，香港上市制度迎来新时代》，http：//www. hkex. com. hk/News/News – Release/2018/180424news？ sc_ lang = zh – HK，最后访问时间：2019 年 9 月 30 日。

③ https：//hkexcn – att. thomsonreuters. com/PDF. php？ mid = 859f88d82d8338f346882b60a5858e80，最后访问时间：2019 年 9 月 30 日。

这些修改的目的有三：一是，容许未能通过主板财务资格测试的生物科技公司上市；二是，容许拥有不同投票权架构的公司上市；三是，为寻求在香港作第二上市的大中华及国际公司设立新的便利第二上市渠道。[①]

在此基础上，联交所在2018年4月30日还刊发了3份有关上市申请人的指引信，即HKEX－GL92－18[②]、HKEX－GL93－18[③]、HKEX－GL94－18[④]，分别：（i）就联交所判别申请人是否适合根据《主板规则》第十八A章上市时所考虑的因素，及在发行人根据《主板规则》第十八A章上市后，对该等发行人如何适用若干关于须予公布的交易及关连交易的规则提供指引；（ii）就联交所判别采用不同投票权架构的申请人是否适合根据《主板规则》第8A.04条上市时所考虑的因素提供指引；及（iii）阐释联交所判别申请人是否适合根据《主板规则》第十九C.02条上市时所考虑的因素。

其中，《主板上市规则》第八A章和指引信HKEX－GL93－18，构成了现阶段联交所关于不同投票权上市制度的主要规则。

二、香港不同投票权架构上市制度的要点

就主要上市而言，《主板上市规则》第八A章和指引信HKEX－GL93－18规定的香港不同投票权架构上市制度的要点，大致包括以下28个方面。

1. 联交所会考虑偏离“一股一票”原则的公司提出的上市申请，但是，这属于例外，并且，联交所在不同投票权架构上市问题上保留了绝对的裁量权。

联交所认为，“一股一票”原则仍然是赋予股东权力及使股东权益一致的最理想方法；当然，在例外情况下，联交所也会考虑偏离“一股一票”原则的

---

① 联交所2018年4月24日的新闻稿《拥抱新经济，香港上市制度迎来新时代》；《关于〈上市规则〉的修订订户通知：第一百一十九次修订》，http：//sc.hkex.com.hk/TuniS/cn－rules.hkex.com.hk/tr/chi/browse.php？root＝7fb8467e4004f3625f71ecddd737b123&id＝11576&type＝0，最后访问时间：2019年9月30日。

② https：//sc.hkex.com.hk/TuniS/cn－rules.hkex.com.hk/tr/chi/browse.php？type＝0&id＝11577，最后访问时间：2019年9月30日。

③ https：//sc.hkex.com.hk/TuniS/cn－rules.hkex.com.hk/tr/chi/browse.php？type＝0&id＝11578，最后访问时间：2019年9月30日。

④ https：//sc.hkex.com.hk/TuniS/cn－rules.hkex.com.hk/tr/chi/browse.php？type＝0&id＝11579，最后访问时间：2019年9月30日。

公司提出的上市申请。

但其前提是，上市申请人必须证明其满足《主板上市规则》第八 A 章所规定的条件并具备该章所规定的保障措施，并“须证明其具有所需的创新及增长元素，及证明其建议的不同投票权受益人的贡献”。

此外，在是否批准具有不同投票权架构的公司在联交所上市，以及是否允许已经在联交所上市的具有不同投票权架构的公司保持其上市地位方面，联交所享有绝对的裁量权。

这主要是由《主板上市规则》第 8A. 03 条加以规定的。

联交所保留绝对的裁量权的目的，在于“务求申请人都是切合建议中制度的目标公司……确保只有‘真正’符合新上市制度目的的申请人方可上市”。[①]

2. 现阶段，联交所只允许“以股份类别为基础的不同投票权架构”在联交所作主要上市，暂不允许在除投票权以外的其他股东权利存在特别权利安排或在董事会层面存在特别权利安排的公司架构在联交所作主要上市。

《主板上市规则》关于“不同投票权”的界定，现阶段，应仅指“附带于某特定类别股份大于或优于普通股投票权的投票权力”，不包括“与受益人于发行人股本证券的经济利益不相称的其他管治权利或安排”。

并且，“不同投票权”特指“附带于某特定类别股份大于或优于普通股投票权的投票权力”，不包括比普通股股票的投票权更小或更劣的投票权。

在股东权利方面，不同投票权股份所享有的权利与普通股股份所享有的权利，唯一的不同在于，在就发行人股东大会就其职权范围内的事项进行表决时，每一股不同投票权股份享有比每一股普通股股份更大的投票权；在其他股东权利方面，包括提案权、董事提名权、分红权、知情权、出席股东大会会议的权利等方面，每一股不同投票权股份与每一股普通股股份是一样的。

这主要是由《主板上市规则》第 8A. 02 条、第 8A. 07 条加以规定的。

3. 现阶段，联交所只接受“新申请人”寻求以不同投票权架构在联交所作主要上市。

---

① 见联交所 2018 年 4 月 24 日刊发的《新兴及创新产业公司上市制度咨询总结》（https://www. hkex. com. hk/ – /media/HKEX – Market/News/Market – Consultations/2016 – Present/February – 2018 – Emerging – and – Innovative – Sectors/Conclusions – （April – 2018）/cp201802cc_ c. pdf? la = zh – HK，最后访问时间：2019 年 9 月 30 日）第 133 段。

现阶段，只有“新申请人”才可以寻求以不同投票权架构在联交所作主要上市。其中，“新申请人”，指的是其股本证券未在联交所上市的上市申请人，但包括申请将其证券由联交所 GEM 转至主板上市的 GEM 转板申请人。

已经在联交所上市的、不具有不同投票权架构的上市公司，不可以发行具有不同投票权的股份。

这主要是由《主板上市规则》第 8A. 05 条加以规定的。

4. 新申请人负有向联交所证明其“合资格”并且“适合以不同投票权架构上市”的义务。

新申请人必须是创新产业公司，并且，必须证明其具备其他特点。

这主要是由《主板上市规则》第 8A. 04 条和第 8A. 06 条加以规定的。此外，为界定何谓“适合以不同投票权架构上市”，联交所刊发的指引信 HKEX－GL93－18，就联交所判别采用不同投票权架构的申请人是否适合根据《主板上市规则》第 8A. 04 条上市时所考虑的因素提供了指引。

5. 现阶段，只有上市时预期市值不少于 100 亿港元的具有不同投票权架构的公司，才是“合资格”的申请人。

其中，上市时预期市值达到了 100 亿港元，但未达到 400 亿港元的新申请人，还需要同时满足“经审计的最近一个会计年度收益至少为 10 亿港元”的条件。

这主要是由《主板上市规则》第 8A. 06 条加以规定的。

6. 现阶段，具有不同投票权的股份，不能在联交所上市。

这主要是由《主板上市规则》第 8A. 08 条加以规定的。这将导致产生与 H 股上市公司类似的非全流通现象。

7. 就上市发行人股东大会的任何一个议案而言，在有权就该议案进行投票的投票权当中，同股同权股东所享有的投票权的比例，至少应占 10%，而不同投票权股东所享有的投票权比例，无论如何都不能超过 90%。

这主要是由《主板上市规则》第 8A. 09 条加以规定的。这是从正向规定保障同股同权股东、限制不同投票权的一项措施。

8. 只要持股数量达到发行人全部已发行股份数量的 10%，同股同权股东就享有召开特别股东大会的权利和向股东大会提出新的提案的权利。

这主要是由《主板上市规则》第 8A. 23 条加以规定的。这也是从正向规定保障同股同权股东、限制不同投票权的一项措施。

9. 发行人股东大会审议涉及修改组织章程文件、修改任何类别股份所附带的权利、委任或罢免独立非执行董事、委聘或辞退核数师以及自愿清盘的议案时，必须按照“一股一票”的原则进行投票，不同投票权股东的投票权不得多于每股一票。

这主要是由《主板上市规则》第 8A. 24 条加以规定的。这也是从正向规定保障同股同权股东、限制不同投票权的一项措施。

10. 就上市发行人股东大会审议的任何一个议案而言，发行人全部不同投票权股份所享有的投票权之和，不得超过发行人全部普通股所享有的投票权之和的 10 倍。

这主要是由《主板上市规则》第 8A. 10 条加以规定的。这也是从反向规定保障同股同权股东、限制不同投票权的一项措施。

11. 上市后，不得以任何方式增加不同投票权股份所享有的投票权数量；但经联交所批准，可以减少不同投票权股份所享有的投票权数量。

这主要是由《主板上市规则》第 8A. 16 条加以规定的。这也是从反向规定保障同股同权股东、限制不同投票权的一项措施。

12. 上市后，在联交所批准的前提下，不同投票权股份的绝对数量可以增加；但发行人发行在外的全部不同投票权股份占发行在外的全部股份的比例，就只能减少，而绝对不得以任何方式增加（当然，如果切实可行，也可以保持不变）。

这主要是由《主板上市规则》第 8A. 13 条至第 8A. 15 条加以规定的。这也是从反向规定保障同股同权股东、限制不同投票权的一项措施。

13. 上市后，不同投票权只能由受益人本人实际行使；不同投票权股份也只能由受益人本人直接持有或由受益人控制的有限合伙、信托或受益人全资拥有并控制的私人公司或其他工具直接持有；出于遗产或税务筹划的目的，受益人可以将不同投票权股份全部或部分转让给其上述持股工具，但绝对不得将不同投票权转让给或转移给任何其他主体。

这主要是由《主板上市规则》第 8A. 18 条和第 8A. 19 条加以规定的。这也是从反向规定保障同股同权股东、限制不同投票权的一项措施。

14. 现阶段，只有在发行人首次上市时就已经担任其董事并且在上市后持续不间断担任其董事的自然人，才可以成为不同投票权的受益人；其他自然人和非自然人不能成为不同投票权的受益人。并且，不同投票权只能由受益人本人实际行使，不得继承。

这主要是由《主板上市规则》第8A.11条和第8A.17条加以规定的。这也是从反向规定保障同股同权股东、限制不同投票权的一项措施。

15. 在发行人首次上市时，全体不同投票权受益人合计实益拥有其已发行股本相关经济利益的占比不得少于10%；但上市之后，这一比例可以降低（当然，也可以增加或保持不变）。

这主要是由《主板上市规则》第8A.12条加以规定的。这也是从反向规定保障同股同权股东、限制不同投票权的一项措施。

16. 不同投票权受益人及其各个持股工具将被视为发行人的关连人士、核心关连人士，从而必须遵守《主板上市规则》有关关连人士、核心关连人士的特别要求。

这主要是由《主板上市规则》第8A.20条加以规定的。这也是从反向规定保障同股同权股东、限制不同投票权的一项措施。

17. 发行人上市时，其每一个不同投票权受益人必须以联交所认可的方式向发行人承诺遵守《主板上市规则》第8A.09条、第8A.14条、第8A.15条、第8A.17条、第8A.18条和第8A.24条的规定。

这主要是由《主板上市规则》第8A.43条加以规定的。这也是从反向规定保障同股同权股东、限制不同投票权的一项措施。

18. 普通股不可以转换为不同投票权股份，不同投票权可以转换为普通股，但每一股不同投票权股份只能转换为一股普通股。

这主要是由《主板上市规则》第8A.21条加以规定的。这也是从反向规定保障同股同权股东、限制不同投票权的一项措施。

19. 不同投票权架构不可以无限期存在，在发行人首次上市时的所有不同投票权受益人当中，已经没有任何一人仍然实益拥有不同投票权股份时，上市发行人的不同投票权架构即必须终止。

这主要是由《主板上市规则》第8A.22条加以规定的。这也是从反向规定保障同股同权股东、限制不同投票权的一项措施。

20. 具有不同投票权架构的公司必须加强公司治理，强化独立非执行董事的角色和职权。

这主要是由《主板上市规则》第8A.26条和第8A.29条加以规定的。这也是保障同股同权股东、限制不同投票权的一项措施。

21. 具有不同投票权架构的公司必须加强公司治理，设置提名委员会，将举荐董事这一特别的职权授予提名委员会。

这主要是由《主板上市规则》第8A.27条和第8A.28条加以规定的。这也是保障同股同权股东、限制不同投票权的一项措施。

22. 具有不同投票权架构的公司必须加强公司治理，设置企业管治委员会，赋予其特别职权。

这主要是由《主板上市规则》第8A.30条至第8A.32条加以规定的。这也是保障同股同权股东的一项措施。

23. 具有不同投票权架构的公司必须在上市期间持续地聘任常设的合规顾问，就特定事项寻求合规顾问的意见。

这主要是由《主板上市规则》第8A.33条和第8A.34条加以规定的。这也是保障同股同权股东的一项措施。

24. 具有不同投票权架构的公司必须加强公司治理，要求各个董事、高级管理人员在上市之前接受有关不同投票权架构风险的培训。

这主要是由《主板上市规则》第8A.36条加以规定的。这也是保障同股同权股东的一项措施。

25. 具有不同投票权架构的公司必须加强公司治理，确保与股东保持持续、有效的沟通。

这主要是由《主板上市规则》第8A.35条加以规定的。这也是保障同股同权股东的一项措施。

26. 具有不同投票权架构的公司必须加强信息披露，在信息披露文件中披露涉及不同投票权架构的重要信息。

这主要是由《主板上市规则》第8A.37条至第8A.41条加以规定的。

27. 具有不同投票权架构的发行人必须将《主板上市规则》第八A章的大多数条款写入其组织章程文件，使得这些条款具有发行人组织章程文件上的效力。

这主要是由《主板上市规则》第8A.44条加以规定的。这也是一项确保《主板上市规则》第八A章获得执行的重要的保障措施。

联交所此项规定的目的，在于“希望令股东可循民事诉讼对发行人强制执行组织章程文件内的条文（包括不同投票权保障措施）”①。

28. 对寻求以不同投票权架构在联交所作主要上市的上市申请人来说，其不仅要遵守《主板上市规则》第八A章的规定，同时还需要遵守普通的上市公司和普通的上市申请人应当遵守的《主板上市规则》的其他规定。

这主要是由《主板上市规则》第八A章的“概览”部分加以规定的。

三、不适用不同投票权架构上市制度的情形

值得注意的是，《主板上市规则》第八A章的部分规定和指引信HKEX-GL93-18的规定，不适用于寻求或已经在联交所作第二上市的部分发行人。

其中，《主板上市规则》第8A.04条至第8A.06条，不适用于根据《主板上市规则》第十九C章寻求在联交所作第二上市的合资格发行人；而《主板上市规则》第8A.07条至第8A.36条、第8A.43条及第8A.44条，则不适用于已经或寻求在联交所作第二上市的非大中华发行人或获豁免的大中华发行人。

此外，还需注意的是，就现有的香港上市公司而言，如果其在2017年12月15日（即联交所发布《有关建议设立创新板的咨询总结》之日）或之前就已经具有了不同投票权架构（例如太古股份有限公司），那么，这些香港上市公司也无需符合《主板上市规则》第八A章的规定，其不同投票权架构将依据《主板上市规则》第8.11（2）条获得豁免②。

第二节　香港不同投票权上市规则逐条解析

本节是对香港新上市制度中的“不同投票权”章节的逐条注释。在本节中，香港联交所《主板上市规则》的条款原文在方框内呈现，我的注释部分在方框外体现，以作区分。

---

① 见联交所2018年4月24日刊发的《新兴及创新产业公司上市制度咨询总结》第165段。

② 见联交所2018年4月24日刊发的《新兴及创新产业公司上市制度咨询总结》第168段。

香港联合交易所有限公司证券上市规则

第八A章　股本证券

不同投票权

引言

股东投票权与股权比例相对称的概念（常称为「一股一票」原则）是投资者保障的重要一环，有助维持控股股东权益与其他股东权益一致，万一管理层表现未如理想，持有发行人最大股权的股东也会有能力罢免相关管理层。

本交易所认为「一股一票」原则仍然是赋予股东权力及使股东权益一致的最理想方法，但若有偏离此原则的公司提出上市申请，如满足本章所载条件及具备本章所载保障措施，本交易所亦会加以考虑。要合资格及适合以不同投票权架构上市，申请人预期须证明其具有所需的创新及增长元素，及证明其建议的不同投票权受益人的贡献，详情请参阅本交易所网站所载并不时修订的指引。

【解读】

“引言”部分表明了两层含义：

一是，联交所认为，“一股一票”原则仍然是赋予股东权力及使股东权益一致的最理想方法；总体而言，申请在联交所上市的公司和已经在联交所上市的公司应当遵循“一股一票”原则。

其原因在于：“一股一票”原则“是投资者保障的重要一环，有助维持控股股东权益与其他股东权益一致，万一管理层表现未如理想，持有发行人最大股权的股东也会有能力罢免相关管理层”。

也因此，《主板上市规则》第8.11条原则性地规定了：“新申请人的股本不得包括下述股份：该等股份拟附带的投票权利，与其于缴足股款时所应有的股本权益，是不成合理比例的［「B股」(B Shares)］，本交易所不会批准上市发行人已发行的新B股上市，亦不会允许上市发行人发行新B股（无论该等股份寻求的是在本交易所或其他证券交易所上市）。”

二是，根据《主板上市规则》第8.11条关于“新申请人的股本不得包括下述股份……但下列情况则作别论：（1）本交易所同意的特殊情况；或（2）如该等拥有已发行B股的上市公司，通过以股代息或资本化发行的方式，再次发行在各方面与该等B股享有同等地位的B股；但经此次发行后的已发行B股的总数，与已发行的其他有投票权股份总数的比例，须大致维持在该次发行前的水平；或（3）按《上市规则》第八A章或第十九C章所批准”的规定，在例外情况下，联交所也会考虑偏离“一股一票”原则的公司提出的上市申请；但其前提是，上市申请人须证明其“满足本章所载条件及具备本章所载保障措施”，并“须证明其具有所需的创新及增长元素，及证明其建议的不同投票权受益人的贡献”。

在《主板上市规则》第八A章的规定的基础上，联交所2018年4月30日刊发了指引信HKEX-GL93-18，就联交所判别采用不同投票权架构的申请人是否适合根据《主板上市规则》第8A.04条上市时所考虑的因素提供指引。

不过，值得注意的是，就现有的香港上市公司而言，如果其在2017年12月15日（即联交所发布《有关建议设立创新板的咨询总结》之日）或之前就已经具有了不同投票权架构，例如太古股份有限公司（“A”股股票代号：HK0019；“B”股股票代号：HK0087），那么，这类香港上市公司无需符合《主板上市规则》第八A章的规定，其不同投票权架构将依据《主板上市规则》第8.11（2）条获得豁免[①]。

概览

《上市规则》（包括第八章）适用于具有不同投票权架构或寻求以不同投票权架构上市的发行人，程度上与适用于其他股本证券发行人一样。本章所载的规则及现行规则的修订，乃适用于具不同投票权架构或寻求以不同投票权架构上市的发行人。至于已作第二上市及寻求第二上市的合资格发行人，本章所载规则受《上市规则》第19C.12条规限。

发行人若预见难以完全符合相关规定，应联络本交易所。

① 见联交所2018年4月24日刊发的《新兴及创新产业公司上市制度咨询总结》第168段。

【解读】

“概览”第一段包含了三层含义：

一是，对具有不同投票权架构的上市公司（但不包括在2017年12月15日或之前就已经具有了不同投票权架构的上市公司）和寻求以不同投票权架构上市的上市申请人来说，其不仅要遵守《主板上市规则》第八A章的规定，同时还需要遵守普通的上市公司和普通的上市申请人应当遵守的《主板上市规则》的其他规定。

二是，《主板上市规则》第八A章的规定，仅适用于具有不同投票权架构的上市公司（但不包括在2017年12月15日或之前就已经具有了不同投票权架构的上市公司）和寻求以不同投票权架构上市（包括主要上市和第二上市）的上市申请人，不适用于其他上市公司或其他上市申请人。

三是，对已在联交所作第二上市的具有不同投票权架构的上市公司（但不包括在2017年12月15日或之前就已经具有了不同投票权架构的上市公司）和寻求在联交所作第二上市的具有不同投票权架构的上市申请人来说，其是否适用《主板上市规则》第八A章的相关规定，将取决于其是否属于“非大中华发行人”或“获豁免的大中华发行人”或“不获豁免的大中华发行人”。

如果其属于“非大中华发行人”，即业务不以大中华为重心的、在纽约证券交易所、纳斯达克证券市场或伦敦证券交易所主市场（并属于英国金融市场行为监管局“高级上市”分类）主要上市的发行人，其将不适用《主板上市规则》第8A.07条至第8A.36条、第8A.43条及第8A.44条的规定；但应当适用《主板上市规则》第8A.03条至第8A.06条、第8A.37条至第8A.42条的规定。

如果其属于“获豁免的大中华发行人”，即业务以大中华为重心的、2017年12月15日或之前就已经在纽约证券交易所、纳斯达克证券市场或伦敦证券交易所主市场（并属于英国金融市场行为监管局“高级上市”分类）主要上市的发行人，其也将不适用《主板上市规则》第8A.07条至第8A.36条、第8A.43条及第8A.44条的规定；但也应当适用《主板上市规则》第8A.03条至第8A.06条、第8A.37条至第8A.42条的规定。

但是，如果其属于“不获豁免的大中华发行人”（Grandfathered Greater China Issuer），即业务以大中华为重心的、2017年12月15日之后才在纽约证券交易所、纳斯达克证券市场或伦敦证券交易所主市场（并属于英国金融市场行为监管局“高级上市”分类）主要上市的发行人，则其应当适用《主板上市规则》第八 A 章的规定。

此外，除“非大中华发行人”“获豁免的大中华发行人”“不获豁免的大中华发行人”以外的，已在联交所作第二上市的具有不同投票权架构的上市公司（但不包括在 2017 年 12 月 15 日或之前就已经具有了不同投票权架构的上市公司）和寻求在联交所作第二上市的具有不同投票权架构的上市申请人，主要指在纽约证券交易所、纳斯达克证券市场或伦敦证券交易所主市场（并属于英国金融市场行为监管局“高级上市”分类）之外的证券交易所主要上市的发行人，则应当适用《主板上市规则》第八 A 章的规定。

值得注意的是，“概览”第二段关于“发行人若预见难以完全符合相关规定，应联络本交易所”的规定，意味着在特殊的情况下，不完全符合《主板上市规则》第八 A 章的规定的发行人，也有可能取得联交所的豁免适用相关规定。

比如，针对《主板上市规则》第 8A. 12 条所说的“新申请人首次上市时，其不同投票权架构受益人实益拥有其已发行股本相关经济利益的占比，合计必须不少于 10%”，在该条的“注”中，联交所就明确提出：“若上述的最低相关经济利益不足 10% 而仍涉及巨款金额（例如申请人于首次上市时的预期市值超过 800 亿港元），本交易所也可能在综合考虑个别公司的其他因素后酌情接受。”

这也是《主板上市规则》第 8. 11 条的但书条款和第 8A. 03 条所规定的联交所的裁量权的体现。

基本原则

8A. 01 就本章所指具不同投票权架构或寻求以不同投票权架构上市的发行人而言，《上市规则》第 2. 03（4）条的一般原则修订如下：

《上市规则》反映现时为市场接纳的标准，并旨在确保投资者对市场具有及保持信心，尤其在下列几方面：

……

（4）上市证券的所有持有人均受到公平对待，以及同一类别上市证券的所有持有人均受到平等对待；……

【解读】

《主板上市规则》原第2.03（4）条的规定是“上市证券的所有持有人均受到公平对待”，联交所此次修订《主板上市规则》第2.03（4）条，在原有的“上市证券的所有持有人均受到公平对待”的基础上，加上了“以及同一类别上市证券的所有持有人均受到平等对待”的要求，旨在确保上市公司公平对待持有其不同类别的证券的投资者、持有其同一类别的证券的投资者。

释义

8A.02 以下定义适用于本章：

“同股同权股东”（non-WVR shareholder）：持有不同投票权架构发行人某类上市股份而并非不同投票权受益人的股东；

“不同投票权”（weighted voting right）：附带于某特定类别股份大于或优于普通股投票权的投票权力，或与受益人于发行人股本证券的经济利益不相称的其他管治权利或安排；及

“不同投票权架构”（WVR structure）：产生不同投票权的发行人架构

【解读】

一、关于不同投票权

由于《主板上市规则》第8A.02条关于“不同投票权”的定义的前半句，使用了“附带于某特定类别股份大于或优于普通股投票权的投票权力”的表述，这就意味着，《主板上市规则》所说的“不同投票权”，仅指比普通股股票的投票权更大或更优越的投票权，不包括比普通股股票的投票权更小或更劣的投票权。

由此，考虑到《主板上市规则》第8A.02条关于“不同投票权”的定义使用了“或”字，而“或”字连接的是构成并列关系的数个事项，因此，《主板上市规则》第8A.02条关于“不同投票权”的定义的后半句所说的“与受益人于发行人股本证券的经济利益不相称的其他管治权利或安排”中的“不相

称的其他管治权利或安排”，指的应当是高于或多于受益人在发行人的股本证券中的经济利益的、除投票权之外的、涉及发行人公司治理的其他的权利或安排，其中，比较典型的就是向发行人股东大会提出议案和提名董事候选人（或委派董事）的权利。

不过，由于《主板上市规则》第8A.07条明确规定了“在《上市规则》第8A.24条的规限下，任何不同投票权架构的不同投票权必须仅附于发行人的个别股本证券类别，并只就发行人股东大会上的议案赋予受益人更大的投票权。在所有其他方面，具有不同投票权的股本证券类别所附带的权利必须与发行人上市普通股所附带的权利相同”，因此，《主板上市规则》第8A.02条关于“不同投票权”的定义，现阶段，应仅指“附带于某特定类别股份大于或优于普通股投票权的投票权力”，不包括“与受益人于发行人股本证券的经济利益不相称的其他管治权利或安排”。

当然，由于《主板上市规则》第19C.12条规定了“《上市规则》第8A.07至8A.36、8A.43及8A.44条不适用于已经或寻求在本交易所作第二上市的非大中华发行人或获豁免的大中华发行人”，因此，对于已经在联交所作第二上市或寻求在联交所作第二上市的非大中华发行人或获豁免的大中华发行人来说，其可以采用“与受益人于发行人股本证券的经济利益不相称的其他管治权利或安排”。

二、关于不同投票权架构

与“不同投票权”相对应，如果一家公司既发行了基于一股一票的投票权的普通股，又发行了基于一股数票的投票权的其他股份，这家公司就属于具有不同投票权架构的公司。

三、关于同股同权股东

由于《主板上市规则》第8A.02条关于“同股同权股东”的定义，在使用了“持有不同投票权架构发行人某类上市股份的股东”的同时，也加上了“并非不同投票权受益人”的限定，这就意味着，《主板上市规则》第八A章所说的“同股同权股东”，不包括在持有不同投票权架构发行人普通股股票的同时也持有不同投票权股份的股东。

由此，如果相关主体在持有发行人的普通股的同时，还持有哪怕是一股具有不同投票权的股份，那么，该主体就不属于“同股同权股东”，不能计入

《主板上市规则》第八 A 章有关同股同权股东的范围。

这在确定《主板上市规则》第 8A. 09 条、第 8A. 14 条注 2、第 8A. 18 条注 2 和第 8A. 23 条所说的同股同权股东时，尤为关键。

总则

8A. 03 倘按本交易所厘定出现未有遵从本章规定的情况，本交易所可在按其认为保障投资者或维持市场秩序所需，以及在根据《上市规则》的规定采取其认为适当的其他行动以外，行使其绝对酌情权进行下列各项：

（1）按《上市规则》第 6. 01 条所述指令发行人的证券短暂停牌或停牌又或除牌；

（2）对《上市规则》第 2A. 10 条所载人士施加《上市规则》第 2A. 09 条所述的纪律制裁；

（3）拒绝：（a）批准证券的上市申请；及/或（b）批准刊发致发行人股东的通函，除非及直至发行人已按本交易所指令透过所有必须行动处理不合规的事宜并令本交易所满意。

【解读】

一、联交所的绝对裁量权

由于《主板上市规则》第 8A. 03 条使用了“倘按本交易所厘定出现未有遵从本章规定的情况，本交易所可……行使其绝对酌情权进行下列各项：……”的表述，因此，在是否批准具有不同投票权架构的公司在联交所上市以及是否允许已经在联交所上市的具有不同投票权架构的公司保持其上市地位方面，联交所享有绝对的裁量权。

这一裁量权具体体现在，在相关公司存在未有遵从《主板上市规则》第八 A 章规定的情况时，联交所可以采取以下措施：

一是，针对具有不同投票权架构的公司寻求在联交所上市的申请，在申请人按照联交所的要求处理完毕所有不合规事宜之前，不批准其上市申请。

二是，针对已经在联交所上市的具有不同投票权架构的公司，对《主板上市规则》第2A.10条所载人士施加《主板上市规则》第2A.09条所述的纪律制裁。

三是，针对已经在联交所上市的具有不同投票权架构的公司，在上市公司按照联交所的要求处理完毕所有不合规事宜之前，不批准其刊发致发行人股东的通函。

四是，针对已经在联交所上市的具有不同投票权架构的公司，要求其证券短暂停牌或停牌。

五是，针对已经在联交所上市的具有不同投票权架构的公司，在上市公司按照联交所的要求处理完毕所有不合规事宜之前，不批准其发行的新的证券上市。

六是，针对已经在联交所上市的具有不同投票权架构的公司，予以除牌。

值得注意的是，联交所将按其针对其他上市公司违规所采取的相同程序规定，对违反《主板上市规则》第八A章的发行人作出处理。[①]

二、针对联交所裁量权的质疑和联交所的回应

针对联交所的上述绝对裁量权，市场上存在质疑的观点，认为“非常倚赖联交所及上市委员会的主观判断，尤其是申请人是否适合以不同投票权架构上市这个问题”，“监管方针欠缺明确性，可能会对管治相关事宜产生影响”。[②]

对此，联交所的回应是：这些条文“必然涉及联交所及上市委员会某程度的主观判断”，但其“背后的政策目标在提升香港的竞争力，吸引更多创新型企业来港上市”；为此，联交所选择了这样的处理办法，一是，刊发指引信列明创新型公司的特征，以向市场提供更清晰的指引；二是，日后待联交所处理新兴及创新产业公司上市的经验日增，再向市场进一步提供更明确的指引。[③]

同时，联交所也明确表示：“联交所在行使酌情权接受以不同投票权架构

---

① 见联交所2018年4月24日刊发的《新兴及创新产业公司上市制度咨询总结》第160段、第161段。

② 见联交所2018年4月24日刊发的《新兴及创新产业公司上市制度咨询总结》第170段。

③ 见联交所2018年4月24日刊发的《新兴及创新产业公司上市制度咨询总结》第171段、第172段。

申请上市的事宜上定将极其节制”[1]；“在行使酌情权厘定申请人是否适合以不同投票权架构上市时，将会考虑所有情况，务求申请人都是切合建议中制度的目标公司。……联交所将保留绝对酌情权，即使申请人符合该等规定，亦可拒绝其以不同投票权架构上市的申请，以确保只有‘真正’符合新上市制度目的的申请人方可上市。”[2]

三、确保《主板上市规则》第八A章获得执行的其他保障措施

除了第8A.03条规定的绝对裁量权，《主板上市规则》第八A章还规定了其他保障措施：

一是，根据《主板上市规则》第8A.25条的规定，在不同投票权受益人投票表决的方式违反《主板上市规则》第8A.24条关于“必须按‘一股一票’原则投票的议案”的规定的情况下，联交所将不承认该等议案已按《主板上市规则》的规定获得通过，或不将该等票数计入《主板上市规则》指定事宜所需的大比数票内。

二是，《主板上市规则》第8A.43条要求，发行人上市时，其不同投票权受益人必须以联交所认可的方式向发行人承诺遵守《主板上市规则》第8A.09、8A.14、8A.15、8A.17、8A.18及8A.24条的规定。在内容方面，不同投票权受益人向发行人作出的承诺，应当“明确惠及发行人及公司所有现有及日后的股东”，其目的“旨在使该等第三方人士有法律依据可寻求对不同投票权受益人执行承诺条款”[3]。

三是，《主板上市规则》第8A.44条要求，具不同投票权架构的发行人必须将《主板上市规则》第8A.07、8A.09、8A.10、8A.13至8A.19、8A.21至8A.24、8A.26至8A.35、8A.37至8A.41条的规定纳入其组织章程文件，以赋予该等规则效力，其目的在于“希望令股东可循民事诉讼对发行人强制执行组织章程文件内的条文（包括不同投票权保障措施）”[4]。

---

① 见联交所2018年4月30日刊发的指引信HKEX－GL93－18。

② 见联交所2018年4月24日刊发的《新兴及创新产业公司上市制度咨询总结》第133段。

③ 见联交所2018年4月24日刊发的《新兴及创新产业公司上市制度咨询总结》第166段。

④ 见联交所2018年4月24日刊发的《新兴及创新产业公司上市制度咨询总结》第165段。

上市资格

基本条件

8A.04 新申请人寻求以不同投票权架构上市必须向本交易所证明其合资格及适合以不同投票权架构上市。

8A.05 本交易所只考虑新申请人以不同投票权架构上市的申请。

注：如本交易所认为申请人故意规避遵守《上市规则》第 8A.05 条或产生规避第 8A.05 条的效果，本交易所保留可拒绝其上市申请的权利。

【解读】

一、可以寻求以不同投票权架构上市的主体的范围

根据《主板上市规则》第 8A.05 条的规定，现阶段，只有“新申请人”才可以寻求以不同投票权架构在联交所上市。

其中，结合《主板上市规则》第 1.01 条中“新申请人”的定义，《主板上市规则》第 8A.05 条中的“新申请人”，指的是其股本证券未在联交所上市的上市申请人，但包括申请将其证券由联交所 GEM 转至主板上市的 GEM 转板申请人。

考虑到《主板上市规则》第 8A.13 条规定了“上市发行人不得将不同投票权股份比例增至超过上市时该等股份所占比例”，第 8A.14 条规定了“具不同投票权架构的上市发行人配发、发行或授予不同投票权股份，只限于本交易所事先批准及在下述情况下进行……”《主板上市规则》第 8A.05 条的规定，意味着，已经在联交所上市的、不具有不同投票权架构的上市公司，是不可以发行具有不同投票权的股份的。

为防止“新申请人”以外的主体通过各种途径实现以不同投票权架构上市，《主板上市规则》第 8A.05 条的附注特别规定了一项反规避措施，即：“如本交易所认为申请人故意规避遵守《上市规则》第 8A.05 条或产生规避第 8A.05 条的效果，本交易所保留可拒绝其上市申请的权利。”此外，“任何规避或不遵守有关不同投票权架构制度的规定，亦可能等同违反《证券及期货（在证券市场上市）规则》，在这些情况下，香港证监会可能会对上市申请人或上

市发行人（视情况而定）行使《证券及期货（在证券市场上市）规则》下的权力”。①

不过，值得注意的是，已经在联交所以外的证券交易所上市的具有不同投票权架构的上市公司，可以依照《主板上市规则》第十九C章的规定，寻求在联交所作第二上市。对此，《主板上市规则》第19C.03条规定了：“《上市规则》第8A.04至8A.06条不适用于根据本章寻求第二上市的合资格发行人。”

此外，《主板上市规则》第8.11（1）条和第8.11（2）条还规定了两种例外情形：一是，经联交所特别同意的特殊情况；二是，在2017年12月15日或之前就已经具有了不同投票权架构的现有的香港上市公司，可以依照《主板上市规则》第8.11（2）条的规定发行新的具有不同投票权的与原不同投票权股份同类别的股份。

二、寻求以不同投票权架构上市的申请人的证明义务

《主板上市规则》第8A.04条规定了寻求以不同投票权架构上市的申请人的证明义务：“新申请人寻求以不同投票权架构上市必须向本交易所证明其合资格及适合以不同投票权架构上市。”

其中的“合资格”，目前主要指的是符合《主板上市规则》第8A.06条关于“新申请人寻求以不同投票权架构上市必须符合以下其中一项规定：（1）上市时市值至少为400亿港元；或（2）上市时市值至少为100亿港元及经审计的最近一个会计年度收益至少为10亿港元”的规定。

为界定何谓“适合以不同投票权架构上市”，联交所在2018年4月30日刊发了指引信HKEX－GL93－18，就联交所判别采用不同投票权架构的申请人是否适合根据《主板上市规则》第8A.04条上市时所考虑的因素提供指引。

三、如何证明“适合以不同投票权架构上市”

根据该指引信，除《主板上市规则》规定的其他上市要求外，寻求以不同投票权架构上市的申请人还必须证明其至少具备以下五大特点，以向联交所证明其适合以不同投票权架构在香港上市：

一是，申请人必须是创新产业公司。

在这方面，联交所认为，对《主板上市规则》而言的创新产业公司应具备

---

① 见联交所2018年4月24日刊发的《新兴及创新产业公司上市制度咨询总结》第136段。

多于一项的下述特点："（a）能证明公司成功营运有赖其核心业务应用了（1）新科技；（2）创新理念；及/或（3）新业务模式，亦以此令该公司有别于现有行业竞争者；（b）研究及开发为公司贡献一大部分的预期价值，亦是公司的主要活动及占去大部分开支；（c）能证明公司成功营运有赖其独有业务特点或知识产权；及/或（d）相对于有形资产总值，公司的市值/无形资产总值极高。"

联交所相信，"何谓'创新'将视乎申请人所属行业及市场的状况，且会随着科技、市场及行业发展而有变。譬如一个新颖及'创新'的业务模式长此以往被其他业内人士采用，渐渐也就可能不见得如何新颖或'创新'。另外，若一家公司另辟新径，发展出'创新'方式使用既有科技，反可能因此而合资格采用不同投票权架构上市。因此，某家公司合资格以不同投票权架构上市，不一定表示另一名有类似技术、创新或业务模式的申请人亦合资格以不同投票权架构上市"。

具体而言，"联交所将审视每个个案的具体事实及情况，厘定申请人是否已经证明其是本段所述的创新公司。单凭表面上在传统业务应用新科技并不足以证明有关公司具备本段所载特点。因此，举例说，在网上销售平台经营零售业务的申请人，若未能证明其具备其他鲜明的特点，联交所可能认为其未必适合以不同投票权架构上市"。

二是，申请人必须能证明其有高增长业务的记录，可利用业务活动、用户、客户、单位销售、收益、盈利及/或市场价值（如适用）等营运数据客观计量，及证明高增长轨迹预期可持续。

三是，申请人必须证明公司价值主要来自或依赖无形的人力资源，每名不同投票权受益人的技能、知识及/或战略方针均对推动公司业务增长有重大贡献。

四是，申请人的每名不同投票权受益人必须为个人，并均积极参与业务营运的行政事务，为业务持续增长作出重大贡献；并且，发行人上市时，每名不同投票权受益人必须都是其董事。

五是，申请人必须已曾得到最少一名资深投资者提供相当数额的第三方投资（不只是象征式投资），且至进行首次公开招股时仍未撤回投资。该等投资者于上市时的总投资最少有50%要保留至首次公开招股后满六个月（在主要投资者符合规定的前提下，个别投资水平微不足道的投资者无需满足此要求）。

当然，如果申请人是由母公司分拆出来，联交所一般不要求申请人证明其曾得到第三方提供相当数额的投资；不过，在评估申请人是否合资格及适合以不同投票权架构上市时，分拆出来的申请人将接受独立评估，母公司（不论于联交所还是海外市场上市）的特点及业务记录概不计算。

其中，“资深投资者”指的是“经考虑其净资产或管理资产、相关投资经验以及于相关范畴的知识及专业技能等方面因素后，联交所认为具备丰富经验的投资者”。

值得一提的是，曾有意见要求联交所提供更多指引，厘清“资深投资者”和“相当数额的投资”的意思。

不过，联交所“不建议为资深投资者设定‘明线’测试。这是因为联交所认为不同因素可导致测试各有不同。……不过，我们同意在厘定投资者是否属于资深投资者时应该考虑其高级管理层或管理团队的投资经验”。此外，“联交所亦不拟就‘相当数额的投资’设定明线测试，……联交所判断投资是否具备‘相当数额’时，会因应情况而个别审视投资性质、投资金额、所占股权及投资的时机等”。①

四、联交所的绝对裁量权

值得注意的是，如前所说，在界定何谓“适合以不同投票权架构上市”方面，联交所享有绝对的裁量权。

在指引信 HKEX－GL93－18 中，联交所提醒申请人注意，该指引所列因素并未涵盖所有情况，亦没有约束力，联交所在评估申请人时会考虑所有相关情况；此外，联交所也明确指出：“申请人即使具备本指引信所载特点，亦不代表联交所就会确信该名申请人适合采用不同投票权架构上市。采用不同投票权的申请人即使符合本指引信的规定，联交所仍可拒绝其上市申请。”

不过，可以明确的是，根据指引信 HKEX－GL93－18 第 4.7 条，如果申请人的不同投票权架构极端不符合管治常态（例如普通股完全不附带投票权），联交所可以“以不适合上市为由”拒绝该名申请人。

---

① 见联交所 2018 年 4 月 24 日刊发的《新兴及创新产业公司上市制度咨询总结》第 82 段至第 84 段、第 174 段和第 175 段。

以不同投票权架构上市的资格

8A.06 新申请人寻求以不同投票权架构上市必须符合以下其中一项规定：

（1）上市时市值至少为400亿港元；或

（2）上市时市值至少为100亿港元及经审计的最近一个会计年度收益至少为10亿港元。

【解读】

《主板上市规则》第8A.06条对寻求以不同投票权架构在联交所主要上市的申请人的预期市值作出了规定，只有符合该条规定的预期市值的新申请人，才属于《主板上市规则》第8A.04条所说的“合资格”新申请人。

根据《主板上市规则》第8A.06条的规定，只有上市时预期市值不少于100亿港元的具有不同投票权架构的公司，才是“合资格”申请人；其中，上市时预期市值达到了100亿港元，但未达到400亿港元的新申请人，还需要同时满足“经审计的最近一个会计年度收益至少为10亿港元”的条件，而上市时预期市值达到了400亿港元的新申请人则无需满足此项条件。

结合《主板上市规则》第1.01条中“市值”的定义，计算《主板上市规则》第8A.06条所说的“市值”时，应将新申请人的所有股票纳入计算范围，包括根据《主板上市规则》第8A.08条未在联交所上市的具有不同投票权的股份类别。

这样的话，按照联交所的预期，只有业务成熟及知名度高，已得到最少一名资深投资者作出相当数额的投资的具有不同投票权架构的公司，方“合资格”申请在联交所上市。[①]

不过，值得注意的是，由于《主板上市规则》第19C.03条规定了“《上市规则》第8A.04至8A.06条不适用于根据本章寻求第二上市的合资格发行

① 见联交所2018年2月23日刊发的《新兴及创新产业公司上市制度咨询文件》第110段。

人”，因此，根据《主板上市规则》第十九 C 章寻求在联交所作第二上市的已经在纽约证券交易所、纳斯达克证券市场或伦敦证券交易所主市场（并属于英国金融市场行为监管局“高级上市”分类）作主要上市的发行人，无需适用《主板上市规则》第 8A. 06 条有关上市时与其市值的规定。

允许的不同投票权架构

只限以股份类别为基础的不同投票权架构

8A. 07 在《上市规则》第 8A. 24 条的规限下，任何不同投票权架构的不同投票权必须仅附于发行人的个别股本证券类别，并只就发行人股东大会上的议案赋予受益人更大的投票权。在所有其他方面，具有不同投票权的股本证券类别所附带的权利必须与发行人上市普通股所附带的权利相同。

【解读】

《主板上市规则》第 8A. 07 条对不同投票权架构的形式和具有不同投票权股份的权利作出了限制性规定，其目的在于“确保香港投资者可轻易明白该等架构及其赋予受益人的权力”①。

一、允许的不同投票权架构的形式

《主板上市规则》第 8A. 07 条关于“任何不同投票权架构的不同投票权必须仅附于发行人的个别股本证券类别”的规定，意味着，现阶段，联交所只允许“以股份类别为基础的不同投票权架构”在联交所上市；并且，在发行人发行的所有股份当中，只能有“个别”股份类别可以具有不同投票权；也就是说，与同股同权的股份相比，具有不同投票权的股份，应当属于少数、属于例外。

此外，注意到《主板上市规则》第 8A. 02 条将“不同投票权”界定为“附带于某特定类别股份大于或优于普通股投票权的投票权力，或与受益人于发行人股本证券的经济利益不相称的其他管治权利或安排”，由于《主板上市

① 见联交所 2018 年 2 月 23 日刊发的《新兴及创新产业公司上市制度咨询文件》第 123 段。

规则》第8A.07条规定了“允许的不同投票权架构只限以股份类别为基础的不同投票权架构”，因此，在其他管治权利或安排方面，包括在董事会层面，联交所现阶段是不允许存在与受益人在发行人股份的经济利益不相称的权利或安排的。

问题是，如何理解《主板上市规则》第8A.07条所说的“个别股本证券类别”？

对此，原则上，联交所希望发行人只能有一类股份具有不同投票权；但是，在特殊情况下，如果发行人能够证明“其应可有多于一类股份附带不同投票权”，并且“其有多于一类股份附带不同投票权的不同投票权架构并非严重不符合管治常态”，那么，联交所可能也会个别考虑其多于一类股份附带不同投票权的申请。[①]

二、不同投票权股份所享有的股东权利

《主板上市规则》第8A.07条关于“任何不同投票权架构的不同投票权必须……只就发行人股东大会上的议案赋予受益人更大的投票权。在所有其他方面，具有不同投票权的股本证券类别所附带的权利必须与发行人上市普通股所附带的权利相同”的规定，意味着，在股东权利方面，不同投票权股份所享有的权利与普通股股份所享有的权利，唯一的不同之处在于，在就发行人股东大会就其职权范围内的事项进行表决时，每一股不同投票权股份享有比每一股普通股股份更大的投票权；在其他股东权利方面，包括提案权、董事提名权、分红权、知情权、出席股东大会会议的权利等方面，每一股不同投票权股份与每一股普通股股份是一样的。

因此，根据《主板上市规则》第8A.07条的规定，寻求以不同投票权架构在联交所上市的上市申请人，除了具有不同投票权的股份可以在股东大会层面享有比普通股更大的投票权外，应当与普通股享有同样的权利，不得在其他任何方面享有比普通股更多或更优的权利。

甚至，就算在投票权方面，由于《主板上市规则》第8A.07条使用了“在《上市规则》第8A.24条的规限下”的限定，因此，尽管发行人的不同投票权架构可以赋予不同投票权股份享有比普通股更大的投票权，但是，在发行

---

① 见联交所2018年4月24日刊发的《新兴及创新产业公司上市制度咨询总结》第240段。

人股东大会审议《主板上市规则》第8A.24条所列出的各个事项时，各股东也仍然必须基于“一股一票”的原则进行投票，具有不同投票权的股份所享有的投票权也不得多于每股一票。

此外，在总数上，所有不同投票权股份所享有的投票权的数量，《主板上市规则》第8A.10条也将其上限设定为所有普通股所享有的投票权数量的10倍：“上市发行人的不同投票权股份类别赋予受益人的投票权，不得超过发行人股东大会上普通股可就任何议案表决的投票权力的10倍。”

三、不受《主板上市规则》第8A.07条限制的情形

值得注意的是，根据《主板上市规则》第19C.12条的规定，已经在联交所作第二上市或寻求在联交所作第二上市的以下两类主体，不受《主板上市规则》第8A.07条规定的限制：

一是，“非大中华发行人”，即业务不以大中华为重心的、在纽约证券交易所、纳斯达克证券市场或伦敦证券交易所主市场（并属于英国金融市场行为监管局“高级上市”分类）主要上市的发行人。

二是，“获豁免的大中华发行人”，即业务以大中华为重心的、2017年12月15日或之前就已经在纽约证券交易所、纳斯达克证券市场或伦敦证券交易所主市场（并属于英国金融市场行为监管局“高级上市”分类）主要上市的发行人。

具不同投票权的股份类别不具上市资格

8A.08 发行人不可寻求具不同投票权的股份类别上市。

【解读】

根据《主板上市规则》第8A.08条，具有不同投票权的股份，是不能在联交所上市的。这是联交所在给予其激励（允许其享有特别投票权）的同时，对其加以约束（通过抑制其流动性抑制其经济利益）。

《主板上市规则》第8A.08条的规定将导致出现这样的情况，即具有不同投票权架构的公司的一部分股份（普通股）将在联交所上市交易，而另一部分

股份（具有不同投票权的股份）则不能在联交所上市交易，从而形成新的非全流通的情况。

这类似于中国大陆的股份有限公司在发行境外上市外资股并在联交所上市之后，其内资股未在境外上市交易的情况。对此，联交所是有清晰的认识的[①]。

值得注意的是，尽管《主板上市规则》第8A.08条规定了“发行人不可寻求具不同投票权的股份类别上市”，但是，《主板上市规则》第8A.08条的这一规定，不影响持有不同投票权股份的股东根据《主板上市规则》第8A.21条及其附注的规定，在取得联交所的批准之后，将其不同投票权股份转换为普通股在联交所上市交易。

还需注意的是，根据《主板上市规则》第19C.12条的规定，已经在联交所作第二上市或寻求在联交所作第二上市的“非大中华发行人”和“获豁免的大中华发行人”，不受《主板上市规则》第8A.08条规定的限制。

同股同权股东的投票权

8A.09 同股同权股东必须持有上市发行人股东大会议案不少于10%的合资格投票权。

注1：遵从此规则意味着，例如，发行人上市的不同投票权架构不可将股东大会的投票权全部赋予不同投票权股份的受益人。

注2：不同投票权受益人不得采取任何会违反本条的行动。

【解读】

《主板上市规则》第8A.09条是对同股同权股东的保障措施。

根据《主板上市规则》第8A.09条，就上市发行人股东大会的每一个议案而言，在有权就该议案进行投票的投票权当中，在总数上，同股同权股东合计所享有的投票权的比例，至少应为10%；这也就意味着，不同投票权股份针对上市发行人股东大会任何一个议案合计所享有的投票权比例，无论如何都不能

① 见联交所2018年4月24日刊发的《新兴及创新产业公司上市制度咨询总结》第223段。

超过90%（当然，这不影响不同投票权股东在持有不同投票权股份的同时也持有普通股股份）。

在保障同股同权股东的投票权的同时，《主板上市规则》第8A.09条也起到了限制不同投票权的效果。

值得注意的是，根据《主板上市规则》第19C.12条的规定，已经在联交所作第二上市或寻求在联交所作第二上市的“非大中华发行人”和“获豁免的大中华发行人”，不受《主板上市规则》第8A.09条规定的限制。

投票权的权力限制

8A.10 上市发行人的不同投票权股份类别赋予受益人的投票权，不得超过发行人股东大会上普通股可就任何议案表决的投票权力的10倍。

【解读】

《主板上市规则》第8A.10条是对不同投票权的限制措施。

根据《主板上市规则》第8A.10条，就上市发行人股东大会审议的每一个议案而言，在总数上，上市发行人的不同投票权股份所享有的投票权，最多只能是普通股的10倍。联交所如此规定，是为了降低不同投票权股份的股东及其受益人占用及侵占公司资源的风险[①]。

需要注意的是，《主板上市规则》第8A.10条是从总量的角度来加以规定的，即就上市发行人股东大会审议的每一个议案而言，发行人全部不同投票权股份所享有的投票权之和，不得超过发行人全部普通股所享有的投票权之和的10倍。

因此，《主板上市规则》第8A.10条并没有要求发行人所发行的每一股不同投票权股份所享有的投票权，不得超过发行人所发行的每一股普通股所享有的投票权的10倍；只要能够确保“在总数上，发行人全部不同投票权股份所享有的投票权之和，不得超过发行人全部普通股所享有的投票权之和的10

① 见联交所2018年2月23日刊发的《新兴及创新产业公司上市制度咨询文件》第125段。

倍”，每一股不同投票权股份所享有的投票权，是可以超过发行人所发行的每一股普通股所享有的投票权的10倍的。

举例来说，公司发行在外的股份包括A类股份和B类股份，其中，A类股份数量占10%，每股A类股份享有80票投票权；B类股份数量占90%，每股B类股份享有1票投票权，从而，A类股份所享有的投票权总数为800票，B类股份所享有的投票权总数为90票，所有发行在外的股份所享有的投票权总数为890票，A类股份的投票权总数是B类股份投票权总数的8.8889倍，这不违反《主板上市规则》第8A.10条的规定；B类股份投票权总数占总投票权的10.1124%，这也不违反《主板上市规则》第8A.09条的规定。

在限制不同投票权的同时，《主板上市规则》第8A.10条实际上也在某种程度上起到了保障同股同权股东的效果。

还需注意的是，根据《主板上市规则》第19C.12条的规定，已经在联交所作第二上市或寻求在联交所作第二上市的“非大中华发行人”和“获豁免的大中华发行人”，不受《主板上市规则》第8A.10条规定的限制。

不同投票权架构的受益人

8A.11 不同投票权受益人必须为申请人上市时的董事会成员。

【解读】

一、不同投票权受益人应从一开始时就持续具有发行人董事身份

《主板上市规则》第8A.11条对不同投票权的受益人的身份作出了限制性规定，要求只有在申请人上市时就已经担任发行人董事的人，才可以成为不同投票权的受益人，其他人不得成为不同投票权的受益人。

值得注意的是，尽管《主板上市规则》第8A.11条使用的是“申请人上市时”的表述，但是，由于《主板上市规则》第8A.17条规定了“上市后任何时候若有以下情况，不同投票权受益人于上市发行人的不同投票权必须终止：(1) 该受益人身故；(2) 其不再是发行人董事；(3) 本交易所认为其无行为能力履行董事职责；或 (4) 本交易所认为其不再符合《上市规则》所载

的关于董事的规定”，因此，不同投票权的受益人必须在申请人上市时和上市后都持续担任发行人的董事。

值得一提的是，曾有意见认为，应当规定不同投票权受益人必须持续在发行人担任行政职务方可继续拥有不同投票权。不过，联交所基于以下考虑没有采纳这一意见：“联交所选择将不同投票权资格与董事职位挂钩，是因为后者是一个客观的准则，有助监察及规则执行，相较之下，是否持续扮演行政角色远为主观及难以判断。要求不同投票权受益人必须是董事，亦意味着不同投票权受益人作为董事对发行人有《上市规则》及普通法下的诚信责任。联交所预期不同投票权受益人会继续为发行人的策略方向作出贡献。”①

不过，尽管不强制要求受益人在发行人担任行政职务，但是，联交所在指引信 HKEX－GL93－18 的第 4.5 条也要求每一名受益人“均积极参与业务营运的行政事务，为业务持续增长作出重大贡献”。

二、现阶段暂不允许非自然人成为不同投票权受益人

现阶段，联交所不允许非自然人成为不同投票权的受益人。对此，联交所在指引信 HKEX－GL93－18 的第 4.5 条明确要求“每名不同投票权受益人必须为个人”。

当然，联交所也认为，“让法团实体享有不同投票权，将会是《有关建议设立创新板的咨询总结》所建议未来发展方向的一项重大新发展”。因此，联交所曾打算在 2018 年 7 月 31 日或之前另作咨询，探究可否允许法团实体享有不同投票权；咨询文件将寻求市场对法团实体应否及可在何等基础上享有不同投票权的意见。② 不过，考虑到“不同投票权上市机制只是最近才实施，联交所认为就扩大该机制的问题应再深入考虑，并将继续与各持份者沟通，冀达成更广泛共识”，联交所在 2018 年 7 月 25 日宣布，“决定暂时不会按原定计划展开企业持有不同投票权的市场咨询。联交所会适时再向市场公布最新进展”。③

三、不同投票权受益人不当然是上市公司的控股股东

---

① 见联交所 2018 年 4 月 24 日刊发的《新兴及创新产业公司上市制度咨询总结》第 245 段、第 246 段。

② 见联交所 2018 年 4 月 24 日刊发的《新兴及创新产业公司上市制度咨询总结》第 15 段、第 16 段。

③ 见联交所 2018 年 7 月 25 日发布的新闻稿《联交所押后企业持有不同投票权的市场咨询》。

由于不同投票权受益人享有比普通股股东更大的投票权，与此相关的问题是，是不是每一名不同投票权受益人都属于《主板上市规则》所说的控股股东，还是说，所有不同投票权受益人一并视作集体控股股东？

对此，联交所的意见是：考虑到《主板上市规则》是根据投票权而非经济价值来界定控股股东的，联交所认为《主板上市规则》关于控股股东的定义同样适用于不同投票权受益人；因此，联交所不准备将个别不同投票权受益人视作一名控股股东，也不准备将所有不同投票权受益人视作集体控股股东，他们是否为控股股东始终要按实情而定。[①]

上市时所占经济利益下限

8A. 12 新申请人首次上市时，其不同投票权架构受益人实益拥有其已发行股本相关经济利益的占比，合计必须不少于 10%。

注：不过，若上述的最低相关经济利益不足 10% 而仍涉及巨款金额（例如申请人于首次上市时的预期市值超过 800 亿港元），本交易所也可能在综合考虑个别公司的其他因素后酌情接受。

【解读】

根据《主板上市规则》第 8A. 12 条的规定，在不同投票权架构公司首次上市时，其全部不同投票权受益人实益拥有申请人首次上市时已发行股本总额的相关经济利益，不得少于 10%。

联交所如此规定，其目的在于确保该公司上市时，所有不同投票权受益人整体持有的经济利益（按价值而言）不致过少，从而能够在某种程度上与同股同权股东的经济利益相匹配[②]；同时，也是为了保障同股同权股东的利益，防止出现虽然只拥有极小比例的相关经济利益却实际控制公司的情况，避免发生“四两拨千斤”“空手套白狼”的现象。

---

① 见联交所 2018 年 4 月 24 日刊发的《新兴及创新产业公司上市制度咨询总结》第 243 段、第 244 段。

② 见联交所 2018 年 2 月 23 日刊发的《新兴及创新产业公司上市制度咨询文件》第 116 段。

不过，这一要求仅适用于新申请人首次上市时，上市之后可以不再满足此项要求。上市之后，这一比例可以增加，也可以保持不变。

此外，根据《主板上市规则》第 8A. 12 条的附注，在不同投票权的所有受益人所持有的相关经济利益虽然低于 10%，但其“涉及巨款金额”的情况下，联交所可能也会豁免其适用《主板上市规则》第 8A. 12 条的规定。

根据联交所举的例子“申请人于首次上市时的预期市值超过 800 亿港元”，其中的“涉及巨款金额”，可以指申请人首次上市时的预期市值巨大。

购买及认购股份的限制

发行附带不同投票权股份

8A. 13 上市发行人不得将不同投票权股份比例增至超过上市时该等股份所占比例。

注：倘不同投票权股份的比例减至低于发行人首次上市时已发行的不同投票权比例，本第 8A. 13 条将适用于已下调的不同投票权股份比例。

【解读】

《主板上市规则》第 8A. 13 条对申请人上市后不同投票权股份比例的上限作出了规定，即申请人上市后，其全部不同投票权股份的比例的上限为其首次上市时全部不同投票权股份占其全部股份的比例。“首次上市时全部不同投票权股份占其全部股份的比例”是一个确定的数字，不会发生变化。

这意味着，在上市后的任何时点，在总数上，其全部不同投票权股份的比例只能减少，不能有任何增加；最多只能等于其首次上市时全部不同投票权股份占其全部股份的比例，而不能高于这个比例。

甚至，即使是在全部不同投票权股份的数量未发生任何变化，而由其他原因导致其不同投票权股份比例被动增加的情形，也是不允许的。

针对这种被动增加的情形，《主板上市规则》第 8A. 15 条规定了：“如具不同投票权架构的上市发行人减少已发行股份数目（例如透过购回本身股份），而减少发行股数将导致上市发行人附带不同投票权的股份比例上升，则不同投票权受益人须按比例减少其于发行人的不同投票权（例如透过将某个比例的不同投票权股份转换成为不附带该等权利的股份）。”

此外，根据《主板上市规则》第8A.13条的附注，在公司上市后，只要其全部不同投票权股份的比例发生过任何降低，不论是因何原因所致，就都应当自动以每一次降低后的比例为上限，在其后的任何时点，全部不同投票权股份的比例就只能低于或最多等于这个降低后的比例，而不能高于这个降低后的比例。

不过，值得注意的是，《主板上市规则》第8A.13条只是从“全部不同投票权股份数量占全部股份数量的比例”的角度，来作出限制的，这是从比例的角度进行的总量控制；《主板上市规则》并没有规定说公司的不同投票权股份数量只能减少、不能增加；甚至，《主板上市规则》第8A.14条还允许公司在取得联交所批准之后，在其规定的几种情形下，是可以配发、发行或授予新的不同投票权股份的，只要其确保其不同投票权股份的比例不比发行新的不同投票权股份之前有任何增加。

> 8A.14 具不同投票权架构的上市发行人配发、发行或授予不同投票权股份，只限于本交易所事先批准及在下述情况下进行：（1）向发行人全体股东按其现有持股比例（碎股权利除外）发售；（2）向发行人全体股东按比例发行证券以股代息；或（3）按股份分拆或其他资本重组，前提是联交所认为建议配发或发行不会提高不同投票权股份的比例。
>
> 注1：若在按比例发售中，不同投票权受益人未认购向其发售的不同投票权股份（或该等股份的权利）的任何部分，该等未获认购的股份（或权利）在所转让权利只赋予承让人相等数目普通股的前提下方可转让。
>
> 注2：若在按比例发售中，上市发行人同股同权股份的权利未获全数认购（例如按比例发售并非全额包销时），上市发行人可配发、发行或授予的附带不同投票权股份的数目必须按比例减少。
>
> 注3：如有需要，不同投票权受益人必须尽力确保发行人遵守本条的规定。

【解读】

《主板上市规则》第8A.14条对具有不同投票权架构的公司上市后发行新的不同投票权股份作出了限制。这一规定是《主板上市规则》第8A.13条关于"上市发行人不得将不同投票权股份比例增至超过上市时该等股份所占比例"的规定的细化要求。

《主板上市规则》第8A.14条的规定，包含了以下几层含义：

一是，在是否可以发行新的不同投票权股份方面，具有不同投票权架构的公司上市后，是可以发行新的不同投票权股份的；只不过，应当同时满足《主板上市规则》第8A.14条所规定的各项要求。

二是，在外部批准方面，具有不同投票权架构的公司在上市后无论发行任何形式、任何数量的新的不同投票权股份，都应当事先取得联交所的批准。

三是，在发行的新的不同投票权股份的形式方面，不限于与此前已经发行的不同投票权股份相同的股份，可以是其他类别的不同投票权股份。

四是，在可以发行新的不同投票权股份的情形方面，仅限于以下三种情形：（1）向发行人全体股东按其现有持股比例（碎股权利除外）发售股份；（2）向发行人全体股东按其现有持股比例发行股份以股代息；或（3）按股份分拆或其他资本重组按比例①发行股份。

但是，无论是在何种情形下，都不得向原不同投票权股份持有人或受益人或其符合《主板上市规则》第8A.18条规定的持股工具以外的任何人发行任何新的不同投票权股份，也不得只向原不同投票权股份持有人或受益人发行新的不同投票权股份，而不同时向同股同权股东发行普通股；并且，在向发行人全体股东按其现有持股比例发售股份时，应当只能按照不同投票权持有人的持股比例向其发行具有不同投票权的股份，同时按照同股同权股东的持股比例向其发行普通股。

五是，在发行新的不同投票权股份的效果方面，无论在何种情形下，新的不同投票权股份发行完毕之后，都不能产生这样的效果，即发行人在发行完毕之后所有发行在外的不同投票权股份占发行人所有股份的比例，超过发行人在

① 见联交所2018年4月24日刊发的《新兴及创新产业公司上市制度咨询总结》第137段。

发行之前所有发行在外的不同投票权股份占发行人所有股份的比例。

为确保发行人的不同投票权股份比例不增加，《主板上市规则》第8A.14条的附注2还特别规定了："若在按比例发售中，上市发行人同股同权股份的权利未获全数认购（例如按比例发售并非全额包销时），上市发行人可配发、发行或授予的附带不同投票权股份的数目必须按比例减少。"

这意味着，具有不同投票权架构的公司在上市后能够实际发行的新的不同投票权股份的数量，实际上要取决于同次发行的普通股的数量。

值得注意的是，由于《主板上市规则》第8A.14条的附注1使用的是"若在按比例发售中，不同投票权受益人未认购向其发售的不同投票权股份（或该等股份的权利）的任何部分，该等未获认购的股份（或权利）在所转让权利只赋予承让人相等数目普通股的前提下方可转让"的表述，因此，无论是何种情形，不同投票权股份的持有人都享有优先认购相应的不同投票权股份的权利。当然，联交所认为，这是一种"有限度的优先认购权"，须符合"其后已发行的不同投票权比例不会高于进行公司行动前的不同投票权比例"这一前提条件。①

不过，根据《主板上市规则》第8A.14条的附注1，不同投票权股份持有人和受益人所享有的这种优先认购相应的不同投票权股份的权利，只能自己行使，而不能转而由他人来认购不同投票权股份；在不同投票权股份持有人和受益人自身没有认购或没有完全认购公司向其发售的不同投票权股份（或该等股份的权利）的情况下，该等未获认购的不同投票权股份（或权利）不能再由任何他人（包括其他的不同投票权股份持有人或受益人）来认购。

当然，联交所允许在不同投票权股份持有人和受益人自身没有认购或没有完全认购公司向其发售的不同投票权股份（或该等股份的权利）的情况下，可以由他人（包括其他的不同投票权股份持有人或受益人）来认购与该等未获认购的不同投票权股份（或权利）相等数量的普通股，但不得由他人认购未获认购的不同投票权股份。在这种情况下，不同投票权股份持有人和受益人转让的，是相当于认购相等数量的普通股的权利。

此外，还需注意的是，在极其特殊的例外情况下，联交所可能也会豁免上

---

① 见联交所2018年4月24日刊发的《新兴及创新产业公司上市制度咨询总结》第137段。

市发行人适用《主板上市规则》第 8A. 14 条的规定，允许上市发行人采取以先旧后新的方式配售不同投票权股份[①]或者进行不同投票权股份借贷[②]。

购买本身股份

8A. 15 如具不同投票权架构的上市发行人减少已发行股份数目（例如透过购回本身股份），而减少发行股数将导致上市发行人附带不同投票权的股份比例上升，则不同投票权受益人须按比例减少其于发行人的不同投票权（例如透过将某个比例的不同投票权股份转换成为不附带该等权利的股份）。

【解读】

《主板上市规则》第 8A. 15 条规定了不同投票权股份比例的被动增加的处理办法，这就是：不同投票权受益人有义务按比例减持其不同投票权股份，以满足《主板上市规则》第 8A. 13 条关于“上市发行人不得将不同投票权股份比例增至超过上市时该等股份所占比例”的规定。

《主板上市规则》第 8A. 15 条的目的，在于确保具有不同投票权架构的公司上市之后，其不同投票权股份比例在任何时候都不会比上市时高。

值得注意的是，只要具有不同投票权架构的上市公司已发行的普通股发生数量减少的情况，不论是何种原因所致，都将触发不同投票权受益人在《主板上市规则》第 8A. 15 条项下的减持义务。

当然，不同投票权受益人履行此项减持义务，应当遵守《主板上市规则》第八 A 章和联交所的其他要求。

其中，就《主板上市规则》第 8A. 15 条所举的“透过将某个比例的不同投票权股份转换成为不附带该等权利的股份”这一例子而言，此种转换应当符合《主板上市规则》第 8A. 21 条关于“不同投票权股份转换为普通股，必须按一换一比率进行”及其附注关于“具不同投票权架构的发行人，必须预先就转换不同投票权股份时所需发行的股份上市寻求本交易所批准”的规定。

---

① 见联交所 2018 年 4 月 24 日刊发的《新兴及创新产业公司上市制度咨询总结》第 219 段。
② 见联交所 2018 年 4 月 24 日刊发的《新兴及创新产业公司上市制度咨询总结》第 224 段。

不同投票权股份的条款不得更改

8A.16 上市后，具不同投票权架构的上市发行人不得改变不同投票权股份类别的条款，以增加该类股份所附带的不同投票权。

注：如上市发行人想更改不同投票权股份类别的条款以减少股份附带的不同投票权，除要符合法律规定外，并须事先取得本交易所批准，亦须于批准后公布该项改动。

【解读】

《主板上市规则》第8A.16条对具有不同投票权架构的公司在上市之后改变不同投票权股份类别的条款作出了限制。

一、绝对禁止通过改变条款增加不同投票权

根据《主板上市规则》第8A.16条的规定，原则上，上市发行人不得采取任何措施对其不同投票权股份类别的条款进行修改；其中，不论在何种情况下，都绝对禁止采取通过改变原不同投票权股份类别的条款的方式来达到增加该类股份所附带的不同投票权的效果。比如，上市时的组织章程文件规定，每一股普通股享有一个投票权，每一股B股享有5个投票权，现在准备修改组织章程文件，将每一股B股的投票权数量修改为6个投票权。根据《主板上市规则》第8A.16的规定，这种修改是不允许的。

因为这将增加不同投票权受益人的投票权比例，减少同股同权股东的投票权比例；这种修改是对不同投票权股东有利，但对同股同权股东不利的修改。联交所要求，这一禁止性规定概无例外，即使取得同股同权股东一致同意也不可以。

如果说《主板上市规则》第8A.13条关于“上市发行人不得将不同投票权股份比例增至超过上市时该等股份所占比例”的规定，是从股份比例的角度，通过限制不同投票权股份占全部已发行股份的比例的方式，对不同投票权架构进行的限制的话，那么《主板上市规则》第8A.16条的规定，则是从投票权数量的角度，通过限制不同投票权占全部表决权的比例的方式，对不同投票权架构进行的限制。

二、原则上允许通过改变条款减少不同投票权

不过，从保护同股同权股东的角度，联交所允许这样的改变，即通过更改不同投票权股份类别的条款，达到减少该类股份附带的不同投票权的目的。比如，上市时的组织章程文件规定，每一股普通股享有一个投票权，每一股 B 股享有 10 个投票权，现在准备修改组织章程文件，将每一股 B 股的投票权数量修改为 5 个投票权。这是对同股同权股东有利，对不同投票权股东不利的修改。

不过，联交所要求这样的改变必须同时满足以下要求：

一是，在条件方面，这样的改变符合适用法律（包括该公司注册地法律和联交所上市规则）的规定。

二是，在外部程序方面，这样的改变必须事先取得联交所的批准，并且，只能在取得联交所的批准之后才能公布该项改动。

此外，这样的改变也应当履行发行人组织章程文件规定的决策程序，并取得将因此受到不利影响的不同投票权股东的同意。

我理解，从保护同股同权股东的角度，联交所可能倾向于鼓励采取这样的改变。

持续责任

不同投票权受益人的持续规定

8A. 17 上市后任何时候若有以下情况，不同投票权受益人于上市发行人的不同投票权必须终止：

（1）该受益人身故；

（2）其不再是发行人董事；

（3）本交易所认为其无行为能力履行董事职责；或

（4）本交易所认为其不再符合《上市规则》所载的关于董事的规定。

注 1：本交易所若因下列原因认为不同投票权受益人不再具有符合其身份的品格及诚信，本交易所将视该受益人为不再符合关于董事的规定：

（a）受益人被判或曾被判犯上欺诈或不诚实行为的罪行；

（b）有管辖权的法院或法庭向受益人发出取消资格令；或

（c）本交易所裁定受益人未遵守《上市规则》第 8A. 15、8A. 18 或 8A. 24 条的规定。

注 2：若进行有关交易或发行纯粹是为遵守本第 8A. 17 条而将不同投票权股份转换为普通股，则《上市规则》第 10. 06（2）条的交易限制、第 10. 06（3）条的发行限制以及附录十的董事买卖限制并不适用。

【解读】

《主板上市规则》第 8A. 17 条要求不同投票权受益人在发行人上市后持续担任其董事，包括具备担任《主板上市规则》规定的上市公司董事的资格、具备《主板上市规则》规定的履行上市公司董事职责的行为能力。

如果不同投票权受益人因任何原因不再担任上市公司董事，或者不再具备担任上市公司董事的资格，或者不再具备履行上市公司董事职责的行为能力，其在该上市公司的不同投票权将永远地[①]、不可逆转地终止。

其中，特别是，不同投票权受益人未遵守《主板上市规则》第 8A. 15 条、第 8A. 18 条或第 8A. 24 条的规定，将被联交所视为其不再符合《主板上市规则》关于董事的规定，而导致其不同投票权终止。

《主板上市规则》第 8A. 17 条所说的“不同投票权受益人于上市发行人的不同投票权必须终止”，指的是不同投票权股份不再享有其原本享有的不同投票权，而不影响不同投票权股份所享有的其他权利，只是具有与普通股同等的地位。

值得注意的是，《主板上市规则》第 8A. 17 条第（1）项使用的“受益人身故”的表述，表明不同投票权具有人身专属性，不同投票权本身不可由受益人的继承人继承。不过，不同投票权股份可以在丧失不同投票权而成为普通股的情况下由受益人的继承人依照法律的规定予以继承。

就效果而言，在不同投票权按照《主板上市规则》第 8A. 17 条的规定终止的情况下，相关不同投票权股份只能转为普通股（当然，如果原不同投票权受益人或其继承人愿意，也应当可以由发行人回购予以注销）。

---

① 见联交所 2018 年 4 月 24 日刊发的《新兴及创新产业公司上市制度咨询总结》第 140 段。

为了确保《主板上市规则》第8A.17条的规定得以执行，《主板上市规则》第8A.17条附注2规定了一项豁免措施，针对纯粹为了遵守《主板上市规则》第8A.17条，而将不同投票权股份转换为普通股的行为，豁免这些行为适用《主板上市规则》第10.06（2）条关于股份交易限制的规定、《主板上市规则》第10.06（3）条关于股份发行限制的规定以及《主板上市规则》附录十关于董事买卖股份限制的规定。

值得注意的是，因《主板上市规则》第8A.17条的规定而导致部分而非全部不同投票权受益人所享有的不同投票权终止，不影响其他不同投票权受益人的权利，也不影响上市公司不同投票权架构的继续存续。

这跟《主板上市规则》第8A.22条关于“若发行人首次上市时的不同投票权受益人已无一人实益拥有不同投票权股份，上市发行人的不同投票权架构即必须终止”的规定，是不同的。

问题是，在发生因《主板上市规则》第8A.17条而终止不同投票权的情形，个别股东可能仅仅因为不同投票权股份附带的不同投票权失效而导致其在发行人的投票权被动地（a）增至30%以上，或（b）（如该股东持有30%或以上但低于50%的投票权）增加超过2%，这是否触发香港《公司收购、合并及股份回购守则》规定的全面收购义务？

对此，联交所表示曾与香港证监会进行过商讨，认为“如相关人士是与导致不同投票权失效的事件无关的独立人士，正常情况下，其毋须提出强制全面收购”；当然，联交所也认为“在所有相关情况下，有关人士应咨询「执行人员」（按《收购守则》的定义）的意见”。[①]

不同投票权股份的转让限制

8A.18（1）受益人所持的不同投票权股份，在股份的实益拥有权或经济利益转让予另一人，或股份所附投票权的管控（透过代表或其他方法）转让予另一人后，该等股份所附带的不同投票权即必须终止。

---

① 见联交所2018年4月24日刊发的《新兴及创新产业公司上市制度咨询总结》第292段、第293段。

（2）有限合伙、信托、私人公司或其他工具可代不同投票权受益人持有不同投票权股份，前提是该项安排不造成规避第8A.18（1）条。

注1：不同投票权股份的留置权、质押、押记或其他产权负担，若不导致该等股份或其投票权的所有权或实益拥有权（透过投票代表或其他方法）被转让，本交易所不会视之为本第8A.18条所述的转让。

注2：倘不同投票权受益人与一名或超过一名同股同权股东订立任何安排或谅解文件，导致有不同投票权从其受益人转移至同股同权股东，本交易所将视之为本第8A.18条所述的转让。

8A.19 倘若代上市发行人的不同投票权股份受益人持有不同投票权股份的工具不再符合第8A.18（2）条的规定，该受益人于上市发行人的不同投票权必须终止。该发行人及受益人必须将不合规的详细数据在可行范围内尽快通知本交易所。

【解读】

《主板上市规则》第8A.18条和第8A.19条对不同投票权股份的转让作出了限制性规定。

一、间接持股安排和允许的转让

根据《主板上市规则》第8A.18条和第8A.19条的规定，不同投票权具有专属性，在上市之后，不同投票权股份只能由受益人本人直接持有，或者由其直接或间接控制的有限合伙、信托、私人公司或其他工具直接持有；或者由受益人本人和由其直接或间接控制的有限合伙、信托、私人公司或其他工具共同直接持有。

其中，联交所允许不同投票权受益人出于遗产规划或税务筹划的目的，选择不直接持有不同投票权股份，而是通过其直接或间接控制的有限责任合伙、信托、私人公司或其他工具来直接持有不同投票权股份；但是，这种间接持有不能产生规避《主板上市规则》第8A.18（2）条的效果。

特别地，联交所认为，下述间接持股安排是可以接受的，不会导致受益人股份所附带的不同投票权失效：

（a）受益人通过有限合伙直接持有不同投票权股份，其合伙条款明确约定相关股份所附带的投票权由不同投票权受益人全权控制。

（b）受益人通过信托直接持有不同投票权股份，并且，（i）不同投票权受益人实质保留对信托及直接持股公司的若干管控，如相关税务司法权区不允许，则必须保留于不同投票权股份的实益拥有权；及（ii）信托的目的是遗产规划及/或税务规划。

（c）受益人通过私人公司或其他工具直接持有不同投票权股份，不同投票权受益人［或上文（b）段所述的信托］在所有相关时候均须全资拥有并管控该私人公司或其他工具。①

甚至，联交所还允许，申请人上市之后，在符合上述规定的前提下，受益人也可制定或修订上述持股安排。②

因此，基于上述，不同投票权受益人可以将相关不同投票权股份转让给符合上述间接持股安排的有限合伙、信托、私人公司或其他工具。

联交所之所以作出此项安排，是因为，一是，联交所相信，“上述安排已为不同投票权受益人的持股安排提供一定程度弹性，有助其进行遗产及/或税务规划”③；二是，联交所认为，“上述措施确保只有对发行人上市后的业绩有持续责任的人士方可以不同投票权投票。要求不同投票权受益人留任董事亦意味着不同投票权受益人须符合《上市规则》的能力及品格规定，并具有《上市规则》及普通法下对发行人的诚信责任。因而，发行人股东应可放心相信发行人的管理将以公司及股东整体利益为依归”。④

值得注意的是，《主板上市规则》第8A.18（2）条所说的“代不同投票权受益人持有不同投票权股份”的“私人公司或其他工具”，应在所有相关时候均由该受益人全资拥有并受其管控。⑤

还需注意的是，现阶段，联交所不允许非自然人成为不同投票权的受益人。因此，在上述间接持股安排下直接持有不同投票权股份的有限合伙、信

① 见联交所2018年4月24日刊发的《新兴及创新产业公司上市制度咨询总结》第193段。
② 见联交所2018年4月24日刊发的《新兴及创新产业公司上市制度咨询总结》第143段。
③ 见联交所2018年4月24日刊发的《新兴及创新产业公司上市制度咨询总结》第194段。
④ 见联交所2018年4月24日刊发的《新兴及创新产业公司上市制度咨询总结》第196段。
⑤ 见联交所2018年4月24日刊发的《新兴及创新产业公司上市制度咨询总结》第193段。

托、私人公司或其他工具，只是作为“代不同投票权受益人持有不同投票权股份”的“工具”，也即《主板上市规则》第8A.20条所说的“藉以持有不同投票权股份的工具”，并非不同投票权的受益人。

当然，联交所也认为，“让法团实体享有不同投票权，将会是《有关建议设立创新板的咨询总结》所建议未来发展方向的一项重大新发展。”因此，联交所打算在2018年7月31日或之前另作咨询，探究可否允许法团实体享有不同投票权；咨询文件将寻求市场对法团实体应否及可在何等基础上享有不同投票权的意见。[①] 不过，如前所述，联交所在2018年7月25日宣布“决定暂时不会按原定计划展开企业持有不同投票权的市场咨询”[②]。

二、不允许的转让

在下列任何情形下转让不同投票权股份，除非受让人符合上述间接持股安排的要求，否则，相应的不同投票权都必须终止，如同相关股份不享有不同投票权：

一是，受益人将其持有的不同投票权股份的实益拥有权或经济利益转让予另一人，不论受让人是否属于同一家上市公司的不同投票权股份的受益人。比如，将不同投票权股份转让给其他不同投票权股份持有人或受益人，或转让给同股同权股东，或转让给股东以外的人，或者转让给受益人非全资拥有的私人公司或其他工具[③]。

二是，受益人将其所享有的不同投票权的管控（透过代表或其他方法）转让予另一人，不论受让人是否属于同一家上市公司的不同投票权股份的受益人。比如，将不同投票权全权委托给其他不同投票权股份持有人或受益人，或全权委托给同股同权股东或股东以外的人。

其中，《主板上市规则》第8A.18条的附注2专门规定了：“倘不同投票权受益人与一名或超过一名同股同权股东订立任何安排或谅解文件，导致有不同投票权从其受益人转移至同股同权股东，本交易所将视之为本第8A.18条所述的转让。”

---

① 见联交所2018年4月24日刊发的《新兴及创新产业公司上市制度咨询总结》第15段、第16段。

② 见联交所2018年7月25日发布的新闻稿《联交所押后企业持有不同投票权的市场咨询》。

③ 见联交所2018年4月24日刊发的《新兴及创新产业公司上市制度咨询总结》第196段。

三、不视为转让的情形

当然，《主板上市规则》第8A.18条的附注1也规定了，对于受益人在不同投票权股份上设置的留置权、质押、押记或其他产权负担，如果不会产生导致该等股份或其投票权的所有权或实益拥有权（透过投票代表或其他方法）被转让的效果，那么，联交所不会将其视为《主板上市规则》第8A.18条所述的转让。

不过，在不同投票权股份上设置的留置权、质押、押记或其他产权负担被强制执行的情况下，将触发《主板上市规则》第8A.18（1）条关于“该等股份所附带的不同投票权即必须终止”的要求。

届时，“质权人（例如放贷的银行）会透过股份过户登记处（通常预计于同一天）将不同投票权股份转换为普通股。在符合保安监控及风险管理审核的措施下，股份一经转换，换股后发行的普通股（已事先获准上市）可存于香港中央结算及交收系统，并通常会实时存入交易所参与者的账户供其使用”。[①]

关连人士及核心关连人士的定义

8A.20 不同投票权受益人及其藉以持有不同投票权股份的工具（本来并不符合《上市规则》第14A.07条「关连人士」的定义）乃《上市规则》第14A.07（6）条所指被本交易所视为与上市发行人有关连的人士。不同投票权受益人及其藉以持有不同投票权股份的工具（本来并不符合《上市规则》第1.01条「核心关连人士」的定义），本交易所概视为上市发行人的核心关连人士。

【解读】

《主板上市规则》第8A.20条将不同投票权受益人、不同投票权受益人籍以持有不同投票权股份的各个工具都界定为上市发行人的关连人士、核心关连人士。

① 见联交所2018年2月23日刊发的《新兴及创新产业公司上市制度咨询文件》第132段。

就不同投票权受益人而言，由于《主板上市规则》第 8A. 11 条规定了“不同投票权受益人必须为申请人上市时的董事会成员”，因此，不同投票权受益人因其作为上市发行人董事的身份而属于《主板上市规则》第 14A. 07（1）条所说的上市发行人“关连人士”和第 1. 01 条所说的上市发行人的“核心关连人士”。

就不同投票权受益人籍以持有不同投票权股份的各个工具而言，尽管这些工具本来并不符合《主板上市规则》第 14A. 07 条关于“关连人士”的定义，也不符合《主板上市规则》第 1. 01 条关于“核心关连人士”的定义，但是，基于《主板上市规则》第 8A. 20 条的特别规定，联交所仍然将其视为具有不同投票权架构的上市发行人的“关连人士”“核心关连人士”。

因此，《主板上市规则》其他章节中有关“关连人士”“核心关连人士”的各项规定，同样适用于不同投票权受益人以及不同投票权受益人籍以持有不同投票权股份的各个工具，具有不同投票权架构的发行人必须遵守这些规定的要求。

不同投票权股份的转换条件

8A. 21 不同投票权股份转换为普通股，必须按一换一比率进行。

注：具不同投票权架构的发行人，必须预先就转换不同投票权股份时所需发行的股份上市寻求本交易所批准。

【解读】

《主板上市规则》第 8A. 21 条对不同投票权股份转换为普通股的条件作出了规定。

根据《主板上市规则》第 8A. 21 条的规定，这些转换条件主要包括两个：

一是，在转换比率方面，每一股不同投票权股份只能转换为一股普通股。

二是，在转换所需的外部程序方面，必须事先就转换不同投票权股份时所需发行的股份上市取得联交所的批准。

应该说，《主板上市规则》第 8A. 21 条关于“不同投票权股份转换为普通股，必须按一换一比率进行”的规定，是《主板上市规则》第 8A. 07 条关于“在《上市规则》第 8A. 24 条的规限下，任何不同投票权架构的不同投票权必须仅附于发行人的个别股本证券类别，并只就发行人股东大会上的议案赋予受益人更大的投票权。在所有其他方面，具有不同投票权的股本证券类别所附带的权利必须与发行人上市普通股所附带的权利相同”的规定的内在要求；允许每一股不同投票权股份转换为超过一股的普通股，将违反《主板上市规则》第 8A. 07 条的规定。

值得注意的是，《主板上市规则》第 8A. 21 条所说的“不同投票权股份转换为普通股”，既包括不同投票权股份的受益人自愿将其所持不同投票权股份转换为普通股，也包括因发生《主板上市规则》第 8A. 14 条注 2、第 8A. 15 条、第 8A. 17 条、第 8A. 18 条、第 8A. 19 条等条款所说的“减少不同投票权股份”“不同投票权必须终止”等情形时所造成的转换。

此外，不同投票权股份转换为普通股，将涉及相应的原不同投票权股份的注销、相应数量的新的普通股的发行，从而可能也应当按照上市发行人的组织章程文件的规定，履行相应的内部决策程序，取得将因此受到影响的股东的同意。

为此，《主板上市规则》第 8A. 40 条特别规定了：“具不同投票权架构的发行人须在上市文件以及中期报告及年报内披露其不同投票权股份若转换为普通股会对其股本产生的影响。”其中的“影响”，主要指的是“不同投票权股份若转换为普通股后对发行人股本的摊薄效应”①，这种摊薄效应既包括对不同投票权股份比例的摊薄效应，也包括对普通股投票权比例的摊薄效应。

不同投票权架构终止的条件

8A. 22 若发行人首次上市时的不同投票权受益人已无一人实益拥有不同投票权股份，上市发行人的不同投票权架构即必须终止。

---

① 见联交所 2018 年 4 月 24 日刊发的《新兴及创新产业公司上市制度咨询总结》第 248 段。

【解读】

《主板上市规则》第8A.22条对不同投票权架构的终止条件作出了规定。

一、不同投票权架构的终止条件

根据《主板上市规则》第8A.22条的规定，上市发行人的不同投票权架构终止的条件是，在发行人首次上市时的不同投票权受益人当中，已经没有任何一人仍然实益拥有任何不同投票权股份。

其中的“不同投票权股份”，不限于发行人首次上市时的不同投票权股份，既包括发行人首次上市时就已经发行的不同投票权股份，也包括上市后按照《主板上市规则》第八A章发行的新的不同投票权股份。

此外，直接持有不同投票权股份的主体，也不限于发行人首次上市时不同投票权股份的持有人，可以是符合《主板上市规则》第8A.18条的要求的代不同投票权受益人持有不同投票权股份的工具。

根据《主板上市规则》第8A.11条、第8A.13条、第8A.14条、第8A.15条、第8A.17条、第8A.18条和第8A.19条的规定，只有上市时原有的受益人受益于其不同投票权，并继续积极参与发行人的业务，有关的不同投票权才会继续存在[1]。

考虑到《主板上市规则》第8A.11条规定了“不同投票权受益人必须为申请人上市时的董事会成员”，而自然人终究是会死亡的，因此，在具有不同投票权架构的公司上市之后，即使不发生因受益人转让不同投票权股份导致不同投票权终止的情形，其不同投票权受益人也不会，也不能增加，而只会，并且肯定会减少，直至最后一个受益人身故，从而不可避免地会出现《主板上市规则》第8A.22条所说的“发行人首次上市时的不同投票权受益人已无一人实益拥有不同投票权股份”的情况。届时，相关上市公司的不同投票权架构必须自动终止，成为不具有不同投票权架构的上市公司。

不过，由于联交所曾打算另作咨询，寻求市场对法团实体应否及可在何等基础上享有不同投票权的意见[2]，而联交所在2018年7月25日也只是“决定

① 见联交所2018年2月23日刊发的《新兴及创新产业公司上市制度咨询文件》第154段。

② 见联交所2018年4月24日刊发的《新兴及创新产业公司上市制度咨询总结》第15段、第16段。

暂时不会按原定计划展开企业持有不同投票权的市场咨询"①，因此，如果将来联交所允许非自然人成为不同投票权的受益人，考虑到非自然人可以无限期存续，届时，《主板上市规则》第8A.22条的规定可能也会作相应的修改。

按照联交所的说法，《主板上市规则》第8A.22条规定的是"由事件触发的日落条款"，或"自然日落条款"。

值得一提的是，在制定《主板上市规则》第八A章的过程中，联交所没有采纳规定"有时限的日落条款"的建议。

其原因在于，一是，联交所认为，"有时限的日落条款可引发上市发行人控制权在未来某日出现变动，而该变动可能不符合公司或其股东的最佳利益"，"如要求不同投票权架构在某日期后须经批准方可续期（持续进行），当该日期临近时，该规定会为股东及准投资者带来极多不明朗因素"；二是，联交所认为，"有时限的日落条款可能令香港机制的竞争力逊于不设日落条款的海外市场（尤其是美国及英国）"；三是，在联交所刊发《有关建议设立创新板的框架咨询文件》后，大部分属于投资者的响应人士均没提议订立有时限"日落条款"；四是，如前所述，不同投票权只限于对发行人的发展有重大责任及仍身任董事的不同投票权受益人，不同投票权不会无限期存在。②

不过，联交所也指出，《主板上市规则》第八A章所规定的"监管规定及保障措施只是任何采用不同投票权架构的公司要上市都必须符合的最低管治标准。虽则我们建议的制度有很多措施保障不同投票权公司投资者的利益（包括「自然日落」、同股同权股东所占票数的最低规定以及10：1比例上限等），但断不能视之为可以代替投资者自身对于个别公司之管治的判断和评估。以美国市场为例，保障措施多数是公司与投资者自行协商出来，监管机构并无任何规定。按现时建议的制度，个别公司如决定采纳一项或以上的「额外保障」，其绝对有权这样做。"③

因此，《主板上市规则》第8A.22条的规定，只是最低要求；从保障同股同权股东的角度，具有不同投票权架构的公司可以自主约定比《主板上市规

① 见联交所2018年7月25日发布的新闻稿《联交所押后企业持有不同投票权的市场咨询》。

② 见联交所2018年4月24日刊发的《新兴及创新产业公司上市制度咨询总结》第207段至第212段。

③ 见联交所2018年4月24日刊发的《新兴及创新产业公司上市制度咨询总结》第213段。

则》第8A.22条的规定更不利于不同投票权受益人的终止条件——当然，这应当取得不同投票权受益人的同意方为有效。

二、不同投票权架构终止时涉及《外商投资法》的处理办法

在香港不同投票权上市制度推出之时，《外商投资法》尚未出台，当时正在审议的是《外国投资法（草案）》。

在其刊发的指引信 HKEX－GL93－18 中，联交所认为，不同投票权架构上市制度与外资所有权限制是不同的、相互独立的事项。其中的例证就包括，在《外国投资法（草案）》公布之后，已经有多个发行人在未涉及不同投票权的情况下，通过多种符合外资拥有权限制的机制在联交所完成了上市。

不过，联交所也认为，在《外国投资法（草案）》生效之后，采用不同投票权架构的发行人（若不同投票权的持有人是中国公民）可能可以使用不同投票权去证明其符合《外国投资法（草案）》的规定，因为有关从事受外资法限制行业的发行人实际是由这些中国公民控制。

届时，如果申请人准备通过不同投票权架构证明其可符合《外国投资法（草案）》的规定，考虑到不同投票权架构不会永久存在，申请人就必须清楚地披露其不同投票权有可能失效，届时其未必符合《外国投资法（草案）》的规定。

《外商投资法》已于2020年1月1日起生效，联交所的指引信 HKEX－GL93－18 中的上述意见应当仍然是适用的。

企业管治

同股同权股东召开股东特别大会的权利

8A.23 同股同权股东必须有权召开股东特别大会及在会议议程中加入新的议案，所需的最低持股要求不得高于上市发行人股本所附投票权按「一股一票」的基准计算的10%。

【解读】

《主板上市规则》第8A.23条至第8A.36条是从公司治理的角度，来规定有关保障同股同权股东的措施的。

《主板上市规则》第 8A. 23 条规定了同股同权股东召开特别股东大会的权利，以及向股东大会提出提案的权利。并且，只要同股同权股东单独或合计持有的股份所代表的表决权达到或超过了上市发行人全部表决权的 10%，就可以召开特别股东大会（但不包括周年股东大会），也可以向股东大会（包括周年股东大会和特别股东大会）提出提案。

其中，在计算上述 10% 的表决权比例时，应当按照每一股普通股和每一股不同表决权股份均享有一票投票权为基准，计算上市发行人全部已发行在外的股份所代表的表决权，亦即，上市发行人全部已发行在外的股份所代表的表决权数量等于其已发行在外的股份的数量。当然，依照适用法律和上市发行人组织章程文件的规定，不享有表决权的股份除外。比如，通常来说，上市发行人持有的库存股不享有表决权。

此外，《主板上市规则》第 8A. 23 条所规定的 10% 的表决权比例，是联交所规定的最低标准，如果发行人注册地法律规定了比 10% 更低的比例要求，则应当适用相应的更低的比例要求。

比如，就在内地注册的股份有限公司而言，《公司法》规定的股东可以自行召集和召开股东大会会议的持股比例要求是连续 90 日以上单独或合计持有 10% 以上的股份（见《公司法》第 101 条），股东可以向股东大会提出临时提案的持股比例要求是单独或合计持有 3% 以上的股份（见《公司法》第 102 条第 2 款）。因此，如果在科创板上市的采取表决权差异安排的境内的股份公司将来发行境外上市外资股（H 股）并在联交所主板上市，届时将适用境内《公司法》的相关规定。

须按「一股一票」基准投票的议案

8A. 24 通过下列事宜的议案时，上市发行人须不理会任何股份类别所附带的不同投票权，不同投票权受益人的投票权不得多于每股一票：

（1）上市发行人组织章程文件的变动（不论以何种形式）；

（2）任何类别股份所附带权利的变动；

（3）委任或罢免独立非执行董事；

> （4）委聘或辞退核数师；及
>
> （5）上市发行人自愿清盘。
>
> 注：本第 8A. 24 条旨在保障同股同权股东不致于未经其同意就被不同投票权受益人通过议案，而并非要使同股同权股东能够删除或进一步限制不同投票权。某个类别已发行股份所附带的不同投票权若要更改，只能按发行人所须遵守的规例及/或法律的规定，在该类股份的持有人同意下后方可更改。若有关规例及/或法律并未规定需要该等许可，在上市发行人注册成立地法律允许的情况下，本交易所将会要求上市发行人在组织章程文件中加入须该等许可的规定［在百慕达或开曼群岛注册成立的发行人，见附录十三 A 第 2（1）段及附录十三 B 第 2（1）段］。

【解读】

《主板上市规则》第 8A. 24 条对上市发行人股东大会进行表决时必须按照“一股一票”的原则进行投票的事项作出了规定。

这些事项包括以下 7 项：一是，对上市发行人组织章程文件作出任何变动；二是，对任何类别的股份所附带的任何权利作出任何变动；三是，委任独立非执行董事；四是，罢免独立非执行董事；五是，委聘核数师；六是，辞退核数师；七是，上市发行人自愿清盘。

在上市发行人股东大会审议上述事项时，不同投票权股东不能行使不同投票权，而只享有一票投票权；当然，依照适用法律和上市发行人组织章程文件的规定，不同投票权股东不享有表决权的除外。

其中，就修改上市发行人组织章程文件而言，联交所最初的建议是，只有发行人组织章程文件的重大变动方需要按“一股一票”的基准决定；不过，在进一步研究及讨论之后，为了保持与“公司法”的要求一致及避免在遵守及执行时出现不明确的地方，联交所进一步要求发行人组织章程文件的任何变动（不论是否属于重大变动）都必须按“一股一票”的基准决定。①

① 见联交所 2018 年 2 月 23 日刊发的《新兴及创新产业公司上市制度咨询文件》第 129 段。

就修改上市发行人任何类别的股份所附带的权利而言，不仅修改普通股股份所附带的权利须按“一股一票”的基准决定，修改不同投票权股份所附带的权利也须按“一股一票”的基准决定。其中的“变动”，包括任何变动，既包括对原有权利作出有利的修改（比如权利增加），也包括对原有权利作出不利的修改（比如权利减少或附加新的限制性条件）。

值得注意的是，根据《主板上市规则》第8A.24条的附注，《主板上市规则》第8A.24条的目的，在于保障同股同权股东的权利，确保不会发生不同投票权股东在未经同股同权股东同意的情况下就通过相关议案，而不在于允许同股同权股东据此得以在未经不同投票权受益人同意的情况下删除或进一步限制不同投票权或不同投票权架构，或作出不利于不同投票权或不同投票权架构的其他修改。

并且，《主板上市规则》第8A.24条的附注还特别指出，某个类别已发行股份所附带的不同投票权若要更改，只能按发行人所须遵守的规例及/或法律的规定，在该类股份的持有人同意下后方可更改。

此外，《主板上市规则》第8A.24条的附注还规定了，若有关规例及/或法律并未规定更改某个类别股份所附带的不同投票权需要取得该类股份的持有人的同意，那么，在上市发行人注册成立地法律允许的情况下，联交所将会要求上市发行人在其组织章程文件中加入须取得该等同意的规定。

尽管《主板上市规则》第8A.24条没有明确指出，但是，上述要求同样也适用于同股同权股份：同股同权股份所附带的权利的更改，同样也只能按发行人所须遵守的适用法律的规定，在同股同权股东同意后方可更改。

> 8A.25 在不限制发行人遵守《上市规则》第8A.24条责任的前提下，若不同投票权受益人投票表决的方式违反第8A.24条，本交易所将不承认该等议案已按《上市规则》的规定通过，或不将该等票数计入《上市规则》指定事宜所需的大比数票内。
>
> 注：本交易所此行动概不影响其在这些情况下可采取的其他行动。

【解读】

《主板上市规则》第8A.25条规定了联交所为确保《主板上市规则》第

8A. 24 条获得执行而有权采取的特别措施。

在不同投票权受益人违反《主板上市规则》第 8A. 24 条的规定行使投票权时，联交所可以采取的措施包括：

一是，不承认相关议案已按《主板上市规则》获得通过，从而不承认其效力。

二是，不将不同投票权受益人违反规定进行的投票计入有效投票数，并据以认定相关议案是否获得通过。

除此之外，《主板上市规则》第 8A. 25 条的附注还专门指出，联交所可以针对发行人或不同投票权受益人等主体采取《主板上市规则》所规定的其他行动。

独立非执行董事

独立非执行董事的角色

8A. 26 具不同投票权架构的上市发行人的独立非执行董事的角色须包括及不限于《上市规则》附录十四守则条文 A. 6. 2、A. 6. 7 及 A. 6. 8 所述的职能。

【解读】

《主板上市规则》第 8A. 26 条对具有不同投票权架构的上市发行人的独立非执行董事应当承担的角色和职能作出了特别规定。

据此，在角色方面，具有不同投票权架构的上市发行人的独立非执行董事，是与其他董事拥有同等地位的董事会成员。

在职能方面，具有不同投票权架构的上市发行人的独立非执行董事，应当至少承担如下职能：

一是，独立非执行董事应定期出席董事会及其同时出任委员会成员的委员会的会议并积极参与会务，以其技能、专业知识及不同的背景及资格作出贡献。具体来说，包括：

（a）参与董事会会议，在涉及策略、政策、公司表现、问责性、资源、主要委任及操守准则等事宜上，提供独立的意见；

（b）在出现潜在利益冲突时发挥牵头引导作用；

（c）依照适用法律和公司组织章程文件的规定出任审核委员会、薪酬委员会、提名委员会及其他管治委员会成员；及

（d）仔细检查发行人的表现是否达到既定的企业目标和目的，并监察汇报公司表现的事宜。

二是，独立非执行董事应出席股东大会会议，对公司股东的意见有公正的了解。

三是，独立非执行董事须透过提供独立、富建设性及有根据的意见对发行人制定策略及政策作出正面贡献。

值得一提的是，曾有意见建议要求采用不同投票权架构的发行人增加其董事会内独立非执行董事的人数，例如要求董事会至少半数成员为独立非执行董事。

对此，考虑到《主板上市规则》第八 A 章加强了独立非执行董事的角色，强制他们履行特定职责，并且要求独立非执行董事按一股一票基准选出，董事会辖下委员会成员主要为独立非执行董事，企业管治委员会的全部成员必须为独立非执行董事，因此，联交所认为上述措施已经足够，不需要再要求增加董事会成员中的独立非执行董事的人数。[①]

提名委员会

8A. 27 具不同投票权架构的上市发行人必须成立符合《上市规则》附录十四 A5 节规定的提名委员会。

注：委任或重新委任董事（包括独立非执行董事）必须经由提名委员会根据《上市规则》附录十四 A. 5. 2（b）及（d）的条文举荐。

8A. 28 按《上市规则》第 8A. 27 条成立的提名委员会必须由独立非执行董事担任主席。

【解读】

《主板上市规则》第 8A. 27 条和第 8A. 28 条要求具有不同投票权架构的上

① 见联交所 2018 年 4 月 24 日刊发的《新兴及创新产业公司上市制度咨询总结》第 202 段。

市发行人必须设置提名委员会，并对提名委员会的人员构成及其职权作出了特别规定。

一是，在提名委员会的设置方面，具有不同投票权架构的上市发行人必须设置提名委员会。

二是，在提名委员会的人员构成方面，具有不同投票权架构的上市发行人设置的提名委员会，其成员须以独立非执行董事占大多数，并由独立非执行董事担任提名委员会主席。

值得注意的是，与《主板上市规则》第8A.31条要求企业管治委员会的各个成员均须为独立非执行董事不同，联交所并未要求提名委员会的全体成员均为独立非执行董事。

三是，在提名委员会的职权方面，除了《主板上市规则》附录十四A5节规定的通常的上市公司的提名委员会的职权外，具有不同投票权架构的上市发行人的提名委员会，还享有举荐上市发行人各个董事（包括独立非执行董事）的特别职权。上市公司委任或重新委任的任何董事（包括独立非执行董事），均应由提名委员会举荐，不同投票权受益人不再享有独立举荐任何董事的权利。

轮流退任

8A.29 具不同投票权架构的发行人的独立非执行董事须至少每三年轮流退任。独立非执行董事可在三年任期完结时获重新委任。

【解读】

《主板上市规则》第8A.29条对具有不同投票权架构的发行人的独立非执行董事的任期和连任事宜作出了规定。

一是，在任期方面，联交所要求独立非执行董事的任期不得超过三年。

二是，在连任方面，联交所允许独立非执行董事任期届满后在获得委任的情况下连任，并且未对其连任次数作出限制。

企业管治委员会

职权范围

8A.30 具不同投票权架构的发行人必须设立企业管治委员会，委员会的职权范围须至少包括《上市规则》附录十四守则条文 D.3.1 所载以及下列附加条文所载的职权：

（1）检视及监察上市发行人是否为全体股东利益而营运及管理；

（2）每年一次确认不同投票权受益人全年均是上市发行人的董事会成员以及相关会计年度内并无发生第 8A.17 条所述任何事项；

（3）每年一次确认不同投票权受益人是否全年都一直遵守第 8A.14、8A.15、8A.18 及 8A.24 条；

（4）审查及监控利益冲突的管理，并就任何涉及发行人、发行人附属公司及/或发行人股东（当作一个组群）与任何不同投票权受益人之间可能有利益冲突的事宜向董事会提出建议；

（5）审查及监控与发行人不同投票权架构有关的所有风险，包括发行人及/或发行人附属公司与任何不同投票权受益人之间的关连交易，并就任何该等交易向董事会提出建议；

（6）就委任或罢免合规顾问向董事会提出建议；

（7）力求确保发行人与股东之间的沟通有效及持续进行，尤其当涉及《上市规则》第 8A.35 条的规定时；

（8）至少每半年度及每年度汇报企业管治委员会的工作，内容须涵盖该委员会职权范围所有方面；及

（9）在上文第（8）分段所述报告中披露其就上文第（4）至（6）分段所述事宜向董事会提出的建议（若未能披露必须解释）；

【解读】

《主板上市规则》第 8A.30 条要求具有不同投票权架构的发行人必须设立企业管治委员会，并对企业管治委员会的职权范围作出了特别规定。

在职权方面，联交所要求，企业管治委员会的职权必须至少包括以下

各项：

（1）检视及监察上市发行人是否为全体股东利益而营运及管理；

（2）每年一次确认不同投票权受益人全年均是上市发行人的董事会成员以及相关会计年度内并无发生《主板上市规则》第8A.17条所述任何事项；

（3）每年一次确认不同投票权受益人是否全年都一直遵守《主板上市规则》第8A.14条、第8A.15条、第8A.18条及第8A.24条；

（4）审查及监控利益冲突的管理，并就任何涉及发行人、发行人附属公司及/或发行人股东（当作一个组群）与任何不同投票权受益人之间可能有利益冲突的事宜向董事会提出建议；

（5）审查及监控与发行人不同投票权架构有关的所有风险，包括发行人及/或发行人附属公司与任何不同投票权受益人之间的关连交易，并就任何该等交易向董事会提出建议；

（6）就委任或罢免合规顾问向董事会提出建议；

（7）力求确保发行人与股东之间的沟通有效及持续进行，尤其当涉及《主板上市规则》第8A.35条的规定时；

（8）至少每半年度及每年度汇报企业管治委员会的工作，内容须涵盖该委员会职权范围所有方面；及

（9）在上文第（8）分段所述报告中披露其就上文第（4）分段至第（6）分段所述事宜向董事会提出的建议（若未能披露必须解释）；

（10）制定及检讨发行人的企业管治政策及常规，并向董事会提出建议；

（11）检讨及监察董事及高级管理人员的培训及持续专业发展；

（12）检讨及监察发行人在遵守法律及监管规定方面的政策及常规；

（13）制定、检讨及监察雇员及董事的操守准则及合规手册（如有）；及

（14）检讨发行人遵守《主板上市规则》附录十四《企业管治守则》的情况及在发行人董事会编制的《企业管治报告》内的披露。

组成

8A.31 所有企业管治委员会成员须为独立非执行董事，并由其中一名独立非执行董事出任主席。

【解读】

《主板上市规则》第 8A. 31 条对企业管治委员会的人员构成作出了特别规定。

在人员构成方面，联交所要求，具有不同投票权架构的发行人的企业管治委员会的成员必须均为独立非执行董事，并由独立非执行董事担任企业管治委员会主席，执行董事不得成为企业管治委员会成员。

汇报规定

8A. 32 具不同投票权架构的上市发行人遵照《上市规则》附录十四而编制的企业管治报告中，必须载列企业管治委员会在其半年度报告及年度报告涵盖的会计期间在其职权范围内的工作摘要，并在可能范围内披露有关会计期间结束后至报告刊发日期中间的任何重大事件。

【解读】

《主板上市规则》第 8A. 32 条对具有不同投票权架构的上市发行人编制的企业管治报告的内容作出了特别规定。

在内容方面，联交所要求企业管治报告必须载明“企业管治委员会在其半年度报告及年度报告涵盖的会计期间在其职权范围内的工作摘要”；此外，对于“企业管治委员会在其半年度报告及年度报告涵盖的会计期间结束后至企业管治报告刊发日期中间的发生的重大事件”，联交所则要求“在可能的范围内”予以披露。

合规顾问

8A. 33 就具不同投票权架构的发行人而言，《上市规则》第 3A. 19 条将改为规定发行人由首次上市日期起即必须委任常设的合规顾问。

8A. 34 发行人必须在《上市规则》第 3A. 23 条所述的情况下及就以下相关事宜及时及持续咨询及（如需要）寻求合规顾问的意见：

> （1）不同投票权架构；
>
> （2）发行人不同投票权受益人拥有权益的交易；及
>
> （3）发行人、发行人附属公司及/或发行人股东（作为一个群组）与不同投票权受益人之间或有利益冲突。

【解读】

《主板上市规则》第 8A. 33 条和第 8A. 34 条要求具有不同投票权架构的发行人必须自首次上市之日起就聘请常设的合规顾问，并对发行人必须寻求合规顾问的意见的特别事项作出了规定。

一是，在聘请合规顾问的期间方面，联交所要求，自发行人上市之日起，在其上市期间，发行人都必须持续聘用合规顾问。这跟《主板上市规则》第 3A. 19 条规定的“任期由上市发行人的股本证券首次上市之日起，至上市发行人遵照《上市规则》第 13. 46 条就其在首次上市之日起计首个完整财政年度的财务业绩的结算日止”的委任期间是不同的。

二是，在需要寻求合规顾问的意见的特别事项方面，联交所要求发行人必须就以下事项寻求合规顾问的意见：

（1）发行人刊发任何受规管的公告、通函或财务报告之前；

（2）发行人拟进行交易（可能是须予公布的交易或关连交易），包括发行股份及回购股份；

（3）上市发行人拟运用首次公开招股的所得款项的方式与上市文件所详述者不同，或上市发行人的业务、发展或业绩与上市文件所载任何预测、估计或其他数据不同；

（4）联交所根据《主板上市规则》第 13. 10 条向上市发行人作出查询；

（5）发行人的不同投票权架构；

（6）发行人的不同投票权受益人拥有权益的交易；及

（7）发行人、发行人附属公司及/或发行人股东（作为一个群组）与不同投票权受益人之间或有利益冲突。

与股东的沟通

8A.35 具不同投票权架构的发行人必须符合《上市规则》附录十四的E节「与股东的沟通」。

【解读】

《主板上市规则》第8A.35条要求具有不同投票权架构的发行人必须与各个股东尤其是同股同权股东保持持续、有效的沟通，确保股东熟悉以投票方式进行表决的详细程序。

在这方面，具有不同投票权架构的发行人应当遵守与普通发行人同样的规则，这些规则由《主板上市规则》附录十四的E节加以规定。

培训

8A.36 新申请人及其董事必须在上市申请中向本交易所确认，董事(包括不同投票权受益人及独立非执行董事)、高级管理人员及公司秘书均已接受有关《上市规则》及不同投票权架构相关风险的培训。

【解读】

《主板上市规则》第8A.36条要求新申请人及其董事必须向联交所提交这样的确认函，即确认其不同投票权受益人、各个董事（包括独立非执行董事）、高级管理人员和公司秘书均已经接受了有关《主板上市规则》和不同投票权架构相关风险的培训的事实。

这也就意味着，联交所要求不同投票权发行人的各个董事、高级管理人员和公司秘书，都必须依照《主板上市规则》的规定，在上市之前就接受有关不同投票权及相关风险的适当培训。

披露

警告

8A.37 具不同投票权架构的发行人必须在按《上市规则》规定刊发的所有上市文件、定期财务报告、通函、通知及公告的首页，加入示警字句「具不同投票权控制的公司」，并在上市文件及定期财务报告的显眼位置详述发行人采用的不同投票权架构、采用的理据以及对于股东而言的相关风险。此警告必须告知准投资者投资具不同投票权架构的发行人的潜在风险，及提醒他们必须审慎仔细考虑后再决定投资。

8A.38 具不同投票权架构的发行人的上市股本证券的所有权文件或凭证必须在显眼位置载列示警字句「具不同投票权控制的公司」。

【解读】

《主板上市规则》第 8A.37 条至第 8A.42 条从信息披露的角度，来规定有关保障同股同权股东的措施。

其中，《主板上市规则》第 8A.37 条和第 8A.38 条强制要求具有不同投票权架构的发行人必须主动地、明确地、明显地表明其作为“具不同投票权控制的公司”的身份。具体来说：

一是，在按《主板上市规则》规定刊发的所有上市文件、定期财务报告、通函、通知及公告的首页，加入示警字句“具不同投票权控制的公司”。

二是，在上市文件及定期财务报告的显眼位置，详述发行人采用的不同投票权架构、采用的理据以及对于股东而言的相关风险。并且，此警告必须告知潜在投资者投资具不同投票权架构的发行人的潜在风险，及提醒他们必须审慎仔细考虑后再决定投资。

三是，在上市股本证券的所有权文件或凭证的显眼位置，载列示警字句“具不同投票权控制的公司”。

上市文件、中期报告及年报内的披露

8A. 39 具不同投票权架构的发行人必须在上市文件以及中期报告及年报内明确指出不同投票权受益人的身份。

8A. 40 具不同投票权架构的发行人须在上市文件以及中期报告及年报内披露其不同投票权股份若转换为普通股会对其股本产生的影响。

8A. 41 具不同投票权架构的发行人须在上市文件以及中期报告及年报内披露其股份所附带不同投票权将会终止的所有情形。

【解读】

《主板上市规则》第 8A. 39 条至第 8A. 41 条强制要求具有不同投票权架构的发行人必须在其上市文件、中期报告及年报内对以下事项作出特别披露：

一是，明确指出各个不同投票权受益人的身份。

二是，披露其不同投票权股份若转换为普通股会对其股本产生的影响。

其中的“影响”，主要指的是“不同投票权股份若转换为普通股后对发行人股本的摊薄效应”①，这种摊薄效应既包括对不同投票权股份比例的摊薄效应，也包括对普通股投票权比例的摊薄效应。

三是，披露其股份所附带不同投票权将会终止的所有情形。

具体来说，至少在《主板上市规则》第 8A. 17 条、第 8A. 18 条和第 8A. 19 条所规定的各种情形（主要是受益人身故、不再担任发行人董事、不再具备担任发行人董事的资格或能力以及受益人转让不同投票权股份），不同投票权股份所附带的不同投票权必须终止。

值得注意的是，尽管《主板上市规则》第 8A. 22 条规定了发行人不同投票权架构终止的条件，但是，《主板上市规则》第 8A. 41 条只是强制要求具有不同投票权架构的发行人必须在其上市文件、中期报告及年报内披露“其股份所附带不同投票权将会终止的所有情形”，并没有要求其披露“不同投票权架构终止的条件”。当然，具有不同投票权架构的发行人选择在其上市文件、中期

① 见联交所 2018 年 4 月 24 日刊发的《新兴及创新产业公司上市制度咨询总结》第 248 段。

报告及年报内披露“不同投票权架构终止的条件”，自无不可。

> **股份标记**
>
> 8A.42 具不同投票权架构的发行人上市股本证券，其股份名称结尾须有「W」字以作标识。

【解读】

《主板上市规则》第8A.42条要求具有不同投票权架构的发行人在其股份代号结尾加上独特的股份标记“W”（即“Weighted Voting Right”的首字母），作为标识，以区别于其他的上市股份。

> **承诺**
>
> 8A.43 发行人上市时，其不同投票权受益人必须以本交易所接纳的方式向发行人承诺遵守《上市规则》第8A.09、8A.14、8A.15、8A.17、8A.18及8A.24条的规定。

【解读】

《主板上市规则》第8A.43条强制要求，在发行人上市时，其各个不同投票权受益人必须以联交所认可的方式向发行人承诺遵守《主板上市规则》第8A.09条、第8A.14条、第8A.15条、第8A.17条、第8A.18条和第8A.24条的规定。

这是专门针对各个不同投票权受益人的强制性规定，是一项确保《主板上市规则》第八A章获得执行的重要的保障措施。

其中所说的“以本交易所接纳的方式”，主要是指，在内容方面，联交所要求，不同投票权受益人向发行人作出的承诺，应当“明确惠及发行人及公司所有现有及日后的股东”，其目的“旨在使该等第三方人士有法律依据可寻求对不同投票权受益人执行承诺条款”①。

> **组织章程文件**
>
> 8A.44 具不同投票权架构的发行人必须将《上市规则》第 8A.07、8A.09、8A.10、8A.13、8A.14、8A.15、8A.16、8A.17、8A.18、8A.19、8A.21、8A.22、8A.23、8A.24、8A.26、8A.27、8A.28、8A.29、8A.30、8A.31、8A.32、8A.33、8A.34、8A.35、8A.37、8A.38、8A.39、8A.40 及 8A.41 条的规定纳入其组织章程细则或相等文件，以赋予该等规则效力。

【解读】

《主板上市规则》第 8A.44 条强制要求，具不同投票权架构的发行人必须将《主板上市规则》第 8A.07 条至第 8A.10 条、第 8A.13 条至第 8A.19 条、第 8A.21 条至第 8A.24 条、第 8A.26 条至第 8A.35 条、第 8A.37 条至第 8A.41 条的规定，纳入其组织章程细则或相等文件，以赋予该等规则效力。

这也是一项确保《主板上市规则》第八 A 章获得执行的重要的保障措施。

联交所此项规定的目的，在于“希望令股东可循民事诉讼对发行人强制执行组织章程文件内的条文（包括不同投票权保障措施）”②。

---

① 见联交所 2018 年 4 月 24 日刊发的《新兴及创新产业公司上市制度咨询总结》第 166 段。

② 见联交所 2018 年 4 月 24 日刊发的《新兴及创新产业公司上市制度咨询总结》第 165 段。

第二十六章
上市公司收购：成都路桥章程反收购条款评析[①]

2016 年、2017 年间，A 股上市公司通过在公司章程引入反收购条款来避免恶意并购的现象比较普遍[②]。深交所中小板上市公司成都市路桥工程股份有限公司（股票简称：成都路桥，股票代码：002628）也曾于 2016 年初尝试在其公司章程中加入反收购条款，以抵御恶意收购。

不过，根据成都市武侯区人民法院 2017 年 9 月初就李某与成都路桥公司决议效力确认、公司决议撤销纠纷一审案作出的（2017）川 0107 民初 858 号民事判决书和成都市中级人民法院 2018 年 1 月 24 日就该纠纷二审案作出的（2017）川 01 民终 14529 号民事判决书，成都路桥公司章程修正案中的反收购条款因通过该章程修正案的股东大会决议被法院确认为无效而无效。

本章对成都路桥公司章程中的反收购条款的内容、含义进行了详细的解析；在此基础上，结合当时适用的《公司法》《证券法》《上市公司收购管理办法》（中国证券监督管理委员会令第 108 号）以及最高人民法院的相关司法

① 本章内容曾于 2017 年 9 月 22 日以《关于成都路桥公司章程中的反收购条款的评析》为题刊载于微信公众号“秋荣法律评论”。该文在武侯区人民法院一审判决作出之前即已成稿，是完全基于当时公开的信息进行的独立的分析。在该文成稿乃至发布当时，《民法总则》尚未生效，故该文引用了《民法通则》和最高人民法院关于《民法通则》的司法解释的相关条款。另外，该文发布时适逢《公司法司法解释（四）》公布，但因《公司法司法解释（四）》本身没有关于如何认定公司决议无效、公司章程无效的内容，故在发布时，该文也没有援引《公司法司法解释（四）》的内容。收入本书时，本着尽量保持原貌的原则，作了少量必要的修改。

② 见中国证监会 2016 年 8 月 26 日新闻发布会答记者问，http://www.csrc.gov.cn/pub/newsite/zjhxwfb/xwfbh/201608/t20160826_302705.html，最后访问时间：2019 年 9 月 30 日；“投服中心连发建议函 剑指《公司章程》三类不当条款”，见 https://www.investor.gov.cn/rights_interests_protection/exercise_service/exercise_news/news_from_investor_service_center/201706/t20170620_191466.shtml，最后访问时间：2019 年 9 月 30 日。

解释[①]的规定，对其反收购条款的每个条款进行了分析，得出了与武侯区人民法院的一审判决略有不同的结论：认为成都路桥公司章程第37条第5项的内容部分有效、部分无效，而非全部无效。

本章的评析侧重于实体方面的分析，就“如何认定章程条款无效”进行了论证，其思路和观点对于研究其他上市公司的反收购条款同样具有参考价值。

一、成都路桥新增反收购条款的内容

先来看看成都路桥公司章程中新增的反收购条款的内容。

根据成都路桥2016年2月25日披露的《〈公司章程〉修订前后对照表》，成都路桥此次修改公司章程，是在其原公司章程第37条第4项之后新增了一项，作为第5项，该项即为此次新增的反收购条款。

该反收购条款共分为3段，全部内容如下：

第三十七条　公司股东承担下列义务：

（五）通过证券交易所的证券交易，投资者持有或者通过协议、其他安排与他人共同持有公司已发行的股份达到5%时，应当在该事实发生之日起3日内，向国务院证券监督管理机构、证券交易所作出书面报告、书面通知公司并予公告，在上述期限内，不得再行买卖公司的股票。股东持有或者通过协议、其他安排与他人共同持有公司已发行的股份达到5%后，其所持公司已发行的股份比例每增加或者减少5%，应当依照前款规定进行报告和公告。在报告期限内和作出报告、公告后2日内，不得再行买卖公司的股票。

投资者违反上述规定，在购买、控制公司股份过程中未依法履行报告和公告义务，或者在信息披露义务过程中存在虚假陈述、重大误导、遗漏的，构成恶意违法收购，应承担如下法律责任：

（1）公司董事会及其他股东有权要求国务院证券监督管理机构、证券交易

① 除非特别说明，本章所说的《证券法》指的是当时适用的2014年修正后的《证券法》，并非2020年3月1日起施行的《证券法》；本章所说的其他的法律法规指的是《关于成都路桥公司章程中的反收购条款的评析》一文在2017年9月22日发表时适用的法律法规。

所追究其法律责任。公司其他股东有权要求其赔偿因其违法收购而造成的所有经济损失（含直接和间接损失）。

（2）投资者违反上述规定购买、控制公司股份的，视为放弃表决权，其所持或所控制股票不享有表决权，公司董事会有权拒绝其行使除领取股利以外的其他股东权利。

注：本章程所述购买、控制公司股份，指该投资者单独持有、合并持有、通过协议或其他安排与他人共同持有、通过一致行动共同持有、通过其他法人自然人间接持有以及其他实际控制公司股份的情形。

二、关于反收购条款第一段的解析与评价

先来看看反收购条款的第一段。

成都路桥反收购条款第一段的内容，是规定了投资者举牌收购成都路桥股票的义务，包括信息披露义务和限制期内不得继续买卖成都路桥股票的义务。

应该说，这一内容直接来源于《证券法》第 86 条，并且几乎是把《证券法》第 86 条的原文原封不动地搬进了公司章程：

成都路桥公司章程 第 37 条第 5 项 第一段	通过证券交易所的证券交易，投资者持有或者通过协议、其他安排与他人共同持有公司已发行的股份达到 5% 时，应当在该事实发生之日起 3 日内，向国务院证券监督管理机构、证券交易所作出书面报告、书面通知公司并予公告，在上述期限内，不得再行买卖公司的股票。股东持有或者通过协议、其他安排与他人共同持有公司已发行的股份达到 5% 后，其所持公司已发行的股份比例每增加或者减少 5%，应当依照前款规定进行报告和公告。在报告期限内和作出报告、公告后 2 日内，不得再行买卖公司的股票。
《证券法》第 86 条	通过证券交易所的证券交易，投资者持有或者通过协议、其他安排与他人共同持有一个上市公司已发行的股份达到百分之五时，应当在该事实发生之日起三日内，向国务院证券监督管理机构、证券交易所作出书面报告，通知该上市公司，并予公告；在上述期限内，不得再行买卖该上市公司的股票。 投资者持有或者通过协议、其他安排与他人共同持有一个上市公司已发行的股份达到百分之五后，其所持该上市公司已发行的股份比例每增加或者减少百分之五，应当依照前款规定进行报告和公告。在报告期限内和作出报告、公告后二日内，不得再行买卖该上市公司的股票。

成都路桥所作的修改，只是把《证券法》第 86 条的两款合并为一款——甚至，还忘了把《证券法》第 86 条第 2 款中的“前款规定”同时修改为“前

述规定”或“前句规定”。

我理解，成都路桥在其公司章程中写入与《证券法》的条文基本一致的内容，将《证券法》已经规定的投资者的义务作为章程规定的义务，虽然有所重复，但不违法；因此，我倾向于认为，成都路桥反收购条款的第一段，应为有效。

三、关于反收购条款第三段的解析与评价

再来看看反收购条款的第三段。

成都路桥反收购条款的第三段是关于“购买、控制公司股份”的定义，主要是对“购买、控制公司股份”作出解释。

成都路桥的公司章程将“购买、控制公司股份”定义为“该投资者单独持有、合并持有、通过协议或其他安排与他人共同持有、通过一致行动共同持有、通过其他法人自然人间接持有以及其他实际控制公司股份的情形”，总体上看，还是符合《证券法》第 86 条和《上市公司收购管理办法》第 5 条、第 12 条、第 83 条的规定①的。

因此，我倾向于认为，成都路桥反收购条款的第三段，应为有效。

四、关于反收购条款第二段第 1 点的解析与评价

接着，来看看反收购条款第二段第 1 点。

我理解，成都路桥反收购条款第二段第 1 点，除了其中的“构成恶意违法收购”外，其余部分的内容，包含了三个方面的意思。

一是，增加规定成都路桥董事会的一项职权。即：针对投资者“在购买、

① 《上市公司收购管理办法》第 5 条规定：“收购人可以通过取得股份的方式成为一个上市公司的控股股东，可以通过投资关系、协议、其他安排的途径成为一个上市公司的实际控制人，也可以同时采取上述方式和途径取得上市公司控制权。收购人包括投资者及与其一致行动的他人。”第 12 条规定：“投资者在一个上市公司中拥有的权益，包括登记在其名下的股份和虽未登记在其名下但该投资者可以实际支配表决权的股份。投资者及其一致行动人在一个上市公司中拥有的权益应当合并计算。”第 83 条规定：“本办法所称一致行动，是指投资者通过协议、其他安排，与其他投资者共同扩大其所能够支配的一个上市公司股份表决权数量的行为或者事实。”

控制公司股份过程中未依法履行报告和公告义务，或者在信息披露义务过程中存在虚假陈述、重大误导、遗漏”的行为，成都路桥董事会有权要求国务院证券监督管理机构、证券交易所追究其法律责任。

二是，增加规定成都路桥其他股东的一项权利。即：针对投资者“在购买、控制公司股份过程中未依法履行报告和公告义务，或者在信息披露义务过程中存在虚假陈述、重大误导、遗漏”的行为，成都路桥的其他股东有权要求国务院证券监督管理机构、证券交易所追究其法律责任。

我理解，上述两个层面的内容，说的是“成都路桥董事会”“成都路桥的其他股东”要求中国证监会履行“查处违法收购行为”的法定职责的权利，从总体上看，是符合《证券法》第178条、第179条第1款第7项、第204条、第213条①、《上市公司收购管理办法》第75条至第77条②和《证券期货违法

---

① 《证券法》第178条规定：“国务院证券监督管理机构依法对证券市场实行监督管理，维护证券市场秩序，保障其合法运行”，第179条第1款第7项规定：“国务院证券监督管理机构在对证券市场实施监督管理中履行下列职责：……（七）依法对违反证券市场监督管理法律、行政法规的行为进行查处；……”，第193条规定：“发行人、上市公司或者其他信息披露义务人未按照规定披露信息，或者所披露的信息有虚假记载、误导性陈述或者重大遗漏的，责令改正，给予警告，并处以三十万元以上六十万元以下的罚款。对直接负责的主管人员和其他直接责任人员给予警告，并处以三万元以上三十万元以下的罚款。发行人、上市公司或者其他信息披露义务人未按照规定报送有关报告，或者报送的报告有虚假记载、误导性陈述或者重大遗漏的，责令改正，给予警告，并处以三十万元以上六十万元以下的罚款。对直接负责的主管人员和其他直接责任人员给予警告，并处以三万元以上三十万元以下的罚款。发行人、上市公司或者其他信息披露义务人的控股股东、实际控制人指使从事前两款违法行为的，依照前两款的规定处罚”，第204条规定：“违反法律规定，在限制转让期限内买卖证券的，责令改正，给予警告，并处以买卖证券等值以下的罚款。对直接负责的主管人员和其他直接责任人员给予警告，并处以三万元以上三十万元以下的罚款”，第213条规定：“收购人未按照本法规定履行上市公司收购的公告、发出收购要约等义务的，责令改正，给予警告，并处以十万元以上三十万元以下的罚款；在改正前，收购人对其收购或者通过协议、其他安排与他人共同收购的股份不得行使表决权。对直接负责的主管人员和其他直接责任人员给予警告，并处以三万元以上三十万元以下的罚款。”

② 《上市公司收购管理办法》第75条规定：“上市公司的收购及相关股份权益变动活动中的信息披露义务人，未按照本办法的规定履行报告、公告以及其他相关义务的，中国证监会责令改正，采取监管谈话、出具警示函、责令暂停或者停止收购等监管措施。在改正前，相关信息披露义务人不得对其持有或者实际支配的股份行使表决权”，第76条规定：“上市公司的收购及相关股份权益变动活动中的信息披露义务人在报告、公告等文件中有虚假记载、误导性陈述或者重大遗漏的，中国证监会责令改正，采取监管谈话、出具警示函、责令暂停或者停止收购等监管措施。在改正前，收购人对其持有或者实际支配的股份不得行使表决权”，第77条规定：“投资者及其一致行动人取得上市公司控制权而未按照本办法的规定聘请财务顾问，规避法定程序和义务，变相进行上市公司的收购，或者外国投资者规避管辖的，中国证监会责令改正，采取出具警示函、责令暂停或者停止收购等监管措施。在改正前，收购人不得对其持有或者实际支配的股份行使表决权。”

违规行为举报工作暂行规定》第3条[①]的规定的，应属有效。

三是，增加规定成都路桥其他股东的另一项权利。针对投资者“在购买、控制公司股份过程中未依法履行报告和公告义务，或者在信息披露义务过程中存在虚假陈述、重大误导、遗漏”的行为，成都路桥的其他股东有权要求其赔偿因其违法收购而造成的所有经济损失（含直接和间接损失）。

我理解，其他股东在因投资者的违法收购行为而遭受损失时，要求从事违法收购的投资者赔偿其损失，这是其享有的权利，《民法通则》《侵权责任法》《最高人民法院关于审理证券市场因虚假陈述引发的民事赔偿案件的若干规定》等都有相关的规定。

综合起来，借鉴福田区法院在其于2016年6月就林某、京基集团有限公司、王某河与康达尔公司决议纠纷一案作出的一审判决中所说的话，即“原告请求法院确认董事会决议中授权公司等对有关违法行为提起诉讼的决议内容无效，本院认为对公司所认为的违法行为要求监管机关查处，向司法机关提起诉讼，均是公司当然的民事权利，该部分决议不违反法律规定，应属有效”[②]，我理解，成都路桥董事会或成都路桥的其他股东，对其所认为的违法行为，要求监管机关查处、向司法机关提起诉讼，这些都是其享有的当然的民事权利。

因此，我倾向于认为，在成都路桥的公司章程中，写入反收购条款第二段第1点中除了“构成恶意违法收购”外的其余部分的内容，不违反法律规定，应属有效。

五、关于反收购条款第二段中的“恶意违法收购”的解析与评价

从文义上看，成都路桥第37条第5项第二段，将“投资者违反上述规定，在购买、控制公司股份过程中未依法履行报告和公告义务，或者在信息披露义务过程中存在虚假陈述、重大误导、遗漏”的行为界定为“恶意违法收购”。

---

① 《证券期货违法违规行为举报工作暂行规定》第3条第1款规定：“举报人可以通过中国证监会互联网站举报专栏、举报电话、信函、来访等方式，向中国证监会及各证监局实名或匿名举报有关个人或单位涉嫌违反证券期货法律和行政法规的行为。”

② 见深圳市福田区人民法院2016年6月14日就京基集团有限公司及林某、王某河与深圳市康达尔（集团）股份有限公司公司决议效力纠纷一审案作出的（2016）粤0304民初7145号民事判决书。

注意到，《国务院关于促进企业兼并重组的意见》（国发〔2010〕27号）有提及“防止恶意收购”，但并未就何为“恶意收购”作出界定；也未见有其他法律、行政法规或中国证监会对“恶意收购”作出明确规定。

我理解，在法律法规未对“恶意收购”作出规定的情况下，成都路桥通过其章程将“投资者违反上述规定，在购买、控制公司股份过程中未依法履行报告和公告义务，或者在信息披露义务过程中存在虚假陈述、重大误导、遗漏”的行为界定为“恶意违法收购”，是不合法的。主要理由有三。

一是，不符合《证券法》和《上市公司收购管理办法》。

一方面，成都路桥的反收购条款中使用的“存在虚假陈述、重大误导、遗漏”的表述，与《证券法》和《上市公司收购管理办法》使用的“有虚假记载、误导性陈述或者重大遗漏”的表述不符。另一方面，“恶意违法收购”属于“违法收购”的一种，认定相关投资者是否构成“违法收购”，应当属于中国证监会或其派出机构根据《证券法》的规定行使的职权。借鉴深圳证监局针对康达尔提出的行政复议申请所提出的意见[①]，认定相关投资者是否存在违法行为，应当是由有权机关依据事实和法律规定作出的，没有任何法律、行政法规授权上市公司或其董事会以任何方式（包括以公司章程作出规定的方式）行使这一公法项下的权力。

从而，成都路桥通过公司章程认定“恶意违法收购”行为，不符合《证券法》和《上市公司收购管理办法》的规定。

二是，不周延。

值得注意的是，成都路桥第37条第5项第二段所说“恶意违法收购”，仅限于“投资者违反上述规定”的情况下的违法行为，亦即仅限于举牌收购过程中的违法收购。但是，《证券法》《上市公司收购管理办法》规定了各种各样的违法收购行为、违规收购行为，不仅包括举牌收购过程中的违法行为，还包括协议收购、减持、要约收购、间接收购等过程中的违法行为。从而，成都路桥公司章程第37条第5项没有对其他违法收购行为是否构成“恶意违法收购”以及构成“恶意违法收购”的其他违法收购行为应当承担什么样的法律责任作出规定，有欠周延。

---

① 见中国证监会2016年11月21日作出的〔2016〕123号行政复议决定书。

三是，不严谨。

值得一提的是，现行法律法规也没有对“恶意违法收购”作出界定。我理解，“恶意违法收购”是“违法收购”的一种，一般而言，主要从收购人是否具有主观恶意的角度，来界定是否属于“恶意违法收购”。实务中，监管机构曾有观点认为，“证券市场违法违规行为基本有三种情况：无知违规、惯性违规和恶意违规”，对其中的“恶意违规”采取“严惩不贷”的处理思路①。

不过，在处理证券市场违法违规行为时，中国证监会通常认为，行为人主观上是否具有恶意，不是违法违规行为的构成要件、不影响违法违规行为的认定。这些思路体现在包括〔2009〕29号②、〔2015〕79号③、〔2016〕62号④行政处罚决定书在内的大量法律文书中。

从成都路桥公司章程第37条第5项第二段的表述“投资者违反上述规定，在购买、控制公司股份过程中未依法履行报告和公告义务，或者在信息披露义务过程中存在虚假陈述、重大误导、遗漏的”，不能从中读出投资者具有“主观恶意”的要求，其所指的应当是广义的违法收购行为，不仅包括“恶意”的违法收购行为，还包括“非恶意”的违法收购行为。

从而，成都路桥公司章程第37条第5项第二段，将所有的“违法收购行为”都界定为“恶意违法收购”，是不严谨的。

基于上述三点，我倾向于认为，成都路桥在其公司章程中对“恶意违法收购”作出的规定，是不合法的。

如能将“投资者违反上述规定，在购买、控制公司股份过程中未依法履行报告和公告义务，或者在信息披露义务过程中存在虚假陈述、重大误导、遗漏的，构成恶意违法收购”相应修改为“投资者违反上述规定，在购买、控制公司股份过程中未依法履行报告和公告义务，或者在信息披露义务过程中存在虚

---

① http：//www. csrc. gov. cn/pub/guangxi/gzdt/200203/t20020327_87551. htm，最后访问时间：2019年9月30日。

② http：//www. csrc. gov. cn/pub/zjhpublic/G00306212/200907/t20090731_119487. htm，最后访问时间：2019年9月30日。

③ http：//www. csrc. gov. cn/pub/zjhpublic/G00306212/201602/t20160219_291439. htm? keywords =，最后访问时间：2019年9月30日。

④ http：//www. csrc. gov. cn/pub/zjhpublic/G00306212/201610/t20161020_304812. htm? keywords =，最后访问时间：2019年9月30日。

假陈述、重大遗漏或误导性陈述，被监管机构认定为构成违法收购的”，可能更为妥当。

六、关于反收购条款第二段第 2 点的解析

成都路桥反收购条款第二段第 2 点，“投资者违反上述规定购买、控制公司股份的，视为放弃表决权，其所持或所控制股票不享有表决权，公司董事会有权拒绝其行使除领取股利以外的其他股东权利”，尽管只有一句话，但实际上包含了以下 4 个方面的内容。

一是，承认相关投资者的股东资格。从其表述上看，成都路桥董事会承认相关投资者享有领取股利这一股东权利，从而也就意味着，成都路桥董事会是承认相关投资者的股东资格的。

二是，对相关股东施加了一项义务，剥夺了其表决权。“视为放弃表决权，其所持或所控制股票不享有表决权”，这意味着，针对所有在二级市场上买入成都路桥股票的投资者，只要其在买入过程中存在违法违规行为，成都路桥的公司章程就为其设定了一项义务，即视为其自动放弃其所持有或控制的成都路桥的所有股票——包括其之前通过合法方式持有或控制的成都路桥的股票——的表决权，这实际上剥夺了其对其所持有或控制的成都路桥的所有股票表决权。

三是，赋予了成都路桥董事会一项新的职权，使其有权拒绝相关股东行使除领取股利以外的其他股东权利。“公司董事会有权拒绝其行使除领取股利以外的其他股东权利”，这意味着，针对所有在二级市场上买入成都路桥股票的投资者，只要其在买入过程中存在违法违规行为，成都路桥的董事会就享有这么一项职权，即只承认相关股东享有领取股利的权利，但拒绝相关股东行使所有其他各项股东权利，不仅包括前面提到的表决权，还包括获得股东大会通知的权利、出席股东大会的权利、向股东大会提出临时提案的权利（如果其单独或合计持有成都路桥 3% 以上的股份）以及《公司法》赋予股份公司的股东的其他各项股东权利。

四是，对相关股东施加了另外一项义务，剥夺了其除领取股利以外的其他各项股东权利。这一层面的内容，是与上述第三点的内容相对应的。既然成都路桥的董事会有权拒绝其行使除领取股利以外的其他股东权利，自然就意味着

相关股东的其他各项股东权利都被剥夺了。

从而，上述四个层面的内容结合起来，成都路桥董事会实际上通过公司章程的方式，剥夺了相关股东除领取股利以外的其他各项股东权利。

七、关于反收购条款第二段第2点的评价

我倾向于认为，反收购条款第二段第2点的内容，即“（2）投资者违反上述规定购买、控制公司股份的，视为放弃表决权，其所持或所控制股票不享有表决权，公司董事会有权拒绝其行使除领取股利以外的其他股东权利”，是无效的。

主要理由在于，成都路桥公司章程中的这一条款，剥夺了由《公司法》明确赋予相关股东的、除领取股利的权利以外的各项股东权利，却没有法律上的依据，也没有取得相关股东的明示同意，违反了《公司法》的诸多明文规定，侵害了相关股东的合法权益，因相关股东具有不确定性，从而也损害了社会公共利益，应当被认定为无效。具体分析如下。

（一）反收购条款第二段第2点，一方面，通过公司章程明文规定的方式，明确剥夺了相关股东的表决权；另一方面，又通过赋予董事会相关职权的方式，实际上剥夺了相关股东除领取股利之外的各项其他股东权利

相关的分析，请见上述“关于反收购条款第二段第2点的解析”部分。

（二）《公司法》明确赋予股份公司的股东诸多股东权利，并且，多数股东权利的享有和行使不以满足特定条件为前提，只要持有股票，即可享有并行使这些股东权利

除了领取股利的权利，《公司法》至少还通过下述条文，明确赋予了包括成都路桥在内的所有股份有限公司的股东下列股东权利：

序号	股东权利	法律依据	适用对象
1	处分（包括转让、质押等）其所持有的公司股份	《公司法》第137条，《物权法》第223条第4项、第226条第1款	股份公司的股东
2	对股东大会作出的公司合并、分立决议持异议时，要求公司收购其股份	《公司法》第142条	股份公司的股东

续表

序号	股东权利	法律依据	适用对象
3	请求召开临时股东大会	《公司法》第100条第3项	股份公司的单独或合计持有10%以上股份的股东
4	在董事会不能履行或者不履行召集股东大会会议职责，并且监事会也不召集和主持股东大会会议时，召集和主持股东大会会议	《公司法》第101条第2款	股份公司的连续90日以上单独或者合计持有公司10%以上股份的股东
5	获得关于股东大会会议召开的时间、地点和审议事项的通知	《公司法》第102条第1款	股份公司的股东
6	向股东大会提出临时提案	《公司法》第102条第2款	股份公司单独或合计持有公司3%以上股份的股东
7	亲自出席或者委托代理人出席股东大会会议	《公司法》第106条	股份公司的股东
8	按照所持每一股份有一表决权对股东大会审议的事项行使表决权	《公司法》第99条、第103条、第104条、第124条	股份公司的股东
9	提议召开董事会临时会议	《公司法》第110条	股份公司单独或者合计代表10%以上表决权的股东
10	请求法院宣告内容违反法律、行政法规的股东大会决议、董事会决议无效	《公司法》第22条第1款、第4款	股份公司的股东
11	请求法院撤销会议召集程序、表决方式违反法律、行政法规或者公司章程或者决议内容违反公司章程的股东大会决议、董事会决议	《公司法》第22条第2款、第4款	股份公司的股东
12	对公司的经营进行监督，提出建议或者质询	《公司法》第97条、第150条第1款	股份公司的股东
13	查阅公司章程、股东名册、公司债券存根、股东大会会议记录、董事会会议决议、监事会会议决议、财务会计报告	《公司法》第97条	股份公司的股东
14	要求公司定期向股东披露董事、监事、高级管理人员从公司获得报酬的情况	《公司法》第116条	股份公司的股东
15	董事、高级管理人员违反法律、行政法规或者公司章程的规定，损害股东利益时，对相关董事、高级管理人员提起诉讼	《公司法》第152条	股份公司的股东

续表

序号	股东权利	法律依据	适用对象
16	董事、高级管理人员执行公司职务时违反法律、行政法规或者公司章程的规定，给公司造成损失时，请求监事会提起诉讼	《公司法》第151条	股份公司连续180日以上单独或者合计持有该股份公司1%以上股份的股东
17	董事、高级管理人员执行公司职务时违反法律、行政法规或者公司章程的规定，给公司造成损失时，请求监事会提起诉讼后，在监事会收到股东书面请求后拒绝提起诉讼，或者自收到请求之日起三十日内未提起诉讼时，或者情况紧急、不立即提起诉讼将会使公司利益受到难以弥补的损害时，为了公司的利益以自己的名义直接向人民法院提起诉讼	《公司法》第151条	股份公司连续180日以上单独或者合计持有该股份公司1%以上股份的股东
18	监事执行公司职务时违反法律、行政法规或者公司章程的规定，给公司造成损失时，请求董事会提起诉讼	《公司法》第151条	股份公司连续180日以上单独或者合计持有该股份公司1%以上股份的股东
19	监事执行公司职务时违反法律、行政法规或者公司章程的规定，给公司造成损失时，请求董事会提起诉讼后，在董事会收到股东书面请求后拒绝提起诉讼，或者自收到请求之日起30日内未提起诉讼时，或者情况紧急、不立即提起诉讼将会使公司利益受到难以弥补的损害时，为了公司的利益以自己的名义直接向人民法院提起诉讼	《公司法》第151条	股份公司连续180日以上单独或者合计持有该股份公司1%以上股份的股东
20	他人侵犯公司合法权益，给公司造成损失时，请求董事会提起诉讼后，在董事会收到股东书面请求后拒绝提起诉讼，或者自收到请求之日起30日内未提起诉讼时，或者情况紧急、不立即提起诉讼将会使公司利益受到难以弥补的损害时，为了公司的利益以自己的名义直接向人民法院提起诉讼	《公司法》第151条	股份公司连续180日以上单独或者合计持有该股份公司1%以上股份的股东
21	公司经营管理发生严重困难，继续存续会使股东利益受到重大损失，通过其他途径不能解决时，请求法院解散公司	《公司法》第182条	持有股份公司全部股东表决权10%以上的股东
22	公司清算时，按照股东持有的股份比例参与公司剩余财产的分配	《公司法》第186条第2款	股份公司的股东

注意到，中国证监会的《上市公司章程指引》第 32 条还对上市公司的股东所享有的权利进行了集中的规定，成都路桥公司章程第 32 条也对其股东的权利作出了与《上市公司章程指引》第 32 条几乎一致的规定。

根据《公司法》的上述规定，除上表中明确注明的需要由满足一定的持股比例、持股期限或表决权比例的股东才能行使的少数股东权利外，比如上表中的第 3 项、第 4 项、第 6 项、第 9 项、第 16 项至第 21 项，股份有限公司的股东享有并行使其他各项股东权利，《公司法》均未要求其在满足任何其他特定条件的前提下才可以行使。

从而，我倾向于认为，就成都路桥而言，只要相关投资者持有其股票，就享有并可以实际行使这些股东权利。

（三）反收购条款第二段第 2 点剥夺相关股东的表决权以及除领取股利以外的其他各项股东权利，没有法律依据

具体而言，反收购条款第二段第 2 点剥夺相关股东的表决权以及除领取股利以外的其他各项股东权利，一是没有《公司法》和《上市公司章程指引》上的依据，二是没有《证券法》和《上市公司收购管理办法》上的依据，三是没有《公司法》司法解释上的依据。

首先，没有《公司法》和《上市公司章程指引》上的依据。

虽然，在股份公司的股东大会、董事会和监事会的议事方式和表决程序方面，《公司法》允许“除本法有规定的外，由公司章程规定”；但是，在股份公司的股东权利方面，《公司法》在明确赋予股份公司的股东诸多股东权利的同时，仅在股东的利润分配权方面，通过《公司法》第 166 条第 4 款允许股份有限公司章程作出与《公司法》不同的规定（即股份公司的章程可以规定股份公司的股东不按持股比例分配利润）。

至于其他股东权利，《公司法》不仅没有规定“由公司章程规定”“公司章程另有规定的除外”或者“全体股东另有约定的除外”，还明文规定“同种类的每一股份具有同等权利”。

具体来说，一是，在股东的表决权方面，与《公司法》第 42 条允许有限公司的章程规定股东不按出资比例行使表决权不同，在股份公司的情形，《公司法》第 103 条第 1 款在排除股份公司持有的本公司股份的表决权的同时，明

确规定“股东出席股东大会会议，所持每一股份有一表决权”。尽管中国证监会的《上市公司章程指引》第79条规定，上市公司股东大会审议有关关联交易事项时，关联股东不应当参与投票表决，其所代表的有表决权的股份数不计入有效表决总数；但是，这一规定仅限于适用于相关股东与上市公司股东大会审议的事项有关联关系的情况，不适用于其他情况。《公司法》并没有规定股份公司的章程可以对股东的表决权作出其他限制或设置其他行使条件，更没有规定股份公司的章程或股东大会或其董事会可以剥夺股东所享有的表决权。

二是，在股东的查阅权方面，《公司法》第97条明确规定“股东有权查阅公司章程、股东名册、公司债券存根、股东大会会议记录、董事会会议决议、监事会会议决议、财务会计报告……”但并没有规定股份公司的章程可以对股东的查阅权作出限制或设置行使条件，更没有规定股份公司的章程或股东大会或其董事会可以剥夺股东所享有的查阅权。

三是，在股东的建议权和质询权方面，《公司法》第97条明确规定“股东有权……对公司的经营提出建议或者质询”，也没有规定股份公司的章程可以对股东的建议权和质询权作出限制或设置行使条件，更没有规定股份公司的章程或股东大会或其董事会可以剥夺股东所享有的建议权和质询权。

四是，在股东获得股东大会会议通知的权利方面，《公司法》第102条第1款明确规定“召开股东大会会议，应当将会议召开的时间、地点和审议的事项于会议召开二十日前通知各股东”，亦即只要是股东，就享有获得股东大会会议通知的权利；《公司法》并没有规定股份公司的章程可以对股东获得股东大会会议通知的权利作出限制或设置行使条件，更没有规定股份公司的章程或股东大会或其董事会可以剥夺股东所享有的获得股东大会会议通知的权利。

五是，在异议股东的回购请求权方面，《公司法》第142条第1款明确规定，股东因对股东大会作出的公司合并、分立决议持异议，有权要求公司收购其股份，亦即只要对股东大会作出的合并决议或分立决议持有异议，就有权要求公司收购其股份；《公司法》并没有规定股份公司的章程可以对异议股东的回购请求权作出限制或设置行使条件，更没有规定股份公司的章程或股东大会或其董事会可以剥夺异议股东所享有的回购请求权。

六是，在股东请求召开临时股东大会的权利方面，《公司法》第100条第4项只是对股东的持股比例有要求，即“单独或合计持有公司10%以上的股份”，并未对其持有的股份是否享有表决权、表决权多少提出要求，也没有提出其他要求；《公司法》并没有规定股份公司的章程可以对股东请求召开临时股东大会的权利作出其他限制或设置其他行使条件，更没有规定股份公司的章程或股东大会或其董事会可以剥夺股东所享有的请求召开临时股东大会的权利。

七是，在股东自行召集和主持股东大会的权利方面，《公司法》第 101 条第 2 款只是对股东的持股比例和持股期限提出了要求，即在“董事会不能履行或者不履行召集股东大会会议职责”，并且“监事会不召集和主持股东大会会议”的情况下，“连续 90 日以上单独或者合计持有公司 10% 以上股份”的股东可以自行召集和主持。在这方面，《公司法》并没有对相关股东所持有的股份是否享有表决权、表决权多少提出要求，也没有提出其他要求；《公司法》并没有规定股份公司的章程可以对股东自行召集和主持股东大会的权利作出其他限制或设置其他行使条件，更没有规定股份公司的章程或股东大会或其董事会可以剥夺股东所享有的自行召集和主持股东大会的权利。

八是，在股东向股东大会提出临时提案的权利方面，《公司法》第 102 条第 2 款只是对股东的持股比例、提案时间和提案内容提出了要求，即需要由“单独或者合计持有公司百分之三以上股份的股东”，在“股东大会召开十日前”提出“内容属于股东大会职权范围、并有明确议题和具体决议事项”的临时提案。在这方面，《公司法》并没有对相关股东所持有的股份是否享有表决权、表决权多少提出要求，也没有提出其他要求；《公司法》并没有规定股份公司的章程可以对股东所享有的向股东大会提出临时提案的权利作出其他限制或设置其他行使条件，更没有规定股份公司的章程或股东大会或其董事会可以剥夺股东所享有的向股东大会提出临时提案的权利。

九是，在股东出席股东大会会议的权利方面，根据《公司法》第 103 条、第 106 条、第 107 条的规定，股东可以亲自出席，也可以委托代理人出席股东大会会议；《公司法》第 106 条只是要求股东委托的代理人向公司提交股东授权委托书，并在授权范围内行使表决权；《公司法》并没有规定股份公司的章程或股东大会或其董事会可以剥夺股东所享有的出席股东大会会议的权利。

十是，在股东提议召开董事会临时会议的权利方面，《公司法》第 110 条第 2 款明确规定“代表十分之一以上表决权的股东”可以提议召开董事会临时会议，“董事长应当自接到提议后十日内，召集和主持董事会会议”；《公司法》并没有对相关股东的持股期限提出要求，也没有提出其他要求；《公司法》并没有规定股份公司的章程可以对股东提议召开董事会临时会议的权利作出其他限制或设置其他行使条件，更没有规定股份公司的章程或股东大会或其董事会可以剥夺股东所享有的提议召开董事会临时会议的权利。

十一是，在股东请求董事会对有关监事提起诉讼的权利方面，《公司法》第151条第1款只是要求股东“连续180日以上单独或者合计持有公司1%以上股份”，并未对其持有的股份是否享有表决权、表决权多少提出要求，也没有提出其他要求；《公司法》并没有规定股份公司的章程可以对股东的这一权利作出其他限制或设置其他行使条件，更没有规定股份公司的章程或股东大会或其董事会可以剥夺股东所享有的这一权利。

因此，《公司法》本身没有关于发生违规收购时对违规收购方的股东权利作出限制的规定。

其次，没有《证券法》和《上市公司收购管理办法》[①]上的依据。

值得注意的是，《证券法》第213条规定，可以对在上市公司收购过程中存在违规收购行为的“收购人”违规收购的股份，实施“不得行使表决权”的限制措施；在此基础上，中国证监会通过其部门规章《上市公司收购管理办法》第60条、第75条、第76条和第77条，对《证券法》第213条进行了扩大解释，把“不得行使表决权”的对象从“收购人”扩大适用于不构成收购人的投资者以及上市公司实际控制人支配的股东，把“不得行使表决权”的股份从“违规收购的股份”扩大适用到“其持有或者实际支配的所有股份”。此外，在“不得行使表决权”的措施之外，《上市公司收购管理办法》第60条还规定，可以对受上市公司实际控制人支配的股东实施拒绝其股东权利中的提案

① 本章所说的《证券法》和《上市公司收购管理办法》及其他法律法规指的是《关于成都路桥公司章程中的反收购条款的评析》一文在2017年9月22日发表时适用的《证券法》和《上市公司收购管理办法》等法律法规。值得注意的是，2019年12月修订后的《证券法》作出了新的规定。针对违反2020年3月1日起生效的修订后的《证券法》第63条第1款、第2款规定买入的上市公司有表决权的股份，《证券法》第63条第4款规定了“违反第一款、第二款规定买入上市公司有表决权的股份的，在买入后的三十六个月内，对该超过规定比例部分的股份不得行使表决权”。该规定对“该超过规定比例部分的股份”的表决权作出了限制，即“在买入后的三十六个月内”不得行使。中国证监会也于2020年3月20日公布了修订后的《上市公司收购管理办法》。自2020年3月1日起，上市公司依照修订后的《证券法》第63条的规定，在其公司章程规定的限制相关股东的表决权的规定，可以是有效的。

权的措施。

但是，值得注意的是，除了通过上述条款规定在特定情况下可以对上市公司的特定股东的表决权、提案权作出限制之外，《证券法》和《上市公司收购管理办法》并没有其他条款规定可以限制或剥夺上市公司的股东的其他任何股东权利。

尽管收购人存在违规收购行为，《证券法》和《上市公司收购管理办法》还是承认收购人对其所违法收购的股份享有的各项股东权利（包括表决权、分红权、转让权、提案权、参加股东大会的权利，等等）的，只不过需要限制其股东权利中的表决权、要求其在改正前这段时间不能行使表决权；至于除表决权（特定情况下还包括提案权）之外的其他各项股东权利，《证券法》和《上市公司收购管理办法》是不作限制的，收购人有权享有并有权行使。

并且，即便是《证券法》和《上市公司收购管理办法》上述条款明文规定的限制上市公司股东的表决权、提案权这两项股东权利的措施，也有着极为严格的适用条件。

具体来说，一是，在限制上市公司股东的表决权方面，《证券法》第 213 条，《上市公司收购管理办法》第 60 条、第 75 条、第 76 条、第 77 条和第 78 条所规定“不得行使表决权”的措施，属于中国证监会的行政监管措施，在性质上属于具体行政行为。只有中国证监会（包括其授权的派出机构）才可以对存在违规收购行为的股东采取“不得行使表决权”的监管措施，上市公司或其股东大会或其董事会无权行使这一公法项下的权力；同时，是否采取“不得行使表决权”的监管措施，属于中国证监会的行政裁量权。

并且，对于投资者在上市公司收购过程中的违规行为，如果需要限制违规收购方的表决权的话，中国证监会应当遵循法定程序、以书面形式作出，并在其书面决定中明确要求违规收购方“在改正前，不得行使表决权”。在中国证监会未对违规收购方采取“不得行使表决权”的监管措施的情况下，其他任何人，包括上市公司、上市公司的股东大会或董事会，均无权限制，更无权剥夺违规收购方的表决权。甚至，我倾向于认为，法院也应当尊重中国证监会的行政裁量权，不宜越俎代庖去支持上市公司或其他相关方提出的限制或禁止违规收购方的表决权的请求。

因此，成都路桥通过其公司章程中反收购条款第二段第 2 点，剥夺因在购买、控制其股票的过程中存在违法违规行为的投资者的表决权，不符合《证券法》和《上市公司收购管理办法》的上述规定。

二是，在限制上市公司股东的表决权方面，《证券法》第213条，《上市公司收购管理办法》第60条、第75条、第76条、第77条和第78条所规定的“不得行使表决权”，也只是限定在“改正前”这段时间不得行使表决权，在“改正之后”，其表决权是不受限制的，《证券法》和《上市公司收购管理办法》并没有规定“只要有违规收购行为就永远不得行使表决权”。

三是，在限制上市公司股东的提案权方面，《上市公司收购管理办法》第60条所规定的“拒绝其提案或临时提案”的措施，有着非常严格的适用条件，只有在同时满足以下条件时，上市公司董事会才有权、当然也有义务拒绝接受实际控制人及受其支配的股东向董事会提交的提案或者临时议案，并向中国证监会、派出机构和证券交易所报告：一方面，在适用的对象方面，仅仅适用于“实际控制人及受其支配的股东”；对于不属于“实际控制人”的股东以及不属于“受上市公司实际控制人支配的股东”的其他股东，是不适用的。另一方面，在适用的情形方面，仅仅适用于以下3种情形：（1）上市公司实际控制人及受其支配的股东未履行报告、公告义务；（2）上市公司实际控制人及受其支配的股东拒不履行配合上市公司真实、准确、完整披露有关实际控制人发生变化的信息的义务；以及（3）上市公司实际控制人在存在不得收购上市公司情形的情况下对上市公司进行收购；对于其他情形，是不适用的。

我理解，在《上市公司收购管理办法》第60条要求上市公司董事会拒绝受实际控制人支配的股东向董事会提交提案，并且明确规定“上市公司董事会未拒绝接受实际控制人及受其支配的股东所提出的提案的，中国证监会可以认定负有责任的董事为不适当人选”的情况下，上市公司可以在其公司章程中作出与《上市公司收购管理办法》第60条一致的规定，允许董事会可以行使此项职权。

值得注意的是，尽管《上市公司收购管理办法》第60条要求上市公司董事会拒绝接受实际控制人及受其支配的股东的提案，但并没有规定上市公司董事会有权拒绝实际控制人及受其支配的股东的表决权。

具体到成都路桥反收购条款第二段第2点规定的“公司董事会有权拒绝其行使除领取股利以外的其他股东权利”，我理解，只有在相关股东属于上市公司实际控制人或受上市公司实际控制人支配的股东，并且符合《上市公司收购管理办法》第60条规定的适用条件的情况下，成都路桥董事会才有权拒绝该股东向其提交的提案或临时提案——但是，成都路桥董事会仍然没有权利拒绝实际控制人及受其支配的股东的表决权。

由于根据成都路桥的公告，李某当时并非成都路桥的实际控制人，《上市公司收购管理办法》第60条对其是不适用的，成都路桥董事会也就不能依据该条的规定来拒绝李某的提案权，更不能依据该条的规定来拒绝李某的表决权。

至于除领取股利和提案权以外的其他股东权利，成都路桥反收购条款第二段第2点规定的“公司董事会有权拒绝其行使除领取股利以外的其他股东权利”，就既没有《证券法》上的依据，又没有《上市公司收购管理办法》上的依据了。

因此，成都路桥反收购条款第二段第2点没有《证券法》和《上市公司收购管理办法》上的依据。

最后，没有《公司法》司法解释上的依据。

截至案涉反收购条款通过之时，在最高人民法院通过的有关《公司法》的3个司法解释当中，《公司法司法解释（一）》和《公司法司法解释（二）》都没有关于限制股东权利的规定，只有《公司法司法解释（三）》第16条和第17条有关于限制股东权利，甚至是剥夺股东资格的规定。

其中，《公司法司法解释（三）》第16条规定：“股东未履行或者未全面履行出资义务或者抽逃出资，公司根据公司章程或者股东会决议对其利润分配请求权、新股优先认购权、剩余财产分配请求权等股东权利作出相应的合理限制，该股东请求认定该限制无效的，人民法院不予支持”，第17条规定：“有限责任公司的股东未履行出资义务或者抽逃全部出资，经公司催告缴纳或者返还，其在合理期间内仍未缴纳或者返还出资，公司以股东会决议解除该股东的股东资格，该股东请求确认该解除行为无效的，人民法院不予支持。在前款规定的情形下，人民法院在判决时应当释明，公司应当及时办理法定减资程序或者由其他股东或者第三人缴纳相应的出资。在办理法定减资程序或者其他股东或者第三人缴纳相应的出资之前，公司债权人依照本规定第十三条或者第十四条请求相关当事人承担相应责任的，人民法院应予支持。”

不过，我理解，《公司法司法解释（三）》第16条和第17条，应仅适用于有限责任公司，不适用于股份公司，更不适用于包括成都路桥在内的上市公司。

因为，一是，《公司法司法解释（三）》第17条明确说了，该条只针对有限责任公司。二是，《公司法司法解释（三）》第16条使用了“股东会决议”“新股优先认购权”这样属于有限公司独有的表述，也表明该条不适用于股份公司。三是，退一步讲，就算《公司法司法解释（三）》第16条也适用于股份公司，该条也只是适用于“股东未履行或者未全面履行出资义务或者抽逃出资”的情况；投资者通过二级市场的证券交易成为上市公司的股东，显然不可能成为《公司法司法解释（三）》第16条的适用对象。

因此，成都路桥反收购条款第二段第2点没有《公司法》司法解释上的依据。

（四）反收购条款第二段第2点剥夺相关股东的表决权，没有取得相关股东的明示同意

尽管成都路桥2016年第一次临时股东大会审议修改公司章程的时候，有部分股东投了赞成票，但是，当时投赞成票的股东所持有的股份数量仅为309167869股，仅占成都路桥当时的总股份数量737416215股的41.93%；并且，李某所持股份并未计入有效表决权股份。

此外，对于日后在二级市场买入成都路桥的股票，但存在违规收购行为的投资者来说，反收购条款第二段第2点规定的“视为放弃表决权”，并没有取得这些股东的明示的同意。

如前所述，反收购条款第二段第2点规定的“视为放弃表决权”，剥夺了相关股东的表决权，但并没有《公司法》和《上市公司章程指引》、《证券法》和《上市公司收购管理办法》、《公司法》司法解释上的依据。

《最高人民法院关于贯彻执行〈中华人民共和国民法通则〉若干问题的意见（试行）》第66条规定：“一方当事人向对方当事人提出民事权利的要求，对方未用语言或者文字明确表示意见，但其行为表明已接受的，可以认定为默示。不作为的默示只有在法律有规定或者当事人双方有约定的情况下，才可以视为意思表示。”据此，成都路桥单方面通过其公司章程对相关股东提出“视为放弃表决权”的要求，在既没有法律依据，又没有相关股东明确同意的情况下，对相关股东不具有约束力。

（五）反收购条款第二段第2点剥夺相关股东的合法权利，违反了《公司法》的诸多明文规定，侵害了相关股东的合法权益；因相关股东属于不特定的投资者，从而也损害了社会公共利益

成都路桥公司章程中的反收购条款第二段第2点，至少违反了《公司法》的下列规定、侵害了相关股东根据《公司法》的下列规定所享有的股东权利：

序号	股东权利	法律依据	适用对象
1	处分（包括转让、质押等）其所持有的公司股份	《公司法》第137条，《物权法》第223条第4项、第226条第1款	股份公司的股东
2	对股东大会作出的公司合并、分立决议持异议时，要求公司收购其股份	《公司法》第142条	股份公司的股东
3	请求召开临时股东大会	《公司法》第100条第3项	股份公司单独或合计持有10%以上股份的股东
4	在董事会不能履行或者不履行召集股东大会会议职责，并且监事会也不召集和主持股东大会会议时，召集和主持股东大会会议	《公司法》第101条第2款	股份公司连续90日以上单独或者合计持有公司10%以上股份的股东
5	获得关于股东大会会议召开的时间、地点和审议事项的通知	《公司法》第102条第1款	股份公司的股东
6	向股东大会提出临时提案	《公司法》第102条第2款	股份公司单独或合计持有公司3%以上股份的股东
7	亲自出席或者委托代理人出席股东大会会议	《公司法》第106条	股份公司的股东
8	按照所持每一股份有一表决权对股东大会审议的事项行使表决权	《公司法》第99条、第103条、第104条、第124条	股份公司的股东
9	提议召开董事会临时会议	《公司法》第110条	股份公司单独或者合计代表10%以上表决权的股东
10	请求法院宣告内容违反法律、行政法规的股东大会决议、董事会决议无效	《公司法》第22条第1款、第4款	股份公司的股东
11	请求法院撤销会议召集程序、表决方式违反法律、行政法规或者公司章程或者决议内容违反公司章程的股东大会决议、董事会决议	《公司法》第22条第2款、第4款	股份公司的股东

续表

序号	股东权利	法律依据	适用对象
12	对公司的经营进行监督，提出建议或者质询	《公司法》第 97 条、第 150 条第 1 款	股份公司的股东
13	查阅公司章程、股东名册、公司债券存根、股东大会会议记录、董事会会议决议、监事会会议决议、财务会计报告	《公司法》第 97 条	股份公司的股东
14	要求公司定期向股东披露董事、监事、高级管理人员从公司获得报酬的情况	《公司法》第 116 条	股份公司的股东
15	董事、高级管理人员违反法律、行政法规或者公司章程的规定，损害股东利益时，对相关董事、高级管理人员提起诉讼	《公司法》第 152 条	股份公司的股东
16	董事、高级管理人员执行公司职务时违反法律、行政法规或者公司章程的规定，给公司造成损失时，请求监事会提起诉讼	《公司法》第 151 条	股份公司连续 180 日以上单独或者合计持有该股份公司 1% 以上股份的股东
17	董事、高级管理人员执行公司职务时违反法律、行政法规或者公司章程的规定，给公司造成损失时，请求监事会提起诉讼后，在监事会收到股东书面请求后拒绝提起诉讼，或者自收到请求之日起 30 日内未提起诉讼时，或者情况紧急、不立即提起诉讼将会使公司利益受到难以弥补的损害时，为了公司的利益以自己的名义直接向人民法院提起诉讼	《公司法》第 151 条	股份公司连续 180 日以上单独或者合计持有该股份公司 1% 以上股份的股东
18	监事执行公司职务时违反法律、行政法规或者公司章程的规定，给公司造成损失时，请求董事会提起诉讼	《公司法》第 151 条	股份公司连续 180 日以上单独或者合计持有该股份公司 1% 以上股份的股东
19	监事执行公司职务时违反法律、行政法规或者公司章程的规定，给公司造成损失时，请求董事会提起诉讼后，在董事会收到股东书面请求后拒绝提起诉讼，或者自收到请求之日起 30 日内未提起诉讼时，或者情况紧急、不立即提起诉讼将会使公司利益受到难以弥补的损害时，为了公司的利益以自己的名义直接向人民法院提起诉讼	《公司法》第 151 条	股份公司连续 180 日以上单独或者合计持有该股份公司 1% 以上股份的股东

续表

序号	股东权利	法律依据	适用对象
20	他人侵犯公司合法权益，给公司造成损失时，请求董事会提起诉讼后，在董事会收到股东书面请求后拒绝提起诉讼，或者自收到请求之日起30日内未提起诉讼时，或者情况紧急、不立即提起诉讼将会使公司利益受到难以弥补的损害时，为了公司的利益以自己的名义直接向人民法院提起诉讼	《公司法》第151条	股份公司连续180日以上单独或者合计持有该股份公司1%以上股份的股东
21	公司经营管理发生严重困难，继续存续会使股东利益受到重大损失，通过其他途径不能解决时，请求法院解散公司	《公司法》第182条	持有股份公司全部股东表决权10%以上的股东
22	公司清算时，按照股东持有的股份比例参与公司剩余财产的分配	《公司法》第186条第2款	股份公司的股东

从而，因为包含了违反《公司法》规定的反收购条款第二段第2点，成都路桥2016年第一次临时股东大会通过的《关于修改〈公司章程〉的议案》以及成都路桥的公司章程，也违反了《公司法》第11条关于“设立公司必须依法制定公司章程”的规定。

综上所述，成都路桥公司章程中的反收购条款第二段第2点的内容，即“（2）投资者违反上述规定购买、控制公司股份的，视为放弃表决权，其所持或所控制股票不享有表决权，公司董事会有权拒绝其行使除领取股利以外的其他股东权利”，剥夺了由《公司法》明确赋予相关股东的、除领取股利的权利以外的各项股东权利，却没有法律上的依据，也没有取得相关股东的明示同意，违反了《公司法》的诸多明文规定，侵害了相关股东的合法权益，因相关股东具有不确定性、属于不特定的投资者，从而也损害了社会公共利益，应当被认定为无效。

八、小结

综合上述，就李某提出的“请求法院判令被告于2016年第一次临时股东大会作出的《关于修改〈公司章程〉》的决议中关于修改《公司章程》第三十七条第（五）款的内容无效”的诉讼请求而言，我倾向于认为，成都路桥公司章程第37条第5项的内容部分有效、部分无效，李某的诉讼请求可以得到部分支持，但不应得到完全支持。其原因在于：

一是，成都路桥公司章程中的反收购条款第一段的内容，与《证券法》第86条的内容基本一致，虽然有所重复，但不违法，应为有效。

二是，成都路桥公司章程中的反收购条款第三段的内容，总体上符合《证券法》第86条和《上市公司收购管理办法》第5条、第12条、第83条的规定，应为有效。

三是，成都路桥公司章程中的反收购条款第二段第1点中，除了“构成恶意违法收购”外的其余部分的内容，不违反法律规定，应属有效。

四是，成都路桥公司章程中的反收购条款第二段第1点中，有关“构成恶意违法收购”的内容，违反了《证券法》和《上市公司收购管理办法》的规定，应当被认定为无效。

五是，成都路桥公司章程中的反收购条款第二段第2点的内容，剥夺了由《公司法》明确赋予相关股东的、除领取股利的权利以外的各项股东权利，却没有法律上的依据，也没有取得相关股东的明示同意，违反了《公司法》的诸多明文规定，侵害了相关股东的合法权益，因相关股东具有不确定性、属于不特定的投资者，从而也损害了社会公共利益，应当被认定为无效。

因此，成都路桥公司章程第37条第5项规定的反收购条款的内容，如果能修改如下，可能是有效的：

（五）通过证券交易所的证券交易，投资者持有或者通过协议、其他安排与他人共同持有公司已发行的股份达到5%时，应当在该事实发生之日起3日内，向国务院证券监督管理机构、证券交易所作出书面报告、书面通知公司并予公告，在上述期限内，不得再行买卖公司的股票。股东持有或者通过协议、其他安排与他人共同持有公司已发行的股份达到5%后，其所持公司已发行的股份比例每增加或者减少5%，应当依照前述规定进行报告和公告。在报告期限内和作出报告、公告后2日内，不得再行买卖公司的股票。

投资者违反上述规定，在购买、控制公司股份过程中未依法履行报告和公告义务，或者在信息披露义务过程中存在虚假陈述、重大误导、遗漏，被监管机构认定为构成违法收购的，应承担如下法律责任：

公司董事会及其他股东有权要求国务院证券监督管理机构、证券交易所追究其法律责任，公司其他股东有权要求其赔偿因其违法收购而造成的所有经济损失（含直接和间接损失）。

注：本章程所述购买、控制公司股份，指该投资者单独持有、合并持有、通过协议或其他安排与他人共同持有、通过一致行动共同持有、通过其他法人自然人间接持有以及其他实际控制公司股份的情形。

第二十七章
上市公司决议的效力：万科董事会决议撤销案评析[①]

2015年至2017年间围绕深交所主板上市公司万科企业股份有限公司（股票简称：万科A，股票代码：000002）发生的股权之争，引起了社会各界的广泛关注；其间，2016年6月17日的万科的董事会决议（617董事会决议）还引发了万科当时的第一大股东华润与万科管理层之间的纷争（即万华之争）。中国证监会、深圳证监局、深圳证券交易所等监管部门也对此保持了高度关注。中国证监会认为："万科相关股东与管理层之争已经引起社会高度关注，相关各方本应成为建设市场、维护市场、尊重市场的积极力量，带头守法，尽责履职。但遗憾的是，至今没有看到万科相关股东与管理层采取有诚意、有效的措施消除分歧，相反通过各种方式激化矛盾，置资本市场稳定于不顾，置公司可持续发展于不顾，置公司广大中小股东利益于不顾，严重影响了公司的市场形象及正常的生产经营，违背了公司治理的义务。"也因此，中国证监会对万科相关股东与管理层公开表示了谴责。[②]

应该说，因617董事会决议引发的"万华之争"，总体上，至少早在2017年1月份，就随着华润方面的退出（通过将所持全部万科股份转让给深圳市地铁集团）而结束了。不过，由万科617董事会决议所引发的法律诉讼（当然，这样的诉讼，并非由华润方面提起，而是由两名小股东提起的），直到2018年3月14日，才有了终审判决，才算尘埃落定。

---

① 本章内容曾于2018年6月1日以《万科董事会决议撤销纠纷案：法院的判决和我的评析》为题刊载于微信公众号"秋荣法律评论"。收入本书时，本着尽量保持原貌的原则，作了少量必要的修改。除非特别说明，本章所说的《证券法》指的是当时适用的2014年修正后的《证券法》，并非2020年3月1日起施行的《证券法》。

② 见中国证监会2016年7月22日新闻发布会答记者问，http：//www.csrc.gov.cn/pub/newsite/zjhxwfb/xwfbh/201607/t20160722_301058.html，最后访问时间：2019年9月30日。

根据中国裁判文书网2018年5月8日公开的张某、袁某与万科之间的公司决议撤销纠纷案的二审判决书［案号：（2017）粤03民终8665号①、（2017）粤03民终8666号②］，二审法院深圳市中级人民法院认为“原审判决查明事实清楚，适用法律正确，应予维持”，没有支持小股东提出的撤销万科617董事会决议的诉讼请求。

总体而言，从纯粹实践法律的角度，我是乐于见到由法院对此次“万华之争”涉及的诸多法律问题作出裁判的，因为，无疑，无论是对实践《公司法》、清晰《公司法》的适用规则，还是对中国上市公司治理的完善，这都具有非常重要的意义。在结果方面，我倾向于认同一审法院和二审法院得出的“驳回原告诉讼请求”结论；不过，对其主要的论证理由，则持有不同意见。接下来，我尝试对法院判决的主要观点逐一作评析。

需要说明的是，考虑到（2017）粤03民终8665号、（2017）粤03民终8666号两份判决书的实质内容是相同的，接下来仅以（2017）粤03民终8665号判决书为基础展开评析；此外，因为未能从公开渠道查询到一审判决全文，因此，接下来直接将二审判决书提及的一审法院的观点，作为一审法院的观点。

一、法院审理公司决议撤销纠纷，是否应当遵循适度谦抑性原则？

在一审判决书中，深圳市盐田区法院认为：“本案系公司决议撤销纠纷。董事会形成决议系公司自治的结果，公司决议撤销案件系司法权对于公司治理领域的介入，因此在审查董事会决议效力时需要遵循适度谦抑性的原则。”

我基本认同一审法院的这一观点。《公司法司法解释（四）》第4条关于“股东请求撤销股东会或者股东大会、董事会决议，……会议召集程序或者表决方式仅有轻微瑕疵，且对决议未产生实质影响的，人民法院不予支持”的规定，更是直接体现了“谦抑性的原则”。

当然，根据《公司法》第22条第2款和《公司法司法解释（四）》第4条

---

① http：//wenshu. court. gov. cn/website/wenshu/181107ANFZ0BXSK4/index. html，最后访问时间：2019年9月30日。

② http：//wenshu. court. gov. cn/website/wenshu/181107ANFZ0BXSK4/index. html，最后访问时间：2019年9月30日。

的规定，如果万科617董事会会议的召集程序、表决方式存在违反法律、行政法规或万科公司章程的情形，并且该等违反不属于《公司法司法解释（四）》第4条所说的“仅有轻微瑕疵，且对决议未产生实质影响”，那么，法院就应当支持股东提出的撤销万科617董事会决议的请求，这也是“适度谦抑性的原则”中的“适度”的内在要求。

二、本案中是否存在导致涉案董事会决议被撤销的情形？

针对本案中是否存在导致涉案董事会决议被撤销的情形的问题，在一审判决书中，深圳市盐田区法院认为：“本案中，因为董事会会议的通知、提案和议程的确定、主持、表决结果的宣布、决议的形成、会议记录、签署等事项均不存在违反法律、行政法规或者公司章程的情形，决议内容也不存在违反公司章程的情形，而且张某亦未对上述事项提出异议；所以一审法院确认上述事项不存在导致涉案董事会决议被撤销的情形。”

一审法院的上述观点得到了二审法院的支持。在二审判决书中，深圳市中级人民法院认为：“一审法院通过对涉案董事会决议的召集程序、表决方式、涉案董事会决议的内容等方面进行审查，认定涉案董事会决议不具有可以被撤销的情形。……在本案中，涉案董事会会议的通知、提案和议程的确定等召集程序均不存在导致涉案董事会决议被撤销的情形，一审法院已作详尽论述，本院认为并无不妥”，“张某平按照《公司章程》要求向董事会作了披露，《公司章程》并未规定对有关联关系的董事应启动任职资格审查程序，张某平向万×公司董事会申明回避该次董事会会议议案的投票表决，其他董事对此均未提出异议，董事会在张某平回避后未将其计入法定人数，该董事亦未参加表决，投票和计票均符合《公司章程》规定的表决方式，因此涉案董事会决议不具有决议撤销事由”。

对此，我持有不同意见。因为，我倾向于认为，张某平独立董事回避表决这一行为本身，在程序方面，是存在瑕疵的，这一瑕疵直接影响了万科617董事会会议的计票、表决结果，难以得出一审法院所说的“董事会会议的……表决结果的宣布、决议的形成……均不存在违反法律、行政法规或者公司章程的情形”的结论。

具体分析，请见下文第五部分至第七部分的内容。

三、张某平是否具备独立董事的任职资格问题，是否属于本案的审查范围?

针对“张某平是否具备独立董事的任职资格问题，是否属于本案的审查范围”的问题，在一审判决书中，深圳市盐田区法院认为：“张某提出独立董事的任职资格问题系公司治理结构中一个单独的法律问题，其与本案所涉及的董事会会议的程序和董事会决议内容的合法性问题不具有法律上的牵连性；因此张某平是否具备独立董事的任职资格问题不属于本案的审查范围。”

对此，我认同一审法院的观点。甚至，我也倾向于认为，“张某平是否具备独立董事的任职资格”这个问题本身，是不会影响“张某平在当时是作为万科的独立董事履职”这一事实的。理由如下：

一是，事实上，在万科617 董事会会议召开当时，甚至在本案的一审过程中，张某平仍然担任着万科的独立董事职务，直至2017 年6 月30 日召开的万科2016 年度股东大会完成董事会换届选举，张某平才卸任万科独立董事职务。

二是，退一步讲，即使张某平因任何原因导致其丧失了独立性，从而不再具备担任万科独立董事的资格，但是，在其主动辞去万科独立董事职务或万科股东大会解除其独立董事职务之前，张某平仍然是万科股东大会合法选举产生的独立董事，仍然享有并应当履行作为万科的独立董事的职责。

在这方面，《公司法》、中国证监会2001 年的《关于在上市公司建立独立董事制度的指导意见》、当时有效的《深圳证券交易所股票上市规则》（2014年10 月修订）、当时有效的《深圳证券交易所独立董事备案办法》（2011 年修订）和万科的公司章程，都没有规定说，万科的现任董事只要存在不具备担任万科的董事的情形，万科的独立董事只要存在不具备担任万科的独立董事的情形，就自动丧失其董事或独立董事资格。

相反，《公司法》第146 条在其第1 款明确规定了不得担任公司的董事、监事、高级管理人员的情形的基础上，在其第3 款还明确规定了：“董事、监事、高级管理人员在任职期间出现本条第一款所列情形的，公司应当解除其职务。”

此外，中国证监会《关于在上市公司建立独立董事制度的指导意见》也只是规定了“独立董事出现不符合独立性条件或其他不适宜履行独立董事职责的情形，由此造成上市公司独立董事达不到本《指导意见》要求的人数时，上市公司应按规定补足独立董事人数”；“独立董事连续3次未亲自出席董事会会议的，由董事会提请股东大会予以撤换。除出现上述情况及《公司法》中规定的不得担任董事的情形外，独立董事任期届满前不得无故被免职”。

还有，万科617董事会决议之后，深圳证券交易所在2017年5月出台的《深圳证券交易所独立董事备案办法（2017年修订）》第13条也规定了“独立董事在任职后出现不符合本办法第四条至第十一条规定的独立董事任职资格情形之一的，应当自出现该情形之日起一个月内辞去独立董事职务；未按要求辞职的，上市公司董事会应当在一个月期限到期后及时召开董事会，审议提请股东大会撤换该名独立董事事项并在两个月内完成独立董事补选工作”。

上述规定都意味着，即便是在张某平因丧失独立性而不再具备担任万科的独立董事的资格的情形，也只有在“万科股东大会解除其独立董事职务”或其“主动辞去独立董事职务”并且该等去职已经生效的情况下，张某平才不再是万科的独立董事。

三是，退一步讲，即使张某平主动提出辞去万科独立董事职务，但是，由于张某平的辞职将导致万科当时在任的独立董事只有3人（海某、华某、罗某美），占万科全体11名董事的3/11（≈27.27%），不到董事会成员的三分之一，不符合中国证监会《关于在上市公司建立独立董事制度的指导意见》关于“上市公司董事会成员中应当至少包括三分之一独立董事”的规定，和万科当时有效的公司章程第136条关于“董事会由十一名董事组成，设董事会主席一人，董事会副主席一至二人。董事会成员中应当至少包括三分之一独立董事，且至少应有一名独立董事是会计专业人士”的规定，因此，张某平的辞职将不能立刻生效，而应等到万科股东大会补选的新的独立董事就任之后才能生效，在此之前，张某平仍然应当依照法律、行政法规和万科的公司章程的规定，继续履行其独立董事职务。

对此，《公司法》第45条第2款和第108条第3款明确规定了：“董事任期届满未及时改选，或者董事在任期内辞职导致董事会成员低于法定人数的，在改选出的董事就任前，原董事仍应当依照法律、行政法规和公司章程的规定，履行董事职务。”

中国证监会《关于在上市公司建立独立董事制度的指导意见》也明确规定了“独立董事出现不符合独立性条件或其他不适宜履行独立董事职责的情形，由此造成上市公司独立董事达不到本《指导意见》要求的人数时，上市公司应按规定补足独立董事人数”；“如因独立董事辞职导致公司董事会中独立董事所占的比例低于本《指导意见》规定的最低要求时，该独立董事的辞职报告应当在下任独立董事填补其缺额后生效”。

事实上，在万科617董事会决议之前，万科的另一位独立董事海某就曾因其北京大学前副校长的身份，依照教育部办公厅2015年11月发出的《关于开展党政领导干部在企业兼职情况专项检查的通知》的要求，在2015年12月提出了辞去万科独立董事职务的要求。海某的辞职，同样也因为其辞职将导致万科在任的独立董事人数不足全体董事的三分之一而不能立即生效，海某同样应当依法继续履行独立董事职责[①]。

基于上述理由，我倾向于认为，在二审程序中，一审原告主要从“张某平已丧失了独立董事的独立性，导致本案系争董事会召集程序、表决方式违反了万×《公司章程》”这个角度来展开上诉，可能是一个失误——当然，不管失误不失误，本案确实也因万科617董事会决议所涉及的交易内容事实上已经终止而无实际的诉争意义了。

我倾向于认为，从“应当由哪个主体、依照什么样的程序来认定张某平属于关联董事并应当回避表决”的角度切入，来论证万科617董事会决议是否在程序上违反了法律、行政法规或万科的公司章程，可能是更好的选择。具体分析，请见下文第五部分至第七部分的内容。

四、“判断张某平与万×公司发行股份用以购买深圳市地×集团有限公司资产的商业行为是否存在关联关系”这个问题，是否属于商业判断问题？

在一审判决中，针对原告提出的“张某平申请回避表决的事实理由是否存

---

① 见万科2015年12月23日《关于海某先生辞去独立董事职务的公告》和2015年12月29日《关于海某先生辞去独立董事职务的补充公告》。

在的问题属于本案审查范围”的问题，深圳市盐田区法院认为：

“本案中判断回避表决的事实理由是否存在实质上系判断公司董事与其所要表决的议案是否存在关联关系，即判断张某平与万×公司发行股份用以购买深圳市地×集团有限公司资产的商业行为是否存在关联关系。根据张某平在《申明》及《回复函》中的陈述，一审法院认为该问题应属于商业判断问题。商业判断是指公司的管理人员依据其自身所具有的商业经验对公司经营事务所进行的主观选择。如果对于公司管理人员的商业判断行为进行司法审查，则意味着司法审查的边界将延伸至判断商业行为合理性的范畴，而某个商业判断是否合理最应当交由既身处具体商业活动中又秉持审慎态度的公司管理人员来决定。将这种商业判断问题交由司法机关决定有违公司自治及司法谦抑性原则的要求。因此，判断回避表决的事实理由是否存在这一问题，不应纳入本案的审查范围。”

对此，我认同一审法院关于“该问题应属于商业判断问题”的结论；不过，我倾向于认为，一审法院仅仅以其所说的“张某平在《申明》及《回复函》中的陈述”为根据，就认为“该问题应属于商业判断问题”，并得出“判断回避表决的事实理由是否存在这一问题，不应纳入本案的审查范围”的结论，是不够严谨的，其理由是不够充分的。

应该说，一审法院注意到了“判断回避表决的事实理由是否存在”实质上就是“判断公司董事与其所要表决的议案是否存在关联关系”，即“判断张某平与万×公司发行股份用以购买深圳市地×集团有限公司资产的商业行为是否存在关联关系”。

不过，我倾向于认为，在“判断张某平与万×公司发行股份用以购买深圳市地×集团有限公司资产的商业行为是否存在关联关系”时，应当仅仅以张某平在万科617董事会会议当天作出的、并实际上据以采取回避表决的行动的《申明》作为直接的基础，而不应过多地考虑张某平在董事会会议之后作出的《回复函》。

此外，我也倾向于认为，一审法院作出“判断张某平与万×公司发行股份用以购买深圳市地×集团有限公司资产的商业行为是否存在关联关系”这个问题“应属于商业判断问题”的结论，应当基于这样的前提条件，即事先确认无论是法律、行政法规、中国证监会的规定、深圳证券交易所的规则，还是万科的公司章程，都没有据以判断“张某平与万×公司发行股份用以购买深圳市地×集团有限公司资产的商业行为是否存在关联关系”的规定。

只有在事先经过了这样的“测试”之后，才能得出“这个问题属于商业判断问题”的结论，从而需要交由万科公司自行作出决定。因为《公司法》、中国证监会的规章和万科的公司章程对关联关系作出了原则性的规定，财政部的会计准则和深交所的上市规则也对关联关系作出了比较具体的规定，一审法院理应首先考察张某平所申明的“关联关系”是否属于法律法规和规则已经明确规定的关联关系。一审法院未事先经过这一测试，仅仅“根据张某平在《申明》及《回复函》中的陈述”就直接认为“该问题应属于商业判断问题”，是不妥当的。

更确切地说，一审法院“根据张某平在《申明》及《回复函》中的陈述”认为“该问题应属于商业判断问题”，指的是“该问题应属张某平个人的商业判断问题”，而非“万科或万科董事会的商业判断问题。”

根据万科的公告，张某平独立董事向万科董事会书面申明的“关联关系”是：“就本次会议所审议的12项议案，由于其本人任职的美国黑石集团正在与公司洽售在中国的一个大型商业物业项目，带来潜在的关联与利益冲突，存在《公司章程》第152条第2款所述之关联关系”。

应该说，张某平的《申明》包含了两层含义：一是，其因“其本人任职的美国黑石集团正在与万科洽售在中国的一个大型商业物业项目而带来的涉及万科与其本人、美国黑石集团之间的潜在的关联与利益冲突”；二是，这种“潜在的关联与利益冲突”，构成了万科公司章程第152条第2款所说的“关联关系”。

但是，万科公司章程第152条第2款使用的是“公司董事与董事会会议决议事项所涉及的企业有关联关系”的表述，该款所述的“关联关系”，指的是万科董事与万科董事会决议事项涉及的企业之间存在的关联关系，与张某平的《申明》所说的“关联关系”是不同的。根据万科公司章程第274条第2款的规定，万科公司章程所说的“关联关系”，是指“公司控股股东、实际控制人、董事、监事、高级管理人员与其直接或者间接控制的企业之间的关系，以及可能导致公司利益转移的其他关系”。应该说，这一定义与《公司法》第216条第 4 款关于关联关系的规定保持了一致，都是原则性的规定。

尽管《公司法》、万科公司章程关于关联关系的规定比较原则、不够具体，但是，中国证监会 2007 年制定的规章《上市公司信息披露管理办法》第 71 条第 3 项关于上市公司关联自然人的规定，则是比较清晰的。

《上市公司信息披露管理办法》第 71 条第 3 项规定："本办法下列用语的含义：……（三）上市公司的关联交易，是指上市公司或者其控股子公司与上市公司关联人之间发生的转移资源或者义务的事项。关联人包括关联法人和关联自然人。……具有以下情形之一的自然人，为上市公司的关联自然人：1. 直接或者间接持有上市公司 5% 以上股份的自然人；2. 上市公司董事、监事及高级管理人员；3. 直接或者间接地控制上市公司的法人的董事、监事及高级管理人员；4. 上述第 1、2 项所述人士的关系密切的家庭成员，包括配偶、父母、年满 18 周岁的子女及其配偶、兄弟姐妹及其配偶，配偶的父母、兄弟姐妹，子女配偶的父母；5. 在过去 12 个月内或者根据相关协议安排在未来 12 个月内，存在上述情形之一的；6. 中国证监会、证券交易所或者上市公司根据实质重于形式的原则认定的其他与上市公司有特殊关系，可能或者已经造成上市公司对其利益倾斜的自然人。"

此外，在当时对万科具有约束力的《深圳证券交易所股票上市规则》（2014 年 10 月修订，以下简称《深交所上市规则》）关于关联董事的规定，也是比较清晰的：

"10. 2. 1 上市公司董事会审议关联交易事项时，关联董事应当回避表决，也不得代理其他董事行使表决权。该董事会会议由过半数的非关联董事出席即可举行，董事会会议所做决议须经非关联董事过半数通过。出席董事会的非关联董事人数不足三人的，上市公司应当将该交易提交股东大会审议。前款所称关联董事包括下列董事或者具有下列情形之一的董事：（一）交易对方；（二）在交易对方任职，或者在能直接或者间接控制该交易对方的法人或者其他组织、该交易对方直接或者间接控制的法人或者其他组织任职；（三）拥有交易对方的直接或者间接控制权的；（四）交易对方或者其直接或者间接控制人的关系密切的家庭成员（具体范围参见本规则第 10. 1. 5 条第（四）项的规定）；（五）交易对方或者其直接或者间接控制人的董事、监事和高级管理人员的关系密切的家庭成员（具体范围参见本规则第 10. 1. 5 条第（四）项的规定)；（六）中国证监会、本所或者上市公司认定的因其他原因使其独立的商业判断可能受到影响的人士。”

对照《深交所上市规则》的上述规定，就万科617董事会决议事项而言，从张某平独立董事主动申明的情况（即其因“其本人任职的美国黑石集团正在与万科洽售在中国的一个大型商业物业项目而带来的涉及万科与其本人、美国黑石集团之间的潜在的关联与利益冲突”）看，张某平独立董事应不属于当时的《深交所上市规则》第10.2.1条第2款第1项至第5项规定的万科617董事会决议事项的关联董事。

但是，张某平独立董事是否属于“因其他原因使其独立的商业判断可能受到影响的人士”，则是难以基于《公司法》《深交所上市规则》的上述规定直接作出确认的。

我理解，基于这样的分析，一审法院才可以得出“判断张某平与万×公司发行股份用以购买深圳市地×集团有限公司资产的商业行为是否存在关联关系”“应属于商业判断问题”的结论，得出这样的结论才有其合理之处。

但是，即使能够得出“该问题应属商业判断问题”的结论，也并不等于可以得出一审法院所说的“判断回避表决的事实理由是否存在这一问题，不应纳入本案的审查范围”的结论。

因为，在本案当中，尽管“判断张某平与万×公司发行股份用以购买深圳市地×集团有限公司资产的商业行为是否存在关联关系”“应属于商业判断问题”，但是，万科或万科董事会作出这样的商业判断的程序是否符合法律、行政法规、万科的公司章程，仍然属于法院司法审查的范围。

应该说，一审法院对此是有一定的认识的，这可以从一审法院所持的“回避表决本身的程序问题与涉案的董事会决议具有法律上的牵连性，即回避表决的程序是否合法直接决定董事会会议的投票和计票是否合法”的观点中间接地看出来。因为，一审法院所说的“回避表决本身的程序”，不可避免地包含了万科或万科董事会对“张某平与万×公司发行股份用以购买深圳市地×集团有限公司资产的商业行为是否存在关联关系”作出判断这一环节，并且，基于这一判断，并以这一判断为前提，万科才有可能“自行”“决定回避表决的申请”。

五、在张某平提出回避表决的“申明”之后，是否需要经过有关程序来确认张某平是否可以回避表决?

在一审判决中，针对“是否需要通过正式程序来审查并认定张某平的回避表决申请能否被准许”的问题，深圳市盐田区法院认为：“回避表决本身的程序问题与涉案的董事会决议具有法律上的牵连性，即回避表决的程序是否合法直接决定董事会会议的投票和计票是否合法，因此本案应当审查张某平申请回避表决后是否需要并经过了有关程序的确认。”

我认同一审法院的上述观点。因为，如一审法院所说，张某平回避表决的程序是否合法，将直接影响万科617董事会决议的表决结果并决定董事会会议的投票和计票是否合法；并且，如前所述，尽管“判断张某平与万×公司发行股份用以购买深圳市地×集团有限公司资产的商业行为是否存在关联关系”“应属于商业判断问题”，但是，万科或万科董事会作出这样的商业判断的程序是否符合法律、行政法规、万科的公司章程，仍然属于法院司法审查的范围。

六、在张某平提出回避表决的“申明”之后，是否已经由有关程序对张某平是否可以回避表决进行了确认?

在一审判决中，针对原告提出的“需要通过正式程序来决定张某平提出回避表决的申请”的主张，深圳市盐田区法院认为：“根据公司自治的原则，是否通过正式程序来决定回避表决的申请应当由公司自行决定。如果《公司章程》没有规定正式程序，公司亦可以非正式的程序决定回避表决的申请。本案中，《公司章程》未就此问题设置相应的正式程序，则一审法院应进一步考察万×公司董事会是否以非正式的程序决定了回避表决的申请。张某平在2016年6月17日和12月12日两次召开的董事会会议上申请回避表决时，其他董事均未提出异议。因此张某平的回避表决申请在客观上已经以非正式的程序获得了其他董事的同意，回避表决本身不存在任何瑕疵。”

在这个问题上，我不认同一审法院的观点，而支持原告关于“需要通过正式程序来决定张某平提出回避表决的申请”的主张。

应该说，从判决书的内容看，一审法院至少是同意并支持以下两点的：一是，张某平提出的回避表决的申请，是需要经过有关程序的确认的；二是，确认张某平是否可以回避表决，应当由万科自行决定。对此，我也持同意和支持的态度。

但是，一审法院在上述两点的基础上，进一步将其中的“有关程序”，分解为万科的“正式程序”和“非正式程序”，其中的“正式程序”指的是万科的公司章程规定的程序，而“非正式程序”则指万科的公司章程未规定的程序，并认为：“如果《公司章程》没有规定正式程序，公司亦可以非正式的程序决定回避表决的申请”；其中的“非正式程序”，在本案当中，指的是“张某平在2016年6月17日和12月12日两次召开的董事会会议上申请回避表决时，其他董事均未提出异议”。

在考察万科的公司章程的规定之后，一审法院认为“本案中，《公司章程》未就此问题设置相应的正式程序”；在此基础上，一审法院还进一步考察了万科董事会是否以非正式的程序决定了回避表决的申请，并基于“张某平在2016年6月17日和12月12日两次召开的董事会会议上申请回避表决时，其他董事均未提出异议”的事实，得出了“张某平的回避表决申请在客观上已经以非正式的程序获得了其他董事的同意，回避表决本身不存在任何瑕疵”的结论。

应该说，这番论证，反映了一审法院的良苦用心。不过，我有不同的理解。

（一）针对一审法院关于“本案中，《公司章程》未就此问题设置相应的正式程序”的观点的分析

一审法院认为，万科的公司章程没有就“万科如何对张某平回避表决的申请作出决定”这一问题设置相应的正式程序。问题是，真是这样的吗？

我的理解是，不是这样的，万科的公司章程是有相应的规定的。

我倾向于认为，张某平提出的回避表决的“申明”，只是其个人的商业判断，并非当然属于万科的其他董事的商业判断或万科董事会的商业判断，也并非当然就成为作为公司的万科的决定；只要经过了特定的程序，其个人的商业判断，才能转化为万科董事会的商业判断，进而上升为作为公司的万科的意思

表示或决定。

就像一审法院所说的那样，确认张某平是否可以回避表决，应当由万科自行决定（且先不论是通过正式程序还是非正式程序来决定）；有鉴于此，既然应由万科自行决定，考虑到万科作为一个在深交所主板上市的股份有限公司，那么，接下来的问题就是，应当由万科的哪个机构或代表来作出决定，并以该机构或代表的决定作为万科这个公司的决定？

要回答这个问题，这必须全面考察《公司法》和万科的公司章程关于万科的各个组织机构尤其是其股东大会、董事会的职权的规定。

通过考察《公司法》和万科的公司章程的规定，可以发现，万科的监事会、总经理（或总裁）或法定代表人，是不享有"对作为独立董事的张某平是否需要在万科 617 董事会会议上回避表决作出决定"这一职权的。

纵观万科的公司章程、万科当时适用的《万科企业股份有限公司股东大会议事规则》、万科当时适用的《万科企业股份有限公司董事会议事规则》和万科当时适用的《万科企业股份有限公司董事会审计委员会实施细则》（2014 年 6 月）全文，这些文件都没有明确规定由哪个机构来行使"对万科的特定董事是否需要在万科的董事会会议上回避表决作出决定"这一职权。

在《公司法》《证券法》《上市公司信息披露管理办法》《企业会计准则第 36 号——关联方披露》、当时适用的《深圳证券交易所股票上市规则》（2014 年 10 月修订）均未对上市公司认定关联方的职权和"对万科的特定董事是否需要在万科的董事会会议上回避表决作出决定"的职权的归属作出明确规定的情况下，根据《公司法》第 37 条第 1 款和第 99 条关于股份公司股东大会职权的规定、第 46 条和第 108 条第 4 款关于股份公司董事会职权的规定，以及万科的公司章程第 58 条关于万科股东大会的职权的规定和第 137 条关于万科董事会的职权的规定，我倾向于认为，可以由万科的股东大会或至少应当由万科的董事会，来对"确认张某平是否可以回避表决"作出决定。并且，在万科的公司章程未明确规定由哪个机构来行使"对万科的特定董事是否需要在万科的董事会会议上回避表决作出决定"这一职权的情况下，根据万科的公司章程第 278 条关于"本章程由公司董事会负责解释"的规定，"对作为万科的独立董事的张某平是否需要在万科 617 董事会会议上回避表决作出决定"这一职权，是可以由万科的董事会来行使的。

不过，值得注意的是，根据《公司法》第110条至第112条关于股份有限公司董事会的议事方式和表决程序的规定、万科公司章程第146条至第159条和《万科企业股份有限公司董事会议事规则》关于万科董事会的议事规则的规定，万科的董事会在行使“对作为万科的独立董事的张某平是否需要在万科617董事会会议上回避表决作出决定”这一职权时，应当遵守万科的公司章程和《万科企业股份有限公司董事会议事规则》规定的程序，包括董事会会议的召集、会议的通知、提案和议程的确定、主持、投票、计票、表决结果的宣布、决议的形成、会议记录及签署等事项。

基于上述，我倾向于认为，在事实层面，一审法院没有对万科的公司章程进行深入清晰地考察，其关于“本案中，《公司章程》未就此问题设置相应的正式程序”的观点，是不符合万科的实际情况的。

（二）针对一审法院关于“张某平在2016年6月17日和12月12日两次召开的董事会会议上申请回避表决时，其他董事均未提出异议。因此张某平的回避表决申请在客观上已经以非正式的程序获得了其他董事的同意，回避表决本身不存在任何瑕疵”的观点的分析

就一审法院上述观点而言，我理解，一审法院可能是认为，既然万科的其他董事在万科617董事会会议和1212董事会会议上都没有对“张某平提出回避表决的申明”提出异议，那么，就应当视为“其他董事作出了同意张某平回避表决的意思表示”；进而，就应当视为万科董事会已经以“其他董事均未提出异议”这一非正式的程序，对“作为万科的独立董事的张某平是否需要在万科617董事会会议上回避表决”这一问题作出了决定。

但是，我倾向于认为，一审法院的这一观点，存在两个方面的问题：一是，对《公司法》和万科的公司章程关于公司董事会行使职权的方式和程序，作出了不适当的解读；二是，不适当地将“其他董事未提出异议”认定为“视为其他董事同意”。

第一，一审法院关于“非正式程序”的观点，是对《公司法》和万科的公司章程关于公司董事会行使职权的方式和程序，作出的不适当的解读。

通过比较《公司法》第37条（特别地，包括其第2款）至第43条关于有限责任公司股东会的职权及其行使职权的方式、程序的规定，与《公司法》第

46 条至第 48 条关于有限责任公司董事会的职权及其行使职权的方式、程序的规定，《公司法》第 98 条至第 105 条关于股份有限公司股东大会的职权及其行使职权的方式、程序的规定，以及《公司法》第 108 条至第 112 条关于股份有限公司董事会的职权及其行使职权的方式、程序的规定，可以发现，就股份有限公司而言，《公司法》并没有像《公司法》第 37 条第 2 款关于“对前款所列事项股东以书面形式一致表示同意的，可以不召开股东会会议，直接作出决定，并由全体股东在决定文件上签名、盖章”的规定那样，允许股份公司的股东大会也可以采取不召开股东大会会议，而由全体股东在决定文件上签名、盖章的方式来行使股东大会职权，没有允许股份公司的董事会可以采取不召开董事会会议，而由全体董事在决定文件上签名的方式来行使董事会职权。

万科的公司章程和《万科企业股份有限公司董事会议事规则》也没有作出这样的规定。尽管万科的公司章程第 153 条第 2 款规定了“董事会临时会议在保障董事充分表达意见的前提下，可以用传真或电子邮件方式进行并作出决议，并由参会董事签字”，但是，万科公司章程的这一规定仍然使用了“董事会临时会议”的表述，并且，这一规定也明确规定了“用传真或电子邮件方式进行”董事会临时会议、“由参会的董事签字”。该款规定并没有允许万科董事会采取不召开董事会会议，而由全体董事在决定文件上签名的方式来行使董事会职权。

因此，作为股份有限公司的万科，其董事会行使“对作为万科的独立董事的张某平是否需要在万科 617 董事会会议上回避表决作出决定”这一职权时，不能采取类似于《公司法》第 37 条第 2 款所说的“不召开股东会会议，直接作出决定”的方式，而只能并且必须根据《公司法》第 110 条召开董事会临时会议对此进行审议。

只不过，根据万科公司章程第 149 条关于“下列情形之一的，董事会主席应在十日内召集临时董事会会议：（一）董事会主席认为必要时；（二）三分之一以上董事联名提议时；（三）监事会提议时；（四）持有十分之一以上有表决权股份的股东提议时；（五）二分之一以上独立董事提议时；（六）总裁提议时”的规定，和第 150 条关于“董事会召开临时董事会会议的通知方式为：书面通知；通知时限为：三个工作日。若出现特殊情况，需要董事会即刻作出决议的，为公司利益之目的，董事会主席召开临时董事会会议可以不受前款通知方式及通知时限的限制”的规定，万科董事会主席享有这样的职权，即在万科617董事会会议上提议由董事会对“作为万科的独立董事的张某平是否需要在万科617董事会会议上回避表决”这个问题，即刻作出决议。

但是，根据《万科企业股份有限公司董事会议事规则》第21条关于“召开董事会定期会议和临时会议，董事会秘书应当分别提前十日和三个工作日以书面通知方式通知全体董事。若出现特殊情况，需要董事会即刻作出决议的，为公司利益之目的，召开临时董事会会议可以不受前款通知方式及通知时限的限制，但召集人应当在会议上作出说明”的规定，在万科董事会主席在万科617董事会会议上提议由董事会对“作为万科的独立董事的张某平是否需要在万科617董事会会议上回避表决”这个问题即刻作出决议时，也应当“在该次会议上作出说明”。但是，从万科的公告和二审判决书的内容看，“作为万科的独立董事的张某平是否需要在万科617董事会会议上回避表决”这一事项，并没有被列入万科617董事会会议议程，也未见万科董事会主席对这一事项进行明确的说明。

基于上述，尽管有“张某平在2016年6月17日和12月12日两次召开的董事会会议上申请回避表决时，其他董事均未提出异议”这样的事实，但是，在“作为万科的独立董事的张某平是否需要在万科617董事会会议上回避表决”这一事项并未被列入万科617董事会会议议程，万科董事会主席亦未在万科617董事会会议上提议由董事会对“作为万科的独立董事的张某平是否需要在万科617董事会会议上回避表决”这个问题即刻作出决议的情况下，一审法院得出“张某平的回避表决申请在客观上已经以非正式的程序获得了其他董事的同意，回避表决本身不存在任何瑕疵”的结论，是对《公司法》和万科的公司章程关于公司董事会行使职权的方式和程序，作出的不适当的解读。

因为，就算“其他董事未提出异议”可以“视为其他董事同意”，在万科617董事会会议未就“作为万科的独立董事的张某平是否需要在万科617董事会会议上回避表决”形成决议的情况下，这种被视为的“其他董事的同意”，也只是其他董事的个人的意思表示，并未转变为万科董事会的意思表示，也尚未转变为作为公司的万科的意思表示或决定，不能因此就得出“万科已经对作为万科的独立董事的张某平是否需要在万科617董事会会议上回避表决作出了决定”的结论。

第二，一审法院关于“其他董事均未提出异议。因此张某平的回避表决申请在客观上已经以非正式的程序获得了其他董事的同意”的观点，不适当地将“其他董事未提出异议”认定为“视为其他董事同意”，这既没有法律依据，也没有万科公司章程上的依据，也有违一审法院自己提出的“公司自治及司法谦抑性原则的要求”。

应该说，一审法院所说的“其他董事未提出异议”，属于沉默或默示。针对沉默或默示，在万科 617 董事会会议召开当时适用的 1988 年的《最高人民法院关于贯彻执行〈中华人民共和国民法通则〉若干问题的意见（试行）》第 66 条规定了“一方当事人向对方当事人提出民事权利的要求，对方未用语言或者文字明确表示意见，但其行为表明已接受的，可以认定为默示”，在万科 617 董事会会议召开之后的 2017 年 10 月 1 日生效的《民法总则》第 140 条第 1 款也规定了“行为人可以明示或者默示作出意思表示”。

但是，《最高人民法院关于贯彻执行〈中华人民共和国民法通则〉若干问题的意见（试行）》第 66 条同时也明确规定了“不作为的默示只有在法律有规定或者当事人双方有约定的情况下，才可以视为意思表示”，《民法总则》第 140 条第 2 款也同样明确规定了“沉默只有在有法律规定、当事人约定或者符合当事人之间的交易习惯时，才可以视为意思表示”。

因此，在未考察法律（至少包括《公司法》）是否有规定、万科的公司章程是否有规定、万科的全体董事是否有约定、是否符合万科全体董事的议事习惯的前提下，一审法院仅仅基于“张某平在 2016 年 6 月 17 日和 12 月 12 日两次召开的董事会会议上申请回避表决时，其他董事均未提出异议”这一事实，就直接得出“张某平的回避表决申请在客观上已经……获得了其他董事的同意”，至少，是不符合《最高人民法院关于贯彻执行〈中华人民共和国民法通则〉若干问题的意见（试行）》第 66 条关于“不作为的默示只有在法律有规定或者当事人双方有约定的情况下，才可以视为意思表示”的规定的，也是不符合《民法总则》第 140 条第 2 款关于“沉默只有在有法律规定、当事人约定或者符合当事人之间的交易习惯时，才可以视为意思表示”的规定（当然，一审法院是在《民法总则》生效之前作出一审判决的，当时还不能适用《民法总则》第 140 条第 2 款的规定）。

纵观万科公司章程和《万科企业股份有限公司董事会议事规则》全文，万科公司章程第 154 条第 3 款和《万科企业股份有限公司董事会议事规则》第 28 条都只是规定了“董事未出席董事会会议，亦未委托代表出席的，视为放弃在该次会议上的投票权”，并未规定“董事未提出异议的，视为同意”。相反，《万科企业股份有限公司董事会议事规则》第 37 条还明确规定了：“董事的表决意向分为同意、反对和弃权。与会董事应当从上述意向中选择其一，未做选择或者同时选择两个以上意向的，视为弃权。”

退一步讲，就算“作为万科的独立董事的张某平是否需要在万科 617 董事会会议上回避表决”这一事项已经被合法地列入万科 617 董事会会议议程，并且依法提交给与会董事审议并进行表决，但是，根据《万科企业股份有限公司董事会议事规则》第 37 条的上述规定，基于“张某平在 2016 年 6 月 17 日和 12 月 12 日两次召开的董事会会议上申请回避表决时，其他董事均未提出异议”这一事实，也不应该得出“张某平的回避表决申请在客观上已经……获得了其他董事的同意”的结论，而应该基于“其他董事未从同意、反对和弃权这三个表决意向中做出选择而应被视为弃权”、没有任何董事选择投票同意，得出“万科董事会并未就作为万科的独立董事的张某平是否需要在万科 617 董事会会议上回避表决这一事项形成或通过任何决议”的结论。

因此，一审法院关于“其他董事均未提出异议。因此张某平的回避表决申请在客观上已经以非正式的程序获得了其他董事的同意”的观点，不适当地将“其他董事未提出异议”认定为“视为其他董事同意”，这既没有法律依据，也没有万科公司章程上的依据。

甚至，在“作为万科的独立董事的张某平是否需要在万科 617 董事会会议上回避表决”这一事项并未被列入万科 617 董事会会议议程，万科董事会主席亦未在万科 617 董事会会议上提议由董事会对“作为万科的独立董事的张某平是否需要在万科 617 董事会会议上回避表决”这个问题即刻作出决议，在万科董事会并未对“作为万科的独立董事的张某平是否需要在万科 617 董事会会议上回避表决”这一事项形成或通过明确的书面决议、事实上也并未形成或通过董事会决议的情况下，一审法院仅仅基于“张某平在 2016 年 6 月 17 日和 12 月 12 日两次召开的董事会会议上申请回避表决时，其他董事均未提出异议”这一事实，就直接得出“张某平的回避表决申请在客观上已经以非正式的程序获得了其他董事的同意”的结论，无异于是由一审法院将“张某平的回避表决申请在客观上已经获得了万科董事会的批准”这个自己认定的“董事会决议”，“强加”给了万科董事会。

这已经是实质性介入万科的公司治理的做法了，与一审法院自己提出的“公司自治及司法谦抑性原则的要求”，是相违背的。

此外，一审法院在万科公司章程规定的董事会召开会议、行使职权的程序之外，自觉或不自觉地引入“非正式程序”，并以《公司法》和万科的公司章程均未明确规定的这样的“非正式程序”作为评价万科617董事会会议是否存在程序不合法、不合章程的基准，似乎与一审法院在审理作为公司决议撤销纠纷的本案的过程中，根据《公司法》第22条第2款的规定，以《公司法》和万科公司章程规定的程序作为基准，来审查万科617董事会会议召集程序、表决方式是否存在违反法律、行政法规或者公司章程的情形的努力，是相互矛盾的；这种做法，似乎也不符合《公司法》第22条第2款的规定的精神。

退一步讲，即使《公司法》和万科的公司章程、《万科企业股份有限公司董事会议事规则》真的没有就此问题规定“正式程序”，一审法院引入“非正式程序”，似乎与其自己提出的“公司自治及司法谦抑性原则的要求”，也是相违背的。

七、是否应当将张某平计入万科617董事会决议的表决人数？

在一审判决中，深圳市盐田区法院认为：“作为表决程序的重要环节之一，涉案董事会会议的计票方式是否合法，亦是本案董事会决议是否应被撤销的一个核心问题。根据《公司章程》第一百三十七条第六项规定，万×公司发行股份时必须由董事会三分之二以上的董事表决同意；则在其余十名董事的表决不存在违反法律法规及公司章程规定的情况下，本案必须对本次董事会会议的计票方式进行合法性审查。”

我认同一审法院的上述观点。

不过，一审法院关于“本案必须审查张某平回避表决后，是否应当将张某平计入法定表决人数的问题”的观点，以及其后的论证，都是建立在“张某平应当回避表决”并且“万科已经就张某平回避表决作出了决定”这一预设的前提之上的。

如上文第六部分所说，我倾向于认为，万科董事会并没有就“作为万科的独立董事的张某平是否需要在万科617董事会会议上回避表决”这个问题形成或通过任何决议，张某平是否需要回避表决仍然是个未决事项。因此，我倾向于认为，一审法院直接将本来未决的事项作为其论述的基础，进而得出“本案中张某平回避表决后，董事会会议未将张某平计入表决人数的计票方式符合《公司章程》的规定，本案法定的表决人数应为10人”的结论，自然也就不具有充分的说服力了。

考虑到，张某平全程参与了万科617董事会会议，但基于其申明的原因“回避”了该次会议12项议案的投票表决，即事实上既未投同意票亦未投反对票或弃权票，因此，在“作为万科的独立董事的张某平是否需要在万科617董事会会议上回避表决”这一事项并未被列入万科617董事会会议议程，万科董事会主席亦未在万科617董事会会议上提议由董事会对“作为万科的独立董事的张某平是否需要在万科617董事会会议上回避表决”这个问题即刻作出决议，在万科董事会并未对“作为万科的独立董事的张某平是否需要在万科617董事会会议上回避表决”这一事项形成或通过明确的书面决议、事实上也并未形成或通过董事会决议的情况下，我倾向于认为，仅仅基于“张某平全程参与了万科617董事会会议，但事实上既未投同意票亦未投反对票或弃权票”这一事实本身，尚不足以回答“张某平是否应当被计入表决人数”这个问题。

要回答“张某平是否应当被计入表决人数”这个问题，就必须先回答“张某平是否可以回避表决”这一问题；而要回答“张某平是否可以回避表决”这个问题，就必须先回答“张某平是否与万科617董事会决议事项涉及的企业存在关联关系”这个问题。

如上文第四部分所说，“张某平是否与万科617董事会决议事项涉及的企业存在关联关系”这个问题，属于商业判断问题，应当由万科董事会依照万科公司章程的规定，通过召开董事会会议的方式作出明确的董事会决议。因此，在万科董事会未就此作出决议的情况下，尚无法判断张某平是否可以回避、是否应当计入万科617董事会决议的表决人数，也无法判断万科617董事会决议是否获得了通过。

在万科董事会通过了认定张某平可以基于其申明的理由回避表决的决议的情况下，张某平不应计入万科617董事会决议的表决人数，出现的是万科617

董事会决议因取得了三分之二以上的董事同意而获得通过的结果。这也是万科管理层董事主张、万科披露的公告声称的结果。

在万科董事会未通过认定张某平可以基于其申明的理由回避表决的决议的情况下，张某平应被计入万科 617 董事会决议的表决人数，其未参与表决将被视为弃权，出现的是万科 617 董事会决议因未取得三分之二以上的董事同意而未获通过的结果。这也是华润方面主张的结果。

而根据《万科企业股份有限公司董事会议事规则》第 37 条关于“董事的表决意向分为同意、反对和弃权。与会董事应当从上述意向中选择其一，未做选择或者同时选择两个以上意向的，视为弃权”的规定，在万科董事会没有事先对张某平独立董事是否属于关联董事作出认定的情况下，张某平独立董事自行未参与表决，是可以将其计入表决人数并被视为其弃权的。

八、本案因万科 617 董事会决议涉及的交易内容被终止而不再具有实际的诉争意义

在 2016 年 12 月 12 日召开的万科董事会会议上，全体 11 名董事中的 10 名董事均投票赞成，通过了《关于终止发行股份购买资产事项的议案》；在几天后的 2016 年 12 月 16 日，万×公司与深圳市地×集团有限公司签署了《万×企业股份有限公司与深圳市地×集团有限公司之发行股份购买资产协议之终止协议》，同意终止该次发行股份购买资产事项；2016 年 12 月 16 日，万×公司也发布了《万×企业股份有限公司关于终止发行股份购买资产事项的公告》。

有鉴于此，一审法院和二审法院都认为：“第十七届董事会第十一次会议决议所涉及的交易内容已经被终止，张某请求撤销第十七届董事会第十一次会议决议已无实际的诉争意义。”

我认同两审法院的上述观点。因为，根据一审当时适用的 2012 年修正后的《民事诉讼法》第 119 条第 3 项关于“起诉必须符合下列条件：（三）有具体的诉讼请求和事实、理由”、第 64 条第 1 款关于“当事人对自己提出的主张，有责任提供证据”的规定，以及《最高人民法院关于适用〈中华人民共和国民事诉讼法〉的解释》（法释〔2015〕5 号）第 90 条关于“当事人对自己提出的诉讼请求所依据的事实或者反驳对方诉讼请求所依据的事实，应当提供证据加以

证明，但法律另有规定的除外”和“在作出判决前，当事人未能提供证据或者证据不足以证明其事实主张的，由负有举证证明责任的当事人承担不利的后果”的规定，在本案于2016年10月9日开庭之后，在2016年12月发生“万科617董事会决议涉及的交易内容已经被终止”的情况之后，小股东据以提起撤销万科617董事会决议诉讼的事实已经不复存在了，仅仅以此为由就应该是足以作出驳回原告的诉讼请求的判决的。

甚至，我倾向于认为，在开庭之后、判决之前发生的“万科617董事会决议涉及的交易内容已经被终止”这一事实，使得一审法院如释重负，这一事实也是一审法院据以作出驳回小股东提出的撤销万科617董事会决议的诉讼请求的最充分、最有力的理由。

不过，基于上文第二部分、第四部分至第七部分的分析，我也倾向于认为，如果没有“万科617董事会决议涉及的交易内容已经被终止”这一事实，二审判决书中提到的一审法院据以驳回小股东提出的撤销万科617董事会决议的诉讼请求的理由，是不够充分的、值得商榷的。

九、几点疑惑

在研读二审判决书的过程中，我有几点疑惑，这几点疑惑目前仍然未得解。

第一个疑惑是，为什么没有考察万科的董事会议事规则呢？

之所以有这个疑惑，是因为，从二审判决书披露的信息看，无论是原告方面，还是被告方面，抑或是一审法院、二审法院，都没有提及有考察过万科的董事会议事规则。

其中的原因，可能是原告方面在2016年6月底起诉时没能注意到万科的董事会议事规则。不过，万科在2016年7月1日公告了此份董事会议事规则，万科公关部门也确认，此份董事会议事规则“较此前并无修改，系根据深交所要求披露”①。

---

① http：//stock. hexun. com/2016 - 07 - 01/184710093. html，http：//finance. stockstar. com/SS2016070400002527. shtml，最后访问时间：2019年9月30日。

通过查阅万科自2007年至2015年的年度报告，注意到万科2007年的年度报告提及“2007年4月16日以通讯表决方式提交董事会审议通过关于修订股东大会议事规则、董事会议事规则的议案”，可以判断此份修订后的万科的董事会议事规则应该是在2007年4月16日由万科董事会审议通过的。

注意到，万科的《公司章程》第140条规定了“董事会制定董事会议事规则，以确保董事会的工作效率和科学决策”，“董事会议事规则作为公司章程的附件，由股东大会审议通过”，第279条也规定了“本章程附件包括股东大会议事规则、董事会议事规则和监事会议事规则”，因此，我理解，要审查是否应当撤销万科617董事会决议，就必须考察万科617董事会会议是否违反了万科的公司章程；而考察万科617董事会会议是否违反了万科的公司章程，就必须考察万科公司章程关于董事会议事规则的规定，以及作为万科公司章程的附件、与万科的公司章程具有同等法律效力的董事会议事规则。

如前所述，如果能够深入地考察万科的董事会议事规则，本案涉及的诸多法律问题，可能就能够更为清晰地得到澄清了。在本案当中，万科的董事会议事规则没有得到应有的关注，有点遗憾。

第二个疑惑是，为什么没有考察作为深交所主板上市公司的万科应当遵守的《深圳证券交易所股票上市规则》的规定呢？

万科作为深交所主板上市公司，应当遵守《深圳证券交易所股票上市规则》，这是毫无疑问的。如前所述，当时适用的《深圳证券交易所股票上市规则》（2014年10月修订）对深交所主板（包括中小板）上市公司的关联交易、关联董事作出了比《公司法》和万科的公司章程的规定更为具体的规定，也明确规定了中国证监会、深交所和万科这三个主体有权将“因其他原因使其独立的商业判断可能受到影响的人士”认定为万科的关联董事。

从二审判决书披露的信息看，无论是原告方面，还是被告方面，抑或是一审法院、二审法院，都没有提及有考察过深交所股票上市规则的规定。

如前所述，如果能够考察深交所上市规则的规定，在涉及商业判断时，针对“应当由谁、依照什么样的程序来认定关联董事”这个问题，可能就更容易得到解答了。

第三个疑惑是，为什么在华润方面提出异议的情况下，万科管理层董事没有在事后采取补救措施，专门对张某平是否属于关联董事、是否应当回避表决作出决议呢?

如果万科董事会主席能够根据万科公司章程第150条第2款的规定在万科617董事会会议过程中或在会议之后，动议即刻由董事会行使解释章程的职权并就张某平独立董事是否属于“因其他原因使其独立的商业判断可能受到影响的人士”作出决议，我理解，各方关于万科617董事会决议争议的焦点就可能能够得到明确，从而可能能够澄清华润方面的质疑。对万科的管理层董事来说，这也是更为有利、方便的路径。

十、小结之一

综合上述，就两审法院针对万科617董事会决议撤销纠纷案作出的判决而言，我认同两审法院基于万科617董事会决议所涉及的交易内容已经被终止、诉讼已无实际的诉争意义的理由，作出驳回小股东提出的撤销万科617董事会决议的诉讼请求的判决。我甚至倾向于认为，这是一审法院据以作出驳回小股东提出的撤销万科617董事会决议的诉讼请求的最充分、最有力的理由。

此外，我也认同一审法院关于司法机关在审查董事会决议效力时需要遵循适度谦抑性的原则的观点，关于张某平是否具备独立董事的任职资格问题不属于本案的审查范围的观点，关于“判断张某平与万×公司发行股份用以购买深圳市地×集团有限公司资产的商业行为是否存在关联关系”这个问题属于商业判断问题的结论，以及关于“本案应当审查张某平申请回避表决后是否需要并经过了有关程序的确认”的观点。

不过，对于法院的其他的观点，则不完全认同。尤其是，我倾向于认为:

一是，张某平独立董事回避表决本身，在程序方面，是存在瑕疵的，这一瑕疵直接影响了万科617董事会会议的计票、表决结果，难以得出一审法院所说的“董事会会议的……表决结果的宣布、决议的形成……均不存在违反法律、行政法规或者公司章程的情形”的结论。

二是，尽管我认同一审法院关于“判断张某平与万×公司发行股份用以购买深圳市地×集团有限公司资产的商业行为是否存在关联关系”这个问题属于商业判断问题的结论，不过，我倾向于认为，一审法院在未首先考察张某平所申明的“关联关系”是否属于法律法规、深交所的规则和万科的公司章程已经明确规定的关联关系的前提下，仅仅以其所说的“张某平在《申明》及《回复函》中的陈述”为根据，就直接认为“该问题应属于商业判断问题”，并得出“判断回避表决的事实理由是否存在这一问题，不应纳入本案的审查范围”的结论，是不够严谨的，其理由是不够充分的。

三是，张某平提出的回避表决的“申明”，只是其个人的商业判断，并非当然属于万科的其他董事的商业判断、万科董事会的商业判断，也并非当然就成为作为公司的万科的决定；只有经过了特定的程序，才能由其个人的商业判断，转化为万科董事会的商业判断，进而上升为作为公司的万科的意思表示或决定。

四是，在事实层面，一审法院没有对万科的公司章程进行深入地、清晰地考察，其关于“本案中，《公司章程》未就此问题设置相应的正式程序”的观点，是不符合万科的实际情况的。

五是，一审法院关于“张某平在2016年6月17日和12月12日两次召开的董事会会议上申请回避表决时，其他董事均未提出异议。因此张某平的回避表决申请在客观上已经以非正式的程序获得了其他董事的同意，回避表决本身不存在任何瑕疵”的观点，在法律层面，是对《公司法》和万科的公司章程关于公司董事会行使职权的方式和程序，作出了不适当的解读；同时也不适当地将“其他董事未提出异议”认定为“视为其他董事同意”，这既没有法律依据，也没有万科公司章程上的依据，也有违一审法院自己提出的“公司自治及司法谦抑性原则的要求”。

六是，仅仅基于“张某平全程参与了万科617董事会会议，但事实上既未投同意票亦未投反对票或弃权票”这一事实本身，尚不足以回答“张某平是否应当被计入表决人数”这个问题。要回答“张某平是否应当被计入表决人数”这个问题，就必须先回答“张某平是否可以回避表决”这一问题；而要回答“张某平是否可以回避表决”这个问题，就必须先回答“张某平是否与万科617董事会决议事项涉及的企业存在关联关系”这个问题。在万科董事会未就“张某平是否与万科617董事会决议事项涉及的企业存在关联关系”作出决议的情况下，无法判断张某平是否可以回避表决、是否应当计入万科617董事会决议的表决人数，无法判断万科617董事会决议是否获得了通过。

七是，更合理的解读可能是，根据《万科企业股份有限公司董事会议事规则》第37条关于“董事的表决意向分为同意、反对和弃权。与会董事应当从上述意向中选择其一，未做选择或者同时选择两个以上意向的，视为弃权”的规定，在万科董事会没有事先对张某平独立董事是否属于关联董事作出认定的情况下，张某平独立董事自行未参与表决的行为，是可以被视为弃权的。

十一、小结之二

注意到，在2016年8月31日就深圳市康达尔（集团）股份有限公司与京基集团有限公司、林某等股东资格确认纠纷二审案作出的（2016）最高法民辖终163号民事裁定书中，针对深圳市康达尔（集团）股份有限公司与京基集团有限公司、林某等股东资格确认纠纷一案，最高人民法院认为：“本案属新类型案件、社会影响大……本案涉及上市公司投资者增持股票的合法性审查、上市公司投资者表决权的行使等新类型法律问题，人民法院的相关裁判可能对资本市场产生重大深远影响”；考虑到，万科617董事会决议撤销纠纷案涉及上市公司的公司治理、关联关系的认定以及上市公司董事（会）的商业判断等法律问题，人民法院的裁判同样可能对中国资本市场、上市公司治理规则产生重大而深远的影响，因此，我理解，万科617董事会决议撤销纠纷案，也是可以被认定为涉及上市公司治理的新类型案件的。

应该说，此案的审理，原本面对着一个很好的机会，有可能为“实践《公司法》、清晰《公司法》的适用规则”和“完善中国上市公司的治理”创造一个典型先例。

不过，基于上述分析，从我个人的角度，我会有这样的感觉，即：可惜，这个机会可能“被错过”了。当然，在很大程度上，这也是因为案涉董事会决议“所涉及的交易内容已经被终止，张某请求撤销第十七届董事会第十一次会议决议已无实际的诉争意义”了。

从这个角度，相对来讲，审理成都路桥股东大会决议效力确认纠纷案的法院和法官，可能是更为幸运的[①]。

---

① 有关成都路桥股东大会决议效力确认纠纷案涉及的上市公司反收购条款的分析，请见本书第二十六章的内容。

此外，基于对万科618董事会决议及其涉及的法律问题的个案分析[①]，从更为广泛的角度，我倾向于认为，在考察上市公司董事会决议、股东大会决议的效力以及上市公司的治理方面，应当特别重视以下几点：

一是，要特别重视并考察作为《公司法》关于股份公司的股东的权利，股东大会的职权及其行使方式、股东大会的议事规则，董事会的职权及其行使方式、董事会的议事规则的规定。

二是，要特别重视并考察作为上市公司章程的附件，并与公司章程具有同等法律效力的股东大会议事规则、董事会议事规则的规定。

三是，要特别重视并考察适用于上市公司的证券交易所的上市规则的规定，必要时，还应当考察证券交易所制定的上市公司治理或规范运作指引的要求。

① 有关万科618董事会决议涉及的其他法律问题的分析，可见微信公众号“秋荣法律评论”2016年6月23日发布的《万科vs华润：万科管理层董事本来是可以做好的》一文，https://mp.weixin.qq.com/s/4hTQU7Mn9yxlsivhnq94hw。

第二十八章
对赌协议的效力和履行：江苏高院扬锻公司再审案评析[①]

2019年6月3日，中国裁判文书网发布了江苏省高级人民法院在两个月前的2019年4月3日作出的（2019）苏民再62号民事判决书（以下简称再审判决书），该再审判决是针对涉及股权投资领域常见的对赌协议的扬锻公司股份回购案作出的。

该案的案由为"请求公司收购股份纠纷"，当事人包括一审原告、二审上诉人、再审申请人江苏华工创业投资有限公司（以下简称华工公司）与一审被告、二审被上诉人、再审被申请人扬州锻压机床股份有限公司（以下简称扬锻公司）、潘某虎、董某斌、耿某明、赵某卫、张某生、何某焜、钟某、扬州淮左投资中心（有限合伙）（以下简称淮左投资中心）、扬州亚东投资中心（有限合伙）（以下简称亚东投资中心）、扬州吉安投资中心（有限合伙）（以下简称吉安投资中心）、扬州金锻投资中心（有限合伙）（以下简称金锻投资中心）。

本章围绕涉及"公司回购股份"的对赌条款，对江苏高院的这一再审判决作了评析，共分为以下五个部分：第一部分介绍了扬锻案的基本案情和裁判结果；第二部分对江苏高院再审判决的裁判思路进行了解析；第三部分是我对江苏高院再审判决的评析，包括总体评析和七个方面的具体评析；第四部分提出了本案的其他处理方案，并分析了相应的主要理由；第五部分进行了小结，并提出了该案对投资领域涉及股份回购的对赌安排的启示。

---

① 本章内容曾于2019年7月12日以《对赌协议的效力和履行：江苏高院再审案长评》为题首发于微信公众号"高杉LEGAL"，收入本书时，本着尽量保持原貌的原则，作了少量必要的修改。

一、扬锻案的基本案情及裁判结果

（一）基本案情

根据再审判决书查明的事实，扬锻案的基本案情如下：

2011 年 7 月 6 日，华工公司作为投资人之一，与目标公司扬州锻压机床集团有限公司（即扬锻公司前身，以下简称扬锻集团公司）以及潘某虎、董某斌、耿某明、赵某卫、张某生、何某焜、钟某、淮左投资中心、亚东投资中心、吉安投资中心、金锻投资中心（以下简称目标公司当时的全体原股东），以及招商湘江产业投资有限公司等 7 名其他投资人，共同签订了《增资扩股协议》，约定以目标公司 2011 年预测净利润 9350 万元为基础，按 10.12 倍 PE 估值，以增资后注册资本 8600 万元计算，确定本次增资的价格为人民币 11 元/股注册资本，其中，华工公司以现金 2200 万元对目标公司增资，其中 200 万元作为注册资本，2000 万元列为目标公司资本公积金。

同日，目标公司当时的全体原股东作为甲方，目标公司作为乙方，投资人华工公司作为丙方，就增资事宜签署了《补充协议》（以下简称《对赌协议》）。《对赌协议》的主要内容如下：

“第一条股权回购第 1 款约定：若乙方在 2014 年 12 月 31 日前未能在境内资本市场上市或乙方主营业务、实际控制人、董事会成员发生重大变化，丙方有权要求乙方回购丙方所持有的全部乙方的股份，乙方应以现金形式收购；

“第 2 款约定：乙方回购丙方所持乙方股权的价款按以下公式计算：回购股权价款 = 丙方投资额 +（丙方投资额 ×8% × 投资到公司实际月份数/12） - 乙方累计对丙方进行的分红；

“第 3 款约定：甲方、乙方应在丙方书面提出回购要求之日起 30 日内完成回购股权等有关事项，包括完成股东大会决议，签署股权转让合同以及其他相关法律文件，支付有关股权收购的全部款项，完成工商变更登记；

“第 4 款约定：若甲方、乙方在约定的期间内未予配合并收购丙方所持有公司股份，则乙方应按丙方应得回购股权价款每日的 0.5‰比率支付罚息，支付给丙方；

“第三条违约责任约定：本协议生效后，乙方的违约行为导致丙方发生任何损失，甲方、乙方承担连带责任。”

2011年7月20日，华工公司向目标公司实际缴纳新增出资2200万元，其中注册资本200万元，资本溢价2000万元。

2011年11月20日，目标公司所有股东一致同意，将目标公司由有限公司整体变更为股份公司。

2011年12月29日，目标公司完成了由有限公司整体变更为股份公司“扬州锻压机床股份有限公司”的工商变更登记。

2012年7月27日、2013年7月3日、2014年8月18日，华工公司分别从目标公司领取分红款各26万元。本案诉讼过程中，华工公司又先后于2016年6月8日、2017年9月20日从目标公司领取了分红款26万元、66.3万元。

2014年10月16日，因证监会自2012年11月至2014年4月暂停IPO申报，目标公司召开临时股东大会，审议通过了申报新三板的议案，并于2014年10月22日致函华工公司要求其明确是否支持申报新三板。

2014年11月25日，华工公司致函目标公司，以目标公司在2014年12月31日前不能在境内资本市场上市为由，要求目标公司以现金形式回购华工公司持有的全部公司股份，股份回购价格执行《对赌协议》的约定。

由于目标公司及其当时的全体原股东未回购华工公司所持目标公司股份，华工公司起诉至扬州市邗江区人民法院，其诉讼请求主要包括三项：

（1）请求目标公司及其当时的全体原股东共同回购华工公司持有的扬锻公司股份；

（2）请求目标公司及其当时的全体原股东共同支付《对赌协议》约定的股权回购款本金2200万元及利息（以本金2200万元为基数，自2011年7月20日起至实际给付之日止，按年利率8%计算，同时扣除分红款）；

（3）请求目标公司及其当时的全体原股东共同支付股权回购款罚息（以本金2200万元为基数，自2015年1月1日起至判决生效之日止，按每日0.5‰计算）。

（二）裁判结果

截至2019年7月，该案已经历经了一审、二审和再审。

在一审和二审当中，华工公司的诉讼请求均未得到支持。不过，在再审当中，华工公司的主要的诉讼请求得到了再审法院的支持，基本实现了华工公司的诉讼目的。

江苏高院的再审判决主文如下：

一、撤销江苏省扬州市中级人民法院（2017）苏10民终2380号民事判决及扬州市邗江区人民法院（2016）苏1003民初9455号民事判决；

二、扬州锻压机床股份有限公司于本判决生效之日起十日内支付江苏华工创业投资有限公司股份回购款25199135.81元及以2200万元为本金按每日0.5‰计算的逾期付款利息自2015年1月31日起计算至本判决生效之日止；

三、潘某虎、董某斌、耿某明、赵某卫、张某生、何某焜、钟某、扬州淮左投资中心、扬州亚东投资中心、扬州吉安投资中心、扬州金锻投资中心对本判决第二项确定的义务承担连带清偿责任；

四、驳回江苏华工创业投资有限公司的其他诉讼请求。

华工公司的主要诉讼请求，及其各自在一审、二审以及再审中获得支持的情况，可见下表：

序号	华工公司的主要诉讼请求	一审判决支持情况	二审判决支持情况	再审判决支持情况
1	目标公司回购华工公司持有的目标公司股份	未支持	未支持	未支持
2	目标公司向华工公司支付《对赌协议》约定的股权回购款本金及利息	未支持	未支持	完全支持
3	目标公司向华工公司支付股权回购款罚息	未支持	未支持	基本支持（注1）
4	目标公司当时的全体原股东与目标公司共同回购华工公司持有的目标公司股份	未支持	未支持	未支持
5	目标公司当时的全体原股东与目标公司共同向华工公司支付《对赌协议》约定的股权回购款本金及利息	未支持	未支持	实际支持（注2）
6	目标公司当时的全体原股东与目标公司共同向华工公司支付股权回购款罚息	未支持	未支持	基本支持（注3）

（注1：针对华工公司关于目标公司支付"股权回购款罚息"的诉讼请求，再审判决基本予以支持，只不过，一是没有使用"股权回购款罚息"的表述，而是使用了"逾期付款利息"的表述；二是将逾期付款利息的起算时间由"2015年1月1日"调整为"2015年1月31日"。

注2：针对华工公司关于目标公司当时的全体原股东与目标公司"共同支付股权回购款本金及利

息”的诉讼请求，再审判决使用的是“对本判决第二项确定的义务承担连带清偿责任”的表述，实际上支持了华工公司的此项诉讼请求。

注3：针对华工公司关于目标公司当时的全体原股东与目标公司“共同支付股权回购款罚息”的诉讼请求，再审判决使用的是“对本判决第二项确定的义务承担连带清偿责任”的表述，实际上也基本支持了华工公司的此项诉讼请求。）

二、关于江苏高院再审判决的裁判思路的解析

纵观江苏高院的再审判决书，再审判决的裁判思路大致如下：

首先，对案涉《对赌协议》所约定的股份回购主体的范围作出认定，认为“案涉协议约定的股权回购主体应认定为扬锻集团公司”，“扬锻公司原股东不是回购主体”。

其次，对案涉《对赌协议》关于股份回购的约定是否已经被后来通过的目标公司章程所变更的问题进行认定，认为“扬锻公司新章程未对对赌协议作出变更”，目标公司章程关于股份回购的规定与《对赌协议》约定的股份回购并不存在冲突。

再次，对案涉《对赌协议》的效力进行认定，认为“案涉对赌协议签订时扬锻集团公司系有限责任公司”，而“我国《公司法》并不禁止有限责任公司回购本公司股份，有限责任公司回购本公司股份不当然违反我国《公司法》的强制性规定。有限责任公司在履行法定程序后回购本公司股份，亦不会损害公司股东及债权人利益，亦不会构成对公司资本维持原则的违反”；况且，“案涉对赌协议中关于股份回购的条款内容，是当事人特别设立的保护投资人利益的条款，属于缔约过程中当事人对投资合作商业风险的安排，系各方当事人的真实意思表示”，案涉《对赌协议》的股份回购条款中关于股份回购价款约定“不违反国家法律、行政法规的禁止性规定，不存在《中华人民共和国合同法》第五十二条规定的合同无效的情形，亦不属于合同法所规定的格式合同或者格式条款，不存在显失公平的问题”，故“案涉对赌协议效力应认定有效”。

复次，对案涉《对赌协议》是否具备履行可能性进行分析，认为“案涉对赌协议无论是针对列入注册资本的注资部分还是列入资本公积金的注资部分的回购约定，均具备法律上的履行可能”，“案涉对赌协议约定的股份回购条款具

备事实上的履行可能”，故“案涉对赌协议具备履行可能性”。

最后，对目标公司、目标公司当时的全体原股东各自应当承担的责任及其范围作出认定，认为“案涉对赌协议约定的股份回购条款已于2014年12月31日激活，扬锻公司及潘某虎等有充分时间按约完成与股份回购有关的作出股东会决议、制定回购方案、完成工商登记变更等事项，但时逾数年仍未履行”，扬锻公司已经构成违约，故“扬锻公司应自2015年1月30日前履行回购义务……还应按照《补充协议》的约定按华工公司应得回购股权价款每日的0.5‰比率支付罚息”，“扬锻公司还应依《公司法》的规定履行完成工商登记变更等相应法定程序”，“扬锻集团公司原全体股东，……应对上述扬锻公司应承担的义务承担连带清偿责任”。

三、关于江苏高院再审判决的评析

从江苏高院的上述裁判思路和最终裁判结果看，尽管再审判决书同时引用了《公司法》（包括第11条、第37条、第46条、第142条、第177条和第179条共6个条文）和《合同法》（包括第60条、第107条、第114条共3个条文）作为其裁判依据，甚至所引用的《公司法》条文要比所引用的《合同法》条文更多，但是，我理解，江苏高院主要还是从《合同法》而非《公司法》的角度来作出再审判决的，具体而言：

一是，在案涉《对赌协议》是否有效方面，分别从当事人意思表示真实、合同内容不违反法律、行政法规的强制性规定的角度，认定案涉《对赌协议》有效。

二是，在目标公司是否构成违约方面，在认定《对赌协议》有效的基础上，认定目标公司未依约回购华工公司所持股份构成违约。

三是，在目标公司应当如何承担违约责任方面，考虑到目标公司已经构成违约、应当依照《合同法》的规定和《对赌协议》的约定承担相应的违约责任，而《对赌协议》约定的股份回购具备法律上和事实上的履行可能，依照《合同法》第107条、第110条的规定，判决目标公司实际履行《对赌协议》。

总体而言，我对江苏高院再审判决书的裁判思路和其中相当部分的意见（尤其是其从《合同法》的角度，对回购义务主体和合同履行所作的论述）深表赞同，认为这一裁判思路和这些相当部分的意见颇值肯定；我也认为，江苏高院针对扬锻案作出的再审判决书，对于法院系统、仲裁机构处理涉及股权回购或股份回购的对赌协议纠纷，以及股权投资领域的当事人作出涉及股权回购或股份回购的对赌安排，都具有积极意义和参考价值。

但是，我也倾向于认为，江苏高院的再审判决书本身，并未超出《最高人民法院公报》2014 年第 8 期刊载的“苏州工业园区海富投资有限公司与甘肃世恒有色资源再利用有限公司、香港迪亚有限公司、陆某增资纠纷案”（以下简称海富案）的“裁判摘要”所确立的指导原则的范围，不应过分强调其“突破”意义。

一是，在裁判思路方面，江苏高院的再审判决书仍然遵循着最高人民法院在海富案中所确立“在民间融资投资活动中，融资方和投资者设置估值调整机制（即投资者与融资方根据企业将来的经营情况调整投资条件或给予投资者补偿）时要遵守公司法和合同法的规定”的指导原则。

二是，在投资者与目标公司之间的对赌协议的效力认定方面，江苏高院的再审判决书本身，也仍然是在最高人民法院在海富案中所确立的“投资者与目标公司本身之间的补偿条款如果使投资者可以取得相对固定的收益，则该收益会脱离目标公司的经营业绩，直接或间接地损害公司利益和公司债权人利益，故应认定无效”的指导原则的范围内，来认定案涉《对赌协议》的效力的。只不过，江苏高院的再审判决书是从“投资者与目标公司本身之间的补偿条款约定的相对固定的收益并未脱离目标公司的经营业绩”的角度，认为案涉《对赌协议》因不符合最高人民法院在海富案中所确立的上述指导原则的适用条件而不应认定为无效。

此外，我也倾向于认为，江苏高院的再审判决书，不论是在适用法律还是在认定事实方面，也都有一些值得商榷的地方。

具体评析如下。

评析之一：再审判决书把涉及股份回购的对赌条款，细分为“股份回购条款”和“股份回购价款条款”两部分，并分别认定其各自的效力，这种处理思路，颇值肯定。

在分析案涉《对赌协议》的效力时，再审判决书把关于股份回购的对赌条款细分为两部分：一是股份回购条款（即回购股份是否有效），二是股份回购价款条款（即回购价款是否有效）。

就股份回购条款而言，再审判决书认为，“案涉对赌协议中关于股份回购的条款内容，是当事人特别设立的保护投资人利益的条款，属于缔约过程中当事人对投资合作商业风险的安排，系各方当事人的真实意思表示”。

就股份回购价款条款而言，再审判决书认为，“股份回购条款中关于股份回购价款约定为：华工公司投资额+（华工公司投资额×8%×投资到公司实际月份数/12）-扬锻集团公司累计对华工公司进行的分红。该约定虽为相对固定收益，但约定的年回报率为8%，与同期企业融资成本相比并不明显过高，不存在脱离目标公司正常经营下所应负担的经营成本及所能获得的经营业绩的企业正常经营规律。华工公司、扬锻集团公司及扬锻集团公司全体股东关于华工公司上述投资收益的约定，不违反国家法律、行政法规的禁止性规定，不存在《中华人民共和国合同法》第五十二条规定的合同无效的情形，亦不属于合同法所规定的格式合同或者格式条款，不存在显失公平的问题”。

且先不论上述分析的结论是否妥当，单就再审判决书将对赌条款细分成“股份回购条款”和“股份回购价款条款”，并分别就其各自的效力展开分析，这种处理思路，就值得肯定、值得借鉴和参考。

我倾向于认为，在处理股权投资领域的对赌条款时，都有必要并应当对相关对赌条款作进一步的分解，并针对其各个部分的效力分别作出认定——当然，对赌条款本身不能或不宜分割为不同的部分的，另当别论。

评析之二：在裁判结果方面，再审判决的判项之间存在相互矛盾和冲突的问题。

再审判决主文第二项为“扬州锻压机床股份有限公司于本判决生效之日起十日内支付江苏华工创业投资有限公司股份回购款25199135.81元及以2200万元为本金按每日0.5‰计算的逾期付款利息自2015年1月31日起计算至本判决生效之日止”，第四项为“驳回江苏华工创业投资有限公司的其他诉讼请求”。

对照华工公司在一审中的诉讼请求、二审中的上诉请求和再审中的再审请求可以发现，被再审判决主文第四项驳回的“江苏华工创业投资有限公司的其他诉讼请求”，指的是关于“扬锻公司、潘某虎、董某斌、耿某明、赵某卫、张某生、何某焜、钟某、淮左投资中心、亚东投资中心、吉安投资中心、金锻投资中心共同回购华工公司持有的扬锻公司股份”的诉讼请求。

也就是说，再审判决在驳回华工公司要求目标公司“回购股份”的诉讼请求的同时，却支持了华工公司要求目标公司支付“股份回购款”以及“股份回购款本金的逾期付款利息”的诉讼请求。

问题是，既然再审判决书认为“案涉对赌协议具备履行可能性”，“案涉对赌协议无论是针对列入注册资本的注资部分还是列入资本公积金的注资部分的回购约定，均具备法律上的履行可能”和“案涉对赌协议约定的股份回购条款具备事实上的履行可能”，那么，再审法院为什么只判决支持华工公司要求目标公司支付“股份回购款”以及“股份回购款本金的逾期付款利息”的诉讼请求，而不支持华工公司要求目标公司“回购股份”的诉讼请求呢?

我理解，无论是站在作为一审原告的华工公司的立场，还是站在作为一审被告的目标公司的立场，再审判决这两项判项之间都是相互矛盾、相互冲突的。

因为，不论是支付股份回购款的诉讼请求，还是支付股份回购款本金的逾期付款利息的诉讼请求，都应当以股份回购的诉讼请求得到法院的支持为基础和前提；在股份回购的诉讼请求被驳回的情况下，支付股份回购款以及股份回购款本金的逾期付款利息的诉讼请求也就失去了存在的基础，也就不能得到支持了。

此外，再审判决驳回华工公司要求目标公司回购股份的诉讼请求，跟再审判决书所说的“案涉对赌协议具备履行可能性”，“案涉对赌协议无论是针对列入注册资本的注资部分还是列入资本公积金的注资部分的回购约定，均具备法律上的履行可能”和“案涉对赌协议约定的股份回购条款具备事实上的履行可能”，也是相互矛盾的。

需要注意的是，同样涉及股份回购的对赌纠纷的“瀚霖案”，在诉讼请求方面，与本案是不同的，两案不具有可比性。

根据最高人民法院2018年9月7日就强某延与曹某波、山东瀚霖生物技术有限公司股权转让纠纷再审案作出的（2016）最高法民再128号民事判决书，在瀚霖案中，最高人民法院再审判决仅仅支持投资人提出的支付股权回购款及逾期付款违约金的诉讼请求，是因为投资人只提出了这些付款的诉讼请求，并没有提出要求相关主体回购其股权的诉讼请求。最高人民法院的再审判决没有涉及股权回购的内容，符合“不告不理”的原则。

评析之三：在适用法律方面，在认定案涉《对赌协议》的效力的过程中，针对目标公司回购华工公司所持本公司股份，再审判决书没有从目标公司在《对赌协议》所约定的股份回购条件触发之时，作为股份公司回购本公司股份是否违反《公司法》的强制性规定进行分析，没有指出案涉《对赌协议》关于股份回购的约定本身不符合《公司法》的强制性规定，是不妥当的。

从再审判决书看，在认定案涉《对赌协议》的效力方面，再审判决书的思路是这样的：

首先，目标公司及其当时的全体原股东均在《对赌协议》上签字并承诺确保对赌协议内容的履行；《对赌协议》中关于股份回购的条款内容，是当事人特别设立的保护投资人利益的条款，属于缔约过程中当事人对投资合作商业风险的安排，系各方当事人的真实意思表示。

其次，在案涉《对赌协议》签订当时，目标公司系有限公司，“我国《公司法》并不禁止有限责任公司回购本公司股份，有限责任公司回购本公司股份不当然违反我国《公司法》的强制性规定”，并且，“有限责任公司在履行法定程序后回购本公司股份，亦不会损害公司股东及债权人利益，亦不会构成对公司资本维持原则的违反”。

最后，案涉《对赌协议》的股份回购条款中关于股份回购价款的约定，“虽为相对固定收益，但约定的年回报率为8%，与同期企业融资成本相比并不明显过高，不存在脱离目标公司正常经营下所应负担的经营成本及所能获得的经营业绩的企业正常经营规律”，该约定“不违反国家法律、行政法规的禁止性规定，不存在《中华人民共和国合同法》第五十二条规定的合同无效的情形，亦不属于合同法所规定的格式合同或者格式条款，不存在显失公平的问题”。

基于上述理由，再审判决书认定案涉《对赌协议》是有效的。从而，在目标公司由有限公司变更为股份公司后，案涉《对赌协议》项下的权利义务应由作为股份公司的扬锻公司承继、对作为股份公司的扬锻公司具有约束力，因此，“在案涉对赌条款激活后，扬锻公司应按照协议约定履行股份回购义务，潘某虎等原扬锻集团公司股东应承担连带责任”。

应该说，在认定案涉《对赌协议》的效力方面，再审判决书只是从目标公司在合同签订当时作为有限公司回购本公司股权不违反《公司法》的强制性规定进行了分析，没有从目标公司在《对赌协议》所约定的股份回购条件触发之时作为股份公司回购本公司股份是否违反《公司法》的强制性规定进行分析。

至于再审判决书其后所说的“目标公司作为股份公司回购本公司股份具备法律上和事实上的履行可能”，与“目标公司作为股份公司在《对赌协议》约定的情形出现之时，回购本公司股份是否违反《公司法》的强制性规定”，显然属于不同的问题：前者涉及的是“是否存在合法的方式实现回购股份”的问题，而后者涉及的是“约定的回购股份的情形是否符合法律规定”的问题。在这方面，再审判决书有“偷换概念”之嫌。

我理解，再审判决书这样的处理是不妥当的。

因为，在本案中，在华工公司所说的《对赌协议》所约定的股份回购，是各方当事人在合同签订当时，针对目标公司在将来由有限公司变更为股份公司之后、以股份公司的身份回购华工公司所持股份预先所做的安排；《对赌协议》所约定的股份回购条件（即标的公司在 2014 年 12 月 31 日前未能在境内资本市场上市）于 2014 年 12 月 31 日“激活”之时，在华工公司于 2014 年 11 月 25 日首次提出股份回购的书面要求之时，以及在《对赌协议》所约定的股份回购义务于 2015 年 1 月 30 日“到期”之时，目标公司均系股份公司，而作为股份公司的目标公司回购华工公司所持本公司股份，自然应当遵守《公司法》关于股份公司回购本公司股份的规定，其中主要是《公司法》第 142 条的规定。

因此，在认定案涉《对赌协议》的效力时，不可避免地要考察《对赌协议》关于股份回购的约定是否违反了《公司法》第 142 条的规定。

其中，在《公司法》新旧第 142 条的适用方面，尽管江苏高院是在 2018 年 12 月 22 日作出 2018 苏民申 1998 号民事裁定提审本案，江苏高院对本案的整个再审过程也都是在《公司法》新的第 142 条于 2018 年 10 月 26 日生效之后进行的，但是，由于本案纠纷发生在《公司法》新的第 142 条生效之前，因此，本案应当适用当时有效的《公司法》第 142 条的规定。也因此，在认定案涉《对赌协议》具备法律上的履行可能时，再审判决书引用的是《公司法》旧的第 142 条，而不是新的第 142 条的规定。

对照《公司法》第142条第1款的规定可以看出，案涉《对赌协议》所约定的股份回购条件，即“乙方（注：即目标公司扬锻集团公司）在2014年12月31日前未能在境内资本市场上市或乙方主营业务、实际控制人、董事会成员发生重大变化”，显然不属于《公司法》旧的第142条第1款（当然也不属于新的第142条第1款）所列明的《公司法》允许股份公司回购本公司股份的例外情形。因此，案涉《对赌协议》关于股份回购的约定本身，违反了《公司法》第142条第1款的规定。

就《公司法》第142条第1款的性质而言，我倾向于认为，《公司法》第142条第1款关于股份公司收购本公司股份的规定，属于强制性规定，甚至属于效力性强制性规定。主要理由如下：

一方面，从《公司法》第142条第1款的表述看，由于《公司法》第142条第1款使用了“公司不得收购本公司股份。但是，有下列情形之一的除外……”的表述，因此，除了《公司法》第142条第1款列明的情形外，在其他任何情况下，股份公司都“不得”收购本公司的股份。从而，《公司法》第142条第1款属于强制性规定、禁止性规定。

另一方面，从《公司法》新的第142条的立法过程看，尽管中国证监会2018年9月6日公布的《中华人民共和国公司法修正案（草案征求意见稿）》在《公司法》旧的第142条第1款关于允许股份公司回购本公司股份的4种例外情形的基础上，增加了“将股份用于转换上市公司发行的可转换为股票的公司债券”和“上市公司为避免公司遭受重大损害，维护公司价值及股东权益所必需”两种例外情形，以及“法律、行政法规规定的其他情形”的兜底性规定[①]，但是，考虑到在全国人大常委会进行审议的过程中，有的常委会组成人员提出，“股份回购特别是上市公司的股份回购，对债权人和投资者利益都有重大影响，应当慎重稳妥对待，法律对股份回购的情形及方式等规定要清晰、明确，不宜规定兜底条款或例外情形”，全国人大宪法和法律委员会经研究，建议对《中华人民共和国公司法修正案（草案）》作以下修改：“一是删去第

---

① 见中国证监会2018年9月6日公布的《中华人民共和国公司法修正案（草案征求意见稿）》（http://www.moj.gov.cn/news/content/2018-09/12/zlk_39739.html，最后访问时间：2019年9月30日）；中国证监会时任主席刘士余2018年10月22日在第十三届全国人民代表大会常务委员会第六次会议上作的《关于〈中华人民共和国公司法修正案（草案）〉的说明》。

一款第（六）项中的‘避免公司遭受重大损害’；二是删去第一款第（七）项‘法律、行政法规规定的其他情形’……”，并由此产生了《公司法》新的第142条[①]，因此，应当将《公司法》新的第142条第1款认定为效力性强制性规定为宜。

考虑到《公司法》旧的第142条第1款与《公司法》新的第142条第1款在表述、立法体例方面均一致（都是采取“原则禁止、例外允许”的立法模式，对例外情形采取的都是穷尽式的列举的方式），只是在所规定的例外情形的数量上存在差异，因此，也应当将《公司法》旧的第142条第1款认定为效力性强制性规定为宜。

实践中，最高人民法院的裁判也认为，《公司法》第142条第1款的规定属于效力性强制性规定，股份公司违反该规定收购本公司股份的行为无效。

比如，在2017年8月31日就王某年与温州标峰建设有限公司（以下简称标峰公司）、姜某明、王某标、李某棋、陈某衡抽逃出资纠纷再审案作出的（2017）最高法民申2729号民事裁定书中，最高人民法院认为：“《中华人民共和国公司法》第一百四十二条第一款规定：‘公司不得收购本公司股份。但是，有下列情形之一的除外：（一）减少公司注册资本；（二）与持有本公司股份的其他公司合并；（三）将股份用于员工持股计划或者股权激励；（四）股东因对股东大会作出的公司合并、分立决议持异议，要求公司收购其股份的。’本案中，王某年与标峰公司签订《退股协议书》，不属于上述规定的除外情形，该行为因违反法律强制性规定，依照《中华人民共和国合同法》第五十二条第五项之规定，原审判决认定《退股协议书》无效，并据此判令王某年应承担相应民事责任并无不当。”

基于上述分析，我倾向于认为，尽管江苏高院的再审判决书可以因为《公司法》本身和最高人民法院的司法解释都无明文规定而认为“我国《公司法》并不禁止有限责任公司回购本公司股份，有限责任公司回购本公司股份不当然违反我国《公司法》的强制性规定”，但是，案涉《对赌协议》关于目标公司在约定的股份回购条件触发之时作为股份公司回购华工公司所持本公司股份的

① 见全国人民代表大会宪法和法律委员会2018年10月26日在第十三届全国人民代表大会常务委员会第六次会议上作的《关于〈中华人民共和国公司法修正案（草案）〉审议结果的报告》。

约定，则因违反了《公司法》第 142 条第 1 款的效力性强制性规定，而应认定为无效。

从而，在处理结果上，我倾向于赞同一审判决和二审判决关于案涉股份回购条款无效的认定结论。

至于华工公司在上诉中提出的“一审认定华工公司与扬锻公司之间股权回购条款无效，但未对合同条款无效后法律后果及责任予以处理和认定，系适用法律错误，在相关条款无效后，扬锻公司有义务返还投资款和赔偿”的主张，和在再审中提出的“二审判决认定股权回购约定无效，但未对合同无效后果作出处理”的主张，因本案中，案涉《对赌协议》是在《增资扩股协议》之外签署的，独立于《增资扩股协议》，案涉《对赌协议》的股份回购条款无效不影响《增资扩股协议》的效力，在《增资扩股协议》未被认定为无效或被撤销的情况下，华工公司以案涉《对赌协议》的股份回购条款被一审法院、二审法院认定为无效为由要求返还投资款的主张，不能得到支持。

退一步讲，如果说，因为没有任何法律或最高人民法院的司法解释明确将《公司法》第 142 条第 1 款认定为效力性强制性规定，而对该款是否属于效力性强制性规定或是管理性强制性规定存有争议，那么，至少，将《公司法》第 142 条第 1 款认定为禁止性规定、强制性规定，是不存在争议的。

此外，退一步讲，即使《公司法》第 142 条第 1 款并非效力性强制性规定，违反其规定并不导致案涉《对赌协议》无效，从适用《公司法》的角度，案涉《对赌协议》关于目标公司在约定的股份回购条件触发之时作为股份公司回购华工公司所持本公司股份的约定，至少也违反了《公司法》旧的第 142 条第 1 款的禁止性规定、强制性规定，该条款的违法性，仍然有必要并应当予以确认。

而且，对于发生案涉《对赌协议》关于目标公司在约定的股份回购条件触发之时作为股份公司回购华工公司所持本公司股份的约定违反《公司法》第 142 条第 1 款的强制性规定这一结果，不论是目标公司及其当时的全体原股东，还是作为专业机构投资者的华工公司，都存在一定的过错，应当各自承担相应的责任。

也因此，再审判决书在未考察目标公司在《对赌协议》所约定的股份回购条件触发之时作为股份有限公司回购本公司股份是否违反《公司法》的强制性规定的情况下，直接得出“华工公司、扬锻集团公司及扬锻集团公司全体股东关于华工公司上述投资收益的约定，不违反国家法律、行政法规的禁止性规定”的结论，是不妥当的。

评析之四：在适用法律方面，再审判决书过于强调《合同法》对本案的适用，对本案应当同时适用《公司法》则考察不够充分；并且，即使是在适用《合同法》方面，也过于强调投资人的合同权利、目标公司的合同义务，而没有充分考虑投资人的合同义务、目标公司的合同权利，存在着贯彻《合同法》不彻底的问题。

从再审判决书所作的分析——尤其是其中的“上述约定表明，扬锻集团公司及全部股东对股权回购应当履行的法律程序及法律后果是清楚的，即扬锻集团公司及全部股东在约定的股权回购条款激活后，该公司应当履行法定程序办理工商变更登记，该公司全体股东负有履行过程中的协助义务及履行结果上的保证责任”和“有限责任公司在履行法定程序后回购本公司股份，亦不会损害公司股东及债权人利益，亦不会构成对公司资本维持原则的违反”——看江苏高院关于案涉《对赌协议》有效和具备履行可能性的意见，实际上是对案涉《对赌协议》的股份回购条款进行了解释，即将案涉《对赌协议》关于“若乙方在2014年12月31日前未能在境内资本市场上市……，丙方有权要求乙方回购丙方所持有的全部乙方的股份”的约定，解释为“若乙方在2014年12月31日前未能在境内资本市场上市……，丙方有权要求乙方在法律允许的范围内，采取包括减少注册资本在内的一切合法可行的方式回购丙方所持有的全部乙方的股份”。

应该说，江苏高院的上述解释，已经糅合了“股份公司减少注册资本”和“股份公司回购股份”这两项交易，实际上是将案涉股份回购条款解释为“通过依法定向减少注册资本的方式，回购华工公司所持本公司股份”。

我理解，江苏高院作出上述解释，就像再审判决书所说的“案涉对赌协议中关于股份回购的条款内容，当事人特别设立的保护投资人利益的条款，属于缔约过程中当事人对投资合作商业风险的安排，系各方当事人的真实意思表示”那样，是符合各方当事人的真实意思表示的，这种解释是值得肯定的。

不过，再审判决书在认识到并明确指出案涉《对赌协议》所约定的股份回购可以通过——事实上也只能通过——目标公司依法定向减少注册资本的方式来实现之后，却没有继续沿着目标公司通过定向减少注册资本的方式回购投资人所持股份需要满足的前提条件和需要遵守的法定程序的思路作进一步的分析，而是转到从《合同法》关于合同履行的角度来分析“案涉对赌协议具备履行可能性”，不无遗憾。

回到经再审判决书解释过的案涉股份回购条款本身，根据《合同法》第 8 条第 1 款关于“依法成立的合同，对当事人具有法律约束力。当事人应当按照约定履行自己的义务，不得擅自变更或者解除合同”和第 60 条第 1 款关于“当事人应当按照约定全面履行自己的义务”的规定，不仅作为目标公司的扬锻公司及其当时的全体原股东要受到这一意思表示、这一条款的约束，而且作为投资人的华工公司也要受到这一意思表示、这一条款的约束。

也因此，作为投资人的华工公司，在发生案涉《对赌协议》约定的回购情形（即目标公司“在 2014 年 12 月 31 日前未能在境内资本市场上市”）时，应当依照该条款的要求来行使股份回购请求权。

我倾向于认为，既然案涉《对赌协议》所约定的股份回购可以通过——事实上只能通过——目标公司依法定向减少注册资本的方式来实现，这就意味着，不仅目标公司及其当时的全体原股东应当遵守，而且华工公司也应当遵守《公司法》关于股份公司减少注册资本的各项规定，包括再审判决书提到的《公司法》第 37 条、第 46 条、第 177 条、第 179 条，也包括再审判决书没有提到的《公司法》第 98 条、第 100 条、第 103 条、第 108 条第 4 款、第 126 条第 1 款，等等。

此外，尽管华工公司的股份回购请求是基于案涉《对赌协议》的约定提出的，但是，其股份回购请求权的行使需要通过——并且只能通过——由目标公司依法定向减少注册资本这一合法的方式来实现，而无论是这一目标的实现还是股份回购请求权的行使，都是不可能脱离其股东身份、仅仅基于其债权人身份的。这样的话，就像再审判决书所说的“投资方基于公司股东的身份，应当遵守公司法的强制性规定，非依法定程序履行减资手续后退出，不能违法抽逃出资”那样，华工公司作为目标公司的股东，就不仅应当遵守上文提到的《公司法》关于股份公司减少注册资本的规定，还应当遵守《公司法》第 20 条第 1 款关于股东应当依法行使股东权利的规定以及第 126 条关于股份公司同股同权的规定，等等。

就经再审判决书解释过的案涉股份回购条款本身而言，“丙方有权要求乙方在法律允许的范围内，采取包括减少注册资本在内的一切合法可行的方式回购丙方所持有的全部乙方的股份”，实际上意味着，一是，在案涉《对赌协议》项下，目标公司的合同义务是，“在对赌协议约定的股权回购情形出现时”，“在法律允许的范围内，采取包括减少注册资本在内的一切合法可行的方式回购丙方所持有的全部乙方的股份”；二是，作为投资人的华工公司行使其股份回购请求权，应当以满足特定的条件为前提。

结合《公司法》第142条第1款的规定，在本案中，这一特定的前提条件就是目标公司股东大会依法通过了定向减少注册资本、回购华工公司所持本公司股份的决议。在该前提条件成就之前，作为投资人的华工公司还不能行使股份回购请求权。

这跟公司的股东请求公司分配利润是类似的。

在股东请求公司向其分配利润的情形，如果股东未提交载明具体分配方案的股东会或股东大会决议，其要求公司分配利润的诉讼请求将被驳回。对此，《公司法司法解释（四）》第15条作出了明确的规定：“股东未提交载明具体分配方案的股东会或者股东大会决议，请求公司分配利润的，人民法院应当驳回其诉讼请求，但违反法律规定滥用股东权利导致公司不分配利润，给其他股东造成损失的除外。”

《公司法司法解释（四）》第15条之所以作出这样的规定，按照最高人民法院审判委员会时任专职委员杜万华2017年8月28日在最高人民法院关于《公司法司法解释（四）》的新闻发布会上答记者问时的说法，是因为“是否分配利润和如何分配公司利润，原则上属于商业判断和公司自治的范畴，人民法院一般不应介入”。

同样地，包括股份公司在内的所有公司是否减少注册资本、如何减少注册资本，原则上也属于商业判断和公司自治的范畴，属于公司股东会或股东大会的决策权范畴；在公司股东大会未依法作出减少注册资本的决议的情况下，法院原则上不应介入，不应强令公司或其股东大会作出减少注册资本的决议。

回到本案，应该说，原告即“江苏华工创业投资有限公司”，作为专业的机构投资者，对目标公司回购本公司股份须经合法的减资程序方可实现是明知的，对目标公司能否回购其股份取决于其股东大会能否依法作出减资决议也是明知的。并且，再审法院对此也是明知的，因为再审判决书明确提到了“投资方基于公司股东的身份，应当遵守公司法的强制性规定，非依法定程序履行减资手续后退出，不能违法抽逃出资”。

基于上述分析，本案中，尽管华工公司提出了要求扬锻公司回购股份的书面请求，但是，由于扬锻公司股东大会并未通过定向减少注册资本、收购华工公司所持股份的决议，因此，华工公司关于要求目标公司回购其股份的诉讼请求，不应予以支持。

也许，正是基于这样的原因，江苏高院才会以再审判决主文第四项，驳回了华工公司关于“扬锻公司、潘某虎、董某斌、耿某明、赵某卫、张某生、何某焜、钟某、淮左投资中心、亚东投资中心、吉安投资中心、金锻投资中心共同回购华工公司持有的扬锻公司股份”的诉讼请求吧。

应该说，在分析“案涉对赌协议具备履行可能性”时，再审判决书过于强调华工公司的债权人身份和债权人权利，而轻视了其股东身份和股东义务；过于强调案涉《对赌协议》对作为目标公司的扬锻公司及其当时的全体原股东的约束力，而轻视了案涉《对赌协议》对作为投资人的华工公司的约束力；过于强调华工公司的股份回购请求权和目标公司回购股份的义务，而轻视了华工公司行使股份回购请求权应当满足的前提条件和应当履行的义务（即应当依法行使、在《公司法》等法律规定的范围内行使其股份回购请求权）以及目标公司的合同权利。

这也就导致再审判决书在法律适用方面过于强调《合同法》对本案的适用，对本案应当同时适用《公司法》则考察不够充分；即使是对《合同法》的适用，也贯彻不彻底甚至失之偏颇。

评析之五：在认定事实方面，再审判决书关于“扬锻公司新章程未对对赌协议作出变更”的认定理由，还可以更加充分、丰满。

针对“案涉《对赌协议》关于股份回购的约定是否已经被后来通过的目标公司的章程所变更”的问题，江苏高院主要采用的是合同解释方法中的文义解释法，其结论是：“扬锻公司新章程未对对赌协议作出变更”，因为目标公司章程关于股份回购的规定，“与《补充协议》约定的股份回购并不存在冲突，即扬锻公司可在不违反《公司法》及公司章程关于股份回购强制性规定的情形下，通过履行法定手续和法定程序的方式合法回购华工公司持有的股份”。

我赞同再审判决书的这一结论；同时，我也认为，在现有的比较签订在前的《对赌协议》和通过在后的公司章程各自涉及股份回购的合同内容之外，如果还能够像《合同法》第125条第1款关于“当事人对合同条款的理解有争议的，应当按照合同所使用的词句、合同的有关条款、合同的目的、交易习惯以及诚实信用原则，确定该条款的真实意思”的规定，《民法总则》第142条第1款关于“有相对人的意思表示的解释，应当按照所使用的词句，结合相关条款、行为的性质和目的、习惯以及诚信原则，确定意思表示的含义”的规定那样，结合华工公司此项股权投资行为的“性质”“合同目的”以及股权投资领域的“交易习惯”，并根据《合同法》第78条关于“当事人对合同变更的内容约定不明确的，推定为未变更”的规定，作进一步的分析，进而得出“扬锻公司新章程未对对赌协议作出变更”的结论，再审判决书的论证可能会更加充分、有力。

因为，从A股市场监管要求和上市公司公开披露的公告看①，在股权投资领域，投资人在对IPO公司进行投资的交易文件当中，通常都会在公司章程之外，在增资扩股协议或股权（或股份）转让协议当中或之外，作出与本案《对赌协议》类似的、涉及上市时间和/或财务业绩要求的特殊安排，这种特殊安排通常并不会因为目标公司整体变更为股份公司而失效，投资人通常也不会仅仅因为目标公司整体变更为股份公司就放弃这种特殊安排；甚至，即使是在IPO公司按照中国证监会等监管机构在审核过程中提出的有关对赌协议等类似安排原则上应当在申报前清理的要求进行处理的情况下，投资人通常也只是同意“在中国证监会审核过程中，终止或中止执行对赌协议等类似安排，但在IPO被否决或被撤回之后仍然应当恢复执行”。

回到扬锻案，案涉《对赌协议》签订于2011年7月6日，扬锻集团公司于2011年11月20日进行“股改”并通过了“扬州锻压机床股份有限公司章程”。在在后通过的公司章程并没有明确否定《对赌协议》，并且作为投资人

① 比如中国证监会2019年3月25日发布的《首发业务若干问题解答（一）》，上海证券交易所2019年3月24日发布的《上海证券交易所科创板股票发行上市审核问答（二）》，华泰联合证券有限责任公司2017年为剑桥科技（股票代码SH603083）IPO出具的发行保荐工作报告和北京市君合律师事务所2017年为剑桥科技（股票代码SH603083）IPO出具的补充法律意见书三，北京市浩风律师事务所2014年为中飞股份（股票代码SZ300489）IPO出具的补充法律意见书五，北京市嘉源律师事务所为弘讯科技（股票代码SH603015）IPO出具的补充法律意见书一。

的华工公司也没有明确表示放弃其在仅仅4个半月之前签订的《对赌协议》项下的权利的情况下，扬锻公司方面认为“股权回购条款已被公司章程取代，构成对补充协议的否定”，既没有事实依据，也没有法律依据，不能成立。

评析之六：在认定事实方面，再审判决书仅仅基于“扬锻公司在持续正常经营”并“参考华工公司在扬锻公司所占股权比例及扬锻公司历年分红情况”，就得出“案涉对赌协议约定的股份回购款项的支付不会导致扬锻公司资产的减损，亦不会损害扬锻公司对其他债务人的清偿能力，不会因该义务的履行构成对其他债权人债权实现的障碍”的结论，事实依据不足。

针对案涉《对赌协议》约定的股份回购价款，再审判决书认为，“扬锻集团公司在投资方注资后，其资产得以增长，而且在事实上持续对股东分红，其债务承担能力相较于投资方注资之前得到明显提高”，基于“扬锻公司在持续正常经营”，并“参考华工公司在扬锻公司所占股权比例及扬锻公司历年分红情况”，得出了“案涉对赌协议约定的股份回购款项的支付不会导致扬锻公司资产的减损，亦不会损害扬锻公司对其他债务人的清偿能力，不会因该义务的履行构成对其他债权人债权实现的障碍”的结论。

应该说，再审判决书得出上述结论的事实依据是不充分的。

因为，在股份回购的定价方面，应当以目标公司在股份回购当时的经评估或经审计的净资产值为依据，结合被回购的股份占公司已发行股份总数的比例，计算出被回购的股份对应的净资产份额。

再审判决书所说的“扬锻公司在持续正常经营”和“扬锻公司历年分红情况”，与扬锻公司在股份回购当时的净资产值，不存在一一对应的关系。其中，依据华工公司在扬锻公司所占股份比例及扬锻公司历年分红情况，所计算得出的只是扬锻公司分红当年向全体股东实际分配的利润总数。在未考察扬锻公司当时的财务会计报告的情况下，仅仅依据分红情况和该实际分配的利润总数，是难以了解扬锻公司在股份回购当时的净利润情况的，更难以了解扬锻公司在回购当时的净资产情况。

事实上，在华工公司所持股份对应的目标公司净资产份额不低于依据案涉《对赌协议》计算出来的股份回购价款数额的情况下，华工公司主张以依据案涉《对赌协议》计算出来的股份回购款作为减资对价，属于对其权利的处分，不会损害目标公司和其他股东以及目标公司的债权人的利益，自无不可。

但是，在华工公司所持股份对应的目标公司净资产份额低于（尤其是远远低于）依据案涉《对赌协议》计算出来的股份回购价款数额的情况下，华工公司主张以依据案涉《对赌协议》计算出来的股份回购价款作为减资对价，则会损害目标公司和其他股东以及目标公司的债权人的利益。

因为，根据《合同法》第 8 条第 1 款关于“依法成立的合同，对当事人具有法律约束力”的规定，案涉《对赌协议》对并非其当事人的目标公司的其他股东是没有约束力的，华工公司主张以依据案涉《对赌协议》计算出来的股份回购价款作为减资对价，是不符合《公司法》第 126 条第 1 款关于股份有限公司“同种类的每一股份应当具有同等权利”的规定的，不可避免地会损害并非案涉《对赌协议》当事人的目标公司其他股东的利益。

此外，华工公司主张以依据案涉《对赌协议》计算出来的股份回购价款作为减资对价，意味着目标公司实际上是以“高价”甚至是以“不合理的高价”来受让华工公司所持股份的，这跟《合同法》第 74 条所说的“债务人以明显不合理的低价转让财产”一样，在某种程度上也是会损害目标公司的债权人的利益的。

评析之七：在认定事实方面，再审判决书关于案涉《对赌协议》的股份回购价款的约定“虽为相对固定收益，但约定的年回报率为 8%，与同期企业融资成本相比并不明显过高，不存在脱离目标公司正常经营下所应负担的经营成本及所能获得的经营业绩的企业正常经营规律”的认定，实际上是把股东对公司进行的股权投资跟债权人对公司提供的债权投资等同起来，混淆了股东与债权人各自的权利、义务和风险，这是不适当的。

再审判决书的上述表述意味着，江苏高院实际上认为，在股权投资的收益方面，股东对公司进行的股权投资，可以获得并应当获得与债权人对公司提供的债权投资相当的收益，而股东进行股权投资的收益，对应于“同期企业融资成本”或“目标公司正常经营下所应负担的经营成本”。

应该说，再审判决书针对公司股东的股权投资收益的这种认定，使得作为投资者的股东可以取得相对固定的收益，而不论公司的经营业绩是好是坏，甚至也不论公司当时是否处于亏损状态、是否存在净资产为负的情形，已经脱离了目标公司的经营业绩。

这样的认定混淆了股权投资的投资人与债权投资的投资人各自所享有的权利、所承担的义务和风险，不符合《公司法》第166条关于公司利润分配的规定，跟再审判决书自身所说的“投资人在进入目标公司后，亦应依《公司法》的规定，对目标公司经营亏损等问题按照合同约定或者持股比例承担相应责任”，也是相互矛盾的。

四、针对扬锻案的其他处理方案

基于上述评析，我认为，针对扬锻案，与目前的再审判决书相比，可能可以采取其他的思路来处理本案。

方案一：认定案涉《对赌协议》无效，并驳回华工公司的再审请求。

基于上述评析，采取以下思路来处理本案，可能是更合适的：

第一，针对案涉《对赌协议》所约定的股份回购主体是否包括目标公司当时的全体原股东的问题，认定“案涉协议约定的股权回购主体应认定为扬锻集团公司”，“扬锻公司原股东不是回购主体”。

针对此问题的分析理由与再审判决书相同。

第二，针对案涉《对赌协议》关于股份回购的约定是否已经被后来通过的目标公司的章程所变更的问题，认定“扬锻公司新章程未对对赌协议作出变更”。

针对此问题的分析，除了再审判决书已有的理由外，还需要结合华工公司此项股权投资行为的“性质”“合同目的”以及股权投资领域的“交易习惯”，并根据《合同法》第78条的规定，作进一步的论述。

第三，针对案涉《对赌协议》是否有效的问题，认定案涉《对赌协议》因违反《公司法》第142条第1款的强制性规定而无效。

其主要理由在于，案涉《对赌协议》关于“若乙方在2014年12月31日前未能在境内资本市场上市或乙方主营业务、实际控制人、董事会成员发生重大变化，丙方有权要求乙方回购丙方所持有的全部乙方的股份”的约定，不属于《公司法》第142条第1款规定的股份公司可以收购本公司股份的例外情形，而《公司法》第142条第1款属于强制性规定、禁止性规定，根据《合同法》第52条第5项关于“有下列情形之一的，合同无效：……（五）违反法律、行政法规的强制性规定”的规定，案涉《对赌协议》的该约定应被认定为无效。

第四，针对案涉《对赌协议》被认定为无效后华工公司是否有权要求目标公司返还投资款的问题，认定华工公司不能仅仅因为案涉《对赌协议》被认定为无效就要求目标公司返还投资款。

其主要理由在于，尽管案涉《对赌协议》被认定为无效，但是，由于案涉《对赌协议》是在《增资扩股协议》之外签署的，独立于《增资扩股协议》，案涉《对赌协议》无效不影响《增资扩股协议》的效力；并且，目标公司是基于《增资扩股协议》而非案涉《对赌协议》取得华工公司的投资款的，在《增资扩股协议》未被认定为无效或被撤销的情况下，华工公司以案涉《对赌协议》被认定为无效为由要求返还投资款的主张，并不符合《合同法》第58条关于“合同无效或者被撤销后，因该合同取得的财产，应当予以返还”的规定，不应予以支持。

综上，华工公司要求作为股份公司的目标公司以及案涉《对赌协议》签订时的全体原股东回购股份、支付股份回购款及罚息的诉讼请求，没有事实和法律依据，不予支持；原审处理结果正确，华工公司的再审申请不符合《民事诉讼法》第200条规定的情形，应予驳回。

方案二：认定案涉《对赌协议》有效，撤销一审判决、二审判决；但因华工公司行使股份回购请求权的条件尚未成就，驳回华工公司的诉讼请求。

退一步讲，如果认为《公司法》第142条第1款属于管理性强制性规定，但不属于效力性强制性规定，那么，与目前的再审判决书相比，采取以下思路来处理本案，可能也是更合适的：

第一，针对案涉《对赌协议》所约定的股份回购主体是否包括目标公司当时的全体原股东的问题，认定“案涉协议约定的股权回购主体应认定为扬锻集团公司”，“扬锻公司原股东不是回购主体”。

针对此问题的分析理由与再审判决书相同。

第二，针对案涉《对赌协议》关于股份回购的约定是否已经被后来通过的目标公司的章程所变更的问题，认定“扬锻公司新章程未对对赌协议作出变更”。

针对此问题的分析，除了再审判决书已有的理由外，还结合华工公司此项股权投资行为的“性质”“合同目的”以及股权投资领域的“交易习惯”，并根据《合同法》第78条的规定，作进一步的论述。

第三，针对案涉《对赌协议》是否有效的问题，认定案涉《对赌协议》有效。

其理由主要在于，案涉《对赌协议》关于股份回购的约定虽然违反了《公司法》第142条第1款的规定，但该规定属于管理性强制性规定，案涉《对赌协议》并不因此而无效；案涉《对赌协议》各方当事人的真实意思表示为“若乙方在2014年12月31日前未能在境内资本市场上市……丙方有权要求乙方在法律允许的范围内，采取包括减少注册资本在内的一切合法可行的方式回购丙方所持有的全部乙方的股份”，该约定不违反法律、行政法规的效力性强制性规定，不存在《合同法》第52条规定的合同无效的情形，应当认定为有效。

同时，也应指出，案涉《对赌协议》所约定的股份回购情形，不属于法律允许股份公司回购本公司股份的例外情形，确实违反了《公司法》第142条第1款的强制性规定。对于发生案涉《对赌协议》违反《公司法》的强制性规定这一结果，不论是目标公司及其当时的全体原股东，还是作为专业机构投资者的华工公司，都存在一定的过错，应当各自承担相应的责任。

第四，针对目标公司是否构成违约的问题，认定目标公司未依约回购华工公司所持股份构成违约。

其主要理由在于，在案涉《对赌协议》约定的触发股份回购的情形发生之后，在华工公司提出书面回购请求的情况下，目标公司时逾数年仍未履行“在法律允许的范围内，采取包括减少注册资本在内的一切合法可行的方式”回购华工公司所持有目标公司股份，属于《合同法》第107条所说的“不履行合同义务”，已经构成违约。

第五，针对华工公司是否可以要求目标公司回购股份并支付股份回购款及逾期罚息的问题，认定华工公司要求目标公司回购股份并支付股份回购款及逾期罚息的诉讼请求因条件尚未成就而应予驳回。

其主要理由在于，案涉《对赌协议》关于“丙方有权要求乙方在法律允许的范围内，采取包括减少注册资本在内的一切合法可行的方式回购丙方所持有的全部乙方的股份”的约定，实际上意味着，作为投资人的华工公司行使其股份回购请求权，应当以满足特定的条件为前提。根据《公司法》第 142 条的规定，股份公司的股东请求公司在法律规定的范围内采取定向减少注册资本的方式回购其所持股份，应当以公司股东大会依法通过了定向减少注册资本、回购该股东所持本公司股份的决议为前提。而包括股份公司在内的所有公司是否减少注册资本、如何减少注册资本，原则上也属于商业判断和公司自治的范畴，属于公司股东会或股东大会的决策权范畴；在公司股东大会未依法作出减少注册资本的决议的情况下，法院原则上不应介入，不应强令公司或其股东大会作出减少注册资本的决议。

本案中，尽管华工公司提出了要求扬锻公司回购股份的书面请求，但是，由于扬锻公司股东大会并未通过定向减少注册资本、收购华工公司所持股份的决议，因此，华工公司要求目标公司回购其股份的条件尚未成就，其诉讼请求不应得到支持。

值得注意的是，上述认定不可回避的问题是：就华工公司要求目标公司回购股份的条件而言，因目标公司已经违约，是否应当适用《合同法》第 45 条第 2 款关于“当事人为自己的利益不正当地阻止条件成就的，视为条件已成就”的规定？

对此，我的理解是，不应适用《合同法》第 45 条第 2 款的规定，原因有三：

一是，作为股份回购的前提条件，目标公司股东大会能否通过定向减少注册资本、收购华工公司所持股份的决议，涉及股东大会会议的召集、举行、表决等事项，需要遵守《公司法》和目标公司章程的相关规定，由具有相应权利的主体（比如董事会）来召集股东大会会议审议定向减少注册资本、收购华工公司所持股份的议案，并由出席股东大会会议的股东所持表决权的三分之二同意方可作成，这些都需要由目标公司的董事会和其他股东的启动或配合，不是作为回购主体的目标公司能够控制的。

二是，结合《合同法》第 45 条第 1 款关于“当事人对合同的效力可以约定附条件。附生效条件的合同，自条件成就时生效”的规定，《合同法》第 45 条第 2 款所说的“条件”指的是导致合同生效或合同解除的条件，案涉《对赌协议》并没有将“扬锻公司股东大会通过定向减少注册资本、收购华工公司所持股份的决议”约定为该协议的生效条件。

三是，本案中，华工公司既没有提出关于目标公司存在为自己的利益不正当地阻止条件成就的行为的主张，也没有提供相应的证据。

第六，针对华工公司是否有权要求目标公司及其当时的全体原股东承担违约责任以及如何承担违约责任的问题，认定鉴于目标公司已经构成违约，华工公司有权依照《合同法》的规定要求目标公司及其当时的全体原股东承担相应的违约责任。

在承担违约责任的方式方面，认定华工公司有权要求目标公司继续履行并赔偿损失。其中的“继续履行”，指的是“在法律允许的范围内，采取包括减少注册资本在内的一切合法可行的方式”回购其所持股份，而不是直接回购股份。其中的“赔偿损失”，指的是对于华工公司因目标公司的违约行为遭受的损失，包括华工公司将来转让其所持目标公司股份（不论由目标公司回购，还是转让给他人）所得的收益，与案涉《对赌协议》所约定的股份回购价款本金和利息之间的差额，华工公司有权要求目标公司予以赔偿，目标公司签订案涉《对赌协议》时的全体原股东对华工公司遭受的该损失承担连带赔偿责任。

不过，因华工公司在一审诉讼请求、二审上诉请求和再审诉讼请求中均未提出上述请求，本案不予处理，华工公司可另案主张。

综上，原审判决虽适用法律不当，但处理结果正确，应予维持；华工公司的再审申请不符合《民事诉讼法》第200条规定的情形，应予驳回。

五、小结

总体而言，江苏高院再审判决书的裁判思路和其中相当部分的意见颇值肯定，我对此深表赞同，该再审判决书对处理涉及股份回购的对赌协议纠纷以及当事人作出涉及股份回购的对赌安排，都具有积极意义和参考价值。

但是，我也倾向于认为，江苏高院的再审判决书，不论是在适用法律还是在认定事实方面，也都有一些值得商榷的地方。尤其是，再审判决书没有指出案涉《对赌协议》关于股份回购的约定违反了《公司法》第142条第1款的强制性规定，不无遗憾。

此外，我也倾向于认为，江苏高院的再审判决书本身并未超出最高人民法院在海富案中所确立的指导原则的范围，不应过分强调其“突破”意义。

一是，在裁判思路方面，江苏高院的再审判决书仍然遵循着最高人民法院在海富案中所确立“在民间融资投资活动中，融资方和投资者设置估值调整机制（即投资者与融资方根据企业将来的经营情况调整投资条件或给予投资者补偿）时要遵守公司法和合同法的规定”的指导原则。

二是，在投资者与目标公司之间的对赌协议的效力认定方面，江苏高院的再审判决书本身，也仍然是在最高人民法院在海富案中所确立的“投资者与目标公司本身之间的补偿条款如果使投资者可以取得相对固定的收益，则该收益会脱离目标公司的经营业绩，直接或间接地损害公司利益和公司债权人利益，故应认定无效”的范围内，来认定案涉《对赌协议》的效力的。只不过，江苏高院的再审判决书是从“投资者与目标公司本身之间的补偿条款约定的相对固定的收益并未脱离目标公司的经营业绩”的角度，认为案涉《对赌协议》因不符合最高人民法院在海富案中所确立的上述指导原则的适用条件而不应认定为无效。

三是，在投资者与目标公司股东之间的对赌协议的效力认定方面，因扬锻案并未涉及，最高人民法院在海富案中所确立的“目标公司股东对投资者的补偿承诺不违反法律法规的禁止性规定，是有效的。在合同约定的补偿条件成立的情况下，根据合同当事人意思自治、诚实信用的原则，引资者应信守承诺，投资者应当得到约定的补偿”，仍然有其指导意义。

有鉴于此，在海富案的基础上，扬锻案为股权投资领域涉及股份回购的对赌安排提供了不少的启示，值得相关领域的商事主体关注。

这些启示包括：

一是，在涉及股份回购的对赌安排的交易对手选择方面，投资者仍然应当尽量优先选择目标公司的股东作为对赌相对方，避免单独将目标公司作为对赌相对方；如果确实需要将目标公司作为对赌相对方，那就应当尽量选择将目标公司和其股东一起作为对赌相对方，并约定目标公司的股东与目标公司对股份回购承担连带责任。

二是，在股份回购的实施方面，应当尽量约定交易对方有义务“采取一切合法的方式和措施，包括但不限于由目标公司依法定向减少注册资本，回购投资者所持股份”，避免出现违反《公司法》关于公司收购本公司股份或股权的强制性规定的情形。

三是，在股份回购款的支付方面，应当尽量约定目标公司股东负有连带清偿责任或补充清偿责任，使得在目标公司不支付股份回购对价的情况下，投资者可以直接要求目标公司股东支付股份回购款，或者在目标公司不能支付股份回购对价的情况下，投资者可以要求目标公司股东承担连带的兜底责任。

图书在版编目（CIP）数据

公司法实务精要／谢秋荣著．—北京：中国法制出版社，2020.4

ISBN 978－7－5216－0988－2

Ⅰ．①公…　Ⅱ．①谢…　Ⅲ．①公司法　Ⅳ．①D913.991

中国版本图书馆CIP数据核字（2020）第054222号

责任编辑　赵燕　张僚　　封面设计　杨泽江

公司法实务精要

GONGSIFA SHIWU JINGYAO

著者/谢秋荣

经销/新华书店

印刷/三河市国英印务有限公司

开本/710毫米×1000毫米　16开　　总印张/81.75　字数/1132千

版次/2020年4月第1版　　2020年4月第1次印刷

中国法制出版社出版

书号 ISBN 978－7－5216－0988－2　　定价：280.00元

北京西单横二条2号

邮政编码100031　　传真：010－66031119

网址：http：//www.zgfzs.com　　**编辑部电话：010－66066627**

市场营销部电话：010－66033393　　**邮购部电话：010－66033288**

（如有印装质量问题，请与本社印务部联系调换。电话：010－66032926）